Knut Görich

FRIEDRICH BARBAROSSA

Knut Görich

FRIEDRICH BARBAROSSA

Eine Biographie

C. H. BECK

Mit 50 Abbildungen und 11 Karten

© Verlag C. H. Beck oHG, München 2011
Gesetzt aus der LT Bembo und der Trajan Pro bei der Janß GmbH, Pfungstadt
Druck und Bindung: CPI – Ebner & Spiegel, Ulm
Umschlagabbildung: Sogenannter Cappenberger Barbarossa-Kopf,
© Bridgeman Art Library
Umschlaggestaltung: www.kunst-oder-reklame.de
Gedruckt auf säurefreiem, alterungsbeständigem Papier
(hergestellt aus chlorfrei gebleichtem Zellstoff)
Printed in Germany
ISBN 978 3 406 59823 4

www.beck.de

Für Fabian und Jonas

INHALT

DENKMALSENTHÜLLUNGEN
11

KAPITEL 1: ANFÄNGE
27

Herkunft und Abstammungswissen 32
Der Großvater: Aufstieg zur Herzogswürde 39
Der Vater: Enttäuschte Ambitionen 46

KAPITEL 2: HERZOG VON SCHWABEN UND NEFFE DES KÖNIGS (1122?–1152)
59

Kindheit und Jugend 60
Interessen des Herzogs 64
Teilnahme am Kreuzzug 73
Vermittler zwischen Verwandten 87

KAPITEL 3: ERHEBUNG ZUM KÖNIG (1152)
93

Ehrgeiz, Verwandtschaft und Wahlversprechen 97
Krönung und Herrscherpflichten 107

KAPITEL 4: NEUE VERTRAUTE UND ALTE PROBLEME
117

Wichmann und das Erzbistum Magdeburg 118
Heinrich der Löwe und das Herzogtum Bayern 127
Annäherungen und Einbindungen 134

KAPITEL 5: HOF UND HERRSCHAFTSPRAXIS
145

Reisekönigtum: Pfalzen und Zelte 145
Machttheater und Repräsentation 159
Zugang zum Herrscher 169
Berechtigte Bitten, Treue und Ehre 176
Fürsprache und Vermittlung 191
Bildung und Wissen 198
Der Kaiser spricht 206
Emotionen zeigen und verbergen 214

KAPITEL 6: UNBEWÄLTIGTE HERAUSFORDERUNGEN: DER ERSTE ITALIENZUG (1154/55)
221

Festlegungen und Hilfszusagen: Konstanz 224
Parteilichkeit 231
Mißverständnisse: Begegnungen mit Hadrian IV. 241

KAPITEL 7: ENTSCHEIDUNGEN: DREI JAHRE NÖRDLICH DER ALPEN (1155–1158)
255

Die Kaiserin: Beatrix von Burgund 256
Kriegszug und Kriegspläne 262
Übersetzungsprobleme: Der Hoftag von Besançon 268

KAPITEL 8: BEHAUPTUNGSVERSUCHE IN OBERITALIEN (1158/59)
283

Krieg gegen Mailand 287
Legitimation durch Experten: Roncaglia 301
Verlust der Friedensfähigkeit 311
Streit um Rom und doppelte Papstwahl 316

KAPITEL 9: SIEGE UND NIEDERLAGEN IN OBERITALIEN (1160–1176)
325

Terror und Technik: Crema 325
Blockade und Hunger: Mailand 331
Demütigungen: Die Unterwerfung Mailands 342
Herrschaftsexperimente 349
Der Lombardische Städtebund 362
Mißerfolge und Abhängigkeiten 372

KAPITEL 10: KIRCHENSPALTUNG UND KAMPF GEGEN ALEXANDER III. (1159–1176)
389

Synoden und Schiedsgerichte 393
Zuspitzungen 403
Das Rad der Fortuna: Rom 1167 413
Doppelstrategie: Zwischen zwei Päpsten 421
Überwindungen: Auf dem Weg zu Alexander III. 428

KAPITEL 11: RÜCKKEHR ZUM KONSENS (1177–1183)
441

Friede mit Alexander III.: Venedig 442
Sturz Heinrichs des Löwen: Erfurt 461
Friede mit dem Lombardenbund: Konstanz 485

KAPITEL 12: ERWEITERTE HANDLUNGSSPIELRÄUME (1183–1188)
503

Konfliktträchtige Repräsentation: Das Mainzer Hoffest 505
Neue Partner: Mailand und Wilhelm II. von Sizilien 514
Neue Gegner: Urban III. und Philipp von Köln 524
Vorbereitungen zum Kreuzzug 536

KAPITEL 13: DER ZWEITE ZUG INS HEILIGE LAND (1189/90)
549

Enttäuschungen: Bis Philippopel 555
Drohungen: Bis Gallipoli 568
Kämpfe: Bis Konya 576
Abstieg ans Ufer des Saleph 587

KAPITEL 14: ABSICHTEN UND WAHRNEHMUNGEN
601

Amator legum – Freund der Gesetze 602
Amator bellorum – Freund der Kriege 617
Amator ecclesiarum – Freund der Kirchen 628

Besichtigungen
649

Anhang

Dank 667
Stammtafel 668
Anmerkungen 671
Bild- und Kartennachweis 705
Quellen- und Literaturverzeichnis 707
Register 761

DENKMALSENTHÜLLUNGEN

Friedrich Barbarossa ist gewissermaßen eine Entdeckung des 19. Jahrhunderts – und zu einem guten Teil auch dessen Erfindung. Noch 1795 bedauerte Georg Wilhelm Friedrich Hegel zutiefst, daß in der Phantasie des deutschen Volkes zwar biblische Könige wie David oder Salomon lebendig seien, die «Helden unseres Vaterlandes» wie etwa der Stauferkaiser aber in den Geschichtsbüchern der Gelehrten schlummerten.[1] Was sich im Laufe des folgenden Jahrhunderts veränderte, veranschaulicht recht deutlich ein Kindheitserlebnis Kaiser Wilhelms II. Als in Aachen ein Denkmal für seinen Vater, den 1888 verstorbenen Kaiser Friedrich III., enthüllt wurde und er aus diesem Anlaß eine seiner vielen Ansprachen hielt, erwähnte er, sein Vater habe ihn als Kind «in einem Prachtwerke blättern lassen, in welchem die Kleinodien, Insignien, Gewänder und Waffen der Kaiser und schließlich die Krone selbst in bunten Farben dargestellt waren. Wie leuchteten ihm die Augen, wenn er dabei von Krönungsfeiern in Aachen und ihren Zeremonien und Mählern erzählte, von Karl dem Großen, von Kaiser Barbarossa und ihrer Herrlichkeit. Stets schloß er damit: ‹Das alles muß wiederkommen, die Macht des Reiches muß wiedererstehen, und der Glanz der Kaiserkrone muß wieder aufleuchten! Barbarossa muß aus dem Kyffhäuser wieder erlöst werden!›»[2] Tatsächlich hatte Friedrich III. verschiedene Initiativen ergriffen, um den neugegründeten Nationalstaat in der tausendjährigen Geschichtstradition des Alten Reichs zu verankern. Dazu gehörte auch die Idee, sich bei seiner eigenen Thronbesteigung als Nachfolger der drei staufischen und habsburgischen Kaiser namens Friedrich den Namen und Titel «Friedrich IV.» zu geben – bevor es dann doch bei der Zählung der preußischen Friedriche blieb, die ihn als dritten Friedrich zum Nachfolger Friedrichs des Großen machte.[3] Aber eines war damals doch schon offenkundig geworden: Barbarossa schlummerte nicht länger in den Geschichtsbüchern.

Wilhelm II. war 1859 geboren worden – die Szene, die er schilderte, spielte also sicher noch vor dem Deutsch-Französischen Krieg

ABB. 1 An der Außenfassade des Saalbaus in der 1910 fertiggestellten Kaiserresidenz in Posen wurden Statuen Karls des Großen und Friedrich Barbarossas angebracht. Dem Karolinger ließ Kaiser Wilhelm II. seine eigenen Gesichtszüge geben, dem Staufer die seines Vaters, des 1888 verstorbenen Kaisers Friedrich III.

von 1870/71, der in die Gründung des Deutschen Reichs und die Proklamation seines Großvaters, des preußischen Königs Wilhelm I., zum Deutschen Kaiser in Versailles mündete. Bei dem «Prachtwerk», in dem der kleine Wilhelm blättern durfte, handelte es sich um die unerhört aufwendig gestaltete und mit 220 Talern auch unerhört teure zweibändige Edition «Die Kleinodien des Heiligen Römischen Reichs Deutscher Nation», die der Aachener Kanoniker Franz Bock 1864 dem österreichischen Kaiser Franz Joseph I. widmete.[4] Dieses

Buch dürfte kaum einer von Wilhelms Aachener Zuhörern jemals gesehen haben, seine Anspielung auf den Kyffhäuser aber war jedem verständlich. Die Gebrüder Grimm hatten die Sage vom Kaiser, der im Berg schläft, 1816 in ihrer vielgelesenen Märchen- und Sagensammlung unter dem Titel «Friedrich Rotbart im Kyffhäuser» veröffentlicht und damit erstmals einem breiteren Publikum zugänglich gemacht. Die Popularisierung, der dann Friedrich Rückert 1817 den Stoff unterworfen hatte, kannte jeder: «Der alte Barbarossa, / Der Kaiser Friederich, / Im unterirdschen Schlosse / Hält er verzaubert sich. / Er ist niemals gestorben, / Er lebt darin noch jetzt; / Er hat im Schloss verborgen / Zum Schlaf sich hingesetzt. / Er hat hinab genommen / Des Reiches Herrlichkeit, / Und wird einst wiederkommen, / Mit ihr, zu seiner Zeit. [...] / Er nickt als wie im Traume, / Sein Aug' halb offen zwinkt; / Und je nach langem Raume / Er einem Knaben winkt. / Er spricht im Schlaf zum Knaben: / Geh hin vors Schloss, o Zwerg, / Und sieh, ob noch die Raben/ Herfliegen um den Berg. / Und wenn die alten Raben / Noch fliegen immerdar, / So muß ich auch noch schlafen / Verzaubert hundert Jahr.»[5]

Daß Barbarossa zum deutschen Nationalmythos werden konnte, war den politischen Sehnsüchten des frühen 19. Jahrhunderts geschuldet: die Auflösung des Heiligen Römischen Reiches Deutscher Nation 1806, die Niederlagen gegen Napoleon, die beklagte Zersplitterung Deutschlands und die Hoffnung auf einen künftigen deutschen Nationalstaat bildeten den zeitgeschichtlichen Hintergrund, vor dem die Geschichte vom schlafenden, aber wiederkehrenden Kaiser zum Symbol der erhofften nationalen Einheit werden konnte.[6] Der Staufer war binnen weniger Jahrzehnte zum so selbstverständlichen Bezugspunkt des nationalen Macht-, Reichs- und Einheitsgedankens geworden, daß selbst jene, die auf demokratische Gestaltung der Nation hofften und die Monarchie als künftige Staatsform zurückwiesen, sich noch auf den Kaiser bezogen, indem sie ihn ablehnten: Heinrich Heine empfahl in seinem 1844 erschienenen «Deutschland. Ein Wintermärchen», Barbarossa möge als altes Fabelwesen doch einfach im Kyffhäuser bleiben. Aber die Gründung des Deutschen Reichs unter Preußens Führung bescherte dem Kaiser dann doch noch einen festen Platz im Geschichtsbewußtsein der Deutschen, denn Geschichte und Legitimation des neuen Reichs wurden im Mittelalter gesucht, als dessen Höhepunkt die Zeit der staufischen Kaiser galt. Zum Empfang der 1871 aus Frankreich zurückkehrenden Truppen wurden in den Hoftheatern heute vollständig vergessene Stauferdramen zur Aufführung gebracht – in Stuttgart «Kaiser Rotbarts Erwachen», in Karlsruhe «Kaiser Rotbart» und in Berlin «Barbarossa. Dichtung in einem Aufzug». Der Münchener Professor Johann Nepomuk Sepp (1816–1909), Abgeordneter der Bayerischen Patriotenpartei und Befürworter der Reichseinigung, fühlte sich bemüßigt, Rückerts «Barbarossa» zu Ende zu dichten: «Erfüllt ist jetzt die Sage, / Gekommen ist zugleich – / Gott segne diese Tage! – / Der Kaiser und das Reich.»[7] Bereits in Dietrich Grabbes 1829 entstandenem Schauspiel «Kaiser Friedrich Barbarossa» war jener Gedanke angeklungen, der nach 1870/71 immer wieder zur Stiftung geschichtlicher Kontinuität in Anspruch genommen wurde und die Reichsgründung mit der Aura historischer Notwendigkeit umgab – daß nämlich die preußischen Nachfahren der schwäbischen Grafen von Hohenzollern das Erbe ihrer früheren staufischen Lehnsherren annehmen und deren historischen Auftrag vollenden würden. Die historische Ansippung der Hohenzollern an die Staufer wies in die Zukunft, Wilhelm I. «Weißbart» (*Barbablanca*) hatte Friedrich I. «Rotbart» (*Barbarossa*) aus dem Berg erlöst. Die mit großem persönlichem Einsatz betriebenen Bemühungen Wilhelms II., das Andenken an seinen Großvater als das an «Wilhelm den Großen» zu sichern, setzte vollends den Prozeß staatlicher Mythenaneignung in Gang, die der Reichsgründung ihre historische Tiefendimension verleihen sollte. Staufer- und Hohenzollernkaiser wurden geradezu typologisch aufeinander bezogen, der mittelalterliche Kaiser zum Vorgänger seines preußisch-kleindeutschen Nachfolgers stilisiert. Bilder und Denkmäler bedienten das Bedürfnis nach politischer und kultureller Selbstvergewisserung. Die Pfalz der salischen Kaiser in Goslar wurde in der Absicht, ein Zeugnis mittelalterlicher Kaiserherrschaft in ein Denkmal des neuen Kaisertums zu verwandeln, nach 1871 aufwendig im Geschmack des Historismus restauriert. Der Bilderzyklus des Kaisersaals von Hermann Wislicenus, der das deutsche Kaisertum in Märchen und Sage, in Vergangenheit und Gegenwart feierte, wurde 1896 vollendet, im gleichen Jahr wie das gewaltige Denkmal, das die im konservativen «Deutschen Kriegerbund» vereinigten Veteranen der Kriege von 1866 und 1870/71 ihrem verstorbenen Feldherrn auf dem Kyffhäuser setzten. Vor dem steil aufragenden Turm mit dem Reiterdenkmal Wil-

ABB. 2 Die 1900/01 errichteten Reiterdenkmale für Wilhelm I. und Barbarossa vor der Goslarer Kaiserpfalz.

helms I. saß am Sockel auf seinem Thron der erwachende Barbarossa, der Staufer und der Hohenzoller erscheinen als Repräsentanten einer das versunkene und das neue Reich überspannenden, personalisierten Reichsidee – ein Zusammenhang, den auch Wilhelm II. in seiner Festrede vor den versammelten deutschen Fürsten und 30 000 Kriegsveteranen herstellte: «Noch heute wird das deutsche Gemüt mächtig ergriffen von der glanzvollen Herrlichkeit des Hohenstauferreiches.» Die Einweihung des Denkmals hatte der Kaiser im fünfundzwanzigsten Jahr der Reichsgründung mit Bedacht auf den 18. Juni 1896 gelegt: An diesem Tag war 1815 Napoleon in der Schlacht von Waterloo besiegt worden, an diesem Tag war 1871 Wilhelm I. nach dem Sieg über Frankreich in Berlin eingezogen.

Die Datumssymbolik weist darauf hin, in welchem Ausmaß die Geschichte des mittelalterlichen Kaisers bereits als Machtgeschichte gedeutet und gleichzeitig als politischer Auftrag an die eigene Gegenwart verstanden wurde. Das national verklärte Mittelalter und der er-

ABB. 3 Auch Barbarossas Erwachen gehört zu den Wandbildern des Goslarer Kaisersaals. Die Blickrichtung des Staufers geht zum zentralen Bild in der Saalmitte, das Wilhelm I., umgeben von seinen mittelalterlichen Amtsvorgängern, als Vollender des Kaisertums zeigt.

hoffte Triumph der verspäteten Nation in Europa gingen eine politisch aggressive Verbindung ein, für die der Name des Stauferkaisers geradezu Symbolcharakter gewann. Daß der Angriffskrieg gegen die Sowjetunion im Juni 1941 als «Unternehmen Barbarossa» geplant wurde, wäre nicht möglich gewesen ohne die fragwürdige Karriere des Staufers als Symbolgestalt nationaler Wiedergeburt und, damit untrennbar verbunden, als mittelalterliche Projektionsfläche für die machtpolitischen Ambitionen des Reichs in der Gegenwart. Der spezifische Beitrag der Historiker zu diesem Geschichtsbild bestand in der Monumentalisierung des Kaisers im Zeichen der Macht. In diesem Sinne schrieb schon Hans Prutz, Professor der Geschichte in Königsberg (1843–1929), im 1874 erschienenen, dritten und letzten Teilband seiner Biographie, der überhaupt ersten wissenschaftlichen Gesamtdarstellung Friedrich Barbarossas: «Von unseren Tagen des neuen deutschen Kaiserthums abgesehen hat sich das deutsche Volk niemals so als Nation gefühlt, ist es niemals von einem so lebendigen, so wirksamen Nationalgefühle, von einem so freudigen und so durchaus berechtigten Nationalstolze erfüllt gewesen als in den Tagen

ABB. 4 Das «Kaiser-Wilhelm-Nationaldenkmal» auf dem Kyffhäuser. Eine sechs Meter hohe Sandsteinfigur zeigt den schlafenden Barbarossa, wie ihn Rückerts Gedicht beschreibt. Sie wird von einem Turm überragt, dem ein elf Meter hohes Reiterdenkmal Wilhelms I. vorgelagert ist.

Friedrichs I. [...] Die Siege Kaiser Friedrichs haben das deutsche Volk sich seine Wehrhaftigkeit und Kriegstüchtigkeit wiederum bewußt werden lassen, sie haben es wieder gelehrt in seiner nationalen Kraft anderen Nationen gegenüber sich zu fühlen.»[8] Auch Wilhelm von Giesebrecht (1814–1889), Professor der Geschichte erst in Königsberg, dann in München, zudem Autor einer sechsbändigen Geschichte der deutschen Kaiserzeit, die größten Einfluß auf das Geschichtsbild des deutschen Bildungsbürgertums hatte, betonte die Bedeutung des Staufers «für unsere nationale Entwickelung».[9] Vergleichbare Einschätzungen sind Legion. Natürlich erkannten die Historiker die Andersartigkeit des Mittelalters, sie stellten sie aber «trotzdem mutig in Dienst für eine historisch-politische Entwicklung, die zielstrebig auf die eigene Gegenwart zulief und an einer erhofften Zukunft mitbaute»,[10] indem sie sie den entwicklungsgeschichtlichen Zwangsläufigkeiten einer Modernisierungsgeschichte unterwarfen – gerade so, als ob Barbarossas Absichten und Handlungen auf das Ziel hätten ausgerichtet sein müssen, ein starkes Königtum als Voraussetzung eines künftigen deutschen Nationalstaates zu schaffen. Die politischen Sehnsüchte, Enttäuschungen und Erwartungen des 19. Jahrhunderts stellten die Kriterien bereit, an denen sich das Urteil über den mittelalterlichen Kaiser bemaß. Mittelalterliche Herrscher wurden so zu frühen Repräsentanten einer auch für die eigene Gegenwart ersehnten starken monarchischen Zentralgewalt. Der vergleichende Blick auf England und Frankreich schien zu lehren, daß ein bereits im Mittelalter starkes Königtum auch die Voraussetzung eines starken Nationalstaates war. Die Frage nach den Gründen, weshalb sich in Deutschland keine starke Königsherrschaft ausgebildet hatte, lenkte den Blick der Historiker auf die Fürsten mit ihren Partikularinteressen und auf das Papsttum mit seinem Überordnungsanspruch über weltliche Herrscher. Die vermeintlichen Totengräber eines machtvollen Königtums waren gefunden – und damit auch die Verantwortlichen für die Verspätung der deutschen Nation. Das historische Urteil über einen Herrscher bemaß sich deshalb ganz wesentlich daran, wie sehr er seine Macht gegenüber diesen beiden Gewalten zu behaupten oder zu steigern verstand.[11] Dieser wissenschaftsgeschichtlichen Tradition ist viel begeistertes Lob der Rolle Barbarossas beim Sturz Heinrichs des Löwen und der ‹Zerschlagung› seiner Herzogtümer geschuldet oder seiner diplomatischen Winkelzüge gegenüber dem Papst, die ihn auf der Höhe seines ‹staatsmännischen Könnens› zeigten; das Pendant dazu waren besorgte Erwägungen, inwieweit die Bindung des Kaisertums an die römische Kirche, die ihren deutlichsten Ausdruck in der Kaiserkrönung durch den Papst fand, und die jahrelangen Kämpfe gegen oberitalienische Städte Barbarossa zu einer Politik gezwungen hatten, die der nationalen Entwicklung späterer Zeiten wenig förderlich war. An dieser Frage entzündete sich der lebhafte Historikerstreit des 19. Jahrhunderts, dessen Hauptprotagonisten Julius von Ficker (1826–1902) und Heinrich von Sybel (1817–1895) unter großer öffentlicher Anteilnahme über Vor- und Nachteile der Italienpolitik für die deutsche Nation im Mittelalter stritten.[12]

Für eine biographische Erzählung waren das keine schlechten Voraussetzungen – denn solange das Geschichtsbild den Faktor Macht, die Zunahme von Staatlichkeit und effizienter Herrschaftsausübung akzentuierte,[13] kam auch die Gewißheit über Ziele und Motive der

Herrscher, über den Sinn ihrer Politik und damit auch ihres dem Historiker zugänglichen Lebens nicht abhanden. Das Bild Barbarossas wurde auffälligerweise nie von einer wirkmächtigen Biographie geprägt – ganz im Gegensatz zu dem seines Enkels Friedrich II.: ausgehend von Friedrich Nietzsches und Stefan Georges Vorstellungen, daß Geschichtsschreibung der Gegenwart Vorbilder und Orientierung zu vermitteln habe, stilisierte Ernst Kantorowicz in seiner 1927 erschienenen Biographie «Kaiser Friedrich II.» den Enkel Barbarossas zu einem aufgeklärten Herrscher, dessen geistige Interessen und Vorurteilslosigkeit seiner eigenen Zeit ebenso weit vorausgeeilt zu sein schienen wie sein Staat in Süditalien. Dieses idealisierte Bild blieb bis gegen Ende des 20. Jahrhunderts prägend und wird erst langsam von einer nüchterneren Sicht abgelöst.[14] Das Bild Barbarossas war seit jeher viel weniger spektakulär; es war auch nicht von der Sicht eines einzelnen Historikers geprägt, sondern wurzelte eher in einer allgemein als gültig vorausgesetzten, vom Konsens wissenschaftlicher und gesellschaftlicher Geschichtserzählung getragenen Herrschervorstellung. In ihr begegneten sich die Mittelalterromantik, die Hoffnungen und Sehnsüchte der Nationalbewegung, die historische Sinnstiftung des Hohenzollernreichs und der Machtstaatsgedanke des 19. Jahrhunderts. Es war das schlichte, aber suggestive Bild vom Herrscher als Staatsmann, der stets lenkend und gestaltend im Zentrum des historischen Geschehens stand, das mit innerer Notwendigkeit auf den Nationalstaat als eigentliches Ziel der Geschichte ausgerichtet war. Die Nationalgeschichte als eine bestimmte Art, Geschichte zu erzählen, prägte auch die Vorstellung von Barbarossa selbst. In ihren Grundzügen im 19. Jahrhundert entstanden, nach 1945 in ihren Zuspitzungen zwar abgeschwächt, blieb sie im Prinzip aber auch noch für die neueren, übrigens gar nicht so zahlreichen Biographien des Stauferkaisers weitgehend bestimmend.[15] Darüber ging oft genug nicht nur die Fremdartigkeit der mittelalterlichen Staatlichkeit, sondern auch der Person eines mittelalterlichen Kaisers verloren. Auf diese Weise wurde er ein «stets kühl kalkulierender Kabinettspolitiker» und schien «abstrakte Staatsnotwendigkeiten» geradewegs zu verkörpern.[16] Der Staufer versteinerte als Personifikation des Machtgedankens.

Dieses Koordinatensystem für die historische Einordnung Barbarossas hat seine Gültigkeit mittlerweile unwiderruflich verloren. Die

Ursachen dafür sind vielfältig. An erster Stelle steht der mit dem Ende des Dritten Reichs 1945 zwar nicht abrupt, aber doch sehr nachhaltig einsetzende Wandel des Geschichtsbilds. Der Nationalmythos Barbarossa überlebte die Erfahrung der selbstverschuldeten deutschen Katastrophen nicht. Ein Kaiser konnte weder der Bundesrepublik noch der DDR zur politischen Selbstvergewisserung taugen; außerdem hatte ein Jahrhundert Arbeit am nationalen Geschichtsbild aus dem sagenhaften Kaiser, der schlafend in den Berg entrückt war, einen Machtpolitiker gemacht, der die katastrophenträchtige Tradition deutscher Aggressionen in Europa geradezu personifizierte. Auch innerhalb der Geschichtswissenschaft änderten sich die Deutungsvoraussetzungen, weil sich langsam ein anderes Verständnis von mittelalterlicher Staatlichkeit und Königsherrschaft durchsetzte. Allzu lange und allzu selbstverständlich waren moderne Verfassungsvorstellungen in die mittelalterlichen Jahrhunderte zurückprojiziert worden. «Generationen von Historikern und Rechtshistorikern hatten sich im 19. und 20. Jahrhundert bemüht, die gelebte Vielfalt gesellschaftlicher Bindungen und Bezüge mit modernen Begriffen zu kategorisieren»; erst auf diese Weise war allmählich, sozusagen als zweite historische Wirklichkeit, die (Rechts-)Verfassung jener Zeiten als ein System abstrakt-genereller Regeln entstanden, gerade so, als ob die Zeitgenossen – aus welchen Gründen auch immer – sie selbst aufzuzeichnen vergessen hätten.[17] So wurden Entwicklungen akzentuiert, die sich als Vorstufen des Rechtssetzungs- und Gewaltmonopols moderner Staatlichkeit verstehen ließen, so daß das 12. Jahrhundert gewissermaßen schon als Weg in die Moderne gelten konnte. Mittlerweile ist ebenso erkannt wie anerkannt, daß die politisch-sozialen Ordnungen der Vormoderne über eine viel offenere Verfassung verfügten und daher in viel stärkerem Maße auf Konsens und Aushandlungsprozesse angewiesen waren, als es für einen modernen Staat mit seinem unbestrittenen institutionellen Zwangsapparat gilt. Auch war das Reich kein überpersönlicher Staat, der unabhängig von der Gegenwart des Herrschers bestand; es war vielmehr eine personal bestimmte Herrschafts- und Staatsordnung, die eigentlich nur in der Gemeinschaft der Großen existierte, die sich auf den Hoftagen als «politischen Verdichtungspunkten» des Reichs zu Beratungen versammelten.[18] In solchen feierlichen Versammlungen wurde das Reich nicht nur «als einträchtig handelnde, hierarchisch strukturierte Personengesamtheit zur Anschauung gebracht und sinnlich erfahrbar *dar*gestellt», sondern auch erst «in einem Verbindlichkeit stiftenden Sinne *her*gestellt».[19] Parallel zu diesen Einsichten entstand auch eine größere Sensibilität für die Konsequenzen herrschender Darstellungsweisen des Vergangenen («Meistererzählungen», ‹Metanarrative›),[20] die unter modernisierungs- oder ideengeschichtlichem Vorzeichen häufig genug die ursprüngliche Offenheit der historischen Situation hinter vermeintlich zwangsläufigen Kausalitäten verbergen.

Demgegenüber kommt es darauf an, das historische Geschehen wieder an den Handlungshorizont der Zeitgenossen zurückzubinden, ihre Ratlosigkeit und ihre Suchbewegung zurückzugewinnen, um ihre – aus heutiger Sicht – Vergangenheit gewordene Zukunft nicht als Ergebnis eines einfach geplanten Entwurfs mißzuverstehen, sondern als häufig genug ungeplante Folge menschlichen Handelns anzuerkennen.[21] Ideen und politische Ereignisse verhielten sich auch zu Barbarossas Zeiten nicht einfach wie Ursache und Wirkung zueinander. Verbunden mit diesen Erkenntnisprozessen ist auch die Einsicht, daß der Herrscher nicht stets impulsgebendes Zentrum des politischen Geschehens war; zumal die neueren Forschungen zum Hof des Königs haben die Wechselseitigkeit erwiesen, die zwischen seinem politischen Handeln und den Erwartungen seines Umfelds bestanden.[22] Diese veränderten Sichtweisen auf die Königsherrschaft sind von zunehmender Skepsis begleitet, die Person des Herrschers überhaupt noch hinreichend deutlich erkennen zu können, weil sein persönlicher Anteil am politischen Geschehen generell nur schwer oder gar nicht greifbar ist. Nicht zu Unrecht wurde deshalb vorgeschlagen, Barbarossa grundsätzlich nur als «Chiffre» für die Ursache aller politischen Äußerungen, Maßnahmen und Zielsetzungen zu verstehen, die die Quellen mit seinem Namen verbinden.[23]

Solche Relativierungen sind für den Versuch, eine Biographie dieses Kaisers zu schreiben, eigentlich wenig ermutigend, machten sie nicht mittelbar auch auf die Konstruktionsleistung aufmerksam, die hinter jeder historischen, besonders aber der biographischen Erzählung steckt; schon die Auswahl aus der Fülle der Ereignisse unterlegt einem Leben eine bestimmte Zielgerichtetheit, die es so wahrscheinlich nie besessen hatte. Stringenz und Zusammenhang ist zu einem großen Teil erst das Ergebnis eines retrospektiven Sinngebungsprozesses. Pierre Bourdieu spricht deshalb gleichermaßen treffend wie herausfordernd von der «biographischen Illusion».[24] In welchem Ausmaß ihr auch mein Vorhaben unterliegt, das Leben des Staufers erzählen zu wollen, macht schon ein Blick auf die Quellen deutlich. Von Barbarossa gibt es so gut wie keine unzweifelhaft als authentisch verbürgte Selbstaussage; die knapp eintausend Urkunden, die unter seinem Namen überliefert sind, bieten dafür nur höchst begrenzten Ersatz – auch wenn sie natürlich wichtige Einblicke in die rechtlichen und politischen Verhältnisse des Reichs erlauben –, denn der Kaiser konnte weder lesen noch schreiben, und die lateinische Sprache, in der die Texte verfaßt wurden, lernte er erst gegen Ende seines Lebens gut zu verstehen und auch zu sprechen. Nicht einmal der Name, der im Laufe eines Lebens eigentlich Identität verbürgt, garantiert also Zugang zum authentischen persönlichen Willen des Staufers. Ganz abgesehen davon war die Praxis, daß der Urkundenaussteller häufig genug ohnehin nicht wußte, was in seinem Namen geschrieben wurde, so verbreitet, daß Papst Urban III. den Kaiser auf diesen Sachverhalt bei Gelegenheit als selbstverständliche Begleiterscheinung sowohl päpstlicher wie kaiserlicher Herrschaftsausübung aufmerksam machte.[25] Informationen zu Barbarossas Leben und Taten liefern viele Urkunden anderer Herrschaftsträger, auch Briefsammlungen wie namentlich jene des Abtes Wibald von Stablo für die ersten Regierungsjahre, vor allem aber die von England bis Byzanz, von Dänemark bis Sizilien verstreuten Geschichtswerke, von denen freilich kein einziges den langen Zeitraum der 38 Herrschaftsjahre des Kaisers vollständig umfaßt. Sie erhellen nur höchst ungleichmäßig das Handeln des Staufers, und manche Phasen wie die sechs Jahre zwischen 1168 und 1174, die er als überhaupt längsten Zeitraum seiner Herrschaft ununterbrochen in Deutschland verbracht hat, geraten ihrer Ereignisarmut wegen kaum in den Fokus der Geschichtsschreiber; selbst der ausführlichste Bericht über ein so zentrales Ereignis wie den Sturz Heinrichs des Löwen stammt aus keiner unmittelbar zeitgenössischen Quelle, sondern aus der erst Jahrzehnte später entstandenen Slawenchronik des Abtes Arnold aus Lübeck. Für die Jahre bis 1160 steht mit den «Taten Friedrichs» (*Gesta Frederici*) des Bischofs Otto von Freising und seines Fortsetzers Rahewin eine gut informierte, aber auch höchst einseitige Quelle zur Verfügung. Deren Berichte zumal über die Konflikte mit oberitalienischen Städten werden durch die Werke des Otto Morena und seines Sohnes Acerbus aus

Lodi, die Annalen des Vinzenz von Prag, der im Gefolge seines Herrn, des Bischofs Daniel von Prag, mehrfach Augenzeuge der Ereignisse war, und schließlich durch den «Bericht von der Bedrückung und Unterwerfung der Lombardei» (*Narratio de Longobardie obpressione et subiectione*) eines anonymen Mailänders gut ergänzt. Auch die Genueser Annalen des Caffaro und Oberto sowie die Pisaner Annalen des Bernardo Maragone liefern über die Verbindungen dieser beiden bedeutenden Seestädte zum Kaiser nicht nur wichtige, sondern auch höchst anschauliche Details. Für das Verhältnis zu den Päpsten sind die Viten Hadrians IV. und Alexanders III. aufschlußreich, die Kardinal Boso unter dem Eindruck der von Barbarossa nicht gerade ausgelösten, aber maßgeblich beeinflußten, fast zwanzigjährigen Kirchenspaltung verfaßte. Während seines Kreuzzugs geriet der Kaiser schließlich in den Berichtshorizont vieler europäischer und islamischer Geschichtsschreiber. Die ausführlichste Überlieferung (*Historia de expeditione*) ist mit dem Namen eines österreichischen Klerikers namens Ansbert verbunden, dessen Text aber über weite Strecken auf dem sogenannten Tagebuch des Passauer Domdekans Tageno beruht, das wiederum in der Chronik des Magnus von Reichersberg überliefert ist. Außerdem stehen die Kreuzzugsgeschichte eines anonym gebliebenen Mönchs aus Salem (*Historia peregrinorum*) sowie die einem deutschen Kreuzfahrer zugeschriebenen Kapitel einer englischen Kreuzzugschronik (*Itinerarium peregrinorum*) zur Verfügung, aber auch das Werk des byzantinischen Geschichtsschreibers Niketas Choniates sowie manche einschlägigen Passagen in islamischen Quellen.

Zu nennen sind außerdem zwei lateinische Dichtungen, die den ersten beiden Italienzügen des Staufers gelten – das zeitgenössische *Carmen de gestis Frederici imperatoris in Lombardia* eines wohl aus Bergamo stammenden, anonymen Autors und das Epos *Ligurinus*, das Gunther, ein Hofkaplan Barbarossas, verfaßte, der auch Erzieher seiner Söhne war. Beide Texte sind deshalb aufschlußreich, weil sie die ausschlaggebenden Normen und Handlungsmotive des kriegführenden Laienadels deutlicher akzentuieren als die Geschichtswerke geistlicher Autoren. Das ist längst keine vollständige Aufzählung. Aber die wechselnden Perspektiven und Voreingenommenheiten, die durch die Eigengesetzlichkeiten des Erinnerungsprozesses zusätzlich verformt sind,[26] vermitteln einen ersten Eindruck davon, weshalb die Erwartung, durch die Wahrnehmung Barbarossas seitens seiner Zeitgenossen hindurch zu der tatsächlichen Person des Kaisers vordringen zu wollen, eigentlich recht illusorisch ist. Auch die Urkunden liefern kein objektiveres Bild: lange Zeit als vermeintlich tendenzfreie Quellen der parteiischen Sicht der Geschichtsschreibung gegenübergestellt, erweisen sie sich bei genauerer Rekonstruktion des kommunikativen Kontexts, dem sie entstammen, als ihrerseits «aus der Sicht einer Streitpartei geglättete, stark formalisierte Wiedergabe» vorausgehender Auseinandersetzungen und den Konventionen der Herrscherdarstellung unterworfen.[27]

Dem Vorhaben, eine Biographie des Staufers zu schreiben, stehen also viele methodische Hindernisse im Weg. Wenn ich in diesem Buch dennoch eine Lebensgeschichte Barbarossas erzähle, dann geschieht dies vor allem in der Absicht, den Verführungen retrospektiver Geschichtsdeutung zu widerstehen und das Handeln des Staufers konsequent zu historisieren, aus seiner Zeit heraus zu deuten und seine Beschreibung «nicht an den anachronistischen Fluchtpunkten der Kategorien moderner Staatlichkeit auszurichten».[28] Auch soll sich Barbarossas Leben nicht nach Art eines Historiendramas entfalten, das davon lebt, daß «die Konflikte der Prinzipien, welche die Historiker der Geschichte durch eine spätere Interpretation sinngebend abgewinnen, schon als den handelnden Personen bewußt angenommen werden».[29] Mit dieser Grundentscheidung ist die Chance verbunden, den Habitus des Adligen, der Barbarossa als Sohn des Herzogs von Schwaben zuerst und vor allem anderen war, als prägend für sein politisches Handeln erkennen zu können. Wie die anderen Angehörigen der mittelalterlichen Adelsgesellschaft stellte der Staufer seinen Rang und sein Ansehen über alles und tat deshalb Dinge, «die nach modernen Vorstellungen von Staatsräson und pragmatischer Politik höchst unvernünftig sein konnten»; nach den ungeschriebenen Regeln seiner Zeit und seiner Schicht wäre es aber «sehr unzweckmäßig gewesen, sich anders zu verhalten, denn vom Rang eines Mannes hing alles ab: das Recht auf Mitsprache; die Chance, überhaupt angehört zu werden; die Fähigkeit zum Behaupten der eigenen Herrschaft gegen Rivalen und damit das Festhalten jener materiellen Basis, die wiederum Voraussetzung des gesellschaftlichen Rangs war. Deshalb gab es deutliche Wechselwirkungen zwischen realer politischer Macht und der Fähigkeit, diese Macht repräsentativ vorzuführen und darzustellen.»[30] Ehre – verstanden als öffentlich erwiesenes Zeichen sozialen Respekts, nicht als moralische Kategorie eines irgendwie ‹anständigen› Handelns – stand im Zentrum dieses adligen Habitus. Ehre war Bezugspunkt jeder Visualisierung des herrscherlichen Rangs, und es wird sich zeigen, daß Barbarossa geradezu ein Spezialist für Fragen der Sichtbarmachung seiner herrscherlichen Würde war. Er gehörte von Geburt an zum Kreis jener hohen Adligen, deren Gebaren untrennbar mit dem Anspruch auf Ehrerweisung verbunden war; solchen Menschen galt die lapidare Einsicht der Mönchsregel des heiligen Benedikt, sie sorgten schon durch ihr furchteinflößendes, herrisches Auftreten (*terror*) dafür, daß sie geehrt würden.[31] Daß Barbarossa durch Königs- und Kaiserkrönung an die Spitze dieser Gesellschaft erhoben wurde, milderte und minderte die Schroffheiten seiner durch adlige Erziehung und Sozialisation erworbenen Wahrnehmungs-, Denk- und Handlungsmuster keineswegs, sondern verlieh ihnen im Gegenteil besondere Schärfe; schließlich galt es, die Autorität von Amt und Person zu wahren – oder, in der Sprache der Zeit, den *honor imperatoris* (Ehre des Kaisers) und den *honor imperii* (Ehre des Reichs).

KAPITEL 1

ANFÄNGE

Viel häufiger als der Geburtstag fand im Mittelalter der Todestag Eingang in die schriftliche Überlieferung. Er war deshalb wichtig, weil mit dem Tod das Leben im Jenseits begann, also das Warten auf das Jüngste Gericht, das mit der Sündenbuße im Fegefeuer verbunden war. Diese jenseitige Buße konnte vom Diesseits aus beeinflußt werden, und zwar durch Gebete, in denen die Heiligen um Fürsprache für den Verstorbenen angerufen wurden. Gebetsgedenken über den eigenen Tod hinaus konnte durch Geschenke an eine geistliche Gemeinschaft gesichert werden, deren Gegenleistung in Fürbitten und Totenmessen bestand. So riß die Verbindung zwischen den Lebenden und den Verstorbenen nicht ab, und diese ‹Gegenwart der Toten› brachte eine ganz eigene Gedenk- und Erinnerungskultur hervor. Diese Praxis der *Memoria* ist ursächlich dafür, daß auch das Todesdatum der Könige des Früh- und Hochmittelalters viel häufiger überliefert ist als ihr Geburtstag oder Geburtsjahr.

Friedrich Barbarossa stellt in dieser Hinsicht keine Ausnahme dar. Daß er in Waiblingen oder auf der welfischen Haslachburg bei Weingarten geboren sein soll, berichten nur die neuzeitlichen Schwäbischen Annalen des Tübinger Gelehrten Martin Crusius († 1607).[1] Der Todestag des Staufers am 10. Juni 1190 ist dagegen vielfach überliefert und gut gesichert, aber es gibt nur wenige Anhaltspunkte, die Rückschlüsse auf sein Geburtsdatum erlauben. Am einfachsten zugänglich ist noch eine Mitteilung des Abtes Wibald von Stablo. Anläßlich von Friedrichs Wahl zum deutschen König schrieb er Papst Eugen III., er glaube, der neue Herrscher sei noch keine dreißig Jahre alt.[2] Mit anderen Worten: auch Wibald, am deutschen Königshof damals schon seit vielen Jahren einflußreich, wußte nicht genau, wie alt der neue König war. Gewählt wurde Barbarossa am 4. März 1152 – wenn er damals sein drittes Lebensjahrzehnt noch nicht vollendet hatte, dann fiel seine Geburt frühestens in das Jahr 1122. Ein weiteres Indiz weist auf den möglichen Geburtsmonat. Es findet sich in einer Urkunde Barbarossas für St. Ulrich und Afra in Augsburg. Drei Jahre vor seinem Tod, der ihn während des Kreuzzuges im kleinasiatischen Fluß Saleph ereilte, schenkte der Kaiser dem Kloster drei Höfe. Als Gegenleistung für die damit verbundenen regelmäßigen Einnahmen verpflichteten sich die Mönche zu Gedächtnisfeiern für den Kaiser: solange er lebe, sollte sein «Jahrtag» von Abt und Klostergemeinschaft durch Nachtwachen, Messen und Gebete während der Buß- und Fasttage vor Weihnachten begangen werden; nach seinem Tod aber sollte sein Sterbetag und sein Jahrtag «auf ewig» durch Gebete gefeiert werden.[3] Nicht alles an diesen Bestimmungen ist ungewöhnlich, denn wie andere gläubige Christen traf auch Barbarossa noch zu Lebzeiten Vorsorge für seine *Memoria*: «Wenn wir zuweilen von der Höhe des kaiserlichen Thrones demütig zu uns selbst hinabsteigen», so heißt es in der Augsburger Urkunde, «und das Heil unserer Seele bedenken, dann halten wir es für den größten Gewinn in diesem gegenwärtigen Leben, wenn wir durch das Irdische und Vergängliche die Freuden der himmlischen Heimat, die ohne Ende und Mangel sind, gewinnen könnten.» Durch die drei Höfe, die der Kaiser aus seinem Besitz den Mönchen von St. Ulrich und Afra schenkte, verband er sich ihren Gebeten an Gott und die Heiligen, mit denen seine Sündenstrafen im Jenseits gelindert werden sollten. Auffallend ist aber die Bestimmung, die eine Jahrtagsfeier noch zu seinen Lebzeiten auf die vorweihnachtlichen Fast- und Bußtage festlegt, die sogenannten Winterquatember. Als Bezugspunkt eines solchen Gedenkens ist kein irgendwie erinnerungswürdiges Ereignis aus Barbarossas Regierungszeit erkennbar; die Jahrstiftung könnte daher mit seinem Geburtstag zusammenhängen, der demnach vielleicht im Monat Dezember lag.[4] Allerdings fielen die Quatember auf den Mittwoch, Freitag und Samstag nach dem dritten Adventssonntag, ihre Daten waren also variabel, so daß sie keinen zwingenden Rückschluß auf den Geburtstag des Kaisers zulassen.

Der Sohn Herzog Friedrichs II. von Schwaben erhielt den Namen seines Vaters und wurde nicht lange nach seiner Geburt, also wohl 1123 oder 1124, an einem unbekannten Ort getauft. Im frühen Christentum war es noch üblich gewesen, den erwachsenen Täufling vor seiner Taufe mit der christlichen Lehre und Lebensführung vertraut zu machen. Aber die Praxis, Neugeborene so bald wie möglich zu taufen, setzte sich schließlich durch, denn man fürchtete, ein Kind könne sterben, bevor es das für sein Seelenheil notwendige Taufsakrament empfangen habe. Seit dem Frühmittelalter spielte der Taufpate (*patrinus*) eine zunehmend wichtige Rolle; er war es, der das Kind aus der Taufe hob, und weil die Taufe als geistliche Neugeburt galt, schuf die Patenschaft auch eine künstliche Verwandtschaft zwischen Täufling und Paten, die sogenannte Kompaternität, die sich auch auf das Verhältnis zu den leiblichen Eltern ausdehnte. Barbarossas Vater wollte für seinen Sohn einen entfernten, aber sehr frommen Verwandten als Paten – den Grafen Otto von Cappenberg, der zusammen mit seinem Bruder Gottfried in der Burg ihrer Familie just in dieser Zeit das erste Prämonstratenserstift auf deutschem Boden gründete. Als Erbe ihrer schwäbischen Mutter besaßen die Brüder zwei Burgen, Hildrizhausen bei Böblingen und Kräheneck bei Pforzheim, die sie an Herzog Friedrich II. verkauften. Bei der Übergabe dieses Besitzes dürfte Otto als Taufpate für den Sohn des Herzogs fungiert haben.[5] Wie es der im 12. Jahrhundert noch weitgehend übliche Ritus verlangte, wurde der kleine Friedrich von seinem Taufpaten und einem Bischof, der das Taufsakrament spendete, an den Oberarmen festgehalten, dreimal kurz unter Wasser getaucht und dann aus der Taufe gehoben. Ein im Erwachsenenalter zum Christentum konvertierter Jude erzählte über sein Tauferlebnis, «die Eiseskälte des Wassers» habe ihn «fast ganz erstarren lassen».[6] Barbarossa indessen wird sich an den Schrecken, den ihm die Immersionstaufe (lat.: Eintauchung) eingejagt hatte, später natürlich nicht mehr erinnert haben können.

Aus dem Besitz Ottos von Cappenberg stammt eine silberne Schale, die ihm Barbarossa zum Geschenk machte – die sogenannte ‹Taufschale› des Kaisers. Über ihre Bedeutung machte man sich erst Gedanken, nachdem sie von Johann Wolfgang von Goethe und dem Freiherrn von Stein während ihrer gemeinsamen Rheinreise im Juli 1815 in der Kunstsammlung eines Kölner Kanonikers in Augenschein genommen worden war.[7] Auf ihrem Boden ist eine Darstellung eingraviert, die die Taufe eines Kindes zeigt. Auf Goethes Rat wurde die Schale 1820 von der Weimarer Erbgroßherzogin Maria Paulowna für die dortigen Sammlungen erworben. Als sich dann um die Identifizierung des dargestellten mittelalterlichen Herrschers ein Gelehrtenstreit entspann, schrieb Goethe, vom Dissens der Experten entnervt, dass sich angesichts der vielen Auslegungen die Sinne verwirrten «und man lieber das Becken wieder einschmeltzte, damit nur niemand weiter darüber meinen könnte».[8] Mittlerweile steht fest, daß die Taufe Barbarossas dargestellt ist. Die Gravur auf dem Schalenboden zeigt die Taufe in Form der *immersio*. Über dem Kopf des Kindes nennt eine Inschrift seinen Namen FRIDERIC(US) und seinen späteren Herrschertitel I(M)P(ERA)T(OR). Auf seiner rechten Seite steht sein durch den Namen OTTO bezeichneter Pate; hinter ihm sind zwei weitere Personen erkennbar, offenbar ein Mann und eine Frau, also doch wohl die Eltern Barbarossas, Herzog Friedrich II. von Schwaben und seine Gemahlin, die Welfin Judith. Dem Bischof auf der linken Seite assistiert ein Diakon. Das äußere der zwei konzentrischen Inschriftenbänder erklärt die Herkunft der Schale: «Friedrich, Kaiser und Mehrer des Reiches, hat diese Geschenke seinem Paten Otto überreicht, jener weihte sie Gott [stiftete sie dem Prämonstratenserstift Cappenberg].» Bild und Inschrift wurden also erst nach Barbarossas Kaiserkrönung 1155 in Ottos Auftrag geschaffen. Die zweite Umschrift weist auf die innere Reinigung, die die Taufe bewirkt: «Du, den das Wasser von außen reinigt, sei des inneren Menschen eingedenk; damit du werdest, was du nicht bist, wasche ab und reinige, was du bist.» Nicht die Taufhandlung selbst ist beschrieben, die imperativische Aufforderung richtet sich vielmehr an jemanden, der seine Hände mit Wasser wäscht und sich bei dieser äußeren Reinigung der inneren bewußt sein soll, die das Taufsakrament bewirkt. Das ist ein Hinweis auf die Funktion der Schale: Aller Wahrscheinlichkeit nach war sie zur rituellen Handwaschung im Meßdienst bestimmt.[9] Die üblich gewordene Bezeichnung ‹Taufschale› ist aus mehreren Gründen irreführend: zum einen ist es ganz unwahrscheinlich, daß Barbarossa die Schale von seinen Eltern bekommen und dann jahrzehntelang in Kenntnis ihrer einstigen Verwendung irgendwo aufbewahrt und dann seinem Paten geschenkt haben soll.[10] Zum anderen zeigt die Gravur, daß das Kind untergetaucht wurde – also auch keine Schale verwendet worden sein kann, mit deren Hilfe der Täufling mit Wasser übergossen wurde. Mit dem Bild von Barbarossas Taufe hielt Otto einen Höhepunkt seines eigenen Lebens fest; seine Erinnerung überstand auf diese Weise die Jahrhunderte. Die Ver-

ABB. 5 Sogenannte «Taufschale» Barbarossas. Sie war ein Geschenk des Kaisers an seinen Paten Otto von Cappenberg. Ursprünglich Bestandteil des Kirchenschatzes des Prämonstratenserstiftes Cappenberg, heute im Kunstgewerbemuseum der Staatlichen Museen zu Berlin. Silber, graviert und teilweise vergoldet, Höhe 4,4 cm, Durchmesser 24,4 cm.

gegenwärtigung der kaiserlichen Taufe hatte aber noch eine andere Funktion: Sie erinnerte die Cappenberger Prämonstratensergemeinschaft an die persönliche Nähe, die ihren Stifter Otto mit dem Reichsoberhaupt verband. Eine solche Bindung war unter den Bedingungen der ganz auf die Person des Herrschers ausgerichteten Herrschaftspraxis gleichsam eine Garantie dafür, unter Berufung auf sie auch künftig Zugang zum kaiserlichen Hof zu erhalten. Noch sechzehn Jahre nach Ottos Tod privilegierte Barbarossa das Stift, der Urkundentext erwähnt ausdrücklich die Erinnerung an die Stiftung seines Paten.[11]

HERKUNFT UND ABSTAMMUNGSWISSEN

Vor 1152, dem Jahr seiner Königswahl, war Friedrich Barbarossa einer der mächtigsten weltlichen Fürsten im Reich. Nach seinem Großvater, Herzog Friedrich I., und seinem Vater, Herzog Friedrich II., war er der dritte staufische Herzog von Schwaben. Als ‹Staufer› hat sich Barbarossa allerdings nie bezeichnet, und er wurde auch von seinen Zeitgenossen nicht so genannt. Der Staufername ist als Schöpfung von Historikern des späten 15. Jahrhunderts eine vergleichsweise moderne Erfindung, die die heute ganz selbstverständliche und in jedem Geschichtsbuch wiederholte Vorstellung, es habe eine Herrscherdynastie der ‹Staufer› gegeben, begründete. Der Name erklärt sich aus der historischen Tatsache, daß die Verfügung über den oberhalb der späteren Siedlung Göppingen liegenden, die Landschaft markant überragenden Bergkegel des Hohenstaufen für die Machtstellung Herzog Friedrichs I. von Schwaben, des Großvaters Friedrich Barbarossas, so charakteristisch gewesen war, daß er einigen Chronisten des 12. Jahrhunderts als Friedrich *de Stouphin* in Erinnerung blieb.[12] Tatsächlich gewannen Burgen oder befestigte Adelssitze erst seit dem 11. Jahrhundert als Herrschaftsmittelpunkte besondere Bedeutung. Damals fügten viele Adlige ihrem eigenen Namen denjenigen ihrer Burg als Herkunftsbezeichnung hinzu. Weil solche Stammsitze üblicherweise vom Vater auf den Sohn vererbt wurden, verdichtete sich die ursprüngliche Herkunftsbezeichnung in den folgenden Generationen zu einem festen Namensbestandteil. Für das Selbstverständnis eines solchen Adelsgeschlechts wurden die Ahnen väterlicherseits, die Agnaten, entscheidend, denn über sie war der namengebende Besitz vererbt worden. Der heute übliche Name Staufer oder von (Hohen-)Staufen unterstellt also, daß sich die Nachfahren Herzog Friedrichs I. bewußt zu ihrer Herkunft von der Burg Staufen bekannten.

Genau das aber war nicht der Fall. Keinem einzigen der Herrscher, die wir heute als ‹Staufer› kennen, war die mit der väterlichen Linie ihrer Abstammung verbundene Burg im Schwäbischen wichtig genug, um sie als entscheidend für die genealogische Tradition zu sehen, in die sie sich stellen wollten.[13] Diese Herkunft war schon für den Sohn Herzog Friedrichs I., den ersten ‹staufischen› König Konrad III., bedeutungslos; dasselbe Bild ergibt sich für dessen Neffen und Nachfolger, Friedrich Barbarossa, sowie für dessen Söhne und Nachfolger, Heinrich VI. und Philipp von Schwaben. Ungleich wichtiger war ihnen die mütterliche Linie, denn die kognatischen Vorfahren waren den agnatischen an Rang und Ansehen bei weitem überlegen. Barbarossas Großmutter Agnes, die Gemahlin Herzog Friedrichs I., war nämlich eine Tochter des salischen Kaisers Heinrich IV. In der ranggeordneten Gesellschaft des Mittelalters erhöhte eine so enge persönliche Bindung zum Kaiserhaus das eigene Prestige ganz wesentlich. So hielt der Chronist Ekkehard von Aura Friedrich I. zwar für berühmt durch Klugheit und Tugend, für berühmter aber noch durch seine Heirat mit der Tochter des Kaisers, einer Frau von einzigartigem und berühmtem Ruf.[14] Die Berufung auf die eigenen Ahnen hatte immer legitimatorische Funktion, denn mit der Erinnerung an deren Herrschaftsleistung wurde gleichzeitig der eigene Herrschaftsanspruch begründet. Folgerichtig war es für die zum Königtum aufsteigenden Nachkommen Herzog Friedrichs I. wichtiger, die prestigeträchtige Erinnerung an die Kaisertochter zu betonen als die an den Herzog, denn über Agnes waren sie Neffen, Enkel oder Urenkel der salischen Kaiser. Konrad III. berief sich immer wieder auf seine Verwandtschaft mit den Saliern.[15] Sie war auch für Friedrich Barbarossa, den Enkel des Herzogs, der wichtigste Bezugspunkt seines dynastischen Selbstverständnisses. Aus diesem Grund setzte er die Tradition der Familiengrablege im Kloster Lorch, die sein Großvater mit der Stiftung dieses Klosters 1102 begründet hatte, nicht fort, sondern gab schon früh die Bedeutung zu erkennen, die er der salischen Grablege im Dom zu Speyer zumaß: schon im Oktober 1152, nur wenige Monate nach seiner Königskrönung, schenkte Barbarossa der bischöflichen Kirche von Speyer zum Seelenheil seiner Eltern und aller seiner Amtsvorgänger die königliche Burg Berwartstein.[16] Seine 1184 verstorbene Gemahlin, die Kaiserin Beatrix, ließ er in die salische Grabkirche überführen; und man darf annehmen, daß er auch für sich selbst den Dom in Speyer als Begräbnisort in Anspruch genommen hätte, wäre er nicht während des Kreuzzugs in Kleinasien 1190 eines überraschenden Todes gestorben. Wie wenig die moderne Trennung zwischen salischem und staufischem Kaiserhaus der Wahrnehmung im 12. Jahrhundert entspricht, zeigt die Zuordnung Barbarossas zu den «Heinrichen von Waiblingen» im Geschichtswerk Ottos von Freising oder zu dem «königlichen Stamm der Waiblinger» bei Burchard von Ursberg.[17] Die Chronisten nannten die salischen Herrscher, die fast alle den Namen Heinrich getragen hatten, aus heute nicht mehr genau erkennbarem Grund nach dem Ort Waiblingen. Wahrscheinlich hielten sie es für bedeutsam, daß der Ort, der ein Besitzschwerpunkt der salischen Kaiser gewesen war, im 12. Jahrhundert zum Besitz des Herzogs von Schwaben gehörte, so daß sich über den Ortsnamen symbolisch die Verbindung zum salischen Herrscherhaus herstellen ließ.[18] Anzunehmen ist auch, daß sich in dieser Namengebung spiegelt, wie die ‹staufischen› Herrscher eine wahrnehmbare Verbindung mit ihren salischen Verwandten herstellen wollten; schließlich zeigt schon das häufige Vorkommen der salischen Kaisernamen Konrad und Heinrich in der staufischen Familie, daß sie dieses Traditionserbe in besonderen Ehren hielt. Und in Byzanz hielt man Friedrich und Konrad sogar für Söhne Heinrichs V.[19] Die Herkunftsbezeichnung «Waiblinger» verbreitete sich nicht nur im deutschen Reichsteil, sondern auch südlich der Alpen; dort wurde er in der verballhornten Form «Ghibellinen» als Benennung für die Anhänger des ‹Waiblinger›-Erben Friedrich II. seit dem frühen 13. Jahrhundert üblich und im 19. Jahrhundert im Parteinamen der papstfeindlichen «Neoghibellinen» wiederbelebt.

Welches Erinnerungswissen hatte Barbarossa selbst über seine Familiengeschichte? Die knapp tausend heute noch erhaltenen Urkunden, die in seinem Namen ausgestellt wurden, enthalten viele Erwähnungen von Vorfahren und Verwandten und geben damit wichtige Hinweise auf sein Familien- und Abstammungsbewußtsein. Aber war er es selbst, der diese Zusammenhänge erwähnt haben wollte? Nicht immer muß Erinnerung des Kaisers sein, was auf den ersten Blick als solche erscheint. Das zugrundeliegende methodische Problem läßt sich am besten mit Urkundenaussagen veranschaulichen, die persönliche Erinnerungen Barbarossas wiederzugeben scheinen. «In unserer Gegenwart» (*in nostra presentia*), so heißt es in einer Urkunde von 1154, habe sein Onkel, König Konrad III., zehn Jahre zuvor die Rechte des Klosters Schaffhausen bestätigt. Diese Formulierung stammt wie der ganze Text natürlich nicht von Barbarossa selbst, der weder schreiben konnte noch die lateinische Sprache verstand, sondern von einem Schreiber, der ihn nach Vorlage der alten Urkunde Konrads III. abfaßte.[20] Dort hatte er lesen können, daß damals «Friedrich, der Herzog der Schwaben, und dessen Sohn Friedrich [Barbarossa]» als Zeugen anwesend gewesen waren; dieses Wissen übernahm der Schreiber in Form einer subjektiv gehaltenen Erinnerung des Kaisers in den neuen Urkundentext. Wollte Barbarossa selbst seine damalige Anwesenheit erwähnt wissen? Sie war indessen nicht für ihn, sondern für den Abt von Schaffhausen wichtig, weil sie die Nähe des Klosters zum König belegte. Bis zu einem gewissen Grad war es offenbar dem Ermessen der Notare überlassen, Erinnerungen des Kaisers gewissermaßen zu produzieren. Sie schrieben ihr Wissen um einzelne seiner früheren Handlungen in die Urkundentexte hinein, deren sprachliche Form ganz der Fiktion unmittelbar persönlicher Verlautbarung des Herrschers verpflichtet war. Ob der Kaiser selbst an solche Sachverhalte erinnern wollte, ist dagegen völlig ungewiß. Die Aussagen über Barbarossas Familien- und Abstammungsbewußtsein in den Urkunden unterliegen letztlich demselben Deutungsproblem:[21] Barbarossas Urgroßvater, Kaiser Heinrich IV., wird regelmäßig mit dem lateinisch korrekten Begriff *proavus noster* bezeichnet; im Falle seines Großonkels, Kaiser Heinrichs V., ist die Bezeichnung dagegen uneinheitlich oder sogar sachlich falsch, denn er wird vereinzelt ebenfalls *proavus noster* genannt. Wollte man darin Barbarossas eigene Aussage sehen, müßte man annehmen, er selbst hätte das Verwandtschaftsverhältnis nicht richtig zu bezeichnen gewußt. Wahrscheinlicher ist deshalb, daß es im Ermessen der Kanzleinotare lag, familiäre Zusammenhänge nach ihrem Wissen zu benennen. Sie werden sich dabei nach den Wünschen der Urkundenempfänger gerichtet haben. Die seltenen Rückbezüge auf Barbarossas Vorfahren väterlicherseits finden sich fast ausschließlich in Urkunden zugunsten von Klöstern oder Kirchen, für die sie einstmals als Stifter tätig geworden waren. Die Empfänger wollten ihre Verbindung mit der Familie des gegenwärtig regierenden Herrschers erwähnt wissen, um mit diesem Dokument der Königsnähe ihren eigenen Status aufzuwerten. Natürlich widersprachen solche Erwähnungen nicht Barbarossas eigener Wahrnehmung – aber nicht der Kaiser selbst, sondern die Urkundenempfänger hatten Anlaß, dieses Erinnerungswissen zu formulieren, weil sie es zu eigenem Vorteil und Interesse funktionalisieren konnten. Mit Urkunden reagierte der Herrscher auf konkrete Anlässe, mit Aussagen über Grundsätze der Herrschaftsausübung enthielten sie aber auch eine über den konkreten Anlaß hinausgehende Botschaft. In solchen für Aussteller und Empfänger gleichermaßen prestigeträchtigen Manifestationen der Herrschaft gab es nur sehr selten Anlaß, Barbarossas im Vergleich zu seinen kaiserlichen Vorfahren mütterlicherseits wesentlich unbedeutendere Vorfahren väterlicherseits zu erwähnen. Nicht zuletzt aus diesem Grunde ist deren Herkunft bis heute ungewiß. Das einzig sichere Wissen über die Generationen der frühen ‹Staufer› beschränkt sich auf die äußerst wortkarge Genealogie, die Abt Wibald von Stablo 1153 im Auftrag Barbarossas erstellte, die sogenannte *tabula consanguinitatis*. Der neugewählte König wollte damals seine Ehe mit der nordbayerischen Markgrafentochter Adela von Vohburg auflösen und bediente sich zu diesem Zweck des vorgeschobenen, aber kirchenrechtlich relevanten Arguments, er sei mit seiner Gemahlin zu eng verwandt. Wibald faßte Barbarossas Wissen um seine Abstammung väterlicherseits in einer fünf Generationen zurückreichenden Vater-Sohn-Folge zusammen: «Friedrich zeugte Friedrich von Büren (*de Buren*). Friedrich von Büren zeugte Herzog Friedrich (I.), der Staufen (*Stophen*) gründete. Herzog Friedrich (I.) von Staufen zeugte mit der Tochter König Heinrichs (IV.) Herzog Friedrich (II.). Herzog Friedrich (II.) zeugte König Friedrich (Barbarossa).»[22] Unverkennbar hatte die salische Großmutter – der Barbarossa nach allem, was wir wissen, nie begegnet ist – in seiner Erinnerung eine zentrale Bedeutung; sie ist die einzige Frau, die erwähnt wird. Der Staufer kannte auch noch die Namen von Ur- und Urugroßvater, die sonst in keiner anderen Quelle überliefert sind. So wichtig diese Nachricht also einerseits ist, so wirft sie andererseits doch bis heute ungeklärte Fragen auf. Sie betreffen vor allem Stellung und Herkunft der ersten beiden Friedriche. Die fehlende Amtsbezeichnung dürfte darauf hinweisen, daß sie einst von eher bescheidenem politischem Gewicht waren. Ihnen fehlt aber auch eine klar identifizierbare Herkunftsbezeichnung. Die Angabe *de Buren* ist alles andere als eindeutig, weil der Ortsname Beuren bzw. Büren nicht nur in Schwaben keine Seltenheit ist. Damit liegen aber sowohl Tätigkeitsbereich und politische Stellung wie auch Abstammung der frühen Staufer völlig im dunkeln.

Aus der Chronik Bertholds von Reichenau erfahren wir immerhin, daß Friedrich I. vor seiner Erhebung zum Herzog von Schwaben den Amtstitel eines Grafen trug – nicht aber, wo er seine Grafschaftsrechte ausübte.[23] Natürlich versucht die Forschung seit langem, dieses Rätsel zu lösen, und sie läßt sich dabei stets von der Grundannahme

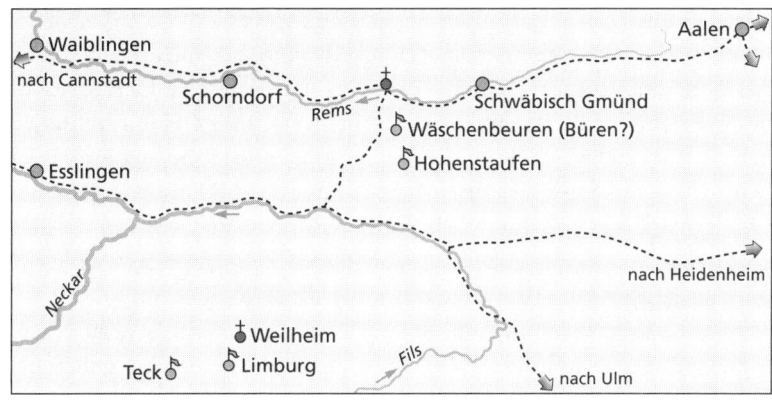

KARTE 1 Das Zentrum des Zähringerbesitzes war im 11. Jahrhundert noch die Burg Weilheim nicht weit von Hohenstaufen. Nach Anfall des Rheinfeldener Erbes 1090 verlagerte sich der Schwerpunkt jedoch in den Breisgau.

leiten, daß die Vorfahren des zunächst Graf gewesenen Herzogs «von Staufen» auch aus der Gegend um den später namengebenden Berg stammen und ihrerseits Grafen gewesen sein könnten. Die Suche nach Grafen namens Friedrich, die in nicht allzu großer Entfernung vom Hohenstaufen amtierten, führte bislang zu einem 1053 belegten schwäbischen Pfalzgrafen namens Friedrich und einem Grafen Friedrich im Riesgau bei Nördlingen. Aber der Beweis, daß diese Personen mit den beiden ersten Friedrichen in Wibalds tabula consanguinitatis identisch sind, ist nicht zu erbringen. Ebenso ungewiß bleibt, ob das am Fuße des Hohenstaufen gelegene Wäschenbeuren der Herkunftsort des Friedrich de Buren war; zwar wird das dortige Wäscherschloß immer noch gerne als eigentliche Stammburg der Staufer bezeichnet, aber diese Identifizierung wird von keinem einzigen Quellenbefund gestützt. Ob die 1957 entdeckten, seitdem nicht weiter untersuchten Fundamente zweier Wohntürme auf dem nahegelegenen Burren zur Lösung des Rätsels beitragen könnten, ist bislang nicht abzusehen.[24] Zwar hat die Vorstellung von einer ‹schwäbischen Heimat› schon der frühen Staufer durch rege landesgeschichtliche und genealogische Forschungen seit langem den Status einer historischen Tatsache erlangt; daß es sich dabei aber nur um eine Theorie handelt, ist mittlerweile fast aus dem Blick geraten, verdient aber doch, mit aller Deutlichkeit in Erinnerung gerufen zu werden. So läßt sich bis heute nicht nachweisen, daß sich die beiden bedeutendsten staufischen Erinnerungsorte schon vor 1079, dem Jahr der Herzogserhebung Friedrichs I., in seiner oder seiner Vorfahren Hand befunden hatten. Vielleicht gelangten der Hohenstaufen und die Siedlung oder Burg, an deren Stelle Friedrich I. hoch über dem Remstal das Kloster Lorch gründete, erst durch Übertragung seitens des salischen Kaisers an Barbarossas Großvater – als Lehen des neu erhobenen Herzogs oder als Mitgift für seine Gemahlin, die Kaisertochter.

Über Barbarossas Urgroßvater weiß man nur, daß er – zu einem unbekannten Zeitpunkt – eine Frau namens Hildegard geheiratet hatte, die 1094 noch lebte, aber nicht mehr 1095. Sie war im elsässischen Schlettstadt reich begütert und wird von der modernen Forschung der Familie der Grafen von Dagsburg-Egisheim zugewiesen.[25] Die einzige andere über Friedrich von Büren bekannte Tatsache, daß er nämlich im elsässischen Wettisheim Besitz erworben hatte, sorgte bislang für wenig Aufsehen, weil man diese Verfügung im Zusammenhang mit den Gütern seiner Gemahlin sah. Das unscheinbare Ereignis wurde vor einigen Jahren jedoch ebenso unerwartet wie herausfordernd zum Anlaß weitreichender Überlegungen genommen: Könnte Friedrich von Büren nicht aus dem Elsaß stammen? Hat man sich die Wirkrichtung der Staufer nicht vielleicht genau umgekehrt als bisher vorzustellen, nämlich nicht vom Osten nach Westen gerichtet, sondern umgekehrt vom Elsaß ausgehend in das erst später zum staufischen Stammland gewordene Schwaben?[26] Die Herausforderung an das vertraute Geschichtsbild einer schwäbischen Herkunft der Staufer war so heftig, daß die Nachricht vom Streit der Historiker, der wegen seiner kleinteiligen Quellengrundlage an sich alles andere als medientauglich ist, immerhin den Weg in die Stuttgarter Zeitung fand. Aber die neue These von der elsässischen Herkunft ist noch recht fragil: ein Graf namens Friedrich ist für den fraglichen Zeitraum im Elsaß bislang nicht nachgewiesen, seine genealogische Einordnung völlig offen, ein elsässisches Büren als Herkunftsort des Vaters Herzog Friedrichs I. nicht gefunden. Vielleicht ließen sich diese Fragen klären, wenn man einer möglichen elsässischen Herkunft der Staufer mit der gleichen hypothesenfreudigen Neugier nachspürte wie bisher nur ihrer schwäbischen – immerhin hieß die nicht weit von Schlettstadt gelegene Hohkönigsburg ursprünglich ebenfalls Staufen.[27] In jedem

Fall aber sollte die Erwartung hinsichtlich eindeutiger Ergebnisse nicht allzu hoch getrieben werden, denn angesichts der dürren Überlieferung kann weder die eine noch die andere Theorie auf zwar plausible, aber eben unbeweisbare Vorannahmen verzichten. Immerhin läßt die Diskussion die dynamische Seite adliger Existenz in den Blick treten, die sonst vom Mythos dauerhafter Verwurzelung im schwäbischen Stammland verdrängt wird: breite Besitzstreuung und der damit verbundene Zwang zu Mobilität und Schwerpunktverlagerung war ein Kennzeichen adliger Herrschaftsbildung im Früh- und Hochmittelalter. Die frühen Staufer stellten keine Ausnahme dar. Selbst wenn die ersten beiden in Wibalds *Tabula consanguinitatis* genannten Friedriche in der Gegend des Remstals beheimatet waren, dann führte die Heirat Friedrichs von Büren mit der elsässischen Hildegard infolge des dort neugewonnenen Besitzes zu einem Spagat zwischen West und Ost. Wie er aussah, wissen wir nicht; aber es gab ihn. Als König Heinrich IV. 1079 den Sohn Friedrichs von Büren zum Herzog von Schwaben erhob, gewann wiederum der Besitz im Osten – zu dem die Hohenstaufen vielleicht gehörte, vielleicht aber auch nicht – an Bedeutung und wurde zum Ausgangspunkt für die Ausdehnung der staufischen Herzogsgewalt. Die Erhebung von Barbarossas Großvater Friedrich I. zum Herzog von Schwaben war rückblickend der Anfang des Aufstiegs einer zuvor gänzlich unbedeutenden und noch nie ins Licht der Geschichte getretenen schwäbisch-elsässischen Adelsfamilie.

DER GROSSVATER: AUFSTIEG ZUR HERZOGSWÜRDE

Die Voraussetzung für den Aufstieg von Barbarossas Großvater zum Herzog von Schwaben bildete die Krise, in die die Herrschaft Heinrichs IV. geriet. Der Salier war 1053 im Alter von noch nicht einmal drei Jahren, auf Betreiben seines Vaters, Kaiser Heinrichs III., zu dessen Nachfolger gewählt worden. Nach dem frühen Tod seines Vaters schon 1056 stand der damals noch minderjährige König für ein volles Jahrzehnt unter der Regentschaft zunächst seiner Mutter, dann wechselnder Fürsten des Reichs. Diese Periode bestätigte aus der Sicht vieler, was in der Bibel als typische Gefahr der Minderjährigkeit eines Herrschers galt und den Zeitgenossen natürlich auch bekannt war:

«Wehe dem Land, dessen König ein Kind ist, und dessen Fürsten in der Frühe tafeln» (Prediger 10, 16). Zu den zentralen und auch prägenden Erfahrungen der Jugend Heinrichs IV. zählte, daß seine königliche Würde keinen Schutz vor demütigender Behandlung durch einzelne Fürsten bot, wenn es ihnen aus eigenem Ehrgeiz geboten schien. Immer wieder erlebte er, daß seine Königswürde nichts galt: als er 1063 das Pfingstfest im königlichen Pfalzstift St. Simon und Judas in Goslar feierte, hatte der Bischof von Hildesheim Gefolgsleute hinter dem Altar verborgen, um den Anspruch des Abtes von Fulda auf einen Sitzplatz neben dem Erzbischof von Mainz mittels Knüppeln und Faustschlägen abzuwehren; der König «beschwor die Leute unter Geltendmachung der königlichen Majestät, aber er schien tauben Ohren zu predigen. Von seinem Gefolge dazu ermahnt, an sein eigenes Leben zu denken und den Kampfplatz zu verlassen, bahnte er sich mit Mühe einen Weg durch die dicht zusammengeballte Menge und zog sich in die Pfalz zurück.»[28]

Solche Szenen waren kein Einzelfall; sie begründeten das seit Beginn von Heinrichs selbständiger Regierung 1065 unverkennbare Mißtrauen gegenüber vielen Fürsten, die während seiner Minderjährigkeit vor allem ihren eigenen Vorteil gesucht und dabei wenig Rücksicht auf den König genommen hatten. Heinrich bediente sich einer bewährten Methode, um neue Loyalitäten zu schaffen: wen der König durch besonderen Hulderweis auszeichnete und anderen gegenüber bevorzugte, obwohl er von niederem Rang war, der blieb dem Herrscher in aller Regel einfach deshalb künftig treu ergeben, weil er ihm seinen Aufstieg verdankte, die errungene Stellung aber nur durch königlichen Schutz auch weiter behalten konnte. Heinrich nutzte die Möglichkeiten seines königlichen Amtes, Treuebindungen zu intensivieren oder neu zu schaffen, mit unverkennbarer Eskalationsbereitschaft. Ein Zentrum des Widerstands gegen den König wurde Schwaben; dort waren drei Herzöge, mit denen sich Heinrich in den Folgejahren überwarf, reich begütert: das galt in erster Linie für Rudolf von Rheinfelden, seit 1057 Herzog von Schwaben, aber auch für Berthold von Zähringen, seit 1061 Herzog von Kärnten, und für Welf IV., seit 1070 Herzog von Bayern. Sie sagten sich vom König los, «weil sie erkannten, daß ihr Rat wegen anderer Ratgeber, die beim König ein und aus gingen, nichts galt».[29] Der Ratschlag von Fürsten aber war keine unverbindliche Meinungsäußerung, sondern eine mit dem ganzen Gewicht ihres Ansehens und ihrer Stellung in der Rangordnung vorgetragene Erwartung hinsichtlich des königlichen Handelns. In Sachsen sollen sich Bischöfe, Herzöge und Grafen schon 1073 unter Tränen voreinander über die erlittene Schmach und Schande beklagt haben, nachdem sie der damals 23jährige König in Goslar vor der Pfalz hatte warten lassen, während er drinnen «mit seinen Schmarotzern Würfel gespielt» haben soll. Ein Höhepunkt der Opposition gegen den König war im Oktober 1076 erreicht, als sich auf Betreiben der süddeutschen Herzöge Rudolf, Welf und Berthold in Tribur am Rhein jene Großen des Reichs trafen, die mit dem König unzufrieden waren und nicht *mit* ihm, sondern *über* ihn verhandeln und schon seine Absetzung einleiten wollten.

Diese Fürstenopposition wurde für Heinrich deshalb äußerst bedrohlich, weil sie die Unterstützung Papst Gregors VII. suchte. Mit ihm war der Salier in Konflikt geraten, weil der Papst ein Verfechter kirchenreformerischer Ideen war, die in der Forderung nach «Freiheit der Kirche» (*libertas ecclesiae*) gipfelten. Weil Freiheit der Kirche vor allem Freiheit vom Einfluß der Laien bedeuten sollte, zu denen man auch den König rechnete, stieß die etablierte Praxis, wonach bei der Bischofserhebung ungeachtet der kirchenrechtlichen Forderung nach Wahl durch Klerus und Volk die Zustimmung des Königs entscheidend geworden war, zunehmend auf Kritik. Im Ziel der Absetzung Heinrichs traf sich Gregor VII. mit der deutschen Fürstenopposition, die sich um die drei süddeutschen Herzöge scharte. Von Tribur aus luden sie Gregor VII. nach Augsburg ein, um dort gemeinsam die Amts- und Lebensführung Heinrichs IV. zu untersuchen. Ein solches Zusammengehen beider Seiten hätte das Ende von Heinrichs Königtum bedeutet. Diese drohende Gefahr verstand Heinrich durch seinen Gang nach Canossa zunächst abzuwenden, wo der Papst im Januar 1077 als Reaktion auf die Buße des Königs dessen Exkommunikation und Suspendierung vom Herrscheramt zurücknahm. Heinrichs Gegner unter den deutschen Fürsten sahen damit die Chancen schwinden, dem solcherart gestärkten König noch ein Verfahren zur Untersuchung seiner Amtsführung aufzwingen zu können, und schufen deshalb Fakten: unter Führung der Herzöge Rudolf, Berthold und Welf erhoben sie auf einer Versammlung in Forchheim am 15. März 1077 einen neuen König – ihre Wahl fiel auf Rudolf von Rheinfelden, den bisherigen Herzog von Schwaben. Drei Monate später ent-

42 ANFÄNGE

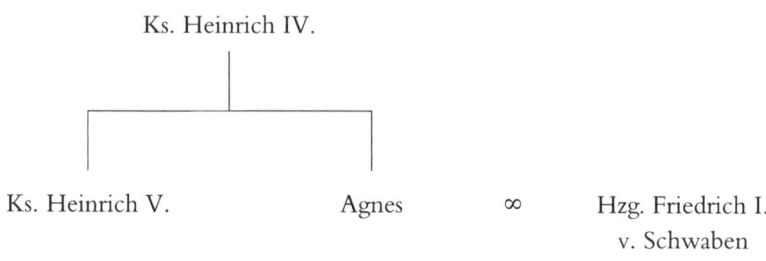

Verwandtschaft Salier-Staufer

zog Heinrich auf einem Hoftag in Ulm den Herzögen von Schwaben, Bayern und Kärnten ihren Dukat. Nun konnte der Konflikt nur noch militärisch gelöst werden. Schwaben, das Machtzentrum des Gegenkönigs und des mit ihm verbündeten Zähringers und Welfen, war ein Brennpunkt des Geschehens. Zwei Jahre vergingen, bevor Heinrich dem Grafen Friedrich, dem Sohn Friedrichs von Büren, seine damals siebenjährige Tochter Agnes als Gemahlin versprach[30] und ihn zum neuen Herzog für Schwaben erhob. Warum sich Heinrich für ihn entschied, ist ungewiß. Um die Mitte des 12. Jahrhunderts glaubte Barbarossas Onkel, der Bischof und Geschichtsschreiber Otto von Freising, daß Friedrich zuvor als besonders tüchtiger Ritter am kaiserlichen Hof gedient und den Kaiser selbst in allen Gefahren mannhaft geschützt habe; Heinrich IV. soll ihn unter allen anderen «im Frieden als den treuesten und im Krieg als den tapfersten» erkannt haben.[31] Jedoch weist keine Spur auf einen früheren Dienst des Staufers am salischen Kaiserhof; wahrscheinlich konnte sich Otto den Aufstieg Friedrichs nicht anders erklären als durch die Annahme, dieser sei schon lange ein Vertrauter des Kaisers gewesen. Immerhin wird die Lage der staufischen Besitzungen eine Rolle gespielt haben: der elsässische Herrschaftsschwerpunkt war den schwäbischen und burgundischen Besitzungen Rudolfs von Rheinfelden benachbart, und der Besitz zwischen Rems und Fils – falls es ihn damals schon gab – lag in unmittelbarer Nachbarschaft des damaligen Herrschaftszentrums der Zähringer um die Burg Limburg bei Weilheim. Trotz Übertragung von salischem Reichs- bzw. Hausgut konnte der neue Herzog den mächtigen Gegnern des Königs aber kaum Paroli bieten. Aus dem 1079 mühsam eroberten Ulm wich er nach bereits einer Nacht vor den heranrückenden Rittern Welfs IV., und seine Versuche, Würzburg, Augsburg oder Freising für den salischen Herrscher auf Dauer in Besitz zu nehmen, waren so wenig erfolgreich, daß ihm Chronisten vorhielten, er habe durch Flucht oder Niederlage immer wieder Schmach auf sich geladen. Die neue Herzogswürde des Staufers blieb nicht unangefochten, denn König Rudolf übertrug das Amt noch 1079 seinem Sohn Berthold, und nach dessen Tod fungierte seit 1092 Berthold II. von Zähringen als dessen Nachfolger. «Oh erbärmliches Aussehen des Reiches», so beklagte der Augsburger Annalist die nach 1079 eingetretenen Verhältnisse im Reich und in Schwaben, «so, wie bei einem Komödiendichter zu lesen ist: ‹alle sind wir gedoppelt›, so gibt es doppelte Päpste, doppelte Bischöfe, doppelte Könige, doppelte Herzöge.»[32] Jahrelang verheerten die Parteikämpfe das Land. König Rudolf starb, nachdem ihm 1080 in der Schlacht an der Weißen Elster in Thüringen die rechte Hand abgeschlagen worden war. Der zweite gegen Heinrich IV. erhobene König, Hermann von Salm, starb 1088, ohne noch gefährlich geworden zu sein. Ein dritter, der bereit gewesen wäre, dem Salier das Königsamt streitig zu machen, fand sich nicht. Aber erst 1097/98 gelang der Ausgleich zwischen den Anhängern Heinrichs IV. und ihren Gegnern im deutschen Reichsteil.

Wie stets bei einem tragfähigen Friedensschluß mußte auch in diesem Fall jeder der Beteiligten sein Gesicht wahren können. Als Gegenleistung für die Anerkennung seiner Königsherrschaft hatte Heinrich IV. die Stellung seiner früheren Gegner anzuerkennen. Welf IV. erhielt 1096 das Herzogtum Bayern und die Zusage, daß der Dukat nach seinem Tod einem seiner Söhne übertragen werden sollte. Im Falle Schwabens war eine Lösung schwieriger. Als Schwiegersohn Rudolfs von Rheinfelden hatte Berthold II. von Zähringen dessen reichen Besitz am Oberrhein und im Gebiet der heutigen Schweiz zwischen Aare und Jura geerbt – ein Machtzuwachs, der ihn zur Verlagerung seiner Herrschaft an den Oberrhein bewog, wo er später Burg und Stadt Freiburg gründete. Im Besitz großer Teile des Herzogtums Schwaben wollte der rangbewußte Zähringer auf seinen Herzogstitel nicht verzichten und keinesfalls zu Unterordnung und Gehorsam gegenüber seinem staufischen Rivalen verpflichtet sein.

Die Lösung bestand in einem Kompromiß, der weder dem Zähringer noch dem Staufer eine Rangminderung zumutete, sondern sie auf gleicher Augenhöhe beließ. Friedrich I. wurde als Herzog von Schwaben bestätigt, während Berthold II. als Gegenleistung für seinen Verzicht zugunsten des Staufers aus der Hand des Kaisers die Stadt Zürich als Reichslehen erhielt und künftig einen territorial nicht näher spezifizierten Herzogtitel führen durfte. Die moderne Forschung spricht von einem «Titelherzogtum». Otto von Freising spottete später, Berthold II. habe nur den leeren Titel eines Herzogs geführt und diesen als Erbschaft seinen Nachkommen hinterlassen, die seitdem alle Herzöge hießen, ohne ein Herzogtum zu haben.[33] Darin klingt die Mißgunst an, mit der die staufische Seite auf den Herrschaftsausbau der Zähringer reagierte. Das alte Herzogtum Schwaben wurde in zwei prinzipiell gleichberechtigte Herzogsherrschaften aufgeteilt – im Westen und Süden die des Zähringers mit Zürich als Mittelpunkt, im Norden und Osten jene des Staufers mit Ulm als neuem herzoglichen Vorort. In den Herrschaftsbereich des Zähringers, die *terra ducis* zwischen Breisgau, Schwarzwald und Baar, konnte der Herzog von Schwaben nicht hineinregieren. Ähnlich verhielt es sich mit den welfischen Besitzungen in Oberschwaben, denn der Herzogsrang der Welfen begünstigte die Tendenz ihrer Vasallen, sich der Herrschaft des einheimischen Herzogs zu entziehen.

In dieser Konstellation zeichnete sich eine latente Rivalität der drei süddeutschen Herzogsfamilien ab, die bis in die Zeit Barbarossas weitreichende Auswirkungen hatte. An Besitz und Herkunft dem Zähringer zwar ebenso unterlegen wie dem Welfen, war Friedrich I. aber durch kaiserliche Gunst, durch Heirat und Herzogtum in den Kreis der ranghöchsten Fürsten aufgerückt. Seinem kaiserlichen Schwiegervater blieb der Staufer auch treu, als sich erneut eine Fürstenopposition gegen ihn bildete. Für ihr Erstarken waren nicht nur alte Verbindungen zwischen früheren Aufständischen wichtig, sondern auch die Tatsache, daß die vom Papst erneuerte Exkommunikation des Herrschers allen Unzufriedenen immer die Möglichkeit bot, Widerstand gegen den Salier mit dessen Konflikt mit der Kirche und dem daraus resultierenden Legitimationsschwund zu begründen. Heinrichs gleichnamiger Sohn sah seine Aussichten, seines Vaters Nachfolge auf dem Thron antreten zu können, in dem Maße schwinden, in dem dieser den Unmut der Großen auf sich zog. Als der Vater

KARTE 2 Einflußbereiche der Staufer, Zähringer und Welfen im Süddeutschland des 12. Jahrhunderts. Dazu Maurer 1978, 218–268.

die Interessen der *amici* (Freunde) seines Sohnes nicht nur durch die unbestrafte Ermordung eines ihrer Verwandten, sondern auch in der Frage der Erhebung eines neuen Magdeburger Erzbischofs verletzte,[34] trat Heinrich V. schließlich in offene Rebellion gegen den Kaiser. Während dieser Monate letzter Zuspitzung fungierte Herzog Friedrich I. noch als Vermittler zwischen den beiden Heinrichen, allerdings erfolglos. Noch bevor sich die Heere von Vater und Sohn im Herbst 1105 in der Nähe von Regensburg erstmals kampfbereit gegenüberstanden, starb der Staufer am 21. Juli 1105.

DER VATER: ENTTÄUSCHTE AMBITIONEN

Aus seiner Ehe mit der Kaisertochter Agnes hinterließ er zwei Söhne, den damals 15jährigen Friedrich und den drei Jahre jüngeren Konrad. Der ältere Sohn profitierte von der Tendenz zur Erblichkeit großer Reichslehen, trat bald nach dem Tod des Vaters in dessen Ämter und Rechte ein und führte 1106 bereits den Herzogstitel; er verfügte über die staufischen Güter im Elsaß sowie den Besitz um die Stammburg und das Hauskloster in Lorch, während sein Bruder Konrad offenbar auf fränkische Besitzungen der Staufer verwiesen wurde. Für Friedrich II. war wie für seinen Vater die durch Verwandtschaft befestigte Treue zum König die wichtigste Bedingung von Machterhalt und Machterwerb, sie sicherte ihm gleichzeitig einen gewissen Handlungsspielraum gegenüber dem König.[35] Während der ersten Jahre, nachdem Heinrich V. 1106 die Königsherrschaft übernommen hatte, weilte Friedrich II. – vielleicht wegen seines jugendlichen Alters – noch so gut wie nie am Hof seines königlichen Onkels. Bereits während des Italienzuges Heinrichs V. 1110/11 wurde jedoch deutlich, daß ihm besonderes Gewicht unter den Fürsten zukam – so stand sein Name auf der Liste jener Großen, die Papst Paschalis II. erst als Vermittler, dann als Garanten für seine Sicherheit beanspruchte, an erster Stelle.[36] Während der schweren Krankheit des Königs im September 1111 galt Friedrich II. als nächster männlicher Verwandter des damals noch nicht einmal verheirateten Königs sogar als dessen möglicher Nachfolger. Dieser Bedeutungsgewinn machte Friedrich II. auch für den benachbarten Herzog von Bayern, den Welfen Heinrich den Schwarzen, interessant: um 1116 verheiratete er seine Tochter Judith,

DER VATER 47

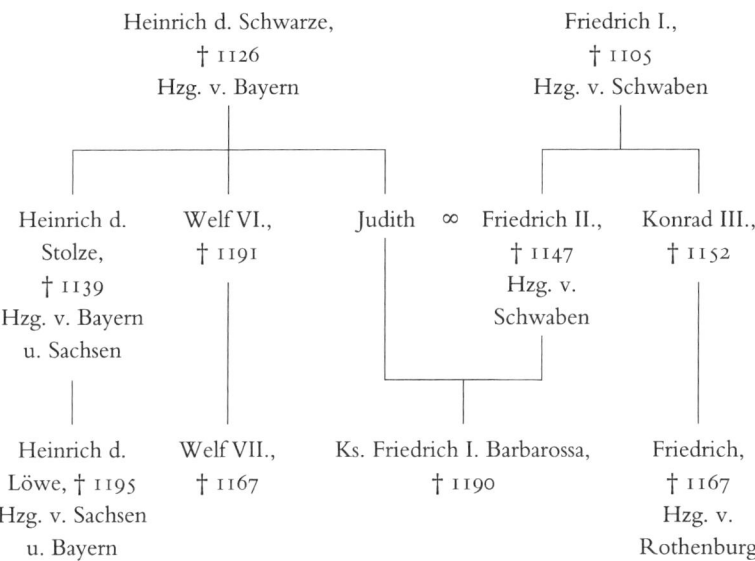

Verwandtschaft Staufer-Welfen über Judith

die spätere Mutter Barbarossas, mit dem Schwabenherzog. Eheverbindungen im Adel waren nur in den seltensten Fällen Liebesheiraten und auch nicht unbedingt Zeichen harmonischer Eintracht, sondern vor allem politische Absichtserklärungen, untereinander den Frieden zu wahren. Anlaß dazu gab es, denn die Eigenständigkeit der welfischen Besitzlandschaft nördlich des Bodensees, die der Amtsgewalt des schwäbischen Herzogs faktisch entzogen war, bot Konfliktpotential. Die durch Heirat entstandene Verwandtschaft konnte Konkurrenten zu Partnern machen.

Die Zusammenarbeit mit dem salischen Herrscher bewährte sich für die Staufer. Als Heinrich V. 1116 erneut nach Italien aufbrach, machte er für die Zeit seiner Abwesenheit Friedrich II. und dessen Bruder Konrad zu seinen Sachwaltern im deutschen Reichsteil, nicht ohne zuvor Friedrich mit weiterem Amtsgut ausgestattet und auch Konrad in Franken eine herzogsgleiche Herrschaftsstellung eingeräumt zu haben. Links des Rheins beugte Friedrich II. «allmählich das ganze Gebiet von Basel bis Mainz, in dem bekanntlich die Hauptstärke des Reichs liegt, unter seinen Willen. Denn immer den Rhein hinabziehend, errichtete er bald an einem geeigneten Platz eine Burg und unterwarf die Umgebung, bald verließ er die bisherige Burg und errichtete eine neue, so daß man von ihm sprichwörtlich sagte: ‹Herzog Friedrich schleppt am Schwanz seines Pferdes stets eine Burg hinter sich her.›»[37] Verteidigung und Ausbau des salischen Reichs- und Hausbesitzes sowie der staufischen Hausmacht durch den Herzog von Schwaben gingen Hand in Hand; in der Praxis war beides kaum zu unterscheiden, weil es keine separate Verwaltung der unter der Herzogsherrschaft versammelten Güter unterschiedlicher Provenienz gab.

In diesen Jahren wurde der Staufer auch zu einem der einflußreichsten Großen am Königshof. Den Hintergrund dafür bildeten die Auseinandersetzungen, die zwischen Heinrich V. und einigen Großen des Reichs ausbrachen und wegen des noch immer ungelösten Investiturproblems erneut zu einer Allianz zwischen seinen fürstlichen Gegnern und dem Papst führten. Da es keine übergeordnete Instanz gab, die beide Seiten zur Einigung hätte zwingen können, war die Konfrontation nur beizulegen, wenn die Beteiligten dazu auch tatsächlich bereit waren. Grundsätzlich war es mit der Rangvorstellung des Kaisers nicht vereinbar, sich vor seinen Gegnern irgendwie verantworten zu müssen: mit dem Herrscher konnte man nicht über den Herrscher streiten. Jedoch hätte bloße Verweigerung den Gegensatz nur weiter verschärft. Als Verwandter und Getreuer des Kaisers bot Friedrich II. einerseits die Gewähr, in Verhandlungen mit weltlichen Großen, Bischöfen und auch Kardinälen dessen Interessen zu wahren; andererseits hatte er als Herzog von Schwaben ein ureigenes Interesse daran, daß sein kaiserlicher Onkel die hergebrachten Ansprüche der Reichsfürsten auf Teilhabe an der Königsherrschaft nicht selbstherrlich überging. So war er nach beiden Seiten glaubwürdig und fungierte deshalb immer wieder als Vermittler. Unter dem Eindruck bevorstehender militärischer Eskalation war er einer von denen, die auf Heinrich V. dahingehend einwirkten, von der Durchsetzung einseitiger Lösungen Abstand zu nehmen und zu einer einvernehmlichen Herrschaftsausübung zurückzukehren. Der Kaiser versprach schließlich auch, seine Haltung hinsichtlich der Forderungen des Papstes und der Konfliktbeilegung im Reich von der Entscheidung einer paritätisch besetzten Fürstenversammlung abhängig zu machen. Ende September 1121 empfing er vor den Mauern Würzburgs 24 namentlich leider nicht bekannte Fürsten, zwölf der gegnerischen und zwölf seiner eigenen Seite, zu denen sicher auch Herzog Friedrich II. von Schwaben gehörte.[38] Nach einer Woche intensiver Beratungen fand man eine Einigung, an deren Einhaltung sich alle 24 Fürsten eidlich banden. Der Kompromiß sah vor, daß der Kaiser dem Papst gehorchen, der Streit aber durch Rat und Tat der Fürsten so gelöst werden solle, daß er erhalte, was sein und des Reiches ist und die Kirche das ihre ungestört besitze; hinsichtlich der Bischofsinvestitur verpflichteten sich die Fürsten zu gewährleisten, daß die «Ehre des Reiches» gewahrt bleibe. Zu befürchten war indessen, daß es über konkrete Einzelfälle der Bischofserhebung auch künftig zu Meinungsverschiedenheiten kommen könnte. Aber man lernte aus der Erfahrung der zurückliegenden Konflikte und zog die Konsequenz, nicht wieder in bewaffnete Konfrontation zurückfallen, sondern Gegensätze in einem festgesetzten Verfahren lösen und auf diese Weise den Frieden wahren zu wollen. Deshalb einigten sich beide Parteien auf einen Konfliktlösungsmechanismus: falls der Kaiser gegen die Einigung verstoßen sollte, sollten ihn die 24 Fürsten in aller Ehrerbietung an die getroffene Vereinbarung ermahnen dürfen, an die sie sich selbst durch Eid gebunden hatten. Der gemeinsame Eid verband Gegner und Anhänger des Kaisers zu einer Friedensgemeinschaft; Heinrich mußte einwilligen, daß im Falle seiner Uneinsichtigkeit alle weiterhin einträchtig am beeideten Beschluß festhalten durften[39] — was ihn immerhin der Unterstützung mancher Anhänger beraubt hätte. Der Eid, dessen Adressat Gott war, sollte also über allen freundschaftlichen, verwandtschaftlichen oder herrschaftlichen Bindungen stehen, mittels derer der Kaiser üblicherweise Gehorsam zu erzwingen versuchte.

Die Würzburger Einigung ebnete dann den Weg zum raschen Ausgleich im Investiturstreit. Geistliche und weltliche Sphäre, die in der Ausübung des Bischofsamtes zusammenfielen, sollten in der Investitur künftig symbolisch voneinander getrennt werden.[40] Die Einsetzung der Bischöfe wurde nun vorrangig von geistlichen Amtsträgern durch die Übergabe von Ring und Stab vollzogen; der König investierte die Bischöfe zusätzlich durch Szepterübergabe mit den materiellen Ressourcen, die zu ihrem Bistum gehörten und die sie aus der Hand der früheren Könige, also vom Reich, erhalten hatten: für diese Regalien — Einnahmen aus Zoll, Münze, Märkten und Gerichten, aber auch Herzogtümer und Markgrafschaften, Grafschaften und Städte — sollten die Bischöfe im Gegenzug wie bisher dem König zu

Diensten verpflichtet sein, namentlich zur Heeresfolge. Weil die Investitur mit den Regalien zwar nach der Wahl, aber noch vor der Weihe erfolgen sollte, blieb der königliche Einfluß auf die Bischofserhebung grundsätzlich gewahrt – wie es die «Ehre des Reichs» gebot. Herzog Friedrich II. wirkte an diesen abschließenden Verhandlungen der Wormser Einigung nicht nur mit, sondern firmierte auch als Zeuge – zusammen mit dem Großteil der Würzburger Fürstengruppe, die damit auch als Garant der Einigung auftrat. Die Königsnähe, in die Friedrich II. während der Regierung Heinrichs V. als dessen Verwandter und treuer Parteigänger hineingewachsen war, hatte ihn bei den Ausgleichsbemühungen zu einem ebenso gesuchten wie nicht zu umgehenden Verhandlungspartner gemacht. Seine Zuverlässigkeit hatte ihn in Konkurrenz mit anderen weltlichen Großen zu einem der wichtigsten Ratgeber des Saliers aufsteigen lassen, der dessen Treue mit einem ungeheuren Zuwachs an Macht und Einfluß belohnte. Das Vertrauen reichte über den Tod hinaus: auf seinem Sterbebett vertraute Heinrich V. im Mai 1125 die Sorge für seine Gemahlin, die englische Königstochter Mathilde, und sein Eigentum dem Staufer als seinem Erben an. Bei der Beisetzung seines Onkels in der salischen Grablege, dem Dom zu Speyer, war Friedrich II. anwesend. Dem Erzbischof Adalbert von Mainz oblag während der Thronvakanz die Vorbereitung der Königswahl. Seitdem sich Friedrich als energischer Sachwalter königlicher Interessen am Rhein erwiesen hatte, war Adalbert allerdings ein entschiedener Gegner des Staufers.

Seit einem Jahrhundert war immer ein Sohn des amtierenden Königs auch dessen Nachfolger geworden, wozu freilich auch stets die Zustimmung der Fürsten nötig gewesen war. Die für das deutsche Königtum charakteristische Mischung aus Erb- und Wahlrecht spielte auch 1125 eine Rolle. Dem Schwabenherzog kam als nächstem männlichen Verwandten des verstorbenen Kaisers unter erbrechtlichem Gesichtspunkt besonderes Gewicht zu. In Mainz benannte ein Gremium aus je zehn Fürsten aus Sachsen, Franken, Schwaben und Bayern drei Kandidaten: den Markgrafen von Österreich, den Babenberger Leopold III., den Herzog von Sachsen, Lothar von Süpplingenburg, und Herzog Friedrich II. von Schwaben. Die Wahl eines Königs aus den Reihen der Großen war eine heikle Angelegenheit, denn einer, der zuvor auf gleicher Augenhöhe mit den anderen gestanden war, sollte nun über sie erhoben werden. Die «Geschichte von der Wahl

Lothars» (*Narratio de electione Lotharii*), die zeitgenössische Bezüge wahrt, allerdings erst unter dem Eindruck der späteren Konflikte zwischen Barbarossa und dem Erzbischof von Salzburg ihre überlieferte Form fand, läßt erkennen, wie wichtig unter diesen Umständen kluge Rücksicht auf Rangvorstellungen war.[41] Lothar von Sachsen und Leopold von Österreich knieten unter Tränen nieder und erklärten, sie würden die Königswürde nicht annehmen wollen; auch setzten sie sich nebeneinander auf einen einzigen Sitzplatz «wie Männer, auf die man nicht weiter achten sollte». Die Kandidaten demonstrierten Demut, um so die mögliche eigene Rangerhöhung ihren bisherigen Standesgenossen erträglich zu machen.

Als Erzbischof Adalbert sie fragte, ob jeder von ihnen ohne Widerspruch, ohne Zögern und Neid jenem gehorchen würde, der von den anderen Fürsten gemeinschaftlich gewählt werde, wiesen Lothar und Leopold die Vermutung, überhaupt gewählt werden zu wollen, sogar weit von sich und versprachen, jedem anderen Gewählten als ihrem Herrn gehorsam sein zu wollen. Natürlich war allen klar, dass der Staufer als nächster Blutsverwandter des verstorbenen Königs mit Nachdruck Anspruch auf dessen Nachfolge erheben würde. Auch ihm stellte Adalbert dieselbe Frage und verstand es, im gleichen Zug auch dessen Ambition auf das Königtum ans Licht zu locken, denn er fragte zusätzlich, ob Friedrich II. sich zum ewigen Beispiel für eine künftige freie Wahl so erklären wolle wie die anderen auch. Das war eine sorgfältig gestellte Falle, denn für den Herzog lag die Vorstellung einer Sohnesfolge auf dem Thron schon deshalb nahe, weil sie auch die bisherige Vater-Sohn-Folge der salischen Herrscher bestimmt hatte. Von seinem alten Gegner Adalbert wurde er nun unter den klug berechneten Zwang gesetzt, erklären zu müssen, auf eine solche Perspektive zugunsten eines Prinzips zu verzichten, das gerade die Gegner seiner salischen Verwandten immer wieder für sich beansprucht hatten: die freie Königswahl. Adalberts Forderung rüttelte an Grundüberzeugungen des Staufers; er zögerte und verließ die Wahlversammlung, um den Rat seiner Freunde einzuholen. Damit entzog er sich den Erwartungen der Versammelten, und er demonstrierte, anders als die anderen beiden Kandidaten, keinerlei Demut. Aber gemäß den Sätzen des Lukas-Evangeliums, daß Gott nur den zu erhöhen bereit sei, der sich zuvor auch erniedrigt hatte, sahen mittelalterliche Zeitgenossen die Erniedrigung (*humiliatio*) als Vorbedingung einer Erhöhung (*exaltatio*). Der Staufer indessen folgte nicht christlicher Herrscherethik, sondern adligem Rangbewußtsein, für das die nahe Verwandtschaft mit dem verstorbenen König, die ihn unter allen anderen Mitbewerbern als einzigen auszeichnete, von wesentlichem Gewicht war. Seinen Gegnern gab er damit einen schwerwiegenden Vorwurf in die Hand – den der *ambitio*, des Ehrgeizes. Aus heutiger Sicht mag es naheliegen, das Verhalten Friedrichs II. als unvernünftig zu bezeichnen; mehr Elastizität zu zeigen verbot ihm aber die Überzeugung vom Gewicht des eigenen Anspruchs: um Rang und Status zu wahren, mußten sie auch öffentlich demonstriert werden. Den Ausschlag für die Wahl Lothars von Süpplingenburg scheint dann ausgerechnet Heinrich der Schwarze von Bayern gegeben zu haben, Friedrichs Schwiegervater. Lothar zog ihn auf seine Seite, indem er seine einzige Tochter, Gertrud, die reichste Erbin Sachsens, mit dessen Sohn, Heinrich dem Stolzen, zu vermählen versprach. Vor die Wahl gestellt, entweder seinem staufischen Schwiegersohn auf den Thron zu helfen oder aber seinem eigenen Sohn die glänzende Aussicht zu eröffnen, nach dem Tode Lothars selbst Ansprüche auf die Königswürde erheben zu können, entschied sich Heinrich der Schwarze für den potentiellen Aufstieg seiner eigenen Nachkommen und unterstützte die Wahl des Sachsen.

Obwohl tief gekränkt über diese Entwicklung, erkannte Friedrich II. den neuen König an und leistete ihm den Treueid. Das folgende Jahrzehnt war jedoch vom Konflikt der staufischen Brüder mit Lothar III. geprägt. Er entzündete sich an der Frage, welcher Teil des salischen Erbes Reichsgut und daher dem König zurückzugeben sei. In Rheinfranken um die Reichsburg Trifels, in Ostfranken um Kloster Komburg und Rothenburg sowie im nördlichen Schwaben in der Gegend um Waiblingen sind nach dem Tod Heinrichs V. die ihrerseits nach Haus- oder Reichsgut ungeschiedenen salischen Güterkomplexe mit dem Eigenbesitz der Staufer zu einer Einheit verschmolzen. Selbst Ulm als Hauptort des Herzogtums war gleichzeitig Königspfalz, so daß die Verfügung über die Stadt zwischen Friedrich II. und Lothar strittig werden konnte. Insbesondere aber links des Rheins, östlich der Vogesen und des Pfälzer Walds, hatte Friedrich zu Lebzeiten Heinrichs V. Reichsrechte, königliche Lehen und salisch-staufisches Hausgut in seiner Hand vereint. Aus der schrittweise erweiterten Verfügung über das riesige Gebiet des

Heiligen Forsts, der Gründung und dem Ausbau Hagenaus zu Pfalz und Stadt, den Vogteirechten über die Klöster St. Walburg, Neuburg und Königsbrück war eine nahezu geschlossene Herrschaftsbildung entstanden, die den Herzog von Schwaben in den Augen seiner Zeitgenossen auch zu einem *dux Alsatie* machte, obwohl es eine eigentliche Herzogsherrschaft im Elsaß gar nicht gab und das Elsaß auch kein Teil des Herzogtums Schwaben war. Im November 1125 erwirkte Lothar von den versammelten Fürsten in Regensburg eine Rechtsauskunft, die scharf zwischen Hausgut und Reichsgut unterschied und damit seine Forderung nach Rückgabe des usurpierten Reichsguts legitimierte. Um nicht den Anschein zu erwecken, Lothars Anspruch für berechtigt zu halten, ließen sich die Staufer erst gar nicht auf Verhandlungen in dieser Frage ein und wurden im Dezember deshalb geächtet.

Mit Lothars Königswahl entfremdete sich Friedrich II. von seinem welfischen Schwiegervater. Nach dem Tod Heinrichs des Schwarzen 1126 trat sein Sohn und Friedrichs Schwager, Heinrich der Stolze, als Lothars Statthalter im Herzogtum Schwaben auf. Sein reicher Besitz in Oberschwaben war dafür eine gute Ausgangsposition. Im Gebiet des Klosters Zwiefalten stießen die beiden Einflußbereiche hart aneinander. Als Friedrich von dort aus gegen die welfischen Besitzungen um Altdorf, Weingarten und Ravensburg ziehen wollte, kam ihm Heinrich der Stolze zuvor und belagerte ihn im Kloster; die Flucht auf den steinernen Turm der Kirche rettete den Staufer vor der Gefangennahme. Otto von Freising, dessen Bistum später unter dem robusten Machtegoismus einzelner Welfen zu leiden hatte, ließ seinem Haß die Zügel schießen, indem er Heinrich vorwarf, den Staufer durch vorherige Angebote zu Friedensverhandlungen hinterlistig in eine Falle gelockt zu haben.[42] 1127 eskalierte der Gegensatz zum König, als Friedrichs bisher wenig hervorgetretener Bruder Konrad bei Rothenburg ob der Tauber von bayerischen, fränkischen und schwäbischen Anhängern zum König akklamiert wurde. Weshalb sich nicht der ältere und politisch erfahrenere Friedrich II. zum Gegenkönig erheben ließ, ist unklar – vielleicht deshalb, weil er sich in den zurückliegenden Kämpfen schon jene Verletzung zugezogen hatte, wegen der er in den Quellen als *monoculus*, einäugig, bezeichnet wurde. Aber zum Zeitpunkt von Lothars Königserhebung hatte sich Konrad auf einer Pilgerreise ins Heilige Land befunden und Lothar daher auch nicht gehuldigt, so daß ihm, anders als seinem Bruder, kein Eidbruch vorgeworfen werden konnte. Mit seinem raschen Aufbruch nach Italien hoffte Konrad wahrscheinlich, als Neffe des verstorbenen Kaisers Heinrich V. Anerkennung zu finden und so zusätzlich zum eigenen ostfränkischen und zum schwäbischen Herzogtum seines Bruders auch südlich der Alpen eine Machtposition aufbauen zu können, die eine aussichtsreiche Opposition gegen Lothar III. erlaubt hätte. Zwar wurde er im Juni 1128 vom Mailänder Erzbischof Anselm in Monza zum König von Italien gekrönt, kehrte jedoch bald erfolglos nach Deutschland zurück. Dort wendete sich das Blatt gegen die Staufer: 1129 gelang Lothar III. die Eroberung Speyers, 1130 Nürnbergs, und nach der Rückkehr von seinem Romzug, wo er 1133 zum Kaiser gekrönt worden war, verdrängte er mit Hilfe Heinrichs des Stolzen die beiden Staufer sogar aus Ulm, dem Hauptort des Herzogtums Schwaben. Solcherart unter Druck geraten, suchte Friedrich II. den Ausgleich mit Lothar III. Der Weg zurück in die kaiserliche Huld führte über die Kaiserin Richenza, eine entfernte Verwandte des Staufers, die er im Kloster Fulda während eines dortigen Aufenthalts des Kaisers aufsuchte. Verwandtschaftliche Bindung ermöglichte auch dann noch eine direkte Kontaktaufnahme, wenn die herrschaftliche Bindung – wie seit der Verhängung der Acht über Friedrich II. – gestört war. «Mit nackten Füßen bat er ziemlich demütig um ihre Gnade»[43] und um Fürsprache beim Kaiser. Solche unmißverständlichen Gesten der Selbsterniedrigung waren seit ottonischer Zeit übliche Bestandteile der Konfliktbeilegung zwischen Adel und König. Sie waren nicht nur symbolische Versprechen hinsichtlich künftigen Gehorsams, sondern auch demonstrative Genugtuungsleistungen, die in größtmöglicher Öffentlichkeit inszeniert wurden, um so vor aller Augen die zuvor durch Ungehorsam verletzte Ehre des Herrschers wiederherzustellen. Die staufischen Herzöge erschienen barfuß und in betont schlichter, ja ärmlicher Kleidung vor dem Kaiser, dem sie sich außerdem in Gegenwart der versammelten Großen zu Füßen warfen. Solche Unterwerfungsszenen waren keine Spontanhandlungen, sondern wurden ebenso wie die Gegenleistung des Herrschers zuvor über Vermittler ausgehandelt. Lothar vermied es, den mühsam beigelegten Konflikt durch Demütigung der unterlegenen Staufer zur Ursache künftigen Unfriedens zu machen, und beließ ihnen nicht nur Titel und Stellung als Herzöge, sondern auch ihren Besitz im Elsaß

ABB. 6 Bild Herzog Friedrichs II. auf dem Armreliquiar Karls des Großen, einem Geschenk Barbarossas an das Aachener Münster kurz nach 1165. Die Umschrift FRIDERIC(US) D(UX) SVAVORU(M) (Friedrich Herzog der Schwaben) ist auch für den allerdings eher unwahrscheinlichen Bezug auf Barbarossas Großvater offen. Der Herzog trägt einen spitz zulaufenden Helm, darunter eine Panzerkapuze, und über dem Ringelpanzer einen vor der Brust geschlossenen Mantel. In der rechten Hand hält er eine Lanze, deren Fahne in drei langen Lätzen endet. Die äußeren Attribute stimmen auffallend mit den Darstellungen von Herzögen auf den Reitersiegeln der Zeit überein. – Paris, Louvre.

und in Schwaben. Auf diese Weise demonstrierte er nicht nur die christliche Herrschertugend der Barmherzigkeit, sondern verpflichtete sich auch die früheren Gegner.

Im Gegenzug mußte Friedrich II. seine Unterstützung des für 1136 geplanten Italienzuges zusagen. Den bisherigen Gegenkönig Konrad band der Kaiser besonders eng an sich, indem er ihn zu seinem Bannerträger ernannte und damit zu besonderer Loyalität zwang. Rasch gehörte Konrad zum engeren Kreis der Großen um Lothar III., die freilich keine homogene Gruppe mit identischen Interessen bildeten, sondern wie üblich um Rang und Ansehen rivalisierten. Unter ihnen ragte der Schwiegersohn des Kaisers, Heinrich der Stolze, besonders hervor. Mit 1500 Panzerreitern stellte er nicht nur das mit Abstand größte Kontingent für das kaiserliche Heer, sondern war infolge der systematischen Begünstigung durch seinen Schwiegervater auch in eine nahezu königsgleiche Position hineingewachsen: zusätzlich zum väterlichen Erbe, dem Herzogtum Bayern, hatte ihm Lothar III. auch das Herzogtum Sachsen verliehen, und als Belohnung für seine Unterstützung in Italien die Burgen Garda und Guastalla sowie die Markgrafschaft Tuszien. Mehrfach soll sich der Welfe seiner «von Meer zu Meer, nämlich von Dänemark bis nach Sizilien» reichenden Herrschaft gerühmt haben und sich außerdem «wegen seines Stolzes fast bei allen, die mit Kaiser Lothar an dem Zuge nach Italien teilgenommen hatten, verhaßt gemacht» haben.[44] Solche forschen Demonstrationen von Rangbewußtsein hatten im Wettstreit des Adels durchaus ihren Platz. Als Lothar III. bei der Rückkehr aus Italien am 4. Dezember 1137 in Breitenwang in Tirol starb und erneut über die Nachfolge eines söhnelos verstorbenen Herrschers entschieden werden mußte, schlug ihm sein herrisches Rangbewußtsein aber zum Nachteil aus. Zwar hatte ihm Lothar noch auf dem Totenbett die Reichsinsignien anvertraut, aber dem Welfen wurde die Todsünde des Hochmuts und das Streben nach der Herrschaft vorgeworfen.[45] Ähnliche Vorbehalte hatten 1125 die Königswahl Herzog Friedrichs II. verhindert, und sie gereichten auch Heinrich dem Stolzen nicht zum Vorteil. Seine Gegner kamen einem schon angesetzten Termin zur Wahlversammlung zuvor und wählten am 7. März 1138 Konrad in Koblenz zum König. Sie alle waren Anhänger Konrads oder des Erzbischofs Adalbero von Trier, mit dem Konrad während des Italienzugs Lothars einen Freundschaftsbund (*amicitia*) geschlossen hatte. Weil die Königswahl damals noch kein feststehendes und formalisiertes Verfahren war, entschied letztlich der Erfolg über die Rechtmäßigkeit. Konrad fand rasch weitgehende Anerkennung, denn der Kardinaldiakon Dietwin von Santa Rufina, der damals als päpstlicher Legat in Deutschland weilte, salbte und krönte den Staufer in Aachen und setzte sich mit päpstlicher Autorität für ihn ein. Den unverhofften Aufstieg des von Lothar III. als Reichsfeind verurteilten Staufers zum König charakterisierte der Mönch Berthold von Zwiefalten unter Rückgriff auf die Worte des Psalmisten: «So wurde der vorher von allen verworfene und als untauglich angesehene Baustein unvermutet zum Eckstein.»[46] Otto von Freising bediente sich noch deutlicher des biblischen Erzählmusters, wonach Erhöhung nur dem zuvor Erniedrigten zukomme: «Denn siehe, nach Kaiser Heinrichs Tod wurden seine Verwandten, die damals größtes Ansehen im Reich genossen und, auf dem Gipfel der Macht stehend, sich deshalb sicher fühlten, nicht nur bei der Königswahl übergangen, sondern sogar von dem über sie gesetzten König [Lothar III.] aufs schlimmste drangsaliert und mit Füßen getreten»; nach dieser tiefen Demütigung habe Gott, der «die Mächtigen stürzt und die Niedrigen erhöht» (Lukas 1,52), den Staufer Konrad, «den so tief Erniedrigten und fast Verzweifelten auf den Gipfel der Königsmacht emporgeführt».[47] Niemand konnte ahnen, daß Konrads damals etwa 15 Jahre alter Neffe, Herzog Friedrich III. von Schwaben, seinem Onkel auf dem Königsthron nachfolgen sollte.

KAPITEL 2

HERZOG VON SCHWABEN UND NEFFE DES KÖNIGS
(1122?–1152)

Wenige Wochen nach seiner Krönung in Aachen hielt Konrad III. im April 1138 einen Hoftag in Mainz ab, den man wegen der auffälligen Präsenz seiner Verwandten geradezu als Familientreffen bezeichnen könnte. Bei dieser Gelegenheit fällt zum ersten Mal Licht auf Friedrich Barbarossa: in der Zeugenliste einer Urkunde des neuen Königs für das Kloster Maria Laach wurde er neben seinem Vater – *Fridericus dux* – zwar nicht namentlich, aber doch als sein Sohn erwähnt – *filius eius*. So blieb es während der folgenden Jahre, in denen der Herzogssohn nicht häufig, aber regelmäßig an Hoftagen seines königlichen Onkels teilnahm: 1141 in Straßburg, 1142 in Konstanz, 1143 in Ulm, 1144 in Würzburg und 1145 in Worms.[1] Zu Weihnachten 1146 fungierte er bereits als «der jüngere Herzog» (*dux iunior*) – ein Titel, der ihm in einer Königsurkunde aber erst im März 1147 beigelegt wurde, wenige Wochen vor dem Tod seines damals schon schwerkranken Vaters.[2] Am 23. April trug er in Urkunden, die auf dem Hoftag in Nürnberg ausgestellt wurden, bereits den Titel eines Herzogs von Schwaben (*dux Sueviae*), ohne daß in den Quellen von einer ausdrücklichen Einweisung in das väterliche Herzogtum die Rede wäre. Nach Ausweis der Zeugenlisten hielt sich Barbarossa auch während der folgenden Jahre regelmäßig, aber nicht häufig am Königshof auf: 1149 während eines Hoftags in Frankfurt, 1150 in Speyer und Würzburg, 1151 in Nürnberg, Speyer und Regensburg; lediglich im Januar 1152, einen Monat vor Konrads Tod, scheint er den von Basel über Konstanz und Freiburg nach Bamberg ziehenden Hof ständig begleitet zu haben.[3]

KINDHEIT UND JUGEND

Diese schütteren Daten alleine vermitteln natürlich keine Vorstellung von Barbarossas Leben während der Königsherrschaft seines Onkels. Gleichwohl erwarb er in dieser Zeit jene Eigenschaften und Kenntnisse, die ihn wichtigen Fürsten des Reichs im März 1152 als Nachfolger Konrads III. empfahlen. Die Jahre vor 1138, also seine Kindheit und frühe Jugend, liegen völlig im dunkeln. Anhaltspunkte für die Erziehung und Ausbildung, die er genossen haben dürfte, kann man daher nur auf ganz allgemeine Art durch Vergleich mit dem gewinnen, was in der damaligen Zeit üblich war.[4] Freilich sind die deutschen Quellen für die Fragen adliger Jugenderziehung im 12. Jahrhundert nur sehr wenig ergiebig, und wie es generell für kaum einen der deutschen Fürsten jener Zeit möglich ist festzustellen, an welchen Höfen und durch welche Personen er erzogen worden ist, so gilt das in besonderem Maße auch für den schwäbischen Herzogssohn und späteren Kaiser. Vom englischen König Heinrich II., dessen Regierungsjahre von 1154 bis 1189 zeitlich nahezu deckungsgleich sind mit der Herrschaft Barbarossas zwischen 1152 und 1190, ist bekannt, daß seine geistige Bildung die anderer europäischer Könige übertraf, er *in litteris* ausgebildet, also wohl lesen und schreiben konnte, und sogar der lateinischen Sprache mächtig war. Vergleichbares kann über Barbarossa nicht gesagt werden, und zwar deshalb nicht, weil es in seinem Falle – anders als bei Heinrich II. – keinen Anlaß gab, ihn mit besonderer Bildung auf die Übernahme eines anderen Amtes als das des Herzogs von Schwaben vorzubereiten. Nach allem, was bekannt ist, hatte Barbarossas Vater seinerseits keine Ausbildung in den *litterae* erfahren, so daß es auch keine entsprechende Tradition in der Familie gab. Üblicherweise verbrachte ein adliger Junge seine Kindheit bis etwa ins Alter von acht Jahren unter der Obhut seiner Mutter. Jedoch erlauben die wenigen Nachrichten über Barbarossas Mutter, die Welfin Judith, wiederum keinen Einblick in die Erziehung ihres Sohnes. Sie vermitteln noch am ehesten eine Vorstellung von der Gefährdung, der das Kind während der langjährigen Fehde zwischen seinem Vater und Lothar III. ausgesetzt gewesen sein dürfte. Daß Judith im Dezember 1129 von Friedrich II. in Speyer zurückgelassen wurde, um durch ihre Präsenz die damals von Lothar III. belagerte Stadt in ihrer

Loyalität gegenüber dem Staufer zu stärken, ist eine der wenigen Einzelheiten, die überhaupt aus ihrem Leben bekannt sind. Als sich die Speyrer, durch die Belagerung ausgehungert und erschöpft, schließlich doch noch dem König unterwarfen, fiel auch Barbarossas Mutter, der Quelle zufolge von Hunger und Entbehrungen schwer gezeichnet, in seine Hände. Lothar begegnete ihr freilich mit allem Großmut, beschenkte sie reich und entließ sie mit den Ihren – *cum suis*.[5] Judith war die Schwester von Lothars Schwiegersohn, Heinrich dem Stolzen, der sich auf seiten des Königs an der Belagerung Speyers beteiligte und sich zweifellos für den freien Abzug seiner Schwester einsetzte. Falls sich unter den «Ihren», mit denen Judith Speyer verließ, auch ihr Sohn befand, so erlebte er in dieser ebenso gefährlichen wie demütigenden Situation jedenfalls, daß Verwandtschaftsethik in einer bewaffneten Konfrontation nicht ihre Gültigkeit verlor, sondern den Anspruch auf Schonung begründete. Judith starb wenige Jahre später und wurde im elsässischen Walburg im Heiligen Forst beigesetzt,[6] jenem Gebiet, das ihr Gemahl zu einem staufischen Besitzschwerpunkt gemacht hatte. Daß Welf VI. infolge des frühen Todes seiner Schwester in engere Beziehung zu ihrem Sohn getreten ist und daß das später erkennbar enge Verhältnis zwischen Barbarossa und seinem Onkel darin seine Ursache gehabt haben könnte, läßt sich vermuten, aber nicht belegen.

Aus dem Zeitüblichen kann geschlossen werden, daß sich Barbarossas Erziehung mit Beginn seiner *adolescentia* wie bei jedem Heranwachsenden der adligen Oberschicht, den die Eltern nicht für eine geistliche Laufbahn vorsahen, zunehmend auf praktische Kenntnisse und körperliche Fertigkeiten konzentrierte. Dazu gehörte der Umgang mit Tieren – vielleicht mit Hunden und Beizvögeln, wenn auch die Quellen nichts über die Jagdgewohnheiten der schwäbischen Herzöge zu berichten wissen –, sicher aber mit Pferden: das Reittier beherrschen zu können war für einen Adligen ebenso selbstverständlich wie unerläßlich. Das zeigen die vielen Gewaltritte, die Barbarossa später hinter sich brachte, etwa unmittelbar nach seiner Königswahl von Sinzig nach Aachen oder während der Kreuzzüge, aber auch die zu Pferde bestrittenen Kämpfe. Reiten war die übliche Art der Fortbewegung, zumal in einer Zeit, in der auch die Kaiser nicht von einer festen Residenz, sondern während ihrer nur selten für längere Zeit unterbrochenen Reise durch das Reich nördlich und südlich der

Alpen sozusagen vom Sattel aus regierten. 1164 um ein längeres Verweilen in Pavia gebeten, charakterisierte Barbarossa diese Bedingungen seiner Herrscherexistenz recht treffend: «Ich bin zu Pferde und habe die Füße in den Steigbügeln.»[7]

Zur Reitausbildung während Barbarossas *adolescentia* gehörte auch der Umgang mit den Waffen, also mit Schwert, Schild und Lanze; Barbarossas routinierte Beherrschung von Pferd und Waffen rief noch auf dem Mainzer Hoftag von 1184 Bewunderung und Respekt des Publikums hervor, als er im Alter von 62 Jahren an den Reiterspielen der versammelten Ritter teilnahm. «Studium der Pferde und der Waffen» (*studium equorum et armorum*): die Worte, mit denen der Historiograph Gaufredus Malaterra Ende des 11. Jahrhunderts die Ausbildung Robert Guiscards, des normannischen Eroberers von Sizilien, rückblickend zusammenfaßte,[8] bezeichnen auch zutreffend, was Barbarossa in seinen Jugendjahren vermittelt wurde. Diese Lebensphase resümiert Otto von Freising mit den nüchternen Worten, daß Barbarossa «wie üblich durch Waffenspiele» (*ludis militaribus*) erzogen und ihm auch der Rittergürtel umgelegt worden sei.[9] Die Zeremonie der Schwertleite verband den Initiationsritus der Waffenübergabe beim Erreichen der Volljährigkeit mit der Verleihung des Rittergürtels. Über Ort und Zeitpunkt dieses Geschehens geben die Quellen keine Auskunft; immerhin ist denkbar, daß sich die feierliche Zeremonie am Hof Konrads III. abgespielt haben könnte, vielleicht sogar im März 1138, als Barbarossa, der damals sein fünfzehntes Lebensjahr bereits vollendet haben dürfte, nachweislich zum ersten Mal in Begleitung seines Vaters am Hof des königlichen Onkels weilte. Eine Erhebung zum Ritter in diesem Alter wäre jedenfalls keine Ausnahme, wenngleich ein Fünfzehnjähriger sicher noch kein vollwertiger Ritter sein konnte, sondern noch weiterer Ausbildung bedurfte. Dazu gehörte, daß auch in anderem als dem elterlichen Umfeld Erfahrungen und Einsichten in die Formen und Bedingungen adliger Lebensführung gesammelt werden sollten. Barbarossa erhielt sie zumindest zeitweise auch am Hof Konrads III.[10] Durch Beobachtung der Menschen gewann er eine Vorstellung von dem in der ritterlich-höfischen Gesellschaft gebotenen Auftreten: «Wer nicht achtgibt auf das, was er sieht, bessert sich dadurch nicht. Ihm könnte ebenso lieb sein, wenn er im Wald wäre statt bei Hofe.»[11] Was Thomasin von Zerklaere erst zu Beginn des 13. Jahrhunderts in seiner Verhaltenslehre «Der welsche

Gast» als ein Bildungsziel des Hofaufenthalts junger Adliger explizit formulierte, galt auch schon zu Barbarossas Jugendzeit, und diese Erziehungspraxis war auch an seinem eigenen Königshof später üblich.¹² Das ‹rechte Verhalten› war jedenfalls in Barbarossas späten Jahren ein so unverwechselbares Kennzeichen seines Auftretens, daß Bischof Sicard von Cremona, der den Kaiser mehrfach gesehen hatte, ausdrücklich betonte, dieser sei, «obwohl nicht lateinisch geschult, doch durch die Sitten betreffende Erfahrung gebildet, weil er das Betragen und die Städte vieler Menschen gesehen habe».¹³ Barbarossas Erziehung am schwäbischen Herzogshof, über den nichts weiter bekannt ist, erhielt so eine zusätzliche Facette. Seine nur sporadischen Erwähnungen in den Urkunden Konrads III. sprechen allerdings dafür, daß sein Aufenthalt am Königshof nicht von langer Dauer war. Sicher ist nur, daß er dort für einige Zeit der Gefährte des dänischen Königssohnes Sven war, der am deutschen Königshof eine ritterliche Erziehung erhielt und dem Staufer in Alter und Temperament ähnlich gewesen sein soll.¹⁴

Was Otto von Freising als erste eigenständige kriegerische Unternehmung des jungen Staufers bezeichnet, war zunächst wohl Teilnahme an einem Buhurt, einer frühen Form des Turniers, in dem zwei Reiterscharen aufeinandertrafen und als Waffen meist nur die Schilde, zuweilen aber auch die Lanzen benutzt wurden. Solche Kampfspiele waren alles andere als harmlos, zumal dann, wenn die Gegner im Buhurt sich feindlich gesinnt waren. Bereits sein Vater und sein Onkel waren 1127 den Rittern Lothars III. vor Würzburg in solcher Form entgegengetreten,¹⁵ und von ähnlicher Art scheint auch das Treffen gewesen zu sein, zu dem Graf Heinrich II. von Wolfratshausen vor seine Burg geladen hatte. Der Graf war ein Gegner von Barbarossas Onkel Welf VI., und diese Konstellation war denn wohl auch die Ursache für eine Eskalation des Spiels: Barbarossa «griff die Bayern, die ihn in Waffen vor den Toren erwarteten, mannhaft an, nicht zum Spiel, sondern zum ernsten Kampf, und zwang die Feinde schließlich, nachdem man auf beiden Seiten tapfer gekämpft hatte, sich in die Burg zurückzuziehen».¹⁶ Den Grafen Konrad von Dachau, der seine Tapferkeit unter Beweis stellen wollte, indem er draußen blieb, nahm er gefangen und führte ihn mit sich zurück nach Schwaben. Der junge Staufer hatte bei dieser Unternehmung nicht nur persönlich Mut gezeigt und sich durch seinen Erfolg auch Anerkennung unter seinen Standesgenossen verschafft, sondern demonstrierte gleichzeitig die Tugend der Großzügigkeit (*largitas*), indem er den Gefangenen wieder entließ, ohne Lösegeld von ihm zu verlangen. Über vergleichbare Aktivitäten schrieb Landgraf Ludwig II. von Thüringen seinem jüngeren Bruder Heinrich Raspe II., er solle in Friedenszeiten von den unnützen Kampfspielen mit Waffen ablassen, mit denen er sein Leben nach Jünglingsart allzu häufig in Gefahr bringe, und seine Kraft und seinen Eifer lieber auf die Angelegenheiten seines Herrschaftsbereichs verwenden, wie es ihm als Fürsten gezieme.[17]

INTERESSEN DES HERZOGS

Daß Barbarossa eines Tages die Nachfolge seines Onkels Konrad auf dem Königsthron antreten sollte, war eine Perspektive, die sich frühestens Ende 1151 abzeichnete, wenige Wochen vor dem Tod Konrads III. Sein Handeln während der Jahre zuvor war an ganz anderen Interessen ausgerichtet, nämlich jenen, die ihm durch seine Nachfolge im väterlichen Herzogtum vorgezeichnet waren. Den dabei wirksamen Motiven näherzukommen ist nicht ganz einfach, denn die einzige Quelle, die Nachrichten über Barbarossas Leben vor seiner Königserhebung enthält, ist das Geschichtswerk seines babenbergischen Onkels Otto von Freising. Für dessen Darstellungsabsicht war jedoch charakteristisch, daß er bereits unter dem Eindruck der Erhebung seines Neffen zum König und Kaiser schrieb; sein Bericht über die Vergangenheit orientierte sich daher nicht an der Absicht, das Geschehene erklärend zu rekonstruieren, sondern Vergangenes nur als vorausweisend auf die eigene, vom strahlenden Aufstieg seines Neffen geprägte Gegenwart zu schildern. Der Handlungshorizont des Herzogs von Schwaben, der für Barbarossa vor seiner Königswahl allein bestimmend gewesen war, wurde durch den Gang der Dinge bedeutungslos und uninteressant. Frühere Ereignisse interessierten Otto von Freising deshalb nur, insoweit sie veranschaulichen konnten, daß Barbarossa bereits in seinen frühen Lebensjahren über Eigenschaften und Verdienste verfügte, die seine spätere Berufung ebenso notwendig wie seine Befähigung zum Herrscheramt offenkundig erscheinen ließen – also etwa Mut und Tapferkeit, aber auch Milde und Gerechtigkeitssinn. Dieses Darstellungsinteresse liegt wie ein Schleier über den wenigen Nachrichten aus Barbarossas frühen Lebensjahren. Gleichwohl werden seine Intentionen transparent, wenn man sie vor den Hintergrund der Rivalität zwischen den drei süddeutschen Herzogsfamilien stellt, die die staufische Herzogsherrschaft in Schwaben seit dem Ausgleich von 1098 gleichermaßen charakterisierte wie begrenzte. Die Welfen waren durch ihren Übertritt auf die Seite Lothars III. zu Gegnern Friedrichs II. geworden. Der Konflikt verschärfte sich, als Konrad versuchte, die überragende Machtposition Heinrichs des Stolzen, des Sohnes Heinrichs des Schwarzen, zu brechen. Zwar hatte Heinrich der Stolze im Juli 1138 Konrad die Reichsinsignien übergeben, jedoch durfte er nicht «vor das Angesicht des Königs» treten,[18] denn es bestand noch keine Einigkeit über die Bedingungen, unter denen der Herzog von Bayern und Sachsen die Herrschaft Konrads III. anzuerkennen bereit war: «Der König wollte sich nämlich nicht anders zufriedenstellen lassen, als wenn Heinrich auf einiges von dem, was er von Kaiser Lothar empfangen und noch im Besitz hatte, verzichtete.»[19] Wohl in bewußter Analogie zu den Forderungen nach Trennung zwischen Hausgut und Reichsgut, die Lothar III. 1125 an die Staufer gerichtet hatte, zielte Konrads Forderung auf die Rückgabe einzelner Lehen.[20] Allerdings war der Welfe nicht bereit, dem neuen König, der ihm zuvor an Besitz und Rang weit unterlegen war, Gehorsam zu erweisen.

Als Reaktion auf die herausfordernde Verweigerung eines Kompromisses entzog Konrad dem Welfen zunächst das Herzogtum Sachsen, dann auch das Herzogtum Bayern. Sachsen erhielt der Askanier Albrecht der Bär, der bisherige Markgraf der sächsischen Nordmark, Bayern der Babenberger Leopold IV., der Markgraf der bayerischen Ostmark. Leopold war ein Stiefbruder Konrads und Friedrichs II., denn deren Mutter, die Kaisertochter Agnes, hatte in zweiter Ehe Leopolds gleichnamigen Vater geheiratet. Die Babenberger wurden durch Konrads Begünstigung seine treuesten Verbündeten im Kampf gegen die Welfen. Nach dem Tod Heinrichs des Stolzen, der noch beide Herzogtümer in seiner Hand vereinigt hatte, erhob sein Sohn, Heinrich der Löwe, Anspruch auf Sachsen, und sein Bruder, Welf VI., Anspruch auf Bayern. In den daraus resultierenden Kämpfen unterstützte Friedrich II. zunächst seinen Bruder – 1139 gegen Heinrich

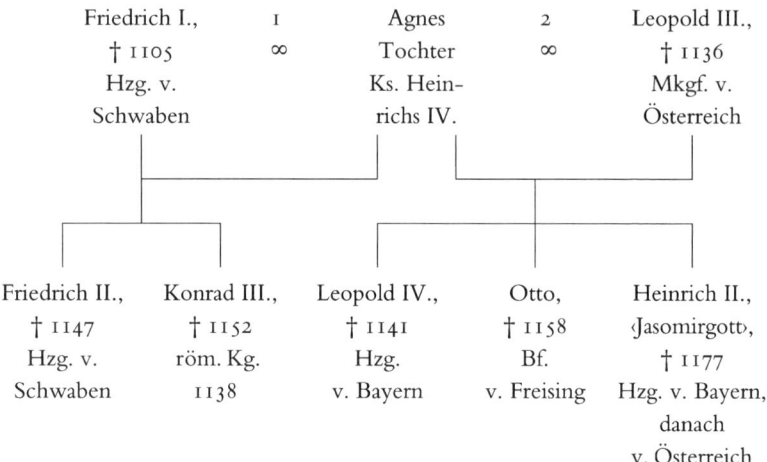

Verwandtschaft Staufer-Babenberger über Agnes

den Stolzen in Sachsen und im Dezember 1140 gegen Welf VI. bei der Belagerung von Weinsberg bei Heilbronn; Barbarossas Vater war es auch, der vergeblich protestiert haben soll, als die «treuen Weiber von Weinsberg» auf die königliche Erlaubnis hin, aus der belagerten Burg fortführen zu dürfen, was sie auf ihre Schultern laden konnten, ihre Männer davontrugen. Nach 1140 nahm Friedrich II. an den Kämpfen seines Bruders gegen die Welfen nicht mehr teil. Offensichtlich traten die Interessen des Königs und des Herzogs von Schwaben auseinander. Fürchtete Barbarossas Vater, Welf VI. könnte, von seinem Besitzschwerpunkt zwischen Donau und Bodensee ausgehend, der schwäbischen Herzogsherrschaft gefährlich werden? Suchte er deshalb eine Art friedlicher Koexistenz? Auffällig ist jedenfalls, daß Barbarossa selbst schon früh seinen Onkel mütterlicherseits, Welf VI., gegen seinen Onkel väterlicherseits, König Konrad III., unterstützte. Den Anlaß dazu gab Konrads Entscheidung, Bayern nach dem Tod Leopolds IV. nicht etwa Welf VI. zu übertragen, der das Herzogtum als väterliches Erbe für sich forderte, sondern in der Hand seiner babenbergischen Halbbrüder zu belassen und Heinrich Jasomirgott als neuen Herzog einzusetzen. Welf VI. sah sich in seinem Recht verletzt, eröffnete die Fehde gegen den König, verwüstete zunächst Teile

Bayerns durch Brand und Plünderung, dann auch Besitzungen des Königs in Schwaben. Dabei unterstützte ihn ausgerechnet der Sohn des Herzogs von Schwaben!²¹ Am plausibelsten ist dieser ungewöhnliche Sachverhalt mit der Annahme zu erklären, daß sich Barbarossa zuvor bei Konrad für Welf eingesetzt hatte, vielleicht zwischen beiden vermitteln wollte. Daß Konrad III. sich dessen ungeachtet für den Babenberger entschied, hätte sein Neffe als Mißachtung auffassen können. Möglicherweise rächte sich Barbarossa mit seinem Übergriff auf königliche Güter – er handelte als Reichsfürst, der einen anderen in einer Fehde gegen den König unterstützte.²² In dieses Bild paßt, daß Graf Heinrich II. von Wolfratshausen – das Opfer von Barbarossas erwähntem ersten ritterlichen Bravourstück – seinerseits mit Welf VI. verfeindet und Graf Konrad von Dachau, den Barbarossa nach eher demonstrativer Gefangennahme großzügig wieder entlassen hatte, ein Parteigänger Welfs VI. war. Diese Konstellation erhellt, daß es keine einheitliche und kompakte staufische Politik gab, die sich gegen welfische Interessen richtete: der vielberufene Gegensatz zwischen Staufern und Welfen ist nicht nur eine die Sachlage unangemessen vereinfachende, sondern auch verzerrende und unzutreffende Theorie der Historiker.²³ Barbarossa stand im Netzwerk der Verwandtschaftsbeziehungen an anderer Stelle als sein königlicher Onkel: für ihn waren die Babenberger, die Halbgeschwister Konrads III., vergleichsweise entfernte Verwandte; näher verwandt als mit ihnen war er über seine Mutter Judith mit Welf VI. Daraus ergaben sich für ihn politische Optionen, die nicht immer mit der Politik seines königlichen Onkels Konrad III. übereinstimmten.

Das zeigte sich erneut, als Barbarossa im Sommer 1146 eine Fehde gegen Herzog Konrad von Zähringen eröffnete, in deren Verlauf er sogar Zürich eroberte und mit einer Besatzung stärkte. Sicher war auch dieses Unternehmen ein Versuch des jungen Herzogssohnes, sich durch Waffentaten einen Namen zu machen, aber seine Stoßrichtung zeigt, daß es sich nicht in solchen zeitüblichen Versuchen ritterlichen Prestigeerwerbs erschöpfte. Denn Barbarossa wandte sich nicht nur gegen Zürich, sondern auch gegen Zähringen und damit gegen die Zentren der *terra ducis*, gerade so, als ob er die seit fast einem halben Jahrhundert bestehende Teilung des alten Herzogtums Schwaben rückgängig machen oder zumindest nachdrücklich zum eigenen Vorteil verändern wollte. Otto von Freising war rückblickend des Lobes voll: «Nachdem sich ihm sogar einige bayerische Edle angeschlossen hatten, fiel er [Friedrich Barbarossa] mit einer großen Schar von Rittern in das Land des Herzogs [Konrad] ein, indem er bis fast an die Grenze Alemanniens bis nach Zähringen vorrückte, der Burg des Herzogs, ohne daß ihm jemand entgegentrat oder Widerstand leisten konnte. Nicht lange danach nahm und eroberte er auch eine Burg desselben, die bisher allen, die sie sahen, uneinnehmbar zu sein schien, und bekriegte wider Erwarten vieler den äußerst tapferen und reichen Herzog so nachdrücklich, daß er ihn zwang, demütig bittend zu seinem Vater [Herzog Friedrich II. von Schwaben] und seinem Onkel [König Konrad III.] zu kommen und um Frieden zu bitten.» An dieser Stelle bricht die einzige Nachricht über diesen Konflikt ohne weitere Erklärung ab, der Freisinger Bischof fährt fort: «Diese und andere so schwierige Unternehmungen führte er [Friedrich Barbarossa] schon in jugendlichem Alter aus, so daß nicht unverdienterweise und zum Staunen vieler über ihn jenes Wort aus dem Evangelium gesagt werden konnte: ‹Was meinst du, wird aus diesem Knaben noch werden?›»[24] Wie dieses Zitat einer auf den jungen Christus gemünzten und auf dessen spätere Bedeutung vorausweisenden Stelle aus dem Lukas-Evangelium (Lukas 1,66) zeigt, wollte Otto ruhmreiche Waffentaten aus Barbarossas Jugend und Herzogszeit als Vorzeichen von dessen späterem Aufstieg schildern. Mit dieser Absicht verträgt sich allerdings schlecht, daß er keinerlei Details über die «demütige», also offenbar Rang und Status des mächtigen Herzogs tangierende Bitte des Zähringers verlor; auch fehlt jegliche Information darüber, welche Zugeständnisse der Zähringer machen mußte, um Barbarossa von weiteren Einfällen in sein Herrschaftsgebiet abzubringen und zur Herausgabe seiner Eroberungen, vor allem Zürichs, zu bewegen. Verschwieg Otto, daß Barbarossas Fehde weniger vorteilhaft endete, als ihr erfolgreicher Anfang ursprünglich hatte erhoffen lassen? Dafür spricht einiges, denn gänzlich unerwartet wurde Barbarossas Fehde für den König zu einem Störfaktor.[25]

Im späten Oktober 1146 kam der charismatische, von seinen Zeitgenossen schon zu Lebzeiten als heiligmäßig verehrte Zisterzienserabt Bernhard von Clairvaux, den Papst Eugen III. nach dem Fall der Grafschaft Edessa mit der Kreuzzugspredigt beauftragt hatte, nach Deutschland. Am 31. März 1146 hatte König Ludwig VII. von Frankreich in Vézelay das Kreuz genommen; erstmals war damit ein

ABB. 7 Bild König Konrads III. auf dem Aachener Armreliquiar Karls des Großen. Die Umschrift CONRAD(US) II ROMANOR(UM) REX zählt Konrad nach dem Salier Konrad († 1039) als den zweiten König seines Namens, läßt Konrad I. († 918) dagegen unberücksichtigt. Der König trägt eine Krone mit zwei Bügeln, einen auf der rechten Schulter mit einer Agraffe geschlossenen Mantel und eine offenbar mit Perlen und Edelsteinen geschmückte Stoffbahn, deren Vorbild die byzantinische Kaiserbinde (*loros*) war. Der König präsentiert, ganz den Darstellungen der Siegelbilder entsprechend, den Reichsapfel in der rechten, das Szepter in der linken Hand. – Paris, Louvre.

Kreuzzug unter Führung eines bedeutenden westeuropäischen Monarchen zu erwarten. Sollte der deutsche König – als künftiger Kaiser ranghöchster Herrscher der Christenheit mit universalem Anspruch – dabei abseits stehen? Eugen III. und Bernhard von Clairvaux hofften auf Konrads Teilnahme.[26] Die grundsätzliche Zusage fiel ihm nicht schwer, denn er war schon 1124/25 zu einer Pilgerfahrt ins Heilige Land aufgebrochen – ein unmißverständliches Zeichen seiner Sorge um das eigene Seelenheil, die man ihm neben allem Prestigestreben als starkes Motiv für seinen Kreuzzugsentschluß getrost unterstellen darf. Was ihn aber zögern ließ, war die politische Situation im Reich. Schon vor einem Italienzug war es unerläßlich, nördlich der Alpen friedliche Verhältnisse zu hinterlassen. Das galt erst recht anläßlich eines Aufbruchs zum Kreuzzug. Um den Frieden im Reich während seiner Abwesenheit so weit wie möglich sicherzustellen, blieb dem König nichts anderes übrig, als seine Gegner entweder auf den Kreuzzug mitzunehmen oder sie zu neutralisieren. So war die Kreuznahme von Konrads langjährigem Gegner Welf VI., die Bernhard vermittelte, eine Hauptvoraussetzung für den Kreuzzug. Aber weil keiner der Fürsten zum Aufbruch ins Heilige Land bereit war, wenn er für die Dauer seiner Abwesenheit um Recht und Besitz zu fürchten hatte, mußten nicht nur Konflikte beigelegt werden, in die der König selbst verwickelt war, sondern auch Streitigkeiten zwischen den Fürsten. Barbarossas Fehde war ein solcher Fall. Mit seinem Einfall in die zähringische *terra ducis* drohte ein langwieriger Konflikt seinen Anfang zu nehmen, denn nach den Gepflogenheiten der Zeit konnte der Zähringer die Schmach, die Barbarossas Erfolg für ihn bedeutete, nicht ungerächt auf sich sitzen lassen. Was für Barbarossa eine Auseinandersetzung im Interesse seiner eigenen Stellung als *iunior dux* war, war für seinen königlichen Onkel ein Hindernis für den Aufbruch nach Jerusalem. Die Interessen des schwäbischen Herzogssohnes waren nicht deckungsgleich mit jenen seines Onkels, der um des Kreuzzugs willen Frieden im Reich brauchte. Der Dringlichkeit und Bedeutung der Friedensstiftung folgend verschrieb sich Bernhard von Clairvaux selbst diesem Ziel und unternahm im Dezember 1146 eine Reise an den Oberrhein bis nach Zürich, um die Kontrahenten miteinander zu versöhnen. Immerhin erreichte er, daß sowohl Barbarossa wie auch der Zähringer zum Weihnachtshoftag erschienen, den der König in Speyer feierte. Zwischenzeitlich führte Konrad III. mit seinem damals schon erkrankten Bruder, Barbarossas Vater, intensive Gespräche. Verlangte er von ihm, seinem Sohn Einhalt zu gebieten? Eröffnete er ihm, daß Bernhard die Kontrahenten zur Teilnahme am Kreuzzug bewegen sollte? Die Überlieferung versagt jeden genaueren Einblick, aber am 27. Dezember schätzte der König die Lage vielversprechend genug ein, um einen weitreichenden Entschluß zu fassen. Er führte zunächst ein vertrauliches Gespräch mit Bernhard; dieser hielt ihm dann am selben Tag in einer öffentlichen Predigt eindringlich vor Augen, was er Christus verdanke – seine

Herrschaft, seinen Reichtum, seine Geistesgaben, seine Tapferkeit und seine Gesundheit; um seines Seelenheils willen solle er das Kreuz nehmen: «Mit diesen und ähnlichen Worten bewegte er den Menschen, so daß er [Konrad III.] mitten in der Predigt nicht ohne Tränen ausrief: ‹Ich erkenne ganz und gar die göttlichen Geschenke der Gnade, damit ich, mit seiner Hilfe, dereinst [beim Jüngsten Gericht] nicht als undankbar gefunden werde. Ich bin bereit, ihm zu dienen, da ich von seiner Seite dazu ermahnt werde!› Dies sagte er, und siehe, indem das Volk das Wort aus dem Mund des Sprechenden geradezu raubte, brach es in das Lob Gottes aus, und die Erde hallte wider von ihren Stimmen. Dann wurde der König mit dem [Kreuz-]Zeichen versehen und empfing das Banner vom Altar durch die Hand unseres Vaters [Bernhard], damit er es selbst mit eigener Hand dem Heer des Herrn vorantrage.»[27] Auf diese symbolische Weise veröffentlichte Konrad gewissermaßen, daß entscheidende Hindernisse für den Aufbruch zum Kreuzzug zuvor beseitigt worden waren. Auch Barbarossa nahm das Kreuz – vielleicht gerne zustimmend, um so der absehbaren Revanche des Zähringers zu entgehen, aber wahrscheinlich eher widerwillig, weil ihm der errungene Erfolg nun zerrann.

Bernhards Überzeugungsarbeit war damit aber noch nicht am Ende. In den zahlreichen, von den begleitenden Zisterziensern minutiös niedergeschriebenen Wunderheilungen, die er schon während seiner Reise an den Oberrhein vollbracht hatte, war für die Zeitgenossen der Wille Gottes sichtbar geworden. Seine Werbung für den Kreuzzug erschien nicht nur durch päpstlichen Auftrag legitimiert, sondern auch durch gottgewollte Wunder. Sie machten auch in Speyer die Gottgefälligkeit der Kreuznahme augenfällig. In Anwesenheit des Königs und der Fürsten wurde ein Blinder sehend. Man führte einen gelähmten Jungen vor den König; Bernhard schlug das Kreuzzeichen über ihm, richtete ihn auf und befahl ihm vor den Augen aller zu gehen. «Wer aber kann sagen, wie groß die Freude, wie groß der Jubel des Jungen war? Zum König gewandt sagte der heilige Vater: ‹Wegen euch ist dies geschehen, damit ihr wissen möget, daß Gott mit euch ist und daß ihm willkommen ist, was ihr begonnen habt.»[28] Als am Abend des 31. Dezember Konrad mit einem Gesandten aus Byzanz, Barbarossa und anderen Fürsten beieinanderstand, wurde erneut ein gelähmter Junge vor sie geführt. Bernhard sprach ihn an und sagte: «Im Namen Jesu Christi befehle ich dir, stehe auf und gehe» – woraufhin sich der Junge erhob und ohne Hilfe umherlief, zunächst mit zitternden Gliedern, dann aber vor aller Augen gekräftigt.[29] Viele der Anwesenden haben diese Ereignisse sicher als eine überwältigende Manifestation göttlicher Unterstützung des Kreuzzugsvorhabens wahrgenommen. Manche zweifelten vielleicht an den Wundern – aber wir haben keine Möglichkeit, das Geschehen von der Wahrnehmung der Zeitgenossen zu trennen, die es bezeugten, und es als bloße Schauspielerei zu entlarven. Konrad von Zähringen ließ sich nicht mitreißen, er nahm das Kreuz nicht. Barbarossa war durch sein Kreuzzugsgelübde in einseitige Vorleistung getreten; zwar stand das Herzogtum Schwaben unter dem Schutz des kirchlichen Friedensgebotes, dem Besitz und Herrschaft eines Kreuzfahrers für die Dauer seiner Abwesenheit generell unterworfen sein sollten. Aber ob sich der Zähringer daran auch halten würde, war alles andere als gewiß.

Frieden war keine einfache Folge von königlichem Befehl und fürstlichem Gehorsam. Konrad konnte die Fürsten weder zum Frieden noch zur Teilnahme am Kreuzzug zwingen, sondern nur den diesbezüglichen Erwartungsdruck stetig erhöhen. Dabei spielte Bernhard eine unverändert wichtige Rolle; er suchte nicht nur Barbarossas Vater auf, sondern reiste auch mit Gesandten Konrads III. und Welfs VI. zum französischen König, um die Marschroute des Heeres zu besprechen. Als man sich im März 1147 in Frankfurt versammelte, war der Aufbruch zum Kreuzzug nochmals bedroht: Heinrich der Löwe, erst seit kurzem volljährig, erhob Erbansprüche auf das Herzogtum Bayern, das seinem Vater Heinrich dem Stolzen unrechtmäßig entzogen zu haben er Konrad III. vorwarf. Der junge Sachsenherzog wollte den König nicht auf den Kreuzzug begleiten. Aber sein Zurückbleiben wäre eine Gefahr für den Frieden im Reich gewesen. Konrad soll den Welfen mit viel Klugheit und Scharfsinn davon überzeugt haben, die Frage bis zu seiner Rückkehr aus dem Heiligen Land ruhen zu lassen. Unter Bernhards Vermittlung wurde tatsächlich eine Lösung gefunden: der Löwe verpflichtete sich, mit den Sachsen gegen die slawischen Heiden östlich der Elbe zu ziehen. Der Dynamik des Kreuzzugsprojekts konnte sich nun niemand mehr entziehen, auch Konrad von Zähringen nicht. Spätestens jetzt sagte er dem König und Barbarossa zu, die Fehdehandlungen nicht seinerseits fortzuführen – ein solcher Waffenstillstand für die Dauer des Kreuzzuges war aber alles andere als ein Frieden, um den er laut Otto von Freising auch noch «demütig» selbst gebeten haben soll. Der Zähringer war vielmehr durch Konrads und Bernhards Vorgehen Schritt für Schritt in eine Friedensgemeinschaft eingebunden worden, in der streitende Fürsten und Gegner des Königs ihre Auseinandersetzungen um des übergeordneten Zieles des Heidenkampfes willen zurückstellten. In Frankfurt nahm er schließlich das Kreuz. Aber gewissermaßen unter Protest: als einziger süddeutscher Fürst schloß sich Konrad von Zähringen nicht dem Kreuzzug des Königs, sondern dem der Sachsen an. Dieser ‹Wendenkreuzzug› war letztlich den unüberbrückbaren Gegensätzen zwischen den Großen untereinander geschuldet. Weder die Rivalen um das Herzogtum Bayern, Heinrich der Löwe und sein Onkel Welf VI., noch die Rivalen um Zürich, Konrad von Zähringen und Friedrich Barbarossa, mußten erproben, wie weit sie ihr Geltungsbedürfnis und hochfahrendes Rangbewußtsein einem gemeinsamen Ziel unterzuordnen vermochten. In langwierigen Verhandlungen hatten der König und der Zisterzienserabt erreicht, daß der Zug ins Heilige Land nicht durch Konflikte zwischen den Fürsten zusätzlich gefährdet wurde. Welches Ziel Barbarossa mit seiner Fehde ursprünglich auch verfolgt hatte – es war durch das Kreuzzugsprojekt Konrads III. unerreichbar geworden. Herzog Friedrich II., damals schon auf den Tod erkrankt, «zürnte seinem Herrn und Bruder, dem König Konrad, weil dieser seinem Sohn Friedrich erlaubt hatte, das Kreuz zu nehmen, denn er hatte ihn als Erstgeborenen und einzigen Sohn seiner hochedlen ersten Gattin [Judith] zum Erben seines ganzen Landes eingesetzt» und dessen Schutz auch seine zweite Gattin, die Gräfin Agnes von Saarbrücken, mit ihrem kleinen Sohn Konrad, dem späteren Pfalzgrafen bei Rhein, anvertraut.[30] Barbarossas Vater starb wenige Wochen vor dem Aufbruch der Kreuzfahrer nach Osten.

TEILNAHME AM KREUZZUG

Otto von Freising erinnerte sich an den zuversichtlichen und hoffnungsfrohen Aufbruch gegen Ende Mai 1147: «Als nun die Strenge der Winterkälte gebrochen war und durch des Frühlings wohltätige Feuchtigkeit aus dem Schoße der Erde Blumen und Kräuter hervorsprossen, als das junge Grün der Felder ein heiteres Antlitz der Erde bot und der Welt zulächelte, da brach König Konrad mit den Seinen von Nürnberg zum Heerzug auf (und) bestieg in Regensburg Schiffe, um die Donau hinunterzufahren.»[31] Die Bischöfe, Herzöge, Grafen und andere Große führten die Scharen ihrer Berittenen an, ein Troß aus Wagen und Packpferden folgte, die mit Schilden, Schwertern, Rüstungen und anderem Kriegsgerät sowie reichlich Lebensmitteln beladen waren; die Menschenmenge, die mit dem König zog und sich auf seinem weiteren Zug bis an die Grenze zu Ungarn anschloß, schien manchem so groß, daß die Straßen und umliegenden Felder sie so wenig fassen zu können schien wie die Donau die Zahl der Schiffe.[32] Es waren bei weitem nicht nur Bewaffnete und Vermögende, und auch nicht nur solche, die ihren Besitz verkauft hatten, gerade so, als ob sie nicht mehr zurückkehren würden, sondern auch viele, die wenig oder gar kein Geld hatten und hofften, daß ihnen «bei dieser so heiligen Sache ebenso wie den Israeliten [bei ihrem Zug durch die Wüste] die nötigen Lebensmittel entweder vom Himmel fallen oder durch eine andere himmlische und göttliche Fügung verschafft werden würden».[33] Die Teilnahme vieler Armer, Nichtbewaffneter und Fußgänger war auf dem Weg über Wien bis an die Leitha und durch Ungarn unproblematisch, weil die Versorgung noch gewährleistet war. Aber schon während des Durchzugs durch das byzantinische Reich häuften sich Zwischenfälle wegen Versorgungsengpässen, Plünderungen und drohenden Verwicklungen mit byzantinischen Heeresabteilungen. Konrad III. soll angesichts eines solchen Vorfalls «wutschnaubend wie ein gereizter Löwe» zur Nachhut des Heeres zurückgeritten und nur durch Bewirtung und Schmeicheleien des Bischofs von Philippopel (Plovdiv) von einem Zusammenstoß mit den Griechen abgehalten worden sein.[34] Immer wieder geriet man in die zeittypische Spirale der Gewalt, an deren Anfang stets eine Herausforderung stand, auf die mit notfalls eskalierendem Gewalteinsatz reagiert wurde, um das beschädigte Ansehen durch eine erzwungene Genugtuungsleistung wiederherzustellen. Auch Konrad III. war dieser Verhaltensregel der adligen Welt verpflichtet: als in Adrianopel (Edirne) ein deutscher Ritter erkrankte und von Griechen ermordet wurde, die sich Beute erhofften, schickte er Barbarossa mit dem Befehl zurück, Rache zu üben. «Dieser, auch sonst ein barscher, hochfahrender Herr, kehrte von Wut übermannt um, ließ sinnloserweise das ganze ehrwürdige Kloster, zu dem die Herberge gehört hatte, in Flammen aufgehen, die Schuldigen ergreifen und hinrichten.»[35] Damit und mit seinem Versuch, auch den geraubten Besitz zurückzuerlangen, brachte er die Ein-

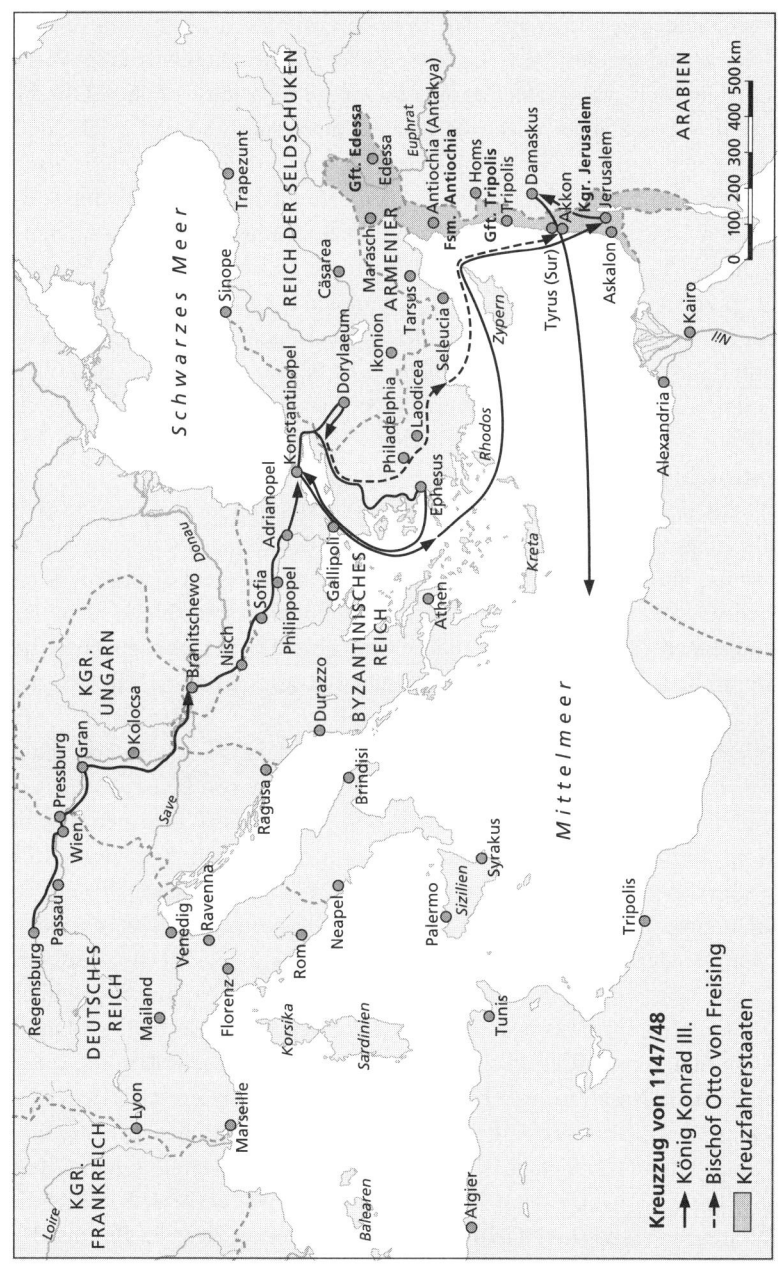

KARTE 3 Route des Zweiten Kreuzzugs 1147/48.

wohner so gegen sich auf, daß es noch zu einem Zusammenstoß mit Soldaten des in der Nähe lagernden griechischen Feldherrn Prosouch kam. Freilich war Kaiser Manuel an einem möglichst raschen Durchzug der Kreuzfahrer durch sein Reich interessiert, so daß solche und ähnliche Konflikte nie in eine breitere Konfrontation mündeten. Nach Überquerung des Bosporus wurde es im unwirtlichen, feindlich dominierten Land immer schwieriger, die Versorgung des Heeres sicherzustellen. Ein Versuch, das nichtbewaffnete Fußvolk vom ritterlichen Heer zu trennen, das quer durch Kleinasien direkt nach Syrien vorstoßen sollte, scheiterte. Zwar fanden sich einige tausend Pilger bereit, unter Führung Ottos von Freising von Nicaea (Iznik) aus den Weg entlang der byzantinisch beherrschten Küste einzuschlagen; dennoch blieb das Hauptheer von einem ebenso schwerfälligen wie wenig belastbaren Troß behindert.

Als nach zehn Tagen Marsch die Vorräte aufgebraucht waren und das Etappenziel Iconium (Konya) anders als erhofft noch längst nicht erreicht war, kehrte das von Hunger und Durst, Orientierungslosigkeit und ständigen Gefechten mit den Seldschuken zermürbte Heer unter schwersten Verlusten nach Nicaea zurück. Dort schlossen sich die Deutschen dem Heer des französischen Königs Ludwig VII. an, das ihnen im Abstand von einigen Wochen gefolgt war. Im Januar 1148 erreichten sie Ephesos (Efes), wo sich der an Malaria[36] schwer erkrankte Konrad III. mit Barbarossa, Heinrich Jasomirgott von Bayern, Welf VI. und anderen Großen auf Einladung Kaiser Manuels I. Komnenos nach Konstantinopel einschiffte. Von dort aus fuhren sie im April per Schiff nach Akkon und vereinbarten nach einem kurzen Aufenthalt in Jerusalem mit Ludwig VII., König Balduin III. von Jerusalem und den Meistern der Templer und Johanniter einen Zug gegen Damaskus, der im Juli mit einem vollständigen Fehlschlag endete. Anfang September verließ Konrad III. ohne jeden greifbaren Erfolg das Heilige Land. Das Ziel einer Rückeroberung von Edessa, dessen Fall 1144 der eigentliche Anlaß für den Kreuzzug gewesen war, blieb unerreicht; die Menschenverluste waren gewaltig. Während das Ansehen von Byzanz, dessen Unzuverlässigkeit in der Wahrnehmung der lateinischen Christenheit das militärische Desaster in Kleinasien verursacht hatte, in Westeuropa auf einen Tiefpunkt sank, hatte umgekehrt in Byzanz der Argwohn neue Nahrung erhalten, daß die Kreuzfahrer eigentlich auf eine Eroberung Konstantinopels abzielten.[37]

Der Kreuzzug von 1147 bis 1149 ist die erste Phase in Barbarossas Leben, von der man ein einigermaßen klares Bild gewinnt. Zwar wird er in den Quellen nur selten genannt, aber wo das der Fall ist, bestätigt die Überlieferung, was Erzbischof Wilhelm von Tyrus noch über zwanzig Jahre später für charakteristisch hielt – daß nämlich «der erlauchte Herzog Friedrich von Schwaben» während des Kreuzzugs seinem königlichen Onkel «ein unzertrennlicher Begleiter» war.[38] Das ganze Unternehmen war für ihn wie für den König und die anderen Ritter auch eine Chance, etwas zu unternehmen, «das ihr Andenken der Nachwelt als erinnerungswürdig hinterlassen» und nicht zuletzt «die Ehre des Reichs» mehren sollte.[39] Erfolg im Kampf gegen die Ungläubigen war für alle eine Gelegenheit, sich einen Namen zu machen. Am Hof Graf Balduins V. von Hennegau († 1224) erzählte man sich gegen Ende des Jahrhunderts, Barbarossa habe sich als junger Ritter bei der Belagerung von Damaskus vor allen anderen ausgezeichnet, und in Piacenza war man sogar überzeugt, er habe während der Belagerung von Antiochia einen äußerst wilden und unerschrockenen Türken, der täglich bis an die Zelte der Kreuzfahrer gekommen sei, verwundet, in die Flucht geschlagen, bis ans Stadttor verfolgt und dort mit seinem Schwert auf den eisernen Torflügel eingeschlagen; als der Sultan später davon gehört habe, soll er befohlen haben, die Einhiebstellen mit Gold auszugießen,[40] um so den tapferen Gegner zu ehren. Zwar war Barbarossa zu Lebzeiten nie nach Antiochia gekommen, aber die Geschichte illustriert, womit sich Ritter, aber auch Fürsten oder Könige einen besonderen Namen bei ihren Zeitgenossen machen konnten. Auch Erzbischof Wilhelm von Tyrus, seit 1174 Kanzler des Königsreichs Jerusalem, erinnerte in seiner «Geschichte der Taten jenseits des Meeres» an eine Waffentat, die Konrad III. zusammen mit seinen Fürsten vor dem belagerten Damaskus vollbracht haben soll. Als der König von Jerusalem und die Franzosen auf Widerstand trafen, sollen sie mitten durch die Reihen des Königs von Frankreich hindurch nach vorne auf den Kampfplatz gepprescht, dann, «wie dies die Art der Deutschen ist, wenn sie in der Schlacht in große Not geraten», von den Pferden gestiegen sein und «mit vorgehaltenen Schilden, Mann gegen Mann, gegen die Feinde» gekämpft haben.[41] Jedoch konnten aus dem Desaster des Kreuzzugs nicht allzu viele Heldengeschichten gewoben werden. Zu unübersehbar war, daß es keinen aufsehenerregenden Erfolg gegen die Ungläubigen gab, mit dem die eigene Ehre und «die Ehre unseres Reichs» (*honor regni nostri*) hätte vermehrt werden können; im Gegenteil beklagten Chronisten nach den großen Verlusten, daß im Heiligen Land «nichts für die Erhabenheit des kaiserlichen und deutschen Namens» erreicht worden sei.[42] Die Logik der Ehre bestimmte Wahrnehmungs- und Darstellungsmuster. Natürlich wußten auch die Kreuzfahrer und zumal die Herren von Adel unter ihnen, daß ihr Handeln in der höfischen Öffentlichkeit unter den Kategorien von Ruhm und Schmach, Ehre und Schande wahrgenommen wurde.[43] Angesichts des stets möglichen Vorwurfs der Feigheit war es wichtig zu betonen, daß das Heer von den Ungläubigen nicht etwa im Kampf besiegt worden war, sondern vom Hunger, gegen den keine Waffe hilft. Gegenüber Ludwig VII. begründeten Barbarossa und Konrad III. hauptsächlich mit diesem Argument den Untergang ihres Heeres, und auch in Briefen, die ins Reich geschickt wurden, war der Hunger ein zentrales Argument.[44] Im einzigen Auftritt Barbarossas in der Kreuzzugsüberlieferung, auf den etwas mehr Licht fällt, spielen diese handlungsleitenden Werte des Kriegeradels eine besonders prominente Rolle. Ende Oktober 1147 erschien Barbarossa beim französischen König: im Auftrag Konrads III. sollte er ihn um eine Unterredung und um Hilfe bitten. Odo von Deuil, Kaplan Ludwigs VII., war Augen- und Ohrenzeuge dieser Begegnung. In seinem Geschichtswerk über die «Reise Ludwigs VII. in den Osten» erzählt ein Abschnitt, der offenkundig Barbarossas Bericht paraphrasiert, vom Desaster der Deutschen.[45] Die aus anderen Quellen bekannten, entsetzlichen Umstände des Rückmarschs werden darin nicht weiter ausgemalt – daß man etwa die vielen Toten gar nicht mehr beerdigen konnte und die Leichen zum Schutz vor der nächtlichen Kälte ebenso wie vor den Pfeilen der Türken gleichsam zu einer Mauer aufeinanderschichtete.[46]

Den Hunger, der dem Verrat eines byzantinischen Führers geschuldet sei, hielt Barbarossa für die eigentliche Ursache des Untergangs. Der landeskundige Grieche habe für lediglich acht Tage Proviant mitzunehmen geraten, aber das Heer auch am elften Tag noch nicht nach Konya, der Hauptstadt der Rum-Seldschuken, geführt, wo die Versorgung wieder gewährleistet sein sollte. In der Nacht auf den zwölften Tag sei er auf nur ihm bekannten Wegen geflohen; als ihn am Morgen wie üblich die Bannerträger aufsuchen wollten, damit er ihnen den Weg weise, sahen sie die umliegenden Berge schon von den Türken besetzt, weshalb man annahm, der Grieche hätte absichtlich so lange gewartet, bis er das Heer «schon lebend begraben» wähnte, um es dann den Türken als Beute zu verraten. Auf diese Nachricht hin versammelte Konrad die Großen des Heeres um sich und beriet das weitere Vorgehen, wobei «nicht mehr zwischen gut und schlecht, sondern nur noch das kleinere Übel gewählt werden konnte». Ausführlich schilderte Barbarossa den französischen Großen, wie Vor- und Nachteile erörtert und schließlich die Entscheidung zur Umkehr getroffen wurde: «Es mußte vorgerückt oder umgekehrt werden. Aber der Hunger verbot das Vorrücken ebenso wie der Feind und das unbekannte Labyrinth der Berge; der Hunger und die Furcht vor Schmach verboten aber auch die Umkehr. In der Umkehr lag die Hoffnung, irgendwie [doch noch] zu entkommen, wenn auch mit Schande, im Vorrücken [lag dagegen] der sichere Tod ohne Nutzen und Ruhm. Was also sollte die hungrige Tapferkeit [der Ritter] unternehmen? Etwa die Flucht ergreifen, während sie im Dienst Gottes stand und was sie, wenn sie in ihrem eigenen Dienst stand, zu tun sonst nicht gewohnt ist? Oder erfolglos vorrücken, bloß um sicher zu sterben, obwohl sie doch, unversehrt bewahrt, künftig Gott dienen könnte? Gewiß zieht die Tapferkeit den ruhmreichen Tod einem schmachvollen Leben vor; wenn aber die Schande beides befleckt [also sowohl den Tod als auch das Überleben], dann ist es besser, schmachvoll künftigen Heldentaten erhalten zu bleiben als schmachvoll ohne Tadel zu sterben.»[47]

Den Rückzug schilderte Barbarossa als durch den Hunger erzwungen, der dem falschen Rat des Griechen geschuldet war. Alle hätten sich auf den Hunger als ständigen Begleiter eingestellt, zur Versorgung seien nur noch die ermatteten und sterbenden Pferde geblieben – aus anderen Quellen weiß man, daß alte Schaffelle, nachdem man zuvor die Wolle aus ihnen herausgerupft hatte, weichgekocht wurden, um sie verzehren zu können.[48] Die Konsequenzen des grassierenden Hungers für die Verteidigungsfähigkeit des Heeres erklärte der Staufer den Franzosen am Untergang der vom Grafen Bernhard von Plötzkau geführten Nachhut:[49] als dieser auf die vom Marsch und vom Hunger ermatteten Fußgänger gewartet habe, sei er vom vorausziehenden Heer getrennt, von der hereinbrechenden Nacht überrascht und gezwungen worden, auf einem Hügel haltzumachen, wo die türkischen Reiter sein Lager umzingelten, mit Pfeilen überschütteten und den Grafen leichter töteten, als sie es zunächst hätten hoffen können. Barbarossas Ursachenanalyse zeigt ihn vertraut mit der fremdartigen Kampfweise der türkischen Reiter, die, nur leicht gepanzert, die Kreuzfahrer tagtäglich mit Pfeilbeschuß angriffen, auf die die ungleich schwerer gepanzerten und daher weniger beweglichen Ritter kaum adäquat reagieren konnten: weil der Graf, «des Lobes ebenso würdig wie der Trauer», weder über Bogenschützen, mit denen er sich auf Distanz hätte verteidigen können, noch über schnelle Pferde verfügte, mit denen seine Ritter den sehr beweglichen Türken hätten nachsetzen können, war der Kampf vollständig aussichtslos. «Zu beweinen ist die in ihren Unternehmungen rasche Jugend, die häufig mit gezogenem Schwert und lediglich mit Schaffellen als Schilden rasch und mutig auf den Feind hin rannte, auf halbem Wege aber vom fliegenden Tod niedergestreckt wurde.» Barbarossa erkannte die Teilnahme der zahlreichen Unbewaffneten sehr genau als schwere Hypothek für das Gelingen der Heerfahrt und machte seinem Unmut darüber Luft: Hätte der Papst so, wie er den Rittern Falken und Hunde mitzunehmen verbot und ihnen die Art ihrer Waffen und ihrer Kleidung vorschrieb, doch bloß auch für die Fußgänger Anordnungen getroffen, die Schwachen gänzlich zurückgehalten, den Starken aber anstelle des Ranzens ein Schwert und anstelle des Stabes einen Bogen zugewiesen, seien doch die Schwachen und Unbewaffneten dem eigenen Heer immer nur eine Last und den Feinden eine leichte Beute. Weil die Türken nach ihrem Sieg über den Grafen von Plötzkau erkannt hätten, daß Pfeile und schnelle Pferde keine Gefahr mehr für sie waren, griffen sie nicht mehr nur die Nachhut an, sondern auch die Spitze und Mitte des Heeres; während unter dem Pfeilhagel vor allem die Unbewaffneten starben, sei auch König Konrad von zwei Pfeilen verwundet worden. Aus Schwäche seien viele zurückgeblieben und getötet worden, mehr sterbend als lebend habe das Heer schließlich Nicaea erreicht. Ob auch Barbarossa die Niederlage als göttliche Strafe für fehlende Demut und überhebliche Siegeszuversicht sah, wie es Odo dann Konrad III. zuschrieb, ist ungewiß; im Horizont einer Weltsicht, der alles Geschehen als Zeichen von Gottes Wille galt, lag eine solche Deutung jedenfalls nahe.

Glaubt man Odo, so nahm der französische König den Schaden Konrads III. so schwer wie einen eigenen, seien sie doch Gefährten im Kampf gegen die Ungläubigen gewesen. Aber Solidarität unter Christen war nur eine Seite des Verhältnisses zwischen den beiden Herrschern. Die andere war der übliche Wettbewerb um Rang und Prestige. Schon am Königshof war jeder Große darauf bedacht, seine Stellung im politischen Machtgefüge durch öffentliche Demonstration seines Ranganspruchs vor Augen zu stellen, indem er die anderen durch prächtige Kleidung, Ausrüstung und Ausstattung seines Gefolges oder einen besonders hervorgehobenen Sitzplatz zu übertrumpfen versuchte. Um so mehr war man bei Begegnungen zwischen Herrschern auf symbolisch inszenierte Geltungsansprüche bedacht. Als ranghöchster Gesandter seines Onkels hatte Barbarossa auch die heikle Aufgabe, für dessen erbetene Begegnung mit Ludwig VII. eine zeremoniell erträgliche Form sicherzustellen, was angesichts der asymmetrischen Ausgangsvoraussetzungen nicht einfach war. In Vorwegnahme seiner Kaiserkrönung wurde Konrad von den Franzosen als *imperator*, also ihrem König als vom Rang her überlegen angesehen; er hatte zunächst über ein größeres Heer verfügt, entgegen früherer Absprache vor der Überquerung des Bosporus nicht das Eintreffen der Franzosen abgewartet und sich nicht zuletzt deshalb für den Weg nach Ikonium entschieden, um ihnen mit einem ersten großen Sieg über die Feinde auch einen prestigeträchtigen Erfolg vorauszuhaben; nun verfügte er aber nur noch über ein schwer dezimiertes, demoralisiertes Heer und mußte um Hilfe bitten. Manche in Ludwigs Umgebung sahen das durchaus mit Genugtuung. Aber die Begegnung sollte dem gedemütigten Konrad keinen zusätzlichen Gesichtsverlust zumuten. Den Kräfteverhältnissen entsprach, daß er ins französische Lager geleitet wurde. Konrad blieb von den Zelten des Königs aber durch einen Fluß getrennt, den Ludwig VII. dann in Booten überquerte. Nicht der geschlagene Konrad begab sich zu Ludwig, sondern der rangniedrigere und außerdem erheblich jüngere König zum künftigen Kaiser. Angesichts der ansonsten üblichen Fortbewegung des Königs zu Pferde betont Odo sogar ausdrücklich, Ludwig VII. habe «zu Fuß» den deutschen König aufgesucht. Odo ließ es sich auch nicht nehmen, den zuvor als stolz geschilderten Deutschen nun einen Trostbedürftigen zu nennen, der Ludwigs Hilfe ersehnt habe wie ein Schiffbrüchiger den Hafen. Konrads Kanzlei vermittelte später ein etwas retuschiertes Bild, das von klarer Überordnung des deutschen Königs geprägt war: kein Wort läßt erkennen, daß Barbarossa Ludwig um Hilfe bat; stattdessen heißt es, Ludwig sei ohne Konrads Vorwissen in dessen Lager gekommen, habe aus lauter Freude, ihm zu begegnen, nicht einmal heiteres Wetter nach einem heftigen Sturm abgewartet, große Freude über die Gemeinschaft mit ihm empfunden und ihm schließlich treu und ergeben seinen Dienst angeboten.[50]

Es entsprach der Logik der agonal strukturierten Lebenswelt des Adels, daß Konrad nach dem Desaster seines Heeres zwar nicht seinen Rang als König verteidigen mußte, sich aber als nunmehr offenkundig schwacher Herrscher zahlreichen Herausforderungen ausgesetzt fand, die prekär für seine Ehre waren. «Trotz so vieler schwerer Heimsuchungen war die überhebliche Eifersucht zwischen den beiden Königen noch keineswegs erloschen und zur Ruhe gebracht.»[51] Als «unzertrennlicher Gefährte» seines Onkels erlebte es auch Barbarossa als demütigend, auf die Hilfe des französischen Königs angewiesen zu sein. Mit dem Selbstbewußtsein der rangbewußten Herren war Konrads Bitte, Ludwig möge ihn und seine Fürsten auf dem weiteren Marsch nicht an die Spitze des Heerzuges stellen und auch nicht als Nachhut einsetzen, weil er weder entgegentretende Feinde angreifen noch Verfolger abwehren könne,[52] schwer zu vereinbaren und letztlich ein schmachvolles Eingeständnis von Unterlegenheit. Ihre Abhängigkeit bekamen die beiden Staufer aber noch auf andere Weise vor Augen geführt. Odo von Deuil wollte die Gelegenheit nutzen und ihnen die Zusage abtrotzen, auf ihren Besitz in der elsässischen Hohkönigsburg und in Esslingen zugunsten des Klosters von St. Denis bei Paris zu verzichten.[53] Ludwig VII. übte unverhohlen Druck aus und machte sich in sogar öffentlicher Sphäre zum Fürsprecher dieser Forderung. Szenen solcher Art beschädigten Rang und Status, mit anderen Worten: sie waren ehrverletzend. Laut Wilhelm von Tyrus gaben sie den Ausschlag dafür, daß sich Konrad mit seinen Fürsten in Ephesos (Efes) von Ludwig VII. trennte: sie hätten die Schmach, zuerst ein viel größeres Heer gehabt zu haben und dann zahlenmäßig weit unterlegen gewesen zu sein, ebensowenig ertragen können wie den Hochmut der Franzosen.[54]

Der Kreuzzug führte Barbarossa erstmals auf das Parkett ‹internationaler› Politik. Noch größeres Gewicht als im Verhältnis zum französischen König hatten die zeremoniellen Fragen im Falle der Begegnung mit dem byzantinischen Kaiser. An der Grenze zum byzantinischen Reich, in Sofia und Philippopel (Plovdiv) war der Herzog von Schwaben Zeuge des Empfangs durch griechische Gesandte. Ein Aufenthalt in Konstantinopel wäre sozusagen zu einem Verwandtenbesuch geworden: Bertha von Sulzbach, Grafentochter aus dem bayerischen Nordgau und Schwester von Konrads Gemahlin Gertrud, war 1142 Manuel, dem jüngsten Sohn Kaiser Johannes' II. Komnenos, zur Gemahlin gegeben worden; dieses Heiratsbündnis diente der Absicherung eines künftig gemeinsamen Vorgehens gegen das normannische Königreich in Süditalien. Als Manuel 1143 unerwarteterweise die Nachfolge seines Vaters antrat, war diese Verbindung nur deshalb nicht als unstandesgemäß verworfen worden, weil Konrad seine Schwägerin adoptiert hatte, die Gemahlin des griechischen Kaisers also eine (Adoptiv-)Tochter des künftigen Kaisers war. Unter dem Namen Irene wurde Bertha 1146 Kaiserin von Byzanz.[55] Aber die Verwandtschaft alleine machte die letztlich unlösbaren protokollarischen Schwierigkeiten nicht gegenstandslos, die aus dem «Zweikaiserproblem» erwuchsen. Seit der Kaiserkrönung Karls des Großen im Jahre 800 standen sich der lateinische Kaiser im Westen und der griechische Kaiser im Osten in ihrem jeweiligen Anspruch, die Nachfolge der antiken römischen Imperatoren fortzusetzen, unversöhnt gegenüber. Der politische Handlungsspielraum lag stets darin, ob man ein konkretes gemeinsames Vorhaben an den unüberwindbaren Gegensätzen in der Titelfrage scheitern lassen wollte oder nicht.[56] Selbst in Zeiten der Kooperation war es für beide Seiten unerläßlich, das eigene Selbstverständnis zu demonstrieren, weil ein Verzicht darauf ein prinzipielles Nachgeben in der prestigeträchtigen Kaiserfrage hätte signalisieren können. Während sich Johannes der byzantinischen Tradition gemäß in den lateinischen Übersetzungen seiner griechischen Schreiben als *imperator Romanorum* bezeichnen ließ,[57] beanspruchte der damals noch gar nicht zum Kaiser gekrönte Konrad in seiner Korrespondenz mit Byzanz diesen Titel stets für sich selbst.[58] Um seinem Schwiegersohn im Osten nicht rangmäßig unterlegen zu sein, scheint sich Konrad noch vor Aufbruch zum Kreuzzug sogar bemüht zu haben, Papst Eugen III. zu einer Kaiserkrönung in Straßburg zu bewegen – der jedoch zum Bruch mit der jahrhundertealten Tradition einer Krönung in Rom nicht bereit war.[59] Unter den Bedingungen des im Prinzip unlösbaren Rangstreits war für eine persönliche Begegnung Konrads mit Manuel nicht leicht eine Form zu finden. Als das Kreuzfahrerheer Anfang September vor den Mauern Konstantinopels eintraf, wurden von der Vorstadt Pikridion (Hasköy) aus Gespräche über eine persönliche Begegnung aufgenommen. Barbarossa wird an den Beratungen, in denen sich Konrad mit den Reichsfürsten abstimmte, teilgenommen und dabei eine lebendige Vorstellung von den Schwierigkeiten bekommen haben, die das ‹Zweikaiserproblem› für das persönliche Verhältnis der beiden Herrscher bereithielt. Schon über den Ort des Treffens konnte man sich nicht einigen: Konrads Forderung, Manuel solle ihm vor die Mauern von Konstantinopel entgegenziehen, wurde auf byzantinischer Seite als Zeichen grenzenloser Anmaßung wahrgenommen.[60] Aber der künftige Kaiser bestand auf der Inszenierung von Gleichrangigkeit. Das entging auch der französischen Seite keineswegs: Odo von Deuil notierte, der eine der beiden Herrscher habe Konstantinopel zu betreten, der andere die Stadt zu verlassen gefürchtet oder einfach nicht gewollt, und keiner von beiden habe um des anderen willen seine Denkart und den Hochmut der Gewohnheiten gemäßigt.[61]

Die Schwierigkeiten sind auch durch den Schleier späterer Überlieferung noch erkennbar. Arnold von Lübeck berichtet etwa sechzig Jahre nach dem Zweiten Kreuzzug, Konrad III. habe es «wegen der Ehre des römischen Reichs» (*ob honorem Romani imperii*) entschieden abgelehnt, sich der «verabscheuungswürdigen Gewohnheit» des griechischen Herrschers anzupassen, daß jeder, der dessen «Angesicht zu sehen gewürdigt wird, sich niederbeugen und ihm die Knie küssen muß»; auch sei er nicht dazu bereit gewesen, den sitzenden Kaiser mit einem Kuß zu begrüßen; deshalb sollten sich die beiden Herrscher dann auf den Rat der Verständigeren beider Seiten «aus gleicher Entfernung einander nähern und sich [auf ihren Pferden] sitzend küssen und begrüßen»[62] – eine Begrüßung, die übrigens keineswegs ungewöhnlich gewesen wäre.[63] Arnolds Erzählung ist in diesen Details ziemlich sicher unhistorisch, belegt aber sehr eindrucksvoll das Gewicht, das die Zeitgenossen der Rangfrage beimaßen – denn mit nichts anderem als mit Konrads Ablehnung der geforderten Begrüßung begründet er den angeblichen Verrat der Griechen am deutschen Heer und dessen Untergang.[64] Weil man sich über das Zeremoniell nicht einigen konnte, kam eine Begegnung Konrads mit Manuel im September 1147 nicht zustande. Eine veränderte Ausgangslage ergab sich erst nach dem Desaster des deutschen Heeres in Kleinasien. Manuel

ABB. 8 Zu Pferde sitzend verabschieden sich Papst Alexander III. und Thomas Becket, Erzbischof von Canterbury, voneinander durch Kuß und Umarmung. Die in Arnolds fiktivem Bericht geschilderte Begrüßung zwischen Konrad III. und Manuel Komnenos zu Pferde war also keineswegs grundsätzlich abwegig. Fragment einer versifizierten Vita des heiligen Thomas, 13. Jh. – 1986 in der Privatsammlung Goethals, Courtrai, befindlich.

lud seinen an der Malaria erkrankten Schwiegervater, die ihn begleitenden Fürsten und die Bedeutenderen des Heeres nach Konstantinopel ein. Eine prunkvoll geschmückte Flotte brachte die Deutschen nach Byzanz. Die leidige Frage, wer wem wo entgegenziehen sollte, erledigte sich unter diesen Umständen von selbst: die Schiffe gingen beim direkt am Marmarameer gelegenen Bukoleon-Palast vor Anker, dort wurde Konrad mit seinen Fürsten von Manuel empfangen. Der erkrankte König wurde dann sogar vom Kaiser persönlich im Palast gepflegt, was für byzantinische Verhältnisse ein unerhörtes Privileg war. Konrad zeigte sich später von dieser Geste der *humanitas* und *largitas* ergriffen;[65] sie war freilich für Manuel auch eine Gelegenheit, sich durch ärztliche Hilfe gegenüber Verwandten als Fürsorger und Heiler zu inszenieren, was einer Facette im traditionellen Selbstverständnis der byzantinischer Kaiser entsprach.[66]

Die Besucher aus dem Westen wurden reich beschenkt und von Januar bis März im Palast beherbergt, sie waren Ehrengäste bei Pferderennen und prächtigen Festen.[67] Zum Aufenthalt abendländischer

Gäste in Konstantinopel gehörte, wie im Falle Ludwigs VII. auch ausdrücklich überliefert ist, ein Besuch der Hagia Sophia. Dort zeigte man den Deutschen wohl auch die Marmor- und Porphyrplatten im Fußboden, auf die sich der Kaiser, die Kaiserin und der Patriarch bei großen Staatszeremonien hinzustellen hatten.[68] So dürften Konrad und Barbarossa auch von Unterschieden zwischen einer Kaiserkrönung in Byzanz und in Rom erfahren haben. Während der Papst politische Bedingungen hinsichtlich der Kaiserkrönung stellte und mit der Salbung einen zumindest seiner Auffassung nach konstitutiven Beitrag zu dieser Würde leistete, war die Stellung des Patriarchen in Byzanz dem Kaiser deutlicher untergeordnet: er hatte keinen Handlungsspielraum und führte die kirchliche Krönung auf Befehl als eine zusätzliche Legitimation ohne jegliche konstitutive Bedeutung durch; für den im Westen gebräuchlichen Akt der Salbung hatte man in Byzanz ohnehin nur beißenden Spott übrig. Leider berichtet keine Quelle von den Erlebnissen und Begegnungen Barbarossas in der byzantinischen Hauptstadt;[69] daß er während des Kreuzzugs, den er vierzig Jahre später selbst anführen sollte, eine persönliche Begegnung mit Kaiser Isaak II. Angelos plante, läßt immerhin vermuten, daß er damit dem Vorbild seines Onkels nacheifern wollte und sich auch genügend Sensibilität in den Fragen des Begegnungszeremoniells zutraute. Ende 1147 machte er die Erfahrung, daß eine Begegnung mit Manuel erst möglich war, nachdem Hunger und Niederlage die deutschen Verwandten von dessen Hilfe abhängig gemacht hatten und sie sich ein protokollarisches Auftrumpfen deshalb nicht mehr leisten konnten. Von dieser sicher zwiespältigen Erfahrung findet sich in dem sorgfältig stilisierten Bericht, den Konrads Kanzlei an Abt Wibald von Stablo schickte, keine Spur.[70] Betont wurde vielmehr, daß Manuel dem König in Konstantinopel so viel an Ehre erwiesen habe, wie niemals zuvor einem von Konrads Vorgängern erwiesen worden sei – das war nicht einmal übertrieben, denn vor Konrad III. war kein deutscher König jemals persönlich einem byzantinischen Kaiser begegnet; daß der *imperator Grecorum* aber persönlich dem erkrankten Staufer entgegengereist und ihn geradezu mit Gewalt nach Konstantinopel in seinen Palast zurückgebracht habe, war schlicht gelogen – und zwar nicht absichtslos: die Adressaten in der weit entfernten Heimat sollten wissen, daß der oströmische Kaiser dem künftigen weströmischen Kaiser besondere Ehre erwiesen habe und damit Konrads besonderer Rang gewahrt worden sei. Das entsprach zwar nicht der Wahrheit, aber doch dem herrscherlichen Selbstverständnis, das in der Öffentlichkeit unverletzt gewahrt bleiben mußte. In welchem Ausmaß Barbarossa an diesen Ereignissen, Gesprächen und Planungen im einzelnen Anteil hatte, bleibt im dunkeln. Daß er zumindest von ihnen erfuhr, darf man annehmen. Darüber hinaus wird ihn das Treffen mit Ludwig VII., vor allem aber die Schwierigkeiten im Begegnungszeremoniell mit Manuel I. Komnenos mit der Notwendigkeit vertraut gemacht haben, die Wahrung von Rang und Status auf der Bühne ‹internationaler› Politik sorgfältig zu inszenieren – oder wenigstens brieflich und notfalls auch wahrheitswidrig behaupten zu lassen, sofern er diese Lehre noch nötig hatte.

VERMITTLER ZWISCHEN VERWANDTEN

Die besondere Situation des Kreuzzugs, die Barbarossa in enge Nähe zu Konrad III. gebracht hat, läßt leicht vergessen, daß er zuvor nicht eigentlich zu dessen engeren Vertrauten gehört hatte. Daran änderte sich zunächst auch nichts entscheidend;[71] zusammen mit Welf VI., Heinrich dem Löwen und Konrad von Zähringen gehörte er sogar zu jenen Fürsten, die der Normannenkönig Roger II. zu einem Aufstand gegen Konrad III. glaubte ermutigen zu können.[72] Daß sich Barbarossa jedoch ausgerechnet mit dem Zähringer zu einer Opposition hätte zusammenfinden können, ist indessen schwer vorstellbar, denn dieser hatte für den Fall, daß jener nach seiner Rückkehr aus dem Heiligen Land die alte Fehde wiederaufnehmen sollte, Vorkehrungen getroffen. Offenbar während seiner Teilnahme am Wendenkreuzzug hatte er Heinrich dem Löwen seine Tochter Clementia zur Gemahlin versprochen und so den Sachsenherzog als mächtigen Verbündeten gewonnen: Clementia erhielt als Mitgift die Burg Badenweiler samt 100 Ministerialen und ausgedehnten Ländereien. Damit hatte der Herzog von Sachsen eigene Interessen in der *terra ducis* – und der Zähringer dem Staufer mit diesem Zug gewissermaßen Schach geboten.

Mit Welf VI. indessen hatte Barbarossa während des Kreuzzugs immer wieder besondere Verbundenheit demonstriert: gemeinsam führten sie das schwäbische Kontingent nach Regensburg zum Kreuzzugsaufbruch, gemeinsam lagerten sie vom übrigen Heer getrennt an einem Berghang und entrannen so der Überschwemmung, die das Heer im September 1147 nahe bei Konstantinopel schwer in Mitleidenschaft gezogen hatte.[73] Daß Konrad den Welfen während des Kreuzzugs in Bedrängnis mehrfach unterstützt und ihn sogar durch Weitergabe von Geschenken Kaiser Manuels besonders geehrt hatte, zeigt, daß sich die beiden Gegner ungeachtet ihres Gegensatzes wegen Bayern durchaus mit persönlichem Respekt begegneten. Nachdem Welf VI. jedoch bereits im Juli 1148 vor dem König in die Heimat zurückgekehrt war, nahm er seine Fehde gegen ihn wieder auf und überfiel Güter von dessen beiden Söhnen. Wohl auf diese Nachricht hin schickte Konrad seinen Neffen Anfang 1149 noch vor seiner eigenen Rückkehr mit dem Auftrag ins Reich zurück, er solle dort die Verhältnisse erkunden und ordnen. Seiner Anwesenheit könnte zuzuschreiben sein, daß es dort bis zu Konrads Rückkehr im Mai 1149 ruhig blieb. Barbarossa wurde für den König nun im selben Maße wichtig, in dem der alte Konflikt mit Welf VI. um das Herzogtum Bayern wieder aufflammte. Ende Januar 1150 überfiel Welf VI. erneut königliche Ländereien und zog mit seinem Heer bis vor die Burg Flochberg bei Bopfingen am Rand des Nördlinger Rieses; die Nachricht, der Königssohn Heinrich eile mit seinem Heer aus der nahegelegenen Burg Harburg heran, führte aber zu einem so ungeordneten Rückzug, daß der Großteil von Welfs Rittern in Gefangenschaft geriet und Welf selbst nur mit knapper Not entkam. Ungeachtet seiner empfindlichen Niederlage setzte er die Fehde gegen Konrad III. fort, jedoch drängte ihn die Gefangennahme vieler seiner Gefolgsleute je länger je mehr zum friedlichen Ausgleich, an dessen Zustandekommen der Herzog von Schwaben maßgeblich beteiligt war: «Denn Friedrich, der Brudersohn des Königs und Schwestersohn des genannten Welf, stellte sich dazwischen, um eine Versöhnung zu erzielen, und setzte nach behutsamer Beratung fest, daß die Gefangenen des Herzogs freizulassen wären und der König fortan vor ihm sicher sein sollte. Der König also übertrug, nachdem er den Rat angenommen hatte, Welf einige Einkünfte aus dem Reichsgut mit dem Dorf Mertingen.»[74] Barbarossa verstand es auch, Konrad III. davon zu überzeugen, Welf VI. keinen Gesichtsverlust zuzumuten: die in Fällen erwiesenen Ungehorsams eigentlich übliche demonstrative Selbstdemütigung vor dem König, die noch Konrad selbst vor Lothar III. hatte leisten müssen, wurde ihm erlassen.

Zwar herrschte nun Frieden zwischen dem König und seinem langjährigen Gegner Welf VI., die bayerische Frage war damit aber nicht gelöst, denn Heinrich der Löwe erhielt seine Ansprüche auf das Herzogtum aufrecht und schickte sich an, Bayern mit Waffengewalt zu erobern. Konrad verfolgte die übliche doppelgleisige Konfliktlösungsstrategie, indem er einerseits mit einem Urteil des Königsgerichts drohte, andererseits eine gütliche Lösung auf dem Verhandlungsweg anbot.[75] Der Löwe blieb jedoch allen drei 1151 in Ulm, Regensburg und Würzburg angesetzten Hoftagen, auf denen über Bayern hätte verhandelt werden sollen, fern und demonstrierte damit seine Rechtsauffassung, daß es über das Herzogtum, das er als sein väterliches Erbe betrachtete, nichts zu verhandeln gab. Dadurch geriet Konrad massiv unter Druck, denn er plante gleichzeitig seinen Romzug zur Kaiserkrönung. In Regensburg und Würzburg beschworen die Fürsten ihre Teilnahme am Zug nach Süden, der Aufbruch wurde auf September 1152 festgelegt. Weil der Zug auch gegen den Normannenkönig in Süditalien gerichtet sein sollte, war absehbar, daß der König längere Zeit abwesend sein und vielleicht sogar im Süden sterben würde. Wie schon vor dem Aufbruch zum Kreuzzug mußten die Verhältnisse so weit wie nur eben möglich befriedet hinterlassen und auch eine Nachfolgeregelung für den Todesfall getroffen werden. Ein Heerzug gegen Braunschweig blieb erfolglos und machte deutlich, daß der Gegensatz mit Heinrich dem Löwen auf absehbare Zeit weder friedlich noch mit Gewalt beizulegen war.

In dieser Situation wurde Barbarossa für seinen Onkel erneut als Vermittler wichtig, denn um einem offenen Ausbruch des Konflikts in Bayern und Schwaben während seiner Abwesenheit vorzubeugen, versuchte Konrad, mögliche Bündnispartner des Löwen auf seine Seite zu ziehen und den potentiellen Unruhestifter im Reich zu isolieren.[76] Insbesondere seine alten Gegner, Welf VI. und Konrad von Zähringen, sollten als die neben dem Herzog von Schwaben mächtigsten Herren in Süddeutschland in den Frieden eingebunden werden. Diesem Ziel diente eine Reise, die Konrad Anfang 1152 über Basel und Konstanz nach Freiburg führte und auf der ihn sein Neffe begleitete. Im Januar 1152 erschien Welf VI. am Hof des Königs in Konstanz und wurde bei dieser Gelegenheit zum überhaupt ersten Mal als Zeuge in einer Urkunde Konrads III. genannt – zusammen mit Konrad von Zähringen, der nur einen Tag später verstarb und von dem berichtet wird, daß er sich kurz vor seinem Tod mit dem König ausgesöhnt habe. Der Tod des Zähringers begünstigte Konrads Initiative auf unvorhergesehene Weise, denn dessen Sohn Berthold konnte er am besten an sich binden, indem er ihm die väterlichen Lehen bestätigte. Genau das geschah, als Konrad, wiederum in Begleitung Barbarossas, an der Beisetzung des Herzogs im zähringischen Hauskloster St. Peter im Schwarzwald teilnahm. Von dort aus zog Konrad zum Hoftag nach Bamberg, wo mit Graf Konrad von Dachau ein wichtiger Parteigänger Welfs VI. erschien – ein weiteres Indiz dafür, daß die Friedensstiftung an Boden gewann.

Parallel dazu hatte Konrad das Ziel verfolgt, für den Fall seines Todes in Italien die Nachfolge innerhalb seiner Familie zu sichern. Wie vor dem Aufbruch zum Kreuzzug sein ältester Sohn Heinrich zum Mitkönig gewählt worden war, sollte nun, nach dessen frühzeitigem Tod 1150, sein jüngster Sohn Friedrich erhoben werden. Zur Jahreswende 1151/52 waren die Vorbereitungen schon weit gediehen: die Königswahl in Frankfurt war auf einen Termin Ende Februar, die Krönung in Aachen auf Sonntag, den 9. März, festgelegt worden.[77] Mit diesem Datum hatte es eine besondere symbolische Bewandtnis, denn an diesem, nach den Anfangsworten der Meßliturgie *Laetare Jerusalem* – «freue dich, Jerusalem» – genannten, vierten Sonntag in der Fastenzeit hatte sich im Jahr 1135 Barbarossas Vater vor Lothar III. in Bamberg unterwerfen und damit die Niederlage der beiden staufischen Brüder in ihrem Kampf um die Königsherrschaft eingestehen müssen. Drei Jahre später hatte sich Konrad an genau diesem Sonntag in Aachen krönen lassen – und am Sonntag *Laetare* des Jahres 1147 auch seinen Sohn Heinrich. Die Erniedrigung durch Lothar III. wurde mittels dieser Datumssymbolik nicht mehr als Demütigung, sondern gewissermaßen als Voraussetzung der späteren Erhöhung durch Gott erinnert. Die Krönung von Konrads jüngstem Sohn Friedrich am Sonntag *Laetare* 1152 sollte die Königsherrschaft der Familie Konrads erneut bekräftigen.

Barbarossa wird beabsichtigt haben, an Wahl und Krönung des jungen Königssohnes, seines Vetters, teilzunehmen. Bevor er nach der Beisetzung des Zähringers dem König zum Hoftag nach Bamberg folgte, fand er sich Anfang Februar 1152 noch bei seinem Onkel Welf VI. in Memmingen ein, wo damals auch sein anderer Vetter weilte, Heinrich der Löwe.[78] Aller Wahrscheinlichkeit nach sondierte der Staufer in diesen Tagen, als Vermittler nunmehr bewährt und wohl von Welf VI. unterstützt, wie der Löwe in den Frieden eingebunden werden könnte. Zu diesem Zeitpunkt war Konrad III., der seit dem Kreuzzug wohl unter den periodisch wiederkehrenden Fieberschüben der *Malaria tertiana* litt, schon schwer erkrankt. Das war zumal am Hof sicher nicht verborgen geblieben, aber niemand konnte wissen oder gar damit rechnen, daß er am 15. Februar 1152 in Bamberg seiner Krankheit erliegen sollte. Zu seinem Nachfolger wurde knappe drei Wochen später aber nicht sein Sohn Friedrich, sondern sein gleichnamiger Neffe gewählt, Herzog Friedrich III. von Schwaben. Zum ersten Mal wurde bei deutschen Königswahlen der Sohn eines verstorbenen Amtsinhabers übergangen.

KAPITEL 3

ERHEBUNG ZUM KÖNIG (1152)

Daß nach Konrad III. sein Neffe Friedrich Barbarossa den Thron bestieg, erschien lange Zeit als einfache Weitergabe des Königtums innerhalb der staufischen Familie. Jedoch macht die unterschiedliche Parteinahme des alten Königs und des jungen Herzogs im Konflikt um das Herzogtum Bayern auf die Verschiedenartigkeit ihrer Ziele aufmerksam. Sie wurzelten in den unterschiedlichen Perspektiven, die sich Konrad als dem König und künftigen Kaiser, Barbarossa als dem Herzog von Schwaben eröffneten. Die Thronfolge des Herzogs war daher nicht einfache staufische Kontinuität, sondern ein einschneidender Wechsel. Anders als noch in der älteren Forschung wird heute auch das Zusammenwirken zwischen Barbarossa und seinen welfischen Verwandten als wichtige Voraussetzung seiner Königserhebung angesehen. Gleichzeitig wirft seine Wahl ein Schlaglicht auf die Bedeutung verwandtschaftlicher und freundschaftlicher Bindungen in einer Gesellschaft, in der staatliche Strukturen im modernen Sinne noch nicht ausgeprägt waren.

Der ausführlichste und detaillierteste Bericht über die Königswahl Barbarossas entstammt den 1156/57 entstandenen *Gesta Frederici*, einem Geschichtswerk seines Onkels Otto, des Bischofs von Freising. Um dessen Aussagekraft richtig einschätzen zu können, bedarf es allerdings zuvor eines Blicks auf die mit dem Werk verbundenen Darstellungsabsichten des Autors. Otto war einer der babenbergischen Halbbrüder Konrads III., dem er auch seinen Freisinger Bischofsstuhl verdankte. Er gehörte also zu jenen Verwandten des Königs, denen Barbarossa stets distanziert gegenüberstand: in dem Konflikt, den sie gegen Welf VI. und Heinrich den Löwen um das Herzogtum Bayern führten und in dessen Verlauf auch die Diözese Freising mehrfach in Mitleidenschaft gezogen wurde, stand Barbarossa nicht auf ihrer Seite.

Dessen Königswahl bedeutete für Otto, daß seinem Halbbruder Konrad nun ein Parteigänger der Welfen auf den Königsthron folgte. Das war keine vielversprechende Aussicht, und trotz einer gewissen Annäherung gehörte Otto bis zu seinem Tod 1158 nicht zum Kreis der engeren Vertrauten des neuen Königs. Allerdings hoffte er, daß ihm sein Talent als Geschichtsschreiber doch zu einigem Ansehen und auch Einfluß auf seinen Neffen verhelfen würde und er so die absehbaren Nachteile des Thronwechsels für Freising in Grenzen halten könnte. Er widmete Barbarossa eine Fassung seiner *Chronica*, aus der dieser «die Taten der Könige und Kaiser der Vergangenheit kennenlernen» und daraus «nicht nur für den Schutz des Staates durch Waffen, sondern auch für dessen Gestaltung durch Gesetze und Gerichte» Nutzen ziehen könne; außerdem bot sich Otto an, die «ruhmreiche Folge» der Taten seines Neffen «zum Gedächtnis der Nachgeborenen» festzuhalten. Damit verband er die Erwartung, «daß Eure kaiserliche Gnade der Kirche, der ich diene, in ihren Nöten beistehen möge».[1] Als Belohnung für seine 1156 begonnenen historiographischen Anstrengungen erhoffte sich Otto also konkrete Unterstützung der Freisinger Bischofskirche, die unter den Übergriffen der Welfen gelitten hatte. Dieser Entstehungszusammenhang erklärt, weshalb die *Gesta Frederici* alles andere als objektiv sind und Otto keinerlei Anlaß hatte, Dinge zu schildern, die einen Schatten auf seinen Neffen werfen könnten.

Das galt natürlich auch für die Königswahl selbst: etwaige Unstimmigkeiten zu schildern war aus der Retrospektive des Jahres 1156 nicht nur bedeutungslos geworden, sondern lag auch nicht in Ottos Darstellungsabsicht. Schon sein Bericht hinsichtlich der Termine von Wahl und Krönung in Frankfurt und Aachen läßt Wichtiges unerwähnt: «Nachdem der fromme König Konrad im Jahre 1800 nach Gründung Roms, 1152 nach der Fleischwerdung des Herrn im Frühling, nämlich am Freitag nach dem Beginn der Fastenzeit [15. Februar] in Bamberg aus diesem Leben geschieden war, konnte am 4. März, am Dienstag nach Okuli in Frankfurt wunderbarerweise trotz der ungeheuren Ausdehnung des transalpinen Reiches der bedeutendste Teil der Fürsten einschließlich einiger Barone aus Italien gewissermaßen zu einem Leibe vereinigt werden ... Nachdem nun alle Fürsten, die dort zusammengeströmt waren, sich ihm durch Treue und Mannschaft verpflichtet hatten, bestieg der König mit wenigen, die er dazu geeignet hielt, während er die übrigen entließ, in heiterster Stimmung am Donnerstag die Schiffe, fuhr über den Main und den Rhein hinunter und landete bei dem Königshof Sinzig. Dort bestieg man die Pferde und gelangte am Samstag darauf nach Aachen. Am folgenden Tag, das heißt an dem Sonntag, an dem man *Laetare Jerusalem* singt, wurde er von Bischöfen aus der Pfalz in die Kirche der seligen, immer jungfräulichen Maria geleitet, unter dem Beifall aller Anwesenden vom Erzbischof Arnold von Köln mit dem Beistand anderer Bischöfe gekrönt und auf den Thron des Frankenreiches gesetzt, der in dieser Kirche von Karl dem Großen aufgestellt worden ist; nicht geringes Erstaunen erregte es, daß in so kurzer Zeit nicht nur eine so große Menge Fürsten und Edle aus dem Reich erschienen war, sondern auch einige aus dem westlichen Gallien, wohin, so glaubte man, das Gerücht von diesem Ereignis noch gar nicht hätte dringen können.»[2] Drei recht auffallende Sachverhalte sind Otto kein erklärendes Wort wert: weshalb hatte sich der bedeutendste Teil der Fürsten einschließlich der italienischen schon kaum zwei Wochen nach Konrads Tod in Frankfurt zur Wahl versammelt? Weshalb legte Barbarossa mit «den wenigen, die er dafür geeignet hielt», die 300 Kilometer von Frankfurt über Sinzig nach Aachen in solch auffälliger Eile zurück? Insbesondere die etwa 150 Kilometer von Sinzig nach Aachen an zwei Tagen per Pferd zu bewältigen hieß, einen regelrechten Gewaltritt zu unternehmen. Schließlich ist unklar, weshalb die Fürsten in Aachen bereits zur Krönung versammelt waren, obwohl sich das Wissen von der Frankfurter Wahl doch unmöglich so schnell verbreitet haben konnte. Diese Rätsel in Ottos Bericht sind nur durch die Annahme erklärbar, daß die Termine in Frankfurt und Aachen bereits vor Konrads Tod feststanden, und zwar deshalb, weil sie ursprünglich der Wahl und Krönung seines jüngsten Sohnes Friedrichs gelten sollten, der später – dem Schwerpunkt seines väterlichen Erbes in Franken entsprechend – Herzog von Rothenburg genannt wurde.

An Konrads Wunsch hinsichtlich seines Nachfolgers läßt Otto jedoch keinen Zweifel aufkommen: «Als erfahrener Mann, der er nämlich war, verzweifelte er darüber, daß sein Sohn, der ja noch ein kleiner Junge war, nicht zum König erhoben würde; deshalb glaubte er, für seine persönlichen Interessen wie für das Reich werde es besser sein, wenn lieber seines Bruders Sohn wegen der vielen Beweise seiner hervorragenden Eigenschaften sein Nachfolger würde.»[3] Nun war Otto von Freising kein Augenzeuge des Geschehens in Bamberg; was er darüber berichtet, stimmt mit dem überein, was Barbarossa selbst über die Gründe seiner Nachfolge verbreiten ließ; seine Wahl durch die Fürsten, so ließ Barbarossa dem byzantinischen Kaiser Manuel mitteilen, habe Konrads ausdrücklichem Wunsch entsprochen.[4] Ihm war aber auch bewußt, daß das Herrscherpaar in Konstantinopel davon unangenehm überrascht sein mußte, denn die Kaiserin Irene hatte für den Fall des Todes ihres Schwagers Konrad mit dessen Sohn und ihrem Neffen, Friedrich von Rothenburg, als neuem König gerechnet. Um den Makel, daß dieser junge Verwandte des Kaiserhauses wider Erwarten nicht auf dem deutschen Thron folgte, zu vertuschen, entstand am byzantinischen Hof die Erklärung, es habe einen Vertrag zwischen Barbarossas Vater und Konrad III. über die Thronfolge gegeben, der Barbarossa begünstigte.[5] Sogar in Byzanz galt die Königswahl also als erklärungsbedürftig. Keine Begründung konnte überzeugender sein als der Wunsch des sterbenden Vaters selbst. Aber hatte dieser tatsächlich einen solchen Wunsch gehabt?

Bei den deutschen Königswahlen vor 1152 war der Sohn eines Amtsinhabers stets berücksichtigt worden, ohne daß Minderjährigkeit ein Hindernis gewesen wäre: Otto II. war bei seiner Königswahl 961 im sechsten Lebensjahr, Otto III. 993 war drei, Heinrich III. 1026 neun, Heinrich IV. 1053 drei, dessen Sohn Konrad 1087 dreizehn und Konrads III. Sohn Heinrich 1147 zehn Jahre alt. An diese Beobachtung knüpft sich denn auch die immer wieder geäußerte Vermutung, Barbarossa könnte seinen erst achtjährigen Vetter – zugespitzt gesagt – um den Thron betrogen haben.[6] Der Unterschied zur Situation 1152 war freilich, daß die genannten Königssöhne ausnahmslos zu einem Zeitpunkt gewählt worden waren, als ihre Väter noch lebten, sie mithin als Mitkönige ihrer Väter fungierten. Noch nie aber war ein König gestorben, ohne daß schon zuvor sein Sohn zum König gewählt worden war. Die Situation, die nach Konrads überraschendem Tod eintrat, war ohne Vergleich und Vorbild, es gab keine Tradition, auf die man hätte zurückgreifen können. Konrad mag gehofft haben, sein kleiner Sohn werde trotz seines eigenen frühzeitigen Todes zum König gewählt.[7] Aber vielleicht war ihm auch bewußt, daß die Wahl eines Minderjährigen gerade nicht möglich sein würde.[8] Die Situation war offen. Wünschte sich Konrad tatsächlich seinen Neffen Barbarossa als Nachfolger? Oder wollte Barbarossa mit einer solchen Behauptung seinen eigenen Anspruch auf die Königsherrschaft nur zusätzlich legitimieren und bediente sich ganz vorsätzlich einer Lüge? Die Antwort auf diese Frage hängt allein davon ab, welches Bild man sich von dem Staufer machen will; Tendenz und Schweigen der Quellen lassen weiten Raum für Spekulationen darüber, wie verschlagen, machtgierig und eigennützig er gehandelt haben könnte.

EHRGEIZ, VERWANDTSCHAFT UND WAHLVERSPRECHEN

Sicher aber ist, daß er allein mit der bloßen Berufung auf Konrads tatsächlichen oder angeblichen Nachfolgewunsch die Königswahl selbst keinesfalls hätte entscheiden können. Wie die Beispiele von Barbarossas Vater 1125 und Heinrich dem Stolzen 1138 zeigen, kam dem Wunsch eines verstorbenen Königs hinsichtlich seiner Nachfolge keinerlei bindende Wirkung zu. Wie schon 1125 und 1138 lag auch 1152 die Entscheidung allein bei den Fürsten. Deshalb führen die Überlegungen, inwieweit Barbarossa irgendwie listig oder betrügerisch gehandelt haben könnte, auch nicht zum eigentlichen Kern des Problems, denn sie vernachlässigen die zentrale Bedeutung der Großen des Reiches[9] ebenso wie die Notwendigkeit, daß Barbarossa ihnen seine Erhebung zum König erträglich machen mußte. Umgehend nach Konrads Tod erhob er Anspruch auf die Nachfolge seines Onkels und bemühte sich durch eine Fülle von Zusagen und Versprechungen sehr rasch und äußerst zielstrebig um Unterstützung wichtiger Fürsten; den Fehler seines Vaters, auf der Wahlversammlung als Kandidat zu erscheinen, ohne sich zuvor der Stimmen mächtiger Helfer versichert zu haben, wiederholte er nicht. Und er wollte es vermeiden, die bereits terminierte Wahlversammlung verschieben zu müssen, um sich nicht den Unwägbarkeiten einer weiter in die Länge gezogenen Meinungsbildung auszusetzen. Er wußte, daß seine Aussicht auf Erfolg um so größer sein würde, je mehr Unterstützung er bereits in Frankfurt würde vorweisen können.

Daß sich zum letzten Hoftag Konrads III. in Bamberg nur wenige Große eingefunden hatten, mit Barbarossa und dem Ortsbischof Eberhard II. sogar nur zwei Reichsfürsten von besonderem Gewicht anwesend waren, erwies sich als vorteilhaft, denn der Bischof und der Herzog waren sich sofort im gemeinsamen Ziel einig, ein Königtum des minderjährigen Friedrich von Rothenburg zu verhindern. Für

Eberhard lag das Motiv für seine Einstellung in dieser Frage letztlich in der Sorge um die gewachsene Sonderstellung seines noch relativ jungen, erst 1007 von König Heinrich II. gegründeten Bistums. Unter den übrigen Bistümern des Reichs war Bamberg eine zunächst geschichtslose Neugründung, was angesichts der Bedeutung, die Alter und Tradition im Selbstverständnis auch der Kirchenfürsten zukam, kein geringer Nachteil war. Allerdings hatte Heinrich II. Bamberg nicht nur reich ausgestattet, sondern auch formell dem apostolischen Stuhl übertragen, ohne es freilich dem Erzbistum Mainz zu entziehen, dem es als Suffraganbistum weiterhin unterstellt blieb. Die Beziehungen Bambergs zu Rom waren enger geworden, als der Bamberger Bischof Suidger, von König Heinrich III. 1046 zum Papst erhoben, als Clemens II. mit seiner bischöflichen auch die päpstliche Würde vereinigte. Noch wichtiger als sein nur kurzes Pontifikat war für Bamberg freilich sein Tod geworden, denn Clemens II. hatte sein Gebetsgedenken nicht den Römern überlassen, sondern seiner Heimatkirche anvertraut und sich deshalb im Bamberger Dom beisetzen lassen. Mit der Sorge für eine angemessen prächtige Memoria an der päpstlichen Grablege hatten seine Nachfolger ihren Wunsch nach besonderen Ehrenvorrechten begründet, die der Bamberger Kirche auch sukzessive gewährt worden waren – bis hin zur Weihe ihres Bischofs durch den Papst persönlich. Die auf Nähe zu Rom gegründete Sonderstellung Bambergs höhlte die Mainzer Metropolitanrechte zunehmend aus und begründete entsprechend massive Versuche des Erzbischofs, das Bistum wieder unter seine Kontrolle zu bringen. Dieser Gegensatz hatte auch die ersten Jahre des Pontifikats Eberhards II. bestimmt, der 1146 von Papst Eugen III. geweiht worden war und seitdem zum Vorteil seines Bistums sowohl die Nähe zum König als auch zum Papst suchte. Wie wichtig der Rückhalt am Königshof war, hatte Eberhard erfahren, als er ihn während Konrads Teilnahme am Kreuzzug entbehren mußte: Erzbischof Heinrich von Mainz war 1147 vom König als Regent für seinen noch minderjährigen, später dann verstorbenen Sohn Heinrich eingesetzt worden, und er hatte seine neugewonnene Stellung umgehend zu einem Versuch ausgenutzt, Bambergs kirchenrechtliche Sonderstellung zu beseitigen. Als sich mit dem Tod Konrads III. die Nachfolgefrage stellte, fürchtete Eberhard, daß die zurückliegende Mainzer Regentschaft gewissermaßen Modellcharakter annehmen und der Erzbischof erneut als Regent fungieren könnte, dieses Mal für den ebenfalls noch minderjährigen Königssohn Friedrich von Rothenburg. Davon aber hätte Bamberg mit Sicherheit nichts Gutes zu erwarten gehabt. Vorteilhaft dagegen konnte sich eine energische und frühzeitige Unterstützung der Ambitionen Barbarossas auswirken, denn sich den künftigen König zu verpflichten, war eine erfolgversprechende Methode, um Bamberger Interessen zu wahren. Eberhard erkannte die Chance, die sich ihm mit einer Förderung der Königskandidatur des Herzogs von Schwaben bot. In kürzester Zeit verständigten sich beide über ein gemeinsames Vorgehen.

Die Wahl der Grablege für den verstorbenen König war die erste Bewährungsprobe für ihr Bündnis, denn Konrad wollte, glaubt man Otto von Freising, an der Seite seines Vaters im Kloster Lorch beigesetzt werden.[10] Dann aber hätte Barbarossa die Versammlungen in Frankfurt und Aachen nicht mehr erreichen können, denn eine Überführung des Leichnams in das 250 Kilometer entfernte staufische Hauskloster hätte mehrere Tage in Anspruch genommen. Im fränkischen Zisterzienserkloster Ebrach, wo Konrads 1146 verstorbene Gemahlin Gertrud ihre letzte Ruhestätte gefunden hatte, glaubte man allerdings, der König habe dort zur letzten Ruhe gebettet werden wollen.[11] Aber er wurde weder in Lorch noch in Ebrach, sondern schon drei Tage nach seinem Tod im Bamberger Dom beigesetzt. Otto von Freising behauptet, das sei gegen den Willen von Konrads Ministerialen (*familiares*)[12] auf Initiative der Bamberger Geistlichkeit geschehen, die den verstorbenen König, «was sie für das Schicklichste und Ehrenvollste sowohl für ihre Kirche als auch für das Reich hielt, mit königlichem Gepränge neben dem Grabe Kaiser Heinrichs II., des Gründers dieses Bistums, bestattete».[13] Natürlich stand hinter dieser Entscheidung Eberhard selbst, der Barbarossa damit einen Ausweg eröffnete, sein Gesicht zu wahren, dafür aber auch eine Gegenleistung erwartete: der künftige König hatte eine angemessene Memoria für seinen verstorbenen Amtsvorgänger durch Stiftungen sicherzustellen. Wie im Falle der Grablege Clemens II., so sollten auch im Falle Konrads III. die Pflichten der Lebenden gegenüber den Toten eine für Bamberg höchst erwünschte Steigerung seines Prestiges nach sich ziehen. Barbarossa war sich dieser Verpflichtung bewußt – und sollte sie nur drei Tage nach seiner Krönung in Aachen einlösen, indem er der Bamberger Kirche zu Konrads «ewigem Ange-

ABB. 9 Das Grab Konrads III. stand ursprünglich nahe beim alten Grab Kaiser Heinrichs II. im Bamberger Dom, mußte aber dem 1513 fertiggestellten Kaisergrab Tilmann Riemenschneiders weichen. König Ludwig I. von Bayern veranlaßte 1845 die Umbettung des Staufers in einen neoromanischen Sarkophag, der in der Krypta unter dem Ostchor aufgestellt wurde.

denken» die Reichsabtei Niederaltaich übertrug.[14] Ein Notar aus der königlichen Kanzlei schrieb später an Abt Wibald von Stablo etwas maliziös, der Bischof habe mit der Abtei für seine Anstrengungen einen ziemlich großen Lohn begehrt.[15]

Mit der raschen Beisetzung Konrads in Bamberg gewann Barbarossa freie Hand für Initiativen im Vorfeld der Königswahl. Zu diesem Zweck aktivierte er persönliche Verbindungen, die auf älteren Verpflichtungen beruhen. Eine davon verband ihn mit Bischof Gebhard von Würzburg, dem neben Eberhard II. mächtigsten geistlichen Reichsfürsten Frankens. Gebhard verdankte seine Würzburger Bischofswürde lupenreiner staufischer «Verwandtenpolitik». Die Verbindungen waren über Landgraf Ludwig II. von Thüringen gelaufen, der, damals knapp zwanzig Jahre alt, ebenso wie Barbarossa am

Kreuzzug teilgenommen und nach der Rückkehr aus dem Orient dessen Stiefschwester Jutta geheiratet hatte. Ludwig hatte seine durch diese Ehe gewonnene Nähe zur Königsfamilie ausgenutzt und seinen neuen Schwager, den Herzog von Schwaben, darum gebeten, sich bei Konrad III. für die Erhebung seines weitläufigen Verwandten Gebhard zum Bischof von Würzburg einzusetzen – was Barbarossa auch mit Erfolg getan hatte.[16] Nun rechnete er seinerseits mit Gebhards Unterstützung. Umgehend nahm er mit ihm Verbindung auf, vielleicht über dessen Bruder Poppo IV., den Burggrafen von Würzburg, der ebenfalls in Bamberg anwesend war. Ein zweiter Bruder Gebhards war Bischof Gunther von Speyer. Auch ihn erreichte die Nachricht vom Tod des Königs auffallend rasch, nämlich noch am Tag von Konrads Beisetzung in Bamberg.[17] Das war angesichts der personellen Konstellation sicher kein Zufall, und man darf annehmen, daß Gunther ebenso wie Gebhard auch schon über die Parteinahme Eberhards II. für Barbarossas Kandidatur informiert wurde. Am Tag nach Konrads Beisetzung traf sich Barbarossa in Begleitung Eberhards am Ufer des Mains mit Gebhard von Würzburg zu einem vertraulichen Gespräch über «Wiederherstellung und Ordnung des Zustands des Reiches».[18] Die beiden mächtigsten Reichsfürsten Frankens hatte er schon als seine Parteigänger gewonnen.

In diesen Tagen nahmen «vornehmste Fürsten» durch Boten und Briefe untereinander Verbindung auf.[19] Sicher informierte Barbarossa auch seine welfischen Verwandten – seinen Onkel Welf VI. vielleicht über dessen Vertrauten, den Grafen Konrad von Dachau, der ebenfalls unter den Teilnehmern des Bamberger Hoftags war. Auch mit seinem Vetter Heinrich dem Löwen suchte er das Gespräch – und fand es in der oberhessischen Arnsburg, nicht weit von Frankfurt.[20] In der Burg des mächtigen Reichsministerialen Kuno von Hagen-Arnsburg traf sich Barbarossa mit den beiden Henneberger Brüdern, Bischof Gebhard von Würzburg und Bischof Gunther von Speyer, seinem Onkel Hermann von Stahleck, dem Pfalzgrafen bei Rhein, und Heinrich dem Löwen. Was dort mal gemeinsam, mal unter vier Augen besprochen wurde, entzieht sich vollständig unserer Kenntnis; aber als sicher kann gelten, daß sich Barbarossa und sein welfischer Vetter damals zu gegenseitiger Unterstützung verpflichteten und damit ein politisches Bündnis mit äußerst weitreichenden Konsequenzen schlossen. Im Umkreis Ludwigs II. von Thüringen hielt man es wenig später für möglich, daß der

Löwe ausdrücklich um das Herzogtum Bayern gebeten und als Gegenleistung seine Hilfe in allen Notlagen angeboten habe.[21]

In Arnsburg waren aber auch die beiden Erzbischöfe Heinrich von Mainz und Arnold II. von Köln anwesend, denen bei der Königserhebung traditionell eine besondere Rolle zufiel – der Mainzer hatte bei der Wahl als erster seine Stimme abzugeben, der Kölner, in dessen Erzdiözese die Krönungsstadt Aachen lag, die Krönung vorzunehmen. Beide wurden in der Arnsburg mit einer weit vorangeschrittenen Meinungsbildung konfrontiert. Heinrich von Mainz erschien sie zu sehr von Barbarossa selbst beeinflußt, um sie kritiklos hinzunehmen. Als wenige Tage später die Wahlversammlung in Frankfurt zusammentrat, versuchte er, die Stimmung gegen den Staufer zu wenden, indem er behauptete, dieser habe von Hochmut getrieben vor seinen Vertrauten geäußert, die Königsherrschaft auch gegen den Willen der Anwesenden erringen zu wollen.[22] Diese Nachricht aus der Kölner Königschronik ist deshalb wichtig, weil sie erkennen läßt, daß sich Barbarossa vor seiner Wahl dem Vorwurf des Ehrgeizes, ja sogar des gewaltsamen Strebens nach der Macht ausgesetzt sah. Vielleicht war es kein Zufall, daß gerade der Erzbischof von Mainz diesen Vorwurf erhob, war es doch Heinrichs Amtsvorgänger Adalbert gewesen, der in der Wahlversammlung von 1125 mit einer geschickten Herausforderung Barbarossas Vater in den Ruch des Hochmuts (*superbia*) und damit dessen Kandidatur zu Fall gebracht hatte. Aber anders als damals Adalbert hatte Heinrich unter den geistlichen Fürsten in der Wahlversammlung eine ganze Reihe von Gegnern: dazu gehörte der unter Konrad III. höchst einflußreiche Abt Wibald von Stablo und Corvey; daß Barbarossa die erste Urkunde nach seiner Krönung in Aachen zu dessen Gunsten ausstellen ließ und dabei der besonderen Treue und Ergebenheit des Abtes gedacht wurde, derer er sich «bei unserer Erhebung zur königlichen Würde» verdient gemacht habe,[23] zeigt deutlich genug, daß er in ihm einen Parteigänger gefunden hatte. Zu den Gegnern Heinrichs gehörte auch Eberhard II. von Bamberg, der nicht nur seine Weihe, sondern auch die kirchenrechtliche Sonderstellung seines Bistums gegen den Mainzer hatte verteidigen müssen. Auch Arnold II. von Köln hatte im Zusammenhang seiner Wahl durch Eingreifen des Mainzers handfeste materielle Nachteile erlitten.[24] Er hatte schon bei der Nachricht vom Tod Konrads III. konfliktträchtige Auseinandersetzungen um die Königswahl befürchtet[25] und sah diese Gefahr durch den Widerspruch Heinrichs von Mainz sehr konkret werden – hatte also mehrere Gründe, um sich gegen ihn zu wenden und den Staufer zu verteidigen; zum Dank für seine Hilfe übertrug ihm Barbarossa später die Ausübung herzogsähnlicher Gewalt in Niederlothringen.[26] So gewichtig der Vorwurf des Hochmuts gerade im Kontext einer Königswahl auch war und so berechtigt er angesichts von Barbarossas hochfahrendem Selbstbewußtsein übrigens auch gewesen sein dürfte, so war Heinrich von Mainz im Kreis der Reichsfürsten doch aus unterschiedlichen Gründen isoliert und fand daher keine Zustimmung. Um nicht als Urheber von Zwietracht mit unabsehbaren Folgen für den Frieden im Reich dazustehen, mußte er sich in Frankfurt fügen, blieb freilich der Aachener Krönung ebenso fern wie dem Hof. Barbarossa vergaß ihm diese Opposition nicht: als Heinrich 1153 in einem von Legaten Papst Eugens III. betriebenen Prozeß sein Amt verlor, zeigte er sich mit der Absetzung des wichtigsten Kirchenfürsten seines Reiches in einer Weise einverstanden, daß mancherorts geglaubt wurde, er selbst habe dessen Sturz betrieben. Barbarossas Wahl beruhte also auf einem gut geknüpften Geflecht aus Versprechen und Zusagen, mit denen er ältere persönliche Bindungen stärkte und neue schuf. Die eigene Kandidatur hatte er so umsichtig und planmäßig betrieben, daß für seinen jungen Vetter buchstäblich kein Platz mehr blieb, selbst wenn sich auf der Wahlversammlung noch einzelne Fürsten – wie wahrscheinlich Heinrich von Mainz[27] – für ihn stark gemacht haben sollten.

Ganz unter dem unmittelbaren Eindruck von Barbarossas Erfolg charakterisierte ihn Abt Wibald von Stablo wohl nicht unzutreffend als «scharfsinnig und rasch im Entschluß»; aber er drang mit seiner Charakteristik noch tiefer, erkannte Ansehen und Prestige, das der Staufer durch seinen «glücklichen Erfolg im Kampf», aber auch durch seine «Ruhmgier» gewonnen hatte, die ihn vor schweren Aufgaben nicht zurückschrecken ließ. Ebenso deutlich sah er dessen besondere Fähigkeiten, Anhänger zu gewinnen und Menschen für sich einzunehmen: Wibald hielt ihn für «leutselig und freigebig» – gestand ihm mithin zu, Menschen durch gewinnendes Wesen ebenso wie durch Geschenke und Belohnungen an sich binden zu können. Daß er «unduldsam gegenüber Ungerechtigkeit» gewesen sei, deutet weniger auf eine Art Verpflichtung gegenüber abstraktem Recht und Gesetz, sondern auf seine Fähigkeit zum Schutz der Rechtsansprüche seiner

Freunde, Getreuen und Verwandten. Schließlich erwähnt er Barbarossas «glänzende Beredsamkeit in seiner Muttersprache»[28] – eine Befähigung, die nicht auf besonderer rhetorischer Ausbildung beruhte, wie sie Barbarossas spätere gelehrte Ratgeber wie etwa Rainald von Dassel während ihres Studiums erhalten hatten, sondern auf seiner Sozialisation am Königshof, aber auch in der Umgebung seines Vaters, dessen geschliffene und maßvoll scherzende Redeweise den Zeitgenossen ebenfalls aufgefallen war.[29] All diese Eigenschaften gehörten zum mehr oder weniger üblichen Repertoire der damaligen Charakteristik adliger Herrschaftsträger, aber unverkennbar verfügte Barbarossa in besonderem Maße über jene sozialen Kompetenzen, die für eine ganz auf personalen Bindungen ruhende Herrschaftsausübung unverzichtbar waren. Dazu gehörte nicht zuletzt, daß er ein vorzügliches Gedächtnis für Personen hatte: «Diejenigen, deren Gesichter oder Wesen er einmal kennengelernt hatte, grüßte er, auch wenn sie nach langer Zeit zu ihm zurückkamen, äußerst schnell mit Namen, als wären sie täglich mit ihm zusammen gewesen.»[30]

Der Erfolg, den er sich sehr selbst- und rangbewußt zu sichern verstand, hinterließ nicht überall einen vorteilhaften Eindruck. Gerade seine Wahl gab Anlaß dazu, sich drastische Geschichten über Anmaßung und Hochmut des Staufers zu erzählen: so soll er drei Mitbewerber mit einem Trick dazu gebracht haben, ihm die Entscheidung zu überlassen, sich dann selbst gewählt und sein Vorgehen damit begründet haben, daß er von kaiserlichem Blut abstamme und keinen kenne, der besser als er geeignet sei, das Imperium zu regieren;[31] anderer Überlieferung zufolge habe er sich bei den Fürsten für die einmütige Wahl bedankt, aber hinzugefügt, daß, hätten sie einen anderen gewählt, er dennoch dessen Teilhaber gewesen wäre, hätten sie zwei, er der dritte, und hätten sie sechs gewählt, er der siebte gewesen wäre;[32] an wieder anderem Ort glaubte man sogar, er habe sich die Krone mit eigener Hand auf den Kopf gesetzt und sich würdiger als alle anderen bezeichnet.[33] Nach seinem Tod erzählte man sich sogar, dem Kaiser sei, als er noch in den Windeln gelegen habe, prophezeit worden, daß er wie ein Fuchs das Königtum an sich bringen werde.[34] Jedoch entstanden diese Quellen durchweg in großem zeitlichen und räumlichen Abstand zum Geschehen. Deshalb hat auch die Vermutung, sie könnten einem am staufischen Hof besonders gut gehüteten Geheimnis über unlautere Machenschaften bei Barbarossas

Königswahl gelten – etwa dem trickreichen Überspielen von Konrads Sohn Friedrich oder gar Heinrichs des Löwen –, von vornherein wenig für sich. Es spiegelt sich in diesen Geschichten vielmehr nur eine vage Erinnerung daran, daß das energische Auftreten Barbarossas die Nachfolge eines Königssohnes auf dem Thron seines Vaters verhindert hatte.

Allerdings ist Friedrichs hochfahrendes Selbstbewußtsein als gemeinsames Motiv solcher Geschichten nicht nur auffallend, sondern war für die Zeitgenossen auch unmittelbar als Herrscherkritik verständlich: der untrennbar zum Habitus des Adels gehörige Ehrgeiz war im besonderen Zusammenhang der Königswahl als verwerfliche *ambitio* eine geächtete Eigenschaft, die eigentlich jeden Kandidaten für das Herrscheramt disqualifizierte. Daß Barbarossa sofort nach dem Tod seines Onkels eine genau kalkulierte Aktivität entfaltete, um den Thron zu erringen, wurde mancherorts nicht vergessen und ihm noch Jahrzehnte später zum Vorwurf gemacht. Damit klärt sich aber auch der Grund für die auffällig harmonisierende und für die eigentliche Entscheidungsfindung nur wenig transparente Darstellung der Königswahl bei Otto von Freising. Selbst wenn er Barbarossas zielgerichtete Aktivierung und Herstellung persönlicher Verpflichtungen im einzelnen kannte – was wir nicht wissen –, so konnten doch diese Details niemals Gegenstand seiner Überlieferung werden, wollte Otto nicht seinerseits den Vorwurf der *ambitio* gegen seinen Neffen erheben. Aus diesem Grund findet sich in seinem Bericht keine Spur von Barbarossas vielfältigen Aktivitäten; und in der Absicht, möglicher Kritik an seinem Neffen keinen Vorschub zu leisten, sind auch die schon erwähnten, verschiedenen Unstimmigkeiten seines Berichts begründet. Er stellt die Königserhebung vielmehr so dar, als ob sie Barbarossa als Konsequenz von Konrads Wunsch und der Fürsten Hochachtung für seine persönlichen Qualitäten einfach zugefallen sei. Der tiefere Grund dafür liegt in der Vorstellung der Zeit, daß sich am schließlich gewählten Kandidaten, der als König die Spitze der gottgewollten Ordnung repräsentierte, Gottes eigener Wille vollziehe – die Wahl Barbarossas also schon deshalb nicht in dessen persönlichem Verdienst oder gar in umsichtiger Vorbereitung begründet liegen konnte, weil sie eben ein Zeichen Gottes war.

Aus demselben, letztlich geschichtstheologischen Grund schildert Otto Barbarossas Wahlbündnis mit den Welfen auch nicht als eine folgerichtige Weiterentwicklung ihrer schon zuvor engen Beziehungen; vielmehr hätten die Fürsten den Staufer im Wissen um seine verwandtschaftlich begründete Mittlerfunktion gewählt, die ihn dazu empfohlen habe, den Dauerkonflikt um Bayern und Sachsen beizulegen: «Der tiefste Grund für diesen Entschluß und die einmütige Zustimmung zu dieser Person war, wie ich mich erinnere, folgender. Zwei Familien waren bisher im Römischen Reich im Gebiet von Gallien und Germanien berühmt, die eine war die der Heinriche von Waiblingen [also: der Salier], die andere die der Welfen von Altdorf, die eine pflegte Kaiser, die andere große Herzöge hervorzubringen. Wie es unter bedeutenden und ruhmgierigen Männern zu gehen pflegt, wetteiferten sie häufig miteinander und hatten schon oft die Ruhe des Reiches gestört. Es geschah aber, wie man glaubt, nach dem Ratschluß Gottes, der den Frieden seines Volkes für die Zukunft sichern wollte, unter Heinrich V., daß Herzog Friedrich, der Vater des jetzigen, der aus der einen, nämlich der königlichen Familie stammte, die Tochter [Judith] des Bayernherzogs Heinrich [des Schwarzen] aus der anderen heiratete und mit ihr den jetzt regierenden Friedrich zeugte. So zogen also die Fürsten nicht nur die Tatkraft und Tüchtigkeit des oft genannten jungen Mannes in Betracht, sondern auch, daß er, der beiden Familien angehörte, gewissermaßen als Eckstein den klaffenden Riß zwischen beiden Wänden schließen könnte; deshalb beschlossen sie, ihn als Haupt des Reiches einzusetzen, in der Erwartung, daß es für das Reich außerordentlich nützlich sein würde, wenn die schwere und langwierige Rivalität unter den höchststehenden Männern des Reiches um privater Vorteile willen nun endlich mit Gottes Hilfe bei dieser Gelegenheit beseitigt würde.»[35] Wieder findet sich von Barbarossas Initiative keine Spur. Seine Wahl stellt Otto als ein Gebot des Gemeinwohls dar – gerade so, als ob alle Fürsten großen Wert darauf gelegt hätten, die mit dem Konflikt um Bayern verbundenen Fehden nun endlich beizulegen. Das aber war vor allem Ottos eigene Hoffnung – denn sein Bistum hatte unter den welfischen Unternehmungen gegen den Herzog von Bayern wiederholt besonders gelitten. Barbarossa war stets auf seiten seiner welfischen Verwandten gestanden, und dementsprechend schwach war Ottos Hoffnung, der neue König werde als ehrlicher Makler fungieren; dem Bischof von Freising blieb nichts anderes übrig, als seine eigene Friedenssehnsucht und seine eigenen Interessen als allgemeine Erwartungshaltung darzustellen, durch die er implizit seinen Neffen ermahnen wollte, zum allgemeinen Nutzen zu handeln.

Die innerweltlichen Kausalitäten der Königswahl, soweit sie dem persönlichen Wollen Barbarossas zuzurechnen waren, entzogen sich also, wie bereits erläutert, in Ottos Geschichtswerk der Darstellbarkeit. Selbst die berühmte Charakteristik Barbarossas als «Eckstein» erschöpft sich in ihrer Bedeutung nicht im Bezug auf die Verwandtschaft mit den Welfen. Für die bibelfesten Kleriker der Zeit war Ottos Formulierung vielmehr eine unüberhörbare Anspielung auf die Sätze des Psalmisten über den «Stein, den die Bauleute verworfen haben», der dann aber von Gott zum Eckstein gesetzt wurde, als «ein Wunder vor unseren Augen» (Psalm 117,22; vgl. auch Matthäus 21,42). Wie die übrigens häufige Verwendung dieser Metapher gerade in klerikalen Berichten über problematische Königswahlen zeigt,[36] entsprach sie genau der zeitgenössischen Vorstellung, daß die schließlich erfolgte Durchsetzung allein dem Willen Gottes zu verdanken war, nicht aber individuellen Fähigkeiten des Thronkandidaten. Diese Denkmuster erklären, weshalb die geradezu fieberhafte Tätigkeit, die der Schwabenherzog bereits in Bamberg zu entfalten begann, um sich der bestmöglichen Ausgangsposition für die kommende Königswahl zu versichern, im Geschichtswerk seines Onkels einfach ausgeblendet bleibt.

KRÖNUNG UND HERRSCHERPFLICHTEN

Der auf den Sonntag *Laetare* am 9. März festgesetzte Krönungstermin in Aachen wurde eingehalten – die Erhöhung des Sohnes tilgte nun die mit diesem Datum verbundene Erinnerung an die Erniedrigung des Vaters vor Lothar III. Der Staufer wurde in der Aachener Marienkirche von Erzbischof Arnold von Köln unter Mitwirkung des Trierer Erzbischofs Hillin und der Bischöfe Eberhard von Bamberg, Otto von Freising, Ortlieb von Basel, Hermann von Konstanz und Heinrich von Lüttich gesalbt und gekrönt. Nach der Krönung wurde er in das Obergeschoß des achteckigen Zentralbaus geführt, wobei ihm das Reichskreuz, das einen Splitter des Kreuzes Christi, und die Heilige Lanze, die einen Nagel vom Kreuz Christi enthielt, vorangetragen wurden. Zum Abschluß der kirchlichen Krönungsfeier nahm er dort,

ABB. 10 Bild Kaiser Friedrichs I. Barbarossa auf dem Aachener Armreliquiar Karls des Großen. Die Umschrift FRIDERIC(US) ROMANOR(UM) I(M)P(ER)ATOR AUG(USTUS) nennt den offiziellen Kaisertitel. Der Goldschmied bemühte sich, die Kaiserwürde, mit der sich Barbarossa von seinem Onkel Konrad III. unterschied, auch durch einige bildliche Details kenntlich zu machen. Barbarossas Krone trägt Pendilien in Bänderform, und die lange schmuckbesetzte Stoffbinde läuft nicht vertikal um den Oberkörper, sondern fällt vor der Brust senkrecht herab und wird schärpenartig über dem linken Arm getragen, was der Trageweise des *loros* des byzantinischen Kaisers entspricht. – Paris, Louvre.

wie es seit der Zeit Ottos I. üblich war, auf dem Marmorthron Karls des Großen Platz, der seit der Zeit des karolingischen Kaisers auf der Empore stand und im wahrsten Sinne des Wortes Aachens Funktion als «Haupt und Sitz des deutschen Reiches» begründete. Dort schwor er nach der althergebrachten Formel des Krönungseides, die ihm der Erzbischof vorsprach, seinen Herrscherpflichten nachzukommen, also dem Papst «Ehre und Liebe, ferner unserer hochheiligen Mutter, der Römischen Kirche sowie allen Kirchenleuten bereitwillige und gehörige Gerechtigkeit und Beschützung zu gewähren, ja den Witwen und Waisen und dem ganzen uns anvertrauten Volk Gesetz und Frieden zu schaffen und zu erhalten».[37] Die Thronsetzung als symbolische Inbesitznahme des Reichs geschah im vollen Krönungsornat, der neue König präsentierte dabei die monarchischen Würdezeichen, die er beim Tod Konrads III. in Bamberg an sich genommen hatte; das waren die heute in Wien aufbewahrte Reichskrone, die wahrscheinlich erst wenige Jahre zuvor angefertigt worden war,[38] außerdem ein Szepter, das er in der rechten Hand, und ein goldener Reichsapfel, den er in der linken Hand trug. Sein Krönungsgewand überließ Barbarossa dem Aachener Marienstift, wo es allerdings nicht speziell in Erinnerung an diesen Anlaß aufbewahrt, sondern zu Textilien umgearbeitet wurde, die für den liturgischen Gebrauch in der Krönungskirche verwendet werden konnten; auch erhielten die Kanoniker zwei Fuder Wein als Krönungsspende – jedenfalls wurde eine solche Praxis 1222 als «altes Herkommen» bezeichnet und könnte daher schon 1152 üblich gewesen sein.[39]

In einer Wahlanzeige ließ Barbarossa Papst Eugen III. mitteilen, daß er von seinem Vorgänger «den ganz bereitwilligen und gehorsamen Schutz gegenüber unserer hochheiligen Mutter, der Römischen Kirche, übernommen» habe. Die Verteidigung (*defensio*) der Römischen Kirche war besondere Aufgabe des Kaisers, die Barbarossa in Vorwegnahme der noch ausstehenden Kaiserkrönung für sich als verpflichtend anerkannte. Die dabei entwickelte Vorstellung vom Verhältnis zwischen Kaiser und Papst bewegte sich in den traditionellen Bahnen der Zweigewaltenlehre des spätantiken Papstes Gelasius († 496), wonach Gott Papst und Kaiser zur Lenkung der Welt eingesetzt habe und beide im geistlichen und weltlichen Bereich zwar jeweils eigene Zuständigkeiten hätten, aber auch zur gegenseitigen Unterstützung verpflichtet seien. «Wir erklären uns bereit, unseren Nacken demütig unter den Gehorsam aller Priester Christi zu beugen»; so möge denn «durch unseren rastlosen Eifer die rechtgläubige Kirche die Vorrechte ihrer Würde in Ehren genießen».[40] Als Christ sah sich der Staufer dem Papst als Oberhaupt der Christenheit in allen geistlichen, die Seelsorge, die Religion, den Glauben betreffenden Dingen untergeordnet und erkannte in dieser Hinsicht den Vorrang des Papstes an. Es sollte sich noch zeigen, daß Friedrich aber über die Frage, welche Gesten und symbolischen Handlungen diesem nicht machtpolitisch verstandenen Vorrang des Papstes zustanden, leidenschaftlich zu streiten bereit war.

Nur wenige der Reichsfürsten, die in Aachen bei der Krönung anwesend waren, sind namentlich bekannt: die beiden Erzbischöfe Arnold von Köln und Hillin von Trier, die Bischöfe Eberhard von Bamberg, Heinrich von Lüttich, Otto von Freising, Ortlieb von Basel, Hermann von Konstanz, der am gleichen Tag wie Friedrich geweihte Bischof Friedrich von Münster, Abt Wibald von Stablo und Corvey, von den weltlichen Fürsten der Herzog von Sachsen, Heinrich der Löwe, Herzog Welf VI., Herzog Matthäus von Oberlothringen, Herzog Gottfried von Löwen, der Markgraf von Brandenburg, Albrecht der Bär, außerdem einige Grafen und Freie. Dabei erklärt sich das Übergewicht der Teilnehmer aus dem lothringischen Raum mit ihrem kurzen Reiseweg zur Krönungsstadt; die anderen dürften überwiegend jene gewesen sein, die mit Barbarossa von Frankfurt aus zum Gewaltmarsch nach Aachen aufgebrochen waren.[41] Es entsprach der traditionellen Praxis der konsensualen Herrschaftsausübung, daß Barbarossa nach der Krönung noch in Aachen «aus der Zahl der Fürsten besonders erfahrene und bedeutende» zu sich rief und mit ihnen «über die Lage des Reichs» beriet.[42] Zentrale Fragen entschied der König gemeinsam mit den am Hof anwesenden Fürsten. Die politische Agenda war zunächst von der Notwendigkeit bestimmt, der Herrschaft des neuen Königs Anerkennung zu verschaffen. Während einige der geistlichen Fürsten für einen raschen Romzug plädierten, um dem Papst die schon von Konrad III. versprochene Unterstützung gegen die aufständischen Römer zu verschaffen, setzte sich die Meinung durch, den neu erhobenen König nicht schon frühzeitig durch eine so weitreichende Festlegung zu binden, könnte doch die Aussicht auf baldige Abwesenheit des Herrschers allerlei Unruhestifter ermutigen.[43] Nach den Konflikten während der letzten Jahre Konrads III. richteten sich die Erwartungen an den neuen König besonders auf eine Wahrnehmung der Herrscherpflichten von Friedens- und Rechtswahrung. Barbarossa war sich dessen bewußt. In der an Papst Eugen III. gerichteten Anzeige seiner Wahl heißt es, er wolle «dem ganzen ihm anvertrauten Volk Gesetz und Frieden schaffen und erhalten».[44] Das entsprach den allgemeinen Erwartungen, die übrigens auch die prophetische Mystikerin aus dem Kloster Rupertsberg, Hildegard von Bingen, an Barbarossa richtete: «Nun, o König, sieh mit Sorgfalt, daß alle Länder von den Ränken vieler umdunkelt sind, die durch die Schwärze ihrer Sünden die Gerechtigkeit auslöschen.» Sicher dachte die Nonne vor allem an jene Streitigkeiten zwischen geistlichen Gemeinschaften und weltlichen Herren, die häufig genug den Grundbesitz von Kirchen und Klöstern und damit gleichzeitig die materiellen Voraussetzungen einer geregelten Seelsorge tangierten. Sie hoffte auf den neuen König als gerechten, aber milden Richter: «Räuber und Abirrende zerstören den Weg des Herrn. Du, o König, lenke mit dem Szepter der Barmherzigkeit den trägen, unsteten und wilden Lebenswandel.»[45] Tatsächlich wurden vielerorts Konflikte zwischen Geistlichkeit und Laien zur Entscheidung vor den neuen König gebracht: in Köln ein Streit zwischen der Abtei Laach und Heinrich von Molsberg um einen Hof, ein anderer über die Unveräußerlichkeit erzbischöflicher Lehen, in Regensburg wurde über Lehen des Klosters St. Emmeram entschieden, in Augsburg über Klagen der Geistlichkeit gegen Übergriffe des Vogtes und in Würzburg über Gewalttaten von Ministerialen gegen die zum Kloster Corvey gehörende Stadt Höxter. In der Tatsache, daß in solchen Fällen eine Entscheidung des Hofs gesucht wurde, zeigte sich die Akzeptanz des neuen Königs, der seinerseits die Autorität seines Amtes durch die Entscheidung von Konflikten zur Geltung brachte. Die Beilegung solcher Kontroversen war Bestandteil der wichtigsten Herrscherpflicht, den Frieden durch Rechtsprechung zu wahren.

Dazu gehörte auch, Erwartungssicherheit für die Zukunft zu bieten. Im Juli 1152 wurden auf einem Hoftag in Ulm unter Mitwirkung der Fürsten Bestimmungen für einen allgemeinen Frieden aufgesetzt, der in Gestalt eines an Bischöfe, Herzöge, Grafen, Markgrafen und Rektoren gerichteten Briefes überliefert ist. Einleitend erklärte Barbarossa, indem er auf seine Thronbesteigung und den Gott geschuldeten Gehorsam verwies, er wolle in der Absicht, göttliche und menschliche Gesetze in ihrer Geltung zu erhalten, aber auch die Kirchen und die Geistlichen zu erhöhen und vor jedem Angriff zu schützen, jedem sein Recht zuteil werden lassen und einen lang ersehnten und für das Land notwendigen Frieden kraft königlicher Vollmacht verkünden, der überall in sämtlichen Teilen des Reichs gehalten werden solle. Konkret sollten in Anknüpfung an die schon älteren Gottes- und Landfrieden die Möglichkeiten zu eigenmächtiger Rechtsdurchsetzung eingedämmt, also die Folgen der Fehdeführung beschränkt werden. Der Friede enthielt in 20 Kapiteln tatbestandsähnlich formulierte Verbote einzelner schwerer Schädigungen, die nicht mehr zulässig sein sollten: Totschlag, Verwundung, Gefangennahme, Körperverletzung mit und ohne Blutvergießen oder Ausraufen von Haaren und Bart wurden mit Todesstrafe, Handverlust bzw. Bußgeldern bedroht; zwischen Täter und Opfer eines Friedensbruchs wurde nach ihrem Stand – also zwischen Geistlichen, Rittern, Bauern und Ministerialen – unterschieden; Raub und Diebstahl wurden ihrer unterschiedlichen Schwere gemäß sanktioniert, das Waffentragen den Bauern untersagt, den Händlern hingegen zu ihrer Verteidigung gegen Diebe erlaubt; und wer zu Pferd reiste, der sollte für ein Reittier ungestraft so viel Futter von der Weide nehmen dürfen, wie er am Wegesrand stehend mit beiden Armen umfassen könne.[46] Diese Friedensnormen verkündete Barbarossa nicht etwa aus eigener Kompetenz, sondern unter Mitwirkung der in Ulm versammelten geistlichen und weltlichen Herrschaftsträger. Während seiner Regierung entstanden noch drei weitere, in vielen Einzelregelungen vergleichbare, in manchen auch weiterreichende Friedensbestimmungen, die allesamt demonstrierten, in welchem Ausmaß er sich der Sorge um den Frieden als wichtigster Herrscheraufgabe verpflichtet wußte. Das Verbot der Fehde als überkommener Möglichkeit eigenmächtiger Rechtsdurchsetzung mag zwar aus der Perspektive des modernen Staates mit gesichertem Gewaltmonopol als langfristige Absicht solcher Bestimmungen erscheinen, war aber sicher kein Ziel, das Barbarossa und den Fürsten damals tatsächlich realisierbar hätte erscheinen können. Ihnen ging es nur darum, die Selbsthilfe durch strafbewehrte Verbote einzelner Handlungen zu begrenzen, nicht aber darum, sie abzuschaffen. Freilich kam dem Ulmer Frieden insoweit besondere symbolische Bedeutung zu, als er den Regierungsauftakt des neuen Königs markant mit seiner Pflicht zu Rechts- und Friedenswahrung verband.

Barbarossa nutzte die Möglichkeiten, die ihm der traditionelle Königsumritt durch das Reich bot, zu einer ersten eindrucksvollen Demonstration seiner Herrschaft. Innerhalb von neun Monaten nach seiner Krönung zog er durch alle Teile des Reichs nördlich der Alpen; auf den Hoftagen in Merseburg (Sachsen), Regensburg (Bayern), Ulm (Schwaben), Würzburg (Franken) und Trier (Lothringen) fanden sich die Großen der jeweiligen Region ein. Das Reich, das als abstrakte Größe ja nicht sinnlich wahrgenommen werden konnte, trat erst in Gestalt solcher Versammlungen der geistlichen und weltlichen Fürsten recht eigentlich vor Augen. Die Gültigkeit der Ordnung wurde

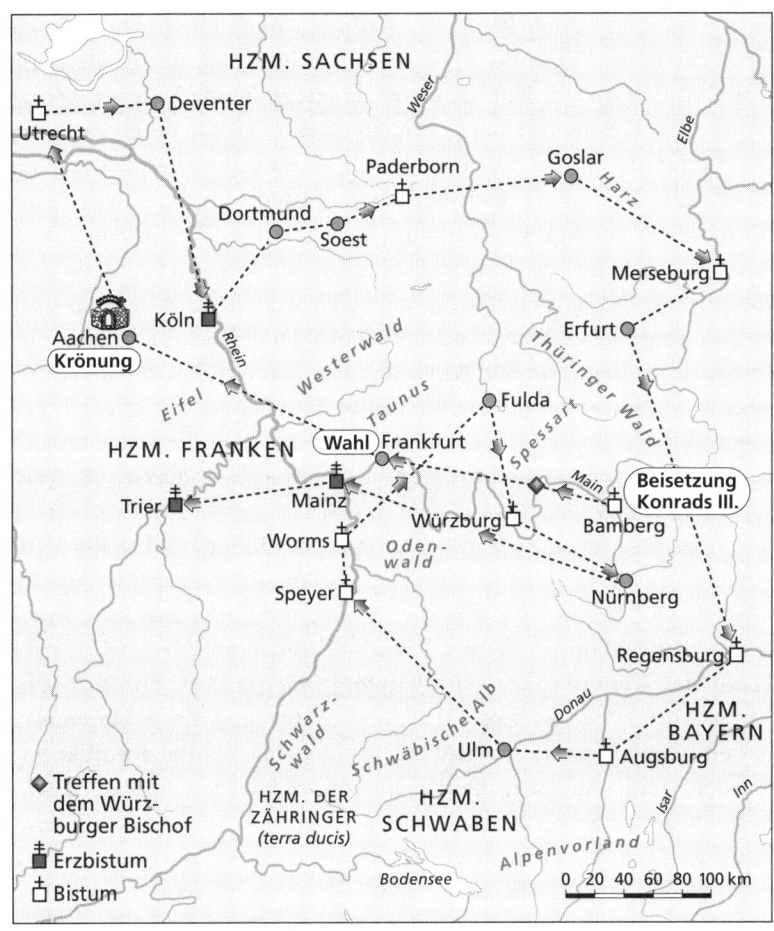

KARTE 4 Unmittelbar nach seiner Krönung in Aachen brach Barbarossa zum Umritt durch die verschiedenen Regionen des Reichs auf. Auf mehreren Hoftagen nahm er die Huldigungen der Großen entgegen; zu Weihnachten 1152 fand sich der Hof in Trier ein.

in Gestalt festlicher Inszenierungen immer wieder neu aktualisiert. Zumindest während der Hoftage in Merseburg, Regensburg und Trier, die an Pfingsten, dem Fest der Apostel (29. Juni) und Weihnachten, also an hohen kirchlichen Feiertagen, stattfanden, wurde Barbarossa im Rahmen der Meßfeier auch nochmals gekrönt. Solche

Festkrönungen hatten keine der Krönung in Aachen vergleichbare konstituierende Wirkung, sondern waren feierliche, die Großen und ihre Teilhabe an der Königsherrschaft integrierende Vergegenwärtigungen des Reichs als einer Personengemeinschaft, in deren Zentrum der König als ihr ranghöchstes Mitglied stand. Dem Aufenthalt im sächsischen Merseburg kam besondere Bedeutung zu, war Sachsen doch wegen der Kämpfe Konrads III. gegen den Löwen dem König zuvor weitgehend verschlossen geblieben. Der Ort war schon deshalb für einen prächtigen Hoftag gut geeignet, weil die dortige Pfalz über einen ertragreichen Wirtschaftshof, dem auch eine Mühle zugeordnet war, und reichen Grundbesitz verfügte; außerdem flossen dem König gemäß des Spolienrechts die Einkünfte des in Merseburg damals gerade vakanten Bischofsstuhles zu sowie, wenigstens für den Zeitraum des Hoftags, die ungeschmälerten Einnahmen aus Gerichtsbarkeit, Zoll und Münze.[47]

Barbarossa selbst hielt den Merseburger Hoftag ausdrücklich für einen Höhepunkt seiner ersten Regierungsjahre: «dort erschien, an unseren Hof beschieden, der Dänenkönig Sven und empfing, nachdem er uns Mannschaft und Treue geschworen hatte, aus unserer Hand die Königskrone.»[48] Im Hintergrund standen Thronstreitigkeiten; die beiden Königssöhne Sven Grathe und Knut Magnusson hatten bereits Konrad III. als Schiedsrichter über ihren Konflikt angerufen – eine Aufgabe, die nun Barbarossa zukam. Die Angelegenheit wurde dadurch kompliziert, daß Knut die Unterstützung Heinrichs des Löwen genoß, Sven indessen jene des Erzbischofs Hartwig von Bremen, der seinerseits mit dem sächsischen Herzog um das Erbe der Grafen von Stade stritt.[49] Ohne daß ein genauer Einblick in die Verhandlungen möglich wäre, die durch den Rat der anwesenden Fürsten erfolgreich abgeschlossen wurden, bestand die Lösung des dänischen Streits in einer Abfindung Knuts. Die dadurch eingetretene Veränderung der Rangordnung wurde durch symbolische Handlungen vor allen Anwesenden des Hoftags gewissermaßen ‹veröffentlicht›: Knut «behielt einige Provinzen, entsagte aber dem königlichen Namen, indem er sein Schwert [dem Staufer] übergab – es ist nämlich Gewohnheit des Hofes, daß Königreiche durch das Schwert, Provinzen aber durch das Banner vom Herrscher übergeben oder entzogen werden –, [Sven] dagegen empfing aus der Hand des Herrschers die Königsherrschaft und verpflichtete sich ihm durch Treueversprechen und Mannschaftsleistung. Nachdem ihm so durch die Hand [Barbarossas] die Königskrone aufgesetzt worden war, wurde er am heiligen Pfingstfest [von einem Bischof während der Messe] gekrönt und trug das Schwert des Königs, der mit der Krone auf dem Haupt einherschritt.«[50] Seit ihrer gemeinsamen Jugendzeit am Hof Konrads III. waren Barbarossa und Sven einander freundschaftlich verbunden, und die Merseburger Entscheidung war letztlich ebenso Konsequenz wie Aktualisierung dieser persönlichen Bindung: unter den Bedingungen einer noch vorstaatlich verfaßten Gesellschaft waren ‹politische› Beziehungen nichts anderes als Beziehungen zwischen Personen, die ihrerseits an der Spitze von Gruppen standen, die durch verwandtschaftliche, freundschaftliche und herrschaftliche Bindungen gebildet wurden. Die eigentlich ‹politische› Dimension herrscherlichen Handelns bestand deshalb in der Aufgabe, die Interessen von Exponenten dieser Personenverbände möglichst so auszubalancieren, daß sich keiner aus seiner im Ranggefüge der Großen beanspruchten Stellung verdrängt sah.

KAPITEL 4

NEUE VERTRAUTE UND ALTE PROBLEME

«Bei einem Wechsel in der Königsherrschaft wechselten, wie üblich, auch die Freunde und Ratgeber des Königs.»[1] Mit diesen ebenso knappen wie klaren Worten skizzierte der Autor der 1160 entstandenen Lebensbeschreibung des Bischofs Meinwerk von Paderborn einen für die mittelalterliche Königsherrschaft typischen Sachverhalt. Die Veränderung der am Hof einflußreichen Personenkreise hielt konfliktträchtige Herausforderungen zur Erprobung der Kunst des Ausgleichs bereit, die in der Rücksicht auf Rang und Status von entscheidender Bedeutung war. Barbarossa brachte gute Voraussetzungen mit, um solche Situationen mit einigem Fingerspitzengefühl zu meistern. Seit den Streitigkeiten, die der Bruch Heinrichs IV. mit den bis dato weitgehend beachteten Regeln königlicher Herrschaftsausübung hervorgerufen hatte, war auf seiten der Fürsten das Bewußtsein für ihren Anspruch auf Teilhabe an der Königsherrschaft geschärft – ein Verhältnis, das der Vergleich, demzufolge die Fürsten Glieder des Reichs waren und der Kaiser dessen Haupt, mit treffender Anschaulichkeit zum Ausdruck brachte. Barbarossa nannte den Erzbischof von Salzburg ein «Glied des Reiches» (*membrum imperii*) und die Belohnung des treuen Erzbischofs von Köln als eine vom Haupt auf die Glieder ausstrahlende Würde.[2] Die gleiche Sinnfälligkeit eignete der Gebäudemetapher, die das Reich als Tempel, die Fürsten als Säulen bezeichnete.[3] In der spätsalischen Zeit, in der sich dieses Miteinander von Königtum und Reichsfürsten, ohne grundsätzlich neu zu sein, noch intensiver formiert hatte, waren Barbarossas Großvater und Vater zu Amt und Einfluß am Königshof gelangt. Die Anfänge des Aufstiegs seiner Familie lagen zum Zeitpunkt von Barbarossas Königswahl 1152 etwas mehr als siebzig Jahre zurück, damit aber noch innerhalb jenes Zeitraums, für den der Begriff des «kommunikativen Gedächtnisses» geprägt wurde und mit dem die Möglichkeit der mündlichen Tradierung von Erinnerung ohne Hilfe spezieller Träger oder Medien von Generation zu Generation beschrieben wird.[4] Welches Wissen Herzog Friedrich I. an seinen Sohn und dieser wiederum an Barbarossa weitergab, entzieht sich vollständig unserer Kenntnis, aber daß es sich dabei nicht zum geringsten Teil um Geschichten über das richtige und falsche Verhalten des Königs gegenüber den Fürsten gehandelt haben dürfte, ist sicher keine abwegige Annahme. Selbst der Fürstenschicht und zumal einer Familie entstammend, die reichlich Erfahrung in der Vermittlung zwischen König und Fürsten gesammelt hatte, war Barbarossa mit Mentalität, Werten und Verhaltensweisen seiner früheren Standesgenossen vertraut genug, um ein klares Bewußtsein davon zu haben, wie wichtig es war, seine Wahlversprechen zu erfüllen und die Rangerhöhung, die seine Königswahl bedeutete, seinen früheren Standesgenossen erträglich zu machen. Die Freundschaften und Feindschaften, die seinen Handlungsspielraum als Herzog bestimmt hatten, eröffneten und beschnitten nun auch seinen Aktionsradius als König. Der Ausgleich dieser Gegensätze dauerte mehrere Jahre.

WICHMANN UND DAS ERZBISTUM MAGDEBURG

Schon auf dem Merseburger Hoftag stellte Barbarossa sein diesbezügliches Geschick unter Beweis, denn außer Heinrich dem Löwen, der ihn seit der Aachener Krönung über Wochen hinweg begleitet hatte, waren dort auch die sächsischen Gegner des Welfen erschienen, allen voran dessen Vetter, der Askanier Albrecht der Bär, Markgraf von Brandenburg, der seit den Tagen Konrads III. ebenfalls Anspruch auf das Herzogtum Sachsen erhob; zu ihnen gehörte auch der Wettiner Konrad, Markgraf von Meißen. Diesen Personenkreis hatte der Staufer mit der Stellung des Welfen am Hof, die dessen Gegner potentiell bedrohte, zu versöhnen.

In den Kontext der Kompensationen, die des Löwen neu errungene Königsnähe notwendig machte, gehört die Erhebung Wichmanns, des bisherigen Bischofs von Naumburg, zum neuen Erzbischof von Magdeburg, für die sich Barbarossa mit größtem Nachdruck einsetzte. Die Translation eines Bischofs in ein anderes Bistum war ohne päpstliche Zustimmung eigentlich nicht zulässig. Moderne Historiker sehen in Wichmanns Erhebung deshalb gerne den programmatischen Auftakt einer auf mehr Selbständigkeit der Reichskirche zielenden ‹neuen Kirchenpolitik› des Staufers, mit der er dem Papst seine Konfliktbereitschaft demonstriert habe, oder aber als Versuch, im östlichen Norddeutschland schon früh ein Gegengewicht gegen die Machtposition Heinrichs des Löwen zu schaffen.[5] Solche Deutungen basieren jedoch auf dem Wissen über den weiteren Fortgang der Dinge, das dem rückblickenden Historiker zwar zur Verfügung steht, den Handlungshorizont der Zeitgenossen aber nicht bestimmt haben kann. Weil sich Wichmann und Barbarossa nach allem, was bekannt ist, zuvor nie begegnet waren, kann der Staufer auch keine besondere Vorstellung von dessen Qualitäten gehabt haben — es sei denn, man wollte ihm eine geradezu prophetische Einschätzung von dessen Fähigkeiten als künftigem Reichsbischof unterstellen. Wahrscheinlicher ist deshalb, daß Barbarossa mit seiner Unterstützung Wichmanns den Erwartungen einer bestimmten Personengruppe entsprach, mit denen er konfrontiert wurde. Dafür gibt es auch klare Anhaltspunkte. Wichmanns Mutter Mathilde war eine Schwester Konrads von Wettin, des Markgrafen von Meißen; dessen Sohn Otto war mit einer Tochter des Askaniers Albrechts des Bären verheiratet, und die guten Beziehungen der beiden benachbarten Dynasten in Ostsachsen trafen sich in gemeinsamer Distanz zu Heinrich dem Löwen. Genau diese Haltung hatte sie Konrad III. als zuverlässige Parteigänger gegen den Welfen empfohlen; der Wettiner war auch außerhalb seiner engeren Region häufig am Königshof, wo er 1147 einst auch Barbarossa begegnet war. Die Nähe des Löwen zum neuen König ließ Konrad aber um seinen bisherigen Einfluß fürchten. Wollte er ihn nicht verlieren, so war es wichtig, sich auch dem neuen König als treuer Anhänger zu erweisen. Er war einer der Fürsten, auf deren Rat und Urteil in Merseburg der dänische Thronstreit zugunsten von Barbarossas Jugendfreund Sven entschieden wurde; bei dieser Gelegenheit wurde sogar eine Ehe zwischen Konrads Tochter Adela und dem Dänenkönig vereinbart,[6] die vor allem den Charakter eines politischen Bündnisses und damit einer zusätzlichen Garantie für Svens Königtum hatte. Konrad hatte also Anteil am entstehenden Bündnisgeflecht Barbarossas — und auf seinen Einfluß hin dürfte Barbarossa sich auch für Wichmann entschieden haben. In den Quellen ist zwar eine Fürsprache Konrads für seinen Neffen nicht eigens erwähnt, aber Verwandte unterstützten sich üblicherweise gegenseitig: Markgraf Konrad dürfte schon 1149 bei Wichmanns Erhebung zum Bischof von Naumburg die Hände im Spiel gehabt haben, war er doch Vogt des Naumburger Hochstifts. Nun ergab sich die Chance, durch die Erhebung des Neffen auf den Magdeburger Stuhl an wichtiger Stelle ein Gegengewicht zum Einfluß des Herzogs von Sachsen zu schaffen. Eine Fürsprache Konrads für seinen Neffen lag jedenfalls in der Logik der beschriebenen Interessenkonstellationen.

Auch Barbarossa zog Vorteile aus diesen Verhältnissen: er konnte sich nicht nur den künftigen Inhaber des östlichsten Metropolitansitzes durch entschiedene Förderung verpflichten, sondern auch gleichzeitig durch Begünstigung der ostsächsischen Fürstengruppe deren begründete Befürchtungen hinsichtlich der starken Stellung Heinrichs des Löwen dämpfen. Das war ihm wichtig genug, um die absehbaren Widerstände auf geistlicher Seite gegen seine Entscheidung in Kauf zu nehmen. Zumal Barbarossas bischöflichen Ratgebern war klar, daß die Erhebung Wichmanns wegen des kirchenrechtlichen Translationsverbots den Papst auf den Plan rufen würde, der durch die Verleihung des Palliums – der Schulterbinde als persönliches Amtszeichen – in Rom grundsätzlich in jede Erhebung eines Erzbischofs persönlich eingebunden war. Eine diplomatische Lösung, die allen Beteiligten Gelegenheit gab, das Gesicht zu wahren, war gefragt. Sie wurde unter Beiziehung wichtiger geistlicher Reichsfürsten und auf den gemeinsamen Druck Barbarossas und der weltlichen Fürsten auf dem Hoftag von Regensburg auch gefunden: Barbarossa erteilte dem gewählten Erzbischof die Regalienleihe – übertrug ihm also die Güter und Hoheitsrechte, die Mitgliedern der Reichskirche vom König verliehen wurden –, aber Wichmann verzichtete darauf, den Titel eines Erzbischofs schon vor der Verleihung des Palliums zu führen. Damit wurde der päpstlichen Bestätigung letztlich die konstitutive Bedeutung für Wichmanns neue Würde vorbehalten – wenngleich der Papst an der Entscheidung zugunsten Wichmanns faktisch nicht mehr rütteln konnte, ohne einen massiven Konflikt heraufzubeschwören. Für eine solche Lösung plädierten die Erzbischöfe Hillin von Trier, Eberhard von Salzburg und Hartwig von Bremen, außerdem die Bischöfe Eberhard von Bamberg, Hermann von Konstanz, Heinrich von Regensburg, Konrad von Passau, Daniel von Prag, Anselm von Havelberg und Burchard von Eichstätt in einem Brief an den Papst. Nicht alle waren ausgewiesene Anhänger Barbarossas, aber da sie nicht nur in die kirchliche Hierarchie integriert waren, sondern durch die weltliche Regalienleihe auch an den Herrscher gebunden waren, lag es für manche aus Opportunitätsgründen nahe, sich gerade dem neuen König durch das Band der Treue verbunden zu zeigen. Trotz des Vorwurfs Eugens III., die Prälaten hätten getan, «was irdischen Fürsten gefällt», um nicht in Widerspruch mit ihnen zu geraten,[7] wurde auf dieser Linie 1154 schließlich eine Einigung erzielt. Dieser Erfolg war für Barbarossa neben dem Merseburger Hoftag der zweite seiner Regierung, dem er großes Gewicht beimaß: «Und obwohl vielerlei Streit und Zwistigkeiten zwischen uns und der römischen Kirche daraus entstanden, hat schließlich doch die päpstliche Autorität bestätigt, was von uns lobenswerterweise getan worden war.»[8]

Schon in Merseburg zeigten sich die ersten Auswirkungen des Elitenwechsels, der mit Barbarossas Königserhebung am Hof eingesetzt hatte. Der Kreis jener weltlichen Großen, die dem König rieten, wie «das Reich zu verwalten, Frieden zu schließen und welche Fürsten am Hof zu empfangen und zu ehren» waren,[9] veränderte sich nachhaltig. Im Kreis der geistlichen Fürsten überwogen indes die Kontinuitäten. Mit Erzbischof Arnold II. von Köln († 1156), dem früheren Kanzler Konrads III., Bischof Anselm vom Havelberg († 1158) und Abt Wibald von Stablo und Corvey († 1158) waren im Umkreis des neuen Königs auch die wichtigsten Ratgeber des alten tätig; sie hatten ihr diplomatisches Geschick schon mehrfach unter Beweis gestellt, etwa auf Gesandtschaftsreisen zum Papst. Das galt auch für die beiden Bischöfe aus dem Herzogtum Schwaben, Hermann von Konstanz und Ortlieb von Basel. Der hervorgehobenen Stellung Arnolds und Wibalds entsprach die *familiaritas*, die Vertrautheit mit dem Herrscher, die ihnen stets Zugang zum König und bevorzugte Berücksichtigung ihrer Interessen garantierte;[10] jeder der beiden Prälaten galt dem König sogar als *karissimus*, als «geliebtester»[11] – was freilich keine Aussage über eine persönlich-emotionale Bindung war, sondern vor allem ihre Position als Vertraute des Herrschers umschrieb: weil die Qualität politischer Beziehungen im Mittelalter nicht unabhängig von den Personen wahrgenommen wurde, war die Terminologie, mit der zwischenmenschliche Beziehungen und politisch relevante Verhältnisse beschrieben wurde, ein und dieselbe. Wibald erscheint in den Urkunden mit variantenreichem Lob treuer und dienstbereiter Ergebenheit geehrt; dazu trug sicher auch bei, daß er die meisten dieser Texte selbst verfaßte. Gleichwohl war es weniger «Eitelkeit» oder «kokette Selbstdarstellung»,[12] die ihm wortreiche Schilderungen seiner Treue und Nähe zum Herrscher in die Feder fließen ließen. Indem er seine Herrschernähe besonders betonte, wollte er vielmehr die Hemmschwelle für eine Verletzung jener Rechte, die er sich in Königsurkunden für seine Abteien bestätigen ließ, möglichst hoch ansetzen: jeder, der die Rechte von Stablo und Corvey bedrohte, sollte wissen, daß er sich damit gegen einen Vertrauten Barbarossas wandte und Gefahr lief, dessen Huld zu verlieren. Auch Konrads letzter Kanzler, Arnold von Selenhofen, übte sein Amt unter Barbarossa weiter aus und wurde in den Urkunden mehrfach als *karissimus cancellarius* bezeichnet.[13] 1153 trat er die Nachfolge des abgesetzten Erzbischofs Heinrich von Mainz an. Für Arnold, der aus einer Ministerialenfamilie stammte, bedeutete die Erhebung auf den Mainzer Erzstuhl einen ungeheuren Karrieresprung. Mit ihm installierte Barbarossa nach Wichmann von Magdeburg einen zweiten, unbedingt zuverlässigen Parteigänger an herausragend wichtiger Stelle im Reichsepiskopat. Schließlich waren die materiellen Ressourcen des Mainzer Erzbischofs als Inhaber des überhaupt größten Erzbistums nördlich der Alpen für Leistungen im Reichsdienst besonders wichtig; außerdem war mit der Mainzer Erzwürde auch das Amt des Erzkanzlers für den deutschen Reichsteil verbunden.

Neu im Kreis der bischöflichen Berater des Königs und zunehmend einflußreich war indessen Bischof Eberhard II. von Bamberg († 1170). Er verdankte seine Nähe zum König der Tatsache, daß er Barbarossa früh und höchst effektiv in seinen Bemühungen um den Thron unterstützt hatte. Eberhards Einfluß war damals durch den Zufall aufgewertet worden, daß sich Erzbischof Heinrich von Mainz mit dem Papst überworfen hatte und daß sowohl auf dem Kölner wie auf dem Trierer Erzstuhl erst kürzlich Sedisvakanzen eingetreten waren – die gewählten Nachfolger also gerade erst im Begriff waren, ihr Amt anzutreten. Anders als Eberhard, dem schon wegen der besonderen Stellung seines Bistums an engen persönlichen Verbindungen zum Papst gelegen war, verfügten sie über keine vergleichbaren politischen Kontakte. Die Nähe zum Staufer, aber auch Beziehungen nach Rom und eine herausragende Bildung sicherten Eberhard, der wahrscheinlich an einer südfranzösischen Juristenschule studiert hatte,[14] sofort eine Position, die ihn auf Augenhöhe mit den Ratgebern des verstorbenen Königs brachte. Auch er galt Barbarossa als «Getreuer und Vertrauter» (*fidelis et familiaris*).[15] Im selben Maß, in dem ihm die Gunst des Königs zuteil wurde, wuchs ihm der Neid der alten Eliten zu. Insbesondere Wibald verfolgte die Gewichtsverschiebung gleichermaßen sensibel und mißgünstig. Zwar hatte ihn der König noch in Aachen damit beauftragt, eine Wahlanzeige an Papst Eugen III. aufzusetzen – eine Entscheidung, die in der bewährten Formulierungskunst des Abtes ebenso begründet war wie in seinen langjährigen Bemühungen, das Verhältnis zwischen weltlicher und geistlicher Gewalt möglichst konfliktfrei auszutarieren. Aber die prestigeträchtige Legation nach Rom übertrug Barbarossa dem Bamberger. Wibald war darüber so verärgert, daß er sich mit der Übersendung der Reinschrift des Briefes und des neu angefertigten Stempels für die königliche Goldbulle ein wenig Zeit ließ. Auf ungeduldige Nachfrage rechtfertigte er sich nur mühsam beherrscht, er habe seit seiner frühesten Jugend drei Königen gedient und müsse nun erfahren, daß seine Dienste und die anderer Fürsten seit dem Eintreten gewisser neuer Personen am königlichen Hof, die bislang weder durch Wissen noch durch Erfahrung das Ansehen und die Würde der kaiserlichen Majestät begriffen hätten, zurückträten oder sogar als gänzlich überflüssig gälten.[16] Zwar erlaubte er dem Bamberger, im Text der Wahlanzeige zu tilgen und hinzuzufügen, was er wolle, ermahnte ihn aber nachdrücklich, am Sinn seiner Formulierungen nichts zu ändern.[17] Recht ungehalten schärfte er ihm außerdem die Gepflogenheiten ein, die königliche Gesandte zu berücksichtigen hätten: als er nämlich selbst an den Hof gekommen sei, habe er dort würdige Männer angetroffen, die ihre bestimmende Prägung noch unter Kaiser Heinrich IV. erhalten hätten und deren Auffassung von der kaiserlichen Majestät darin zu erkennen gewesen sei, daß sie die Worte, die ihnen der Kaiser an den Papst und die Stadt Rom aufgetragen habe, auswendig im Gedächtnis behalten und auch nicht zugelassen hätten, daß diese bei neuen Gesandtschaften durch noch unerfahrene Gesandte verändert worden seien; so hätten sie vermieden, daß die Erhabenheit des Reiches und die streng disziplinierte Ordnung [des Gesandtenauftrags] beeinträchtigt worden seien.[18] Wibald ließ Eberhard

ABB. 11 Einzige erhaltene Kaiserbulle Lothars III. (links), Königsbulle Barbarossas (rechts). Ungewöhnlich war, daß Barbarossa schon als König eine Goldbulle verwenden ließ. Die Vorderseite zeigt ein Brustbild des Herrschers in einem Mauerkranz, die Rückseite eine stilisierte Darstellung Roms und die Umschrift ROMA CAPUT MUNDI REGIT ORBIS FRENA ROTUNDI (Rom, das Haupt der Welt, regiert den Erdkreis). Der Rombezug signalisierte den Anspruch auf die Kaiserwürde. Das war kein neues Programm, sondern – ebenso wie die Gestaltung des Bullenbildes, die der Staufer Abt Wibald von Stablo überließ – einfache Fortführung der Tradition. – Montecassino, Klosterarchiv; Wolfenbüttel, Niedersächsisches Staatsarchiv, 1Urk1.

recht undiplomatisch spüren, daß er ihn für einen Grünschnabel hielt, dem man erklären mußte, weshalb er sich beim mündlichen Vortrag vor dem Papst streng an den Wortlaut seines Gesandtenauftrags zu halten hatte. Er sah in dem Bamberger Bischof sicher einen jener Fürsten, die, wie er dem Papst schrieb, dem Schwabenherzog nur auf Grund egoistischer Eigeninteressen ihre Stimme gegeben hätten.[19] Aber den Aufstieg Eberhards ins Zentrum der Macht konnte Wibald nicht bremsen. Als Barbarossas Vertrauter wurde der Bamberger Bischof rasch ein von vielen gesuchter Fürsprecher am Hof und verfügte, weil man erkannte, daß sich Eberhard «mehr als andere die Treue zum Reich und dessen Ehre angelegen sein ließ», bald über einen ausgezeichneten Ruf: «Denn obgleich der Kaiser alle Bischöfe wie überhaupt alle Männer geistlichen Standes hochschätzte und größerer Ehre für würdig erachtete, stützte er sich doch ganz besonders auf den Rat dieses Mannes als des klügsten und hielt ihn für würdig, seine Angelegenheiten dessen Entscheidung und Ermessen anzuvertrauen und mit ihm zugleich die Last und die Ehre zu teilen.»[20] Rahewins Charakteristik war zutreffend. Zumal in den späteren Konflikten mit dem Papst wuchs Eberhard – nicht zuletzt wegen seiner Kontakte an die Kurie – eine wichtige Vermittlerrolle zu.

Die markantesten Verschiebungen ergaben sich aber im Kreis der am Hof einflußreichen weltlichen Großen. Natürlich hielt der zum König gewordene Schwabenherzog noch immer große Stücke auf jene, die ihm während seiner Herzogszeit mit Rat und Tat gedient hatten. Zu ihnen gehörte etwa der aargauische Graf Ulrich IV. von Lenzburg († 1173), der ihn auch auf dem Kreuzzug begleitet hatte und nun nachweislich häufig, auch und gerade außerhalb Schwabens, am königlichen Hof zugegen war: in dem Zeitraum seit der Krönung bis März 1156 erschien er in immerhin mehr als einem Fünftel aller Königsurkunden als Zeuge. Von überaus weitreichender Bedeutung für den einsetzenden Elitenwechsel war aber Barbarossas frühere Parteinahme im Dauerstreit um das Herzogtum Bayern. Das ebenso alte wie enge Bündnis mit seinem Onkel Welf VI. hatte er im Vorfeld der Königswahl durch Absprachen gefestigt, die auch seinen Vetter Heinrich den Löwen betrafen und diesem als Gegenleistung für seine Unterstützung das Herzogtum Bayern zusicherten, das ihm Konrad III. vorenthalten hatte. Wie sein Vorgänger griff auch Barbarossa auf die Hilfe seiner Verwandten zurück, um seine zunächst schwache Königsherrschaft zu stabilisieren. Allerdings waren es nicht mehr die Verwandten aus dem bayerisch-fränkisch-böhmischen Raum, auf die noch Konrad III. seine Politik gegen die Welfen gestützt hatte. Insbesondere der babenbergische Herzog von Bayern, Heinrich Jasomirgott, aber auch Graf Gebhard II. von Sulzbach und Herzog Vladislav von Böhmen gingen auf Distanz.[21] Alle drei waren übrigens Onkel des übergangenen Königssohnes Friedrich von Rothenburg. Dafür wurden die Gegner des alten Königs nun zu verläßlichen Helfern des neuen: die beiden Welfen, aber auch die Wittelsbacher, die die bayerische Pfalzgrafenwürde trugen und noch 1151 von Konrad in ihrer Burg Kelheim belagert worden waren, erschienen nunmehr mit

ABB. 12 Das früheste erhaltene Reitersiegel Herzog Welfs VI. stammt aus dem Jahr der Königswahl Barbarossas. Die heute beschädigte Umschrift nennt die drei italienischen Fürstentümer des Herzogs, der seine Rangerhöhung der Unterstützung Barbarossas verdankte. – St. Gallen, Stiftsarchiv, T.T.T.(II)2, Nr. 5.

schöner Regelmäßigkeit am Hof. Der junge Otto von Wittelsbach († 1183), der ebenfalls am Kreuzzug teilgenommen hatte, wurde ein zuverlässiger Helfer des Staufers zumal während dessen Italienzügen: «Dem Kaiser und dem Kaisertum war er höchst getreu, er wurde vom Kaiser sehr geliebt.»[22] Als Belohnung für jahrzehntelang treu geleistete Dienste übertrug ihm Barbarossa 1180 das Herzogtum Bayern. Seinem Onkel Welf VI. wies der Staufer schon kurz nach seiner Krönung den Titel eines *dux* zu, und im Juni 1152 wurde er erstmals als «Herzog von Spoleto und Markgraf von Tuszien und Fürst von Sardinien» (*dux Spoletanus et marchio Tusciae et princeps Sardiniae*) bezeichnet[23] – vielleicht in Einlösung eines schon von Konrad III. gegebenen Versprechens, sicher aber als Gegenleistung für die Unterstützung von Barbarossas Königswahl. Welf VI. hatte damit sein altes Ziel erreicht, vom König mit Herzogtum und Herzogstitel ausgestattet zu werden. Das Vertrauensverhältnis zu seinem Neffen spiegelt sich in seiner häufigen Anwesenheit am Hof: vor 1167 erscheint er in rund einem Drittel aller Urkunden Barbarossas als Zeuge.

HEINRICH DER LÖWE UND DAS HERZOGTUM BAYERN

Wichtiger und für die ersten beiden Jahrzehnte von Barbarossas Regierung von nicht zu überschätzender Bedeutung war seine enge Zusammenarbeit mit Heinrich dem Löwen. In etwa zwei Dritteln der aus den ersten zehn Jahren überlieferten Urkunden des Staufers findet sich Heinrich als Zeuge, was seine Beteiligung an allen wichtigen Entscheidungen des Hofes eindrucksvoll belegt. Auf ihn ergoß sich schon bald nach Barbarossas Wahl geradezu ein Regen von Hulderweisen: wohl im Mai 1152 übertrug ihm der König die wegen des Silberabbaus am Rammelsberg höchst ertragreiche Reichsvogtei über Goslar; im Streit zwischen dem Löwen und seinem alten Gegner Albrecht dem Bären um das Erbe der Grafen von Winzenburg und von Plötzkau schlug Barbarossa seinem Vetter den bedeutenderen Winzenburgischen Anteil zu; auch die von Konrad III. eingezogene Vogtei über das Kloster Reichenau ging an den Herzog von Sachsen. Geradezu ungeheuerlich war schließlich, daß der Staufer seinen «geliebten Heinrich, Herzog von Sachsen» (*dilectus noster Heinricus dux Saxoniae*) nicht nur dazu bevollmächtigte, im Land nördlich der Elbe, in dem der Löwe seit dem Wendenkreuzzug immer nachdrücklicher intervenierte, Bistümer und Kirchen zu gründen und auszustatten, sondern ihm auch erlaubte, den Bischöfen von Oldenburg, Mecklenburg und Ratzeburg die Investitur zu erteilen. Damit erhielt er ein königliches Vorrecht – gewiß unter der Betonung, daß es sich dabei nur um ein dem Herzog übertragenes Königsrecht handelte,[24] aber eben doch als «exzeptioneller Ausdruck königlicher Förderung»: der Staufer stärkte damit seinen Vetter ebenso gegen Erzbischof Hartwig von Bremen wie gegen Albrecht den Bären und verschaffte ihm die «Kompetenzen eines Vizekönigs im Land nördlich der Elbe, das auf diese Weise deutlich erkennbar eine Sonderstellung erhielt».[25] Allerdings erhielt Hartwig 1158 zahlreiche Privilegien für sein Erzbistum; wahrscheinlich erreichte Barbarossa auf diese Weise die Zustimmung des Erzbischofs, der seinerseits das Recht der Bischofseinsetzung beanspruchte.

Mit Abstand am schwierigsten und langwierigsten gestaltete sich indessen die Einlösung des Versprechens hinsichtlich des Herzogtums Bayern, wo Konrad III. zunächst seinen babenbergischen Halbbruder

Leopold, dann seinen Halbbruder Heinrich Jasomirgott gegen die Ansprüche Heinrichs des Stolzen, dann Heinrichs des Löwen zum Herzog erhoben und gestützt hatte. Barbarossa war mit den Rivalen verwandt und insoweit der gegebene Vermittler, aber der Schlüssel zum Erfolg lag in der Rücksicht auf Rang und Ehre der beteiligten Fürsten. Diese Prinzipien wurden im sogenannten *Privilegium minus* von 1156, das den schließlich gefundenen Ausgleich schriftlich fixierte, klar und deutlich angesprochen: die Mark Österreich wurde in ein Herzogtum umgewandelt, und der Babenberger durfte weiterhin den Titel eines Herzogs führen, damit «die Ehre und der Ruhm unseres geliebtesten Onkels (*honor et gloria dilectissimi patrui nostri*) in keiner Weise gemindert erscheinen».[26] Diese Lösung zu finden nahm vier volle Jahre in Anspruch, in denen sich Barbarossa auf der Höhe seines Verhandlungsgeschicks zeigte.[27]

Die Mittel, derer er sich dabei bediente, sind für die Möglichkeiten, aber auch die Zwänge, denen das politische Handeln des Königs angesichts des Rangstreits der Großen unterlag, so aufschlußreich, daß sie einige Aufmerksamkeit verdienen. Wie schon erwähnt, hatte es Konrad III. konsequent vermieden, Heinrich den Stolzen in seiner Würde als Herzog von Bayern und Sachsen anzuerkennen. Er war jeder Begegnung mit dem mächtigen Welfen aus dem Weg gegangen und hatte den Konflikt damit in eine rasche Eskalation getrieben. Ganz anders Barbarossa: als er während seines Umritts im Juni 1152 nach Regensburg kam, den Hauptort des bayerischen Herzogtums, erkannte er seinen babenbergischen Onkel als Herzog von Bayern öffentlich an; in der Zeugenliste einer dort ausgestellten Urkunde erscheint er als *dux Bavariae*. Allerdings war der Staufer schon damals entschlossen, ihm diese Würde zugunsten Heinrichs des Löwen abzuerkennen, der sich in seinen Urkunden schon seit langem *dux Bavariae et Saxoniae* nannte. Aber er vermied es, seinen Onkel allzu schroff mit dieser Erwartung zu konfrontieren – und zog damit eine wichtige Lehre aus dem Konflikt, in den Konrad III. wegen unnachsichtigen Beharrens auf seinem Standpunkt hineingeschlittert war. Es bereitete ihm «schwere Sorge, wie der Streit, der zwischen seinem Fleisch und Blut, den beiden Herzögen Heinrich, seinem [babenbergischen] Onkel, und dem Sohn seines Mutterbruders, ebenfalls Heinrich [der Löwe] geheißen, um das Herzogtum Bayern wütete, ohne Blutvergießen beendigt werden könne».[28] Das Verfahren, mit dem Barbarossa sein Ziel erreichen wollte, beschreibt Otto von Freising mit der Alternative *iudicio vel consilio*, also: «durch Urteil oder durch Ratschlag».[29] Ein Urteil des Königsgerichts (*iudicium*) war eine öffentliche Demütigung für den, der unterlag; ein gütlicher Ausgleich (*consilium*) dagegen nahm Rücksicht auf den Ranganspruch beider Seiten und damit auf ihre Ehre. Je nach politischer Opportunität, etwa um Druck aufzubauen, wechselte Barbarossa zwischen den Alternativen von *iudicium* und *consilium*. Den damit eröffneten Handlungsspielraum nutzte er mit großer Virtuosität zwischen Oktober 1152 und Februar 1154 auf fünf Hoftagen in Würzburg, Worms, Regensburg, Speyer und Bamberg. Zweimal blieb Heinrich Jasomirgott trotz Ladung dem Hof fern und demonstrierte damit seine Rechtsauffassung, sein Herzogtum rechtmäßig zu besitzen und nicht zur Disposition stellen zu wollen. Und zwei Mal drängte Barbarossa, als die vertraulichen Verhandlungen stockten, auf eine Beilegung des Streits durch ein *iudicium* – eine Erwartung, der sich sein Onkel dann aber mit dem Argument entzog, daß er zu einem solchen Zweck auch hätte förmlich geladen werden müssen, was aber nicht der Fall gewesen war. Um seinen Onkel überhaupt zum Erscheinen am Hof bewegen zu können, mußte ihm Barbarossa zuvor sogar versprechen, er dürfe den Hof ohne Beeinträchtigung seines *honor* auch wieder verlassen, müsse also kein *iudicium* des Königsgerichts fürchten.

Als im Juni 1154 der Aufbruch zum ersten Italienzug bevorstand und er immer noch nichts erreicht hatte, steigerte Barbarossa den Druck: erstmals lud er beide Herzöge schriftlich vor sich und demonstrierte dadurch unmißverständlich, daß die bayerische Frage geregelt werden müsse. Vor dem König zu erscheinen hätte aber geheißen, seine Rechtsauffassung zu teilen. Das tat Heinrich Jasomirgott nicht und blieb dem Hof erneut fern – anders als der Löwe, der sich der Unterstützung seines königlichen Vetters ja sicher sein konnte. Der Ladungsungehorsam des Babenbergers war eine offene Mißachtung des königlichen Gerichts. Die Fürsten entzogen ihm deshalb in Goslar durch ein *iudicium* das Herzogtum Bayern und sprachen es dem Löwen zu. Das hatte zunächst einmal Konsequenzen für künftige Begegnungen zwischen Barbarossa und seinem Onkel. Solange der Babenberger an seinem Anspruch auf Bayern festhielt, konnte er nicht mehr damit rechnen, öffentlich vom König empfangen zu werden: denn im dann unerläßlichen Gruß hätte auch eine Anerkennung seiner beanspruchten Stellung gelegen. Tatsächlich kam es während der folgenden Jahre auch nur noch zu informell-vertraulichen Treffen zwischen Barbarossa und seinem Onkel – der strittige Anspruch war aus der konfliktträchtigen Öffentlichkeit des Hofes herausgenommen und in der Vertraulichkeit nichtöffentlicher Treffen gleichsam neutralisiert. Barbarossas Entscheidung zugunsten des Löwen war eindeutig – jedoch markierte das Urteil des Königsgerichts noch immer nicht das Ende des Verfahrens. Denn trotz des in Goslar gefällten *iudicium* übertrug Barbarossa seinem Vetter den Titel eines *dux Bavariae* noch nicht, in den Zeugenlisten der Königsurkunden erschien er wie zuvor nur als *dux Saxoniae*. Unverkennbar wollte sich der Staufer noch den Weg einer gütlichen Einigung offenhalten. Seine Entscheidung signalisierte dem Löwen zwar eindeutig Unterstützung, dem Babenberger aber auch die Möglichkeit zu weiteren Verhandlungen. Mit dieser Kompromißbereitschaft wollte er den Gewaltausbruch vermeiden, der mit einer Fehde um das Herzogtum Bayern unvermeidlich verbunden gewesen wäre, zu dem es aber gerade während seiner Abwesenheit auf dem Romzug nicht sollte kommen dürfen. Unmittelbar nach seiner Rückkehr aus Italien suchte Barbarossa, mittlerweile zum Kaiser gekrönt, wieder Kontakt zu seinem Onkel. Otto von Freising fungierte als Vermittler – er war schließlich mit allen Hauptrivalen verwandt –, aber die Beteiligten trennten sich ohne Einigung und, wie Otto notiert, *insalutati*, also ohne Gruß, und das hieß: im Dissens. Die Grußlosigkeit markierte Barbarossas Entschlossenheit, den in Goslar beschrittenen Weg fortzusetzen und seinen Onkel definitiv nicht mehr als Herzog von Bayern anzuerkennen. Mitte Oktober 1155 nahm Heinrich der Löwe auf einem Hoftag in Regensburg in öffentlicher Versammlung Besitz und Sitz (*possessionem et sedem*) seiner Väter entgegen, die bayerischen Großen leisteten dem Welfen Mannschaft und Treueid. Nach alter Rechtsgewohnheit wurden Provinzen vom Herrscher mit einer Fahne übergeben.[30] Weil der Löwe am 10. Mai 1156 erstmals auch in einer Urkunde Barbarossas als *dux Bawariae et Saxoniae* bezeichnet wurde, muß dieser symbolische Akt einer Fahnenleihe in Regensburg bereits stattgefunden haben. Um den nun ernsthaft bedrohten Frieden doch noch zu retten, nahm der Staufer erneut Verhandlungen mit seinem Onkel auf, wiederum unter Ausschluß der Öffentlichkeit. Die verwandtschaftliche Bindung schuf jenseits der mittlerweile problematisch gewordenen herrschaftlichen

Bindung eine von den Zwängen der Rangordnung unbeeinträchtigte Ebene der Kommunikation. Daß Barbarossa als der Ranghöhere seinen durch Fürstenurteil des Herzogtums schon entsetzten Onkel aufsuchte, war ein demonstrativer Verzicht auf alles, was seiner kaiserlichen Würde an Ehrerbietung eigentlich geschuldet war, und kam einer Selbsterniedrigung recht nahe. Genau darin lag auch sein wirkungsvollstes Druckmittel: Der Babenberger verstand, daß Barbarossas neuerliches Entgegenkommen auch sein letztes sein würde – und war nun endlich kompromißbereit.

Der Ausgleich wurde im September 1156 auf den Barbinger Wiesen in einer Folge symbolischer Handlungen inszeniert, die umsichtig arrangiert waren, um Rang und Ehre des Babenbergers öffentlich zu wahren. Heinrich verzichtete auf das Herzogtum Bayern, indem er sieben Fahnen in Barbarossas Hände gab; dieser reichte sie sofort an Heinrich den Löwen weiter, der seinerseits zwei davon, die symbolisch die bisherige Mark Österreich darstellten, dem Staufer wieder zurückgab. Nun verkündete Herzog Vladislav ein *iudicium* der Fürsten, wonach die Mark Österreich in ein Herzogtum umgewandelt wurde; daraufhin überreichte der Staufer die beiden Fahnen seinem Onkel zum Zeichen seiner Belehnung mit dem neuen Herzogtum. Der Babenberger erlitt keine Rangminderung, der Titel eines Herzogs blieb ihm erhalten. Das ganze Procedere war freilich nicht spontan, sondern folgte – man könnte sagen: einem ‹Drehbuch›, das während des letzten vertraulichen Treffens vereinbart worden war. Als Heinrich Jasomirgott seinem kaiserlichen Neffen in aller Öffentlichkeit gegenübertrat, konnte er sich deshalb auch sicher sein, daß er zwar Bayern, nicht aber seine Herzogswürde verlieren würde. Noch die Ortswahl nahm Rücksicht auf ihn, denn die öffentliche Inszenierung des Ausgleichs geschah nicht in Regensburg selbst, sondern vor den Mauern der Stadt. Barbarossa mutete seinem Onkel also nicht zu, in der Hauptstadt seines früheren Herzogtums auf das Herzogtum selbst verzichten zu müssen, vielmehr konnte dieser nach dem Akt auf den Barbinger Wiesen gewissermaßen auf gleicher Augenhöhe mit den anderen Herzögen feierlich in die Stadt einziehen, wo dann das *Privilegium minus* ausgestellt wurde. Auch ehrte es Heinrich besonders, daß nicht etwa er den Kaiser aufsuchen mußte, wie es der Rangordnung eigentlich entsprochen hätte, sondern umgekehrt Barbarossa zusammen mit den übrigen Reichsfürsten in seinem Zeltlager erschienen war. Schließlich gehörte zu dieser Rücksichtnahme, daß die Fiktion der Freiwilligkeit auch in der Verschriftlichung des Ausgleichs aufrechterhalten wurde. Mit keinem Wort ist im *Privilegium minus* von den früheren *iudicia* des Königsgerichts die Rede; Heinrichs Verzicht auf Bayern erscheint als freiwilliger Akt, die Rolle Barbarossas als die eines Schlichters, nicht einmal seine herrscherliche Gebotsgewalt wird besonders akzentuiert. Der Verzicht auf Bayern wurde dem Babenberger außerdem mit der Zusicherung des freien Erbrechts auch in weiblicher Linie, der vollen Gerichtsbarkeit in seinem Herzogtum und der Pflicht zu Hof- und Heerfahrt nur in angrenzende Gebiete schmackhaft gemacht. Künftigen Ambitionen anderer Fürsten, die sich ihre Treue im Königsdienst durch Stärkung ihrer Landesherrschaft vergelten lassen wollten, waren diese Zugeständnisse eine wichtige Orientierung. Ohne die Nachrichten Ottos von Freising wüßten wir nichts über die langwierige Suche nach dem Ausgleich. Die ‹Konsensfassade›, die der schiere Text des *Privilegium minus* errichtet, würde für sich genommen jeden Einblick in das sorgfältig austarierte Wechselspiel von Druck und Entgegenkommen verwehren, das die langen Verhandlungen prägte und konsequent dem Ziel verpflichtet war, Blutvergießen zu verhindern. Der friedliche Ausgleich in der Jahrzehnte alten Kontroverse war deshalb erfolgreich, weil Barbarossa immer wieder Rücksicht auf «Ehre und Ruhm» seines «geliebtesten Onkels» zu nehmen verstanden hatte. Natürlich wollte der Babenberger dem neuen Herzog von Bayern keinesfalls als Vasall untergeordnet sein – was der Fall gewesen wäre, wenn er nach der Übertragung Bayerns an den Löwen nurmehr Markgraf der bayerischen Mark Österreich geblieben wäre. Die Rangerhöhung hingegen erlaubte es ihm, auf Augenhöhe mit seinem lange bekämpften Feind zu stehen.

«Höher als alle seine übrigen Erfolge schätzte er, daß er diese beiden großen, mit ihm verwandten Fürsten seines Reiches ohne Blutvergießen wieder aussöhnen konnte.»[31] Otto von Freising war optimistisch: «Von diesem Tag an bis zur Gegenwart lächelte dem ganzen transalpinen Reich so heiterer Friede, daß man Friedrich nicht nur Kaiser und Augustus, sondern mit Recht auch Vater des Vaterlandes nennt.»[32] Aber diese Sätze in seinem dem Kaiser gewidmeten Geschichtswerk waren weniger eine Feststellung, als vielmehr eine Ermahnung im Freisinger Interesse, denn die Folgen der noch unter Konrad III. zunächst von Welf VI., dann von Heinrich dem Löwen betriebenen Expansion in den Raum bis an die Isar waren noch keineswegs beseitigt. Die Brücke des Bischofs bei Föhring war zerstört und nach München verlegt worden, wo der Löwe auch einen neuen Markt hatte einrichten lassen – übrigens ein Schritt, ohne den der Aufstieg der Stadt zu ihrer späteren Bedeutung schwerlich vorstellbar ist. Otto wußte um die Schwäche seiner Stellung am Hof, wo mit den Wittelsbachern und den beiden Welfen jene Großen dominierten, die sich in der Vergangenheit immer wieder Übergriffe auf den Besitz der Freisinger Kirche geleistet hatten. Wie alle Vertrauten Konrads III. aus dem bayerisch-fränkischen Raum mied auch der Freisinger Bischof den Hof. Mit seiner Vermittlung in der bayerischen Frage und nicht zuletzt mit seinem großen Geschichtswerk über «die Taten Friedrichs» warb er zwar um die Unterstützung seines kaiserlichen Neffen, erhielt sie aber nur in sehr begrenztem Umfang. Der im Juni 1158 in Augsburg getroffene Vergleich zwischen Heinrich dem Löwen und Bischof Otto von Freising[33] war die letzte Episode im langwierigen Streit um Bayern: in Anwesenheit des Kaisers einigten sich die beiden Fürsten darauf, daß der Bischof auf den Föhringer Markt und Brückenzoll sowie auf seine dort bislang geschlagene Münze verzichten und ersatzweise vom Herzog ein Drittel von dessen Einnahmen beziehen sollte, die diesem aus Zoll und Münze in München zuflossen. «Die Übereinkunft hatte eine deutliche Schlagseite zugunsten Heinrichs des Löwen.»[34] So unparteiisch, wie es sich Otto in seinem ebenso vorauseilenden wie erwartungsvollen Lob des «heiteren Friedens» erhofft hatte, war Barbarossa keineswegs. Was er für Recht hielt, bemaß sich wesentlich an den Interessen seiner Getreuen. Und daran änderte sich auch nichts. Im Gegenzug für die Unterstützung, die er von seinem welfischen Vetter in Italien erhielt – beim Romzug 1154/55 stellte der Löwe das größte Kontingent aller Reichsfürsten und für den Kampf gegen Mailand ab 1159 sogar 1200 Panzerreiter –, deckte ihm Barbarossa kontinuierlich den Rücken. Zwischen 1163 und 1170 führten zwar geistliche und weltliche Fürsten aus Sachsen mehrfach Fehden gegen Heinrich den Löwen und klagten am Hof, weil sie sich von seinen Expansionsbestrebungen bedroht fühlten. Aber stets schöpfte Barbarossa alle Möglichkeiten aus, die ihm seine Stellung über den Rangstreitigkeiten der Großen gab, um seinen Vetter vor jeglicher Machteinbuße zu schützen. Von dem auf diese Weise aufgestauten

Konfliktpotential, das sich am Ende höchst wirkungsvoll gegen den Löwen wenden ließ, wird noch ausführlicher die Rede sein.

ANNÄHERUNGEN UND EINBINDUNGEN

Auch Herzog Vladislav von Böhmen gehörte zu jenen, die der Politik des alten Königs treu blieben. Konrad III. hatte ihm seine babenbergische Halbschwester Gertrud zur Frau gegeben. Diese enge Beziehung zur Königsfamilie barg großes symbolisches Kapital, das allerdings durch Barbarossas Königswahl gleichsam entwertet wurde, weshalb er dessen Ladung zum Merseburger Hoftag auch mißachtete, «als ob er diesem neuen Geschöpf nicht gehorchen wolle».[35] Vladislav unterstützte stattdessen seinen Schwager Heinrich Jasomirgott gegen die Ansprüche Heinrichs des Löwen auf Bayern. Die Kampfkraft der böhmischen Ritter war ebenso berühmt wie berüchtigt; um so wichtiger war es für das Gelingen von Barbarossas Ausgleichsbemühungen, den Böhmen für sich zu gewinnen. Auch in dessen Fall erwies sich die Aussicht auf eine Rangerhöhung als das überzeugendste Argument. Auf dem Hoftag von Würzburg bot ihm der Staufer im Juni 1156 an, ihn zum König zu krönen und «ihm zur Vermehrung seiner Ehre» auch die Burg Bautzen zu übertragen, wenn Vladislav mit seinen Rittern Heeresfolge gegen Mailand leisten würde. «Der Herzog erwog den großen Nutzen, der ihm daraus entstehen würde, versprach zu tun, worum ihn der Kaiser bat, bekräftigte es mit einem Eid» und kehrte «fröhlich nach Hause zurück».[36] Auch das war ein wichtiger Erfolg, denn damit war der schlagkräftige Vladislav aus der Phalanx der Gegner Heinrichs des Löwen herausgebrochen, und Heinrich Jasomirgott verlor seinen Rückhalt am mächtigen Nachbarn. Daß Vladislav in Regensburg den Fürstenspruch verkündete, mit dem die Markgrafschaft Österreich zum Herzogtum erhoben wurde, kaschierte einigermaßen seinen Seitenwechsel, denn so konnte er dazu beitragen, seinem Schwager den gefürchteten Rangverlust zu ersparen. Doch gab es in diesem zähen Ringen um Einfluß, Rang und Ehre auch einen Verlierer – Konrad von Wettin; Land und Burg Bautzen, die Barbarossa Vladislav versprach, waren ihm 1143 von Lothar III. als Reichslehen übertragen worden. Wie Vladislav war auch Konrad ein Gegner des Löwen, aber im großen Spiel um den Ausgleich in Bayern konnte er kein schweres Gewicht in die Waagschale legen. Waren sich Barbarossa, Vladislav und Heinrich der Löwe einig, blieb dem Wettiner keine Aussicht auf erfolgreichen Widerstand. Der Entzug des Lehens minderte freilich seine Stellung unter den anderen Großen. Um dieser Schmach zu entgehen und um seine alten Tage «in Ehre zu vollenden» (*diesque suos cum honore deducens*), trat Konrad, fast 60jährig, als Laienbruder in das Stift St. Peter auf dem Lauterberg bei Halle ein.[37]

Barbarossa blieb aber nicht nur alten Freundschaften aus seiner Herzogszeit treu, sondern auch alten Feindschaften. Das betraf namentlich die Zähringer, die seit dem Ausgleich von 1098 über den westlichen Teil des alten Herzogtums Schwaben herrschten. Wie schon erwähnt, meinte Otto von Freising, die Zähringer führten seit langem «nur den leeren Titel Herzog», «denn sie heißen alle bis zum heutigen Tage Herzöge, ohne ein Herzogtum zu haben, haben also nur Teil am Titel ohne die Sache».[38] Um ihren Herzogstitel zu sichern, waren stets besondere Anstrengungen im Königsdienst notwendig gewesen. Lothar III. hatte Konrad von Zähringen 1127 zum *rector Burgundiae* gemacht und ihm auch den Titel eines *dux Burgundiae* zugestanden – nicht zuletzt, um sich damit einen zuverlässigen Bundesgenossen im Kampf gegen die Staufer zu verschaffen. Als der Zähringer 1138 das Königtum Konrads III. anerkannt hatte, gestand ihm dieser den Herzogstitel weiterhin zu, aber mit einer zwischen Burgund, Zähringen und sogar Kärnten wechselnden Spezifizierung, was die mit einem bloßen Titularherzogtum verbundenen Unsicherheiten erkennbar macht.[39] Während die Zähringer der Titelfrage wegen an den staufischen König gebunden blieben, waren sie, wie schon erwähnt, gleichzeitig den Angriffen des staufischen Herzogs von Schwaben ausgesetzt: Konrad III. hatte seinen Neffen Barbarossa, den damaligen Herzog, nach dessen Besetzung Zürichs in die Schranken weisen müssen. Die Teilung des Herzogtums Schwaben war weder vergessen noch verziehen, und Barbarossas Verhältnis zu den Zähringern blieb zeitlebens von diesem alten Gegensatz überschattet. Berthold IV. und Barbarossa waren mithin alles andere als Freunde. Der alte Schwabenherzog war nun der neue König. So häufig auch Berthold während der ersten Jahre als Zeuge in Barbarossas Urkunden erscheint, so aufschlußreich ist für seine wenig gelittene Stellung, daß er nicht ein einziges Mal als Fürsprecher von Gewicht auftrat, geschweige denn als *dilectus* (Geliebter) oder gar *karissimus* (Teuerster) des Herrschers bezeichnet wurde. Andererseits war er im Südwesten des Reichs mächtig genug, um vom neuen König eine Gegenleistung für seine Huldigung verlangen zu können. Man fand den gemeinsamen Vorteil in einem Vertrag, der dem Herzog eine fast unwahrscheinlich anmutende Vergrößerung seines Herrschaftsbereichs zusicherte, allerdings auch unter der Bedingung eines ungewöhnlich hohen Eigeneinsatzes: «Der Herr König wird dem Herzog das Gebiet Burgunds und der Provence geben und mit ihm in diese Länder einrücken und ihm helfen, sie zu unterwerfen, nach dem Rat der bei dieser Heerfahrt anwesenden Fürsten ... Herzog Berthold wird bei dem König 1000 gepanzerte Reiter halten, solange der König in jenen Ländern ist. Auf dem Italienzug wird der Herzog mit dem Herrn König, solange er sich auf dieser Heerfahrt befindet, 500 gepanzerte Reiter und 50 Armbrustschützen führen.»[40] In einem Raum, der bis zum Mittelmeer reichte und seit einem guten Jahrhundert nur nominell der Herrschaft des deutschen Königs unterstand, sollte der Zähringer bis hin zur Investitur von Bischöfen königliche Stellvertretung ausüben. Die vereinbarte Heerfahrt hätte ihm eine Machtfülle verschafft, über die sonst nur noch Heinrich der Löwe verfügte.

Diese glänzenden Aussichten hatten aber nicht lange Bestand. Zwar begann die Heerfahrt tatsächlich im Januar 1153, aber schon Anfang Februar befand sich Berthold nicht mehr im Umkreis des Königs; wahrscheinlich haben ihm viele seiner Vasallen ihre Zustimmung, die für die Aufstellung des zugesagten großen Heeres nötig gewesen wäre, einfach versagt; Berthold konnte ihnen offenbar nicht so rasch vermitteln, daß die Provence kämpfend für ihren Lehnsherrn zu erobern ein hinreichend lukratives Ziel bot, wenngleich es ihm sicher grundsätzlich möglich war, ein Kontingent solcher Größe zu stellen.[41] Ob Barbarossa auf die Unzuverlässigkeit des Zähringers spekuliert hatte, wissen wir nicht. Sicher ist aber, daß er einen Ausgleich mit Bertholds Gegner traf, dem Grafen Wilhelm von Mâcon. Im Vertrag mit Berthold war festgelegt, daß Barbarossa dem Zähringer für die Grafschaft Burgund, die Wilhelm seit 1148 als Vormund für seine minderjährige Nichte Beatrix regierte, «entweder nach dem Rat der Fürsten oder nach ihrem Urteilsspruch» Recht schaffen sollte.[42] Die Einigung, die der König mit Wilhelm traf, machte die angetretene Heerfahrt jedenfalls überflüssig. Als Barbarossa dann 1156 Beatrix heiratete und damit selbst in die burgundische Herrschaft eintrat, war die ursprünglich aussichtsreiche Perspektive für den Zähringer vollends zerstoben. Dafür, daß er ihm durch seine Heirat das Königreich Burgund mit dem Erzstuhl von Arles «entriß», entschädigte Barbarossa Berthold mit der Vogtei über die drei Bistümer Lausanne, Genf und Sitten sowie dem eigentlich königlichen Recht der Regalieninvestitur in diesen Bistümern.[43] Das eröffnete ihm Chancen zur Herrschaftsverdichtung in Ostburgund, die der Staufer aber bereits 1162 schmälerte, indem er ihm das Investiturrecht für das Bistum Genf wieder entzog. In seiner stets aufs neue demonstrierten Mißachtung Bertholds war Barbarossas Vorgehen konsequent. Dazu gehörte schließlich, daß auf sein Betreiben hin der 1161 zum Erzbischof von Mainz gewählte Rudolf von Zähringen abgesetzt und 1162 die Ehe Heinrichs des Löwen mit Clementia von Zähringen gelöst wurde. All das faßte Berthold IV. als so gewaltige Beleidigung auf, daß er gegenüber dem französischen König vom «Haß gegen unser Geschlecht» sprach, mit dem ihn der Kaiser verfolge.[44] Wegen des problematischen Titelherzogtums gab es für ihn aber keine Alternative zum Königsdienst, und Barbarossa war unversöhnlich, rangbewußt und dünkelhaft genug, um den alten Groll nie dauerhaft zu begraben, und mutete dem Zähringer ungeachtet treuer Dienstleistung immer wieder ausgesuchte Erniedrigungen zu. Die Huld des Herrschers war immer eine knappe Ressource. Barbarossa verteilte sie mit der sorgsam kultivierten Mißgunst, die ihm sein gutes Gedächtnis für erlittene Beleidigungen eingab.

Von ganz anderer Art als die bislang dargestellten Interessengegensätze war Barbarossas Verhältnis zum übergangenen Königssohn Friedrich von Rothenburg. Die Würde des Vaters wiederzuerlangen blieb für einen Sohn, dem sie entgangen war, in der ranggeordneten Adelsgesellschaft des Mittelalters ein lebenslang verpflichtender Auftrag; daß der Sohn Konrads III. in dieser Hinsicht keine Ausnahme sein würde, muß Barbarossa früh klar gewesen sein. Tatsächlich war sich der heranwachsende junge Mann seiner königlichen Abkunft auch nachhaltig bewußt; sie war für ihn ein zentrales Rangmerkmal, das er nicht nur für sich in Anspruch nahm, sondern das ihm auch Barbarossas Kanzlei ganz selbstverständlich zubilligte: lange Zeit wurde er in den Urkunden als «Sohn des Königs» (*filius regis*) bezeichnet. Das Konfliktpotential war um so größer, je weniger sich der Sohn Konrads III. in sein Schicksal fügte, die Königswürde seines Vaters einfach an seinen Vetter

Konrad III. ∞ Gertrud   –   Bertha ∞ Manuel I. Komnenos
             von Sulzbach   von Sulzbach

   Friedrich
   v. Rothenburg

Verwandtschaft Bertha-Irene – Friedrich v. Rothenburg

verloren zu haben. Diese Konstellation hätte späteren Zeiten vielleicht noch den Stoff für ein veritables Königsdrama liefern können, wäre der Rothenburger nicht schon 1167 im Alter von nur 22 Jahren während des vierten Italienzugs vor Rom gestorben. Der frühe Tod des Königssohnes war 1152 aber natürlich noch nicht abzusehen, und Barbarossa hatte sich damals auf ein künftig prekäres, zumindest aber nicht einfaches Verhältnis zu seinem jüngeren Vetter einzustellen. Solange jener minderjährig war, standen keine echten Schwierigkeiten zu befürchten. Er übertrug dem Rothenburger zwar seinen eigenen Titel eines Herzogs von Schwaben, fungierte aber als dessen Vormund und übte so die tatsächliche Herrschaft selbst aus. Das war eine recht komfortable Position. Um sie nicht unnötig früh aus der Hand zu geben, schob er die Schwertleite seines Vetters als feierliche Inszenierung der vollen Herrschaftsfähigkeit eines jungen Adligen immer weiter auf. Allerdings machte ihm die byzantinische Verwandtschaft des Rothenburgers mütterlicherseits einen Strich durch die Rechnung,[45] indem sie die Durchführung dieses symbolischen Aktes sehr nachdrücklich zum frühestmöglichen Zeitpunkt durchsetzte, nämlich sobald Friedrich von Rothenburg zwölf Jahre alt geworden war. Graf Gebhard II. von Sulzbach, ein Onkel des Rothenburgers, aktivierte seine Beziehungen nach Byzanz, wo seine Schwester Bertha-Irene – die Tante des Rothenburgers – auf dem Kaiserthron saß. Sie schickte 1157 Gesandte nach Würzburg mit dem Auftrag, Barbarossas Hof erst wieder zu verlassen, wenn der junge Friedrich die Schwertleite erhalten hatte. Noch in deren Gegenwart mußte der Staufer nolens volens seinen jungen Vetter mit dem Schwert umgürten und zum Ritter schlagen.

Solange Barbarossa noch keinen Sohn hatte, blieb sein Vetter ein potentieller Nachfolger auf dem Thron. Während der Belagerung von Mailand 1162 verfügte der Kaiser für den Fall seines eigenen Todes, seine beiden Vettern Friedrich von Rothenburg und Heinrich

ABB. 13 Reitersiegel Herzog Friedrichs von Rothenburg an einer Urkunde von 1166. Das Siegelbild zeigt die typische Gestaltung eines reichsfürstlichen Reitersiegels. Das Pferd galoppiert nach (heraldisch) rechts, der Reiter trägt einen konischen Helm mit Nasenschiene und Panzerkapuze, in der rechten Hand eine erhobene Lanze, in der linken einen dreieckigen Schild. Die Umschrift DUX FRIDERICUS verzichtet auf jede Spezifizierung des Herzogstitels. – München, Bayerisches Hauptstaatsarchiv, Abt I., Bamberger U 305.

der Löwe sollten ihm als *imperatores* folgen. Das war zwar nur eine Aussage über die Befehlsgewalt in den Kämpfen vor Mailand,[46] markierte aber doch den aus der Verwandtschaft resultierenden Anspruch der beiden auf den Thron. Was Barbarossa von seinem damals immer noch halbwüchsigen Vetter erwartete, zeigte er, indem er ihn in den Kämpfen vor Mailand zum Bannerträger machte[47] – ihm also dieselbe ebenso prestigeträchtige wie gefährliche Aufgabe übertrug, mit der schon Lothar III. die Treue Konrads III. nach dessen langjährigem Widerstand auf dem Italienzug erprobt hatte. Das ohnehin gespannte Verhältnis verschlechterte sich nach der Geburt von Barbarossas erstem Sohn im Juli 1164 rasant. In auffallender zeitlicher Koinzidenz wurde der Rothenburger in den Urkunden seitdem nicht mehr als *filius regis* bezeichnet. Aber nicht nur die Aussicht auf die Nachfolge im Königtum hatte sich erledigt; Barbarossa zog allem Anschein nach auch die schwäbische Herzogswürde zugunsten seines Sohnes wieder an sich, um sie damit dauerhaft an die Linie seiner eigenen Nachkommen zu binden. Seinem Vetter ließ er nur den herzoglichen Rang: er erschien seitdem als *dux de Rotenburg* in den Urkunden.

Als Konsequenz dieser Statusbeschädigung demonstrierte der Rothenburger seine Konfliktbereitschaft. Auf dem Hoftag von 1165 weigerte er sich, den von Barbarossa geforderten und von den meisten Fürsten auch geleisteten Eid abzulegen, niemals Alexander III. als rechtmäßigen Papst anerkennen zu wollen. In der Tübinger Fehde zwischen 1164 und 1166 unterstützte er den Pfalzgrafen Hugo massiv gegen Welf VI. und dessen Sohn Welf VII. – eine Frontstellung, in der auch alter Groll gegen die Rolle des Welfen bei der Königserhebung Barbarossas seinen Ausdruck gefunden haben mag. Die Fehde wurde durch Intervention Barbarossas beendet, der dabei seiner früheren Parteinahme für die welfischen Verwandten treu blieb: während er diese auf dem Hoftag von Ulm im März 1166 ehrenvoll empfing, stellte er den Pfalzgrafen vor die Alternative, sich wegen des Unrechts, das er den Welfen angetan habe, entweder bedingungslos in deren Hände zu begeben oder aber das Reich zu verlassen und ins Exil zu gehen. Hugo unterwarf sich «unter den Augen des Kaisers selbst und Herzog Friedrichs dem jungen Welf. Er fiel ihm zu Füßen und mußte es hinnehmen, verhaftet und gefesselt abgeführt zu werden.»[48] Es heißt sogar, daß sich der Pfalzgraf dreimal vor Herzog Welf zu Boden werfen mußte, um diesem für die erlittenen Beleidigungen Genugtuung zu leisten. «Die Art und Weise, wie Friedrich Barbarossa Partei ergriff, ist völlig ungewöhnlich. Dies nicht etwa deshalb, weil er zugunsten einer Partei in den Streit eingriff, sondern auf Grund des von ihm angeordneten Unterwerfungsrituals, das das Prestige des Pfalzgrafen erheblich härter traf, als es üblich war.»[49] Friedrich von Rothenburg war Hugos wichtigster Helfer gewesen. Er hatte ihn nicht nur gegen die Welfen aufgestachelt, sondern erschien den Zeitgenossen geradezu als dessen «Vorkämpfer» (*propugnator*).[50] Obwohl er deshalb eigentlich eine vergleichbare Demütigung zu gewärtigen hatte, blieb er in Ulm gänzlich unbehelligt.

Die Ursache dafür lag in Barbarossas nicht ganz freiwilliger Rücksichtnahme. Zum einen kannte er die militärische Potenz seines Vetters: das reiche väterliche Erbe in Franken hatte es diesem ermöglicht, mit einem Aufgebot von 600 Rittern am zweiten Italienzug von 1158 bis 1162 teilzunehmen; 1165 soll er sogar über 1500 Panzerreiter aufgeboten haben.[51] Daß er zu Hugos Unterstützung auch noch ein Heer seines Onkels, König Vladislavs von Böhmen, hatte ins Land rufen können, führte dem Kaiser eine zusätzliche Dimension der Ressourcen vor Augen, die sein Vetter mobilisieren konnte. Nicht von ungefähr notierte ein Zeitgenosse, der Sohn Konrads III. sei «sogar dem Kaiser zeit seines Lebens durch Macht und Einfluß ein Schrecken gewesen».[52] Zum anderen war Barbarossa selbst zu sehr von hochfahrendem Rangbewußtsein durchdrungen, um nicht zu wissen, daß er mit dem Entzug des Herzogtums Schwaben eine Konfliktursache geschaffen hatte, in der eine besondere Gefahr lag. Schon in ottonischer und salischer Zeit hatte sich immer wieder gezeigt, daß ein mit seiner Teilhabe an der Herrschaft unzufriedener Verwandter des Königs zum Kern einer machtvollen Opposition werden konnte, sobald sich andere unzufriedene Große um ihn scharten.

Eine vergleichbare Konstellation schuf Barbarossas höchst einseitige Bevorzugung Heinrichs des Löwen, die im Adel für reichlich Unmut sorgte. 1163 hatte eine sächsische Fürstenopposition den Rothenburger schon um Unterstützung gegen den Löwen gebeten, wovon ihn der Kaiser nur mit Mühe hatte abhalten können.[53] Barbarossa und sein welfischer Vetter, der 1166 ebenfalls in Ulm zugegen war, nahmen die Gefahren ernst, die ihnen und dem Frieden im Reich von einer Koalition des weiterhin in seinem Rang gekränkten Friedrich mit den sächsischen Gegnern drohten. Den Ausweg bot ein Heiratsbündnis. Der Löwe bot dem jungen Friedrich seine Tochter Gertrud als Gemahlin an; sie war damals das einzige Kind des Herzogs von Sachsen und Bayern. Unter dem Gesichtspunkt von Rang, Ehre und möglicherweise anfallendem Erbe war sie die überhaupt beste Partie, die nördlich der Alpen zu finden war. Weil der konfliktträchtige Gegensatz zwischen Barbarossa und dem übergangenen *filius regis* nach 1164 aus seiner Latenz getreten war und in offene Konfrontation mit unabsehbaren Weiterungen zu münden drohte, war das Ehebündnis ein für Barbarossa und Heinrich den Löwen gleichermaßen wichtiger Friedensschluß. Er band den Rothenburger in den Kreis der engsten Helfer des Kaisers ein und verschaffte ihm so eine nachdrückliche Aufwertung. Erst damit war die letzte schwere Hypothek der Königserhebung von 1152 abgetragen.

Das hatte auch Konsequenzen für seine Bezeichnung in den Kaiserurkunden. Anders als Welf VI. oder Heinrich der Löwe war Friedrich von Rothenburg in seinen vielen Erwähnungen als Zeuge zuvor nie als Verwandter des Kaisers bezeichnet und schon gar nicht eines ehrenden Attributs wie etwa *dilectus* für würdig befunden worden. Barbarossa nannte ihn dann doch endlich «unseren liebsten Friedrich, Herzog von Rothenburg» oder einfach «unseren lieben Vetter»[54] – freilich erst zu einem Zeitpunkt, als der liebe Vetter an der im Sommer 1167 vor Rom ausgebrochenen Seuche gestorben war. Über dessen Tod kam, wie ein italienischer Chronist berichtet, «fast in ganz Italien unermeßlicher Schmerz und unermeßliche Trauer auf, da er bewundernswert und ein Mann von großer Tugend und Ehre war».[55] Friedrichs früher Tod verhinderte, daß der späte Ausgleich mit seinem kaiserlichen Vetter noch Früchte tragen konnte.

Bei der Absicherung seines Königtums hatte Barbarossa nicht auf das personale Netzwerk zurückgreifen können, das noch die Herrschaft seines Onkels Konrad III. getragen hatte. Entsprechend wichtig war es, die Herrschaft durch Unterstützung wichtiger Reichsfürsten abstützen zu können. Dazu brauchte er nicht den Konsens aller, aber doch einiger einflußreicher Großer, die sich die Stabilität der Herrschaft des neuen Königs angelegen sein ließen. Dabei spielten Wahlversprechungen eine Rolle, aber auch freundschaftliche und verwandtschaftliche Bindungen sowie nicht zuletzt Barbarossas unverkennbare Fähigkeit, den Statuswandel von früherer Gleichrangigkeit zum hierarchischen Gefälle zwischen König und Großen mit der gebotenen Rücksicht auf den *honor* jener Fürsten, auf die es ihm ankam, auszugleichen.

Barbarossas Rangerhöhung brachte auch Veränderungen in seinem unmittelbar familiären Umfeld mit sich: um 1147 hatte er Adela geheiratet, die Tochter des Markgrafen Diepold III. von Cham-Vohburg. Diese Ehe war einst Bestandteil der von Konrad III. betriebenen Verwandtenpolitik gewesen, sie hatte den Herzog von Schwaben in das Beziehungsnetz der am Hof seines Onkels wichtigen fränkisch-bayerischen Gruppen eingebunden.[56] Weil Herrschaftsausübung wesentlich an Personen geknüpft war, bot die von ihrem sakramentalen Charakter her ja eigentlich unauflösliche Ehe die beste Möglichkeit, Parteizugehörigkeiten wirksam und auf Dauer zu verankern. Allerdings schwand mit Barbarossas eigener Königserhebung und infolge seiner anderen Orientierung in der bayerischen Frage die politische Bedeutung dieses Heiratsbündnisses. Zumal die Ehe bislang kinderlos geblieben war, betrieb er die Scheidung von seiner Gemahlin. Der kirchenrechtlich einzig zulässige Grund war die angeblich zu nahe Verwandtschaft, die nach der im Briefbuch Wibalds von Stablo überlieferten Verwandtschaftstafel auch tatsächlich gegeben war: Friedrichs Ur-Urgroßvater war der Bruder von Adelas Ur-Ur-Urgroßmutter gewesen; dieser Sachverhalt war sicher schon zuvor bekannt gewesen, wurde aber zu einem politisch nutzbaren Argument, als die bayerische Markgrafentochter für den neuen König nicht mehr standesgemäß war. Auf dem Hoftag von Konstanz im März 1153 überbrachten zwei päpstliche Legaten die Zustimmung Eugens III. Im Chor des Münsters wurde Barbarossa offiziell von Adela geschieden. Bereits damals dachte Barbarossa an eine Fortsetzung und Erneuerung der verwandtschaftlichen Bindung zur byzantinischen Kaiserfamilie. Schon früher waren Briefe und Gesandtschaften getauscht worden, und einige Zeit nach dem Konstanzer Hoftag ließ er Manuel I. Komnenos mitteilen, er wolle die gegenseitige Freundschaft durch Heirat mit einer Verwandten Manuels zu noch festerer Einmütigkeit bringen.[57] Schließlich wies sein bevorstehender Italienzug auf die Einlösung der aus Konrads Zeiten stammenden Bündnisverpflichtungen eines gemeinsamen Feldzugs gegen die Normannen hin.

KAPITEL 5

HOF UND HERRSCHAFTSPRAXIS

Der Hof war Ort der Verhandlungen, Aushandlungsprozesse und Entscheidungsfindung, Ort von Interaktion zwischen Herrscher und Fürsten – kurz: das Zentrum der Macht, ohne das Herrschen nicht möglich war; und hier vollzog es sich auch in Formen von hohem symbolischen Gehalt. Auf dieser Bühne der Selbstdarstellung und Rangdemonstration von Herrscher und Fürsten wurde nach den Regeln einer zwar noch nicht verschriftlichten, aber gleichwohl gültigen Ordnung agiert, deren wiederholte Inszenierung die politische Ordnung vor Augen stellte, sie damit zugleich stets aufs neue bestätigte und so zu ihrer Stabilität beitrug. Im Zentrum des Hofs stand der Herrscher, der dort mit der Vergabe von Zeichen seiner Huld und Gunst – neben Rechtssprechung und Kriegführung – sein eigentlich politisch relevantes Betätigungsfeld fand. Aber sein Handlungsspielraum war keineswegs unbegrenzt, sondern gewissen Spielregeln der Interaktion mit den Großen verpflichtet. Als ungeschriebene Gesetze beanspruchten sie größte Verbindlichkeit, und sie bildeten für die Dauer von fast vier Jahrzehnten die Rahmenbedingungen der Herrschaftsausübung Barbarossas und die Grenzen seiner politischen Wirkungsmöglichkeit. An ihnen orientierte er sein Handeln; es lohnt sich daher, sie näher in den Blick zu nehmen.

REISEKÖNIGTUM: PFALZEN UND ZELTE

Zur Zeit Friedrich Barbarossas war Königsherrschaft im wesentlichen Reiseherrschaft: zwar gab es Städte und Orte, an denen sich der Herrscher mitunter sogar mehrere Wochen aufhielt oder die auf Grund ihrer ideellen Bedeutung einen bestimmten Vorrang im Reich beanspruchten – wie etwa der Krönungsort Aachen, der in Urkunden des Staufers mehrfach als Sitz des Reiches (*sedes regni*) bezeichnet wurde; aber die politischen und administrativen Kräfte waren noch an keiner festen Residenz gebündelt, so daß der Aufenthaltsort des Herrschers häufig wechselte. Auch Herzöge und Grafen regierten noch nicht von einer festen Residenz aus; das galt gleichermaßen für Bischöfe und häufig genug sogar für Äbte, obwohl sie mit Bischofsstädten bzw. Klöstern am ehesten über so etwas wie Zentralorte in ihrem Herrschaftsbereich verfügten. Die Reiseherrschaft sowohl weltlicher wie geistlicher Machthaber entsprach den Anforderungen einer personal strukturierten Herrschaftspraxis: in persönlichen Begegnungen wurden Bindungen entweder neu hergestellt oder intensiviert und damit die Grundlagen der Herrschaftsausübung stets erneuert. Im agrarisch strukturierten Reich hatte der Wechsel des Aufenthaltsortes natürlich auch wirtschaftliche Motive, weil die Versorgung des königlichen Hofes an einem einzigen Ort nicht dauerhaft zu gewährleisten war. Indem der König sein althergebrachtes Recht auf Beherbergung und Verpflegung geltend machte, demonstrierte er gleichzeitig seinen Herrschaftsanspruch gegenüber den Gastgebern, die zum *servitium regis* verpflichtet waren. Insbesondere die Bischofskirchen und Reichsklöster hatten als Gegenleistung für die ihnen übertragenen Güter und Hoheitsrechte den reisenden Königshof zu verpflegen. Im Falle des lothringischen Damenstifts Remiremont, das den Hof bei Aufenthalten in Metz oder Toul zu beliefern hatte, sind die Abgaben für die zweite Hälfte des 12. Jahrhunderts gut dokumentiert. Bei diesen Anlässen waren «größere Mengen Getreides, nämlich 80 Scheffel Weizen und 400 des billigeren Hafers, aus den 32 Dorfherrschaften und vier zentralen Getreidespeichern des Stiftsguts an den Hof abzuführen. Hinzu kamen 20 Kühe, 60 Schweine, vier Mastschweine, vier Eber, 400 Hühner, 50 Scheffel Eier und eine Wagenladung Milch zu 12 Scheffeln Hohlmaß. Zulieferungen von Wein und Met wurden jeweils zu sieben bzw. fünf Wagenladungen veranschlagt, zur Beleuchtung des Hofs mußten 12 Tafeln Wachs beigesteuert werden. Schließlich hatte die Äbtissin für ausreichend Schüsseln, Bratspieße und Kohlen zu sorgen und die königliche Küche zusätzlich mit einer dem übrigen Nahrungsangebot angemessenen Menge von Käse und Fischen zu beliefern.»[1] Die Belastungen durch einen Besuch des Hofs waren also erheblich, und daraus erklären sich auch viele Versuche, sie

KARTE 5 In Schwaben waren Ulm, Augsburg und Konstanz, im Elsaß die Pfalz von Hagenau und Straßburg die bevorzugten Aufenthaltsorte Friedrich Barbarossas.

zu reduzieren. Der dem König geschuldete Dienst umfaßte neben der Gastung auch die Verpflichtung zu Hof- und Heerfahrt – wobei die Realisierung dieser Pflichten letztlich nicht erzwingbar war, sondern sich als Folge einer wechselseitigen Bindung ergab, in der Dienste für den König von diesem auch belohnt wurden; überdurchschnittlichem Engagement am Hof lag daher ebenso wie einsatzfreudiger Teilnahme an den Heerfahrten nicht etwa die strafbewehrte Anordnung des Königs zugrunde, sondern stets ein spezifisches Eigeninteresse der weltlichen oder geistlichen Großen, die sich den Herrscher mit ihrem kontinuierlich erbrachten Mehr an Leistung zur Gegenleistung verpflichteten. Das Reich war keineswegs gleichmäßig von der königlichen Reisetätigkeit erfaßt, sondern wies Fernzonen und Kernräume der Königsherrschaft aus, die nicht zuletzt je nach Besitzschwerpunkten der herrschenden Dynastie variierten. Der Schwerpunkt von Barbarossas Weg durch das Reich (Itinerar) nördlich der Alpen lag im Raum zwischen Rhein, Main und Donau. Im engeren staufischen Kernbereich zwischen Rems und Fils war der Kaiser der Überlieferung zufolge indessen nur selten unterwegs: 1154 in Göppingen (*apud Geppingin*); 1168 vielleicht in Schwäbisch Gmünd (*apud Mundam*); 1181 in Esslingen (*apud Ezelinge*) und auf der Burg Hohenstaufen (*in castro Stoufen*); und 1187 oder 1188 im ein Jahrzehnt zuvor gegründeten Prämonstratenserstift Adelberg.[2] Auch im sächsisch-thüringischen Gebiet hielt sich der Kaiser häufiger auf, aber vergleichsweise doch deutlich seltener als in der südwestdeutschen Königslandschaft. Charakteristische Folge war eine gewisse Regionalisierung des Herrschaftshandelns: am Aufenthaltsort des Hofes wurden überwiegend die regionalen Konflikte verhandelt und entschieden. So begründete Barbarossa einen Hoftag in Ulm mit der Absicht, dort die Angelegenheiten dieser Gegend verhandeln und danach an den Niederrhein weiterziehen zu wollen.[3]

Auf seiner Reise durch das Reich wurde dem Herrscher und seinem Hof immer wieder ein festlicher Empfang bereitet – in Kirchen und Klöstern, aber auch in den Städten. Die verschiedenen Phasen eines solchen Herrscheradventus, wie sie sich erst aus spätmittelalterlichen Quellen genauer rekonstruieren lassen,[4] sind auch schon in der Barbarossa-Zeit zu beobachten, allerdings nur selten ausführlich belegt. Idealtypisch lassen sich die Vorbereitung, die Einholung des Herrschers durch Entgegenziehen vor die Stadtmauern, der eigentliche Einritt und Empfang, der festliche Umzug durch die Stadt, der Besuch der Hauptkirche und schließlich die Phase seines Aufenthalts voneinander unterscheiden. In der symbolischen Praxis des *adventus* wurde das Verhältnis zwischen dem Herrscher und der empfangenden Gemeinschaft zeichenhaft vor Augen gestellt – die Präsentation von Insignien und Kleidung, Festakte wie Turniere und Bankette, aber auch Geschenkaustausch und symbolische Gesten spielten daher eine zentrale Rolle. Vom Einzug Barbarossas in Pavia nach der Eroberung Tortonas 1155 vermittelt Gunther in seinem Epos *Ligurinus* ein anschauliches Bild. Die vorausgehenden Absprachen erwähnt er als Bitte der Pavesen, «des Herrschers Einzug nach alter Sitte als Fest ihm zu bieten», um dann in 57 Versen den prächtigen *adventus* näher zu schildern. Demnach zog ihm die Geistlichkeit unter Führung des Bischofs in Prozessionsordnung und in der Pracht ihrer liturgischen Gewänder entgegen, gleichermaßen Reiter auf prächtig geschmückten Pferden; das Volk habe sich auf beiden Seiten der Straßen gedrängt, darunter festlich gekleidete Frauen und Mädchen; die Häuser seien von Teppichen geziert und das Pflaster mit farbigen Decken belegt gewesen, einfache Leute hätten ihre Kleider vor den nahenden Pferden auf den Boden gelegt.[5] Daß manche Einzelheiten an das Bild des Einzugs Christi in Jerusalem erinnern, muß kein Argument gegen ihre Historizität sein, denn diese Szene war tatsächlich das Vorbild, an dem sich die Praxis des Herrscheradventus seit dem Frühmittelalter orientierte. Auffallender ist, daß Gunther die Konsuln der Stadt nicht nennt, sondern nur den Bischof – der deutlichste Hinweis darauf, daß seine Schilderung mehr auf allgemeinen Erinnerungsbildern als auf tatsächlichem Wissen um das Geschehen in Pavia beruhte. Meist sind die Nachrichten über den *adventus* recht einsilbig – daß die Kaiserin Beatrix 1159 in Lodi einzog und dort «alle Lodesen, Reiter und Fußvolk, Männer, Frauen und Kinder ihr mit großem Jubel entgegenzogen und sie mit größter Freude empfingen», gehört schon zu den ausführlicheren Beispielen.[6] Historisch recht zuverlässig ist die Beschreibung, die Bernardo Maragone vom Einzug des Kaisers in Pisa 1167 gibt. Seine Angaben sind so präzise, daß sich der Weg, auf dem der Kaiser durch die Stadt zum Dom geleitet wurde, noch heute einigermaßen genau nachvollziehen läßt. Am 31. August 1167 zog Barbarossa durch die Porta Calcesana in die Stadt ein, begleitet von etwa hundert Rittern und seiner Gemahlin Beatrix; selbst den erst im Februar 1167 in der Nähe von Faenza geborenen Friedrich, den späteren Herzog von Schwaben, sahen die Pisaner bei dieser Gelegenheit als Wickelkind, das im kaiserlichen Gefolge getragen wurde. Die Pisaner waren dem Kaiser mit einer Abteilung der Miliz und des Fußvolks entgegengezogen, in der Stadt empfing ihn Erzbischof Benincasa an der Spitze des Klerus und geleitete ihn unter Fahnen und Kreuzen in einer Prozession bis zur Kathedralkirche S. Maria, wo ein feierlicher Gottesdienst gehalten wurde. Ähnlich festlich geriet sein *adventus* im Januar 1178, wo ihm zum Empfang die Stadtschlüssel in einem silbernen Kelch übergeben

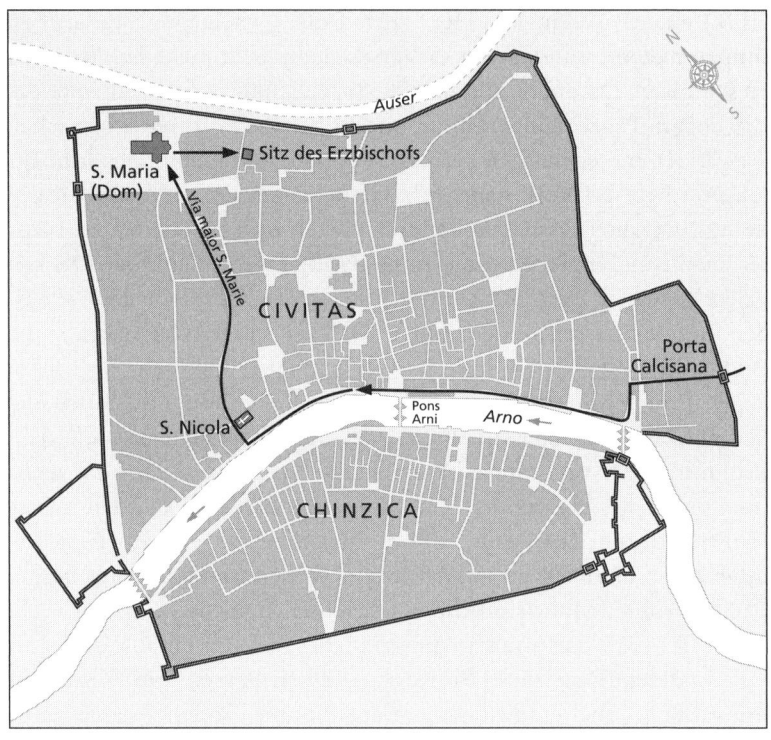

KARTE 6 Die beiden verfeindeten Seestädte Pisa und Genua rivalisierten auch um die Huld des Kaisers, der seinerseits auf deren Flottenhilfe für den geplanten Kriegszug gegen das normannische Königreich angewiesen war. 1167 und 1178 bereiteten die Pisaner dem Kaiser einen feierlichen Empfang in ihrer Stadt. Die Karte rekonstruiert den Weg, auf dem Barbarossa 1167 von weltlichen Großen und dem Klerus zum Pisaner Dom geleitet wurde.

wurden, die Barbarossa dann mit lobenden Worten über die Treue der Pisaner wieder zurückgab; wieder erfährt man von Teppichen, auch von geschmückten Bögen über der Straße, außerdem von Festlichkeiten und der Durchführung von Turnieren zu Ehren des Kaisers. Der Pisaner Historiograph notiert zusätzlich, daß 50 Kreuze aus Silber in der Prozession mitgetragen wurden – allerdings dient ihm die Zahl nur zur Betonung der großen Pracht, die seine Vaterstadt zu Ehren des Kaisers entfaltete, habe das verfeindete Genua den

Herrscher doch nur mit 20 Silberkreuzen empfangen. Zu 1178 ist Barbarossas Empfang durch Erzbischof Ubaldo von Pisa an der Kirche S. Nicola am Arno lokalisiert; daraus kann man schließen, daß die Konsuln und damit die weltlichen Repräsentanten Pisas im *adventus*-Geschehen die dominierende Rolle spielten, bis sich die Geistlichkeit unter Führung des Erzbischof erst auf halbem Weg zum Dom anschloß.[7] Die Ordnung des Empfangs war gleichzeitig ein Ausdruck der politischen Kräfteverhältnisse in der Stadt. Bei solchen repräsentativen Gelegenheiten wurden unter Umständen auch schwelende Konflikte symbolisch zur Schau gestellt. Als Barbarossa 1186 vor der Bischofskirche in Como empfangen wurde, schlug sich der ungelöste Streit zwischen dem Abt von S. Abbondio und den Kanonikern der Bischofskirche um ihre Stellung in bischöflichen Prozessionen auch im Streit um die Nähe zum Kaiser nieder: während dem Bischof unbestritten der ehrenvollste Platz rechts des Kaisers zukam, wollte der Abt links von Barbarossa gehen und schon seine Hand nehmen, als der Archidiakon, Repräsentant der Kanoniker, dazwischentrat und seinerseits die linke Hand Barbarossas ergriff.[8] Wer die beanspruchte Stellung in der Öffentlichkeit nicht verteidigen konnte, gab sie verloren, und gerade ein repräsentativer Anlaß wie der Empfang des Kaisers gab Gelegenheit, die Kräfteverhältnisse in der empfangenden Gemeinschaft buchstäblich vor Augen zu führen.

Die Pisaner Überlieferung macht auch auf die übliche akustische Begleitung des *adventus* aufmerksam: Pauken und Blasinstrumente beim Zug durch die Straßen, Gesänge und Orgel im Dom. Üblicherweise wurden beim *adventus* auch die Glocken geläutet – weshalb es als bedenkliches Zeichen erachtet wurde, wenn die Glockenseile rissen und das Läuten verstummte, wie es 1184 beim Einzug von Barbarossas Sohn Heinrich in Halle geschah.[9] Für die Einzüge des Kaisers galt also im wesentlichen, was Falco von Benevent über den Einzug des Papstes in seiner Stadt schrieb: «Leser, wenn du dich im Gefolge des Papstes befunden hättest, hättest du das Pauken- und Beckenschlagen und den Klang der Lyra gehört und gewiß bestätigt, daß kein anderer Papst mit solcher Freude, solchem Triumph in die Stadt eingezogen war.»[10] Auch kann man sich die Reise des Herrschers immer wieder von Musik begleitet vorstellen; jedenfalls war der Genueser Kanzler und Geschichtsschreiber Oberto davon überzeugt, daß

Barbarossa, begleitet von «Fahnen, Trompeten und allen Arten von dem Triumph zugehörigen Instrumenten» – vielleicht Pauken? –, von Ancona nach Rom gezogen sei.[11]

Die Aufenthaltsorte Barbarossas und damit auch des Hofes waren weit gestreut zwischen Lübeck im Norden und Rom im Süden, Mouzon im Westen und Krzyszkowo bei Posen im Osten.[12] Soweit wir wissen, hielt er sich in Burgen, die gemeinhin als Ausdruck adligen Lebens im Mittelalter schlechthin gelten, nur recht selten auf: auf der Reichsburg Trifels sind nur zwei Aufenthalte sicher verbürgt, auf der Hohenstaufen sogar nur einer zu Pfingsten 1181; die Burg des Pfalzgrafen Otto von Wittelsbach besuchte er zu Pfingsten 1156 und die thüringische Neuenburg Landgraf Ludwigs II. 1172.[13] Im deutschen Reichsteil weilte der Kaiser am häufigsten in Bischofsstädten, achtzehnmal in Worms, dicht gefolgt von Würzburg (17) und Regensburg (16). In den meisten Fällen diente die bischöfliche Pfalz auch als Wohnung für den Herrscher, beispielsweise in Augsburg oder Speyer; bei seinen Aufenthalten in Köln 1171 und 1174 dürfte der Kaiser im Bischofspalast gewohnt haben. In Regensburg hielt sich Barbarossa aller Wahrscheinlichkeit nach in den Gebäuden der Königspfalz am heutigen Alten Markt auf, die ursprünglich von den karolingischen Herrschern, danach von den bayerischen Herzögen genutzt worden war. Ein Großteil der bezeugten Aufenthalte des Kaisers entfiel außerdem auf Pfalzorte. Viele davon waren kleinere Marktsiedlungen, die in unmittelbarer Nähe bereits vorhandener oder neuerrichteter Pfalzen entstanden und ihren eigentlich städtischen Charakter erst im Laufe der späteren Stauferzeit entwickeln sollten. Die Pfalzen verbanden weltliche und kirchliche Repräsentationsbauten mit den erforderlichen Wirtschaftsgebäuden zu teilweise recht weitläufigen Baukomplexen. Insbesondere der *palas* war ein häufig mehrgeschossiges, gut sichtbares Gebäude, das beispielsweise in der Pfalz Kaiserswerth am Rhein über 50 Meter lang, 30 Meter breit und vielleicht bis zu 25 Meter hoch war; die Rheinfront der Anlage war als eigentliche Schauseite fast 80 Meter lang.[14] Die Hauptgebäude erhielten eine angemessen repräsentative Innenausstattung. Gottfried von Viterbo, Kapellan und Notar am Hof Barbarossas, kannte die weitläufige Pfalzanlage in Hagenau aus eigener Anschauung: «Im Gebiet des Elsaß am Fluß Moder, wo der Heilige Forst, weithin reich an Hirschen, liegt, steht vor aller Augen die Pfalz des Kaisers. Der türmegeschmückte Ort

ABB. 14 Der Palast des Erzbischofs von Köln, den Rainald von Dassel um 1164 erbauen ließ, lag an der Südseite des Doms und wurde 1674 wegen Baufälligkeit abgebrochen. – Köln, Stadtmuseum.

heißt Hagenau. Die Pfalz ist eine Pflanzung der Vorfahren, nun hat sie eine neue Gestalt erhalten und wird deshalb sehr geschätzt. Vom umgebenden Fluß sind ihre beiden Seiten befestigt. In goldglänzender Malerei ruft die üppige Vertäfelung des Gemachs alles Vergangene in Erinnerung und weist auf Künftiges, ein Bild zeichnet das Geschlecht aller Könige.»[15] Wie Gottfrieds Beschreibung zeigt, hatte der Gebäudekomplex eine markante Fernwirkung; die Fernsicht wiederum, die sich aus solchen Bauwerken bot, war, wie zeitgenössische Berichte zeigen,[16] generell ein charakteristisches Merkmal repräsentativer Herrschaftsarchitektur; die in den spätstaufischen Pfalzen von Bad Wimpfen und Eger erhaltenen markanten Fensterarkaden dürften in ähnlicher Art auch das heute zerstörte Obergeschoß der Pfalz Gelnhausen geschmückt haben. Als Barbarossa dort im April 1180 einen vielbesuchten Hoftag abhielt, auf dem die Reichsfürsten wichtige Entscheidungen im Absetzungsverfahren gegen Heinrich den

Löwen trafen, war die ebenfalls auf einer Flußinsel gelegene Pfalz jedenfalls ein ebenso prächtiger wie gut befestigter Ort der Königsherrschaft. In Kaiserslautern war schon 1158 eine Pfalz fertiggestellt worden,[17] die der Staufer «aus rotem Stein» zu errichten befohlen hatte; der heute noch sichtbare kümmerliche Ringmauerrest vermittelt keinerlei Vorstellung von der ursprünglichen Größe und auch nicht von dem monumentalen Baukörper selbst. Rahewin hatte die Anlage gesehen und war tief beeindruckt: an die Gebäude grenzte «ein Park, der einer Fülle von Hirschen und Rehen Nahrung bietet. Die königliche Pracht all dieser Dinge und ihre Menge, die größer ist, als daß man sie schildern könnte, erweckt das Erstaunen der Beschauer.»[18] Dem Bischof Hartmann von Brixen, einem Vertrauten Barbarossas, erschien der auf kaiserlichen Befehl angelegte Fischteich so groß wie ein See.[19] Die Pfalzen waren bauliche Repräsentationen von Barbarossas Herrschaftsanspruch; sie dienten Herrscher und Hof als Aufenthaltsorte, und sie boten den eindrucksvollen, oft genug sicher auch einschüchternden Rahmen für die Versammlungen, auf denen der Kaiser zusammen mit den Großen politische Entscheidungen traf, aber auch seine Herrscherpflichten der Rechts- und Friedenswahrung erfüllte. Diesen Zusammenhang betont eine neun Zentimeter hohe, auf einem 265 Zentimeter langen und 50 Zentimeter hohen Trachytquader eingemeißelte Inschrift in der Pfalz Kaiserswerth am Rhein: «Im Jahre der Menschwerdung unseres Herrn Jesus Christus 1184 hat Kaiser Friedrich dem Reich diese Zierde hinzugefügt in dem Willen, die Gerechtigkeit zu festigen und daß überall Friede sei.»[20] In der auf eine Gründung Karls des Großen zurückgehenden, von Barbarossa wiederhergestellten Pfalz in Nimwegen wird der Staufer inschriftlich als «Freund des Friedens» und «friedfertiger Erneuerer» bezeichnet. Aber die ungeheuer kostspieligen Baumaßnahmen demonstrierten nicht zuletzt auch die Herrschertugend der Freigebigkeit; als sinnfällige Symbole einer als vorbildlich empfundenen Herrschaftsausübung sicherten sie Barbarossa ein über den Tod hinaus ehrendes Andenken.[21]

Südlich der Alpen, wo der Konflikt zunächst mit Mailand, dann mit dem Lombardischen Städtebund immer wieder langjährige Präsenz des Herrschers erforderlich machte, fungierte die alte langobardische Königsstadt Pavia nach Häufigkeit und Dauer der Aufenthalte Barbarossas geradezu als Residenzort. In vielen Städten waren mit dem Er-

ABB. 15 Die aquarellierte Federzeichnung von 1740 zeigt die Südansicht und Schauseite der damals schon ruinösen Pfalz, die Barbarossa in Kaiserslautern hatte errichten lassen. Erkennbar ist der Hauptbau mit den Fensterarkaden des Palas im dritten Obergeschoß und die später mit einem Saal überbaute Kapelle; der vor dem Bauwerk liegende Fischteich war bereits zugeschüttet. Rechts das um 1570 erbaute Renaissanceschloß – Kaiserslautern, Theodor-Zink-Museum.

starken der Kommunen die älteren Königspfalzen teilweise zerstört worden; wie in Deutschland dienten auch dort die Bischofspfalzen häufig als Aufenthaltsort, etwa in Modena, Padua und Piacenza. In Pavia wohnte der Kaiser in einer außerhalb der Mauern gelegenen Pfalz beim Kloster San Salvatore. Mehrfach ist aber auch der Neubau einer Pfalz als sinnfällige Demonstration des intensivierten Herrschaftsanspruchs belegt, etwa für das 1158 von Barbarossa neugegründete Lodi, ebenso für Monza und Parma. Allerdings blieb die 1158 auf dem Hoftag von Roncaglia erlassene *lex Palatia*, die dem Kaiser das Recht vorbehielt, sich überall in den Städten nach seinem Wunsch Pfalzen bauen zu lassen, ein angesichts der tatsächlichen Machtverhältnisse uneinlösbarer Anspruch. In Faenza stieg der Kaiser sogar in dem Haus der beiden Brüder Guido und Heinrich ab, die entweder über besondere Beziehungen zum Hof verfügt oder aber das prächtigste Haus am Ort besessen haben müssen.

Üblicherweise wurde der Kaiser beim Aufenthalt in einer befreundeten Stadt von keinem größeren militärischen Gefolge begleitet. Die

Begleitung von hundert Rittern, die mit ihm 1167 in Pisa einzogen, war sicher ein Zugeständnis der mit dem Kaiser politisch besonders eng verbundenen Kommune;[22] in Genua wiederum soll der Kaiser im Februar 1178 nur mit einem kleinen Gefolge in die Stadt eingelassen worden sein, während ihn begleitende Fürsten und Ritter außerhalb der Mauern bleiben mußten. Das erzählte man sich wenigstens in Pisa, wo man allerdings auch allen Grund hatte, den Empfang Barbarossas in der verfeindeten Stadt in schlechtes Licht zu rücken. Gleichwohl muß diese Nachricht nicht bloß Pisaner Mißgunst entsprungen sein, denn Ravenna ließ sich vom Kaiser sogar vertraglich zusichern, daß er nur mit seiner Gemahlin, aber ohne Heer in die Stadt einziehen werde.[23] Der Hintergrund solcher Regelungen war, daß die mit der Anwesenheit des Kaisers verbundenen Einquartierungen seines Gefolges besondere materielle Belastungen für die Stadt mit sich brachten. Aus diesem Grund hatte sich Bischof Hermann von Konstanz 1155 schriftlich zusichern lassen, daß Barbarossa die Stadt nur des Gebets wegen oder auf ausdrückliche Einladung des Bischofs oder wegen zwingender Gründe der Reiseroute besuchen werde.[24] Aber auch aus anderen Gründen wehrten sich Kommunen in Italien gegen zahlenmäßig größere Beherbergungen: das Geltungsbedürfnis der rangbewußten Krieger, ihre sprachlichen Verständigungsschwierigkeiten und die üblichen Meinungsverschiedenheiten beim Geldwechsel und Warenkauf bedrohten den innerstädtischen Frieden; auch konnten latente Rivalitäten in der Stadt durch die Anwesenheit einer größeren bewaffneten Abteilung zum plötzlichen Ausbruch kommen. Andererseits konnte der Verzicht auf eine zahlreiche bewaffnete Begleitung manchmal auch Risiken für den Herrscher heraufbeschwören. Diese Erfahrung machte Barbarossa in Cremona. Auf Einladung der Konsuln bezog er zusammen mit einigen Fürsten im Dezember 1176 sein Quartier in der am Rande der Stadt gelegenen Kirche Sant'Agata. Der Kaiser war ohne größeres militärisches Gefolge erschienen, weil er sich auf dem Weg zu den Friedensverhandlungen mit Papst Alexander III. in Ravenna befand. Die Cremonesen nutzten diese Gelegenheit und setzten den Herrscher massiv unter Druck: angeblich unmittelbarer Gefahr für Leib und Leben ausgesetzt, erklärte sich der Kaiser zu bestimmten territorialen Zugeständnissen bereit. Noch fast zehn Jahre später erinnerte er sich mit größter Empörung an diesen Vorfall.[25] Der Aufenthalt in der Stadt konnte also aus verschiedenen Gründen gefahrenträchtig sein; es scheint, daß Barbarossa sich daher aus gutem Grund häufig dafür entschied, sein Lager außerhalb der Mauern aufzuschlagen,[26] häufig genug auch auf freiem Feld.

Sowohl nördlich wie südlich der Alpen wohnte Barbarossa für längere Zeit auch in Zelten.[27] Angesichts des geplanten Treffens mit dem französischen König in St. Jean de Losne 1162 ließ er dem Erzbischof von Lyon vorsorglich mitteilen, daß man dort wegen des Mangels an festen Häusern in Zelten Quartier nehmen werde.[28] Aus den zahlreichen beiläufigen Erwähnungen läßt sich schließen, daß das Zelt durchaus auch ein üblicher Ort des Regierungshandelns, sogar der Entscheidungsfindung des Hofgerichts war: 1154 und 1158 saß Barbarossa auf den roncalischen Feldern in seinem Zelt zu Gericht,[29] und im Zelt Heinrichs des Löwen verkündete er 1159 vor Crema nach Beratungen mit den Fürsten die Reichsacht über diese Stadt.[30] Als die Gesandten Papst Hadrians IV. während Barbarossas Romzug in dessen Lager bei San Quirico eintrafen, wurden sie ehrenvoll empfangen und dann in Barbarossas Zelt geführt, wo sie den Staufer begrüßten, ihm einen Brief des Papstes übergaben und mit ihm über dessen Forderungen berieten.[31] Richard von Schlanders wurde von einem Veroneser Ritter in das kaiserliche Zelt geführt, als er für einen Verwandten dessen Belehnung mit einem Ort in der Grafschaft Garda vom Kaiser erwirken wollte.[32]

Die Zelte der Fürsten und zumal das des Kaisers waren in Größe und Pracht den Bedürfnissen einer Herrschaftsausübung angepaßt, die über keine dauernde ortsfeste Residenz verfügte. Deshalb wurde ihrer Ausstattung große Sorgfalt geschenkt, und entsprechend große Bewunderung zogen sie auf sich. Das galt beispielsweise für das Zelt, das Barbarossa während des Kreuzzugs als Geschenk der ungarischen Königin erhielt. Der eine wußte zu erzählen, daß es vier Kammern überspannte, die mit rotem Tuch – der kaiserlichen Farbe – kostbar ausgeschlagen waren; ein anderer, daß sich in der Schlafkammer nicht nur ein Bett mit prachtvoll verzierten Lagerkissen und Decken befand, sondern auch ein elfenbeinerner Thron und ein Teppich, auf dem als umlaufendes Muster ein weißer Jagdhund eingewebt war; ein dritter schließlich, daß es seiner Größe wegen auf drei Karren transportiert werden mußte.[33] Die Türkische Kammer im Dresdner Schloß bewahrt noch heute ein osmanisches Prunkzelt, das August der Starke 1729 aus Warschau mitbrachte; mit seinen Ausmaßen von 20 Metern Länge, acht Metern Breite und sechs Metern Höhe, gehalten von drei mit kunstvollen Schnitzereien versehenen Masten, vermittelt es eine zwar kulturell andersartige, aber prinzipiell doch vergleichbare Vorstellung davon, daß auch Zelte keineswegs Notbehelfe waren, sondern herrscherlichen Repräsentationsgewohnheiten genügende Aufenthaltsorte sein konnten. Großes Aufsehen erregte das Zelt, das König Heinrich II. von England dem Staufer anläßlich von dessen Heirat mit Beatrix von Burgund auf dem Hoftag in Würzburg 1157 überbringen ließ. Es konnte nur unter Zuhilfenahme von Maschinen und Stützen aufgestellt werden, war aus wertvollem Stoff gefertigt und mit allerlei figürlichen Stickereien prächtig verziert. In diesem Zelt thronte Barbarossa mit der Krone auf dem Kopf, als sich ihm 1158 die Mailänder unterwarfen; ebenfalls im Zelt wurde anläßlich dieses Friedensschlusses eine Messe im ambrosianischen Ritus vor dem Kaiser gefeiert und der böhmische Herzog Vladislav zum König gekrönt.[34]

Barbarossas Zelt war jedenfalls eindrucksvoll genug, um geradezu als Symbol seiner Herrschaft erscheinen zu können; so sollen einige Krieger des Lombardischen Städtebundes nach dem Waffenstillstand von Montebello sogar das Zelt des Kaisers als Zeichen ihrer Unterwerfung geküßt haben.[35] Auf den roncalischen Feldern ließ Barbarossa 1158 eine ausgedehnte Lagerstadt aufschlagen. Rahewin beschrieb sie unter Zuhilfenahme zahlreicher wörtlicher Übernahmen aus dem Geschichtswerk *De bello Iudaico* des Flavius Josephus; inwieweit seine Angaben hinsichtlich Planierung des Geländes oder Anlage von Werkstätten, Straßen und Lagertoren den Verhältnissen der Barbarossa-Zeit entsprechen, ist daher äußerst ungewiß. Allerdings findet sich das Detail, die übrigen Zelte seien um das des Kaisers herum gemäß der gesellschaftlichen (Rang-)Ordnung (*ordo*) aufgestellt, nicht in seiner antiken Vorlage.[36] Die Anordnung der Zelte gemäß dem Rang ihrer Bewohner vermerkt auch Gunther in seinem Barbarossa-Epos: «Um ihn herum sind, dem Vorrechte jedes einzelnen folgend, / Näher oder entfernter die Zelte der Edlen errichtet.»[37] Nach dieser Ordnung wurde auch die hölzerne Lagerstadt auf den Wiesen vor Mainz errichtet, als Barbarossa dort auf dem berühmten Hoffest zu Pfingsten 1184 die Schwertleite seiner beiden ältesten Söhne feierte.[38]

MACHTTHEATER UND REPRÄSENTATION

Spricht man vom ‹Hof› Barbarossas, so hat der Begriff neben einer geographischen Bedeutung, insoweit er eben den je konkreten Aufenthaltsort des Herrschers bezeichnet, auch eine soziale, insoweit er gleichzeitig den Personenkreis benennt, der den Kaiser umgab. Recht eigentlich entwickelte sich der Hof aus den alltäglichen Bedürfnissen, war also so etwas wie der erweiterte Haushalt des Herrschers, und bestand im Kern aus Personen, die seinen Alltag organisierten, also – zumal auf Reisen – für seine, seiner Familie und seines Gefolges Unterkunft und Versorgung zuständig waren. Diesen Anforderungen entsprachen die Tätigkeitsfelder der vier klassischen Hofämter, die von Ministerialen ausgeübt wurden, deren Namen freilich bis in die letzten beiden Jahrzehnte des 12. Jahrhunderts zumeist unbekannt sind.[39] Dem Kämmerer (*camerarius*) oblag ursprünglich die Sorge um Schlaf- und Schatzkammer des Herrn, dann insbesondere die Verantwortung für die Kosten der Hofhaltung; der Truchseß (*dapifer*) organisierte die Versorgung der herrschaftlichen Tafel mit Nahrungsmitteln und beaufsichtigte das Zeremoniell der höfischen Mahlzeit; der (Mund-)Schenk versorgte die Tafel mit Wein. Am konturiertesten erscheint in der Barbarossazeit das Amt des Marschalls (*marescalcus*), dessen ursprüngliche Verantwortung für die Pferde sich in besondere Zuständigkeiten im militärischen Bereich und bei der Requirierung von Unterkünften für den reisenden Herrscher ausdifferenzierte. Zu dem ständig im Umfeld des Herrschers präsenten Personenkreis zählten natürlich auch Leute wie Diener, Köche, Jäger oder Türhüter, die freilich in den Quellen nur höchst selten aufscheinen – wie etwa jene anonymen Kammerdiener (*cubicularii*), die als erste zu Barbarossa eilten, als er im Sommer 1159 in seinem Lager bei Lodi nur knapp einem Attentäter entkam, den die Mailänder gedungen hatten.[40] Zu diesem engeren oder täglichen Hof (*curia minor*) gehörten beispielsweise auch Geistliche der Hofkapelle und Notare. Demgegenüber umfaßte der weitere Hof (*curia maior*) die Personen, die Barbarossa nur zeitweise an jeweils wechselnden Orten im Reich aufsuchten. Was Walter Map als Charakteristikum des anglonormannischen Hofes empfand – daß er nämlich nie im selben Zustand verbleibe, und wenn er an ihn zurückkehre, nichts oder fast nichts von dem wiederfinde, was er zuvor verlassen hatte⁴¹ –, war auch ein Kennzeichen des staufischen Hofs. Gottfried von Viterbo, Notar und Kapellan an Barbarossas Hof, beklagte sich, er habe im Lärm eines so großen Hofes täglich zur Stelle sein müssen, «als Kapellan, bei Tag und Nacht, zur Messe und zu allen Stundengebeten, bei der Tafel [des Kaisers], bei Verhandlungen, beim Ausfertigen von Briefen, bei der täglichen Bestellung neuer Unterkünfte».⁴² Gunther, der um 1180 als Erzieher von Barbarossas Sohn Konrad wirkte, fühlte sich vom steten personellen Wechsel am Hofe an Ebbe und Flut erinnert: «Sei es, daß Neulinge kommen, daß, wer gekommen, davongeht – / Stets erscheinen bei Hof Besucher in riesigen Scharen, / So wie das Meer, das zwar seine Flut weit über die Erde / Ausdehnt, doch unerschöpflich und reich sich ständig erneuert.»⁴³ Zu Recht charakterisiert die moderne Forschung den Hof daher als «räumlich unstet, personell amöbenhaft und zugleich multifunktional».⁴⁴

Zwar lassen sich auf Grund der Zeugenlisten in den Urkunden immer wieder Personen namhaft machen, die über längere Phasen hinweg den reisenden Herrscher begleiteten, insbesondere während seiner ersten Heerfahrten in Italien, und wegen dieser kontinuierlichen Anwesenheit am Hof sicher mit Recht auch als Vertraute und Berater des Kaisers angesehen werden. Von einem «Küchenkabinett» des Staufers zu sprechen,⁴⁵ ist indessen wenig sinnvoll: zum einen suggeriert der Begriff, daß es neben einer solchen inoffiziellen Beratungsrunde ein irgendwie offizielleres, im Unterschied zum «Küchenkabinett» jedenfalls besonders legitimiertes oder zumindest institutionalisiertes Beratergremium gegeben habe – das aber war, wie schon die fehlende Begrifflichkeit in den zeitgenössischen Quellen zeigt, gerade nicht der Fall; zum anderen akzentuiert der Begriff einseitig Initiative und Handlungsspielraum des Herrschers beim Zusammenstellen dieses Personenkreises – was indessen die höchst eigennützigen Motive jener außer Betracht läßt, die sich von ihrem besonderen Einsatz am Hof die Aufwertung ihrer eigenen Stellung versprachen. Während Barbarossas fast vier Jahrzehnte währenden Herrschaft blieb dieser Personenkreis schon wegen der vielen Todesfälle, aber auch wegen Verschiebungen in der herrscherlichen Gunsthierarchie natürlich nicht stabil. Auch wenn es mit unseren an moderner Staatlichkeit orientierten Erwartungen schwer zu vereinbaren ist, hat man sich die Zusammensetzung der Gruppe von Barbarossas wichtigsten Ratgebern als grundsätzlich offen und weniger institutionalisiert als etwa den ‹Kronrat› vorzustellen, der den König von Frankreich oder den normannischen König in Süditalien beriet. Bis heute fehlt trotz mancher Einzeluntersuchungen[46] eine umfassende Darstellung von Barbarossas Hof. Während Vertreter der älteren verfassungsgeschichtlich orientierten Sicht nach der Ausbildung moderner Staatlichkeit fragten und deshalb die überragende Bedeutung des Herrschers und den Primat der monarchischen Zentralgewalt ins Zentrum stellten, schärft sich unter dem Einfluß der neueren, wesentlich sozialgeschichtlich orientierten Hofforschung der Blick für die Mechanismen der Partizipation an der Herrschaft.[47] Damit verschiebt sich die Perspektive weg vom Herrscher und hin zum Hof als Hofgesellschaft, die erkennbar und verständlich wird als Gemeinschaft unterschiedlicher Personengruppen, für deren Zusammenhalt und Konkurrenz Fragen von Rang und Status bedeutsam waren, aber auch Bindungen, die auf Verwandtschaft, Freundschaft oder einem besonderen Huld- und Gunsterweis des Kaisers beruhten.

Barbarossas Vetter Heinrich der Löwe hatte als Herzog von Sachsen und Bayern auf Grund seines Amtes eine besonders hervorgehobene Stellung unter den Großen; das galt auch für Rainald von Dassel, der zunächst kaiserlicher Kanzler war, dann Erzbischof von Köln. Ihre kontinuierliche Bevorzugung seitens des Staufers mitsamt ihrer langjährigen Dauerpräsenz am Hof macht sie cum grano salis auch vergleichbar mit der vor allem aus der Frühen Neuzeit vertrauten Figur des Günstlings, der wegen seiner besonderen Vertrauensstellung beim Herrscher auch stets Zutritt zu ihm hatte. Die Frage nach Rollen und Handlungsspielräumen der Menschen am Hof macht Barbarossa als Person nicht etwa unwichtig, sondern läßt im Gegenteil seine Stellung über dem Rangstreit der Großen und als Vermittler zwischen ihren rivalisierenden Interessen erkennen; er war Mittelpunkt einer politischen Elite, die Ansehen und Einfluß nicht zuletzt auf persönliche Nähe zum Herrscher gründete und um Zeichen seiner Gunst nicht selten erbittert rivalisierte. Angesichts dieser strukturellen Bedingungen, die beileibe kein Kennzeichen nur der Königsherrschaft Barbarossas waren, bemaß sich die Integrationsfähigkeit eines Herrschers an seiner Fähigkeit, den notwendigen Konsens herzustellen. Recht treffend wird deshalb vom «selbstverständlich praktizierten konsensualen Entscheidungsgefüge»[48] zwischen König und Großen als einem charakteristischen Merkmal mittelalterlicher Königsherrschaft gesprochen. Freilich bedeutete diese «konsensuale Herrschaft» nicht, daß Barbarossa den Konsens mit allen Fürsten suchte, sondern nur mit jenen, die sich häufig an seinem Hof aufhielten und gerade deshalb tonangebend waren.[49] Das Forum für die notwendigen Aushandlungsprozesse war die Versammlung der Großen am Hof; für den geringen Institutionalisierungsgrad spricht, daß die Zeitgenossen keinerlei Bedürfnis hatten, diese Hoftage terminologisch vom täglichen Hof und dem Hofgericht zu unterscheiden, sondern undifferenziert von der *curia regis* sprachen.[50] Weil die Großen untereinander häufig genug in einem agonalen Verhältnis standen, war ihr Zusammentreffen am Hof eine heikle Angelegenheit; Barbarossa hatte immer wieder politisches Fingerspitzengefühl zu beweisen, indem er einem Ausbruch der rivalisierenden Ansprüche auf Rang und Status in der Öffentlichkeit des Hoftags entgegenwirken mußte. Nicht immer war er dabei erfolgreich.

Der Hof war das Zentrum der Macht, die «Bühne zur Selbstdarstellung und Rangdemonstration der Fürsten»,[51] auf der sie eine Position gemäß ihrer Stellung in der Hierarchie beanspruchten. Entsprechend prächtig traten die Herren auf. Erzbischof Arnold von Mainz ließ seine golddurchwirkten Gewänder angeblich deshalb anfertigen, damit er «am Hof des Kaisers ruhmreicher erscheine».[52] Wer sich wie Graf Gottfried von Cappenberg vom weltlichen Glanz abwandte, hatte Unverständnis zu erwarten: «Wie, oh Herr, wird der Kaiser deine Ankunft aufnehmen; mit welchem Blick, meinst du, wird er dich anschauen, dich, den Armen in ärmlicher Kleidung und mit verwirrtem Haar, der ohne die gewohnte Begleitung von Kriegern nun zu ihm kommt?»[53] Die Rangstufen am deutschen Königshof waren anders als etwa in Byzanz nicht exakt festgelegt, sondern richteten sich nach kirchlichen Weihegraden ebenso wie nach ausgeübten Ämtern, so daß zwar der Rangunterschied zwischen einem Erzbischof und Bischof, zwischen einem Herzog und Grafen prinzipiell klar, die Rangstellung des einzelnen innerhalb der jeweiligen Gruppe aber nicht festgelegt war. Sie hing vielmehr von seinem subjektiven Ranganspruch ab, der auf Alter, Herkunft und Besitz gründete, aber auch auf dem Kaiser geleisteten Diensten und nicht zuletzt auf verwandtschaftlicher oder freundschaftlicher Verbindung zu Barbarossa. Wer auf diesem Wege eine besondere Teilhabe an der Herrschaftsausübung errungen hatte, bemühte sich darum, diese Position in der Öffentlichkeit des versammelten Hofes auch sichtbar zu machen und damit gleichzeitig zu verteidigen. Der Hof war insoweit ein «lebendiges Abbild der sozialen, politischen und verfassungsmäßigen Realität».[54] Die beanspruchte Stellung manifestierte sich nicht nur in einer Reihe von Rangkennzeichen, zu denen etwa Titel und Ämter, Kleidung und Insignien, Sprache und Umgangsformen gehörten, sondern auch in symbolischen Handlungen. Dabei kam dem öffentlich wahrnehmbaren Hulderweis durch den Kaiser besonderer Stellenwert zu. Ein solches Zeichen besonderer Wertschätzung war es beispielsweise, wenn er die Kosten des Aufenthaltes bei Hof übernahm. Die Gesandten der befreundeten und verwandten Grafen von Flandern hielten sich nur wenige Wochen in Pavia auf, aber auch ihnen sagte der Kaiser die Übernahme von Kosten für Verpflegung und Unterkunft zu – wofür sie ihm mit «geneigtem Nacken» dankten.[55] In den Genuß dieses Vorrechts kam auch Bischof Heinrich von Prag, als er ab Ende 1186 fast ein halbes Jahr lang am Hof blieb und von Barbarossa den Unterhalt für die 70 Pferde und Männer seines Gefolges angewiesen erhielt; daß ihn der Kaiser außerdem häufig zum Essen an seine Tafel lud, war ein weiteres unmittelbar verständliches und auf Wahrnehmung durch die anderen Großen kalkuliertes Signal.[56]

Der neugewählte Bischof Robert von Cambrai, 1174 ebenfalls an die Tafel des Kaisers geladen, kostete den Glanz der ihm gewährten Nähe besonders genüßlich aus. Wie es üblich war, wusch man sich am Tisch die Hände. Damit die langen Ärmel von Roberts Gewand dabei nicht naß würden, hielt sie Barbarossa selbst fest, woraufhin der Bischof seine Hände betont langsam und ausgiebig ins Wasser tauchte. Von einem Höfling ermahnt, er solle sich beeilen, weil es ja immerhin der Herrscher selbst sei, der ihm diene, sagte Robert: «Ich muß mich nicht beeilen, sondern darf in einer solchen Ehre länger verweilen. Du aber, der du murrst, wirst dein Leben ohne einen solchen Dienst des Königs beenden müssen.»[57] Mit dem Wissen um die Bedeutung solcher Zeichen spielt der dänische Geschichtsschreiber Saxo Grammaticus in seiner Schilderung des Empfangs König Waldemars durch Barbarossa 1181 vor Lübeck: der Kaiser habe beabsichtigt, dem Dänen den halben Weg persönlich entgegenzukommen, worauf Waldemar aber der Nichtigkeit der Sache wegen verzichtet haben soll; dann habe

Barbarossa beim Empfang als Zeichen der Ehrerweisung sogar seinen Mantel abgelegt, Waldemar persönlich durchs Lager geführt und wie ein Herold befohlen, den Weg freizumachen. Eine größere Ehrerweisung ist kaum vorstellbar. Mit diesen Details will Saxo bei seinen dänischen Lesern den Eindruck erwecken, ihr König sei dem Kaiser an Ruhm und Ansehen ebenbürtig oder sogar überlegen.[58] Sein Bericht gerät dadurch geradezu zu einer Travestie der üblicherweise herrschenden zeremoniellen Ordnung am Hof.

Aufschlußreich für die politischen Kräfteverhältnisse war stets die Anordnung der Personen im Raum:[59] jene, die von sich sagen konnten, daß sie «neben dem Thron des Herrn Kaisers standen» – wie es der Notar Burchard in seinem Bericht über die Unterwerfung der Mailänder 1162 tat[60] –, gehörten zum Kreis von Barbarossas Vertrauten und waren entsprechend einflußreich. Sitzen war den Mächtigsten vorbehalten; entsprechend häufig erfährt man aus meist beiläufigen Bemerkungen der Geschichtsschreiber vom Sitzplatz, den Barbarossa bei Versammlungen des Hofes ganz selbstverständlich einnahm. Sitzend empfing er 1167 in Pavia Gesandtschaften aus Cambrai und 1175 ebenfalls in Pavia die Legaten Papst Alexanders III. So verhielt es sich auch 1159 im Lager vor Crema beim Empfang des Erzbischofs Arnold von Mainz, dessen Ankunft zuvor von einem Hofdiener öffentlich angekündigt worden war.

Üblich war, stehend vor dem sitzenden Kaiser zu sprechen – was 1175 auch für den Kardinalbischof Hubald von Ostia galt.[61] Demgegenüber war es eine besondere Ehrung, von Barbarossa einen Sitzplatz zugewiesen zu bekommen. Diesen Vorzug soll Arnold von Köln genossen haben, während alle anderen Fürsten um ihn herum stehen bleiben mußten – was freilich nur Arnolds Biograph behauptet; aber vergleichbare Nachrichten über Ehrungen durch Sitzen neben dem Kaiser sind keine Seltenheit.[62] Die Erlaubnis, vor dem Kaiser sitzen bleiben zu dürfen, war eine besondere Auszeichnung. Barbarossa ließ sie anläßlich des Friedensschlusses von Venedig 1177 dem Erzbischof Romuald von Salerno zuteil werden, der als Gesandter König Wilhelms II. von Sizilien fungierte: er hatte sich schon von seinem Faltstuhl erhoben und wollte stehend eine Botschaft seines Herrn überbringen, als ihm der Kaiser befahl, sitzend zu reden.[63] Dieses Zeichen der Wertschätzung galt letztlich dem sizilischen König selbst, als dessen Stellvertreter Romuald erschienen war und für den er seinen Bericht auch niederschrieb; Romuald notierte dieses Detail also nicht aus Eitelkeit, sondern deshalb, weil es ein politisch relevanter Sachverhalt war. Aus genau demselben Grunde wurde festgehalten, wenn sich Barbarossa erhob – wie zur Begrüßung Arnolds von Mainz oder anläßlich seiner Rede vor Papst Alexander III. 1177 in Venedig.[64] Daß der Kaiser, auf Widersprüche in seiner Politik aufmerksam gemacht, sich vor einer Genueser Gesandtschaft nicht nur erhob, sondern als Zeichen seiner Aufrichtigkeit und Wertschätzung der Gesandten sogar die Kopfbedeckung abnahm, hielt der Genueser Geschichtsschreiber für äußerst ungewöhnlich: er illustrierte Barbarossas Geste mit einer kleinen Randzeichnung in seinen Annalen, die eine von einer Hand gehaltene Mütze zeigt.[65] Vor den Kardinälen Alexanders III. erhob sich Barbarossa zwar nicht, aber er begrüßte sie durch Abnahme seiner Kappe – eine wohldosierte Ehrerbietung, die ihre Wirkung auf die Gegenseite nicht verfehlte.[66]

Barbarossa instrumentalisierte die Sitzordnung aber auch zu genau kalkulierter politischer Provokation. Während seines Kreuzzugs ließ er 1189 nicht nur die Gesandten des Kaisers von Byzanz in seiner Gegenwart Platz nehmen, sondern auch ihre Diener und bezeugte damit sehr bewußt jenen besondere Ehrerweisung, die keinen Anspruch auf sie hatten. Natürlich verstand man diese Zeichen zu lesen: der byzantinische Geschichtsschreiber Niketas Choniates meint, der Staufer habe durch den unterschiedslos allen angebotenen Sitzplatz die hochgestellten Gesandten – und damit auch ihren Herrn – verhöhnt, zeigte er ihnen doch auf diese Weise, «daß er keinen Unterschied der Stellung und der Geburt anerkennen wolle, sondern daß er sie alle gleich behandle, wie ein Sauhirt, der alle Schweine in einen Stall treibt, ohne die auszusondern, die fett sind und viel Geld einbringen».[67] Die vornehmsten Plätze waren unmittelbar rechts und links[68] sowie direkt gegenüber dem Kaiser – ein Grundsatz, der schließlich in die Bestimmungen über die Sitzplätze der drei geistlichen Kurfürsten in der Goldenen Bulle Kaiser Karls IV. von 1356 eingehen sollte. Der Zusammenhang zwischen Sitzplatz und subjektivem Ranganspruch steht auch im Zentrum einer – allerdings wohl nicht zeitgenössischen – Anekdote über den Aufenthalt des Grafen Bernhard von Lippe am Hof Barbarossas.[69] Demnach erschien der Graf mit seinem prächtig gekleideten Gefolge, erhielt von den Herolden des Reichs aber nur Stehplätze zugewiesen, woraufhin er seinen Rittern befahl, ihre wertvollen Mäntel auf dem Erdboden auszubreiten und auf ihnen Platz zu nehmen. Als sich die Versammlung am Abend auflöste, wurden die Mäntel absichtlich liegengelassen. Vom Kaiser darauf angesprochen, erwiderte Bernhard: «In unserer Heimat pflegt ein Mann von Ehre nicht den Stuhl mit sich herumzutragen, auf dem er sich niederläßt.» Barbarossa nahm die stolze Antwort lächelnd entgegen und wies Bernhard am folgenden Tag einen Sitzplatz unter den Großen des Reiches zu.

Weil Sitzplatz und Machtstellung einander unmittelbar sinnfällig entsprachen, entstand ein Streit um den Sitzplatz auch nicht von ungefähr, sondern war meist sorgfältig geplant und insoweit ein «Seismograph für Verwerfungen im politisch-sozialen Reichsgefüge».[70] Es war daher sicher auch kein Zufall, daß Erzbischof Philipp von Köln, der bei der Absetzung Heinrichs des Löwen eine höchst eigenständige und mit Barbarossas Absichten keineswegs übereinstimmende Rolle gespielt hatte, ins Zentrum eines aufsehenerregenden Sitzstreits geriet: ausgerechnet während des Mainzer Hoffests 1184, auf dem sich fast alle Großen des Reichs zu Ehren des Kaisers und seiner Söhne einfanden, sah sich Philipp der Demütigung ausgesetzt, seinen prestigeträchtigen Sitzplatz zur Linken des Kaisers durch den Abt von Fulda bestritten zu sehen – eine Provokation, deren Initiator offensichtlich mit der inzwischen eingetretenen Entfremdung zwischen Barbarossa und Philipp rechnete und den Erzbischof, der sich in seiner Ehre verletzt sah und einen massiven Gesichtsverlust fürchtete, zu einer heftigen Reaktion zwang.[71] Zwar ist die Historizität der Ereignisse mangels Parallelüberlieferung letztlich so gut wie nie beweisbar; weil symbolische Handlungen immer auch Hervorhebung oder Zurücksetzung ausdrückten, waren sie ein Darstellungsmittel, dessen sich die Chronisten in durchaus wertender Absicht bedienten. Allerdings wußten sie um die Verständlichkeit dieser Zeichen bei ihrem Publikum, so daß die grundsätzliche Bedeutung der Sitzordnung als Abbild der politischen Ordnung doch nicht in Frage steht und die Nachrichten über Barbarossas sehr bewußten Umgang mit dem Sitzplatz als Rangsymbol als zuverlässige Reflexe der zeitgenössischen ‹Spielregeln der Politik› gelten können. Der Sitzplatz hat auch in der schon erwähnten Travestie der Hofordnung, mit der Saxo Grammaticus den Rang seines Königs feiert, einen spezifischen Argumentationswert: angesichts des Gedränges von Neugierigen bei Waldemars Ankunft soll Barbarossa den Fürsten auf offenem Feld befohlen haben, dort Platz zu nehmen, wo sie gerade standen; nicht ihr Rang habe den mit Ehren ausgezeichneten Großen ihren Platz zugewiesen, sondern der Zufall – was gerade beim repräsentativen Anlaß einer Herrscherbegegnung ganz und gar unangemessen wäre.[72] Der Kaiser als Herr über eine verkehrte Ordnung ist ein markanter Zug in Saxos Negativbild des Staufers.

Der Hof war aber auch der Ort, wo dem Kaiser öffentlich Ehre erwiesen wurde. Das galt besonders beim Empfang von Gesandtschaften. Die verstreuten Nachrichten der zeitgenössischen Autoren sind hinsichtlich der Praxis recht wortkarg, vermitteln aber doch eine ungefähre Vorstellung vom äußeren Ablauf des Gesandtschaftsempfangs. Den Grundsatz unmittelbarer Stellvertretung der Herrscher durch Gesandte und der daraus resultierende Zwang zur ehrenden Behandlung formulierte Saladin 1173 in einem Brief an Barbarossa: Der Sultan bat um ehrende Behandlung seiner Gesandten so, wie es der kaiserlichen Hoheit auch entspreche, da ja, wie Barbarossa wisse, derjenige, der den Gesandten ehre, auch dessen Herrn ehre.[73] Die Bedeutung, die einer Gesandtschaft beigelegt wurde, spiegelte sich in ihrer Zusammensetzung: viele Belege zeigen, daß Barbarossa den hervorgehobenen sozialen Rang und die Vertrauensstellung, die Gesandte an ihrem Heimathof genossen, seinerseits als Ehrung empfand, die seinem Rang entsprach. So soll er Romuald von Salerno gesagt haben, er entnehme der Einsicht, Tüchtigkeit und dem scharfen Verstand der Gesandten auch das Ansehen des Herrn, der sie entsendet habe.[74] Wie die Stellung der Gesandten hatten auch die Geschenke, die sie dem Staufer überreichten, eine doppelte Funktion: sie demonstrierten Ansehen und Reichtum dessen, der sie sandte, aber auch die Wertschätzung, die er dem Empfänger entgegenbrachte. Otto von Freising berichtet zum Jahr 1155, der Staufer habe damals von byzantinischen Gesandten Gold- und Silbermünzen, Pferde, Stoffe und Gewänder erhalten und illustriert damit das Ansehen, das der eben erst gekrönte Kaiser schon genoß.[75] Eine Besonderheit der Auslandsschreiben des byzantinischen Kaisers war es, meist mit einer Aufzählung der Geschenke zu enden, die überbracht wurden – offenbar sollte so ihr tatsächliches Eintreffen am Bestimmungsort sichergestellt werden.[76] Albert von Stade, der von einem Trinkgefäß aus Smaragd mit kostbarem Balsam und vielen wertvollen Edelsteinen als Geschenken Manuels I. an Barbarossa berichtet, könnte diese Information direkt der offiziellen lateinischen Übersetzung des Briefs entnommen haben, die die byzantinische Kanzlei im Wissen um die Übersetzungsprobleme aus dem Griechischen ihren Gesandten stets mitgab.[77] Meistens werden in den Quellen nur ganz allgemein seltene und wertvolle Gaben (*rara et preciosa munera*) erwähnt, wie sie der Kaiser etwa 1173 von Saladins Gesandten erhielt.[78] Wenn die Geschenke genauer benannt werden, dann wegen ihrer Exotik – so etwa die goldenen, mit Moschus gefüllten Äpfel, die der König von Jerusalem schickte.[79]

Mit größter Sensibilität wurde am Hof registriert, ob die Begrüßung und Anrede dem hohen Rang des Kaisers entsprach oder etwa herabsetzende Elemente enthielt oder sogar die als selbstverständlich beanspruchten Titel vermissen ließ – was insbesondere im Verhältnis zu Byzanz auf Grund des ‹Zweikaiserproblems› immer wieder Konfliktstoff bot. Als Barbarossa 1176 ein mit Goldtinte auf purpurgetränktem und reich verziertem Pergament geschriebener Brief Kaiser Manuels I. Komnenos überbracht wurde, soll er schon ungehalten reagiert haben, als sein Name erst nach dem des Briefausstellers genannt wurde. Daß Manuel den «Kaiser der Römer» (*imperator Romanorum*) aber nur als «ruhmreichen König Deutschlands» (*Alemannie*) und als «Kaiser» ansprach, ohne ihm den römischen Namenszusatz zuzugestehen, den er sich selbst vorbehielt, sorgte für noch heftigere Verstimmung: Barbarossa ließ Manuel in seinem Antwortschreiben ermahnen, ihm und dem Römischen Reich künftig die angemessene Ehre zu erweisen. Das ‹Zweikaiserproblem› vergiftete auch die ohnehin von Mißtrauen überlagerte Kommunikation mit Kaiser Isaak II. Angelos während des Kreuzzugs seit 1189. Daß in mehreren Briefen aus Byzanz der römische Kaisertitel wiederum nicht erwähnt wurde, duldete Barbarossa nur so lange, wie seine Gesandten in Konstantinopel gefangen waren. Nach deren Freilassung ließ er vor byzantinischen Gesandten und den versammelten Großen seiner Empörung freien Lauf: ausdrücklich verwahrte er sich dagegen, daß ihn Isaak seiner Gnade versichere; sie mögen wissen, daß er nur die Gnade Gottes und gottgefälliger Männer brauche. Außerdem bestand er auf der Anrede mit seinem offiziellen Kaisertitel: «Weiß euer Herr nicht, wer ich bin? Ob er mich vielleicht noch nicht anerkannte? Ich bin und werde genannt Friedrich Kaiser der Römer und allzeit Augustus.»[80] Der Hof war gewissermaßen der Resonanzboden für das herrscherliche Selbstverständnis, entsprechend wachsam wurde registriert, ob es gewahrt oder verletzt wurde.

ZUGANG ZUM HERRSCHER

Eine der wesentlichen Funktionen des Hofes war aber die Kontrolle des Zugangs zum Herrscher, der strikt reglementiert war. Bittsteller mußten den indirekten Weg einschlagen. «Nur wer selbst Verwandter, Freund oder Vertrauter des Herrschers war oder aber Verwandte, Freunde oder Vertraute besaß, die ein solches Verhältnis zum Herrscher hatten, verfügte über die Möglichkeit, Anliegen wirkungsvoll vor den Herrscher und ihm nahezubringen.»[81] So erbot sich beispielsweise der Onkel Barbarossas, Bischof Otto von Freising, den Boten des Klosters Tegernsee einen eigenen Boten zur Seite zu stellen, damit die Mönche ihr Anliegen am Hof überhaupt mit Aussicht auf Erfolg vortragen konnten.[82] Abt Rupert von Tegernsee erhielt von einem Freund den Ratschlag, er solle seine Klage gegen den Vogt seines Klosters von einem Ministerialen des Kaisers am Hof vortragen lassen, weil ein solches Vorgehen bei öffentlich zu verhandelnden Streitfällen am meisten zu nützen pflege; durch den redegewandten und am Hof geschätzten Abt von Ellwangen werde er außerdem «den Rangersten der Welt bekannt gemacht und deren Gunst erlangen».[83] Einen in seiner Präzision seltenen Einblick ermöglicht der Bericht Richards von Schlanders über seinen Aufenthalt am Hof, der als spätere Zeugenaussage in Prozeßprotokollen überliefert ist und das Reden vor dem Herrscher schildert. Richard sollte bei Barbarossa für seinen Verwandten Adelardino von Lendinara die Belehnung mit dem Ort Zevio in der Grafschaft Garda erwirken. Am Hof angekommen, wandte er sich zuerst an den Veroneser *miles* Garzapane, der schon länger in der Umgebung des Kaisers weilte, und erzählte ihm seinen Auftrag. «Und ich bat ihn, mich dem Kaiser als dem Herrn Adelardinus zugehörig vorzustellen und ihm die Angelegenheit, wegen der ich kam, vorzutragen. Und so gingen wir in das Zelt des Kaisers selbst zu diesem, und ich grüßte ihn im Namen des Herrn Adelardinus, dessen Bote ich war, und dann sagte Herr Garzapane alles, was ich zu sagen hatte, und weshalb ich gekommen bin und in welcher Angelegenheit.»[84] Ähnlich wie der am Hof bekannte *miles* (Ritter) Garzapane für Richard setzte sich der Kanzler Christian von Mainz für die Konsuln von Ferrara ein oder Bischof Hermann von Verden und Kanzler Rainald von Dassel für den Rektor von Imola,[85] die zuvor am Hof nicht bekannt waren und also der Fürsprache bedurften, um das Wort direkt an den Herrscher richten zu dürfen.

So unverzichtbar also einerseits vorbereitendes Tätigwerden von Fürsprechern war, so war der Zugang zu Barbarossa am Hof doch keineswegs monopolisiert, was bei einer ortsfesten Herrschaft zwar möglich gewesen wäre, nicht aber unter den Bedingungen des Reisekönigtums mit stets wechselnden Orten und Personenkreisen. Nicht zuletzt um der Akzeptanz seiner Herrschaft willen konnte sein Umfeld nicht völlig abgeschlossen sein; demonstratives Zuhören hatte herrschaftsstabilisierende Funktion. Daher gelang es immer wieder auch gänzlich Außenstehenden, den König direkt mit ihrem Anliegen zu konfrontieren. Das war nicht die Regel – sonst gäbe es keinen Anlaß, in einer Urkunde ausdrücklich zu erwähnen, daß der Hof «unerwartet, unvermutet» (*ex inasperato*) mit einem Anliegen konfrontiert wurde.[86] Aber es geschah aus der Situation begründet doch häufig genug, um sich den Ring um den Herrscher nicht allzu hermetisch vorstellen zu müssen. Auf dem Konstanzer Hoftag 1153 nahmen als Gäste des dortigen Bischofs einige Kaufleute aus Lodi teil; als sie sahen, daß der neugewählte König Klagen zur Entscheidung durch das Hofgericht annahm, beschlossen sie, Klage gegen Mailand zu erheben, das ihre Vaterstadt bedrückte. Weil sie ihr Vorgehen aber nicht vorbereitet und sich keine Fürsprecher am Hof gesucht hatten, machten sie Barbarossa auf andere Weise auf ihre Klage aufmerksam: «Sie gingen also sofort in eine Kirche, nahmen von dort zwei sehr große Kreuze auf die Schultern, traten vor den König und die übrigen Fürsten und warfen sich mit den Kreuzen in größter Trauer zu Füßen des Königs nieder ... Als die Fürsten sahen, wie die Kreuze vor den König getragen wurden, was zu sehen sie nicht gewohnt waren, wunderten sie sich sehr. Der König sagte ihnen endlich, sie sollten sich aufrichten und ihm erklären, um welches Falles willen sie die Kreuze vor ihn gebracht hatten.»[87] Solcherart aufmerksam gemacht, forderte sie Barbarossa zum Sprechen auf, und jener der beiden Kaufleute, «der die deutsche Sprache bestens erlernt hatte», trug dann ihre Klage vor. In Italien wurde Barbarossa noch mehrfach auf diese Art und Weise unvorbereitet mit Bitten konfrontiert.[88]

Direkten Zugang zum Herrscher zu haben war ein besonderer Ausweis seiner Huld. Über die besten Möglichkeiten, Bitten vor den Kaiser zu bringen, verfügten natürlich die Großen des Reichs und Verwandte Barbarossas selbst. Ihre Fürsprache war am wirkungsvollsten. Als sich der erwählte Bischof Peter von Cambrai 1168 erstmals am Hof einfand, wurde er dem Kaiser von Erzbischof Christian von Mainz und Heinrich dem Löwen, beides bekanntermaßen mächtige Reichsfürsten und enge Vertraute des Staufers, «eifrig empfohlen»; sie priesen bei den Höflingen Peters Tugendhaftigkeit, Macht und Vortrefflichkeit, so daß er von Barbarossa und vielen des Hofs «umarmt, geküßt und geehrt wurde».[89] Die genaue personelle Zusammensetzung jenes ‹Filters›, den der Hof um den Kaiser bildete, ist kaum erkennbar; wir wissen nicht, an wen sich Boten zunächst zu wenden hatten, bevor sie Zutritt zu Barbarossa erlangten. Präsenz und Aktivität dieses Filters werden freilich immer wieder indirekt bestätigt. Das übliche Procedere vertraulicher und informeller Vorbereitung von Entscheidungen wertete die Rolle jener Höflinge (*curiales, aulici*) entscheidend auf, die über den Zugang zum Kaiser wachten oder die ein Bittsteller als Fürsprecher in seiner Angelegenheit gewinnen mußte. Klagen über die «Hof-, Palast- oder Pfalzhunde» (*canes palatinae*) waren ein Leitmotiv verbreiteter Hofkritik; die Türsteher des Königs würden, habe man ihnen nicht zuvor Geld gegeben, einfach lügen: «der König schlafe, sei krank oder in Beratung.»[90] Diese konkrete Beschwerde galt zwar dem anglonormannischen Hof, aber man braucht sich die Verhältnisse am staufischen Hof nicht wesentlich anders vorzustellen. Abt Heinrich von Lorsch rühmte sich, daß ihm nicht nur Barbarossa und die höchsten Fürsten zugetan seien, sondern auch die *canes palatinae*, denen auf Grund ihrer Funktion am Hof alle Geschenke machten.[91] Nachdem Abt Bernold von Ottobeuren von Barbarossa mit den Regalien investiert worden war, verhandelte er mit dem Kanzler über eine geforderte «Abgabe an den Hof oder Gegengabe»; in dieses Gespräch schaltete sich sogar Barbarossa persönlich ein, «wünschte, den Seinen zu helfen» und sagte, es sei nur rechtens, daß jemand wie der Abt, der Herzöge, Grafen und andere Adlige belehne, nachdem er von ihm selbst mit dem Szepter belehnt worden sei, «den Männern seines Hofes ebenfalls Geschenke machen müsse». Bernold erklärte unter Berufung auf freilich gefälschte Privilegien, sein Kloster schulde dem Kaiser anläßlich von Abtserhebungen lediglich zwei gleichfarbige Jagdhunde – übrigens einer der äußerst seltenen Hinweise auf die an Barbarossas Hof zweifellos praktizierte, aber in den Quellen kaum jemals aufscheinende Jagd.[92] Kein Einzelfall, sondern Beispiel für die übliche Praxis[93] war, daß die «Getreuen und Fürsten des Hofs» 1162 viel Geld von Genueser Gesandten erhielten, die auf diesem Weg ein vermittelndes Eingreifen Barbarossas in ihre Auseinandersetzung mit Pisa erwirken wollten.[94] Gelder, die Piacenza und Genua 1158 für Verträge mit Barbarossa und Cremona bei seiner Unterwerfung 1186 bezahlten, flossen nicht nur an den Kaiser, sondern auch an den Hof.[95] Zuweilen wurde zwischen Zahlungen an den Hof (*curia*) und am Hof anwesende und einflußreiche Berater (*curiae consiliarii*) unterschieden.[96] Kosten, die anläßlich der Ausstellung eines Privilegs am Hof anfielen, waren also weniger Taxen und Kanzleigebühren im Sinne einer Vergütung bürokratischen Organisationsaufwands, sondern ein Schmiermittel, ohne das das Räderwerk der Entscheidungsfindung allzu schnell ins Stocken geraten konnte. Bischof Heinrich von Como hatte für die Ausstellung einer Urkunde *in curia imperatoris domini Federici* zehn Pfund Silberpfennige aufgewendet.[97] Glaubt man dem Genueser Chronisten Oberto, so warf Barbarossa einem momentan zahlungsunfähigen Bittsteller vor, er habe die eigentlich ihm selbst versprochene Geldsumme und noch mehr schon unter die Höflinge verteilt.[98] Hatte aber Barbarossa bereits in einer Sache eindeutig Partei ergriffen, so wollte sich auch durch Geschenke niemand mehr verpflichten lassen, zugunsten des Bittstellers eine abweichende Position zu vertreten,[99] weil abgewiesen zu werden auch den Rang des Unterstützers tangierte, deshalb konfliktträchtig war und die eigene errungene Position am Hof in Frage stellen konnte.

Erfolg am Hof war abhängig von der Unterstützung einflußreicher Fürsprecher. Ihrem Rang und ihrer Position angemessene Geschenke verpflichteten sie gewissermaßen zu der ‹Gegengabe›, sich beim Kaiser, zu dem sie auf Grund ihrer Stellung unmittelbaren Zugang hatten, für ein Anliegen stark zu machen. Deshalb war es sinnvoll, als erster am Hof zu erscheinen, damit sich die Überzeugungskraft von Geschenken entfalten konnte, bevor ein Rivale des Bittstellers mit einem konkurrierenden Anliegen ebenfalls dort erschien. Als Pisa und Genua am Hof um Entscheidung ihres Streits um Sardinien nachsuchten, trafen die Genuesen vier oder fünf Tage vor den Pisanern am Hof ein[100] und verstanden es, sich mit Geld so nachhaltig der Gunst der

Fürsten zu versichern, daß es die Pisaner nach ihrer Ankunft nicht mehr wagten, gegen sie auch nur zu mucksen; anläßlich einer Festkrönung des Kaiserpaares wurden die Genuesen sogar mit einem erhöhten Platz im Turiner Dom geehrt, von wo aus sie über das ganze Kirchenschiff hinweg auf Kaiser und Kaiserin einen freien Blick hatten. Auch die Boten der Bürgerschaft von Mainz versuchten, früher als der mit ihnen verfeindete Erzbischof Arnold an den Hof zu gelangen, um dessen «Ruf beim Kaiser und beim gesamten Hof zu schädigen und in der Zwischenzeit durch Bestechung einige Fürsprecher für sich zu gewinnen».[101] Die Vorstellung, daß der Einsatz von Geld und Geschenken am Hof heutiger Bestechung entspreche, dessen Tatbestand Amtshandlungen mit der Entgegennahme sachwidriger Leistungen verknüpft, ist hingegen anachronistisch. In der mittelalterlichen Praxis gehörten Gaben und Geschenke ganz selbstverständlich zur Anerkennung von Herrschaft und Unterordnung – sie waren wie die Vorteilnahme selbst Elemente üblicher Herrschaftsausübung. Das heißt wohlgemerkt nicht, daß die Vorwürfe, betrogen oder bestochen zu haben, nicht erhoben worden wären; das tat aber bezeichnenderweise nur jene Seite, die trotz Geschenkeinsatz ihr Ziel nicht erreicht hatte. Der Betrugsvorwurf war insoweit also parteigebunden und gerade keine ‹Tatbestandsfeststellung›. Als der Kapellan Konrad 1165 die Vertreter von Pisa und Genua zur Schlichtung ihres Streits an den Hof schickte, soll er ihnen zu bedenken gegeben haben, daß derjenige, der dem Kaiser am meisten gebe, bei ihm auch am meisten gelte und sein größter Freund sei. Anders als es die ältere, noch um das Ansehen von Kaiser und Reich besorgte Forschung vermutete, war das keine Verleumdung, sondern eine zutreffende Beschreibung gängiger Praxis.[102]

Vom Hof aus wurde im Auftrag Barbarossas Herrschaft und Verwaltung ausgeübt.[103] Konkret hieß das unter den Bedingungen der ambulanten Regierungspraxis, daß Bitten an den König und sein personelles Umfeld herangetragen wurden, der Hof also auch zentrale Anlaufstelle für die Regelung von Konflikten war, und daß andererseits die mit königlicher Autorität sanktionierten Entscheidungen vom Hof ausgehend wieder in die Region zurückgetragen wurden. Eigenes Interesse ließ den Empfängern von Urkunden Barbarossas die Hoffahrt oft genug auch über größere Entfernungen, über die engere heimatliche Region hinaus geraten sein. Während seiner langen Aufenthalte in Italien wurde Barbarossa nicht nur von Bittstellern aus dem vergleichsweise nahegelegenen deutschen Südwesten aufgesucht – wie etwa von Boten der staufischen Klostergründung Walburg im Heiligen Forst im Elsaß, die den Kaiser im Mai 1159 in Roncaglia antrafen –, sondern auch aus dem eigentlich königsfernen Norden Deutschlands: so empfing er im Juni 1161 in Lodi nicht nur Abgesandte des westfälischen Prämonstratenserstifts Cappenberg, das sein Taufpate Otto von Cappenberg gegründet hatte, sondern auch des Bischofs von Brandenburg, die den Herrscher um urkundliche Bestätigung ihrer Rechte baten.

Barbarossas Urkunden, insbesondere die Privilegien, aber auch die Mandate, mit denen er Weisungen erteilte oder Verfügungen traf, sind Zeugnisse einer solchen «Herrschaft auf Antrag». Mit ihrer Umsetzung beauftragte er entweder Vertraute, die er vom Hof aus entsandte, oder Adressaten in der jeweiligen Region. So machte der kaiserliche Notar Burchard Barbarossas Aufforderung zur Heerfahrt nach Italien während einer längeren Reise in Kärnten, Krain und Istrien bis an den ungarischen Hof bekannt. Der Bischof von Münster wurde in einem das Kloster Corvey betreffenden Streit schriftlich zum Richter bestellt. Häufiger entsandte Barbarossa Vertraute, um einen Streit auf der Grundlage inquisitorischer Zeugenbefragung an Ort und Stelle lösen zu lassen – sein Kämmerer Sibodo von Groitzsch suchte aus einem solchen Anlaß 1174 das Herzogtum Kärnten auf, sein Marschall Marcelin 1152 den Hof Meerssen, um den es zu einem Streit zwischen den Mönchen von St. Remi und dem königlichen Vogt Gozwin von Heinsberg gekommen war, und im selben Jahr ein namentlich nicht bekannter königlicher Marschall die Stadt Höxter, um den Wiederaufbau ihrer Befestigungsanlagen zu überwachen. Ein engeres Zusammenwirken zwischen Hof und Region war dort möglich, wo es Ansätze zu einer institutionell verfestigten Reichsverwaltung gab, wo also örtliche Amts- oder Funktionsträger, die als Ministeriale im Reichsdienst standen, beauftragt werden konnten. So sollte der Marschall der Pfalz Hagenau die vom Kloster Neuburg im Elsaß erbetene Untersuchung von Besitzverhältnissen im Heiligen Forst zusammen mit dem Klostervogt durchführen; auch waren es Angehörige der lokalen Reichsministerialität, die Besitzverhältnisse der sächsischen Zisterzienserabtei Pforta klärten. Der reisende König verfügte also durchaus über Mittel, aus der Distanz zu herrschen. Sicher ist wohl auch, daß bei dieser Herrschaft aus der Ferne Schriftlichkeit eine größere Rolle gespielt hat, als es die Überlieferung erkennen läßt. Aber ein ausgereiftes Instrumentarium überregionaler Information und Kontrolle, das dem König mehr als punktuell wirksame Mandatsherrschaft erlaubt hätte, wird man nicht unterstellen dürfen. Auch bleibt fast ausnahmslos im dunkeln, inwieweit Barbarossa über die Autorisierung solcher Maßnahmen hinaus auch persönlich bei ihrer Planung und Durchführung beteiligt war. Bei Angelegenheiten von politischem Gewicht darf man wohl davon ausgehen. Seinem Protonotar Heinrich, den er 1164 vom Hof zusammen mit Graf Heinrich von Diez an den Markgrafen Otakar von Steier entsandte, hatte er den Wortlaut seiner Botschaft genau eingeschärft: «Unsere Worte haben wir ganz in deren Mund gelegt. Ihnen haben wir nämlich aufgetragen, dir unseren Willen vertraulich mitzuteilen, was du alles aus ihrem Mund offen hören und erfahren wirst.»[104] Weil es Worte und Absichten des Kaisers waren, die die Boten zu überbringen hatten, war Genauigkeit bis hin zu wörtlicher Wiedergabe ihres Auftrags verlangt. Aus diesem Grunde verbot Barbarossa Bischof Eberhard von Bamberg, den er 1170 zu Verhandlungen mit Papst Alexander III. schickte, die ihm aufgetragenen Worte auszulegen oder zu verändern.[105] Ein solches Maß an persönlichem Engagement Barbarossas ist aber nicht für jeden Fall anzunehmen. Als charakteristisch erscheint denn auch nicht etwa ein hohes Maß an zentraler Koordination, sondern im Gegenteil der weite Handlungsspielraum königlicher Beauftragter. Anders ist kaum zu erklären, weshalb der Abt von Tegernsee am selben Tag, als ihm ein Beauftragter Barbarossas die Heerfahrt ankündigte, noch einen zweiten Boten empfing, der von ihm fünf Pfund Silber verlangte, und schließlich noch einen dritten, der ein kräftiges Streitroß zu stellen befahl. Graf Berthold III. von Andechs, Vogt des Klosters und Vertrauter Barbarossas, ließ an den Kaiser schreiben, er könne nicht glauben, daß solche Befehle von ihm ausgegangen seien.[106]

BERECHTIGTE BITTEN, TREUE UND EHRE

Am Hof wurden also die denkbar verschiedensten Sachverhalte mit herrscherlicher Autorität entschieden. Die deutlichsten Spuren dieser Praxis der Entscheidungsfindung haben die im Namen des Herrschers ausgestellten Urkunden hinterlassen – meistenteils Privilegien, mit denen Barbarossa auf Bitten der Empfänger rechtserhebliche Sachverhalte bestätigen ließ. Die Privilegienausstellung und -übergabe war eine der Situationen, in denen Treue als eine zentrale Kategorie der Herrschaftsausübung sinnfällig wurde. Treue sicherte nicht nur generell die Kontinuität sozialer Beziehungen, sondern schuf auch auf politischer Ebene «ein Klima von Verbindlichkeit, in dem – im Rückgriff auf die Vergangenheit – einerseits Erfahrungen und – in Vorwegnahme der Zukunft – andererseits Erwartungen in der Gegenwart miteinander vermittelt werden».[107] Der Treueid schuf Vertrauen, indem er Verhalten auf lange Sicht festlegte und damit Erwartungssicherheit herstellte. Entsprechend häufig ließ ihn Barbarossa als Ausdruck der Anerkennung seiner Herrschaft einfordern; zu Beginn seines zweiten Italienzugs schworen die Bürger von Verona unter Berührung der Heiligen Schrift: «Ich schwöre, daß ich fortan meinem Herrn, dem römischen Kaiser Friedrich treu sein werde gegen jedermann, wie ich es von Rechts wegen meinem Herrn und Kaiser schuldig bin, und ich werde helfen, die Krone des Reiches sowie alle seine Macht in Italien zu erhalten, namentlich und speziell jene Stadt und alle Rechte, die er in ihr hat, und in aller Aufrichtigkeit werde ich seine Regalien in der Grafschaft und im Bistum weder hier noch dort ihm wegnehmen, und wenn sie ihm entzogen sein sollten, werde ich ihm getreulich helfen, sie zurückzugewinnen und zu behalten. Weder mit Rat noch mit Tat werde ich dazu beitragen, daß er sein Leben oder ein Glied oder seine Ehre verliere oder in schlimmer Gefangenschaft gehalten werde. Jeden Auftrag von ihm, den er mir persönlich oder brieflich oder durch seinen Gesandten zur Wahrung des Rechtsanspruchs erteilt, werde ich getreulich ausführen und mich nicht böswillig weigern, ihn anzuhören, zu übernehmen und zu vollstrecken. Dieses alles werde ich gewissenhaft ohne Arglist im Auge behalten. So wahr mir Gott helfe und diese vier heiligen Evangelien.»[108] Bei aller unverkennbaren Asymmetrie der Machtverhältnisse war das politische Treueverhältnis dennoch dem Prinzip der Reziprozität unterworfen, «in dem der im Treueschwur versprochenen Leistung immer eine Gegenleistung im Sinne einer auf Ausgleich bedachten Ökonomie des Gebens und Nehmens gegenübersteht».[109] Die Beherrschten waren zu Dienst und Gehorsam verpflichtet, der Herrscher im Gegenzug zu Schutz und Belohnung. Als wechselseitige Bindung mit hohem Verpflichtungsgrad war Treue von größter Bedeutung für eine funktionierende Herrschaftsausübung. Deshalb waren die öffentlichen Handlungen, in denen diese Verpflichtung buchstäblich vor Augen gestellt wurde, in denen Treue geübt oder an ihre Leistung erinnert wurde, ebenso wichtig wie häufig. Daß Sprechen und Schreiben über Treue gleichzeitig Bestandteil ihrer Inszenierung waren,[110] macht gerade die Privilegienerteilung besonders deutlich. Die stereotypen Hinweise in den einleitenden Sätzen einer Urkunde (Arenga) auf die Treue als Handlungsmotiv waren deshalb auch alles andere als inhaltsleeres Formelgut. Barbarossas Privileg für Pisa aus dem Jahr 1162 ist ein ebenso anschauliches wie eindrucksvolles Beispiel für eine solche Argumentation, in der erwiesene Treue mit dem Anspruch auf Belohnung und der Hoffnung auf künftige Treue miteinander verschränkt wurden: «Es schmückt die kaiserliche Hoheit, den Wünschen aller und den Bitten ihrer Getreuen mit Milde zu entsprechen, vor allem jedoch den Bitten derjenigen, deren Treue und Ergebenheit gegenüber unserer und der Erhabenheit des Reiches so klar erstrahlt, daß ihre glänzenden und ehrlichen Dienste wegen ihrer Größe und Häufigkeit andere zur Nachahmung anregen. Es wird deshalb als passend und angemessen angesehen, daß wir auf ihre getreuen Dienste mit unserer kaiserlichen Freigebigkeit und mit umsonst verteilten Wohltaten so dankbar antworten, daß wir durch das Beispiel unserer Milde die weniger Getreuen dazu bringen, dem Reich treu und eifriger zu dienen. Denn je mehr Tüchtigere und sehr Würdige von uns Wohltaten empfangen, desto mehr, so glauben wir, wird der Ruhm unserer Krone wachsen. Und weil alle unsere sehr treuen und dem Reich sehr ergebenen Pisaner Bürger für ihre großartigen und zahlreichen Dienste, die sie uns und dem Reich zum Beweis und zur Anerkennung ihrer Treue oft erwiesen haben, bei unserer Majestät eine höhere Gunst der Liebe und der Huld angesammelt haben, sei allen Getreuen zukünftig und jetzt bekannt, mit welcher Güte, mit welcher immensen kaiserlichen Freigebigkeit wir die Verdienste der Pisaner belohnen, die durch ihren Eifer und die Kraft der Männer die Ehre und den Ruhm des Reiches und den Wohlstand des Gemeinwesens immer vergrößert und immer zu mehren beschlossen haben. So sehr sich nämlich die Stadt Pisa seit ihrer Gründung durch Treue und Redlichkeit von den anderen Städten abhebt, so sehr hängt sie auf Grund ihrer göttlichen Beständigkeit uns und unseren Vorgängern, den römischen Königen und Kaisern, treu dienend ausdauernd an, wie wir durch viele Schriftstücke und Berichte oft gehört haben und überdies aus dem Zeugnis ihrer Taten selbst klar hervorgeht. Es gefällt also unserer Milde, daß das Pisaner Volk für seine Treue und seine Ergebenheit für immer den ehrenhaftesten Vorteil erhält, damit sein Einsatz für die Ehre des Reiches immer bestehen bleibt und es die Treue und Regsamkeit seiner Väter in den ehrenhaften Sitten und klaren Tugenden seiner Werke fortsetzt.»[111] Noch der hohe, ganz auf Verherrlichung der kaiserlichen Majestät ausgerichtete Duktus der Urkundensprache läßt erkennen, daß der Anspruch auf Belohnung für geleistete Dienste unabweisbar war. Allerdings war die Einforderung der konkreten Gegenleistung Barbarossas den Regeln ranggeordneter Kommunikation unterworfen und fand ihre Grenze in dem Grundsatz, daß kaiserliches Handeln stets als freiwillig und nicht als erzwungen wahrgenommen werden sollte; der Staufer pflegte zwar die Dienste seiner Getreuen «mit heiterem Auge» anzuschauen, sie aber erst «zu geeigneter Zeit durch großartige Erkenntlichkeiten auszugleichen»,[112] war also mit großem Nachdruck bestrebt, bei aller Anerkennung seiner Verpflichtung zur Belohnung seinen Handlungsspielraum möglichst weitgehend zu wahren. In bedrohlichen Situationen stellte er nachdrücklich die angemessene Belohnung der Treue durch kaiserliche Freigebigkeit in Aussicht und drohte gleichzeitig mit Besitzkonfiskation für den Fall des Treuebruchs.[113] Gunther, der Erzieher von Barbarossas Söhnen, war davon überzeugt, daß auch der Herrscher treu zu gegebenen Versprechen stehen mußte: «Im bloßen Wort des Königs erscheinen / Sichtbar Hoheit und Recht, noch mehr als in jeglichem Eidschwur. / Niemals dürfen sich Königslippen betrügerisch zeigen, / Niemals auch der erhabene Mund sich Lügen erfinden: / Heilig und reich an Bedeutung sind alle Worte des Königs, / Rückkehr dulden sie nicht, sobald sie erst ein Mal gesprochen.»[114] Daß die politische Praxis diesem hohen Ideal häufig genug nicht entsprach, sondern – wie sich noch zeigen wird – zur Kollision verschiedener Treuebindungen führte und agonale Konflikte auch unter den Getreuen des Kaisers wachrief, ändert nichts daran, daß in den Vorstellungen von einer legitimen politischen Ordnung das wechselseitige Treueverhältnis von größter Bedeutung war.

Mit der Treue kommt ein Handlungskonzept ins Spiel, das Historiker lange als überholt und veraltet betrachteten, das vor allem aber durch seine gezielte Instrumentalisierung im Dritten Reich mit dem Odium des Nationalsozialismus behaftet war. Daß die Formel «Meine Ehre heißt Treue» das Koppelschloß der SS zierte, ist nur ein Beispiel dafür, in welchem Ausmaß Treue als Integrationsideologie mißbraucht wurde und Opferbereitschaft im Dienst der Nation legitimieren sollte.[115] Nach 1945 wurde in Deutschland die Geschichtswirksamkeit von Treuekonzepten lange Zeit als ‹überkommene› Kategorie zugunsten eindeutig modernisierungstheoretisch ausgerichteter Kategorien einfach übersehen.[116] Dieselben Annäherungsschwierigkeiten bereitete auch die ‹Ehre›. Zwar standen Ehre und Ehrgefühl im Zentrum des adligen Ethos und der adligen Mentalität. Entsprechend deutlich prägte sie Wahrnehmung und Handlung der Zeitgenossen. Dessenungeachtet spielte Ehre in den Erklärungen von Herrschaft und Politik mittelalterlicher Kaiser wie Friedrich Barbarossas lange Zeit keine Rolle.[117] Zum einen ließ sie sich nicht in Modernisierungstheorien einfügen, zum anderen unterlag sie wie die ‹Treue› der historischen Erfahrung des politischen Mißbrauchs. Jedoch sind deshalb diese Begriffe zur Erklärung einer politischen Praxis, in der Handlungen ganz selbstverständlich mit *fides* und *fidelitas* (Treue) oder *honor* (Ehre) begründet wurden, nicht einfach untauglich geworden.[118] Um Mißverständnisse zu vermeiden: die Bedeutung der Ehre für das Verständnis von Barbarossas Handeln zu betonen heißt nicht, dem Stauferkaiser oder mittelalterlichen Rittern ein moralisch besonders vorbildhaftes Verhalten als ‹ehrenhaft und treu› im Sinne von ‹anständig› zu unterstellen.[119] Die Ehre zu wahren hieß im 12. Jahrhundert und noch lange danach, den beanspruchten sozialen Status verteidigen zu können und den Respekt erwiesen zu bekommen, der ihm zukam: «Da soziale Wertschätzung – ‹Ansehen› im buchstäblichen Sinne – in einer face-to-face-Gesellschaft auf öffentlicher Sichtbarkeit beruhte und durch symbolische Kommunikation austariert wurde, gefährdete jedes sichtbare Zeichen der Ablehnung die soziale Geltung des Betroffenen und erforderte seine ebenfalls öffentlich sichtbare

Gegenwehr.»[120] Über Erweisung oder Verweigerung von Ehre wurden Herrschaftsverhältnisse anerkannt. In einer Urkunde Barbarossas für das Kloster Benediktbeuern heißt es deshalb ganz allgemein, die kaiserliche Majestät begehre von allen Menschen, «daß sie ihr das, was zur Ehre und Ehrerweisung gehört, zuwenden».[121] Kaiser und Reich waren insoweit synonym, als Befehle des Kaisers auch als solche des Reichs bezeichnet wurden, denen sich niemand widersetzen, sondern jeder mit der «schuldigen Ehre und Ehrerweisung» beugen sollte.[122] Die Hochachtung der «Ehre des Reichs» (*honor imperii*) sollte nicht nur der Person Barbarossas gelten, sondern auch allen anderen, die ihm treu ergeben waren. Diejenigen, die dem *imperium* mit besonders bereitwilliger Ergebenheit dienen, sollten von all jenen, die die «Ehre unseres Reiches» (*imperii nostri honor*) hochachteten, mit der geschuldeten Ehrerweisung behandelt werden.[123] Umgekehrt förderte es die Ehre des Reichs (*honor imperii*), dessen Feinde zu bekämpfen.[124] Aus dieser allgemeinen Erwartungshaltung ergab sich, was am Hof als Verletzung von Barbarossas *honor* wahrgenommen wurde: die Unterstützung eines Reichsfeindes, wie sie etwa dem französischen König wegen seiner Hilfe für Alexander III. oder dem Domkapitel von Halberstadt wegen seiner bislang ausgebliebenen Anerkennung Viktors IV. oder Papst Urban III. wegen seines Umgangs mit den gebannten Cremonesen vorgeworfen wurde.[125] Bewaffneten Widerstand verurteilte der Hof zuweilen als verabscheuungswürdigen Verrat an der «Ehre des Reichs», daß darüber die Himmel erstarren und die ganze Welt trauert.[126] Öffentlich demonstrierter Ungehorsam versagte dem Kaiser die verlangte Ehre. Deshalb wurde gerade in Konfliktfällen so häufig von der Ehre gesprochen und geschrieben. Das Handeln von Herrscher und Fürsten war im gemeinsamen Wert der dem Reich – also: der Gemeinschaft der Großen – geschuldeten Ehre aufeinander bezogen. Die Klage über ihre Verletzung war Klage über Verletzung einer gemeinsamen, auf die Wahrung des *honor* gegründeten Ordnungsvorstellung, und gemeinsam sollte ihr wieder zu Geltung und Ansehen verholfen werden. Darin lag die integrierende Funktion, die der Appell an die Ehre entfalten konnte – im Gegensatz zu ihrer desintegrierenden Funktion «im ständigen Rangwettstreit, der als Maxime einer Adelswelt gelten darf».[127]

Die Ausstellung von Privilegien Barbarossas wurde immer wieder mit geleisteter Treue und demonstrierter Ehrerweisung begründet.

Nur auf den ersten Blick vermitteln sie den Eindruck eines unbeschränkt handlungsfähigen Herrschers mit unbegrenzter Gestaltungsfreiheit, der aus freiem Ermessen entscheidet. Dem modernen Leser suggerieren die in subjektiver Form und im Duktus einseitiger Anordnung abgefaßten Texte leicht die Vorstellung, von Barbarossa als bestimmender Kraft sei stets die Initiative ausgegangen. Einen solchen Eindruck gewannen die Zeitgenossen sicher nicht, denn unbeschadet der einschüchternden Autoritäts- und Pathosformeln der Urkundensprache wußten sie nicht nur sehr genau, daß der Urkundenausstellung längere Verhandlungen vorausgingen, sondern auch, daß bei der Kommunikation und Interaktion am Hof bestimmte Gewohnheiten zu beachten waren. Dieses komplexe Kommunikationsgeschehen wirft viele für das Verständnis des Herrscherhandelns wichtige Fragen auf. Zunächst ist davon auszugehen, daß Barbarossa angesichts der Vielzahl der Sachverhalte und anstehenden Entscheidungen weder das jeweils nötige Detailwissen noch den erforderlichen Überblick haben konnte. Schon die fehlende Dokumentation kaiserlicher Verfügungen in der Kanzlei verhinderte, daß man am Hof stets eine genaue Kenntnis der ergangenen Entscheidungen hatte. Zwar konnte in einer Urkunde auch drei Jahre nach der mündlichen Verhandlung eines Besitzstreits vor Barbarossa gesagt werden, der Kaiser sei des Geschehens eingedenk.[128] Andererseits räumte er auch ohne weiteres ein, daß in seinem Namen Mandate geschrieben wurden, von denen er gar nichts wußte.[129] Selbst Papst Innozenz III. († 1216), mit dessen Pontifikat die geschlossene und konsequente Registerführung der Kurie einsetzte, mußte häufiger bekennen, daß er sich an Schreiben, die in seinem Namen ergangen seien, nicht erinnern könne; auch unter den im Vergleich zum staufischen Hof höchst geordneten Verhältnissen der Kurie war vollständige Dokumentation nicht möglich, und die eintreffende Informationsfülle konnte von der Person an der Spitze der hierarchisch organisierten Herrschaft nicht bewältigt und verarbeitet werden. Diese Problematik potenzierte sich natürlich im Falle eines illiteraten Herrschers. Bereits im Kontext von Barbarossas Erinnerungswissen wurde das Problem angesprochen, wie man sich sein Verhältnis zu Texten vorzustellen hat, die die Kanzlei in seinem Namen formulierte. Wie erwähnt, konnte der Kaiser weder lesen noch schreiben, und er war auch der lateinischen Sprache nicht mächtig, in der die Urkunden abgefaßt wurden. Welchen Einfluß nahm er also auf ihren Wortlaut? Daß er in einer Situation politischer Spannung mit dem Papst befohlen haben soll, anders als bisher seinen eigenen Namen dem des päpstlichen Adressaten voranzustellen,[130] ist gut vorstellbar, denn die übliche Anrede war dem Kaiser aus den Übersetzungen, die ihm vorgetragen wurden, vertraut genug, um eine solche Geste demonstrativ verweigerter Ehrerbietung anordnen zu können. Viel schwieriger ist das Ausmaß konkreter inhaltlicher Einflußnahme einzuschätzen. Was bedeutet es beispielsweise, wenn in einer Urkunde für den Johanniterorden 1158 Barbarossas Besuch der Ordensniederlassung in Jerusalem während des Zweiten Kreuzzugs erwähnt wird? «Mit Gottes Gnade haben wir die unschätzbaren Werke der Barmherzigkeit, die am heiligen Hospital in Jerusalem zugunsten der Pilger und Kranken tagtäglich aufs menschlichste ausgeführt werden, mit eigenen Augen gesehen.»[131] Hat der Kaiser diesen Abschnitt etwa diktiert? Die Zusammenhänge sind komplexer als auf den ersten Blick erkennbar. Man weiß, daß diese Urkunde nicht in der kaiserlichen Kanzlei entstand, sondern – eine durchaus übliche Praxis – als sogenannte ‹Empfängerausfertigung› von einem Schreiber des Adressaten verfaßt wurde; erinnerte ihn Barbarossa persönlich an den Jerusalembesuch – oder paßte der Schreiber nur das Wissen, das bei den Johannitern über dieses Ereignis noch lebendig war, dem subjektiv gehaltenen Duktus der Kaiserurkunde an? Kannte Barbarossa den Text bis in

ABB. 16 Urkunde Barbarossas vom 23. Juni 1157 für das Zisterzienserkloster Walkenried. Geschrieben wurde die Urkunde vom dritten faßbaren Notar unter dem Kanzler Rainald von Dassel. Layout, Schrift und das Siegel sind die wichtigsten der sogenannten äußeren Merkmale einer Urkunde. Die erste Zeile, die eine Anrufung der Heiligen Dreifaltigkeit und den Titel des Ausstellers enthält, ist in einer langgestreckten Zierschrift mit sehr enggesetzten Buchstaben geschrieben. In solchen *litterae elongatae* ist auch die Signumzeile im Schlußteil ausgeführt, die das Monogramm (*signum*) des Herrschers ankündigt. Der Hauptteil der Urkunde ist in der sogenannten diplomatischen Minuskel geschrieben, deren Buchstaben sich durch charakteristische Oberlängen auszeichnen. Das aufgedrückte Wachssiegel zeigt den thronenden Kaiser, wurde durch Schnitte im Pergament durchgedrückt und auf diese Weise an der Urkunde befestigt. Etwa 30% der Urkunden Barbarossas wurden nicht in seiner Kanzlei geschrieben, sondern von sogenannten Empfänger- oder Gelegenheitsschreibern. – Wolfenbüttel, Niedersächsisches Staarsarchiv, 25 Urk. 12.

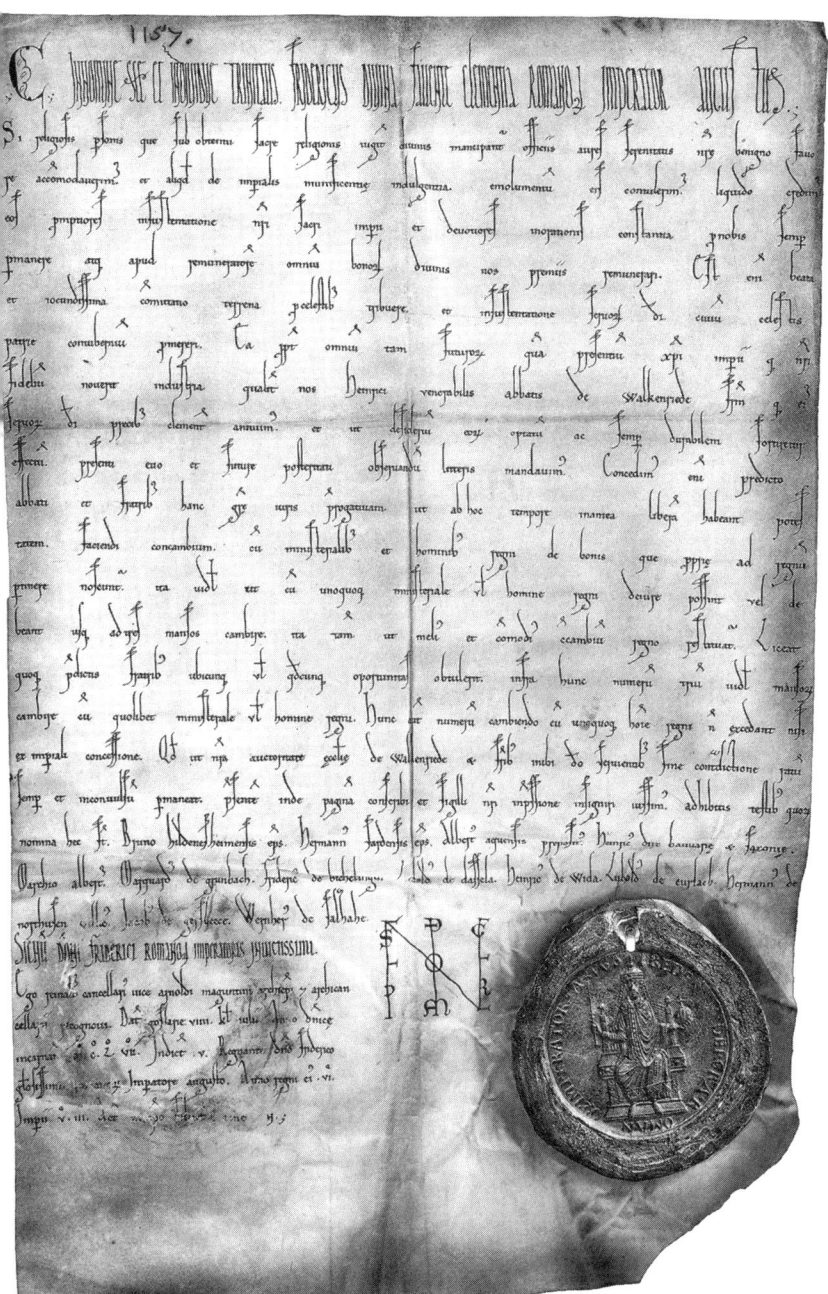

die Einzelheiten? War das überhaupt nötig? Wurde ihm der Text übersetzt?

Läßt sich über den unmittelbar persönlichen Einfluß des Kaisers auf den Urkundentext praktisch nichts aussagen, so treten wenigstens die Verhandlungen, in denen ihm Bitten und Wünsche des Urkundenempfängers vorgetragen wurden, vereinzelt ins Licht der Überlieferung. Die Urkunden selbst sind für diesen kommunikativen Kontext, der Barbarossa mit den Angehörigen des Reichs in Interaktion, also recht eigentlich beim Regieren zeigt, nur wenig transparent. Mehr oder weniger stereotyp betonen sie «die Erhabenheit des Herrschers von Gottes Gnaden; die Annäherung des Petenten mit Zeichen der Ehrerbietung, die von dienstbereiter Treue bis zu tiefster Unterwürfigkeit reichen können; den Vortrag des Anliegens, bei dem das Spektrum der Klassifizierungen die gerechte und vernünftige Bitte eines Großen ebenso umfaßt wie den tränenreich vorgetragenen Hilferuf eines Abtes und seiner Mönche».[132] Immerhin darf man die metaphorischen Wendungen, daß der Kaiser seine Getreuen mit gnädigen Augen anblicke oder ihren gerechten Bitten das Ohr seiner Freigebigkeit und seiner Hoheit neige,[133] auch als Reflexe des Privilegierungsaktes auffassen. Schon durch das äußere Erscheinungsbild eines Privilegs wurden Reichtum und Macht des Ausstellers wirkungsvoll in Szene gesetzt: es handelte sich um großformatige, mit einem farbigen Wachssiegel oder sogar einer Goldbulle besiegelte Pergamente, die mit ihrem elaborierten Schriftbild in einer weitgehend illiteraten Gesellschaft geradezu einschüchternd gewirkt haben müssen. Inhaltlich hingegen sind diese Texte weitgehend undurchdringlich, was die Beantwortung der Frage betrifft, wie vor dem Kaiser gestritten wurde, wie er mit Rücksicht auf Rang und Status die Gegensätze zwischen den Beteiligten ausglich oder wie er nur mühsam seine Autorität zur Geltung brachte.

Die wenigen Informationen über das Geschehen hinter den Kulissen verdanken wir Berichten der zeitgenössischen Historiographen. Zwar gehörten die Chronisten so gut wie nie zu Barbarossas Vertrauten. Sie hatten keinen Zugang zu jenen geheimen Unterredungen (*colloquia secreta*), in deren vertraulicher Sphäre die wichtigen Entscheidungen getroffen wurden, und erwähnen deshalb ganz überwiegend nur die einfache Tatsache, daß Beratungen stattgefunden haben. So läßt etwa Rahewin den Erzbischof von Mailand dafür danken, daß Barbarossa mit den Getreuen über die Gesetze, die Rechtsansprüche und die Ehre des Reichs beraten habe; ähnlich unbestimmt heißt es in den Pisaner Annalen des Bernardo Maragone, Barbarossa habe mit den Konsuln der Seestadt über die «Ehre des Reichs» (*honor imperii*) verhandelt.[134] In dieses meistens undurchdringliche Dunkel fällt jedoch dann zuweilen das Licht einer eingehenden Beschreibung des Entscheidungsprozesses, wenn ein Geschichtswerk gleichzeitig als ‹Wissensspeicher› für die Vorgänge an Barbarossas Hof dienen sollte, wenn es also angesichts eines besonders komplizierten oder langwierigen Konflikts geraten schien, Einzelheiten über das eigene Vorgehen oder das Zustandekommen bestimmter Entscheidungen des Kaisers für den Fall einer künftigen Fortsetzung des Konflikts festzuhalten. So fungierten etwa die Jahresberichte der *Annales Ianuenses* als eine «Art diplomatisches Gedächtnis für die kommunalen Entscheidungsträger»:[135] sie wurden den jährlich wechselnden Amtsträgern Genuas vorgelesen und stellten ihnen Informationen für anstehende Entscheidungen bereit – darunter die Argumente und auch das rhetorische Geschick, mit denen ihre Amtsvorgänger Barbarossas Forderungen an die Kommune zurückgewiesen und eigene Ansprüche begründet hatten. Auf diese Weise wurde wichtiges Wissen über am Königshof erfolgreiche oder auch gescheiterte Handlungsstrategien für vergleichbare Bedarfsfälle festgehalten. Eine solche Funktion dürfte auch der ausführliche Bericht gehabt haben, den Lambert von Waterlos nach der Erzählung des Bischofs Nikolaus II. von Cambrai († 1167) über dessen erfolgreiches Agieren an Barbarossas Hof verfaßt hat. Ganz zu Recht meinte der englische Historiker Timothy Reuter, man müsse sich diesen Text sozusagen auf der Zunge zergehen lassen, um zu verstehen, was das Reich als adelig-fürstlicher Herrschaftsverband eigentlich gewesen sei;[136] denn nur selten werden das Zusammenspiel der verschiedenen Faktoren, die bei der Entscheidungsfindung am kaiserlichen Hof eine Rolle spielten, so eindringlich beschrieben.[137]

Nikolaus nahm im Dezember 1152 die Nachricht, daß Graf Dietrich von Flandern zum Weihnachtshoftag des neugewählten Königs nach Trier aufgebrochen war, mit größter Sorge auf. Er hatte mit dem Grafen seit längerem im Streit gelegen und fürchtete nun, daß Dietrich, der «durch Reichtum und Verwandte am Hof des Königs sehr einflußreich war», diese Ressourcen ausnutzen würde, um sich von Barbarossa Rechtsansprüche über Cambrai bestätigen zu lassen. In

Trier waren mit Herzog Gottfried von Löwen und Herzog Matthäus von Oberlothringen wichtige Große des Reichs zugegen, mit deren Unterstützung der Graf rechnen konnte, weil sie seine Verwandten waren; Matthäus war außerdem mit Barbarossas Schwester Judith-Bertha verheiratet, also ein Schwager des Königs. In diesen Personen hatte Dietrich, wie Nikolaus zu Recht fürchtete, tatsächlich wichtige Fürsprecher am Hof. Als der Bischof einige Tage nach dem Grafen in Trier ankam, sah er, mit welchem Erfolg sich Dietrich seines Vermögens und seiner verwandtschaftlichen Bindungen bereits bedient hatte: ihm wurde die Ehre zuteil, dem König am Weihnachtstag in feierlicher Prozession das Schwert voraustragen zu dürfen. Am nächsten Tag war Nikolaus Zeuge der Belehnung des Grafen durch Barbarossa; welche Rechte damit im einzelnen verbunden waren, war allein aus der symbolischen Handlung, bei der Dietrich seine Hände in die des Königs legte, nicht zu erkennen. Aber Nikolaus hatte erfahren, daß Dietrich den König um einen Brief gebeten hatte, der die Bürger von Cambrai zum Gehorsam auffordern sollte. Den Text zu formulieren überließ Barbarossa seinem Schwager, der einen Schreiber entsprechend instruierte. Der Bischof ahnte nichts Gutes und verschaffte sich heimlich Zutritt zu dem Zimmer im erzbischöflichen Palast, in dem der Schreiber beschäftigt war; von ihm brachte er in Erfahrung, daß Barbarossa dem Grafen Rechte über die Bischofsstadt zugestanden hatte. Daß Nikolaus als unmittelbar Betroffener nicht nach seinen eventuell entgegenstehenden Ansprüchen befragt worden war, lag nicht daran, daß der Staufer oder die oberlothringischen Großen nichts von seiner Anwesenheit gewußt hätten – denn die Ankunft eines Reichsfürsten am Hof war keine geräuschlos verlaufende Angelegenheit. Die Gründe für Barbarossas Vorgehen lagen auf anderer Ebene. Es ging ihm um Stabilisierung und Intensivierung freundschaftlicher und verwandtschaftlicher Bindungen. Er kannte Dietrich vom gemeinsamen Kreuzzug: beide hatten nicht nur 1148 an der Belagerung von Damaskus teilgenommen, der Staufer war auch zugegen gewesen, als Dietrich die Ehre des deutschen Königs gegen einen Vorschlag des Bischofs von Langres im Kriegsrat verteidigt hatte. Darüber hinaus war der Schwager des Staufers, Herzog Matthäus, Dietrichs Neffe und fungierte als dessen Fürsprecher. Barbarossas Absicht, alte Loyalitäten zu festigen, fand ihren symbolischen Ausdruck in dem Dietrich zugewiesenen ehrenvollen Dienst als Schwertträger.

Dem versammelten Hof wurde damit zweierlei bedeutet: zum einen das Vertrauen des Königs zum Grafen, zum anderen dessen Bereitschaft zu Gehorsam und Treue in der Zukunft.[138] Nikolaus sollte mit der getroffenen Entscheidung einfach überrumpelt werden. Nicht zuletzt diesem Ziel diente die Inszenierung der Übereinstimmung zwischen dem Herrscher und dem Grafen, die im Schwertträgerdienst und in der Anwesenheit der anderen Fürsten bei Dietrichs Belehnung zum Ausdruck kam. Barbarossa und seine oberlothringischen Verwandten und Freunde wollten Nikolaus ganz zielgerichtet einschüchtern und setzten ihn massiv unter Druck: denn gegen diese Eintracht der Mächtigen zu handeln, erforderte nicht nur den persönlichen Mut, sich einer königlichen Entscheidung zu widersetzen, sondern auch kluge Vorbereitung.

Nikolaus wußte, daß ein bloß persönlicher Protest wenig Erfolgsaussichten hatte. Deshalb suchte er, nachdem er den Inhalt des Briefs in Erfahrung gebracht hatte, umgehend die Unterstützung seiner bischöflichen Amtsbrüder, die er nicht ohne Grund seine Freunde nannte. Einige von ihnen, die Bischöfe Stephan von Metz, Ortlieb von Basel, Philipp von Osnabrück und Heinrich von Lüttich kannte er schon seit Jahren. Er appellierte vor ihnen an die seit langem eingespielten Grundsätze konsensualer Herrschaftspraxis und beklagte, daß Barbarossa seine Entscheidung ohne Urteil der Bischöfe getroffen habe, obwohl doch «alle Zügel des Reichs der Deutschen von ihrer Klugheit ausgezeichnet gelenkt, durch sie die Feinde niedergeworfen, die Freunde geschützt und unter ihrem Schutz alle in Frieden leben» würden. Außerdem argumentierte Nikolaus mit dem Privileg, das er 1145 von Konrad III. erwirkt und auch nach Trier mitgebracht hatte; ausdrücklich wies er auf «Gutheißen, Zustimmen und Zusicherung» der damals anwesenden Großen hin, weshalb «seine Schande so groß wie der Tadel» sei, den seine Amtsbrüder verdienten, wenn sie den Grafen ungehindert mit dem königlichen Schreiben nach Hause zurückkehren ließen. Davon fühlten sich mindestens die Bischöfe von Lüttich, Basel und Osnabrück persönlich angesprochen, denn sie hatten damals Konrads Verfügung als Zeugen bekräftigt und betrachteten daher das Nikolaus nun zugemutete Unrecht als ein ihnen selbst zugefügtes. Sie kamen überein, vor Barbarossa «wie von der Sache Unwissende handeln» und erst während der üblichen Besiegelung des Briefs gemeinsam augen- und ohrenfällig protestieren zu wollen. In die Versammlung zurückgekehrt, warteten sie ab, bis Herzog Matthäus den ausgestellten Brief aus der Kammer abholte und persönlich dem König übergab. Weil Barbarossa den in seinem Namen ausgestellten Text weder lesen noch verstehen konnte, gab er ihn an Erzbischof Hillin von Trier weiter, der ihn still las und dann zurückgab, was von den weltlichen Großen, die der lateinischen Sprache anders als die geistlichen Herren meist nicht mächtig waren, als Zeichen des Einverständnisses gedeutet wurde. Herzog Matthäus drängte nun darauf, daß Barbarossa den Brief mit seinem Siegel versehen lassen solle. Jetzt erhob sich Bischof Nikolaus von seinem Platz und bat, seinerseits den Brief lesen zu dürfen. Barbarossa konnte ihm das schlecht abschlagen, zumal der Bischof seine Bitte besonders ehrerbietig vorgetragen hatte. Nikolaus las ebenfalls still, rief dann aber «in Anwesenheit des Königs und des gesamten Hofes», daß «der Graf von Flandern gegen den Brauch des Reichs und zu dessen Schande ein geweihtes Geschenk fordert und erbittet». Indem Nikolaus den Inhalt des Briefs öffentlich machte, rief er den wohlvorbereiteten Sturm der Entrüstung unter den Bischöfen wach; alle schrien durcheinander. Die Geistlichen protestierten lauthals gegen die beabsichtigte Schmälerung eines Bistums, die weltlichen Großen bestanden unter Führung des Herzogs Matthäus auf der Gültigkeit der Zusage, die Barbarossa dem Grafen in ihrer Anwesenheit gegeben hatte.

Nikolaus hatte die gegen ihn gerichtete Intrige souverän durchkreuzt: den demonstrativen Widerspruch so vieler geistlicher Reichsfürsten konnte Barbarossa nicht ignorieren. Von der Heftigkeit ihres Widerstands ebenso überrascht wie über den aufbrechenden Zwist unter den Großen besorgt, beruhigte er den Tumult mit der Zusicherung, den Frieden wiederherstellen zu wollen, erhob sich von seinem Platz und verließ mit «einigen der Einflußreicheren am Hof» die Versammlung. Weshalb er sich zu einer solchen nichtöffentlichen Beratung zurückzog, erklärt der Annalist nicht, denn sein Publikum wußte die Szene zu deuten: nur in der Sphäre der Vertraulichkeit konnten Dinge gesagt werden, die in der Öffentlichkeit des versammelten Hofes aus Rücksicht auf Rang und Prestige des Herrschers nicht gesagt werden konnten.[139] Wer damals zum engeren Personenkreis um Barbarossa gehörte, erzählt Lambert leider nicht; auch kennt er die Argumente nicht, die dem Staufer vorgetragen wurden, weil sein Gewährsmann, Bischof Nikolaus, zu diesem Zentrum der Macht keinen Zugang hatte. Aus anderen Quellen ist hingegen sicher, daß zu den «Einflußreicheren am Hof» damals noch der seit den Zeiten Lothars III. am Hof sehr erfahrene Abt Wibald von Stablo gehörte; er war auch einer jener Großen gewesen, die 1145 die Verfügung Konrads III. zugunsten von Cambrai persönlich bezeugt hatten. Barbarossa konnte sich den Argumenten der Geistlichen nicht entziehen, ohne einen schweren Konflikt zu riskieren; die Königsurkunde seines Vorgängers und Onkels, die ihm in diesem Kreise gezeigt und erläutert wurde, wog schwerer als Dietrichs Bitte. Gelehrten Geistlichen, die mit Schrift und Text zu argumentieren wußten, hatte Barbarossa wenig mehr als die Autorität seines Amtes entgegenzusetzen – und seine Bereitschaft zum Konflikt. Einen so hohen Einsatz war ihm der Hulderweis für den Grafen zumal im ersten Jahr seiner Königsherrschaft aber nicht wert. Nach der Beratung ließ er ihn rufen und eröffnete ihm vor allen Großen, die dabeistanden und zuhörten, daß er ihm das versprochene Geschenk nicht machen könne, «weil der Bischof von Cambrai zusammen mit dem ganzen geistlichen Stand des deutschen Bodens, der gerade anwesend war, widersprach».

Die Strategie, die Barbarossa zusammen mit seinem Schwager und Dietrich von Flandern gewählt hatte, war nicht aufgegangen, der Bischof war vor der geschlossenen Front, die der Staufer mit seinen Freunden und Verwandten gebildet hatte, nicht nur nicht zurückgewichen, sondern hatte sie mit Hilfe seiner geistlichen Amtsbrüder sogar aufzubrechen verstanden: mit dem Hinweis auf die Verfügung seines königlichen Onkels wurde Barbarossa aus einseitiger Parteinahme hinaus- und in die Rolle eines Wahrers von Recht und Frieden hineingedrängt. Ebenso verwundert wie empört über den plötzlichen Meinungsumschwung des Königs, aber mit Rücksicht auf dessen Rang beschimpften die weltlichen Großen nicht ihn, sondern die geistlichen Fürsten. Aus dem Streit um Rechte über Cambrai wurde ein Streit um Rang und Status der Großen. Indem die Weltlichen auf die Gültigkeit des mit ihrer Zustimmung gegebenen Versprechens Barbarossas und die Geistlichen auf die Unrechtmäßigkeit des Eingriffs in die Rechte eines Bistums pochten, stand nunmehr weniger eine Rechtsfrage als vielmehr das Ansehen aller Beteiligten auf dem Spiel. «Sofort entstand ein wildes Streitgespräch und Verwirrung am Hof.» Unter den Blicken der versammelten Hoföffentlichkeit verwandelte sich der Gegensatz in eine Frage der

Selbstbehauptung. Nikolaus wollte sich von Dietrich persönlich wenigstens einen befristeten Waffenstillstand zusagen lassen; aber im Angesicht des Königs und der Fürsten nachzugeben wäre für Dietrich einer tiefen Demütigung gleichgekommen, weshalb er nur drohte, er werde Nikolaus lieber den Kopf von den Schultern reißen, wenn er nicht ein Geweihter Gottes wäre, als ihm eine Waffenruhe zuzugestehen; die weltlichen Fürsten bestärkten Dietrich sogar noch in seiner demonstrativen Konfliktbereitschaft und rieten ihm, möglichst rasch die Heimat des Bischofs zu verwüsten, um so zu erhalten, was er erhalten wolle. Die Fehde war das übliche und legitime Mittel, subjektive Rechtsansprüche durchzusetzen. Das hatte Barbarossa selbst schon gegenüber den Zähringern praktiziert. Der König wußte auch, daß eine Eskalation schwer beherrschbar sein würde, wenn sich Dietrich und Nikolaus erst der Hilfe ihrer Vasallen, Freunde und Verwandten versichert hätten. Er verstand es jedoch, den Konflikt unter Rücksicht auf Rang und Status der beiden Hauptkontrahenten geschickt einzuhegen, indem er ihn mit der Aufgabe königlicher Friedenswahrung und der Autorität seines Amtes verband. Nachdem Dietrich von sich aus dem Bischof keinen Waffenstillstand gewährt hatte, rang ihm nun der König selbst mit großer Mühe die Zusage ab, Nikolaus bis zum kommenden Pfingstfest Frieden zuzusagen; dieser Bitte hätte sich Dietrich nur um den Preis des Verlusts der königlichen Huld widersetzen können – so rasch wollte er indessen seinen Einfluß am Hof des neugewählten Königs nicht verlieren. Damit war der Konflikt nicht gelöst, sondern nur aufgeschoben, vor allem aber aus der Öffentlichkeit des Hofes herausgenommen, in der die Großen miteinander um Ansehen und Rang rivalisierten. Zurück in Cambrai mußte die Ehre des Grafen und des Bischofs nicht mehr unmittelbar unter den Augen der Standesgenossen behauptet werden. In einem zweiten Schritt entsprach Barbarossa, sicher auf Druck der geistlichen Fürsten am Hof, der Bitte des Bischofs Nikolaus, das Privileg Konrads III. zu erneuern. Der alte Text wurde einfach als Urkunde Barbarossas wiederholt. Lediglich die formelhafte Aussage, daß die königliche Majestät gerechten Bitten stets ihr Ohr neige und den Getreuen des Reichs in deren Notlagen mit geschuldeter Zuneigung helfe, wurde mit dem gravitätischen Zusatz ergänzt, daß besonders jene Bitten Aussicht auf Erfolg hätten, «die durch Beschluß der Fürsten, wie wir es machen, entschieden werden»;[140] nicht einmal andeutungsweise lassen diese Worte die heftigen Auseinandersetzungen erkennen, die am Hof getobt hatten.

FÜRSPRACHE UND VERMITTLUNG

Barbarossa scheint in dem Geschehen auf dem Trierer Weihnachtshoftag, zugespitzt formuliert, zunächst keinerlei Distanz zur Erwartung seiner Anhänger gehabt, sondern im Gegenteil vielmehr zu deren Übererfüllung geneigt zu haben. Sicher spielte eine Rolle, daß der Staufer kaum neun Monate nach seiner Krönung noch besonders nachdrücklich um Zustimmung zu seiner Herrschaft warb; aber die einseitige Begünstigung von Freunden und Verwandten war kein Einzelfall, sondern als generelles Merkmal mittelalterlicher Königsherrschaft auch ein Charakteristikum seiner Politik. Der Fall macht gleichzeitig auf die Frage aufmerksam, inwieweit Barbarossa eine Bitte, hatte sie sein Ohr erst erreicht, überhaupt noch ablehnen konnte oder wollte; denn dann hatte sie bereits den ‹Filter› passiert, der den Zugang zum Herrscher regulierte, und Fürsprecher am Hof gefunden – also durch Einfluß und Ansehen von Höflingen und Vertrauten, vielleicht sogar von Freunden und Verwandten des Kaisers an Gewicht gewonnen, auf die er selbst nun wiederum Rücksicht zu nehmen hatte, so daß sein Handlungsspielraum keineswegs mehr unbeschränkt war. Barbarossas Entscheidungen waren in erheblichem Ausmaß von diesen Faktoren beeinflußt. Das zeigt sich beispielsweise in seiner Entscheidung der Doppelwahl, die nach dem Tod Bischof Nikolaus' II. von Cambrai stattfand. Zu seinem Nachfolger wurde Peter von Flandern gewählt, ein Sohn des Grafen Dietrich und damals noch ein sehr junger Mann, der bis dato nicht einmal die Weihen empfangen hatte; eine andere Partei entschied sich für den Archidiakon Alardus. Beide Seiten schickten Gesandtschaften zum Kaiser, dem in solchen Fällen die Entscheidung über den Kandidaten zukam. Wiederum erlaubt der Bericht Lamberts von Waterlos einen außergewöhnlich detaillierten Einblick in das Geschehen am Hof und ist vor allem deshalb interessant, weil er in gänzlich singulärer Weise den ansonsten bestenfalls aus Indizien erschließbaren Anteil von Barbarossas Gemahlin am Entscheidungsprozeß beleuchtet. Über Dietrich von Flandern, einen Onkel ihrer Mutter, war Beatrix auch mit dessen Söhnen verwandt; insbesondere mit Peters Bruder Philipp von Flandern verband sie neben der verwandtschaftlichen zudem eine enge freundschaftliche Beziehung. Beide schlossen 1165 auf Barbarossas Weihnachtshoftag zu Aachen, in dessen Verlauf Philipp vom Kaiser belehnt und übrigens auch Karl der Große heiliggesprochen wurde, sogar ein ausdrückliches Freundschaftsbündnis (*amicitia*): Beatrix, wohl vierundzwanzig Jahre alt, damals schon seit fast einem Jahrzehnt mit dem Kaiser verheiratet und Mutter eines Sohnes, versprach ihrem etwa gleichaltrigen Cousin Philipp, ihm künftig zuverlässig helfen zu wollen, wenn er dermaleinst ihrer Unterstützung am Hof bedürfte.[141] Dieser Freundschaftsbund hatte sicher seine politische Dimension, war aber auch Ausdruck persönlicher Zuneigung, denn Beatrix nannte die Symbole – vielleicht Ringe –, die sie mit Philipp zur Bekräftigung ihrer Bindung ausgetauscht hatte, später «liebliche Zeichen» (*signa dulcia*). Die *signa* waren gleichzeitig Mittel zur Beglaubigung von Boten, falls es einmal nötig werden sollte, die Kaiserin um Erfüllung ihrer Hilfszusage zu bitten.[142] Mit der Wahl von Philipps Bruder Peter zum Bischof von Cambrai war der Moment gekommen, sie an ihr Versprechen zu erinnern.[143] Philipp gab den Gesandten, die sich bei Barbarossa für Peter einsetzen sollten, das Unterpfand seines Freundschaftsbündnisses mit auf ihren Weg an den Hof und schärfte ihnen ein, sich um ein Gespräch allein mit der Kaiserin zu bemühen. Zwischen den beiden Gesandtschaften aus Cambrai entspann sich am Hof eine heftige Konkurrenz um Fürsprecher. Dabei war die Partei des Alardus zunächst im Vorteil, denn sie hatte den Hof in Pavia früher als die Gesandtschaft der Flandrer erreicht und diesen zeitlichen Vorteil zu nutzen verstanden. Durch die «betrügerische und täuschende Kraft des Geldes» verpflichtete sie sich viele Höflinge, gab den Großen am Hof viele Geschenke und versprach noch großartigere, wenn sie beim Kaiser für die Wahl des Alardus einträten. Einige Personen waren auf diese Weise bereits als Fürsprecher gewonnen.

Besondere Eile und großzügiger Einsatz von Geschenken war aber auch geboten, um den Nachteil wettzumachen, den diese Gesandtschaft gegenüber jener der Flandrer hatte. Als Barbarossa deren Ankunft berichtet wurde, empfing er sie aus Rücksicht auf ihre Herren ehrenvoll, denn die im Westen des Reiches mächtigen Grafen von Flandern galten viel bei ihm, auch deshalb, «weil sie Nahe-

ABB. 17 Bild der Kaiserin Beatrix auf dem Aachener Armreliquiar Karls des Großen. Die Umschrift BEATRIX ROMANOR(UM) I(M)P(ER)ATRIX AUG(US)T(A) weist Beatrix den kaiserlichen Titel zu; zum wahrscheinlichen Zeitpunkt der Anfertigung des Reliquiars (1165/66) hatte ihre Krönung in Rom (1167) noch nicht stattgefunden. Die Kaiserin trägt einen Kronreif mit Pendilien über einem um den Hals gelegten Schleier. In der rechten Hand präsentiert sie ein nach byzantinischem Vorbild geformtes Doppelkreuz. – Paris, Louvre.

stehende und Verwandte der Kaiserin waren». Den Gesandten war später wichtig zu erzählen, daß sie den Kaiser mit friedfertigen Worten begrüßt, ihm ihren Auftrag und die mitgebrachten Briefe ihrer Herren erläutert hätten, dann ihrerseits von ihm freundlich und ehrenvoll gegrüßt und mit Worten und Zeichen der Freundschaft beschenkt worden seien; mit heiterer Miene habe er sie angeblickt und ihnen erlaubt, direkt am Hof Aufenthalt zu nehmen und auf seine Kosten verpflegt zu werden, wofür sie geneigten Hauptes gedankt hätten. Beatrix erfuhr erst später von der Ankunft der Gesandten und beauftragte einen ihrer Bediensteten, sie zu suchen und vor sie zu führen. Als ihr die *signa* Graf Philipps übergeben wurden, erkannte sie Herkunft und Auftrag der Gesandtschaft, war neugierig auf Nachrichten ihrer Verwandten und sagte zu, sich beim Kaiser für Peters Wahl einzusetzen. Bei dem Gespräch zwischen den Eheleuten, das nicht in der Öffentlichkeit des Hofs, sondern in vertraulicher Abgeschiedenheit stattfand, waren die Gesandten aus Cambrai natürlich nicht anwesend,[144] aber auf der Grundlage ihrer Erzählung malte sich Lambert von Waterlos aus, wie es verlaufen sein könnte. Sein Bericht ist das einzige überlieferte Beispiel dafür, wie sich die Zeitgenossen einen Dialog zwischen den kaiserlichen Eheleuten über politische Entscheidungen und den Stellenwert verwandtschaftlicher Bindungen vorstellten, und deshalb sei er ausführlicher zitiert. Die gewundene Sprache spiegelt dabei freilich den Duktus der Unterwürfigkeit, mit dem Lambert selbst dem Herrscherpaar gegenübergetreten wäre. Demnach sagte Beatrix zu ihrem Gemahl: «‹Wir stehen nun freilich vor unserem Herrn König, was wir nicht aus eigener Kühnheit wagen, sondern nur mit Eurer Gnade, die sich überreich auf uns ergießt. Keinesfalls, erhabener Fürst, sollst Du glauben, wir würden etwa in Anmaßung oder Hochmut vor Eurem Angesicht stehen, sondern eher in Demut und Sanftmut, mit niedergeworfenem Körper und demütig gesenkter Stimme wollen wir Euch bei Eurer Gnade unsere Bitte offenbaren. Unsere Bitte aber ist diese: wir erbitten vom Herrn König, daß er unserem Verwandten Peter, dem Bruder des Grafen Philipp von Flandern, das Bistum von Cambrai geben möge, wenn es unserem Herrn König gefällt.› Der König antwortete der Königin so: ‹Unsere Geliebteste, wir hören den Klang Eurer Bitte, und schätzen sie in unserem Herzen nicht gering, aber obwohl wir sie aufmerksam annehmen und [gerne] erfüllen würden, können wir Eurer Bitte keinesfalls ohne Zustimmung und Rat des Hofes und der Fürsten Genüge tun. Liebe Freundin und Geliebte, mißtraue uns nicht, da wir ja Eure und Eurer Freunde Bitte nicht verwerfen; sobald nur die Zeit es zuläßt, sind wir mit Treue und Eifer bereit, sie anzunehmen und zu ehren und zu erhöhen. Ich bezeuge Euch als wahr, daß uns und den Fürsten des Hofs zuerst ein anderer Brief zugunsten der Wahl eines gewissen Archidiakons Alardus gebracht wurde, der uns in Anwesenheit aller Fürsten des Hofs und aller Umstehenden gezeigt wurde; die Wahlen beider aber sind an unserem Hof mit unserer und der Fürsten Zustimmung zu untersuchen. Denn, unsere Freundin, als wahr möget Ihr wissen: an unserem Hof hat der Brief aus dem Kreis der Fürsten schon viele Fürsprecher bei uns gefunden; aber, unsere immer Treue, vertraue nur, weil wir Euch und den Euren Gutes tun werden.»»[145] Mit dieser Parteinahme der Kaiserin wandten sich die Dinge zum Vorteil Peters von Flandern, denn vor dem versammelten Hof unterstützte Barbarossa dessen Partei, was sich wiederum auf die Haltung anderer Großer auswirkte.

Die Berechtigung und Bedeutung ihrer Bitte stellten Bittsteller also unter Beweis, indem sie sich eines bedeutenden Fürsprechers versicherten, in diesem Falle der Kaiserin. Barbarossa soll ihr die Entscheidung mit den Worten mitgeteilt haben: «Unsere teure und immer treue Gefährtin, ich gestehe euch und euren Freunden den Bischofsstuhl der Kirche von Cambrai zu, wie du gebeten hast und eure Freunde gebeten haben, euch wegen eures Verwandten, jenem [Peter] wegen seines Bruders [Philipp].» Gemeinsam empfing das Herrscherpaar die Gesandten und übergab ihnen Briefe an Peters Partei in Cambrai und an die Grafen von Flandern. In beiden wurde mitgeteilt, Barbarossa wünsche wegen Peters Verwandtschaft mit der Kaiserin und ihren Bitten dessen Wahl zum Bischof.[146] In einem dritten, an Klerus und Vasallen der Kirche von Cambrai gerichteten Brief wurde diese Parteinahme mit keinem Wort angesprochen, sondern lediglich die Notwendigkeit, binnen einer Frist von sechs Wochen einen geeigneten Nachfolger in kanonischer Wahl zu bestimmen.[147] Zu deren Durchführung entsandte der Kaiser neben Klerikern der dem Hof eng verbundenen Aachener Marienkirche auch einen ihm besonders vertrauten, leider nur mit dem Namenskürzel «S» benannten Hofkapellan. Diese Personen lenkten die Wahl auf den Barbarossa und Beatrix genehmen Kandidaten.

Die Kaiserin hatte offenbar keinen selbstverständlichen, etwa aus ihrem Amt erwachsenden Anteil an der politischen Entscheidungsfindung; der Raum des eigentlich politischen Handelns stand ihr nicht offen. Beim Empfang der Gesandten am Hof war sie nicht anwesend; erst, als sie von deren Ankunft gehört hatte, schickte sie nach ihnen, und bei der Versammlung, die in Sachen Doppelwahl entscheiden sollte, war sie nicht anwesend, sondern wurde erst nachträglich von der getroffenen Entscheidung in Kenntnis gesetzt. So selbstverständlich Beatrix bei repräsentativen Anlässen wie Festkrönungen oder Siegesfeiern, Kirchgängen oder dem *adventus*-Zeremoniell beim Einzug in eine Stadt zusammen mit Barbarossa auftrat, so streng war sonst die Männer- und Frauensphäre am Hof voneinander getrennt,[148] so daß die Anwesenheit der Kaiserin im ansonsten ausschließlich von Männern besetzten Raum der Entscheidungsfindung nicht eigentlich üblich war. Vor diesem Hintergrund wirken Spekulationen, daß Beatrix mit ihrer Bildung und ihren Sprachkenntnissen «die Möglichkeiten der unabhängigen Urteilsfindung» Barbarossas erheblich ausweitete, nicht recht überzeugend.[149] Dieses Bild wird durch ansonsten beiläufige Informationen aus anderen Quellen bestätigt, wie etwa jener, daß Beatrix bei der umsichtig inszenierten Unterwerfung Mailands 1162 vor Barbarossa nicht anwesend war, gleichwohl von den Bürgern der Stadt als Fürsprecherin angerufen wurde, indem sie kleine Kreuze durch das vergitterte Fenster der Kaiserin warfen – ein Beispiel, auf das gleich noch einmal zurückzukommen ist. Diese Entfernung der Kaiserin zum eigentlichen Entscheidungsprozeß deckt sich mit der Einsicht, daß sich der politische Aktionsradius der Herrscherin seit dem 12. Jahrhundert verengt hatte.[150] Gleichwohl sollte man Beatrix' Möglichkeiten zur Einflußnahme nicht gering veranschlagen,[151] denn das ungebrochen wirkmächtige Vorbild für das Handeln der Königin bei Hof lieferte die alttestamentarische Königin Esther: obwohl es ihr bei Lebensgefahr verboten war, ungerufen beim König im innersten Hof des Palastes zu erscheinen, setzte sie sich über dieses Verbot hinweg und rettete dadurch die Juden – ihr eigenes Volk – vor geplanter Ermordung (Esther 4,11–5,14). Einflußnahme auf den König und erfolgreiche Fürsprache sind der Kern des ‹Modells› Esther, und auf dieses Rollenmodell wurde die Königin bei ihrer Krönung ausdrücklich verwiesen. Man darf annehmen, daß auch bei der Krönung der Beatrix durch den Trierer Erzbischof 1156 das Gebet gesprochen wurde, das seit ottonischer Zeit für die Krönung der Königin vorgesehen war – ein Weihegebet, in dem die Vermittlung der Esther als Ausdruck ihres *consortium regni*, ihrer Mitherrschaft im Reich begriffen wurde.[152] *Consors imperii nostri*, «Gefährtin unseres Reichs», wird Beatrix in nur einer einzigen Urkunde des Staufers genannt.[153] Aber Vermittlung und Fürsprache beim Kaiser bildeten den Kern ihrer politischen Wirkungsmöglichkeit. Weil persönliche Beziehungen in die Umgebung des Herrschers ein wichtiger Machtfaktor waren, konnte Beatrix eine den Zeitgenossen selbstverständliche Erwartung einlösen – nämlich auf ihren Gemahl Einfluß zu nehmen und an der vertraulichen Vorklärung anstehender Entscheidungen teilzuhaben. Wegen ihrer unvergleichlichen persönlichen und räumlichen Nähe zu König und Hof war Beatrix eine äußerst wertvolle Fürsprecherin: über sie war auch das Ohr Barbarossas zu erreichen. Zwar sind nicht bei ausnahmslos allen Empfängern, für die sich die Kaiserin einsetzte, persönliche Verbindungen erkennbar, aber in markanter Häufung intervenierte sie vor allem für Verwandte und Freunde[154] – beispielsweise für den Markgrafen Wilhelm von Montferrat und für den Grafen Odo von der Champagne oder für geistliche Bittsteller aus ihrer burgundischen Heimat. In ihrem eigenen Namen stellte sie Urkunden für Klöster aus, die schon früher von ihrer Familie bedacht worden waren. Die Funktion des Fürsprechers und Intervenienten war am Hof ansonsten ausschließlich Männern vorbehalten; die Möglichkeit der Kaiserin zu informeller Einflußnahme auf den Herrscher scheint in dieser männlich dominierten Gesellschaft Argwohn erregt zu haben. Die Quellen lassen nicht sehr deutlich erkennen, inwieweit Barbarossa darauf Rücksicht zu nehmen gezwungen war – daß Beatrix' Fürsprache in den die Doppelwahl in Cambrai betreffenden Briefen teils verschwiegen wurde, könnte immerhin ein Indiz dafür sein. In die gleiche Richtung zielte vielleicht auch ein Vorwurf, der sich beim englischen Chronisten Ralph von Diceto überliefert findet: «Und obwohl Friedrich sich gegen Widerstände bislang stets überaus standhaft zeigte, wird er dennoch von vielen als seiner Gemahlin hörig bezeichnet *(vir uxorius)*, ergründet er doch in allem, wie er seiner Frau gefallen könnte.»[155] Immerhin behauptete sich Beatrix sogar gegen Erzbischof Philipp von Köln, einen der mächtigsten Parteigänger Barbarossas, als dieser 1168 das ihm vom Papst verliehene Metropolitanrecht über das Bistum Cambrai geltend machen wollte: zusammen mit Erzbischof Christian von Mainz und Herzog Heinrich dem Löwen trat sie vor ihren Gemahl und setzte sich erfolgreich dafür ein, daß Cambrai wie bisher dem französischen Erzbistum Reims zugeordnet blieb.[156]

Als Fürsprecherin war die Kaiserin aber auch im Konfliktfall wichtig.[157] Als die demütigende Unterwerfung der Mailänder 1162 vor dem Kaiser viele zu Tränen rührte und «nur der Kaiser allein sein Gesicht unbeweglich wie Stein» ließ, hofften viele Bürger der Stadt auf die Fürsprache der Beatrix. Zwar erhielten sie keinen Zutritt zu ihr, warfen aber als Zeichen ihrer Bitte Kreuze vor den Fenstern ihrer Kemenate nieder. Nach einer unverdächtigen Nachricht aus Genua soll Beatrix mit ihrem Rat schließlich Anteil daran gehabt haben, daß Barbarossa ihnen wenigstens Leben und Besitz geschenkt habe, wenn auch die Stadt selbst zerstört wurde. Als 1176 die ursprünglich zum Lombardischen Städtebund gehörende Stadt Tortona auf die kaiserliche Seite übertrat, garantierte Beatrix sogar die Erfüllung einzelner Vertragsbestimmungen. Auch Erzbischof Konrad II. von Salzburg hoffte in seinem Streit mit Barbarossa auf ihre Vermittlung; jedenfalls versprach er Beatrix Geld und Geschenke, sollte er die Huld ihres Gemahls wiedererlangen. Die häufig beiläufig überlieferten Hinweise auf Zahlungen an die Kaiserin[158] lassen vermuten, daß ihre Einflußnahme am Hof erheblich größer war als heute noch erkennbar.

BILDUNG UND WISSEN

Der Hof war also «Entscheidungszentrum und Machttheater, Verbrauchs- und Vergnügungszentrum, Verteilerort und Maklersitz von und für Macht, Geld und Güter und soziale Chancen, für Geschmacksformen, Ideen und Moden aller Art».[159] Dort überschnitt sich auch die von der Schriftlichkeit noch nicht erfaßte adlige Laienkultur mit der Kultur gebildeter Kleriker. Ein illiterater Herrscher brachte wenig Voraussetzungen mit, deren Gesprächen über historische Vorbilder und Legitimationen inhaltlich folgen zu können, von theologischen oder philosophischen Erörterungen ganz zu schweigen. Abt Wibald von Stablo kannte diese Verhältnisse vom Hof Konrads III. und schilderte seinem gelehrten Freund, dem Magister Manegold von Paderborn, eine recht bezeichnende Szene. Als der König einmal mit dem Abt und anderen Gebildeten beim gemeinsamen Mahl saß und ebenso scherzhafte wie kluge Reden geführt wurden, kam die Sprache auch auf den Stellenwert, der dem Beweis in der scholastischen Disputation und der logischen Argumentation zukam. Konrad wurden offenbar einige trickreiche Beispiele erzählt, jedenfalls hatte er Anlaß, über das Gehörte zu staunen und soll, offenbar verunsichert, seinerseits gesagt haben, es könnte nicht bewiesen werden, daß der Mensch ein Esel sei. Wibald antwortete ihm, dies sei zwar in regelgemäßer Erörterung tatsächlich nicht möglich, könne aber «durch einen falschen Schluß gefolgert werden, indem unter einer unzulässigen Prämisse aus einer Wahrheit eine Lüge werde. Als er [der König] das nicht verstand, setzte ich ihm mit einem scherzhaften Trugschluß zu. Ich fragte: ‹Habt ihr ein Auge?› Als er dies zugestand, fügte ich hinzu: ‹Habt ihr zwei Augen?› Als er dem durchaus zustimmte, sagte ich: ‹Eins und zwei sind drei. Also habt ihr drei Augen.› Geblendet von dem Spiel der Worte schwor er, daß er nicht mehr als zwei habe. Aber als er durch viele ähnliche Beispiele gelernt hatte, genau zu unterscheiden, sagte er, daß die Gelehrten ein fröhliches Leben führten.»[160] Wibald war in den frühen Jahren von Barbarossas Herrschaft neben Bischof Anselm von Havelberg, dem späteren Erzbischof von Ravenna, Bischof Otto von Freising, Bischof Eberhard von Bamberg und Rainald von Dassel sicher die intellektuell herausragende Persönlichkeit im Umkreis des Herrschers; der Kaiser ließ ihn in einem Brief sogar als «deine Gelehrsamkeit» (*eruditio tua*) ansprechen.[161] Wibalds Bericht führt zunächst einmal das kaum überbrückbare Bildungsgefälle vor Augen, das den König als adligen Laien vom gebildeten Kleriker oder gelehrten Berater an seinem eigenen Hof trennte; daß Barbarossa seinen Onkel und Amtsvorgänger an Bildung weit überragt habe, braucht man nicht anzunehmen, vielmehr kann man sich vergleichbare Gespräche auch an seinem Hof prinzipiell gut vorstellen. Aber Wibalds Geschichte erzählt auch, und das ist die gerne übersehene andere Seite der Medaille, daß sich der Herrscher für die Diskussionen der Gelehrten interessierte und sie so weit wie möglich auch verstehen – mit anderen Worten also: dazulernen wollte. Daran besteht auch mit Blick auf Barbarossa kein Zweifel. Daß seine geistige Beweglichkeit, sogar seine *sapientia* in vielen Quellen gelobt wird,[162] ist ein willkommenes, freilich auch nur unspezifisches Indiz. Schwerer wiegt die Nachricht, daß der Kaiser in Gesprächen mit dem Richter Burgundio von Pisa, dessen Griechischkenntnisse die Zeitgenossen lobten und der als Übersetzer einen wichtigen Beitrag zur Vermittlung griechischer Wissenschaft an den lateinischen Westen leistete, den Wunsch äußerte, «die Beschaffenheit der Dinge und deren Ursachen verstehen zu wollen». An eine solche Unterhaltung erinnerte Burgundio den Kaiser jedenfalls in der Widmung, die er seiner 1165 vollendeten Übersetzung der Schrift «Über die Natur des Menschen» des Nemesios von Emesa († um 400) voranstellte;

gleichzeitig kündigte er ihm an, welche Einsichten aus künftigen Übersetzungen der antiken Schriften noch zu gewinnen seien: «über den materiellen Bestand des Himmels, seine Gestalt und seine Bewegungen, über alles, was unterhalb des Himmels ist, über die Milchstraße, die Kometen und die Winde, über Blitz und Donner, über den Regenbogen, über den Regen, Hagel und Tau, warum das Meer salzig ist und wie es kommt, daß das Meer, obwohl so viele Flüsse sich in es ergießen, weder ansteigt noch zu Süßwasser wird.»[163] Bekannt ist auch, daß sich Barbarossa von der Astrologie Aufschluß über künftiges Geschehen erhoffte. Anläßlich der Geburt seines ersten Sohnes wurde ein bislang nicht identifizierter Magister Philipp aus Genua beauftragt, ein Geburtshoroskop zu erstellen. Deshalb ist auch der Geburtstag dieses Kindes des Kaiserpaares genau überliefert: der kleine Friedrich wurde am Donnerstag, den 16. Juli 1164, gegen acht Uhr morgens in Pavia geboren. Die genaue Geburtsstunde zu kennen war unerläßlich, um Aussagen über Zukunft und Schicksal aus der Konstellation der Sterne ableiten zu können. Das Horoskop selbst ist nicht überliefert – die Frage, ob Philipp den frühen Tod von Barbarossas Erstgeborenem voraussah, ist daher ebenso offen wie die nach der Herkunft des Magisters und der Bedeutung, die der Astrologie an Barbarossas Hof ansonsten beigelegt wurde.[164]

Aus vielen verstreuten Hinweisen läßt sich eine eindrucksvolle Vorstellung vom intellektuellen Austausch am staufischen Hof gewinnen. Dort wurde diskutiert, gelesen und vorgelesen, und der Kaiser war zweifellos viel häufiger, als die Quellen erkennen lassen, ein interessierter, vielleicht auch wißbegieriger Zuhörer. Auf diese Art von Wissensvermittlung und Wissensaneignung lassen verschiedene Quellenaussagen schließen, die Barbarossa in besondere Verbindung mit Büchern und Gelehrten bringen. Er bat seinen Onkel Otto von Freising, einen der überragenden Intellektuellen seiner Zeit, er möge ihm sein Geschichtswerk, die «Chronik oder die Geschichte der zwei Staaten» (*Chronica sive Historia de duabus civitatibus*) zuschicken; über den Umgang mit diesem Buch berichtete er dem gelehrten Bischof später, er habe es mit größter Freude empfangen und hoffe, sich nach den Kämpfen des ersten Italienzuges nun in friedlicheren Zeiten bisweilen daran erfreuen zu können «und durch die herrlichen Taten der Kaiser zu Tugenden angeleitet zu werden».[165] Natürlich las Barbarossa den lateinischen Text nicht selbst, er wurde ihm vielmehr übersetzt –

ABB. 18 Die I-Initiale der spätestens 1180, wahrscheinlich im elsässischen Augustinerchorherrenstift Marbach entstandenen Handschrift mit den *Opuscula sacra* des Boethius zeigt einen Herrscher, der Krone, Szepter und Reichsapfel trägt. Möglicherweise war damit Barbarossa gemeint. – Freiburg i. Br., Universitätsbibliothek, Historische Sammlungen, 367, fol. 4v.

eine Art der Vermittlung, die durch Erläuterung zu ergänzen Otto und sein Fortsetzer Rahewin hochgestellte Personen am Hof baten.[166] Ob sie dem Kaiser auch die Pointen der philosophisch-theologischen Partien in Ottos Geschichtswerk wirklich begreiflich machen konnten, in denen er sich ausführlich mit der unter Häresieverdacht gefallenen Lehre Gilberts, des Leiters der Domschule von Chartres und späteren Bischofs von Poitiers, auseinandersetzte, ist allerdings eher fraglich. Den gebildeten Klerikern am Hof, unter denen sich manche der Anhänger Gilberts (Porretaner) befanden,[167] war dieser Text gewiß verständlich. Und sie wußten die Protektion, die ihnen am Hof gewährt wurde, offenbar auch zu würdigen. Ein Indiz dafür liefert eine heute in Freiburg aufbewahrte, spätestens 1180 entstandene Handschrift; sie enthält Gilberts Kommentierung der trinitarischen Schriften des Boethius († 524), die im Kreis seiner Schüler besonders geschätzt wurde. Am Anfang des ersten Boethius-Textes, also an denkbar prominenter Stelle dieses Codex, findet sich eine auffallend sorgsam ausgearbeitete I-Initiale, die einen Herrscher im Ornat zeigt – ohne daß der Text eine solche Darstellung inhaltlich nahelegen würde. Die Handschrift entstand im elsässischen Augustinerchorherrenstift Marbach. Einer der dortigen Kanoniker war Hugo von Honau, der als Diakon auch Angehöriger der kaiserlichen Hofkapelle war. Er hatte bei Gilbert von Poitiers studiert und war in Barbarossas Auftrag zweimal nach Byzanz gereist, von wo er ins Lateinische übersetzte Passagen aus den griechischen Kirchenvätern mitbrachte.[168] Hier wird ein Beziehungsnetz zwischen Intellektuellen erkennbar, in dem Barbarossa geradezu die Rolle und Funktion eines wissenschaftlichen Mäzens zugekommen sein dürfte. War die Initiale mit dem Herrscherbild ein Ausdruck ehrender Dankbarkeit gegenüber dem Kaiser?[169]

Am Hof und zumal unter den Notaren gab es weitere Berater und Helfer, deren philosophisch-theologische Kenntnisse und zum Teil auch eigene wissenschaftliche Aktivitäten über nur praxisbezogene Schriftlichkeit der Verwaltung weit hinausgingen; über diese Personen und ihre Verbindungen läßt sich geradezu ein Netzwerk von Intellektuellen der Zeit rekonstruieren – eine Facette des staufischen Hofs, die lange Zeit gänzlich unbeachtet geblieben war und erst langsam und mühsam aus dem Schatten des zum reinen Machtpolitiker stilisierten Stauferkaisers herausgelöst wird.[170] In der Hofkapelle und der Kanzlei vollzog sich «ein stiller, unspektakulärer Prozeß von Austausch und Anpassung innerhalb der intellektuellen Führungselite des Reichs, der hinter der Fassade der glänzenden Hoftage und aufsehenerregenden Staatsaktionen» verlief.[171] Ob und inwieweit Barbarossas geistige Interessen davon direkt berührt wurden, ist schwer auszuloten; daß er ein grundsätzlich deutliches Bewußtsein vom Nutzen der Gelehrtenkultur und gelehrten Wissens für die Herrschaftspraxis hatte, darf man ihm – wie übrigens auch manchen anderen Fürsten wie etwa Heinrich dem Löwen oder dem Landgrafen von Thüringen – durchaus unterstellen. Wie die Beispiele Burgundios von Pisa und Hugos von Honau zeigen, hatte der frühstaufische Hof eine bislang nur unzureichend erkannte, gewichtige Funktion beim Wissenstransfer von Ost nach West, der in der lateinischen Übersetzung griechischer Texte greifbar wird – auch bei der Aristoteles-Rezeption, die traditionell mehr in den Schulen von Salerno und Toledo angesiedelt wird. Aber kann auf der Grundlage solcher Kontakte namhafter Intellektueller mit dem Hof und seinem Personal angenommen werden, der von neuer Rationalität geprägte Wissenschaftsgeist habe den Staufer selbst erfaßt? War er mit diesen intellektuellen Positionen vertraut, verstand er sie, machte er sie sich sogar zu eigen? Dieses Problem einer unmittelbaren Verbindung zwischen dem entwickelten geistigen Leben am Hof mit der Person des Kaisers zeigt sich auch an Person und Werk des David von Dinant, dessen Schriften zwanzig Jahre nach dem Tod des Staufers in Paris verurteilt und verbrannt werden sollten. Nach einer Überlieferung des späten 13. Jahrhunderts widmete er Barbarossa eine seiner naturphilosophischen Schriften, die ähnliche Themen wie jene des Burgundio behandelte.[172] Widmungen müssen sich nicht auf einen ausdrücklichen Auftrag beziehen, sondern können – wie dies auch im Fall von Geschichtswerken häufig genug der Fall ist – mit der Absicht geschrieben worden sein, die Aufmerksamkeit des Herrschers auf den Autor zu lenken und ihn zu einer Gegengabe für das ehrende Geschenk zu bewegen. Deshalb geht die Annahme, Barbarossa habe im Wissen um das häretische Potential der Thesen über die Identität von Gott, Geist und Materie als «weitsichtig-toleranter *rex philosophans*» seine «schützende Hand» über den Magister David gehalten, wohl etwas zu weit.[173] Auch ist es eine noch offene Frage, ob die Bezüge zwischen Texten und Personen tatsächlich «mit allen Konsequenzen auf die Intellektualität und Rationalitätszugewandtheit im Umfeld schon der frühstaufischen Herrscher und den Horizont ihrer sogenannten Handlungsspielräume hochgerechnet» werden können.[174] Jedenfalls kann das komplexe Problem des Zusammenhangs zwischen Herrschaftsausübung Barbarossas und Wissen im weiteren und weitesten Umfeld des Hofs nicht im Sinne eines einfachen Kurzschlusses gelöst werden: Habitus, Bildungshorizont und Einsichtsfähigkeit des illiteraten Kaisers waren nicht einfach mit der Wissenskultur der gelehrten Kleriker zu vermitteln – was persönliche Neugier Barbarossas hinsichtlich der Milchstraße und des Regenbogens, Blitz und Donner oder auch der Unsterblichkeit der Seele gewiß nicht ausschließt.

Vergleichsweise plausibler ist, das historiographische Werk von Barbarossas Kaplan Gottfried von Viterbo mit seinen intellektuell eher schlichten Sammlungen historischer Erzählungen und Exempla als einen Spiegel geistiger Bedürfnisse und Fähigkeiten des Herrschers und übrigens auch seiner Söhne zu betrachten; solche Kenntnisse waren es, die es dem Kaiser und seinen laienadligen Beratern ermöglichten, «historische Argumentationsgänge der Hofkleriker nachzuvollziehen, zu beurteilen, ja mitzugestalten».[175] Hier berührte sich der Wissensstand der *literati* mit jenem der *illiterati*, und hier fiel Wissensvermittlung am ehesten auf fruchtbaren Boden. Eine solche Vorstellung von Barbarossas geistigen Interessen machte sich jedenfalls auch Graf Balduin V. von Hennegau, als er dem Kaiser Abschriften der Wunder und Leidensgeschichte des heiligen Jacobus sowie der Taten Karls des Großen zuschickte; Barbarossa möge sich die Wundererzählungen anhören – sich also übersetzen lassen – und sich durch sie zu noch intensiverer Verehrung des Heiligen, durch die Taten Karls aber zur Orientierung an dessen Vorbild anspornen lassen.[176] Auch Bischof Tebaldo von Gubbio war sich sicher, daß dem Kaiser vorgelesen wurde und ihm die Kenntnis des Lebens der Heiligen für sein eigenes Seelenheil nützlich sein könnte; deshalb übersandte er ihm die Vita seines Amtsvorgängers, des heiligen Ubaldo von Gubbio, dem Friedrich noch persönlich begegnet war.[177] Auch gab Barbarossa nach der Heiligsprechung Karls des Großen 1165 in Aachen eine Vita des Karolingers in Auftrag.[178] Diese Nachrichten machen den Staufer zu keinem feinsinnigen Bücherfreund, aber sie lassen doch sein Bedürfnis erkennen, sein Wissen zu erweitern und so die Kluft zur Bildung der Kleriker zu verringern – nicht nur, um mit besseren Voraussetzungen deren Gespräche, sondern auch, um die Argumentation mit historischer Tradition besser verstehen zu können, mit der sie seine politischen Ansprüche legitimierten.

Zur Entwicklung der adligen Laienkultur am Hof gehörte auch die volkssprachliche Dichtung der höfischen Literatur, von der sich ebenfalls einige Spuren in der Umgebung des Staufers erhalten haben. Heinrich von Veldeke, der auf der Grundlage des altfranzösischen *Roman d'Eneas* seinen mittelhochdeutschen Eneasroman verfaßte, erschien 1184 an Barbarossas Hof zum großen Fest in Mainz, und der Minnedichter Friedrich von Hausen war schon in den siebziger Jahren einer der Vertrauten (*familiares*) des Kaisers im Hofdienst. Nicht seine poetischen Qualitäten empfahlen ihn dem Herrscher, sondern seine Abstammung aus einer dem Hof schon in der zweiten Generation verbundenen Familie und seine diplomatischen Fähigkeiten, die ihn auch für eine Gesandtschaft an den Hof des Grafen von Hennegau

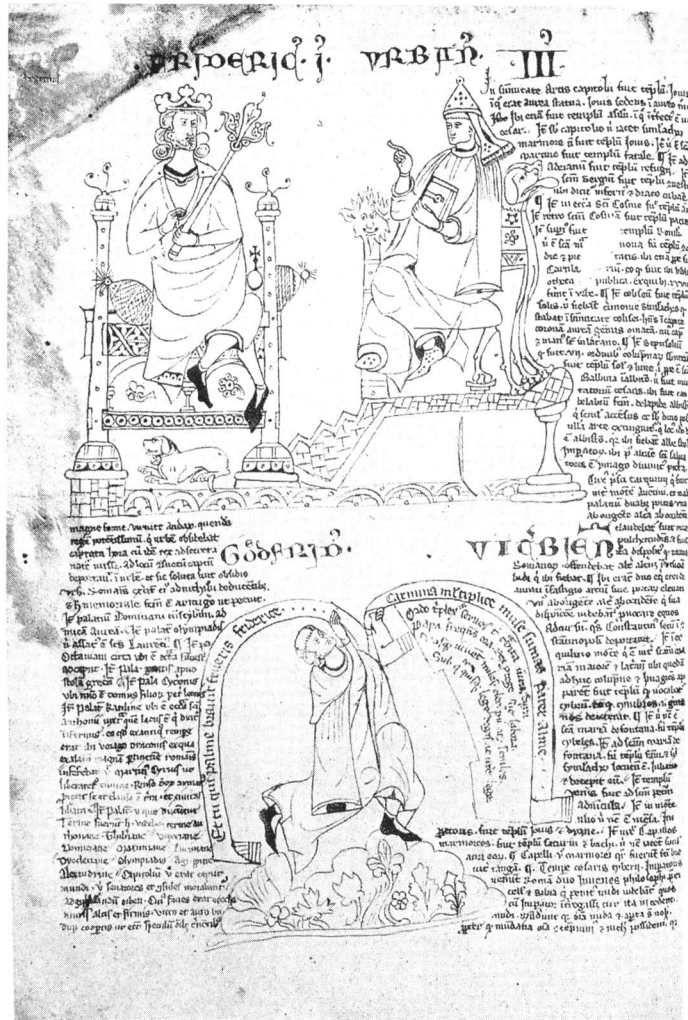

Abb. 19 Im frühen 14. Jh. entstandene, heute in Paris aufbewahrte Handschrift mit einer Abschrift des etwa 1186 vollendeten *Pantheon* Gottfrieds von Viterbo. Die Rückseite des Vorsatzblattes zeigt ein Widmungsbild, oben links Barbarossa, oben rechts Papst Urban III. und unten den Autor. Die Inschriften der von ihm emporgehaltenen Schriftbänder richten sich an Kaiser und Papst als Widmungsempfänger. Bebilderung scheint ein Kennzeichen der dem Kaiser überreichten Handschriften gewesen zu sein. Dazu Huth 2004, S. 39–58. – Paris, Bibliothèque Nationale, Ms. lat. 4895 A, fol. Av.

geeignet erscheinen ließen. Weil in seinen Liedern Kaiser und Hof eine Rolle spielten, wird vermutet, «daß Barbarossa dem Minnesang an seinem Hof den Platz einräumte, der ihm in höfischer Repräsentation seit den siebziger Jahren auch in Deutschland vermehrt zukam».[179] Liebeslieder selbst zu schreiben gehörte aber noch nicht zum aristokratischen Stil der Generation Barbarossas, sondern erst zu jener seiner Söhne: für Heinrich VI., den sein Vater in den *litterae* unterrichten ließ, ist das gut belegt.

Die Herkunft von Barbarossas Gemahlin Beatrix aus Burgund machte ihren Hof zumindest teilweise auch zu einem französischsprachigen. Das wiederum war die Voraussetzung dafür, daß die höfische Dichtung, wie sie in der deutsch-französischen Brückenlandschaft Flandern, Brabant und Hennegau entstanden war, über die verwandtschaftlichen Beziehungen der Kaiserin auch an den deutschen Hof kam: Gautier von Arras widmete Beatrix seinen Roman *Ille et Galeron*, Guiot aus Provins in der Champagne besuchte 1184 das Mainzer Hoffest. Der kaiserliche Hof verfügte über ein weitgespanntes Beziehungsnetz, befand sich in ständiger personeller Fluktuation, zog Moden und Ideen aller Art an sich und reflektierte sie wieder zurück in die verschiedensten Teile des Reiches. Auf diese Weise wurde auch Barbarossa mit den unterschiedlichsten intellektuellen und kulturellen Strömungen seiner Zeit nicht unbedingt vertraut gemacht, aber er kam doch mit ihnen in Berührung: ihnen Raum zu geben war bis zu einem gewissen Grad ganz unabhängig vom persönlichen Interesse des Herrschers auch eine Begleiterscheinung der Repräsentation wie auch der Ausübung von Herrschaft.

DER KAISER SPRICHT

Latein war nicht die Sprache Barbarossas. Als Sohn eines Herzogs, der keine Aussicht auf den Thron gehabt hatte, war der Staufer auch nicht auf sein späteres Königsamt vorbereitet worden, war des Lesens und Schreibens nicht mächtig und daher nach einem berühmten mittelalterlichen Dictum als ungebildeter König ein gekrönter Esel.[180] Seine eigenen Söhne lernten zumindest lesen und auch Latein – das galt jedenfalls für seinen jüngsten Sohn Philipp, der zeitweise im Prämonstratenserstift Adelberg unweit des Hohenstaufen unterrichtet wurde, auch für Konrad und ebenso für den Thronfolger Heinrich VI., dem man sogar zutraute, er habe einen Abt auf Lateinisch mit dem Tode bedroht.[181] So gewandt beherrschte Barbarossa die Sprache der Gebildeten wohl nicht. Immer wieder fiel den Zeitgenossen auf, daß der Kaiser deutsch sprach; an den Befehlen, die er in seiner Muttersprache schrie, sollen ihn die Mailänder sogar in einem Reiterscharmützel erkannt und daraufhin die Flucht ergriffen haben.[182] Auf eine offenkundige Begabung weisen indessen die übereinstimmenden Nachrichten über seine auffallende Beredsamkeit hin.[183] Die vielen Belege seiner Redeauftritte sind daher im Prinzip sicher glaubwürdig – sei es auf dem Hoftag von Roncaglia 1158, vor den versammelten Bürgern von Lodi oder vor den Rektoren des Lombardischen Städtebundes in Piacenza oder vor den Gesandten aus Rom oder Byzanz. Von Barbarossas Stiefbruder Konrad, dem Pfalzgrafen bei Rhein, hieß es im Gegensatz dazu, er rede nicht viel,[184] und von König Philipp IV. von Frankreich († 1314) sagte man sogar, er gleiche einem Uhu, dem prächtigsten der Vögel, der aber zu nichts nutze sei und nichts anderes tue als die Menschen anzustarren, ohne ein Wort zu reden. Obwohl Barbarossa redegewandt war, hören wir den Kaiser weder in Urkunden noch in seinen Briefen, noch in den überlieferten Reden tatsächlich selbst sprechen und vermögen daher auch nicht, die Wirklichkeit einer durch volkssprachliche Mündlichkeit geprägten Gerichtsverhandlung oder der Beratungen mit den Großen in ursprünglicher Rede und Widerrede zu rekonstruieren, denn die Latinität der Quellen entzieht den sprechenden Kaiser unseren Blicken. Man hat diesen Schleier zu lüften und mit viel philologischem Scharfsinn aus stilistischen Eigentümlichkeiten der lateinischen Texte auf Barbarossas eigene Redeweise zurückzuschließen versucht: kurz und sachlich habe der Kaiser gesprochen, «einfach, ohne alle Verschlungenheiten, Auseinandersetzungen und Umschweife. Ihre Wirkung beruht nicht auf den rhetorischen Mitteln im schulmäßigen Sinne, sondern auf ihrer grollenden Kürze, ihrer sachlichen Klarheit, ihrer scharfen Prägnanz und ihrem biederen Ton. Alles ist auf einen besonders tiefen Ernst gestimmt. Zugleich erscheinen einem die Worte heftig, eindringlich vorgetragen.» Das ist nicht rundum abwegig, auch mag man dem Kaiser zutrauen, daß er im Bericht über Kämpfe einen «stolzen, selbstsicheren, fast triumphierenden Ton» angeschlagen haben könnte. Allerdings bildeten die Siegesmeldungen der Deutschen Wehrmacht den zeitgeschichtlichen Hintergrund dieser 1942 – also ein Jahr nach Beginn des «Unternehmens Barbarossa» – publizierten Forschungsergebnisse, so daß in der «grollenden Kürze» gewissermaßen noch die schnarrende Stimme des Führers und in der Beschreibung von Barbarossas bevorzugten Themen die Sondermeldungen aus dem Führerhauptquartier nachzuklingen scheinen: «Der Kaiser steht vor uns, erfüllt von dem unerschütterlichen Glauben an die Größe und den göttlichen Auftrag des Kaisertums, mit dem Schwert dem Recht einen Weg in der Welt bahnend.»[185] Auch dieses Barbarossa-Bild trägt mithin seine erkennbar der jüngeren deutschen Geschichte verpflichteten Züge.

Barbarossas Sprachkenntnisse werden sich im Laufe seines langen Lebens verändert haben. In der politischen Praxis war er natürlich immer wieder mit Latein konfrontiert; zumindest in den frühen Jahren seiner Regierung verstand er diese Sprache besser, als er sie sprechen konnte. Daß er 1177 in der Kirche von San Marco zusammen mit Kardinälen und Bischöfen zur Bekräftigung der von Papst Alexander III. ausgesprochenen Exkommunikation gegen alle Friedensstörer mit lauter Stimme *fiat, fiat* – «es geschehe, es geschehe» – gerufen haben soll, traut man ihm ohne weiteres zu.[186] 1185 formulierte er aber auch kompliziertere Sachverhalte in Latein: damals saß er auf der Terrasse des Hospitals der Abtei Leno und schlichtete einen Streit zwischen deren Abt und dem Bischof von Brescia; ein Zeuge dieses Gesprächs sagte Jahre später, der Kaiser habe «in lateinischer Sprache [gesprochen] und ich habe ihn gut verstanden, weil ich nahe bei ihm stand».[187] Unbeschadet eines lebenslangen, durch die schiere Praxis bedingten Lernens fühlte sich der Kaiser in der Sprache der Gebildeten jedoch nicht sicher genug, um sich ihrer in politisch sensiblen Situationen – wie etwa dem Empfang von Gesandtschaften aus anderen Ländern – bedienen zu wollen. Noch über den alten Kaiser wurde gesagt, er liebe seine Muttersprache so sehr, daß er mit den Gesandten anderer Völker nur durch einen Übersetzer verkehre, obwohl er der anderen Sprache nicht unkundig sei – offenbar ein selbstbewußter Ausdruck der eigenen politischen Bedeutung auch auf sprachlicher Ebene.[188] Die Konsequenzen dieser Kluft, die Barbarossa zumal von den gelehrten Geistlichen in seiner Umgebung trennte, aber auch von vereinzelten literaten Laienfürsten, sind vielfältig, doch jeweils schwer zu greifen. Was der Kaiser sagte, mußte allen, die kein Deutsch verstanden, übersetzt werden – das galt für seine deutsche Begrüßung der Kardinallegaten Papst Alexanders III., die ihn 1175 in Pavia aufsuchten,[189] das galt für die Rede, die er 1177 in Venedig vor Papst Alexander III. hielt[190] und ebenso für das Gespräch, das er dort mit Erzbischof Romuald von Salerno als Gesandtem König Wilhelms II. von Sizilien führte;[191] umgekehrt mußte alles Lateinische für Barbarossa ins Deutsche übersetzt werden – die Predigt des Papstes 1177 in San Marco ebenso wie der Auftrag, den Bischof Absalon von Roskilde als Gesandter des dänischen Königs dem Kaiser 1162 im Heerlager bei St. Jean de Losne erläuterte.[192] Auch alle Briefe, die den Hof erreichten, mußten vorgelesen und übersetzt werden. Damit war natürlich auch die Gefahr falscher Auslegung mit allen politischen Konsequenzen verbunden. Die byzantinische Kanzlei wußte um dieses Problem, das zumal beim Verständnis griechischer Texte entstand, recht genau und verschickte mit ihren Briefen an die westeuropäischen Herrscher deshalb auch stets eine lateinische Übersetzung. Trotz solcher Umsicht konnte allein die für deutsche Ohren fremdartige Gewohnheit, die Intitulatio des byzantinischen Kaisers mit seinem Familiennamen abzuschließen, Mißverständnisse hervorrufen; so wurde Isaaks II. Namensbestandteil Angelos in einer ohnehin schon von Mißtrauen vergifteten Atmosphäre als anmaßendes Epitheton aufgefaßt, als ob sich der Kaiser, der den Kreuzzug Barbarossas mit Waffengewalt behindern ließ, selbst «Engel Gottes» nenne.[193] Aber nicht einmal die Übersetzung päpstlicher Briefe war vor Irrtümern gefeit. Nicht zuletzt war die mit dem Wechsel von Mündlichkeit zu Schriftlichkeit verbundene Sprachproblematik auch für die meisten weltlichen Großen eine echte Herausforderung, die unerfreuliche Überraschungen bereithalten konnte – wie beispielsweise für Graf Heinrich II. von Wolfratshausen. Er hatte nach Klagen des Abtes von Tegernsee in eine Beschränkung seiner Vogteirechte eingewilligt und wird in Barbarossas Urkunde ausdrücklich als Zeuge genannt; allerdings verstand er das volle Ausmaß der Entscheidung erst, als ihm der Abt nach ihrer Rückkehr vom Hof die erwirkte Urkunde vorlesen und übersetzen ließ.[194] Solche und ähnliche Fälle treten nur sehr selten ins Licht der Quellen, gleichwohl waren die unterschiedlichen Bildungshorizonte, die daraus resultierende Übersetzungsproblematik und die für Mündlichkeit und Schriftlichkeit verschiedenen Sprachanforderungen wesentliche Faktoren des Kommunikationsgeschehens am Hof.

Bleibt unsere Vorstellung von den Aushandlungsprozessen am Hof in manchen Punkten also notwendigerweise undeutlich, so wird doch eine Technik, derer sich Barbarossa dabei häufiger bedient hat, recht deutlich erkennbar. Sein Rang eröffnete ihm viele Möglichkeiten, Gespräche in die beabsichtigte Richtung zu lenken.[195] Häufiger ist belegt, daß es grundsätzlich einer Redeerlaubnis vor dem Kaiser bedurfte. Im Falle einer Kontroverse konnte der Herrscher durch deren Verweigerung auch mögliche Einwände übergehen. Das ließ nicht jeder mit sich machen – der Genueser Konsul Oberto Spinola wartete in einem Streit mit den Pisanern das kaiserliche Placet nicht ab und antwortete seinen Kontrahenten sofort, «obwohl er vom Kaiser nicht danach gefragt wurde». In einem anderen Fall schnitt Barbarossa den Genuesen die Antwort einfach ab, indem er sich ohne zu warten direkt an die Pisaner wandte. Solche Möglichkeiten eröffneten dem Staufer bei der Gesprächsführung im engeren Sinne einen recht großen Handlungsspielraum. Die Konfrontation mit einem mißliebigen Ansinnen konnte er abbiegen, indem er schon auf die bloße Absicht, den Sachverhalt zu behandeln, mit Unmut reagierte. Als ihn der sardische Richter Bareso von Arborea um Aufschub eines Zahlungstermins bat, fertigte er ihn ganz knapp ab: «Sprich mir nicht von so was und strenge dich nicht an, mich etwas anderes glauben machen zu wollen, als was ich selbst glaube.» Anschließend drohte er ihm, er werde «wahrhaftig kein anderes Wort» mehr mit ihm wechseln, wenn er nicht gehorche. Damit gab Barbarossa zu verstehen, daß er weiteres Beharren als Beleidigung auffassen werde. Die drohende Eskalation zeigte sich darin, daß er Bareso die Huld eines weiteren Gesprächs nicht mehr gewährte, sondern ihn später an beauftragte Unterhändler verwies, die er zwischenzeitlich instruiert hatte. Der Gegensatz in einer Sachfrage wandelte sich so zu einer Frage von Rang und Ehre. Damit war weiterer Widerspruch eigentlich unterbunden – es sei denn, man wollte das Risiko des Huldverlusts auf sich nehmen, das mit weiterem Insistieren verbunden war. Denn je klarer Barbarossa seine Meinung oder Erwartung äußerte, desto größer war auch die mit einem Widerspruch verbundene Gefahr – der Genueser Kanzler Oberto notiert schadenfroh, daß die Pisaner in einem solchen Falle «schwiegen und nicht mehr ihren Mund aufmachten, sich schämten und voller Zorn den Hof verließen». Schweigen bedeutete, im Streit unterlegen zu sein – und seine Möglichkeiten, Schweigen erzwingen zu können, setzte Barbarossa sehr macht- und zielbewußt ein. Aber er wußte auch durch eine nachdrücklich formulierte Bitte Druck auszuüben und ihr damit gewissermaßen Zwangscharakter zu verleihen. Gegenüber den Pisanern signalisierte er eine solche Erwartung mit den Worten: «Ich spreche zu euch, Pisaner, merkt wohl auf die Worte eures Kaisers, ihr, die ihr immer dem Reich treu ergeben gewesen seid.» So hörten sich Bitten an, die eigentlich Befehle waren und keinen Widerspruch duldeten.

Während diese Art zu kommunizieren für Herrscher sicher keine Ausnahme war, geben die Quellen noch eine andere, eher persönliche Facette der Beredsamkeit Barbarossas zu erkennen – seine Neigung zu Spott und Ironie in Verbindung mit angemessen höfischem Verhalten. Ähnliches wurde schon von seinem Vater, Herzog Friedrich II. von Schwaben, gesagt. Gerhoch von Reichsberg hielt ihn für einen «höfischen Mann und ganz dem gewandten, um nicht zu sagen: dem spöttischen Reden ergeben», der gerne die Gelegenheit ergriff, auf Kosten anderer zu scherzen.[196] Das sah der sittenstrenge Reformkanoniker keineswegs als positiven Charakterzug; ein anderer Geistlicher lobte indessen gerade die scherzhafte und scharf pointierte Redeweise des Schwabenherzogs (*facetissima urbanitas*), weil er sie auf einem Hoftag Kaiser Heinrichs V. in Lüttich zur Verteidigung des Grafen Gottfried von Cappenberg einsetzte. Gottfried, der Bruder von Barbarossas Paten Otto, war mit der Tochter und einzigen Erbin des Grafen Friedrich von Arnsberg verheiratet; weil Gottfried seinen ganzen Besitz seiner Stiftung übertrug, dem Prämonstratenserstift Cappenberg, fürchtete sein Schwiegervater, auch das Erbe seiner Tochter werde nach seinem Tod an die Kanoniker fallen, weshalb er Gottfried sogar mit Gewalt vom Rückzug ins Stift abzubringen versuchte. Über diese Spannungen war Barbarossas Vater, der vom Stiftseintritt der Cappenberger durch den schon erwähnten Burgenkauf profitierte, genau im Bilde. Auf einem Hoftag Heinrichs V. in Lüttich lobte er Gottfrieds Entschluß zu freiwilliger Armut als Beispiel für alle Gläubigen und schmähte Friedrichs Gegnerschaft als Zeichen von Habsucht und Gottlosigkeit. Er tat so, als ob er den Grafen unter den versammelten Großen nicht kenne, sondern nur erzähle, was ihm zu Ohren gekommen sei; auf diese Weise verhöhnte er ihn so gründlich, daß dieser, «fassungslos in größter Verwirrung, sein Gesicht hierhin und dorthin wandte, weil er den Anblick des Redenden nicht ertragen konnte und im Wissen um seine Gottlosigkeit in so bedeutender Versammlung auch nicht zu mucksen wagte».[197] Friedrich von Arnsberg wagte es natürlich nicht, sich gegen den mächtigen Herzog und Neffen des Kaisers zu wenden.

Der sprachliche Überlegenheitsgestus war letztlich auch eine Herrschaftstechnik, derer sich der Ranghöhere gegenüber Rangniederen recht gefahrlos bedienen konnte. Mit solchem Auftreten wurde Barbarossa am schwäbischen Herzogshof offenbar so gut vertraut gemacht, daß er es seinerseits gut beherrschte. Lachen begründet Gemeinschaft, und die Fähigkeit, die Lacher auf die eigene Seite zu ziehen, ist besonders in Beratungs- und Entscheidungssituationen von Vorteil.[198] Für seine Beredsamkeit war Barbarossa bekannt, Witz und Schlagfertigkeit scheinen eine ihrer Facetten gewesen zu sein, von denen er auch in Verhandlungen des Hofgerichts Gebrauch machte. Darunter zu leiden hatte beispielsweise Graf Heinrich II. von Wolfratshausen; Barbarossa war ihm nicht wohlgesinnt, denn Heinrich war ein alter Gegner seines Onkels Welf VI., und er war ihm schon in Jugendzeiten als Kontrahent in Kampfspielen gegenübergestanden, die mehr als bloß ritterlicher Wettkampf gewesen waren. Als Vogt des Klosters Tegernsee hatte sich Heinrich im März 1157 auf dem Würzburger Hoftag vor dem Kaiser gegen eine Klage der Mönche zu rechtfertigen, die ihm vorwarfen, einen Weintransport behindert zu haben. In das Verhör schaltete sich Barbarossa persönlich ein, und Heinrich mußte auf dessen Nachfragen einräumen, seinen Dienern befohlen zu haben, sich vor die Räder des Karrens niederzulegen, um so den Abtransport zu verhindern. Als Barbarossa dies hörte, rief er: «Oh hätte doch ich den Wagen antreiben dürfen»[199] – und gab damit zu verstehen, daß er über die Knechte des Grafen einfach hinweggerollt wäre. Die Zuhörer werden herzhaft gelacht – und den Grafen damit gleichzeitig isoliert haben, denn die Lachgemeinschaft war auch die Entscheidungs- und Konsensgemeinschaft, die ihr Urteil schließlich zu seinem Nachteil fällte. In der Beschämung ihres verhaßten Vogtes am Hof fanden die Mönche im Kloster Tegernsee, wo man sich diese Geschichte erzählte und aufschrieb, besondere Genugtuung. Glaubt man dem Chronisten Helmold von Bosau, dann setzte sich Barbarossa in einer konflikträchtigen Szene auch gegenüber dem Papst mit ebenso ironischer wie schlagfertiger Replik zur Wehr. Als seine Begegnung mit Hadrian IV. bei Sutri 1155 zunächst im Eklat endete, weil er ihm die geforderte Ehrerweisung verweigerte, soll ihm der Papst vorgeworfen haben, beim Absteigen vom Pferd nicht den rechten, sondern den linken Steigbügel gehalten zu haben. Barbarossa wies seinen Dolmetscher an, zu antworten, dies sei nicht aus einem Mangel an Achtung geschehen, sondern aus einem Mangel an Wissen; denn: «Mit dem Halten von Steigbügeln habe ich mich nämlich noch kaum befaßt, vielmehr ist er selbst meines Wissens der erste, dem ich einen solchen Dienst geleistet habe.»[200] Wenn die Pointe dieser Geschichte darin bestand, daß man stets den Steigbügel an der dem Absteigenden gegenüberliegenden Seite des Pferdes halten mußte, um ein Verrutschen des Sattels zu verhindern,[201] dann war Barbarossas Antwort von ätzender Ironie, denn mit dem Reiten war er vertraut genug, um solche Selbstverständlichkeiten zu wissen. Dieser Dialog ist gewiß nicht historisch, aber offenbar war der ironische Unterton ein den Zeitgenossen so vertrauter und vielleicht auch gefürchteter Zug in Barbarossas Auftreten, daß sie ihm entsprechende Formulierungen in den Mund legten. Noch die Kreuzzugschronistik liefert dafür einige anschauliche Beispiele, vorzugsweise in Zusammenhang mit den abschlägigen Antworten, mit denen der Kaiser Forderungen nach Tributzahlungen beschied. So sollen ihm vor Philomelion einige türkische Anführer ausgerichtet haben, sie seien Söldner, und wenn der Kaiser wolle, daß sie in der Belästigung seines Heeres nachließen, dann solle er ihnen lieber einen Teil seines Geldes geben, als alles durch Gewalt zu verlieren; Barbarossa habe ironisch und hochgemut geantwortet, er werde ihnen, wenn der Friede denn mit einem Preis erkauft werden müsse, einen Silberpfennig geben, den sie dann aber noch unter sich aufteilen müßten.[202] Die Geschichte wurde in mehreren Varianten erzählt: mal bot der Kaiser eine einzige Goldmünze, mal nur ein paar Kupfermünzen, in anderer Fassung aber auch eine riesige Menge Gold – die er aber in Form einer Belagerungsmaschine vor den Stadtmauern aufstellen wollte.[203] Daß sich die Geschichtsschreiber eine insgesamt unbegründete Vorstellung von Barbarossas *urbanitas* als Bestandteil seines höfischen Verhaltens gemacht haben könnten, ist nicht anzunehmen; Bischof Sicard von Cremona, der den Kaiser aus persönlichen Begegnungen in den letzten Jahren seines Lebens kannte, lobte dessen die höfischen Sitten betreffende Erfahrung.[204]

EMOTIONEN ZEIGEN UND VERBERGEN

War die Neigung zu Ironie und pointierter Rede offenbar ein von Barbarossa kultivierter Wesenszug, so scheint sein gelegentlich aufschäumendes Temperament ein anderer gewesen zu sein – jedenfalls auf den ersten Blick. Als 1159 ein Gesandter an den Hof kam, um einen Brief des neugewählten Papstes Alexander III. zu überbringen, soll der Staufer nicht nur den Brief zu empfangen abgelehnt, sondern «wie ein Rasender» darauf gedrungen haben, den Boten aufzuhängen, wovon ihn erst der Rat der Fürsten abgebracht habe. Als ihm die Nachricht von der Gründung des gegen ihn gerichteten Veroneser Städtebundes zu Ohren kam, sei er in Zorn entbrannt.[205] Beide Episoden berichtet Kardinal Boso, und er ließ dabei keinen Zweifel an seiner Verurteilung von Barbarossas Verhalten. War der Kaiser unfähig zur Selbstbeherrschung, war er ein Spielball seiner Emotionen und in seinen Affektäußerungen dementsprechend spontan und ungezügelt? Anlaß zu Vorstellungen von der generellen emotionalen Instabilität des mittelalterlichen Menschen gaben und geben manche Äußerungen bedeutender Historiker wie des Niederländers Johan Huizinga († 1945) oder des Franzosen Marc Bloch († 1944), aber auch das Modell vom Zivilisationsprozeß, wie es der Soziologe Norbert Elias († 1990) entwarf. Ihre Annahme von fehlender oder unzureichender Affektregulierung des mittelalterlichen Menschen ist mit dem Stellenwert, den die öffentliche Demonstration von Emotionen im Prozeß der politischen Entscheidungsfindung hatte, allerdings kaum zu vereinbaren.[206] Zwar hat auch in den Berichten von Geschichtsschreibern, die Barbarossa deutlich positiver gegenüberstehen, die Demonstration von Zorn einen prominenten Platz. Laut Otto Morena reagierte der Kaiser beispielsweise auf den Bericht seines Gesandten Sicher über die Demütigung, die er durch die Mailänder erfahren hatte, mit Zorn und Schmerz. Rahewin erzählt, Barbarossa sei von Zorn und Entrüstung ergriffen worden, als er vom hartnäckigen Widerstand der Cremasken erfahren habe.[207] Der Unterschied zu Bosos Bericht liegt aber in den impliziten Wertungen: während der Kardinal den Anlaß von Barbarossas emotionalen Ausbrüchen für ungerecht hält und ihn als schlechten Herrscher schildert, indem er ihm fehlende Selbstbeherrschung und maßlosen Zorn zuschreibt, erscheint den anderen Geschichtsschreibern der Zorn des Kaisers als gerecht. Berichte über den Zorn Barbarossas waren demnach alles andere als neutral, sondern immer auch Aussagen über seine Befähigung zum Herrscheramt und die Art seiner Herrschaftsausübung, wovon Gegner und Anhänger naturgemäß unterschiedliche Auffassungen hatten. Zwar kannte keiner der Autoren das jeweilige Geschehen aus eigener Anschauung und hatte deshalb von Barbarossas Emotionen auch keine definitive Kenntnis; aber Freunde wie Feinde des Kaisers, Deutsche wie Italiener, geistliche wie weltliche Autoren stimmen unabhängig voneinander in der Vorstellung überein, daß der Kaiser in bestimmten Situationen öffentlich Zorn gezeigt habe oder hätte zeigen müssen.

Das gilt auch für Trauerbezeugungen: so erzählt Rahewin, Barbarossas Gesicht habe, als er vor den versammelten Fürsten über den Ungehorsam Mailands klagte, «zugleich den Ausdruck berechtigten Schmerzes und königlicher Entrüstung» gezeigt.[208] Physische Details von Gefühlsausbrüchen werden allerdings kaum je erwähnt – daß der Staufer bei den Verhandlungen vor dem Friedensschluß von Venedig 1177 die Vermittler empört angebrüllt haben soll, ist eines der seltenen Beispiele.[209] Anlaß für die Äußerung von Zorn oder Trauer war stets eine Situation erlittener Beleidigung oder zugefügten Unrechts, der Niederlage oder des Verlusts und damit verbundener Schmach, kurz: eine Situation herausfordernder Mißachtung seines Herrschaftsanspruchs, die er als Ehrverletzung empfand. Zwar war Zorn eine der sieben Todsünden, aber der Zorn, mit dem Gott Sünden bestrafte, war gerecht; analog dazu wurde der Zorn des Herrschers – zumindest von seinen Parteigängern – ebenfalls als gerecht angesehen, zumal er nicht in ungeordneter Leidenschaft und fehlender Selbstbeherrschung wurzelte, sondern in erlittener Beleidigung und Unrecht. Nicht zufällig wird in den Strafformeln der Urkunden Barbarossas im Falle einer Rechtsverletzung mit dem Zorn des Kaisers gedroht; allerdings sind diese Fälle recht selten, wahrscheinlich deshalb, weil der Zornesbegriff für den Tyrannenvorwurf doch so zentral war, daß seine Verwendung selbst dem wohlmeinenden Kanzleipersonal nicht passend erschien. Unverkennbar aber hatten Emotionen einen bestimmten Stellenwert und eine bestimmte Funktion im Prozeß der Entscheidungsfindung; so waren Zorn und Trauer die Reaktion auf den Brief Papst Hadrians IV., der 1157 auf dem Hoftag von Besançon eintraf und von dem noch ausführlich die Rede sein wird. Hier interessiert zunächst nur Barbarossas Reaktion. Er forderte die Fürsten auf, «mit uns und dem Reich über diese große Schmach Schmerz zu empfinden»; er hoffte, «eure ungeteilte Treue werde nicht zulassen, daß die Ehre des Reiches, die seit der Gründung der Stadt [Rom] und seit der Aufrichtung der christlichen Religion bis auf eure Zeit glorreich und ungeschmälert bestanden hat, durch eine so unerhörte Neuerung, durch eine so vermessene Überheblichkeit beeinträchtigt werde».[210]

Politische Absichten und emotionale Äußerungen waren eng miteinander verbunden; Trauer öffentlich zu zeigen, gehörte zur Klage über erlittenes Unrecht. Sie sollte Mitleid mit dem Opfer und Zorn auf den Täter wecken. Durch die Demonstration von Schmerz und Trauer konnte Barbarossa aber nicht nur selbst Druck ausüben, sondern seinerseits auch unter Druck geraten, wenn vor ihm auf diese Weise ein Mißstand öffentlich gemacht wurde, dem abhelfen zu können man von ihm erwartete. So führte der Bruder des ungarischen Königs vor dem Staufer «tränenreiche Klage» über erlittene Verfolgungen.[211] Geschehenes Unrecht, vor dem Kaiser beklagt, tangierte auch dessen Ehre, die sich in den Augen einer urteilenden Öffentlichkeit und damit auch für ihn selbst in seiner Fähigkeit bemaß, seinen Herrscherpflichten der Rechts- und Friedenswahrung gerecht werden zu können. Inwieweit der Staufer in der Lage war, seine Ehre unverletzt zu wahren, hing zu einem guten Teil davon ab, ob und wie er seinen Zorn über eine Herausforderung ausdrückte. Die Bedeutung von Emotionen für politische Entscheidungen Barbarossas zu betonen heißt wohlgemerkt gerade nicht, sein Handeln als irrational im Sinne der vorhin erwähnten, angeblichen emotionalen Instabilität des mittelalterlichen Menschen zu verstehen. Vielmehr war der politisch relevante Kommunikationsprozeß an sich von der Zurschaustellung von Emotionen und einer emotionalen Redeweise geradezu getränkt, ohne deshalb freilich auf Emotionen oder gar deren spontanen Ausdruck reduziert werden zu können. Emotionen zu zeigen war vielmehr ein wichtiges Element der Herrschaftstechnik. Deshalb setzte Barbarossa sie häufig ganz bewußt, man könnte auch sagen: vernünftig und zielgerichtet ein. Die Zeitgenossen trauten ihm durchaus zu, daß er seinen Zorn mittels der *ratio* zügeln konnte und damit zu jener Selbstbeherrschung in der Lage war, die die mittelalterlichen Fürstenspiegel seit je forderten und die eine Leitidee der höfischen Gesellschaft war. Als er von der Eroberung der Burg Trezzo durch die

Mailänder hörte, war er eine Zeitlang betrübt, unterdrückte aber seinen Zorn und verbarg seine Entrüstung, bis er genug Ritter versammelt hatte, um die erlittenen Beleidigungen zu rächen.[212] Als ihm gemeldet wurde, daß die Mailänder mit Cremonas Hilfe in ihre zerstörte Stadt zurückgeführt worden waren, «tat er, obwohl er es im Herzen weit mehr, als jemand glaubte, schwernahm, dennoch öffentlich so, als nehme er es leicht oder achte es für nichts».[213] Boso traute dem gehaßten Kaiser zu, er habe sein tiefes Mißtrauen auch gegen die mit ihm verbündeten lombardischen Städte und den wilden Zorn, den er gegen sie im Herzen empfand, verborgen und sich ihnen gegenüber freundlich und heiter verhalten; daß der Lombardische Städtebund Anhänger Alexanders III. als Bischöfe in den Städten einsetzte, habe den Kaiser bis ins Herz betrübt, aber er habe sich den Anschein gegeben, dies hinzunehmen, weil seine Sache damals ohnehin auf Messers Schneide stand und er sie nicht zusätzlich verschlimmern wollte.[214]

Mithin treffen sich Freunde und Gegner Barbarossas wiederum in einer gemeinsamen Vorstellung: in bestimmten Situationen war die Verstellung und das Verbergen von Emotionen angemessen. Solche *dissimulatio* war geboten, wenn es aus politischen oder militärischen Gründen nicht opportun erschien, sich durch die Zurschaustellung von Zorn auf ein Ziel zu verpflichten, das zu erreichen unter den gegebenen Umständen nicht realistisch war. Die öffentliche Äußerung von Emotionen war ein politischer Akt; sie legte den Herrscher vor einer achtsamen Öffentlichkeit auf eine bestimmte Absicht fest, nämlich zu strafen oder Rache zu üben, stand also am Anfang einer ganzen Handlungskette und mußte deshalb auch wohlüberlegt sein, um nicht Erwartungen zu wecken, die nicht erfüllt werden konnten. Nicht ohne Grund wurde von Barbarossa gesagt, er sei «geübt darin, anderes zu reden und anderes im Herzen zu bergen»; gleich dem Chamäleon nehme er alle Farben an, meide nur die weiße – also die Farbe der Unschuld – und ziehe es vor, «nicht durchscheinen zu lassen, was im innersten Winkel seiner Absicht verborgen ist».[215]

Das Pendant zu den Beispielen ganz situationsgebundener Abwägung von Erfolgsaussichten sind die ebenfalls nicht seltenen Nachrichten über Barbarossas langes Gedächtnis für erlittene Beleidigungen und seine Bereitschaft, das Erlittene zu vergelten. In Venedig hielt man es sogar für möglich, daß er die Belästigung, der er durch Hitze, Fliegen und Mücken in der Lagune ausgesetzt gewesen war, als Beleidigung in seinem Herzen bewahren und nur auf den passenden Moment warten könnte, um sich dafür zu rächen.[216] Der dänische Geschichtsschreiber Saxo Grammaticus erzählt eine andere, für den Staufer besonders prekäre Situation: als König Waldemar von Dänemark 1181 im kaiserlichen Lager vor Lübeck erschien, sollen ihn die Deutschen wegen seiner schieren Körpergröße bewundert und gerufen haben, daß dieser ein König und Herr, des Reiches würdig, der Kaiser selbst aber nur ein Königlein und Männlein sei. «Ich glaube, daß der Kaiser diese Worte seiner Krieger, ohne sich etwas anmerken zu lassen, hingenommen hat, damit er nicht durch das Lob des Königs beleidigt schien.»[217] Diese ganz und gar unglaubwürdige Geschichte erklärt sich aus Saxos Absicht, seinen König als jemanden zu schildern, der selbst den Kaiser an Bedeutung und Ansehen übertragt, spielt aber wiederum mit dem Wissen um Barbarossas Neigung zur Verstellung. Boso wiederum warf dem Kaiser vor, er sei unfähig gewesen, seinen Zorn zu zügeln, als er die Stadt Susa 1174 verbrannt habe[218] – ein Vorfall, der den Kardinal einmal mehr in seiner Sicht des Kaisers als eines Tyrannen bestärkte. Zur Vorgeschichte gehörte allerdings, daß Barbarossa bei seiner Flucht aus Italien 1167 in Susa Station gemacht hatte, dort aber Anschläge auf sein Leben hatte fürchten müssen und deshalb in der Verkleidung eines Knechtes aus der Stadt geflohen war. Er wird diese unvergessene Beleidigung mit der ihm eigenen Beredsamkeit seinen Großen später so eindringlich geschildert haben, daß die Belagerung der Stadt rasch beschlossene Sache war. Drastische Vergeltungsmaßnahmen für einst erlittene Kränkungen dieser und ähnlicher Art waren auf Wirkung kalkuliert und verfehlten sie auch nicht: als Urban III. in Verona erwog, Barbarossa zu exkommunizieren, traten ihm die Bürger entgegen und baten, dies nicht in ihrer Stadt zu tun, da sie sonst die Rache des Kaisers zu gewärtigen hätten.[219]

Die häufigen Nachrichten über Barbarossas nachtragenden Charakter und seinen Zorn werden gewissermaßen ergänzt durch die nicht weniger häufigen Bemerkungen über sein heiteres Antlitz. Übereinstimmend erwähnen deutsche und italienische Chronisten die heitere Miene des Kaisers: sie habe ihm ein Aussehen gegeben, als ob er immer lächeln wolle.[220] Aber wie im Falle des Zorns, so ist auch im Falle der Heiterkeit nicht leicht zu entscheiden, ob wir darin tatsächlich einen authentischen Charakter- und Wesenszug des Staufers erkennen dürfen — oder nicht vielmehr einen bewußten und wegen der Bedeutung öffentlich gezeigter Emotionen zur Schau getragenen Ausdruck. Auffällig ist immerhin, daß Barbarossas Heiterkeit stets im Zusammenhang demonstrativer Hulderweise erwähnt wird — etwa beim Empfang von Gesandten am Hof. Die Boten der Grafen von Flandern, die der Kaiser 1167 in Pavia empfing, berichteten, er habe sie mit froher Miene angesehen und scherzhaft mit ihnen geredet; dies sei aus Ehrerweisung gegenüber den Grafen geschehen, die Verwandte seiner Gemahlin Beatrix waren.[221] Die Legaten Papst Alexanders III. empfing er zu Friedensverhandlungen «mit heiterem Angesicht» (*ylari vultu*).[222] In solchen Fällen war das sichtbare Wohlwollen ein wichtiges Signal im politischen Dialog, der indirekt über Gesandte geführt wurde,[223] und wurde in den Quellen deshalb als politisch relevantes Detail entsprechend oft vermerkt.

Auch in den Berichten über Unterwerfungen wird die freundliche Miene des Kaisers häufig erwähnt, weil er mit diesem Ausdruck verbindlich zu verstehen gab, daß der frühere Gegner wieder in die herrscherliche Huld aufgenommen und der Konflikt beigelegt war. Heiterkeit war in solchen Situationen ein sehr bewußter, zeichenhaft gesetzter Ausdruck. Auch im höfischen Ambiente war sie häufig genug mehr Haltung als tatsächliche Stimmung, nicht zuletzt dem Gebot politischer Klugheit in Situationen geschuldet, in denen es eigentlich nichts zu lachen gab. Oft genug nahmen die Zeitgenossen Barbarossas *hilaritas* als Maske seines Durchsetzungswillens wahr, den er solcherart sehr gut zu kaschieren wußte. Nach Ansicht eines Trierer Chronisten unterdrückte der Kaiser beim Erhalt einer schlechten Nachricht, «überaus selbstbeherrscht, wie er in allen Lagen seines Lebens immer war, seine Erregung und nahm sich jenes Unrecht insgeheim zu Herzen, indem er seine Empörung in gewohnter Weise hinter einem Lächeln verbarg».[224] Darin klingt das tradierte Herrscherideal an, das vom König eine Kontrolle seiner Leidenschaften verlangte und sein gewolltes und gemessenes Froh- und Heiter-Aussehen zu einer «Art keep smiling höfischer und majestätischer Überlegenheit» machte.[225] Diese geforderte Haltung verlangte geradezu die Fähigkeit zur Verstellung, und für auffallend viele Zeitgenossen war Barbarossas Lächeln auch genau das: Verstellung. 1155 vertrauten die Bürger von Tortona auf die Zusicherung des Hofes, ihre Stadt werde trotz Widerstandes unversehrt bleiben, wenn sie sich dem Herrscher nur unterwarfen, wie es Ehre und Ruhm des heiligen Reiches verlangten; zuversichtlich zogen sie vor Barbarossa und warfen sich ihm zu Füßen. Ausdrücklich erwähnt ein Chronist das heitere Angesicht des Kaisers, mit dem er vorgab, die Bürger wieder in seine Gnade aufnehmen zu wollen; am nächsten Morgen allerdings ließ er die Stadt besetzen und zerstören.[226] Eine solche böse Maskerade unterstellte dem Staufer auch der böhmische Historiograph, der die Chronik des Cosmas von Prag fortführte. Ihm zufolge habe Verona beim ersten Romzug von Barbarossa Geld für den ungehinderten Durchzug seines Heeres gefordert: «Als König Friedrich dies vernahm, unterdrückte er seinen Zorn und ohne ihn sich anmerken zu lassen gab er gute Worte, versprach das verlangte Geld, und so durchzog er … Verona, ohne daß seinem Heere etwas zu Leid geschah. Nachdem aber das Heer jenseits stand, ließ er den Veronesen sagen, sie sollten wegen des Geldes kommen, das sie verlangt hatten. Sie vertrauten seinen Worten und schickten dreizehn Adlige und noch viele andere Edle des zugesagten Geldes wegen zu ihm. Der König empfing sie mit heiterer Miene (*hilari vultu*), gab ihnen die schönsten Versicherungen wegen des Geldes, befahl dann aber, sie zu ergreifen und aufzuhängen. Und als einer von ihnen sagte, er sei ein naher Verwandter von ihm und könne dies auch beweisen, befahl er, man solle diesen als den Edelsten am höchsten hängen.»[227] Zwar ist der historische Gehalt der Geschichte wiederum äußert fragwürdig; nicht minder fragwürdig aber wäre es, Barbarossas *hilaritas* für die tatsächliche Grundstimmung eines ebenso gewinnenden wie harmlosen schwäbischen Gemüts zu halten. Die Heiterkeit des Kaisers sehen wir mithin ebenso wie seinen Zorn – oder auch seine Trauer – stets nur durch die Augen höchst parteiischer Zeitgenossen, die diesen Emotionen eine bestimmte Funktion in einer bestimmten kommunikativen Situation zuwiesen, bevorzugt in öffentlichen Beratungs- und Entscheidungssituationen am Hof. Es liegt auf der Hand, daß solche Überlieferung keine Rückschlüsse auf den tatsächlichen Charakter eines Menschen erlaubt.

KAPITEL 6

UNBEWÄLTIGTE HERAUSFORDERUNGEN: DER ERSTE ITALIENZUG (1154/55)

Auf dem Konstanzer Hoftag im März 1153 gerieten die Verhältnisse südlich der Alpen in den Blick. Zunächst gab es für Barbarossa keinen Grund, dort eigene Akzente zu setzen. Die Haltung Konrads III. gegenüber Papst und Normannen hatte schon jene Bahnen vorgezeichnet, auf denen sich der bevorstehende Italienzug bewegen sollte. Insbesondere hinsichtlich der normannischen Herrschaft, die seit dem 11. Jahrhundert nach sukzessiver Eroberung des teilweise noch byzantinisch beherrschten, teilweise in langobardische Fürstentümer aufgeteilten Süditalien entstanden war, folgte Barbarossa der politischen Linie seiner Vorgänger: das Normannenreich war für ihn widerrechtlich eroberstes Reichsgebiet, der normannische König Roger II. († 1154) ein feindlicher Usurpator. Auch in Byzanz dachte man daran, die verlorene Position in Süditalien zurückzuerobern. Die Annäherung an das Kaiserhaus im Osten, die sich auf Grund der gemeinsamen Gegnerschaft zu den Normannen schon unter Lothar III. abgezeichnet hatte, war durch das byzantinische Heiratsbündnis Konrads III. weiter stabilisiert worden und hatte schließlich eine eindeutige Stoßrichtung gegen die Normannen erhalten: auf der Rückkehr vom Kreuzzug hatte Barbarossa 1148 als Eideshelfer seines königlichen Onkels dem byzantinischen Kaiser geschworen, daß Apulien und Kalabrien – also die noch im 11. Jahrhundert byzantinischen, dann unter normannische Herrschaft gefallenen Teile Süditaliens – der Kaiserin Bertha-Irene als Mitgift übertragen werden sollten. Zu diesem Zweck war ein gemeinsamer Kriegszug gegen die Normannen verabredet worden, der im Falle eines Sieges freilich das Folgeproblem einer konkreten Aufteilung der Interessensphären in sich barg. Das schwer planbare und in seinen möglichen Konsequenzen kaum absehbare Vorhaben sollte von engen verwandtschaftlichen Beziehungen flankiert werden, mit denen wenigstens prinzipiell die Verpflichtung zu Konsens und friedlicher Problemlösung verbunden war.[1] Als Barbarossa im Oktober 1152 auf dem Hoftag von Würzburg die Zusage der Fürsten erhielt, den für Herbst 1154 geplanten Romzug zur Kaiserkrönung mit einem Unternehmen gegen die Normannen zu verbinden, bewegte er sich also in den Spuren seines Amtsvorgängers.

Allerdings gab es mit dem Papsttum noch eine dritte Kraft in dieser Interessenkonstellation, denn die Normannen waren im Laufe des 11. Jahrhunderts Lehnsleute des Papstes geworden. Jedoch brachte der Normannenkönig Roger II. den Papst gegen sich auf, indem er sich weigerte, die Weitergabe der Königsherrschaft in seiner eigenen Familie von Erlaubnis oder Krönung durch den päpstlichen Lehnsherrn abhängig zu machen; die Kurie erkannte daher die noch zu Lebzeiten Rogers, aber ohne päpstliche Beteiligung erfolgte Krönung seines Sohnes Wilhelm I. († 1166) zum Nachfolger auch nicht an. Gegen die allzu große Eigenwilligkeit seines normannischen Lehnsmannes suchte Eugen III. Hilfe beim künftigen Kaiser, dem Schutzherrn der Römischen Kirche. In Süditalien wollte er ihn freilich nur als Verbündeten, nicht aber als Herrscher aus eigenem Recht dulden. Bezüglich einer eventuellen Neuregelung der Verhältnisse im Normannenreich bestanden also ganz unterschiedliche Interessen. Daß sie sich gegenseitig eigentlich sogar ausschlossen, hatte sich zuletzt während des zweiten Italienzuges Lothars III. deutlich gezeigt: bei der Belehnung Rainulfs von Alife mit dem Herzogtum Apulien wollte weder der Kaiser noch der Papst auf seinen Anspruch auf die Oberhoheit über Süditalien verzichten. Sie überreichten dem neuen Herzog das Lehnssymbol der Fahnenlanze deshalb gemeinsam, indem jeder seine Hand an den Lanzenschaft legte. Damit war zwar ein symbolischer Ausdruck für die jeweilige Rechtsauffassung gefunden, der zugrundeliegende Gegensatz aber nicht gelöst, sondern vielmehr gleichsam öffentlich mitinszeniert. Im Streit um die Rechte über das Kloster Montecassino drohte Lothar III. dem Papst sogar mit einer Trennung von Reich und Römischer Kirche.[2]

Vergleichsweise einfacher lagen die Verhältnisse in Rom. Etwas später als in den Städten Nord- und Mittelitaliens war auch am Tiber eine kommunale Bewegung entstanden, in der jene Schichten Anspruch auf Teilhabe an der Stadtregierung erhoben, die bislang von ihr ausgeschlossen waren. Wie im Norden richtete sich diese Bewegung gegen die Stadtherrschaft des Bischofs – im speziellen Fall von Rom also gegen den Papst, der die Stadt seit Jahrhunderten vom Lateranpalast aus regiert hatte. Seit 1144 sollte Rom aber von kommunalen Amtsinhabern regiert werden, die sich in Anknüpfung an die antike Tradition Senatoren nannten und das Kapitol zu ihrem neuen Amtssitz erkoren. Mit der antipäpstlichen Stoßrichtung der römischen Kommune verbanden sich rasch kirchenreformerische Tendenzen. Sie entzündeten sich an der Verstrickung des Klerus in weltliche Angelegenheiten, für die die päpstliche Herrschaft über Rom und das Patrimonium Petri – der territoriale Herrschaftsbereich des Papstes – den unübersehbaren Anlaß gab; wirksamster Propagator dieser Reformbestrebungen war der Prediger Arnold von Brescia, der ein radikales, am Vorbild des Evangeliums orientiertes Armutsideal vertrat und gerade von den Geistlichen verlangte, auf Reichtum und weltlichen Prunk zu verzichten. Die Popularität seiner Forderungen war die Hauptursache dafür, daß der Papst mehrfach aus der Stadt vertrieben wurde und jede Einigung mit dem Senat brüchig blieb.[3] Vom künftigen Kaiser erwartete der Papst mithin auch Hilfe gegen die römische Kommune und die Durchsetzung der päpstlichen Stadtherrschaft. Die Gefahr, die ihnen vom kaiserlichen Schutzherrn der Römischen Kirche drohte, erkannten die Senatoren rasch und boten daher Konrad III. in mehreren Gesandtschaften mehr als nur ihre Treue an. Unter Rückgriff auf die antike Vorstellung der *lex regia*, wonach die Römer dem Kaiser die Macht verliehen, also seine Amtsbefugnis auf einer Machtübertragung durch die Bürger beruhte, stellten sie dem Staufer eine Kaiserkrönung durch die Kommune in Aussicht, die gleichzeitig deren legitimatorisches Defizit ausgeräumt hätte.[4] Freilich besaß ein solches Kaisertum, das jeder Tradition entbehrte, keine Anziehungskraft – hatte der Kaiser seine spezifische Würde bislang doch gerade eben durch eine Krönung erlangt, die der Papst als Oberhaupt der Christenheit vornahm. Als neben dem Papst auch der Senat durch die Gesandtschaft Eberhards von Bamberg im Frühjahr 1152 offiziell von der Königserhebung Barbarossas informiert wurde, die eigenen Ansprüche freilich mit keiner Silbe berücksichtigt fand, radikalisierte sich seine Haltung merklich: ein bis heute nicht identifizierter Mann namens Wezel schrieb in höchst anmaßendem Ton an Barbarossa, beanspruchte das Recht zur Kaiserwahl als Konsequenz der *lex regia* für die Kommune und befahl dem Staufer geradezu, möglichst rasch Gesandte an die Kommune zu schicken, wenn er vermeiden wolle, daß sich «etwas Unerhörtes gegen euch erhebt».[5] Es bedurfte nicht des empfindlichen Ehrgefühls Barbarossas, um diese Haltung als beleidigend wahrzunehmen. Zur Kaiserkrönung durch den Papst und dem damit verbundenen Prestigegewinn besonderer Nähe zur geistlichen Spitze der Christenheit gab es keine Alternative. Unverkennbar aber war mit der römischen Kommune ein neuer Machtfaktor entstanden, mit dem künftig zu rechnen war.

FESTLEGUNGEN UND HILFSZUSAGEN: KONSTANZ

Bereits in den Verhandlungen, die unter Konrad III. mit Eugen III. über die Bedingungen der Kaiserkrönung geführt worden waren, hatte die Haltung des künftigen Kaisers gegenüber Rom und dem Normannenreich eine Rolle gespielt. An den erreichten Verhandlungsstand konnte die Gesandtschaft Barbarossas anknüpfen, die unter Leitung der Bischöfe Anselm von Havelberg und Hermann von Konstanz im Spätherbst 1152 Rom erreichte. Recht zügig wurde mit den päpstlichen Unterhändlern eine Einigung erzielt, die der König auf dem Konstanzer Hoftag im März 1153 als bindend anerkannte. Dieser sogenannte Konstanzer Vertrag umriß die gemeinsamen politischen Ziele von Kaiser und Papst: beide versprachen sich gegenseitig, dem Kaiser von Byzanz kein Land in Italien zuzugestehen und ihn im Falle einer Invasion «ihren Möglichkeiten gemäß» (*pro viribus*) zu vertreiben; Barbarossa verpflichtete sich, weder mit Roger II. noch mit den Römern ohne Konsens und Willen der römischen Kirche Frieden zu schließen und «seinen Möglichkeiten gemäß» die Römer der päpstlichen Herrschaft zu unterwerfen, außerdem die Ehre des Papsttums (*honor papatus*) und die Regalien des heiligen Petrus – d. h. die Herrschaftsrechte des Papstes im Kirchenstaat – «als ergebener und besonderer Vogt der römischen Kirche» zu wahren und bei der Rückgewinnung entfremdeter Rechte zu helfen; im Gegenzug versprach der Papst, den König als liebsten Sohn des heiligen Petrus zu ehren und, soweit es an ihm sei, ohne Schwierigkeit und Widerspruch zum Kaiser zu krönen, ihm zu helfen, die «Ehre des Reichs» aufrechtzuerhalten und jeden, der sich gegen «Recht und Ehre des Reichs» wende, auf herrscherlichen Wunsch nötigenfalls zu exkommunizieren.[6] Auf die Frage, ob der Vertrag den Kaiser oder aber den Papst benachteiligte, hat die Forschung viel Scharfsinn verwendet und diametral entgegengesetzte Antworten gegeben. Erst jüngst neigte sich die Waagschale wieder zugunsten des Papstes: «dem künftigen Kaiser wurden gleichsam juristische Handschellen angelegt».[7] Aber weder gab es die Normenhierarchie noch die Instanz, die es Eugen III. hätten erlauben können, seine Vertragsauslegung gegenüber dem Kaiser einzuklagen; daher leidet die stillschweigende Annahme, eine Seite habe die andere nach Art eines Winkeladvokaten übervorteilen wollen und können, indem sie hinter scheinbar unverfänglichen Begriffen weitreichende Rechtsfolgen versteckte, von vornherein unter einem für das 12. Jahrhundert anachronistischen Verständnis von Recht und Justiz. Schon deshalb, weil der Vertrag die Ergebnisse bevorstehender Auseinandersetzungen mit Byzanz, den Römern und dem Normannenkönig nicht vorwegnehmen konnte, war er seinem Wesen nach nichts anderes als eine Absichtserklärung, der beide Seiten hinsichtlich ihres künftigen Vorgehens an einen gemeinsamen Grundkonsens binden sollte. Als Handlungsmotiv Barbarossas nennt der Vertrag die aus der Würde königlicher Majestät fließende Verpflichtung, alles, was das Gut des Friedens und der Eintracht betreffe, mit großer Sorgfalt aufrechtzuerhalten und mit genauer Achtsamkeit danach zu streben, daß dieses Gut zwischen Königtum (*regnum*) und Priestertum (*sacerdotium*) durch unauflösliche Liebe (*caritas*) auf immer fortbestehe. Nur konsequent waren die wechselseitigen Verpflichtungen zur Wahrung und Förderung der Ehre, also sowohl auf den jeweiligen Rang wie auf die damit verbundenen Rechtsansprüche Rücksicht zu nehmen. Der Unvorhersehbarkeit künftiger Entwicklungen Rechnung tragend, wurden Verpflichtungen durch den Hinweis auf die eigenen Möglichkeiten eingeschränkt und zukünftige Entscheidungen an gemeinsame Willensbildung gebunden. Natürlich wußten Barbarossas Unterhändler so gut wie die päpstlichen, daß die eigentlichen Bewährungsproben dieser Absichtserklärungen erst noch bevorstanden. Das galt schon für Rom; Barbarossa versprach zwar, die Römer dem Papst zu unterwerfen, aber inwieweit er damit auf die Vorstellung von einer «untergeordnete[n] Rolle der Römer in einem vom Kaisertum mitbestimmten herrschaftlichen Status der Urbs», wie sie seit Heinrich V. und vollends unter Konrad III. konkretere Formen angenommen hatte,[8] in der Praxis zu verzichten bereit war, mußte sich erst noch zeigen. Auch hinsichtlich der konkurrierenden Hoheitsansprüche über das Gebiet des Normannenreichs und der möglichen byzantinischen Präsenz in Süditalien gab es reichlich Abstimmungsbedarf. Indessen blieben alle mit einer Neuordnung in Süditalien verbundenen konkreten Fragen im Konstanzer Vertrag ausgeklammert und künftiger Einigung vorbehalten. Immerhin bekannten sich beide Seiten dazu, jenseits aller regelungsbedürftigen Einzelheiten auf der Grundlage einer Verpflichtung zur gegenseitigen Wahrung der Ehre eine gemeinsame Lösung finden zu wollen. Der Konstanzer Vertrag war also im wesentlichen eine vertrauensbildende Maßnahme angesichts möglicher Konflikte mit dem Papsttum. Zwar sollten alle Abmachungen guten Glaubens beachtet, aber auch «im freien und gemeinsamen Konsens geändert» werden können.[9] Der künftige Kaiser und der Papst hielten ihren Handlungsspielraum bewußt sehr weit offen. Barbarossa nutzte ihn, indem er nach vorbereitenden Kontaktaufnahmen noch im Herbst 1153 eine Gesandtschaft nach Byzanz schickte: Bischof Anselm von Havelberg und der süditalienische Adlige Richard von Gravina baten bei Manuel Komnenos um eine Prinzessin aus dem Kaiserhaus als Gemahlin für den Staufer. Mit dieser Ehe solle ein «unauflösliches Band» (*vinculum indissolubile*) geschaffen werden, um die schon bestehende «Freundschaft» (*amicitia*) und das «Band der Brüderlichkeit» (*vinculum fraternitatis*) zu befestigen, so daß die beiden Reiche aus Zuneigung gewissermaßen eines würden und denselben Freund, aber auch denselben Feind hätten.[10] Maria, eine Nichte Manuels, wurde als Braut ausersehen. Das Heiratsprojekt bekräftigte das bereits auf Konrad III. zurückgehende politische Bündnis gegen die Normannen und sollte die Handlungsgemeinschaft angesichts des bevorstehenden Italienzuges Barbarossas intensivieren.

Ebenfalls in Konstanz wurde Barbarossa gänzlich überraschend und unvorbereitet mit einer weiteren konfliktträchtigen Situation in Italien konfrontiert, als zwei Kaufleute aus der Stadt Lodi vor dem König gegen Mailand Klage erhoben. Dieser Konflikt stand vor dem Hintergrund des Aufstiegs der Kommunen in Oberitalien seit dem späten 11. Jahrhundert. Auf der Grundlage einer Schwureinung (*coniuratio*) hatten die Bürger gegen den bischöflichen Stadtherrn eine zunehmend größere Teilhabe an der Stadtregierung durchgesetzt; an die Spitze ihrer Selbstverwaltung traten die Konsuln – meist für die Dauer eines

Jahres gewählte Amtsinhaber, die unter anderem die ursprünglich beim Bischof liegende Rechtssprechungsbefugnis an sich zogen, aber auch Befehlsgewalt über die städtischen Milizen ausübten. Unter Führung ihrer Konsuln zwangen die Kommunen die weniger mächtigen Orte in ihrem Umland (*contado*) sowie den landsässigen Adel in Abhängigkeit und grenzten ihr jeweiliges Einflußgebiet in periodischen Kriegszügen von dem der nächstmächtigeren Kommune ab. Mit dieser Expansion waren gleichzeitig Bündnisverträge und Hilfszusagen verbunden, so daß man sich die oberitalienische Stadtlandschaft vereinfacht als ein Schachbrett vorstellen kann, dessen schwarze und weiße Felder die Zugehörigkeit der einzelnen Kommunen zu einem Bündnissystem markieren, das gegen den jeweils unmittelbaren Nachbarn gerichtet war. Die Lombardenmetropole Mailand hatte 1111 im Süden Lodi und 1127 im Norden Como ihrem Einfluß unterworfen. Weder an diesem speziellen Fall noch an der Machtausdehnung der Kommunen grundsätzlich hatten die deutschen Könige seit Heinrich IV. jemals Anstoß genommen. Als die beiden Lodeser Kaufleute sahen, daß Barbarossa in Konstanz zu Gericht saß und Recht sprach, wollten sie diese Gelegenheit allerdings nutzen und ihr Anliegen vor ihm zur Sprache bringen. Otto Morena, ein Notar aus Lodi, berichtet darüber in seinem 1161 entstandenen «Buch über die Taten Kaiser Friedrichs» folgendes: «Sie gingen also sofort in eine Kirche, nahmen von dort zwei sehr große Kreuze auf die Schultern, traten vor den König und die übrigen Fürsten und warfen sich mit den Kreuzen in größter Trauer zu Füßen des Königs nieder ... Nachdem sie sich erhoben hatten und während sie vor dem König laut wehklagten, nahm schließlich auf Geheiß des Königs Albernardus, der die deutsche Sprache bestens erlernt hatte, das Wort und sagte: ‹Heiligster Herr König! Wir armen Bürger von Lodi führen vor Gott, vor euch und eurem gesamten Hof Klage über die Mailänder, die uns und alle Bürger von Lodi, die wir die Euren waren, einst zu Unrecht aus der Stadt Lodi vertrieben, alle unseren Großen, Männer und Frauen, der Habe beraubten, viele von ihnen töteten, unsere Stadt völlig zerstörten und die Bürger von Lodi zu schwören zwangen, nicht mehr in der Stadt und ihren Vorstädten zu wohnen›.» Den dann in einem Vorort (*borgo*) eingerichteten Markt hätten die Mailänder verboten. «Deshalb, heiligster König, bin ich und sind viele Menschen von Lodi in Mittellosigkeit gesunken. Daher flehe ich euch, erlauchter König, und alle eure hier anwesenden Fürsten an, daß sie euch bitten, durch Brief und Boten den Mailändern zu befehlen, den Lodesen den erwähnten Markt wiederherzustellen und ihnen weiterhin zu erlauben, ihn künftig an dem Ort zu halten, an dem er gewöhnlich durchgeführt wurde.› Dem stimmten alle Fürsten zu und rieten einmütig dem König, so zu verfahren, wie Albernardus gesagt hatte.»[11] Die Lodesen riefen Barbarossa auf Grund der Vorstellungen, die sie vom Königsamt hatten, als Wahrer von Recht und Frieden an. Ihre vor dem versammelten Hof öffentlich gezeigten Emotionen setzten den König unter besonderen Druck: denn die Selbstdemütigung des Fußfalls und die große Trauer, die durch Tränen und lautes Wehklagen vorgeführt, ja: inszeniert wurden, waren nicht einfach überschwenglicher Gefühlsausdruck, sondern führten – wie schon im vorigen Kapitel erläutert – das erlittene Unrecht zeichenhaft vor Augen und konfrontierten den Herrscher mit der Erwartung, den beklagten Mißstand abzustellen. Angesichts der Rechtsverletzung gewährte Barbarossa, was von ihm erwartet wurde – seine Hilfe: «Daher rief der König, der milde und barmherzig war, sofort seinen Kanzler und befahl ihm, sogleich einen Brief auszufertigen, der so lauten sollte, wie Albernardus gesagt hatte, und hieß einen seiner Gesandten namens Sicher, den Brief zu nehmen und nach Mailand zu bringen und den Mailändern von seiner Seite aus auch mündlich zu befehlen, ganz und gar so zu verfahren, wie der Brief ihnen kündete.» Daß vor dieser Entscheidung die Gegenseite, also Mailand, nicht weiter gehört wurde, ist ein für moderne Erwartungen zwar befremdliches, am Hof und im Königsgericht des 12. Jahrhunderts jedoch keineswegs außergewöhnliches Verfahren – wie erst jüngst aber behauptet wurde: es gab eben gerade keine «geordnete Verfahrensstruktur», die stets eingehalten wurde und vor der Entscheidungsfindung die Anhörung der Gegenseite verlangt hätte.[12] Indem die Lodesen Barbarossa als Richter anriefen, unterwarfen sie sich seiner Herrschaft; an der Berechtigung ihrer Bitten zu zweifeln hatte er so lange keinen Anlaß, so lange ihm keine Gegenargumente vorgetragen wurden. Üblicherweise hatten Kläger schon zuvor Verbindungen zu einem Angehörigen des Hofs hergestellt, der ihr Anliegen als Fürsprecher unterstützte und damit sein eigenes Ansehen beim Herrscher in die Waagschale warf. Als sich die Fürsten, um deren Fürsprache die Lodesen ausdrücklich baten, bei Barbarossa für die Erfüllung von deren Bitte einsetzten, gab es erst recht keinen Grund, dieser Erwartung nicht zu entsprechen. Sichers Mission war wenig erfolgreich: als er in

ABB. 20 Das nach der Königskrönung Barbarossas verwendete Wachssiegel zeigt dem Typus des Thronsiegels gemäß den thronenden Herrscher. Dargestellt sind als Zeichen der Königsherrschaft die Krone mit einem Edelsteingehänge (Pendilien) und einem doppelten Bügel, der Reichsapfel und das Szepter. Die Umschrift nennt den Herrschertitel FREDERICUS DEI GRATIA REX ROMANORUM. – Marburg, Hessisches Staatsarchiv, Kl. Ahnaberg 1154, Mai 3.

der Hoffnung auf großzügige Belohnung seiner im Interesse Lodis angetretenen Mission in der lombardischen Stadt erschien, waren die Lodesen geradezu schockiert und brachten «vor allem aus Furcht vor den Mailändern kein Wort hervor». Weil sie die Empörung der Mailänder über den königlichen Befehl vorausahnten, baten sie Barbarossas Boten sogar, den Brief gar nicht zu überbringen. Sicher jedoch wagte nicht, an den Hof zurückzukehren, ohne zuvor den Auftrag des Königs erfüllt zu haben, und zog daher weiter nach Mailand. Dort legte er dann, «bei den Konsuln angekommen, diesen den Brief vor. Nachdem die Konsuln öffentlich und vor der allgemeinen Volksversammlung der Kommune den Brief gelesen hatten, warfen sie, ganz erregt von Zorn und Wut, vor den Augen Sichers und aller anderen den Brief mitsamt dem Siegel auf den Boden und zerknüllten und zertraten ihn mit ihren Füßen.» Wieder spielten zur Schau gestellte Emotionen eine besondere Rolle: die Konsuln zeigten vor der Mailänder Bürgerschaft ihre Wut über den als Anmaßung empfundenen Befehl Barbarossas und demonstrierten ihre Ablehnung durch die ostentative Schmähung von Brief und Siegel. Weil das Bild des thronenden Königs auf dem Wachssiegel dessen Autorität und Herrschaftsanspruch repräsentierte, war seine Zerstörung nichts anderes als ein symbolischer Widerspruch gegen den mit dieser Darstellung unauflösbar verbundenen Gehorsamsanspruch.

Auch wurde Sicher nicht behandelt, wie es einem königlichen Legaten eigentlich gebührte: weder durch Geschenke noch durch einen prächtig inszenierten Abschied geehrt, mußte er die Stadt bei Nacht verlassen. Die Beleidigung des Legaten, der den Herrscher vertrat und deshalb auch Anspruch auf besondere Ehrerweisung hatte, war gleichzeitig eine Beleidigung des Herrschers. Entsprechend eindeutig war Barbarossas Reaktion: «Als Sicher aber zum Hof kam, warf er sich zu des Königs Füßen und berichtete ihm und allen anwesenden Fürsten der Reihe nach, was und wie ihm geschehen war, und er bat alle Fürsten des Hofes, ihn und sich selbst wegen dieser Beleidigung zu rächen. Als aber die gesamten Fürsten dies vernahmen, wurden sie von größtem Zorn und Schmerz bewegt, und diese Worte stiegen in ihrem Herzen höher auf, als einer je glauben würde; wie ein Feuerfunke das ganze Haus anzündet, so entflammten diese Worte das Herz des Königs und aller Fürsten, und sie beschlossen sogleich, mit einem großen Heer in die Lombardei zu marschieren.»[13]

Erneut ist von Emotionen die Rede. Als die Beleidigung des Herrschers durch Sichers Bericht am Hof bekannt wurde, setzte der offen gezeigte Zorn von König und Fürsten ein unmißverständliches Zeichen ihrer Entschlossenheit: die erlittene Beleidigung verlangte Genugtuung, verletzte Ehre mußte wiederhergestellt werden. Dieser Logik war nicht nur die Erzählung Otto Morenas verpflichtet, die als «ätiologische Sage» abzutun auch dann nicht der geringste Grund besteht,[14] wenn sie den Auftrag Sichers zugunsten Lodis verzerrt darstellen sollte. Denn in der Person des Gesandten war der König selbst beleidigt worden. Auf eine solche Mißachtung seines Königtums aber reagierte Barbarossa – wie andere Herrscher auch – äußerst empfindlich. Die verweigerte Ehrung seines Stellvertreters zwang ihn ebenso zur Reaktion wie die Weigerung der Mailänder, sich seinem Anspruch auf Beilegung des Streits unterzuordnen. Das konnte der König, dessen Befähigung zur Ausübung schützender Herrschaft nach der Klage Lodis nun auf dem Spiel stand, nicht akzeptieren. Natürlich hatte er mit der Kaiserkrönung und der Heerfahrt gegen die Normannen noch andere Gründe für den Italienzug. Aber über dem Verhältnis zu Mailand lastete nun schon vor Aufbruch in den Süden der Schatten einer schweren Beleidigung, und es mußte sich zeigen, welche

Wiedergutmachung die Kommune zu leisten bereit war. Für sein Verhältnis zu Mailand wurden zwei italienische Große wichtig, die Barbarossa schon von gemeinsamer Teilnahme am Kreuzzug Konrads III. kannte – Markgraf Wilhelm von Montferrat und Graf Guido von Biandrate. Wilhelm († 1191) hatte eine Halbschwester Konrads III. geheiratet, die Babenbergerin Judith, war also ein Onkel Barbarossas. In welchem Maße er Barbarossas Vertrauen genoß, zeigte sich 1164, als der Staufer seinen erstgeborenen Sohn Wilhelms Obhut anvertraute, während er selbst über die Alpen nach Deutschland zurückkehrte. Eine Schwester Wilhelms war mit Guido († 1167) verheiratet, der über die Königsnähe seines Schwagers ebenfalls Zugang zu Barbarossa fand. Die beiden adligen Herren waren für die Dauer von fast zwei Jahrzehnten wichtige Parteigänger des Staufers in Oberitalien, wobei ihm ihre unterschiedlichen Verbindungen zu den Kommunen zunutze kamen. Wilhelm war mit Pavia verbündet und stand damit auf der Seite der mit Mailand verfeindeten Kommunen; daher war es kein Zufall, daß die Lodesen Barbarossa vor Beginn seines Italienzuges über Wilhelm einen goldenen Schlüssel zukommen ließen, als Zeichen ihrer Anerkennung seiner Herrschaft und ihrer Hoffnung auf Schutz und Hilfe gegen Mailand.[15] Demgegenüber war Guidos politische und militärische Potenz durch seine enge Anbindung an Mailand gesichert, dessen Bürger er war; er konnte daher in Barbarossas späteren Konflikten mit Mailand als Vermittler fungieren und gehörte zu jener Partei in der Stadt, die die Interessen der Kommune mit dem Anspruch des Kaisers auf Überordnung auszugleichen trachtete.[16] Weil seine eigene Position an die Stellung Mailands gebunden war, kann man ihm aber auch keine «konkrete Interessenlage» unterstellen, Barbarossa im angeblich machtpolitisch begründeten Vorsatz der «Zerschlagung des Mailänder Machtblocks» zu bestärken.[17]

PARTEILICHKEIT

Anfang Oktober 1154 brach Barbarossa von Augsburg aus in den Süden auf und führte ein Heer mit sich, dessen Größe er selbst auf 1800 Ritter schätzte;[18] rechnet man Knappen und Troß hinzu, kann man von mindestens der doppelten Zahl an Teilnehmern ausgehen. Das war – zumal angesichts der Dimension des Vorhabens in Süditalien, wo Lothar III. schon mit einem bedeutend größeren Heer gescheitert war – kein übertrieben starkes Kontingent. Den geographischen Verhältnissen entsprechend rückte aber zuerst das Verhältnis zu den Kommunen, die im Norden des *regnum Italiae* lagen, in den Blick. Auf dem Hoftag, der auf den roncalischen Feldern nicht weit von Piacenza abgehalten wurde, erschienen Gesandtschaften aus vielen Städten: Cremona und Pavia überbrachten als Zeichen ihrer Anerkennung reiche Geschenke, von Genua erhielt der König Löwen, Strauße und Papageien – besonders exotische Tiere, über die verfügen zu können gleichzeitig seinen besonderen Rang vor Augen stellte.[19] Die Nachrichten über Angebot, Annahme oder auch Ablehnung von Geschenken sind deshalb wichtig, weil im Umgang mit Geschenken gleichzeitig Zustand und Charakter der gegenseitigen Beziehungen gewissermaßen ‹veröffentlicht› wurde. Entsprechend heikel war die Begegnung mit den Mailänder Konsuln, die dort ebenfalls erschienen: sie wollten Barbarossa eine goldene Schale voller Silbermünzen überbringen, «um seine Gnade und sein Wohlwollen wiederzugewinnen».[20] Dieses Geschenk anzunehmen hätte bedeutet, der Stadt auch Huld zu erweisen und sich damit auf ein positives Verhältnis festzulegen. Es handelte sich also um eine Geste von größter politischer Relevanz. Das erklärt auch die Aufmerksamkeit, die sie in der zeitgenössischen «Dichtung über die Taten Kaiser Friedrichs I. in der Lombardei» fand: ihr anonymer, wohl aus Bergamo stammender Autor läßt den Kaiser sagen, er werde die Geschenke Mailands nicht annehmen und der Stadt nicht danken, solange sie nicht durch Gehorsam gegenüber seinen Befehlen auch Recht und Frieden achte; erst dadurch werde sie seine Huld erhalten;[21] der Mailänder Konsul seinerseits habe die Konfliktbereitschaft seiner Stadt mit Friedrichs beleidigender Ablehnung ihrer Geschenke begründet.[22] Gleichwohl leistete der Konsul dem König den Treueid; außerdem einigte man sich auf ein Bündnis, das mit der Zahlung von 4000 Mark Silber – etwa 900 Kilogramm – verbunden war. Im Gegenzug für Leistung des Treueids und Zahlung der genannten Summe scheint Mailand die Anerkennung der bestehenden Verhältnisse in Aussicht gestellt worden zu sein.[23] Freilich mußten die Konsuln für die Annahme dieser Bedingungen in ihrer Heimatstadt erst noch um Zustimmung werben. Zwischenzeitlich brach Barbarossa vom Roncaglia auf, um sich in Monza, offenbar dem Vorbild Konrads III. folgend, zum König des italischen *regnum* krönen zu lassen. Monza war schon seit längerem in Abhängigkeit vom benachbarten Mailand geraten. Weil Krönungen auch Prestigegewinn für den Krönungsort bedeuteten, empfand man im viel mächtigeren Mailand die Bevorzugung des kleinen Monza jedoch als Provokation, die um so stärker wog, als der Staufer die Geschenke der eigenen Stadt abgelehnt hatte. Die Mailänder Konsuln gerieten deshalb durch Barbarossas Aufforderung, ihn nach Monza zu geleiten, in eine schwierige Situation: sie schätzten die Gefahr eines Angriffs ihrer Mitbürger als so hoch ein, daß sie den Zug zu schützen versuchten, indem sie außer der Fahne des Königs auch ihre eigene vorantragen ließen.[24] Dennoch spitzte sich die Lage rasch zu.

Dem Heer sollten Lagerplätze angewiesen, vor allem aber auch ein Markt geboten werden, doch war der *contado* – das Umland – während eines nicht lange zurückliegenden Kriegszugs der Pavesen verwüstet worden. Zwar behaupten Mailänder Quellen, Bäcker und Händler hätten das Heer mit allem Notwendigen versorgt, der König aber habe in Landriano – dem ihrer Stadt nächstgelegenen Ort auf Barbarossas Zug – einige Mailänder grundlos an die Schwänze ihrer Pferde binden und durch den Schmutz ziehen lassen. Aber Barbarossa wiederum behauptete später, die Mailänder hätten das Heer drei Tage lang durch verödete Gegenden geführt und dann, als er nicht weit vor Mailand sein Lager aufgeschlagen habe, auch noch den Verkauf von Waren verweigert. Er befahl daraufhin den Mailändern, sein Heer zu verlassen und heimzukehren. «Es steigerte seinen Zorn noch mehr, daß das ganze Heer infolge überaus starker Regengüsse so erbittert gewesen sein soll, daß wegen dieser doppelten Belastung durch Hunger und schlechtes Wetter alle, soviel sie konnten, den König gegen sie aufhetzten.»[25] Fürsten und Heer waren infolge von Hunger und Nässe aufgebracht, und der König mußte sich als Herr der Lage erweisen: er ließ den Ort Rosate plündern und in Brand setzen und seinen Einwohnern befehlen, «alles, was sich darin befand, dem König und seinem Heer zu überlassen».[26] Einzelne Ritter zogen bis vor die Mauern Mailands, «verwundeten dort einige Leute und nahmen einige gefangen»; der König ließ Kastelle im *contado* zerstören und zog sich in die Burg des Grafen von Biandrate zurück. Diese Entwicklung bedrohte die in Roncaglia geschlossene Übereinkunft; in Mailand wollte man deshalb «den Zorn des Königs beschwichtigen», indem man das Haus des Konsuls zerstörte, dessen listige Führung des Heeres durch das öde Mailänder Umland den Groll Barbarossas verursacht hatte. Das war eine Strafe, mit der üblicherweise Friedensbruch in der Stadt sanktioniert wurde; die Zerstörung der Existenzgrundlagen ahndete die Gefahr, die für die Friedensgemeinschaft der Kommune von der Tat eines Bürgers ausging. Diese Sanktion, deren Wirkung ganz nach innen auf die kommunale Gemeinschaft gerichtet war, konnte freilich den Zorn des Königs nicht besänftigen, denn sie war als Genugtuungsleistung in doppelter Hinsicht unzureichend: sie geschah weder vor den Augen des beleidigten Herrschers und seines Heeres noch hatte der in seiner Ehre verletzte König Einfluß auf die Form dieser *satisfactio*. Daß die Hauszerstörung Barbarossa «völlig gleichgültig» ließ,[27] wie Otto von Freising berichtet, ist also durchaus glaubwürdig. Am Hof empfand man es als Anmaßung, daß Mailand glaubte, dem Herrscher diktieren zu können, durch welche Genugtuung er die erlittene Ehrverletzung als gesühnt zu betrachten habe; König und Große wollten sich die Entscheidung, welche *satisfactio* der Ehre von Kaiser und Reich angemessen war, selbst vorbehalten. Als die Mailänder in der Burg Biandrate erschienen, um, wie in Roncaglia versprochen, 4000 Mark Silber zu überbringen, lehnte Barbarossa das Geld ab, warf ihnen Hinterlist vor und wies sie ohne den üblichen ehrenvollen Abschied vom Hof.[28] Zwar behauptete er später, die hochmütigen Mailänder hätten ihm Worte ohne Treue gegeben und ihm eine hohe Geldsumme versprochen, um seine Zustimmung zu ihrer Herrschaft über Como und Lodi zu erhalten, aber er habe sich dazu weder durch Bitten noch durch Geld bewegen lassen.[29] Zu diesem Zeitpunkt – Ende 1155 – hatte er allerdings schon den Bann über Mailand verhängt, weshalb er auch keinen Anlaß mehr hatte, daran zu erinnern, daß er mit dem in Roncaglia ausgehandelten Bündnis zunächst noch eine Möglichkeit hatte offenhalten wollen, an der auch Mailand – wie der gewaltige Geldbetrag zeigt – sehr gelegen war: nämlich im Hinblick auf Como und Lodi auf dem Weg der Verhandlungen zu einer gütlichen Einigung zu finden. Nach der demütigenden Behandlung von König, Fürsten und Heer im Mailänder *contado*, der schon die Beleidigung des Königsboten vorausgegangen war, stand aber mittlerweile das Ansehen des Königs auf dem Spiel. Barbarossa verlangte, daß sich Mailand bedingungslos seinem Gericht unterwerfen müsse. Für Mailand hieß dies nicht nur, die seit Jahrzehnten gewachsene Machtstellung dem Urteil eines Gerichts zu unterwerfen, sondern mit dem König auch einen Richter zu haben, der sich von ihnen beleidigt fühlte. Die Aussichten, unter diesen Umständen ein vorteilhaftes Urteil zu erlangen, waren nicht eben günstig. Im Vertrauen auf die eigene militärische Stärke verweigerten die Mailänder der Ladung vor das Königsgericht den Gehorsam, entbanden alle Konsuln, die sich Barbarossa in Roncaglia durch Eid persönlich verpflichtet hatten, ihres Amtes – und «waren in Zukunft bemüht, alles Schlechte über den König als einen Feind zu sagen».[30] Ein Feind aber konnte auch nicht erwarten, als Richter akzeptiert zu werden. Barbarossa seinerseits erhob den Vorwurf, Mailand habe den *honor imperii*, die Ehre des Reiches, verletzt.[31]

Das entstandene Problem zeigte sich in ganzer Schärfe im Konflikt zwischen Pavia und seiner Nachbarstadt Tortona, die den mailändischen Handel mit Genua deckte, zudem mehrfach Ausgangsort für bewaffnete Überfälle auf Paveser Gebiet und mit Mailand verbündet war. Noch in Roncaglia waren die beiden Gegner zunächst bereit, sich dem König als gemeinsamem Richter unterzuordnen, die Tortonesen hatten sogar, obwohl ihnen diese Bedingung hart erschien, alle gefangenen Pavesen an Barbarossa überstellt[32] und hofften, daß ihnen der König als «so großer und so gerechter Herr» Gerechtigkeit in ihrem alten Streit mit Pavia verschaffen würde.[33] Der König ließ sie dann «durch seine Boten vorladen, indem er ihnen ausrichtete und sie ermahnte, sie sollten sich ihm und seinem Hof[gericht] unterwerfen und den Pavesen ihr Recht geben. Die Tortonesen wiesen dies zurück, teils weil sie glaubten, der König sei ein Freund (*amicus*) der Pavesen, und deshalb vorgaben, sie hielten ihn für parteiisch (*suspectus*), doch auch deshalb, weil sie stark an der Gerechtigkeit [des Verfahrens] zweifelten [dem sie unterworfen sein sollten]. Ferner wiesen sie es deshalb gänzlich von sich, einem solchen Richter ihren Nacken zu beugen, weil sie, was mehr der Wahrheit entspricht, sehr auf die Entschlossenheit und Macht der Mailänder vertrauten, die ihnen energisch halfen.»[34] Barbarossas eskalierender Konflikt mit Mailand strahlte also auch auf andere Städterivalitäten aus. Im Wissen um die Hilfe ihres mächtigen Bündnispartners Mailand versagten nun auch die Tortonesen, zusätzlich unterstützt vom Markgrafen Opizo Malaspina, den Ladungen vor das Königsgericht ihren Gehorsam. Allerdings begründeten sie ihr Vorgehen explizit damit, daß sie den König und sein Gericht für parteiisch hielten und von ihm kein gerechtes

Urteil erwarteten. Dieser Vorwurf war nicht ganz aus der Luft gegriffen und offenbarte ein schwerwiegendes Dilemma. Auf dem Feld kommunaler Rivalitäten konnte sich Barbarossa, um das Bild vom Schachbrett wieder aufzunehmen, nur als schwarze oder weiße Figur bewegen; wie er sich auch verhielt, seine Interventionen wurden von der Seite, die sich durch sie potentiell benachteiligt sah, als Parteinahme zugunsten ihres Gegners wahrgenommen. Dem Staufer «Einäugigkeit» und «strategische(n) Irrtum» vorzuwerfen,[35] verkennt deshalb grundsätzlich die strukturelle – und deshalb auch individueller Gestaltungsfreiheit entzogene – Schwäche kaiserlicher Herrschaft in Italien: sie bestand eben gerade darin, daß jede ihrer Interventionen in der von interkommunalen Rivalitäten zerklüfteten politischen Landschaft nolens volens eine Parteinahme war. Ladungsungehorsam aber war eine schwerwiegende Herausforderung des Königs, dessen Herrschaft sich doch gerade in Friedens- und Rechtswahrung zu bewähren hatte. Gehorsam erzwingen zu können war eine Frage königlicher Autorität. «Seht, ihr Ritter», so soll sich Barbarossa an seine Großen gewandt haben, «in unserem eigenen Reich werden wir gering geschätzt. Die königliche Majestät und Macht wird verachtet. Eine kleine Stadt widersetzt sich meinen Befehlen. Was werden die großen Städte und mächtigen Einwohnerschaften tun?»[36] Noch vor der Belagerung von Tortona wandte sich Friedrich gegen Chieri und Asti, gegen die sein Verwandter, Markgraf Wilhelm von Montferrat, Klage erhoben hatte; die Einwohner entzogen sich durch Flucht in benachbarte Burgen, zur Strafe für ihren Ungehorsam wurden ihre Städte teilweise zerstört. So setzte Barbarossa von vornherein deutliche Zeichen seines unnachsichtigen Anspruchs auf Unterordnung und Gehorsam.

Auch der Kriegszug des «zornerfüllten Königs» gegen Tortona diente dazu, die «Unbotmäßigkeit der Stadt zu bestrafen».[37] Allerdings zeigte sich rasch, daß ein Ritterheer für die Belagerung der gut befestigten, auf einem Bergrücken gelegenen Stadt nicht hinreichend ausgerüstet war. Für den Bau von Belagerungsmaschinen war die Unterstützung der Pavesen ebenso unerläßlich wie bei ihrem Einsatz. Überhaupt taten sich die Pavesen beim Kampf besonders hervor, und weil sie die Wasserversorgung unterbinden wollten, waren sie auch stärkeren Angriffen ausgesetzt als die übrigen. Daß die Kämpfe zwischen den rivalisierenden Städten besonders grausame Züge annehmen konnten, wenn sie in den Unternehmungen Barbarossas gewissermaßen ihre Fortsetzung fanden, sollte sich später noch mehrfach zeigen. Aber obwohl gefangene Tortonesen zur Abschreckung öffentlich gehängt und aufwendige Versuche zur Unterminierung der Befestigungen unternommen wurden, war kein rascher Erfolg zu erzielen. Der Zwang zum Erfolg trieb die Spirale der Gewalt in immer engere Windungen: man warf nicht nur «faulende und stinkende Leichen von Tieren und Menschen» in den kleinen Fluß, der zur Wasserversorgung der Stadt diente, sondern auch «brennende Fackeln mit Flammen aus Schwefel und Pech», um das Wasser ungenießbar zu machen.[38] Die Zeit drängte, denn sowohl der Romzug wie auch der Zug gegen die Normannen standen noch bevor. Ein einfacher Abbruch der Belagerung kam aber nicht in Frage, denn die Fürsten fürchteten den Vorwurf der Feigheit, der König die «ewige Schande für das Reich» und die fatale Vorbildwirkung, wenn eine kleine Stadt ihm ungestraft sollte widerstehen können.[39] Gefordert war eine Lösung, die es Barbarossa erlaubte, das Gesicht zu wahren.

Hunger und Durst zwangen die Tortonesen schließlich dazu, trotz ihrer erfolgreichen Verteidigung um Frieden zu bitten. Bald erschien eine Delegation des Klerus im königlichen Lager, die, wie man sich in Tortona später erzählte, den Zorn des Königs durch Sanftmut beschwichtigen und seine Härte und seinen Geist durch heilige Demut zur Barmherzigkeit bewegen sollte;[40] die Abgesandten wollten «vor das Angesicht des Königs treten», aber «jener, von unerträglichem Zorn und Unwillen erfüllt, weigerte sich nicht nur, ihnen überhaupt zuzuhören, sondern ließ sie erst gar nicht zu sich persönlich vor».[41] Freilich stellte sich die Angelegenheit aus der Perspektive Barbarossas ganz anders dar, denn die Tortonesen wollten ihn mit ihrer klug ausgedachten Inszenierung unter erheblichen Druck setzen. Schon der Termin war nicht zufällig, sondern mit Absicht auf Karfreitag gelegt worden, an dem «von allen Christen das Leiden des Herrn gefeiert wird»; auch zogen «die Kleriker und Mönche in ihren heiligen Gewändern mit Kreuzen, Weihrauchfässern und den übrigen Geräten des christlichen Ritus durch die geöffneten Tore hinaus in dem Wunsch, zu den Zelten des Königs zu gelangen».[42] Barbarossa wußte, daß er sich dem Appell der Geistlichen an die Barmherzigkeit, die doch Tugend eines christlichen Herrschers sein sollte, nur schwer würde entziehen können, wenn sie erst mit allen Zeichen der Demut vor ihm persönlich erschienen wären. Weil er die verpflichtende Wirkung kannte, die einer mit demonstrativer Selbsterniedrigung vorgetragenen Bitte innewohnte, wollte er nicht mit ihr konfrontiert werden – zumal auf die Selbstdemütigung der Geistlichen nicht zu reagieren auch als fehlende Demut vor Gott wahrgenommen und ihm als Hochmut ausgelegt werden konnte.

Weil die Tortonesen durch ihren Ungehorsam die herrscherliche Huld verloren hatten, war ihnen jeder direkte Zugang zum ‹Ohr des Königs› verwehrt. In solchen Situationen oblag es Vermittlern, die Konfliktlösung durch Verhandlungen voranzutreiben. Das waren üblicherweise Personen, die beiden Parteien als vertrauenswürdig galten. Sie handelten in verbindlichen Absprachen die Form der Genugtuung aus, die für die Wiederaufnahme in die herrscherliche Huld unverzichtbar war. Als ein solcher Vermittler trat der Zisterzienserabt Bruno auf: sein Kloster Chiaravalle hatte enge Beziehungen zu Mailand, Tortonas Bündnispartner,[43] und er selbst war am Hof nicht unbekannt, denn er hatte schon zu jener päpstlichen Delegation gehört, mit der Barbarossas Gesandtschaft in Rom über den Konstanzer Vertrag verhandelt hatte.[44] Damals hatten Bischof Hermann von Konstanz, Graf Ulrich von Lenzburg und Graf Guido von Biandrate als königliche Gesandte fungiert. Sie alle nahmen auch an der Belagerung Tortonas teil[45] und gehörten wahrscheinlich zu jenen «Edlen vom Hofe des Königs» (*nobiles de regis curia*), die mit Bruno von Chiaravalle Verbindung aufnahmen, um ihm «im Namen des Königs und des Hofs» (*nomine regis et curiae*) die Bedingungen mitzuteilen, unter denen Barbarossa eine Unterwerfung (*deditio*) Tortonas anzunehmen bereit war. Angesichts des offenen Ungehorsams der Stadt gegen den Herrscher, der sich kurz zuvor in Roncaglia als friedenstiftende Ordnungsmacht dargestellt hatte, war die öffentliche Übergabe Tortonas in die königliche Gewalt und die damit verbundene ausdrückliche Anerkennung seiner Herrschaft Barbarossas zentrale Forderung. Damit sollte der frühere Ungehorsam gesühnt und dem Herrscher Genugtuung für die erlittene Ehrverletzung erwiesen werden. Der Öffentlichkeit der Unterwerfung kam besonderes Gewicht zu, denn nur so war allen Anwesenden unmittelbar vor Augen zu führen, daß die zuvor Ungehorsamen sich nun dem Willen des Königs beugten. Im Namen des Königs und des Hofs wurde den Tortonesen zugesagt, «daß sie wenig oder nichts an Sach- oder Personenschaden haben würden, wenn sie die Stadt der Macht des Königs unterstellten ... Nur die Unterwerfung der Stadt verlangten [die Unterhändler] um des Königs und des heiligen Reiches Ruhm und Ehre wegen (*ob regis et sacri imperii gloriam et honorem*). Auf diese Versprechungen und auf diesen Rat vertrauten und verließen sich ziemlich zufrieden die Tortonesen. Am Montag [18. April] nach drei Uhr nachmittags zogen der Markgraf Malaspina und die mailändischen Konsuln mit den Bürgern der Stadt und anderen vielen Edlen vertrauensvoll vor das Angesicht des Königs und warfen sich ihm zu Füßen. Der König gab zunächst vor, sie mit freundlicher Miene wieder in seine Huld aufzunehmen.»[46] Aber am nächsten Morgen stürmten Barbarossas Krieger in die Stadt und plünderten, während die Pavesen mit der Zerstörung begannen. In Tortona wurden dem König deshalb List und Verschlagenheit vorgeworfen, in Mailand hieß es sogar, Barbarossas Wortbruch habe den Vermittler, Abt Bruno von Chiaravalle, mit so großem Schmerz und solcher Trauer erfüllt, daß er drei Tage später gestorben sei.[47]

Aus der Sicht der Geschädigten lag der Vorwurf, Barbarossa habe sich einer List bedient, natürlich nahe; fraglich ist aber, ob sie seinen Handlungsspielraum damit zutreffend einschätzten. Der besonders hervorgehobene Anteil der Pavesen am Zerstörungswerk weist nämlich auch darauf hin, daß ohne deren Hilfe die Belagerung selbst des vergleichsweise unbedeutenden Tortona mit dem kleinen und im Belagerungskampf unerfahrenen Ritterheer erfolglos geblieben wäre. Zumal bei seinem ersten Erscheinen im Süden war es für den Staufer aber besonders wichtig, seinen Herrschaftsanspruch auch durchsetzen zu können. Durchaus wahrscheinlich ist deshalb, daß die Pavesen auch die eigentliche Strafe für den Ungehorsam Tortonas, nämlich die Zerstörung der Stadt, bestimmt haben könnten. In Mailand erzählte man sich jedenfalls, Barbarossa habe seinen Verbündeten aus Pavia gänzlich freie Hand gewährt, weil sie ihm viel Geld für die Zerstörung der alten Rivalin geboten hätten.[48] Diese Nachricht ist schon deshalb grundsätzlich glaubwürdig, weil etwa im Falle der späteren Belagerung von Crema selbst stauferfreundliche Quellen ganz unverblümt davon berichten, daß Cremona mehr als zehntausend Pfund Silber für die Zusage geboten haben soll, die Stadt zu zerstören. Solche Zahlungen waren nichts anderes als Leistungen der Getreuen, mit denen sie in der Hoffnung auf künftige Belohnung den Herrscher unterstützten. Und um sich weiterhin die Treue und dringend benötigte materielle Unterstützung seiner Verbündeten zu sichern, mußte Barbarossa auf ihre Interessen Rücksicht nehmen, ihnen also auch Einfluß auf seine politischen Entscheidungen einräumen. Er war nicht unbeschränkt handlungsfähig, sondern eingebunden in die Erwartungen seiner Anhänger. Für die Pavesen war die Gelegenheit günstig, ihre Treue zum König unter Beweis zu stellen, indem sie mit der Durchsetzung seines Herrschaftsanspruchs gleichzeitig ihren alten Gegner längerfristig ausschalteten. Dieser Erfolg war ihnen so wichtig, daß sie Barbarossa nach Pavia einluden, um ihm, wie er später Otto von Freising wissen ließ, «nach dem Sieg einen glorreichen Triumph zu bereiten. Dort haben wir mit der Krone auf dem Haupt unter gewaltigem Jubel und größter Dienstbereitschaft der Stadt drei Tage verbracht.»[49] In so weitreichendem Maße auf die Hilfe seiner Getreuen angewiesen zu sein, war für einen König weder unüblich noch verwerflich – aber gewiß nicht geeignet, Vertrauen in ihn als unparteiischen Richter zu begründen. Otto von Freising sah im Geschehen vor Tortona verwirklicht, was er für sein eigenes Bistum von der Parteilichkeit Barbarossas zugunsten Heinrichs des Löwen fürchtete – konsequente Begünstigung der Parteigänger des Kaisers. Daher nahm er die Geschichte der Unterwerfung Tortonas in seinen dem Kaiser gewidmeten *Gesta Frederici* zum Anlaß für einen recht eindringlichen Appell an das Ideal vom gerechten Richter und an die Ehre des Reichs, die durch Parteilichkeit des Herrschers verletzt werde; indem er die Geistlichen sagen läßt, es komme ihnen eigentlich nicht zu, über die «Tyrannen der Erde» zu urteilen, konfrontiert er seinen Neffen kaum verdeckt mit schärfster Kritik.[50]

Im Untergang Tortonas wird ein zweites Dilemma greifbar: auf dem Schachbrett der kommunalen Rivalitäten konnte sich Barbarossa, wie gesagt, nur als schwarze oder weiße Figur bewegen; solange er nicht aus eigener Kraft oder auf Konsens gestützt eine Stellung über den streitenden Kommunen einnehmen konnte, solange wurde er nur als Verbündeter der einen Seite gegen die andere wahrgenommen. Um eine andere Position zu erlangen, fehlte ihm zunächst und, wie sich zeigen sollte, auch langfristig die erforderliche Zwangsgewalt in Gestalt dauerhafter militärischer Überlegenheit. Darüber hinaus zeigt der Fall von Tortona geradezu exemplarisch, daß Barbarossa nie von allen Kommunen Oberitaliens bekämpft, sondern immer von einigen auch unterstützt wurde. Diese schlichte Feststellung hilft, gegenüber zwei noch heute gerne aufgerufenen Geschichtsbildern[51] skeptisch zu bleiben: das ist zum einen die Vorstellung einer deutschen ‹Fremdherrschaft›, die die nationale Geschichtsschreibung Italiens im 19. Jahrhundert unter dem Eindruck des Risorgimento entwickelt hat, um die Kämpfe der oberitalienischen Kommunen mit Barbarossa als Vorgeschichte der nationalen Einigung zu verklären; zum anderen die Vorstellung eines notwendig eskalierenden Gegensatzes zwischen dem monarchischen als autokratischem und dem kommunalen als protodemokratischem Regierungssystem. Die Verhältnisse liegen deshalb einfacher und komplizierter zugleich, weil sie nicht in einem Kampf der Ideen, sondern in von Ort zu Ort unterschiedlichen Machtverhältnissen wurzelten: in jeder Kommune gab es nicht nur Gegner und Feinde des Kaisers zugleich, sondern die einzelnen Gruppen waren in der konsularischen Stadtregierung, durch den periodischen Amtswechsel begründet, auch unterschiedlich kontinuierlich vertreten. Insofern ist es nicht nur falsch, die ‹Deutschen› den ‹Italienern› gegenüberzustellen, also die Nationalstaaten des 19. auf das 12. Jahrhundert zurückzuprojizieren, sondern es ist genau genommen auch unzutreffend, von ‹den Mailändern› oder ‹den Pavesen› zu sprechen.[52]

MISSVERSTÄNDNISSE: BEGEGNUNGEN MIT HADRIAN IV.

Auf dem Weg durch die Gebiete von Piacenza, Cremona, Parma und Bologna in die Toskana intensivierte sich der Gesandtschaftsaustausch mit dem Papst. Nach dem Tod Eugens III. und dem nur sehr kurzen Pontifikat seines Nachfolgers Anastasius IV. war schon im Januar mit dessen Nachfolger Hadrian IV. der Konstanzer Vertrag verlängert worden. Nun rückten die Verhältnisse in Rom in den Blick. Auf seiten Hadrians IV. herrschte Ungewißheit darüber, ob die antipäpstliche Politik des Senats nicht doch noch Barbarossas Unterstützung finden würde; daß der König seine Wahlanzeige auch *ad urbem* geschickt hatte, war an der Kurie argwöhnisch bemerkt worden. Zwar war es dem Papst gelungen, Arnold von Brescia aus Rom vertreiben zu lassen, nicht aber, die radikalen Strömungen nachhaltig zu schwächen, so daß er die unruhige Stadt seinerseits bald wieder verlassen hatte. Als Barbarossa Viterbo erreicht hatte, ließ er vor päpstlichen Gesandten schwören, den Papst und die Kardinäle nicht an Leib und Leben oder Ehre und Gütern schädigen, sondern vielmehr jede an ihnen verübte Schädigung rächen zu wollen. Auch die Zusage, unverändert an der – im Konstanzer Vertrag formulierten – «Eintracht» (*concordia*) festhalten zu wollen,[53] ließ Hadrians Argwohn schwinden. Eine weitere Gesandtschaft legte Ort und Tag eines ersten Treffens zwischen dem künftigen Kaiser und seinem Koronator fest. Die Wahl fiel auf den Campo Grassano, auf halbem Wege zwischen Sutri und Nepi gelegen, wo der Papst, von Civitacastellana kommend, die dem Treffen vorausgehende Nacht verbrachte. Als er am folgenden Morgen in Begleitung der Kardinäle zu Barbarossas Zeltlager ritt, zog ihm Erzbischof Arnold von Köln an der Spitze vieler geistlicher und weltlicher Fürsten entgegen und führte ihn mit großer Ehrerbietung vor das Zelt des Königs. Bei der Einholung eines Papstes war es im 12. Jahrhundert üblich geworden, das päpstliche Pferd ein Stück weit am Zügel zu führen; außerdem erwartete Hadrian IV., daß ihm Barbarossa beim Absteigen vom Pferd den Steigbügel halten würde. Aber der König leistete diesen Dienst eines sogenannten Strators nicht so, wie es das Zeremoniell verlangte.[54] «Der Papst war äußerst verblüfft und bestürzt; unsicher, was ihm nun zu tun obliege, stieg er, obwohl traurig, vom Pferd und setzte sich auf den bereitgestellten Faltstuhl. Dann fiel ihm der König zu Füßen und wollte, nachdem er den Fußkuß geleistet hatte, den Friedenskuß erhalten. Ihm sagte der Papst sogleich: ‹Da du mir nun einmal jene gewohnte und geschuldete Ehre entzogen hast, die deine Amtsvorgänger, die rechtgläubigen Kaiser, aus Ehrerbietung gegenüber den Aposteln Petrus und Paulus meinen Amtsvorgängern, den römischen Päpsten, bis heute zu erweisen gewohnt waren, nehme ich dich nicht zum Friedenskuß an, solange du mir nicht [dafür] Genugtuung leistest.›»[55] Herrscherbegegnungen waren politisch hochbedeutsame Angelegenheiten. Mit größter Sensibilität wurde darüber gewacht, ob das eigene Selbstverständnis und der eigene Ranganspruch in Gesten der Ehrerweisung, Gruß und Anrede gewahrt wurde. Unterblieben die erwarteten symbolischen Handlungen, so wurde das nicht als einfache Formverletzung, als bloß peinlicher Verstoß gegen die Etikette wahrgenommen, sondern als verweigerte Anerkennung. Im Dissens über die Formen der Begegnung von Sutri schien plötzlich das Verhältnis zwischen Kaisertum und Papsttum problematisch geworden und ein tiefgreifender Gegensatz zutage getreten zu sein.

Den Schlüssel zum Verständnis des Eklats sieht man üblicherweise in der angeblichen Bedeutung des Bügeldienstes, den der Papst vom Kaiser verlangte: dieser sogenannte Stratordienst sei ein typischer Lehnsdienst gewesen; die Absicht der Kurie habe also darin bestanden, ihren «Anspruch auf Lehnshoheit gegenüber dem Vogt der Römischen Kirche»[56] zu inszenieren. Das ist aber schon deshalb fragwürdig, weil die kurialen Quellen, die anders als die kaiserlichen ausführlich über den Vorfall berichten, mit keinem Wort von einer Lehnsbindung sprechen und, weil sie von einem Kaiser zuvor noch niemals eingegangen worden war, ein solches Verständnis des Stratordienstes auch nicht einfach stillschweigend voraussetzen konnten. Zwar war dieser Dienst in Einzelfällen tatsächlich Teil einer lehnsrechtlichen Verpflichtung, hatte aber keinerlei konstitutive Bedeutung in dem Sinne, «daß schon die bloße Ausübung des Dienstes unabhängig von der jeweiligen Situation den Ausübenden als Vasall erscheinen ließ, schon gar nicht einen römischen König und künftigen Kaiser, der definitionsgemäß gar keinen Lehnsherrn über sich kennen konnte».[57] Zwar war Barbarossa mit Sicherheit über den von Hadrian IV. erwarteten Zügel- und Bügeldienst informiert, denn natürlich blieb die Begegnung zwischen so hochrangigen Personen nicht spontanen Einfällen überlassen, sondern unterlag vorherigen Absprachen. Ebenso sicher hatte er keine grundsätzlichen Vorbehalte gegen diese Ehrendienste – er sollte sie den Päpsten noch mehrfach erweisen. Wer im Verhalten des Staufers eine bewußte Herausforderung des Papstes sehen will, läßt zu sehr außer acht, daß der Erfolg des Romzuges wesentlich von gelingender Zusammenarbeit mit Hadrian abhing. Aber offenbar waren in der kurzen Zeit nicht alle Details der Begegnung zwischen den Gesandten vorab geklärt worden: «So konnte es anscheinend zu unterschiedlichen Auffassungen darüber kommen, wie der Dienst im einzelnen zu leisten war, wie weit Friedrich dem Papst entgegengehen sollte, wie weit er dessen Pferd am Zügel führen sollte, wann, wo und wie er den Steigbügel zu halten hatte.»[58] Repräsentationsakte waren im Mittelalter ebenso offen für Pannen, wie sie es auch in der Gegenwart noch sind. Nur wogen sie auf Grund der größeren Bedeutung, die symbolischen Verhaltensweisen in der ranggeordneten Gesellschaft zukam, unvergleichlich schwerer.

Der Zwischenfall, wenige Tage vor der geplanten Kaiserkrönung, war weder Barbarossa noch Hadrian IV. willkommen gewesen. Daß er sich überhaupt so zuspitzen konnte, lag freilich auch daran, daß König und Papst Gefangene ihrer Vorstellungen davon waren, was sie der Würde ihres Amtes für geschuldet hielten: der Engländer Nikolaus Breakspear, der erst ein halbes Jahr zuvor – gerade von einer mehrjährigen Legationsreise nach Skandinavien zurückgekehrt – als Hadrian IV. den Thron Petri bestiegen hatte, verfügte über keine eigene Erfahrung mit vergleichbaren Herrschertreffen. Das gleiche galt für Barbarossa, dessen ohnehin ausgeprägtes Ehrgefühl sich zusätzlich darin zu beweisen hatte, die ihm ja nicht ohne Widerstände zugefallene Herrscherwürde gegen jede tatsächliche oder vermeintliche Beschädigung zu schützen. Beide wußten sich unter dem wachen Blick ihres Gefolges, das ihr Handeln unter dem Gesichtspunkt der Wahrung des *honor papatus* bzw. des *honor imperii* beurteilte, und ihre Furcht vor Gesichtsverlust war um so größer, je weniger die Interessengegensätze zumal mit Blick auf Süditalien schon gelöst waren. Mißtrauen und Befürchtungen einerseits, Rangbewußtsein und Selbstdarstellungsabsicht andererseits lenkten die gegenseitige Wahrnehmung. Unter diesen Bedingungen gewann die unterbliebene Klärung einer Kleinigkeit größtes Gewicht. Als Barbarossa dem Papst nicht so weit entgegenkam, wie es dessen Gefolge für angemessen hielt, wurde er dazu explizit aufgefordert. Die vernehmbare Aufforderung verwandelte jedoch augenblicklich den Charakter der Ehrerweisung von einer freiwilligen zu einer befohlenen Selbstdemütigung des Herrschers, und daraus entstand mit einem Mal eine plötzliche Gefahr für Rang, Ansehen, Status – kurz: für die Ehre des Staufers. Die Begegnung von Sutri setzte einen regelrechten Diskurs über die Frage nach den Kaiser und Papst jeweils zustehenden, aber auch zumutbaren Ehrbezeugungen in Gang. Noch Jahre später hallte der Streit selbst in der Kritik des kirchenreformerisch gesinnten Regularkanonikers Gerhoch von Reichersberg nach, der Papst wolle dem Kaiser neuerdings vorschreiben, wie weit er zu gehen und wo er Halt zu machen habe – als ob ihm etwas Kaiserliches oder gar Überkaiserliches zukäme (*quoddam cesareum ac supercesareum*).[59] Er warnte vor allzu herrischem Auftreten der Päpste und empfahl ihnen als Vorbild den frühchristlichen Papst Silvester, der von Kaiser Konstantin eine solche Ehre wie den Stratordienst nicht verlangt, sondern zur Ehre Gottes und der Kirche nur gerade geduldet habe. Denn wenn Silvester sie verlangt hätte, als ob sie ihm geschuldet sei und er sich eitel mit ihr hätte brüsten wollen, dann wäre er vom frömmsten Kaiser jedenfalls zu Recht als hochmütig und unmäßig verschmäht worden. Weil aber Konstantin dem Papst gegenüber demütig gewesen sei, habe der Papst, indem er Ruhm nicht für sich, sondern nur für Gott beanspruchte, nicht weniger demütig die Ehrerweisung nur teilweise zugelassen, teilweise aber auch in verständiger Demut zurückgewiesen. Weil die Päpste der Gegenwart solche Dienste aber unter dem Namen des Stratordienstes herrisch verlangten, sei es kein Wunder, wenn ihnen die Könige und Kaiser daraufhin weniger an Achtung zurückgäben oder sie sogar ganz verweigerten. Wie das fragile Gleichgewicht zwischen in Demut erwiesener und in Demut empfangener Ehrerweisung gewahrt werden konnte, sollte unter anderen Umständen 1177 in Venedig erneut zu einer Grundsatzfrage im Verhältnis zwischen Barbarossa und dem Papst werden.

Der unterbliebene Friedenskuß bei Sutri hatte allen Anwesenden deutlich gemacht, daß die zuvor vielbeschworene Eintracht gestört war. Dieser Eindruck durfte nicht bestehen bleiben, und umgehend suchte man in gemeinsamen Besprechungen nach einer Möglichkeit, das auf einträchtige Zusammenarbeit zielende Verhältnis in einer Weise zeichenhaft vor Augen zu stellen, in der beide Seiten ihr Selbstverständnis gewahrt sehen konnten. Wie stets in solchen Fällen machte sich auch das Gefolge zum Anwalt der verletzten Ehre seines jeweiligen Herrn: die Kardinäle versicherten, der «Herr Kaiser müsse aus alter Tradition und wegen der Würde der Römischen Kirche dem Herrn Papst den Steigbügel halten, was aber einige von den Fürsten des Heeres abstritten».[60] Über die Berechtigung der päpstlichen Forderung wurde den ganzen Folgetag verhandelt. Barbarossa ließ die älteren unter seinen Fürsten befragen, die Zeugen der vierundzwanzig Jahre zurückliegenden Begegnung zwischen Lothar III. und Innozenz II. in Lüttich gewesen waren, wo das Pferd des Papstes tatsächlich am Zügel geführt worden war, und die päpstliche Seite berief sich auf andere Beispiele für vergleichbare Ehrerweisungen. Die Frage nach der Tradition verband sich mit der Frage, ob der Herrscher zu den Demutsgesten gegenüber dem Papst verpflichtet sei oder ob sie nicht vielmehr nur freiwillige Leistung seien. Laut Helmold von Bosau, dessen Gewährsmann der in Sutri ebenfalls anwesende Bischof Gerold von Oldenburg war, habe der Staufer vom Papst erfahren wollen, «woraus diese Sitte erwachsen ist, aus Gewogenheit oder aus Verpflichtung (*ex benivolentia an ex debito*)»; im einen Fall habe der Papst nichts zu bemängeln, wenn ein Dienst etwas abgewandelt worden sei, der auf freiem Ermessen und nicht auf rechtlicher Verpflichtung beruhe, im anderen sei die Hauptsache, daß Demut gewahrt bleibe und der Fürst sich zu den Füßen des höchsten Bischofs beuge.[61] Die Frage nach Freiwilligkeit oder Verpflichtung tangierte einen Grundsatz der öffentlichen Darstellung von herrscherlichem Handeln: die Ehre des Königs verlangte, daß sein Tun stets als freiwillig und nicht unter Zwang vorgenommen erschien; so sollte der Eindruck vermieden werden, der Wille des Herrschers sei von anderen abhängig oder gelenkt. Der Ausweg aus der verfahrenen Situation bestand darin, die Selbstdemütigung des Herrschers, die in den vom Papst geforderten Gesten lag, auf eine Bedeutung festzulegen, die seine Ehre nicht verletzte. Man kam überein, daß Barbarossa «aus Achtung vor den heiligen Aposteln dem Papst Hadrian den Stratordienst leisten und die Zügel halten solle». Damit war klargestellt, daß der Herrscher in der Person des Papstes den Apostelfürsten selbst ehrte – sich damit aber dem Papst auf keine Weise unterordnete. Am folgenden Tag wurde das Lager Barbarossas in das Gebiet von Nepi verlegt und die Herrscherbegegnung buchstäblich neu inszeniert: «Wie es die Fürsten angeordnet hatten, ritt der Kaiser, als sich der Herr Papst seinem Zelt näherte, ihm auf anderem Wege entgegen, stieg vom Pferd, als er ihn sah, und erfüllte vor dem ganzen Heer mit ganzer Freude den Stratordienst und hielt dessen Steigbügel. Dann aber empfing der Herr Papst ihn erstmals zum Friedenskuß.» Dieses Mal hatte man sich zuvor wenigstens ungefähr auch über die Entfernungen geeinigt, die im Begegnungszeremoniell wichtig waren: Kardinal Boso notierte ausdrücklich, daß Barbarossa das Pferd des Papstes «so weit ein Stein geworfen wird» am Zügel führte.[62]

Während des gemeinsamen Zugs nach Rom beklagte sich Hadrian über den Ungehorsam der römischen Kommune, so daß die im Konstanzer Vertrag übernommene Verpflichtung, Rom wieder unter die päpstliche Stadtherrschaft zurückzuführen, konkrete Dimension annahm. Vor Barbarossa erschien in diesen Tagen eine römische Gesandtschaft, deren Botschaft die gegen die päpstliche Stadtherrschaft gerichtete Politik des Senats ebenso bestätigte wie den Anspruch der Kommune, die Kaiserkrone zu vergeben. Die Gesandten trugen ihre Erwartungen dem Staufer in einem Ton vor, der es ähnlich wie die erwähnten Briefe des Senats am gebotenen Respekt fehlen ließ. Jegliche Annäherung wurde aber vollends durch ihre Forderung vereitelt, Barbarossa solle als Gegenleistung für Treue und Dienstbereitschaft der Stadt sowie für seine Krönung 5000 Mark Silber bezahlen und seine Bereitschaft, so zu handeln, auch noch beeiden. Denn für die Krone, die er nach altem Herkommen beanspruchte, Geld zu bezahlen und dem Volk einen Eid zu schwören, war mit seiner Vorstellung von kaiserlicher Würde nicht zu vereinbaren. Als das Heer auf den Neronischen Wiesen nördlich der ummauerten Leostadt anlangte, hatte man schon gemeinsam eine List ersonnen, um die Römer vor vollendete Tatsachen zu stellen und ihren befürchteten Widerstand zu umgehen. Die eigentlich für den Sonntag vorgesehene Krönung wurde auf den frühen Samstag vorgezogen: Kardinal Oktavian sorgte dafür, daß schon in der Nacht vom 17. auf den 18. Juni ein Teil des Heeres durch ein abgelegeneres Tor die Leostadt betreten konnte. Nach Sonnenaufgang folgte der Staufer mit seinem engeren Gefolge. Inmitten bewaffneter Ritter zog er vor die Stufen von St. Peter, legte den Krönungsornat an und leistete dem Papst, der ihn am Altar der etwas vorgelagerten Kirche S. Maria in Turri erwartete, kniend den üblichen Krönungs- und Sicherheitseid. Ob Hadrian den Staufer dann in der ritualisierten Weise als «Sohn der Kirche» annahm, wie es sein Versprechen im Konstanzer Vertrag, ihn als besonderen Sohn des heiligen Petrus zu ehren, vermuten läßt, ist nicht überliefert; falls ja, hätte Barbarossa die Frage, ob er «ein Sohn der Kirche» sein wolle, dreimal bejaht, Hadrian ihn ausdrücklich als Sohn der Kirche angenommen und ihn mit seinem Mantel umhüllt, worauf ihm der künftige Kaiser die Brust geküßt hätte.[63] Jedenfalls aber folgte der Zug dem Papst durch die Vorhalle von St. Peter, wo das erste Gebet noch vor der sogenannten silbernen Pforte über den König gesprochen wurde, das zweite innerhalb der Kirche auf der Rota – der auch im heutigen Petersdom noch sichtbaren großen, kreisrunden Porphyrplatte –, und das dritte während der Salbung vor dem Petersgrab, vor dem sich der Herrscher zu Boden warf. Während der anschließenden Messe schritt Barbarossa zur Krönung vor Hadrian, aus dessen Händen er mit Schwert, Szepter und Krone die Zeichen der Kaiserwürde erhielt. «Sofort ertönte ein so lautes und starkes Jubel- und Freudengeschrei der Deutschen, das man einen schrecklichen Donner plötzlich vom Himmel fallen zu hören glaubte.»[64] Anders als die Königskrönung schloß die Kaiserkrönung keine Thronsetzung ein: nach dem Verständnis der Konstantinischen Schenkung hatte Kaiser Konstantin auf die kaiserlichen Rechte über Rom zugunsten des Papstes verzichtet, so daß es eine solche symbolische Demonstration von kaiserlichem Herrschaftsanspruch in Rom auch nicht geben konnte. Die letzte Krönung in St. Peter hatte 1111 stattgefunden; von den tumultuösen Umständen der damaligen Gefangennahme Papst Paschalis' II. durch Heinrich V. dürfte Barbarossa eine lebhafte Vorstellung gehabt haben, denn sein Vater war Augenzeuge des Geschehens in der Peterskirche gewesen.

Nach Mittag kehrte Barbarossa mit der Krone auf dem Haupt und als einziger auf einem prunkvoll geschmückten Pferde sitzend, während alle anderen zu Fuß gingen, in sein Lager zurück. Während dort ein Festmahl abgehalten wurde, drangen die Römer, die von der Krönung – und damit auch von den damit üblicherweise verbundenen Geschenken – ausgeschlossen geblieben waren, von der Engelsburg her plündernd in die Leostadt ein. Nun stand die Sicherheit des Papstes und der bei St. Peter zurückgebliebenen Kardinäle auf dem Spiel. Von Lärm und Geschrei alarmiert, griff das Heer zu den Waffen. Bei der Engelsburg und der zu Trastevere hin gelegenen Seite der Mauern kam es zu heftigen Kämpfen. Auf kaiserlicher Seite wurde später die Erinnerung gepflegt, daß «unsere Krieger ebenso schrecklich wie kühn die Römer niederstreckten und töteten, als ob sie sagen wollten: empfange jetzt, Rom, statt arabischen Goldes deutsches Eisen! Das ist das Geld, das dir dein Kaiser für deine Krone zahlt. So wird von den Franken die Kaiserkrone gekauft. So geht dein Fürst auf den von dir angetragenen Handel ein; solche Eide werden geleistet.» 1000 Römer sollen getötet, 200 gefangengenommen und unzählige verwundet worden sein; «von den Unsrigen wurden wunderbarerweise nur einer getötet und einer gefangengenommen».[65] Weniger hofnahe Quellen zeichnen ein nicht so einseitig-grandioses Bild. Als gewiß kann immerhin gelten, daß sich Heinrich der Löwe in den Kämpfen besonders hervortat, wofür ihn der Papst mit ausgesuchten Geschenken geehrt haben soll. Die verklärende Erinnerung an den kaiserlichen Sieg täuscht leicht darüber hinweg, daß mit dem Erfolg gleichzeitig eine ernüchternde Einsicht verbunden war: der Kaiser war allein auf die Leostadt beschränkt, der Zugang zur eigentlichen Stadt links des Tibers blieb ihm verschlossen, und an eine Belagerung war nicht zu denken. Als sich die Römer am Folgetag begreiflicherweise auch weigerten, dem Heer einen Markt zu bieten, war klar, daß Friedrich der chronisch labilen Stadtherrschaft des Papstes nicht zur Durchsetzung verhelfen konnte und damit auch seine im Konstanzer Vertrag gemachte Zusage, jedenfalls zunächst, unerfüllbar blieb. Der Papst hätte in der nach Abzug des Heeres ungesicherten Leostadt um seine Sicherheit fürchten müssen und verließ Rom daher zusammen mit Barbarossa.

Das Fest der Apostelfürsten Petrus und Paulus wurde in der Nähe von Tivoli gefeiert: Papst und Kaiser trugen beide während der Messe ihre Kronen, «damit die Kirche Gottes und das Reich in prächtigerem Schmuck erglänze».[66] Hadrian erteilte allen im Heer, die im Kampf mit den Römern Blut vergossen hatten, die Absolution, weil ein seinem Fürsten zum Gehorsam verpflichteter Krieger nach göttlichem wie nach irdischem Recht nicht als Mörder, sondern als Rächer gelte. Jenseits solcher demonstrativen Übereinstimmung zwischen den beiden Spitzen der Christenheit zeigte sich aber mehrfach, daß Kaiser und Papst hinsichtlich der bislang nie konsequent voneinander abgegrenzten Hoheitsansprüche im Patrimonium Petri durchaus unterschiedliche, gleichwohl historisch verankerte Auffassungen hatten. Der seit Jahrhunderten bestehenden Gemengelage von Reichs- und Kirchenrechten entsprach es, daß Abt Rusticus von Farfa beim Kaiser um die Investitur mit seinem Amt nachgesucht hatte.[67] Ähnliches galt im Falle der Stadt Tivoli. Zwar hatte sie Hadrian den Treueid geleistet, aber bei Barbarossas Eintreffen überbrachten ihm die Bürger die Schlüssel ihrer Stadt als Zeichen der Anerkennung seiner Herrschaft: die ferne Autorität des Kaisers schien ihnen attraktiver als die des nahen Papstes. Die Herrschaftsverhältnisse waren so wenig verfestigt, daß solche Initiativen möglich waren. Am Hof wiederum hatte niemand Anlaß dazu, jene abzuweisen, die den Schutz des Kaisers suchten und sich dem Reich unterstellen wollten, und wie im Falle der Klage der Lodeser Kaufleute wurde der Hof auch nicht von sich aus tätig, um eventuell entgegenstehende Rechte anderer zunächst zu prüfen, sondern nahm die Treueide Tivolis einfach an. Als Hadrian davon erfuhr, offenbar durch eine Parteiung in der Stadt, die aus den bisherigen Verhältnissen ihre Vorteile gezogen hatte, protestierte er gegen das «so große dem heiligen Petrus ohne vernünftigen Grund geschehene Unrecht»[68] und forderte den Kaiser als den Advokaten der römischen Kirche auf, ihr Tivoli als alten Besitz wieder zurückzuerstatten. Nach Beratungen mit den Fürsten kam Friedrich dieser Forderung nach und befahl den Tivolesen, dem Papst als ihrem Herrn treu zu gehorchen und zu dienen. Aber auch das sollte, eigentlich schwer verständlich, «in allem unbeschadet des kaiserlichen Rechts» geschehen. Solche Interessenkollisionen sollten freilich «nicht global als Ausdruck einer grundsätzlichen Nichtbeachtung der *regalia beati Petri* mißdeutet werden»; das gilt auch für die Nachricht über Barbarossas Eroberung von Burgen bei Rom.[69] Es fällt ja auch schwer zu glauben, daß der Staufer, ohne konkreten Anlaß dazu gehabt zu haben, mit einem ebenso neuartigen wie fertigen Konzept zur Veränderung der Verhältnisse im Patrimonium seine Herrschaft angetreten haben sollte. Vielmehr waren die Rechtsansprüche von Kaiser und Papst einfach nicht geklärt und die Situation in einem Maße offen, wie man es sich heute, an moderne staatliche Verhältnisse gewohnt, kaum recht vorstellen kann. Es sollte sich noch zeigen, daß die konkurrierenden Ansprüche, gemeinsamen Friedenswillen vorausgesetzt, beherrschbar waren, aber bei wachsendem Mißtrauen zu kaum überbrückbaren Konflikten Anlaß gaben.

Auf dem Weg an die adriatische Küste wurde von den Städten das *fodrum* erhoben, eine Abgabe zum Unterhalt des Heeres. Es heißt, daß die loyalen unter ihnen über die Forderungen hinaus dem Kaiser Dienste erwiesen und Geschenke brachten. Spoleto, das 800 Pfund Silber hätte entrichten sollen, bezahlte allerdings nicht nur zu wenig, sondern auch in Falschgeld, nämlich mit Messing statt Gold und Blei statt Silber. In der Stadt hielt sich zufällig der toskanische Graf Guido Guerra auf, der in Friedrichs Auftrag die Lage in den nördlichen Gebieten des Normannenreiches sondiert hatte; offenbar betrachteten die Einwohner ihn als Faustpfand gegenüber den kaiserlichen Forderungen und setzen ihn kurzerhand fest. Mißachtung von Gesandten war aber auch Mißachtung des Herrschers selbst, und so erklärt sich, daß Barbarossa, «mehr erzürnt über die Gefangenhaltung eines seiner Großen als über die Betrügerei mit dem Geld»,[70] auch diese Stadt angreifen ließ. Ihm selbst blieb erinnerungswürdig, daß «wir, von der dritten bis zur neunten Stunde kämpfend, die stark befestigte Stadt, die fast hundert Türme hatte, mit Gewalt einnahmen, nämlich mit Feuer und Schwert, und sie, nachdem wir unübersehbare Beute gemacht hatten, von Grund auf zerstörten».[71] Vom Gestank der verbrannten Leichen aus der Stadt vertrieben, lagerte das Heer zwei Tage in der Umgebung, bis es nach gründlicher Plünderung der Stadt und Aufteilung der Beute in Richtung Ancona aufbrach.

Während der vorausgegangenen Monate waren die Vorbereitungen für den Zug gegen die Normannen weiter gediehen: die Verbindungen, die schon Konrad III. mit Pisa geknüpft hatte, um sich die Unterstützung der Seestadt zu sichern, wurden durch Vermittlung Wilhelms von Montferrat wiederaufgenommen.[72] Noch in der Toskana hatte Barbarossa befohlen, eine Flotte gegen Wilhelm I., den Sohn und Nachfolger König Rogers II., auszurüsten. Die Verbindungen zu den süditalienischen Adligen, die von Roger vertrieben worden waren und sich vom Staufer Unterstützung erhofften, waren nicht abgerissen und zuletzt durch Gesandtschaften intensiviert worden, so daß man in Apulien schon die Ankunft des deutschen Heeres erwartete. Bei Ancona erreichte dann eine hochrangige byzantinische Gesandtschaft den Hof, um über das von Barbarossa angestoßene Heiratsprojekt und den Zug gegen die Normannen zu verhandeln. Die byzantinischen Feldherrn Michael Palaiologos und Johannes Dukas waren nur mit einem kleinen Heer, aber mit einer prall gefüllten Kriegskasse in den Westen gesegelt, mit der sie Barbarossas Zug unterstützen und eigene Söldner anwerben wollten. Einerseits hatte sich der Staufer im Konstanzer Vertrag ebenso wie der Papst darauf festgelegt, dem oströmischen Kaiser keinen italienischen Boden zu überlassen; andererseits war ausdrücklich festgehalten worden, daß im beiderseitigen Einverständnis auch eine andere Haltung eingenommen werden konnte – die antibyzantinische Tendenz scheint also grundsätzlich verhandelbar gewesen zu sein. Barbarossa hielt sich sehr bewußt alle Möglichkeiten offen, denn sowohl der Papst als auch der oströmische Kaiser waren wichtige Partner. Zweifellos war seit der ersten Begegnung mit Hadrian IV. mehrfach über das Vorgehen in Süditalien und über die Rolle von Byzanz bei diesem Unternehmen gesprochen worden, jedoch bleiben Meinungsbildung und Entscheidungsfindung völlig im dunkeln. Damit muß auch ungewiß bleiben, ob Kaiser und Papst ihre Differenzen hinsichtlich der Lehnshoheit über Süditalien beilegen konnten und ob der Papst eine künftige byzantinische Präsenz in Süditalien grundsätzlich ablehnte oder unter bestimmten Bedingungen zu akzeptieren bereit war – etwa in Gestalt einer Zusage, daß im Falle byzantinischer Eroberungen die Unterstellung der Diözesen unter Rom nicht angetastet werden sollte. Aufschluß in dieser Frage könnten einige besiegelte Schreiben Barbarossas geben, mit denen die byzantinischen Gesandten in Apulien den Eindruck zu erwecken verstanden, der Kaiser habe die Küstengebiete an Byzanz abgetreten. Jedoch sind sie verloren, so daß nur spekuliert werden kann, ob sie als Ergebnis der Verhandlungen tatsächlich eine – absolute oder unter Vorbehalt erteilte – Verzichtserklärung enthielten, der aber noch die päpstliche Zustimmung fehlte, oder vielleicht auch nur einen Aufruf zum Kampf gegen den Normannenkönig.[73] Sicher ist nur, daß Barbarossa den Zug in den Süden plötzlich abbrach – als Gründe werden die ungewohnte Sommerhitze, aber auch die durch Krankheiten und Kämpfe erlittenen Verluste genannt; unter diesen Umständen waren die deutschen Fürsten nicht mehr bereit, die ohnehin schon fast ein Jahr dauernde Abwesenheit aus ihren Herrschaftsgebieten noch weiter zu verlängern.

Barbarossa löste sein Heer in Ancona auf und gab die Erlaubnis zur Heimkehr; viele der Fürsten, unter ihnen Bischof Eberhard von Bamberg, schifften sich ein, um über Venedig nach Hause zurückzukehren, andere wählten den Weg durch die westliche Lombardei und über die Alpenpässe des Großen St. Bernhard oder des Mont Cenis, während der Kaiser die Route über den Brenner einschlug und zu diesem Zweck durch das Gebiet von Verona zog. Die Stadt war davon befreit, das Heer in ihren Mauern aufnehmen und versorgen zu müssen, und mußte für den Übergang über die Etsch lediglich eine Brücke in Ordnung halten. Aber selbst diese Rückkehr wurde noch zu einer kriegerischen Bewährungsprobe. Als der Troß durch das Etschtal zog, geriet er in der Klause von Ceraino in einen Hinterhalt. Unter der Führung eines Ritters sperrten einige Veroneser im Vertrauen auf ihre genaue Ortskenntnis und ohne Furcht vor der Autorität des Kaisers oder der Stärke seines verbliebenen Heeres den Engpaß und warfen von einem Bergvorsprung aus Felsbrocken hinab. Den Boten, die freien Durchzug forderten, sagten sie, «der Kaiser werde hier niemals vorbeikommen, wenn sie nicht von jedem Ritter eine Rüstung oder ein Pferd und zusätzlich vom Kaiser eine hohe Geldsumme erhielten. Als der Kaiser das erfuhr, rief er aus: ‹Beleidigend ist diese Bedingung, beleidigend ist es für einen Kaiser, einem Räuber Tribut zu zahlen.›» Auch im kaiserlichen Heer waren Ortskundige: sie wiesen Pfade zu einem Felsen, der noch über der Position der Veronesen gelegen war. Otto von Wittelsbach stieg mit angeblich 200 Kriegern empor, richtete dort angekommen die kaiserliche Fahne auf und griff die Wegelagerer von oben an, während ihnen das Heer unten jede Fluchtmöglichkeit abschnitt. 500 sollen getötet worden sein, die gefangengenommenen ritterlichen Anführer boten dem Staufer zwar Lösegeld für ihre Freilassung – der Kaiser aber ließ ein Exempel statuieren und sie ungeachtet ihres Standes aufhängen. Die Demonstration seiner Autorität war ihm wichtiger als das Geld. Andere Gefangene wurden zur Abschreckung an Nase, Augen, Armen oder Beinen verstümmelt, und am Wegesrand wurden die Leichen aufgehäuft, «um allen Vorüberkommenden ein warnendes Zeichen ihrer Verwegenheit zu liefern».[74] Über Trient, Bozen, Brixen und Peiting erreichte der Kaiser schließlich im September Augsburg, von wo aus er ein Jahr zuvor aufgebrochen war.

KAPITEL 7

ENTSCHEIDUNGEN: DREI JAHRE NÖRDLICH
DER ALPEN (1155–1158)

Daß sich der Kaiser «nicht ohne Bitterkeit im Herzen gezwungen sah, über die Alpen heimzukehren»,[1] ist sicher nur die halbe Wahrheit. Zwar war das Bündnis mit Byzanz gegen die Normannen schon zur Zeit Lothars III. ein politisches Ziel gewesen, aber erst die Zusage Konrads III., seiner auf den byzantinischen Thron gelangten Schwägerin Bertha-Irene Teile von Süditalien als Mitgift zu geben, hatte präzise Verpflichtungen geschaffen, die Barbarossas byzantinisches Heiratsprojekt ebenso bestimmten wie seinen geplanten Zug gegen die Normannen. Der erste Italienzug hatte jedoch den Blick für die inneren Widersprüche dieses Vorhabens geschärft. Dem notwendigen Vertrauen stand nicht nur das im ‹Zweikaiserproblem› rivalisierende Selbstverständnis der Kaiser im Osten und im Westen entgegen, auch war die Byzanz zugewiesene Mitschuld am Scheitern des Zweiten Kreuzzugs sicher eine Hypothek für vertrauensvolle Zusammenarbeit. Vor allem aber hätte Barbarossa entweder auf die schon von seinen Vorgängern beanspruchte Herrschaft über Süditalien verzichten müssen – oder aber Manuel I. Komnenos die süditalienischen Gebiete vom Staufer zu Lehen nehmen müssen. Das eine war so unrealistisch wie das andere. Aus diesem Dilemma war der Abbruch des Italienzugs wegen tatsächlich oder angeblich fehlender Unterstützung der Fürsten gegenüber Byzanz, übrigens auch gegenüber dem Papst, der einzig mögliche Ausweg, das Gesicht zu wahren. Noch in anderer Hinsicht hatte der Italienzug zu einem völlig anderen Ergebnis geführt, als man es hätte voraussehen können: Barbarossa war auf dem Schachbrettmuster der interkommunalen Rivalitäten in Oberitalien zur Partei geworden und sah seinen Herrschaftsanspruch durch die Weigerung zunächst Tortonas und dann Mailands, sich seinem Gericht zu unterwerfen, mit einer ganz grundsätzlichen Herausforderung konfrontiert. Die Prioritäten begannen sich zu verschieben. Während der drei Jahre, die Barbarossa vor seinem zweiten Italienzug nördlich der Alpen verbrachte – das war übrigens schon einer seiner längeren Deutschlandaufenthalte –, kamen als Folge der im Süden gemachten Erfahrungen am Hof wichtige Entscheidungsprozesse in Gang.

DIE KAISERIN: BEATRIX VON BURGUND

Der Kaiser schätzte die Schwierigkeiten, die eine Allianz mit Byzanz in Süditalien mit sich bringen würde, offenbar als so groß ein, daß er sie von der prestigeträchtigen Eheverbindung mit dem byzantinischen Kaiserhaus bei weitem nicht aufgewogen sah. Der Zufall gab seinen Heiratsplänen denn auch überraschend schnell eine völlig andere Richtung. Ende September 1155 starb Graf Wilhelm IV. von Mâcon, der Vormund der damals wohl zwölfjährigen burgundischen Grafentochter Beatrix, und schon im Juni 1156 wurde in Würzburg ihre Hochzeit mit dem Staufer gefeiert.[2] Sie war übrigens im gleichen Grad mit Barbarossa verwandt wie seine angeblich wegen zu naher Verwandtschaft geschiedene erste Gemahlin, Adela von Vohburg. Obwohl vom Trierer Erzbischof Hillin in Worms zur Königin geweiht, aber noch nicht zur Kaiserin gekrönt, führte Beatrix seit ihrer Hochzeit den Titel *dei gratia Romanorum imperatrix augusta*. Dieser Titel schmückte auch das Siegel, das Barbarossa ein Jahr nach der Heirat bei Wibald von Stablo in Auftrag gab; ausdrücklich erwähnt der Staufer bei dieser Gelegenheit, daß Wibald schon das Königssiegel nach eigenem Gutdünken entworfen hatte.[3] Weder Herrscher noch Herrscherin waren also an Überlegungen hinsichtlich der Gestaltung beteiligt, was gleichzeitig vor einer allzu optimistischen Deutung der Siegelbilder als bildliche Ausdrücke persönlicher Politikkonzepte warnen sollte. Aus einer neuzeitlichen Beschreibung ist bekannt, wie das Siegel der Beatrix aussah: die bekrönte Königin thront auf einer Bank, hält in der rechten Hand ein Szepter und mit der linken ein Kreuz vor ihrer Brust.[4] Auch diese Eheverbindung stand im weiteren Horizont staufischer Verwandtenpolitik, denn Herzog Matthäus von Oberlothringen, mütterlicherseits ein Onkel der Beatrix, war mit Barbarossas

ABB. 21 Erstmals in der Zeit Barbarossas werden Kaiser und Kaiserin gemeinsam auf Münzen dargestellt – wie auf diesem Brakteaten der Münzstätte Gelnhausen. Das Münzbild zeigt über einer Balustrade mit der Inschrift FRIDERIC links das Brustbild Kaiser Friedrichs und rechts das seiner Gemahlin Beatrix, getrennt von einer Lilie in der Mitte. Staatliche Museen zu Berlin, Münzkabinett, Objekt-Nr. 18217710.

Schwester Bertha-Judith verheiratet. Eine doppelte familiäre Bindung zum Herrscherpaar bot zu Zeiten, in denen persönliche Beziehungen die Grundlage von Einflußmöglichkeiten am Hof waren, vielversprechende Aussichten, und daher liegt die Annahme nahe, daß Matthäus beim Zustandekommen der Heirat eine zentrale Rolle gespielt haben dürfte. Vom Rang her war Beatrix einer byzantinischen Kaisertochter natürlich nicht vergleichbar, aber daß sie angeblich 5000 Ritter als Mitgift in die Ehe mit dem Staufer brachte und übrigens den zweiten Italienzug ihres Gemahls 1160 mit einem Heereskontingent aus ihren Erblanden unterstützte, verdeutlicht, daß sie über ebenso reiche wie willkommene Mittel verfügte. Ihr Erbe umfaßte zwar nicht, wie Otto von Freising aus unklaren Gründen behauptet, das Königreich Burgund, das sich über die Provence bis zur Rhônemündung erstreckte, sondern nur die Grafschaft Burgund mit Besançon als Zentrum. Aber dieser Herrschaftskomplex lag nicht weit von den staufischen Besitzungen im Elsaß, und er bot einen günstigen Ausgangspunkt dafür, die Herrschaft über das Königreich Burgund (*regnum Arelatense*) zu intensivieren. Seit 1033 trug der deutsche König neben der italienischen auch die burgundische Krone, hatte jedoch kaum eine tatsächliche Herrschaft in diesem Teil seines Reiches ausgeübt. Die Verfügung über die Grafschaft Burgund wirkte aber verstärkend auf Barbarossas Amtsgewalt als König von Burgund, so daß seine spätere Krönung in Arles 1178 sozusagen eine Fernwirkung seiner Heirat mit Beatrix war. Allerdings sollte die Grafschaft Burgund wohl von vornherein als rechtlich gesonderter Herrschaftskomplex erhalten bleiben, um ungeschmälert einem ihrer Söhne als Erbe übertragen, also künftig unter die Regierung einer Nebenlinie der Kaiserfamilie gestellt zu werden. In den Jahren nach 1179 hielt sich Beatrix bis zu ihrem Tod im November 1184 fast ausschließlich in ihrem Erbreich auf – möglicherweise, um die Übernahme der Herrschaft in der Grafschaft Burgund durch ihren Sohn Otto vorzubereiten.

Barbarossas Ehe mit seiner etwa zwanzig Jahre jüngeren, zweiten Gemahlin hatte bis zu deren Tod mehr als 28 Jahre Bestand. Die elf Schwangerschaften der Kaiserin – wir wissen sicher von acht Söhnen und drei Töchtern – erscheinen unter den Umständen der damaligen Zeit in jeder Hinsicht bemerkenswert, da zahllose Frauen infolge mangelnder Hygiene nach Geburten starben. Sie sind aber auch deshalb besonders eindrucksvoll, weil Beatrix ihre Kinder häufig während der Reisen quer durch das Reich, auf denen sie ihren Gemahl mehrfach begleitete, zur Welt brachte. Der erste Sohn wurde während des dritten Italienzugs im Juli 1164 in Pavia geboren. Als das Kaiserpaar im Herbst 1164 wieder nach Deutschland zurückkehrte, ließ es den von Geburt an kränkelnden Friedrich – der noch im Kindesalter sterben sollte – in der Obhut des Markgrafen Wilhelm von Montferrat zurück, weil er die weite Reise nicht überlebt hätte. Der zweitälteste Sohn Heinrich, der 1190 die Nachfolge seines Vaters antreten sollte, erblickte das Licht der Welt 1165 in der Pfalz von Nimwegen. Der zunächst Konrad, dann nach dem Tod des Erstgeborenen mit dessen Namen Friedrich genannte dritte Sohn wurde während des vierten Italienzuges im Februar 1167 auf der bei Faenza gelegenen Burg Modigliana des Grafen Guido Guerra geboren. Lediglich in Pavia hatte sich Beatrix mehrere Monate aufgehalten, die anderen Orte scheint sie jeweils erst kurze Zeit vor der Geburt erreicht zu haben. Von den anderen Kindern ist der Geburtsort, häufig genug aber auch das Geburtsjahr nicht überliefert. Auch auf das Leben von Beatrix selbst werfen die Quellen nur selten helleres Licht – so ist aus meist nur beiläufigen Bemerkungen bekannt, daß sie mehrfach an den Italienzügen teilgenommen hat.[5] Soweit erkennbar, hielt sie sich dann in sicheren Burgen oder Städten auf. Den Aufenthalt der Kaiserin fern vom belagerten Crema 1160 begründete über zwanzig Jahre später Gunther der Dichter mit Barbarossas Absicht, Beatrix den Anblick von Mord und Greueln zu ersparen. Als der Kaiser nach seiner Niederlage bei Legnano 1176 zunächst für tot gehalten wurde, befand sich Beatrix in Pavia; dort soll sie bereits Trauerkleidung angelegt haben, bevor jener doch noch heimlich bei Nacht in die Stadt gelangte. Auch erlebte sie Triumph und Desaster des zweiten Romzuges Barbarossas aus unmittelbarer Nähe: im Juli 1167 wurde sie in der Peterskirche mit einer goldenen, edelsteingeschmückten Krone gekrönt, wenige Tage später entkam sie wie der Kaiser nur mit knapper Not der im Heer wütenden, Tausende von Todesopfern fordernden Epidemie. Im Apennin bei Pontremoli, wo das kaiserliche Gefolge auf dem fluchtartigen Rückzug von Feinden überrascht wurde, soll sich Beatrix selbst bewaffnet haben und von zwei Schilden gedeckt nur knapp dem Pfeilbeschuß entkommen sein. Als Barbarossa wenige Monate später – wie es heißt: als Pferdeknecht verkleidet – aus Susa am Fuße des Mont Cenis mehr floh als abzog, blieb Beatrix für einige Zeit in der feindlich gesinnten Stadt zurück. Zwar sind keine Details demütigender Behandlung überliefert, aber allein die Einschränkung ihrer Entscheidungsfreiheit empfand Beatrix offenbar als ihre hohe Würde beleidigend. Denn als der Kaiser zu Beginn seines fünften Italienzuges 1174 Susa belagern und plündern ließ, soll sie sich, wie schon erwähnt, über den Anblick der brennenden Stadt gefreut haben.[6] Wie ihr Gemahl hatte sie offenbar ein langes Gedächtnis für erlittene Beleidigungen, und nicht zuletzt deshalb, weil sie ihr Leben an der Seite eines Mannes verbrachte, der äußerst empfindlich auf jede Verletzung von Rang und Ehre reagierte, gibt es wenig Anlaß, sich vom Rangbewußtsein der Kaiserin eine wesentlich andere Vorstellung zu machen. Darauf weist auch die Nachricht des englischen Chronisten Ralph von Diceto über Friedrich als «seiner Gemahlin hörig» *(vir uxorius)*. Der Kontext dieses Urteils war die Krönung von Beatrix zur Königin von Burgund: «Als er aus Italien zurückkehrte, ließ er ihrem Haupt im Land ihrer Geburt, und zwar am Tag der Geburt der heiligen Jungfrau, in Vienne die Krone Burgunds aufsetzen, damit der Kaiserin nichts an Ruhm fehle.»[7] Anders als häufig vermutet, war diese Äußerung kein Männerspott darüber, daß Barbarossa sozusagen unter dem Pantoffel stand, denn der Chronist nennt mit dem Bezug auf den Ruhm der Kaiserin ein klares Handlungsmotiv: nachdem ihr Gemahl im Juli 1178 schon in Arles zum König von Burgund gekrönt worden war, beanspruchte auch sie eine solche festliche Demonstration ihrer Würde – und erhielt sie im August durch die

ABB. 22 Dieser nur in wenigen Exemplaren bekannte Brakteat aus Gelnhausen zeigt die thronende Kaiserin mit Lilienszepter und erhobener Rechten. Durch die Umschrift ist sowohl die Münzstätte als auch die dargestellte Person identifiziert: BEATRIX G-EILENHVS. Möglicherweise weist die insgesamt seltene Abbildung der Kaiserin auf Münzen darauf hin, daß sie am Gewinn der jeweiligen Münzstätte beteiligt war. – Staatliche Museen zu Berlin, Münzkabinett, Objekt-Nr. 18201204.

Krönung in Vienne. Sicherlich waren auch der Kaiserin Ruhm und Ehre nicht gleichgültig.

Beatrix galt als *literata*, war also anders als ihr Gemahl des Lesens und Schreibens mächtig.[8] Gautier von Arras widmete ihr, wie erwähnt, sogar seinen Roman *Ille et Galeron*. Darin pries er nicht nur die Kaiserin selbst und ihre berühmte Familie, sondern erwähnte auch, daß ihr schon andere Dichter gedient hätten, weshalb es ihm schwerfallen werde, ihnen gleichzukommen.[9] Natürlich sollten solche Floskeln die Adressatin zunächst einmal ehren und gleichzeitig dem Dichter ihre Aufmerksamkeit sichern, aber darüber hinaus scheint Beatrix doch auch die mäzenatischen Neigungen, wie sie an anderen nordfranzösischen Höfen gut belegt sind, an den Hof Barbarossas mitgebracht und ihn für Einflüsse der höfischen Literatur aus Frankreich geöffnet zu haben.

Die politisch-dynastischen Erwägungen, die diese Heirat bestimmt hatten, machen die Frage nach Liebe zwischen den Eheleuten eigentlich obsolet, erweisen sie zumindest aber als zutiefst anachronistisch. Das persönliche Verhältnis zwischen Beatrix und ihrem Gemahl bleibt im dunkeln, auf ihren vertrauten und privaten Umgang werfen die zeitgenössischen Quellen – anders als Umberto Ecos Roman «Baudolino» – keinerlei Licht. Daß der Dichter Gunther die Kaiserin als «stark durch Liebe und feste Dauer des Ehebundes» bezeichnet, ist schon die weitestreichende Nachricht überhaupt. Demgegenüber ist die Bemerkung des Acerbus Morena, Beatrix sei ihrem Mann völlig ergeben gewesen, habe ihn als ihren Herrn gefürchtet und in jeder Weise als ihren Mann geliebt,[10] kaum mehr als eine topische Bemerkung über die damals übliche, auf biblische Autorität gestützte Vorstellung ehelicher Unterordnung der Frau unter den Mann. In Barbarossas Urkunden wird Beatrix *dilecta* oder *dilectissima consors* genannt, also «geschätzte» oder «überaus geschätzte Gefährtin», und der Geschichtsschreiber Lambert von Waterlos glaubte, daß der Kaiser seine Gemahlin *amatissima nostra, dulcis soror et amica, nostra semper fidelis* nannte, also ungefähr «unsere Geliebteste, liebe Freundin und Geliebte, unsere immer Treue». Was davon dem Rang geschuldete Formel, was traditioneller Topos und was authentischer Ausdruck einer persönlichen Zuneigung gewesen sein könnte, ist nicht erkennbar. Immerhin: zwei Mal – aber auch nur zwei Mal – wird Beatrix in den überlieferten Urkunden ihres Gemahls *carissima consors* genannt, «liebste Gefährtin». Diese Urkunden datieren vom 5. Oktober und vom 1. November 1164. Am 16. Juli desselben Jahres war Friedrich geboren worden, der erste Sohn. War also wenigstens das Wort *carissima* mehr als nur eine Formel? Nicht einmal das kann als gewiß gelten, denn auch Heinrich der Löwe wurde – wie andere Getreue des Kaisers – *karissimus* genannt. Weil politische Beziehungen im Mittelalter immer Beziehungen zwischen Personen waren, für ihre Beschreibung also auch dieselbe Terminologie benutzt wurde wie für die Charakterisierung von Beziehungen zwischen Menschen in alltäglichen Verhältnissen, bleibt der emotionale Gehalt von Worten wie *carissima* im konkreten Fall undurchsichtig. Drei Urkunden aus den Jahren 1176, 1177 und 1178 bezeichneten Beatrix allerdings mit dem gänzlich singulären Attribut «glücklich» (*felix*). Das könnte sich auf den Kinderreichtum der kaiserlichen Familie beziehen,[11] vielleicht auch hinweisen auf erlebtes Glück als Erfüllung von Haben und Sein. Aber die Wortkargheit der Quellen läßt selbst anläßlich des Todes seiner Gemahlin im Alter von wenig mehr als 40 Jahren kaum mehr als nur ganz formelhafte Wendungen über Barbarossas Trauer zu. Knappe fünf Jahre nach ihrem Tod machte er im April 1189 der Kirche von St. Etienne in Besançon eine Schenkung für das Seelenheil der Verstorbenen. Nur einen Monat später brach er zum Kreuzzug auf. Der Kaiser war damals fast siebzig Jahre alt, und wahrscheinlich ging er selbst nicht davon aus, lebend aus dem Heiligen Land zurückzukehren. Bewegte ihn die Erinnerung an die gemeinsamen Jahre mit Beatrix dazu, sich noch kurz vor seinem Aufbruch ins Ungewisse um ihr Seelenheil zu sorgen? Weil die Stiftung aber auch mit der Erhebung des im Sommer 1170 geborenen Sohnes Otto zum Pfalzgrafen von Burgund und seiner Einsetzung in das mütterliche Erbe verbunden war, verbietet sich letztlich eine solche Deutung im Horizont reiner Privatheit.

KRIEGSZUG UND KRIEGSPLÄNE

Ein Jahr nach der Heirat mit Beatrix unternahm Barbarossa im Sommer 1157 einen Kriegszug nach Polen – eine Unternehmung, deren Anlaß auf die Politik Konrads III. zurückging und in verwandtschaftlichen Verpflichtungen wurzelte: eine von dessen Halbschwestern, die Babenbergerin Agnes, hatte um 1125 den Piasten Władisław II. geheiratet, der nach dem Tod seines Vaters als ältester der Söhne Krakau und Schlesien erhielt und als Senior eine Art Oberherrschaft über seine herzoglichen Brüder führen sollte. Es scheint, daß die rangbewußte Agnes selbst mit dieser Position ihres Gemahls nicht zufrieden war. Sie soll sich beklagt haben, daß Władisławs Brüdern mehr Ehre entgegengebracht werde als ihm selbst, so daß sie seinetwegen «gewöhnlich und zu einer unwürdigen Ehefrau» geworden sei, obwohl sie doch «aus kaiserlicher Familie entstammt»[12] – ihre Mutter, ebenfalls mit Namen Agnes, war die Schwester Kaiser Heinrichs V. und Großmutter Barbarossas, die in zweiter Ehe den Markgrafen Leopold III. von Österreich geheiratet hatte.

Bei den Versuchen, seine Herrschaft auszudehnen, war Władisław auf den erbitterten Widerstand seiner Brüder gestoßen, hatte es aber verstanden, seinen staufischen Schwager als wichtigen Verbündeten zu gewinnen, indem er sich von ihm ohne Rücksicht auf entgegenstehende Ansprüche seiner Brüder mit dem gesamten Herzogtum Polen belehnen ließ. Daraufhin von seinem jüngeren Bruder Bolesław IV. aus Polen vertrieben, hielt sich Władysław zusammen mit Agnes seit 1146 im thüringischen Altenburg auf, wo ihnen Konrad auf eigene Kosten einen standesgemäßen Aufenthalt ermöglicht hatte.[13] Barbarossa erbte diesen ungelösten Konflikt und schickte mehrfach Boten zu Bolesław, «der, je hartnäckiger er sich weigerte, den Bitten zu gehorchen, um so heftiger die Erbitterung des Kaisers gegen sich aufreizte», so daß der «rote Drache» schließlich Flammen gegen ihn spie.[14] Außerdem war Bolesław in das unter Konrad hergestellte Lehnsverhältnis nicht eingetreten und hatte den von Barbarossa geforderten Treueid ebenso wie die jährliche Tributzahlung von 500 Mark verweigert, was am Hof als offener Abfall vom Reich angesehen wurde. In mehrfacher Hinsicht herausgefordert, brach Barbarossa im August 1157 von Halle aus nach Osten auf. Der regionale Schwerpunkt seines Heeresaufgebots lag in Sachsen, aber auch der böhmische Herzog Vladislav leistete Zuzug. Im Heer selbst gab es divergierende Interessen. Schon Heinrich der Löwe und seine Gegner, Erzbischof Wichmann von Magdeburg und Albrecht der Bär, verfolgten keineswegs identische Absichten; auch waren Albrechts Sohn Otto und Markgraf Dietrich von Meißen mit Schwestern der Piastenbrüder verheiratet. Das Ziel der Unternehmung war daher auch keine «offene Feldschlacht» gegen die Polen, wie sie deutschnationalen Historikern des 19. Jahrhunderts wünschenswert erschien;[15] vielmehr sollte der polnische Herzog, indem ihm fehdeartige Verwüstungszüge die Schutzlosigkeit seines Landes demonstrierten, zu Verhandlungen und Unterwerfung gezwungen werden.

Über die Unternehmung ließ Barbarossa an Abt Wibald von Stablo nur Erfolge berichten: das Heer überwand in Schlesien zunächst die Grenzverhaue aus gefällten Bäumen, dann die Untiefen der Oder, fand die Befestigungen von Glogau und Beuthen von den Polen schon verlassen und zerstört vor, verwüstete dann in den Diözesen von Breslau und Posen das Land mit Feuer und Schwert. Auch Rahewins Notiz, die Polen hätten nicht nur Burgen und Befestigungsanlagen zerstört, sondern «den eigenen Boden, das eigene Vaterland mit eigenen Händen durch Feuer» verwüstet,[16] liest sich auf den ersten Blick wie eine Erfolgsmeldung. Was diese Verhältnisse allerdings konkret bedeuteten, wird durch die polnische Überlieferung deutlicher: denn Barbarossas Heer wurde auf diese Weise die Versorgung aus dem Land selbst massiv erschwert, so daß sich Hunger im Heer ausbreitete. Das berichtet jedenfalls Vinzenz Kadlubek in seiner um 1200 verfaßten «Chronik der Polen». Sein Bericht vermittelt die piastische Geschichtserinnerung, wonach Bolesław «ohne Schlacht kämpfte, ohne Gefecht triumphierte».[17] Man kann daraus immerhin erahnen, daß der Kriegszug nicht ganz so reibungslos verlief, wie es die sorgfältige Stilisierung des Geschehens durch Barbarossas Kanzlei ihre Adressaten im Reich glauben machen wollte, und, mehr noch, daß der Kaiser wohl gezwungen war, einen Ausgleich zu suchen. Was dem Staufer besonders wichtig war, enthielt schon der erste Satz des Briefes – daß ihm nämlich die Milde Gottes auf dem polnischen Kriegszug «große Huld» erwiesen und das Römische Reich «durch Ruhm und Ehre» erhöht habe, indem die Polen unter das Joch seiner Herrschaft zurückgeführt wurden. Detailliert wird über die Unterwerfung des Piasten in der Gegend von Krzyszkowo im Bistum Posen berichtet und sogar behauptet, Bolesław habe die Fürsten nur durch viele persönliche, unter Tränen vorgebrachte Bitten als Vermittler gewinnen können. Das war recht einseitig zum Nachteil des Piasten zugespitzt, denn man weiß durch Vinzenz von Prag, daß die Polen sehr gezielt Vladislav von Böhmen als Vermittler anriefen[18] – er war nämlich über seine Großmutter mit den Piasten verwandt und daher der gegebene Mittelsmann. Aber Barbarossas Kanzlei war auch nur an einer Gewichtung der Überlegenheit des Kaisers gelegen: der Fußfall Bolesławs wird erwähnt sowie eine Sühnezahlung für die verweigerte Hoffahrt und den unterbliebenen Treueid. Weil Barbarossas Sorge vor allem gewesen war, daß die jahrelang ungerächt gebliebene Vertreibung seiner Verwandten das Ansehen des Reichs beschädigt haben könnte, mußte Bolesław außerdem schwören, «für sich und für alle Polen, daß sein exilierter Bruder nicht zur Schmach des Römischen Reichs vertrieben worden war».[19] Ganz treffend wurde daher in der Umgebung des böhmischen Herzogs in Erinnerung behalten, daß der Kaiser, «nachdem er die begehrte Ehre erlangt hatte, in seine Heimat zurückkehrte».[20] Allerdings hatte Barbarossa die Restitution Władisławs nicht nur nicht durchgesetzt, sondern dessen Bruder als Herzog anerkannt und die Lösung der Streitfrage auf einen Hoftag zu Weihnachten in Magdeburg verschoben. Das aber bedeutete nichts anderes, als daß er Bolesławs Unterwerfung durch die grundsätzliche Anerkennung von dessen Herrschaftsanspruch erkauft hatte – die polnische Überlieferung also nicht ohne Grund von Bolesławs Triumph sprach, der nun in seiner Position sicherer war als zuvor. Bei genauerem Hinsehen zeigt sich, daß der klare Sieg, den die Kanzlei verkündete, in der Sache ein Zurückweichen des Kaisers war. In den Jahren nach der Teilung Schlesiens als Folge des Versailler Vertrags von 1919 war es freilich für national gesinnte deutsche Historiker wichtig, festzustellen, daß «die Geschichte des Deutschtums in Schlesien tatsächlich eben doch ihren Ausgang von dem Polenfeldzug des Kaisers Friedrich Barbarossa im Jahre 1157» nahm.[21] Der Staufer hatte indessen seinerzeit andere Probleme, als das Deutschtum in Schlesien zu verankern: er mußte nach einem Kompromiß suchen, um nicht mit leeren Händen zurückzukehren.

Die schon erwähnte Lösung der Auseinandersetzung um das Herzogtum Bayern, die Heirat mit Beatrix sowie der Kriegszug nach Polen trugen in den knapp drei Jahren, die Barbarossa nördlich der Alpen verbrachte, in jeweils unterschiedlicher Weise zur Stabilisierung seiner Herrschaft bei und waren insoweit Voraussetzung der Planungen für den zweiten Italienzug. Die unbewältigten Herausforderungen im Süden gaben die Richtung seiner Aktivitäten vor. Daß der Ungehorsam Mailands nicht ungerächt bleiben sollte, war schon am Ende des ersten Italienzugs beschlossene Sache. Noch im Gebiet von Verona hatte der Kaiser den Mailändern seine Huld entzogen und wegen ihrer «ungeheuren Ruchlosigkeiten», vor allem aber wegen ihrer Weigerung, sich dem kaiserlichen Gericht zu unterwerfen, den Bann über sie verhängt.[22] Die bevorstehende Auseinandersetzung war absehbar. Nach den Erfahrungen des ersten Italienzuges setzte Barbarossa alles daran, ein möglichst schlagkräftiges Heer auf die Beine zu stellen. Trotz mancher Versuche, lehnsrechtliche Verpflichtungen zu stärken, waren sie nicht so bindend, daß es eine unbeschränkte Gehorsamspflicht gegenüber dem Aufruf zur Heerfahrt nach Italien gegeben hätte; vielmehr blieb das Aufgebot stets «der individuellen Leistungsfähigkeit und dem Verantwortungsgefühl des Vasallen anheimgestellt», weshalb «Diskontinuität ein grundlegendes Charaktermerkmal» der Streitmacht war, die über das Lehnsaufgebot gestellt wurde.[23] Selbst bedeutende Fürsten waren nicht ohne weiteres bereit, sich der Heerfahrt anzuschließen; Erzbischof Arnold von Mainz versuchte, sich mit dem Hinweis auf sein Alter und früher geleistete Dienste zu entschuldigen, konnte sich damit aber nicht durchsetzen, weil Barbarossa auf den «unter allen Fürsten des Reiches vorzüglichsten» nicht verzichten wollte – was vor allem eine Aussage über die Ressourcen war, über die der Mainzer als Herr über das größte Erzbistum im Reich verfügen konnte.[24] Andere dagegen waren mit der Aussicht auf Belohnung für ihre Dienste zu locken, die ihnen Barbarossa in Aussicht stellte; immerhin brachte Abt Daniel von Waldsassen 1161/62 aus Italien einige Mark Gold, Reliquien und andere Kleinodien mit.[25] Vladislav von Böhmen, durch den Königstitel zur Unterstützung des Kaisers gewonnen, warb unter dem Adel seines Landes mit ähnlichen Versprechungen: «Wer mir also bei diesem Unternehmen folgen will, den werde ich mit der gebührenden Ehre und dem nötigen Geld, wie es recht ist, bedenken, wer es aber, zufrieden mit weibischem Spiel und Müßiggang, unterläßt, der soll von mir unangefochten in seiner Behausung bleiben.»[26] Der Bischof von Verona mußte, um die Huld des Kaisers nach dem erwähnten Zwischenfall in den Klausen für seine Stadt zurückzugewinnen, versprechen, ein möglichst großes Kontingent gegen Mailand bereitzustellen.[27] Auch der polnische Herzog Bolesław IV. und sogar König Geisa II. von Ungarn verpflichteten sich zur Unterstützung.[28] Auf dem Würzburger Hochzeitstag, wo Gesandte aus England, Burgund und Böhmen Zeugen glänzender Prachtentfaltung kaiserlicher Herrschaft wurden, beklagten sich Abgesandte aus Como, Lodi, Bergamo und Pavia über die Übergriffe Mailands. Barbarossa übergab den Pavesen eine kaiserliche Fahne; sie sollte Schutz gewähren, denn ein Angriff auf jene, die sie trugen, wäre ein Angriff auf den Herrscher selbst, weil die Fahne den Kaiser und seine Amtsgewalt repräsentierte. Aber wie die Mailänder schon 1153 das Siegel gering geachtet hatten, ließen sie sich auch jetzt von den *regia signa* nicht abschrecken.[29] Der Gehorsamsanspruch, den die Fahne bildhaft vor Augen führen sollte, konnte sie nicht am Angriff hindern, und Brescia mißachtete den schriftlichen Befehl, mit Bergamo Frieden zu wahren. «Schon überwand das schwirrende Gerücht die hohen Berge und das Gerede erfüllte sogar die königliche Halle.»[30] Barbarossa geriet durch die Klagen aus den italienischen Städten zunehmend unter Handlungsdruck. Diesen Zusammenhang bemerkten die Zeitgenossen sehr genau: «Die Klage der von Mailand Bedrängten gelangte an die Ohren aller fast im gesamten Erdkreis und zwang so das Gericht des ruhmreichsten Kaisers Friedrich selbst durch Anhäufung der Streitfälle zum Eingreifen.»[31]

Vinzenz von Prag bezeichnet Pavia, Cremona, Lodi und Como sogar als Urheber (*fabricatores*) des Heerzuges gegen Mailand.[32] Auf Hoftagen beriet Barbarossa im Kreis der Großen über erlittene Schmach und die notwendige Reaktion: «Jedes von beiden Völkern [Mailand und Brescia] hat die Ehre des Reichs verletzt, und wenn nicht jedes bereut, hat es Zerstörung verdient, denn jedes hat unsere Majestät beleidigt. Erwägt dies, ihr Großen, mit ernstem Sinn, damit wir die alte Ehre des Reiches bewahren.»[33] Mit diesen Worten wandte er sich nach Vorstellung des anonymen Autors des *Carmen de gestis Frederici* an seine Fürsten, und auf den Hoftagen von Fulda oder von Worms 1157, wo die Heerfahrt gegen Mailand beschlossen wurde, dürften ähnliche Reden auch tatsächlich geführt worden sein. Hoftage waren die «politischen Verdichtungspunkte» des Reichs, nur auf ihnen existierte das Reich als Gemeinschaft der Fürsten, die es trugen, im vollsten Sinne.[34] Barbarossas Klagen über Verletzung des *honor imperii* waren für die Fürsten verständlich und handlungsmotivierend, weil Ehre – im weitesten Sinne verstanden als Recht auf Respekt – ein Grundbestandteil adliger Existenz war; die Formel von der «Ehre des Reichs» appellierte sowohl an allgemein bekannte und verbindliche Werte der Aristokratie wie auch speziell an die Verpflichtung zum Schutz der kaiserlichen Ehre, die die Fürsten in ihrem Treueid beschworen hatten. Abt Wibald von Stablo gegenüber begründete Barbarossa den Beschluß zur Heerfahrt mit seiner Pflicht, beachten zu müssen, was die Ehre des Reichs (*honor imperii*) niederdrücke und was er weiterhin zu ignorieren mit seiner Ehre (*honor*) nicht länger vereinbaren könne und dürfe; Wibald wisse ja bestens, daß durch den Hochmut (*superbia*) und die Verwegenheit der Mailänder die Kirchen und Städte der Lombardei an vielen Orten zerstört wurden und noch tagtäglich «zur Schmach des Reiches» zerstört würden. Wenn der Kaiser nun Mailands Absichten nicht rasch mit aller Macht vereitle, dann erstünde dem Reich ein noch schwerer zu ertragendes Unheil.[35]

Voraussetzung für einen Erfolg des Unternehmens war nicht nur ausreichende Unterstützung durch die deutschen Fürsten, sondern auch militärische und materielle Unterstützung in Italien selbst. Am Hof war man der Überzeugung, daß dem König bei seinem Erscheinen im Süden die *fodrum* genannten Leistungen zur Versorgung des Heeres zustanden, ja «daß ihm von allem zum Leben Notwendigen, was das Land hervorbringt, höchstens mit Ausnahme der Rinder und des Saatguts, die zur Bebauung des Landes nötig sind, für den königlichen Bedarf so viel zusteht, wie das Heer braucht».[36] Weil sich diese Forderungen aber nicht an schriftlich fixierten Rechten, sondern an tradiertem Erinnerungswissen bemaßen, also letztlich zugunsten des Königs höchst dehnbar waren, bestand über die Leistungspflicht keineswegs immer Konsens. Das galt auch für den Anspruch auf die Regalien. Darunter verstand man Hoheitsrechte, die überwiegend finanziell nutzbar waren, im Prinzip dem Herrscher zustanden und von ihm als Lehen an geistliche und weltliche Fürsten, aber auch an Kommunen ausgegeben wurden. So boten etwa die Zoll-, Münz- und Marktregale, aber auch das *fodrum* eine zumindest theoretisch recht ergiebige Einnahmequelle. Weil diese Rechte aber vor Barbarossas erstem Erscheinen in Italien seit Jahrzehnten nicht mehr geltend gemacht worden waren und es außerdem keinen Verwaltungsapparat gab, der eine Stetigkeit des Mittelzuflusses hätte garantieren und durchsetzen können, hing die tatsächliche Verfügung über die Abgaben von der Aktualisierung des Anspruchs und der fallweise gegebenen Fähigkeit zu dessen Durchsetzung ab. Damit beauftragte Barbarossa den Pfalzgrafen Otto von Wittelsbach und seinen Kanzler Rainald von Dassel, die er zur Vorbereitung der Heerfahrt gegen Mailand als Legaten mit weitreichenden Vollmachten über die Alpen schickte.

ÜBERSETZUNGSPROBLEME: DER HOFTAG VON BESANÇON

Parallel zur Vorbereitung des Italienzugs verschlechterte sich das Verhältnis zum Papst dramatisch. Die Ursache dafür war eine grundlegende Umorientierung Hadrians IV. gegenüber dem Normannenkönig. Zwar hatten nach Barbarossas Abzug von Ancona die dort gelandeten Byzantiner mit Hilfe aufständischer normannischer Barone zunächst bemerkenswerte Erfolge gegen Wilhelm I. erzielt, waren ihrerseits dann aber rasch von dem Normannenkönig überwunden worden. Von dieser Entwicklung war Papst Hadrian IV. in Benevent überrascht worden. Anders als ursprünglich erhofft, war Wilhelm nun nicht mehr mit Hilfe des byzantinischen Kontingents und der Aufständischen unter päpstlichen Bedingungen zum Gehorsam zu zwingen. Statt dessen wurde der Frieden weitgehend nach Wilhelms Forderungen geschlossen. Im Frieden von Benevent nahm der Papst

Treueid und Lehnseid des Normannenkönigs entgegen und versprach ihm nicht nur den ungeschmälerten Besitz seiner Herrschaft, sondern auch, ihn gegen jeden Angriff zu unterstützen. Die Tragweite dieser Abmachungen läßt sich an den symbolischen Handlungen verdeutlichen, mit denen sie bekräftigt worden sind. Hadrian machte Wilhelm zu seinem Lehnsmann, indem er ihm das Königreich Sizilien, das Herzogtum Apulien und das Fürstentum Capua mit drei Fahnen übergab. Damit beanspruchte der Papst natürlich auch, alleiniger Lehnsherr über diese Gebiete zu sein. Als während des Italienzuges Lothars III. Graf Rainulf von Alife mit dem Herzogtum Apulien belehnt wurde, geschah dies ebenfalls durch Übergabe einer Fahne; damals aber hatten – wie schon erwähnt – sowohl Hadrians Vorgänger als auch der Kaiser den Schaft der Fahnenstange umfaßt, denn sie hatten sich nicht einigen können, wem die Lehnsherrschaft über Apulien zukam und demonstrierten mit dieser symbolischen Handlung ihre konkurrierenden Ansprüche. An dieser ungeklärten Situation hatte sich seitdem nichts geändert, und noch der Konstanzer Vertrag hatte der Offenheit dieser Verhältnisse durch die Verpflichtung auf gegenseitige Abstimmung Rechnung getragen. Barbarossa wurde vom Beneventer Vertragsschluß durch deutsche Kleriker unterrichtet, die den Papst zur Klärung kirchenrechtlicher Streitfragen in Süditalien aufgesucht und dort vom Friedensschluß erfahren hatten.[37] Natürlich war es Hadrian in seiner bedrängten Lage unmöglich gewesen, den Staufer an den Entscheidungen in Benevent unmittelbar zu beteiligen – selbst wenn er es gewollt hätte. Aus Sicht des Kaisers aber hatte der Papst die im Konstanzer Vertrag formulierte Absicht eines gemeinsam abgestimmten Vorgehens aufgegeben und einseitig über Rechte verfügt, die schon früher von den Kaisern für das Reich beansprucht worden waren. Der Verbündete gegen den normannischen Usurpator von Reichsboden war zu dessen Schutzherr geworden; der Papst hatte sein Versprechen gebrochen, den *honor imperii* zu wahren. Barbarossa nahm die Nachricht denn auch mit «äußerster Empörung» (*molestissime*) auf.[38] Mit Recht fürchtete man auf päpstlicher Seite Komplikationen, wenn Barbarossa mit Heeresmacht erneut in Italien erscheinen sollte. Aus diesem Grund entsandte Hadrian IV. neben dem Kardinal Bernhard von S. Clemente auch Roland Bandinelli, den Kanzler der Römischen Kirche, über die Alpen, wo sie sich im Oktober 1157 am kaiserlichen Hof in Besançon einfanden. Daß der Kanzler, der «Spezialist für den gesamten Schriftverkehr einschließlich der päpstlichen Verträge» war, persönlich eine Legation übernahm, entsprach nicht den üblichen Gepflogenheiten; sie ist auch nicht allein mit dem päpstlichen Protest gegen die Gefangennahme des schwedischen Erzbischofs von Lund zu erklären, der Barbarossa vorgetragen wurde, sondern vielmehr aus der Absicht, Vorbehalte des Kaisers gegen den Vertrag von Benevent auszuräumen.[39]

Roland Bandinelli, als Papst Alexander III. später der große Gegenspieler Barbarossas, entstammte einer Adelsfamilie aus Siena und war Kanoniker in Pisa gewesen, bevor er von Eugen III. zunächst zum Kardinaldiakon von SS. Cosma e Damiano, dann zum Kardinalpriester von San Marco in Rom geweiht und schließlich zum Kanzler der römischen Kirche erhoben wurde, als der er auch ein enger Berater Hadrians IV. blieb. Voraussetzung für diesen Aufstieg ins Zentrum der Kurie waren nicht nur Rolands profunde Kenntnisse im kirchlichen ebenso wie im weltlichen Recht, die er wohl in Bologna erworben hatte, sondern auch seine von den Zeitgenossen als auffallend hervorgehobenen rhetorischen Fähigkeiten; seine ausgeprägt scholastische Denk- und Argumentationsweise spricht für seine Vertrautheit mit der damaligen Gelehrtenwelt, ohne daß Genaueres über seine Ausbildung bekannt wäre.[40]

Am Hof Barbarossas traf er auf Rainald von Dassel, den Barbarossa im Mai 1156 mit Amt und Würde des Kanzlers betraut hatte. Der *cancellarius* war damals «nicht so sehr der Chef einer Hofbehörde, als vielmehr ein politisch erfahrener, hochgebildeter Berater des Monarchen», der vor allem «bei der Interpretation und Bearbeitung der politischen Korrespondenz» wichtig war.[41] Um 1120 geboren, also ungefähr gleich alt wie Barbarossa, hatte Rainald, Sohn eines sächsischen Grafen, an der Domschule in Hildesheim und höchstwahrscheinlich in Paris studiert und dabei nicht nur eine besondere juristische Bildung erworben, sondern auch sein Rede- und Diskussionsgeschick so geschult, daß er von den Zeitgenossen als «beredt und bestens gebildet, wortgewandt, vorausblickend und äußerst scharfsinnig» wahrgenommen, ja sogar mit Cicero verglichen wurde.[42] Als Propst in Hildesheim, Goslar und Münster sammelte er Erfahrung in der Verwaltung kirchlicher Güter und ihrer Finanzen. Ungeachtet seines geistlichen Standes blieb er ein seinem adligen Habitus verpflichteter Angehöriger des Weltklerus. Als Papst Eugen III., der als Zisterziensermönch das Ideal eines einfacheren

ABB. 23 Mit Zustimmung Barbarossas übertrug Rainald von Dassel die Gebeine der Heiligen Drei Könige von Mailand nach Köln, wo sich binnen kurzem ein florierender Kult entwickelte. Von einer früheren Verehrung in Mailand wird dagegen nichts berichtet. Die Reliquien wurden in einen weitgehend unter Erzbischof Philipp fertiggestellten Schrein gebettet. Auf dessen Rückseite befindet sich eine getriebene Halbfigur, die den einflußreichen Ratgeber des Kaisers darstellt und damit seiner besonderen Rolle bei der Etablierung des Kultes gedenkt.

und strengeren Lebens der Geistlichen verfocht, auf dem Konzil von Reims 1148 pelzverbrämte Kleidung für den Klerus verbieten lassen wollte, protestierte Rainald, daß ein solcher Erlaß «weder den Gegenwärtigen gefällt noch den Zukünftigen gefallen wird».[43] Das adlige Statusattribut modisch hochgeschlitzter Pelzkleidung war ihm damals wichtiger als Gehorsam gegenüber dem Papst. Noch zu Zeiten Konrads III. kam Rainald in engen Kontakt mit Abt Wibald von Stablo und dem Kanzler Arnold, dem späteren Erzbischof von Köln. Seine Verbindungen zur Königskanzlei wurden durch den Thronwechsel nicht unterbrochen, Rainald nahm möglicherweise sogar an den Verhandlungen zur Vorbereitung des Konstanzer Vertrags teil. Über sein Verhältnis zu Barbarossa in diesen frühen Jahren läßt sich nichts sagen; soweit rekonstruierbar, begegnete er dem späteren Kaiser erstmals auf dem Würzburger Hoftag im Juli 1150, muß dann aber rasch dessen besonderes Vertrauen erworben haben, bevor er im Mai 1156 erstmals in einer Kaiserurkunde mit Amt und Titel des Kanzlers erwähnt wird. In Halberstadt war man der Ansicht, daß «seine Tugenden besonders in der Unterstützung des Kaisers erstrahlten», in Lodi hielt man für gewiß, daß er «ein Mann von großer Begabung war, durch dessen Gelehrsamkeit und Rechtschaffenheit das Reich am meisten erhöht» worden sei.[44] Dem Kaiser selbst galt er als «liebster Fürst», den er «allen Getreuen des Reiches als Vorbild» empfahl, weil er dessen «aufrichtige Treue, unbesiegte Festigkeit, unermeßliche Mühen, großartige Werke und Dienste in unserer und des Reiches Angelegenheit» mit eigenen Augen gesehen hatte.[45] Nach Rainalds Tod vor Rom 1167 ließ Barbarossa mitteilen, Rainald habe mit höchstem Verlangen und beharrlichem Geist «die Ehre des Reichs» gefördert und unter Hintanstellung des privaten Vorteils alles mit brennender Seele unterstützt, was zum Ruhme des Kaisers beitrug.[46]

Wie stets im Falle von Gesandtschaften war auch die Kommunikation in Besançon vom Zwang zur Rücksicht auf Rang und Selbstverständnis der beteiligten Herrscher bestimmt. Im Gesandten wurde auch dessen Herr geehrt. Wie Roland als Kanzler der römischen Kirche Ansehen und Selbstverständnis des Papstes zu wahren hatte, so oblag es auch Rainald als dem Kanzler des Reichs, keine Beeinträchtigung der kaiserlichen Würde zu dulden. Barbarossas Empörung über den Vertrag von Benevent war keine gute Voraussetzung für entspannte Diplomatie, sondern machte die Begegnung von Anfang an zu einer konfliktträchtigen Angelegenheit, denn sie setzte die Legaten unter latenten Rechtfertigungsdruck. Worte mußten genau abgewogen werden, um Mißverständnisse zu vermeiden. Daß Roland mit den Verhältnissen im Land seiner Legation und mit dessen Sprache nicht näher vertraut war, machte die Sache nicht einfacher.

Am zweiten Tag nach ihrer Ankunft traten die Legaten vor den Kaiser und die Fürsten, die sich, «wie es Sitte ist, zur Anhörung ihrer Botschaft» versammelten. Den Brief Hadrians IV., den sie überbrachten, hatte Rainald möglicherweise schon tags zuvor gelesen, um dessen Übersetzung vorzubereiten; nun verlas und übersetzte er den Text öffentlich.[47] Man hörte, die päpstliche Legation sei durch die Gefangennahme des schwedischen Erzbischof Eskil von Lund veranlaßt worden. Eskil hatte von Hadrian IV. ein Privileg erhalten, in dem ihm der Primat über Schweden zugesprochen wurde. Das widersprach den Zielen Erzbischof Hartwigs von Bremen, der sich von Barbarossa die Metropolitangewalt über Skandinavien hatte bestätigen lassen; wahrscheinlich stand Eskils Gefangennahme vor diesem Hintergrund. Der Papst äußerte sich erstaunt darüber, daß der Kaiser «einen so wilden und schändlichen Frevel bisher ohne die angemessene Rache geduldet» habe und nun ein ungeheuerliches Verbrechen zu übersehen scheine, «das ganz offenbar zur Schande der gesamten Kirche und auch deines Reiches begangen worden ist».[48] Daß Hadrian IV. in dieser Sache schon zuvor vergeblich initiativ geworden war, mag die scharfen Worte begründet haben, aber der unverblümt erhobene Vorwurf, der Kaiser vernachlässige seine vornehmste Herrscherpflicht, das Recht zu schützen, war – in der Öffentlichkeit einer großen Fürstenversammlung vorgetragen – mit der erwarteten Rücksicht auf Rang und Würde des Kaisers kaum zu vereinbaren: «Die anwesenden Fürsten waren zutiefst empört, weil der ganze Inhalt des Briefs nicht wenig an Schärfe zu haben schien.»[49]

Einen regelrechten Tumult löste dann aber Rainald aus, als er die Wendung, es würde den Papst nicht reuen, hätte Barbarossa von ihm außer der Kaiserkrönung *maiora beneficia* erhalten, mit «noch größere Lehen» übersetzte – gerade so, als wäre der Kaiser ein Lehnsmann des Papstes. Später behauptete Hadrian IV., der Kaiser sei über diese Worte «in so heftige Erregung [geraten], daß es eine Schmach ist, die Schimpfworte, die er gegen uns und unsere Legaten geschleudert haben soll, zu hören, und betrüblich, darüber zu berichten».[50] Zur Empörung hatte beigetragen, daß man von Fresken im Lateranpalast wußte, die Lothar III. angeblich als Lehnsmann des Papstes zeigten. Wahrscheinlich hatten Teilnehmer der Gesandtschaft von 1152 die erklärende Beischrift der Bilder an Barbarossas Hof bekannt gemacht: «Der König kommt vor die Tore, beschwört zunächst die Rechte der Stadt, wird dann des Papstes Mann (*homo fit papae*), von ihm erhält er die Krone.» Die Bilder – die übrigens erst im späten 16. Jahrhundert zerstört wurden[51] – waren Propaganda aus dem 1130 ausgebrochenen und 1139 beendeten Schisma zwischen den Päpsten Anaklet II. und Innozenz II. In diesem Konflikt hatte sich Lothar III. auf die Seite Innozenz' II. gestellt, von dem er 1136 im Lateranpalast gekrönt wurde. Die wenig später entstandenen Fresken zeigten diese Kaiserkrönung – eine Szene, der im Kontext des Schismas die propagandistische Funktion zukam, Innozenz II. als den rechtmäßigen der beiden rivalisierenden Päpste darzustellen. Die Wendung *homo fit papae* bezog sich ursprünglich auf den Treueid Lothars und seine persönliche Verpflichtung zur Hilfeleistung gegenüber dem Papst.[52] Zwei Jahrzehnte später in Besançon gewannen diese Worte jedoch eine andere Bedeutung und waren für Kaiser und Fürsten hochgradig anstößig: vielleicht unter dem Eindruck einer spezifischer juristischen Auffassung des Lehnswesens,[53] vor allem aber angesichts der vom Papst im Alleingang vorgenommenen Belehnung des Normannenkönigs und Rainalds Übersetzung von *beneficium* als «Lehen» schien die Beischrift nichts anderes zu behaupten als ein lehnsrechtlich begründetes Abhängigkeitsverhältnis des Kaisers vom Papst, ja das Bild war für Barbarossa sogar der eigentliche Ausgangspunkt päpstlicher Vermessenheit: «Mit einem Bild fing sie [die römische Kirche] an, vom Bild schritt sie weiter zur Schrift, von der Schrift will sie zur Gültigkeit vordringen. Das werden wir nicht dulden, nicht ertragen. Eher werden wir die Krone niederlegen, als zulassen, daß des Reiches Krone zugleich mit uns so herabgesetzt werde. Die Bilder müssen getilgt, die Schriften widerrufen werden, damit sie nicht als ewige Denkmale der Feindschaft zwischen *regnum* und *sacerdotium* bestehen bleiben.»[54] Weil weder Barbarossa selbst noch die Großen das Bild jemals selbst gesehen hatten, sondern eben nur vom Hörensagen kannten, konnte es zu einer geradezu monströsen Anmaßung übersteigert werden. Es waren also erst die gegenüber dem Entstehungskontext veränderten Umstände der Bild- und Textrezeption, die die Freskenbeischrift zu einer programmatischen, höchst konflikträchtigen Aussage machten: «Als man all dies nun zusammenfaßte und unter den Großen des Reichs Lärm und Streit über eine so ungewöhnliche Botschaft mehr und mehr anschwoll, soll einer der Legaten, als fügte er zum Feuer auch noch das Schwert hinzu, gesagt haben: ‹Von wem hat er denn das Kaisertum, wenn er es nicht vom Herrn Papst hat?› Wegen dieses Wortes stieg der Zorn so an, daß einer von ihnen, nämlich der Pfalzgraf Otto von Bayern, beinahe mit gezücktem Schwert den Nacken des Legaten bedroht haben soll. Friedrich aber machte das Gewicht seiner Anwesenheit geltend und beschwichtigte so den Tumult.»[55]

Das eigentlich Neue an dem Streit in Besançon waren nicht etwa neue politische Konzeptionen, die einen Konflikt zwischen Kaiser und Papst unvermeidlich gemacht und in den beiden Kanzler-Intellektuellen ihre eloquenten Verteidiger gefunden hätten. Neu war vielmehr, daß erstmals in direkter, persönlicher Auseinandersetzung über den Ursprung kaiserlicher Gewalt gestritten wurde.[56] Erst die Diskussion, die Rainalds Übersetzung auslöste, machte Erklärungen notwendig, die zwar unterschiedliche, aber bislang nicht konfrontativ ausgetauschte Ansichten über den Stellenwert des päpstlichen Anteils an der Kaiserwürde in das Licht einer von Mißtrauen gesättigten öffentlichen Begegnung treten ließen. Ebenso rasch wie unerwartet gab es Verständigungsschwierigkeiten auf inhaltlicher und, damit untrennbar verbunden, auch auf sprachlicher Ebene.

Otto von Wittelsbach griff deshalb zum Schwert, weil die Worte des Legaten dem päpstlichen Anteil bei der Verleihung der Kaiserwürde eine konstitutive Bedeutung beizulegen schienen, die ihm aus der Sicht Barbarossas aber nicht zukam. Der Kaiser, aus dem Kreis der Fürsten zum König gewählt, war sich in diesem Punkt mit den Großen einig. Zwar stellten sie die Bedeutung von Weihe und Salbung durch den Papst nicht in Frage – schließlich wurde auch in der kaiserlichen Kanzlei der Titel *imperator* traditionell stets erst nach der römischen Kaiserkrönung verwendet. Aber dieser Akt erschien ihnen nur als geistliche Sanktion einer Entscheidung, die die Fürsten des Reichs mit der Königswahl bereits getroffen hatten. Damit wollte Barbarossa nicht etwa die in Byzanz übliche untergeordnete Bedeutung des Patriarchen bei der Kaiserkrönung, wovon er bei seinem Aufenthalt in Konstantinopel erfahren haben könnte, auf die westlichen Verhältnisse übertragen;[57] er sah seine Auffassung vielmehr in jahrhundertealter Praxis begründet. Barbarossas Vertrautheit mit der Tradition des Kaisertums hielt man im Umkreis Bischof Eberhards II. von Bamberg, wo später Argumente für die Auseinandersetzung mit dem Papst zusammengetragen wurden, für ganz selbstverständlich und legte ihm entsprechend empörte Worte in den Mund: «Befragt die Bibliothekare und forscht die Abschreiber alter Bücher aus und seht, ob in deren Tagen und in den alten Tagen ein solches Wort gehört worden sei. Aber auch unsere Väter haben uns nicht erzählt, daß das Imperium jemals irgendeinem der Kaiser, ich sage das Reich der Römer (*regnum Romanorum*), von irgendeinem der Päpste [als Lehen] verliehen worden sei, so wie jener [Hadrian IV.] in seinem Wahnsinn schreibt, daß er uns belehnt habe, anstatt lediglich, daß wir die Salbung einzig wegen der Ehrerbietung gegenüber dem heiligen Petrus von ihm empfangen haben.»[58] Tatsächlich war die Kaiserwürde seit der Kaiserkrönung Ottos I. im Jahre 962 den ostfränkisch-deutschen Königen vorbehalten geblieben. Im Lichte dieser Tradition lag der Anspruch auf das Kaisertum schon in der Königswahl begründet. Im Vorgriff auf seine kaiserliche Würde war seit Heinrich V. der Titel *rex Ro-*

manorum, seit Konrad III. auch das eigentlich dem Kaisertitel vorbehaltene Epitheton *augustus* für den deutschen König üblich geworden. Wibald von Stablo hatte im Namen Konrads III. formuliert, daß dessen Sohn Heinrich durch seinen Vater und die Fürsten «zur Würde des Römischen Reichs gekrönt» worden sei – *ad fastigium Romani imperii coronatus.* Damit waren nur die Wahl und Krönung zum deutschen König gemeint, aber, wie die Wendung *imperium Romanum* belegt, war der Anspruch auf die römische Kaiserkrönung – wie übrigens häufiger – ganz selbstverständlich mitgedacht worden.[59] Barbarossas Königswahl war 1152 dem Papst mit den Worten mitgeteilt worden, das Reich sei ihm «von Gott übertragen» worden, die Fürsten und die übrigen Großen hätten ihn, «vom heiligen Geist aufgerufen» und «in gewaltiger vom Himmel geschenkter Eintracht», an die Spitze des Reichs gewählt.[60] In diesem Text fehlte zwar eine explizite Verbindung von königlicher und kaiserlicher Würde; aber er zeigte Barbarossa als Erben der Romzugspläne des verstorbenen Königs und legte ihm in Vorwegnahme der noch ausstehenden Kaiserkrönung schon die besondere Verpflichtung zum Schutz der römischen Kirche bei. In der vom Staufer besiegelten Fassung des Konstanzer Vertrags, die 1153 dem Papst zugeschickt worden war, wurden sogar die Begriffe *imperator* und *imperium* gebraucht. Das stellte aber nicht etwa das Krönungsrecht des Papstes in Frage, sondern nahm nur das Ergebnis der im beiderseitigen Einverständnis geplanten Krönung gewissermaßen begrifflich vorweg.

Auch an der Kurie sah man die Kaiserkrönung des deutschen Königs als eine in langer Tradition wurzelnde Selbstverständlichkeit; unter dem Eindruck dringend erwarteter Hilfe des künftigen Kaisers hatte Eugen III. Barbarossas Vorgänger in Vorwegnahme der zugesagten kaiserlichen Würde schon als «Vogt der römischen Kirche» bezeichnet, vielleicht sogar auch als *imperator.*[61] Gleichwohl blieb das eine situationsbedingte Ausnahme. Ansonsten wurde peinlich genau vermieden, die im Titel des deutschen Königs – *rex Romanorum augustus* – liegenden Vorgriffe auf die Kaiserkrönung in Briefen an den König aufzunehmen, denn aus päpstlicher Sicht war nicht die Königswahl durch die Fürsten konstitutiv für die kaiserliche Würde, sondern allein Weihe und Salbung in Rom. Die rhetorische Frage des Legaten in Besançon, von wem der Kaiser denn das Kaisertum habe, wenn nicht vom Papst, drückte dieses Selbstverständnis punktgenau aus. In der gedanklichen

Logik dieser Position lag zwar die Möglichkeit, den deutschen König als künftigen Kaiser auch ablehnen zu können – das aber wurde erst konsequent durchdacht und zur päpstlichen Handlungsgrundlage gemacht, als im staufisch-welfischen Thronstreit nach 1198 zwei deutsche Könige um die Kaiserwürde rivalisierten und Innozenz III. seine Entscheidung für einen der beiden Kandidaten begründen mußte.[62] In Besançon wurde noch um anderes gestritten: schienen die Worte *contulimus* (wir haben verliehen) und *beneficium* (Lehen) nicht sichere Indizien dafür, daß der Papst die Kaiserwürde zugunsten päpstlicher Verfügung einfach von der deutschen Königswürde abkoppelte und den aus der Fürstenwahl resultierenden Anspruch auf Kaiserkrönung nicht anerkannte?

In einem Schreiben an die Großen des Reichs ließ Barbarossa wortreich beklagen, wie sehr die Ehre des Reichs «durch eine so unerhörte Neuerung, durch eine so vermessene Überheblichkeit» beeinträchtigt werde. Nach seiner und der Großen Ansicht wurden aber «Königtum und Kaisertum durch Wahl der Fürsten allein von Gott empfangen», weshalb die Kaiserkrone auch nicht vom Papst im eigentlichen Sinn «verliehen» sei.[63] Die Formulierungen des Briefs stammen wohl von Bischof Eberhard von Bamberg. Sie waren keine neuartige Legitimation der Kaiserwürde, sondern eine situationsbedingte Zuspitzung dessen, was als Vorstellung und Begründungszusammenhang schon zuvor üblich, aber nicht so grundsätzlich formuliert worden war. Den Anlaß dazu hatte erst der Papstbrief gegeben, den Rainalds Übersetzung zu einer Herausforderung gemacht hatte.

Bis heute ist das Geschehen von Besançon umstritten. Die verschiedenen Deutungen hängen letztlich von den Geschichtsbildern der Historiker ab. Aus ideengeschichtlicher Perspektive waren Hadrians Brief und Rolands Auftritt in Besançon nur Episode in einer durch die Jahrhunderte reichenden Reihe klug durchdachter und zielgerichteter Maßnahmen des Papsttums, die der Durchsetzung des päpstlichen Anspruchs auf Überordnung über jede weltliche Macht gegolten habe und von einem parallel dazu verlaufenden Machtverlust des Kaisertums begleitet war. Diese Sichtweise ist forschungsgeschichtlich eng verbunden mit den in die Gegenwartsprobleme des 19. Jahrhunderts zurückreichenden Fragen nach der Trennung von Kirche und Staat und nach den Gründen für die Schwäche des deutschen Königtums im Mittelalter, mit denen damals die Ursachen für die verspätete Gründung des deutschen Nationalstaats eingekreist wurden. In der nationaldeutschen Geschichtsschreibung wurzelt denn auch die traditionell positive Wertung Rainalds von Dassel als Gegenspieler des Papsttums, der Hadrians Qualifikation der Kaiserkrone als Lehen rasch erfaßt, sie durch seine ebenso wohlüberlegte wie polarisierende Übersetzung als Provokation erkennbar und damit zunichte gemacht habe. So betrachtet wird die Szene in Besançon zu einer Momentaufnahme im jahrhundertelangen Streit um das richtige Verhältnis zwischen Kirche und Staat. Barbarossa und sein Kanzler werden dabei aber allzu leicht zu Vorkämpfern von Ideen, die für sie schon deshalb nicht handlungsleitend gewesen sein können, weil sie erst die Gemüter späterer Zeiten bewegten.

Um das Geschehen zu historisieren, also in den Handlungshorizont der Zeitgenossen des 12. Jahrhunderts zurückzuholen, verdient die unmittelbare Kommunikationssituation auf dem Hoftag besondere Beachtung. Sie ist aus ideengeschichtlicher Perspektive zwar nur ephemer, gibt aber die tiefe Kluft zwischen geistlich-klerikaler und weltlich-laikaler Bildungswelt zu erkennen, die wesentlich zu den Ursachen des Eklats gehörte. Die anwesenden weltlichen Fürsten und zumal Barbarossa verstanden die lateinische Sprache, in der Hadrians Brief abgefaßt war, bestenfalls rudimentär. Deshalb bekam die Übersetzung des Textes, die ansonsten für die lateinkundigen Kleriker gar nicht nötig gewesen wäre, besonderes Gewicht. Übersetzungen gehörten zum selbstverständlichen Alltag des Gesandtschaftswesens, aber über die damit verbundene Praxis erfahren wir nur selten Einzelheiten aus den Quellen.[64] Wie noch heute war aber auch schon damals mit jeder Übersetzung die Möglichkeit des Mißverständnisses verbunden. Und wie heute bargen auch damals Verhandlungen auf diplomatischer Ebene die Gefahr eines politischen Eklats, wenn einerseits größtmögliche Klarheit verlangt war, andererseits sprachliche Barrieren zu überwinden waren. In der Atmosphäre gegenseitigen Mißtrauens mochte der Unwille vieler Kleriker gegenüber päpstlichen Eingriffen, wie er beispielsweise im Erzbistum Köln stark verbreitet war, besonders schwer wiegen, aber auch ein vielleicht verbreitetes Inferioritätsgefühl gegenüber dem kulturellen Hegemonialanspruch Roms.[65] Wie auch immer – jedenfalls war Rainalds Interpretation schon in Besançon umstritten. Ob er sich der Doppeldeutigkeit von *beneficium* bewußt war oder nicht, ob er absichtlich die zuspitzende, mit Sicherheit auf Empörung treffende Bedeutung wählte oder aber einfach die ihm vertraute, nördlich der Alpen übliche Begriffsbedeutung «Lehen» für *beneficium* verwendete, ist nicht mehr zu klären. Sicher aber ist, daß seine Übersetzung der päpstlichen Botschaft einen bestimmten, Kaiser und Fürsten beleidigenden Sinn verlieh. Die Beleidigung war allein schon deshalb in der Welt, weil sie zumal den lateinunkundigen, auf die Übersetzung angewiesenen Zuhörern möglich erschien. Gelehrte Erörterung der Übersetzung konnte in dieser Situation die Empörungsbereitschaft von Kaiser und weltlichen Fürsten, die mindestens so sehr in ihrer fehlenden Bildung wie in ihrem empfindlichen Rangbewußtsein wurzelte, nicht mehr dämpfen. Im fiktiven, über Gesandtschaft und Brief geführten Dialog des Papstes mit dem Kaiser wurde plötzlich eine autoritative Klärung der strittigen Wortbedeutung erforderlich, die nur Hadrian persönlich, nicht aber seine Legaten leisten konnten.

Der Eklat war nicht rückgängig zu machen: die beiden Kardinäle wurden, angeblich von «vielen Beleidigungen verfolgt, aus dem Blickfeld des Kaisers entfernt» und mußten den Hof ohne die eigentlich übliche Verabschiedung unter entwürdigenden Umständen verlassen und nach Rom zurückkehren.[66] Für Distanzierung und Wiederannäherung zwischen Kaiser und Papst war der bereits erwähnte Kommunikationsmodus bestimmend, wonach eine Beleidigung des Herrschers den Verlust seiner Huld und den Abbruch der direkten Kommunikation nach sich zog. An der Kurie war diese ‹Spielregel› politischer Kommunikation bekannt. Hadrian wandte sich daher auch nicht direkt an den Kaiser, sondern beklagte sich brieflich vor dem Reichsepiskopat über das Geschehen, um die Bischöfe als Vermittler im Streit mit dem Kaiser zu gewinnen. In der schmachvollen Behandlung seiner Gesandten sah er die Ehre Gottes (*honor Dei*) verletzt; die Bischöfe sollten «allergrößte Mühe daran wenden, daß [der Kaiser] seinen Kanzler Rainald und den Pfalzgrafen, die sich erdreistet haben, gegen unsere Gesandten und eure Mutter, die hochheilige römische Kirche, schwere Schmähungen auszustoßen», zu einer drastischen Genugtuung veranlaßt.[67] Tatsächlich kamen die Bischöfe der ihnen angetragenen Vermittlerrolle nach und berieten sich im Januar 1158 auf dem Hoftag von Regensburg mit Friedrich, der unnachgiebig auf seiner Position beharrte. Die Antwort an den Papst erarbeiteten Bischöfe, die zu den engsten Parteigängern des Kaisers gehörten oder aus wohlverstandenem Eigeninteresse auf seiner Seite standen: die Erzbischöfe Eberhard von Salzburg und Wichmann von Magdeburg, die Bischöfe Konrad von Passau und Otto von Freising – beides Onkel Barbarossas – sowie die Bischöfe Eberhard von Bamberg und Daniel von Prag dürften daran mitgewirkt haben.[68] In ihrer Antwort teilten sie Hadrian Friedrichs und der Fürsten Auffassung mit, daß dem Papst zwar die Weihe zum Kaiser zustehe, die Krone des Reichs – und damit die Kaiserwürde – aber allein göttlicher Verleihung zuzuschreiben sei; die Königswahl durch die Fürsten erschien ihnen als Ausdruck von Gottes Willen. Zwar erkannten sie die Rolle des Papstes als *consecrator* des Kaisers ausdrücklich an, maßen dem gewählten deutschen König als künftigem Kaiser aber gleichzeitig einen unabweisbaren Anspruch auf die päpstliche Weihe zu – eine Sicht, die durch das Herkommen gerechtfertigt war und der auch von päpstlicher Seite nicht widersprochen wurde. Auf die Forderung nach Genugtuungsleistung von Kanzler und Pfalzgraf antworteten sie, Rainald sei den Legaten gegenüber voll Demut und friedlicher Gesinnung gewesen, ja habe sie sogar in der ihnen drohenden Lebensgefahr geschützt.[69] Sie unterstützten den Kaiser, und sie baten den Papst eindringlich, er möge den Kaiser «durch ein Schreiben beschwichtigen, indem ihr euren früheren Brief durch freundliche Milde versüßt, damit die Kirche Gottes sich ungestörter Ergebenheit erfreue und das Reich in seiner Erhabenheit erstrahle».[70] Ausdrücklich erwähnten sie die «verhängnisvolle Zweideutigkeit» der päpstlichen Worte, die «die Ohren der kaiserlichen Majestät nicht geduldig anhören, die Ohren der Fürsten nicht ertragen» konnten.[71]

Nun sah sich Hadrian, zu dem Barbarossa jeden direkten Kontakt abgebrochen hatte, selbst von den deutschen Bischöfen mit der Erwartung einer Erklärung konfrontiert. Bischof Eberhard von Bamberg, wegen seiner Kontakte zur Kurie für beide Seiten ein Vertrauensmann, und Herzog Heinrich der Löwe, dessen einflußreiche Stellung beim Kaiser dem Papst während des Romzugs bekannt geworden war, reisten als Vermittler an die Kurie. Die beiden engsten Vertrauten Barbarossas unter den geistlichen und weltlichen Fürsten, aber wohl auch die Aussicht auf den bevorstehenden Heerzug nach Italien, bewogen den Papst dazu, ihren Rat anzunehmen und dem Kaiser von einer zweiten Gesandtschaft ein klärendes Schreiben überbringen zu lassen. Kardinalpriester Heinrich von SS. Nereo e Achilleo und Kardinaldiakon Hyazinth von S. Maria in Cosmedin wurden an den Hof geschickt.

Nachdem sie noch in Modena Rainald von Dassel und Otto von Wittelsbach aufgesucht und ihnen «in demütiger Haltung» ihren Auftrag erläutert hatten, der «dem Reich Ehre» bringen sollte,[72] erreichten sie im Juni 1158 Augsburg, wo sie Barbarossa «milde» (*clementer*) begrüßte. Die Legaten betonten auftragsgemäß, «mit welcher Liebe die heilige römische Kirche die Hoheit und Ehre des Reichs (*amplitudo et honor imperii*) umfaßt, wie schwer sie ohne Bewußtsein eines Vergehens euren Zorn ertragen hat».[73] Hadrians Brief enthielt die geforderte Klarstellung: das Wort *beneficium* hätte «keinen geringeren, geschweige denn einen so hochgestellten Mann mit Recht erzürnen dürfen», weil es, wenn auch von einigen mißverstanden, doch in seiner Grundbedeutung gemeint gewesen sei: «Denn dieses Wort ist aus ‹wohl› und ‹Tat› gebildet, und *beneficium* bedeutet bei uns [also: in Italien] nicht Lehen, sondern Wohltat ... Und deine Hoheit erkennt deutlich, daß wir dir in so wohlwollender und ehrender Weise das Abzeichen der kaiserlichen Würde aufs Haupt gesetzt haben, daß es von allen für eine Wohltat gehalten werden konnte. Wenn also einige diesen Ausdruck sowie den anderen ‹wir haben dir das Abzeichen der königlichen Krone verliehen›, in einen anderen Sinn zu verkehren suchten, so haben sie das nicht aus einem berechtigten Grunde getan, sondern nach eigener Willkür und auf Einflüsterungen derer, die dem Frieden zwischen Königtum und Kirche durchaus abgeneigt sind. Denn unter diesem Wort ‹wir haben verliehen› (*contulimus*) verstehen wir nichts anderes als ‹wir haben aufgesetzt› (*imposuimus*).»[74]

Der Brief war für den Papst eine Klarstellung, für Barbarossa die Genugtuungsleistung, die er nach dem Vorfall von Besançon erwartet hatte. Nach dem Vortrag der Übersetzung war er «besänftigt und milder gestimmt» und gewährte auf die Versicherung, Hadrian «werde in keiner Weise der königlichen Würde Abbruch tun, sondern Ehre und Rechte des Reiches stets unvermindert erhalten», dem Papst «Frieden und Freundschaft», indem er dessen Legaten den Friedenskuß gab und sie «heiter und mit königlichen Geschenken bedacht» nach Rom zurückkehren ließ.[75]

Mit Hadrians Erklärung der anstößigen Worte war die grundsätzliche Frage nach der konstitutiven Bedeutung des päpstlichen Anteils an der Kaiserwürde freilich nicht gelöst. Deutungsdivergenzen blieben bestehen, aber es wäre ein zu einfaches Verständnis vom Verhältnis zwischen Idee und politischer Wirklichkeit, den bald eskalierenden Konflikt zwischen Barbarossa und dem Papsttum auf diese Ursache zurückzuführen. Die ungelösten und ohne Gesichtsverlust für die eine oder andere Seite auch unlösbaren Deutungskonkurrenzen fielen lediglich in eine Latenzphase zurück, die sich bei nächstbester Gelegenheit als nur vorläufig erweisen konnte – dann nämlich, wenn das Verhältnis zwischen Kaiser und Papst wieder nach einem symbolischen Ausdruck verlangte, an dem unterschiedliche Auffassungen auskristallisieren konnten. Dazu boten Gesandtschaftskontakte, schriftliche Botschaften und persönliche Begegnungen um so mehr konfliktträchtigen Anlaß, je gespannter die Verhältnisse waren. Als Reaktion auf den Vertrag von Benevent, den Barbarossa nicht nur als Übergriff auf Reichsrechte wahrnahm, sondern auch als persönliche Herabsetzung, betrachtete er den Konstanzer Vertrag, insbesondere auch die Zusage künftiger gegenseitiger Abstimmung als gegenstandslos und steuerte rasch auf eine direkte Konfrontation mit dem Papst zu. Der Kaiser beschloß, die gewachsenen weltlichen Herrschaftsansprüche des Papstes im Patrimonium Petri demonstrativ zu mißachten. Wollte er die weltliche Herrschaft des Papstes im Patrimonium vollständig beseitigen? Wollte er den Papst mit Drohungen und Faustpfändern zur Rücknahme des Vertrags von Benevent drängen? Oder sollten seine Anordnungen nur dem Unternehmen gegen Mailand möglichst breite militärische Unterstützung verschaffen? Die Reichweite seines Vorhabens ist schwer einzuschätzen: sicher ist nur, daß er Rainald von Dassel und Otto von Wittelsbach, die Anfang 1158 nach Italien entsandten Legaten, beauftragt hatte, die Petrusregalien, zu deren Schutz und Schirm sich Barbarossa im Konstanzer Vertrag noch verpflichtet hatte, definitiv nicht zu achten. Wie von den Städten des *regnum Italiae* sollten sie auch von jenen, die der päpstlichen Herrschaft in Mittelitalien unterstanden, Unterstützung einfordern, und zwar in Gestalt von militärischem Zuzug – *cum militia* – oder geschuldetem Dienst – *debitum servicium*.[76] Barbarossa war zur Konfrontation entschlossen.

KAPITEL 8

BEHAUPTUNGSVERSUCHE IN OBERITALIEN
(1158/59)

Nach dem Bericht eines Mailänder Augenzeugen waren es schließlich 15 000 Ritter, die im Sommer 1158 an der Belagerung Mailands teilnahmen, «das Fußvolk und die übrigen Menschen konnten nicht gezählt werden».[1] Allein an gepanzerten Reitern war Barbarossas Heer etwa achtmal so groß wie jenes, mit dem er vier Jahre zuvor über die Alpen gezogen war. Freilich war ein Großteil, zumal des Fußvolks, dem Zuzug aus fast fünfzig italienischen Städten zu verdanken. Die Legaten Rainald von Dassel und Otto von Wittelsbach hatten vielerorts erfolgreich die dem Reich geschuldeten Dienste eingefordert. Beide waren enge Vertraute des Staufers, und beide brachten die nötigen Eigenschaften für eine solche Aufgabe mit. Jedenfalls hielt sie Rahewin für unerschrocken und draufgängerisch, ehrgeizig und ruhmgierig genug, um dem Reich Glanz und sich selbst Vorteile zu verschaffen.[2] Ansehen des Reichs, persönliche Ruhmgier der Legaten und ihr Streben nach Reichtum waren keine Gegensätze, sondern bedingten einander, denn im herrischen Auftreten der Gesandten und in ihren Erfolgen spiegelten sich gleichzeitig Macht und Pracht des Kaisers, an dessen Stelle sie handelten. Für Barbarossa hatten sie «Treue und Hilfe für die Heerfahrt» sichern sollen und daher von den Bewohnern vieler Städte und Ortschaften einen Treueid verlangt. Der Handlungsspielraum der beiden Legaten war groß, die Abstimmung mit Barbarossa nicht besonders eng. In ihrem einzigen überlieferten Gesandtschaftsbericht beklagten sie sich, daß sie auf ihre bisherigen Briefe keine Antwort erhalten hätten – und fragten in scherzhafter Vertrautheit mit dem Kaiser, ob es wohl an einem Stück Pergament oder an seinem Interesse fehle oder ob sich einfach nur der Schreiber sehr verspäte.[3]

Auch weltliche Große aus dem Süden wie die Markgrafen Obizo Malaspina und Wilhelm von Montferrat sowie Graf Guido von Biandrate nahmen an der Belagerung Mailands teil.[4] Aus den Gebieten nördlich der Alpen dürften es nicht mehr als etwa 8000 Ritter gewesen sein. Einen wesentlichen Anteil des Aufgebots stellten Exponenten der Reichskirche, die einen Großteil ihres weltlichen Besitzes vom Reich als Lehen trugen. Erzbischof Arnold von Mainz, schließlich dem Druck des Kaisers zur Teilnahme an der Heerfahrt erlegen, hielt es für eine Frage nicht nur der Ehre des Reiches, sondern auch der Ziemlichkeit für die «durch kaiserliche Freigebigkeit beschenkte» Mainzer Kirche, den Kaiser nach Kräften zu unterstützen.[5] Aber auch Herzog Heinrich Jasomirgott von Österreich, der nach dem ihm gewährten Vorrecht gar nicht verpflichtet gewesen wäre, Barbarossa nach Italien zu folgen, überschritt die Alpen und befehligte dann sogar eine der vier Belagerungsabteilungen vor Mailand.

Die eigentliche Herausforderung bestand zunächst in der Sicherstellung der Versorgung des übergroßen Heeres im Gebirge, «denn die Zahl der Hilfstruppen war so groß, daß selbst mehrere Straßen sie wegen ihrer Menge kaum fassen konnten». Die Schwierigkeiten waren den Fürsten bewußt und eine Teilung des Heeres unvermeidlich. Das Ergebnis ihrer Beratungen gibt Rahewin als eine Entscheidung des Kaisers wieder: «Friedrich entschied sich mit vorausschauender Umsicht, ihnen die Wege und Übergänge über die Alpen in folgender Weise zuzuweisen: Herzog Heinrich von Österreich und Herzog Heinrich von Kärnten und mit ihnen zusammen die Truppen der Ungarn, etwa 600 auserlesene Bogenschützen, sowie die Grafen und Barone jener Gegenden sollten über Canaleis und Friaul und die Mark Verona ziehen; Herzog Berthold von Zähringen oder vielmehr von Burgund mit den Lothringern auf dem Wege des Julius Caesar, der jetzt Berg des Jupiter heißt [Großer St. Bernhard]; ein großer Teil der Franken, Ripuarier und Schwaben [über den Septimerpaß] über Chiavenna und den Comer See. Der Kaiser selbst [über den Brennerpaß], begleitet vom König von Böhmen, dem Herzog Friedrich von Schwaben, dem Sohn des Königs Konrad, seinem Bruder, dem Pfalzgrafen bei Rhein Konrad, den Erzbischöfen Friedrich von Köln, Arnold von Mainz und Hillin von Trier sowie den Bischöfen Konrad von Eichstätt, Daniel von Prag, Hermann von Verden und Gebhard von Würzburg, den Äbten der königlichen Klöster Fulda und

Reichenau. Ich schweige von den erlauchten und sehr mächtigen Markgrafen und Grafen, denn wenn ich versuchte, deren Namen anzuführen, würde ich dem verwöhnten oder mißmutigen Leser nur zur Last fallen.»[6]

Vorauskommandos hatten noch vor Ankunft der Truppen Lebensmittel zu organisieren. Den Leistungen der Reichskirche kam dabei besonderes Gewicht zu: in den Bündner Alpen «waren dazu das Bistum Chur und das reich dotierte Kloster Disentis aufgerufen, an der Brennerstraße die Bistümer Brixen und Trient, zu deren Bischöfen Hartmann und Adelpret Friedrich Barbarossa in gutem Verhältnis stand. Doch auch ihrem Leistungsvermögen waren Grenzen gesetzt. Bereits das verhältnismäßig kleine Heer des ersten Italienzuges hatte entlang der Brennerstraße nicht genügend Lebensmittel gefunden und sich auch an Kirchen vergriffen. Die Bevölkerung, die neben Übergriffen aus Not der allgemeinen Disziplinlosigkeit der Truppen ausgesetzt war, zog sich beim Herannahen eines Heerwurms mit ihren Vorräten in schwer zugängliche Seitentäler zurück. Ein Großteil der Verpflegung und sonstigen Verbrauchsgüter mußte daher als Troß mitgeführt werden. Die technischen Möglichkeiten dafür waren sehr eingeschränkt: Ein zweirädriges Fuhrwerk von ungefähr 500 Kilogramm Ladekapazität und entsprechend höherem Gesamtgewicht konnte mit zwei Ochsen als Zugtieren auf eine Marschleistung von 15 Kilometer pro Tag kommen, gezogen von Pferden oder Maultieren auf maximal 30 Kilometer.»[7] Häufig genug mußte auf den Paßstraßen auf Saumtiere umgeladen werden. Die logistischen Probleme, die Verpflegung und schwerfälliger Troß bereiteten, waren gewaltig. Im Friedensgesetz für sein Heer, das Barbarossa nach der Alpenüberquerung erließ, wurden Kaufleute erwähnt, die das Heer belieferten; sie mögen bei der Nahrungsmittelbeschaffung eine Rolle gespielt haben. Auch heißt es, «wenn jemand volle Weinfässer findet [!]», solle der Wein so vorsichtig abgezapft werden, daß die Fässer nicht zerstört werden und der ganze Wein zum Schaden des Heeres vergossen wird[8] – eine Bestimmung, die wahrscheinlich auf das Verhalten der Böhmen bei Bozen zurückging, «wo sie den besten Wein im Überfluß fanden [!] und mit welchem sich die Ermatteten labten und stärkten».[9] Aber die Quellen werfen nur sehr vereinzelt Licht auf die Mühen – und Erholungspausen – des Alpenübergangs, und auf Barbarossas Teilnahme daran gar keines. Der Kaiser hatte die Böhmen nicht ohne Grund an die Spitze des Heeres gestellt; sie waren gleichermaßen wegen ihrer Tapferkeit und ihrer Beutegier gefürchtet. In der Gegend ihres Lagers beim Gardasee auf dem Gebiet von Verona fällten sie Oliven- und Granatapfelbäume, um Brennholz zu gewinnen oder Stallungen für die Pferde zu machen; von den um ihre Lebensgrundlagen besorgten Veronesern dann durch Geldgeschenke dazu veranlaßt, in das Gebiet von Brescia weiterzuziehen, schlugen sie dort ihre Zelte «mitten auf den Getreidefeldern auf und verheerten das ganze Gebiet, wobei sie eine unermeßliche Beute an Vieh und anderen Dingen in ihr Lager schleppten».[10] Mit Mailand verbündet und ungehorsam gegenüber den Befehlen des Kaisers, mit denen er in den Streit zwischen der Stadt und Bergamo einzugreifen versucht hatte, war Brescia ohnehin Ziel des kaiserlichen Heeres, das zwei Wochen später dort eintraf. Bis zu diesem Zeitpunkt hatten Vladislavs Truppen mit Verwüstungen die Stadt so terrorisiert, daß die Brescianer, «unvermögend, einer solchen bewaffneten Macht Widerstand zu leisten, durch den Böhmenkönig die Huld des Kaisers erlangten, nachdem sie diesem und dem König viele Geschenke gegeben, Geiseln gestellt und eidlich versprochen hatten, dem Kaiser zur Belagerung von Mailand eine auserlesene Ritterschaft zu stellen».[11]

Die bisherigen Erfahrungen während des Marsches ließen es geraten sein, Maßnahmen zur Sicherung des Friedens innerhalb des Heeres zu ergreifen. Auch auf den Kreuzzügen war Vorsorge getroffen worden, um die Gefahr im feindlichen Gebiet nicht durch unnötige Auseinandersetzungen innerhalb des eigenen Heeres zu erhöhen, die unter den vielen um Beute und Ansehen rivalisierenden Kriegern natürlich nicht grundsätzlich abgestellt werden konnten, aber doch auf den Weg eines geregelten Konfliktaustrags verwiesen werden sollten. Noch vor Überquerung der Adda, die die Grenze zum eigentlichen Mailänder *contado* bildete, erließen Kaiser und geistliche sowie weltliche Fürsten nach vorhergehenden Beratungen die erwähnten Bestimmungen für den Lagerfrieden. Wie die Friedensordnungen der Kreuzfahrerheere sollten die Bestimmungen «eine zusätzliche Klammer für das aus unterschiedlichsten Kontingenten zusammengesetzte Aufgebot» schaffen, indem Feindschaften und Fehden im Heer durch eine allgemeine Pflicht zur Friedenswahrung verhindert werden sollten.[12] Die Verletzung der Anordnungen konnten Ritter durch Reinigungseide heilen: «Wenn ein Ritter einen Ritter beschimpft, kann er das durch einen Eid ableugnen; bestreitet er es jedoch nicht, soll er ihm zehn Pfund der Münze zahlen, die zur Zeit im Heer gilt.» Den Knechten wurde dagegen mit den Schandstrafen Scheren und Brandmarken gedroht. Dem Lagerfrieden diente unter anderem das Verbot der Zeltgemeinschaft von Deutschen mit Italienern, die die deutsche Sprache nicht verstanden, aber auch die strikte Anweisung, keine Frauen ins Quartier mitzunehmen; «wer aber eine zu haben wagt, dem soll seine ganze Rüstung genommen werden, und der Frau soll die Nase abgeschnitten werden».[13]

KRIEG GEGEN MAILAND

Das Herrschaftsgebiet der Mailänder Kommune war im Norden gegen den Comer See hin offen, in den anderen Himmelsrichtungen von Flüssen begrenzt: im Westen vom Tessin, an dem Pavia als bevorzugter Aufenthaltsort Barbarossas in der Lombardei lag, im Süden vom Po, im Osten von der Adda, an deren Ufer Lodi lag, wo sich der Kaiser ebenfalls häufiger aufhielt. Am 23. Juli erreichte das Heer beim heutigen Cascina Badalasco die Adda, an deren natürlicher Wassergrenze die Mailänder den Kaiser hofften stoppen zu können.[14] Nördlich bzw. südlich davon lagen die Brücken von Pontirolo und Cassano – wahrscheinlich Fahrbahnen aus Holz, die auf steinernen, vielleicht noch römischen Substruktionen auflagen; die Mailänder hatten sie beide in der Mitte unterbrochen, um dem kaiserlichen Heer den Übergang zu verwehren. Die Adda war auf Grund der hochsommerlichen Schneeschmelze in den Alpen zu einem reißenden Fluß geworden. Wegen der Breite des Flusses konnte Pfeil- und Armbrustbeschuß nichts Entscheidendes ausrichten. Die Mailänder riefen, wie es in solchen Situationen üblich war, Schmähreden über den Fluß. Den Staufer verspotteten sie als «rothaarigen König, Anführer des deutschen Zorns», forderten ihn zur Umkehr auf und drohten ihm mit dem Tod für den Fall eines Angriffs auf Mailänder Gebiet.[15] Wie schon beim Übergang über die Oder im Jahr zuvor gelang es den Böhmen auch dieses Mal, eine Furt zu finden. Trotz größerer Verluste durch das reißende Hochwasser überquerte ein Trupp unter Vladislavs Führung den Fluß und wandte sich sofort nach Norden, um die überraschte Wachmannschaft an der halbzerstörten Brücke von Cas-

KARTE 7 Barbarossas Zug in die Lombardei 1158.

sano zu vertreiben. Alles hing nun davon ab, ob dieser Brückenkopf gegen den zu erwartenden Angriff der Mailänder verteidigt werden konnte. Am Paukenzeichen der böhmischen Reiter erkannte man in Barbarossas Lager, daß die Flußüberquerung geglückt war. Bis zur einbrechenden Nacht wurden auf beiden Ufern Balken herangeschafft und damit begonnen, die Brücke wiederherzustellen. Am frühen Morgen erfuhr man, daß eine Heeresabteilung aus Mailand im Anmarsch war, die, hätte sie das Ufer schon früher erreicht, den Übergang über die Adda wohl hätte unterbinden können. Weil das stärkere Heer Barbarossas und der deutschen Fürsten noch auf dem anderen Ufer stand, zogen die Böhmen «nach dem Rat kriegserfahrener Männer weit vor das Lager, um dort den Kampf aufzunehmen». Diese List verfing: die eigentlich überlegenen Mailänder hielten die böhmische Vorhut schon für die Vorhut des ganzen Heeres und wandten sich, zusätzlich von einer Reiterattacke überrascht, zur Flucht. Damit war die fragile Situation zugunsten der Böhmen und damit des Kaisers gewendet. «Kein Wunder», notiert Vinzenz von Prag: «In solcher Lage kann man dem Tod nur mit dem Schwert in der Hand oder durch die Beine entkommen.» Siebzig gefangene Mailänder wurden «unter Freuden- und Siegesgeschrei» zu Vladislav gebracht, der sie seinerseits Barbarossa überstellte, als er auf der instandgesetzten Brücke mit einigen Rittern den Fluß überquert hatte.[16] Nun war auch die wenige Kilometer flußaufwärts gelegene Burg Trezzo, der eine Schlüsselstellung bei der Verteidigung der Adda hätte zukommen sollen, nicht länger zu halten: von ihren rückwärtigen Verbindungen nach Mailand abgeschnitten, unterwarf sich die Besatzung nach kurzer Belagerung dem Kaiser und kam, weil sie den Widerstand aufgegeben hatte, wenigstens mit dem Leben davon.

In der Zwischenzeit war auch ein letzter Ausgleichsversuch mit Mailand gescheitert. Barbarossa hatte das gerichtsförmige Verfahren nochmals aufgenommen und den Rat gelehrter Juristen befolgt, die Mailänder «gemäß richterlicher Pflicht innerhalb gesetzlicher Fristen vorzuladen». Darauf erschienen Gesandte am Hof und hofften, auf dem üblichen Wege – also mittels Geld und Geschenken – unter den Fürsten Vermittler finden zu können, deren Fürsprache ihnen die Huld des Kaisers zurückgewinnen sollte. Auch boten sie eine Genugtuungsleistung an, um der Ehre des Kaisers und des Reichs zu genügen. Einige der Großen ließen sich von ihren demütigen Worten und Versprechungen überzeugen. Weil sie ihrerseits einen friedlichen Ausgleich und die rasche Heimkehr einer kräftezehrenden Belagerung der Lombardenmetropole vorzogen, rieten sie Barbarossa, er solle den Mailändern für die angebotene *satisfactio* seine Huld wieder zuwenden, konnten sich damit aber nicht durchsetzen. Vor allem der einflußreiche Erzbischof Anselm von Ravenna, der frühere Bischof von Havelberg, bestärkte den Kaiser in seiner Maximalforderung, daß sich die Mailänder dem Königsgericht zu unterwerfen hätten. Als gelehrter Geistlicher schon am Hof Lothars III. und Konrads III. ein wichtiger Ratgeber, war Anselm während des ersten Italienzuges auf Druck Barbarossas zum Erzbischof von Ravenna erhoben worden. Er soll vor der List der Mailänder gewarnt und unter Hinweis auf die von Mailand zerstörten Städte und Kirchen dazu aufgefordert haben, keine Barmherzigkeit walten zu lassen.[17] Seinen späteren Tod während der Belagerung Mailands sahen die verständigungsbereiten Fürsten im Heer als göttliche Strafe für seinen Rat an, der Kaiser solle die Stadt belagern.[18] Manche der Fürsten hatten also die angebotene Selbstdemütigung der Mailänder für ausreichend erachtet und waren anderer Meinung als Barbarossa, der unnachgiebig an seiner schon 1155 erhobenen Forderung festhielt und die Unterwerfung Mailands unter sein Gericht verlangte. Gelehrte Juristen rechtfertigten den Krieg mit kirchenrechtlichen Bestimmungen als «gerechten Krieg» (bellum iustum). Daß Barbarossa selbst aus den Rechtstexten zitierte und damit die Belagerung Mailands vor den Fürsten rechtfertigte, wie Rahewin später erzählt, ist kaum anzunehmen.[19] Aber seine Beschreibung der Konsens- und Wertegemeinschaft zwischen Kaiser und Fürsten trifft zweifellos den Kern damaliger Beratungen: demnach war für die Zustimmung der Fürsten ausschlaggebend, daß Mailands fehlende Ehrerbietigkeit (irreverentia) einen berechtigten Grund zum Krieg geliefert habe, da es sich so als Rebellin gegen die rechtmäßige Herrschaft des Römischen Reichs erwiesen habe, dessen Regierung zwar beim Kaiser, dessen Ansehen aber bei all jenen liege, die Große des Reichs seien; Barbarossa forderte deren Zustimmung, «damit die Vermessenheit der Gegner nicht zum Ziele führe und dem Zustand des Reichs, das es bis in unsere Zeiten genießt, durch unsere Bemühung die schuldige Ehre zuteil werde».[20] Mit einer gütlichen, außergerichtlichen Einigung war der Konflikt nicht mehr beizulegen. Als die Mailänder eine Frist von wenigen Tagen nicht nutzten, um die Unterwerfung unter das Königsgericht doch noch zuzusagen, erneuerte Barbarossa den Bann gegen die Stadt, warf seinen Handschuh zu Boden «und zeigte damit an, daß sie offene Reichsfeinde» waren.[21]

Wenige Tage später lagerte das Heer im Gebiet des von Mailand zerstörten Lodi. Die Lodesen baten, «daß die Zelte des Kaisers und der übrigen Fürsten mitten in ihrer verlassenen Stadt aufgeschlagen würden, weil sie ihnen ihr Elend recht augenscheinlich machen wollten».²² Damit lernte Barbarossa gewissermaßen mit eigenen Augen die Ursache für seinen Konflikt mit Mailand kennen: die Zerstörung der Stadt war eindrucksvolles Zeichen für den von Mailand ausgehenden Unfrieden, die Verwüstung der Kirchen und Klöster machte sogar den Gottesdienst weitgehend unmöglich. Den Schutz der Einwohner und die Voraussetzungen für einen geregelten Gottesdienst zu gewährleisten entsprach aber den traditionellen Herrscheraufgaben. Aus Sicht der Lodesen mehrte es die Ehre des Reiches, diese Erwartungen zu erfüllen. Sie erbaten vom Kaiser, «er möge ihnen um Gottes willen, der Vergebung für die Seele seines Vaters und auch um der Ehre des ganzen Imperiums wegen einen Ort zuweisen, an dem die Lodesen zu seiner und des ganzen Imperiums Ehre und Dienstleistung bleiben könnten. Er versprach, dies alles gerne tun zu wollen, und fragte sie, wo sie bleiben wollten oder welchen Ort er ihnen geben solle. Die Lodesen antworteten, sie möchten, daß er ihnen Monteghezzone gebe.»²³ Mit dieser Ortswahl wurde Neu-Lodi ganz zur Adda und dem nahe gelegenen Hafen hin ausgerichtet, der einzige Hügel zwischen zwei Sumpfflächen und dem Fluß bot besseren Schutz, so daß der Ort ihrer Neugründung sowohl den wirtschaftlichen als auch den Sicherheitsbedürfnissen der Einwohner besser entsprach als die Lage von Alt-Lodi. Ein halbes Jahr später sah Vinzenz von Prag dort immerhin schon Hütten für einige Einwohner; an der Stelle der geplanten Kirche war unter provisorischem Flechtwerk schon ein Altar errichtet worden, die Einwohner wurden mit einer kleinen Glocke zum Gottesdienst und zur Versammlung zusammengerufen, und auf Befehl des Kaisers war das neue Stadtgebiet schon mit einem Wassergraben umgeben worden.²⁴

Am 8. August erschien das Heer vor Mailand. Die Stadt war noch vom spätantiken, von sechs großen Toren durchbrochenen Mauerring umgeben; in einigem Abstand dazu war nach Barbarossas erstem Italienzug ein aus den vielen Wasserläufen der Umgebung gespeister Graben ausgehoben worden, dem wiederum ein Erdwall vorgelagert war. Die städtische Miliz bestand aus dem auch für andere Kommunen charakteristischen Verbund von Rittern (*milites*) und Fußsoldaten (*pedites*); sie wurde nach den Stadtvierteln aufgeboten, die in Mailand nach den sechs großen Stadttoren hießen und ihrerseits nach den Pfarrbezirken in kleinere Rekrutierungseinheiten untergliedert waren. Von seiner Einwohnerzahl her den Verhältnissen in nordeuropäischen

Städten bei weitem überlegen, war Mailand mit gut 150 000 Einwohnern eine Großstadt, deren Miliz in etwa jener Größenordnung nahekam, die das Kaisertum unter normalen Umständen für einen Italienzug mobilisieren konnte. Mit 3000 Rittern und 9400 Fußsoldaten wird man das Heer der Kommune einigermaßen zutreffend einschätzen, freilich konnte es zumal im Belagerungsfall aus der Stadtbevölkerung rasch verstärkt werden.[25] Barbarossas Heer war in einem Halbkreis östlich der Mauern in sieben nicht weit voneinander entfernte Heerlager geteilt. Verwandte oder enge Vertraute des Kaisers fungierten als Befehlshaber: sein Stiefbruder Konrad, Pfalzgraf bei Rhein; sein Vetter, Herzog Friedrich von Rothenburg; König Vladislav von Böhmen; sein Onkel, Herzog Heinrich Jasomirgott von Österreich; Pfalzgraf Otto von Wittelsbach und Erzbischof Friedrich von Köln. Außerhalb des Mauerrings gelegene Kirchen bildeten Mittelpunkte der jeweiligen Lager. Mailand war zu keinem Zeitpunkt vollständig eingeschlossen. Im Westen der Stadt konnten die Bürger sogar noch ihr Vieh weiden, bis häufigere Ausritte der Bewaffneten solche Aktivitäten zunehmend, aber nie vollständig unterbanden. Die einzelnen Heeresabteilungen nahmen ihre Positionen keineswegs gleichzeitig ein. Die Mailänder versuchten, diese Unordnung durch einen raschen Ausfall gegen den Pfalzgrafen Konrad und Herzog Friedrich von Rothenburg zu nutzen, die mit dem schwäbischen Kontingent vor der Porta Nuova ihre Position zu beziehen im Begriff waren. Von Boten oder durch den Gefechtslärm aufgeschreckt, zog Vladislav von Böhmen «mit auserlesenen Rittern, Trompetern und Paukenschlägern» zu Hilfe.[26] Sein Eingreifen entschied den Kampf zugunsten der Belagerer, Vladislav selbst soll einen Fahnenträger der Mailänder mit eingelegter Lanze durchbohrt und getötet haben. Auch das weitere Kampfgeschehen war nie von einer größeren Feldschlacht bestimmt, die die Mailänder im Wissen um die Unterlegenheit ihrer Ritter tunlichst vermieden, sondern von einer Reihe vergleichbarer Einzelgefechte, die von der Initiative der einzelnen, um eine ruhmreiche Waffentat rivalisierenden Fürsten geprägt waren oder aber durch Ausfälle der Mailänder an einzelnen Toren herausgefordert wurden. Die Belagerungssituation machte ein gemeinsam koordiniertes Vorgehen unmöglich. Brennpunkte des Geschehens waren die einzelnen Tore, vor denen sich aus unterschiedlichen Anlässen kleinere Gefechte entwickelten. Herzog Heinrich Jasomirgott versuchte,

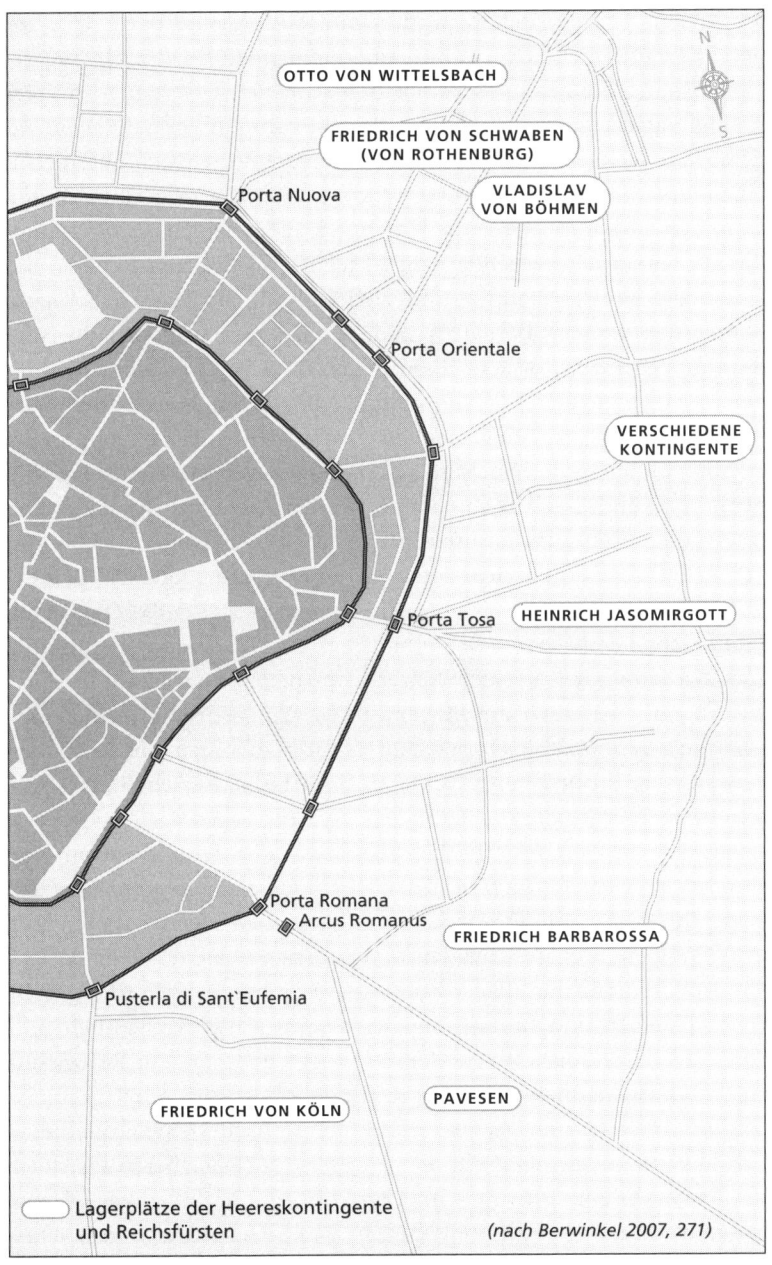

KARTE 8 Belagerung Mailands durch Barbarossa 1158.

die Mailänder Bogenschützen, die vom Wall vor der Porta Tosa aus seine Kämpfer mehrfach bedrängten, durch einen Einsatz der ungarischen Bogenschützen unschädlich zu machen; einigen seiner Kämpfer gelang es dann sogar, über den Graben bis zum Tor vorzudringen, wo sie aber zurückgeschlagen wurden. Otto von Wittelsbach unternahm einen Vorstoß gegen die Porta Nuova; seine Kämpfer überrannten sogar den Wall und setzten die Holzbrücke über den Graben in Brand, die Mailänder schlugen den Angriff jedoch zurück und löschten das Feuer, das auf das Stadttor und vielleicht auf die Stadt selbst hätte übergreifen können. Barbarossa indessen lagerte in der Verlängerung der Porta Romana vor dem «Römischen Bogen». Es handelte sich dabei um einen quadratischen Triumphbogen, der noch im vierten Jahrhundert als Abschluß einer beidseitig von Arkaden flankierten Straße erbaut worden war. Die Mauern entlang dieser *via porticata* waren noch im Frühmittelalter abgetragen worden, der *arcus Romanus* stand in etwa 600 Meter Entfernung frei vor der Porta Romana. Schon im 11. Jahrhundert durch Aufbauten zu einer vorgeschobenen Befestigung umfunktioniert, war er von Wachmannschaften besetzt, deren Pfeilbeschuß von erhöhter Stellung aus eine ernsthafte Bedrohung war. Barbarossa ließ Versuche unternehmen, den Bogen zum Einsturz zu bringen, aber auch die Mauerwehren von mehreren Reihen Bogenschützen unter konzentrierten Beschuß zu nehmen. Solchermaßen bedrängt, aber auch von Nachschub und Hilfe aus der Stadt abgeschnitten, übergab die Besatzung das Vorwerk gegen die Zusicherung freien Geleits. Demonstrativ ließ Barbarossa den Turm nicht nur von Deutschen, sondern auch von den verbündeten Italienern besetzen: unter ihnen war ein Trompeter aus Cremona; er feierte diesen Sieg mit Trompetensignalen, die den Mailändern aus den früheren Kämpfen mit Cremona nur allzu vertraut gewesen sein müssen und gleichzeitig Ansehen und Einfluß der Stadt beim Kaiser verdeutlichten.[27] Auch solche demonstrativen Demütigungen gehörten zur Kriegsführung. Wahrscheinlich waren es die mit dem Einsatz von Belagerungsmaschinen vertrauten Techniker aus Cremona oder Pavia, die diesen Erfolg dann auszubauen wußten, indem sie auf der oberen Plattform des Bauwerks eine Wurfmaschine errichteten, mit der schwere Steine gegen das Stadttor geschossen wurden. Was sich auf Dauer als wichtiger Vorteil hätte erweisen können, wurde aber durch Gegenmaßnahmen rasch zunichte gemacht: die Mailänder nahmen nun ihrerseits den Turm recht zielgenau unter Beschuß, trafen das Hebelgeschütz und zwangen die Besatzung, ihn aufzugeben. Auch gelang es in einem Ausfall, den Schildknappen eine größere Herde von Pferden abzunehmen.

Solche mal für die eine, mal für die andere Seite erfolgreichen ‹Höhepunkte› eines Belagerungskrieges waren begleitet von der weitreichenden Verheerung des Umlands: Verwüsten und Belagern waren die Kennzeichen der damals üblichen indirekten Kriegsführung, die darauf angelegt war, eine Entscheidungsschlacht gerade wegen des mit ihr verbundenen Risikos zu vermeiden. Wenn Barbarossa mit seinen Rittern ins Mailänder Umland aufbrach, wurden dort Saaten verwüstet, Weinstöcke, Feigen- und Olivenbäume umgehauen, Häuser niedergebrannt und Mühlen zerstört. Natürlich stieg weder der Kaiser selbst noch einer der Großen vom Pferd, um sich an diesem Zerstörungswerk zu beteiligen; sie zeigten durch ihre Anwesenheit lediglich, daß sie die Macht dazu hatten, die Mailänder ihrer Ressourcen zur Weiterführung des Kampfs zu berauben und ihre wirtschaftlichen Grundlagen auf Dauer zu schädigen. Daran beteiligten sich insbesondere die alten Feinde Mailands, allen voran die Pavesen[28] und Cremonesen, denen sich nun Gelegenheit bot, für früher erlittene Unbill Rache zu üben. Die Inbrunst, mit der sie zu Werke gingen, bewegte Rahewin zu recht abschätzigen Bemerkungen über Eifer und Wildheit, mit der sich die «Lateiner» gegenseitig bekämpften.[29] Gewalt gegen die nicht in die Stadt geflohene Landbevölkerung war an der Tagesordnung, auch die Böhmen verbrannten Burgen und Dörfer und raubten bei dieser Gelegenheit «viele hübsche junge Frauen und schleppten sie in ihr Lager».[30] Die normativen Bestimmungen des erwähnten Heerfriedens, der unter anderem die Anwesenheit von Frauen im Lager verbot, darf man also nicht mit der Wirklichkeit verwechseln. Gewalt gegen Frauen war vielmehr ein charakteristischer Bestandteil des Kriegsalltags, der in den Quellen allerdings nur selten ausdrücklich erwähnt wird. Vinzenz von Prag notierte die Episode nur deshalb, weil sein Herr, Bischof Daniel von Prag, sein seelsorgerisches Amt so ernst nahm, daß er die Frauen mit Bitten und Geld aus den Händen seiner Landsleute löste und von seinem Erzdiakon dann nach Mailand in Sicherheit geleiten ließ.

Auf lange Sicht arbeitete die Zeit zwar für den Kaiser: aus dem *contado* hatten sich viele Bewohner in die ummauerte Stadt geflüchtet, und sie mußten die Verwüstung ihrer Lebensgrundlage tatenlos hinnehmen. Die Verpflegung für eine so große Menge von Menschen innerhalb der Stadtmauern war auf Dauer nicht gesichert, Hoffnung auf Nachschub konnte man sich nicht machen, und man fürchtete, der Kaiser würde nicht eher von der Belagerung ablassen, bis ihm die Einnahme der Stadt geglückt war. Aber die Mühsal war nicht einseitig: «Hitze, Staub und unerträglicher Leichengeruch quälten beide Teile und alle Heere so, daß schon viele von vielerlei Krankheiten heimgesucht waren»;[31] auch Vladislav von Böhmen und Bischof Daniel von Prag waren schwer erkrankt, Erzbischof Anselm von Ravenna starb Mitte August während der Belagerung. Einzelne der Fürsten verbargen nicht ihren Unmut über erlittene Strapazen und Verluste sowie über die Dauer des Heerzuges. Die bedeutend erhöhte Schlagkraft des kaiserlichen Heeres war nur vorübergehend und außerdem teuer bezahlt: zwar hatte sich beispielsweise Piacenza zur Stellung von 400 Bogenschützen verpflichtet, aber für die Dauer nur eines Monats, und die Kosten dafür mußte der Kaiser tragen.[32] Je länger die Belagerung dauerte, desto größer war außerdem die Gefahr, treue und verläßliche Gefolgsleute zu verlieren, «die nur schwer ersetzt werden können».[33] Ein entscheidender Sieg war bislang nicht errungen und trotz des Aufbaus von Belagerungsmaschinen auch alles andere als gewiß. Eine zeitlich unbegrenzte Belagerung war für Barbarossa eine ebensowenig erwünschte Alternative wie ein erfolgloser Abbruch des Unternehmens. So lag es im wohlverstandenen Eigeninteresse beider Seiten, Friedensverhandlungen anzuknüpfen. Aber die Unterwerfung Mailands blieb für Barbarossa unverzichtbar.

Von besonderem Gewicht waren damals die politischen und verwandtschaftlichen Beziehungen Graf Guidos von Biandrate. Mit Barbarossa verwandt und ihm vom Kreuzzug her vertraut, hatte sich Guido schon mehrfach am Hof eingefunden, war aber in Mailand geboren, ein Bürger der Stadt, und konnte seine eigenen Herrschaftsrechte im Gebiet von Novara nur dank der Autorität der mailändischen Kommune behaupten.[34] «Gleichzeitig bei Hofe beliebt und seinen Mitbürgern nicht verdächtig» war er ein «vertrauenswürdiger Vermittler (*mediator*)».[35] Als in der Mailänder Volksversammlung über die Aufnahme von Verhandlungen gestritten wurde, setzte er sich für eine Annäherung ein und stellte den Konsuln für den Fall, daß sie ihren Widerstand beizeiten aufgäben, einen erträglichen Frieden und bei ihrer Unterwerfung die Milde des Kaisers in Aussicht.[36] Nach vorbereitenden Kontaktaufnahmen wurde König Vladislav zur zentralen Person des Friedensschlusses. Wie üblich in Konfliktfällen lehnte es Barbarossa eingedenk der erlittenen Beleidigungen ab, die Bitten der Mailänder in eigener Person anzuhören und übertrug daher dem Böhmenkönig als dem nächst ihm ranghöchsten Fürsten die «Ehre des Friedenschließens» (*honor faciende pacis*).[37] Die besondere Ehre lag darin, sich mit einer möglichst weitreichenden Durchsetzung der kaiserlichen Forderungen nicht nur den Herrscher besonders verpflichten, sondern damit auch vor den anderen Fürsten den eigenen Einfluß am Hof demonstrieren zu können. Freilich lag die eigentliche Verhandlungsführung in Händen der Bischöfe Daniel von Prag und Eberhard von Bamberg, die beide der Landessprache mächtig waren. Üblicherweise wissen wir über den Inhalt solcher Verhandlungen nichts. Mit dem Prager Domherrn Vinzenz war jedoch ein Kleriker an den Gesprächen beteiligt,[38] der seine Erinnerungen daran später in annalistischen Aufzeichnungen festhielt. Diesem Zufall der Überlieferung ist ein ansonsten äußerst seltener Einblick in den Streit um die symbolischen Verhaltensweisen zu verdanken, die deshalb ein integraler Bestandteil des Friedensschlusses waren, weil sie die Überordnung des Kaisers und die Demütigung der Unterworfenen in aller Öffentlichkeit möglichst eindringlich zur Schau stellten. Rasch wurde Einigkeit darüber erzielt, daß die Mailänder Konsuln vor dem thronenden Kaiser erscheinen und, um ihm Genugtuung zu leisten, blanke Schwerter über ihrem Hals tragen sollten. Die zusätzliche Demütigung, dies barfuß tun zu müssen,[39] wollten sie abwenden, indem sie viel Geld dafür boten, mit Schuhen an den Füßen vor den Kaiser treten zu dürfen. Aber Barbarossa war die Ehre wichtiger als das Geld: die Vermittler bestanden deshalb auf barfüßiger Unterwerfung.[40] Immerhin mußten die Konsuln aber nicht die Entehrung eines Fußfalls vor dem Kaiser auf sich nehmen.[41] Daß sie sich damit durchsetzen konnten, war der noch relativ ungebrochenen Stärke ihrer Stadt zu verdanken; einer gänzlich entehrenden Behandlung mußten sie unter solchen Umständen nicht zustimmen.

Aber die *superbia* Mailands sollte öffentlich gedemütigt, die Rückkehr der Stadt in die zuvor bekämpfte Ordnung unmißverständlich sein. Die Unterwerfung wurde von den Anwesenden denn auch als «großartige(s) Schauspiel»[42] wahrgenommen: «Das gesamte Heer hatte alle Plätze, wo man nur stehen konnte, besetzt, so daß für den Kaiser und die Fürsten nur so viel Raum blieb, wie zum Zuschauen genügte, und den Heranziehenden kaum der nötige Zugang offenblieb.»[43] Im kaiserlichen Lager beim römischen Bogen erschien zuerst eine lange Prozession der Geistlichkeit. Angeführt wurde sie von Mailands Erzbischof Obert, der von den Bischöfen Eberhard von Bamberg und Daniel von Prag als den Fürsprechern bis zu Barbarossas Zelt geleitet wurde. Dann folgten «die Kleriker mit Kreuzen, mit Meßbüchern und Rauchfässern, je zwei und zwei, dann die Kanoniker, Mönche und Äbte ihrer Rangordnung entsprechend, in Pluviale, Meßgewänder und Alben gekleidet, von denen wir eine solche Menge sahen, daß die Prozession, obwohl die kaiserlichen Zelte von den Toren Mailands ziemlich weit entfernt waren, doch von den genannten Toren bis zum kaiserlichen Richterstuhl reichte».[44] Dem Erzbischof wurde aus Rücksicht auf seine geistliche Würde jegliche demütigende Behandlung erspart: Barbarossa empfing ihn mit dem Friedenskuß; nach der Zusicherung, daß mit Mailand gnädig verfahren werde, nahm Obert zwischen den übrigen Erzbischöfen Platz.[45] «Dann nahten sich ihrer Rangordnung nach zwölf ausgewählte Konsuln Mailands mit bloßen Füßen, ihre Schwerter über ihren Nacken tragend und barfuß – obwohl sie nämlich sehr viel Geld dafür angeboten hatten, daß ihnen diese Genugtuung mit Schuhen an den Füßen zu leisten erlaubt werde, konnten sie es doch auf keine Weise erreichen – und boten vor so großen und vielen Fürsten dem zu seinem Gericht sitzenden Kaiser die blanken Schwerter über ihren Nacken. Einer von ihnen, der Konsul Obertus de Orto, ein gelehrter Mann und sowohl der lombardischen wie der lateinischen Sprache mächtig, brach in folgende Worte aus: ‹Wir haben gesündigt, wir haben unbillig gehandelt, wir bitten um Vergebung; unsere Nacken, die wir unter eure Herrschaft und euer Schwert beugen, sind die aller Mailänder, und mit diesen Schwertern sollen alle ihre Waffen der kaiserlichen Macht unterworfen sein.› Der Kaiser aber nahm die Schwerter jedes einzelnen entgegen, übergab diese seinen Dienern und nahm [die Mailänder] wieder in seine Huld auf.»[46] Die Inszenierung war von vielschichtiger Bedeutung. Barbarossa zeigte sich nicht nur als Richter, indem er die Konsuln einzeln vor seinen Thron treten ließ und sie zum Zeichen der eigentlich verdienten Strafe Schwerter über ihrem Nacken tragen ließ, sondern demonstrierte auch Milde und Barmherzigkeit, indem er sie nicht bestrafte. Die Unterwerfung stand damit auch im Bedeutungshorizont von Barbarossas Selbstverständnis und Selbstdarstellung als christlicher Herrscher. Sie fand ihren Höhepunkt in der unmittelbar anschließenden, von Erzbischof Obert gefeierten Messe, in deren Verlauf Barbarossa die Krone trug. Geistliche und weltliche Gewalt zeigten sich in ihrem Zusammenwirken als Garanten der wiederhergestellten richtigen, gottgewollten Ordnung. Für Vinzenz von Prag und die anderen Nicht-Mailänder war der ihnen unbekannte ambrosianische Meßritus übrigens recht befremdlich: «Dort sahen wir ihren Vorsänger, einen hochgewachsenen, grauhaarigen, sehr alten Mann, der einen seidenen Chormantel über der Albe auf den Schultern trug und einen sehr großen, rot gefärbten Stab aus Erlenholz drohend umherschwang, im Kreis der Sänger wunderliche Runden drehen und Sprünge vollbringen, so daß dessen Gehabe mehr als deren Gesang von allen bestaunt wurde.»[47] Alles spielte sich in jenem riesigen Zelt ab, das Barbarossa 1157 vom englischen König Heinrich II. geschenkt bekommen hatte.

Wie im 12. Jahrhundert noch üblich, fanden die äußeren Formen der Unterwerfungshandlung noch keinen Eingang in die schriftlich fixierten Bestimmungen des Vertrags (*conventio*), mit dem die Mailänder Barbarossas Huld zurückgewannen. Wie die Bemerkungen des Vinzenz von Prag über die Barfüßigkeit der Konsuln aber zeigt, enthielten diese Formen eine wichtige symbolische Aussage über den eigenen Status, weshalb sie bei jedem Friedensschluß auch Gegenstand intensiver Verhandlung waren. Mit der Zusage, dem Kaiser die Friedensstiftung zwischen Mailand und seinen Gegnern zu überlassen, entsprach Mailand Barbarossas grundsätzlichem Anspruch auf Friedens- und Rechtswahrung. Regalien wie Münze, Zoll, Geleitabgaben, Hafenzölle und anderes sollten zurückerstattet werden, wobei für den Streitfall ausdrücklich eine Klärung vor dem kaiserlichen Gericht vorgesehen wurde. Legaten des Reichs sollten in Mailand Aufenthalt nehmen und dort alle Angelegenheiten «zur Ehre des Reichs» entscheiden, also letztlich der vom Kaiser ausgehenden, an die Legaten delegierten Rechtsprechung unterwerfen können – ein deutlicher Reflex auf die Mißachtung von Barbarossas Gesandtem Sicher fünf Jahre zuvor. Die mehrfache Erwähnung der Wendung *honor imperii* verdeutlicht außerdem, in welchem Maße der Friede und die Wiederherstellung der Ehre von Kaiser und Reich miteinander verbunden waren: *ad honorem imperii* sollten die Mailänder den Wiederaufbau von Como und Lodi nicht verhindern und die Städte auch künftig nicht behelligen, und zur Ehre des Herrn Kaisers (*ad honorem domini imperatoris*) sollten sie eine Pfalz errichten und sie «mit der pflichtschuldigen Ehre» (*cum debito honore*) instandhalten.[48] Ehre des Reichs und Unterordnung unter kaiserliche Herrschaftsansprüche waren untrennbar miteinander verbunden. Dazu gehörte auf der symbolischen Seite nicht zuletzt, daß die kaiserliche Fahne, der die Mailänder im Jahr zuvor noch ihre Verachtung gezeigt hatten, «in der Stadt aufgenommen und als Kennzeichen des Sieges aufgestellt» wurde, und zwar «auf dem Turm der Domkirche, der höher war als alle Gebäude der Lombardei».[49] Die öffentliche Demütigung der Stadt war für Barbarossa so ehrenvoll, daß es seinen Parteigängern aus Pisa schien, er habe sich «mit Ehre und einem großen Triumph» gekrönt.[50] Wie schon angedeutet, war Mailands Position jedoch noch stark genug, um die Demütigung seiner Konsuln durch eine Prostration (Niederwerfung) vor Barbarossa zurückweisen zu können. Die Stärke Mailands spiegelte sich auch in Barbarossas Anerkennung der bestehenden Bündnisse. Außerdem enthielt die Übereinkunft (*conventio*) eine Bestimmung, die wichtig ist für die Beurteilung von Barbarossas Einstellung zu den Kommunen. Der Kaiser sicherte nämlich zu, daß die Konsuln Mailands wie bisher von den Einwohnern gewählt werden sollten. Auch behielt er sich keinen Einfluß auf die Auswahl der Kandidaten vor, sondern verlangte nur, die Gewählten in ihrem Amt zu bestätigen – aber auch nicht jeden, sondern lediglich zwei Amtsträger stellvertretend für alle. Barbarossa ging es also nicht etwa um eine Beseitigung der Kommune und ihrer Institutionen, sondern um die Anerkennung seiner eigenen Stellung als oberster Legitimationsspender der autonom gewählten kommunalen Regierungsspitze.

Die feierliche Unterwerfung Mailands war nicht die einzige öffentliche Inszenierung von Barbarossas Herrschaftsanspruch in diesen Tagen. Wie schon der Sieg über Tortona 1155 wurde nun auch der Sieg über Mailand mit einem großen Fest begangen; wie damals zeigte sich Barbarossa nach der überwundenen Herausforderung auch jetzt wieder im Schmuck der Krone. Mit der Ortswahl verband der Kaiser aber noch eine weitergehende Absicht: 1155 hatte er mit Pavia seinen mächtigsten Verbündeten im Kampf gegen Tortona besonders geehrt. Nun galt die Ehrung Monza. Dessen Unterstützung hatte im

Kampf gegen Mailand zwar keine Rolle gespielt, aber der Ort sah sich seit der Krönung Konrads III. 1128 als Sitz des italischen Königreichs und nahm damit eine Tradition für sich in Anspruch, mit der er sich aus der Abhängigkeit von Mailand, in die er zunehmend geraten war, befreien wollte.[51] 1155 hatte Mailand Barbarossas Plan, sich in Monza krönen zu lassen, verhindert und damit gleichzeitig den Anspruch der kleinen Stadt auf besondere Beziehungen zum Herrscher hintertrieben. Indem der Kaiser unter nunmehr gewandelten Kräfteverhältnissen das Selbstverständnis Monzas als Krönungsstadt demonstrativ anerkannte, demütigte er gleichzeitig das mächtigere, aber ungehorsame Mailand und begünstigte Monzas Streben nach Unabhängigkeit von der benachbarten Metropole. Die dortige Festkrönung stand am Anfang einer ganzen Reihe von Maßnahmen, mit denen Barbarossa Monza als «Haupt der Lombardei und Sitz des Königreichs» besonders auszeichnete[52] und der direkten Herrschaft des Reichs unterstellte. Der geplanten Zentralfunktion des Ortes entsprach, daß der Heerzug gegen Mailand dort sein offizielles Ende fand: in Monza wurden die Getreuen vom Kaiser für die geleisteten Dienste belohnt, allen voran König Vladislav von Böhmen, der vom Kaiser neben vielen anderen Geschenken etwa 250 Kilogramm Silber erhielt, ein Zehntel der von Mailand entrichteten Zahlung. Dort entließ Barbarossa auch den Großteil des Heeres: zusammen mit dem böhmischen König kehrten die Herzöge Heinrich Jasomirgott von Österreich und Berthold IV. von Zähringen sowie viele Bischöfe, Grafen und andere Edle in ihre Heimat zurück.

LEGITIMATION DURCH EXPERTEN: RONCAGLIA

In diesen Tagen ließ Barbarossa die Konsuln der Städte und die Fürsten im *regnum Italiae* auf den 11. November zu einem Hoftag nach Roncaglia laden. Nach der militärischen Konfrontation war nun nicht weniger vorgesehen als eine grundsätzliche Ordnung der politischen Verhältnisse unter ausdrücklicher Anerkennung der königlichen Rechts- und Herrschaftsansprüche. Seit Jahrzehnten hatten sich die Könige nur sporadisch in Oberitalien aufgehalten, so daß ihre Abwesenheit geradezu eine Rahmenbedingung für den Aufstieg der Kommunen, die Ausbildung ihrer Rechtsgewohnheiten und die Abgrenzung ihrer Einflußgebiete war. In dem berühmten Bericht Ottos von Freising über die Verhältnisse in der Lombardei spiegelt sich das Bild, das der Hof während des ersten Italienzugs gewonnen hatte. Das fast ungläubige Staunen über Italien, das «wegen des fruchtbaren Bodens und des milden Klimas Getreide, Wein und Öl in solchen Mengen trägt, daß es geradezu Wälder von fruchttragenden Bäumen, vor allem Kastanien-, Feigen- und Ölbäume hervorbringt», war ebenso bezeichnend wie der rangbewußte Dünkel, mit dem deutsche Adlige und Ritter den mächtigen Städten begegneten: «Denn sie lieben die Freiheit so stark, daß sie sich, um dem Übermut der Herrschaft zu entgehen, lieber von Konsuln als von Herrschern regieren lassen ... Damit ihnen die Befähigung zur Unterdrückung der Nachbarn nicht fehle, halten sie es nicht für unwürdig, jungen Männern niederen Standes oder sogar Handwerkern, die irgendeiner verachtenswerten Arbeit nachgehen und die andere Völker wie eine Pest von ehrenhaften und freieren Tätigkeiten fernhalten, den Rittergürtel oder höhere Ämter zu verleihen. Aus diesem Grunde überragen sie die anderen Städte der Welt an Reichtum und Macht. Dabei war ihnen nicht nur, wie gesagt, ihr tatkräftiger Charakter förderlich, sondern auch die Abwesenheit der Herrscher, die jenseits der Alpen zu bleiben gewohnt waren ... Ihren König, dem sie freiwillig ehrerbietige Unterwürfigkeit zeigen müßten, empfangen sie kaum oder nie mit Ehrfurcht, und auch das, was er gemäß lauterem Recht anordnet, nehmen sie nicht gehorsam entgegen, es sei denn, sie fühlen, durch die Macht eines großen Heeres dazu gezwungen, seine Macht. Deshalb geschieht es häufig, daß sie, obwohl doch nach üblicher Ordnung der Bürger durch das Gesetz gelenkt und der Feind durch die Waffen gebeugt wird, jenen, den sie als ihren eigenen gütigen König empfangen müßten, feindselig aufnehmen, wenn er sein eigenes Recht fordert. Daraus entsteht für das Reich ein doppelter Schaden, weil der König zur Unterwerfung der Bürger ein Heer aufstellen muß und die Bürger nicht ohne großen Verlust an ihrem Besitz zum Gehorsam gegen den Herrscher gezwungen werden. In derselben Weise also, wie der Übermut dem Volk zur Anklage gereicht, wird die Notwendigkeit [Krieg zu führen] den König vor Gott und den Menschen entschuldigen müssen.»[53]

Über die Berechtigung vieler Ansprüche, die man auf seiten des Kaisers in altem Herkommen wurzeln und daher als berechtigt ansah, bestand also kein Konsens: Das galt insbesondere für das *fodrum*, also die schon erwähnte Abgabe, die von jedem Ort dem in Italien erscheinenden Herrscher zu entrichten war.[54] Am Hof herrschte beispielsweise – wie schon erwähnt – die Vorstellung, dem König stehe so viel zu, wie das Heer bedürfe, also grundsätzlich alles zum Leben Notwendige, wovon höchstens die zur Bebauung des Landes notwendigen Zugtiere und Saaten ausgenommen seien. Außerdem sollte dem König auch alle Gerichtsbarkeit und Rechtsprechung obliegen,[55] was aber wegen der notorischen Begünstigung königlicher Getreuer für viele Kommunen nichts anderes bedeutete, als einem parteiischen Gericht unterworfen zu werden. Dieser Vorwurf war sogar in Hofnähe so gut nachvollziehbar, daß Otto von Freising – der damals wegen seines Streits mit Heinrich dem Löwen um die Isarbrücken freilich auch besonderen Anlaß dazu hatte, Barbarossa zu gerechtem Gericht zu ermahnen – den Kaiser kaum verhüllt dafür tadelte, die Parteilichkeit seines Gerichts schade der «Ehre des Reichs» (*honor imperii*).[56] Bislang waren die königlichen Ansprüche nie systematisch erfaßt oder geregelt, sondern je nach Situation unter Rückgriff auf eine mündliche und entsprechend dehnbare Tradition befriedigt worden – oder eben auch strittig geblieben. Mit den Einkünften aus eigentlich königlichen Rechten, die die Kommunen nicht zuletzt wegen fehlender regelmäßiger Einforderung an sich gezogen hatten, verhielt es sich nicht anders. Für den rangbewußten Hof war insbesondere unerträglich, daß der Widerstand gegen die kaiserlichen Ansprüche nicht etwa von Bischöfen und Hochadligen ausging, sondern von den Konsuln, den gewählten Magistraten der städtischen Bürgerschaften, die die vom Herrscher und seinen Beauftragten seit langem nicht mehr wahrgenommene Jurisdiktion und Regalienverwaltung ausübten. Weil aber weder der Kaiser noch seine Beauftragten eine einvernehmliche Lösung gesucht hatten, lag der Vorwurf von Willkür und Tyrannei in der Luft – Barbarossa hatte Anlaß, sich ausdrücklich davon abzusetzen.[57]

Die Konfrontation mit der politischen Realität in Oberitalien hatte während des ersten Italienzugs einen erheblichen Bedarf an juristischer Argumentation zur Legitimation von Barbarossas Rechtsansprüchen offengelegt: zur gedanklichen und begrifflichen Klärung allgemeiner Überzeugungen und zur Reflexion der eigenen Handlungsgrundlagen bedurfte es spezialisierter Experten. In Bologna war seit Beginn des

12. Jahrhunderts eine Rechtsschule entstanden, in der gelehrte Juristen die unter Kaiser Justinian geschaffene Kodifikation des Römischen Rechts, das *Corpus iuris civilis*, systematisch erschlossen, kommentierten und in Form von Vorlesungen und Disputationen zum Gegenstand ihres Rechtsunterrichts machten.[58] Römischrechtliche Argumente waren zwar schon sporadisch im Streit zwischen den salischen Kaisern und dem Papsttum zur Verteidigung von Herrschaftsrechten herangezogen worden. An Barbarossas Hof gab es mit Bischof Eberhard von Bamberg und dem Kanzler Rainald von Dassel einflußreiche Ratgeber mit einer unverkennbaren Affinität zum gelehrten Recht,[59] aber sowohl ihnen wie auch den rechtskundigen Notaren der Kanzlei fehlte die Voraussetzung, das Potential systematisch auszuschöpfen, das dem Römischen Recht mit seiner Vorstellung vom Kaiser als oberster Quelle des Rechts zur Legitimation herrscherlicher Ansprüche innewohnte. In diesem Ziel aber trafen sich die allgemeinen Erwartungen Barbarossas, das speziellere Problembewußtsein seiner Ratgeber und das differenzierte Expertenwissen gelehrter Juristen. Dem Geschehen einen ausgeprägten «Rationalismus» des Staufers als eigentliches Movens zu unterstellen,[60] ignoriert die Übereinstimmung ganz unterschiedlicher Personengruppen in ein und demselben Ziel. Nicht zufällig hatten die Bologneser Rechtsgelehrten schon während Barbarossas erstem Italienzug den Hof aufgesucht.[61] Was konnte den Gegenstand des Studiums, das wiederentdeckte Römische Recht, mehr adeln, als die Aufmerksamkeit des Hofes darauf zu lenken? Nähe zur Macht war auch damals mit Reputationsgewinn verbunden, für die Bologneser Rechtsschule wie für die Gelehrten selbst.[62] Sie verstanden es so gut, sich dem Hof als Träger nützlichen Expertenwissens zu empfehlen, daß Barbarossa sie mit einem Privileg belohnte, das ihren Wünschen in verschiedener Hinsicht entsprach: es galt dem Schutz der Scholaren und Magister, die wegen fehlender sozialer Bindungen in der Fremde des Studienorts als «Arme» (*pauperes*) bezeichnet wurden, öffnete sich vor allem aber vorbehaltlos dem Selbstverständnis der Juristen selbst. Der Kaiser lobte sie als jene, «durch deren Wissen die Welt erleuchtet und das Leben der Untertanen darauf ausgerichtet wird, Gott und uns, seinem Diener, zu gehorchen».[63] Daß die Rechtswissenschaft den *iuris professores* einen Platz in der kaiserlichen Aula verschaffe,[64] gehörte gegen Ende des Jahrhunderts nicht ohne Anlaß zum professionellen Selbstbild der Rechtsgelehrten. Ihr wohlverstandenes Eigeninteresse geriet ihnen

beim Kontakt mit dem Hof nicht aus dem Blick: so baten beispielsweise vier Bologneser Magister den Kaiser zwischen 1159 und 1162, er möge sein Verbot rückgängig machen, das Studenten aus den mit ihm verfeindeten Städten Mailand, Brescia und Crema ein Studium in Bologna untersagte.[65]

Barbarossa selbst verfügte schon auf Grund seiner Erziehung und Bildung, die ihn ursprünglich nur dazu befähigen sollte, die Aufgaben eines Herzogs von Schwaben zu bewältigen, sicher nicht über besonderen Sachverstand hinsichtlich des Römischen Rechts. Aber die Einsicht, daß Herrschaft vom Wissen der Experten profitieren konnte, war ihm ebenso geläufig wie seinen Vorgängern auf dem Kaiserthron. Als sich im November 1158 die berühmtesten vier Bologneser Rechtsgelehrten – die *quattuor doctores* Bulgarus, Martinus Gosia, Hugo und Jacobus – auf dem Hoftag von Roncaglia einfanden, hatte die Verbindung zwischen dem staufischen Hof und den Juristen schon eine jahrelange Vorgeschichte. Deshalb war die Begegnung von Roncaglia auch «von beiden Seiten wohl vorbereitet und von sicheren Erwartungen und Erwartungserwartungen begleitet».[66] Die auf Barbarossas Befehl schließlich vorgenommenen Rechtsaufzeichnungs- und Rechtssetzungsakte von Roncaglia waren zwei ganz unterschiedlichen Legitimationsgrundlagen verpflichtet.[67] Dem Herkommen der traditionell konsensualen Königsherrschaft entsprach, daß Recht im Konsens mit der betroffenen Rechtsgemeinschaft gefunden wurde. Dieses Verfahren lag dem roncalischen Landfrieden und dem Lehnsgesetz zugrunde. Der Landfrieden mit seinen Strafbestimmungen für Friedensverletzungen verschiedener Art stützte sich auf die Geltungsbegründung der Eidesleistung: angefangen von den höchsten Fürsten und Amtsträgern bis hinunter zu den Einwohnern der Städte zwischen 18 und 70 Jahren sollte jeder den Frieden beschwören und nach Ablauf von fünf Jahren durch Eid erneuern. Die Bestimmungen des Lehnsgesetzes knüpften an Bestimmungen an, die schon 1154 erlassen worden waren. Wie damals waren Beschwerden geistlicher und weltlicher Großer, ihre Vasallen hätten ihre Lehen verpfändet oder verkauft, der ausschlaggebende Anlaß. Erwartungsgemäß beklagte Barbarossa eine Schmälerung der Leistungsfähigkeit seiner Getreuen, die «die Ehre des Reichs und den Erfolg unserer glücklichen Heerfahrt minderten».[68] Mißstände wie Teilung oder Veräußerung von Lehen sowie Säumnisse bei der Heerfahrtspflicht sollten beseitigt werden, der Geltungsanspruch der lehnsrechtlichen Bestimmungen war eingebettet in vorausgegangene Beratungen des Kaisers mit den Großen und in ihren Konsens. Auch die Frage, welche Rechte überhaupt als königlich zu gelten hatten, wurde durch Beratungen in Expertenkreisen geklärt: die vier Bologneser Gelehrten zogen 24 Richter aus zwölf Städten hinzu und formulierten als Ergebnis die *lex regalia*, einen Katalog unterschiedlichster Ansprüche, der unter anderem das Hoheitsrecht zur Ernennung von Magistraten und das *fodrum* nannte, aber auch Abgaben aus Fischerei und Salinen, Zöllen und dem Schatzregal. Die recht ungeordnete Aufzählung bestehender Rechtsbräuche war eine Art «Anschwemmung aus dem Strom kollektiver Erinnerungen»;[69] aber in diese Zusammenfassung konkreter Rechtserfahrungen verschiedener Städte flossen auch einzelne aus dem Römischen Recht gezogene Bestimmungen ein.

Hier machte sich das systematische Denken der gelehrten Juristen bemerkbar, die den kaiserlichen Herrschaftsanspruch über Herkommen und gelebte Rechtsgewohnheit hinaus zusätzlich mit Bestimmungen aus dem spätantiken Römischen Recht abstützten. Im Rückgriff auf diese als überzeitlich gültig betrachteten Normen lag ein geradezu «kontrafaktischer», also die tatsächlichen Verhältnisse und die damalige Gewohnheitsordnung einfach ignorierender Geltungsanspruch; dieses Denken mutet «obrigkeitlich-staatlich-absolutistisch» an,[70] war dem üblichen mittelalterlichen Herrschaftsstil eigentlich fremd und gibt sich gerade darin als Gelehrtenwerk zu erkennen. Es dominierte insbesondere drei Rechtsaufzeichnungen, die ein potentieller Sprengsatz für die bisherige Rechtsordnung der Kommunen waren. Die *lex palatia* gab dem Kaiser ohne Rücksicht auf die erreichte Unabhängigkeit der oberitalienischen Städte das Recht, Pfalzen – also militärische und Verwaltungszentren – in allen Orten zu errichten. Die *lex tributum* erkannte dem Kaiser auf der Grundlage des spätantiken römischen Steuerwesens prinzipiell das Recht auf eine allgemeine Kopfsteuer und eine allgemeine Grundsteuer zu; solche Finanzerträge waren von den mittelalterlichen Kaisern noch nie zuvor erhoben worden.[71] Auch die Legitimation der kommunalen Rechtsprechung wurde an den Normen des Römischen Rechts gemessen. Während die Gerichtsbarkeit in den Städten bislang durch Wahl der Magistrate, Zustimmung und eidliche Selbstunterwerfung der Bürger legitimiert war, sprach die *lex omnis iurisdictio* alle Gerichtsbarkeit und alle zur

Durchsetzung von Urteilen nötige Zwangsgewalt nach spätantikem Vorbild allein dem Kaiser zu, von dem die Richter ihre Amtsgewalt durch Delegation erhalten sollten.

Dem unübersehbar gewordenen Regelungsbedarf begegneten die gelehrten Juristen also mit einem Rückgriff auf antike Rechtsnormen, in denen der Kaiser als Quelle des Rechts und aller öffentlichen Gewalt unbeschränkte Autorität besaß. Sie begründeten sozusagen auf dem aktuellsten Stand der damaligen Rechtswissenschaft, was am Hof als Anspruch ohnehin schon vorhanden war, allerdings weniger differenziert und gewissermaßen vorjuristisch aus Tradition, Amt und Stellung des Herrschers abgeleitet wurde. Ungeachtet des Anspruchs der Großen auf Teilhabe an der Königsmacht und der daraus resultierenden konsensualen Herrschaftspraxis war es ein Kennzeichen der hierarchisch geordneten Gesellschaft, daß dem Willen des Ranghöchsten nicht einfach widersprochen werden konnte. Diese lebensweltlichen Erfahrungen der Zeitgenossen waren die Voraussetzung dafür, daß römischrechtliche Grundsätze vorgetragen und verstanden werden konnten – bis hin zum keineswegs in damaliger Herrschaftswirklichkeit wurzelnden Rekurs auf die justinianischen Institutionen, wonach Gesetzeskraft habe, was dem Kaiser gefalle, weil das Volk ihm und auf ihn alle seine Macht und Gewalt übertragen habe.[72] In Roncaglia präsentierte sich der Kaiser den versammelten Großen in seiner traditionellen Rolle als Wahrer von Recht und Frieden. Daß er nach dreitägigen Beratungen, vor den versammelten Großen, Gelehrten und Richtern thronend, eine mit Zitaten aus der Bibel sowie aus kirchen- und römischrechtlichen Autoritäten gespickte Rede gehalten haben soll, wie Rahewin behauptet, ist nicht ausgeschlossen. Allerdings sollen sich alle gewundert und darüber gestaunt haben, «daß ein Mann, der nicht wissenschaftlich gebildet und nur wenig älter war als ein Jüngling, in seiner Rede die Gnade einer solchen Klugheit und einer solchen Beredsamkeit empfangen» habe.[73] Schon diese Bemerkung Rahewins legt, obwohl eigentlich panegyrischer Absicht geschuldet, die innere Unwahrscheinlichkeit einer solchen Rede Barbarossas offen: ohne die Gelehrten, deren Anteil Rahewins Bericht allerdings verbirgt, wäre ein solcher Redeauftritt des illiteraten Kaisers einfach nicht möglich gewesen. Gleichwohl bleibt das Verhältnis der literarischen Fiktion, die Rahewin liefert, zur tatsächlich gehaltenen Rede Barbarossas undurchschaubar; in den Quellen greifbar ist lediglich das

Expertenwissen der Juristen. Sie dachten mit Sicherheit differenzierter als der Staufer, dessen juristisches Problembewußtsein am ehesten in einer Art entschiedenen und gedanklich eher schlichten Grundsätzlichkeit bestanden haben dürfte, wie sie die berühmte Anekdote über seinen Ausritt mit zwei der Bologneser Juristen anschaulich illustriert. Der Kaiser habe bei dieser Gelegenheit gefragt, ob er Herr der Welt sei, und jenem, der ihm das bestätigte, sein Pferd geschenkt. Die Geschichte ist historisch sicher unwahr; sie wurde von Juristen überliefert und kommentiert, um an ihr bestimmte Rechtsfragen hinsichtlich der Möglichkeit herrscherlicher Eingriffe in das Privateigentum zu erörtern.[74] Aber sie transportiert auch das Wissen darum, daß man am Hof, modern gesprochen: verschiedene Kapitalsorten erwerben konnte – ökonomisches und symbolisches Kapital, Belohnung und Ansehen –, wenn man seine Kenntnisse in den Dienst des Kaisers stellte. In der zugespitzten Frage nach der Herrschaft über die Welt schwingt außerdem die Erinnerung an die Schockwellen mit, die von der kaiserlichen Indienstnahme gelehrten Rechts für den Frieden in Oberitalien ausgingen.

Welche Vorstellung machte sich Barbarossa von der Realisierbarkeit der roncalischen Beschlüsse? Erfaßte er die Herausforderung für die seit mehr als zwei Generationen in Oberitalien gewachsenen Verhältnisse? War er ein Innovationsoptimist, der Gesellschaft und Herrschaftsverhältnisse nach neuartigen Ideen umgestalten wollte? War er ein Implementationsoptimist, der an die einfache Durchsetzbarkeit schriftlich fixierter Normen und an das problemlose Funktionieren einer neuartigen kaiserlichen Verwaltung glaubte? Und woher soll er diesen Optimismus genommen haben? Festzuhalten bleibt, daß der Hof keinen Bedarf an einer neuen Staats- und Rechtstheorie hatte, sondern an juristischen Argumenten. Die roncalischen Rechtsaufzeichnungen lieferten Begründungen, mit denen strittig gewordene Ansprüche legitimiert werden konnten; ihre Explosivkraft lag in der Definition neuartiger Leistungen, die den allgemeinen Bestimmungen des Treueids eine neuartige Konkretisierung gab.[75] Zwar waren auf dieser Grundlage ganz unterschiedliche Aushandlungsergebnisse möglich, je nachdem, in welchem Verhältnis die jeweilige Kommune zum Kaiser stand. Das zeigte sich schon im Dezember, als Barbarossa mit kleinem Heer einen mehr auf Machtdemonstration als auf militärische Konfrontation abzielenden Zug gegen Genua unternahm.[76] Die

Seestadt hatte weder Heerfolge gegen Mailand noch die geforderten Abgaben geleistet, auch keine Anstalten gemacht, die in Roncaglia geforderten Eide zu leisten und Regalienzinsen zu entrichten. Von noch nicht fertiggestellten Stadtmauern und hektisch errichteten Holzpalisaden nur unzureichend geschützt, aber von Söldnern und Bogenschützen so zahlreich bemannt, daß für ihre Verpflegung täglich hundert Mark Silber aufzuwenden waren, ließ sich die Stadt zu einer Geldbuße herbei, während Barbarossa im Gegenzug auf Heerfolgepflicht und *fodrum* verzichtete und Streitigkeiten einer künftigen Einigung überließ. Beide Seiten wahrten ihr Gesicht. Der Fall Genua macht aber auch klar, daß es, anders als es das Herrschaftsmodell des gelehrten Rechts suggeriert, keine zu allen Städten im Detail gleichgeartete Rechtsbeziehung des Kaisers gab, sondern eine zu jeder einzelnen unterschiedliche; je nachdem, in welchem Verhältnis die jeweilige Kommune zum Kaiser stand, wurden verschiedenartige Lösungen bilateral ausgehandelt. Diese Einzelfallbezogenheit gerät leicht aus dem Blick, wenn man nur vom ‹Programm› von Roncaglia spricht. Denn auf die Umsetzung eines ‹Programms› zur Organisation eines «einheitlichen Herrschaftsraumes» in Oberitalien[77] wäre Barbarossa nämlich denkbar schlecht vorbereitet gewesen: schon in den nördlich der Alpen gelegenen, verstreuten Reichsgutkomplexen, den *terrae imperii*, gelang eine Verwaltung und herrschaftliche Durchdringung mittels der Ministerialen als Folge regional ganz unterschiedlicher Verhältnisse nur ansatzweise. Welches Personal hätte denn die erforderliche Erfahrung für Italien mitgebracht? Mit welchen Zwangsmitteln hätte ein solches ‹Programm› in einer politischen Landschaft systematisch umgesetzt werden sollen, in der die großen Kommunen über eine jederzeit mobilisierbare militärische und ökonomische Macht verfügten, zu der es im deutschen Reichsteil kein vergleichbares Pendant gab? Gegen die Städte war nicht realisierbar, was Gelehrte erdachten, um Barbarossas Ansprüche zu legitimieren.

Der Prager Domherr Vinzenz nahm im Gefolge Bischof Daniels von Prag, der vom Kaiser seiner Italienischkenntnisse wegen als brauchbarer Diplomat am Hof zurückgehalten wurde, an vielen Verhandlungen persönlich teil. Er berichtet, Barbarossa habe die wieder in Gnaden aufgenommenen Mailänder um Rat gefragt, wie er die Kommunen als ihm treu erhalten könne. «Diese rieten ihm, daß er jene, die ihm in den verschiedenen Städten treu ergeben seien, durch seine Gesandten dort als seine auch Konsuln genannte Podestà einsetzen lassen solle. Der Kaiser hielt den Rat für gut und behielt ihn bis zu der für die Ausführung geeigneten Zeit im Gedächtnis.»[78] Für eine solche Umsetzung der *lex omnis iurisdictio* sorgten Legaten, die Barbarossa seit Dezember 1158 aussandte. Für die Kommunen, die dem Kaiser bislang treu gewesen waren, änderte sich faktisch nur wenig: Rainald von Dassel und Otto von Wittelsbach zogen im Dezember nach Pavia, Cremona und Lodi sowie in das erst kurz zuvor vom Bündnis mit Mailand abgefallene Piacenza. Dort setzten sie Podestà als kaiserliche Amtsträger ein, die aus dem Kreis jener Familien stammten, die schon bisher die Konsuln gestellt hatten. «Einsetzung» hieß also nichts anderes «als die Betrauung von erfahrenen Persönlichkeiten aus der Stadt selbst mit dem Stadtregiment; mit anderen Worten, der Kaiser erteilte seine Zustimmung zu den ihm von der Stadt vorgeschlagenen Kandidaten für das kommunale Regierungsgremium».[79] Für eine Einwirkung auf die örtlichen Machtverhältnisse war also Voraussetzung, daß sie im wesentlichen anerkannt wurden. Auf dieser Grundlage wurde dann auch ausgehandelt, auf welchen Betrag sich die jährlichen Abgaben für die Nutzung der Regalien belaufen sollten, die dem Kaiser als Reaktion auf die *lex regalia* noch in Roncaglia von Bischöfen, Fürsten und Kommunen allgemein schon zugesprochen worden waren. Im Gefolge von Barbarossas Legaten waren Schreiber, die solche Erträge auflisteten; mit Hilfe ihrer Aufzeichnungen wurde am Hof später offenbar errechnet, daß dem Kaiser theoretisch pro Jahr 30 000 Talente zufließen müßten – eine astronomisch hohe Summe, die von den (wenigen) überlieferten Angaben über Regalienzinsen auch nicht einmal annäherungsweise erreicht wird[80] und wohl auch nie tatsächlich entrichtet wurde. War also im konkreten Fall reichlich Spielraum für Kompromisse, so war doch die Visualisierung des kaiserlichen Herrschaftsanspruchs durch feierlichen Empfang der Legaten und Einsetzung der kaiserlichen Podestà, etwa durch Überreichung von Fahnen und Leistung des Amtseides, ein echtes Novum: durch solche öffentlichen Akte symbolischer Kommunikation wurden die wenn nicht unbedingt faktisch, aber doch dem Anspruch nach geänderten Machtverhältnisse gleichermaßen in Kraft gesetzt wie sinnlich erfahrbar gemacht.[81] Die kaiserliche Herrschaft sollte sichtbar anerkannt werden. Die Form war in dieser Hinsicht auch Inhalt. Das war in Orten, die Barbarossa ohnehin schon unterstützt hatten, auch nicht weiter konfliktträchtig, weil die kaiserliche Legitimierung der Amtsträger keine Veränderung innerhalb der regierenden politischen Elite verlangte und ohnehin bestehende Übereinstimmung zusätzlich bestärkte. Anders verhielt es sich in den Kommunen, die zuvor Barbarossas erklärte Feinde gewesen waren. Das galt allen voran für Mailand, wo die Bestellung kaiserlicher Podestà im Januar 1159 denn auch die Nagelprobe für die Realisierbarkeit des kaiserlichen Herrschaftsanspruchs war.

VERLUST DER FRIEDENSFÄHIGKEIT

Die hochrangige Gesandtschaft bestand aus Barbarossas mittlerweile zum Erzbischof von Köln erhobenen Kanzler Rainald von Dassel, den Bischöfen Daniel von Prag und Hermann von Verden, Pfalzgraf Otto von Wittelsbach sowie den Grafen Goswin von Heinsberg und Guido von Biandrate. In der bischöflichen Kurie untergebracht, riefen sie die Konsuln zu sich. Die Atmosphäre war gespannt, denn die Mailänder hatten sich nicht nur damit abzufinden, daß ihr *contado* um Como, Lodi, Seprio und Martesana sowie Monza, das Barbarossa in Roncaglia direkt dem Reich unterstellt hatte, massiv verkleinert worden war; auch mußten sie ihre Bündnisse mit anderen Städten, deren Bestand der im September geschlossene Friedensvertrag noch zugesichert hatte, gemäß dem roncalischen Landfrieden auflösen. Der Friedensschluß hatte den Mailändern außerdem erlaubt, ihre Konsuln künftig nach eigenem Ermessen frei wählen zu können und die Erwählten dann zur Leistung des Treueids zum Kaiser zu schicken.[82] Die Legaten aber wollten nicht schon gewählte Magistrate mit ihrer Amtsgewalt betrauen, sondern die Wahl selbst in ihrer Gegenwart abhalten lassen. Die Zusicherung, daß die Wahl an sich frei sein solle, versöhnte die Konsuln mit dem symbolischen Potential dieser kaiserlichen Machtdemonstration keineswegs. Sie erbaten sich Bedenkzeit und brachten die Forderungen vor die im benachbarten Dom zusammengerufene Volksversammlung. Dort nahm man das Ansinnen der Legaten als Anspruch auf eigenmächtige Einsetzung der Magistrate wahr – und damit als Bruch des Friedensvertrags.[83] Die Empörung war gewaltig. Vinzenz von Prag war Augenzeuge: «Plötzlich erhob sich ein Geschrei: ‹Fora, Fora! Mora, Mora!›, was in ihrer Sprache soviel heißt wie ‹Werft sie raus und bringt sie um!› Wir verschlossen die Türen der Kurie fest. Steine wurden durch die Fenster in unseren Palast geworfen; die Konsuln eilten herbei, das Volk wurde beschwichtigt, der so große Aufstand beruhigt. Darauf sagten sie, das unüberlegte Volk habe dies ohne ihren Willen getan, baten, daß dies nicht bis zum Kaiser dringen möge, und versprachen ihnen als Genugtuung viel Geld. Ihrem Wunsch gemäß antworteten die Gesandten beschwichtigend, gingen in ihre jeweilige Unterkunft, ließen sich die ihnen angetanen Beleidigungen nicht anmerken, flohen aber in der Stille der Nacht, wie jeder konnte, aus der Stadt und eilten zum Kaiser, dem sie alles berichteten. Daß diesem unbedeutenden Anlaß, diesem kleinen Fünkchen der Untergang der Stadt folgte, des so alten, so edlen Mailand, möge jeder Leser wissen.»[84]

Wieso lehnten die Legaten das Versöhnungsangebot ab und gaben dem Konflikt damit den Vorzug vor einem friedlichen Ausgleich? Offensichtlich unterstellt ihnen die aus heutiger Sicht naheliegende Erwartung, sie hätten die beleidigenden Rufe und Steinwürfe nach erfolgter Geldzahlung doch einfach als ungeschehen betrachten können, eine Handlungsalternative, die sie nicht hatten. Mit ihnen selbst war der Kaiser beleidigt worden, der sie geschickt hatte. Wegen dieser Stellvertretungsfunktion ging es nicht nur um unterschiedliche Auffassung hinsichtlich der Legitimation kommunaler Amtsträger und war auch nicht nur die Stellung der beleidigten Adligen selbst tangiert, sondern die Stellung des Kaisers und Mailands Verhältnis zu ihm. Auf das rasch verbreitete Wissen über die Beleidigung seiner Repräsentanten reagierte Barbarossa umgehend. Allen klängen schon die Ohren vom neuen Verbrechen der Mailänder, so berichtet Rahewin über seine Klage vor den versammelten Fürsten: Mailands Hochmut und Anmaßung (*superbia et presumptio*) habe «uns, nein euch und dem Reich» eine erneute Beleidigung zugefügt; die Fürsten mögen dem Reich, dessen Haupt der Kaiser, dessen Glieder aber sie selbst seien, zu Hilfe eilen; was die Mailänder zu seiner Beleidigung und gegen die *gloria* des Römischen Reichs begangen hätten, solle streng bestraft werden, damit das Verbrechen derer nicht ungesühnt bleibe, die weder den Fürsten noch dem Kaiser Ehrerbietung (*reverentia*) und Treue gewährt hätten.[85] Treue maß der Kaiser nun aber an der Unterwerfung unter die roncalischen Rechtssetzungen.

Wie eine Fülle von Beispielen zeigt, hatte mit besonderer Strenge zu rechnen, wer sich nach einem Friedensschluß erneut ungehorsam zeigte.[86] Barbarossas Erwartung war klar: Unterordnung in jedem Punkt. Die Mailänder wurden im Februar 1159 nach Marengo an den Hof geladen; hinsichtlich der Beleidigung der Gesandten versprachen sie mit gebotener Demut, dem Kaiser «nach seinem Willen Genugtuung zu leisten».[87] Hinsichtlich der Einsetzung kaiserlich legitimierter Magistrate hielten sie aber die speziellen Bedingungen des Friedensvertrags gegenüber den roncalischen Gesetzen für vorrangig. Die vier Bologneser *doctores* waren allerdings der gegenteiligen Auffassung, daß nämlich Kaiserrecht alle entgegenstehenden Regelungen breche.[88] Barbarossa wollte sich deshalb nicht mehr an den Vertrag gebunden sehen, die Mailänder erkannten darin jedoch Wortbruch und verließen den Hof, «ohne die Sache des Friedens vollendet zu haben»,[89] also im Unfrieden. Zwar wurden sie zum 19. April erneut vor das kaiserliche Gericht befohlen, aber angesichts des Einflusses der Bologneser Juristen machten sie sich keine Illusionen über das bevorstehende Urteil. Jeder wußte die Zeichen zu deuten: ein erneuter Konflikt drohte. Und jeder nutzte die Zeit: Barbarossa sandte umgehend Boten an die Kaiserin, Heinrich den Löwen sowie geistliche und weltliche Reichsfürsten und bat um Entsendung neuer Heereskontingente nach Italien; Como und die Bewohner der für den Nachschub über den Comer See wichtigen Isola Comacina wurden als Bündnispartner gewonnen.[90] Die Mailänder ihrerseits eroberten Anfang April die strategisch wichtig an der Adda gelegene, von Reichsministerialen kommandierte Burg Trezzo zurück: die Italiener unter der Burgbesatzung wurden getötet, die Deutschen als Gefangene nach Mailand gebracht – ebenso wie die erheblichen Geldsummen, die Barbarossa in der Festung deponiert hatte. Die Nachricht erreichte den Kaiser in Modena, wo er am Osterdienstag Turnieren junger Fürsten und Ritter beiwohnte.[91] Vom zurückliegenden Sieg über Mailand und von den Argumenten der Juristen in seinem schroffen Anspruch auf Anerkennung seiner Herrschaft bestätigt, wegen des früheren Ungehorsams der Mailänder voller Argwohn und dazu höchst unnachsichtig auf die ihm geschuldete Ehrerbietung bedacht, ließ er die Mailänder wenige Tage später im Gebiet von Bologna zu Reichsfeinden erklären. Als des Majestätsverbrechens (*crimen laese maiestatis*) schuldig sollten sie ihre Habe verlieren und sie selbst der

Knechtschaft preisgegeben werden, wenn nicht die Todesstrafe erleiden. Dieser «Strenge des Urteils»[92] liehen wieder Bologneser Juristen ihre Kenntnisse des Römischen Rechts. Daß der Kaiser nicht einmal den gesetzten Termin abwartete, brachte ihm in Mailand den Vorwurf ein, daß sein Gericht die Beklagten in Abwesenheit verurteilt habe. Man sah bestätigt, was man befürchtet hatte – ohnehin nur dem parteilichen Gericht des Kaisers unterworfen zu werden.

Die strukturelle Schwäche von Barbarossas Herrschaftsanspruch in Oberitalien, daß er nicht als Friedensstifter über den Parteien wahrgenommen wurde, sondern vor allem als Verbündeter seiner italienischen Getreuen, wurde durch die roncalischen Rechtssetzungen natürlich nicht beseitigt. Im Gegenteil bestätigte sich das Muster der Parteilichkeit des Kaisers erneut, als er mit Piacenza und Crema zwei mit Cremona verfeindeten Städten befahl, ihre Mauern und Türme niederzulegen und ihre Gräben zuzuschütten. Während Piacenza als im Westen benachbarte, große Kommune sozusagen natürlicher Konkurrent Cremonas war, hatte Crema, nordwestlich Richtung Mailand gelegen, erst seit dem späten 11.Jahrhundert einen allerdings rasanten Aufstieg genommen. Eigentlich der Diözese von Cremona zugehörig, war das Städtchen, durch seine günstige Lage in der sumpfigen Landschaft der *Insula Fulcherii* ebenso geschützt wie durch immer wieder erneuerte Bündnisse mit Mailand und Brescia, zu einem Fluchtort unzufriedener Lehnsleute des Bischofs von Cremona geworden. Die Feindschaft war so erbittert, daß sie schon zu einem Bestandteil der kommunalen Identität geworden war: Vinzenz von Prag hörte den zungenbrecherischen Schmähvers, der mit dem lateinischen Wort für verbrennen – *cremare* – spielte und in Cremona geläufig war: «Ich höre, daß Crema Cremona verbrennen will. Aber ich sehe doch, daß Cremona Crema verbrennen wird» (*audio Kremonam cupiat Krema kremare; sed verum fateor, Kremam Kremona cremabit*).[93] Cremona hatte sich den Staufer durch zuverlässige Hilfe gegen Mailand verpflichtet; entsprechend wenig Aussicht rechnete sich Crema auf ein günstiges Urteil aus, als es auf Cremonas Klage hin vor das Gericht des Kaisers geladen wurde. Ein Zeitgenosse aus Bergamo glaubte, Cremona habe sich die Zerstörung Cremas als Vergeltung seiner treuen Unterstützung Barbarossas schon im voraus zusichern lassen. Damit schätzte er die Bindung zwischen dem Kaiser und der treuen Stadt auch völlig zutreffend ein. Wegen Nichterscheinen vor seinem Gericht erklärte

Barbarossa nicht nur Mailand, sondern auch Crema zum Reichsfeind.[94]

In den hofnahen Quellen finden sich naturgemäß keine Aussagen über die Stimmung in den von Barbarossas Maßnahmen hart betroffenen Städten. Den einzigen Zugang liefert das anonym überlieferte *Carmen de gestis Frederici*. Der Autor stammte wohl aus Bergamo und war Parteigänger des Kaisers, von dem er hoffte, jener könne ein friedliches Nebeneinander der oberitalienischen Kommunen erzwingen. Aber er selbst war in der kommunalen Welt und ihren Rivalitäten tief genug verwurzelt, um die Konsequenzen von Barbarossas Interventionen ermessen und Verständnis für dessen Gegner aufbringen zu können. Die Klagen gegen den Kaiser vorzubringen überläßt er in seiner Dichtung der Furie Alecto:[95] als weiblicher Rachegeist steigt sie aus der Unterwelt auf, fliegt «auf schwarzen Flügeln» nach Mailand, dann nach Piacenza, Crema und Brescia, wo sie die Einwohnerschaft gegen Barbarossa aufhetzt, indem sie an die früheren Erfolge der Städte als Bestandteil ihrer kommunalen Identität erinnert. Die Todsünde des Hochmuts, die Barbarossa Mailand vorwarf, findet sich hier gegen ihn gewendet, der Staufer wird als «grimmiger König», «harter Fürst», «hochmütiger Herrscher», «grausamer König» und als «Tyrann» bezeichnet. Alecto appelliert an die Ehre (*honor*) der Städte und ihrer Einwohner; der kriegerischen Jugend Mailands hält sie vor, es sei weibisch, dem Kampf auszuweichen, und entartet, den von den Vätern erworbenen *honor* der Stadt nicht zu verteidigen; die Alten erinnert sie an die früher übermächtige Stellung ihrer Stadt; schändlich sei es, jetzt die frühere «Ehre» (*honor*) und «Freiheit» (*libertas*) Mailands zu vergessen. Mit der Zerstörung ihrer Mauern unterwerfen sich die Einwohner von Piacenza dem Joch des Tyrannen, doch nur ihr Wiederaufbau könne die «verlorene Würde» zurückgewinnen. Die Cremasken weist Alecto auf Barbarossas – entgegen der getroffenen Vereinbarung verhängtes – Verbot des Bündnisses zwischen Mailand und Crema hin, aber auch auf seine Empfänglichkeit für Cremonas Bitten und Geschenke. Die Rachegöttin ist ein mit sicherem Gespür für die dramatische Wirkung eingesetztes poetisches Mittel, aber ihr Appell an die Ehre der Städte entschieden mehr als eine bloße literarische Fiktion: mit der Pflicht zur Rache für verletzte Ehre benannte der Autor ein politisch höchst wirksames Handlungsmotiv. Für seinen Bruch des Friedensvertrags mit Mailand durch

Berufung auf ein neues Recht konnte Barbarossa Gehorsam nicht erwarten – bestenfalls erzwingen. Die alte oberitalienische Bündniskonstellation, für den Kaiser nunmehr aktualisiert durch die Erfahrung von Treue auf der Seite Cremonas und Pavias, von Ungehorsam auf der Seite Mailands und dessen Bündnispartnern, bestimmte erneut Parteinahmen und Feindschaften.

STREIT UM ROM UND DOPPELTE PAPSTWAHL

Barbarossas Bereitschaft zur Konfrontation mit dem Papst war Teil einer Politik, der die Argumente, mit denen die Bologneser Rechtsgelehrten auf dem Hoftag von Roncaglia den kaiserlichen Anspruch auf die Regalien gestärkt hatten, zwar einen deutlich wahrnehmbaren Rechtscharakter verliehen, die dadurch aber auch an Friedensfähigkeit einbüßte. Mit Barbarossas Anspruch auf die Regalien und das Recht zur Investitur der kommunalen Magistrate standen nicht nur die in Oberitalien seit Jahrzehnten entstandenen Rechtsgewohnheiten zur Disposition, sondern auch die Verhältnisse im Patrimonium, wo, wie erwähnt, die konkurrierenden Rechtsansprüche von Kaiser und Papst nie normativ voneinander abgegrenzt worden waren.

Unerwartet großen Handlungsspielraum gewann Barbarossa durch die Auswirkungen, die der Friedensschluß Hadrians IV. mit dem normannischen König Wilhelm I. in Rom entfaltete: sowohl der Senat wie auch ein Teil des Adels fürchtete die Macht des nahen sizilischen Königs, die nun hinter dem Papst stand, wesentlich mehr als die des fernen Kaisers, was eine Annäherung an den Staufer zur Folge hatte, denn die «Frage der obersten Hoheit über das Patrimonium Petri – und ebenso über Rom – war auch in den Augen des römischen Adels im 12. Jahrhundert noch keineswegs zugunsten des Papsttums entschieden».[96] Noch als der Kaiser in Augsburg die Gesandten Hadrians IV. empfing, war bereits eine Gesandtschaft aus Senatoren und Vertretern des römischen Adels unter Führung Ottos von Monticelli zu den beiden kaiserlichen Legaten nach Oberitalien aufgebrochen, um ihnen Mitteilungen über Dinge zu machen, die «die Ehre des Reichs betrafen».[97] Gegenstand dieser Verhandlungen war offenbar das Angebot militärischer Unterstützung gegen Mailand unter Führung des Stadtpräfekten Peter di Vico, die dann auch tatsächlich wenig später im Belagerungsheer des Kaisers eintraf. Der Stadtpräfekt repräsentierte als Inhaber der obersten richterlichen und militärischen Befugnisse über Rom und das römische Umland gleichzeitig die Hoheit des päpstlichen Stadtherrn; die Aussicht auf seine Anwesenheit im kaiserlichen Heer versprach nichts weniger als dessen Seitenwechsel und die Anerkennung des Kaisers als Stadtherr von Rom. Angesichts dieser Perspektive geradezu euphorisch, schrieben die Legaten dem Kaiser, Gott habe ihn gegenwärtig in eine solche Lage gesetzt, daß er, wenn er wolle, sowohl Rom zerstören als auch mit Papst und Kardinälen nach seinem Willen verfahren könne.[98]

Hatten seine Legaten schon zur Unterstützung der Belagerung Mailands nicht nur von Städten im *regnum Italiae* finanzielle und militärische Unterstützung verlangt, sondern auch von Kommunen, die im Patrimonium lagen und damit der weltlichen Herrschaft des Papstes unterstanden,[99] so ließ der Kaiser in Durchführung der roncalischen Beschlüsse dort auch das *fodrum* als ein dem Reich zustehendes Regal einziehen. Von pauschaler Rücksicht auf die Petersregalien, die dem Papst zu erhalten sich Barbarossa noch im Konstanzer Vertrag verpflichtet hatte, war keine Rede mehr. Zunächst wurde die rapide Verschlechterung der Beziehungen in demonstrativen Verstößen gegen die bisherigen Gepflogenheiten des Gesandtschaftsverkehrs sichtbar. Ein päpstlicher Brief wurde dem Kaiser von einem Boten zugestellt, den man am Hof für so unwürdig hielt, daß man sich an ihn nur als «zerlumpten Menschen» erinnern wollte, «der dem Herrn Kaiser den Brief wie ein Feind und Wegelagerer in völlig ungehöriger Form gewissermaßen aufdrängte und sich dann nicht mehr blicken ließ».[100] Über den Vorfall empört, entschloß sich der Kaiser zu einer nicht weniger beleidigenden Reaktion, indem er Hadrian IV. mit Bischof Hermann von Verden zwar eine hochgestellte Person als Boten schickte, ihn aber einen Brief überbringen ließ, in dem er seinen Namen anders als üblich dem des Papstes voranzustellen befohlen hatte.[101] Wegen solcher Gesten demonstrativer Mißachtung kam die Kommunikation zwischen beiden Seiten vollständig zum Erliegen; jede Seite schwieg beleidigt und erwartete von der anderen, den ersten Schritt zu tun, um nicht als diejenige zu erscheinen, die nachgibt. Bischof Eberhard von Bamberg empfand das als Ruhe vor dem Sturm; nachdem zunächst «Worte den Worten wie drohende Speere den Speeren» begegneten, «sitzen wir da und gähnen».[102] Der Kaiser verließ sogar sein Heerlager, um einen päpstlichen Boten nicht empfangen zu müssen, und überließ die heikle Aufgabe erneuter Annäherung lieber Eberhards diplomatischem Geschick.[103] In klarer Einschätzung von Barbarossas verletztem Ehrgefühl riet er dem Kardinal Heinrich, der Papst möge nicht auf eine Gesandtschaft des Kaisers warten, sondern ihm zuvorkommen und seine «Söhne nicht in der Verbitterung des Herzens, sondern in Milde und großer Sanftmut» belehren.[104] Das war zwar einerseits durchaus Kritik an Barbarossas halsstarriger Unnachgiebigkeit, andererseits aber ein geschickter Appell an christliche Ethik, der ein Mann der Kirche in jedem Fall eher folgen müsse als ein weltlicher Herr: «Was für ein Mann er ist, wißt ihr ja. Er liebt jene, die ihn lieben, den anderen ist er kein Freund, weil er noch nicht ganz gelernt hat, auch seine Feinde zu lieben.»[105] In eindringlichen Worten setzte Eberhard auch dem Papst auseinander, daß es ohne Verletzung der geschuldeten Ehrerbietung gar nicht möglich sei, vor dem Kaiser jene Worte zu rechtfertigen, die dieser als beleidigend aufgenommen habe; statt zu erörtern, von welcher Seite das Feuer angefacht wurde, müsse es vielmehr unverzüglich erstickt werden; der Eklat von Besançon war Eberhard noch gegenwärtig genug, um den Papst geradezu händeringend zu bitten, «eure Väterlichkeit möge geruhen, unter Auslassung all dessen, was je nach der Deutung der Hörer und Übersetzer so oder anders verstanden werden kann, an euren Sohn, unseren Herrn Kaiser, erneut versöhnlich und gütig zu schreiben».[106] Eberhards Rat fand offene Ohren: Mitte April 1159 erschienen mit den Kardinälen Heinrich von SS. Nereo e Achilleo und Guido von S. Callisto wieder hochgestellte Gesandte am kaiserlichen Hof. Vielleicht überbrachten sie Barbarossa sogar den erwünschten versöhnlichen Brief Hadrians, jedenfalls erschienen im Juni erneut zwei Kardinäle, dieses Mal Oktavian von S. Cecilia und Wilhelm von S. Pietro in Vincoli, um über die konfliktträchtige Abgrenzung der Petrusregalien von den Ansprüchen des Reichs zu verhandeln.

Das betraf die Frage nach der Hoheit nicht nur über weite Gebiete Mittelitaliens, sondern namentlich auch über die Stadt Rom: ohne päpstliche Erlaubnis sollte der Kaiser nicht einmal Gesandte nach Rom schicken dürfen, weil die Oberhoheit über die Stadt dem Papst zustehe. Barbarossa räumte ein, daß es sich dabei um eine wichtige Frage handle, die ernster und reiflicher Überlegung bedürfe: «Denn da ich nach göttlichem Willen römischer Kaiser genannt werde und bin, so würde ich nur zum Schein herrschen und einen leeren Namen tragen, wenn die Hoheit über die Stadt Rom meiner Hand entrissen würde.»[107] Diese Antwort ist in einem kurzen Text überliefert, der auffällig juristisch argumentiert und daher sicher nicht dem Staufer persönlich zuzuschreiben ist; aber das Mißverhältnis zwischen Herrschertitel und Herrschaftsinhalt gab ihm als einem «Praktiker des politischen Handelns» sicher zu denken, und die Vorstellung, «daß die Vollgewalt der römischen Kaiserwürde ohne die Hoheit über Rom lückenhaft sei», darf als eine seiner Grundüberzeugungen gelten, mit der er zu gegebenen Anlässen durchaus angemessen zu argumentieren wußte.[108] Der Forderung nach Rückkehr zu den im Konstanzer Vertrag übernommenen Verpflichtungen widersprach Barbarossa mit Hinweis auf Hadrians Vereinbarungen mit König Wilhelm I. von Sizilien, die er als Vertragsbruch auffaßte.

Die politische Entwicklung war über die Situation hinweggegangen, die noch sechs Jahre zuvor die Einigung auf gemeinsame Interessen ermöglicht hatte. Barbarossas dem Papst gegenüber unverkennbar radikalisierte Position war nicht zuletzt durch die Argumente geschärft, mit denen die Bologneser Rechtsgelehrten in Roncaglia die kaiserliche Position untermauert hatten. Sehr schnell stellte sich heraus, daß man sich schon über das Verfahren, in dessen Rahmen die konkurrierenden Rechtsansprüche zwischen Kaiser und Papst geklärt werden sollten, nicht einigen konnte. Ein gerichtliches Urteil war wegen des Grundsatzes der Nichtjudizierbarkeit des Papstes keine praktikable Lösung; man erwog deshalb eine gütliche Einigung nach «Rat der Fürsten und frommen Männer»[109] und dachte an ein von kaiserlicher und päpstlicher Seite paritätisch zu besetzendes Schiedsgericht aus sechs Kardinälen und sechs Bischöfen, «die sich Kenntnis über diese wichtigen Fragen verschaffen und den so wichtigen Streit zu einem angemessenen Abschluß bringen sollten».[110] Aber auch ein Schiedsgericht war ein Gericht. Zwar verschlossen sich die beiden Kardinäle Oktavian und Wilhelm nicht von vornherein einem Kompromiß – sehr wohl aber Hadrian IV. selbst, sein Kanzler Roland und andere Kardinäle, die auf Rückfrage entsprechende Verhandlungsvollmachten verweigerten und die päpstliche Herrschaft keiner Form von gerichtlicher Erörterung unterworfen wissen wollten.[111] Die Gespräche befanden sich in einer Sackgasse. Noch während der Anwesenheit der Kardinäle am Hof erschien eine Gesandtschaft römischer

Adliger und des Senats, um Barbarossa unter Hinweis auf die Bedeutung ihrer Stadt für sein Kaisertum Frieden und Gehorsam anzubieten. Damit eröffnete sich die Möglichkeit von Doppelverhandlungen, «die letztlich beide Seiten unter Druck setzten: die Römer durch die grundsätzlich immer noch bestehende Möglichkeit, sich mit dem Papst wieder auf eine Beschränkung ihrer Selbständigkeit zu einigen, den Papst durch die Absicht, mit dem Senat eine die kirchlichen Romrechte ausschließende Regelung zu treffen».[112] Barbarossa antwortete mit einer Gegengesandtschaft nach Rom: Pfalzgraf Otto von Wittelsbach, Graf Guido von Biandrate und Propst Heribert von Aachen sollten einerseits weitere Verhandlungen mit dem bereits nach Anagni ausgewichenen Papst führen; in der Auswahl gerade des Wittelsbachers lag allerdings eine Provokation, denn er war es doch gewesen, der in Besançon mit gezogenem Schwert auf den päpstlichen Kanzler Roland losgestürzt war und die *satisfactio*, die Hadrian für diese Beleidigung gefordert hatte, nie geleistet hatte. Andererseits sollten die Gesandten auch über die Anerkennung des Senats und die Investitur des Stadtpräfekten – analog zu jener der Konsuln oder Podestà in den oberitalienischen Kommunen – als eines kaiserlichen Amtsträgers verhandeln.[113] Rücksicht auf die päpstliche Hoheit über Stadt und Präfektur spielte bei diesem Verhandlungsziel schon keine Rolle mehr. Daß Hadrian IV. parallel zu den weiterlaufenden Verhandlungen mit den kaiserlichen Gesandten seinerseits Geheimverhandlungen mit Barbarossas Gegnern in Mailand aufnahm, war angesichts der Bedrohung seiner Stellung in Rom nur konsequent. Schon wurde eine Exkommunikation des Kaisers binnen vierzig Tagen ins Auge gefaßt. In dieser gefährlich zugespitzten Situation starb Hadrian IV. am 1. September 1159 in Anagni.

Die Entwicklung traf den staufischen Hof insoweit nicht unvorbereitet, als die zum Senat und zum kaisernahen Romadel angeknüpften Beziehungen unter den Bedingungen der Sedisvakanz ihre eigene Wirkung entfalteten. Sowohl Otto von Monticelli als auch der Stadtpräfekt Peter di Vico, die 1158 gemeinsam den Kontakt zum kaiserlichen Hof gesucht hatten, waren Neffen des Kardinals Oktavian. Dessen Familie, die Grafen von Monticelli, trug ihren Namen nach der etwa 30 Kilometer nordwestlich von Rom gelegenen Burg Montecelio und hatte Besitz sowohl in den Sabiner Bergen, wo sie besonderen Einfluß auf das auch von Barbarossa geförderte Reichskloster

Farfa ausübten,[114] als auch in Rom – verfügte also über die für den römischen Adel typische «Verbindung von römischer Stadtsässigkeit und außerurbaner Landsässigkeit».[115] Oktavian, 1138 zum Kardinaldiakon von S. Nicolo in Carcere Tulliano, dann 1151 von Eugen III. zum Kardinalpriester von S. Cecilia erhoben, war über seine hochadlige Verwandtschaft mit den französischen und englischen Königen gleichzeitig ein Vetter zweiten Grades des Kaisers und für diesen längst kein Unbekannter mehr.[116] Als päpstlicher Legat hatte er sich schon dreimal in Deutschland aufgehalten, 1151 sogar für mehrere Monate am Hof Konrads III., wo ihn Barbarossa im Juni auf dem Hoftag von Regensburg bei den Beratungen über den bevorstehenden Romzug seines Onkels persönlich kennengelernt haben dürfte. Die Wege des Kardinals hatten sich wohl auch schon mit denen Rainalds von Dassel gekreuzt – vielleicht auf dem Konzil von Reims 1148, vielleicht bei den Verhandlungen in Rom, die dem Abschluß des Konstanzer Vertrags vorausgegangen waren. Bei seinen Legationen hatte Oktavian den Ruf erworben, ein «besonderer Freund der Deutschen» zu sein (*specialis amator Teutonicorum*),[117] und wegen seiner stadtrömischen Verbindungen hatte er 1155 die Schlüsselrolle bei der nächtlichen Besetzung der Leostadt zur Vorbereitung der Kaiserkrönung Barbarossas spielen können. Just in der Zeit, als Oktavian im Auftrag Hadrians IV. am Hof war, um über die schwierige Abgrenzung der Rechte von Kaiser und Papst im Patrimonium zu verhandeln, wurden die wechselseitigen Beziehungen nachdrücklich intensiviert: als Dank für dem Reich geleistete Dienste belehnte Barbarossa den Kardinal und dessen Brüder Otto, Gottfried und Soliman mit Stadt und Grafschaft Terni und bezeichnete seine entfernten Verwandten bei dieser Gelegenheit – den Kardinal an erster Stelle – als «sehr geliebte Getreue und Freunde».[118] Der Kardinal akzeptierte damit nicht nur eine kaiserliche Verfügung über Terni, das zum Patrimonium Petri gehörte, sondern wurde auch Lehnsmann des Kaisers! Alles deutet darauf hin, daß Oktavian schon damals für den Fall einer Papstwahl an seine eigene Kandidatur dachte und ihm Barbarossa für diesen Fall auch seine Unterstützung zusicherte.[119] Eine solche Situation war naturgemäß nicht voraussehbar, mit Hadrians unerwartetem Tod aber schnell eingetreten. Im Kardinalskollegium favorisierten manche den bisherigen Kurs Hadrians IV., andere aber den Ausgleich mit Barbarossa, und als Exponenten dieser beiden Richtungen standen sich der Kanzler Roland und Oktavian gegenüber. Anders als der gebürtige Sienese Roland konnte Oktavian auf großen Rückhalt in Rom zählen, vielleicht auch unter den Kanonikern von St. Peter, wo die Papstwahl stattfand.[120] Zwar vereinigte Roland im Wahlgang die Mehrheit der Kardinäle auf sich; weil die Rechtmäßigkeit der Papstwahl damals aber noch nicht allein von einer Mehrheitswahl abhing, war die breite Unterstützung, die Oktavian aus Senat, Adel und Volk erhielt, ein durchaus gleichwertiger Legitimationsfaktor.[121] Konsens bestand lediglich hinsichtlich der Bedeutung, die die Einkleidung mit dem roten Mantel als Zeichen der päpstlichen Würde hatte, weshalb später auch gänzlich verschiedene Geschichten darüber in Umlauf waren, wer wem den Mantel aus der Hand gerissen oder sogar verkehrt herum angezogen habe.[122] Am 7. September wurde Oktavian als Papst Viktor IV. ausgerufen und inthronisiert, während Roland unter Mithilfe der Frangipane, der im alexandrinischen Romadel dominierenden Familie, flüchtete und am 18. September in Cisterna als Alexander III. erhoben und zwei Tage später in Ninfa geweiht wurde. Beide Orte gehörten zu den Besitzungen der Frangipane südlich von Rom; den Verbindungen der rivalisierenden Kardinalsgruppen zum kaiser- bzw. papstnahen Romadel entsprach, daß Viktor IV. am 4. Oktober im Kloster Farfa geweiht wurde, also im Einflußgebiet seiner Familie, der Grafen von Monticelli. Die während des Erhebungsaktes in Rom anwesenden kaiserlichen Legaten wußten wenig über die Usancen der Papstwahl; für ihre Haltung waren aber auch keine kirchenrechtlichen Überlegungen maßgebend, sondern – zumal im Falle Ottos von Wittelsbach – die Ablehnung Rolands, dessen Rolle beim Abschluß des Friedens von Benevent am Hof ebenso unvergessen war wie sein anmaßendes Auftreten in Besançon. Ihre rasche Parteinahme zugunsten Viktors IV. lag in der Logik ihrer Treuebindung an den Kaiser, den sie als Freund (*amicus*) Oktavians kannten.[123] Barbarossa hatte die Kandidatur Oktavians durch seine Politik gegenüber der Stadt Rom faktisch gefördert und sicher auch gebilligt; daran lag sein Anteil am Ausbruch des Schismas.[124]

Die Neuordnung der kaiserlichen Herrschaftsrechte, zu der die roncalischen Rechtssetzungen die Grundlage liefern sollten, wirkte sich auch auf Barbarossas Haltung gegenüber den päpstlichen Herrschaftsansprüchen im Patrimonium und besonders in Rom aus. Zunächst allerdings verlagerte die römische Doppelwahl den Konflikt auf die Frage nach der Rechtmäßigkeit der erhobenen Päpste. In Oberitalien dagegen führten die mit juristischen Argumenten untermauerten Ansprüche des Kaisers direkt in die Konfrontation mit jenen Mächten, denen nun eine schwerwiegende Beeinträchtigung ihrer bisherigen Position drohte. Das galt insbesondere für Mailand und seine Verbündeten, aber zunehmend auch für andere Kommunen. Unter den Neuerungen war nicht zuletzt die Erhebung von Abgaben konfliktträchtig. Zwar ist es gängige Forschungsmeinung, daß Barbarossas Kämpfe in Oberitalien vor allem das Ziel hatten, die finanziellen Ressourcen der reichen Städte zu erschließen; dennoch sollte der Befund nicht verlorengehen, daß die zeitgenössischen Quellen den Konflikt mit diesem Motiv gerade nicht erklären – nicht einmal die aus dem von Ausplünderung besonders betroffenen Mailand! Der mutmaßliche fiskalische Nutzen ist viel schwieriger zu erkennen als allgemein angenommen und spielt vor allem als Argument im Streit der Historiker späterer Zeiten um Nutzen und Nachteil der mittelalterlichen Kaiserpolitik eine besondere Rolle; schließlich ließen sich die ressourcenverschlingenden Italienzüge so mit einem rational nachvollziehbaren Motiv begründen.[125] Jedoch ist nicht zu erkennen, wem die von der ausgebauten Verwaltung eingezogenen Erträge eigentlich zugute kamen. «Eine solche Frage kann man vermutlich gar nicht stellen. Natürlich erforderte die Ausübung kaiserlicher Herrschaft beim Stand der wirtschaftlichen Entwicklung Bargeld, aber seine Verwendung ähnelte wohl mehr der seit alters praktizierten Verteilung einer Beute, als einer planmäßigen Verwendung des Zahlungsmittels mit einem spekulativ möglichst hohen Erfolg. Verfügbare Summen dürften direkt zum Unterhalt der Aufgebote der Fürsten und reiner Soldtruppen verwendet worden sein.»[126] Brachte die Italienpolitik also ihre Unkosten gleichsam selbst auf? Zwang erst die Finanzierung der astronomischen Ausgaben für die dortige Kriegführung dazu, eine neuartige Verwaltung auf neuartiger Rechtsgrundlage einzurichten?

KAPITEL 9

SIEGE UND NIEDERLAGEN IN OBERITALIEN (1160–1176)

Angewiesen auf Lehnsaufgebote, die erst über die Alpen herangeführt werden mußten, und auf das wechselhafte militärische Engagement verbündeter Kommunen, beschränkte sich Barbarossa im Sommer 1159 zunächst auf die übliche Kombination aus Verwüsten und Belagern. Im Mailänder *contado* ließ er Felder niederbrennen, Weinstöcke zerstören, fruchttragende Bäume fällen und die bäuerliche Bevölkerung vertreiben, um so die landwirtschaftlichen Lebensgrundlagen des Gegners nachhaltig zu zerstören. Außerdem ordnete er die Überwachung und Blockade von Zugangsstraßen an, um so den Handel mit Getreide zu unterbinden. Vergleichbare Praktiken hatten schon die Konfliktführung der rivalisierenden Kommunen geprägt.

TERROR UND TECHNIK: CREMA

Das im Vergleich zu Mailand erheblich kleinere Crema wurde aber schon im Sommer 1159 zum direkten Angriffsziel – und gleichzeitig zu einem Experimentierfeld der innovativen Mechanisierung des Belagerungskrieges seit dem frühen 12. Jahrhundert, die das Reich nördlich der Alpen noch kaum erreicht hatte, in den Kreuzfahrerstaaten indessen wie auch in Oberitalien schon üblich war. Seestädte wie Pisa und Genua hatten sich während ihrer Expansion an den Küsten des byzantinischen und arabischen Mittelmeerraumes neuer Kriegstechnik zur Eroberung großer Befestigungsanlagen zu bedienen gewußt – und ihren Bedarf weitgehend mit eigenen Fachleuten decken können, die sich die Ähnlichkeit der Holzkonstruktionen im Schiffsbau und der Belagerungstechnik zunutze machten. Von den Seestädten aus hatte sich diese Mechanisierung auch ins Landesinnere von Oberitalien ausgebreitet, wo die gewaltige ökonomische und demographische Ressourcenkonzentration in den Kommunen und deren besondere militärische Bedürfnisse nicht nur die Verwendung von Belagerungsmaschinen üblich werden ließ, sondern auch den Bedarf an Experten dieser Kriegstechnik steigerte, die sich wie Söldner in den Dienst ihrer Auftraggeber stellten. Crema hatte zu seiner Verteidigung einen Ingenieur namens Marchese engagiert, während ein Fachmann aus Jerusalem dem Kaiser seine Kenntnisse andiente. Dieser schlug vor, einen beweglichen Belagerungsturm von solcher Höhe zu bauen, daß er die Stadtmauern Cremas überragte, jedoch überstieg das Projekt Investitionsfähigkeit und Innovationsbereitschaft des Kaisers, dem solche Technik nicht vertraut war, erheblich. Entsprechend der Verteilung von Kenntnissen und Ressourcen unter seinen Getreuen oblag es Cremona, den Bau der gewaltigen Maschine zu finanzieren und auszuführen, während kleinere Katapulte, Schutzdächer und ein großer Rammbock auf Kosten Barbarossas und der Fürsten gebaut wurden; unter letzteren können Barbarossas Stiefbruder Konrad, der Pfalzgraf bei Rhein, und Pfalzgraf Otto von Wittelsbach namhaft gemacht werden, aber auch Graf Robert von Bassavilla, der vor Roger II. aus dem normannischen Königreich geflohen war und als Gegenleistung für die Unterstützung des Kaisers auf dessen künftigen Heerzug nach Süden hoffte. Im Juli trafen als dringend benötigte Verstärkung die von der Kaiserin Beatrix, Herzog Heinrich dem Löwen und seinem Onkel, Herzog Welf VI., nach Italien geführten Lehnsaufgebote aus Burgund, Schwaben, Sachsen und Bayern ein, so daß der Belagerungsring von Crema geschlossen werden konnte. Wohl Anfang Oktober wurden intensive Angriffe vorgetragen. Durch den zwischenzeitlich eskalierten Konflikt mit dem Papst, verstärkt durch den Ausbruch des Schismas nach dem Tod Hadrians IV., geriet das Unternehmen bald unter Zeitdruck. Für den 13. Januar 1160 berief Barbarossa ein Konzil nach Pavia ein. Allerdings erwies sich die Hoffnung, die Belagerung bis dahin abgeschlossen zu haben, als allzu optimistisch. Über das Kampfgeschehen berichteten der aus Lodi stammende Notar Otto Morena, Vinzenz von Prag und auch Rahewin aus eigener Anschauung. Demnach wurde der Ort, an dem die Cremonesen den großen Belagerungsturm errichtet hatten, schnell zum eigentlichen Brennpunkt der Kämpfe, weil von ihm die größte Bedrohung ausging: der Turm verfügte nicht nur über eine Sturmbrücke, die auf die Mauerkrone Cremas herabgelassen werden konnte, sondern deckte auch eine große Katze, von deren Schutzdach an Ketten ein großer Rammbock herabhing, mit dem eine Bresche in die Mauer geschlagen werden sollte. Um das Belagerungsgerät möglichst nahe an die Mauer heranzubringen, mußte aber zunächst ein Damm durch den Graben gebaut werden. Zu diesem Zweck ließ Barbarossa aus dem knapp zwanzig Kilometer entfernten Lodi 200 mit Erde gefüllte Fässer heranschaffen; zweitausend Wagenladungen Holz und Erde waren für weitere Aufschüttungen nötig, bevor die Katze langsam über den Graben geschoben und der Turm auf parallel gelegten Balken, die man der besseren Gleitfähigkeit wegen mit Seife eingeschmiert hatte, ebenfalls gegen die Mauer bewegt werden konnte. Das geschah unter ständigem Beschuß: Armbrust- und Bogenschützen attackierten die Angreifer von den Mauern herab, und aus der Stadt heraus nahmen Wurfmaschinen das bedrohliche Ziel unter dauernden und zunehmend präzisen Beschuß. Die Belagerer waren erstaunt und erschrocken über die Größe der herauskatapultierten Brocken – Vinzenz von Prag spricht sogar von Mühlsteinen –, und fürchteten die Zerstörung des kostspieligen Turmbaus.

Um ihn vor Beschuß zu schützen, ließ Friedrich Geiseln aus Mailand und Crema, aber auch Gefangene an die der Stadt zugewandten Vorderseite des Turmes binden und den Turm erneut auf die Mauer zuschieben. Unter schweren Gewissenskonflikten setzten die Cremasken den Beschuß bei Tag und bei Nacht fort: «Die Geiseln, edle, teils junge, teils betagte Männer, riefen mit Kreuzen und Kerzen in der Hand, um bei Nacht gesehen zu werden, ihre Verwandten und Brüder mit Namen und baten um Schonung.»[1] Rahewin nennt nur die ungebrochenen Verteidigungsbemühungen der Cremasken, nicht aber Barbarossas Befehl eine Freveltat. Vierzehn der zahlreichen Geiseln kennt Otto Morena mit Namen; von ihnen starben fünf, zwei wurden verstümmelt – dem einen die Beine gebrochen, dem anderen die Arme zerschmettert –, die anderen sieben lebten noch, als man entschied, sie vom Turm wieder herunterzunehmen. Barbarossa hatte die Entschlossenheit der Verteidiger unterschätzt, aber mit seinem Befehl eine Spirale der Gewalt in Gang gesetzt, die nicht mehr leicht zu durchbrechen war. «In größtem Zorn und Schmerz» schleppten die Cremasken ihrerseits gefangene Deutsche, Cremonesen und Lodesen auf die Mauer und «töteten sie zur Schmach des Kaisers, der dies sogar sah».[2] Von der demonstrativen Hinmordung seiner Getreuen herausgefordert, ließ Barbarossa durch Beratung der Großen feststellen, daß seine Feinde den Tod verdienten – daß man sich bei dieser Entscheidung explizit auf «geschriebenes Recht» (*ius scriptum*) bezog, läßt vermuten, daß man römischrechtliche Bestimmungen über das Majestätsverbrechen als Legitimationsbasis bemühte. Glaubt man Otto Morena, so war die Urteilsverkündung nahe vor einem der Stadttore auf Wahrnehmung durch die Cremasken kalkuliert – die ihrerseits prompt mit der Hinrichtung weiterer Gefangener drohten. «Allein, weil sie die Seinen aufzuhängen drohten», befahl Barbarossa, zwei gefangene Cremasken aufzuhängen. «Als die Cremasken also die Ihren erhängt sahen, erhängten sie unter den Augen des Kaisers und ihm zum Schimpf und zur Rache jene beiden, die sie alsbald herbeigeholt hatten.»[3] Empört ließ Barbarossa weitere Gefangene heranführen und gabelartige Galgen errichten; Lösegeld, das ihm vornehme Mailänder Ritter anboten, schlug er aus. In diesem symbolischen Kampf um das Recht, das jeder als auf seiner Seite postulierte und deshalb mit immer noch mehr Hinrichtungen zu demonstrieren bereit war, unterlag Barbarossa dem starren Zwang von Vergeltung und Vergeltungsvergeltung so sehr, daß Bischöfe und Äbte baten, den blutigen Wettbewerb um die größte Erbarmungslosigkeit zu durchbrechen: «Er, der eine Quelle der Barmherzigkeit sein sollte, möge doch nicht auf die Nichtswürdigkeit und Bösartigkeit jener, die damals die Herabwürdigung Gottes und seiner selbst beschlossen hatten, sein Augenmerk richten.» Als Ausdruck von Milde sah es der Staufer wohl an, daß er dann nur noch einige wenige erhängen ließ, «die übrigen aber um Gottes und der frommen Männer willen dem Leben schenkte».[4]

Der große Turm wurde mit Flechtwerk aus Weiden, mit dicken Filzdecken und Fellen, dazu noch mit wollenen Tüchern gegen den Beschuß gesichert. Erneut wurde er hinter der Katze in Stellung gebracht. Unter ihrem Schutz wurde der mit Eisen beschlagene Balken, der an Ketten befestigt von ihrem Schirmdach herabhing, angeblich gute zehn Meter weit nach vorne so lange gegen die Stadtmauer geschwungen, bis Ende Dezember eine Bresche geschlagen war. Die Verteidiger verstanden es, die Angreifer mit improvisierten Schanzungen aus Holz und Erde abzuwehren und versuchten sogar, durch einen unterirdischen Gang einen Ausfall zu machen und die Katze in

Brand zu setzen. Unter wechselnd erfolgreichen Kriegslisten und trotz des Einsatzes weiterer Katzen an anderen Stellen der Mauer fraß sich die Belagerung fest. Der Beginn des Konzils von Pavia mußte auf den 2. Februar verlegt werden. Allerdings war Marchese, der Kriegstechniker der Cremasken, um die Jahreswende zum Kaiser übergelaufen – vielleicht, weil er bestochen worden war, vielleicht, weil ihn die Cremasken gegen seinen Willen festgehalten hatten, vielleicht, weil er sich einfach nicht der Gefahr einer Eroberung aussetzen wollte. Bei Nacht über die Mauer geflohen, erschien er in Barbarossas Lager. Ein weiteres Mal bewies der Hof seine Anziehungskraft für Fachleute, die sich Vorteile davon versprachen, in die Dienste des Kaisers zu treten. Wie die Bologneser Juristen, so verfügte auch Marchese über modernstes Expertenwissen. Barbarossa enttäuschte seine Erwartungen nicht, sondern lohnte ihm den Seitenwechsel – man könnte auch sagen: den Verrat – mit reichen Geschenken und vergalt dem Ingenieur seinen willkommenen Seitenwechsel mit prächtigen Kleidern und einem Streitroß. Mit den Verhältnissen in der belagerten Stadt aufs beste vertraut, riet Marchese zur Intensivierung der Angriffe an der Mauerbresche und konstruierte zur Unterstützung des ersten Belagerungsturms einen zweiten, der mittels einer Wippe in einem bestimmten Takt eine kleinere Kampfgruppe auf der Mauerkrone absetzen konnte; mehrfach wiederholt, wäre so eine kontinuierliche Verstärkung eines einmal erkämpften Brückenkopfes möglich gewesen. Von beiden Türmen aus sollte gleichzeitig der Angriff über die Sturmbrücken vorgetragen werden. Der Damm durch den Graben wurde verbreitert, die Katze – nunmehr unmittelbar vor der Mauer bloß noch hinderlich – wurde verbrannt, so daß die beiden Türme direkt an die Befestigung von Crema herangeschoben werden konnten. Für den 21. Januar kündigte Barbarossa einen allgemeinen Angriff an. Auf seinen Befehl hin übernahm sein Stiefbruder Konrad, der Pfalzgraf bei Rhein, den Angriff über die Sturmbrücke des ersten Belagerungsturmes. Tatsächlich konnte Konrad mit einigen seiner Ritter auf der Mauer Fuß fassen, sein Bannerträger Bertolf von Urach sprang mit der roten Fahne des Kaisers sogar mitten unter die Feinde hinab, aber die exponierte Position war nicht auszubauen, ja nicht einmal zu halten, weil die Verstärkung über Marcheses Maschine nicht rechtzeitig oder nicht zahlreich genug eintraf. Als deren Brücke von Schleudergeschossen der Wurfmaschinen getroffen wurde und gar zerbrach, zog sich Konrad, mittlerweile selbst verwundet, unter erheblichen Verlusten über die noch intakte Sturmbrücke wieder zurück. Zwar war ein entscheidender Erfolg ausgeblieben, doch eine Wiederholung des Angriffs absehbar.

Angesichts eigener Verluste stand nun den Belagerten ihre Niederlage klar vor Augen. Für den Fall einer gewaltsamen Einnahme fürchteten sie wegen des Rachedursts der Deutschen und insbesondere der Cremonesen sicher zu Recht ein Massaker an der Einwohnerschaft – um so mehr, falls ein Cremaske, wie Rahewin voller Abscheu, aber wohl nur zur kalkulierten Denunziation erzählt, tatsächlich Konrads tollkühnen Bannerträger skalpiert und die Kopfschwarte als Kriegstrophäe, «sorgsam frisiert», an seinen Helm gebunden hatte.[5] Die Cremasken suchten Kontakt zu dem Patriarchen Pilgrim von Aquileja, der schon vor Mailand als Friedensvermittler fungiert hatte, und zu Heinrich dem Löwen, dem als Verwandten des Kaisers besonderer Einfluß zugeschrieben wurde. Unter der Bedingung freien Abzugs für alle Einwohner, Frauen und Männer, und unter der Bedingung, «nicht ihren schlimmsten Feinden, den Cremonesen, ihren Landsleuten, Sühne leisten zu müssen, sondern nur dem Kaiser»,[6] willigten sie in ihre Unterwerfung ein. Von ihrer Habe durften sie mitnehmen, so viel sie tragen konnten; Waffen mußten zurückgelassen werden. Eine besondere Demütigung mutete Barbarossa ihnen allerdings zu: sie durften nicht durch ein Tor ausziehen, sondern mußten durch eine enge Mauerbresche ihre Stadt verlassen – und noch auf diese Weise ihre Niederlage symbolisch anerkennen. Der Kaiser zeigte sich aber auch als milder Sieger. Er half den Belagerten, durch die schmale Bresche hinauszuziehen und schenkte ihnen auf diese Weise persönlich ihr nach strengem Rechtsstandpunkt eigentlich verwirktes Leben. Nach den Exzessen der Grausamkeit waren diese Gesten genau darauf berechnet, daß sich Barbarossa als christlicher Herrscher in Szene setzen konnte. Demonstrativ zeigte er Barmherzigkeit, indem er einen Kranken mit eigenen Händen und mit Hilfe anderer Ritter hinausgeleitete. Otto Morena nannte ihn deshalb einen «allerchristlichsten Kaiser»: «ein derartiger Akt der Güte und kaiserlichen Milde muß allen Menschen ein außerordentliches Beispiel sein.»[7] Barbarossas engste Verbündete ließen sich von diesem Schauspiel beeindrucken – die Stimme der Verlierer ist freilich nicht überliefert. Crema wurde dem Heer zur Plünderung überlassen, Lodesen und insbesondere die Cremonesen, «begierig auf die Vernichtung Cremas», taten sich bei der Zerstörung von Häusern und Befestigungen besonders hervor; die Kriegsmaschinen, deren Konstruktion zweitausend Mark – etwa 400 Kilo – Silber verschlungen hatte, wurden verbrannt.[8] Nach fünf Tagen der Verwüstung zogen die Cremonesen zurück in ihre Heimatstadt, Barbarossa mit seinem Heer nach Pavia, das zum zweiten Mal Ort einer großen Siegesfeier wurde.

BLOCKADE UND HUNGER: MAILAND

Die als Verstärkung über die Alpen geführten Kontingente hatten mit der Unterwerfung Cremas ihre Pflicht zur Heerfahrt abgeleistet. Barbarossa entließ das Heer in Pavia, viele wurden geehrt, indem der Kaiser öffentlich ihre tapferen Taten lobte und sie von ihm zur Belohnung treuer Dienste Gold und Silber, kostbare Gewänder oder Lehen erhielten. Gleichzeitig beauftragte er Rainald von Dassel, der beim englischen und französischen König um die Anerkennung Papst Viktors IV. werben sollte, in Deutschland ein weiteres Heeresaufgebot zu sammeln und wieder nach Italien zu führen, womit aber frühestens im Frühjahr 1161 zu rechnen war. Bis dahin verfügte Barbarossa nur über verhältnismäßig geringe Kräfte, was auch den Charakter der weiteren Unternehmungen bestimmte: ein Angriff auf Mailand selbst war unrealistisch, lediglich einzelne im Umland operierende Abteilungen der Miliz konnten gestellt, aber keineswegs immer geschlagen werden.[9] Solche Kämpfe entwickelten sich meist anläßlich der systematischen Verwüstung landwirtschaftlicher Anbauflächen, die der Kaiser mit Unterstützung aus Pavia, Cremona, Novara und Bergamo in der weiteren Umgebung Mailands wiederaufnahm: Flachsanbau wurde vernichtet, Getreide verbrannt, fruchttragende Bäume ließ er fällen oder entrinden. Für die verhängte Blockade war außerdem die Verfügung über Furten und Brücken entscheidend, während Mailand wiederum die Blockade zu durchbrechen und die Kontrolle über wichtige Verkehrswege und Flußübergänge zurückzuerlangen suchte. Dabei waren Adda und Po die wichtigsten strategischen Linien auf dem Kriegsschauplatz. Dauerhafte Erfolge waren kaum zu erzielen. Als Barbarossa mit Wurfmaschinen aus Lodi und Reiterei aus den verbündeten Städten nach Piacenza kam, um die dort auf Schiffen errichtete Brücke über den Po zu zerstören, zogen die Piacentiner die

ABB. 24 Diese Zeichnung in dem um 1245/46 entstandenen Werk des Orfino da Lodi zeigt ein mit einer Mauerkrone bekröntes Brustbild Barbarossas über einem stilisierten Stadttor. Auffällig sind ikonographische Ähnlichkeiten zur kaiserlichen und päpstlichen Rombulle. Die Umschrift LAUDENSEM RUPEM STATUIT FREDERICUS IN URBEM feiert die Neugründung des zerstörten Lodi durch den Kaiser. Es handelt sich wohl um eine Darstellung des frühesten Lodeser Stadtsiegels. – Monza, Biblioteca Capitolare, cod. b 11/71, fol. 31r.

Schiffe unversehrt an ihr Ufer und errichteten die Brücke bei nächster Gelegenheit erneut. Direkt an der Adda gelegen, war das am 3. August 1158 von Barbarossa neugegründete Lodi ein Brückenkopf im Mailänder Gebiet, der immer wieder stark umkämpft war.[10] Von lediglich niederen Wällen umgeben, aber durch Gräben und Wasserläufe wirkungsvoll geschützt, widerstand die Stadt mehrfach auch heftigen Angriffen; selbst das Aufgebot aller sechs Stadtviertel Mailands wurde mit knapper Not abgewehrt – Anlaß genug, unter Anleitung des Baumeisters Tinto Mussa de Gatto aus Cremona mit dem Bau einer Stadtmauer zu beginnen.

Mailand spielte seinen besonderen Vorteil, ebenso zahlreiche wie kampfstarke Fußtruppen umfassend mobilisieren zu können, nur selten aus – vielleicht deshalb, weil man über die tatsächliche Stärke von Barbarossas Heer im unklaren war, vielleicht, weil das Risiko einer Schlacht fern der Stadt doch allzu unkalkulierbar war. Lediglich einmal, als die Kaiserlichen im Mai und Juni 1160 wochenlang bei Rhò nordwestlich von Mailand Anbauflächen verheerten, zog das übermächtige Feldaufgebot in der Absicht heran, den Kaiser zum Kampf zu stellen. In vier Gefechtsreihen nahmen die Mailänder Aufstellung: in der ersten Reihe waren fast hundert bemannte Karren als Schutz gegen die Reiterei aufgestellt, dahinter das weitere Fußvolk mit dem Fahnenwagen im Zentrum, dann die Mailänder Reiterei und schließlich 200 Ritter aus dem verbündeten Piacenza. Aus Furcht vor der klar überlegenen Streitmacht brach Barbarossa noch in der Nacht sein Lager ab und zog sich Richtung Pavia zurück. In bedrohlichere Lage geriet der Kaiser auch bei einem größeren Gefecht im August östlich von Como. Als die Mailänder das Kastell von Carcano belagerten, brach Barbarossa eine Unternehmung im Gebiet von Brescia ab, um die Belagerten zu entsetzen.[11] Sein Heer bestand damals aus Rittern und Fußvolk aus Pavia, Novara, Vercelli und Como, Seprio und Martesana, außerdem aus der Unterstützung, die ihm Markgraf Wilhelm von Montferrat, die Grafen Guido von Biandrate und Konrad von Ballhausen, die Herzöge Berthold von Zähringen und Udalrich von Böhmen gerade leisteten. Sie konnten das mailändische Belagerungsheer einkesseln und vom Nachschub abschneiden; jedoch wurde es unvorhergesehenerweise von Rittern aus Brescia und eilig zurückbeorderten Mailänder Abteilungen verstärkt, so daß Barbarossa einem doppelt so starken Gegner gegenüberstand als zunächst vermutet. Offenbar griffen die Kaiserlichen zur Kriegslist einer Scheinflucht und kehrten in ihr zuvor verlassenes Lager zurück, als die Mailänder dort schon zu plündern begonnen hatten; auch griffen sie noch die um den Fahnenwagen konzentrierte Reserve an. Auf dem nahe gelegenen Höhenzug konnten die Ritter aus Novara und Como den Mailändern aber nicht standhalten und fluteten geschlagen ins Lager zurück, wohin sich auch der Kaiser zurückzog. In unübersichtlichem Gelände standen sich die Gegner längere Zeit gegenüber; als gegen Mittag zur ohnehin bitteren Kälte auch noch heftiger Regen einsetzte, kehrten die Mailänder in ihr Lager zurück. Barbarossa brach überstürzt auf. Die Mailänder setzten nicht nach, weil sie diese Flucht als erneuten Hinterhalt deuteten. Tatsächlich jedoch flüchtete der Kaiser aus seiner Stellung am Ufer des Lago di Alserio, die im Falle eines Angriffs der überlegenen Mailänder unhaltbar gewesen wäre; er floh so schnell, daß nicht einmal Zelte und Gefangene mitgenommen werden konnten. Die Mailänder hatten ihren Vorteil auf Grund des schlechten Wetters und der schwierigen Geländeverhältnisse einfach nicht erkannt, machten aber noch am folgenden Tag reiche Beute und überrannten einen aus Crema und Lodi entsandten Nachschubtroß, der wegen der brotbeladenen Packesel nur langsam vorangekommen war. 200 Pferde und ebensoviele Ritter wurden gefangengenommen, Barbarossa aber war rechtzeitig entkommen und nach Como zurückgewichen. Seine «bei Carcano erlittenen Verluste verstärkten den Zwang zur Vorsicht bis an den Rand der Handlungsunfähigkeit».[12] Mailand eroberte verlorene Positionen im Umland und an der Adda wieder zurück, Barbarossa suchte für Herbst und Winter Schutz hinter den Mauern von Pavia. Selbst Verwüstungszüge in der Erntezeit waren offenbar zu riskant, und der Staufer konnte sich nur eine beschränkte Reaktionsfähigkeit sichern, indem ihm die Bischöfe von Novara, Vercelli und Asti sowie Markgraf Wilhelm von Montferrat und andere Große aus dem vom Krieg bislang verschonten Piemont und Ligurien zusagten, bis Anfang April Ritter, Bogen- und Armbrustschützen zu stellen. Noch zu Ostern 1161 waren sich die Mailänder bei der Belagerung einer Burg in der Grafschaft Seprio sicher, daß der Kaiser nur über ein kleines Heer verfügte.[13] Allerdings zog Barbarossa mit aus Parma, Reggio, Bergamo, Cremona und Pavia entsandten Abteilungen heran und zeigte sich mit dieser Verstärkung zum Kampf entschlossen, weshalb die Mailänder ihre aufwendige, mit Kriegsmaschinen begonnene Belagerung aufgaben. In etwa gleichzeitig traf auch die erwartete Verstärkung aus dem deutschen Reichsteil ein.

Entsprechende Beschlüsse waren im Juli des vorausgegangenen Jahres auf einem Fürstentag in Erfurt gefaßt worden, der über die Lage nach der Ermordung des Erzbischofs Arnold von Mainz beraten sollte. In Mainz war wegen der Sonderabgaben, die Arnold schon 1158 aus Anlaß der Heerfahrt nach Italien erhoben hatte, ein Aufstand ausgebrochen und der Kirchenfürst selbst schließlich sogar ermordet worden, obwohl oder vielmehr gerade weil er seine Forderungen vor dem Gericht Barbarossas als berechtigt hatte anerkennen lassen. In Erfurt waren aber nicht nur Strafmaßnahmen gegen die Mainzer, sondern auch die Entsendung eines weiteren Aufgebots nach Italien beschlossen worden.[14] Dafür war der Einfluß einer Gruppe von Reichsfürsten entscheidend gewesen, die zum engsten Kreis um den Kaiser gehörten: Rainald von Dassel, sein zum Erzbischof von Köln erhobener früherer Kanzler, Pfalzgraf Konrad bei Rhein – Barbarossas Halbbruder –, Landgraf Ludwig II. von Thüringen – Barbarossas Schwager –, Herzog Heinrich der Löwe – Barbarossas Vetter –, Herzog Friedrich von Rothenburg – ebenfalls ein Vetter Barbarossas – und Bischof Eberhard von Bamberg – der entschiedenste Helfer bei Barbarossas Königswahl. Sie dominierten die Versammlung so klar, daß Barbarossa später davon sprechen konnte, «alle Fürsten Deutschlands» hätten seinen erneuten Heerzug versprochen und beschworen.[15] Die Formulierung täuscht freilich darüber hinweg, daß es einen allgemein durchsetzbaren, herrscherlichen Anspruch auf Heerfolge nicht gab. Schon wegen der bloß eingeschränkten Rechtsgeltung allgemeiner Normen, wie sie etwa im roncalischen Lehnsgesetz formuliert worden war, hing die Teilnahme der Großen an der Heerfahrt im konkreten Fall immer von ihrem Konsens und damit auch von ihrem Verhältnis zu Barbarossa ab. In Erfurt hatte eine königsnahe Gruppe von Fürsten die Entscheidungsfindung ganz im Sinne des persönlich abwesenden Herrschers gesteuert. Sie hatten die Ziele des Kaisers zu ihren eigenen gemacht, und entsprechend massiv fiel auch ihre Unterstützung aus.

Acerbus Morena, damals einer der Podestà seiner Heimatstadt Lodi, gibt recht glaubwürdig den Zuzug Ludwigs von Thüringen mit 500, Pfalzgraf Konrads und Herzog Friedrichs mit insgesamt 600, Rainalds von Dassel mit 500 sowie der Herzöge Friedrich und Theobald von Böhmen mit 300 Rittern an. Die Kontingente summierten sich in etwa auf die Größe des Aufgebots von Barbarossas erstem Italienzug und wurden durch die verbündeten Kommunen noch weiter verstärkt. Aber nicht nur wegen dieser Verstärkung ging die Initiative zunehmend auf Barbarossa über. Mailand kämpfte mit den Folgen eines verheerenden Stadtbrandes, der im August 1160 zusammen mit vielen Häusern auch einen Großteil der eingelagerten Vorräte vernichtet hatte. Um so gefährlicher waren die Folgen der systematischen Verwüstungs- und Blockadepolitik, die Barbarossa wiederaufnehmen ließ. Im Mai zog sein Heer bis unmittelbar vor die Mauern der Stadt, um die Saaten zu vernichten; Ausfälle der Mailänder konnten die Verwüstung nur stören, nicht stoppen. Bis Mitte Juni waren im weiten Umkreis Getreide vernichtet, Weinstöcke ausgerissen, Bäume gefällt und Häuser zerstört. In Mailand wurden die Lebensmittel rationiert, in jeder Pfarrei zwei Kontrolleure gewählt und aus deren Mitte pro Stadtviertel drei Oberaufseher, so daß schließlich ein Gremium aus 18 Männern den Verkauf von Getreide, Wein und anderen Waren zu beaufsichtigen hatte. Parallel zur Warenknappheit stiegen die Preise. Als man im Umland zufällig Jäger des Kaisers stellte, wurden sie zwar wieder freigelassen, ihre Beute aber einbehalten – der Hirsch, den sie für Barbarossas Tafel gefangen hatten, sicherte nun einigen Rittern und Konsuln der Stadt lang entbehrte Genüsse. Der einzige größere Ausfall, den die Mailänder auf das Lodeser Gebiet zu unternehmen wagten, diente nur noch dem Requirieren von Lebensmitteln.

Wegen der systematischen Verwüstungen und der aus Deutschland eingetroffenen militärischen Verstärkung hielten die Mailänder ihre Situation für so aussichtslos, daß sie Anfang August erstmals Verhandlungen mit vier Fürsten aus der unmittelbaren Umgebung des Kaisers anknüpften. Sie gehörten auffälligerweise alle zur Verwandtschaft König Vladislavs von Böhmen, der schon 1158 als Vermittler zwischen Mailand und Barbarossa fungiert hatte, dieses Mal aber nicht am Heerzug teilnahm. Offenbar ermutigte die Erfahrung mit der Vermittlung des Böhmenkönigs dazu, nun Kontakt zu seinem Bruder und seinem Sohn aufzunehmen, den böhmischen Herzögen Theobald und Friedrich. Mit Landgraf Ludwig von Thüringen war außerdem auch Vladislavs Schwager in Barbarossas Heer, der wiederum seinen Schwager, den Pfalzgrafen bei Rhein, Konrad, hinzuzog, den Stiefbruder Barbarossas. Die Mailänder hofften, durch Vermittlung dieser Fürsten die Huld des Kaisers wiedererlangen zu können und boten an, «einen Teil des Grabens zu zerstören, die Mauer auf eine Breite von 40 Ellen zum Einzug und Auszug aus der Stadt zu zerstören, damit der Kaiser mit seinem Heer hindurchziehen könne, und dreißig Häusern gleichwertige Türme und außerdem den [über alle anderen] herausragenden Turm der heiligen Maria niederzureißen, 300 Geiseln zu stellen, 10 000 Mark und einen jährlichen Tribut aus Stadt und Umland zu entrichten».[16] Obwohl die vier Fürsten den Konsuln zum Zweck eines *colloquium* sicheres Geleit gewährt hatten, wurden sie auf dem Weg dorthin von Rittern Rainalds von Dassel gefangengenommen. Daraus entwickelte sich ein Gefecht mit nachsetzenden Mailändern, die ihre Konsuln befreien wollten. Als das die Fürsten erfuhren, «waren sie nicht wenig entrüstet» und sollen sogar beabsichtigt haben, den Kanzler, der von dieser Sache angeblich nichts wußte und noch im Lager war, zu töten. Rainald seinerseits berichtete Barbarossa über den Vorfall und gab vor, die Konsuln seien ohne sein Wissen von seinen Rittern gefangengenommen worden, woraufhin der Kaiser seinen Kanzler gegen die Drohungen der Großen in Schutz nahm und mit einer hastig zusammengerufenen Reiterabteilung selbst in den Kampf eilte. «Aus Zorn und Entrüstung» versagten die vier Fürsten dem Kaiser ihre Hilfe beim anschließenden Gefecht mit den Mailändern.[17] Die Vermittler stellten ihr den Konsuln gegebenes Wort also über ihre herrschaftlichen und verwandtschaftlichen Beziehungen zum Kaiser, der sie öffentlich desavouiert hatte, denn der Übergriff von Rainalds Rittern und Barbarossas Reaktion darauf hatte ihre Zusage sicheren Geleits wertlos gemacht. Gleichzeitig wurde dadurch offenkundig, daß sie beim Kaiser nicht über genügend Einfluß verfügten, um ihre begonnene Vermittlung tatsächlich durchsetzen zu können. Das tangierte wiederum ihre Stellung im Kreis der übrigen Fürsten: die erlittene Ehrverletzung war so groß, daß sie an Rainald selbst Rache nehmen wollten. Der aufflammende Gegensatz zwischen dem Kanzler und den Fürsten wurzelte offenkundig in ihrer Rivalität um Einfluß beim Kaiser: aus den weiteren Ereignissen wird ersichtlich, daß Rainald unter Barbarossas Beratern besonders unversöhnlich auf der bedingungslosen Unterwerfung Mailands beharrte. Durch die Steinwürfe in der Stadt persönlich beleidigt, wollte der Kanzler durch möglichst vollständige Demütigung der Mailänder zusammen mit dem *honor* des Kaisers auch seine eigene Ehre möglichst glanzvoll wiederhergestellt sehen. Viele Quellen stimmen in der Einschätzung überein, daß er es sich zur ureigensten Aufgabe gemacht hatte, die Ehre des Kaisers zu wahren – und sich ihm damit natürlich als besonders verläßlicher Gefolgsmann empfahl. Entschlossen, sich in einer so prestigeträchtigen Angelegenheit von niemandem überspielen zu lassen, torpedierte er die Vermittlung, um einen Prestigegewinn seiner fürstlichen Rivalen zu verhindern und seine eigene einflußreiche Stellung am Hof zu verteidigen. Daß sich gerade eine Kölner Quelle über den Haß ungenannter Fürsten gegen den Landgrafen und den Böhmen gut informiert zeigt, ist kein Zufall: diese Informationen stammten aus Rainalds Umgebung, und gemeint sein dürfte vor allem Rainalds Haß, der nicht dulden wollte, «daß der Kaiser den Vertrag, den sie [die Mailänder] anboten, annimmt».[18] Der Neid auf Rainalds Rolle als ‹regierender Ratgeber› Barbarossas und das Bedürfnis nach Vergeltung für die durch ihn am Hof erlittene

Schmach war so groß, daß Pfalzgraf Konrad und Landgraf Ludwig II., kaum nach Deutschland zurückgekehrt, noch in Rainalds Abwesenheit eine Fehde gegen sein Erzbistum Köln eröffneten.

Der Streit um die führende Rolle bei den Vermittlungen um Mailands Unterwerfung ist für die Handlungsstrategien, mit denen Einfluß am Hof erworben und verteidigt wurde, sehr aufschlußreich. Nur einige der Großen konnten beanspruchen, «vom Herrscher gehört und in ihrer Auffassung beachtet zu werden», während andere mit ihnen um diese Position konkurrierten; Konkurrenz war integraler Bestandteil der konsensualen Herrschaftspraxis, die nicht Übereinstimmung mit gleichermaßen allen Großen bedeutete, sondern mit einer «kleineren, tonangebenden Konsensgemeinschaft».[19] Barbarossas Spielraum bestand ganz wesentlich darin, seine Huld der einen oder anderen Gruppe zuteil werden zu lassen und damit über Einflußmöglichkeiten entscheiden zu können. Rainald bewies seine unbedingte Zuverlässigkeit, indem er sich stets für den größtmöglichen Vorteil des Kaisers einsetzte; auf diese Weise verpflichtete er sich den Kaiser, dessen Parteinahme so vorbehaltlos war, daß er später gar einen Streit mit seinem Stiefbruder Konrad in Kauf nahm und ihn wegen dessen Fehde gegen Rainald so demütigte, daß «er an Macht kaum mehr irgendeinem der Ministerialen des Königreichs gleichkam».[20] Bezeichnenderweise erlangte Konrad die Huld seines kaiserlichen Bruders erst wieder nach Rainalds Tod.[21]

Barbarossa verschärfte die Verwüstungspolitik durch systematischen Terror. Schon im Frühjahr hatte es demonstrative Hinrichtungen gegeben, außerdem kalkulierte der Kaiser sehr bewußt mit der abschreckenden Wirkung von Verstümmelungsstrafen. Mailändern, die ein Kastell im Umland verteidigt hatten, wurde eine Hand abgehackt, und wer im Herbst beim Holzsammeln aufgegriffen wurde, verlor ebenfalls eine Hand, «um Arm und Reich davon abzuschrekken, die Stadt zu verlassen»; ranghöheren Gefangenen wurden die Augen ausgerissen und die Nasen abgeschnitten – besiegt und zu ihrer Schande entstellt, wurden sie in die Stadt zurückgeschickt.[22] Auf kaiserlicher Seite blieb auch nicht verborgen, daß die Handelswege nach Piacenza und Brescia in gleichem Maße an Bedeutung gewannen, wie die Ernteausfälle die Versorgung in der Stadt erschwerten. Entsprechend rigide wurde die Blockade im Winter aufrechterhalten. Markward von Grumbach bewachte bei der zerstörten Burg Trezzo

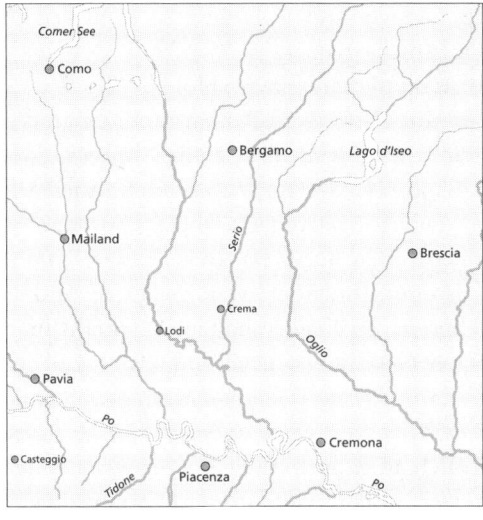

KARTE 9

den Übergang über die Adda; flußabwärts wurden Furten gesichert, um die Verbindung nach Brescia zu unterbrechen. Pfalzgraf Konrad, Markgraf Wilhelm von Montferrat und Graf Guido von Biandrate kontrollierten vom Kastell Mombrione aus die Verbindung über den Po nach Piacenza; Pavia blockierte im Westen die Wege nach Tortona und Genua. Von seinem Winterquartier in Lodi aus ließ Barbarossa die Straßen von Lodesen und Deutschen konsequent überwachen; wer dabei angetroffen wurde, Waren für den Markt nach Mailand zu bringen, verlor die rechte Hand – so sollen an einem einzigen Tag einmal fünfundzwanzig Hände abgeschlagen worden sein![23] Die Lebensmittelversorgung in Mailand brach zusammen, die sprunghaft gestiegenen Preise konnten von vielen Bürgern nicht mehr bezahlt werden, die Schere zwischen ärmerer und wohlhabenderer Bevölkerung öffnete sich so drastisch, daß nicht einmal die Erfahrung der gemeinsamen existentiellen Bedrohung länger politisch einigend zu wirken vermochte. Einzelne Vermögende verließen die Stadt und ergaben sich dem Kaiser in Lodi. Andere, die ihren Wohlstand in Friedenszeiten aus Mühlen und Bäckereien bezogen, sahen ihre Existenzgrundlagen durch die Vernichtung des Getreides und den Mangel an

Korn gefährdet. Wieder andere hungerten, weil der Bedarf an Brot schon längst nicht mehr gedeckt werden konnte.

Welche Vorstellung man sich am Hof von der Wirkung der Blokkade machte, ist unsicher, aber offenbar wußte man durch Aussagen von Gefangenen und Überläufern genug, um spätestens ab Herbst sicher mit Mailands Niederlage zu rechnen. Vielleicht hatte man tatsächlich von einem Mailänder namens Giordano Scaccabarozzi, dessen Familie ein öffentliches Backhaus betrieb und über die Versorgungslage also gut informiert war, genauere Auskünfte über die angespannte Lage in der Stadt erhalten. Jedenfalls brandmarkte die spätere Mailänder Geschichtsschreibung des 13. Jahrhunderts diesen Giordano, der 1164 als kaiserlicher Beauftragter für die Einziehung von Abgaben erschien, als Verräter (*proditor*):[24] der grausame Kaiser soll sich «heimlich und persönlich im Schweigen der Nacht» mit dem «ruchlosesten und frevelhaftesten Verräter» getroffen haben, um ihn für Auskünfte über die Versorgungslage reich zu belohnen, die ihm Giordano anhand von Vorratsverzeichnissen erteilte.[25] Von diesen angeblichen schriftlichen Aufzeichnungen abgesehen, wirkt die Szene jedoch alles andere als glaubwürdig; außerdem hat sie ihren historischen Ort offenkundig im Geschichtsbild des frühen 13. Jahrhunderts, als unter dem Eindruck der erneut eskalierenden Auseinandersetzungen Mailands mit Kaiser Friedrich II. auch eine besonders finstere Erinnerung an dessen Großvater Barbarossa gut zu instrumentalisieren war. Immerhin hatte selbst der kaiserliche Notar Burchard Anlaß, ausdrücklich zu versichern, daß Mailands Kapitulation nicht «durch Betrug und Täuschung» erreicht worden sei.[26] Aber gerade aus seinem Brief, mit dem er Abt Nikolaus von Siegburg über die Unterwerfung Mailands informierte, wissen wir, daß sich Barbarossa einer wohlüberlegten List bediente, um Mailand zur bedingungslosen Unterwerfung zu zwingen.

Am 21. Februar 1162 beriet der Kaiser mit den Fürsten und Vertretern der verbündeten Städte Cremona und Pavia, Novara, Como und Lodi über den Entwurf eines Friedensvertrags (*conventio*), den Mailänder Konsuln übermittelt hatten: «Der Graben sollte vollständig eingeebnet, Mauern und Türme zerstört und 300 Geiseln gegeben werden, die der Kaiser selbst sollte auswählen und für drei Jahre in Gefangschaft halten dürfen; als Podestà nähmen sie an, wen der Kaiser wolle, sei es ein Deutscher oder ein Lombarde; alle Regalien sollten zurückgegeben, Geld bezahlt, dem Kaiser eine Pfalz, wo und wie groß er wolle, innerhalb oder außerhalb der Stadt auf ihre Kosten erbaut und zukünftig niemals ein Graben oder eine Mauer ohne Erlaubnis des Kaisers errichtet und auch mit keiner anderen Stadt oder Person ein Bündnis oder eine eidliche Gemeinschaft eingegangen werden; 3000 Menschen sollten der Stadt verwiesen und der Kaiser mit seinem Heer in der Stadt aufgenommen werden, so lange er wolle.» Die Vorstellungen darüber, ob damit der Ehre des Reichs Genüge getan sei, gingen auseinander. Graf Guido von Biandrate, als Bürger Mailands seiner Heimatstadt verpflichtet, argumentierte mit der Herrschertugend der Barmherzigkeit und riet mit der Mehrheit der Versammelten zur Annahme des Vertrags. Die Gegenposition vertrat der Erzbischof von Köln, Rainald von Dassel; er verlangte eine bedingungslose Kapitulation, «weil dann der Sieg vollständig sei und der Kaiser ganz nach eigenem Wunsch Rache und Barmherzigkeit üben könne». Wieder andere hielten das eine wie das andere für ehrenhaft. Barbarossa selbst war an einer möglichst vollständigen Demütigung Mailands gelegen – allerdings wollte er sich auch nicht dem Vorwurf mangelnder Barmherzigkeit ausgesetzt sehen. An diesen Erwartungen orientierte sich die in langen Beratungen gefundene Lösung: man akzeptierte den Vertrag, allerdings nur unter der Bedingung, daß die Blockade erst nach seiner vollständigen Erfüllung aufgehoben werden sollte. Die List bestand darin, daß Barbarossa im Wissen um den Hunger in der Stadt den Vertrag zwar annahm und sich damit versöhnungsbereit zeigte, gleichzeitig aber damit rechnete, daß die angespannte Versorgungslage eine Erfüllung der Zusatzbedingung vereitelte – daß er also «hinsichtlich der Barmherzigkeit weniger sündige, wenn er sich bei Nichterfüllung des Vertrags schwerer an ihnen rächte». Diese Überlegung ging auf: erwartungsgemäß konnte Mailand die Erfüllung dieser Bedingung nicht zusagen und mußte sich nun tatsächlich bedingungslos der *misericordia* des Kaisers unterwerfen. Der Abschluß eines Friedensvertrags scheiterte an der nicht ohne Heimtücke erhobenen Zusatzbedingung. Aus Erbitterung darüber entwickelte sich der Vorwurf, Barbarossa habe den Sieg nur durch Betrug und Täuschung, ja durch Verrat errungen. Am Hof rechnete man damit, daß sich dieses Gerücht auch nördlich der Alpen rasch verbreiten würde. Der kaiserliche Notar Burchard leitete seinen sorgfältig stilisierten Bericht, den er Abt Nikolaus von

Siegburg über die Unterwerfung Mailands schrieb, deshalb mit der Versicherung ein, die Niederlage der Stadt sei durch Stetigkeit, Stärke und Wahrheitsliebe erreicht worden.

DEMÜTIGUNGEN:
DIE UNTERWERFUNG MAILANDS

Die Formen, in denen Barbarossa *satisfactio* für die erlittene Ehrverletzung geleistet werden mußte, richteten sich danach, welches Ausmaß an Demütigung dem Gegner abverlangt werden konnte. 1158 waren aus Rücksicht auf Mailands relative Stärke die schriftlich formulierten Friedensbedingungen recht günstig ausgefallen, und die Form der öffentlichen Unterwerfung hatte auf das Ansehen der Konsuln Rücksicht genommen. Davon konnte 1162 nicht mehr die Rede sein. Barbarossa unterwarf die Mailänder nicht nur einer bislang nie gesehenen öffentlichen Demütigung, die einer ausgeklügelten Ordnung folgend über die Dauer von fast einer ganzen Woche immer größere Teile der Stadtbevölkerung in die Unterwerfung miteinbezog, sondern ließ die Besiegten – anders als es bei Unterwerfungen sonst üblich war – über das künftige Schicksal ihrer Stadt wochenlang im Ungewissen.

Schon die Ortswahl der *deditio* war eine Demütigung: die Mailänder mußten sich in der neuerrichteten Kaiserpfalz zu Lodi unterwerfen, also in jener Stadt, deren Klage 1153 den langjährigen Konflikt mit Mailand ausgelöst hatte und die Barbarossa nach ihrer Zerstörung *ad honorem imperii* neugegründet hatte.[27] Am Donnerstag, den 1. März, zogen etwa zwanzig Konsuln und *milites* von Mailand in das circa 30 Kilometer entfernte Lodi. Als sie in die Pfalz kamen, trugen sie blanke Schwerter über ihrem Nacken, warfen sich «öffentlich vor dem versammelten Hof» vor dem Kaiser mit ausgestrecktem Körper zu Boden, übergaben sich und die Stadt mit allen Personen und Sachen und schworen, allen kaiserlichen Befehlen zu gehorchen und alle Mailänder Bürger zu veranlassen, gleichermaßen zu schwören.[28] Drei Tage später erschienen die Konsuln erneut, zusammen mit 300 nach ihrer Bedeutung ausgesuchten Rittern vor dem thronenden Kaiser, fielen vor ihm nieder, küßten seine Füße und übergaben die 36 Fahnen der verschiedenen Stadttore und der ihnen zugeordneten militärischen Aufgebote. Im Zentrum dieser Zeremonie stand Meister

Guintelmo, der Barbarossa «die Schlüssel der Stadt als Zeichen für die ganze Stadt» übergab – eine Aufgabe, die eigentlich einem Konsul zukam, nicht aber einem Handwerker. Guintelmo war wie Marchese ein Kriegstechniker, der sich zunächst in die Dienste Mailands gestellt, zwischenzeitlich auch für den Kaiser gearbeitet, dann aber wieder die Fronten gewechselt hatte. Daß er in das Zentrum der Zeremonie rückte, war Barbarossas Rücksicht auf das Rachebedürfnis des verbündeten Pavia geschuldet – denn 1157 hatte Guintelmo die Kapitulation eines Paveser Aufgebots entgegengenommen, hatte dann sogar als Mailänder Podestà in Pavia fungiert, bis die Bürger einen Aufstand wagten und ihn vertrieben.[29] Nachdem auch die Ritter Gehorsam geschworen hatten, befahl Barbarossa den Konsuln, all jene kommen zu lassen, die während der vergangenen drei Jahre Konsuln gewesen waren, sowie einen Teil des Fußvolks.[30] Am Dienstag, den 6. März, erschien das Fußvolk mit den übrigen Rittern, dem *carroccio* – ein von Ochsen gezogener Fahnenwagen – und über hundert Fahnen vor der Pfalz in der Ordnung, in der es üblicherweise in die Schlacht zog.[31] Zum Zeichen der eigentlich verdienten Hinrichtung als Strafe für ihren Ungehorsam trugen die Ritter Schwerter über ihrem Nacken, die einfachen Soldaten Seile um den Hals gebunden; Reue zeigten sie außerdem durch Bußgewänder und Asche, die sie sich aufs Haupt gestreut hatten.[32] Diese Szene massenhafter Selbstdemütigung geriet zum eindrucksvollsten Höhepunkt der Unterwerfung Mailands, in die auch die Zeichen, die die Kommune repräsentierten, integriert wurden. Trompeten und Fahnen spielten beim Zusammentritt der Bürgerversammlung, die ihrerseits den Kern kommunaler Verfassung bildete, eine zentrale Rolle. Davon wußte Barbarossa sicher am wenigsten, aber Funktion und Bedeutung waren seinen Verbündeten aus ihrem eigenen kommunalen Leben natürlich vertraut. Pavia, Cremona, Como und Lodi ließen sich die Gelegenheit zur Demütigung der mächtigen Metropole nicht entgehen, und sicher ist es auf ihren Einfluß zurückzuführen, daß die Zeichen kommunaler Herrschaftsausübung in der Unterwerfung eine so prominente Rolle spielten. Auf dem Fahnenwagen stehend, mußten die Trompeter in ihre Instrumente stoßen und sie dann dem Kaiser übergeben – ein augenfälliges Zeichen für Unterordnung unter seine Herrschaft. Der kaiserliche Notar Burchard war Augenzeuge des weiteren Geschehens: «Dann traten die Großen der einzelnen Stadtviertel vor, bekannten sich schuldig und übergaben der Reihe nach ihre Fahnen von der ersten bis zur letzten. Dort stand der *carroccio*, der von vielen Eichenbohlen eingefaßt, zum Kämpfen von oben herab ziemlich gut gerüstet und mit Eisen überaus stark beschlagen war und in dessen Mitte sich ein schmaler Mastbaum erhob, der von unten bis oben mit Eisen, Lederriemen und Stricken äußerst fest umwunden war. Dessen Spitze überragte das Zeichen des Kreuzes, auf dessen vorderen Teil der heilige Ambrosius gemalt war, nach vorne blickend und Segen spendend, wohin der Wagen auch bewegt wird. Nach dem völligen Verzicht der Mailänder auf Ehre fuhr zuletzt dieser Wagen heran, um selbst sein Haupt zu neigen. Die vorne standen, senkten kunstvoll das ganze Gerüst und den Masten selbst so weit bis zur Erde, daß wir, die neben dem Thron des Herrn Kaisers standen, den Zusammensturz des ganzen Gerüsts fürchteten. Aber der herabgesenkte Mast fiel nicht und erhob sich nicht, bis der Kaiser die Fransen der Fahne zusammenlas und den *carroccio* wieder aufrichten und als unterworfen dastehen ließ.» Geweiht und das Bild des Mailänder Stadtheiligen Ambrosius tragend, war der Fahnenwagen ein Herrschaftszeichen der Kommune, aber auch Gegenstand besonderer patriotischer und auch religiöser Verehrung; er war Symbol aller Macht und aller Rechte der Stadt, deren Ehre er sinnfällig vor Augen stellte.[33] Daraus erklärt sich seine besondere Bedeutung in der *deditio*.

Sahen die Mailänder Barbarossas Geste, den unteren Teil der Fahne vom Erdboden emporzuheben, etwa als Zeichen des Respekts? Fühlten sie sich in ihrer Hoffnung auf Barmherzigkeit bestärkt? «Da fielen die Ritter und das Fußvolk einmütig auf ihr Antlitz, weinten und riefen um Barmherzigkeit. Daraufhin sprach einer der Konsuln mitleiderregend, und nach seiner Rede warf sich die ganze Menge erneut zu Boden und streckte die Kreuze, die sie trug, empor und flehte unter lautem Wehklagen im Namen des Kreuzes um Barmherzigkeit. Alle, die es hörten, wurden davon heftig zu Tränen gerührt. Aber das Gesicht des Kaisers blieb unverändert. Als dritter bat der Graf von Biandrate mitleiderregend für jene, seine früheren Freunde, und zwang alle zu Tränen, indem er selbst das Kreuz emporhielt und sich die ganze Menge zugleich mit ihm demütig bittend niederwarf; indessen ließ nur der Kaiser allein sein Gesicht unbeweglich wie Stein. Daraufhin nannte der Kölner Erzbischof die so einfache Bestimmung ihrer Unterwerfung, und von ihnen wurde mit so klarem

Schuldbekenntnis geantwortet, daß künftig kein Raum sein dürfte für den Widerspruch durch irgendeinen klugen Kopf oder Vertrag oder Vergleich.»[34] Seine herausgehobene Stellung verschaffte Rainald zweifellos besondere Genugtuung für die in Mailand erlittene Beleidigung. Zu immer demütigenderer Steigerung ihre Unterwerfung gezwungen, waren die Mailänder über ihre Zukunft dennoch im unklaren. Auf ihr Flehen versprach der Kaiser lediglich, zum geeigneten Zeitpunkt Barmherzigkeit zu üben, schickte alle fort und ließ sie am darauffolgenden Tag nochmals vorführen. In dieser noch immer offenen Situation richteten die Mailänder – wie schon kurz erwähnt – ihre Hoffnung auf die Kaiserin als Fürsprecherin: ihre Intervention sollte Barbarossa zur Barmherzigkeit bewegen. Jedoch erhielten sie keinen Zutritt zu Beatrix und warfen daher als Zeichen ihrer bittenden Klage kleine Holzkreuze durch die Fenstergitter ihrer *caminata*.[35] Als die Mailänder am Mittwoch, den 7. März, zum vierten Mal vor den Kaiser traten «und weinten, antwortete der Kaiser, er wolle mit der Barmherzigkeit und mit dem Gericht beginnen. Und er sagte, wenn streng nach Recht verfahren werden sollte, müßten sie alle das Leben verlieren; nun aber gebühre es sich, der Barmherzigkeit Raum zu geben.» Als Akt besonderer kaiserlicher Gnade verzichtete Barbarossa auf die Todesstrafe, ein Zugeständnis, an dem Beatrix besonderen Anteil gehabt haben soll.[36] Zu dessen Einschätzung ist allerdings wichtig zu wissen, daß die Todesstrafe zuvor in keinem einzigen Fall über die ganze Bevölkerung einer ungehorsamen Stadt verhängt worden war – und ein solches Blutbad auch mit der christlichen Herrscherethik nicht zu vereinbaren gewesen wäre. Dementsprechend ließ Barbarossa – wie übrigens auch nach der Unterwerfung Cremas – verbreiten, er habe «aus der Gnade kaiserlicher Milde, die niemandem besser als dem Kaiser und Fürsten ansteht, allen Mailändern das Leben als Geschenk gegeben».[37] Die eigentliche Perfidie ließ er verschweigen – denn über das künftige Schicksal Mailands hatte er noch immer nicht entschieden. Geradezu genüßlich führte Barbarossa seinen Feinden ihr Ausgeliefertsein vor Augen. Noch in der vergleichsweise harmlosen Gemeinheit, die man sich Jahrzehnte später in Schwaben erzählte, steckt ein verschwommenes Erinnerungswissen an die kalkulierte Inszenierung kaiserlicher Überlegenheit: Barbarossa habe die Mailänder, von der Nachricht ihrer Ankunft bei Tisch überrascht, trotz schwerstem Regen absichtlich vor den Toren warten lassen, damit sie, gleichermaßen durchnäßt wie zermürbt, ihr Vergehen einsehen sollten.[38]

Wochenlang wurde Mailand im ungewissen über die Zukunft gehalten. Am 7. März fiel eine erste Entscheidung. Die Stadtbevölkerung sollte einen Treueid auf den Kaiser ablegen, außerdem befahl Barbarossa, «die einzelnen Tore der Stadt und bei den Toren die Gräben und Mauern einzuebnen, so daß an jedem Tor den einzelnen Heeresabteilungen bei gleichem Schritt der Eingang in ganzer Breite offenstehe; und so ist es geschehen».[39] Damit sollte das Heer nicht nur «leichteren Zutritt» zur Stadt erhalten, vielmehr wurde mit den Mauern auch das Sinnbild der kollektiven Identität Mailands zerstört und die Stadt ein weiteres Mal demonstrativ gedemütigt.[40] Am 13. März zog der Kaiser von Lodi nach Pavia, wo in Beratungen mit den Fürsten und den verbündeten Kommunen die Entscheidung fiel: «Was mit der so großen Stadt zu tun sei, fragte er sie um Rat. Darauf antworteten die von Pavia, Cremona, Lodi, Como und von den anderen Städten: den Becher, den sie den anderen Städten zu trinken gaben, den sollen sie selbst leeren. Sie haben die kaiserlichen Städte Lodi und Como zerstört; so soll auch ihr Mailand zerstört werden.»[41] Am 19. März wurde den Mailändern befohlen, binnen einer Woche bis zum Einzug des Kaisers ihre Stadt zu verlassen. «Könnte es jemanden geben, der die Tränen zurückhalten könnte, wenn er das Weinen und die Trauer und den Schmerz der Männer und Frauen, vor allem der Kranken, der schwangeren Frauen und der Knaben sähe, wie sie hinauszogen und ihre eigenen Feuerstätten zurückließen?»[42] Als Barbarossa dann am 26. März vor Mailand erschien, wartete der größte Teil der Einwohner Mailands «rings um die Stadt vor dem Graben, sie hofften auf die Barmherzigkeit des Kaisers und glaubten, der Kaiser würde ihnen sogleich wieder erlauben, in die Stadt zu ziehen und in ihr wie gewohnt zu wohnen».[43] Aber anders als sie hofften, begnügte sich Barbarossa nicht mit der Zerstörung repräsentativer Gebäude – wie etwa des Glockenturms der Domkirche, Mailands weithin sichtbarem Wahrzeichen. Mit seinem Heer sah der Kaiser zu, wie seine ranghöchsten und wichtigsten Verbündeten Feuer in die Stadt warfen – an erster Stelle angeblich der Bruder des böhmischen Königs, Herzog Theobald, dann Ritter aus Pavia, Cremona, Lodi, Como, Seprio und Martesana sowie aus anderen lombardischen Städten.[44] Die Mailänder argwöhnten, der Kaiser habe dafür von den mit ihnen verfeindeten Städten «eine große, ja ungeheure Menge Geld» erhalten.[45] Barbarossa rühmte sich, Mailand «gemäß göttlichen Urteilsspruches»[46] zerstört zu haben, die Kaiserurkunden wurden eine Zeitlang «nach der Zerstörung Mailands» datiert – ein epochales Ereignis, das selbst noch als Datierungsmerkmal einer Regensburger Bischofsurkunde auftaucht.[47] Hundert Jahre später traute man dem Staufer sogar zu, er habe wie die rachedurstigen Könige des Alten Testaments zwei sehr breite, extra zu diesem Zweck durch die Stadt geschlagene Straßen mit Salz bestreuen lassen – eine uralte symbolische Handlung, derzufolge auf solcherart unfruchtbar gemachtem Boden nichts mehr gedeihen solle.[48] Rainald von Dassel verlangte von einem Gelehrten in seinem Umfeld, binnen einer Woche Barbarossas Sieg mit einem großen Gedicht zu verherrlichen. Dieser anonym gebliebene, vielleicht wegen der Förderung durch den *archicancellarius* Rainald, vielleicht aber auch einfach wegen seines dichterischen Talents *archipoeta* genannte Dichter wurde bislang unter den Kanzleinotaren vermutet, jüngst aber versuchsweise mit dem Kölner Schulmeister Gottfried von St. Andreas identifiziert, der nicht nur als Abschreiber, sondern auch als selbständiger Autor kirchenrechtlicher Werke nachweisbar ist.[49] Nachdem dieser «Dichterjurist» doch noch die Muße und den guten Wein gefunden hatte, wegen dessen Mangel er zunächst Rainalds Auftrag abgelehnt hatte, verglich er den Fall Mailands in seinem sogenannten Kaiserhymnus sogar mit der Zerstörung Trojas; indem er den Untergang der Trojaner mit mangelndem Respekt gegenüber den Göttern erklärte, erscheint Barbarossas Sieg nicht als Durchsetzung berechtigter Ansprüche des Kaisers, sondern gleichzeitig als gottgewollte Bestrafung der Stadt.[50]

Am 1. April wohnte Barbarossa im Kloster von S. Ambrogio vor Mailand der Palmsonntagsmesse bei und ließ sich durch Überreichung von Ölzweigen als Friedensfürst feiern.[51] Den Ostersonntag beging er in Pavia, seinem nach Ausweis von insgesamt 35 Aufenthalten – nicht zuletzt wegen der alten Tradition als Hauptstadt der Langobardenkönige – bevorzugten Aufenthaltsort in Italien.[52] Zur Messe zeigte er sich in San Michele mit der Krone auf dem Haupt, und danach lud er alle Bischöfe, Markgrafen, Grafen und Konsuln der Städte zu einem Festmahl in den Bischofspalast, das gleichzeitig Siegesfeier war; dabei setzten er und die Kaiserin die Krone nicht ab, und die Bischöfe rechts und links von ihnen saßen in ihrem bischöflichen Ornat an der Tafel.[53] Acerbus Morena, Sohn des Chronisten Otto

Morena und einer der Fortsetzer von dessen Chronik, behauptet, der Kaiser habe in Pavia seit drei Jahren wieder zum ersten Mal die Krone getragen, «unter großen Feierlichkeiten und in größter Freude», weil er sich vorgenommen hatte, sich vor einem Sieg über Mailand «die Krone nicht aufs Haupt zu setzen».[54] Acerbus Morena sah den Kaiser häufig aus nächster Nähe. Ihm verdanken wir die wohl zutreffendste Beschreibung seines äußerlichen Erscheinungsbildes: demnach war Barbarossa «mittelgroß, von schöner Gestalt und besaß wohlgestaltete Glieder; sein helles Angesicht war von rötlicher Farbe, sein Haar wie blond und gekräuselt; sein Antlitz war heiter, und immer schien er lächeln zu wollen; seine Zähne waren weiß, seine Hände sehr schön, sein Mund anmutig». Rahewin liefert eine sehr ähnliche Beschreibung, die jene des Lodesen lediglich mit dem Hinweis ergänzt, Barbarossas Ohren würden «kaum durch darüberfallende Haare verdeckt, da der Bartscherer aus Ehrerweisung (*reverentia*) gegenüber dem Reich das Haupthaar und den Bart durch beständiges Nachschneiden» kurz halte.[55] Vom Vater Kaiser Manuels I. Komnenos heißt es übrigens, er habe «auf geziemendes Auftreten und würdiges Benehmen so großen Wert gelegt, daß er sich mit seinem Haarschnitt eingehend beschäftigte»[56] – vielleicht hatte Barbarossa bei seinem Aufenthalt in Konstantinopel dortige Gepflogenheiten als vorbildlich in Erinnerung behalten. Aber ob und inwieweit die überlieferten Beschreibungen des Staufers auch vom höfischen Schönheitsideal zumindest teilweise beeinflußt und retuschiert waren, wird sich nie sicher feststellen lassen. Der Beiname Barbarossa – Rotbart – wurde übrigens erst im 13. Jahrhundert üblich.[57] Rothaarige galten im Mittelalter als boshaft und jähzornig – eine Eigenschaft, die gerade seinen italienischen Gegnern als hervorstechend erschien, wie seine Charakteristik als «rothaariger König – Anführer des deutschen Zorns» belegt;[58] wahrscheinlich ist es überhaupt dieser Entsprechung von zugeschriebenen Charaktereigenschaften und äußerem Erscheinungsbild zu verdanken, daß die Rothaarigkeit des Staufers zu seinem namensgebenden Kennzeichen wurde.

Eine Unsicherheit barg noch die Haltung der Verbündeten Mailands, Brescia und Piacenza sowie Bologna. Barbarossa fürchtete, die Auflösung des Belagerungsheeres könnte sie zu weiterem Widerstand ermutigen. In einem erst vor kurzem entdeckten Mandat befahl er Abt Ulrich von der Reichenau, dieser möge mit dem versprochenen

Aufgebot ungeachtet Mailands Kapitulation eilends nach Italien ziehen: «Das begonnene Werk nämlich, das wir gegenwärtig mit der Hilfe Weniger ruhmvoll beenden können, wird zur Wiederherstellung vieler Männer und größerer Hilfen bedürfen, falls es durch das Fehlen der Unseren oder durch die Hindernisse der Feinde unvollendet gelassen wird.»[59] Binnen weniger Wochen unterwarfen sich die drei Städte – was in der Kanzlei ebenfalls für denkwürdig genug gehalten wurde, um Aufnahme in die Datierung von Kaiserurkunden zu finden.[60] Wie die Mailänder Konsuln mußten auch ihre Verbündeten als Zeichen der verdienten Strafe vor dem Kaiser blanke Schwerter über ihrem Nacken tragen, außerdem zusagen, ihre Stadtmauern niederzulegen, Geldzahlungen zu leisten sowie die Regalien und einige befestigte Orte im Umland dem Kaiser zu übertragen.[61]

HERRSCHAFTSEXPERIMENTE

Barbarossa war entschlossen, die Früchte seines aufsehenerregenden Sieges über Mailand auch zu ernten, und zwar mittels einer direkten Reichsverwaltung in Norditalien, die sich teils älterer, teils neuartiger Methoden bediente, in ihrem relativ hohen Organisationsgrad aber ohne Vorbild war. Entsprechend groß war das Spektrum verschiedener Lösungen, mit denen experimentiert wurde. Pavia und Lodi sollten wie bisher von eigenen Konsuln regiert werden. Auch die verbündeten Cremonesen sollten ihre Konsuln frei wählen dürfen und nur dann, wenn sich der Kaiser in der Lombardei aufhalte und dies ausdrücklich wünsche, einen seiner Gesandten als Vorsteher der Wahlversammlung akzeptieren müssen; in Ravenna sollte der kaiserliche Gesandte, sofern er bei der Wahl in der Stadt sei, die in seiner Gegenwart Gewählten bestätigen; Genua und Lucca durften ihre Konsuln ohne jeglichen kaiserlichen Einfluß wählen. Auch hinsichtlich der Investitur wurden unterschiedliche Regelungen getroffen: abhängig vom Aufenthaltsort des Kaisers differierte die Anzahl der Konsuln, die an seinen Hof zu entsenden waren, ebenso wie das zeitliche Intervall ihrer Investitur.[62] Anderenorts wurden deutsche Adlige als Podestà eingesetzt: beispielsweise in Brescia und Bergamo Graf Markward von Grumbach, in Piacenza erst Egenolf von Urslingen, dann Arnold von Dorstadt, in Ferrara Graf Konrad von Ballhausen, im piemontesischen Gebiet Graf Gebhard von

Leuchtenburg, und für die in vier Orte ausgesiedelten Mailänder Bischof Heinrich von Lüttich, nach seinem Tod 1164 Markward von Grumbach, nach dessen Tod 1166 Graf Heinrich von Diez.[63] Von Konrad von Ballhausen, aber auch nur von ihm, ist immerhin überliefert, daß er sowohl deutsch wie italienisch sprach.[64] Bei den anderen fehlen vergleichbare Hinweise auf Qualifikationen, die für solche Aufgaben besonders befähigt hätten. Acerbus Morena, der kommunalen Welt entstammend und als Podestà von Lodi sensibel für spezifisch politische Qualitäten, beobachtet an den gräflichen Amtsinhabern statt dessen nur ihren adligen Habitus – wie, besonders markant, an einem Grafen Gebhard: «Er war sehr tapfer im Kampf, ehrgeizig, freigebig, er aß gern, war heiter und lustig.»[65] Die militärischen Dienste, die Barbarossas Getreue in Italien geleistet hatten, begründeten ihren Anspruch auf die Übertragung lukrativer Ämter in der neu geschaffenen Reichsverwaltung.

Bevor der Kaiser im Herbst 1162 nach Deutschland zurückkehrte, wurden am Hof für das *regnum Italiae* Formen der Herrschaftsausübung erdacht, die auf dem Prinzip der Stellvertretung beruhten. Ungleich wirkmächtiger als mögliches Wissen um die Entsendung kaiserlicher Mandatsträger schon in ottonischer und salischer Zeit war dabei zweifellos das unmittelbare Vorbild der päpstlichen Legaten: sie waren seit dem Investiturstreit ein äußerst effektives Instrument zur Wahrung der päpstlichen Interessen außerhalb Roms geworden, und wenngleich häufig umstritten, war ihre Tätigkeit doch prinzipiell akzeptiert. Barbarossa benannte nun Legaten für das italische *regnum*. Dabei wurde unterschieden zwischen einer allgemeinen Legation, die Handlungsvollmachten für ganz Italien umschloß, und einer speziellen, die sich nur auf bestimmte, häufig ortsgebundene Aufträge erstreckte. Allerdings hatte man mit dem Einsatz von Legaten zur Regierung eines ganzen Reichsteils bislang keinerlei Erfahrung. Als erster ‹Generallegat› fungierte seit November 1162 Rainald von Dassel. Barbarossa sandte ihn in den Süden, «damit er an seiner Stelle (*vice sua*) verfüge, was in Italien anzuordnen sei».[66] Seine Entscheidungen legitimierte Rainald mit kaiserlicher Autorität (*auctoritate imperiale*); sein Nachfolger Christian von Buch, später Erzbischof von Mainz, führte schon den präzisen Titel «Legat für ganz Italien» (*totius Ythalie legatus*). Die kaiserlichen Legaten hielten Gericht, vermittelten zwischen verfeindeten Parteien oder Städten, verhängten Strafen, bestätigten Privilegien früherer Kaiser, nahmen Amtseinsetzungen vor und empfingen Eide. Je nach politischer Notwendigkeit verhandelten sie auch mit den Kommunen und waren ihrerseits deren eigentliche Ansprechpartner; so hielten sich Rainald und Christian beispielsweise jeweils vier Mal zu wichtigen Gesprächen in Pisa auf. Die weitgefaßten Kompetenzen der Legaten überschnitten sich teilweise mit jenen des kaiserlichen *vicarius*, der besonders Funktionen im Gerichtswesen ausübte. Als solcher fungierte faktisch schon Bischof Eberhard von Bamberg 1158 und auch 1162, den Titel eines *vicarius imperatoris ad iustitias faciendas* führte allerdings erst Bischof Hermann von Verden, den Barbarossa ebenfalls im November 1162 nach Italien entsandte, um «an seiner Stelle bezüglich aller Rechtsfälle Italiens, sowohl in erster Instanz wie in Appellationsfällen die Untersuchung durchzuführen und sie nach dem Rechtsweg zu beenden».[67]

In einer Fülle unterschiedlicher Vorgänge wurde kaiserliche Herrschaft in einem Maße wie nie zuvor sichtbar und erfahrbar: in den Verhandlungen des kaiserlichen Gerichts, das aus italienischen Urteilern bestand, aber unter Vorsitz des *vicarius* tagte; im *adventus* der Legaten, die in den Städten wie der Kaiser selbst zu empfangen waren; in der Entgegennahme von Treueiden der Bevölkerung; schließlich in der Erhebung von Abgaben. Eine zentrale Lenkung dieser Vielzahl von Herrschaftsakten durch den Hof oder gar durch den Kaiser selbst war schon angesichts der damaligen Kommunikationsmittel unmöglich. Auch besteht kein Anlaß, in den unterschiedlichen, je nach Situation angepaßten und modifizierten Maßnahmen einen Ausdruck von Barbarossas außerordentlichem politischen Talent sehen zu wollen.[68] Natürlich kann man in manchen Fällen das Wissen und vielleicht auch den Willen Barbarossas unterstellen. Das gilt etwa für den Bau einer Pfalz in Monza; aber anzuordnen, wie oft die Mailänder wie viele Karren voller Steine und Balken dorthin schaffen mußten, oblag dem kaiserlichen Amtsträger. Auch mag Barbarossa den Bau eines Turms «zu Ehren des Kaisers» im mailändischen Nosedo, der «Turm des Triumphs» genannt wurde,[69] angeordnet oder zumindest davon gewußt haben; aber ob die Idee, dort eine neue kaiserliche Münze – den *denarius imperialis* – zu schlagen, ebenfalls auf ihn zurückgeht, ist durchaus fraglich. Über die münzpolitische Erfahrung des früheren Herzogs von Schwaben läßt sich bestenfalls spekulieren; immerhin könnte Rainald von Dassel, als Kölner Erzbischof auch Inhaber der dortigen Münzstätte, notwendiges Expertenwissen mitgebracht haben[70] – oder Barbarossas Kämmerer Rudolf von Siebeneich,

ABB. 25 Keine zeitgenössische Darstellung überliefert, wie Barbarossas Legaten ihre Stellvertreterfunktion visualisierten. Aber Analogieschlüsse sind möglich. So zeigen Miniaturen in der Chronik des Giovanni Sercambi († 1424) aus Lucca, wie Gesandte Karls IV. Treueide der Einwohnerschaft entgegennahmen: die Bürger versammelten sich vor dem thronenden, von Bewaffneten mit den kaiserlichen Fahnen flankierten Legaten. Zu Barbarossas Zeiten dürften solche Szenen nicht wesentlich anders inszeniert worden sein. Die kaiserlichen Fahnen waren damals rot und trugen wohl schon das Adlerbild; von einem einheitlich gestalteten Wappenrock kann man aber nicht ausgehen.

sofern er mit dem im Turm zu Nosedo residierenden *Rodulfus teutonicus* identisch war. Die Ideengeber könnten aber auch in diesem Fall unter den italienischen Verbündeten des Kaisers zu suchen sein, etwa unter den Cremonesen, denen er 1155 das dem gebannten Mailand entzogene Münzrecht übertragen hatte. Barbarossa den Überblick über die Vielzahl unterschiedlichster Initiativen zu unterstellen – oder auch nur den Wunsch danach, wäre anachronistisch. Eine systematische Dokumentation ergangener Anordnungen war am Hof noch lange nicht üblich, und eine rational arbeitende Zentralverwaltung weder für das Imperium noch für das *regnum Italiae* etabliert, zentralisierte Kontrolle daher unmöglich. Barbarossa hatte daher auch keine an der unterschiedlichen Leistungsfähigkeit der verschiedenen Kommunen und Orte verläßlich orientierte Vorstellung von der Höhe der Abgaben. Sie zu erheben war den Legaten und Amtsträgern überlassen, die mit den Betroffenen darüber einen alles andere als herrschaftsfreien Diskurs führten. Ernennungsurkunden und Beglaubigungsschreiben sind nicht überliefert – sie wurden offensichtlich als Folge strittig gewordener Handlungsvollmachten erst später üblich. Handlungsanweisungen waren eher allgemein gehalten, etwa so, wie Barbarossa dem Markgrafen Otakar von Steier befahl, er möge handeln wie ein Fürst, der «unsere und des Reiches Ehre» hochachte, und einen Auftrag zur «Mehrung der Ehre des Reichs» ausführen.[71] Die Getreuen handelten nach dem manchmal konkret mitgeteilten, viel häufiger aber nur nach dem vermuteten Willen des Kaisers.

Auf die materielle Seite der Herrschaftsausübung übertragen hieß das, möglichst hohe Geldbeträge für den Kaiser und den Hof einzutreiben. «Wer mehr gibt, gilt mehr und wird um so mehr des Kaisers Freund sein.»[72] Dieser schlichte Grundsatz, mit dem ein kaiserlicher Kapellan die um Sardinien rivalisierenden Seestädte Pisa und Genua instruierte, war nicht nur im Vorfeld von Entscheidungen des kaiserlichen Gerichts beherzigenswert: dem Kaiser Geldquellen zu erschließen war auch für Barbarossas Amtsträger eine erfolgversprechende Handlungsstrategie zur Steigerung ihres eigenen Ansehens und Einflusses. Wer darunter zu leiden hatte – also namentlich die Städte, die den Kaiser nicht unterstützt hatten oder nach dem roncalischen Hoftag mit neuen Forderungen konfrontiert wurden –, erkannte nur Habgier und die Absicht persönlicher Bereicherung. Detailliert belegt ist der Despotismus der kaiserlichen Amtsträger am Beispiel Arnolds von Dorstadt – die Italiener nannten ihn seines graumelierten Bartes wegen Barbavaria –, der als Podestà von Piacenza fungierte. Die abgepreßten überhöhten Abgaben, die Namenslisten der in anderen Städten untergebrachten Geiseln und die lastenden Kreditverträge mit Pavia fügen sich zu einem bedrückenden Bild fiskalischer Ausplünderung. Als sich die Stadt 1164 schließlich mit 11 000 Mark Silber von Arnolds Herrschaft freikaufte, soll er bei seinem Abschied noch den Kirchenschatz von S. Antonino beraubt haben. Zwar ist diese Nachricht von umstrittener Glaubwürdigkeit; aber sie begründet doch einen Verdacht, weshalb Arnold aus Sorge um sein Seelenheil in seiner ostfälischen Heimat ein Stift gründete – vor allem aber, aus welcher Quelle die Mittel für dessen Ausstattung und für seine großen Schenkungen an das Hildesheimer Domkapitel wohl ursprünglich stammten.[73] Nicht weniger Antipathie als der Deutsche in Piacenza zog der Italiener Petrus de Cumino auf sich, der als Beauftragter des Bischofs Heinrich von Lüttich «unzählige Arten der Bedrückung» der Mailänder erfand und «auf außerordentliche Weisen Geld» eintrieb: «für sich privat erpreßte er Geld von Bauern und Bürgern; ... er nahm Honig und Wein von den Rittern und Bauern nach seinem Ermessen an, und viel Geld erpreßte er von den Bauern anläßlich [der Ablieferung] der Schweine um Sankt Martin. Ebenso forderte er Unmengen Geldes anläßlich [der Ablieferung] der Balken für die Pfalz in Monza und der Lämmer an Ostern. Im folgenden Sommer nahm er auf Grund einer kaiserlichen Anordnung allen Mailändern zwei Neuntel des Zinses und ein Viertel der Früchte, die sie mit eigenem Pflug erworben hatten, und ein Drittel der Kastanien, der Nüsse und des Heus.»[74] Immerhin ersetzte ihn Bischof Heinrich wegen dieser schlechten Behandlung der Mailänder durch den Magister Friedrich, offenbar einen Deutschen, der aber «noch habgieriger und hartnäckiger»[75] als jener war, weil er noch höhere Abgaben verlangte. Aufenthalte des Kaisers wurden ebenfalls zum Anlaß gefürchteter Sonderabgaben: als er sich im Dezember 1163 in der Pfalz Monza aufhielt, wurden dort mehrere hundert Wagen Brennholz zusammengefahren und zur angemessenen Versorgung des Kaisers und seines Gefolges auch eine Küche errichtet – was 1000 Pfund kaiserlicher Denare verschlungen haben soll.[76]

Die insbesondere aus dem Mailänder Gebiet überlieferten Klagen erwähnen häufig die Namen deutscher Amtsträger in der neuen Verwaltung; das mag aus einer heutigen, von der Erfahrung nationalstaatlicher Gegensätze geprägten Sicht Anlaß genug sein, die damaligen Verhältnisse als «deutsche Fremdherrschaft» zu bezeichnen und darin auch die Ursache erneuter Konflikte zwischen Kaiser und lombardischen Städten zu sehen.[77] Sooft Barbarossas Gegner ihren Widerstand aber als Kampf für die *libertas Italiae* deklarierten, war diese Forderung nach «Freiheit» jedoch immer gleichbedeutend mit der Abwehr gewaltsamer Willkürherrschaft, nicht aber mit der Ablehnung der Kaiserherrschaft als solcher.[78] Nicht die Herkunft der kaiserlichen Amtsträger wurde beklagt, sondern die neuartigen und überhöhten Abgaben, Ungerechtigkeit und Willkür. Darunter litten Barbarossas treue Verbündete zunächst wenig – aus Cremona und Pavia, Lodi, Como oder Monza fehlen vergleichbare Klagen. Die Allianzen, die die Veränderung bisheriger Machtverhältnisse in Oberitalien hervorbrachte, ordneten sich eben nicht nach nationalen Zugehörigkeiten. Es kam auch vor, daß ‹Italiener› bei ‹Deutschen› Schutz gegen den Kaiser suchten: so baten toskanische Städte Welf VII., den Sohn Welfs VI., des Markgrafen der Toskana und Herzogs von Spoleto, um Hilfe gegen die als ungerecht empfundenen Maßnahmen Rainalds und seiner *milites*; der junge Welf stellte sich diesen Übergriffen «mit allen Mitteln entgegen und zog sich deshalb manchmal die Ungnade des Kaisers zu; den Beifall des Volkes für sich aber häufte er um so mehr an und gewann damit die Zuneigung aller Städte für sich».[79]

Aber unter den Mailändern wuchs die Unzufriedenheit mit der Amtsausübung der kaiserlichen Verwalter immer mehr und brach sich im Winter 1163 erstmals Bahn, als Barbarossa zum dritten Mal in Italien eintraf – dieses Mal in der Absicht, mit Unterstützung der Seestädte Genua und Pisa gegen König Wilhelm I. von Sizilien vorzugehen. Das System der stellvertretend für den Kaiser vorgenommenen Entscheidungen brachte Probleme eigener Art mit sich: wollte Barbarossa seine Amtsträger nicht desavouieren, mußte er an ihren Verfügungen festhalten. Außerdem war Bischof Hermann von Verden damit beauftragt worden, Appellationsangelegenheiten abschließend zu entscheiden, was den Kaiser von Klagen geradezu abschirmte. Damit war Unzufriedenen – wie etwa den Mailändern – verwehrt, nochmals zu appellieren. Ihre einzige Hoffnung richtete sich auf den Kaiser selbst, den sie freilich nicht auf dem ‹üblichen Rechtsweg› erreichen, sondern nur unvorbereitet mit ihrer Klage konfrontieren konnten. Als er zur Pfalz nach Monza zog, traten ihm Frauen und Männer aus dem von der drückenden Verwaltung besonders drangsalierten Nosedo entgegen und klagten über die Höhe der Abgaben: «Sie warfen sich, obgleich es regnete, vor ihm in den Schmutz und forderten Barmherzigkeit.» Während sie ihre Hoffnung auf den Kaiser selbst als obersten Wahrer von Recht und Frieden setzten, nahm Barbarossa, durch die unvorbereitete Begegnung und die symbolischen Gesten unterwürfiger Bitte unter Druck gesetzt, die Klage zwar an, entzog sich aber persönlicher Entscheidung: «Er selbst zog weiter und ließ den Kanzler zurück, der sagte, einige wenige von ihnen sollten am folgenden Tag in Monza sein.» Dort entließ der Kaiser als Zeichen seiner *misericordia* einige bislang in Haft gehaltene mailändische Geiseln; in der beklagten Sache selbst blieb er jedoch der Logik des Stellvertreterprinzips treu und griff, mit den Verhältnissen am Ort sowieso nicht vertraut, in die Zuständigkeit seines Legaten nicht ein. Die Abgabenhöhe festzulegen überließ er Rainald von Dassel, der von den Einwohnern der vier *borghi*, die zunächst gar nichts zahlen wollten, schließlich unter Drohungen 880 Pfund kaiserlicher Denare eintrieb.[80]

Viel bedrohlicher als die machtlos gewordenen Mailänder war, daß Verona, Padua und Vicenza gegen den Pfalzgrafen Otto von Wittelsbach, dem der Kaiser die Burg von Garda übertragen hatte, und gegen die kaiserlichen Gesandten in ihrer Gegend klagten. Das Machtpotential dieser Städte zwang Barbarossa zu direkten, leider schlecht belegten Gesprächen am Hof in Pavia. Offenbar sollten die Klagen vor dem kaiserlichen Gericht verhandelt werden, die Städte aber zuvor einen kaiserlichen Podestà aufnehmen – eine Lösung, die ihnen Kommunalrepräsentanten aus Cremona, Pavia, Novara, Lodi und Como, wo die Einsetzung solcher Podestà bzw. Konsuln nichts anderes als die Anerkennung der bisherigen Magistrate war, schmackhaft zu machen versuchten. Die betroffenen Städte lehnten jedoch ab, auch deshalb, weil sie im Konfliktfall auf die Unterstützung Venedigs und des oströmischen Kaisers Manuel rechnen konnten.[81] Anfang 1164 schlossen sie sich zur *societas Veronensium* zusammen, dem ersten gegen Barbarossa gerichteten Städtebund. Die Weigerung, sich dem Gericht Barbarossas zu unterwerfen, zog auch in diesem Fall militärische Vergeltung nach sich. Allerdings war deren Erfolg durch den auch im Nordosten Italiens verbreiteten Unmut über die kaiserlichen Amtsträger stark gefährdet. Ferrara, Mantua und Treviso wußten die Situation zu nutzen und trotzten dem Kaiser, genauer gesagt: seinen Legaten für ihre Zusicherung, dem Veroneser Bund nicht beizutreten, zahlreiche Zugeständnisse ab. Hinsichtlich freier Wahl ihrer Konsuln, Verzicht auf Regalienzins und Fortgeltung ihrer bisherigen Rechtsgewohnheiten erhielten sie eine den engen kommunalen Bündnispartnern Barbarossas in der westlichen Lombardei vergleichbare Autonomie.[82] Mantua sagte dem Kanzler-Legaten Christian von Buch aber nur Neutralität im heraufziehenden Konflikt zu, denn gegen den Veroneser Bund wollte die Nachbarin Veronas keine Heerfolge leisten. Die lombardischen Kommunen unterstützten Barbarossas Heerzug ihrerseits nur recht zögerlich. Bei Verona lagen sich die gegnerischen Heere im Juni 1164 fünf Tage lang gegenüber, aber angesichts der Kräfteverhältnisse wagte Barbarossa keinen Kampf. Sein Abzug war ein erster moralischer Erfolg seiner Gegner, die sich triumphierend an Flucht und «Schmach» des Kaisers erinnerten.[83]

«Von dieser Zeit an waren ihm die Städte Italiens verdächtig, von denen er nun lieber gefürchtet als geliebt werden wollte.»[84] Kardinal Boso glaubte, der als schändlich empfundene, erzwungene Rückzug habe Barbarossas Vertrauen in seine italienischen Verbündeten nachhaltig erschüttert. Tatsächlich reagierte Barbarossa auf die Erfahrung mangelnder Unterstützung und ruhmloser Flucht mit rabiaten Versuchen, für seinen künftigen, nunmehr vierten Heerzug in den Süden alle Ressourcen zu mobilisieren. Daß er mit einem erneuten Unternehmen innerhalb so kurzer Zeit die Bereitschaft vieler deutscher Fürsten zur Heerfolge überfordern würde, war ihm bewußt; vielleicht plante er schon damals, auf Söldnertruppen zurückzugreifen. Diese nach ihrer Herkunft aus den bevölkerungsreichen niederrheinischen Gebieten Brabanzonen genannten Krieger kämpften wie die städtischen Milizen Italiens als gepanzertes Fußvolk, dessen strategische Bedeutung Barbarossa allem ritterlichen Dünkel zum Trotz wohl erkannt hatte. Wie dem auch sei: bevor er im September 1164 über die Alpen zurückkehrte, um in Deutschland ein neues Heer aufzustellen, schärfte er seinen Legaten und Verwaltern ein, die finanziell nutzbaren Rechte gründlich auszuschöpfen. Ein anonym gebliebener Geschichtsschreiber aus dem mit Barbarossa eng verbündeten Lodi notierte, die kaiserlichen *procuratores* hätten nun überall «nicht nur das Recht und die Ansprüche des Kaisers» eingefordert, sondern «mehr als das Siebenfache dessen, was dem Kaiser rechtens geschuldet wurde». Der Betrieb von Mühlen wurde ebenso steuerpflichtig wie der Fischfang, auch die Jagd wurde streng reguliert: «niemand sollte mit Hund oder Netz jagen, Fuß- oder Halsschlingen aufstellen oder eine Grube machen.»[85] Die Eintreibung von Steuern und Abgaben von den Mailändern wurde sogar auf neuartige Weise systematisiert, indem man eine Steuerliste anlegte, die die Betroffenen bezeichnenderweise «Buch der Betrübten und des Schmerzes» nannten und die alle steuerpflichtigen Wohnungen, Feuerstellen und Joch Ochsen verzeichnete. Diese Maßnahme ging freilich auf die Initiative von fünf Männern zurück, die Markward von Grumbach zu Vorstehern der Mailänder ernannt hatte. Unter ihnen waren wenigstens drei Mailänder – der schon erwähnte Giordano Scaccabarozzi, ein *iudex* und einer der Konsuln, die sich 1162 vor Barbarossa unterworfen hatten, also Männer, die ihre Erfahrungen mit der Rationalität schriftgestützter kommunaler Verwaltung nun in kaiserliche Dienste stellten.[86] Auch ihr Unterhalt verschlang enorme Mittel: als sie samt Pferden und vielen Dienern von November 1164 bis Ostern 1165 in der Pfalz von Nosedo blieben, «brachten sie 500 Schweine im Wert von je sechs Schilling, 1000 Fuhren Holz und Heu sowie Hühner und Eier ohne Maß zusammen; und als es an Holz fehlte, zwangen sie die Bauern erneut, pro Joch eine Fuhre Holz oder zwölf kaiserliche Denare zu liefern, und erpreßten viel Geld, weil es damals viel Schnee gab, der am 10. Dezember zu fallen begann und das Antlitz der Erde bedeckte und den ganzen Januar und Februar liegen blieb».[87] Daß einer der fünf Vorsteher außerdem Abt des Paveser Klosters San Pietro in ciel d'oro war, macht auf die Einbindung der alten Feinde Mailands in die neue Verwaltung aufmerksam – und auf die Vorteile, die beispielsweise Pavia daraus zog: die Bewohner der Mailänder *borghi* wurden gezwungen, «unbegrenzte Fahrdienste, viele Balken für den Bau einiger Häuser von Pavesen zu liefern und Steine aus der Stadt Mailand nach Pavia zu fahren».[88]

All das summierte sich zu einer kontinuierlichen Entwertung bisheriger Rechtsgewohnheiten und einer ebenso kontinuierlichen materiellen Belastung, die, so resümiert der Anonymus aus Lodi, «ohne großen Nachteil für Personen und Sachen und ohne Schande» nicht mehr zu ertragen war.[89] Die Menschen erinnerten sich nicht, daß sich die kaiserliche Herrschaft jemals zuvor so drückend auf sie gelegt hätte: «sie sagten daher untereinander, es sei besser, vollends den Tod zu erleiden, als diese Art Schimpf und Schmach.»[90] Zunehmend wurde gefordert, zu Verhältnissen zurückzukehren, wie sie vor Barbarossas erstem Zug nach Italien geherrscht hatten. Man hoffte, die Legaten hätten gegen den Willen des Kaisers gehandelt und daß er bei seiner Rückkehr ihre Maßnahmen widerrufen werde. Tatsächlich handelten die Legaten weitgehend aus eigener Initiative; selbst in so wichtigen Dingen wie der Vorbereitung eines Italienzugs war die

Kommunikation schwerfällig und Abstimmung mit dem fernen Kaiser bestenfalls sporadisch möglich; wie erwähnt, hatten sich ja schon Otto von Wittelsbach und Rainald von Dassel auf ihrer Legation nach Italien 1158 gewundert, weshalb Barbarossa auf ihre Briefe nicht antwortete.

Als der Staufer im November 1166 zum vierten Mal in Italien eintraf, versammelten sich in Lodi «Bischöfe, Markgrafen, Grafen, Kapitane, die übrigen Vornehmen und viele andere Leute aus der Lombardei, groß und klein, manche mit Kreuzen, andere ohne Kreuze, vor dem Kaiser und führten heftige Klage über die erwähnten Verwalter und Boten des Kaisers und berichteten dem Kaiser und seinem Hof der Reihe nach von den Übeln, die ihnen von jenen zugefügt, so wie sie ihnen geschehen waren. Der Kaiser hörte dies an und zeigte anfangs großes Mitleid deswegen.»[91] Allerdings war ihm bewußt, in welchem Ausmaß er seine engsten Getreuen, allen voran Rainald von Dassel und dessen Nachfolger als Kanzler und Legat in Italien, Christian von Buch, brüskierte, wenn er ihre «mit kaiserlicher Autorität» (*auctoritate imperiale*) durchgeführten Maßnahmen wieder rückgängig machte. In Einzelfällen mochte es dafür begründeten Anlaß geben. Um Treviso vom Beitritt zur *societas Veronensium* abzuhalten, hatte sich der Kaiser zur wenig prestigeträchtigen Entschuldigung herbeilassen müssen, die von seinen Gesandten ausgeübte Unterdrückung schmerze ihn sehr, und die Konsuln der Stadt sollten wissen, daß er sie nicht angeordnet habe.[92] Aber natürlich hatten die Legaten ihr Handeln am vermuteten Willen des Kaisers orientiert; sie waren, wie man es auch über den Kanzler des sizilischen Königs sagte, «Mund und Zunge» des Herrschers, «der durch sie sprach und seine Angelegenheiten ordnete».[93] Ihre Entscheidungen zu widerrufen, hätte ihre Autorität geschwächt und ihre bewiesene Treue schlecht vergolten, weshalb Barbarossa auch nur selten zu diesem Mittel griff. Er wollte Loyalität und Treue nicht untergraben, denn er schätzte diese Bindungen als Grundlagen seiner Machtausübung überaus hoch – im Zweifel auch höher als die Notwendigkeit rechtsförmiger Überprüfung der Klagen, die gegen seine Getreuen erhoben wurden. In welchem Ausmaß das italienische Verwaltungsexperiment Improvisationscharakter hatte, zeigt sich auch im europäischen Vergleich: während sich das englische Königtum der Notwendigkeit bewußt war, für die Kontrolle seiner Beamten sorgen zu müssen,[94] fehlt für ein solches Regulativ in Italien jeder Anhaltspunkt. Es scheint, als ob die seit langem erfahrenen Dienste den Kaiser in seiner Erwartung auch künftiger Treue seiner Beauftragten bestärkten und er keinen darüber hinausgehenden Regelungsbedarf sah; erwiesene Treue bewirkte Vertrauen.

In welchem Ausmaß Barbarossas politisches Handeln diesen Bindungen unterlag, zeigte sich geradezu überdeutlich in dem ebenfalls auf dem Hoftag von Lodi verhandelten Streit zwischen Genua und Pisa um die Insel Sardinien. In den jahrelangen Bemühungen, die untereinander rivalisierenden Seestädte Genua und Pisa für den geplanten Heerzug gegen Sizilien zu gewinnen, hatten mehrere bedeutende Reichsfürsten als Vermittler fungiert: zunächst Rainald von Dassel, Kanzler, Legat für Italien und Erzbischof von Köln; dann Konrad von Wittelsbach, von 1161 bis 1165 Erzbischof von Mainz; schließlich Christian von Buch, seit 1162 Rainalds Nachfolger als Legat und Kanzler und seit 1165 Konrads Nachfolger als Erzbischof von Mainz. Pisa und Genua hatten es immer wieder verstanden, sich die drei Reichsfürsten zu verpflichten[95] – nicht zuletzt durch Geldgeschenke, mit denen Entscheidungen am Hof üblicherweise vorbereitet wurden. Rainald von Dassel vermittelte 1162 beiden Städten kaiserliche Privilegien, war aber auf Grund der konsequenten Unterstützung, die ihm Pisa leistete, mehr an die Arnostadt gebunden als an die ligurische Metropole. Die Genuesen gewannen 1164 Konrad dafür, bei Barbarossa die Erhebung des mit ihnen verbündeten sardischen Richters (*iudex*) Bareso zum König von Sardinien zu unterstützen. Barbarossa ließ sich überzeugen – auch durch Baresos Versprechen von 4000 Mark Silber – und krönte auf einem Hoftag in Parma den Sarden tatsächlich zum König der Insel. Weil Rainald von Dassel in dieser Zeit nicht am Hof weilte, fehlte den Pisanern ihr wichtigster Fürsprecher beim Kaiser – ihr Protest gegen Baresos Krönung verhallte ungehört. Pisa brachte sich danach wieder ins Spiel, indem es Christian von Buch im November 1164 unterstützte, als er durch die Toskana zog, um Papst Paschalis III. zur Anerkennung zu verhelfen. Die Pisaner empfingen Paschalis, den Rainald von Dassel nach dem Tod Viktors IV. als zweiten Papst gegen Alexander III. erhoben hatte, mit größten Ehrungen in ihrer Stadt. Genuas Tore aber blieben ihm verschlossen, weil man dort zu Alexander III. neigte. Als Gegenleistung für ihre treue Unterstützung – und für einen sehr nennenswerten Betrag von einigen tausend Mark Silber – sagte Christian den Pisanern zu, ihren Anspruch auf Sardinien beim Kaiser zu unterstützen. Er hielt Wort: im April 1165 übertrug Barbarossa die Insel auf einem Hoftag in Frankfurt «unseren getreuen Pisanern» (*fideles nostri Pisani*)[96] als Lehen. Konrad von Mainz hatte damals durch seine zwischenzeitlich erfolgte Parteinahme für Papst Alexander III. jeglichen Einfluß am Hof eingebüßt; und damit hatte Genua auch seinen Fürsprecher beim Kaiser verloren. Auf dem Hoftag von Lodi 1166 vertraten dann sowohl Genuesen wie Pisaner ihren jeweils berechtigten Anspruch auf Sardinien in hitzigen Wortgefechten vor dem Staufer und pochten auf die unterschiedlichen Zusagen, die ihnen zu unterschiedlichen Zeiten von unterschiedlichen Beauftragten Barbarossas gemacht worden waren. Christian von Buch bat Barbarossa vor den versammelten Großen um Bestätigung seiner zugunsten Pisas getroffenen Verfügung. Barbarossa konnte seinen Kanzler, der zwischenzeitlich zum Erzbischof von Mainz gewählt und damit zum mächtigsten geistlichen Reichsfürsten in Deutschland geworden war, nicht öffentlich desavouieren – und gab ihm Recht. Der Hoftag drohte im Tumult zu enden; der Kaiser machte von seiner Autorität Gebrauch und hob die Versammlung auf.

Auch die künftigen Lösungsversuche litten darunter, daß Barbarossa ebenso wie seine Legaten auf die Unterstützung der einen oder anderen Seite angewiesen blieb, also eine letztlich strukturell bedingte ‹Schaukelpolitik› führte, die ihnen die Rolle eines unparteiischen Vermittlers einzunehmen nicht erlaubte.[97] Moderne Historiker unterstellen dem Staufer, mit widersprüchlichen Entscheidungen dem Ansehen der kaiserlichen Herrschaft geschadet und das Reich in das «Netz einer würdelosen widerspruchsvollen Intrigenpolitik» verstrickt zu haben.[98] Aber Barbarossa verfügte über keine einfach autonome und unbeschränkte Gestaltungsmacht, sondern mußte verschiedenste Faktoren berücksichtigen; Rücksicht auf den *honor* hatte im Umgang mit seinen wichtigsten Beratern zumal dann einen außerordentlich hohen Stellenwert, wenn sie bedeutende Reichsfürsten waren. Ihre Entscheidungen vor Ort banden ihm die Hände – und er ließ sie sich häufig genug binden, weil sein Herrschaftsanspruch ohne Boten und Legaten, denen er vertrauen mußte, nicht realisierbar war. Wie die Klagen gegen deren Entscheidungen zeigen, war die Präsenz des Herrschers durch dessen Stellvertreter einerseits nicht ersetzbar; andererseits konnte Barbarossa ihre Autorität nicht untergraben, indem er ihre Entscheidungen reihenweise widerrief. Deshalb schätzte er in Lodi «die Klagen der Lombarden gering, ja für nichts, und tat infolgedessen nichts».[99] Viele sahen darin nur einen weiteren Beweis für die Parteilichkeit des Kaisers. Das Gegeneinander von Legaten und Kommunen, die beide zur Treue gegenüber dem Herrscher verpflichtet waren, wurde zu einer Art Wettbewerb um die politische Macht, in dem verschiedene Treuebindungen aufeinanderprallten und der die idealiter einheitliche Gemeinschaft der Getreuen in miteinander verfeindete Lager spaltete, die sich in zunehmend agonalem Konflikt auf ihre jeweils dem Herrscher geschworene und geschuldete Treue beriefen. In den Aushandlungsprozessen über den konkreten Inhalt der Treue trat Barbarossa dann unnachgiebig zugunsten seiner Legaten ein. Seine auf persönliche Treue gegründete Erwartung war mit den vom periodischen Wechsel kommunaler Amtsträger und wechselnden Parteiungen innerhalb einer einzigen Stadt geprägten Verhältnissen offenbar nur begrenzt zu vereinbaren. Zwar gab es jenseits der adligen und bischöflichen Anhänger[100] des Kaisers auch Getreue aus den Kommunen und ihrem Umland; über Jahre hinweg lassen sich beispielsweise Angehörige der Paveser Familien de sancto Nazario oder de Olevano am Hof nachweisen, von den Mitgliedern der Cremoneser Familie de Dovaria ganz zu schweigen – ohne daß ihr Einfluß und ihre Bedeutung näher bekannt wäre. Aber davon ganz unabhängig: das politische Experiment der auf Stellvertretung des Kaisers gegründeten, neuartig intensivierten Verwaltung in Oberitalien und die daraus resultierenden, nicht lösbaren Kollisionen der Treuebindung seiner Legaten mit jener der Kommunen führten direkt in die größte Krise der Herrschaftszeit Barbarossas – seinen Konflikt mit dem Lombardischen Städtebund.

DER LOMBARDISCHE STÄDTEBUND

Die Erfahrung erneuter Rechtsverweigerung des Kaisers steigerte die Verbitterung selbst unter seinen Getreuen in der Lombardei. Auch Pavia und Cremona sollen ihm gedroht haben, sich gänzlich abzuwenden, «wenn er nicht die Tyrannei aufgebe und nicht entgegenkommende Sitten an den Tag lege»,[101] also die bisherigen Rechtsgewohnheiten respektiere. Cremona erließ der Kaiser zwar den jährlichen Regalienzins, aber in der Stadt hatte sich die Unzufriedenheit schon so ausgebreitet, daß sie bereits zum Zufluchtsort von Klerikern aus Piacenza wurde, die im Schisma Alexander III. unterstützten und in den Mauern Cremonas einen neuen, der alexandrinischen Obödienz zugehörenden – also gleichfalls auf Alexanders Seite stehenden – Bischof für ihre Heimatstadt wählten.[102] Eine Hauptursache für den schleichenden Parteiwechsel Cremonas war, daß Barbarossa territoriale Hoffnungen der Kommune enttäuscht hatte. Zwar hatte er zugesichert, daß Crema nicht wiederaufgebaut werden dürfe, aber das von Cremona seit dem 11. Jahrhundert beanspruchte Gebiet der *Insula Fulcherii* nicht der Stadt übertragen, sondern direkt kaiserlicher Verwaltung unterstellt. Die politische Elite in Cremona, die Barbarossa aus wohlverstandenem Eigeninteresse treue Dienste geleistet hatte, sah sich in ihren Erwartungen enttäuscht. Im 13. Jahrhundert erzählte man sich, ein am Hof Barbarossas geschätzter «weiser Mann» (*sapiens*) aus Cremona, der als Ratgeber zu allen vertraulichen Beratungen des Kaisers stets Zutritt gehabt habe, sei überraschend zu einer «geheimen Beratung» (*consilium secretum*) nicht zugelassen worden; über dieses Zeichen des Mißtrauens äußerst beunruhigt, habe er dann den Grund für seinen Ausschluß in Erfahrung gebracht: weil sich die lombardischen Städte in ihren sicheren Befestigungen der kaiserlichen Herrschaft entzögen, habe Barbarossa beschlossen, ihre Türme und Mauern zerstören zu lassen; diesen Treuebruch habe der Cremonese seinerseits mit Treuebruch vergolten, indem er den geheimen Plan den anderen Kommunen verraten und damit den Anlaß zur Gründung des Lombardischen Städtebundes gegeben habe.[103] Ganz unabhängig von der Historizität des hier Überlieferten transportiert diese Geschichtserinnerung doch ganz zutreffend die historische Erfahrung Cremonas – nämlich im Vertrauen, das die Stadt dem Kaiser in Form praktizierter Treue entgegengebracht hatte, enttäuscht worden zu sein. Als die kaiserlichen Verwalter ungeachtet der in Lodi erhobenen Klagen «noch weit über das Gewohnte hinaus» wüteten, brach sich im Frühjahr 1167 der angestaute Unmut Bahn: Vertreter mehrerer Städte trafen sich zu einem *colloquium* und berichteten einander «die Übel und Nachteile, die ihnen von Verwaltern und Boten des Kaisers zugefügt worden waren, und stellten fest, es sei besser, in Ehren zu sterben, wenn es denn nötig sei und anders nicht geschehen könne, als in Schimpf und solcher Schande zu leben. Darum schlossen sie sofort ein

Bündnis unter allen; und zwar bekräftigten sie eidlich das Übereinkommen und den Vertrag, daß nämlich eine jede Stadt die andere unterstützen solle, falls der Kaiser oder seine Verwalter und Boten ihnen ohne Grund noch ein Unrecht oder Übel zufügen wollten – allerdings unbeschadet der Treue zum Kaiser, wie öffentlich versichert wurde.»[104]

Hinter dieser summarischen Nachricht des Lodeser Anonymus verbirgt sich eine ganze Reihe verschiedener Abkommen, in denen sich zunächst Cremona, Brescia, Bergamo und Mantua zu gegenseitiger Hilfe verschworen und damit den Kern des Lombardischen Städtebundes bildeten.[105] Rasch suchten die Mailänder Anschluß und machten für ihre Aufnahme in den Bund den früheren Gegnern weitreichende Zugeständnisse, namentlich Cremona hinsichtlich der *Insula Fulcherii*. Graf Heinrich von Diez, kaiserlicher Podestà über Mailand, suchte den Einigungsbestrebungen durch drakonische Maßnahmen gegenzusteuern, verlangte, Hunderte von Geiseln zu stellen und setzte den Mailändern in Nosedo mit Unterstützung der Pavesen so zu, daß man deren Einfall dort Tag und Nacht gefürchtet haben soll. Am 27. April erfüllten die vier Bundesstädte jedoch ihre gegebene Zusage. Seit 1162 war den Mailändern der Zugang in ihre Stadt verwehrt gewesen; sie hatten mit Erlaubnis Bischof Heinrichs von Lüttich, dem Barbarossa die Gegend um Mailand unterstellt hatte, bei den außerhalb der Mauern gelegenen Klöstern neue Siedlungen errichtet. Nun kehrten sie unter dem Schutz von Rittern und Fußvolk aus Bergamo, Brescia und Cremona in ihre nicht völlig zerstörte, aber weitgehend verwüstete Stadt zurück.[106] An der Porta Romana, vor der Barbarossa 1158 gelagert hatte, wurden in Erinnerung an dieses Ereignis schon 1171 Inschrifttafeln und Reliefs angebracht, die die Rückführung der Mailänder und den Wiederaufbau der Stadt darstellten.[107] Nach dreimaliger vergeblicher Aufforderung, sich dem Bund anzuschließen, wurde im Mai Lodi belagert, das, der Übermacht nicht gewachsen, gegen Zusage seiner territorialen Integrität und eventuellen Schutzes gegen Mailand durch die anderen Bundesstädte nunmehr die Seiten wechselte. Von Nachrichten über diese höchst gefährliche Entwicklung alarmiert, schickte Barbarossa im Mai 1167 von Ancona aus Bischof Hermann von Verden als bewährten Diplomaten mit dem Auftrag nach Pavia zurück, diese für ihn wichtige Stadt in ihrer Treue zu bestärken.[108] Zwischenzeitlich belagerte und zerstörte das Bundesheer die wiederaufgebaute Reichsburg Trezzo; Piacenza und Parma schlossen sich in rascher Folge den verschworenen Städten an. Jeden Rückhalts beraubt, fiel die kaiserliche Verwaltung einfach in sich zusammen; lediglich im westlichen Oberitalien hielten Novara, Vercelli und vor allem Pavia zum Kaiser. Die übrigen bevölkerungsreichen, früher im Schachbrettmuster miteinander verfeindeten Kommunen fanden, durch die neuartige Willkürherrschaft im Namen des Kaisers und den intransigenten Herrscher selbst letztlich dazu gedrängt, ihrerseits zu einer gänzlich neuartigen Organisation und überaus schlagkräftigen Gemeinsamkeit. Ihre aneinandergrenzenden Territorien bildeten ein zusammenhängendes Gebiet, innerhalb dessen die Bundesstädte auf jede Intervention des Kaisers mit rasch mobilisierbaren, gemeinsamen Heeresaufgeboten reagieren konnten. Am 1. Dezember 1167 schlossen sich die lombardischen Städte mit dem Veroneser Bund zusammen; die erste Bestimmung des Bundeseides formulierte ihr Ziel – sich gegenseitig gegen jedermann zu unterstützen, der sie angreife, um von ihnen höhere Leistungen zu erzwingen, als sie seit der Regierungszeit Kaiser Heinrichs IV. und vor dem Beginn der Herrschaft Barbarossas üblich waren.[109] Über Krieg und Frieden sowie über alle internen Angelegenheiten des Bundes entschied künftig ein *parlamentum* seiner Mitglieder, der Bund selbst wurde von Rektoren repräsentiert, die unter den Konsuln der Bundesstädte gewählt wurden.

Während sich im Frühjahr die ersten Städte zum Bund verschworen, zog Barbarossa mit seinem Heer durch die Romagna an die Adriaküste. Auf dem Weg ließ der Staufer von Forlì, Faenza, Forlimpopoli unter der Drohung der Zerstörung die Gelder eintreiben, die er zur Finanzierung des Heerzuges brauchte. Von Imola aus sandte er zusammen mit 1500 Brabanzonen Rainald von Dassel und Christian von Mainz als seine Legaten in die Toskana voraus, um von dort aus den Weg nach Rom vorzubereiten. «Diese spannten, gleich den Fischern des besten Herrn, ihre Netze über die ganze Lombardei aus, der von Mainz bis nach Genua, der von Köln bis nach Pisa, den kaiserlichen Seestädten, und empfingen eine unzählbare Menge Geld, um den Rittern ihren Sold zu bezahlen.»[110] Um Ostern verweilte Barbarossa längere Zeit in Rimini, offenbar zunächst unschlüssig, ob er der bedrohlichen Entwicklung wegen in die Lombardei zurückkehren oder am ursprünglichen Plan festhalten sollte, nach Rom zu zie-

ABB. 26a Mailand, ehem. Porta Romana, Mittelpfeiler, Stirnseite: Zwischen zwei Stadttorabbreviaturen, die links Cremona und rechts Brescia (BRIXIA) nennen, stehen zwei mit Schild, Lanze und Schwert bewaffnete Fußsoldaten. Sie veranschaulichen die Unterstützung, die die Mailänder bei ihrer Rückführung von diesen beiden Kommunen erhielten. – Milano, Castello Sforzesco, Museo d'arte antica.

hen. Auf dem weiteren Weg nach Süden erreichte er Ancona, das, durch Zahlungen aus Byzanz dazu bewogen und auf dessen Hilfe vertrauend, alle Abgaben verweigerte; ähnlich wie im Falle von Tortona entschloß er sich, «die ihm und dem Reich angetane Beleidigung» zu rächen und die Stadt zu belagern.[111] Und wie damals bei Tortona verzögerte auch die Belagerung von Ancona den Romzug empfindlich; die Sommerhitze des Jahres 1155, die nach der Kaiserkrönung weitere Unternehmungen verhindert hatte, müßte Friedrich noch in schlechter Erinnerung gewesen sein. Aber unfähig, die Herausforderung zu ignorieren, wollte er die Unterwerfung der Stadt erzwingen. Drei Wochen lag das Heer schon vor Ancona, als gute Nachrichten über den Sieg eintrafen, den Rainald und Christian mit ihrem aus Deutschen, Toskanern, Lombarden und Brabanzonen bestehenden Heer bei Tusculum in der Nähe von Frascati über die Römer erkämpft

ABB. 26 b Mailand, ehem. Porta Romana, Mittelpfeiler, östliche Laibungsseite: Unter Anführung zweier mit langen Kettenhemden, längeren Schwertern und Schilden besser gerüsteten *milites* bewegt sich eine Gruppe bewaffneter Fußsoldaten auf ein mit MEDIOLANUM überschriebenes Stadttor zu. Den Zug führt ein Fahnenträger an, den seine Tonsur als Geistlichen kennzeichnet. Das links als Bergamo markierte Stadttor weist auf die Hilfe der benachbarten Stadt hin, die ansonsten ebenso wie Cremona traditionell mit Mailand verfeindet war. – Milano, Castello Sforzesco, Museo d'arte antica.

hatten: man erzählte sich, die beiden Erzbischöfe seien über die Übermacht der Römer zunächst erschrocken gewesen, dann habe Christian zum Zeichen des Angriffs das Banner in die eigene Hand genommen, und nachdem «alle mit lautester Stimme das deutsche Lied, das die Deutschen im Kampf singen, nämlich: ‹Christus ist geboren›» angestimmt hatten, sei die römische Miliz überrannt worden;[112] Rainald schrieb an seine Kölner, man habe die ungeheure Beute den Brabanzonen überlassen, während sich die Ritter allein mit der Ehre des Sieges begnügten[113] – was nicht nur ein Hinweis auf typisch adliges Standesbewußtsein ist, sondern auch auf die permanenten Finanzierungsprobleme der Heerfahrt. Die Zeit drängte, und die durch den Sieg eröffnete Chance sollte genutzt werden. Mit einer von Pisaner Konsuln hastig ausgehandelten Unterwerfung Anconas wahrte Barbarossa mühsam sein Gesicht. Auf dem weiteren Weg nach Süden unternahm er auf Bitten einiger normannischer Adliger, die an seinem Heerzug teilnahmen, sogar noch einen eiligen Streifzug bis an den Tronto, die nördliche Grenze des *regnum Sicilie*; diese Gelegenheitsunternehmung war die erste Konkretisierung der seit Jahrzehnten weitgespannten, gegen den normannischen König gerichteten Invasionspläne – und sollte auch die einzige bleiben. Um den 20. Juli, mitten in größter Sommerhitze, erreichte der Kaiser Rom. Hier hob ihn das Rad der Fortuna binnen weniger Tage zum Gipfel seiner bisherigen Herrschaft – doch nur, um ihn dann ebenso schnell in ein Desaster ohne Beispiel hinabzustürzen, das zudem weitreichende Folgen für Norditalien und Deutschland hatte: nach der Eroberung von St. Peter konnte Paschalis III. in Rom am 30. Juli inthronisiert und ein Vertrag mit den Römern geschlossen werden, der die Stellung des Senats jener der kommunalen Magistrate in den oberitalienischen Kommunen anglich, die von der Bevölkerung gewählt und vom Kaiser mit ihren Rechten investiert wurden. Aber die Anfang August im Heer ausbrechende Epidemie forderte in Wochenfrist Tausende von Toten, unter ihnen so wichtige Vertraute wie Rainald von Dassel, so daß Barbarossa die Apostelstadt überstürzt verlassen mußte.[114]

Über Viterbo, wo Papst Paschalis III. Residenz nahm, zog Friedrich mit stark geschrumpftem Gefolge in die Toskana. Nur zwei Urkunden wurden in diesen Wochen ausgestellt.[115] In ihren Zeugenlisten erscheinen lediglich zehn Große des Reichs, unter ihnen als bedeutendster Erzbischof Christian von Mainz, außerdem die Herzöge Berthold von Zähringen und Ulrich von Böhmen sowie der frühere Podestà von Piacenza, Arnold von Dorstadt. Schon in Rom waren Gesandte aus Pavia eingetroffen, die den Kaiser zu schleunigster Rückkehr in die Lombardei aufforderten, wo die Rebellion immer weiter um sich griff.[116] Bei San Miniato im Arnotal verhandelte Barbarossa mit Gesandten aus Pisa, Lucca und anderen toskanischen Städten über Unterstützung gegen die Rebellen, am 31. August wurde ihm in Pisa noch ein triumphaler Empfang bereitet. Aber die Nachrichten aus Pavia drängten zu raschem Aufbruch nach Norden. Dabei entwickelte sich der Marsch über den Apennin zu einer unerwarteten Herausforderung, denn die Leute von Pontremoli, das der Staufer früher reich privilegiert hatte, standen inzwischen auf seiten des Lombardenbundes und überfielen das kaiserliche Lager: hier war es, wo sich Beatrix vor den feindlichen Pfeilen mit einem Schild schützen mußte.[117] Unter Geleit des Markgrafen Opizo Malaspina wurden die Berge auf abgelegenen Pfaden überquert, bis man in die Gegend von Piacenza hinabstieg. Die überstandenen Gefahren malte der Staufer später in grellen Farben: «Wir wurden gezwungen, durch eine enge Schlucht hindurchzuschleichen, unter der größten Gefahr für unsere eigene Person, für ein so großes Heer, für unsere Gemahlin und unsere Söhne.»[118] Bald war das sichere Pavia erreicht. Dort verhängte Barbarossa den Bann über die Städte des Lombardenbundes, indem er öffentlich seinen Handschuh zu Boden warf.[119] Lediglich Cremona und Lodi blieben ausgenommen, sicher in der Hoffnung, die früher treuen Städte wieder zurückgewinnen zu können. Von Pavia unternahm der Kaiser kleinere Züge in das Umland von Mailand, Piacenza und Lodi, ausnahmslos Verwüstungszüge eher demonstrativen Charakters. Zwischen zwei dieser Unternehmungen sah man ihn vor dem Kloster S. Pietro in ciel d'oro, wie er ohne aus dem Sattel zu steigen eine Mahlzeit zu sich nahm.[120] Rasche Reaktionen des Städtebundes zwangen ihn immer wieder zu erfolgloser Rückkehr nach Pavia. Das Bundesheer zog die Initiative an sich, so daß der Aufenthalt in Pavia keine Perspektive mehr bot und die Rückkehr nach Deutschland unvermeidlich war. Novara und Vercelli fielen vom Kaiser ab, der aus Sorge um seine Sicherheit kaum zwei oder drei Tage am selben Ort geblieben sein soll. Mit angeblich nur noch 30 Rittern zog er über Asti und Turin nach Susa am Fuße des Mont Cenis. Eine der bei ihm noch festgehaltenen lombardischen Geiseln ließ er hinrichten, als er vom Angriff des Bundesheeres auf die Burg des Grafen von Biandrate erfuhr. In Susa ließ man ihn ein, wollte aber die Geiseln nicht mit ihm nach Deutschland und, wie man meinte: in den sicheren Tod weiterziehen lassen, um nicht die Rache des Lombardenbundes auf die Stadt herabzubeschwören. Barbarossa fürchtete einen Anschlag auf sein Leben – es wäre nicht der erste gewesen, denn schon im Lager bei Lodi war er Ziel von Attentaten geworden.[121] Als Knecht verkleidet flüchtete er von einigen Gefährten begleitet nächtens aus Susa. In seiner Unterkunft wurde unterdessen für einen Getreuen, der ihm nach dem äußeren Erscheinungsbild ähnlich war, die Tafel wie für den Kaiser selbst gedeckt; nach einer anderen Überlieferung soll der Kämmerer Rudolf von Siebeneich im Bett des Kaisers geschlafen und so seine Flucht verheimlicht haben.[122] Nun durften auch Beatrix und ihr Gefolge abziehen. Erst jenseits des Mont Cenis, in Grenoble oder Genf, dürfte sie mit ihrem Gemahl wieder zusammengetroffen sein; von dort reiste man durch Burgund nach Basel.

Die Umstände, unter denen Barbarossa Italien verlassen hatte, waren wenig ehrenvoll und verstießen, wie es in der Kölner Königschronik heißt, «gegen die kaiserliche Würde».[123] Seine Gegner notierten hämisch, er sei «mit ewiger Schmach» aus Italien geflohen.[124] In einem fragmentarisch überlieferten Brief beklagte sich Barbarossa, der Himmel erschrecke über den Verrat der treulosen lombardischen

Städte, den sie «ohne Grund, ohne irgendeine vorangegangene Schuld gegen unsere Majestät, gegen den *honor imperii* begangen hätten»; der Aufstand richte sich nicht nur gegen ihn selbst, sondern gegen die Herrschaft der Deutschen in Italien insgesamt; aber er ziehe es vor, «unter den Feinden einen ehrenhaften Tod zu sterben, anstatt zu dulden, daß das Imperium zu unseren Zeiten zerstört werde und wir unseren Nachfolgern den Schaden so großer Zwietracht und so großen Verlustes übergeben».[125]

Die anschließenden fast sechs Jahre waren der überhaupt längste Zeitabschnitt, den Barbarossa seit seiner Königswahl nördlich der Alpen verbrachte. Während dieser Zeit ist sein Aufenthaltsort häufiger über Wochen, sogar Monate hinweg unbekannt. Eine Fernwirkung der Seuche vor Rom war, daß dem Staufer infolge der vielen Todesfälle und der damit verbundenen Erbschaften die größte Hausmacht zufiel, über die ein deutscher König bis dahin im Südwesten des Reichs jemals verfügt hatte. Nicht nur der riesige fränkische Besitz seines Vetters Friedrich von Rothenburg kam in seine Hände, sondern nach einigen Jahren auch der gesamte süddeutsche Welfenbesitz, weil Welf VI. seinen einzigen Sohn und Erben vor Rom verloren hatte. Auch der Sohn Graf Rudolfs von Pfullendorf war an der Epidemie gestorben. Rudolf, seit langem bewährter Vertrauter des Kaisers, übertrug diesem allmählich seine für die Sicherung der Verkehrswege über die Bündner Pässe wichtigen Rechte. Eine Reihe weiterer Zufälle – wie das Aussterben der Grafen von Lenzburg 1173 sowie einiger anderer edelfreier Geschlechter – führte schließlich dazu, daß während der beiden letzten Jahrzehnte von Barbarossas Regierung nördlich des Bodensees, im Alpenvorland und im östlichen Schwaben sowie im westlichen Bayern ein nahezu geschlossenes Königsland entstand. Auch die nördlich benachbarte Wetterau und das Maingebiet um Frankfurt gerieten nach 1170 unter vorwiegend staufische Herrschaft.[126] Von einer regelrechten ‹Territorial-› oder ‹Reichslandpolitik› des Staufers zu sprechen, übersieht tendenziell die vielen Zufälle, aber auch die Zweiseitigkeit der Entwicklung, in der Barbarossa nicht nur agierte, sondern auf Erwartungen auch reagierte; all das war zu komplex, um zentral gelenkt werden zu können. Gleichwohl wußte der Staufer die Gelegenheiten zu nutzen, die sich ihm boten. Allerdings fehlten die Voraussetzungen dazu, die *terrae imperii* einer einheitlichen Verwaltung zu unterwerfen; es blieb bei tastenden Versuchen ihrer herrschaftlichen Durchdringung.[127]

Mit der Katastrophe vor Rom und Barbarossas Flucht über die Alpen ist üblicherweise die Vorstellung eines vollständigen Zusammenbruchs der kaiserlichen Herrschaft in Italien verbunden.[128] Das trifft für den Bereich der oberitalienischen Kommunen auch zu, wo der Lombardische Städtebund mächtig genug wurde, um selbst Pavia zum Beitritt zu zwingen; jedoch waren bedeutende politische Kräfte an der ligurischen Küste, in der Toskana und der Romagna, in Umbrien und den Marken sowie in Mittelitalien und nicht zuletzt in Rom gegenüber dem Kaiser loyal geblieben.[129] Die Voraussetzungen dafür, die verlorene Position wieder zurückzugewinnen, waren keineswegs schlecht. Im Oktober 1171 entsandte der Staufer Erzbischof Christian von Mainz als *totius Ythalie legatus* in den Süden. Der mitgeführte Brief mit der kaiserlichen Vollmacht,[130] aus dem der Zusammenhang seines Zuges mit Barbarossas wenige Monate später angesagtem fünften Italienzug ersichtlich geworden sein dürfte, ist verloren. Daß Christian «nicht um des Krieges, sondern um des Friedens willen»[131] in Italien erschien, darf man trotz der lückenhaften Überlieferung[132] als Hinweis darauf verstehen, daß er die verbliebenen loyalen Städte und Feudalherren gegen den Lombardenbund oder einzelne seiner Mitglieder sammeln sollte. Sein Augenmerk galt zunächst Pisa und Genua. Um keine der beiden mächtigen Seestädte zu verprellen, hatte Barbarossa ihren Konflikt um Sardinien 1166 nicht entschieden und sich auf diese Weise zwar ihre Unterstützung für seinen Zug gegen Rom gesichert, aber sich vor seiner Rückkehr nach Deutschland an einer Lösung des Streits nicht mehr versucht. Diese Nagelprobe kaiserlicher Autorität zu liefern oblag nun Christian von Mainz, der jedoch, in undurchsichtigen Verhandlungen zwischen den sich mißtrauisch belauernden Erzfeinden zerrieben, an dieser Aufgabe praktisch scheiterte[133] und seine Aktivitäten Ende 1172 in die Marken, nach Umbrien und in die Romagna verlegte.

MISSERFOLGE UND ABHÄNGIGKEITEN

Inzwischen sagte Barbarossa seine nunmehr fünfte Heerfahrt nach Italien für 1174 an, erstmals 1172 auf dem Hoftag zu Worms an dem für ihn höchst symbolträchtigen Sonntag *Laetare Jerusalem*. In Köln hielt man «Rache für das ihm angetane Unrecht» für den eigentlichen Zweck.[134] Philipp von Heinsberg, seit 1167 Nachfolger Rainalds von Dassel als Erzbischof von Köln und Erzkanzler für Italien, kündigte das Unternehmen brieflich den Senatoren von Rom und den Konsuln von Pisa an, die ihrerseits Hilfe versprachen. Die Pisaner antworteten, sie, die sie «dem Reiche stets am treuesten gewesen» seien, hätten «größere Freude als all die anderen Getreuen, weil wir in der Treue und Liebe gegen die kaiserliche Krone verharrt und stets die Ehre des Reichs vor Augen haben».[135] Im April 1174 ließ der Kaiser die Heerfahrt in Nimwegen erneut beschwören, und im Juni erreichten ihn Gesandte der Pavesen und des Markgrafen Wilhelm von Montferrat, um den Anmarsch vorzubereiten. Angesichts der Stärke des Lombardenbundes verbot sich der Weg über die zentralen Alpenpässe. Im September zog das Heer deshalb auf demselben Weg über den Mont Cenis nach Italien, auf dem Barbarossa 1167/68 geflüchtet war. Die größten Kontingente stellten die Erzbischöfe Philipp von Köln und Arnold von Trier sowie der böhmische Herzog Soběslav, ein Sohn des mittlerweile verstorbenen Königs Vladislav; außerdem befand sich eine große Abteilung flandrischer Söldner im Heer – Brabanzonen, die als «mit den Kriegskünsten höchst vertraute Männer, nichtswürdigste, räuberischste und verworfenste Krieger» gefürchtet waren.[136] An Susa rächte sich Barbarossa für die entwürdigende Behandlung während seines Aufenthalts durch Belagerung und Zerstörung der Stadt. Asti, gewissermaßen westlicher Vorposten des Lombardenbundes, wechselte trotz Hilfe des Bundes die Seite und unterwarf sich dem Kaiser.

Ende Oktober erreichte das Heer eine wenige Kilometer östlich am Zusammenfluß von Tanaro und Mormida gelegene, *Alexandria* (Alessandria) genannte neue Stadtgründung. Obwohl diese Namensgebung «zu Ehren» Papst Alexanders III., «aus Ehrerbietung» ihm gegenüber und zur Schande des Kaisers erfolgt war,[137] war die Stadt doch nicht, wie häufig zu lesen ist, als Festung des Lombardenbundes gegründet worden, sondern sukzessive aus drei kleineren Siedlungen entstanden, in die sich viele Unzufriedene aus den Ländern des Markgrafen von Montferrat absetzten. Die Bewohner verstanden die Gunst der politischen Machtverhältnisse durch Annäherung an den Lombardenbund zum Vorteil ihres Ortes zu nutzen. Dessen Beitrag bestand dann wesentlich in der folgenreichen Anerkennung von Alessandrias Status als *civitas*, was insoweit eine Anmaßung war, als Städtegründungen kaiserliches Vorrecht waren; indem Alexander III. die Stadt außerdem zum Bistum erhob, trug er dazu bei, der Stadt eine Einflußsphäre zu verschaffen, die sich gleichzeitig gegen die Versuche des Markgrafen und Pavias richtete, die für die lombardischen Städte wichtigen Handelsrouten nach Genua zu kontrollieren.[138] Der Entschluß zur Belagerung der Stadt war insoweit also zweifellos im Interesse Wilhelms und Pavias, sicher aber auch eine Antwort Barbarossas auf die symbolische Herausforderung, die ihre Gründung und ihr Name darstellten.[139] Konsequent wurde der Name Alessandria in den Kaiserurkunden verschwiegen oder herabsetzend «Strohstadt» genannt – ein Spottname, der sich auf die mit Stroh gedeckten Häuser oder die in Ermangelung steinerner Mauern noch mit Flechtwerkmatten stabilisierten Wälle beziehen mochte. Die Nachricht über die Gründung einer Stadt mit dem Namen des bekämpften Papstes war eine Herausforderung des *honor imperii*. Für den kaiserlichen Kapellan Gottfried von Viterbo, einen Augenzeugen der Belagerung, war das Bestehen der Stadt eine Schmach für das *imperium*. Noch zehn Jahre nach der Belagerung klagte Barbarossa, die Stadt sei «gegen unsere und des Reiches Ehre» (*contra honorem nostrum et imperii*) gegründet worden und er habe den Italienzug nur angeordnet, um diese Beleidigung zu rächen.[140] Die symbolische Herausforderung erschien dem Geschichtsschreiber Thomas von Pavia noch im 13. Jahrhundert so plausibel, daß er meinte, der Kaiser habe sich nicht um Reichtümer, sondern vielmehr um die Ehre gesorgt.[141]

Weil die Stadt nur durch Erdwall und Graben befestigt war, schien ein rascher Sieg zum Greifen nahe, weshalb sich Barbarossa trotz der fortgeschrittenen Jahreszeit auf Zureden seiner italienischen Verbündeten[142] noch zur Belagerung entschloß. Die Truppen des Reichslegaten Christian von Mainz waren nicht zur Unterstützung herbeibefohlen worden, man hoffte offenbar auf leichtes Spiel. Das erwies sich jedoch als folgenreiche Fehleinschätzung, denn wie schon das 1158 neugegründete Lodi nur auf Grund seiner tiefen Gräben eine Belagerung der Mailänder überstanden hatte, bildeten nun im Falle Alessandrias die breiten, von den nahen Flüssen gespeisten Gräben ein letztlich unüberwindliches Hindernis. Äußerst strapaziöse Witterungsverhältnisse erschwerten die Situation der Belagerer: anhaltender Regen verwandelte das Gelände in einen Sumpf, in dem Pferd und Reiter geradezu versanken, und das kaiserliche Lager mußte auf überschwemmtem Boden errichtet werden. Ein rasch einsetzender harter Winter brachte ungewöhnlich viel Schnee und starke Kälte. Zwar boten die Pavesen einen Markt und schafften Nachschub auf Schiffen heran, aber auch in der weiteren Umgebung war kaum noch Futter für die Pferde aufzutreiben.[143] Die historisch fragwürdige Anekdote über eine für das Heer zusammengetriebene, dann aber – wegen eines von den Bürgern Alessandrias zum Quieken gebrachten Ferkels – auseinandergestobene Schweineherde illustriert die durch Hunger zusätzlich prekär gewordene Situation; ein Großteil der böhmischen Ritter verließ wegen der untragbaren Verhältnisse in der Nacht vor Weihnachten heimlich das kaiserliche Lager. Verschiedentlich bemerken die Chronisten, daß Barbarossa trotz der widrigen Umstände, angeblich sogar gegen den Rat seiner Großen, die Belagerung nicht abgebrochen habe.[144] Offenbar fürchtete der Kaiser die Signalwirkung, die davon ausgegangen wäre, und vertraute auf seine Ressourcen. Kräfte und Sachverstand für eine Belagerung waren in der Tat reichlich vorhanden. Aus Genua stammten nicht nur die Belagerungstechniker, die Holztürme zu errichten verstanden, sondern auch zahlreiche Armbrustschützen zu deren Bemannung. Belagerungsmaschinen wurden gebaut und hölzerne Türme errichtet, von denen aus die Stadt unter Beschuß genommen wurde; allerdings boten die breiten, niedrigen Kronen ihrer Erdwälle auch den Verteidigern die Gelegenheit, Wurfmaschinen in Position zu bringen.

Nach der schon vor Crema erprobten Taktik ließ Barbarossa schließlich einen von einer Katze gedeckten Belagerungsturm über eine zugeschüttete Grabenstelle gegen den Stadtwall in Stellung bringen. Auch der ebenfalls schon vor Crema und Mailand praktizierten Terrormaßnahmen bediente er sich erneut. Gefangene ließ er blenden und zur Abschreckung in die Stadt zurückschicken. Ein junger Mann soll ihm auf die Frage, warum er sich gegen das Reich empört habe, geantwortet haben, daß er nicht gegen ihn kämpfe, sondern lediglich seinem Herrn in Alessandria treu diene: «Wenn er mit dir gegen seine Mitbürger kämpfen wollte, würde ich ihm ebenso treu dienen; und wenn du mir auch die Augen auszureißen befiehlst, werde ich doch wieder, so gut ich kann, meinem Herrn dienen.» Von diesem Bekenntnis zu unbedingter Treue beeindruckt, soll ihm Barbarossa die Strafe erlassen haben.[145] Aber «weder mit Terror noch mit Drohungen, noch mit Versprechen»[146] konnte der Kaiser die Bürger zur Unterwerfung bewegen. Nach fast vier Monaten Belagerung entschloß sich Barbarossa unter dem Eindruck des herannahenden Entsatzheeres des Lombardenbundes zu einer letzten Kriegslist: aus Rücksicht auf die Osterfeiertage sicherte er den Alessandrinern einen Waffenstillstand zu, während er gleichzeitig Bewaffnete in die unterirdischen Gänge schickte, die die Pavesen zuvor gegraben hatten, um von ihnen aus die Stadt zu überfallen, die sich in Sicherheit wähnte. Der Anschlag wurde aber vorzeitig entdeckt und vereitelt. Am päpstlichen Hof hielt man diese Kriegslist für ein Zeichen von Barbarossas «gewohnter Verschlagenheit» und glaubte, die Bürger hätten den heiligen Petrus gerüstet auf weißem Pferd vor sich herziehen sehen und, dadurch ermutigt, nicht nur die Eindringlinge überwältigt, getötet oder von den Wällen hinabgeworfen, sondern auch einen Ausfall unternommen, so daß am Karsamstag der Boden bis zum kaiserlichen Lager von Toten bedeckt gewesen und die hölzerne Lagerstadt in Brand gesteckt worden sei.[147]

Nach diesem Fehlschlag befahl Barbarossa, um nicht seinerseits vom Bundesheer vor der belagerten Stadt eingeschlossen zu werden, in der Nacht auf Ostersonntag, das Lager in aller Eile aufzugeben, und marschierte mit dem Heer Richtung Pavia. Das Bundesheer, dem erstmals gleich vier Fahnenwagen der Kommunen von Piacenza, Mailand, Verona und Brescia beigeordnet waren, hatte von Piacenza kommend Casteggio erreicht und lagerte am Flußufer, während der Kaiser drei Meilen entfernt Lager bezog. Am Ostermontag, den 14. April, setzten die Lombarden über den Fluß, brachten als unmißverständliches Zeichen ihrer Stärke die vier *carrocci* etwa drei Meilen entfernt vom kaiserlichen Heer in Stellung und wiesen ihnen die Kontingente der Bundesstädte zu und erwarteten den Angriff; jedoch rückte Barbarossa erst am folgenden Tag bis auf zwei Meilen heran.[148] Beide Heere standen sich gegenüber, ohne es auf Kampfhandlungen ankommen zu lassen. Das Risiko des Schlacht-

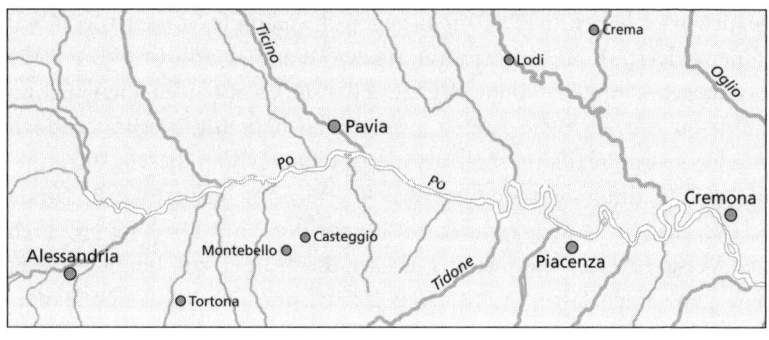

KARTE 10

ausgangs war so unkalkulierbar, daß die Stunde der Verhandlungen schlug.[149] Angeblich signalisierte ein Bannerträger der Lombarden seinem Sohn, der im Heer des Kaisers stand, die Bereitschaft des Bundes zum friedlichen Ausgleich. Am Mittwoch, den 16. April, trafen sich bevollmächtigte Unterhändler. Von kaiserlicher Seite waren Erzbischof Philipp von Köln, Pfalzgraf Konrad bei Rhein, Graf Humbert von Savoyen, Pfalzgraf Otto von Wittelsbach und Markgraf Heinrich Guercius von Savona sowie der Kanzler Gottfried erschienen, von lombardischer Seite je ein Vertreter von Mailand, Brescia, Verona, Piacenza, Treviso, Vicenza, Bergamo, Parma, Lodi, Vercelli, Tortona, Novara, Reggio, Ferrara und Alessandria sowie die beiden Rektoren des Bundes, Anselm von Dovara und Ezzelino von Romano, die gleichzeitig das Bundesheer befehligten. Das *colloquium* fand zwischen den beiden Heerlagern auf freiem Feld unterhalb des Ortes Montebello statt.

An diesem Ort und unter diesen Umständen konnte natürlich nicht über die vielen strittigen Einzelfragen, sondern nur über ein Verfahren verhandelt werden, das seinerseits den Rahmen für künftige Verhandlungen auf gleicher Augenhöhe bieten sollte. Man einigte sich auf ein Schiedsverfahren: jede Seite sollte je drei Personen auswählen; bis Mitte Mai sollten sie auf Grund schriftlich vorgelegter Parteiforderungen einen Kompromiß erarbeiten; eventuell strittig gebliebene Fragen sollten die Konsuln von Cremona abschließend bis Anfang Juni entscheiden. Sowohl der Kaiser wie auch der Bund sollten sich eidlich verpflichten, den Schiedsspruch der Schiedsleute wie auch jenen der Konsuln von Cremona anzuerkennen.[150] Vorbedingung der Aufnahme dieser Schiedsverhandlungen war wiederum, daß der Kaiser «sofort mit allen Städten und deren Bund mittels des Friedenskusses» Frieden schließen sollte; im Gegenzug sollten aus jeder Stadt zehn von Barbarossa ausgewählte Bürger die Einhaltung des Friedens und den persönlichen Treueid schwören; dieser Schwur sollte aber gegenstandslos sein, falls der Kaiser nicht allen Städten *pax et concordia* gewähre. Das bedeutete eine vollständige Einbeziehung Alessandrias in den Frieden mit dem Lombardenbund. Genau damit war Barbarossa, als ihm das Verhandlungsergebnis vorgetragen wurde, aber nicht einverstanden; nach der demütigenden Schlappe vor Alessandria und mit Rücksicht auf Wilhelm von Montferrat und Pavia war für ihn ein Friedensschluß ebenso undenkbar wie der Fortbestand der Stadt mit dem beleidigenden Namen; er bot der Stadt lediglich einen bis Mitte Juni befristeten Waffenstillstand an. Am Donnerstag, den 17. April, wurde deshalb nachverhandelt. Um den Frieden nicht scheitern zu lassen, stimmte der Bund dieser Forderung zu, verlangte jedoch von vier der kaiserlichen Unterhändler einen Eid auf die Einhaltung dieses Waffenstillstands; Markgraf Heinrich Guercius und Graf Humbert mußten sogar schwören, sich im Verletzungsfall in den Kerker nach Vercelli und in die Gewalt des Bundes zu begeben. Die gänzlich unterschiedlichen Vorstellungen über die Behandlung Alessandrias standen beiden Parteien zu diesem Zeitpunkt schon als Kann-Bruchstelle des Schiedsverfahrens klar vor Augen; selbst begrifflich wurde zwischen der «Angelegenheit Alessandrias» (*negocium Alexandrie*) und dem Streit (*discordia*) zwischen Kaiser und Lombarden unterschieden.[151] Gegenüber Barbarossas Friedensbedingung, daß der Stadt nicht der gleiche Status zukommen dürfe wie den anderen Bundesstädten, beharrte der Bund auf dem glatten Gegenteil. Dennoch wurde an diesem 17. April der Friede geschlossen, um den Krieg vorerst zu vermeiden.

Wie es die Rangordnung gebot, kamen die Vertreter des Lombardenbundes zum Kaiser in dessen Lager. Die Vorleistung für seinen Friedenskuß war eine Unterwerfung des Bundes: die beiden Bundesrektoren mußten Barbarossa «wie Getreue einem gnädigsten Herrn auf unterwürfigste Art alle Ehrerbietung erweisen», ihm demütig zu Füßen fallen und ihm die Schwerter übergeben, die sie zuvor über ihrem Nacken getragen hatten, indem sie ihm den Griff reichten, so daß die blanke Klinge auf sie selbst zielte.[152] Dann gab Barbarossa ihnen «stellvertretend und namens aller Städte und Orte und Personen des Bundes der Lombardei, der Marken, Venetiens und der Romagna» den Friedenskuß.[153] In Köln erzählte man sich sogar, «die ganze furchtbare Schlachtreihe der Feinde» habe sich vor dem Lager des Kaisers mit ausgestrecktem Körper zu Boden geworfen, Frieden und Barmherzigkeit erfleht und über dem Nacken blanke Schwerter getragen; «auch liefen sie um die Wette zum Kaiser, übergaben ihm die Fahnen aller versammelten Städte, einige aber küßten den Mantel, andere die Füße und wieder andere das Zelt des Kaisers».[154] Allerdings hatte Erzbischof Philipp von Köln maßgeblichen Anteil am Friedensschluß gehabt, und es scheint kein Zufall, daß ausgerechnet in seiner Heimatstadt Gerüchte von einer übergroßen Demütigung der Feinde kursierten.

Eine Massenunterwerfung in Montebello hatte es indessen aus gutem Grunde nicht gegeben, denn die Pointe des Friedensschlusses lag für den Lombardenbund darin, daß Barbarossa den beiden Bundesrektoren den Friedenskuß gab – das aber war nichts anderes als eine symbolische Anerkennung der *societas Lombardiae*! Der Frieden von Montebello brachte beiden Seiten unmittelbare Vorteile; nicht nur die Schlacht mit unsicherem Ausgang, aber mit sicher hohen Verlusten war abgewendet. Beide Seiten hatten es auch verstanden, ihr Gesicht zu wahren. Für den Kaiser war der Fußfall der Rektoren eine Wiederherstellung des *honor imperii*; das demütigende Fiasko, in dem seine Belagerung Alessandrias geendet hatte, verwandelte er in einen Waffenstillstand, den er der Stadt wie aus völliger Entscheidungsfreiheit gewährte. Und die Lösung der eigentlichen Streitfragen mit dem Lombardenbund, vor allem eine mögliche Annäherung in der unterschiedlichen Auffassung bezüglich Alessandrias, war auf die Zukunft vertagt. Als unmittelbare Folge des Friedensschlusses erweiterte sich Barbarossas Handlungsspielraum schlagartig. Aber auch der Städtebund hatte seinerseits ein wichtiges Ziel erreicht. Der Fußfall seiner Rektoren war nicht nur demütigend, sondern brachte gleichzeitig die kaiserliche Anerkennung des Bundes; das war die Gegenleistung, die Barbarossa für den Frieden erbringen mußte. Wie die paritätische Besetzung des Schiedsgremiums verdeutlicht, sollte der Bund außerdem in den bevorstehenden Friedensverhandlungen als gleichberechtigter Verhandlungspartner agieren; damit demonstrierte die *societas* ihr Ziel, sich nicht mehr einem einfachen kaiserlichen Rechtsdiktat unterordnen zu wollen.

Erstmals schien sich nun die Chance eines wirklichen Interessenausgleichs zu bieten. Die Heere beider Seiten wurden größtenteils entlassen, Barbarossa zog nach Pavia, knüpfte umgehend Verhandlungen mit dem Papst an und entsprach damit einer weiteren Forderung des Bundes, der keinen Frieden ohne seinen päpstlichen Verbündeten schließen wollte. Unterdessen nahmen die Schiedsleute ihre Arbeit auf.[155] Wie aber stand es mit Barbarossas Kompromißbereitschaft, als er sich nicht länger an der Spitze eines von Krankheit, Hunger und Mißerfolg geschwächten Belagerungsheeres dem Bundesheer gegenübersah, sondern in den festen Mauern Pavias den weiteren Gang der Dinge nicht nur abwarten mußte, sondern auch schon wieder maßgeblich beeinflussen konnte? Man einigte sich rasch darauf, daß die Erzbischöfe von Mainz und Köln sowie der Protonotar Arduin um besserer Erfolgschancen willen die Verhandlungen in Barbarossas Abwesenheit führen sollten.[156] Konnten in seiner Gegenwart kontroverse Sachverhalte nicht erörtert werden? Wollte der Kaiser mit den Einzelheiten nicht behelligt werden? Hätte seine Anwesenheit eine Zustimmung bedeutet, die man nicht von vornherein signalisieren wollte? Die zentrale Herausforderung für Barbarossa war jedenfalls die in Montebello gemachte Zusage, er werde seine Forderungen und damit auch das *negocium Alexandrie* einem Schiedsverfahren mit offenem Ausgang unterwerfen. Zwar war zum damaligen Zeitpunkt auch im Streit um die Anerkennung Alexanders III. schon mehrfach ein paritätisches Schiedsgericht vorgeschlagen worden, aber Barbarossa hatte sich kein einziges Mal tatsächlich darauf eingelassen.[157] Verzichtete er nun mit dem Zugeständnis, sich dem Schiedsspruch der Konsuln von Cremona unterzuordnen, auf seinen bislang stets verteidigten herrscherlichen Überordnungsanspruch? Auffallend ist, daß der Schiedsspruch der Cremonesen[158] mit der Auflösung Alessandrias Barbarossas zentraler Forderung stattgab. Entsprechend empört reagierten die Bundesvertreter: später wollte man wissen, sie hätten die Schriftstücke mit den Friedensbedingungen in Stücke gerissen.[159] Die Cremonesen verwandelten die Kann-Bruchstelle der Abmachungen von Montebello in eine tatsächliche Bruchstelle, denn der Status Alessandrias als *civitas* war für den Bund schon damals nicht zur Disposition gestanden. Die Entscheidung der Cremoneser Konsuln ist nicht leicht verständlich, zumal ihnen die Position des Bundes ja bekannt und vertraut war. Die Lösung des Problems liegt wohl in Cremonas eigener Interessenlage,[160] auf die der Schiedsspruch ebenfalls dezidiert Rücksicht nahm, und zwar mit der Festschreibung des Status quo im Gebiet der *Insula Fulcherii*. Cremona hatte seine im Lombardenbund nach 1167 dominante Stellung dazu genutzt, die Ansprüche auf dieses Gebiet, die Barbarossa nach der Zerstörung von Crema 1160 nicht erfüllt hatte, gegen die alten Mailänder Ambitionen durchzusetzen. Mit dem Erstarken Mailands wuchs aber auch die alte Rivalität zwischen beiden Städten, so daß Cremona das einmal Erreichte auch mit einer Annäherung an den Herrscher abzusichern versuchte. Im Ergebnis schlug der Stadt diese Strategie zum Nachteil aus: denn mit seiner Entscheidung gegen Alessandria rief Cremona alte, auf seine frühere Treue zum Kaiser zurückgehende Vorbehalte wach und verlor im Lombardenbund gegenüber dem wieder mächtigen Mailand seitdem rapide an Einfluß,[161] ohne schon in Barbarossa einen neuen Verbündeten gewonnen zu haben. Auf kaiserlicher Seite bestätigte sich das Klischee von den treulosen und eidbrüchigen Lombarden, auf seiten des Städtebundes dagegen der schon mehrfach gewonnene Eindruck, daß dem Kaiser nicht zu trauen war.[162] Cremona indessen steuerte als Folge des zusammengebrochenen Schiedsverfahrens zunehmend in die politische Isolation – was dem Kaiser, wie gleich auszuführen ist, eine seiner demütigendsten Erfahrungen in Italien verschaffen sollte.

Nach den im Sommer gescheiterten Verhandlungen richteten sich Barbarossas Aktivitäten von Pavia aus sofort wieder gegen Alessandria. An seiner Entschlossenheit, die unbotmäßige Stadt zur Unterordnung zu zwingen, sollte kein Zweifel aufkommen. Daß der erfolgreiche Widerstand das Ansehen des Kaisers beschädigte, belegen nicht zuletzt die vergleichsweise häufig überlieferten hämischen Wortspiele, wonach das als «Strohstadt» geschmähte Alessandria sich als «eisern» oder «steinern» erwiesen habe.[163] Für eine erneute Belagerung reichten die Kräfte allerdings nicht aus, an mehr als eine Schwächung des Gegners durch Verwüstung von Feldern und Weinbergen war nicht zu denken. Für das folgende Jahr richtete sich der Kaiser aber auf eine erneute militärische Auseinandersetzung ein und versicherte sich zu diesem Zweck alter und neuer Verbündeter. Den Konflikt zwischen Pisa und Genua um Sardinien schlichtete er durch

Teilung der umstrittenen Insel und führte damit frühere Ausgleichsbemühungen Christians von Mainz zum Ziel. Tortona wurde durch weitreichende Zugeständnisse zum Abfall vom Lombardenbund bewegt. Aus dem deutschen Reichsteil ließ Barbarossa erneut militärische Unterstützung anfordern. In einem Brief an Reinhard, den erwählten Bischof von Würzburg, heißt es, er habe auf der eben unternommenen Heerfahrt die lombardischen Verräter sogar als so rebellisch und starrköpfig vorgefunden, «daß sie den Ruhm unseres Namens und die Erhabenheit des Römischen Reichs durch schlechte und unbillige Machenschaften vollständig zu zerstören und zu Nichts zu machen betrügerischerweise versucht haben»; deshalb rufe er Reinhard und die anderen Fürsten, «die unseren Namen und unsere Ehre lieben», zu Hilfe.[164] Aber so reichlich fiel die Unterstützung der Fürsten nicht aus. Zwar war Erzbischof Philipp von Köln über die Alpen zurückgekehrt und verpfändete sogar einige Stiftshöfe »zur Beförderung der Ehre des Römischen Reichs»,[165] um mit dem Geld weitere Kölner Kontingente bezahlen zu können. Später erzählte man sich sogar, Barbarossa habe sich im nördlich des Comer Sees gelegenen Chiavenna mit seinem Vetter Heinrich dem Löwen getroffen und ihn vergeblich um militärische Unterstützung gebeten. Mit einem nicht allzu großen Heer von vielleicht 1000 Rittern erreichte Philipp, dem sich Erzbischof Wichmann von Magdeburg und die Bischöfe von Hildesheim, Verden, Worms, Münster und Osnabrück sowie einige weltliche Große angeschlossen hatten, über den Lukmanierpaß im Mai 1176 wieder den Süden, wo ihn Barbarossa bei Serravalle im Bleniotal empfing.

Wenige Tage später (29. Mai) erlitt der Staufer bei Legnano jene Niederlage gegen den Lombardischen Städtebund, die während der italienischen Einigungsbewegung des Risorgimento im 19. Jahrhundert zum Symbol nationaler Selbstbestimmung gegen Fremdherrschaft wurde, seit den 1980er Jahren aber auch historischer Bezugspunkt für die zunächst separatistischen Absichten der norditalienischen Lega Nord.[166] Die Nachrichten über die Schlacht fließen, gemessen an der Bedeutung, die sie im italienischen Geschichtsbewußtsein später gewann, recht spärlich, weshalb auch umstritten ist, inwieweit es sich um eine militärisch entscheidende Niederlage handelte. Die zeitgenössischen Aussagen über die Schlacht unterscheiden sich naturgemäß bereits hinsichtlich zahlenmäßiger

Über- oder Unterlegenheit je nach Parteinahme der Chronisten.[167] Wie bereits erwähnt, wurde eine Entscheidung auf dem Schlachtfeld auf Grund ihres unkalkulierbaren Ausgangs üblicherweise nicht eigentlich ‹gesucht›. Soweit erkennbar, entwickelte sich die Schlacht bei Legnano denn auch nicht aus der taktischen Absicht der einen oder anderen Seite, sondern aus einer zufälligen Begegnung zwischen einer Abteilung lombardischer Ritter und der Vorhut des kaiserlichen Heeres.[168] Ein solches Zusammentreffen entwickelte eine unbeherrschbare Eigendynamik, weil aus der Situation heraus ohne Möglichkeit zu weiterreichender Planung entschieden werden mußte, ja die Verweigerung des Kampfs etwa auf Grund strategischer Überlegungen angesichts rascher Eskalation gar nicht mehr möglich war – ganz abgesehen von den Unwägbarkeiten, die mit dem ‹Befehlsweg› und den ‹Kommandostrukturen›, die wir nicht kennen, und dem besonderen Stellenwert verbunden waren, den Ehre und Treue als Handlungsmotive unter solchen Umständen gewinnen mochten. Hatte die langsame Annäherung der Heere 1175 bei Montebello die Möglichkeit eröffnet, das Risiko zu wägen und die Schlacht zu vermeiden, so stolperte Barbarossa bei Legnano aus dem Marsch heraus in seinen ersten und gleichzeitig letzten militärischen Konflikt mit dem etwa gleich starken Bundesheer förmlich hinein. Daß er sich lieber für den ehrenvollen Tod als für eine ehrlose Flucht entschieden und es für der kaiserlichen Majestät unwürdig gehalten habe, vor dem Feind zu fliehen,[169] sind spätere Bewältigungsversuche einer Niederlage, die zunächst nicht abzusehen war. Die deutschen Ritter schlugen die Reiterei des Bundes anfangs in die Flucht, ihr Ansturm brach sich dann aber am Mailänder Fahnenwagen, den die Fußsoldaten, die nicht mehr fliehen konnten, hinter ihren Schilden verborgen und von langen Lanzen geschützt höchst effektiv gegen die ansprengenden Feinde verteidigten. Kämpfte Barbarossa persönlich an diesem Brennpunkt des Geschehens? Über das Gefecht von Carcano bei Mailand hatte er 1160 verbreiten lassen, er habe den Fahnenwagen der Mailänder in den Graben geworfen – sei also an dessen Eroberung beteiligt gewesen.[170] War das nur eine der Selbststilisierung des ‹tapfer kämpfenden Herrschers› geschuldete, ansonsten leere Behauptung? Oder doch ein Tatsachenbericht? Mit dem *carroccio* stand jedenfalls das Herrschaftszeichen der Kommune, dessen Fahnenmast die Mailänder bei ihrer Unterwerfung 1162 vor

Barbarossa zum Zeichen ihrer Selbsterniedrigung hatten demonstrativ senken müssen, erneut im Zentrum des Kampfgeschehens. Das Kampfziel, gegnerische Feldzeichen zu erbeuten oder zu zerstören, muß keineswegs einer militärischen *ratio* gehorcht haben, die man von anderen Handlungsmotiven der Kämpfer trennscharf unterscheiden kann;[171] im Gegenteil: weil mit dem *carroccio* in der Schlacht «gleichsam symbolisch die Freiheit und Ehre der Stadt aufs Spiel gesetzt» wurde, so war seine Eroberung gerade wegen seiner symbolischen Bedeutung ein militärisch gebotenes Ziel.[172] Als adliger Kämpfer mag Barbarossa außerdem die standestypische, aber keineswegs adäquate Geringschätzung der Fußsoldaten geteilt haben. Am Fahnenwagen geriet der kaiserliche Ansturm ins Stocken; die zunächst geflohenen, aber nicht getöteten Reiter des Bundesheeres gewannen dadurch Zeit und Möglichkeit, zurückzukehren und in das Geschehen einzugreifen. Nur Kardinal Boso behauptet, zu wissen, was dem Kaiser im Kampfgetümmel geschah: «Beim ersten Zusammenstoß fiel Friedrichs Bannerträger von einer Lanze durchbohrt zu Boden und blieb von den Hufen der Pferde zerstampft liegen. Auch der gepanzerte Kaiser selbst wurde inmitten der übrigen, unter denen er durch seine eigenen schimmernden Waffen auffallend sichtbar war, von diesen Lombarden getroffen, fiel aus dem Sattel und verschwand sofort aus den Augen aller.»[173]

Nach der Schlacht schrieben die Mailänder den Bolognesen, der Getöteten, Ertrunkenen und Gefangenen sei keine Zahl: «Wir haben den Schild des Kaisers, Fahne, Kreuz und Lanze. Viel Gold und Silber haben wir in seinen Packsätteln gefunden und Rüstungen der Feinde [so zahlreich] an uns genommen, daß wir nicht glauben, deren Schätzung könne von irgend jemand vorgenommen werden. Wir halten sie aber nicht für unseren Besitz, sondern wünschen sie als jenes des Herrn Papstes und der Italiener.»[174] Mit Mühe ist Barbarossa entkommen, tagelang war sein Aufenthaltsort unbekannt – dies war die Situation, als die Kaiserin Beatrix in Pavia auf Gerüchte über seinen Tod schon Trauergewänder angelegt haben soll. Anfang Juni kehrte er jedoch mitten in der Nacht dorthin zurück; Graf Philipp von Flandern, Graf Berthold von Andechs und ein Bruder des Kölner Erzbischofs waren in Gefangenschaft geraten. Daß Alberto Giussano als Anführer der *compagnia della morte* den *carroccio* verteidigt haben soll, ist eine bis in die Gegenwart wirkungsmächtige, aber erst im 14. Jahrhundert entstandene Geschichtslegende. Das gilt auch für den Eid, mit dem der Lombardische

Städtebund im Kloster Pontida gegründet worden sein soll. Beides wurde in einem 2009 gedrehten, sehr schlechten Film von Renzo Martinelli wieder aufgewärmt – mit Umberto Bossi, dem Chef der Lega Nord, in der Nebenrolle eines Mailänder Bürgers.

Die Niederlage war für Barbarossa zwar ein empfindlicher Prestigeverlust, aber letztlich nur eine verlorene Schlacht und keine vernichtende Niederlage.[175] Gleichwohl gilt Legnano als entscheidender Wendepunkt in der Politik des Kaisers, weil die im Oktober in Anagni aufgenommenen Verhandlungen mit Papst Alexander III. zum Frieden von Venedig führten, der 1177 nicht nur das jahrzehntelange Schisma beendete, sondern auch Barbarossas Verhältnis zum Städtebund auf eine neue Grundlage stellte. Kardinal Boso hielt die bei Legnano siegreichen Lombarden für das Werkzeug Gottes, mit dem der Kaiser zur Einsicht in seine verfehlte Politik gegenüber Papst Alexander III. gezwungen wurde; aber er weiß auch von diesseitigen Kausalitäten wie der Unzufriedenheit mancher Fürsten mit Barbarossa und deren Drohungen.[176] Auf Druck geistlicher Reichsfürsten, die ihr politisches Gewicht mit dem Friedensschluß verbanden und Barbarossas Handlungsspielraum einengten, kam der Friedensprozeß in Gang – wovon im nächsten Kapitel noch die Rede ist. Die Entscheidungsfindung am staufischen Hof ist wegen fehlender Überlieferung leider nicht eingehend nachvollziehbar. Sicher ist nur, daß Barbarossa den Plan eines Separatfriedens mit dem Papst, sollte er ihn nach Legnano noch verfolgt haben, schnell fallen ließ; denn als Erzbischof Wichmann von Magdeburg und Konrad, der erwählte Bischof von Worms, zusammen mit Erzbischof Christian von Mainz und dem kaiserlichen Protonotar Wortwin bei Alexander III. in Anagni eintrafen, waren sie bevollmächtigt, die Lombarden in den Friedensschluß miteinzubeziehen.[177] Allerdings war der Kaiser nicht bereit, dem Städtebund den Status eines gleichberechtigten Verhandlungspartners einzuräumen. Gemäß den Verfahrensgrundsätzen, die seine Unterhändler gemeinsam mit dem Papst hinsichtlich der Beteiligung des Lombardenbundes festlegten, sollte Barbarossa den künftigen Frieden zwar gemäß den Verhandlungsergebnissen der *mediatores* schließen, die er selbst, der Papst und die Lombarden einsetzen würden; aber wenn «etwas in den Friedensverhandlungen zwischen dem Herrn Kaiser und den Lombarden auftauchen sollte, was durch die *mediatores* nicht sollte beigelegt werden können, dann wird es durch den Schiedsspruch des größeren Teils der *mediatores* entschieden, die von seiten des Herrn Papstes und des Herrn Kaisers zu diesem Zweck bestimmt wurden».[178] Diese Regelung, die Kaiser und Papst ganz klar über die Bundesstädte stellte, war eine konkrete Konsequenz der hierarchischen Ordnungsvorstellung, die Barbarossas Gesandte in Anagni als Grundlage ihres Friedensangebots vortrugen: «Der allmächtige Gott wollte, daß es auf der Welt zwei geben solle, durch die diese Erde regiert werde, nämlich die priesterliche Würde (*sacerdotalis dignitas*) und die königliche Macht (*regalis potestas*).»[179] Für eine dritte Partei wie den Städtebund gab es neben den beiden Universalgewalten keinen gleichberechtigten Platz. Diese beabsichtigte Statusminderung nahm gleichzeitig Rücksicht auf den *honor* des Kaisers, den die *societas* mit ihren militärischen Erfolgen verletzt hatte; allerdings unterschied sich die Realität von der Theorie darin, daß der Bund stark genug war, um diesen Verfahrensgrundsatz nicht zur Geltung kommen zu lassen.[180]

Die weiteren Friedensgespräche verlegte man nach Norditalien, um unnötige, durch große Entfernungen zwischen Kaiser, Papst und Städtebund bedingte Verzögerungen und Mißverständnisse auszuschließen. In den ersten Dezembertagen hielt sich Barbarossa mit seinem Gefolge in Cremona auf. Die seit 1175 politisch zunehmend isolierte Stadt hatte nach der Schlacht von Legnano, an der sie nicht auf seiten des Bundes teilgenommen hatte, den Vorteil erneuter Annäherung an den Kaiser rasch erkannt und aus dessen bedrängter Lage auch ansehnlichen Vorteil schlagen können. Dem Kaiser wiederum war der neue alte Bündnispartner so willkommen, daß die Cremoneser Gesandten, die Ende Juli 1176 in Pavia erschienen waren, Barbarossas Notar ihre Wünsche geradezu in die Feder diktieren konnten. Ein umfangreiches Privileg bestätigte ihnen nicht nur alle Nutzungs- und Gewohnheitsrechte bis hin zur freien Wahl der Konsuln, sondern auch alle Ansprüche im Gebiet der *Insula Fulcherii* und zusätzlich ein Drittel der beiden auf dem rechten Ufer des Po gelegenen und als Zollstationen rentablen Orte Guastalla und Luzzara.[181] Als Barbarossa nun im Dezember in der Stadt weilte, spielten sich allerdings unerwartete Szenen ab, in denen ihm die Cremonesen die tatsächlichen Kräfteverhältnisse ohne jedes diplomatische Feingefühl vor Augen führten. In einem *colloquium* im Refektorium des Klosters S. Agata bestürmten sie ihn derartig mit ihren Forderungen, «daß wir glaubten, niemals ohne Schaden für unsere Person von diesem Ort davonkommen zu können»; angeblich bat ihn sein Gefolge aus Klerikern und Laien sogar «inständig, ihnen alles zu geben, was sie verlangten, damit wir lebend davonziehen könnten».[182] Die Cremonesen forderten jetzt nicht nur den vollen Besitz von Guastalla und Luzzara, sondern drängten sich auch förmlich in die Vorbereitung der Friedensgespräche, die bislang gänzlich an ihnen vorbeigegangen und auf Grund der dominanten Rolle Mailands im Lombardenbund auch wenig Spielraum für künftige Einflußnahme Cremonas fürchten ließen. Die Konsuln konfrontierten den Kaiser mit einer Überarbeitung ihres 1175 gefällten Schiedsspruchs. Die wesentlichste Änderung betraf Alessandria – die Stadt sollte nicht mehr zerstört werden, wie die Cremoneser Konsuln bei Montebello noch vorgeschlagen hatten, sondern weiterhin Bestand haben. Indem Cremona diese alte Forderung des Städtebundes aufnahm, wollte es sich für den Bund, der unter die Dominanz Mailands geraten war, als Vermittler wieder interessant machen. Auf demselben, heute noch im Archiv von S. Antonino in Piacenza erhaltenen Pergamentblatt, der diesen in der Forschung häufig als «zweiten Schiedsspruch» bezeichneten Vermittlungsvorschlag enthält,[183] ist ein an die Konsuln und Einwohner aller Städte adressierter Brief mit Barbarossas Zustimmung zu dieser Initiative konzipiert: «Obwohl es uns in einigen Kapiteln allzu hart erscheint, bekräftigen wir dennoch auf Rat unserer Fürsten und der uns umgebenden treuen Lombarden und wegen der Verdienste und Bitten des ganzen Volkes von Cremona das Schriftstück, das uns die vorgenannten Cremonesen übergaben und das den Wortlaut des Friedens enthält, und wir wollen einhalten, was in ihm geschrieben ist.»[184] Der Kaiser willigte auch in außerordentlich weitreichende Sicherheitszusagen ein, die ihn für den Fall, daß ein Frieden mit dem Lombardenbund nicht zustande kommen sollte, an die Interessen Cremonas geradezu fesselte: ohne Einwilligung der Konsuln sollte er keinen Frieden mit Cremonas Feinden schließen und auch Italien nicht verlassen dürfen, bevor mit dem Bund Frieden geschlossen oder die Verteidigung Cremonas sichergestellt worden war; im Falle eines Angriffs auf Cremona sollte er mit tausend deutschen Rittern zu Hilfe eilen und erst wieder mit Erlaubnis der Konsuln abziehen dürfen.

Die Cremonesen waren sich offenbar bewußt, daß sie den Bogen überspannt hatten und sich künftig vielleicht noch würden rechtfertigen müssen. Jedenfalls beauftragten sie einen Notar, die Abmachungen mit Barbarossa schriftlich festzuhalten. Ausdrücklich wurde in diesem Notariatsinstrument vermerkt, man habe den Kaiser mit größten Freuden aus Liebe und zur Ehre des Reichs als Vater und Herrn empfangen und ihm die geschuldete Ehrerweisung und geschuldeten Dienste geleistet, woraufhin er, «von heiligster Güte und Menschlichkeit bewegt», diese Zusagen gemacht habe.[185] Barbarossa behielt die Umstände seines Aufenthalts allerdings gründlich anders in Erinnerung. Zwar hätten die Cremonesen ihm angeboten, ihn «mit größter Ehre» zu empfangen, wenn er in ihre Stadt kommen wolle, aber in S. Agata sei er «Gewalttat und Beleidigung» ausgesetzt gewesen; «und wir erinnern uns nicht, daß sie uns während der Zeit, die wir uns bei ihnen aufhielten, Dienst im Wert auch nur eines einzigen Brotes erbracht hätten».[186] Mit der Einladung des Staufers in ihre Stadt waren die Konsuln dem politischen Grundsatz treu geblieben, der das Verhältnis Cremonas zum Kaiser von Anfang an bestimmt hatte, daß nämlich dessen Unterstützung der Kommune gleichzeitig zum Vorteil gereichen mußte.[187] Für den Fall, daß der Friede mit dem Lombardenbund zustande kommen sollte, wollten sie als Vermittler zu diesem Erfolg beigetragen haben; falls er scheitern sollte und Cremona dann von dem unter Mailands Führung stehenden Lombardenbund geradezu eingekreist wäre, wollten sie durch kaiserliche Hilfszusagen abgesichert sein. Den Kaiser konnten sie nur durch massiven Druck zur Unterstützung ihrer Linie bewegen – und das taten sie auch während seines Aufenthalts in S. Agata. Er empfand seine Behandlung als so demütigend und herabsetzend, daß sie ihm ein knappes Jahrzehnt später als Argument für ein militärisches Vorgehen gegen Cremona dienen sollte – freilich erst zu einem Zeitpunkt, als er seinerseits auf die Unterstützung der Stadt nicht mehr angewiesen war.

Von Cremona aus zog er nach Modena, wo sich Gesandte des Lombardenbundes einfanden, um allen Teilnehmern der Friedensgespräche sicheres Geleit zu schwören. Während des nächsten halben Jahres hielt sich Friedrich überwiegend in Städten an der adriatischen Küste auf, von wo aus er die Friedensgespräche seiner Vermittler und Unterhändler in Venedig keineswegs immer konstruktiv begleitete. Schließlich zwangen sie ihn aber mit unverhüllten Drohungen, den Frieden anzunehmen.

KAPITEL 10

KIRCHENSPALTUNG UND KAMPF GEGEN ALEXANDER III. (1159–1176)

Als die Nachricht über die römische Doppelwahl im September 1159 am staufischen Hof eintraf, verfügte man dort keineswegs über so etwas wie eine Handlungsanleitung zur Beilegung der Kirchenspaltung. Allerdings mögen einige Erfahrungen aus dem zwanzig Jahre zuvor beendeten Schisma zwischen Anaklet und Innozenz II. Orientierungspunkte geboten haben. Anders als Lothar III. 1130 wartete Barbarossa nicht passiv die Meinungsbildung innerhalb der Reichskirche ab, sondern versuchte rasch und energisch, einer Spaltung des Reichsepiskopats entgegenzusteuern. Außerdem war ihm bewußt, daß auch dieses Schisma nicht in Rom allein würde entschieden werden können, sondern, der universalen Stellung des Papstes entsprechend, die Obödienz – der Gehorsam dem einen oder dem anderen Papst gegenüber – der europäischen Königreiche ins Gewicht fiel; das galt für die östlich benachbarten Reiche, in denen teilweise Lehensbindungen an den Kaiser bestanden, vor allem aber, wie schon 1130, für die Entscheidung des französischen und, anders als noch 1130, auch des englischen Königs, den die seit 1154 erworbenen französischen Festlandsbesitzungen zu einem auch kirchenpolitisch wichtigen Machtfaktor hatten werden lassen. Barbarossa wird diese Notwendigkeit nicht zuletzt wegen seines bislang auf Westeuropa kaum ausgedehnten politischen Handlungshorizonts entschieden weniger deutlich gesehen haben als Papst Viktor IV. Zwar hatten dessen drei Legationsreisen als Stellvertreter Eugens III. und Hadrians IV. nur nach Deutschland geführt, aber in den gut zwanzig Jahren Erfahrung, die er seit seiner Erhebung erst zum Kardinaldiakon von S. Nicola in Carcere, dann zum Kardinalpriester von S. Cecilia im Kardinalskollegium gesammelt hatte, wird ihm die Bedeutung des Legationswesens nicht verborgen geblieben sein. Seit dem früheren 12. Jahrhundert hatten die päpstlichen Legaten entscheidend dazu beigetragen, in Zeiten «der Krise die Schwäche der Zentrale» in Rom auszugleichen und zu überwinden.[1] Sofort nach Bekanntwerden der Doppelwahl entsandte Barbarossa Bischof Petrus von Pavia als seinen Legaten zum französischen und englischen König[2] – noch bevor Alexander III. überhaupt tätig wurde. Barbarossas Eventualabsprachen mit dem Kardinal Oktavian für den Fall seiner Papstwahl[3] dürften auch diese Aktivität umfaßt haben. Weil aber höchstens neun Mitglieder des 30köpfigen Kardinalskollegiums zu den Wählern Viktors IV. gehört hatten, waren dessen Chancen im Wettrennen um die westeuropäischen Obödienzen von Anfang an nicht besonders aussichtsreich. Sie sanken zusätzlich durch den allmählichen Übertritt der meisten seiner Wähler zu Alexander III., bis überhaupt nur noch sein Verwandter, Kardinalpriester Guido von S. Maria in Trastevere, als einziger dauerhaft in seinem Lager verblieb. Bereits wenige Wochen nach der Doppelwahl standen alle Kardinäle, die mit Legationsreisen Erfahrung hatten, auf der Seite Alexanders III.[4] Mit der ‹Schwarmintelligenz› dieses in politischer Diplomatie erfahrenen, zur Bildungselite des Klerus gehörenden Kollegiums verfügte der frühere Kanzler der römischen Kirche in den jahrzehntelangen Kämpfen des Schisma über einen entscheidenden Vorteil, dem Barbarossas vergleichsweise unterentwickeltes Gesandtschaftswesen zu keinem Zeitpunkt etwas wirklich Gleichwertiges entgegensetzen konnte: Anzahl, Schnelligkeit und Flexibilität der Legaten, ihr Selbstverständnis als Gruppe mit einheitlicher Überzeugung sowie ihre weitreichenden Stellvertretungsbefugnisse waren Hauptursachen für den schließlich erzielten Erfolg Alexanders III.[5] – von seinem langen Leben und manchen anderen Zufällen wie den nur kurzen Pontifikaten Viktors IV. und dessen beiden vom Kaiser gestützten Nachfolger abgesehen. Daß Barbarossa im wesentlichen auf seine militärische Potenz und das Kriegsglück angewiesen war, das ihm aber nur wenige Jahre treu bleiben sollte, konnte zu Beginn des Schismas noch niemand absehen. Ebensowenig wußte man das Hindernis einzuschätzen, das einer Beilegung der Kirchenspaltung aus dem Grundsatz der päpstlichen Nichtjudizierbarkeit tatsächlich noch erwachsen sollte. Die Geschichte des Schismas ist zu einem guten Teil die Geschichte stets erneut scheiternder Suche nach einem konsensfähigen Verfahren, in dessen Rahmen die Rechtmäßigkeit der Papstwahl geprüft werden konnte. Daß die römische Kirche gerade deshalb, weil sie über sich keine andere richtende Instanz als Gott akzeptierte, einer eindeutigen Regelung der Papstwahl bedurfte, um bei inneren Streitigkeiten keinen Eingriffen von außen ausgesetzt zu werden, war eine Einsicht, die der juristisch versierte Alexander III. als Lehre aus dem zwanzigjährigen Schisma erst 1179 auf dem Dritten Laterankonzil formulieren sollte.

Für alle Hoffnungen auf ein baldiges Ende des Schismas bildeten die unterschiedlichen Haltungen hinsichtlich des Friedens mit dem Normannenkönig, der Regalien, der Oberhoheit über das Patrimonium Petri und insbesondere über die Stadt Rom große Hindernisse. Die Geschichte des Schismas ist aber auch die Geschichte des persönlichen Zerwürfnisses zwischen Barbarossa und Alexander III. – und der ganz von der wechselnden Konjunktur des politischen und militärischen Erfolgs abhängigen, nur sehr zögerlich wachsenden Einsicht Barbarossas in die Unvermeidlichkeit dessen, was er lange kategorisch ausgeschlossen hatte, nämlich Alexander die Ehrerbietung zu erweisen, auf die ein rechtmäßig gewählter Papst Anspruch hatte: Zügel- und Bügeldienst, Fußfall und Fußkuß. Waren diese symbolischen Gesten ohnehin schon nicht leicht mit dem Rang des Herrschers zu vereinbaren, wie bei der gescheiterten Begegnung von Sutri deutlich geworden war, so war für Barbarossa besonders schwer vorstellbar, sie Alexander III. leisten zu müssen, der ihm als Wegbereiter des Friedens von Benevent, vor allem aber nach dem Eklat von Besançon persönlich zutiefst suspekt war: daß er ihn damals für alle wahrnehmbar «schimpflich» vom Hof geschickt hatte,[6] war ein unmißverständliches, öffentliches Signal des Huldverlusts. Für diese Beleidigung war danach nie Genugtuung in persönlicher Begegnung geleistet worden, den Friedenskuß hatte Barbarossa in Augsburg nicht dem Kanzler der römischen Kirche gegeben, sondern den Kardinälen Heinrich von SS. Nereo e Achilleo und Hyazinth von S. Maria in Cosmedin. Genügte die Wahl Rolands zum Papst, um den an ihm haftenden ‹Defekt› zu heilen? Einem Engländer, der am Tag des Friedensschlusses zwischen Alexander III. und Friedrich Barbarossa am 24. Juli 1177 auf dem Markusplatz in Venedig anwesend war und sich die Ursache des Schismas erklären ließ, wurde erzählt, daß der Papst noch vor seiner Wahl als Legat nach Deutschland geschickt worden sei und sich dort Friedrichs Haß zugezogen habe, weil er ihn in aller Öffentlichkeit ohne jede Ehrerbietung (*irreverenter*) angefahren habe; über dessen spätere Erhebung auf den Stuhl Petri sei der Kaiser «über die Maßen empört» gewesen und habe es abgelehnt, ihm Gehorsam oder die «Ehrerweisung der Unterwerfung» (*subiectionis reverentia*) zu bezeugen.[7] Diese nach Tendenz und Absicht unverdächtige Aussage eines unbeteiligten Zeitgenossen verdeutlicht wie nebenbei, daß politische Beziehungen in der damaligen Zeit an erster Stelle Beziehungen zwischen Personen waren, mithin persönliche, also auch gleichzeitig politische Gegensätze sein konnten. Vor diesem Hintergrund gewinnt auch die etwas besorgte Bemerkung Eberhards von Bamberg, angesichts des Schismas müsse vor allem Gott, dann aber dem Kaiser die geschuldete Ehre erwiesen werden,[8] einen durchaus präzisen Inhalt. Im gleichen Sinne schrieb Barbarossa an Erzbischof Eberhard von Salzburg, nun sei ein Papst nötig, der «zum Heil aller Gläubigen den Zustand der Kirchen Gottes in der Einheit des Friedens wiedererschaffe und das Reich selbst und die Getreuen des Reichs ehrenvoller (*honestius*) behandle»; er habe deshalb alle Getreuen wissen lassen, daß er auf dem Stuhl Petri nur eine solche Person annehmen werde, die die Gläubigen einmütig «zur Ehre des Reichs (*ad honorem imperii*) und zur Ruhe und Einheit der Kirche» erwählten.[9] Deutlich ist die Erwartung formuliert, daß der künftige Papst im Umgang mit dem Kaiser den *honor imperii* wahren solle, den sein Vorgänger Hadrian IV. und sein Kanzler Roland verletzt hatten.

Anders als Alexander III. brauchte Viktor IV. – als Verwandter des Kaisers und als dessen Lehnsmann sowie als päpstlicher Legat, der sich dem Kompromiß eines Schiedsgerichts zur Klärung der umstrittenen Hoheitsrechte im Patrimonium nicht verweigert hatte –, dem *honor imperii* verpflichtete Erwägungen nicht zu fürchten. Nach seiner Papstwahl bezeichneten er und seine Anhänger den Vertrag von Benevent ausdrücklich als Verstoß gegen den *honor imperii* und als dessen nicht hinnehmbare Schmälerung;[10] sie behaupteten, Roland hätte sich noch vor dem Tod Papst Hadrians IV. mit anderen Kardinälen eidlich auf das Bündnis mit dem Normannenkönig festgelegt und außerdem geschworen, sich «künftig bis zum Tode unwandelbar der Ehre und dem Willen des Kaisers zu widersetzen».[11] Erst jüngst wurde mit Recht betont, daß diese Kardinalsverschwörung keineswegs eine Erfindung Viktors IV. und seiner Anhänger zur Kompromittierung ihrer Gegner gewesen sein muß.[12] Unbestritten aber ist, daß sich Viktor IV. nach seiner Erhebung geradezu programmatisch der politischen Linie Barbarossas anschloß; in einem Schreiben wandte er sich an die geistlichen und weltlichen Fürsten am «heiligsten Hof des Herrn Friedrich, des erlauchten, unbesiegbaren römischen Kaisers», und betonte, wie sehr ihm bisher der würdevolle Zustand der Kirche und «die Ehre des Reichs» (*honor imperii*) am Herzen gelegen seien.[13] Rainald von Dassel versicherte er brieflich, er habe die Last auf sich genommen, den zwischen Kirche und Kaiser ausgebrochenen Zwiespalt beizulegen.[14]

SYNODEN UND SCHIEDSGERICHTE

Barbarossa ließ an seiner Parteinahme für Viktor IV. keine Zweifel aufkommen. Zwar forcierte er die Einberufung einer Synode und maßte sich damit Rechte an, die spätantike Kaiser, Karl der Große und Otto I. in Anspruch genommen hatten; man mochte diese Vorbilder aus Geschichtswerken kennen, die am Hof vorgelesen wurden und Einblicke in frühere Formen der Zuordnung von Kaiser und Papst erlaubten.[15] Aber die kirchenrechtlichen Anschauungen und kurialen Vorstellungen hatten sich seit dem Frühmittelalter entscheidend gewandelt, weshalb dieses Vorhaben schon auf entschlossenen Widerstand selbst jener Geistlichen stieß, die sich im Heerlager vor Crema zur Beratung des Vorgehens eingefunden hatten:[16] dem Kaiser wurde zwar die Einberufung der Versammlung erlaubt, nicht aber deren Bezeichnung als Konzil oder Synode, und auch nicht seine persönliche Teilnahme an den Verhandlungen. Aus seinem kaiserlichen Amt leitete Barbarossa den Auftrag ab, insbesondere für die «hochheilige römische Kirche» sorgen zu müssen, da «man glaubt, daß die Fürsorge für sie und ihr Schutz von der göttlichen Vorsehung in besonderem Maße uns anvertraut ist», und die Spaltung auch den Zustand Roms bedrohe, das «das Haupt unseres Reiches ist»; die Zusicherung, daß die strittige Papstwahl «ohne jede weltliche Mitwirkung nur durch den Spruch kirchlicher Personen» geregelt werden solle,[17] überzeugte Alexander III. nicht. Zwar empfing er Barbarossas Gesandte in Anagni; daß zu ihnen neben den Bischöfen Hermann von Verden und Daniel von Prag auch Pfalzgraf Otto von Wittelsbach gehörte, dürfte er aber als Provokation aufgefaßt haben – und wahrscheinlich hatte es Barbarossa auch genau so gemeint. Auf die Ladung reagierte Alexander mit dem Vorwurf, der Kaiser verweigere ihm, ja dem heiligen Petrus und der allerheiligsten römischen Kirche die geschuldete Ehre, sei vom Brauch seiner Vorgänger abgewichen und habe die Grenze seiner Würde überschritten, indem er ohne Wissen des Papstes ein Konzil einberufen und ihm, Alexander III., wie ein Mann, der Macht über ihn ausübe, zu erscheinen befohlen habe; jedoch hätten Christus und die heiligen Väter der römischen Kirche das Vorrecht übertragen, daß sie die Streitigkeiten aller Kirchen aus eigener Autorität entscheiden, selbst aber niemandes Urteil unterworfen sein solle. Das Kirchenrecht verbiete dem Papst, an den Hof des Kaisers zu kommen und dessen Urteil anzunehmen.[18] Ein Kölner Chronist brachte Alexanders Anspruch auf Nichtjudizierbarkeit auf einen kurzen Nenner: «Mein Amt ist es zu rufen, nicht gerufen zu werden; meines, zu richten, nicht gerichtet zu werden.»[19] Diese Haltung zu teilen war sogar für kirchenreformerisch Gesinnte nicht selbstverständlich. Mit verständigem Blick auf die problematische persönliche Konstellation meinte der Regularkanoniker Gerhoch von Reichersberg später, Alexander habe sich dem Konzil entzogen, «als ob er ein menschliches Urteil als unwürdig ausschlug, oder, was glaubhafter ist, das verdächtige [weil parteiische] Urteil des Kaisers, den er in irgendeiner Sache beleidigt hatte».[20] Daß Barbarossa Alexander in seinem Ladungsschreiben lediglich als *Rolandus cancellarius* ansprach, nahmen dessen Parteigänger übel auf; sie behaupteten, die Gesandten hätten Alexander «keinerlei Ehrerweisung» bezeugt, sich aber vor Viktor IV. zu Boden geworfen – ihn also als rechtmäßigen Papst anerkannt – und ihm einen kaiserlichen Brief überbracht, in dem er *Romanus Pontifex* genannt worden sei.[21] Das mag übertrieben sein, aber sicher traten die kaiserlichen Legaten dem von Barbarossa favorisierten Viktor IV. entschieden unterwürfiger entgegen als Roland. Barbarossa ließ Alexander III. deutlich spüren, daß sich dieser nicht seiner Huld erfreuen konnte. Dem Kaiser war es wichtiger, ihm seine Ungnade zu demonstrieren, als das Kirchenrecht zu beachten, dem er sich, wie die Verhandlungen über das Procedere der Synodeneinberufung gezeigt hatten, ohnehin nur widerstrebend und keineswegs konsequent unterzuordnen bereit war.[22]

Letztlich vertraute Barbarossa auf die Drohkulisse seines militärischen Machtpotentials. Siebzehn Jahre später räumte er beim Friedensschluß in Venedig ein, er habe in der Synode von Pavia «eher die Kraft der Macht als die Vernunft des Rechts zur Geltung» bringen wollen.[23] Das war eine zutreffende Selbsteinschätzung, denn zwar begnügte er sich damit, am 5. Februar die Synode auf einem Thron sitzend zu eröffnen, indem er es den Teilnehmern überließ, über die Doppelwahl zu entscheiden, «weil es nicht unsere Aufgabe ist, in Dingen, die Gott betreffen, über euch zu richten»;[24] aber nach dem Vorbild der frühmittelalterlichen Kaiser nahm er doch die Befugnis zur Einberufung der Versammlung ebenso explizit für sich in Anspruch wie die Vollmacht, die Entscheidung des Streits der *prudentia* und *auctoritas* der versammelten etwa 50 Geistlichen übertragen zu können. In den Verhandlungen der Synode[25] gaben denn auch letztlich Gesichtspunkte den Ausschlag, die mehr dem *honor imperii* geschuldet waren als dem geistlichen Gericht, als das die Versammlung konstituiert wurde, oder dem Kirchenrecht, das eigentlich den Bezugsrahmen seiner Entscheidung bilden sollte. In Zusammenarbeit mit den Zeugen, die Viktor IV. aufbot, wurden neben der zwiespältigen Papstwahl auch Rolands tatsächliche oder angebliche Machenschaften vor seiner Wahl zum Thema der Beratungen gemacht – obwohl der Vorwurf des Verrats und der Verschwörung mit den sizilianischen und lombardischen Reichsfeinden eher vor ein weltliches als vor ein geistliches Gericht gehört hätte.[26]

Weil dieser Gesichtspunkt für eine als geistliches Gericht konstituierte Synode im Vergleich zur Untersuchung der rechtlichen Grundlagen der Doppelwahl eigentlich sachfremd war, widersetzten sich viele der Bischöfe zunächst einer endgültigen Entscheidung in Pavia, wo die Meinungsbildung entscheidend von jenen stadtrömischen Kräften beeinflußt wurde, die bei der Erhebung Viktors IV. und der Ablehnung Alexanders III. beherrschend gewesen waren.[27] Zwar erhielt das abschließende Synodalschreiben die Fiktion aufrecht, die Entscheidung sei als rein kirchliches Urteil ohne jede Beeinflussung durch die weltliche Gewalt gefallen.[28] Aber Vinzenz von Prag, immerhin ein Augenzeuge der Verhandlungen, sah in Alexanders Ungehorsam, auf den Befehl des Kaisers hin in Pavia zu erscheinen, den Hauptgrund für dessen Verurteilung; kaisertreue Prälaten wie der Patriarch von Aquileja und die Erzbischöfe von Mainz und Köln, Arnold von Selenhofen und Rainald von Dassel, hätten gesagt, Roland solle nicht anerkannt werden, weil er die kaiserliche Vorladung und das Urteil der Kirche verschmäht, während sich Oktavian gedemütigt und ihrem Urteil unterworfen habe.²⁹ Am 12. Februar wurde Viktor IV. vom Kloster San Salvatore aus, wo er unmittelbar neben der Kaiserpfalz Quartier genommen hatte,³⁰ in feierlicher Prozession zum Dom S. Siro geführt, wo ihn Barbarossa am Hauptportal persönlich empfing und ihm die «übliche Ehre» (*consuetum honorem*)³¹ erwies, also die einem rechtmäßigen Papst zustehenden Zeichen der Anerkennung: «Der Kaiser stieg von seinem Thron, und erwies ihm gebührende Verehrung, indem er mit abgelegtem Oberkleid seinen glänzend weißen, reich geschirrten Zelter bis an die Stufen der Kirche führte und dem Absteigenden den Bügel hielt. Darauf führte er ihn an der rechten, der Patriarch (von Aquileja) aber an der linken Hand zum Altar, und nachdem man dort das Lob Gottes gesungen und Papst Viktor sich auf seinem Thron niedergelassen hatte, küßte der Herr Kaiser seinen Fuß, Geschenke wurden übergeben, und die anderen Fürsten taten ein Gleiches.»³² Die Synode endete mit der Exkommunikation Alexanders III. und seiner Anhänger – eine Maßnahme, auf die jener wenig später mit der Exkommunikation Viktors, des Kaisers und des Pfalzgrafen Ottos von Wittelsbach sowie der Entbindung von den ihnen geleisteten Treueiden antwortete. Das Paveser Konzil war nur ein mäßiger Erfolg. Von den bayerischen Bischöfen waren nur Hartwig von Regensburg und Konrad von Passau erschienen, die aber nur vorbehaltlich einer Entscheidung der gesamten Kirche zustimmten. Hier kündigte sich schon die Opposition der Kirchenprovinz Salzburg an,³³ die Barbarossa noch größte Schwierigkeiten bereiten sollte. Vom englischen, französischen, spanischen und ungarischen Klerus, den Barbarossa geladen hatte, war gar niemand erschienen, so daß die Entscheidung von Pavia nur den Reichsklerus und die zum Kaiser in Lehnsbeziehung stehenden Länder Böhmen, Polen und Dänemark band. Entsprechend rasch setzten hektische Gesandtschaftsbemühungen ein; während Alexander III. auf viele erfahrene Kardinallegaten zurückgreifen konnte, wurde die Sache Viktors IV. nur von einigen wichtigen Reichsbischöfen wie Rainald von Dassel, Hermann von Verden und Daniel von Prag vertreten.³⁴

Allerdings waren ihre Missionen so gut wie ausnahmslos Fehlschläge. Schon im Juli 1160 zeigte sich, daß die Entscheidung von Pavia in Westeuropa nicht konsensfähig war: trotz der Anwesenheit von Legaten Barbarossas und Viktors IV. gelang es den erfahrenen

Kardinälen Heinrich von SS. Nereo ed Achilleo und Odo von S. Nicola in Carcere, namentlich aber dem aus Pavia stammenden Kardinal Wilhelm von S. Pietro in Vincoli,[35] Heinrich II. von England und Ludwig VII. von Frankreich auf der Synode von Beauvais zu einer Parteinahme für Alexander III. zu bewegen. Anfang Juni 1161 kehrte er mit Hilfe der Frangipani sogar nach Rom zurück. Von römischen Adligen und Senatoren über diese Veränderungen informiert, ließ Barbarossa unter eigenem Vorsitz Mitte Juni 1161 in Lodi erneut eine Synode die Rechtmäßigkeit Viktors IV. bekräftigen.[36] Ende desselben Jahres war sich der Staufer seines Sieges über Mailand schon so gewiß, daß am Hof bereits für die Zeit danach geplant wurde. Die Entscheidung des Schismas sollte in Rom fallen, wohin ein Konzil einberufen werden sollte. Der kaiserliche Notar Burchard wußte Einzelheiten: falls die Alexandriner fernblieben, sollte Viktor IV. bestätigt werden; sollten sie erscheinen, würde der Kaiser, um die freie Entscheidung der Versammlung nicht zu gefährden, auf seine eigene Anwesenheit verzichten. Aber Klerus und Volk von Rom würden gewiß auf seiten Viktors stehen und Roland und seine Partei verwerfen; leicht werde es sein, alles zur Ehre des Reichs (*ad honorem imperii*) zu ordnen.[37] Wiederum zog Barbarossa also die Möglichkeit eines Urteils zugunsten Alexanders III. nicht ernsthaft in Betracht, sondern vertraute auf die stadtrömische Basis Viktors IV. und die Wirkung seiner militärischen Überlegenheit. Aus der Perspektive des Hofs war die Frage nach der Rechtmäßigkeit des Papstes zu einer Frage nach Wahrung der Ehre von Kaiser und Reich geworden. Etwa zur gleichen Zeit ließ Alexander den als Vermittler tätigen Erzbischof Eberhard von Salzburg wissen, er sei entschlossen, wenn sich der Kaiser von Viktor abwenden wolle, alle ihm zugefügten Verletzungen, Angriffe und Bedrückungen so dem Vergessen anheimzugeben, als ob dieser ihn und die Kirche Gottes in nichts überhaupt verletzt habe.[38] Mit anderen Worten: auch mit Alexander konnte über die Rechtmäßigkeit seiner Erhebung nicht gestritten werden. Der Gefahr eines römischen Konzils setzte er sich aber nicht aus, sondern floh Ende 1161 nach Frankreich. Barbarossa reagierte auf diese unerwartete Wendung mit unverhohlenen Drohungen und forderte den Kanzler Ludwigs VIII., Bischof Hugo von Soissons, auf, den König zu ermahnen, daß er den «trotzigen Feind» (*atrox inimicus*) von Kaiser und Reich nicht aufnehmen solle; anderenfalls werde zwischen dem Imperium und Ludwigs Königreich ein Haß entstehen, der nicht einfach beigelegt oder beruhigt werden könne.[39]

Diese Drohungen fielen in eine Zeit, in der Ludwig mit dem englischen König im Konflikt lag und auch schon Verhandlungen zwischen dem englischen und staufischen Hof angeknüpft worden waren. Eine offene Parteinahme für Alexander drohte Ludwig VII. einen neuen Feind zu schaffen. Um den Gegensatz zu entschärfen, schickte er seinen Schwager, den Grafen Heinrich von Troyes, der als Verwandter des Kaisers und Viktors IV.[40] ein geeigneter Vermittler war, an den staufischen Hof nach Italien. Man kam überein, das Schisma im Rahmen eines bilateralen Herrschertreffens beenden zu wollen.[41] Von Turin aus zog Barbarossa im Sommer 1162 nach Burgund und lagerte in Dole, während Ludwig VII. sozusagen gegenüber in Dijon Quartier bezog. Auf der Saône-Brücke bei St. Jean-de-Losne wollten sich die beiden Herrscher treffen, um dann auf dem nahegelegenen Feld in gemeinsamer Versammlung der weltlichen und geistlichen Großen ihrer Reiche die strittige Papstwahl zu entscheiden. So unklar viele Einzelheiten des Treffens am 29. August und seiner Vorbereitung auch sind, so deutlich ist doch das Verfahren zu erkennen, auf das man sich geeinigt hatte. Alexander III. sollte zusammen mit Ludwig VII., Viktor IV. mit Barbarossa erscheinen, und in ihrer beider Gegenwart sollte ein entweder aus geistlichen und weltlichen Männern oder, was letztlich wahrscheinlicher ist, ein aus je fünf Bischöfen viktorinischer und alexandrinischer Obödienz zusammengesetztes Schiedsgericht[42] eine abschließende Lösung finden. Sollte einer der beiden Päpste jedoch nicht erscheinen, so sollte der andere von beiden Herrschern anerkannt werden. Daß das Schiedsgericht weder zugunsten Alexanders noch zugunsten Viktors hätte entscheiden, sondern beide verwerfen und so den Weg zur Erhebung eines neuen Papstes freimachen können, wie es allein Boso berichtet,[43] ist wenig wahrscheinlich. Denn wiederum legte sich Barbarossa schon im Vorfeld fest. Ein kaiserliches Rundschreiben enthielt schon Monate vor dem Treffen eindeutige Aussagen über den Ausgang des Verfahrens: der König von Frankreich werde mit seiner Kirche und seinen Großen Viktor als Papst annehmen, dessen Angelegenheit «zum Ruhm Gottes und zum Frieden und zur Einheit der heiligen Kirche und zur gänzlichen Ehre des Reichs in einem ehrenhaften Ende zum Abschluß» gebracht werde.[44] Nur folgerichtig schränkte der Staufer die Entscheidungsfreiheit eines Schiedsgerichts von vornherein ein, indem er Alexanders Anhänger aus dem deutschen Episkopat – wie Erzbischof Eberhard von Salzburg und seine Suffragane – erst gar nicht zur Teilnahme am Konzil einlud.[45] Der Ausgang war demnach nicht so offen, wie es die Vereinbarung über das Schiedsgericht zunächst vermuten läßt. Barbarossa ließ sich auf eine erneute Untersuchung der Papstwahl nur deshalb ein, weil eine Entscheidung zugunsten Viktors IV. angesichts der Vermittlung Heinrichs von Troyes so gut wie sicher war, nicht aber, um den Konsens mit Ludwig notfalls um den Preis von Viktors Absetzung zu suchen. Eine solche Lösung kam für den Staufer 1162 nicht ernsthaft in Frage.

Ludwig VII. erschien zwar wie vereinbart auf der Saônebrücke bei St. Jean-de-Losne, nicht aber in Begleitung Alexanders III., der sich auf die Nichtjudizierbarkeit des Papstes berufen und sich mit Unterstützung des von seinen Legaten bearbeiteten französischen Episkopats[46] geweigert hatte, den König zu begleiten. Um in der Verpflichtung, die Heinrich von Troyes gegenüber Barbarossa eingegangen war, nicht wortbrüchig zu werden, erklärte sich Ludwig aber bereit, binnen einer Frist von drei Wochen Alexander persönlich herbeizuholen, um die Entscheidung dann einer gemeinsamen Versammlung zu überlassen. Bedingt durch diese unvorhergesehene Verzögerung stellten sich auf kaiserlicher Seite jedoch drastische Versorgungsschwierigkeiten ein: die dünn besiedelte Flußniederung und auch das nahegelegene Städtchen boten dem großen Gefolge keine ausreichende Verpflegung. Knapp 50 Bischöfe, 8 Äbte und etwa 30 weltliche Fürsten, unter ihnen König Waldemar von Dänemark als der ranghöchste, waren mit einer großen Zahl von Rittern und Begleitpersonen erschienen – insgesamt sicher mehr als 3000 Personen! Dem dänischen König soll Barbarossa sogar erlaubt haben, auf Reichsgebiet plündern zu dürfen;[47] drei Wochen Wartezeit waren unter diesen Umständen kaum zu überbrücken. Hinsichtlich des Geschehens im einzelnen ist die Überlieferung so widersprüchlich, daß schon vorgeschlagen wurde, «die Tatsachen selbst verloren» zu geben,[48] weil nur die politischen Vorstellungen greifbar sind, die den jeweiligen Erzählungen ihren besonderen Sinn geben. Immerhin hat unter den Rekonstruktionsversuchen jener von Timothy Reuter einige Plausibilität für sich.[49] Demnach versuchte Barbarossa, den Plan eines gemeinsamen Konzils zu retten, indem er Ludwig durch Rainald von Dassel vor Ablauf der Dreiwochenfrist um Teilnahme an einer vorgezogenen Versammlung bitten ließ; Ludwig lehnte ab, weil er einen Konflikt mit seinem eigenen Episkopat fürchtete, und weil, mindestens ebenso wichtig, Alexander in der Zwischenzeit einen Frieden zwischen ihm und dem englischen König vermittelt hatte. Um in dieser für das kaiserliche Ansehen prekären Situation noch das Gesicht wahren zu können, habe Rainald dem König geantwortet, es sei das Recht des Kaisers, die Papstwahl nur von Geistlichen des Imperiums entscheiden zu lassen.[50]

Mit denselben Argumenten wurde dann auf der wenige Tage später eröffneten Synode erklärt, weshalb nun entgegen aller bisherigen Planung doch ohne französische Beteiligung über das Schisma entschieden werden sollte. Zunächst verteidigte Viktor IV. seine Erhebung als durch kanonische Wahl und Immantation (Einkleidung) rechtmäßig; außerdem habe er seine Wahl der Entscheidung eines allgemeinen Konzils unterworfen, wozu Alexander III. nicht bereit gewesen sei. Sodann erklärte Barbarossa, fremde Könige (*provinciarum reges*) maßten sich an, zum Schaden des Römischen Reiches einen Bischof in Rom einzusetzen und damit Hoheitsrechte in einer Stadt auszuüben, die ihnen nicht gehöre. Rainald vertiefte diese Argumentation, indem er in lateinischer, französischer und deutscher Sprache erklärte, diese nicht erschienenen Könige würden es als schweres Unrecht betrachten, wenn der Kaiser einen in ihren Städten entstandenen Streit um das Bischofsamt beenden wollte, obwohl sie selbst doch nun in Rom Ähnliches zu praktizieren wünschten. Schließlich wurde die Exkommunikation gegen Alexander III. und seine Anhänger verkündet, indem man brennende Kerzen zu Boden warf.[51] Die Einladung Ludwigs zur Teilnahme an der Synode wurde also als Entgegenkommen dargestellt, zu dem der Kaiser keineswegs verpflichtet gewesen wäre, und Ludwigs Fernbleiben als hochmütige Anmaßung und fehlende Anerkennung des kaiserlichen Rechts. Daß der mit großem diplomatischen Aufwand vorbereitete Versuch, Viktor IV. endlich zur allgemeinen Anerkennung zu verhelfen, Ludwigs Haltung vollständig gescheitert war, konnte natürlich nicht öffentlich verkündet werden. Barbarossas und Rainalds Argumente waren letztlich aus der Defensive geboren, ein «diplomatische(s) Rückzugsgefecht» und ein Versuch, «wenigstens das Gesicht zu wahren»,[52] gaben auch gleichzeitig zu erkennen, daß eine Anerkennung Alexanders III. ausgeschlossen war. Die ganz situationsbedingte, angesichts der unterbliebenen Teilnahme des französischen Königs erst notwendig gewordene argumentative Schärfung übersteigerte die kaiserliche Romhoheit «zum Hoheitsanspruch über den Papst als Bischof von Rom», der alle Errungenschaften der kirchlichen Reformbewegung seit dem 11. Jahrhundert zur Disposition zu stellen schien und den Kirchenschutz, der dem Kaiser als *defensor ecclesiae* zukam, in ein Herrschaftsrecht über das Papsttum verwandelte.[53] Das empörte nicht nur die Anhänger Alexanders III., sondern auch Episkopat und Herrscher der westeuropäischen Monarchien, die schon seit längerem auf Mitsprache in Angelegenheiten der Gesamtkirche bestanden. Gegen Ende September 1162 empfingen Heinrich II. und Ludwig VII. Papst Alexander III. mit «gebotener Ehre» und erwiesen ihm den Stratordienst, indem sie seinen Schimmel rechts und links am Zügel hielten und zu einem vorbereiteten Zelt führten, wo der Friede zwischen beiden Königen geschlossen wurde.[54]

Die eindrucksvollen Bilder päpstlicher Friedensstiftung in Frankreich waren sozusagen gerahmt von der Empörung, die die Erzählungen über das anmaßende Auftreten von Barbarossas Kanzler weckten. Johannes von Salisbury wußte vom Hörensagen, Rainald habe den französischen König beleidigend als «Königlein» (*regulus*) bezeichnet.[55] Schon zwei Jahre zuvor hatte er sich über Barbarossas Konzil in Pavia empört: «Wer hat denn die Deutschen zu Richtern über die Nationen gesetzt?»[56] Unter dem Druck der Umstände hatten Barbarossas Verlautbarungen weniger geplant als vielmehr improvisiert, im Ergebnis aber unverkennbar den Ton immer schrofferer Grundsätzlichkeit angenommen; das mochte in prekären Situationen erlauben, das Gesicht zu wahren – wenigstens mit Blick auf die eigenen Anhänger. Jenseits der Reichsgrenzen beschädigten solche Auftritte aber das Ansehen des Kaisertums als Institution. Boso erzählt, Rainald habe dem französischen König in Barbarossas Auftrag erklärt, daß es nur den zum Imperium gehörenden geistlichen Würdenträgern zukomme, über die Wahl des römischen Bischofs ein *iudicium* zu fällen; Ludwig möge wie ein Freund und Verbündeter zum Kaiser gehen und seine Entscheidung anhören.[57] In der Logik der Erzählung ist das nichts anderes als eine herausfordernde Prahlerei. Ludwig habe diese Anmaßung lächelnd (*modicum subridens*) pariert, indem er darauf hinwies, daß der Nachfolger Christi die ganze Herde der Christenheit zu weiden habe, von der der französische König und die Bischöfe seiner Kirche wohl doch nicht ausgeschlossen seien – woraufhin er sein Pferd abrupt gewendet und mit Kriegsvorbereitungen begonnen habe. Auch dies ist nur eine von vielen Geschichten, die über Barbarossas zweiten großangelegten Versuch, das Schisma zugunsten Viktors IV. zu beenden, im Umlauf waren. Der schwere Mißerfolg war nicht zu verbergen. «Nicht ohne Traurigkeit» (*non sine tristitia*) sei der Kaiser in sein Reich zurückgekehrt.[58] Diese Bemerkung Bosos war nicht etwa besonders anteilnehmend oder einfühlsam, sondern nur hämisch: *tristitia* war eine Folge von Ehrverlust.[59]

Im Folgejahr sprach sich unter großer Beteiligung des Klerus aus Spanien, Frankreich und England ein Konzil in Tours erneut für Alexander III. aus. Im Bewußtsein dieser Rückendeckung, die freilich den Graben zwischen der Obödienz im Reich und jener in Westeuropa nur vertieft hatte, ging Alexander III. mit einem neuen Vorschlag zum Ausgleich auf den Kaiser zu. Zwar stellte er seine Wahl als rechtmäßig dar und die Ablehnung Viktors IV. nicht zur Disposition, bot aber an, sich vom Vorwurf einer Verschwörung mit König Wilhelm von Sizilien gegen den Kaiser reinigen zu lassen.[60] Damit versuchte er, ein Argument aus der Welt zu schaffen, dessen sich Barbarossa seit dem Konzil von Pavia mit so viel Erfolg bediente, daß er damit bislang Neutrale von einer Erklärung zugunsten Alexanders abhalten und bisherige Gegner Alexanders in ihrer Haltung weiter bestärken konnte.[61] Dieser Vorschlag nahm offenbar Vorstellungen Erzbischof Eberhards von Salzburg auf, des wichtigsten Alexandriners im deutschen Episkopat, den Alexander im Februar desselben Jahres zu seinem ständigen Legaten im Reich ernannt hatte[62] und in dessen Umgebung man annahm, daß eine Reinigung von den Verschwörungsvorwürfen dem Kaiser die Anerkennung Alexanders erleichtern müßte.[63] Jedoch war es für Barbarossa nach der dreimaligen Bestätigung Viktors in Pavia 1160, in Lodi 1161 und in St. Jean-de-Losne 1162 undenkbar, ihn fallenzulassen, so daß Alexanders Angebote «dem Hof ebenso wie dem Kaiser mißfielen». Die Bischöfe Petrus von Pavia und Heinrich von Troyes, zwei Zisterzienser, die neben zwei Kardinälen ebenfalls zu der Gesandtschaft gehörten, behielt Barbarossa aber zu einem «freundschaftlichen Gespräch» (*amicabile colloquium*) am Hof in Nürnberg und entließ sie mit einem neuen Vorschlag, der Alexander die Unterwerfung unter ein Schiedsgericht erleichtern sollte: zwei noch zu bestimmende Kirchenmänner, die sich bislang weder für die eine noch für die andere Seite entschieden hatten, sollten sich zur Untersuchung der Doppelwahl sieben weitere Italiener und Deutsche hinzuwählen und dann auf Rat dieser sieben ein Urteil zugunsten des einen oder des anderen oder für keinen von beiden verkünden.[64] Das eigentliche Problem lag hier jenseits des Verfahrens in der personellen Zusammensetzung des Schiedsgremiums, das seine Entscheidung natürlich präjudizierte. Alexander erwog, ob sich die römische Kirche, der doch von ihren Anfängen her aufgetragen sei, andere zu richten und selbst von niemandem gerichtet zu werden, dem Urteil anderer (*iudicium aliorum*) unterwerfen oder lieber im Vertrauen auf Gott die Drangsale der Zeit erdulden solle. Barbarossas Zeichen hielt er aber für eindeutig. Was dieser auch immer versichere, klar sei, daß er eine Entscheidung des Problems durch ein kirchliches Urteil nicht wolle und den Kardinälen, die er keines Blickes und keines Gesprächs gewürdigt habe, lediglich habe mitteilen lassen, daß die Angehörigen des Schiedskollegiums in seiner Gegenwart ausgewählt werden sollten: «siehe, wie groß seine List und Betrügerei ist, da er nichts je bezüglich der Kirche Gottes denkt und anordnet, was nicht Täuschung und Abirren in sich birgt.»[65] Gleichwohl schickte Alexander erneut eine Gesandtschaft zum zwischenzeitlich wieder nach Italien gezogenen Kaiser. Auffälligerweise bestand sie aus am Hof durchweg geschätzten Personen – Kardinal Hyazinth von S. Maria in Cosmedin, Kardinal Wilhelm von S. Pietro in Vincoli und erneut Bischof Petrus von Pavia. Von Frankreich kommend, baten sie von Susa aus um sicheres Geleit zum Kaiser nach Pavia. Rainald von Dassel und Graf Guido von Biandrate wurden ihnen mit dem Auftrag entgegengeschickt, sie nur dann an den Hof zu bringen, wenn sie an den Nürnberger Vorschlag anknüpften; ansonsten sei in ihrer Sache gewiß nichts zu erreichen.[66]

ZUSPITZUNGEN

Was auch immer geplant oder erhofft war, es zerschlug sich durch eine gänzlich unerwartete Wendung der Dinge. Am 20. April 1164 starb Viktor IV. in Lucca; der rasch dorthin geeilte Rainald von Dassel erwirkte im engen Zusammenspiel mit den anwesenden Reichsbischöfen, den viktorinischen Kardinälen und der überwiegend kaiserfreundlich orientierten geistlichen und politischen Führungsschicht

ABB. 27 Nach seinem Tod in Lucca wurde Viktor IV. im dortigen Dom beigesetzt, wahrscheinlich in der Nähe des Volto Santo, des überlebensgroßen Holzkruzifixes, das den Gekreuzigten mit einer langärmeligen, gegürteten Tunika zeigt und damals schon ein vielbesuchtes Pilgerziel war. Das nur abschriftlich überlieferte Epitaph bezeichnete den Papst als Heiligen, jedoch wurden die Ansätze zu einem Heiligenkult durch Papst Gregor VIII. († 1187) unterbunden, der das Grab in einem Akt der *damnatio memoriae* zerstören und die Gebeine entfernen ließ.

der Stadt, daß der Leichnam des Papstes in der Bischofskirche S. Martino in der Nähe des weithin verehrten Volto Santo beigesetzt wurde.[67] Der Tod Viktors bot in den Augen mancher Reichsbischöfe die Gelegenheit zur Beendigung des Schismas; Konrad von Wittelsbach, erwählter Erzbischof von Mainz, soll dem Kaiser in Pavia geraten haben, er möge sich nun, nachdem ihn Gott mit dem Tod Viktors aus der früheren Gefahr befreit habe, vorsehen, daß er nicht erneut in eine ähnliche Gefahr gerate.[68] Jedoch wurde für den weiteren Verlauf des Schismas entscheidend, daß die Anhänger Viktors in Lucca unter maßgeblichem Einfluß Rainalds von Dassel schon zwei Tage nach dessen Tod seinen Verwandten, Kardinalpriester Guido von S. Maria in Trastevere, als Paschalis III. zum Nachfolger wählten, der am 26. April von Barbarossas Vertrautem, Bischof Heinrich von Lüttich, geweiht wurde. Daß Rainald mit seiner Entscheidung eigenmächtig gehandelt und damit eine Annäherung des Kaisers an Alexander III. bewußt verhindert haben soll, ist angesichts von Barbarossas zuvor konsequent ablehnender Haltung nicht anzunehmen. Die Erhebung konnte deshalb ohne Wissen des Staufers geschehen, weil eine detaillierte Abstimmung ohnehin nicht immer möglich, Handeln im vermuteten Sinn des Kaisers aber oft nötig war, die Initiative von unten also eine Anordnung von oben deshalb erübrigte, weil sich Rainald in dieser Frage, die der Kaiser im nunmehr fünften Jahr immer wieder mit dem *honor imperii* verband, der völligen Übereinstimmung mit ihm sicher sein konnte. Selbst wenn Barbarossa die Wahl nicht gewollt haben sollte, band ihn doch Rainalds und Heinrichs gemeinsames Handeln, das er nur um den Preis des Bruchs mit zwei bewährten und verdienten Ratgebern hätte verwerfen können – wofür es aber keinerlei Anhaltspunkt gibt.

Das schnelle Handeln sollte nicht zuletzt einem Zerfall der viktorinischen Obödienz vorbeugen, hatte jedoch zwiespältige Konsequenzen, weil die Wahl fern von Rom etwaige Vorbehalte gegen die Legitimität Paschalis III. eher bestärken als zerstreuen konnte. Gerade in Rom war die Reaktion eindeutig: binnen weniger Monate schlug die Stimmung zugunsten Alexanders III. um, der Ende 1164 zu einer Rückkehr an den Tiber eingeladen und als legitimer Bischof von Rom anerkannt wurde.[69] Aber auch im Reich wuchs als Folge verbreiteter Unsicherheit, ob Paschalis III. als Garant für den sicheren Besitz des Bischofsamtes angesehen werden konnte, die Zahl der Bischofselekten, die den Zeitpunkt ihrer Weihe in der Hoffnung auf eine Lösung des Schismas immer weiter aufschoben. Das Erzbistum Salzburg blieb auch nach dem Tod Erzbischof Eberhards seiner alexandrinischen Obödienz treu. Der Klerus wählte Bischof Konrad von Passau zum Nachfolger – und umging mit der Wahl eines bereits ordinierten Bischofs das Weiheproblem. Weil Konrad aber der Familie der Babenberger entstammte – also wie Otto von Freising und Heinrich Jasomirgott ein Onkel des Kaisers war – und die Salzburger fürchteten, er könnte wegen dieser Nähe zu Barbarossa leicht unter dessen Druck geraten, verpflichteten sie ihn noch vor seiner Wahl zur Anerkennung Alexanders III. Konrad, der sich bislang einer eindeutigen Festlegung entzogen hatte, nahm um seines Fortkommens auf der geistlichen Karriereleiter willen den absehbaren Konflikt mit dem Kaiser in Kauf. Aber er vertraute auch darauf, daß die Verwandtschaft eine Lösung des Problems erleichtern müßte. Im September 1164 zog er an den Hof nach Pavia, in Begleitung Gerhochs, des fast siebzigjährigen Propstes des Augustiner-Chorherrenstifts Reichersberg in

Oberösterreich. Gerhoch gehörte zu den reformerisch gesinnten Kreisen des Erzstifts und war schon mit Konrads Vorgänger 1162 und 1163 bei Barbarossa erschienen, als in Mailand und Nürnberg über Möglichkeiten zur Beilegung des Schismas verhandelt worden war. Zusammen mit Konrad, anderen Großen des Reichs und Vertrauten des Kaisers – unter denen man sich die Bischöfe Garsidonius von Mantua und Alberich von Lodi, den Markgrafen Wilhelm von Montferrat und Graf Guido von Biandrate, Pfalzgraf Otto von Wittelsbach, Kanzler Christian von Buch und den Reichsministerialen Markward von Grumbach vorstellen darf – nahm er am *colloquium secretum* mit dem Kaiser und den höchst kontroversen Diskussionen um die Rechtmäßigkeit der Papstwahl und deren politische Dimension teil. Laut Gerhoch behauptete Barbarossa, «er wolle sehr gern mit seinem eigenen Recht (*ius*) zufrieden sein und einen römischen Papst, der es ihm nicht schmälere, demütig in der Lenkung der Kirche fördern; einem Papst aber, der ihm sein Recht schmälere, wolle er sich auf jede Weise und mit allen Kräften des Reiches entgegenstellen, im größten Vertrauen darauf, daß jener, wie der Kaiser sagte, kein wahrer Nachfolger Petri, der da spricht ‹fürchtet Gott, ehret den König›, und kein wahrer Nachahmer Christi, der da spricht ‹gebt dem Kaiser, was des Kaisers ist, und Gott, was Gottes ist›, sein könne, der unter dem päpstlichen Namen nicht nur im Klerus, sondern auch im Reich aus stolzer Habsucht und habsüchtigem Stolz herrschen wolle». Während Barbarossa die Wahl Alexanders für das Ergebnis einer Verschwörung der Kardinäle hielt, die sie noch zu Lebzeiten Hadrians IV. mit dem Ziel eingegangen seien, nur einen aus ihrem Kreis zu dessen Nachfolger zu wählen, den Kaiser zu exkommunizieren und mit den lombardischen Städten, namentlich Mailand, sowie dem sizilischen König Wilhelm ein Bündnis gegen ihn zu schließen,[70] ließ sich Gerhoch auf diese politische Dimension der Vorwürfe gegen Alexander III. gar nicht ein, sondern verteidigte dessen Rechtmäßigkeit mit den Bestimmungen des Papstwahldekrets von 1059, das den Kardinalbischöfen ein Vorrecht bei der Papstwahl einräumte: «Da der Kaiser etwa dieses in deutscher Sprache sagte und an seinem Papst lobte, daß der kein Gegner des Reiches sei und sich nicht mit den Reichsfeinden verbündet habe, auch nicht selbst im Reich König sein oder herrschen wolle, da verschmähte ich diesen Papst so, daß ich unter dem Beistand der Gnade Gottes sagte, nie würde ich jenem gehorchen, der von keinem

Kardinalbischof geweiht, sondern von einem Fremdling entweiht sei und auf dessen Seite es den Leib des Herrn nicht gebe, der bekanntlich außerhalb der Kircheneinheit im Schisma nicht dargebracht werden könne. Bei diesen Worten entstand eine derartige Erregung der Fürsten gegen mich, daß mir einer von ihnen den Galgen androhte, ein anderer Raub meiner Güter und dergleichen Böses mehr, wovon jetzt nicht im einzelnen zu sprechen ist. Der Kaiser hörte dies alles gelassen an, spendete den Fürsten jedoch keinen boshaften Beifall; denn hätte er zugestimmt, so wäre ich in große Gefahr für Leib und Leben geraten, der ich damals unter Gottes Schutz entrann.«[71] Gerhoch nahm einen lebhaften Eindruck davon mit, daß das Bündnis mit den lombardischen Städten und Wilhelm I. von Sizilien am Hof als gegen die Würde der kaiserlichen Majestät gerichtet angesehen wurde – und jeder, der diesem Bündnis anhing, als Majestätsverbrecher.[72]

Klar war, daß dieser Vorwurf solange nicht aus der Welt zu schaffen war, solange Alexander sich aus prinzipieller Berufung auf die päpstliche Nichtjudizierbarkeit jeglicher Rechtfertigung verweigerte: die ungelöste Verfahrensfrage offenbarte nicht nur Gegensätze, sondern schuf sie auch immer wieder neu, indem sie zu einer argumentativ immer wieder neu geschärften Rechtfertigung der eigenen Position zwang. Diese prinzipielle Frage verhinderte auch eine Verständigung Barbarossas mit seinem Onkel Konrad. Der Erzbischof verließ Pavia unverrichteter Dinge; ebenfalls erfolglos, aber noch mit kaiserlicher Huld verließ er im November 1164 auch den Hoftag von Bamberg. Daß er Boten zu Alexander III. schickte und von ihm im März 1165 das erwünschte Pallium als Amtszeichen erhielt, blieb dem Kaiser sicher nicht verborgen. Dessen Festlegung im Schisma wollten außer Konrad aber auch so bedeutende Prälaten wie Konrad von Wittelsbach, der erwählte Erzbischof von Mainz, und Erzbischof Hillin von Trier sowie fast die gesamte Kirchenprovinz Salzburg nicht mehr folgen. Über Erzbischof Wichmann von Magdeburg erzählte man sich sogar, er habe, als er auf seiner Rückkehr von einer Pilgerreise nach Jerusalem in die Hand von Piraten gefallen sei, für den Fall seiner Befreiung die Anerkennung Alexanders III. gelobt.[73] Daß mit Konrad selbst ein Verwandter des Kaisers der alexandrinischen Obödienz angehörte, war ein fatales Signal.

Angesichts dieser Widerstände im Reichsepiskopat wurde es für Barbarossa wichtig, die einheitliche Ablehnung Alexanders III., deren

Garant er zu sein beanspruchte, auch durchsetzen zu können. Diesem Zweck diente der zu Pfingsten 1165 nach Würzburg einberufene Hoftag, der von über dreißig Bischöfen und vielen weltlichen Fürsten besucht wurde, unter ihnen Heinrich der Löwe, Albrecht der Bär, Barbarossas Bruder, Pfalzgraf Konrad bei Rhein, und Barbarossas Schwager, Landgraf Ludwig II. von Thüringen. Rainald von Dassel kehrte gerade rechtzeitig genug von einer Gesandtschaftsreise zum englischen König Heinrich II. zurück, um an den Verhandlungen teilzunehmen. Anlaß seiner Reise war der Abschluß eines doppelten Heiratsbündnisses gewesen: Mathilde, die achtjährige Tochter des englischen Königs, sollte Heinrich den Löwen heiraten und ihre damals dreijährige Schwester Eleonore den ältesten Sohn Barbarossas, der damals freilich noch ein Baby von neun Monaten war. Barbarossa ließ später verkünden, die beiden englischen Gesandten, die mit Rainald nach Würzburg gekommen waren, hätten geschworen, daß der englische König «mit seinem gesamten Königreich immer getreulich zu uns stehen und den Herrn Paschalis, den wir unterstützen, zusammen mit uns immer unterstützen, dem Schismatiker Roland aber in keiner Weise Unterstützung gewähren wird».[74] Man nimmt daher an, daß der Hintergrund der doppelten Eheverbindung ein bevorstehender Obödienzwechsel Heinrichs II. war; Anlaß dazu hätte der König wegen seines Konflikts mit Thomas Becket, dem Erzbischof von Canterbury, und dessen Flucht an den Hof Alexanders III. nach Frankreich sowie wegen seiner periodischen Querelen mit Ludwig VII. von Frankreich durchaus gehabt. Aber zu einem ebenso raschen wie endgültigen Übertritt war er aus Rücksicht auf den von Alexanders Legaten nachhaltig beeinflußten Episkopat des angevinischen Reiches und auf seinen französischen Lehnsherrn nicht bereit. Johannes von Salisbury wußte vom Hörensagen, daß der englische Gesandte gegenüber dem Kaiser beim eidlichen Versprechen der Hilfe gegen jedermann den König von Frankreich ausdrücklich ausnahm; Barbarossa soll darauf mittels Übersetzer geantwortet haben, daß auch Roland, der Feind der Kirche und des Reichs, ein Mensch und sterblich sei, ebenso wie seine Kardinäle, und keiner von ihnen sei der französische König, weshalb er das Bündnis so verstehe, daß keiner von ihnen vom Vertrag ausgenommen sei.[75] In ihrer Mischung aus Herablassung und spitzfindigem Spott paßt diese Antwort gut zu seiner auch sonst belegten Haltung; sie gab dem Bündnis die Eindeutigkeit, die es mit Blick auf den gewünschten Solidarisierungseffekt im Reichsepiskopat haben sollte und die ihm Barbarossa dann auch öffentlich zulegte. Hinsichtlich der tatsächlichen englischen Absichten war das «eine Lüge»[76] – aber der Kaiser bediente sich ihrer um so bedenkenloser, je schwieriger sich die Verhandlungen in Würzburg gestalteten. Zwar endet der Hoftag mit der eindrucksvollen Inszenierung einheitlicher Unterstützung des im Vorjahr erhobenen Papstes. Barbarossa schwor persönlich, daß er, so lange er lebe, «den Schismatiker Roland oder einen von seiner Partei Gewählten niemals als Papst anerkennen», dessen Anerkennung auch niemandem erlauben und keinen von dessen Anhängern je wieder in seine Huld aufnehmen, den Papst Paschalis dagegen für immer unterstützen und fördern, ihm Gehorsam, Ehre und Achtung erweisen werde.[77]

Aber diesem Eid, dem sich viele Fürsten anschlossen, waren heftige Auseinandersetzungen vorausgegangen.[78] Wegen der Seelennöte, sich für den einen oder anderen Papst entscheiden zu müssen, war die Hoffnung auf eine Rückkehr zur Einheit der Kirche weit verbreitet. Geistliche trugen sie dem Kaiser vor, prallten aber auf seine unverändert strikte Ablehnung Alexanders, die er zumal nach seiner Anerkennung Paschalis' III. ohne massiven Gesichtsverlust nicht aufgeben konnte. Lediglich für den unwahrscheinlichen Fall des gleichzeitigen Todes beider Päpste und der Einigung beider Kardinalsparteien auf einen gemeinsamen Papst erwog er, von seiner bisherigen Parteinahme abrücken zu wollen – und auch das nur, wenn die Wahl mit seiner Zustimmung erfolgte. Rainald von Dassel legte dar, daß alle bisher abgehaltenen Konzilien «der Ehre des Kaisers» nichts genützt und Alexander nicht geschadet hätten, dessen Vertreibung und die Erhöhung Paschalis' aber bewirkt werden könne, wenn sich der Kaiser und mit ihm alle Fürsten des Reichs eidlich für Paschalis und gegen Alexander erklärten.[79] Offensichtlich übertrug Rainald die Erfahrungen, die er als Legat in Italien mit der Einforderung des Treueids zugunsten des Kaisers in den Kommunen gemacht hatte, auf die Konfliktsituation des Schismas und hielt eine geschlossen auftretende Eidgenossenschaft für die schärfste Waffe im Kampf gegen Alexander III. Die ihm mißgünstige Überlieferung behauptet, er selbst sei jedoch nicht bereit gewesen, diesen Eid zu leisten; daraufhin habe ihn der Kaiser als «Verräter und Betrüger» beschimpft, ihm die Erhebung Paschalis' III. als eigenmächtig vorgeworfen und von ihm verlangt, daß er als erster in die Falle, die er mit der

Perpetuierung der Kirchenspaltung für das Seelenheil aller gestellt habe, treten und diesen Eid leisten müsse – was Rainald dann nur unter Tränen getan habe.[80] Jedoch bedurfte Rainald einer solchen Ermahnung sicher nicht. Aber die Widerstände gegenüber einer verpflichtenden Eidesleistung waren massiv. Das Hauptproblem waren die Personalentscheidungen, die in der viktorinischen Obödienz getroffen worden und deren Gültigkeit im Falle einer künftigen Beilegung des Schismas zugunsten von Alexander III. bedroht waren; im Episkopat wurde befürchtet, die Treue zum Kaiser dann teuer bezahlen zu müssen – nämlich durch Amtsverlust infolge ungültiger Weihe. Barbarossa mußte die weitere Unterstützung des Episkopats deshalb mit einer ebenso weitreichenden wie singulären Selbstbindung erkaufen, indem er schwor, niemals zu dulden, daß diejenigen Geistlichen, die zu Lebzeiten Papst Paschalis «oder zur Zeit des von seiner Partei erwählten Nachfolgers die Weihen erhalten haben oder noch erhalten werden, ihres Amtes oder ihrer Weihen wegen des ihm geleisteten Gehorsams verlustig gehen»; um eine Entbindung von diesem Eid werde er nie nachsuchen und sie auch, wenn sie ihm angeboten werde, nicht annehmen; «außerdem wird unser von der Gesamtheit der Fürsten gewählter Nachfolger die Ehre der Kirche Gottes und des Reichs und diese unsere Sache unter Beschwörung desselben Eides immer schützen und erhalten». Entgegen aller Gewohnheit ließ Barbarossa diesen Eid nicht stellvertretend leisten, sondern legte ihn persönlich ab. Die unerhörten und singulären Würzburger Eide (*insolita iuramenta*) erklärte der Kaiser mit dem Starrsinn seiner Gegner: immer sei er, so ließ er in Rundschreiben an die Großen des Reichs verkünden, dazu bereit gewesen, sich der *iusticia* zu unterwerfen, wozu seine Gegner aber entweder aus Hochmut oder aus fehlendem Vertrauen in ihre eigene Sache nie bereit gewesen seien.[81] Daß er sich nie einem Verfahren hatte unterwerfen wollen, das nicht seinen Bedingungen folgte, wurde natürlich nicht ausdrücklich erwähnt, sondern war aus Sicht der kaiserlichen Kanzlei ohnehin selbstverständliche Folge seiner Herrschaftsposition. Hinter der Behauptung gänzlich freiwilliger Eidesleistung des Kaisers verbarg sich aber, daß sie zu einem guten Teil dem Sicherheitsbedürfnis mancher seiner skeptisch gewordenen Anhänger im Reichsepiskopat geschuldet war. Zu Recht wurde gesagt, daß der Kaiser in Würzburg «ebenso der Dränger wie der Gedrängte» war.[82]

Allerdings waren Risse in der Einheitsfassade schon unübersehbar. Der erwählte Erzbischof Konrad von Mainz verließ ebenso wie Barbarossas Vetter, Herzog Friedrich von Rothenburg, den Hoftag noch vor der Eidesleistung; wichtige Prälaten wie die Erzbischöfe Hillin von Trier und Konrad von Salzburg waren gar nicht erst erschienen, weshalb auch einige ihrer Suffragane den Eid verweigerten – wie etwa die Bischöfe Richard von Verdun und Albert von Freising. Gleichwohl fand die demonstrative Inszenierung der einheitlichen Obödienz von Kaiser und Reichsepiskopat ihre Fortsetzung, als eine knappe Woche später die Bischofselekten von Hildesheim, Würzburg und Passau ihre Weihen empfingen – ihnen voran der Erzbischof von Köln, Rainald von Dassel, der auf seine seit 1159 ausstehende Priester- und Bischofsweihe bislang vielleicht deshalb verzichtet hatte, um den Einfluß, den er als Propst in Hildesheim und Münster auf den Kurs der dortigen Bischöfe nehmen konnte, nicht aufgeben zu müssen.[83] Alle anderen noch nicht ordinierten Bischöfe mußten sich bis Mitte September die Weihen erteilen lassen, widrigenfalls sie ihr Amt verlieren sollten. Rundschreiben befahlen den Bischöfen außerdem, binnen sechs Wochen auch von der Geistlichkeit ihrer Diözese die in Würzburg auf Paschalis III. geleisteten Eide einzufordern. Dem Zisterzienserorden, dessen Generalkapitel sich schon 1161 für Alexander III. ausgesprochen hatte, drohte der Kaiser sogar mit der Vertreibung – was aber nur für eine Minderheit unter den deutschen Zisterzen tatsächlich bedrohliche Konsequenzen entfaltete, während ihre Mehrheit auf kaiserlicher Seite stand.[84] Im Westen des Reichs überhäufte er Bischof Nikolaus von Cambrai, dessen Diözese zum französischen Erzbistum Reims gehörte und der deshalb in der Obödienzfrage umsichtig taktieren mußte, mit schweren Vorwürfen: «Unsere Ohren klingen schon öfter von dem Bericht Getreuer, daß in deinen Gegenden dem Reich die geschuldete Ehre ebensowenig erwiesen wie dem Papst Paschalis Gehorsam und Ehrerweisung gezeigt wird». Abt Erlebold von Stablo, dessen «Auge und Zunge keinen ungehorsamen Kleriker oder Mönch duldet», wurde als kaiserlicher Legat entsandt, um die Eide auf den kaiserlichen Papst abzunehmen.[85]

Auf einer Reise donauabwärts nahm der Kaiser noch im Sommer mehrfach an der Vereidigung von Geistlichkeit und Bevölkerung teil – in Passau, aber auch in Wien. Die Maßnahmen galten der Isolation Konrads in der Salzburger Kirchenprovinz, denn Barbarossa legte die Salzburger Suffragane von Freising, Passau, Regensburg und

Brixen sowie Konrads Bruder, Herzog Heinrich Jasomirgott von Österreich, auf die Würzburger Eide fest. Als die zur Eidesleistung gesetzte Frist Mitte September ablief, eskalierte der Konflikt. Den Ministerialen der Salzburger Kirche ließ der Staufer mitteilen, sie wüßten und sähen, welches Unrecht und welche Gewalttat die Salzburger Kleriker mit ihrem Erwählten dem Kaiser und dem Reich zufügten; «bedenkt deshalb aufrichtig und verständig, was ihr uns und dem Reich schuldet und was ihr ebenso der Salzburger Kirche schuldet, und mit weisem Rat bemüht euch auf jede Weise, damit unter dem so törichten Vorwand hochmütiger und rebellischer Kleriker nicht unsere und des Reiches Ehre (*honor noster et imperii*) geschmälert und daß die so berühmte Kirche nicht mit dem ganzen Bistum zerstört werde».[86] Nach mehrfachen Ladungen erschien Konrad am 14. Februar 1166 in Nürnberg am Hof. Vor den versammelten Fürsten warf ihm Barbarossa vor, das Erzbistum wie durch Raub in Besitz genommen zu haben, da er weder von ihm die Regalien noch von Paschalis III. die Spiritualien empfangen habe. Konrad antwortete durch Heinrich den Löwen, seinen «Fürsprecher» (*prolocutor*), er habe die Würde nicht durch Raub, sondern durch kanonische Wahl des Klerus, der Ministerialen und des ganzen Volkes inne; um die Regalien habe er dreimal nachgesucht, und dreimal seien sie ihm verweigert worden, weil er Paschalis, der nicht der rechtmäßige Papst sei, nicht habe anerkennen wollen. Nach ergebnislosen Verhandlungen verließ Konrad den Hof nun «zum ersten Mal ohne die Huld des Kaisers».[87] Als ein letzter Vermittlungsversuch scheiterte, den nur noch die Verwandtschaft zwischen den Kontrahenten möglich gemacht hatte, «knurrte der Kaiser wie ein Löwe und gab ein Brüllen von sich, das das ganze Reich durchbebte» und ächtete alle Salzburger als «Feinde des Reichs, weil sie seinen Onkel aus seinem Fleisch und Blut [aus seiner verwandtschaftlichen Bindung] herausrissen und gegen ihn die Waffen erheben ließen».[88]

Auf Grund eines schon in Nürnberg gefällten Fürstenbeschlusses zog er den gesamten Besitz der Salzburger Kirche ein und übertrug ihn kaisertreuen Adligen und Ministerialen. Die Eskalation des Konflikts und die damit einhergehende Verwüstung des Erzstifts veranlaßte den greisen Gerhoch von Reichersberg, einen längeren Traktat an Kardinäle Alexanders III. zu schicken – wahrscheinlich an Heinrich von SS. Nereo e Achilleo und Hyazinth von S. Maria in Cosmedin –, in dem er unter Rückgriff auf den Verhandlungsstand von 1163 und unter Anführung historischer Vorbilder eindringlich dazu riet, der Papst möge sich vom Vorwurf der Verschwörung gegen den Kaiser mit einem Reinigungseid befreien.[89] Über eine Reaktion der Kurie ist nichts bekannt, aber die mit den Würzburger Eiden verbundene Radikalisierung Barbarossas ließ diese Perspektive ohnehin gegenstandslos werden.

DAS RAD DER FORTUNA: ROM 1167

Barbarossa war dazu entschlossen, das Schisma in Rom selbst zu lösen. Wahrscheinlich auf die Nachricht von Alexanders Absichten zur Rückkehr aus dem französischen Exil nach Rom, die ihm im November auch gelang, hatte der Kaiser noch 1165 mit Planungen für seinen vierten Italienzug begonnen,[90] der sich gegen den Papst als Legitimationsinstanz immer neuer Widerstände richten sollte, aber auch gegen dessen mächtigen Bündnispartner, den König von Sizilien, den der Staufer zudem als einen Usurpator von Reichsgebiet ansah. An der Stelle Konrads von Wittelsbach, der nach dem Würzburger Hoftag zu Alexander III. nach Frankreich geflohen war, hatte Barbarossa schon im September 1165 seinen Kanzler und erfolgreichen Legaten in Italien, Christian von Buch, zum Erzbischof von Mainz erhoben. Christian hatte damals Paschalis III. schon nach Viterbo geführt und die Römer durch Verwüstung des Umlands so unter Druck gesetzt, daß unter den englischen Alexandrinern das Gerücht kursierte, sie hätten dem Legaten schon die Aufnahme Paschalis' III. zugesagt, falls Alexander nicht bis Ende September in Rom eingetroffen sei.[91] Über Christians Legatentätigkeit wurde später erzählt, die Esel in seinem Heer hätten noch größere Ausgaben verursacht als der gesamte, durchaus üppige Haushalt des Kaisers. Der Abkömmling des thüringischen Grafenhauses von Buch vergaß über seinen neuen geistlichen Aufgaben nicht, was er seiner adligen Herkunft und seiner Position als kaiserlicher Legat an standesgemäßem und auch kriegerischem Auftreten schuldig war: im Kampf vor Bologna trug er über seinem Kettenpanzer ein himmelblaues Gewand und auf dem Kopf einen vergoldeten Helm; mit der Keule, die er als Mann der Kirche anstelle eines Schwertes führte, soll er mit eigener Hand neun Männer niedergehauen haben[92] – zweifellos ein Prälat nach Barbarossas Geschmack. Als unbedingter Parteigänger des Kaisers war er auch Garant dafür, daß die Ressourcen des größten deutschen Erzbistums nicht in die Hände von Alexandrinern gerieten, sondern zum Kampf gegen sie verwendet wurden. Das Vorgehen gegen Alexander III. war nach den Würzburger Eiden mehr als je zuvor auch zu einer Frage der Ehre geworden.

Während Barbarossa im Frühjahr 1167 über die Lombardei und die Romagna recht gemächlich an die Adriaküste zog, erreichten ihn aus Viterbo Botschaften Paschalis' III., der ihn eindringlich bat, das schon lange gegebene Versprechen einzulösen, ihn zur Inthronisierung nach St. Peter in Rom zu führen; außerdem bestand die Chance, den damals in Rom weilenden Papst Alexander III. zu vertreiben oder gefangenzunehmen. Mit Bibelzitaten wies er auf die Gunst der Umstände hin: die Saat sei nun reif zum Schnitt und der Weinberg sei reif zur Lese.[93] Zu diesem Zeitpunkt hatten die Erzbischöfe von Köln und Mainz, die von der ligurischen und tyrrhenischen Küste kommend durch Tuszien nach Rom gezogen waren, bereits ihren gemeinsamen Sieg über die Römer bei Tusculum errungen und damit Alexander III. weiter unter Druck gesetzt. Der Papst hatte umgehend den Lateranpalast verlassen und sich in den Schutz der *turris cartularia* begeben, der Befestigung, über die seine wichtigsten Anhänger im Romadel, die Frangipani, in der Nähe des Kolosseums verfügten. Um den 20. Juli, mitten in größter Sommerhitze, erreichte der Kaiser Rom; wie 1155 bezog er auf dem Monte Mario sein Lager, wo sich auch Paschalis III. und die Kontingente der beiden Erzbischöfe einfanden. An eine Belagerung oder gar Zerstörung der Stadt war nicht gedacht, der Kaiser brauchte Rom vielmehr «als Residenz seines Papstes, um die Richtigkeit seiner Schismapolitik unter Beweis zu stellen».[94] Die von Anhängern Alexanders III. besetzte Engelsburg wurde vergeblich bestürmt, dann vor allem in der unmittelbaren Umgebung von St. Peter gekämpft, wo Paschalis III. inthronisiert werden sollte. Belagerungsmaschinen kamen zum Einsatz. Die dem Dom vorgelagerte Kirche S. Maria in Turri, wo vor einer Kaiserkrönung üblicherweise der dem Papst geschuldete Sicherheitseid geleistet wurde, ging in Flammen auf; das Fassadenmosaik, das auf Goldgrund Christus als Weltenrichter zeigte, fiel herab, eine Bronzestatue des Apostels Petrus schmolz im Feuer. Der Brand griff auf St. Peter über, von dessen Dach die Verteidiger flüchteten und sich dem Kaiser ergaben. Barbarossas Gegner erzählten später drastische Geschichten über die Zerstörungswut der Kaiserlichen, die vor dem Heiligtum Petri nicht Halt gemacht hatte: «Bald unternahmen sie einen Angriff gegen diese Kirche selbst, und mit ihren Äxten und Schwertern zerschlugen sie ihre Tore, und so als ob sie eine denkwürdige und ruhmvolle Tat vollbracht hätten, versprachen einige in übermütiger Prahlerei, die Späne, die sie mit den Schwertern herausgeschlagen hatten, ihren Frauen als Zeichen des Sieges oder mehr noch der Schmach des heiligen Petrus nach Hause zu bringen.»[95] Herzog Friedrich von Rothenburg, Bannerträger im Heer seines Vetters, soll die Feldzeichen bis vor den Altar getragen und mit seinen Männern in der Kirche deren Verteidiger niedergemetzelt haben; ohne Barmherzigkeit und Gottesfurcht sollen auch die Erzbischöfe Rainald und Christian die Altäre mit Blut besprützt haben.[96] Später meinten viele, diese Verwüstung der Apostelkirche habe eine Strafe Gottes heraufbeschwören müssen. Aber am 30. Juli wußte noch niemand von der bevorstehenden Katastrophe: an diesem Tag wurde Paschalis III. inthronisiert, er las die Messe in St. Peter, setzte Barbarossa einen Goldreif aufs Haupt – und empfing spätestens an diesem Tag mit der gebotenen Demut die Ehrendienste des Kaisers, die ihm als rechtmäßigem Papst zustanden: Zügel- und Bügeldienst, Fußfall und Fußkuß. Zwei Tage später anläßlich des Festes «Petri Kettenfeier» krönte er Barbarossa und Beatrix mit «Kronen aus reinstem Gold, die mit vielen kostbaren Steinen geschmückt waren».[97] Der Triumph war vollständig. Der Staufer rühmte sich, mit dem Gewinn Roms alle seine Vorgänger an Ruhm und Ehre zu überstrahlen.[98]

Wenige Tage zuvor waren Verhandlungen mit den Stadtrömern und den Kardinälen aufgenommen worden. Konrad von Wittelsbach, der vom Würzburger Hoftag geflohene ehemalige Erzbischof von Mainz, fungierte als Mittelsmann zu Alexander. Angeblich ließ ihm Barbarossa ausrichten, er sei bereit, dessen Ordinationen anzuerkennen und Paschalis III. zum Rücktritt zu bewegen, wenn auch Alexander zurücktrete; ein großes Generalkonzil sollte dann eine dritte Person zum Papst erheben, er selbst werde der Kirche völligen Frieden gewähren und sich künftig nicht mehr in die Angelegenheit der Papstwahl einmischen; Bischöfe und Kardinäle sollen dem Kaiser daraufhin die Antwort geschickt haben, es sei nicht ihre Sache, über den Papst zu richten, den Gott seinem eigenen Urteil vorbehalten werde.[99] Wenn dieses Angebot, über das allein Kardinal Boso berichtet, wirklich gemacht wurde, dann gewiß nur als letzter Einigungsversuch, um einen Kampf um St. Peter abzuwenden. Aber selbst dann ist kaum vorstellbar, daß Barbarosssa so kurz vor dem Ziel seinen Papst, zu dessen immerwährender Unterstützung er sich in Würzburg verpflichtet hatte, tatsächlich noch hätte fallen lassen wollen.[100] Seinem Ziel, das Schisma nicht durch Anerkennung Alexanders beenden zu müssen, kam er in diesen Tagen so nahe wie später nie wieder. Selbst die Römer drängten nun auf Alexanders Rücktritt: zur Auslösung seiner Schafe müsse er noch größere Opfer bringen, als auf seine päpstliche Würde zu verzichten.[101] Als etwa zur selben Zeit die Pisaner mit acht Galeeren tiberaufwärts fuhren und eine davon unter erhobenen Bannern schon im Marmorata genannten Hafen etwas unterhalb der Tiberinsel anlegte, wurde Alexanders Lage unhaltbar. Als Pilger verkleidet, flüchtete er angeblich in einem kleinen Boot tiberabwärts; erst in Gaeta soll er es gewagt haben, seinen päpstlichen Ornat wieder anzulegen. Während der folgenden Jahre hielt er sich in Benevent auf, der päpstlichen Enklave im Normannenreich. Seine gelungene Flucht war ein Wermutstropfen in Barbarossas Sieg, der ansonsten das Potential hatte, auch die problematisch gewordenen Verhältnisse in Norditalien wenn schon nicht zu befrieden, dann doch nicht weiter eskalieren zu lassen. An Petri Kettenfeier belohnte Friedrich «für die vielen hervorleuchtenden Dienste, die unser getreuester Fürst Rainald, der ehrenwerte Erzbischof von Köln, uns oftmals leistete, und besonders deshalb, weil unser allerheiligstes Reich durch den ruhmvollsten Sieg, den er mit Gottes Hilfe und seiner und der Kölner Miliz unbesiegter Kraft über die Römer errang, erhöht wurde», seinen alten Parteigänger, indem er dem Erzbistum die königlichen Höfe Andernach und Eckenhagen samt den zugehörigen Silbergruben zu dauerndem Eigentum übertrug.[102]

Einen oder zwei Tage später war der Vertrag ausgehandelt,[103] mit dem sich die Senatoren und die römische Bevölkerung zum Treueid gegenüber dem Kaiser sowie zur Bestellung des Senats durch einen kaiserlichen Legaten verpflichteten. Paschalis III. wollten sie als Papst in Rom aufnehmen und Oddo Frangipane, die Führungsfigur des alexandrinischen Romadels, bekämpfen. Im Gegenzug erkannte Barbarossa den Senat für ewige Zeiten an und verpflichtete sich zur Ausstellung einer feierlichen Urkunde mit Goldbulle und den Unterschriften der Fürsten. Anders, als noch in den Verhandlungen von 1159 spielte die Unterstellung des Stadtpräfekten unter den Kaiser nicht mehr die zentrale Rolle; mit der *confirmatio senatus* wurde vielmehr der Senat dem Kaisertum unterstellt. Er amtierte künftig kraft kaiserlicher Autorität, und Rom wurde dem Status jener lombardischen Kommunen angepaßt, deren Amtsträger von der Bevölkerung gewählt und danach vom Kaiser oder seinen Legaten autorisiert werden sollten. Während sich der alexandertreue Romadel noch in seinen Befestigungen verschanzte, entsandte der Kaiser seine Vertrauten, unter ihnen den Lodeser Podestà Acerbus Morena, aufs Kapitol, um die Römer zu vereidigen.

An einem der Tage, an denen Barbarossa schon die Treueide jenseits des Tiber entgegennehmen ließ, ging nach einem heiteren Morgen ein Gewitter mit wolkenbruchartigem Regen über der Stadt nieder, danach brannte die Sommersonne auf Schlamm und nassen Boden. Die üblichen klimatischen und hygienischen Bedingungen im mittelalterlichen Rom und seiner Umgebung forderten umgehend ihren Tribut. Er war katastrophal hoch: binnen weniger Tage setzte ein Massensterben ein, dem nach zeitgenössischen Quellen nicht nur Tausende Namenlose aus dem kaiserlichen Heer zum Opfer fielen, sondern auch zahlreiche Reichsfürsten und adlige Herren. Um eine Malariaepidemie kann es sich wegen der überaus kurzen Inkubationszeit nicht gehandelt haben. Als Symptome der Krankheit nennt Gottfried von Viterbo, wohl Augenzeuge des Geschehens, Kopfschmerzen, Schmerzen im Magen- und Darmtrakt – sowie einen ungeheuren Gestank: «Die Kranken stanken entsetzlich; der Weg, den sie zogen, stank ebensosehr wie die Häuser, die sie benutzten; das Pferd stank, noch mehr der Mensch, es stanken auch die Kleider, der Weg stank maßlos, überall stank das Haus.»[104] Alles deutet auf eine bakterielle Ruhr hin, eine von Fliegen verbreitete, hochansteckende, fäkal-oral übertragbare Durchfallerkrankung. Die überaus hohe Mortalitätsrate war bedingt durch die Schwächung, die viele wegen der Strapazen des Marsches und der Kämpfe, vielleicht wegen Hunger, sicher aber auch wegen Malariainfektionen während der vorausgegangenen Wochen erlitten hatten. Solche epidemiologischen Zusammenhänge waren den Zeitgenossen allerdings noch unbekannt; sie glaubten gemäß der antiken und erst im späten 19. Jahrhundert widerlegten Miasmentheorie, daß giftige Dämpfe und Nebel vom Boden aufstiegen und die Menschen töteten. Übereinstimmend ist in vielen Quellen der plötzliche Tod vermerkt, dem die Krieger erlagen, und das Entsetzen, das sich einstellte: «Denn als dort, wo sich nach Errichtung des Lagers eine Schar von ungefähr hundert Rittern zusammen in den Zelten niedergelassen hatte und wo um den Kaiser die ihm am nächsten Stehenden und die in der Prozession vor ihm die ersten zu sein pflegten, alle Zelte abgebrochen waren und sich der König, schon zu Pferd, über ihre Langsamkeit wunderte, weil er keinen aus der so großen Schar sah, der sich bewegte, da schickte er, um herauszufinden, was denn los sei. Der Bote kam und fand die Pferde an die Pflöcke gebunden und die ganze Ausrüstung, so wie sie am Abend zuvor abgelegt worden war, daliegen und sowohl die Ritter wie ihre Dienstleute tot. Da wurden alle von Furcht tief erschüttert, und bestürzt flohen sie vor dem Tod und konnten ihm doch nicht entkommen. Im Reiten nämlich fielen sie plötzlich von ihren Pferden; andere, die bis dahin auf dem Boden standen, stürzten, als sie gesund die Pferde besteigen wollten, plötzlich tot rücklings hinunter.»[105] Am 14. August starb Erzbischof Rainald von Köln, der sich als energischster Parteigänger des Kaisers ganz der Wahrung des *honor imperii* verpflichtet hatte; den Kölnern ließ Barbarossa schreiben, sie wüßten bestimmt, welch große Wunde dessen plötzlicher und unvermuteter Tod seinem Herzen zugefügt habe. Gleichzeitig empfahl er ihnen schon den Amtsnachfolger des Verstorbenen: «Weil wir niemanden, der ihm ähnlich wäre, im ganzen Reich gefunden haben, außer unserem Kanzler Philipp, den wir in der Verwaltung des Reichs und des Staates als treuen Helfer schätzen gelernt haben, wünschen wir von ganzem Herzen, daß dieser allein und kein anderer durch euren wachsamen Eifer in die Würde des Bischofs von Köln und die so herausragend ruhmvolle des Erzkanzlers [für Italien] umgehend erhoben werde.»[106] Philipp, jüngster Sohn Graf Goswins II. von Heinsberg und knappe zehn Jahre jünger als Barbarossa, hatte in Reims studiert, war Kölner Domdekan geworden und hatte Rainald von Dassel auf dem Zug nach Italien begleitet, wo ihn der Kaiser wohl 1166 zum Nachfolger Christians von Buch im Kanzleramt gemacht hatte. Philipp war in der Umgebung Barbarossas, als binnen weniger Tage die Bischöfe Konrad von Augsburg, Alexander von Lüttich, Daniel von Prag, Eberhard von Regensburg, Gottfried von Speyer und Hermann von Verden, einige Äbte, die Herzöge Friedrich von Rothenburg, Welf VII. und Theobald von Böhmen, Grafen und Edelfreie, schließlich Konsuln aus den verbündeten norditalienischen Kommunen, unter ihnen der Lodeser Chronist Acerbus Morena, der Seuche erlagen. Ungezählte Namenlose aus den kaiserlichen Heeren und aus der Stadt Rom waren unter den Toten.

Die Anhänger Alexanders III. erkannten darin ein Gottesurteil. «Seit Bestand der Welt», so schrieb ihm beispielsweise Thomas Becket, Erzbischof von Canterbury, «hat sich Gottes Macht, wenn man die Vorgänge richtig beurteilt, nie klarer, seine Gerechtigkeit nie größer gezeigt, als indem er die Anstifter dieser Frevel, die Urheber dieser Verfolgung niederwarf und durch den schmählichsten Tod hinraffte. Möchte er auch doch ihren Gebieter [den Kaiser], der noch lebt, allem Volk zum Gespött machen, so daß auf ihn mit Fingern gewiesen und auf ihn das Schriftwort angewendet würde: ‹Siehe, das ist der Mann, der Gott nicht für seinen Trost hielt.›» Gott habe Friedrich, «den Hammer der Gottlosen», zermalmt.[107] Barbarossa entkam tatsächlich lebend: «Wie ein Brand den Flammen entrissen, ist der Kaiser schmachvoll von Rom abgezogen, und obgleich der Leichengeruch aus seinem Lager ihm in die Nase stieg, während der Herr die rettende Hand über ihn ausbreitete, hat er doch seinen Irrtum weder erkennen noch bekennen wollen.»[108] Die Katastrophe vor Rom bewegte ihn aber zu keiner anderen Haltung gegenüber Alexander III. Geradezu verstört notierte Kardinal Boso: «Weder die Erinnerung an alle seine von Jugend an vollführten Grausamkeiten noch die frischen Züchtigungen, welche Gott und der heilige Petrus ihm hatten angedeihen lassen, erweichten das wilde und verhärtete Gemüt des Kaisers und wandten ihn zum Guten; denn seine Natur war von Kindheit an zum Bösen geneigt und scheint sich immer mehr zu verschlimmern.»[109]

Aber warum ist Barbarossa überhaupt vom Tod verschont geblieben? In Cambrai meinte man, es zu wissen: als der Kaiser von seinem Lager auf dem Monte Mario ins Tal zu den Neronischen Feldern hinabsteigen wollte und von den Bergen her eine ungeheure Wolke heranziehen sah, die das ganze Tal eingenommen und ganz verdunkelt habe, sei er gewarnt worden, es handle sich um ein für den Monat August übliches Unwetter, das Fäulnis und Krankheit verursachen könne, deshalb auch den schnellen Tod von Mensch und Tier; um damit nicht in Berührung zu kommen, habe er sogleich kehrtgemacht und sei mit einigen wenigen auf den Berg zurückgekehrt; so sei er der

Gefahr der Seuche entgangen, während Rainald zusammen mit vielen anderen im Tal rasch gestorben sei, nachdem sich die Wolke aufgelöst und die Hitze einen ungeheuren Gestank verursacht habe.[110] Natürlich lenkte die Miasmentheorie auch diese Erzählung; aber wichtig ist das Detail, daß sich Barbarossa offenbar nicht in den großen Menschenansammlungen des Heeres aufhielt, wo die Infektion rasend schnell um sich griff. Der blinde Zufall, vielleicht aber auch die Warnung Einheimischer rettete dem Kaiser das Leben; in diesem Fall wäre es eine Warnung gewesen, der zwar eine falsche Vorstellung von den Krankheitsursachen zugrunde gelegen, die aber das Richtige bewirkt hätte: Abstand vom Infektionszentrum zu halten.

Die Katastrophe vor Rom und die Macht des Lombardischen Städtebundes zwangen Barbarossa, wie erwähnt, zu einem überstürzten Rückzug nach Nordwestitalien, wo ihm aber der Übergang über den Mont Cenis durch die Haltung des Grafen von Maurienne zunächst verwehrt war, so daß er sich in bedrängter Lage aus Sorge um seine Sicherheit kaum zwei oder drei Tage am selben Ort aufgehalten haben soll. In diesen Tagen suchte ihn der Laienbruder Dietrich aus der zwischen Vienne und Grenoble gelegenen Kartause Silve-bénite auf, der dem Kaiser früher eng vertraut gewesen war (*familiarissimus*), sich aber des Schismas wegen von ihm abgewandt hatte. Unter Tränen beschwor Dietrich den Staufer, um des Friedens willen die Einheit der Kirche wiederherzustellen; auf seine inständigen Bitten erklärte er sich bereit, Basilius, den Prior der Großen Kartause, Abt Alexander von Cîteaux und Bischof Petrus von Pavia, der sich nicht weit von Susa in S. Michele della Chiusa aufhielt, zu Gesprächen über einen Ausgleich mit Alexander III. zu empfangen und ihrem Rat in allen Punkten zu folgen, wenn sie ihn von der Gefahr, die aus dem Bruch seines gegen den Papst geschworenen Eides für sein Seelenheil erwuchs, befreiten. Von diesem Zugeständnis nahm Barbarossa aber umgehend Abstand, als ihm gefahrlose Überschreitung des Mont Cenis zugesichert wurde. Der dreiköpfigen Gesandtschaft, die durch einen vorausgeschickten Mönch schon Zeit und Ort der Verhandlungen mit ihm erfragen ließ, richtete er aus, ihr Kommen sei aussichtslos, «wenn sie nicht einen Engel mit sich brächten oder mit der Kraft kämen, Wunder zu vollbringen, Aussätzige zu heilen und Tote zum Leben zu erwecken».[111]

Daß der Initiative eines einfachen Laienbruders des Kartäuserordens überhaupt Erfolg beschieden war, lag an seiner persönlichen

Bindung zum Kaiser, die für die Zeit vor 1167 leider völlig im dunkeln bleibt. Allerdings sprach ihn Barbarossa in einer anläßlich ihrer Begegnung offenbar als Zeichen des Dankes ausgestellten Schenkungsurkunde als «aus unserer Abstammung entsprossen» (*de progenie nostra oriundus*) an, und Dietrich nannte sich selbst «aus dem Haus und der Abstammung des großen Friedrichs» (*de domo et progenie magni Friderici*).[112] Frühneuzeitliche Geschichtsschreiber des Kartäuserordens faßten diese Nachricht – analog zur standesgemäßen Versorgung unehelicher Kinder der Fürsten ihrer eigenen Gegenwart – als verschleiernden Hinweis auf Barbarossas eigene Vaterschaft auf; diesem Verständnis muß man nicht unbedingt folgen,[113] zumal *progenies* eher auf eine Abstammungsgemeinschaft von einem gemeinsamen Ahnen väterlicherseits hinweist. Gleichwohl hätte Dietrich ohne diese persönliche Bindung kaum jemals persönlichen Zutritt zum Kaiser erhalten, und das Vertrauen, das beide Personen verband, war die Voraussetzung dafür, daß er in künftigen Verhandlungen mit Alexander III., aber auch mit dem Lombardischen Städtebund eine ansonsten unerklärlich verantwortungsvolle Position einnehmen konnte. Die eigentliche Bedeutung dieser Begegnung in den winterlichen Westalpen lag darin, daß sich zum ersten Mal Angehörige des Zisterzienser- und Kartäuserordens offenbar aus eigener Initiative in die Verhandlungen zur Beilegung des Schismas einschalteten. Barbarossa nahm ihre Dienste in den Folgejahren immer wieder in Anspruch, ohne daß sich freilich stets ein klares Bild ihrer Tätigkeit gewinnen ließe;[114] ihre Bedeutung scheint vor allem in der Anbahnung von Gesprächen gelegen zu haben.

DOPPELSTRATEGIE: ZWISCHEN ZWEI PÄPSTEN

Schon ein gutes Jahr später lud der Kaiser mit Alexander von Citeaux und Pontius von Clairvaux die beiden bedeutendsten Äbte des Zisterzienserordens an den Hof, um mit ihnen über den Frieden mit Alexander III. zu sprechen.[115] Die neue Verhandlungsinitiative fällt in das zeitliche Umfeld der Wahl von Barbarossas Sohn Heinrich zum deutschen König im Sommer 1169. Einer verläßlichen Rekonstruktion der Motive dieser Königswahl steht die äußerst spärliche Überlieferung dieser Jahre letztlich unüberwindbar im Weg. Allerdings ist der For-

schung schon lange aufgefallen, daß es 1169 keinen mit den früheren Königswahlen vergleichbaren Anlaß gab: sowohl 1148 als auch 1151/52 hatte mit dem Kreuzzug beziehungsweise mit dem geplanten Romzug stets die bevorstehende Abwesenheit des Herrschers aus dem nördlichen Reichsteil die Königswahl bewirkt. Heinrichs Königswahl wird deshalb als Zeichen von Barbarossas unangefochten starker Stellung gedeutet.[116] Das ist auch sicher nicht grundsätzlich falsch – bedarf aber doch der Ergänzung durch eine Überlegung, welche Konsequenzen der zwischenzeitlich eingetretene Tod Paschalis' III. gehabt haben dürfte. Am 20. September 1168 war Paschalis III. im Palast bei St. Peter gestorben – die Römer hatten ihn, wohl auch als Garanten ihrer Abmachungen mit Barbarossa, aus Viterbo in die Stadt zurückgerufen. Er war der letzte jener Kardinäle gewesen, die sich der Wahl Alexanders III. widersetzt hatten, aber das Schisma überdauerte auch seinen Tod. Die von ihm und seinem Vorgänger ernannten Kardinäle wählten, vom kaiserlichen Romadel unterstützt, einen der ihren, den Kardinalbischof Johannes von Albano, als Calixt III. zu seinem Nachfolger. Johannes hatte auch nach seiner Erhebung zum Kardinal durch Paschalis III. die Leitung seiner bei Arezzo gelegenen Abtei Strumi nicht aufgegeben, und anders als seinen beiden Vorgängern fehlte ihm jegliche persönliche Verankerung in der stadtrömischen Mächtekonstellation. Er verließ die Stadt rasch und residierte fortan in Viterbo. Barbarossa ist ihm, soweit bekannt, nie persönlich begegnet, empfing aber seine Legaten am Hof und erkannte den dritten gegen Alexander erhobenen Papst ausdrücklich an.
Alle Vorbehalte, die schon gegen Paschalis III. laut geworden waren, konnten gegen ihn mit noch größerer Berechtigung erhoben werden. In den Städten des Lombardenbundes, wo Alexanders Legaten massiven Einfluß nahmen, und auch in Rom selbst galt er nurmehr als kaiserlicher Gegenpapst – vereinzelte Belege auffallender Obödienz in den Marken, beispielsweise in Fano, widerlegen nicht den Eindruck eines weiträumigen Bedeutungsverlusts.[117] Die erneute Verlängerung des Schismas gab auch in Deutschland der Absetzbewegung jener Mitglieder des Reichsepiskopats, die schon nach Viktors Tod und vollends anläßlich der Würzburger Eide für eine Rückkehr zur Einheit der Kirche plädiert hatten, neuen Auftrieb. Man sollte daher die Königswahl Heinrichs nicht einfach Barbarossas vermeintlich überlegener und autonomer Gestaltungskraft zuschreiben, sondern sie

als Ausdruck seiner Handlungsgemeinschaft mit den Fürsten verstehen, die sich freilich in ständiger Suche nach Konsens und Kompromiß zu bewähren hatte.

Für eine solche Sicht spricht jedenfalls der Grund, aus dem Barbarossa die beiden Zisterzienseräbte an den Hof rufen ließ. Es scheint, daß jene geistlichen Reichsfürsten, denen die Rückkehr zur Einheit der Kirche besonders am Herzen lag, einen Vorschlag ins Spiel brachten, der die Absicherung der Königsherrschaft zugunsten von Barbarossas Sohn mit einem Anschluß an die alexandrinische Obödienz verband. Heinrich sollte ihr unterstellt und von «rechtgläubigen Bischöfen» (*episcopi catholici*) – also wohl solchen Prälaten, die für beide Seiten akzeptabel waren – zum König geweiht und damit von Alexander faktisch auch als künftiger Kaiser angenommen werden. Das wäre zwar ein klarer Bruch mit den Würzburger Eiden gewesen – er sollte Barbarossa aber erträglich gemacht werden, indem man ihm einen Verzicht auf persönliche Anerkennung Alexanders in Aussicht stellte. Auf wessen Initiative dieser Plan zurückging, aus welchen kontroversen Diskussionen er schließlich hervorging – all das ist unsicher, gewiß ist nur, daß sich Barbarossa auf ihn einließ. Denn mit genau diesem Angebot an Alexander im Gepäck brachen die beiden Zisterzienseräbte zusammen mit Bischof Eberhard von Bamberg, dem zuverlässigen Vertrauten und Berater des Kaisers, wohl Anfang März nach Italien auf.[118] Um den Verhandlungs- und Erfolgsdruck zu erhöhen, gleichzeitig aber auch den Vorteil der dynastischen Nachfolge zu sichern, hatte Barbarossa mit dem Vorschlag auch eine Frist verbunden: für Pfingsten wurde ein Hoftag in Bamberg angesetzt, auf dem Heinrich gewählt werden sollte. Wenn bis zu diesem Termin nicht wenigstens allgemeine, grundsätzlich positive Ergebnisse erreicht sein sollten, dann würde er auf seiner unnachgiebigen Haltung beharren.[119]

Während Bischof Eberhard in der Lombardei zurückgehalten wurde, weil die Bundesstädte fürchteten, er suche bei Alexander III. um einen Separatfrieden mit der Kirche nach, reisten die beiden Äbte alleine zum Papst nach Benevent. Barbarossas Verhandlungsposition ist lediglich in der entstellten Zuspitzung kolportiert, er wolle nicht gezwungen werden, «einen anderen Papst anzuerkennen als Petrus selbst und die Päpste im Himmel»;[120] seine Weigerung, die einem rechtmäßigen Papst zustehenden Demutsbezeugungen ausgerechnet Roland-Alexander erweisen zu müssen, wird darin geradezu sentenzenhaft verkürzt deutlich. Dieser Maximalforderung begegnete der Papst seinerseits mit einer Maximalforderung, nämlich mit dem Verlangen nach Annullierung aller Weihen der kaiserlichen Päpste. Das war ein kluger, vielleicht sogar mit den Zisterzienseräbten gemeinsam erdachter Zug, denn weil sie so weitreichende Vollmachten natürlich nicht mitbrachten, wurde damit eine weitere Verhandlungsrunde notwendig. Heinrich indessen wurde tatsächlich im Juni in Bamberg zum König gewählt. Dort fanden sich auch Kardinallegaten Calixts III. ein und überbrachten einen Brief ihres Papstes, in dem er, angesichts des Gesandtschaftsverkehrs mit Alexander III. offenbar argwöhnisch geworden, Barbarossa um weitere Bemühungen zur Beilegung des Schismas bat; der Kaiser antwortete zwar beschwichtigend, machte aber keine Anstalten, seine eingeschlagene Doppelstrategie zu beenden.[121] Zwei Monate später, während derer man offenbar auf Alexanders Antwort gewartet hatte, wurde Heinrich in Aachen gekrönt.[122] Barbarossa hatte seinen Vorteil gesichert, und die Hoffnung auf das Ende des Schismas war nicht begraben.

Mit neuen Instruktionen wurde Eberhard von Bamberg ein zweites Mal in den Süden entsandt. Nach umfangreichen Vorbereitungen, zu denen die Einbeziehung von Vertretern des Lombardenbundes gehörte, um ihre Befürchtungen hinsichtlich eines Separatfriedens zu zerstreuen, traf er im März 1170 in Veroli zu Gesprächen mit Alexander ein.[123] Von dieser Begegnung wissen wir nur durch Bosos Bericht. Demnach versicherte Eberhard, Barbarossa wolle nichts mehr gegen Alexander unternehmen, alle seine Ordinationen als gültig anerkennen und ihnen Anerkennung verschaffen; «über das Papsttum [Alexanders] aber und die ihm zu leistende Obödienz sprach er so verwickelt und verschleiert, daß man aus seinen Worten keinen rechtgläubigen Sinn gewinnen konnte. Als dann der Papst mit Nachdruck darauf bestand, daß über diese Dinge nicht in Gleichnissen, sondern in größter und wahrhaftiger Offenheit gesprochen werde, bekannte er, diese Worte nicht auslegen und nicht verändern zu dürfen, weil es ihm streng untersagt worden sei.»[124] Daraus kann man nur schließen, daß der Bamberger einen zwar sehr präzise formulierten, aber in wichtigen Details wohl bewußt im unklaren belassenen Vorschlag überbrachte, der am ehesten die schon 1169 ins Spiel gebrachte Duldung Alexanders ohne persönliche Anerkennung durch Barbarossa enthalten haben dürfte. An genau diesem Punkt scheiterten die Verhandlungen; der Papst akzeptierte nicht, daß seine Ordinationen anerkannt werden sollten, er selbst aber nicht. Eberhard mußte dem Kaiser eine abschlägige Antwort übermitteln: «Wenn er zu den Schafen gerechnet werden will, die Gott dem heiligen Petrus zu weiden befahl, weshalb weigert er sich dann, vor demselben Apostelfürsten seinen Nacken zu beugen und sich der rechtgläubigen Einheit anzuschließen? Wir sind wirklich bereit, ihn vor allen Fürsten der Welt zu ehren und zu lieben und ihm sein Recht gänzlich zu bewahren, wenn er nur seine Mutter, die allerheiligste römische Kirche, die ihn zur kaiserlichen Macht erhob, mit kindlicher Verehrung liebt.»[125] Seinem Unmut machte Alexander auch in einem Schreiben an den Lombardenbund Luft: der Kaiser habe versprechen lassen, daß er nichts gegen seine Person, Ehre und Würde (*de honore et dignitate*) unternehmen werde – obwohl doch sein gegenwärtiger Status gerade bezüglich der Anerkennung seiner Person, Ehre und Würde durchaus ungenügend sei; aber der Staufer habe Dinge gefordert, die ihm nicht zugestanden werden dürften.[126]

Den «Nacken vor dem Apostelfürsten beugen» war keine bloß metaphorische Forderung nach Verehrung des heiligen Petrus, sondern Ausdruck von konkreten Erwartungen Alexanders – zum einen, daß sich Barbarossa vor ihm als dem Bischof, der ihn exkommuniziert hatte, auch als reuiger Sünder bekennen und um Lösung vom Bann nachsuchen sollte; zum anderen, bei dieser Versöhnung mit der Kirche auch die persönliche Anerkennung zu erfahren, die ihm als rechtmäßigem Papst zustand – also die Ehrendienste, die der Kaiser schon Hadrian IV., aber auch Viktor IV. und Paschalis III. erwiesen hatte. Die Formulierung war also wörtlich gemeint. Der Kaiser sollte seinen Nacken vor dem Papst beugen. Nur auf diese Weise wollte Alexander den *honor papatus*, den verletzt zu haben er Barbarossa vorwarf, als wiederhergestellt betrachten. Zu diesem Schritt war der Kaiser nicht bereit – der weiteren Entwicklung vorgreifend muß man sagen: noch nicht. Duldung Alexanders und Wechsel des Thronfolgers in seine Obödienz – mit dieser Vorstellung konnte er sich schon anfreunden; den letzten Schritt einer persönlichen Begegnung schloß er aber noch immer aus. Was 1169 sicher unter Druck geistlicher Reichsfürsten mit der Verhandlungsinitiative der Zisterzienser als Erosion der Würzburger Eide begonnen hatte, endete nach dem Fehlschlag von Veroli nur folgerichtig in deren Bekräftigung. Als Reaktion auf den Gesandtschaftsbericht

Eberhards von Bamberg erklärte Barbarossa am 8. Juni 1170 auf einem Hoftag in Fulda, er werde Roland niemals als Papst anerkennen.[127] Daß in der Kirche von S. Erasmo in Veroli offenbar kurz nach dem Friedensschluß von Venedig 1177 ein – leider nicht mehr erhaltenes – Fresko ausgeführt wurde, das die Versöhnung zwischen Kaiser und Papst darstellte, zeigt immerhin, daß die Gespräche von 1170 zumindest am damaligen Verhandlungsort rückblickend als Vorbereitung des Friedensschlusses angesehen wurden.[128]

Die Doppelstrategie, trotz Anerkennung Calixts III. auch über eine Anerkennung Alexanders III. zu verhandeln, wurde Barbarossa dadurch erleichtert, daß er ‹seinem› Papst nie persönlich begegnet war, sich also wenigstens nicht durch Leistung der üblichen symbolischen Formen auf dessen dauerhafte Anerkennung festgelegt hatte, wenngleich die in Fulda bekräftigten Eide eine solche Festlegung natürlich enthielten. Nachdem 1175 bei Montebello eine Schlacht mit dem Aufgebot des Lombardischen Städtebundes in letzter Minute verhindert und Friedensgespräche vereinbart worden waren, wurde es wegen des Bündnisses, das die Städteliga mit Alexander III. geschlossen hatte, nötig, auch den Papst in die Verhandlungen einzubeziehen. Anfang Mai erreichten drei auf Bitten Barbarossas entsandte Kardinäle den Hof – Hubald von Ostia, Bernhard von Porto und Wilhelm von S. Pietro in Vincoli. Mit Ausnahme von Hubald kannte Barbarossa sie schon von früheren Legationen; Bernhards Anwesenheit war für ihn besonders delikat, denn er war der Begleiter Rolands in Besançon gewesen – damals noch Kardinalpriester von S. Clemente – und wie dieser unter schimpflichen Umständen des Hofes verwiesen worden.[129] Die in Montebello getroffenen Abmachungen zwangen den Kaiser aber dazu, überhaupt erstmals während des Schismas alexandrinische Kardinäle als direkte Dialogpartner zu akzeptieren. Unter dem Eindruck des Gesprächsergebnisses kann man zweifeln, ob er tatsächlich zum Frieden bereit gewesen war, aber in jedem Fall beherrschte er die diplomatisch gebotene «Verstellung» (*dissimulatio*) so perfekt, daß er den demonstrativ ehrenvollen Empfang der Gesandten seines langjährigen Gegners in Pavia durch keinerlei zeremonielle Provokationen vergiftete. Am Tag nach ihrem Eintreffen empfing sie Barbarossa unter Zulauf vieler Neugieriger zunächst öffentlich inmitten einer großen Fürstenversammlung. Dem Kaiser gegenüber und in geringem Abstand zu ihm wurden ihnen sodann Sitzplätze zugewiesen; Barbarossa nahm zu ihrer Begrüßung seine Kopfbedeckung ab, hieß sie in deutscher Sprache willkommen und ließ sie mittels eines Übersetzers wissen, daß ihn ihre Ankunft überaus erfreue und ihm ihre Anwesenheit angenehm sei; mit «heiterem Antlitz» forderte er sie auf, ihm ihre Aufträge mitzuteilen. Daraufhin stand Hubald von Ostia auf, bedankte sich «lächelnd» für den auszeichnenden Empfang und bekannte für sich und seine Begleiter, wie sehr es sie aufwühle, den Kaiser «seiner Sünden wegen» (peccatis exigentibus) nicht so grüßen zu können, wie sie es eigentlich wünschten.[130] Schon in dieser kurzen Szene wurde aller formalen Freundlichkeit zum Trotz der unverrückbare Gegensatz deutlich: als Kaiser hatte Barbarossa zwar allen Anspruch auf Ehrung und Anerkennung, aber Alexanders Kardinäle behandelten ihn als exkommunizierten Christen, der außerhalb der Kirche stand, und verweigerten ihm deshalb auch den Friedenskuß. Während seiner englischen Gesandtschaft war Rainald von Dassel als «Erzschismatiker» vom Justitiar des englischen Königs genauso behandelt worden; umgekehrt hatte Bischof Ulrich von Treviso gefürchtet, an Barbarossas Hof dem Gegenpapst zu begegnen und ihn küssen zu müssen.[131] Mit gegenseitigen Beteuerungen, die Kirche aus ihrer gegenwärtigen Drangsal befreien zu wollen, endete die erste Begegnung in Pavia. Die Nagelprobe für allen demonstrativ und öffentlich bekundeten Friedenswillen stand in den Verhandlungen aber erst noch bevor. In den darauffolgenden Tagen verhandelten die Kardinäle manchmal mit dem Kaiser alleine, dann wieder im Beisein seiner Berater, schließlich mit den Erzbischöfen Christian von Mainz und Philipp von Köln sowie dem Protonotar Arduin als Barbarossas Bevollmächtigten. Einigkeit wurde nicht erzielt. Während die Verhandlungen mit dem Städtebund am Streit über den künftigen Status Alessandrias scheiterten, forderte Barbarossa – so die leider nur sehr unklaren Worte Bosos – «von der Kirche in geistlichen Dingen (in spiritualibus), was bisher noch keinem Laien jemals zugestanden wurde»; weil die Legaten ihrerseits «nicht von den Regeln und Einrichtungen der heiligen Väter abweichen wollten», Friedrich aber nicht nachgab, verließen sie Pavia wegen unüberbrückbarer Differenzen in kirchlich-geistlichen Fragen.[132] Unter den spiritualia versteht man die jurisdiktionellen Befugnisse eines Bischofs über seine Kirche und ihre Geistlichen, aber auch die bischöfliche Weihegewalt; strittig könnte also die Anerkennung der schismatischen Ordinationen gewesen sein, aber auch die Frage, wie eine öffentliche Rekonziliation Barbarossas mit der Kirche und die Anerkennung Alexanders III. aussehen könnte, ohne zu einem Barbarossa demütigenden Akt zu werden. Bosos Hinweis auf die Argumentation der Legaten mit kirchenrechtlichen Autoritäten läßt außerdem vermuten, daß Barbarossa seinen Anspruch auf Rechtfertigung Alexanders hinsichtlich seiner Wahl oder des Verschwörungsvorwurfs nicht aufgegeben hat. Im Vertrauen auf seine militärischen Ressourcen ließ der Kaiser die Friedensverhandlungen scheitern. Erst nach der Niederlage, die ihm der Lombardenbund bei Legnano am 29. Mai 1176 zufügte, konnte er zu substantiellem Entgegenkommen gedrängt werden.

ÜBERWINDUNGEN: AUF DEM WEG ZU ALEXANDER III.

Im Sommer erschien wieder der Kartäuserkonverse Dietrich von Silve-bénite, dieses Mal begleitet von den beiden Zisterziensern Abt Hugo von Bonnevaux und Bischof Pontius von Clermont, dem früheren Abt von Clairvaux, am Kaiserhof.[133] Ihre lobende Erwähnung in späteren Briefen sowohl Barbarossas wie auch Alexanders spricht für die Bedeutung ihrer Initiative für die Wiederaufnahme der Friedensgespräche.[134] Aber ihren – freilich gänzlich unbekannten – Vorschlägen war erst Erfolg beschieden, als sie in Reichsfürsten von beträchtlichem politischen Gewicht entschiedene Fürsprecher fanden – und Barbarossa in einer persönlichen Situation war, die ihn für Friedenssondierungen empfänglich machte. Wenn nicht alles täuscht, hatte er in den Sommermonaten, die er wahrscheinlich in Pavia verbrachte und in denen – durchaus ungewöhnlich – so gut wie keinerlei Aktivität des Herrschers und mit Ausnahme einer einzigen Urkunde auch keine seiner Kanzlei überliefert ist, mit einer Erkrankung zu kämpfen. Zumindest erfuhr Patriarch Ulrich von Aquileja im November 1176 von Graf Wecel von Camino, der erkrankte Kaiser (*in infirmitate*) habe im Sommer Verhandlungen mit Alexander III. aufzunehmen befohlen. Wecels Informationsquelle war erstklassig: es handelte sich um die beiden Kardinallegaten Hildebrand von SS. XII Apostoli und Ardicio von S. Teodoro, die er in Ferrara getroffen hatte. Direkt aus Anagni kommend, wo im Oktober weitreichende Vereinbarungen zwischen Barbarossas Bevollmächtigten und Alexander III.

getroffen worden waren, sollten sie in dieser Stadt mit Vertretern des Lombardenbundes die Aufnahme trilateraler Friedensgespräche vorbereiten.[135] Keine andere Überlieferung als diese briefliche Nachricht erhellt die Situation, in der Barbarossa die überaus folgenreiche Entscheidung traf, hochrangige Vermittler der Kircheneinheit wegen zu Alexander zu schicken. Um so größere Aufmerksamkeit verdient der Hinweis auf seine *infirmitas* – unter der man sich wohl eine Malaria quartana vorzustellen hat.[136]

Mit dieser Form der Malaria ist es folgendermaßen bestellt: nach einer Inkubationszeit von mehreren Tagen leidet der Infizierte für etwa eine Stunde unter heftigem Schüttelfrost, begleitet von starkem Temperaturanstieg. Im anschließenden Hitzestadium bleibt die Haut trotz hohen Fiebers trocken, es stellen sich Übelkeit und Mattheit ein. Nach einigen Stunden sinkt die Temperatur bei starkem Schwitzen wieder auf den Normalwert. Diese Fieberattacken mit ihrer typischen Stadienabfolge stellen sich in einem Vier-Tage-Rhythmus ein – daher der Name Quartana oder, allgemeiner, Wechselfieber. Nach einem Fiebertag folgen zwei fieberfreie Tage bis zum nächsten Anfall. Besonders tückisch in diesem Fall ist, daß die Krankheit wegen des fortdauernden Parasitenbefalls im Blut lebenslang rezidiv sein, also nach einem krankheitsfreien Intervall von möglicherweise mehreren Jahren erneut ausbrechen kann. Die Krankheitserreger werden durch die Anophelesfliege von Mensch zu Mensch übertragen. Bevorzugtes Brutgebiet dieser Stechmückengattung sind stehende Gewässer, auch einfache Pfützen, etwa nach Gewitterregen, wobei warmes und feuchtes Klima der Insektenaktivität förderlich ist und die Ansteckungsgefahr erhöht. Anfang September 1147, Barbarossa war damals im Kreuzzugsheer seines Onkels Konrad III. schon in der Gegend vor Konstantinopel angelangt, ging nach heiteren Tagen ein wolkenbruchartiger Regenfall nieder, das Hauptlager wurde von einem über die Ufer tretenden Fluß überschwemmt. Friedrich war – wie schon erwähnt – von dieser Katastrophe nur verschont geblieben, weil er mit Welf VI. etwas erhöht auf einem Hügel kampiert hatte. Die klimatischen und hygienischen Bedingungen für eine Malariainfektion waren indessen geradezu ideal. Natürlich gab es noch mehrere Gelegenheiten während des Kreuzzugs, sich mit der Krankheit zu infizieren – sicher ist, daß König Konrad III. mit einer schweren Malaria-Infektion aus dem Osten zurückkehrte, die ihn mehrfach zu monatelanger Untätigkeit zwang und von der er sich zeitlebens nicht mehr erholte.[137] Wahrscheinlich hatte sich auch Barbarossa damals schon mit der Krankheit infiziert. Bekannt ist, daß er im Sommer 1154 an einer *quartana febris* erkrankte – diese Diagnose stellte jedenfalls Abt Wibald von Stablo, der die Symptome der Malaria während seiner Italienaufenthalte selbst kennengelernt hatte.[138] Sollte Barbarossa vor seinem ersten Italienzug tatsächlich eine Abschrift der wichtigsten Kompilation medizinischen Wissens, das an der Schule von Salerno erarbeitet worden war, in Auftrag gegeben haben, dann könnte dabei auch die Suche nach Rezepten und Medikamenten gegen die periodischen Fieberschübe eine Rolle gespielt haben; bislang spricht für einen solchen Auftrag aber nur die moderne Ergänzung einer unleserlich gewordenen Textstelle in einer Florentiner Handschrift[139] – die sachlich indessen durch und durch unwahrscheinlich ist, weil sie den erst später für den Kaiser gebräuchlich gewordenen Beinamen «Barbarossa» für den angeblich zeitgenössischen Auftrag in Anspruch nimmt. Im März 1164 mußte Barbarossa wegen plötzlicher *infirmitas* einen Zug nach Pisa abbrechen, und im Sommer desselben Jahres litt er wieder an der Quartana.[140] Im August 1167 wurde der Kaiser im wald- und quellenreichen Gebiet des Monte Amiata, wohin er sich nach dem Ausbruch der von Malaria-Infektionen begleiteten Ruhrepidemie vor Rom fluchtartig zurückgezogen hatte, zur Ader gelassen.[141]

Von Ärzten in seiner Umgebung liest man immer wieder; in Urkunden der Jahre 1177 und 1186 werden ein Magister Guido, *medicus noster*, und ein Magister Kuno, *medicus et capellanus noster*,[142] erwähnt, und 1181 schickte Barbarossa während der Belagerung Lübecks seinen Arzt zu dem erkrankten Bischof der Stadt.[143] Auffällig ist nun eine Häufung von Nachrichten über Ärzte und Krankheit im zeitlichen Umfeld von Barbarossas mehrwöchigem Aufenthalt während Juli und August 1177 in Venedig: im Oktober dieses Jahres begleitete ihn der schon erwähnte Magister und *medicus* Guido, im Jahr darauf schickte ihm Alexander III. seinen namentlich nicht genannten Leibarzt, der aber nicht nur dem Papst, sondern auch dem Kaiser «ergeben und überaus treu» war[144] – dessen Dienste Barbarossa also schon zuvor in Anspruch genommen haben mußte, am ehesten während seiner Kontakte mit Alexander in Venedig. Eine Krankheit des Kaisers könnte schließlich auch Anlaß für die Befürchtung mancher Venezianer gewesen sein, er werde sich an ihnen noch für die Belästigung rächen, die er durch Hitze, Fliegen und Mücken erlitt, während er in der Lagune auf den Abschluß des Friedens wartete.¹⁴⁵ Am Anfang dieser auffälligen Häufung direkter und indirekter Hinweise auf Barbarossas Krankheit steht seine *infirmitas*¹⁴⁶ im Spätsommer 1176, als er den Kontakt mit Alexander III. wieder aufnehmen ließ.

In jenen Tagen gewann Erzbischof Wichmann von Magdeburg, der bedeutendste unter den damals am Hof anwesenden Reichsfürsten und dem Kaiser seit dem ersten Jahr seiner Regierung vertraut, besonderen Einfluß. Viktor IV. hatte er vorbehaltlos anerkannt, nach dessen Tod aber weder zu Paschalis III. noch zu Calixt III. Beziehungen aufgenommen, sondern Verbindungen zur alexandrinischen Obödienz im deutschen Reichsteil und auch zu Alexander selbst geknüpft, von dessen Legitimität er überzeugt war, ohne aber je einen Zweifel an seiner Loyalität zum Kaiser aufkommen zu lassen.¹⁴⁷ Im eskalierenden Streit um das Erzbistum Salzburg hatte er zwischen Barbarossa und Adalbert III. – dem Nachfolger des zwischenzeitlich verstorbenen Konrad – mit großem Engagement vermittelt. Wohl niemand anders hätte dem Kaiser die nachteiligen Konsequenzen der andauernden Kirchenspaltung für die Einheit des Episkopats und damit auch für das Reich eindringlicher vor Augen führen können. Vielleicht stellte ihm Wichmann die unübersehbaren Mißerfolge der vergangenen Jahre als Willen und das Heer des Lombardenbundes als Schwert Gottes dar – wie es auch der geschichtstheologischen Sicht eines Kardinals Boso entsprach. Aber die vertraulichen Gespräche des Erzbischofs von Magdeburg mit dem Kaiser sind nicht überliefert – nur ihr wahrhaft sensationelles Ergebnis: Wichmanns Aufbruch zu Friedensgesprächen mit Alexander III. und Friedrichs zuvor eidlich abgegebene Verpflichtung, Wichmanns Weisungen und Ratschläge in Angelegenheiten der Kirche anzunehmen. Das war nicht nur eine Vollmacht, die über alle bislang erteilten weit hinausging, sondern in Anbetracht von Wichmanns Haltung zum Schisma auch eine Zusage, Alexander III. als rechtmäßigen Papst anzuerkennen.

Wie erklärt sich Barbarossas Kehrtwendung? Machte die Sorge um sein Seelenheil den exkommunizierten und kranken Kaiser für Wichmanns nachhaltige Verwendung zugunsten des Friedens empfänglich? Sollte Barbarossa die Mißerfolge der letzten Jahre, wie nicht nur Kardinal Boso mutmaßte, als Rache Gottes für seine Parteinahme gegen Alexander III. aufgefaßt haben?¹⁴⁸ Niemand konnte wissen, ob aus dem Kranken- nicht auch das Totenbett werden würde. Es wäre nicht der erste und auch nicht der einzige Fall, in dem Krankheit und Furcht um das eigene Seelenheil den Anlaß dazu gaben, mit einer zuvor konsequent verfolgten Politik zu brechen. Oder könnte Wichmann dem Kaiser vielleicht sogar gedroht haben? Aus einer ganzen Reihe von Beispielen ist bekannt, daß ein Vermittler dann erfolgreich sein konnte, wenn er mächtig genug war, um mit der Drohung seines Übertritts zur einen Konfliktpartei die widerstrebende andere zum Ausgleich drängen konnte.[149] Genauso verhielt sich in einer vergleichbaren Situation Christian von Mainz – geschätzter Legat des Kaisers und mächtigster geistlicher Reichsfürst: als Barbarossa wenige Wochen vor dem endgültigen Frieden im Juli 1177 die Vermittlerdienste des Kanzlers durch eine Geheimgesandtschaft mit anderen Instruktionen desavouierte, drohte ihm Christian, ihn zwar auch künftig als seinen weltlichen Herrn anerkennen, Alexander jedoch als rechtmäßigen Papst annehmen und ihm in geistlichen Angelegenheiten gehorchen zu wollen. Mit der «Sanftmut eines Schafes» soll Barbarossa dann versichert haben, das Ergebnis von Christians Friedensvermittlung unverbrüchlich beachten zu wollen.[150] Ob Wichmann ähnlich energisch auftrat? Welche Fürsten schlossen sich ihm an – außer dem ebenfalls am Hof anwesenden Bischofelekten Konrad von Worms? Kardinal Boso behauptet, alle weltlichen und geistlichen Fürsten hätten Barbarossa gedroht, sie würden ihm keine Hilfe mehr gewähren, wenn er nicht den Frieden mit der Kirche suche,[151] liefert damit aber nur eine summarische und zumal parteiische Erklärung ex post, ohne selbst mit den Verhältnissen am Hof vertraut gewesen zu sein. Als wahrer Kern seiner Nachricht darf immerhin gelten, daß Barbarossa unter Druck geraten war.[152] Aber den eigentlichen Anstoß zu ernstgemeinten Friedensverhandlungen scheint erst die zufällige Koinzidenz von Wichmanns Anwesenheit und Barbarossas Krankheit geliefert zu haben.

Zusammen mit dem Magdeburger Erzbischof brachen im späten September noch Konrad von Worms und der kaiserliche Protonotar Wortwin als Gesandte nach Anagni an den Hof Alexanders auf. Konrad stand seiner Bildung und seiner diplomatischen Fähigkeit wegen bei Barbarossa in hohem Ansehen – ihn hatte der Kaiser schon 1172 mit einer Mission nach Byzanz betraut.[153] Wortwin, seit Herbst 1165 im Dienst der kaiserlichen Kanzlei und seit 1172 Protonotar, hatte bereits 1175 an den Verhandlungen von Montebello und Pavia teilge-

ABB. 28 Bronzegrabplatte des Erzbischofs Wichmann von Magdeburg. Im ersten Regierungsjahr Barbarossas zum Erzbischof von Magdeburg erhoben und zwei Jahre nach dem Kaiser gestorben, stand Wichmann über vier Jahrzehnte loyal zum Kaiser. Die früher noch bruchstückhaft lesbare Inschrift pries ihn als *pacificus*, wohl ein Hinweis auf seine zur Beilegung des Schismas entscheidende Initiative von 1176. – Magdeburg, Dom.

nommen. Christian von Mainz, mit den italienischen Verhältnissen seit Jahren detailliert vertraut, schloß sich ihrer Gesandtschaft auf Befehl des Kaisers an. Hinter dessen Sachkompetenz trat Wichmann als Verhandlungsführer zurück – den Zeitgenossen blieb sein entscheidender Anteil an der Beilegung des Schismas aber nicht verborgen: die Meinung von Barbarossas Kapellan Gottfried von Viterbo, Wichmann habe sich als Stifter des Friedens ewigen Ruhm erworben, war nur eine Stimme unter vielen gleichlautenden, und der Erzbischof selbst hatte genug Humor, um die schwierigen Gespräche als Anlaß zum «Reden und Scherzen» zu bezeichnen.[154] Von Alexander im Konsistorium empfangen, erinnerten Barbarossas Gesandte an den Grundsatz, daß die priesterliche (*sacerdotalis dignitas*) und die königliche Amtsmacht (*regalis potestas*) gemeinsam zur Regierung der Welt berufen seien und ohne ihre Eintracht kein Friede dauerhaft sein könne – ein Grundsatz, der schon in Barbarossas Wahlanzeige angesprochen worden und insoweit weder neu noch ein Zugeständnis war; neu war allerdings, daß Alexander als rechtmäßiger und oberster Repräsentant dieser priesterlichen Würde anerkannt werden sollte. Mit «heiterem Angesicht» antwortete der Papst, es gebe nichts in der Welt, was in seinen Ohren so angenehm klänge wie die Nachricht, daß «euer Herr, der Kaiser, den wir unter allen übrigen Fürsten der Welt als den größten anerkennen, uns, wie ihr versichert, wirklichen Frieden zu geben beabsichtigt».

Anknüpfungspunkt waren die im Vorjahr in Pavia noch ergebnislos abgebrochenen Gespräche. Nach fünfzehn Tagen Verhandlungsmarathon, in denen «kirchenrechtliche Autoritäten, kaiserliche Privilegien und alte Gewohnheiten sowie tausend Begründungen» vorgetragen worden waren, fixierten beide Seiten Anfang November 1176 im sogenannten Vorvertrag von Anagni die Friedensbedingungen.[155] Hinsichtlich der Anerkennung schismatischer Weihen wurden teils präzise Einigungen, teils Absichtserklärungen formuliert, für offene Fragen ebenso Verfahrensabsprachen getroffen wie für die Integration des Lombardischen Städtebundes und König Wilhelms II. von Sizilien in den Friedensschluß; dem Papst wurde auch die Rückgabe entfremdeten Kirchenbesitzes zugesichert. Ähnlich wie früher der Konstanzer Vertrag enthielt auch der Vorvertrag von Anagni eine Bestimmung, die Kaiser und Papst ganz allgemein zur Wahrung von Ehre und Rechten der Kirche und des Reichs (*honor et iura ecclesie et imperii*) verpflichtete – also eine Absichtserklärung, in noch strittigen Fragen nach einem für beide Seiten ohne Gesichtsverlust akzeptablen Kompromiß zu suchen. Das galt etwa für die Zusage, die römische Stadtpräfektur wieder dem Papst zu unterstellen, allerdings vorbehaltlich bestimmter kaiserlicher Rechte, hinsichtlich derer Gerechtigkeit zu schaffen der Papst und die römische

Kirche bereit seien. Für den Austrag der Interessensgegensätze in dieser schwierigen Frage war damit ein kirchliches Forum festgelegt und der Grundsatz der päpstlichen Nichtjudizierbarkeit gewahrt.

Die einleitende Bestimmung des Vorvertrags hielt fest, «was das Erste und Hauptsächlichste» ist, daß nämlich der Kaiser und die Kaiserin sowie der Thronfolger Alexander III. als Papst annehmen und ihm die «geschuldete Ehrerweisung» (*debita reverentia*) entbieten werden.[156] Hinsichtlich der symbolhaften Handlungen, die den Friedensschluß öffentlich inszenieren sollten, enthielt der Text – wie im 12. Jahrhundert auch noch generell üblich[157] – keine detaillierte Bestimmung; allerdings bestand in dieser Hinsicht gewiß keine Unklarheit, zumal Barbarossa bereits dreimal jene Ehrendienste erwiesen hatte, die einem rechtmäßig gewählten Papst zukamen. Als sich der Kaiser gegenüber Wichmann und Konrad im voraus eidlich auf die Befolgung ihrer Verhandlungsergebnisse festgelegt hatte, muß ihm klar gewesen sein, daß er sich einer persönlichen Begegnung mit dem lange bekämpften Gegner aus Anlaß des Friedensschlusses nicht mehr würde verweigern können. Mit diesem Zugeständnis verband er aber auch die Erwartung eines Entgegenkommens hinsichtlich des Rahmens, in dem zunächst die Entscheidung über Alexanders Rechtmäßigkeit getroffen und verkündet werden sollte.[158] Im Vorvertrag von Anagni wurde festgehalten, daß der Papst ein Konzil (*concilium*) nach Ravenna oder Venedig berufen sollte – eine diesbezügliche Einladung nach Ravenna, die Konrad von Wittelsbach, der Kardinal von Sabina, an den Patriarchen Ulrich von Aquileja schickte, ist sogar überliefert.[159] Aber auch Barbarossa lud zu dem Konzil nach Ravenna und teilte mit, daß dort beide Päpste erscheinen sollten[160] – nahm also wie schon 1160 in Pavia, dann 1161 in Lodi und 1162 in St. Jean-de-Losne für sich in Anspruch, als Kaiser zu einer geistlichen Versammlung laden zu können, die über Angelegenheiten der römischen Kirche entscheiden sollte. Er wollte seinem in Pavia verkündeten Grundsatz treu bleiben können, nicht in «Dingen, die Gott betreffen», über Geistliche zu richten[161] und das Urteil des Konzils zugunsten Alexanders dann als für sich selbst verbindliche Entscheidung der Geistlichkeit annehmen und den Papst, gewissermaßen auf Konzilsbeschluß, in den üblichen Formen anerkennen können. Das Konzil hätte letztlich eine Wiederholung des Konzils von Pavia werden sollen, nur mit entgegengesetztem Ergebnis. Die Demütigung, Calixt III. fallenlassen und den lange bekämpften Alexander anerkennen zu müssen, wäre gewissermaßen kompensiert gewesen durch den aufrechterhaltenen Anspruch, aus kaiserlicher Machtvollkommenheit ein Konzil berufen und eröffnen zu können. Aber dieser Anspruch war schon 1160 selbst im Reichsepiskopat nicht unumstritten gewesen, Alexander hatte sich ihm von jeher widersetzt und hätte Barbarossas Ladung schon auf Grund von dessen Exkommunikation auch unmöglich akzeptieren können. Er mußte sich sogar noch beim französischen König gegen den Eindruck verwahren, den die kaiserlichen Briefe schon ganz bewußt erweckt hatten, daß nämlich er, Alexander, der Ladung Barbarossas zum Friedensschluß folgen werde.[162] Die kaiserliche Position war nicht konsensfähig.

Ende Dezember schwor Konrad von Montferrat, der Sohn des Markgrafen Wilhelm, im Namen des Kaisers vor Alexanders Gesandten und jenen des Lombardenbundes die in Anagni allen Teilnehmern an den Friedensgesprächen versprochene Sicherheit. Als Ort der Verhandlungen einigte man sich auf Bologna. Zwischenzeitlich war Alexander von Anagni nach Vieste östlich von Foggia gezogen und dort mit elf Galeeren, die ihm der König von Sizilien zusammen mit Gesandten bereitgestellt hatte, in See gestochen. Am 24. März in Venedig angekommen, residierte er im Palast des Patriarchen von Grado, dem bei der Kirche S. Silvestro an der Rialto-Brücke gelegenen, noch heute nach Alexanders Aufenthalt Cà del Papa genannten weitläufigen Gebäude, dessen gegenwärtiger Zustand nur noch in kümmerlichen Resten auf den ausladenden Palast des 12. Jahrhunderts schließen läßt.[163] Dort suchten ihn Wichmann von Magdeburg und Konrad von Worms auf und baten im Auftrag Barbarossas, den Ort der Friedensgespräche von Bologna, wo sich Christian von Mainz wegen seiner früheren Kämpfe gegen die Bolognesen nicht sicher fühlte, nach Ravenna oder Venedig zu verlegen. Dazu wiederum war die Zustimmung der Lombarden nötig, weshalb Alexander mit seinen Galeeren den Po aufwärts bis nach Ferrara fuhr. Mit den Rektoren des Städtebundes und den ebenfalls eingetroffenen Gesandten Barbarossas einigte er sich auf Venedig als Verhandlungsort. Allerdings wußten die Lombarden aus trüber Erfahrung um die katalysatorische Wirkung, die von persönlicher Anwesenheit des Kaisers auf innerstädtische Konflikte ausgehen konnte, und setzten deshalb durch, daß der Kaiser erst zum Friedensschluß und mit ausdrücklicher Erlaubnis des

Papstes nach Venedig sollte kommen dürfen. Am 10. Mai wurden in der Kapelle der Cà del Papa die Friedensverhandlungen von einer mit jeweils sieben Mitgliedern von seiten des Kaisers, des Papstes und des Lombardenbundes drittelparitätisch besetzten Kommission aufgenommen, ergänzt um die sizilischen Gesandten mit Erzbischof Romuald von Salerno an ihrer Spitze. Auf seiten Barbarossas verhandelten die Erzbischöfe Christian von Mainz, Philipp von Köln, Wichmann von Magdeburg und Arnold von Trier, der Bischofselekt Konrad von Worms sowie der Kanzler Gottfried und der Protonotar Wortwin. Der Kaiser hielt sich bis Anfang Juli zunächst in Cesena und Ravenna auf.

Während dieser Zeit ließ es Barbarossa zwei Mal auf ein Scheitern der Verhandlungen ankommen. Ein erstes Hindernis ergab sich, als man angesichts der komplexen Streitfragen einsah, daß ein Frieden mit dem Lombardenbund nicht so rasch geschlossen werden konnte. In nüchterner Einsicht in die Problematik schlug Alexander anstelle des dauerhaften Friedens, auf dessen Abschluß man sich in Anagni festgelegt hatte, einen mehrjährigen Waffenstillstand vor. Die kaiserlichen Gesandten mußten zu dieser Änderung erst Barbarossas Zustimmung einholen. Als sie ihm die Bitte des Papstes vortrugen, «herrschte er sie schwer empört an und warf ihnen vor, sie hätten bei dieser Friedensverhandlung mehr für die Ehre des Papstes Alexander und dessen Vorteil als für die Würde des Imperiums gesorgt. Er befahl ihnen daher, zum Papst zurückzukehren und ihm mit Bestimmtheit von seiner Seite vorzutragen, daß er selbst mit ihm und der Kirche gerne Frieden schließe, aber einen Waffenstillstand für den König von Sizilien und die Lombarden verweigere.»[164] Barbarossas Wutausbruch hatte in dem nun zu befürchtenden Verlust an symbolischem Kapital seinen guten Grund, denn mit einem bloßen Waffenstillstand, der Kaiser und Lombardenbund auf gleiche Augenhöhe stellte, war keine Unterwerfung der Städte verbunden. Durch die Waffenstillstandsforderung aber wurde auch das eindrucksvolle Spektakel öffentlicher Inszenierung kaiserlicher Würde und Machtfülle hinfällig, das Friedenspaket, das unter dem Gesichtspunkt von Erniedrigung und Erhöhung des Kaisers gewiß austariert sein sollte, wieder aufgeschnürt. Der Friedensschluß mit Alexander drohte zu einem herben Prestigeverlust zu werden, den der Kaiser so nie gewollt hatte. Nun wollte er sich aus den Fesseln befreien, die er sich selbst durch den

Wichmann geleisteten Eid angelegt hatte: wenn sich der Papst über die Bestimmungen von Anagni hinwegsetzte, dann konnte das auch der Kaiser versuchen. Weil Wichmann, Christian, Konrad und Wortwin in Anagni geschworen hatten, den Kaiser zur Umsetzung der getroffenen Vereinbarungen zu veranlassen, schickte Barbarossa parallel zur bisherigen Gesandtschaft und ohne deren Wissen Abt Hugo von Bonnevaux und Bischof Pontius von Clermont mit einem neuen Vorschlag zum Papst. Alexander ließ sich auf eine solche Spaltung der Verhandlungskommission aber nicht ein, und Christian, von diesem Vorstoß ebenso desavouiert wie die übrigen sechs kaiserlichen Friedensmittler (*mediatores pacis*), klagte vor Alexander über Kräfte am Hof, die den Frieden verhindern wollten. Um schnellere Abstimmung zu ermöglichen und unnötigen Zeitverlust zu verhindern, der den Gegnern des Friedens in die Hände spielen könnte, wurde dem Kaiser erlaubt, nach dem nur 15 Meilen von Venedig entfernten Chioggia zu kommen. Dort trafen dann umgehend die kaiserlichen und päpstlichen Unterhändler ein; sie demonstrierten dem Kaiser Einmütigkeit hinsichtlich Alexanders Vorschlag eines Waffenstillstands und verlangten von Barbarossa eine eidliche Zustimmung.

Nun zeigte sich, daß der Staufer auf anderen Kanälen auch mit Venedig kommunizierte. Eine Partei der Venezianer versprach sich von seiner Anwesenheit in der Stadt Vorteile, intervenierte beim Dogen zugunsten einer sofortigen Einladung des Kaisers und streute Gerüchte über seine bevorstehende Ankunft aus. Barbarossa ermutigte dieses Vorgehen, weil er auf diese Weise aus einer stärkeren Position heraus auf die Verhandlungen doch noch Einfluß nehmen zu können hoffte,[165] und spielte auf Zeit, indem er die Unterhändlerdelegation am Hof hinhielt. Romuald von Salerno schreibt, der Kaiser habe so getan, als ob ihm der «Friede» (*pax*) neu und unbekannt sei; daraus hat man gefolgert, er habe mit den Kardinälen nach Art scholastischer Disputationen über den Begriff oder den Zustand Friede diskutiert.[166] Aber das wäre angesichts seiner Gesprächspartner, die ihm intellektuell weit überlegen waren, doch eine schwere Selbstüberschätzung gewesen; der Kontext von Romualds Bericht legt denn auch die Deutung nahe, daß Barbarossa bestimmte Grundlinien früherer Abmachungen zur Disposition stellen wollte. Während dieser absichtlichen Verzögerung verschärfte sich die Spaltung in der Lagunenstadt so sehr, daß die lombardischen Gesandten ihre früheren

Befürchtungen vollkommen bestätigt sahen, Venedig fluchtartig verließen und sich nach Treviso zurückzogen. Auch die sizilischen Gesandten fürchteten, daß Venedig nun Partei für den Kaiser ergreifen könnte, bereiteten ihre Abreise vor und drohten dem Dogen unverhohlen mit der Rache König Wilhelms II. Von allen Seiten unter Druck gesetzt, ließ der Doge am Rialto öffentlich seine Anordnung verkünden, «daß niemand über eine Abkunft des Kaisers ein Wort zu sagen wagen solle, außer Papst Alexander hätte es befohlen».[167] Die Friedensverhandlungen standen unmittelbar vor dem Scheitern. Christian von Mainz und die übrigen *mediatores* sahen durch Barbarossas Taktieren ihre Friedensvermittlung torpediert.

Mit ihren Eiden, Barbarossa auf den Frieden festzulegen, hatten sie gewissermaßen ihr Seelenheil in das Gelingen ihrer Vermittlung investiert. Nun warfen sie dem Kaiser in einem heftigen Auftritt vor, ihrem Rat nicht mehr zu vertrauen und vom Friedensvorsatz abzulassen, und drohten unmißverständlich mit schwerwiegenden Konsequenzen. Zwar waren sie bereit, Barbarossa «als Herrn in zeitlichen Angelegenheiten zu gehorchen» und als Gegenleistung für die Regalien ihre herkömmlichen Dienste zu leisten. «Da ihr indessen der Herr unserer Leiber, doch nicht der Seelen seid, wollen wir nicht um euretwillen [durch Eidbruch] unsere Seelen verlieren und Irdisches dem Himmlischen voranstellen. Daher nehme kaiserliche Klugheit zur Kenntnis, daß wir fürderhin Alexander als katholischen Papst annehmen und in den geistlichen Angelegenheiten ihm als Vater gehorchen.» Angesichts des Gewichts, das der Unterstützung seitens des Episkopats zukam, hätte das nicht weniger als eine vollkommene politische Lähmung des Kaisers im Reich bedeutet. Dieser Preis war Barbarossa zu hoch. Er gab nach, «legte die löwenhafte Wildheit ab, nahm die Sanftmut eines Schafes an und antwortete ihnen voll Demut und freundlich, indem er sagte: ‹Eure Treue möge zur Kenntnis nehmen, daß ich nicht euren Rat aufgeben und dem Vorhaben des Friedens, der durch euch verhandelt worden ist, ausweichen will; vielmehr wollen wir das, was auf euren Rat hin geregelt worden ist, unverbrüchlich beachten.»[168] Zusammen mit den Gesandten schickte er Graf Heinrich II. von Diez[169] zurück nach Venedig, um ihn stellvertretend für sich selbst vor dem Papst schwören zu lassen, daß er ihm Frieden geben werde, dem sizilischen König einen Waffenstillstand von 15, den Lombarden von sechs Jahren. Erst unter massivem

ABB. 29 Das 1906 entdeckte Grab Bischof Hermanns II. von Bamberg in San Marco, der am 12. Juni 1177 im Gefolge des Kaisers wohl bei Ravenna verstarb. Seine Leiche wurde nach Venedig gebracht und in der Capella di S. Giovanni Battista beigesetzt. Vom Schädel fand sich bei der Graböffnung keine Spur. Wahrscheinlich wurde er, einem Wunsche Hermanns nach Sicherung seiner Memoria in der Heimat folgend, nach Bamberg gebracht, wo sich in der heutigen Karmelitenkirche auf dem Kaulberg sein zweites Grab befindet.
– Dazu Dellermann 2009.

Druck seiner wichtigsten geistlichen Reichsfürsten hatte Barbarossa schließlich in den Frieden eingewilligt. Alexander ließ die Rektoren des Bundes von Treviso in die Lagunenstadt zurückrufen. Nun konnte der Kaiser in Venedig empfangen werden. Nicht weniger als 8420 Personen sollen dorthin gereist sein,[170] um dem Abschluß nicht nur des europaweit größten Friedenskongresses des 12. Jahrhunderts beizuwohnen, sondern auch dem Ende der fast zwanzigjährigen Kirchenspaltung.

KAPITEL 11

RÜCKKEHR ZUM KONSENS (1177–1183)

Seit Barbarossas Wahl zum König waren über die Jahrzehnte hinweg drei große Konfliktfelder entstanden. Den Kampf gegen Papst Alexander III. und den Lombardischen Städtebund in Italien führte der Staufer mit großem persönlichen Einsatz. Doch auch im deutschen Reichsteil war seine Stellung herausgefordert, allerdings weniger offenkundig. Anders als während des Konflikts zwischen Heinrich IV. und Gregor VII. zog die Exkommunikation des Kaisers und die Lösung aller Untergebenen vom Treueid, die Alexander III. verkündet hatte, keine weitreichenden Folgen nach sich: es bildete sich keine breite Fürstenopposition gegen den Staufer, und entsprechend unrealistisch war auch die Wahl eines Gegenkönigs – lediglich in England hielt man für gewiß, daß sich wichtige Fürsten verschworen hätten, den Sohn Konrads III., Friedrich von Rothenburg, zum neuen Kaiser zu wählen, falls sich Barbarossa nicht ihrer Entscheidung «in Sachen der Kirche und der Freiheit in Deutschland» (*de parte ecclesiae et libertate Alemanniae*) beuge.[1] Anders als in spätsalischer Zeit gab es, vielleicht auch gerade infolge der langjährigen Abwesenheit des Kaisers im Süden, keine heftigen Gegensätze im Reich, die als Resonanzboden der päpstlichen Strafmaßnahmen hätten wirken können. Allerdings war die Opposition, die sich schon in den fünfziger Jahren gegen Heinrich den Löwen gebildet hatte, nie ganz zur Ruhe gekommen, sondern von der dynamisch-expansiven Herrschaft des ‹Doppelherzogs› eher noch gefördert und durch die Verbindung mit dem Kölner Erzbischof sogar nachdrücklich gestärkt worden. Weil Barbarossa zwei Jahrzehnte lang konsequent für seinen welfischen Vetter Partei genommen hatte, war die Auflehnung gegen den Löwen auch eine Ablehnung der ‹Meistbegünstigung›, die ihm der Kaiser gewährte – richtete sich also nicht ganz versteckt gegen eine seiner politischen Grundentscheidungen. Die kaiserliche Würde war auf jeweils verschiedene Weise tangiert, und entsprechend unterschiedlich war sie in den komplexen Kompromissen zu berücksichtigen, mit denen die drei Konflikte zwischen 1177 und 1183 ihr Ende fanden. Barbarossa war alles andere als der souveräne Lenker dieser vielschichtigen, häufig genug gänzlich unvorhersehbaren Entwicklung, er mußte vielmehr erst zum Konsens gedrängt, ja nachgerade gezwungen werden. Stets aber beharrte er darauf, den *honor imperatoris* zu wahren und die Ordnung auch zu repräsentieren, deren Spitze und Garant er zu sein beanspruchte. Insoweit waren die Auseinandersetzungen um die Friedensschlüsse auch Kämpfe um die symbolische Macht, also «um die Macht, etwas symbolisch sichtbar» machen und benennen zu können.[2] Die Konsensfassaden der öffentlichen Inszenierungen verbargen die tatsächlichen Machtverhältnisse und Interessengegensätze jedoch nicht immer ganz blickdicht.

FRIEDE MIT ALEXANDER III.: VENEDIG

Während des sechswöchigen Aufenthalts Barbarossas in Venedig wurde die wiedergewonnene Eintracht zwischen oberster geistlicher und oberster weltlicher Gewalt während mehrerer Begegnungen mit Alexander III. in einer Fülle symbolischer Akte eindrucksvoll vor Augen gestellt.[3] Für die Absolution des Kaisers gaben die kirchenrechtlichen Normen einen eigentlich klaren Ablauf vor: «Wenn ein Exkommunizierter oder Anathematisierter von Reue gelenkt Verzeihung erbittet und Besserung verspricht, soll der Bischof, der ihn exkommuniziert hat, vor die Kirche kommen und mit ihm 12 Presbyter, die ihn umgeben sollen. Und wenn jener hingestreckt auf der Erde (*in terram prostratus*) Verzeihung erfleht und für die Zukunft die Sicherstellung seines Verhaltens verspricht», dann solle ihn der Bischof in die Kirche führen und ihm die Gemeinschaft der Christen zurückgeben.[4] Was im Falle eines gewöhnlichen reuigen Sünders unproblematisch war, stellte sich schon für einen Herrn von Rang, mit Sicherheit aber für den Kaiser ganz anders dar. Öffentliche Statusdemonstration des Königtums war mit öffentlich demonstrierter Bußfertigkeit gegen Ende des 12. Jahrhunderts nicht mehr ohne weiteres zu vereinbaren. Zu Zeiten der ottonischen und frühsalischen Herrscher noch geradezu ein Markenzeichen sakralen Königtums, ja sogar Zeichen besonderer Befähigung zum Herrscheramt,[5] gehörten solche Demutsgesten nach dem Geschehen von Canossa 1077, wo sich Heinrich IV. vor Gregor VII. im Büßerhemd und barfuß gedemütigt hatte, immer weniger in das Repertoire öffentlicher Auftritte des Herrschers. Die Verhandlungen, die die Legaten Papst Calixts II. mit den Gesandten des exkommunizierten Kaisers Heinrich V. im Oktober 1119 über dessen Rekonziliation führten, waren geradezu ein «Schluß- und Wendepunkt in der Geschichte der mittelalterlichen Herrscherbuße».[6] Denn der kaiserlichen Seite erschien es damals nach dem Bericht eines Augenzeugen «hart, ja unerträglich», wenn sich ihr Herr dem Bußritual «nach Art der anderen barfuß» öffentlich unterwerfen müßte; die Kardinäle versprachen daher sicherzustellen, daß der Kaiser mit beschuhten Füßen vom Papst in vertraulicher Sphäre wieder in die kirchliche Gemeinschaft aufgenommen werde.[7] Nach Canossa waren «Bußgesinnung, die ein christlicher Herrscher, sich der Deutungsmacht der christlichen Theologie beugend, durch ein Ritual öffentlich machte, und Verlangen nach standesgemäßer Selbstdarstellung, das die Würde des Amtes und die Ehre des Reiches geboten, nicht mehr miteinander in Einklang zu bringen».[8] Die Inszenierung der Begegnung von Kaiser und Papst, mit der in Venedig die Kirchenspaltung beigelegt wurde, blieb nicht spontanen Einfällen überlassen, sondern wurde im voraus sorgfältig geplant. Spätestens seit dem gescheiterten Treffen von Sutri 1155 hatte man auf beiden Seiten ein sehr klares Bewußtsein davon, daß Formen demütiger Selbsterniedrigung des Kaisers vor dem Papst ein Politikum ersten Ranges waren. Die prekäre Balance zwischen päpstlichem Anspruch auf Ehrerweisung und deren demütiger Entgegennahme mußte gewahrt bleiben, um dem Kaiser keine Position inakzeptabler Inferiorität zuzumuten.

Dreh- und Angelpunkt der Begegnung Barbarossas mit Alexander III. war denn auch die kategorische Weigerung des Staufers, öffentlich als reuiger Sünder vor den Papst treten und sich als Exkommunizierter die Rekonziliation mit der Kirche erst mit einer öffentlichen Selbstdemütigung in Form des üblichen Bußakts ‹verdienen› zu müssen. Das hieß für das ‹Drehbuch› dieser Begegnung, über das intensiv verhandelt wurde,[9] daß die Absolution des Kaisers von seiner Begegnung mit dem Papst getrennt werden mußte. Dafür bot die Topographie Venedigs in Gestalt der vorgelagerten schmalen Sandbank des Lido eine besondere Möglichkeit. Dort befand sich das

Kloster S. Nicolò, das neben dem Dogenpalast und der Kirche von San Marco ein Ort besonderer religiöser und politischer Bedeutung geworden war: bis 1172 akklamierte dort die Volksversammlung dem neugewählten Dogen, und das Kloster war auch der Ort für das jährlich vollzogene Ritual der Segnung (*benedictio*) des Meeres, aus dem sich dann seit dem 13. Jahrhundert die Feier der *sensa*, der Hochzeit des Dogen mit dem Meer, entwickelte. Bei Empfang und Abschied hochgestellter Besucher kam dem Kloster sozusagen die Funktion eines Vorzimmers zu. Als Alexander im März 1177 von Zadar kommend in Venedig eintraf, wurde er von den beiden Söhnen des Dogen Sebastiano Ziani auf dem Lido willkommen geheißen, bevor er am nächsten Tag nach San Marco geleitet wurde.

Ganz ähnlich vollzog sich auch die Einholung des Kaisers. Petrus Ziani fuhr dem Kaiser am 23. Juli mit einem Ehrengeleit von sechs Galeeren bis nach Chioggia entgegen, Jacob Ziani empfing ihn dann auf dem Lido.[10] Die Nacht auf den Sonntag verbrachte Barbarossa mit seinem Gefolge in San Nicolò. «Mit den ersten Strahlen der Morgensonne» trafen dort die sieben Kardinäle ein, die als päpstliche *mediatores* an den Friedensgesprächen teilgenommen hatten; vor ihnen erklärte sich der Kaiser zusammen mit den Erzbischöfen und Bischöfen seines Gefolges unter Eid von der Unrechtmäßigkeit der Wahlen Viktors IV., Paschalis' III. und Calixts III. überzeugt und wurde im Gegenzug von der Exkommunikation gelöst.[11] Dieser Augenblick dürfte Barbarossas Fähigkeit zur *dissimulatio* auf eine harte Probe gestellt haben; den Kardinälen, von denen vier – Hubald von Ostia, Wilhelm von Porto, Johannes von S. Anastasia und Hyacinth von S. Maria in Cosmedin – das Schisma von der ersten bis zur letzten Stunde miterlebt hatten und deren rastloser Einsatz die Voraussetzung für Alexanders schließlich erzielten Erfolg gewesen war, dürfte dieser Moment tiefste Genugtuung bereitet haben: «in ihrer Doppelrolle als päpstliche Repräsentanten und Regenten der römischen Kirche» gebührte in diesem Moment ihnen allein die Reverenz von Kaiser und Fürsten. Von dieser Szene abgesehen traten die Kardinäle im Friedensschluß von Venedig aber nicht weiter vor, obwohl sie in den in Anagni festgelegten und dann in Venedig bekräftigten Friedensbestimmungen ausdrücklich als Vertragspartner von Kaiser und Reich genannt wurden – ein Ausdruck ihres im Schisma gewachsenen Mitspracherechts.[12] Nach dieser Versöhnung mit der Kirche konnte dem Kaiser wie einem «rechtgläubigen Mann»[13] unter Beteiligung der Geistlichkeit ein feierlicher *adventus* bereitet werden. Der Doge, der Patriarch, Bischöfe und Klerus sowie viel Volk waren mit großer Pracht und geschmückten Schiffen am Lido gelandet. Sebastiano Ziani geleitete Friedrich auf sein prachtvoll geschmücktes Schiff, saß auf dem vornehmsten Platz an dessen rechter Seite, während der Patriarch links vom Kaiser Platz nahm; «und sie kamen alle in großer Freude und Fröhlichkeit zur Kirche des heiligen Markus».[14] Am frühen Vormittag sah Friedrich Barbarossa zum ersten Mal in seinem Leben den Markusplatz. An der Landestelle – etwa dort, wo heute die beiden Säulen stehen –, waren zwei hohe Holzmasten errichtet worden, von denen die Fahnen des heiligen Markus bis auf den Boden hinabhingen. Eine unübersehbare Menschenmenge füllte den Platz vor der Kirche, der erst wenige Jahre zuvor vergrößert worden war, indem man einen Wasserlauf zugeschüttet hatte. Sobald er das Ufer betreten hatte, geleiteten die geistlichen und weltlichen Großen Venedigs den Kaiser in feierlicher Prozession unter Fahnen und Kreuzen bis vor das Atrium der Markuskirche. Dort war eine Tribüne aus Tannenholz gezimmert und darauf ein großer und hochragender Thron für Alexander errichtet worden. Bei ihm saßen die Patriarchen von Venedig und Aquileja, die Erzbischöfe von Mailand und Ravenna, die Kardinäle und andere geistliche Würdenträger. Unmittelbar vor der Ankunft Barbarossas hatten die Erzbischöfe von Mailand und Ravenna allerdings noch um den zweiten Platz rechts vom Papst gestritten, woraufhin Alexander von seinem eigenen höchsten Platz aufstand, herabstieg und sich tiefer als die anderen setzte, womit er den Streit um den prestigeträchtigen Platz rechts neben ihm gegenstandslos machte.[15] Nachdem Barbarossa die Rechtmäßigkeit der Papstwahl Alexanders 18 Jahre lang bestritten hatte, traf der Staufer, mehr dazu gedrängt als aus eigenem Wunsch, den früheren Kanzler Roland nun zum zweiten Mal, ziemlich genau zwanzig Jahre nach ihrer ersten Begegnung auf dem Hoftag von Besançon. Vor ihm stehend, legte er den roten Kaisermantel ab, sank dann mit ausgestrecktem Körper vor ihm vollständig zu Boden und küßte seine Füße. Daraufhin erhob sich Alexander ein wenig, half dem Kaiser unter Tränen auf, umfaßte mit beiden Händen seinen Kopf und gab ihm den Friedenskuß. Dann begrüßte er ihn als in den Schoß der Kirche zurückgekehrt: «Gut, daß du gekommen bist, Sohn der Kirche» (*bene venisti, fili ecclesie*).[16] Viel mehr dürfte in dieser Situation unmittelbarer Nähe kaum gesagt worden sein, denn Papst und Kaiser sprachen ja nicht dieselbe Sprache.

Vier Augenzeugenberichte, mehrere Briefe Alexanders und ein Brief einiger anwesender Kanoniker von St. Peter in Rom bezeugen diesen Moment der Aussöhnung. Keiner dieser ereignisnahen Texte enthält die Nachricht, Barbarossa sei «barfuß» vor Alexander getreten – eine solche Szene malte sich lediglich ein flandrischer Mönch im fernen Douai aus, der den Kaiser nicht mochte und deshalb besonders nachteilig über ihn berichtete.[17] Ganz unmißverständlich geht aus mehreren dieser Quellen jedoch hervor, daß Barbarossa die Prostration nicht in Form eines Kniefalls mit nach vorne geneigtem Oberkörper vollzog, sondern in Form der Bußprostration, also mit ausgestrecktem Körper auf dem Erdboden lag[18] – was keineswegs Bestandteil des üblichen Anerkennungszeremoniells war. Wie schon erwähnt, schrieb das kanonische Recht eine solche Geste der Selbsterniedrigung aber als Zeichen des Schuldbekenntnisses für die Rekonziliation eines Exkommunizierten vor, und weil den Zeitgenossen diese Geste aus der kirchlichen Bußpraxis vertraut war, mögen sie darin auch ein Schuldbekenntnis des Kaisers gesehen haben.[19] Aber weil Barbarossa die Absolution schon in S. Nicolò erhalten hatte, war die Prostration keineswegs die Voraussetzung dafür, daß er erst danach «wieder als katholischer Kaiser» agieren konnte.[20] Der Kaiser war am Lido von dem Dogen, dem Patriarchen und hoher Geistlichkeit feierlich begrüßt, an der Anlegestelle unter *laudes* empfangen und dann in einer großen Prozession, der Kreuze vorangetragen und in der Erzbischöfe und Bischöfe gingen, ehrenvoll vor den Papst geleitet worden[21] – das war das genaue Gegenteil des Verkehrsverbots, dem ein Exkommunizierter unterlag, und bis zur Ankunft am Markusplatz identisch mit dem Empfangszeremoniell, mit dem auch Alexander III. bei seiner Ankunft in der Lagunenstadt geehrt worden war.[22] Vielmehr führte dieser *adventus* den Kaiser allen Anwesenden unmißverständlich als bereits wieder in die Gemeinschaft der Kirche aufgenommenen Herrscher vor Augen. Deshalb schrieb Boso, der Kaiser sei «als rechtgläubiger Fürst» (*tanquam orthodoxus princeps*) demütig vor den Papst geschritten.[23] Auch für Alexander selbst hatte Friedrichs Prostration keinerlei statusverändernde Wirkung; er unterschied ganz genau zwischen zuvor vollzogener Absolution und «Gehorsam und Ehrbezeigung» (*oboedientia et reverentia*), die ihm Barbarossa dann vor San Marco «demütig und ehrerbietig» (*humiliter et reverenter*) erwiesen habe.²⁴ Indem Alexander auf die Bußleistung vor sich selbst verzichtet hatte, ermöglichte er dem Kaiser erst die Prostration, weil Barbarossa, vom Zwang des öffentlichen Rekonziliationsrituals befreit, nunmehr persönliche Demut, Frömmigkeit und Friedensabsicht – kurz gesagt: Freiwilligkeit als das eigentliche Motiv seines Handelns inszenieren konnte. Alexander brauchte also auf die symbolische ‹Veröffentlichung› eines Schuldbekenntnisses nicht völlig zu verzichten, der Kaiser leistete es ihm aber in Gestalt einer freiwilligen Geste persönlicher Demut. Wie auch sonst bewährte sich die spezifisch friedensstiftende Wirkung symbolischer Verhaltensweisen in ihrer Mehrdeutigkeit. Man hatte sich auf ein klug inszeniertes Begegnungszeremoniell geeignet, das keiner Seite einen Gesichtsverlust zumutete.

Nach dem Friedenskuß läuteten die Glocken und alle «waren mit so großer Freude erfüllt, daß sie unter ziemlichem Jubel das *Te deum laudamus* anstimmten und die Stimmen bis zu den Sternen emporstiegen. Nun ergriff Friedrich die rechte Hand des Papstes und geleitete ihn unter Gesängen und Hymnen bis zum Hauptaltar der Markuskirche, wo er geneigten Hauptes ehrerbietig den päpstlichen Segen empfing.»²⁵ Nach dem Kirchenbesuch kehrte Barbarossa mit seinem Gefolge in sein Quartier, den nahegelegenen Dogenpalast, zurück; der Papst und die Geistlichkeit bestiegen die Schiffe und ließen sich zum Patriarchenpalast rudern. Am Abend ließ Alexander dem Kaiser, den er am Morgen als «Sohn der Kirche» angenommen hatte, verschiedene Speisen in Gold- und Silbergefäßen überbringen, vor allem aber, als Anspielung auf das Gleichnis vom verlorenen Sohn (Lukas 15, 11–32), ein gemästetes Kalb zum Festmahl, und ließ ihm mit den Worten des Evangeliums ausrichten: «Lasset uns essen und fröhlich sein! Denn dieser mein Sohn war tot und ist wieder lebendig geworden; er war verloren und ist gefunden worden.»²⁶ Zu einem gemeinsamen Essen, wie es bei Friedensschlüssen zwischen weltlichen Parteien häufiger berichtet wird, war die Zeit noch nicht reif, denn solange Barbarossa den Stratordienst noch nicht geleistet hatte, stand noch ein wichtiges Element der Anerkennung Alexanders aus – schließlich war allein zu diesem Zweck der päpstliche Schimmel auf einem Lastkahn nach Venedig transportiert worden.²⁷

Am nächsten Morgen fand man sich wieder vor San Marco ein; Friedrich ging dem Papst ein kleines Stück entgegen – was Alexander wichtig genug war, um es in einem Brief nach England ausdrücklich mitzuteilen[28] – und geleitete ihn, wiederum an seiner rechten Seite gehend, in die Kirche. Dort legte der Kaiser zum zweiten Mal seinen Mantel ab, ergriff mit der Hand einen Stab, wies damit die Laien aus dem Chor, der dem Klerus vorbehalten war, und bahnte, als ob er die Tätigkeit eines Türstehers (*ostiarius*) ausübte, dem Papst, der in feierlicher Prozession zum Altar schritt, seinen Weg.[29] Die anwesenden Pisaner bemerkten, daß man bei dieser Gelegenheit trotz der gewaltigen Größe der Markuskirche auf Grund der unübersehbaren Menge von Klerus und Volk nur ganz enggedrängt stehen konnte.[30] Als der Papst nach der Evangelienlesung auf die Kanzel stieg, um dort zu sprechen, demonstrierte Barbarossa besondere Aufmerksamkeit und trat näher heran, gerade so, als ob er in Zukunft aufmerksam auf das Wort des Papstes hören wolle. Da Alexander «die fromme Haltung» bemerkte, ließ er, was er in der Sprache der Gebildeten – also Latein – vortrug, für den Kaiser durch den Patriarchen von Aquileja ins Deutsche übersetzen.[31] Nach der Predigt und dem Credo trat Friedrich vor den Papst, beugte sich erneut zum Fußkuß und gab als Opfer Gold. Dann geleitete er den Papst aus der Kirche und leistete vor San Marco den bislang unterbliebenen Stratordienst als weiteres Zeichen der Ehrerbietung. Zwei Chronisten stimmen darin überein, daß Barbarossa dem Papst beim Aufsitzen auf sein Pferd den Steigbügel hielt. Über die Wegstrecke, die Barbarossa das Pferd am Zügel führte, machen sie jedoch unterschiedliche Angaben: während es sich laut Romuald von Salerno um ein «kurzes Stück» (*aliquantulum*) handelte, behauptete Kardinal Boso, Alexander hätte, weil ihm der Weg bis ans Ufer zu weit erschien, Barbarossas Bereitschaft zum Zügelhalten für die Tat selbst genommen und ganz darauf verzichtet.[32] Der Widerspruch illustriert anschaulich die Deutungsmacht, die ein Chronist mit seinem Bericht über das Geschehen ausübte; sie war seiner Darstellungsabsicht verpflichtet, die sich gerade auch in der Selektion von Informationen über symbolhafte Handlungen ausdrückte. Während Boso Alexander zum vorbildlichen Papst stilisierte,[33] der gerade bei der Annahme von Ehrendiensten Demut bewies, war Romuald ein in dieser Hinsicht unparteiischer Beobachter und verdient deshalb größere Glaubwürdigkeit.[34] Sein Bericht läßt erkennen, daß Barbarossa den Papst vom Atrium von San Marco bis etwa zur Südecke der Kirche begleitete, wo später die 1204 in Konstantinopel geraubten

ABB. 30 Darstellung eines unhistorischen *adventus* Alexanders III. in Rom. Von den Kardinälen begleitet, reitet der Papst auf die Stadt zu, aus der ihm Kleriker entgegenziehen. Sowohl der Doge von Venedig als auch der Kaiser führen den päpstlichen Schimmel am Zügel. Das 1408 entstandene Fresko des Spinello Aretino im Palazzo Pubblico in Siena feiert die Erinnerung an Alexander III., der einer alten Sieneser Familie entstammte.

Porphyrstatuen der Tetrarchen – der spätantiken Kaiser Diokletian, Maximian, Constantius und Galerius – eingemauert wurden. Nach dieser Strecke von vielleicht 40 Metern erteilte ihm Alexander den Segen und entließ den Kaiser in sein Quartier, den Dogenpalast. Begleitet von Klerus und Volk, ritt er die übrigen gut hundert Meter bis zur Anlegestelle am Ufer weiter und ließ sich dann in sein Quartier zurückrudern. Nach dem päpstlichen Segen soll sich auf Barbarossas Gesicht größte Freude gespiegelt haben[35] – vielleicht hatte ihn Alexander damit überrascht, daß er nicht auf dem Stratordienst bis zum Ufer bestand. Ein solcher Ausdruck demonstrativer Rücksichtnahme auf die kaiserliche Würde hätte den Papst nicht nur vor dem seit Sutri virulenten Vorwurf der Anmaßung geschützt, sondern wäre für die noch bevorstehenden offiziellen Akte eine Art vertrauensbildender Maßnahme im Geist des Friedensschlusses gewesen. Am nächsten Tag war die Atmosphäre jedenfalls deutlich entspannter. Man weiß aus anderen Fällen, daß nach Friedensschlüssen freundliche, auch scherzhafte Gespräche die gefundene Eintracht demonstrieren sollten. Offenbar zu diesem Zweck kam Barbarossa am Nachmittag mit kleiner Begleitung «wie ein Sohn» zum Papst und wurde in dessen Kammer vorgelassen, wo dieser in vertrautem Gespräch mit den Kardinälen saß. Kaiser und Papst «beglückwünschten einander und nach einer herzlichen Unterhaltung, die ernste Dinge mit gemäßigten Scherzen mischte, die der Würde keinen Schaden zufügten, kehrte der Kaiser heiter in seine Unterkunft zurück».[36] Nach den vorangegangenen Jahren des Konflikts war diese Szene so wenig selbstverständlich, daß sie Kardinal Boso der Nachwelt überliefert wissen wollte. Kaiserlicherseits in Demut erwiesene und päpstlicherseits in Demut angenommene Ehrerbietung – diese komplizierte Balance, die in Sutri noch nicht auf Anhieb gefunden worden war, hatte nun Barbarossas Begegnung mit Alexander III. bestimmt und den gesichtswahrenden Kompromiß eines tragfähigen Ausgleichs ermöglicht.

In diesen Kontext gehört auch die Behandlung der Frage einer erneuten Krönung der Kaiserin Beatrix; sie war 1167 von Paschalis III. vollzogen worden, galt für Alexander III. daher als ungültig. Im Text des Friedensvertrages war gemäß der Bestimmungen von Anagni vorgesehen, daß Beatrix entweder vom Papst oder von einem Kardinal erneut gekrönt werden sollte. Auch das war ein Geschehen, das, Öffentlichkeit vorausgesetzt, sicher nicht ohne weiteres mit Barbarossas Vorstellungen vom *honor imperii* zu vereinbaren gewesen wäre, hätte es doch die Legitimität der Krönung seiner Gemahlin zur Kaiserin rückwirkend in Frage gestellt. Offenbar um dieser Szene zu entgehen, war Beatrix überhaupt nicht nach Venedig gekommen, sondern auf der Burg Gaibana bei Rovigo geblieben; dort ließ sie zusammen mit ihrem Sohn Heinrich zwar den geschlossenen Frieden vor einer Gesandtschaft beeiden, von ihrer erneuten Krönung wissen die Zeitgenossen, gerade auch Kardinal Boso, allerdings nichts.[37] Offensichtlich wurde darauf aus Rücksicht auf die kaiserliche Würde verzichtet.

Auch deshalb ist es insgesamt «ein gewagtes Spiel», nach Sieger und Verlierer des Friedens von Venedig zu fragen.[38] Die Zeitgenossen stellten diese Frage interessanterweise gar nicht. Ihre Berichte sind von der je nach Partei ungleichen Mitteilungsabsicht geprägt, die auch schon für die Nachrichten über die Begegnung von Sutri kennzeichnend war: damals waren auf seiten Barbarossas die Demutsgesten nicht explizit erwähnt worden, während die päpstliche Seite der symbolischen Anerkennung Hadrians IV. große Aufmerksamkeit geschenkt hatte. Das wiederholte sich 1177. In dem einzigen Brief Barbarossas, in dem die Anerkennung Alexanders erwähnt wurde, war von seinem Fußfall keine Rede, sondern nur in allgemeinen Wendungen von Alexanders Annahme als «geistlicher Vater» (*pater spiritualis*); das Geschehen wurde ganz unter dem Gesichtspunkt der wiederhergestellten Eintracht zwischen Kaiser und dem «höchsten Bischof der römischen Kirche» geschildert – das gilt auch für die Perspektive, unter der Erzbischof Philipp von Köln in einem Brief an seine Diözesanen berichtete.[39] Barbarossas Prostration verzeichneten allein die papstfreundlichen Historiographen; Alexander selbst begnügte sich mit dem allerdings mehrfach wiederholten Hinweis, vom Kaiser jene Ehrerweisung erhalten zu haben, die auch dessen Vorgänger seinen Vorgängern erwiesen hätten[40] – ihm ging es um seine Anerkennung als rechtmäßig gewählter Papst als Zeichen der beendeten Kirchenspaltung. Allerdings verformte sich die Erinnerung dann ganz nach den Bedürfnissen der Gegenwart, als sich der Konflikt zwischen Kaisertum und Papsttum zunächst im welfisch-staufischen Thronstreit ab 1198, dann unter Friedrich II. spätestens seit seiner ersten Exkommunikation 1227 dramatisch zuspitzte. Für die Nachwelt war nicht mehr interessant, was der Friedensschluß in Venedig geleistet hat und leisten konnte, sondern welche – vermeintliche – Aussage er über das Verhältnis von Kaiser und Papst enthielt. Dafür wiederum schienen die symbolischen Handlungen, von denen wegen ihrer Öffentlichkeit ja auch viel mehr Menschen wußten als von den konkreten Friedensbestimmungen, am aufschlußreichsten. Etwa ein halbes Jahrhundert nach dem Geschehen behauptete ein Chorherr des Klosters Petersberg bei Halle, Alexander habe nach Barbarossas Fußfall gezögert, «den Kaiser aufzuheben; da rief Dietrich, Markgraf der Ostmark, der im Gefolge des Kaisers war, gewissermaßen anklagend und tadelnd aus, warum er die kaiserliche Würde (*imperialis dignitas*) einer solchen Beleidigung aussetze. Der Papst aber verstand die deutsche Sprache nicht und fragte, was der Deutsche da gesagt habe. Als er es erfahren hatte, ging er eilig zum Kaiser, hob ihn auf und richtete ihn zum Kuß empor.»⁴¹ Daß die Demütigung für denjenigen, der sich unterwarf, um so größer war, je länger er auf dem Boden liegenbleiben mußte, und daß dieses Mittel genau deshalb auch gezielt eingesetzt wurde, ist anderweitig gut belegt.⁴² Glaubwürdig ist die Behauptung über Barbarossas gewissermaßen versehentliche Demütigung durch Alexander aber natürlich nicht; sie illustriert lediglich, daß der Markgraf Dietrich aus der Familie der Wettiner, dessen Vater Konrad das Kloster St. Peter auf dem Lauterberg gestiftet hatte, sich für das Ansehen des Kaisers besonders eingesetzt haben soll – und daß einer der Lauterberger Chorherren um 1225 einen Fußfall vor dem Papst dem kaiserlichen Ansehen nicht für zuträglich hielt. Folgenreicher war, daß die papstnahe Historiographie den Frieden zu einer schroffen Demütigung des Kaisers stilisierte, und zwar um so mehr, je größer der zeitliche Abstand zum Geschehen wurde. Den Anfang machte Thomas von Pavia im späten 13. Jahrhundert mit seiner dann traditionsbildenden Behauptung, Alexander habe Barbarossa bei der Unterwerfung seinen Fuß auf den Hals gesetzt und mit den Worten aus Psalm 91.13 gesagt: «Über Basilisk und Otter wirst du gehen und den Löwen und Drachen zertreten.» Schon im Mittelalter überlagerte die Rezeption des Ereignisses das eigentliche Geschehen selbst.⁴³ Das retrospektive Deutungsinteresse legte sich wie eine Lupe über Fußfall und Fußkuß Barbarossas und riß sie so aus ihrem Zusammenhang mit den anderen symbolischen Handlungen. Wegen dieser Isolierung geriet außer Sicht, daß die Trennung der Absolution von Barbarossas Anerkennung des Papstes für den Friedensschluß konstitutiv war und dem Kaiser die freiwillige Selbstdemütigung einer Prostration erst ermöglichte. Nicht mehr der in symbolischen Handlungsweisen fein austarierte Kompromißcharakter des Friedens war interessant, sondern nur die im Sinne einer Vorstellung päpstlicher Überordnung über den Kaiser einseitige Ausdeutung eigentlich mehrdeutiger Gesten.

Im Spätmittelalter war dieses Geschichtsbild an die Stelle des historischen Ereignisses getreten und lieferte schließlich den Reformatoren Munition für ihre Polemik gegen die Machtansprüche des römischen Papsttums. Philipp Melanchthon wertete die Demütigung Barbarossas als wichtiges Indiz für die wachsende Entfremdung der Kirche von ihrem Ursprung: Fußkuß und Fußtritt würden unzweideutig zu erkennen geben, daß die «Bäbstlich Tyranney gewachsen [sei] und zugenommen» habe. Für Martin Luther entlarvte sich der Papst durch die

ABB. 31 Flugschrift aus dem Jahre 1545. Die im 13. Jahrhundert entstandene und seitdem immer mehr ausgeschmückte Vorstellung, Alexander III. habe im Frieden von Venedig dem Kaiser seinen Fuß auf den Hals gesetzt, spielte in der papstfeindlichen Propaganda der Reformationszeit eine große Rolle.
– Wolfenbüttel, Herzog August Bibliothek, Sig H: F 862 Helmst.

Tatsache als Antichrist, daß «die theuren fursten keyszer Friedrich der erste und der ander [Friedrich II.] so jemerlich von den Bepsten mit fussen tretten und vordruckt» worden seien. Die reformatorischen Flugschriften und Flugblätter schließlich machten den Fußkuß und den Fußtritt zu massenwirksamen Bildformeln, die die päpstliche Hybris als Störer der politischen Ordnung zu Bewußtsein bringen sollten. Ganz im Bann dieser konfessionellen Polemik, konnte sich beispielsweise 1617 ein evangelischer Pastor nur darüber wundern, daß nicht einer der kaiserlichen Trabanten, «etwa ein Edler redtlicher Teutscher Mann», der die Demütigung Barbarossas mitangesehen hat, aus «heroischem Eyfer» dem «Bapste Alexandro dem Huren Sohn mit einem Dolch das Hertz im Leibe entzwey gestochen» hatte.[44] Die Dominanz von Geschichtsbildern gegenüber dem tatsächlich historischen Geschehen blieb erhalten, als die mittelalterliche Kaiserzeit im 19. Jahrhundert unter dem Einfluß der Nationalbewegung zum fernen Bezugspunkt nationaler Sinnstiftung und das Papsttum auf seine Funktion des ewigen Gegenspielers der Kaiser festgelegt wurde. Zusätzlich befeuert durch das Gewicht, das der Bußgang Heinrichs IV. nach Canossa dann in den Debatten um das Verhältnis von Kirche und Staat erlangte, wurde auch den Historikern die Frage nach Gewinner und Verlierer in Venedig wichtig. Geradezu unvorstellbar war, daß der im Zeichen des Machtgedankens schon längst zum Nationalmythos stilisierte Staufer eine dem Salierkaiser vergleichbare Demütigung erlitten haben könnte. Die Konzentration auf den Fußkuß als einprägsamstes Symbol von Barbarossas angeblicher Niederlage wich subtilen Untersuchungen der angeblich überlegenen Diplomatie des Kaisers, und man war sich bald einig, daß sich «der große Staatsmann» «selbst der vielgewandten Diplomatie der römischen Kurie ebenbürtig, ja überlegen» erwiesen habe.[45] Die diesbezüglichen Forschungen schufen so etwas wie eine zweite historische Wirklichkeit, in der Barbarossas vermeintlich überlegenes Verhandlungsgeschick die vermeintliche Niederlage seiner Unterwerfung unter Alexander kompensierte.

Seit Ende des 20. Jahrhunderts schwingt unter dem Einfluß der Forschungen zur Bedeutung symbolischer Kommunikation das Pendel von der seit dem späten 19. Jahrhundert kanonisierten Sicht eines kaiserlichen Sieges über dessen Relativierung[46] wieder zurück zu einem päpstlichen Triumph und der «Demontage» des Kaisers in Venedig.[47] Hatte der Bußakt Heinrichs IV. «noch drei Tage beansprucht», so habe Barbarossa «100 Jahre später in Venedig das Demütigungszeremoniell drei Wochen über sich ergehen lassen» müssen.[48] Aller vordergründigen Analogie mit dem Geschehen von Canossa zum Trotz sind aber doch die Unterschiede entscheidend. Barbarossas Prostration auf dem Markusplatz war – anders als die Buße Heinrichs IV. in Canossa – gerade kein vom Rekonziliationsritus geforderter Akt, der den reuigen Sünder mit der Kirche versöhnte; eine solche Wahrnehmung war den Zuschauern des Geschehens auch gar nicht möglich, weil der Kaiser schon vor seiner Begegnung mit Alexander die Absolution erhalten hatte und deshalb, wie gerade die papstfreundlichen Augenzeugen betonen, als «rechtgläubiger Mann» oder «rechtgläubiger Fürst» vor ihn trat. Die Szene auf dem Markusplatz war die zeremonielle Anerkennung eines rechtmäßig gewählten Papstes, deren Formenbestand Barbarossa freilich durch eine Prostration erweiterte – eine Geste, die ebensowenig wie sein Mantelablegen eigentlich geboten, also ein Zeichen freiwilliger persönlicher Demut war, und als solches von den Anwesenden wohl auch verstanden worden sein dürfte. Nicht die Demütigung des Kaisers, sondern die Einheit der Kirche und die Gemeinsamkeit von *sacerdotium* und *regnum* bildeten die Fluchtpunkte des Friedens und seiner Inszenierung.

Die Vorbereitungen für das große Konzil, das am 1. August in der Cà del Papa eröffnet wurde, nahmen eine volle Woche in Anspruch. Eine ausgeklügelte Sitzordnung trug der geistlichen und weltlichen Hierarchie Rechnung: «In einem ziemlich langen und breiten Saal dieses Palasts saß der Papst an erhöhter Stelle in einem Faltstuhl, während seine Bischöfe und Kardinäle zu beiden Seiten standen, und ließ den Kaiser, und zwar zu seiner Rechten, höher als die Bischöfe und Kardinalpriester, den Erzbischof Romuald von Salerno [als Vertreter des sizilischen Königs] aber zur Linken, höher als die Kardinaldiakone, sich setzen.»[49] Der Papst begrüßte den Kaiser mit biblischen Anklängen als den verlorenen Sohn und als zur Herde der Mutter Kirche zurückgekehrtes Schaf: «Und da wir den frommen Sinn unseres Kaisers und seinen durchaus freundlichen Willen erkennen, schließen wir ihn wohlwollend als vielgeliebten Sohn in die Arme unserer Sanftmut und nehmen ihn wie seine Gemahlin und seinen Sohn mit väterlicher Zuneigung unter die rechtgläubigen Fürsten auf und bemühen uns, ihnen die schuldige Ehre zu erweisen, indem wir Gott und unsere Apostel inständig bitten, sie seiner Kirche unversehrt zu erhalten und lange Zeit als ihre Verteidiger zu schützen.»[50] Nun erhob sich Barbarossa und legte seinen Kaisermantel ab – zum mittlerweile dritten Mal, und wie schon bei der Prostration und dem Ostiariusdienst in San Marco erneut in einer Situation, in der er mit seinem Verhalten für etwaige Pflichten künftiger Kaiser keine Präzedenzfälle schaffen wollte, sondern nur sich selbst als gläubigen und bußfertigen Christen zeigte.[51] Passend dazu unterschied er in seiner Rede, die Christian von Mainz übersetzte, zwischen seiner irrenden Person und der unsterblichen Dignität seines Amtes; die dabei anklingenden biblischen Bezüge könnten ihm – anders als die Zitate aus dem Römischen Recht, derer er sich laut Rahewin in seiner Ansprache auf dem Hoftag von Roncaglia bedient haben soll – aus seiner religiös getränkten Lebenswelt durchaus vertraut gewesen und daher authentisch sein: «Die ganze Welt möge also deutlich erkennen, daß – auch wenn wir im Glanz der Würde und des

Ruhmes des Römischen Imperiums stehen – dennoch die römische Würde nicht die Eigentümlichkeit des Menschengeschöpfs von uns nimmt und die kaiserliche Majestät nicht den Fehler des Nichterkennens ausschließt. Denn auf Grund der Einflüsterung schlechter Menschen waren wir in die Finsternis des Nichterkennens gehüllt, und während wir überzeugt waren, den Weg der Wahrheit zu gehen, fanden wir uns abseits der Pfade der Gerechtigkeit. Denn siehe, die Kirche Gottes, die wir zu verteidigen glaubten, haben wir bekämpft, und die wir zu erheben hofften, haben wir fast zerstört. Dadurch wurde von unserer Seite das nahtlose Gewand unseres Herrn Jesu Christi geteilt und durch Irrlehren und Spaltungen durchlöchert.»[52]

Dahinter steckte sicher keine entwickelte Theorie von den zwei Körpern des Königs, aber daß Barbarossa zwischen dem zeitlosen Amt und dem irrenden Amtsinhaber zu unterscheiden suchte, ist doch erkennbar. Das Ablegen des Mantels – als *signum imperii* ein sprechendes Zeichen der Kaiserherrschaft – war für die päpstliche Seite als Zeichen der Demut wahrnehmbar, schützte aus Barbarossas Sicht aber auch Ehre und Würde des Kaisertums. Auch in dieser Szene zeigt sich die konsensstiftende Funktion symbolischer Handlungen, die mangels Eindeutigkeit beiden Seiten eine Deutung im jeweils erwünschten Sinne erlaubten und damit vor Augen stellten, was in den Reden ebenfalls gesagt wurde: daß die Kirche, so Alexander, im Kaiser ihren Sohn (*filius*) und Verteidiger (*defensor*) wiedergewonnen habe, daß der Kaiser, so Barbarossa, dem Papst wie einem Vater (*tamquam patri*) die schuldige Ehrfurcht erweise.[53] Die einträchtige Zuordnung beider Gewalten, wie sie in Barbarossas Wahlanzeige, aber auch zu Beginn der Verhandlungen in Anagni beschworen worden war, wurde als wiederhergestellt inszeniert. Mit seiner Anerkennung Alexanders und dem Ende der Kirchenspaltung war für Barbarossa wieder die spezifisch kaiserliche Rolle eines im Einklang mit dem Papst handelnden Sohnes und Verteidigers der Kirche frei geworden. Das geschah sozusagen vor den Augen der Welt, denn neben einer in dieser Anzahl selten versammelten Menge geistlicher und weltlicher Großer aus dem burgundischen, deutschen und italienischen Teil des Imperiums hatten sich außer den Gesandten König Wilhelms II. von Sizilien auch Gesandte des englischen und französischen Königs sowie Prälaten und Kleriker aus ihren Ländern, auch aus Dalmatien und sogar aus Spanien in Venedig eingefunden.

An diese Demonstration der wiedergefundenen Einheit von *regnum* und *sacerdotium* schloß sich die Beeidung der Waffenstillstände an. Graf Heinrich II. von Diez schwor auf herbeigeholte Evangelien, Reliquien und ein Stück Holz vom Kreuz Christi bei der Seele des Kaisers, daß dieser der Kirche dauerhaften Frieden, dem König von Sizilien einen Frieden von 15 Jahren und dem Lombardenbund einen Waffenstillstand von sechs Jahren gewähren werde. Die sizilischen und lombardischen Gesandten legten sich im Gegenzug ebenfalls auf diese Zusage fest. Angesichts der jahrzehntealten Konflikte mit dem normannischen Königtum war bei diesem überhaupt erstmaligen Kontakt auf höchster Ebene besonderes diplomatisches Feingefühl verlangt. Barbarossa empfing Erzbischof Romuald von Salerno wenige Tage später demonstrativ freundlich und erwies ihm die Ehre, nicht im Stehen, sondern auf einem Stuhl sitzend die Botschaft König Wilhelms II. vortragen zu dürfen. Beide Seiten entschlossen sich, die konfliktträchtige Vorgeschichte ihrer Beziehungen zu umgehen, indem sie sich ganz auf das gegenwärtige Verhältnis beschränkten. Weil Wilhelm II., damals noch keine 25 Jahre alt, erst seit 1171 selbständig regierte, konnte Romuald durchaus zutreffend sagen, sein König glaube nicht, mit dem Herrn Kaiser irgendeinen Streit zu haben, und mit demselben sicheren Gefühl für den gebotenen Abstand zur vollen Wahrheit ließ Barbarossa antworten, daß lediglich die Volksmeinung die beiden Herrscher für verfeindet halte, die Tatsachen aber zeigten, daß zwischen ihnen Friede und Eintracht herrsche, «da wir ihn und sein Land niemals angriffen und wir in Wahrheit bekennen, in keiner Hinsicht von ihm angegriffen worden zu sein».[54] Solcherart irenisch gestimmt, versicherte man einander die besten Absichten und traf sich im Bekenntnis zum Kampf gegen die Muslime im Heiligen Land sogar in einer gemeinsamen Überzeugung. Die friedliche Eintracht wurde durch keinerlei Erörterung der unterschiedlich begründeten und miteinander nicht zu vereinbarenden Ansprüche auf Süditalien gestört; im Gegenteil scheint man bereits damals einen dauerhaften Frieden erwogen zu haben, der 1186 durch die Heirat Heinrichs VI. mit Konstanze von Sizilien auch tatsächlich befestigt werden sollte.

In mehreren Sitzungen des Konzils wurde die Frage der schismatischen Weihen verhandelt. Die Nachricht Ottos von St. Blasien, einigen schismatischen Bischöfen sei nach den Ereignissen von Venedig «wegen der Ehre des Kaisers» (*propter honorem imperatoris*) ihr Sitz erhalten geblieben,[55] zeigt, daß neben den symbolischen Handlungen auch die materiellen Regelungen des Friedens durchaus als eine Frage des kaiserlichen *honor* wahrgenommen wurden. Eine unverzichtbare Friedensbedingung war für Barbarossa, daß seine wichtigsten Parteigänger Christian von Buch und Philipp von Heinsberg, die Erzbischöfe von Mainz und Köln, ihre Würde behielten. Christian nahm die Demütigung hin, sein Pallium, das er von Paschalis III. erhalten hatte, vor dem Konzil in Gegenwart Alexanders verbrennen und als Zeichen seines Gehorsams ein neues aus dessen Händen entgegennehmen zu müssen. Auch war es für Barbarossa eine Frage der Ehre, daß der Salzburger Erzstuhl nicht an Adalbert III. zurückfiel, dessen Absetzung er nach langwierigen Konflikten 1174 erreicht hatte.[56] Adalbert seinerseits verteidigte sich noch persönlich vor Alexander mit den Worten, er habe die Haltung seiner böhmischen Verwandten, die im Schisma auf der Seite Barbarossas standen, nicht nachgeahmt, sondern das Kreuz Christi im Herzen aufgenommen und sei nackt Alexander III. und der Kirche Gottes gefolgt.[57] Gleichwohl opferte ihn der Papst dem Frieden und drängte ihn zur Resignation, «weil er die Huld unseres in Christus liebsten Sohnes Friedrich, des erlauchten Kaisers der Römer, nicht wiedererlangen konnte».[58] Barbarossa vergaß die Beleidigung nicht, die er durch Adalberts Widerstand erlitten hatte, aber der Friede verbot ihm, Rache zu nehmen, und zwang ihn in die Rolle des tugendhaften Herrschers. Huldvoll schrieb er den Salzburgern, er habe sich «aus Gottesfurcht und aus Verehrung für den heiligen Rupert von Salzburg und aus gewohnter Milde kaiserlicher Großmut» entschlossen, ihre Kirche wieder mit «heiterer Milde anzublicken», obwohl «unsere Majestät von euch oft schwer beleidigt und schroffer herausgefordert wurde, als es uns lieb war».[59] Immerhin war die Zusage, daß Adalbert ein frei werdendes Erzbistum übernehmen sollte, ebenfalls Bestandteil des Friedens. Auch Konrad von Wittelsbach, der nach den Würzburger Eiden zu Alexander übergetreten und zum Kardinal von Sabina erhoben worden war, machte Ansprüche geltend und intervenierte beim Papst zugunsten seiner Rückkehr nach Mainz. Er mußte einsehen, daß Alexander den Kaiser nicht zum Verzicht auf Christian bewegen konnte, und fügte sich: «Um den Frieden für die Kirche zu bewahren, für die Christus sein Leben hingab, will ich gerne meine Stellung verlieren und mit meinem Schaden der Kirche nützen.»[60] Mit der Übertragung des vakanten Erzbistums

Salzburg fiel seine ‹Abfindung› dann aber doch noch standesgemäß aus. Viele Bischöfe kehrten in die Obödienz des Papstes zurück, andere wurden abgesetzt, aber die von Schismatikern gespendeten Weihen sorgten noch jahrelang für Konfliktstoff.

Auffallend viele strittige Fragen wurden mit dem Friedensvertrag nicht gelöst; lediglich das Verfahren, das den Rahmen zu ihrer künftigen Lösung bieten sollte, wurde festgelegt. Das galt für den Streit um die Mathildischen Güter – der im 11. Jahrhundert von der Markgräfin Mathilde von Tuszien der römischen Kirche vererbte, umfangreiche Grundbesitz in Mittelitalien –, deren Rückgabe an den Papst im Vorvertrag von Anagni noch vorgesehen war, nun aber auf die Zukunft verschoben wurde: unmittelbar vor der Abreise des Kaisers aus Venedig einigten sich Barbarossa und Alexander noch in einem *colloquium* im engsten Kreise auf ein mit ihren Vertrauten paritätisch besetztes Schiedsgericht[61] – das später zwar nie zusammentrat, aber beiden Seiten in diesem Moment ermöglichte, ihr Gesicht zu wahren, weil sich keine dem Rechtsanspruch der anderen unterwerfen mußte. Die Lösung der seit den Zeiten Hadrians IV. offenen Fragen sollte, wie schon in Anagni beschlossen, einer paritätisch besetzten Vermittlerkommission übertragen werden.[62] Selbst die gegensätzlichen Herrschaftsansprüche in Rom und dem Patrimonium wurden nicht trennscharf geklärt. War in Anagni noch eine «einseitige Restitutionsverpflichtung» zum Nachteil des Kaisers festgelegt worden, so enthielt der Friedensvertrag eine «doppelseitige Ausgleichsforderung mit gegenseitigen Rechtsvorbehalten», mit der Alexander III. zugestand, daß das Reich grundsätzlich berechtigte, aber noch zu klärende Ansprüche auf Besitz- und Rechtstitel des Papstes erhob; die in diesem Punkt in Anagni noch explizit festgeschriebene Rechtsgewährung seitens der römischen Kirche entfiel in Venedig, so daß faktisch auch diese Frage nur von einer paritätischen Kommission zu lösen war.[63] Auf keiner Seite machte man sich Illusionen über Regelungsbedarf und ungelöstes Konfliktpotential; aber der Friede muß gemessen werden an dem, was er leisten sollte und konnte: dem Einigungswillen, zu dem beide Seiten im Sommer 1177 gefunden hatten und gedrängt worden waren, einen konsensfähigen Ausdruck zu geben.

Mit der Anerkennung Alexanders begann deshalb auch nicht «der glanzvolle Abstieg» Barbarossas,[64] sein Aufenthalt in der Lagunenstadt geriet nicht zum wochenlangen «Demütigungszeremoniell» und hatte auch keine nachteilige Auswirkung «auf die Autorität des Kaisertums».⁶⁵ Das Gegenteil war der Fall. Die wiedererlangte Einheit von Reich und Kirche ermöglichte dem Staufer, was seit der Doppelwahl 1159 immer weniger und nach dem Tod Viktors IV. 1164 gar nicht mehr möglich gewesen war: die Rolle des Kaisers als «Sohn und Verteidiger der Kirche» in öffentlicher und demonstrativer Übereinstimmung mit dem von der ganzen Christenheit anerkannten Nachfolger Petri zu spielen – denn das einzig wirklich spezifisch Kaiserliche war die Sorge für die römische Kirche im Zusammenwirken mit dem Papst.⁶⁶ Die wiedererlangte Handlungsgemeinschaft wurde erneut am 14. August auf einer Synode in S. Marco inszeniert, wo der Kaiser neben dem Papst thronte und zusammen mit den anwesenden Kardinälen, Bischöfen und Fürsten brennende Kerzen zum Zeichen der Exkommunikation, die Alexander über alle Friedensbrecher verhängte, zu Boden warf. Gemeinsam mit allen anderen stimmte Barbarossa mit lauter Stimme zu: «Es geschehe, es geschehe (*fiat, fiat*).»⁶⁷ Für Romuald von Salerno bot Barbarossas kaiserliche Stellung den entscheidenden Anknüpfungspunkt für die rhetorisch wirkungsvolle Beschwörung des Friedens; weil der Normannenkönig im Kampf gegen alle Feinde des Kreuzes Christi «eine so heilige und lautere Ergebenheit im Dienst für Gott besitzt, müßt ihr, Herr Kaiser, der ihr der besondere Sohn und Verteidiger der Kirche Gottes seid, den Herrn König mit dem Vorzugsrecht einzigartiger Liebe vor allen übrigen Fürsten der Welt verehren und ins Herz schließen».⁶⁸ Kein Zeitgenosse hat den Frieden von Venedig als Schwächung von Kaisertum oder Reich, geschweige denn als Ausdruck eines Suprematieanspruchs des Papstes beklagt oder gefeiert, auch und gerade nicht die papstnahe Geschichtsschreibung, die doch am meisten Grund dazu gehabt hätte – wenn die moderne Deutung des Friedens als Triumph des Papstes denn richtig wäre. Statt dessen wurde die wiedererlangte Einheit gerühmt; selbst Kardinal Boso pries die traditionelle Vorstellung von Friede und Eintracht zwischen Kirche und Reich (*pax et concordia*), nicht aber die Überordnung des Papstes über den Kaiser.⁶⁹

Trotz mancher alter und neuer Interessenkonflikte blieb der Wille zur Zusammenarbeit nach 1177 zunächst bestimmend.⁷⁰ Weil es Alexander an politischen und militärischen Machtmitteln mangelte, führte ihn Christian von Mainz zurück nach Rom und zog am 12. März 1178 mit ihm durch das beim Lateranpalast gelegene Tor in die Stadt ein – durch heraldische Markierung sicher erkennbar als kaiserlicher

Legat. Eine solche Demonstration des Schulterschlusses von Kaiser und Papst war auch Christians Versuch, die während des Schismas der päpstlichen Herrschaft entwöhnten Gebiete um Rom dem Papst zu restituieren – womit er sich freilich die Feindschaft jener zuzog, die von deren Entfremdung profitiert hatten. Kaiserliche Macht konnte aber nicht verhindern, daß Alexander die Stadt im Juli 1179 schon wieder verlassen mußte – und seine Leiche, Anfang September 1181 von Civita Castellana nach St. Peter zurückgebracht, von den Römern geschmäht und mit Dreck und Steinen beworfen wurde.[71] Daß Alexanders Nachfolger Lucius III. (1181–1185) erneut die Reichslegaten zu Hilfe gegen die Römer rief – 1183 Christian von Mainz und 1184 Berthold von Hochkönigsburg –, war ebenso ein Zeichen des Zusammenwirkens von Kaiser und Papst wie das Ketzeredikt, mit dem Barbarossa 1184 in Verona auf Bitten Lucius' III. das päpstliche Vorgehen gegen heterodoxe (andersgläubige) Bewegungen in Nord- und Mittelitalien unterstützte, indem er mit der üblichen rechtssymbolischen Handlung des Handschuhwurfs feierlich die Reichsacht über verurteilte Ketzer verhängte.[72] Erst der Konfrontationskurs des gebürtigen Mailänders Urban III. (1185–1187), der die Erinnerungen an die Demütigung seiner Vaterstadt nie überwunden hatte, führte wieder zu scharfen Gegensätzen, in denen sich freilich keineswegs zeigte, daß die Nachwirkungen des Friedens von Venedig die «gesamte darauf [auf das Kaisertum] bezogene Ordnungskonfiguration» beeinträchtigt hatten:[73] gerade der Reichsepiskopat stand im Konflikt mit Urban III. so gut wie geschlossen hinter dem Kaiser. Mit den Kreuzzugsvorbereitungen seit 1188 setzte dann erneut eine enge Kooperation mit dem Papsttum ein. Der Friede von Venedig bahnte also den Weg für einen Höhepunkt der spezifisch kaiserlichen Geltung Barbarossas – von seiner unangefochtenen machtpolitischen Stellung in Ober- und Mittelitalien ganz abgesehen.[74]

STURZ HEINRICHS DES LÖWEN: ERFURT

Das liebgewonnene Historiengemälde, das Friedrich Barbarossa und Heinrich den Löwen einander in inniger Feindschaft zugetan sein läßt, hat die Forschung der letzten Jahrzehnte einer gründlichen Reinigung unterzogen. Zu Beginn des 20. Jahrhunderts war es zwar ungewiß, ob Barbarossas «brennender Durst nach Genugtuung» für die in Chiavenna erlittene Demütigung sein Ziel bestimmte, den Herzog von Sachsen und Bayern von der Höhe seiner Macht herabzustürzen, oder aber, fern aller leidenschaftlichen Regungen, vor allem «staatsmännische Erwägungen».[75] Daß der Staufer aber der ‹Jäger des Löwen› gewesen sei, war Konsens; heute wird diese Auffassung kaum mehr vertreten,[76] der Kaiser erscheint vielmehr als «Getriebener der Fürsten».[77] Unter dem dunklen Firnis des altvertrauten Geschichtsbilds vom persönlichen Antagonismus ist das breite Farbenspektrum einer zu beiderseitigem Vorteil engen Zusammenarbeit zwischen den beiden Vettern zutage gekommen, die allerdings den Erwartungen anderer Fürsten hinsichtlich ihrer Teilhabe an der Königsherrschaft auf Dauer nicht standhielt. Für die ältere Forschung war die auf 1176 datierte Begegnung von Chiavenna – von der noch ausführlich zu sprechen ist – der Punkt, von dem an der Staufer auf Rache gesonnen haben soll: Barbarossa habe dem Löwen nicht nur nicht verzeihen können, daß er ihm damals die erbetene Heerfolge gegen die lombardischen Städte verweigerte, sondern auch, daß er dieser Bitte nicht nachgekommen sei, obwohl sich der Kaiser in einem Fußfall vor dem Herzog gedemütigt habe. Die Zweifel, die hinsichtlich der Historizität dieses Geschehens schon früher laut geworden waren, wenn auch nur sehr vereinzelt, haben sich unter dem Eindruck neuerer Forschungen zu Erinnerung und Gedächtnis stark verdichtet, so daß die Geschichte von der Demütigung Barbarossas in Chiavenna ihren Charakter als Schlüsselszene für seinen Konflikt mit Heinrich dem Löwen zunehmend einbüßt, dafür allerdings auf anderer Ebene an Bedeutung gewinnt – wovon noch die Rede sein wird. Unverändert bilden allerdings die durch den Friedensschluß von Venedig auch im Reich wesentlich veränderten Verhältnisse den zeitlichen und politischen Kontext für den Sturz des Löwen.

Einige Stationen enger, von Leistung und Gegenleistung geprägter Kooperation zwischen Kaiser und Herzog seien wenigstens kurz in Erinnerung gerufen: Barbarossa hatte die Unterstützung des Welfen für seine Königswahl 1152 durch die Zusage erlangt, ihm das Herzogtum Bayern rückzuübertragen, das Konrad III. dessen Vater 1139 aberkannt hatte. Schon unmittelbar nach der Wahl ergoß sich ein förmlicher Strom von Hulderweisen über Heinrich – die Übertragung des Erbes der Grafen von Winzenburg und der Vogtei über das

Reichskloster Reichenau sowie der Bischofsinvestitur in den wiedererrichteten nordelbischen Bistümern, mit der Barbarossa dem Herzog ein eigentlich königliches Vorrecht für seinen Herrschaftsbereich zugestand. Die 1156 durch den Ausgleich mit Herzog Heinrich Jasomirgott und der Erhebung Österreichs zum Herzogtum abgeschlossene Übertragung Bayerns hatte sich der Löwe außerdem durch treue Hilfe bei der Belagerung Tortonas und während der Kämpfe gegen die Römer verdient. Ab 1159 unterstützte er mit 1200 Panzerreitern aus seinen beiden Herzogtümern die langwierigen Belagerungen erst Cremas, dann Mailands. Einer der beiden Eheschlüsse, mit denen Barbarossa 1165 sein nicht zuletzt auf Eindämmung der alexandrinischen Obödienz abzielendes Bündnis mit Heinrich II. von England bekräftigte, band auch den Welfen in das Netz ‹internationaler› Kontakte des Kaisers ein: nachdem er sich 1162 auf Barbarossas Drängen von seiner ersten Gemahlin Clementia von Zähringen getrennt hatte, womit der Kaiser seiner alten Abneigung gegen diese Familie treu geblieben war, erhielt der Löwe damals die englische Königstochter Mathilde zur Frau. Mehrfach fungierte er als Vermittler und Gesandter – nach dem Eklat von Besançon bei Papst Hadrian IV., 1168 beim englischen und französischen König oder 1171 während seiner Reise nach Jerusalem bei Kaiser Manuel I. Komnenos in Konstantinopel. Nach seiner Rückkehr aus dem Orient zu Weihnachten 1172 war er noch mehrfach am Hof, zuletzt Anfang Juli 1174, zwei Monate vor Barbarossas Aufbruch in den Süden. Bei diesen Treffen kam der bevorstehende Italienzug ebenso gewiß zur Sprache wie Heinrichs Ablehnung erneuter Heerfolge, jedoch bleiben die Quellen, von Nachrichten über seine bloße Anwesenheit bei Hof abgesehen, vollständig stumm. Sicher ist nur, daß Heinrich zur Heerfolge «rechtlich» nicht verpflichtet war; «in einer Gesellschaft, die alles Verhalten auf Ehre und Loyalität, Absprache und Mitsprache gründete»,[78] war persönliche Anwesenheit freilich die Voraussetzung dafür, erreichten Einfluß stabilisieren und mehren zu können. Das wußte Heinrich, aber es war ihm wichtiger, in seinem Herzogtum zu bleiben.

Seine Stellung war unerschüttert. Als er zu seiner sächsischen auch die bayerische Herzogswürde erlangt hatte, «wurde für ihn ein neuer Name geschaffen: Heinrich der Löwe» (*creatum est ei nomen novum: Heinricus leo*).[79] Mit diesen Worten resümierte Helmold, Pfarrherr im holsteinischen Bosau, den Eindruck, den die neu gewonnene Machtstellung des Herzogs zumal auf seine sächsischen Zeitgenossen machte. Als Helmold schrieb, waren in Sachsen schon seit gut einem Jahrzehnt Münzen im Umlauf, die nicht nur das Bild eines Löwen zeigten, sondern in der Umschrift auch den Herzog selbst als *leo*, als Löwen bezeichneten. Das Löwenprädikat war ein traditionelles Charakteristikum starker Herrschaft, weshalb der Löwe bereits in der Antike – man denke etwa als frühes Beispiel an das Löwentor von Mykene – als imperiales Symbol galt. Darüber hinaus gab Mut in der Schlacht oder auch Einsatz für Gerechtigkeit wie überhaupt auffallende Herrscherautorität den Anlaß zum Löwenvergleich, der übrigens nicht nur Königen und Fürsten vorbehalten war, sondern auch auf Bischöfe und Geistliche angewendet wurde. Solchen, in der damaligen Geschichtsschreibung üblichen Vergleichen lagen auch biblische Archetypen zugrunde, die nicht zuletzt durch Predigten verbreitet und immer wieder im Gedächtnis der Hörer erneuert wurden. Von Judas Makkabäus, der häufig als Rollenmodell für mittelalterliche Könige diente, hieß es, er habe im Kampf einem Löwen geglichen, «einem jungen Löwen, der sich brüllend auf die Beute stürzt» (1 Makk 3,4); aus den Spruchweisheiten erfuhr man, daß das Knurren des Löwen wie der Zorn des Königs, dessen Gunst jedoch wie Tau auf dem Grase sei (Sprüche 19,12). Wegen des Beziehungsreichtums des Löwensymbols und der allgemeinen Vertrautheit mit ihm konnte das Braunschweiger Löwenstandbild von den Zeitgenossen gewissermaßen auch gelesen werden; der Herzog ließ es zwischen 1164 und 1176 aus Bronze als freistehende Großplastik gießen und vor seiner Burg als stellvertretendes Bildnis für sich selbst aufstellen.[80]

Die Nachricht davon drang sogar bis ans Ohr Gottfrieds von Viterbo, des Kapellans und Notars an Barbarossas Hof, und die Botschaft wurde verstanden: «Der Herzog goß einen großen Löwen aus Erz, und dessen Zorn praktizierte er selbst, erschreckend durch Taten.»[81] Seine Herzogsherrschaft, die mit ihrem Anspruch auf Bischofsinvestitur, Einzug erledigter Grafschaften und Errichtung neuer Zollstätten – um nur einige konfliktträchtige Aspekte zu nennen – mit hergebrachten Traditionen brach, entfaltete sich vor allem in Sachsen geradezu königsgleich. Wenig um Konsens mit den anderen sächsischen Großen bemüht, erscheint der machtbewußte Welfe als «Modernisierer und Brüskierer, innovativer Virtuose der Macht wie unsensibler Autist im Gefüge adliger Gleichrangigkeit».[82]

An seiner überragenden Machtstellung hatten nicht nur militärische Erfolge und effektive Nutzung abhängiger Verwaltungs- und Dienstleute ihren Anteil, sondern auch die kontinuierliche Protektion durch seinen kaiserlichen Vetter. Schon 1163 hatte Barbarossa König Vladislav von Böhmen, Herzog Welf VI., Herzog Heinrich von Österreich und Markgraf Otakar von Steier davon abbringen können, sich einer Verschwörung sächsischer Gegner des Löwen anzuschließen; Markgraf Albrecht der Bär, der sächsische Pfalzgraf Adalbert von Sommerschenburg, Bischof Udo von Zeitz und Landgraf Ludwig von Thüringen sollen damals schon bereit gewesen sein, gegen ihn Krieg zu führen.[83] Zum Jahr 1166 notierte Helmold von Bosau, alle Fürsten Sachsens seien, weil Ruhm eben Neid erzeuge, auf den Ruhm des Herzogs eifersüchtig, nicht zuletzt auf seine Stellung am Hof, die ihm weitreichenden Einfluß beim Kaiser sichere: «Denn Heinrich stand bei seinem ungeheuren Reichtum und seinen glänzenden Siegen so hoch in dessen Ansehen, daß es allen Fürsten und Edlen in Sachsen unerträglich schien. Doch die Furcht vor dem Kaiser band den Fürsten die Hände, daß sie ihre geplanten Umtriebe nicht ins Werk setzten.»[84] Anlaß dieser Nachricht aber war, daß die Abwesenheit des Kaisers in Italien ab November 1166 eine «günstige Gelegenheit» schuf, bei der «die alte Verschwörung» der nicht nur sächsischen Gegner von Heinrichs expansiver Herrschaft sofort wieder offen hervortrat. An der Spitze der mächtigen Koalition standen Erzbischof Wichmann von Magdeburg und Bischof Hermann von Hildesheim; ihnen schlossen sich an Landgraf Ludwig II. von Thüringen, der Markgraf von Brandenburg, Albrecht der Bär, samt seinen Söhnen und seinem wettinischen Schwiegersohn, Markgraf Otto von Meißen, der wiederum seine Brüder Heinrich, Dedo von Groitzsch und Friedrich in den Bund brachte; ihm gehörten außerdem Pfalzgraf Adalbert von Sommerschenburg, Graf Otto von Assel und andere sächsische Adlige an. 1167 brauste durch ganz Sachsen «der wilde Sturm des Aufstands, weil alle Fürsten gegen den Herzog kämpften; Krieger wurden gefangen und verstümmelt, Burgen und Häuser zerstört und Städte eingeäschert».[85] Im Sommer 1167, als Barbarossa gerade von Ancona nach Rom zog, fand diese Opposition gegen den Löwen weitere Unterstützung, als eine hochrangige Delegation aus Klerus, Adel und Ministerialität des Kölner Erzbistums in Magdeburg erschien, um mit der sächsischen Opposition einen Freundschaftsbund (*fedus amicicie*) zu schließen, dessen gemeinsames Ziel der Krieg gegen den Löwen war.[86] Schon 1167 verfolgte die Mehrheit der Kölner Führungsschicht eine gegen den Löwen gerichtete Politik. Rainald von Dassel hielt sich damals zwar beim Kaiser in Italien auf, hatte aber durch Boten und Briefe in den Bund eingewilligt und versprochen, daß er nach seiner Rückkehr das beschworene Bündnis halten und förmlich bestätigen werde.[87] Dazu kam es nicht, weil Rainald an der im August in Rom ausgebrochenen Epidemie starb. Der «sächsische Krieg» gegen Heinrich den Löwen[88] zog sich bis in den Sommer 1170 hin und wurde erst durch wiederholte Interventionen Barbarossas beendet. Noch 1167 hatte er Erzbischof Christian von Mainz und Herzog Berthold von Zähringen, die beiden bedeutendsten Reichsfürsten, die die Katastrophe vor Rom überlebt hatten, mit dem Auftrag nach Sachsen geschickt, einen Waffenstillstand bis zu seiner Rückkehr durchzusetzen. Zwischen Mai 1168 und Juni 1170 schlichtete Barbarossa dann den Konflikt auf einer ganzen Reihe von Hoftagen in Würzburg, Bamberg, Frankfurt, erneut Würzburg, Wallhausen, erneut Bamberg und Erfurt. Das geschah nicht durch Urteil des Königsgerichts, sondern «mit großer Umsicht und Klugheit»[89] durch eine gütliche Übereinkunft, auf die der Kaiser zweifellos maßgeblich Einfluß nahm, ohne daß Details bekannt wären. Daß er dabei verwandtschaftliche Bindungen nutzte, zeigt die Versöhnung, die er zwischen seinem herzoglichen Vetter und seinem Schwager, Landgraf Ludwig II. von Thüringen, 1168 in Würzburg zustande brachte. Auch in der Entscheidung der Doppelwahl, die nach dem Tod von Heinrichs altem Gegner Erzbischof Hartwig in Bremen stattgefunden hatte, vertrat er die Interessen des Löwen. Er setzte nicht nur beide Elekten ab – unter ihnen Siegfried, einen Sohn von Heinrichs geschworenem Feind Albrecht dem Bären –, sondern erhob auch den Wunschkandidaten des Löwen, den Halberstädter Dompropst Balduin, und machte so den Herzog faktisch zum Herrn des Erzstifts und der Stadt Bremen.[90] Helmold von Bosau resümierte den Ausgang der Konfliktperiode ebenso nüchtern wie zutreffend: «Alles aber ging nach dem Wunsch des Herzogs, der aus der Umklammerung durch die Fürsten ohne jede eigene Einbuße befreit wurde.»[91]

Zu dieser Zeit hatte im Kölner Erzbistum Barbarossas bisheriger Kanzler, Philipp von Heinsberg, die Nachfolge Rainalds von Dassel angetreten und damit auch den Konflikt mit Heinrich dem Löwen geerbt. Die Grafen von Heinsberg waren zwar eine niederrheinische Familie, hatten damals aber schon in der dritten Generation in führende sächsische Adelsfamilien eingeheiratet. Philipp fügte sich insoweit recht gut in die bestehenden Konfliktlinien ein, als zwei seiner Schwestern mit Angehörigen der sächsischen Adelsopposition verheiratet waren – Mechthild mit dem Wettiner Dedo von Groitzsch und Salome mit Graf Otto von Assel.[92] Schon kurz nach Philipps Rückkehr aus Italien im August 1168 machte sich der Gegensatz bemerkbar. Als Belohnung für seine Rückführung nach Rom hatte Paschalis III. auf Philipps Bitten das Bistum Cambrai aus dem Metropolitanverband der Reimser Kirche, dessen Erzbischof Heinrich ein Anhänger Alexanders III. war, herausgelöst und dem Kölner Erzbistum unterstellt. In Cambrai, wie bereits erwähnt, war durch maßgebliche Unterstützung der Kaiserin ihr Verwandter Peter von Flandern, ein Sohn des mit Köln verfeindeten Grafen von Flandern, zum Bischof erhoben worden. Als Philipp im Oktober 1168 die ihm zugesagte kirchliche Neuordnung umgehend durchsetzen wollte, scheiterte er aber am Widerstand der Kaiserin, die sich mit Unterstützung Heinrichs des Löwen bei Barbarossa erfolgreich für die Beibehaltung der bisherigen Ordnung einsetzte.[93] Philipp konnte damals noch nicht auf eine Karriere als «treuester Vollzieher» kaiserlicher Anordnungen (*fidelissimus mandatorum nostrorum exsecutor*) zurückblicken, als den ihn der Kaiser erst 1176 angesichts seiner massiven Hilfe in Italien loben sollte.[94] Der Löwe hatte als Verwandter und langjähriger enger Parteigänger des Kaisers gegenüber dem neuerhobenen Erzbischof von Köln sozusagen die älteren Rechte und außerdem größeres Gewicht am Hof; dieses Machtverhältnis ließ der Herzog seinen Widersacher sofort und demonstrativ spüren. Heinrich hatte dem Kaiser mehrfach seine unbedingte Zuverlässigkeit bewiesen, indem er sich für dessen größtmöglichen Vorteil eingesetzt hatte. Damit verpflichtete er Barbarossa zur Gegenleistung.

Diese wechselseitige ‹Meistbegünstigung› hatte Bestand, solange die Interessen des Kaisers nicht direkt mit denen des Herzogs kollidierten und der Löwe, der sozusagen vom Kapital früher erwiesener Treue zehrte, von niemandem verdrängt wurde, der sich den Kaiser seinerseits wirksam oder sogar noch wirksamer als er selbst zu verpflichten verstand. Genau das aber geschah in den Jahren nach Heinrichs Rückkehr aus Jerusalem 1172 bis zur Rückkehr Barbarossas aus Italien 1178. Das Verhältnis der beiden Vettern wurde überschattet

von der anstehenden Entscheidung Welfs VI. über den süddeutschen Welfenbesitz, als dessen Erben nach dem Tod Welfs VII. vor Rom 1167 Barbarossa als Sohn der Schwester und Heinrich der Löwe als Sohn des Bruders gleichermaßen in Frage kamen. Welf VI. entschied sich zunächst für Heinrich, später aber für Barbarossa. Ursächlich für diesen Meinungswechsel hielten manche Zeitgenossen Heinrichs unfeine Spekulation, sein etwa sechzigjähriger Onkel werde noch sterben, bevor er ihm die Geldsumme, auf die sie sich als Gegenleistung für die Übertragung des Erbes geeinigt hatten, würde entrichten müssen. Darüber schwer empört, wandte sich Welf VI. an den Kaiser, der entweder über größere liquide Mittel verfügte oder zahlungswilliger, vielleicht aber auch beides war, deshalb den Zuschlag bekam und so nicht nur die staufische Hausmacht in Schwaben erheblich ausweiten, sondern auch den schwäbischen Anhängern des Löwen die materielle und rechtliche Grundlage ihrer Anhänglichkeit entziehen konnte.[95] Die darüber aufflackernde Enttäuschung hätte, Friedens- und Einigungswillen vorausgesetzt, sicher nicht zum Krieg führen müssen.

ABB. 32 Das Bild zeigt den thronenden Kaiser, rechts neben ihm stehend mit Krone seinen Sohn Heinrich VI., links seinen Sohn Herzog Friedrich von Schwaben. Nachdem das welfische Erbe an Barbarossa gelangt war, setzte der Autor der im welfischen Hauskloster entstandenen *Historia Welforum* das Bild an den Anfang seines Werkes und demonstrierte damit die Zugehörigkeit zur Kaiserfamilie. Die Miniatur ist auch für den Herrscherornat aufschlußreich: der Mantel ist, anders als auf älteren Herrscherdarstellungen üblich, nicht auf der rechten Schulter nach Art des römischen Feldherrnmantels mit einer Agraffe geschlossen, sondern ruht als sogenannter Tasselmantel auf beiden Schultern. Über einem knöchellangen Unterkleid trägt der Kaiser einen etwas kürzeren Überrock, was an die Kombination der geistlich-liturgischen Gewänder von Alba und Dalmatik erinnert. Die vertikale Abfolge kreisförmiger Ornamente als Mittelstreifen auf dem Überrock und ihre horizontale auf der Bauchbinde orientieren sich am Vorbild der *loros* genannten Kaiserbinde des byzantinischen Kaiserornats. Die spitz zulaufenden Schnabelschuhe waren damals schon modisches Allgemeingut des Adels. Während Barbarossas Kleidung auf die Würde des Alters und seines kaiserlichen Amtes verweist, tragen seine beiden Söhne kürzere Tuniken, die, dem höfischen Schönheitsideal entsprechend, den Blick auf ihre in enge rote Hosen gekleideten Beine erlauben.
Dazu Keupp 2010c. – Fulda, Hessische Landesbibliothek, Cod. D 11.

Aber Heinrich bekam, zweitens, auch den Einfluß zu spüren, den Barbarossa dem Erzbischof von Köln als mittlerweile langjährigem «treuesten Vollzieher» seiner Befehle einräumen wollte und mußte. Daß Heinrich in den Jahren nach 1174 keine Heerfolge für den Italienzug leistete, dürfte für Friedrich angesichts der Schwierigkeiten, die der «sächsische Krieg» sowohl ihm wie seinem Vetter bereitet hatte, keine wirkliche Überraschung gewesen sein. Und der Löwe kannte die Technik, sich den Kaiser mittels überdurchschnittlicher Leistungsbereitschaft zu verpflichten, aus eigener Erfahrung viel zu gut, um seinerseits davon überrascht gewesen sein zu können, daß Philipp mit den Pfunden der Einkünfte, die ihm seine Erzdiözese sicherte, im Dienste des Kaisers nach Kräften wucherte. Vor dem Italienzug verpfändete Philipp 1174 Güter ausdrücklich «wegen der Not der Kirche und der Ehre des Reichs» (*pro necessitate ecclesie et honore imperii*); das geschah erneut 1176 mit dem geradezu programmatischen Hinweis, daß er weder vor Ausgaben noch vor Menschenverlusten zurückschrecke, «bis die kaiserliche Hoheit wieder im Vollbesitz ihrer Kraft das erhobene Haupt der Rebellen beugt und zu Boden wirft».[96] «Solche Investitionen mußten eines Tages refinanziert werden; sie sollten sich lohnen und geschahen deshalb im Hinblick auf späteren politischen wie materiellen Gewinn, der im Falle Philipps von Köln unvergleichlich viel höher ausfallen sollte als der Aufwand.»[97] Aber natürlich war nicht konkret vorhersehbar, in welchem Ausmaß Philipp seinen Handlungsspielraum erweitern konnte, indem er 1174 und erneut 1176 Heerfolge leistete, an den Kämpfen vor Alessandria und bei Legnano teilnahm, aber auch an den Friedensverhandlungen bei Montebello und in Pavia 1175 sowie in Venedig 1177.

Für das weitere Geschehen war wichtig, daß mit den Erzbischöfen von Köln und Magdeburg alte Gegner des Löwen den Frieden mit Alexander III. aushandelten. Dabei ließen sie ihre eigenen Interessen nicht unberücksichtigt: sie schrieben nicht nur die Absetzung Bischof Geros von Halberstadt zugunsten des 1160 von Heinrich dem Löwen verjagten Ulrich in den Friedensvertrag, sondern auch eine Überprüfung der Wahl des Askaniers Siegfried und im Falle von deren kirchenrechtlichem Bestand auch dessen Transfer auf den Erzstuhl von Bremen. Diese Regelungen betrafen Heinrichs Einfluß in beiden Bistümern und auch die Kirchenlehen, die er von seinen beiden Getreuen Balduin und Gero erhalten hatte. Barbarossa dürfte die dunklen Wolken, die sich über Heinrichs Haupt zusammenzogen, erkannt haben; aber die Treue der Erzbischöfe forderte ihren Preis, und er schien ihm offenkundig nicht zu hoch. Das waren auch keine auf den Sturz des Löwen, sondern, zumal für Wichmann, nur auf dessen Bändigung gerichtete Maßnahmen, um die Bistümer vom herzoglichen Einfluß zu befreien.[98] Schon im Herbst 1177 forderte Ulrich die von Gero an Heinrich ausgegebenen Halberstädter Kirchenlehen zurück und setzte damit eine Spirale wechselseitiger Herausforderungen in Gang, die sich mit familiären Interessen Philipps verbanden, der seinerseits von Heinrich die Auslieferung des Erbes seines verstorbenen Schwagers Otto von Assel verlangte. Mitte 1178 schloß Philipp ein Bündnis mit Ulrich und verwüstete umgehend Heinrichs westfälische Besitzungen bis an die Weser.

Am 11. November traf Barbarossa aus Italien und Burgund kommend in Speyer ein. Dort erwarteten ihn seine beiden mittlerweile im offenen Kampf miteinander liegenden Getreuen, der Erzbischof von Köln und der Herzog von Sachsen und Bayern, die damals wohl mächtigsten Reichsfürsten. Soweit erkennbar, waren die Herren, anders als vielleicht Wichmann von Magdeburg, von einer adelsstolzen Konfrontationsbereitschaft, der sie im Wissen um oder in der Hoffnung auf ihren Rückhalt beim Kaiser auch keinerlei Zügel anlegten. In manchen Zügen scheinen Herzog und Erzbischof von ähnlichem Charakter gewesen zu sein. Den Kölnern blieb Philipp als Mann in Erinnerung, der mehr in weltliche und kriegerische Angelegenheiten verwickelt und mehr auf den weltlichen Ruhm bedacht gewesen sei als auf jenen, der bei Gott zu gewinnen ist.[99] Nach dem Vorbild seines Vorgängers sei er dem Kaiser wie eine zweite Säule des Reichs zur Seite gestanden. Sein Rangbewußtsein war ausgeprägt genug, um 1179[100] bei der Belagerung der Burg Neuhaldensleben die Führung für sich zu beanspruchen und damit den eigentlich verbündeten Markgrafen Otto von Meißen zu verprellen. Wurde sein äußeres Erscheinungsbild als anziehend, ja schön gepriesen,[101] so hieß es auch von Heinrich, er sei wohlgestaltet gewesen, habe große und schwarze Augen gehabt, fast schwarze Haare, sei außerdem hochherzig und vermögend an Reichtümern und Macht gewesen.[102] Sein Geschlecht war nicht nur um Jahrhunderte älter als das der erst vor drei Generationen aufgestiegenen schwäbischen Herzöge; die Welfen waren überhaupt die erste Familie im mittelalterlichen Reich, für die schon um 1120 eine auf Latein verfaßte Familiengeschichte geschrieben wurde, ein frühes Beispiel für die in Spätmittelalter und früher Neuzeit beliebte dynastische Hausgeschichtsschreibung; «diese Vorreiterrolle markiert den herausragenden Rang» jener fürstlichen und königlichen Familie.[103] Aber Heinrich war auch ein Enkel Kaiser Lothars III. Viel mehr als Barbarossa, der ‹nur› Urenkel eines Kaisers war und am schwäbischen Herzogshof aufwuchs, war Heinrich, im engsten Umkreis seiner kaiserlichen Großeltern aufgewachsen und erzogen, ein aus imperialer Tradition herrührendes Selbstbewußtsein vermittelt worden. Sein ausgeprägtes Rang- und Herkunftsbewußtsein bestimmte sein hochfahrendes Wesen ebenso wie seine häufig genug anmaßende und brüsk mit Traditionen brechende Herrschaftsausübung, bei der ihm zumal in den Anfangsjahren die geistlichen und militärischen Experten aus dem Umkreis Kaiser Lothars zur Seite standen.

Zwischen dem Kölner Philipp und dem Löwen – oder genauer gesagt: über ihnen stand der Kaiser, damals fast sechzig Jahre alt, in Fragen der Wahrung des fürstlichen *honor* gehärtet nach fast dreißig Jahren Herrschafts- und Schlichtungserfahrung, beiden Fürsten gleichermaßen eng verpflichtet, dem einen vor allem aus früheren Zeiten, dem anderen wegen jüngst erwiesener Dienste. Da eine Verhandlung der Klagen vor dem Hofgericht zuvor nicht angesetzt worden und ein sofortiger Ausgleich mangels Vorabsprachen nicht zu erwarten war, blieb nur das mehrfach bewährte Mittel, die Entscheidung vorerst zu vertagen. Für Januar 1179 wurde ein Hoftag in Worms angesagt, dort sollte sich der Löwe den Klagen der Fürsten stellen. Als sich Philipp auf die Seite der sächsischen Gegner Heinrichs schlug, erreichten ihre Klagen gewissermaßen eine ‹kritische Masse›. Damals nahm seinen Anfang, was drei Jahre später in Erfurt mit dem Sturz des Herzogs endete. Die Entwicklung dahin wird als ‹Prozeß› in Form eines land- und dann lehnsrechtlichen Verfahrens eher irreführend umschrieben, denn dieser Begriff täuscht darüber hinweg, daß erst der Prozeß selbst seine Formen produzierte[104] und nicht dem Automatismus schon allgemein anerkannter Normen gehorchte. Wie stets im Falle von Ansprüchen, die zwischen Reichsfürsten strittig waren und vor dem Königsgericht geklärt werden sollten, war auch dieser ‹Prozeß› in erster Linie ein Aushandlungsprozeß, in dem Rücksicht auf Freundschaft und Verwandtschaft, Rang und Ehre der beteiligten Großen

ABB. 33 Untere Bildhälfte des sog. Krönungsbildes im Evangeliar Heinrichs des Löwen. Hinter dem knienden Herzog stehen seine Eltern, Herzog Heinrich der Stolze und seine Mutter Gertrud, die Tochter Kaiser Lothars III. Dieser und seine Gemahlin Richenza stehen links am Bildrand. Seine kaiserliche Abstammung war ein wichtiges Element im Selbstverständnis des rangbewußten Herzogs. Hinter Mathilde stehen ihre Eltern, König Heinrich II. von England und seine Gemahlin Mathilde. Die Kronen, die die Hand Gottes über die Häupter des Herzogspaares hält, weisen auf die Krone des ewigen Lebens als erhoffte Belohnung für eine gerechte Herrschaft, sind also eine Bildformel für die Bitte um Seelenheil, wurden in der Forschung aber auch als Hinweise auf einen Königsplan Heinrichs des Löwen gedeutet. – Wolfenbüttel, Herzog August Bibliothek, Cod. Guelf. 105 Noviss.

eine entscheidende Rolle spielte, aber auch Argumente des Lehnsrechts, das sich in der zweiten Jahrhunderthälfte von einem lockeren Bündel von Rechtsgewohnheiten zu einem komplexen juristischen Ordnungssystem zu wandeln begann.[105]

Auf die Ladung vor das Königsgericht nach Worms reagierte Heinrich, wie es mächtige Herren in solchen Fällen häufig zu tun pflegten und wie es seinem Selbstverständnis nach – zumal ihm, einem Kaiserenkel und einem der Königsmacher von 1152 – zukommen mochte: er erschien erst gar nicht. Denn sich dem Gericht zu stellen hätte auch bedeutet, die erhobene Klage als berechtigt anzuerkennen. Heinrich demonstrierte seine gegenteilige Rechtsauffassung durch Fernbleiben. Philipp indessen hatte gegen das Königsgericht nichts einzuwenden, vielleicht im Vertrauen auf seine Barbarossa geleisteten Dienste, vielleicht im Vertrauen auf ein persönliches Kapital, an dem es Heinrich – trotz allen Mäzenatentums und Nähe zu gelehrten Kapellänen – doch gemangelt haben dürfte: gelehrte Bildung. Philipp hielt sich auf sein Studium in Reims und seine kanonistische Ausbildung zeitlebens viel zugute und führte noch als Erzbischof – und als einziger unter seinen Amtsbrüdern – stolz den Titel eines Magisters;[106] wohl nicht zufällig rühmen die Quellen seine Klugheit und seine Redegewandtheit. Sicher aber vertraute Philipp der Kölner Rechtsschule, die seit den Zeiten Rainalds von Dassel entstanden war[107] und seine Ansprüche mit juristischem Sachverstand zu unterstützen wußte. Dieser wog nicht prinzipiell schwerer als Heinrichs hohe Abkunft und seine verwandtschaftliche Bindung an den Kaiser, aber gewann durch Philipps kluge Regie, im Verfahren lehnsrechtlich zu argumentieren,[108] entscheidend an Gewicht. Die mittelalterliche Herrschaftspraxis war immer personenbezogene Herrschaft und als solche weniger abstrakten Rechtsnormen verpflichtet als vielmehr den Beziehungen zwischen den Personen. Allgemein relevant war die Erfahrung der zwar auch fragilen und brüchigen, aber prinzipiell gültigen Verwandtensolidarität. Das sah man auch in der engsten Umgebung des Löwen so: in St. Michael in Lüneburg meinte man mit Blick auf den letztlich eintretenden Sturz des Herzogs, Friedrich habe Heinrich, der ihm doch zur kaiserlichen Würde verholfen habe, seines Erbes beraubt und damit Gutes mit Schlechtem vergolten.[109] Verwandtschaft und Treue waren hohe Werte und hatten für Barbarossa auch solange gegolten, bis er sich zwischen ihnen und einem anderen

Grundsatz entscheiden mußte, auf den er seine bisherige Herrschaftsausübung gegründet hatte.

Auf dem für Juni 1179 nach Magdeburg einberufenen Hoftag erschien der Löwe ebenfalls nicht. Die Ablehnung des Gerichts traf, das war bereits mit Blick auf die Verhältnisse in Italien festzustellen, Barbarossas Herrschaftsanspruch im Kern und konnte nicht ungesühnt bleiben. Daß Heinrich genau diesen Kurs einschlug, muß dem Kaiser spätestens auf dem Hoftag von Magdeburg im Sommer 1179 klar geworden sein, als sich der Löwe zum zweiten Mal der Ladung verweigerte. Bezeichnenderweise heißt es in der Kölner Königschronik, daß sich dort dem Kaiser erstmals der Frevel und die Treulosigkeit des Löwen enthüllt habe.[110] Die Mißachtung von Kaiser, Gericht und Fürsten war damit so unübersehbar geworden, daß Barbarossa die Acht über den Herzog verhängte – eine Art Beugemaßnahme, um den Löwen doch noch zum Erscheinen am Hof zu bewegen. Im Juli blieb dieser jedoch auch einem Hoftag in Naumburg (oder Neuenburg) fern, im August dem Hoftag in Kayna. Möglicherweise bereits dort, vielleicht aber auch erst im Januar 1180 in Würzburg wurden dem Löwen beide Herzogtümer abgesprochen.

Auf den Ladungsungehorsam Mailands im Jahr 1155 hatte Barbarossa vor den Fürsten geklagt, der *honor imperii* sei verletzt. Nichts spricht dafür, daß er die wiederholte Säumnis des Löwen anders wahrgenommen haben könnte. Die italienischen Beispiele zeigen, welche Folgen eine solche Verletzung des *honor imperii* nach sich zog: der Kaiser bestand auf einer öffentlichen Selbstdemütigung dessen, der sich den Akt des Ungehorsams hatte zuschulden kommen lassen, als *satisfactio* für die erlittene Beleidigung. Davor ließ er keinerlei direkte Begegnung zu Verhandlungszwecken zu – sein Enkel, Friedrich II., teilte den aufständischen Kommunen später in einem solchen Fall mit, ihnen sein Antlitz nur zeigen zu wollen, «soweit wir das mit der Ehre unseres Reiches vereinbaren können».[111] Verwandtschaftliche Bindungen schufen jedoch eine zusätzliche Ebene der Kommunikation, jenseits der problematisch gewordenen herrschaftlichen Bindung, jenseits der Rangordnung. Davon hatte Barbarossa schon 1156 Gebrauch gemacht, um mit seinem Onkel Heinrich Jasomirgott doch noch einen friedlichen Ausgleich zu finden. Ebenso gab es parallel zu den Ladungen vor das Königsgericht einen Strang direkter Verhandlungen mit dem Löwen, in denen die Möglichkeiten einer gütlichen Einigung ausgelotet wurden. Wichtige Informationen liefert Arnold von Lübeck, der den überhaupt ausführlichsten Bericht über den Streit niederschrieb – zwar erst etwa dreißig Jahre später, aber doch als Zeitgenosse des Geschehens und in Kenntnis der Erzählungen welfischer Gewährsleute,[112] so daß es keinen Grund gibt, seine Nachrichten pauschal für unglaubwürdig zu halten.[113] Arnold wußte noch, daß sich der Kaiser auf Ersuchen ungenannter Unterhändler (*internuntii*) des Herzogs in Haldensleben mit seinem Vetter traf; dort habe ihn der Herzog mit wohlgesetzten Worten beschwichtigen wollen. Barbarossa soll daraufhin 5000 Mark Silber von ihm gefordert und ihm den Ratschlag gegeben haben, diese Ehre der kaiserlichen Majestät darzubringen; dafür werde er, Heinrich, durch Vermittlung des Kaisers die Huld der Fürsten wiedererlangen, denen er Unrecht getan habe.[114] Daß Arnold den Geldbetrag explizit als «Ehre» (*honor*) bezeichnet, läßt aufhorchen: Geld war üblicherweise gerade kein Mittel, das eine Verletzung des *honor imperii* heilen konnte.[115] Ich deute die Nachricht deshalb so, daß Barbarossa seinem Vetter entgegenkommen wollte und, anders als sonst, dazu bereit war, die Ehrverletzung, die ihm dessen Ladungsungehorsam zugefügt hatte, schon durch eine bloße Geldzahlung als gesühnt zu betrachten. Damit hätte er ihm die Erniedrigung in Form der sonst unumgänglichen öffentlichen Selbstdemütigung erspart und besondere Rücksicht auf den *honor* seines Vetters genommen. Heinrich lehnte dennoch ab. Der Lübecker Chronist läßt den Kaiser später sagen, der Herzog sei wegen der ständigen Unterstützung, die er von ihm erfahren habe, hochmütig geworden und habe die ihm angebotene Gnade – also doch wohl den Verzicht auf die demütigende Unterwerfung – für nichts geachtet.[116]

Warum forderte Heinrich den Kaiser auf diese Weise heraus? Er hätte, zumal im Lichte seiner eigenen Beteiligung an Barbarossas Kriegen gegen ungehorsame Städte, wissen müssen, daß der Kaiser die in der Ablehnung seines Gerichts ausgedrückte Mißachtung nicht ungeahndet lassen konnte. Schätzte der Löwe seine eigenen Machtmittel einfach falsch ein – wie schon Tortona oder Mailand die ihren? Unterschätzte er die vereinten Kräfte von Kaiser, Köln und sächsischer Fürstenopposition? Daß Heinrich seine Lage, aus welchem Grund auch immer, falsch eingeschätzt habe, ist freilich eine wertende Einsicht, die erst im Wissen um seinen Sturz möglich ist – die ihm selbst damals auf dem Weg in die Katastrophe aber nicht möglich war. Sein Wille zur Konfrontation war ungebrochen, und sein Entschluß, sich weder vor Kaiser noch Fürsten rechtfertigen zu wollen, deren Gericht er sich nach der Entscheidung über die Rückgabe Bayerns trotz vielfältiger Klagen nie mehr hatte aussetzen müssen, war unabänderlich. Den Kaiser als Gerichtsherrn zu ignorieren hieß jedoch, ihm die vornehmste seiner Herrschaftspflichten zu bestreiten. Der Konflikt war damit auf einer sehr prinzipiellen Ebene angelangt, und auch das erklärt seine rasche Eskalation.

Daß der Herzog für seine demonstrativ zur Schau getragene Mißachtung von Kaiser und Fürsten zur Rechenschaft gezogen werden mußte, war nun, mehr als zuvor, eine Frage des *honor imperii* – der Ehre des Reichs, also des Kaisers und jener Fürsten, die es trugen. Barbarossas Interesse und das der fürstlichen Gegner Heinrichs zielte in die gleiche Richtung: Unterwerfung des Löwen. Hinsichtlich der damit verbundenen Folgen waren sie aber offensichtlich nicht identisch. In Konflikten zwischen Adel und König war eigentlich üblich, daß der Herrscher auf demonstrierte Reue mit der Zuwendung von Gnade reagierte, also verzieh, und auf die symbolische Unterwerfung mit der Wiedereinsetzung des Unterworfenen in dessen frühere Machtstellung antwortete. So war es noch Barbarossas Vater und Onkel nach ihrer Auflehnung gegen Kaiser Lothar III. ergangen. Vergleichbare Erwartungen waren auch um 1180 noch handlungsleitend für den Kaiser, anders wäre sein Angebot, Heinrich die Huld der Fürsten wiederzuverschaffen, kaum verständlich. Unter den Fürsten dagegen dominierte die Sorge, nach einer Unterwerfung des Löwen, die der kaiserlichen Ehre Genüge getan hätte, den Vergeltungsmaßnahmen eines in sein Amt restituierten und nach wie vor übermächtigen Doppelherzogs ausgesetzt zu sein. Schon 1167 hatten Heinrichs Gegner aus Köln und Sachsen gefürchtet, er könne sich nach einem Friedensschluß an einem der beteiligten Bündnispartner rächen, und sich deshalb geschworen, nur gemeinsam Frieden zu schließen und jedem Mitglied gegen eventuelle Rache des Herzogs gemeinsam Beistand zu leisten. Das Bedürfnis nach Erwartungssicherheit war durch die Beteiligung des Kaisers am Krieg gegen Heinrich nicht geringer geworden. Im Gegenteil: Daß der Staufer bisher stets seine schützende Hand über seinen Vetter gehalten hatte, war Anlaß für berechtigtes Mißtrauen. Barbarossa hatte den Spielraum, den ihm die Praxis konsensualer Herrschaft beließ, durch die Begünstigung seines Vetters schon seit langem und bei weitem überdehnt. Nun bot Heinrichs herausfordernder Ungehorsam seinen langjährigen Gegnern die Gelegenheit, den Kaiser wieder an den Konsens eines größeren Kreises von Fürsten zurückzubinden. Für ihre Unterstützung verlangten sie einen Eid des Kaisers: Er schwor ihnen «beim Thron seiner Herrschaft, daß er ihn niemals in seine frühere Position einsetzen werde, wenn nicht das Einverständnis aller vorläge».[117] Damit folgte Heinrichs Sturz nun einem Drehbuch, das seine Gegner geschrieben hatten. Barbarossa ließ sich auch deshalb die Hände binden, um seine Herrschaft vor dem Ansehensverlust zu bewahren, den ein erfolgreich behaupteter Ladungsungehorsam des mächtigsten weltlichen Reichsfürsten unweigerlich bedeutet hätte.

Im Januar 1180 erkannten die Fürsten auf dem Würzburger Hoftag dem Löwen die Herzogtümer Bayern und Sachsen sowie sämtliche Reichslehen ab und unterstellten sie der Verfügungsgewalt des Kaisers. Schon im April 1180 trafen sie erneut zusammen, dieses Mal in der Kaiserpfalz zu Gelnhausen, und berieten das weitere Vorgehen. Dort wurde das berühmte, für die Kölner Kirche bestimmte, nach ihrem Ausstellungsort «Gelnhäuser Urkunde» genannte Schriftstück ausgefertigt – ein Text, der dem bisherigen Vorgehen die Logik eines Verfahrensrechts unterlegte, dem es gar nicht verpflichtet gewesen war, der das Geschehen aber mit rechtlichen Argumenten absicherte und wohl wesentlich auf die Kompetenz der Kölner Rechtsschule zurückgeht.[118] In einem einzigen langen Satz werden Vorwürfe und Vorgehen gegen den Herzog resümiert, seine Unterdrückung der Freiheit (*libertas*) der Kirchen Gottes und der Adligen des Reiches ebenso wie seine Weigerung betont, vor Gericht zu erscheinen, insbesondere aber die vielfältige, dem Kaiser erwiesene Mißachtung (*pro multiplici contemptu exhibito*) und seine Weigerung, trotz dreimaliger Ladung gemäß Lehnrecht (*sub feodali iure*) «vor unseren Richterstuhl» zu kommen. Dann wird berichtet, daß Barbarossa mit Zustimmung der Fürsten das Herzogtum Westfalen, das er aus der Teilung des bisherigen Herzogtums Sachsen geschaffen hatte, der Kölner Kirche für alle Zeiten geschenkt und ihren Erzbischof Philipp damit durch Überreichung der kaiserlichen Fahne (*vexillo imperiali*) feierlich investiert habe, weil er «beim Einsatz für die Ehre der kaiserlichen Krone» (*ob honorem imperialis coronae promovendum*) weder Geldausgaben noch Gefahr für Leib und Leben gescheut habe. Das alles geschah mit Zustimmung des Askaniers Bernhard von Aschersleben, des Sohnes Albrechts des Bären, der nun wenigstens den östlichen Teil Sachsens und die Herzogswürde erhalten hatte, nach der sein Vater seit den Tagen Konrads III. gestrebt hatte. In Gelnhausen wurde auch Siegfried, ein zweiter Sohn Albrechts des Bären, mittlerweile Bischof von Brandenburg, von zwei Legaten Alexanders III. auf den Bremer Erzstuhl transferiert – womit auch die zweite der im Frieden von Venedig potentiell gegen den Löwen gerichtete Bestimmung griff. Über das Herzogtum Bayern wurde im Juni 1180 in Regensburg beraten, allerdings mußte über die Bedingungen, unter denen die wichtigsten bayerischen Großen einer Übertragung des Herzogtums an Pfalzgraf Otto von Wittelsbach zustimmen wollten, erst noch Einvernehmen hergestellt werden. Um ihnen die Rangerhöhung seines Getreuen in Bayern erträglich zu machen, ließ sie Barbarossa an ihr teilhaben: Otakar von Steier erhielt seine bisherige Mark als Herzogtum Steiermark übertragen.[119] Graf Berthold IV. von Andechs, mitten in Altbayern als unmittelbarer Nachbar der Wittelsbacher begütert, erlangte herzoglichen Rang, indem ihm Barbarossa ein Meranien genanntes Gebiet an der Adria als Herzogtum übertrug. Weil nun beide dem neuen Herzog nicht mehr als Vasallen untergeordnet waren, stimmten sie seiner Erhebung zum Herzog des erneut verkleinerten Bayern im September 1180 im thüringischen Altenburg schließlich zu.

In der nun folgenden militärischen Auseinandersetzung verzeichnete Heinrich zunächst bemerkenswerte Erfolge: im Herbst 1179 gelang ihm ein Verwüstungszug bis unter die Mauern von Magdeburg, im Frühjahr 1180 glückte ihm die Gefangennahme des Landgrafen von Thüringen und dessen Bruder samt einiger hundert Ritter. Der Zusammenhalt der sächsischen Koalition war gefährdet, aber im Sommer erschienen sowohl der Kölner Erzbischof mit mehreren tausend Söldnern als auch der Kaiser in Sachsen. In Werla drohte er allen Anhängern des Löwen mit dem Verlust ihrer Güter, falls sie ihren Herrn nicht verlassen würden. Als nun «Zweifel am endlichen Erfolg des Widerstands durch Sorge um die persönliche Zukunft verstärkt wurden»,[120] rächte sich, daß Heinrichs schroffe Herrschaft allzu oft allzu wenig Rücksicht auf Gefolgs- und Dienstleute genommen hatte. Auch bislang treue Ministeriale traten auf die Seite des Kaisers. Ostsachsen entglitt dem Herzog, Weihnachten 1180 feierte er noch in Lüneburg, während Barbarossa in Erfurt für die kommende Pfingstzeit eine erneute Heerfahrt gegen den Löwen ansagte. Heinrich wich zunächst in seine Lande nördlich der Elbe zurück, angesichts der kaiserlichen Übermacht nach Stade, von wo er, wie es scheint, «übers Wasser» (*per aquas*) entkommen zu können hoffte, hatte er doch schon die Flucht zu seinem Schwiegervater nach England vorbereitet, indem er ein Schiff hatte ausrüsten lassen und es an einen unbekannten Ort an der Küste des Kontinents beorderte.[121] Barbarossa zog zwischenzeitlich vor Lübeck, einen der letzten Orte, der noch von Heinrichs Getreuen gehalten wurde, und erhielt bei der Belagerung Hilfe durch die Flotte des dänischen Königs Waldemar I. Bischof Heinrich von Lübeck agierte als Vermittler zwischen den Bürgern und dem Kaiser; er überbrachte deren Bitte, beim Herzog, dem sie nicht untreu sein wollten, die Erlaubnis zur Unterwerfung einholen zu dürfen, was ihnen gewährt wurde. Glaubt man Arnold, dann setzte sich der Bischof auch noch für den Herzog ein und bat Barbarossa, «er möge doch, eingedenk der Verwandtschaft, in der er zum Herzog stehe, und der Dienste, die er ihm oft und in hohem Maße geleistet habe, mit ihm, seinem Vetter, Geduld haben». Darauf antwortete der Kaiser, er habe stets Geduld und Milde gegen ihn geübt, und fügte hinzu, der Sturz eines so mächtigen Mannes sei nicht durch «unsere Macht bewirkt, sondern vielmehr eine Vergeltung aus der Hand des allmächtigen Gottes» – gerade so, als ob immer nur die Niederlagen seiner Gegner gottgewollt seien.

Als Graf Gunzelin von Schwerin Heinrichs Erlaubnis überbrachte, zogen die Bürger im August vor ihre Stadt und erhielten dort Barbarossas Zusage, ihre alten Rechte und Freiheiten zu wahren. Daraufhin bereiteten sie ihm als ihrem neuen Stadtherrn einen feierlichen *adventus* und empfingen ihn «mit Hymnen und Liedern zum Lobe Gottes unter dem Jubel der Geistlichkeit und des ganzen Volkes prächtig» in ihren Mauern. Abt Arnold, dem wir den überhaupt längsten Bericht über den Sturz des Herzogs verdanken, empfing damals aus Barbarossas Händen die Belehnung mit den Stadthöfen des Johannesklosters und dessen Besitz in der Umgebung.[122] Vor den Mauern von Lübeck erhielten die Slavenfürsten Niklot und Bogislaw von Stettin, zuvor loyale Vasallen des Herzogs, ihre Herrschaftsgebiete aus der Hand des Kaisers als Reichslehen übertragen. Aus der Nachricht, die Saxo Grammaticus diesem Geschehen widmete, erfährt man übrigens erstmals, daß die kaiserliche Fahne mit einem Adler geschmückt war.[123]

Der Krieg war zu Ende. Heinrich bat um freies Geleit von Stade nach Lüneburg, das Barbarossa der Herzogin Mathilde als Besitz garantiert hatte, wahrscheinlich als Zugeständnis an ihren Vater, den englischen König, der früher dem Kaiser reiche Kompensationszahlungen angeboten haben soll, um von ihm doch noch die Abwendung des schon beschlossenen Sturzes seines Schwiegersohnes zu erreichen; aber der Kaiser hatte damals «mit der ihm angeborenen und gewohnten löwenhaften Unerschrockenheit gegen seine Ehre die Geschenke» abgelehnt und vor ihnen die Augen verschlossen.[124] Auf dem Weg nach Süden soll der Herzog noch von Rittern des Kaisers friedlich und freundlich begrüßt worden sein und ihnen verbittert geantwortet haben: «Ich war sonst nicht gewohnt, in diesem Lande von irgendjemandem Geleit anzunehmen, sondern vielmehr, es anderen zu geben.» Von Lüneburg aus versuchte er, durch Freilassung von Gefangenen «etwas an Huld» zu erlangen; aber der Kaiser versagte sich jeglicher Kontaktaufnahme und beschied Heinrich einen Hoftag in Erfurt. Unter dem Geleit Wichmanns von Magdeburg erschien er dort, «übergab sich vollständig der Gnade des Kaisers und warf sich ihm zu Füßen. Der hob ihn vom Boden auf und küßte ihn nicht ohne Tränen, weil ein solcher Gegensatz zwischen ihnen so lange gedauert habe und er [Heinrich] selbst der Grund einer solchen Erniedrigung gewesen sei.»[125] Seine sächsischen Eigengüter durfte der Löwe behalten, die Herzogtümer aber waren verloren, und er mußte zu seinem Schwiegervater, dem englischen König, ins Exil gehen, weil man ihn bei der anstehenden Neuordnung seines Herrschaftsbereichs als potentiellen Unruhestifter ansah. Über die Dauer der Verbannung scheinen die Fürsten allerdings unterschiedlicher Ansicht gewesen zu sein, die Angaben der Quellen schwanken zwischen drei und sieben Jahren.

Waren Barbarossas Tränen echt? Allein die Frage zu stellen ist wohl schon Ausdruck jener «natürlichen Komplizenschaft», die laut Pierre Bourdieu den Biographen mit seinem Helden verbindet. Immerhin war sich schon Arnold von Lübeck nicht sicher, ob sie echt waren (*si vere fuerint*).[126] Es geht auch um mehr, als bloß mit überschießender Einfühlungsbereitschaft ein anschauliches Detail für die biographische Erzählung zu retten. Sollten die Tränen nur «die Gefolgsleute des Verlierers versöhnen»?[127] Eine solche funktionale Deutung macht Barbarossa zum begabten Darsteller emotionaler Ausbrüche, und als Hauptdarsteller auf der Bühne des kaiserlichen Repräsentationstheaters mag er über diese Qualität als eine Art habitueller Fähigkeit durchaus verfügt haben. Aber Weinen ist auch Ausdruck der Bejahung bedrohter oder verlorener Werte. In Erfurt ging nicht nur ein langer, zum Ende hin zwar sehr schwierig gewordener, aber von allem Anfang an eben auch gemeinsamer Weg zu Ende. Die beiden Vettern hatten ihre verwandtschaftliche und freundschaftliche Bindung lange Zeit so hoch bewertet, daß sie in einen immer größeren Gegensatz zu den Erwartungen gerieten, die die anderen Fürsten an die politischen ‹Spielregeln› der Zeit hatten. Zwar verlangte die konsensuale Herrschaftspraxis nicht, im Konsens mit allen Fürsten zu herrschen, sondern nur mit jenen, die auf Grund ihres Rangs und ihrer häufigen Präsenz am Hof tonangebend waren.[128] Daß die Großen um Zugehörigkeit zu diesem engeren Kreis rivalisierten, gehörte daher zu den strukturellen Bedingungen der Königsherrschaft. Aber es bedurfte doch erst der für den Staufer nachteiligen Entwicklung in Italien, eines Mannes vom Format Philipps von Heinsberg auf dem Kölner Erzstuhl und dessen Unterstützung durch ein breites Fürstenbündnis, um dem Löwen schließlich die Vorteile seiner Königsnähe zu entreißen und um Barbarossas aufreizender Parteilichkeit zugunsten seines Vetters ein Ende zu bereiten.

Der Kaiser konnte nicht mehr so handeln, wie es Verwandtensolidarität und Freundschaft gegenüber einem reuigen Rebellen geboten; auch konnte er nicht einmal mehr selbst «die Grenzen der Entmachtung des Welfen bestimmen».[129] Barbarossas Amtsvorgänger hatten auf Unterwerfung mit der Zuwendung ihrer Gnade (*gratia*) reagiert, also verzeihen und nach der symbolischen Anerkennung der zuvor gestörten Ordnung mit der Wiedereinsetzung des Unterworfenen in seine frühere Machtstellung antworten können. Nun hatten aber die Fürsten Rückgabe der Lehen und Restitution des Löwen in seine frühere Amts- und Machtposition verhindert und dem Kaiser die Grenzen seines Handlungsspielraumes überdeutlich aufgezeigt: sie hatten ihn nach Erfurt – und den Löwen in den Sturz getrieben. Wenn dieses Geschehen nicht grundsätzlich das Ende der «gratialen Herrschaft» des Königs markiert,[130] dann doch fraglos einen tiefen Einschnitt. Dieser am Ende ausweglosen Entwicklung dürften Barbarossas Tränen in Erfurt gegolten haben.

Knappe 20 Jahre nach dem Fußfall von Erfurt begann man, sich die Geschichte von einem anderen Fußfall zu erzählen. In der Fassung des flandrischen Geschichtsschreibers Gislebert von Mons, der sich mehrfach am staufischen Hof aufgehalten hatte, liest sie sich folgendermaßen: «Als der Kaiser gegen Italien übergroße Kriegsmühen mit allzu vielen Toten unter seinen Leuten auf sich nahm, über die Maßen besorgt und bedrängt, wandte er sich mehrmals um Hilfe an seinen Getreuen und Verwandten Heinrich, den mächtigen Sachsenherzog, einen harten und trotzigen Mann, über dessen Reichtümer und Macht alle, die davon hörten, erstaunt waren. Weil dieser ihm die Hilfe verweigerte, warf sich der Kaiser ihm zu Füßen und ging damit über das schuldige Maß hinaus. Aber dieser blieb hartnäckig bei seiner Weigerung und hielt es nicht für nötig, seinen Herrn zu erhören und den zu seinen Füßen Liegenden aufzuheben.»[131] Das Element einer aus der Treue resultierenden «moralischen Bringschuld»[132] ist in allen späteren Varianten der Geschichte dasselbe. In zwei von ihnen taucht mit Chiavenna der Ortsname dieser Begegnung auf, der sich in der Rezeption des Geschehens gegen andere wie Como oder Partenkirchen durchsetzen sollte und so zu einem Erinnerungsort der deutschen Geschichte geworden ist. Andere Fassungen steuerten das Motiv bei, daß Heinrich vom Kaiser als Gegenleistung Goslar mitsamt der Reichsvogtei über die Silbergewinnung im benachbarten Rammelsberg verlangt habe, oder, als Gipfel der Demütigung des Kaisers, die prahlerische Einschätzung Jordans von Blankenburg: die Krone des Reichs, die dem Herzog nun zu Füßen gekommen sei, werde auch noch auf sein Haupt kommen. Der Ende des 13. Jahrhunderts arbeitende Illustrator der Sächsischen Weltchronik fand für die Demütigung Barbarossas sogar das Bild, den Herzog während der kniefälligen Bitte des Kaisers hoch zu Pferde sitzen zu lassen. Während die Forschung überwiegend zur Einschätzung tendiert, der ‹Begegnung von Chiavenna› einen historischen Kern zuzuschreiben,[133] mehren sich die Stimmen, die ihn negieren. Werner Hechberger meint, daß die heutigen Historiker wie die mittelalterlichen Chronisten nur verschiedene Versionen der Vergangenheit vorschlagen und selbst dann, wenn dabei jemals die ‹richtige› niedergeschrieben werden sollte, diese als solche nicht einmal mit Sicherheit erkennen könnten; lediglich der Konsens der Wissenschaftler entscheide darüber, welcher Version der Vorzug ge-

ABB. 34 Miniatur aus der Sächsischen Weltchronik, vor 1290: hinter dem knienden Kaiser, der seine Hände bittend erhebt, steht sein Schwertträger und ein Gefolgsmann mit ebenfalls flehentlich zum Herzog ausgestreckten Händen. Daß Heinrich zu Pferde sitzt, macht seine Haltung noch überheblicher und abweisender, aber auch Barbarossas Bitte besonders demütigend.
– Bremen, Staats- und Universitätsbibliothek, MS a. 33, fol. 86v.

währt werden solle – was freilich nicht mit der Wahrheit verwechselt werden dürfe.[134] Johannes Fried hält den verformenden Einfluß der Gegenwart auf die Erinnerung für entscheidend und sieht die Geschichte von der Hilfsverweigerung Heinrichs des Löwen in jener seines gleichnamigen Sohnes begründet, der Barbarossas Sohn Heinrich VI. 1191 bei der Belagerung Neapels verließ.[135] Hinterließ die unerhörte Fallhöhe des Löwen aber nicht auch einen Makel am Ansehen des Kaisers, der ihm zuvor so nahegestanden war? Mußte die staufische Seite nicht erklären, warum Barbarossa seinen Vetter nicht vor dem vollständigen Verlust seines *honor* bewahren konnte? Erzählte man sich die Geschichte von demütigender Bitte und überheblicher Verweigerung, um den bodenlosen Sturz des Herzogs durch eine himmelschreiende Beleidigung des Kaisers zu erklären?

Die unmittelbar zeitgenössischen Nachrichten über den Konflikt berichten – anders als die späteren – auffallenderweise nicht von Heinrichs Hilfsverweigerung, sondern nur von seiner verweigerten Anerkennung des kaiserlichen Gerichts;[136] auch die Gelnhäuser Urkunde enthält den Vorwurf der nicht hinnehmbaren Verachtung des Kaisers. In diesem Motiv des *contemptus*, der Verachtung, treffen sich beide Stränge der Begründung von Heinrichs Sturz. Die Gerüchte über den Kniefall der Kaisers verdichteten offenbar «im nachhinein eine komplizierte Wirklichkeit»[137] zu einer unmittelbar einleuchtenden Geschichte über gewaltige Beleidigung und gewaltige Rache. Sie ‹bewältigte› die im Sturz seines Vetters offenkundig gewordene Abhängigkeit des Kaisers von den Fürsten. Und sie reduzierte das komplexe Problem, in der ranggeordneten Gesellschaft des Kriegeradels konsensuale Herrschaftsausübung und zunehmend mit Argumenten gelehrten Rechts begründete Herrschaftsansprüche mit Vorstellungen von Ehre und Treue, Freundschaft und Verwandtschaft zu verbinden, auf ein eingängiges Bild, das die Erinnerung der Zeiten überstanden hat.

FRIEDE MIT DEM LOMBARDENBUND: KONSTANZ

Mit dem Lombardenbund hatte Barbarossa in Venedig 1177 einen sechsjährigen Waffenstillstand geschlossen. Vor Ablauf der Frist wurden 1182 Verhandlungen aufgenommen, die im Juni 1183 zum Frieden von Konstanz führten. Weil Mailand für den Kaiser als Verhandlungsort nicht akzeptabel war, fiel die Wahl auf Piacenza, das nach Mailand wohl unbeirrbarste Mitglied der Liga, wo es aber auch eine dem Kaiser zugeneigte Partei in der Stadt gab. Daß der Konflikt militärisch nicht zu gewinnen war, dürfte nach Montebello, Alessandria und Legnano eine für Barbarossa naheliegende Einsicht gewesen sein. Schon 1166 hatte er vor seinem Aufbruch nach Italien den Teilnehmern ausdrücklich *stipendia* zusagen müssen, eine finanzielle Entschädigung, die beim Eintreffen der Kontingente ausbezahlt wurde.[138] Eine solche Entschädigung war ebenso wie die Beteiligung von Söldnertruppen notwendig geworden, weil die rasch aufeinanderfolgenden Heerfahrten die Bereitschaft weiter Teile des Adels zur Unterstützung des Kaisers bereits überschritten hatten.

Die menschlichen und materiellen Ressourcen, die die militärische Konfrontation mit den Städten in Italien verschlangen, waren durch die ohnehin nicht erzwingbare, sondern letztlich auf freiwilliger Leistung beruhende Heerfolge der Großen nicht dauerhaft zu sichern. Das hatte sich auch beim fünften Italienzug und der fehlgeschlagenen Belagerung von Alessandria gezeigt. Daß Barbarossa schließlich darin einwilligte, in bilateralen Verhandlungen den Frieden mit dem Bund zu suchen, sieht man gern als Ausdruck seiner ‹Lernfähigkeit›. Jedoch erklärte er sich dazu nur angesichts der Unnachgiebigkeit des Lombardenbundes und unter dem Eindruck von dessen militärischer Stärke bereit, die er in Legnano zu spüren bekommen hatte. Weniger euphemistisch könnte man also eher von der «Kriegsmüdigkeit» des Kaisers sprechen – wie es der Chronist Burchard von Ursberg denn auch mit Recht tat (*bellis nimis fatigatus*).[139] Gleichwohl konnte sich Friedrich lange Zeit nicht von Maximalforderungen trennen, die sich aus seinem Status als Herrscher und jenem der Lombardenstädte als ihm eigentlich untergeordneten Reichsangehörigen erklärten.

Für Barbarossa waren die Städte des Lombardenbundes «Verräter und Rebellen»,[140] die sich des Ungehorsams schuldig gemacht hatten. Der für einen Friedensschluß charakteristische Statuswandel vom Rebellen, der sich der vom Kaiser repräsentierten Ordnung widersetzt hatte, zum Getreuen, der sich in die Ordnung wieder einfügte und der kaiserlichen Huld erfreute, wurde üblicherweise in einer Satisfaktionsleistung öffentlich wahrnehmbar inszeniert. Viele Städte hatten sich einer solchen Unterwerfung (*deditio*) vor Barbarossa schon unterziehen müssen. Seine Erwartungen hinsichtlich des für 1177 in Venedig geplanten Friedensschlusses mit dem Lombardenbund dürften sich am Geschehen von Montebello orientiert haben, wo sich ihm zwei Rektoren stellvertretend für den Städtebund zu Füßen geworfen hatten, um symbolisch Genugtuung für die ihm zugefügte Ehrverletzung zu leisten, und daraufhin den Friedenskuß als Zeichen der Wiedererlangung seiner Huld erhalten hatten. Danach aber war ihm der Bund bei Legnano in offener Feindschaft entgegengetreten und hatte ihn besiegt. Eine *deditio* des Lombardenbundes in Venedig wäre nicht nur Genugtuung für diese Niederlage gewesen, sondern auch ein Gegengewicht zu Barbarossas Anerkennung Alexanders. Allerdings zeigte sich rasch, daß Friedrich der *societas* eine solche Rolle nicht aufzwingen konnte. Schon in den Verhandlungen mit päpstlichen und kaiserlichen Gesandten in Ferrara hatten sich die Konsuln und Rektoren des Bundes darauf festgelegt, den Frieden mit dem Kaiser und seine Huld nur unbeschadet des *honor Italie* entgegennehmen zu wollen;[141] ob damit von vornherein die Absicht verbunden war, sich einer erneuten Selbstdemütigung wie noch bei Montebello zu verweigern, ist ungewiß, angesichts der weiteren Entwicklung aber naheliegend. Der schon erwähnte Vorschlag Alexanders, Barbarossa solle statt eines Friedens nur einen sechsjährigen Waffenstillstand mit dem Bund schließen, machte die Aussicht auf einen Friedensschluß zunichte, der Alexanders Anerkennung durch die Unterwerfung des Städtebundes kompensiert hätte, also hinsichtlich Zugeständnis und Erfolg des Kaisers einigermaßen gleichgewichtig gewesen wäre. Von dem dadurch hervorgerufenen Wutausbruch Barbarossas war ebenso schon die Rede wie von seiner schließlich erfolgten Einwilligung in den Frieden, nachdem die Vermittler mit ihrem Übertritt zu Alexander gedroht hatten. Ein bloßer Waffenstillstand war aber noch keine Rückkehr in die Huld des Kaisers, wie sie die Konsuln von Cremona in ihrem Schiedsspruch 1175 ebenso wie in ihrem Vermittlungsvorschlag 1176 als erste Friedensbedingung noch genannt hatten.[142]

Das eindrucksvolle Spektakel einer öffentlichen Unterwerfung, das der Kaiser ansonsten «wegen des Ruhms und der Ehre von König und heiligem Reich» (*ob regis et sacri imperii gloriam et honorem*) häufig verlangt und erhalten hatte, fand in Venedig gerade nicht statt. Die ungehorsamen Städte leisteten am 1. August nur einen Eid, der jeglichen Hinweises auf eine Unterordnung unter kaiserliche Herrschaft entbehrte. In der wechselseitigen Verpflichtung, die Tage zuvor recht geschäftsmäßig und nüchtern in Form eines zweiseitigen Vertrags zwischen der Partei des Kaiser (*pars imperatoris*) und dem Lombardenbund (*societas Lombardorum*) formuliert worden war, hatte Barbarossa außerdem für die Dauer des Waffenstillstands auf die Einforderung von Treueiden und die kaiserliche Rechtsprechung gegen Bundesmitglieder verzichten müssen.[143] Das war alles andere als eine Demonstration unangefochtener Herrschaft. Barbarossas persönliche Anwesenheit machte die Eidesleistung der Rektoren darüber hinaus zu einer augenfälligen Anerkennung des Städtebundes als unbesiegt, als nicht unterworfen und als Vertragspartner auf Augenhöhe. Daß seine Miene dabei «unbeweglich wie Stein» blieb – freilich aus anderem

Grunde als noch bei der Unterwerfung Mailands 1162 –, darf man sich getrost vorstellen. Erneut wurden seit Ende 1182 Gespräche geführt. Barbarossa hatte für die Verhandlungen Markgraf Heinrich Guercius von Savona und Bischof Wilhelm von Asti bevollmächtigt, die mit den italienischen Verhältnissen vertraut, freilich bislang wenig hervorgetreten waren. Daß er mit ihnen auch Dietrich nach Piacenza entsandte, den mit ihm verwandten Kartäuserkonversen aus Silvebénite, ist noch schwerer zu erklären, war aber jedenfalls ein Zeichen seines besonderen Vertrauens in dessen Fähigkeiten. Ebenso auffallend ist, daß zu den Unterhändlern kein Magistrat aus den verbündeten Kommunen gehörte, in denen einschlägiger Sachverstand eigentlich vorrangig zu vermuten wäre. Was immer diese Unterhändler annehmen, durch Versprechen oder Eid bekräftigen sollten, versprach der Kaiser, selbst annehmen, als gültig betrachten und ausführen zu wollen.[144] Zwei eng mit dem Ansehen Barbarossas verbundene Probleme waren zu lösen. Noch immer ungeklärt war die Frage, unter welchen Bedingungen der Staufer dem neugegründeten Alessandria den *status civitatis* zuzuerkennen bereit war. Ungleich komplexer war die zentrale Forderung des Städtebundes nach Anerkennung der Rechtsgewohnheiten in den einzelnen Städten, die die roncalischen Gesetze ignoriert hatten.

Mit der künftigen Existenz Alessandrias scheint sich Barbarossa unter dem Druck Cremonas schon 1176 abgefunden zu haben – nicht aber mit dem provozierenden Namen und ebensowenig mit dem Rang als Stadt, weshalb in vielen Schriftstücken der kaiserlichen Seite nur abwertend von der «Strohstadt» (*Palea*) die Rede war.[145] In der Aufzeichnung über die Eidesleistung der Reichsfürsten am 1. August 1177 in Venedig firmierte Alessandria ausdrücklich unter den Städten der *societas Lombardorum*.[146] Den konkreten Ausgleich zu finden überließ Barbarossa offenbar seinem Onkel, dem Markgrafen Wilhelm von Montferrat, dessen Interessen die Stadtgründung am meisten beeinträchtigt hatte. Wilhelm schloß im Juni 1178 mit Alessandria einen Friedensvertrag, der ihn zum Herrn der Stadt machte; dadurch hatte er nun seinerseits unmittelbares Interesse an ihrem Fortbestand und rückte dadurch in die Rolle eines Vermittlers zwischen der Stadt und dem Kaiser. Wilhelm sagte den Einwohnern zu, sich «guten Glaubens und ohne Täuschung und schlechte Absicht nach Kräften» zu bemühen, «daß der Herr Kaiser Friedrich dies alles billigt und bestätigt und besonders den *status Alexandrie*, so daß er sie als Stadt billigt und bestätigt». Auch fehlt nicht die für das Agieren eines Vermittlers charakteristische Bedingung, daß er für den Fall, daß die eine Seite seiner Vermittlung nicht zustimmen sollte, sein Gewicht zugunsten der anderen in die Waagschale werfen wolle: Wilhelm schwor, daß er, «wenn der Herr Kaiser Friedrich dies [Wilhelms Vertrag mit Alessandria] nicht bestätigen und den Alessandrinern den Waffenstillstand nicht halten wolle, ihnen guten Glaubens ohne Täuschung wie seinen anderen Männern helfen werde», also notfalls auch gegen den Kaiser.[147] Das war eine weitreichende Zusage, aber Wilhelm vertraute seiner erprobten Nähe zu Barbarossa und war sich offenbar sicher, eine Lösung finden zu können, wie die Anerkennung von Alessandrias Status als Stadt (*status civitatis*) mit dem *honor* des Kaisers vereinbart werden könnte. Allerdings wurden diese Verhandlungen jäh unterbrochen, weil sich Wilhelms Initiative mit unvorhergesehenen Aktivitäten seines Sohnes Konrad überschnitt, in deren Folge sich Barbarossas Verhältnis zu der Markgrafenfamilie drastisch verschlechterte. Konrad von Montferrat hatte in Barbarossas Auftrag den nördlichen Teil der Toskana für die kaiserlichen Päpste gesichert, wandte sich nach dem Frieden von Venedig jedoch wie viele der bisherigen Nutznießer der Kaisergewalt gegen diesen Ausgleich und wehrte sich gegen die Versuche Christians von Mainz, diese Teile des Patrimoniums Alexanders III. zu restituieren.[148]

Etwa zeitgleich zu Wilhelms Ausgleich mit Alessandria nahm Christian Konrad wegen dessen Widerstand gefangen, geriet aber nach dessen Freilassung wenig später seinerseits in Konrads Gefangenschaft. Über dieser Entwicklung verlor Wilhelm seinen Einfluß am Hof und damit auch seine Vermittlerrolle im Konflikt mit Alessandria. Die Stadt sondierte in eigenen Initiativen eine Annäherung,[149] und zu Beginn der Friedensgespräche in Piacenza bestand soweit Klarheit, daß Alessandria «durch Gottes Gnade und die Barmherzigkeit kaiserlichen Wohlwollens Stadt bleiben und den *status civitatis* erhalten und das ganze Privileg der Bundesstädte innerhalb und außerhalb (ihrer Mauern) genießen und sich frei ihrer Rechtsgewohnheiten bedienen» solle.[150] Den Durchbruch brachten aber erst Verhandlungen, die unter Beteiligung von Pavesen, die mit der Sache vertraut waren, im März 1183 in Barbarossas Anwesenheit auf einem Hoftag zu Nürnberg abgeschlossen wurden. Kern des Ausgleichs war die fiktive Neugründung der Stadt unter einem neuen, aber ebenfalls programmatischen Namen: «Alle, sowohl Männer wie Frauen, werden aus der Stadt hinausgehen und außerhalb bleiben, bis ein Gesandter des Kaisers sie in die Stadt zurückführt und ihnen die Stadt durch die Autorität des Kaisers zurückgibt, und der Kaiser gründet diese Stadt ... und gibt ihr den Namen Caesarea.»[151] Wenigstens Alexander III. selbst konnte sich von der Umbenennung Alessandrias in «die Kaiserliche» (Caesarea) nicht mehr herausgefordert fühlen, denn er war schon zwei Jahre zuvor gestorben. Deutlicher als durch diesen Namen und die Beteiligung des Legaten, der wahrscheinlich mit vorangetragener kaiserlicher Fahne (vexillum imperatoris) in die leere Stadt einzog,[152] konnte das kaiserliche Vorrecht der Stadtgründung nicht hervorgehoben werden. Alessandria erhielt eine kaiserliche Bestandsgarantie, und Barbarossa zwang den Ort seines früheren Mißerfolgs zu einem demonstrativen Bekenntnis zur Kaisertreue. Darüber hinaus sicherte er sich wesentliche Einkünfte aus den Regalien und durch die Investitur der Konsuln im Turnus von maximal fünf Jahren auch eine Anerkennung seiner Herrschaft in der Form, in der sie seit den Rechtssetzungen von Roncaglia von den verbündeten Städten schon lange praktiziert worden war. Die Konsuln sollten schwören, die Stadt «zur Ehre des Reichs (ad honorem imperii) zu erhalten und zu regieren».[153] Im Gegenzug verpflichtete sich Barbarossa, die Stadt ohne Rücksicht auf Ansprüche des Markgrafen seiner unmittelbaren Herrschaft zu unterstellen. Dem Friedenswunsch des Kaisers und dem Sicherheitsbedürfnis der Stadt entsprach, daß diese aus harten Verhandlungen hervorgegangene Abmachung von beiden Seiten beeidet wurde. Barbarossas Kämmerer Rudolf von Siebeneich beeidete diese Übereinkunft am 14. März 1183 in Nürnberg stellvertretend für den Kaiser.

Parallel dazu verhandelte man in Piacenza auf der Grundlage des Cremoneser Vermittlungsvorschlags von 1176 und des in Venedig 1177 erreichten Verhandlungsstandes über das Verhältnis von Kaiserrecht und lokaler Rechtsgewohnheit, das erstmals 1155 strittig, dann durch die roncalischen Gesetze von 1159 in einen weitreichenden Grundsatzstreit verwandelt worden war.[154] Zum Verständnis des Problems und der gefundenen Lösung ist ein Rückblick nötig. Ursprünglich konfliktauslösend waren Barbarossas 1155 als überhöht wahrgenommenen finanziellen Forderungen hinsichtlich fodrum und Regalienzins. Beides war schon lange nicht mehr eingefordert worden, und weil erst eine geübte Praxis auch Rechtsüberzeugungen wachsen ließ, erschienen Barbarossas Forderungen einfach als Willkür. Daß der Kaiser über die Rechtmäßigkeit seiner Forderungen auch das Hofgericht unter seinem Vorsitz entscheiden lassen wollte, machte ihn faktisch zum Richter in eigener Sache. Tortona und Mailand lehnten folglich sein Gericht als parteiisch ab. Diese zutage getretene Legitimationslücke versuchten die gelehrten Bologneser Juristen 1158 in Roncaglia zu schließen, indem sie unter Rückgriff auf das Römische Recht jenseits aller Einzelfalluntersuchung eine allgemein gültige Norm festlegten, die als Bezugspunkt der kaiserlichen Forderungen gelten und sie gleichsam objektivieren sollte; die Vorwürfe der Willkür und der Parteilichkeit sollten so juristisch entkräftet werden. Der unmittelbare Geltungsanspruch der Gesetze entwertete gleichzeitig die durch faktische Übung geschaffene Rechtsgewohnheit und stellte mit dem Normtext eine jenseits der gespaltenen Rechtsmeinung stehende Objektivierung als Fixpunkt der Konfliktbewältigung bereit. Die roncalische Regaliendefinition, die Gesetze über den Pfalzbau und die Steuererhebung, vor allem aber die *lex omnis iurisdictio* mit dem Grundsatz der Rückführung und Herleitung aller weltlichen Gewalt auf den Kaiser standen für eine überaus rational entworfene Herrschaftskonzeption, die «die gesamte Verfassungsordnung gemäß den Maximen des römischen Kaiserrechts zur Disposition des Herrschers stellt».[155]

Die damit beanspruchte Überlegenheit des Kaiserrechts gegenüber jeglicher lokaler Rechtsgewohnheit (*consuetudo*) entsprach zwar der damals ‹herrschenden Meinung› der Bologneser Rechtsschule über die rechtsetzende Autorität des Kaisertums; sie war freilich aus den Texten des antiken Römischen Rechts entwickelt worden, nicht aus der Rechtspraxis selbst, also gleichsam in vornehmem Abstand zur politischen und sozialen Wirklichkeit. Zwar hatte gelehrte Argumentation in der praktischen Rechtsprechung schon an Bedeutung gewonnen, aber das Römische Recht war, von Zitaten mehr deklaratorischen als rechtspraktischen Charakters abgesehen,[156] zur einseitigen Durchsetzung kaiserlicher Rechtsansprüche bisher nicht herangezogen worden und hatte sich im Konflikt zwischen Kaiser und Städten auch noch keineswegs als allgemein akzeptierte geltende Legalordnung bewährt. Mit ihrem Expertenwissen und dem Prestige der Bologneser Rechtswissenschaft untermauerten die vier *doctores* in Roncaglia den Zusammenhang von Rechtsüberzeugungen und Politik zugunsten des Kaisers. Es blieb aber nicht ohne Folgen, daß sie dem Kaiser faktisch uneingeschränkte Herrschergewalt zugestanden: Barbarossa verlor an Friedensfähigkeit und Friedensbereitschaft, weil nicht mehr der Friede, sondern ein davon unterscheidbares Recht als Ziel seines politischen Handelns legitimierbar wurde.

Die zahlreichen zeitgenössischen Qualifikationen der roncalischen Gesetze als «neuartig», aber auch Rahewins Formulierung, der Kaiser habe lange vergessene Rechte wieder ans Licht ziehen lassen,[157] geben das große Konfliktpotential des Versuchs zu erkennen, gegenüber der Rechtsgewohnheit und dem Einzelfall nun abstrakten Normen den Vorrang zu geben. Das Recht stand nach allgemeiner Auffassung nicht zur einseitigen Verfügung des Herrschers; Rechtsgeltung war vielmehr an den Konsens der betroffenen Rechtsgemeinschaft gebunden. Die in konkrete Politik umgesetzte juristische Überzeugung von der einseitigen Rechtssetzungsbefugnis des Herrschers, abgesichert durch Barbarossas damalige militärische Überlegenheit, entwickelte als Grundlage des Verwaltungshandelns kaiserlicher Legaten wirklichkeitsgestaltende Kraft. Eine Innovation von ungeheurer Reichweite, widersprach sie grundlegend der Rechtsauffassung der Kommunen, die auf ungestörter Ausübung ihrer bisherigen *consuetudo* basierte. Barbarossas Konflikt mit den Städten in den Kategorien von Recht und Rechtsbruch, von Recht und Unrecht zu beschreiben wäre insoweit unzutreffend, als die zuvor im unbefragten Konsens ruhende und als selbstverständlich aufgefaßte Ordnung mit den roncalischen Gesetzen in einen Konflikt umschlug, in dem zwei gegensätzliche Rechtsauffassungen aufeinanderprallten,[158] das Recht also nicht von einer Seite gebrochen wurde, sondern vielmehr zerbrach, weil der Konsens darüber, was Recht war, zerbrach.[159] Seine ebenso improvisierten wie präzedenzlosen, von den Zeitgenossen aber immer wieder als «unerhört» bezeichneten Forderungen und Maßnahmen[160] machten den Kaiser selbst zur Bedrohung der Ordnung. Gehorsam wurde aber nur geschuldet, solange auch Schutz gewährt wurde – nicht nur Schutz vor Gewalt, sondern auch vor Ungerechtigkeit. Nach einer Phase des mehr von Hoffnung als von Vertrauen getragenen Respekts, der eher der traditionellen politischen Ordnung als tatsächlich gerechter Herrschaft geschuldet war, zog Barbarossas Bruch mit dem Herkommen selbst von seiten verbündeter Kommunen wie Cremona und Pavia den Tyrannenvorwurf auf sich. Widerstand gegen den Staufer wurde zunehmend verstanden als verantwortliches Handeln gegenüber der bisherigen Ordnung der Kaiserherrschaft in Italien, und in dem Maße, in dem die Kommunen mit der neu eingerichteten Schiedsgerichtsbarkeit unter Oberhoheit des Bundes die Erfahrung friedlichen Interessenausgleichs machten,[161] empfanden sie ihre Forderung nach Anerkennung ihrer Rechtsgewohnheiten als Wahrung von «Ehre und Freiheit Italiens» *(honor et libertas Ytalie).*[162]

Für Barbarossa war der Anspruch auf Verfügung über das Recht als Ausdruck seiner Herrschaftsstellung lange nicht verhandelbar gewesen. Noch 1177 bei den Verhandlungen in Venedig vertrat Christian von Mainz gegenüber den Bundesstädten Maximalforderungen: «Der Kaiser erbittet von euch und fordert, daß ihr ihm entweder hinsichtlich der Regalien und dessen, was ihm gehört und was ihr in Händen habt, Gerechtigkeit widerfahren laßt oder das Urteil, das von den Bologneser Richtern gegen euch verkündet worden ist, zur Ausführung bringt oder ihm das gewährt, was eure Vorfahren dem älteren Heinrich [Kaiser Heinrich IV., † 1106] an Einkünften zu geben gewohnt waren.»[163] Diese Vorschläge waren aber keine wirklichen Alternativen: in allen drei Fällen wäre es der kaiserlichen Seite vorbehalten geblieben, einseitig Forderungen auf letztlich unüberprüfbarer Grundlage durchsetzen zu können – bei einem Verfahren vor dem Kaisergericht ebenso wie beim Rückgriff auf die Gesetze von Roncaglia oder auf die nicht mehr erinnerlichen, deshalb ganz der Umformung gemäß gegenwärtigen Interessen unterliegenden Verhältnisse zur Zeit Heinrich IV. Barbarossa verlangte auch 1177 noch die faktische Unterwerfung des Bundes unter seine Forderungen. Der berühmte Rechtsgelehrte Gerardus Cagapista aus Mailand widersprach Christian Punkt für Punkt.[164] Die Bundesstädte seien zwar grundsätzlich bereit, dem Kaiser als ihrem Herrn Recht zukommen zu lassen. Die roncalischen Gesetze galten ihnen aber nur als einseitiger Befehl *(iussio)* des Kaisers, jedoch keineswegs als akzeptables Urteil eines akzeptablen Gerichts. Sich auf die Verhältnisse zur Zeit Heinrichs IV. zu beziehen war ebenfalls nicht konsensfähig, weil «die Anordnungen ebenso wie die Satzungen des erwähnten Kaisers wegen des langen Zurückliegens der Zeit schon völlig aus der Erinnerung verschwunden sind, und niemand von den Unsrigen oder Eurigen lebt, der sich wohl der Worte oder Taten jener Zeit erinnern könnte». Schließlich bestand Gerardus darauf, daß es sich nicht um «das Recht eines einzigen Menschen, sondern vieler» handle, nicht um das Recht «einer einzigen Stadt, sondern mehrerer»; gegenüber der als übergeordnete Norm ins Spiel gebrachten Rechtssetzung von Roncaglia beharrte er auf der Gültigkeit lokal unterschiedlicher Rechtsgewohnheiten. In diesem Punkt sah er sich von der Lehre der Bologneser Rechtsgelehrten gedeckt, die ihre noch in Roncaglia vertretene Theorie von der Überlegenheit des Kaiserrechts an den eskalierten Konflikten ihrer eigenen politischen Gegenwart überprüft und revidiert hatten: dem vitalen Interesse der Städte folgend, in denen sie lebten, stellten sie nicht mehr kaiserliche Gesetze über die Rechtsgewohnheit (*consuetudo*), sondern sahen umgekehrt das kaiserliche Recht durch gegebenenfalls entgegenstehende Rechtsgewohnheit überwunden.[165] Mit der Forderung, «an einem geeigneten Ort und zu passender Zeit zu einem gemeinsamen Richter (*iudex communis*) zu kommen, um Antwort zu geben»,[166] brachte Gerardus schließlich die ebenso zentrale wie ungelöste Verfahrensfrage zur Sprache: wegen der erwiesenen Parteilichkeit von Barbarossas Gericht weigerte sich der Bund, dem Kaiser die Herrschaft über das Verfahren einzuräumen, in dem festgestellt werden sollte, was dessen Recht sei. Nur vor einem gemeinsamen Richter, also vor einem Schiedsgericht, wären beide Seiten im Verfahren als zwei Parteien gleichgestellt, und nur auf diesem Weg wäre der Vorwurf der Parteilichkeit Barbarossas auszuräumen gewesen.

Aber der Kaiser war selbst der höchste weltliche Richter und als solcher nicht bereit, seine Forderungen einem anderen Richter oder einem Schiedsgericht unterzuordnen. Außerdem hätte die Einsetzung eines paritätischen Schiedsgerichts noch vor einem eigentlichen Friedensschluß die Beteiligung der «Rebellen» und die Unterwerfung von Barbarossas Rechtsauffassung unter die Mitentscheidung jener, die seine Huld verloren hatten, geradezu öffentlich inszeniert. Mit diesen gegensätzlichen Forderungen Christians von Mainz und des Mailänder Juristen Gerardus Cagapista erreichten die Verhandlungen in Venedig ein echtes Patt. Nachdem über all das tagelang diskutiert und «absolut nichts» (*nihil penitus*) erreicht worden war, legten die kaiserlichen und lombardischen Unterhändler ihren Streit Alexander III. vor. «Als ein gebildeter und kluger Mann» erwog der juristisch versierte Papst, «daß der Frieden zwischen dem Kaiser und den Lombarden in viele Streitpunkte und Fragen verwickelt sei und nicht in kurzer Zeit vollendet werden könne»;[167] aus diesem Grund ließ er Barbarossa den erwähnten Waffenstillstandsvorschlag antragen, den dieser mit seinem ebenfalls erwähnten Wutausbruch über die dem Reich versagte Ehre quittierte.

Nachdem die Gegensätze in Venedig nochmals in aller Unvereinbarkeit aufeinandergeprallt waren, wurde der Konsens, den Barbarossa in Roncaglia seinem kaiserlichen Überordnungsanspruch geopfert hatte, seit Ende 1182 in den zweiseitigen Verhandlungen von Piacenza in mühevoller Kleinarbeit wiederhergestellt. Sein Kern war Barbarossas Anerkennung der je nach Stadt unterschiedlichen Rechtsgewohnheiten. Im Gegenzug akzeptierten die Bundesstädte die turnusgemäße Investitur ihrer frei gewählten Konsuln durch Barbarossa oder seine Legaten, wodurch der Kaiser als Legitimationsquelle der kommunalen Regierung anerkannt wurde. Auch willigten die Bundesstädte in die Zahlung eines Regalienzinses ein. Hinsichtlich der künftigen Lösung strittiger Ansprüche fand man einen Kompromiß: die Städte durften eine Schiedskommission aus unparteiischen Männern einsetzen, die schwören sollten, die dem Kaiser zustehenden Abgaben «nach Treu und Glauben und ohne Betrug» (*bona fide et sine fraude*) zu benennen. Die Bürger sollten außerdem einen Treueid mit der Zusage leisten, den Kaiser bei Wahrung oder Rückeroberung seiner Besitzungen und Rechte zu unterstützen. Außerdem wollten sie das *fodrum* künftig nicht nur beim Krönungszug nach Rom, sondern bei jedem Italienzug entrichten. Diese Übereinkunft ließen sich die Bundesstädte außerdem die gewaltige Summe von 15 000 Mark Einmalzahlung an den Kaiser und 1000 Mark an seine Unterhändler kosten – eine Summe, mit der man damals in Genua 6400 Sklaven oder 170 prächtige Häuser hätte kaufen können.[168] Als Rudolf von Siebeneich die Nachricht von der Neugründung Alessandrias als Caesarea im April persönlich nach Piacenza überbrachte, war der Weg zum Frieden frei: der Vorentwurf des Friedensvertrages wurde am 30. April nach Feier der Messe in S. Antonino in Piacenza beeidet, von seiten des Kaisers durch Bischof Wilhelm von Asti, Markgraf Heinrich Guercius von Savona und den Kämmerer Rudolf, während der Kartäuserkonverse den Regeln seines Ordens entsprechend nur ein Versprechen abgab. Seitens des Bundes schworen Markgraf Opizo

Malaspina und etwa dreißig Repräsentanten der Städte. Im Friedensvertrag von Konstanz wurde Caesarea dann schon unter die Städte der kaiserlichen Seite gezählt.

Die Friedensbedingungen waren wie zwischen gleichberechtigten Vertragspartnern ausgehandelt worden. Auf solche Konstellationen hatte sich der Kaiser schon früher mehrfach eingelassen, aber immer nur gegenüber einzelnen italienischen Kommunen wie Pisa, Genua und Mantua, die zudem – anders als der Lombardenbund – seine Huld zuvor nicht verloren hatten. In all diesen Fällen hatte sich Barbarossa durch einen stellvertretend «in seine Seele» geleisteten Eid binden müssen.[169] Dieser Eid *in anima regis* war nicht der Normalfall, sondern die Ausnahme, die nötig wurde, wenn der Abgrund zwischen herrscherlich-rangbewußtem Selbstverständnis und realen Machtverhältnissen nicht mehr anders zu überbrücken war, Barbarossa also in bedrängter Situation Zugeständnisse machen mußte und seine Partner, eigentlich dem Reich untertan, ein begreifliches Interesse an seiner möglichst bindenden Festlegung hatten. Die kaiserlichen Unterhändler in Piacenza waren bevollmächtigt, einen solchen Eid des Kaisers zuzusichern.[170] Dieses weitreichende Zugeständnis war sicher Ausdruck von Barbarossas echtem Friedenswunsch, andererseits aber auch der Stärke des Städtebundes, der der Kaiser durch demonstrative Selbstbindung an den Frieden Rechnung zu tragen hatte. Daß er sich schon mehrfach über zuvor festgelegte Friedensbedingungen hinweggesetzt hatte – Tortona 1155, Mailand 1158 –, bestärkte seine Gegner in ihrem Mißtrauen ebenso wie in ihrem Sicherheitsbedürfnis.

Hinsichtlich der äußeren Formen des Friedensschlusses finden sich, wie in Friedensverträgen des 12. Jahrhunderts noch üblich,[171] nur recht allgemeine Hinweise: der Kaiser solle Schäden, Beraubungen und Beleidigungen, die er von den Bundesmitgliedern erlitten hatte, erlassen und ihnen seine Huld in ganzem Umfang wiedergewähren.[172] Daß von einer *satisfactio* des Städtebundes nicht ausdrücklich die Rede war, heißt jedoch nicht – das zeigt die Unterwerfung Mailands 1158 ebenso wie der Friedensschluß mit Alexander III. –, daß über die symbolischen Formen der Unterwerfung nicht verhandelt worden wäre. Wie Lodi für Mailands *deditio* 1162 ein symbolträchtiger Ort war, so war auch Konstanz als Ort des Friedensschlusses mit Mailand keineswegs eine zufällige oder nur den günstigen Verkehrswegen geschuldete Wahl. Dort hatten dreißig Jahre zuvor die Kaufleute von

Lodi vor dem neugewählten König gegen Mailand geklagt; das war die Initialzündung für Barbarossas langjährigen Konflikt mit der lombardischen Metropole gewesen, aus dem sich schließlich die Auseinandersetzung mit dem Städtebund entwickelt hatte. In Konstanz sollte dieser Konflikt nun auch beigelegt werden.

Von Eger kommend, war Barbarossa über Regensburg etwa Mitte Juni in Konstanz eingetroffen. Das Bild vom dortigen Geschehen bleibt relativ blaß, weil der Friedensschluß in den Quellen kaum Aufmerksamkeit, vor allem aber – anders als der Friede von Venedig – keinen unmittelbar zeitgenössischen Beobachter gefunden hat. Immerhin geben die Zeugenlisten der Urkunden zu erkennen, daß am Bodensee ein feierlicher Hoftag (curia solemnis) abgehalten wurde: beim Kaiser und seinen beiden Söhnen, Heinrich VI. und Herzog Friedrich von Schwaben, fanden sich viele Reichsfürsten ein. Von den weltlichen waren die Herzöge Otto von Bayern, Berthold von Zähringen, Welf VI. und Konrad von Spoleto erschienen, auch die Markgrafen von Andechs und Baden sowie einige Grafen und Edelfreie; von den geistlichen die Bischöfe von Konstanz, Metz, Münster, Chur und der Abt der Reichenau. Außerdem war Kardinal Johannes von S. Marco und Bischof Petrus von Luni als päpstliche Legaten anwesend sowie allein 63 namentlich genannte Gesandte aus 17 Städten des Lombardenbundes und eine unbekannte Anzahl aus Pavia, Cremona, Como, Tortona, Asti, Caesarea, Genua, Alba und anderen auf kaiserlicher Seite stehenden Städten. Am 20. Juni wurde das in Piacenza ausgearbeitete Friedensabkommen von den Vertragspartnern beeidet.[173] Die ausführlichste, gleichwohl enttäuschend knappe Nachricht stammt aus der mindestens dreißig Jahre später entstandenen Chronik Ottos von St. Blasien. Ihr zufolge empfing Barbarossa in Konstanz «die Gesandten Mailands und aller sich ihm zuvor widersetzenden Städte Italiens, die freiwillige Unterwerfung und die Zeichen der Städte und goldene Schlüssel überbrachten und sich dadurch als Unterworfene zeigten, und er schickte sie, die die kaiserliche Huld und den Frieden ihrer Heimat zurückbringen durften, mit Freuden zurück».[174] Die Schlüsselübergabe war als Zeichen der Anerkennung weder singulär noch neuartig: Barbarossa hatte 1155 die Schlüssel von Tivoli erhalten, 1178 die von Pisa; 1162 waren ihm bei der Unterwerfung Mailands ebenfalls die Schlüssel der Stadt überreicht worden; die Lodesen sollen ihm 1154, die Pavesen vielleicht auch 1157 einen goldenen Schlüssel übersandt und ihn durch diese demonstrative

ABB. 35 Miniaturen aus einer Handschrift der *Libri feudorum* des 13. Jahrhunderts, in die der Konstanzer Friede aufgenommen wurde. Dargestellt sind drei Szenen des Friedensschlusses. – Oben links: der stehende und seinem Rang entsprechend übergroß dargestellte Kaiser verkündet den versammelten Repräsentanten der Städte des Lombardenbundes – unter denen ein Bischof, ein Mönch und weltliche Amtsträger erkennbar sind – mit der typischen Handgeste des Memorierens die Friedensbestimmungen. – Unten links: der thronende Kaiser übergibt den vor ihm knienden Vertretern des Bundes die Urkunde mit dem Text des Friedensschlusses. – Oben rechts: der Kaiser investiert einen vor ihm knienden Konsul durch Übergabe eines Stabes mit dem Konsulat. – Venezia, Biblioteca Nazionale Marciana, Cod. Marc. Lat. V, 119, ff. 29r–34v.

Unterordnung unter seinen Schutz zum Aufbruch nach Italien aufgefordert haben.[175] Anders als die *deditio* war die Schlüsselübergabe an sich keine demütigende Geste, die zurückliegenden Ungehorsam sühnte, sondern hatte ihren üblichen Platz eigentlich im *adventus*-Zeremoniell: städtische Repräsentanten übergaben die Schlüssel dem Herrscher als Zeichen ihrer Anerkennung und erhielten sie aus den Händen des Herrschers als Zeichen seiner Huld wieder zurück. Die in Konstanz siebzehnmal wiederholte Schlüsselübergabe muß ein eindrucksvolles Schauspiel gewesen sein, in seiner Wirkung vielleicht verstärkt durch zusätzliche Demonstration besonderer Ehrerweisung in Gestalt eines Kniefalls vor Barbarossa. Der für die Rechtsgültigkeit des Friedens konstitutive Akt der Eidesleistung betonte allerdings nicht Über- oder Unter-, sondern Gleichordnung. Das Pendant zum Eid der siebzehn Bundesstädte waren die Friedenseide, die zunächst der Kämmerer Rudolf von Siebeneich, stellvertretend für Barbarossa und seinen Sohn Heinrich VI. *in anima regis*, dann sechzehn Reichsfürsten ablegten. Als Konsequenz der Friedensbedingungen investierte Barbarossa unmittelbar nach dem Friedensschluß jeweils einen Bevollmächtigten der einzelnen Bundesstädte – mit Ausnahme von Brescia – mit dem Konsulat.[176] Es waren ausnahmslos Personen, die zuvor auch den Frieden beschworen hatten. War die gegenseitige Eidesleistung eine Demonstration der Gleichberechtigung im Friedensschluß und als solche ein unmißverständliches Zeichen der faktischen Machtverhältnisse, so war die Investitur mit dem Konsulat ein ebenso klares Zeichen der «rechtlichen Abhängigkeit der ehemaligen *rebelles* vom Kaiser».[177] Da der Friedensvertrag festlegte, daß in den Städten nur Männer zum Konsul gewählt werden durften, die durch Treueid an den Kaiser gebunden waren,[178] ist anzunehmen, daß die sechzehn künftigen Konsuln vor dem Kaiser auch noch den Treueid ablegten, sich also verpflichten mußten, Barbarossa zu helfen, seine Krone und seinen *honor* in Italien zu wahren und weder mit Rat noch mit Tat dazu beizutragen, «daß er sein Leben oder ein Körperteil oder seine Ehre» verlöre. Viele der kommunalen Amtsträger waren gleichzeitig Rektoren des Bundes, so daß nicht nur die einzelnen Bundesstädte, sondern, analog zum Friedensschluß von Montebello, auch der Bund selbst als Akteur erschien.

Erst fünf Tage später, am 25. Juni, wurde auch die Friedensurkunde ausgefertigt. Unter Rücksicht auf Rang und Würde des Kaisers brachte die Kanzlei den als Ergebnis zweiseitiger Verhandlungen zustande gekommenen Vertragstext in die Form eines kaiserlichen Privilegs, dessen feierlicher Ton den Druck der Gegenseite nicht mehr ahnen ließ. Die objektiv gehaltenen Bestimmungen des in Piacenza ausgearbeiteten Vertragsentwurfs wurden so umformuliert, daß der Kaiser konsequent in der ersten Person des Pluralis majestatis sprach.[179] So wirkte der in harter Konfrontation ausgehandelte Frieden beim öffentlichen Vorlesen des Textes vor den versammelten Großen wie ein einseitiger herrscherlicher Gunsterweis: ganz der Fiktion der Freiwilligkeit verpflichtet, hieß es einleitend, die gewohnte Hoheit kaiserlicher Milde habe den Untergebenen ihre Gunst und Huld auf solche Art erwiesen, daß sie, obwohl sie Vergehen entschieden streng strafen müsse und könne, doch mehr danach strebe, in gewogener Ruhe des Friedens und mit gnädigen Empfindungen der Barmherzigkeit das Römische Reich zu regieren und den Übermut der Rebellen zur geschuldeten Treue und zur geschuldeten Ergebenheit zurückzurufen; deshalb sollten alle Getreuen des Reiches jetzt und in Zukunft wissen, «daß wir mit der gewohnten Huld unserer Güte der Treue und Ergebenheit der Lombarden, die einstmals uns und das Reich beleidigt hatten, das Innere der uns angeborenen Milde geöffnet haben und sie und den Bund und ihre Anhänger in die Fülle unserer Huld wieder aufgenommen haben, ihnen alle Beleidigungen und jede Schuld, durch die sie uns zur Entrüstung herausgefordert hatten, milde erlassen und sie wegen der Dienste ihrer treuen Ergebenheit, die wir von ihnen mit Sicherheit zu erhalten glauben, zur Zahl unserer geliebten Getreuen hinzuzählen zu können der Ansicht sind». Den ihnen «milde bewilligten» Frieden habe der Kaiser aufzuschreiben und mit seinem Siegel zu bestätigen befohlen.[180]

Anders als beim Frieden von Venedig hat sich in der neueren Forschung gegenüber älteren Versuchen, den Frieden von Konstanz in den Kategorien von Gewinner und Verlierer zu bewerten, schon seit längerem eine nüchterne Sicht durchgesetzt, die vor allem die Kräfteverhältnisse innerhalb des von Mailand geführten Lombardenbundes und seine Auswirkungen auf den Friedensprozeß gewichtet, aber auch die Auswirkungen des Friedens für Barbarossa: «Der Konstanzer Friede entzieht sich den Kategorien von Sieg oder Niederlage.»[181] Entscheidend war, daß der Ausgleich sowohl auf inhaltlicher Übereinstimmung beider Seiten als auch auf demonstrativer Wahrung des kaiserlichen Repräsentationsanspruchs ruhte und damit tragfähig wurde.

Die symbolischen Handlungen des Friedensschlusses gegen seinen materiellen Inhalt auszuspielen übersähe, was den Zeitgenossen klar war – daß die Form gleichzeitig Inhalt war. Alle Einigungsversuche Barbarossas mit den Städten waren von demselben Muster aus rangbewußter Empfindlichkeit, Stolz und Ehre durchwebt. Daß er persönlich jede Wendung und Windung dieser Annäherungsversuche kontrollierte, ist schon wegen der häufig überlangen Kommunikationswege und auch wegen der komplizierten Rechtsmaterie nicht anzunehmen. Den kaiserlichen *honor* unbedingt zu wahren entsprach aber ohnehin dem Selbstverständnis jener, die aus der Stellung des Kaisers ihre eigene Bedeutung ableiteten. Für Barbarossas letzte Regierungsjahre wurde entscheidend, daß der Friede von Konstanz in Oberitalien eine Ordnung schuf, die im Konsens der betroffenen Herrschaftsträger geborgen war. Sie blieb im wesentlichen stabil und belastbar, bis sie nach dem Tod Heinrichs VI. 1197 in der Thronkonkurrenz zwischen dem Welfen Otto IV. und Barbarossas jüngstem Sohn Philipp von Schwaben erneut zerbrach.

Die Jahre zwischen 1177 und 1183 erscheinen rückblickend betrachtet als eine Phase, in der Barbarossa auf mehreren Feldern einen zerbrochenen Konsens wiederherstellte. Der Kaiser hatte mit der Anerkennung Alexanders III. und seiner Rückkehr zur Einheit der Kirche einer mächtigen Strömung im Reichsepiskopat entsprochen, mit der Anerkennung des Lombardischen Städtebundes und der kommunalen Rechtsgewohnheiten dem Widerstand in Oberitalien Rechnung getragen – und mit seiner Einwilligung in die Absetzung des Doppelherzogs von Bayern und Sachsen der überragenden und konfliktträchtigen Sonderstellung seines Vetters unter den deutschen Fürsten ein Ende bereitet. Weil jeweils auf einen breiten Konsens gegründet, hatten diese Friedensschlüsse unmittelbar stabilisierende Wirkung auf die Herrschaft des Staufers. Es waren ungeplante Handlungsfolgen, die in ihrer Summe dem Kaiser neue Handlungsspielräume sowohl in Deutschland wie in Italien erschlossen. Denn hinter diesem jahrelangen Prozeß eine überlegen lenkende Planung des Kaisers zu vermuten hieße, seine Gestaltungsfähigkeit gewaltig zu überschätzen und den Widerstand zu bagatellisieren, den er dem Frieden von Venedig ebenso wie dem Sturz seines Vetters entgegenzusetzen versucht hatte. Er reagierte auf Herausforderungen und wich zurück, wo es sich als unvermeidlich herausstellte. Aber er wachte mit reizbarer Entschlossenheit darüber, daß die Visualisierungen seines kaiserlichen Rangs, die das Reich in der Öffentlichkeit der Hoftage und Friedensschlüsse ja erst eigentlich vor Augen stellten, stets Inszenierungen seiner unbestrittenen Herrschaft wurden. Darin bestand nicht zum geringsten seine ungebrochene Autorität.

KAPITEL 12

ERWEITERTE HANDLUNGSSPIELRÄUME
(1183–1188)

Eines der auffälligsten Phänomene des letzten Regierungsjahrzehnts Barbarossas ist die veränderte Zusammensetzung seines Hofs. Aus den Zeugenlisten seiner Urkunden geht hervor, daß «die weltliche reichsfürstliche Präsenz am Hof Barbarossas nach 1180 im wesentlichen gebildet wurde von Staufersöhnen und Stauferverwandten und solchen, die noch etwas werden wollten oder soeben vom Sturz Heinrichs des Löwen profitiert hatten und jetzt ihren Eifer um so mehr unter Beweis stellen mußten».[1] Das Pendant dazu bildet die häufiger werdende Erwähnung der Ministerialen, die allerdings nicht deren erst jetzt einsetzende Bedeutung am Hof signalisiert.[2] Schon als Rahewin um 1160 seine Fortsetzung der *Gesta Frederici* Ottos von Freising schrieb, hielt er es für einen charakteristischen Zug des Kaisers, daß er gegenüber seinen Vertrauten und Hausgenossen (*familiares*) nicht drohend aufgetreten sei, sondern deren Rat beachtet habe,[3] also Barbarossa unfreien Dienstleuten bereits damals Einfluß zubilligte. 1183 begegnen unter den «Namen der Fürsten und Ritter» (*nomina principum et militum*), die den Konstanzer Vertrag beschwören sollten, die Ministerialen Werner von Bolanden, Kuno von Münzenberg und Heinrich von Pappenheim, die im Frieden von Konstanz sogar als «Edle des Hofs» (*nobiles curie*) bezeichnet werden.[4] Aber weist die ansteigende Anzahl von Belegen für ministerialische Präsenz darauf hin, daß sich die Fürsten vom Hof «abwandten» und «das Gefüge von Herrscher und Fürsten bedrohten», daß das «gesamte Gefüge des Reichs in rascher Folge in Veränderung begriffen» war?[5] Dieser Eindruck verstärkt sich jedenfalls um so mehr, je größer der ins Auge gefaßte Zeitraum und je mehr auch die Regierung Heinrichs VI. ab 1190 berücksichtigt wird. Aber der statistische Befund über das Fernbleiben vieler Fürsten vom

Hof an sich ist stumm, und seine Deutung hat wie die einer jeden Statistik ihre Tücken, hängt also wesentlich von dem Erklärungszusammenhang, man könnte auch sagen: von der Geschichtserzählung ab, in die sie gestellt wird. Festzuhalten ist zunächst, daß die Präsenz der Fürsten nicht erzwingbar, sondern wesentlich von den ‹Gewinnchancen› abhängig war, die ihnen der Aufenthalt am Hof und ihr Engagement im Königsdienst boten. Unterschiedliche Strategien sind erkennbar: entweder enge Anlehnung an den Herrscher in der Erwartung, für geleistete Dienste belohnt zu werden, «jedoch mit dem Risiko, durch die Entfernung vom eigenen Herrschaftsgebiet Nachteile zu erleiden und im Königsdienst aufgerieben zu werden», oder aber relative Königsferne zugunsten ungestörter Tätigkeit in der eigenen Herrschaft, bis man deren Absicherung durch den Herrscher bedurfte.[6] Die dritte Möglichkeit war, daß Hofpräsenz in dem Maße ihren Anlaß verlor, «in dem wichtige und nur über den König zu erreichende Ziele der Eigenherrschaft schon erreicht» worden waren.[7] Daß die Präsenz der weltlichen Fürsten vor dem Friedensschluß von Venedig 1177 markant höher war als danach, ist als Funktion der Konfliktdichte, die ebenso Unterstützung des Kaisers verlangte wie auch dessen Belohnung in Aussicht stellte, prinzipiell gut erklärbar. Weil konsensuale Herrschaft nie den Konsens mit allen verlangte, sondern nur mit jenen, die sich häufig am Hof aufhielten, spricht der statistische Befund zunächst nur für einen Wechsel der am Hof einflußreichen Kreise, nicht aber für den Verlust der politischen Integrationsfähigkeit des Herrschers. Was ein solcher indessen bedeuten konnte, läßt sich am besten im Vergleich mit der Situation des Papstes nach 1177 erkennen: Alexander III. konnte sich nur kurz in Rom aufhalten, seine beiden Nachfolger residierten bis 1187 nicht einmal mehr im Kirchenstaat, sondern fast ausschließlich in Verona, die wichtigsten Stützen des papstnahen Romadels – die Frangipani – schlossen sich der kaiserlichen Seite an.[8] Erst im Zeichen der Zusammenarbeit mit Barbarossa angesichts des bevorstehenden Kreuzzugs konnte Clemens III. Anfang 1188 unter Mitwirkung des kaisernahen Romadels wieder in die Apostelstadt zurückkehren. Von solchen Erscheinungen eklatanter Einbuße an Integrationsfähigkeit blieb die Herrschaft Barbarossas nach 1183 vollständig verschont. Daß sich sein Verhältnis zu Erzbischof Philipp von Köln infolge des Sturzes Heinrichs des Löwen von ursprünglich vertrauensvoller Zusammenarbeit zu offener Feindschaft wandelte, wurzelte – ähnlich wie der in manchem vergleichbare Gegensatz zwischen Heinrich II. von England und Thomas Becket – auch in einer persönlichen und beiderseitigen, tiefen Enttäuschung. Fürstenopposition aber war ein Strukturmerkmal der mittelalterlichen Königsherrschaft insgesamt und nicht unbedingt ein Zeichen des Verlusts integrierender Wirkung des Hofs. In solchen Konflikten hatte sich die Fähigkeit des Herrschers zu bewähren, die Balance zwischen der Wahrung seines eigenen *honor* und der gebotenen Rücksicht auf den *honor* fürstlicher Gegner zu suchen.

KONFLIKTTRÄCHTIGE REPRÄSENTATION: DAS MAINZER HOFFEST

Auf breite Resonanz stieß Barbarossas Einladung an die geistlichen und weltlichen Großen, aber auch an die Ministerialen aus Schwaben und Franken, Bayern und Sachsen, Österreich und Böhmen, Lothringen und Burgund, sich zu Pfingsten 1184 in Mainz zu einem festlichen Hoftag einzufinden, um die Schwertleite seiner beiden Söhne Heinrich und Friedrich zu feiern. «Mächtigen Herrschern ist's fremd, mit wenigen sich zu umgeben; ... weder Fürst noch Sonne begehren Versteck oder Dunkel.»[9] Was Gunther für ein Charakteristikum des kaiserlichen Hofes hielt, erwies sich in Mainz als besonders zutreffend: sechs Erzbischöfe, 19 Bischöfe, zwei Äbte der Reichsklöster, neun Herzöge, vier Markgrafen, drei Pfalzgrafen, der thüringische Landgraf, viele Grafen und Ministeriale lassen sich als Teilnehmer des Hoffests namhaft machen.[10] Allein die Anwesenheit so vieler Herrschafts- und Waffenträger ist schon als «bedeutender politischer Erfolg Barbarossas zu bewerten – als Erfolg einer jahrzehntelangen, Kontinuität bildenden Regierung, die sich Respekt verschafft hatte».[11] Gislebert von Mons, Kanzler des Grafen Balduin V. von Hennegau, nahm im Gefolge seines Herrn an dem Fest teil und hinterließ einen zwar zu dessen Gunsten deutlich gefärbten, aber auch den eindrucksvollsten und ausführlichsten Bericht über diesen Höhepunkt höfischer Selbstdarstellung. Gewohnt, die Bedeutung eines Fürsten an seinem Gefolge zu messen und zu erkennen, notierte Gislebert zutiefst beeindruckt, Erzbischof Konrad von Mainz sei mit 1000 Rittern erschienen, Erzbischof Philipp von Köln mit 1700, Erzbischof Wichmann von Magdeburg mit 600, der Abt von Fulda mit 500, Herzog Friedrich von Böhmen mit 2000 Rittern, Herzog Leopold V. von Österreich mit 500, Herzog Bernhard von Sachsen mit 700, Pfalzgraf Konrad mit 1000 und Landgraf Ludwig von Thüringen mit über 1000 – was summiert schon in etwa die Zahl der aus ganz Europa zum Friedensschluß nach Venedig gereisten Gäste ergibt; aber Gislebert schätzte die Zahl der insgesamt anwesenden Ritter gar auf 70 000, eine Zahl jenseits aller Wahrscheinlichkeit, wäre das doch fast viermal soviel wie die damalige Einwohnerschaft Kölns, der damals größten Stadt im Reich. Daß der Andrang aber ungeheuer und mit diesem Auftrieb auch gerechnet worden war, steht außer Zweifel. Barbarossa hatte angeordnet, auf den Wiesen am rechten Rheinufer Zelte aufzuschlagen und für den gehobenen Bedarf des Hofes auch einige Gebäude aus Holz zu bauen. «Die ganze Ebene war durch Zelte von verschiedenen Farben bedeckt, die jede Zahl überschreitend errichtet waren, als ob man eine Stadt gebaut hätte, und nichts fehlte hier.»[12] Besonders der Überfluß an Lebensmitteln blieb in der Erinnerung haften; der rheinauf, rheinab herbeigeschaffte Wein wurde getrunken, «ohne Maß nach eines jeden Belieben und soviel man vertragen konnte». Als Vergleich ließ Abt Arnold von Lübeck nur die alttestamentlichen Schwelgereien des Königs Ahasver gelten und wollte nur «eines der geringsten Dinge anführen, um davon auf die größeren schließen zu lassen. Es waren dort zwei große Häuser errichtet, in welchen sich große Räume befanden, die durchweg mit Querstangen versehen waren. Diese Häuser waren von oben bis unten mit Hähnen oder Hennen angefüllt, so daß kein Blick durch sie hindurchzudringen vermochte, zur größten Verwunderung vieler, welche kaum geglaubt hatten, daß soviel Hennen in aller Herren Länder überhaupt vorhanden waren.»[13] Zu einem großen Teil stammten die Lebensmittel wohl aus den Grundherrschaften des Kaisers, der in der Region Rheinfranken immerhin über 21 Höfe verfügte, «die gemeinsam jährlich eine Abgabenlast von 425 Kühen, 3400 Schweinen und 595 Ferkeln, 850 Gänsen, 4250 Hühnern und 425 000 Eiern zu tragen in der Lage waren», zuzüglich Käse, Wein und – zur Beleuchtung – Wachs; daß auch noch das kostbare Importgewürz Pfeffer zu stellen war, weist nicht nur auf intakte und weitreichende Handelsverbindungen hin, sondern auch auf die Zubereitung der fleischreichen Kost am Tisch des Kaisers.[14] Auch die Ressourcen des Erzbistums Mainz dürften eingespannt worden sein. Aber nicht nur Essen im Überfluß war ein Element im Wettbewerb höfischer Selbstdarstellung und Statusrepräsentation, sondern auch die Pracht der äußeren Erscheinung. Balduin von Hennegau hatte seine Männer mit seidenen Gewändern ausgestattet, außerdem mit einer «großen und kostbaren Ausrüstung, mit viel Silbergeschirr und allem, was man braucht, sowie einer würdig bekleideten Dienerschaft»; auch habe er «mehr und schönere Zelte» besessen als die anderen Fürsten.[15] Wenn die schon erwähnte Geschichte einen wahren Kern hat, daß Bernhard II. von Lippe aus Unmut darüber, daß er und sein Gefolge keinen Platz in der Nähe des Kaisers bekommen hatten, die als Sitze verwendeten prächtigen Mäntel als Geschenk für das einfache Volk liegen ließen, dann dürfte sich dieser Vorfall wohl in Mainz abgespielt haben – er paßt jedenfalls gut zu der für den Kaiser und die Fürsten belegten verschwenderischen Großzügigkeit, mit der sie Pferde, kostbare Gewänder, Gold und Silber an Ritter, Kreuzfahrer, Schauspielerinnen und Schauspieler und an die fahrenden Sänger verschenkten, um auf diese Weise Ansehen zu gewinnen und rühmende Erinnerung zu begründen. Was modernen, vorrangig ökonomisch fundierten Vorstellungen von Handlungsrationalität als Verschwendung erscheint, gehorchte der adligen «Ökonomie der Ehre»,[16] der der Ruhm ein wichtigeres Gut war als eine ausgeglichene Zahlungsbilanz; und selbst wenn mancher der Großen insgeheim klagte, er sei gezwungen gewesen, für die Hoftage des Kaisers ungeheure Ausgaben auf sich zu nehmen – wie Konrad von Mainz[17] –, so ließ er es sich doch nicht anmerken. In Köln blieb in Erinnerung, daß die Hoftage von Barbarossas Vorgänger mit diesem «glänzenden und auf dem ganzen römischen Erdkreis berühmten» Fest in keiner Weise verglichen werden können, habe der Kaiser doch alle Großen drei Tage lang «aufs freigiebigste» bewirten lassen. Heinrich von Veldeke, dessen Eneasroman zu den Anfängen der deutschen Ritterepik gehört, verglich das Hoffest des Kaisers mit dem prächtigen Hochzeitsfest seines Helden mit der Tochter des Latinerkönigs, Lavinia: «Ich habe von keinem Fest je erzählen hören, das ebenso groß gewesen wäre wie das, das Eneas veranstaltete – außer dem, das zu Mainz stattfand, das wir selbst gesehen haben. Danach brauchen wir uns nicht zu erkundigen: es war ganz unermeßlich groß, wo Kaiser Friedrich zwein seiner Söhne das Schwert verlieh und wo für viele tausend Mark verbraucht und verschenkt wurde ... Noch heute leben viele, die es genau wissen. Kaiser Friedrich wurde so hoch geehrt, daß man für alle Zeiten Wundergeschichten davon erzählen kann bis zum Jüngsten Tag, das ist gewißlich wahr.»[18] Am Pfingstsonntag trugen Barbarossa und Beatrix «mit großer und gebührender Feierlichkeit die Kaiserkrone» und Heinrich VI. die Königskrone, am Pfingstmontag wurden die Söhne des Kaisers feierlich mit dem Schwert umgürtet und ritterliche Kampfspiele ausgerichtet: «Es war ein Turnier ohne scharfe Waffen, die Ritter vergnügten sich, indem sie ihre Schilde, Lanzen und Banner sowie Reitkünste ohne [Lanzen-]Stöße vorführten. Bei diesem Turnier zeigte auch Herr Kaiser Friedrich selber geziemend vor allen seinen Schild, war an Gestalt aber nicht größer oder ansehnlicher als die übrigen.»[19] Gislebert erwähnte Barbarossas Teilnahme nicht etwa als irgendwie außergewöhnlich, sondern nur deshalb, weil sie ihm gleichsam den Hintergrund bildete für den Ruhm, den sein Herr Graf Balduin V. erwarb, der bei dieser Gelegenheit mit der besonderen Huld ausgezeichnet wurde, die Lanze des Kaisers tragen zu dürfen. Sehr gut möglich ist daher, daß Barbarossa tatsächlich auch an den sonstigen Waffenspielen, über die man aus der Überlieferung durchweg nur in beiläufigen Erwähnungen erfährt, ebenfalls persönlich teilgenommen hat, vielleicht in Modena 1159, in Pisa 1178, in Preßburg oder Belgrad 1189.[20] Man sollte daher Überlegungen über die demonstrative Verbindung des Kaisers zu der im Verlauf des 12. Jahrhunderts entstandenen Gemeinschaft der Ritter nicht auf das Mainzer Hoffest beschränken, erst dort stattfinden lassen oder gar «insofern als Beginn einer neuen Epoche» bewerten, «als es die Kaiseridee auf eine veränderte Grundlage stellte».[21] Spezifisch kaiserlich war weder der Hoftag noch die Inszenierung des Rittertums als Gemeinschaft der zu Pferde kämpfenden Krieger, die dem kulturellen Ideal der höfischen Lebenswelt verpflichtet war. Die gemeinsame Erfahrung reichte in die davorliegenden Jahrzehnte mit den Kämpfen vor allem in Italien und dem dabei gepflegten ritterlichen Selbstverständnis zurück; das Fest und sein ungeheurer Zulauf setzte ein beachtliches Maß «von schon mitgebrachter Übereinstimmung in Regeln und Normen» der ritterlichen Gesellschaft voraus.[22] Das Mainzer Hoffest war daher eine Inszenierung schon länger gültiger Werte, die gewissermaßen in zweierlei Richtung herrschaftsstabilisierend wirkte: retrospektiv und bestätigend, insoweit sie an die ritterliche Kampfgemeinschaft als Grundlage früherer Erfolge Barbarossas und vieler

ABB. 36 Denar der Münzstätte Maastricht. Avers: Gekröntes Brustbild mit Szepter und Reichsapfel, Revers: Adlerschild des Kaisers mit rückläufiger Umschrift SCVTV(M) – I(M)PE(R)AT(ORIS). Erste heraldische Darstellung des kaiserlichen Adlerwappens. Dazu Giese 2010b. – Staatliche Museen zu Berlin, Münzkabinett, Objekt-Nr. 18219077.

Großer erinnerte, prospektiv und vielversprechend, insoweit sie vergleichbare Taten seiner Söhne, die sich demselben Wertekanon verpflichtet zeigten und deren einer bereits zu seinem Nachfolger gekrönt worden war, auch für die Zukunft erhoffen ließen. Das Fest war ein Versprechen auch für die Zeit nach dem Thronwechsel – und ein ungeheuer aufwendiges Werben um Zustimmung und Treue zur Herrscherfamilie, eine enorme Investition von materiellem und symbolischem Kapital in der Hoffnung auf eine generationenübergreifende Zukunftsrendite. Nicht zufällig wurden Barbarossas Söhne unter jenen genannt, die Geschenke verteilten.

Ein großes Turnier hätte das Fest einige Tage später beschließen sollen; als Ort hatte Barbarossa die nahegelegene Pfalz von Ingelheim vorgesehen, die er in den letzten Jahren hatte ausbauen lassen und sicher nicht zum Turnierort bestimmt hatte, ohne sie vorher jemals besucht zu haben.[23] Am Dienstag nach Pfingsten fegte jedoch ein Unwetter über den Festplatz und zerstörte Häuser und Zelte. Als Zeichen Gottes wurde das Unwetter nicht erst später gedeutet, als man darin einen Hinweis auf den Tod der Kaiserin im darauffolgenden Jahr sehen wollte, sondern schon in Mainz selbst, denn das Turnier wurde abgesagt. Fünf Jahre zuvor war auf dem Dritten Laterankonzil unter Vorsitz Alexanders III. das von den Päpsten bereits mehrfach erlassene, mit den aus weltlicher Ruhmsucht und Habgier resultierenden Gefahren für das Seelenheil begründete kirchliche Verbot jener «abscheulichen Märkte und Jahrmärkte, die allgemein Turniere genannt werden», eingeschärft worden – bis hin zur Verweigerung eines kirchlichen Begräbnisses für jene, die bei dem Kampfspiel zu Tode kamen.[24] Einige der in Mainz anwesenden Bischöfe waren Teilnehmer des Konzils gewesen, Wichmann von Magdeburg hatte das Begräbnisverbot in seiner Diözese auch schon fallweise durchgesetzt, vielleicht kamen aus diesen Reihen Bedenken, die durch das zeichenhaft ausdeutbare Unwetter erst Gewicht erhielten.

Das Fest war aber nicht nur eine Bühne höfischer Repräsentation. Erstmals im Kreis der Fürsten auf einem Hoftag war Graf Balduin V. von Hennegau erschienen. Anlaß dazu gab seine Absicht, sich die Erbschaft samt Reichslehen seines Onkels mütterlicherseits zu sichern, des erblindeten Grafen Heinrich von Namur und Luxemburg. In dieser Sache hatte er schon zuvor Unterredungen mit dem Kaiser geführt, und man hatte sich auf ein Vorgehen geeinigt, das dem Grafen eine Rangerhöhung zum Markgrafen, dem Kaiser aber eine Vergrößerung der vom Reich gehenden Lehen einbrachte. Balduin verpflichtete sich, seinen Onkel zu veranlassen, sämtliches Eigengut dem Kaiser zu übertragen; mit den Lehen vereinigt, die Heinrich vom Reich trug, sollte dieser Gesamtbesitz zu einer Markgrafschaft erhoben und als Reichslehen an Balduin ausgegeben werden, wodurch dieser zu einem direkt vom Kaiser belehnten Fürsten aufstieg. Barbarossa, Heinrich VI. und der Hof sollten dafür 800 Mark Silber, die Kaiserin fünf Mark Gold erhalten. Um sein Vorhaben abzusichern, erbot sich Balduin sogar, konkurrierende Ansprüche Bertholds IV. von Zähringen mit 1600 Mark Silber abzulösen, wovon ihn Barbarossa aber unter Hinweis auf das fortgeschrittene Alter des Zähringers abbrachte, also dieselbe unfeine Überlegung anstellte, mit der schon Heinrich der Löwe abgelehnt hatte, seinen Onkel Welf VI. für die Übertragung des süddeutschen Welfenerbes finanziell zu entschädigen.[25] Das war die letzte in der langen Reihe von Benachteiligungen, die Barbarossa dem Zähringer aus der alten, auf die Teilung des Herzogtums Schwaben zurückgehenden Feindseligkeit zufügte; Berthold starb zwei Jahre später. Die Nachrichten Gisleberts über die Verhandlungen geben auch einen interessanten Einblick in den Kreis der damals einflußreichen Berater des Kaisers: Werner von Bolanden, «Ministeriale des Reichs, ein überaus verständiger Mann, mit siebzehn eigenen Burgen und vielen Dörfern ausgestattet und durch 1100 Ritter unter seinen Vasallen geehrt»; außerdem Graf Heinrich von Diez, «ein ziemlich weiser Mann»; Kanzler Gottfried, der spätere Bischof von Würzburg, «ein vornehmer und regsamer Mann»; außerdem Protonotar Rudolf und Kuno von Minzenberg, «Ministeriale des Reichs, der, reich und verständig, eine große Anzahl von Burgen, Gütern und Vasallen hatte».[26] Der künftigen Rangerhöhung Balduins war auch seine hervorgehobene Rolle im Zeremoniell geschuldet: in der Pfingstprozession trug er dem Kaiser das Schwert voran, in den Reiterspielen trug er die Lanze Barbarossas und demonstrierte damit seine Bereitschaft zu künftiger Treue.

Die Anwesenheit so vieler Reichsfürsten war aber auch ein explosives Gemisch, weil sie in jeder Hinsicht «unentbehrliche Mitspieler und gefährliche Gegenspieler des Herrschers zugleich» waren,[27] ihren beanspruchten Rang gerade in dieser Öffentlichkeit zu behaupten hatten – ohne daß über die hierarchische Ordnung und ihre Abbildung unbedingt Einvernehmen bestanden hätte. Ein solcher Rangkonflikt spielte sich in Form eines Sitzstreits zwischen Erzbischof Philipp von Köln und Abt Konrad von Fulda ab. Als sich am Pfingstsonntag alle Großen zur Messe versammelten, beanspruchte Konrad den Platz links des Kaisers, weil seinem Kloster das Vorrecht zustehe, bei in Mainz abgehaltenen Hoftagen diesen Ehrenplatz einnehmen zu dürfen, während der Erzbischof von Mainz unbestritten rechts vom Kaiser sitzen dürfe. Barbarossa war bereit, diese Bitte zu erfüllen, beleidigte damit aber Philipp von Köln so schwer, daß dieser zum Zeichen seines Protests die Versammlung verlassen wollte – und damit auch seine Lehnsleute, den Pfalzgrafen Konrad und den Grafen von Nassau, zu einem solchen Schritt bewegte, auf die eine Beleidigung ihres Herrn zurückfiel. Landgraf Ludwig III., ein Lehnsmann des Abtes, sagte dem Grafen von Nassau etwas maliziös, dieser habe sein Lehen aber schön verdient, worauf dieser, sozusagen schon mit der Hand am Schwert, antwortete, er habe es in der Tat verdient und werde es, wenn nötig, auch beweisen. Die gefährliche Spaltung der Festgemeinschaft nach unterschiedlichen Loyalitäten konnte nur durch besondere Ehrung Philipps vermieden werden: Heinrich VI., der einen großen Zwiespalt entstehen sah, sprang von seinem Sitz auf, fiel dem Erzbischof um den Hals, um ihn so seiner Wertschätzung vor aller Augen zu versichern, und bat ihn zu bleiben, Barbarossa erhob sich von seinem Platz und bot an, persönlich einen Reinigungseid abzulegen, um zu beweisen, daß er den Erzbischof nicht habe beleidigen wollen. Darauf beharrte Philipp nicht, aber er machte seinem Unmut gegenüber dem Kaiser deutlich Luft: «Ich hätte nie gedacht, daß ihr mir eine so große Beleidigung vor den Augen der Fürsten zufügen würdet. Seht, in eurem Dienst bin ich alt geworden, und von dem Kampf, den ich für euch unter Lebensgefahr gekämpft habe, zeugen die grauen Haare meines Hauptes. Und was noch mehr ist, schmerzlich zu sagen: viele Beängstigungen und Bekümmernisse meiner Seele habe ich durchgemacht und um der Ehre des Reichs willen (*pro honorem imperii*) niemals mich oder meine Dinge geschont. In der Lombardei habt ihr meine Ergebenheit gesehen, bei Alessandria nicht minder die Treue meines Herzens kennengelernt, und was ich bei Braunschweig nicht einmal, sondern oft getan habe, wißt ihr. Und da ich in all diesen Dingen keinem nachgestanden habe, wundert es mich, daß ihr mir heute diesen Abt habt vorziehen wollen.»[28] Diese Geschichte ist geradezu ein Musterbeispiel für die handlungsverpflichtende Dimension, die der öffentlichen Anerkennung von Rang und Ehre durch symbolische Handlung zukam.

Mit dem Hinweis darauf, daß allein Abt Arnold von Lübeck von diesem doch gewiß aufsehenerregenden Sitzstreit berichtet, wurden kürzlich bedenkenswerte Einwände gegen die Historizität der Geschichte erhoben und demgegenüber ihre erzählerische Funktion als Exemplum für falsches, an «eitlen Äußerlichkeiten» orientiertes Verhalten eines benediktinischen Abtes betont.[29] Schon deshalb, weil Arnold ein ganzes Kapitel über den «verabscheuungswürdigen Hochmut der Mönche» anschließt, ist das auch unbedingt plausibel; weniger zwingend ist, daß er einen aus Regensburg vermittelten Text über den Goslarer Sesselstreit des 11. Jahrhunderts und einen über Hildesheimer Verbindungen erhaltenen fiktiven Briefwechsel zwischen Barbarossa und Heinrich VI. benötigt haben soll, um seine Geschichte überhaupt erst erzählen zu können. Auffällig ist doch, daß er sie vor den Hintergrund einer Beleidigung des Kölner Erzbischofs durch Barbarossa stellt; für eine bloße Moraldidaxe über den Hochmut rangversessener Äbte war das gewiß keine naheliegende Rahmenhandlung. Wieso siedelte Arnold sie ausgerechnet am Hof Barbarossas an, und wieso ließ er den Kaiser der Beleidigung des Erzbischofs zunächst zustimmen? Vor welchem Hintergrund konnte ein so gespanntes Verhältnis zwischen Kaiser und Erzbischof denn innere Wahrscheinlichkeit für sich beanspruchen? Offensichtlich hatte Arnold von Lübeck die Vorstellung, Philipp habe Grund zur Befürchtung gehabt, am Hof öffentlich zurückgesetzt zu werden – das enorme Gefolge des Kölners von angeblich 4064 Rittern begründet er mit dessen Wissen um die bevorstehende Anmaßung des Abtes. Ob die fraglichen Ansprüche, die aus dem alten Abtsprimat von Fulda abgeleitet werden konnten, tatsächlich der Anlaß für Philipps böse Ahnungen waren, sei dahingestellt – daß der Kölner auf dem Hoffest aber allen Grund zu wachem Mißtrauen hatte, zeigen auch andere Nachrichten: aus Furcht um sein Leben machte er dort einen Ritter namens Karl, der später Abt von Villers-en-Brabant wurde, zu seinem besonderen Wächter (*specialis custos*).[30] Was also hatte Philipp am Hof zu fürchten?

Diese Frage führt letztlich zurück zu seinem Anteil am Sturz Heinrichs des Löwen – und dessen Folgen für sein Verhältnis zu Barbarossa. Denn gerade auf dem Mainzer Hoftag scheint die Frage der Restitution des früheren Doppelherzogs verhandelt worden zu sein – zumindest begründet eine englische Quelle mit verschwommenem Wissen um dieses Problem die Reise, die der Löwe von seinem englischen Exil aus an den Rhein angetreten hat, und stimmt mit leider sehr einsilbigen deutschen Nachrichten darin überein, daß er die Huld des Kaisers nicht erlangen konnte.[31] Weil Barbarossa in dieser Frage aber an das Einvernehmen der Fürsten gebunden war, kann die Zurückweisung seines Vetters nur an deren fehlender Zustimmung gelegen haben – zumal jener Philipps, der als Hauptnutznießer der Absetzung des Löwen auch das größte Sicherheitsbedürfnis im Hinblick auf eventuelle Restitutionsforderungen hatte. Arnolds Geschichte setzte bei seinem Publikum als Bedingung von Barbarossas Bereitschaft, in eine öffentliche Demütigung des Kölners einzuwilligen, das Wissen um eine eingetretene Entfremdung zwischen beiden voraus – das ist die eigentlich wichtige Information, und sie hat auch alle innere Wahrscheinlichkeit für sich, denn Barbarossa dürfte seinem früheren Kanzler die Einschränkung seines Handlungsspielraums, die er ihm in Erfurt aufgezwungen hatte, übel vermerkt haben. In der Zeit zwischen dem Sturz des Löwen im November 1181 und dem Mainzer Hoftag 1184 ist die Anwesenheit Philipps am Hof denn auch nur ein einziges Mal belegt, und zwar im Mai 1182.[32] Im September 1184 reiste er angeblich einer Pilgerfahrt an das Grab Thomas Beckets wegen nach England und wurde dort, ohne daß Details überliefert wären oder die vielstimmige Überlieferung auch nur in ihren Hauptaussagen übereinstimmte, vom englischen König Heinrich II. zu einer Versöhnung mit dem Löwen bewegt[33] – die wiederum die Voraussetzung dafür war, daß Barbarossa seinem Vetter im Oktober 1184 die Rückkehr aus dem Exil erlauben konnte. Ziemlich genau nach drei Jahren Verbannung traf der Löwe im September 1185 wieder auf seinen Eigengütern in Braunschweig ein. Vollkommen dunkel ist, welche konkreten Aussichten auf ein Reichslehen ihm eröffnet worden waren und ob solche überhaupt bestanden – daß aber irgendwie mit seiner Restitution gerechnet wurde, spiegelt sich schon in Barbarossas am 19. Oktober 1184 dem Markgrafen Opizo von Este gegebener Zusage, auch für den Fall der Wiedereinsetzung des Löwen dessen früher empfangene Güter behalten zu dürfen.[34] Daß Philipp seinerseits im Herbst 1185 nicht zur Hochzeit Heinrichs VI. nach Mailand aufbrechen wollte, fügt sich gut in die angespannte Situation – auch wenn Arnolds Behauptung, er sei der Einladung aus Furcht vor einem Mordanschlag nicht gefolgt, wieder unzutreffend zugespitzt sein dürfte.[35] Aber der Huldverlust, den Philipp beim Kaiser erlitten hatte, wird mit Hinweis auf die früheren Dienste des Kölners, seine Bestürzung und die Hoffnung auf eine Versöhnung auch in einigen sogenannten Stilübungen in der Jüngeren Hildesheimer Briefsammlung thematisiert.[36] Festzuhalten ist, daß der Sturz des Löwen eine Wendemarke hin zu einer drastischen Verschlechterung des Verhältnisses zwischen Barbarossa und Philipp war, von der es sich während des gesamten letzten Jahrzehnts seiner Regierung auch nicht mehr erholen sollte.

NEUE PARTNER: MAILAND UND WILHELM II. VON SIZILIEN

Etwa gleichzeitig mit Philipps Aufbruch nach England zog Barbarossa – von wichtigen Reichsfürsten wie Erzbischof Konrad von Mainz, den Bischöfen von Bamberg, Worms, Metz, Verdun, Freising, Passau, Regensburg, Merseburg und Cambrai, Herzog Leopold V.

von Österreich und Landgraf Ludwig III. sowie vielen anderen Herren begleitet – zum sechsten Mal nach Italien, aber zum ersten Mal in friedlicher Absicht und ohne Heer. Zum Kennzeichen dieses knapp zweijährigen Aufenthalts wurde ein Umritt des Herrschers durch die Städte des Lombardenbundes, die ihm bis zum Friedensschluß von Konstanz feindlich gegenübergestanden waren und nun seine Herrschaft anerkannten. Leider ist die diesbezügliche Überlieferung nicht nur zerstreut, sondern auch höchst wortkarg, so daß sich von der Visualisierung der neugewonnenen Einheit kaum eine anschauliche Vorstellung gewinnen läßt. Den Anfang bildete ein «feierlicher Hoftag» (sollempnis curia)[37] in Mailand, ein längerer Aufenthalt in Pavia und ein kurzer Besuch in Cremona. Dort thronte Barbarossa auf einer anläßlich seiner Ankunft auf dem großen Platz vor dem Dom gezimmerten Holztribüne – eine Erhöhung im ganz buchstäblichen Sinne, die dem Herrscher Ehre erweisen sollte und der Repräsentation geschuldet war, aber auch der besseren Sichtbarkeit wahrscheinlich vorgenommener rechtssymbolischer Handlungen wie der Investitur der Konsuln. Solche Bühnen waren seit der Mitte des 14. Jahrhunderts zur prächtigen Inszenierung der Lehnsinvestitur zwar üblich,[38] für das 12. Jahrhundert ist die Nachricht aus Cremona allerdings singulär – ein Vergleichsbeispiel ist immerhin das für Alexander III. vor San Marco aufgebaute Gerüst –, so daß die Deutung als besondere und außerordentliche Ehrerweisung möglich, gleichwohl nicht zwingend ist. Zu einer solchen hätten die Cremonesen, wovon noch zu reden sein wird, aber auch allen Grund gehabt. Über die meist kurzen Aufenthalte in Verona, Vicenza, Treviso, Padua, Brescia, Bergamo, Piacenza, Parma, Reggio, Modena und Bologna bis April 1185 erfährt man lediglich, daß der Kaiser zu Weihnachten in Brescia mit großer Festlichkeit empfangen und in Bergamo mit einer Prozession in die Kathedrale geführt wurde, bei der der Bischof rechts, ein Domkanoniker links von ihm schritt; in Bologna nahm man ihn ebenfalls festlich auf.[39] Gerne wüßte man, wie sich seine erstmalige Teilnahme an einer Versammlung der Bundesstädte in Piacenza im Januar 1185 gestaltete, jedoch schweigt dazu die Überlieferung vollkommen. Der Bund beschloß, den Konstanzer Frieden für die nächsten 30 Jahre als bindend zu betrachten und im Bedarfsfall alle fünf Jahre zu erneuern.

Auf dem Weg nach Piacenza ereignete sich bei Lodi allerdings ein Vorfall mit äußerst weitreichenden Konsequenzen; Barbarossa ließ wenig später festhalten, er könne nicht vergessen, was damals vorgefallen sei, daß ihm nämlich Einwohner von Crema entgegengezogen seien und sich kreuztragend fast nackt vor ihm zu Boden geworfen hätten, um gegen die Bedrückung durch Cremona zu klagen; als die Cremonesen dies sahen, hätten sie die Cremasken mit bloßen Schwertern von seinem Angesicht vertrieben und beim Verfolgen viele verwundet.[40] Die Beleidigung des Kaisers lag darin, daß ihm die Cremonesen für alle sichtbar, vor den Augen seines mitziehenden Gefolges, die Möglichkeit nahmen, seine Herrscherpflicht wahrzunehmen – als höchster Richter eine Klage anzuhören. Das war zwar nicht die erste rücksichtslose Demonstration der Interessen, die Cremona im Gebiet der *Insula Fulcherii* verfolgte, jenem Gebietsstreifen zwischen Adda und Serio, mit dem die Markgräfin Mathilde von Canossa 1097 den Bischof von Cremona belehnt hatte und dessen Hauptort Crema war. Aber anders als früher war Barbarossa durch den Friedensschluß mit dem Lombardenbund nicht mehr auf Cremona angewiesen, sondern konnte die mächtige Stadt nun in die Schranken weisen.

Wie schon erwähnt, war Cremona bei Aufnahme der Friedensverhandlungen Ende 1176 politisch isoliert gewesen und hatte auch bei den Verhandlungen mit dem Lombardenbund in Venedig kaum Gewicht; der Einflußverlust der früher treu verbündeten Stadt hatte sich 1183 in den Verhandlungen in Piacenza fortgesetzt, wo die kaiserlichen Unterhändler zwar in die Festschreibung von Rechtsansprüchen Mailands und anderer Bundesstädte einwilligten, Cremonas Ansprüche auf die *Insula Fulcherii*, die sich die Stadt erst vom Bund und danach vom Kaiser hatte bestätigen lassen, aber unerwähnt blieben. Der damals von Mailand zugesicherte Treueid, dem Kaiser bei der Rückeroberung von Besitzungen und Rechten gegen Herrschaftsträger behilflich zu sein, die dem Bund nicht angehörten, hatte eine potentiell gegen Cremona gerichtete Spitze, die im Friedensvertrag von Konstanz unverändert erhalten blieb.[41] Daß bei den Friedensverhandlungen auf kaiserlicher Seite gar keine Vertreter der Kommunen teilgenommen hatten, hatte die Einigung mit dem Bund insoweit erleichtert, als der Interessengegensatz zwischen Mailand und Cremona gar nicht erst austariert werden mußte. Es fällt schwer, hinter dieser Linie nicht Barbarossas Bereitschaft zu vermuten, den alten Verbündeten – zumal nach seinen Erlebnissen 1176 in S. Agata – sehr bewußt dem Frieden mit dem einstigen Gegner Mailand zu opfern. Jedenfalls fürchtete man in Cremona drohende Gefahren; nur zwei Monate nach dem Konstanzer Frieden schloß die Stadt einen Freundschaftsvertrag mit Parma, in dem die Parmesen versprachen, sich mit eifrigen Bitten dafür einzusetzen, «daß die Cremonesen Huld und guten Willen des Kaisers und seines Sohnes, des Königs Heinrich, und dessen Nachfolger haben» und diese Cremona nicht an Rechten und Besitz schädigen mögen.[42] Im selben Jahr ließ der Cremoneser Podestà Manfredo Fanto das nach ihm benannte *castrum Manfredi* (heute Castelleone) errichten, das durch seine Lage am Ufer des Serio den Zugang zum südlichen Teil der *Insula Fulcherii* und dem jenseits des Serio gelegenen, etwa zehn Kilometer entfernten, in Ruinen liegenden Crema kontrollieren sollte. Was Cremona angesichts dieser gespannten Lage durch den ehrenden Empfang Barbarossas vielleicht gutgemacht hatte, war durch die Brüskierung des Kaisers bei Lodi jedenfalls wieder verloren. Drei Wochen nach dem Vorfall schloß Barbarossa in Reggio mit den Mailändern ein Bündnis, das der früher bestimmenden Kräftekonstellation genau entgegengesetzt und klar gegen Cremona gerichtet war: er überließ den Mailändern nicht nur die Regalien in jenen Orten der *Insula Fulcherii*, die sie früher den Cremonesen hatten überlassen müssen, sondern akzeptierte auch im voraus deren Rückeroberung und verpflichtete sich zudem, das zerstörte Crema, dessen Wiedererrichtung er 1162 und 1176 nie zuzulassen den Cremonesen versprochen hatte, binnen einer mit den Mailänder Konsuln zu vereinbarenden Frist wieder aufzubauen, und zwar unter Inanspruchnahme von «Rat und Tat» (*consilium et auxilium*) der Kräfte jener Städte und Orte der Lombardei, die durch Treueid an ihn gebunden seien; dazu gehörte natürlich auch Cremona. Wer ihn aber daran hindern wolle, den werde er unter Hinweis auf den ihm geleisteten Treueid davon abhalten, notfalls auch mit Bann und Krieg überziehen.[43]

Schon Anfang Mai zog Barbarossa mit einem vor allem aus Mailänder und Piacentiner Rittern, aber auch aus anderen Kontingenten lombardischer Städte bestehenden Heer nach Crema; das sprechendste Zeichen für die veränderte Bündnislage war, daß die Mailänder im Gefolge des Kaisers auch ihren *carroccio* mitführten, Symbol der Ehre und Macht ihrer Stadt, dem Barbarossa mehrfach im Kampf gegenübergestanden und an dem er bei Legnano gescheitert war. In seinem Gefolge war außerdem Welf VI., der ihn ein Vierteljahrhundert zuvor bei der Belagerung Cremas unterstützt hatte. Am 7. Mai begann der

Wiederaufbau, der von trockenem Wetter begünstigt rasch voranschritt. Barbarossa blieb einen vollen Monat vor Crema, am 12. Mai belehnte er am Graben der Stadt mittels eines Holzstabes drei Vertreter der Kommune mit Hoheitsrechten. In der Logik des Vertrags mit Mailand hätte gelegen, wenn der Kaiser auch aus Cremona Unterstützung angefordert hätte; ob dies die Ursache der Kontakte war, die Erzbischof Konrad von Mainz, der wichtigste Begleiter Barbarossas auf dem Italienzug, mit der Stadt aufnahm, ist ungewiß. Jedenfalls halfen beim Wiederaufbau Cremas nur Bauern aus dem *contado* Mailands und Piacenzas – aber nicht aus dem Gebiet Cremonas. Das könnte der Anlaß für den schon im Juli über die Stadt verhängten Bann gewesen sein.

Auf einem heute im Staatsarchiv von Cremona aufbewahrten langen schmalen Pergamentblatt ist in Gestalt einer formlosen Niederschrift eine umfangreiche Anklage des Kaisers überliefert, in der er der Stadt Untreue vorwirft, nicht ohne die Geschehnisse der vorausgegangenen 30 Jahre höchst eigenwillig umzudeuten, etwa die Belagerung Cremas als Folge eines Cremona gegebenen Versprechens; alle Gefahren, die ihm selbst und seinen Großen aus den Kriegen in Oberitalien erwachsen waren, wurden als Folge eines von ihm treu beachteten, von Cremona jedoch undankbar gebrochenen Bündnisses dargestellt. Die Rückführung der ausgesiedelten Mailänder in ihre Stadt, der auf das neugegründete Lodi ausgeübte Druck zum Übertritt auf seiten des Lombardenbundes, die mit Cremoneser Hilfe erfolgte Gründung von Alessandria und die Erpressung während seines Aufenthalts in S. Agata – all das habe den kaiserlichen *honor* verletzt und außerdem einen Schaden in der phantastischen Höhe von 300 000 Mark verursacht.[44] Wie der Überlieferungsort zeigt, wurde Cremona mit diesen Anklagepunkten bekanntgemacht, ohne daß klar ist, wo und wie dies geschah oder ob die einzelnen Punkte etwa als Grundlage für Verhandlungen hätten dienen sollen. Licht fällt erst wieder im Mai 1186 auf diesen Strang des Geschehens, als Barbarossa von Pavia aus mit einem erneut aus städtischen Kontingenten zusammengestellten Heer, in dem sich auch der mailändische *carroccio* befand, gegen Cremona zog. Ziel war das Crema nächstgelegene *castrum Manfredi*. Die Cremonesen waren klug genug, um es auf eine Belagerung erst gar nicht ankommen zu lassen, sondern suchten sofort über ihren Bischof Sicard eine gütliche Einigung (*concordia*).[45] Sicard, aus der bedeutenden Cremoneser Familie der Casalaschi stammend, war erst im Jahr zuvor gewählt worden. Empfohlen hatten ihn nicht nur seine kanonistischen Kenntnisse, die er während seines Studiums in Bologna erworben hatte, sondern seine Verbindungen an den Hof Barbarossas. Bis etwa ein Jahr vor seiner Wahl hatte Sicard an der Mainzer Domschule kanonisches Recht gelehrt, sich sogar als «geistlicher Sohn der Mainzer Kirche» bezeichnet, und hatte vor seiner Wahl auch an Verhandlungen zwischen Barbarossa und Papst Lucius III. teilgenommen. Wahrscheinlich knüpfte er an seine Verbindungen zu Erzbischof Konrad von Mainz an. Binnen weniger Tage wurde eine Einigung erzielt, die am 8. Juni schriftlich fixiert wurde. Im Zelt des Kaisers restituierten zwei Cremoneser Konsuln Guastalla und Luzzara, Crema und die *Insula Fulcherii*. Auch das *castrum* wurde Barbarossa übergeben: die Inbesitznahme erfolgte durch einen Legaten, der mit der kaiserlichen Fahne einzog, woraufhin es alle Einwohner verließen und jeder mit sich trug, so viel er konnte; gemäß kaiserlichem Befehl wurde die Befestigung zerstört.

Cremona hatte damit zwar seine seit Jahrzehnten im nördlichen Hinterland und am Po angestrebte Position eingebüßt und mußte auch noch 1500 Pfund Denare an den Kaiser bezahlen; allerdings hatten die Cremonesen das Geld erst 15 Tage nach Wiedererlangung der Huld, die ihnen noch am 8. Juni zugesagt worden war, in Pavia zu übergeben.[46] Ihre Bereitschaft zum raschen Ausgleich ohne Gewaltanwendung wurde den Cremonesen honoriert: sie mußten keine öffentliche Selbsterniedrigung auf sich nehmen und umgingen damit die Schmach einer Unterwerfung vor dem Erzfeind Mailand. Die Regelung erinnert an Barbarossas Angebot an Heinrich den Löwen, sich mit einer Zahlung von 5000 Mark als «Ehre» begnügen zu wollen. Im Falle der Cremonesen war der Ungehorsam durch das Versprechen der Geldzahlung gesühnt – was sich gut in die dezidierte Rücksichtnahme auf den *honor* Cremonas fügt. Denn auch hinsichtlich der Besitzverhältnisse an der *Insula Fulcherii* kam Barbarossa den Cremonesen soweit entgegen, wie es die Rücksichtnahme auf Mailand nur zuließ: er zog die früher erteilten Privilegien nicht etwa ein oder erklärte sie für ungültig, man einigte sich vielmehr darauf, sie in Pavia zu deponieren, also bei Cremonas traditionell engstem Bündnispartner, von wo sie im Falle einer Weiterverleihung der ans Reich gezogenen Besitzungen durch Barbarossa oder seine Nachfolger ausgeliefert werden und damit Cremona als rechtmäßigen Besitzer erweisen sollten. Ausgenommen waren einige am westlichen Rand der *Insula* liegenden Orte, die zwischen Mailand und Cremona umstritten gewesen waren und die der Kaiser den «geliebten und treuen» Mailändern übertrug, die seine Gunst durch die «Qualität und Quantität ihrer Dienste» und «Beständigkeit ihrer Treue» verdient hätten.[47] Den Cremonesen war jene seiner Zusagen besonders wichtig, der zufolge er «wegen der Sache, die früher zwischen dem Herrn Kaiser und [ihnen] geschehen war», nicht mehr gegen sie vorgehen werde.[48] Damit waren die alten Vorwürfe aus der Welt geschafft und das Verhältnis zum Kaiser auf eine neue Grundlage gestellt. Der Ausgleich senkte die Waagschale in den interkommunalen Rivalitäten durch Begünstigung der Feinde Cremonas nicht so dramatisch zum Nachteil der Stadt, daß die «Wiederanbahnung geordneter Beziehungen» ausgeschlossen gewesen wäre.[49] Die Zumutungen des Friedensschlusses blieben unterhalb jener Schwelle, die Cremona zum Widerstand gezwungen hätte, so daß die Herrschaft Barbarossas nun nicht durch Ablehnung des Kaisers als schlichtende und richtende Instanz in jene Schieflage geriet, die ihn im Konflikt mit Mailand seit 1155 nolens volens stets zur Partei gemacht hatte. Der Friede mit Cremona enthielt ebenso wie Barbarossas Bündnis mit Mailand höchst differenzierte gegenseitige Verpflichtungen zur Friedenswahrung. Sie waren dem Versuch geschuldet, die Position des Kaisers nicht mehr in bloßer Parteinahme auf einem Feld der Gegensätze erstarren zu lassen, sondern zu einer allseits anerkannten Überordnung als friedensstiftender Schlichter über den Konflikten der Kommunen weiterzuentwickeln. Dieser Versuch hatte nicht zuletzt die Kriegsmüdigkeit aller Beteiligten zur Voraussetzung: damit hatte dieses System einer ‹versuchten Äquidistanz› freilich auch ein prinzipiell brüchiges Fundament, das seine Belastungsproben aber erst unter der Regierung Heinrichs VI. zu bestehen hatte.

Die Bedeutung, die Mailand für Barbarossa gewonnen hatte, zeigte sich besonders darin, daß die Stadt um die Ehre gebeten hatte, Ort der im Januar 1186 zu feiernden Hochzeit seines Sohnes Heinrich VI. mit Konstanze von Sizilien sein zu dürfen.[50] Die damals dreißigjährige Konstanze, elf Jahre älter als Barbarossas Sohn, war eine postum geborene Tochter des ersten normannischen Königs Roger II. und Tante des regierenden Königs Wilhelm II. von Sizilien. Übrigens wäre aus der Hochzeit, die noch geradezu weltpolitische Bedeutung entfalten sollte, fast nichts geworden, denn Heinrich war im Juli 1184 nur um Haaresbreite dem Tod entkommen. Bei einem Aufenthalt in Erfurt war der Boden des Saales eingebrochen, in dem er sich aufgehalten hatte; mehrere Grafen waren in der daruntergelegenen Kloake ertrunken – ein Unglück, das sogar in der Datierung einer Urkunde des Bischofs von Meißen erwähnt wurde. Der Zufall hatte jedoch gewollt, daß Barbarossas Sohn gerade in diesem Moment zusammen mit Erzbischof Konrad von Mainz ins Gespräch vertieft in einer Fensternische saß; sie konnten sich an die Mittelsäule des Fensters klammern und über Leitern gerettet werden.[51] Bereits im Oktober hatte Heinrich VI. dann seine Verlobung auf einem Hoftag in Augsburg bekanntgegeben. Über die vorausgegangenen Verhandlungen schweigen die Quellen vollkommen, nur summarisch wird in später entstandenen Texten die Initiative teilweise dem Kaiser, teilweise dem sizilischen König zugeschrieben. Immerhin hatte Barbarossa schon vor seinem fünften Italienzug 1173 durch Christian von Mainz die Möglichkeit eines Heiratsbündnisses sondieren lassen, was aber bei Wilhelm II., der erst seit zwei Jahren selbständig regierte, damals wegen Rücksicht auf sein Bündnis mit Alexander III. auf Ablehnung gestoßen war.

Der Friedensschluß von Venedig hatte jedoch eine grundsätzliche politische Neuorientierung erlaubt, wie sie sich bereits in den Gesprächen zwischen Barbarossa und Romuald von Salerno über einen dauernden Frieden zwischen den beiden Reichen abgezeichnet hatte. Wilhelm II. hatte nach der Rückkehr Romualds aus Venedig eine mit seiner Goldbulle versehene Bestätigung des Friedens ausstellen und von einem Notar namens Tancred an Barbarossas Hof bringen lassen[52] – es bestanden also Kontakte zwischen den beiden Höfen, leider sind nähere Einzelheiten nicht überliefert. Aus der Perspektive Alexanders III. war eine solche Entwicklung schon deshalb wünschenswert, weil sich Barbarossas Gegensatz zu dem als *invasor imperii* betrachteten Normannenkönig auf sein Verhältnis zur Kurie höchst nachteilig ausgewirkt hatte, die 1156 mit dem päpstlichen Lehnsmann in Benevent Frieden geschlossen und damit kaiserliche Ansprüche ignoriert hatte. Neben dem damaligen Kanzler Roland war Kardinal Hubald von Ostia einer der Architekten dieses Friedensschlusses gewesen. Im Jahr der Verlobung Heinrichs mit Konstanze hatte Hubald unter dem Namen Lucius III. als Nachfolger Alexanders den Thron Petri inne. Es erscheint daher am plausibelsten, daß die Anbahnung der Heirat unter Vermittlung, sicher aber mit Wissen des Papstes geschah, aus dessen Perspektive sie willkommen war, weil sie die Beziehungen zwischen der Kurie und dem Kaiser von dem Gegensatz hinsichtlich der Normannenherrschaft dauerhaft befreite. Wilhelm II. schließlich verlor durch Barbarossas Anerkennung seiner Herrschaft das Stigma des Usurpators, das seiner Familie seit Gründung des Königreichs 1130 anhaftete.[53] Ende August 1185 erreichte Konstanze mit einer langen Karawane Rieti, wo Heinrichs Gesandte sie in Empfang nahmen. Ihr Brautschatz entsprach den Vorstellungen, die sich die Zeitgenossen von den sagenhaften Reichtümern des sizilischen Königs machten: 150 mit Gold und Silber, Samt, Tuch und Pelz beladene Pferde transportierten ihre Mitgift, die einen Wert von über 40 000 Mark gehabt haben soll.[54] Barbarossa war seiner Schwiegertochter bis nach Umbrien entgegengezogen und bereitete ihr wohl bei Foligno einen prächtigen Empfang. Sie zog dann auf offenbar anderem Weg als der Kaiser über Piacenza nach Pavia, wo im Dezember auch Heinrich aus Deutschland eintraf. Die am 27. Januar 1186 im Kloster S. Ambrogio gefeierte Hochzeit ist in vielen Quellen erwähnt, aber daß Barbarossa aus diesem Anlaß vom Erzbischof von Vienne, Heinrich vom Patriarchen von Aquileja und Konstanze von einem deutschen Bischof – wahrscheinlich Konrad von Mainz – gekrönt wurde, ist schon die ausführlichste Nachricht. Anwesend waren neben päpstlichen Legaten viele Große aus Italien und Deutschland. In dem bei S. Ambrogio gelegenen großen Garten waren, ähnlich wie anläßlich des Hoffestes von Mainz, viele hölzerne Aufbauten errichtet worden; auf ihre Dimension läßt rückschließen, daß die Mönche für den späteren Verkauf des Holzes, das ihnen Barbarossa schenkte, genug Geld erlösten, um eine Prozession zu Ehren des Kaisers und seines Sohnes zu stiften.[55]

Heinrichs Heirat gewann noch eine Bedeutung, die man sich damals bestenfalls in sehr kühnen Träumen hatte ausmalen können, denn durch den im November 1189 erfolgten kinderlosen Tod Wilhelms II. sollte das normannische Reich als väterliches Erbe an Konstanze fallen. Mit der nun möglichen «Vereinigung des Königreichs mit dem Imperium» (*unio regni ad imperium*) kann vorher niemand kalkuliert haben, weil die Kinderlosigkeit und damit das Ausbleiben von erbberechtigtem Nachwuchs des noch nicht lange verheirateten Wilhelms II. natürlich nicht voraussehbar war.[56] Aber noch vor der Heirat seiner Tante hatte der König die Würdenträger seines Reiches für den

ABB. 37 Eine Vorstellung von der Heirat Heinrichs VI. mit Konstanze vermittelt die Miniatur im Psalmenkommentar des Petrus Lombardus, die die Hochzeit König Davids mit Michol als höfische Szene zeigt. Am prächtig gedeckten Tisch, auf dem als Besteck nur Messer liegen und Schalen mit Brathuhn stehen, sitzt das festlich gekleidete Brautpaar. Der Griff des Bräutigams ans Kinn der Braut ist ein Zeichen liebevoller, auch erotischer Zuwendung und geht zurück auf eine Stelle im Hohen Lied (2,6): «Seine Linke liegt unter meinem Kopf und seine Rechte herzte mich.» Dazu van Eickels 2003, 147. – Bamberg, Staatsbibliothek, Msc. Bibl. 59 (olim B I 10), fol. 2v.

Fall seines kinderlosen Todes auf die Erbfolge seiner Tante verpflichtet. Die Möglichkeit war also bedacht, wenn auch gewiß nicht als wahrscheinlich angesehen worden. Vor diesem weiteren Hintergrund dürfte auch Barbarossas Absicht zu verstehen sein, seinen Sohn vom Papst zum (Mit-)Kaiser krönen zu lassen. Denn der erbrechtliche Anspruch Konstanzes auf das Königreich sollte offenbar präventiv durch den «alten Rechtsanspruch des Imperiums auf das Königreich» (*antiquum ius imperii ad regnum*) ergänzt werden.[57] Mit dieser Absicht stieß Barbarossa bei Lucius III. zunächst auf Zustimmung, was wiederum für dessen Einbindung in das Hochzeitsprojekt spricht, aber von seiten der Kardinäle wurden Bedenken vorgebracht, die zwei Chronisten unabhängig voneinander auf den Einwand zuspitzten, daß es dem Römischen Reich nicht zukomme, von zwei Kaisern gleichzeitig regiert zu werden.[58] Daß Heinrich VI. anläßlich seiner Festkrönung in Mailand *caesar* genannt worden sein soll, war bestenfalls eine feierliche

Betonung seiner künftigen Würde, aber kein Titel, den er führte, weshalb damit auch keine irgendwie kaiserliche Machtausübung verbunden war.[59]

NEUE GEGNER: URBAN III. UND PHILIPP VON KÖLN

Die Bitte um Heinrichs Kaiserkrönung war nur eines der vielen Themen in den Verhandlungen, die im Herbst 1184 bei einer persönlichen Begegnung Barbarossas mit Lucius III. in Verona einen vielversprechenden Anfang nahmen. Alexanders Nachfolger hatte nur von November 1181 bis März 1182 in Rom residiert, bevor er in das südliche Latium auswich und von dort im Sommer 1184 nach Verona zog, das als Ort eines Treffens mit dem Kaiser bestimmt worden war. Vor allem über die in Venedig noch offengelassene Einigung bezüglich der zwischen Reich und Kirche strittigen Mathildischen Güter mußte befunden werden. Bereits 1183 war in Konstanz mit päpstlichen Legaten über diese Frage verhandelt und das noch in Venedig ins Auge gefaßte Schiedsgericht als wenig praktikabel erkannt worden, weil die Sache statt zur Eintracht eher zum Zerwürfnis Anlaß biete, da beide Seiten leicht in Streit geraten könnten, wenn sie auf ihrem Recht beharrten. Statt dessen war der Vorschlag ins Spiel gebracht worden, der Papst und die Kardinäle sollten im Gegenzug für ihren Verzicht auf die strittigen Besitzungen zukünftig jeweils einen Zehnten der kaiserlichen Gesamteinkünfte aus Italien erhalten – eine Vereinbarung, die von jedem künftigen Kaiser noch vor seiner Krönung wie auch von allen Fürsten beschwört werden sollte. Aber auch die Möglichkeit, daß «verständige und Männer vorgerückten Alters», die aus der Nachbarschaft der zwischen Kirche und Reich strittigen Besitzungen stammten, erwählt würden und über die Zuordnung der Gebiete entscheiden sollten, damit der Kaiser über seine Verpflichtungen gegenüber der Kirche sicher sei, wurde erwogen. Am Hof war man zuversichtlich, dieses Vorhaben bei einem Treffen mit dem Papst durch Gottes Hilfe zu einem guten Ende bringen zu können.[60] Als sich Kaiser und Papst Anfang November 1184 in Verona zu Gesprächen trafen, wurde darüber hinaus auch über die Anerkennung schismatischer Weihen, über Maßnahmen zur Unterstützung der Christen im Heiligen Land und zur Beteiligung der weltlichen Gerichtsbarkeit an der

Verurteilung von Ketzern sowie über die Kaiserkrönung Heinrichs VI. verhandelt.

Über die Begegnung von Verona liegen so wenige konkrete Nachrichten vor, daß nicht einmal sicher, wenngleich anzunehmen ist, daß Barbarossa nach Hadrian IV., Viktor IV., Paschalis III. und Alexander III. auch Lucius III. die üblichen Formen der Anerkennung eines rechtmäßig gewählten Papstes erwies. Vor allem die Einigung über die Mathildischen Güter setzte einen entschiedenen und gleichgerichteten Willen beider Seiten voraus, der aber entweder nicht vorhanden oder durch Gegensätze überlagert war, die sich aus einer ganz unerwartet aufgetauchten Problematik ergaben – der Trierer Doppelwahl. Nach dem Tod Erzbischof Arnolds von Trier im Mai 1183 waren sowohl der Archidiakon Folmar als auch der Dompropst Rudolf gewählt worden. Barbarossa hatte beide zur Entscheidung der strittigen Wahl nach Konstanz befohlen, aber von seinem Recht zur Entscheidung keinen Gebrauch gemacht, sondern eine Neuwahl in seiner Anwesenheit erlaubt; Folmar hatte seine Wahl aber nicht zur Disposition stellen wollen, den Hof verlassen und sich damit gegen Barbarossas Anspruch auf Entscheidung der strittigen Wahl gestellt, während Rudolf, wohl im Vertrauen auf die Königsnähe seiner Familie, der Grafen von Wied, sich dem vorgeschlagenen Procedere unterworfen hatte, dann von den anwesenden Trierern erneut gewählt und vom Kaiser mit den Regalien investiert worden war. Folmar hatte indessen an den Papst appelliert, so daß auch dieses Problem in Verona zu entscheiden war – in dem für den Kaiser aber keine Möglichkeit mehr bestand, ohne erheblichen Gesichtsverlust nachzugeben. Ein kanonischer Prozeß mit Vorlage und Untersuchung der schriftlichen Rechtfertigungen beider Erwählten wurde eingeleitet, politische Rücksichtnahme auf den Kaiser war aber angezeigt. Diese zu nehmen fiel nicht einfacher, als die Nachricht, daß Heinrich VI. zwischenzeitlich Anhänger Folmars im Klerus angegriffen und sogar vor sein Gericht geladen hatte, an der Kurie eintraf; diese sah dadurch nicht nur ihre Entscheidung schon präjudiziert, sondern auch das geistliche Standesvorrecht verletzt, von weltlicher Gerichtsbarkeit ausgenommen zu sein. Beschwerden soll Barbarossa mit dem Hinweis quittiert haben, daß sein Sohn die Kleriker zu Recht als Feinde des Reichs betrachtet habe, wenn sie Rechte des Reichs verletzt hätten – womit ihr Widerstand gegen Rudolf gemeint war.[61] Über diesen Fragen ging das Treffen von Verona ergebnislos zu Ende; Lucius III. starb im November 1185 und hinterließ die Probleme ungelöst.[62]

Unter dem Namen Urban III. wurde Erzbischof Humbert Crivelli von Mailand zu seinem Nachfolger gewählt. Seine Familie hatte unter Barbarossas Kriegen gegen ihre Heimatstadt zu leiden gehabt – der kaiserliche Marschall Heinrich von Pappenheim soll gar einem Verwandten die Nase haben abschneiden lassen, weshalb ihn Humbert, nunmehr Papst, noch Jahrzehnte später exkommunizierte.[63] Der Haß, den manche Zeitgenossen dem neuen Papst auf den Kaiser und die Deutschen zutrauten, mochte keine gute Voraussetzung für eine Lösung der Streitfragen sein, aber Urban III. bekannte sich in seiner Wahlanzeige an den Kaiser ausdrücklich dazu, den Frieden, den herzustellen sein Vorgänger unterlassen oder aufgeschoben habe, zu vollenden.[64] Barbarossa kam dem Papst bald auf einem anderen Feld entgegen, indem er anbot, zu seinen Gunsten in die Verhältnisse im Patrimonium Petri einzugreifen, wie es seinem Amt zukomme, und es durch seinen Sohn Heinrich dem kaiserlichen Schutz unterstellen zu lassen.[65] Dieses Vorhaben hatte freilich zwei Seiten: einerseits war das Schisma für das Patrimonium ein im Grunde «chaotisches Interregnum» gewesen, weil der Kaiser zwar die Wirkungsmöglichkeiten Alexanders III. massiv eingeschränkt, aber seinen eigenen Päpsten die übliche Territorialherrschaft im Kirchenstaat nicht eröffnet hatte. Kommunale und feudale Gewalten hatten sich soweit verselbständigt, daß dem Papst ein Aufenthalt im Kirchenstaat seit 1184 unmöglich geworden war, Urban III. Rom nicht einmal betreten hatte.[66] Urban III. hatte das Angebot daher angenommen, aber Heinrichs Vorgehen zeigte – und das war die Kehrseite der Medaille –, daß er dabei eine Grundüberzeugung seines Vaters beherzigte und teilte, der zufolge das Patrimonium integraler Bestandteil des Imperiums war. Heinrich durcheilte den Kirchenstaat in einem raschen Kriegszug, ließ in vielen Städten Treueide auf den Kaiser ablegen und natürlich auch das *fodrum* und andere Abgaben einziehen. Klagen darüber erreichten wiederum bald Urban III. in Verona. Möglicherweise waren sie der Anlaß, daß der Papst den Trierer Wahlstreit nun rasch entschied. Hatte er noch Bischof Hermann von Münster,[67] der als Gesandter Barbarossas nach Verona gekommen war, versprochen, Folmar nicht weihen zu wollen, traf er am 17. Mai die gegenteilige Entscheidung, ohne Rücksicht auf deutlichen Widerstand unter den

Kardinälen: er bestätigte die Wahl Folmars und erteilte ihm umgehend die Weihe; um die Entscheidung nicht frühzeitig publik zu machen, verließ dieser als Bauer verkleidet angeblich bei Nacht Verona und kehrte auf abenteuerlichen Wegen in seine Kirchenprovinz zurück.

Als Barbarossa, der in diesen Tagen das *castrum Manfredi* belagerte, diese Nachricht erhielt, unterdrückte er, «überaus selbstbeherrscht wie er in allen Lagen seines Lebens immer war, seine Erregung und nahm sich jenes Unrecht insgeheim zu Herzen, indem er seine Empörung in gewohnter Weise hinter einem Lächeln verbarg».[68] Die Herausforderung bestand nicht zuletzt darin, daß der Papst die im deutschen Reichsteil gültige Form der Bischofserhebung, wonach der Wahl erst die Regalieninvestitur durch den Kaiser und dann die Weihe erfolgen sollte, einfach ignorierte. Das erschien den Anhängern Rudolfs in Trier – und dem Hof – als unerhörte Demütigung der kaiserlichen Würde.[69] Wenig später erhielt Barbarossa einen Brief des Papstes, in dem er Heinrich die Verletzung päpstlicher Rechte im Patrimonium vorwarf, zudem Klagen über andere, von kaiserlichen Ministerialen zu verantwortende Mißstände äußerte und warnte, er werde diese nicht länger hinnehmen und sich, falls sie der Kaiser nicht abstelle, nun widersetzen – zur Ehre des Apostels Petrus, für den zu regieren er durch Gottes Gnade berufen worden sei, wie es sein Amt verlange.[70] Als diese Drohung Barbarossa erreichte, war er bereits auf dem Weg zurück nach Deutschland. Die Situation ähnelte in ihrer Spirale aus gegenseitigen Vorwürfen und Rechtfertigungen der zunehmenden Konfrontation in den Monaten vor Ausbruch des Schismas 1159 – bis hin zu dem Detail demonstrativer Inanspruchnahme umstrittener Hoheitsrechte im Patrimonium. Hatte Barbarossa im Sommer 1158 den Kardinal Oktavian und seine Familie, die Grafen von Monticelli, mit Stadt und Grafschaft Terni belehnt, so übertrug Heinrich im November 1186 Stadt und Grafschaft Sutri an den römischen Adligen Leo de Monumento, der neben dem Stadtpräfekten Petrus II. di Vico und dem auf die kaiserliche Seite übergetretenen Oddo Frangipane an der Spitze des kaisernahen Romadels stand. Wiederum wurde «eindeutiger Papstbesitz vom Kaisertum vergeben».[71]

In Deutschland wurde die Trierer Angelegenheit auf Hoftagen erst in Kaiserslautern, dann in Gelnhausen verhandelt, wo sich Barbarossa vor zahlreich versammelten Fürsten über das vom Papst in verschiedener Hinsicht erlittene Unrecht beklagte. Die Erzbischöfe Konrad von Mainz, Hartwig von Bremen, Wichmann von Magdeburg, Adalbert von Salzburg, wohl auch Philipp von Köln waren erschienen, außerdem die Bischöfe von Merseburg, Naumburg, Meißen, Brixen, Freising, Regensburg, Passau und Gurk, Münster, Verden, Hildesheim, Würzburg und der Elekt von Lübeck, außerdem Herzog Bernhard von Sachsen und Landgraf Ludwig III. von Thüringen und eine Reihe von Grafen. Im Kern lauteten Barbarossas Vorwürfe, daß er seinen Sohn Heinrich als Zeichen des schon erreicht geglaubten Friedens zur Verteidigung der römischen Kirche entsandt habe und dafür unglaublichste Vorwürfe gegen ihn erhoben worden seien; daß vor allem und besonders in der Trierer Angelegenheit das Reich eine übergroße Minderung seiner Rechte erleiden würde, wenn die Entscheidung des Papstes unverändert gelte, denn niemals sei einem seiner Vorgänger von einem Vorgänger des Papstes abverlangt worden, die Investitur erst nach der Weihe vorzunehmen, was er auch nie erwartet hätte, zumal Urban den Bischöfen von Münster und Asti versprochen habe, Folmar nicht zu weihen. All diese Beleidigungen zur Bedrückung seiner Person und zur Verminderung des *honor imperii* könne und dürfe er nicht dulden.

Zumal die Zeugenaussage des Bischofs von Münster verlieh Barbarossas Empörung alle Berechtigung. Gewichtige Vertreter des Episkopats schrieben dem Papst, teilten ihre Unterstützung des Kaisers mit und forderten Urban zur Versöhnung auf. Erzbischof Wichmann von Magdeburg schrieb für sich und seine Suffragane, sie alle seien dem Kaiser durch Treueid verbunden, über den eingetretenen Zwiespalt erschüttert und gehalten, «Recht und Ehre des Reichs» (*ius et honor imperii*) zu wahren und zu schützen. Sie baten den Papst demütig und dringend, die zur Beschwerde des Reichs geschehenen Dinge zu ändern, und versicherten, der Kaiser sei seinerseits bereit, hinsichtlich der Vorwürfe ein Urteil nach Recht, eine gütliche Einigung oder ein Schiedsgericht anzunehmen.[72] Im selben Sinne wandte sich Erzbischof Adalbert von Salzburg mit seinen Suffraganen an die Kardinäle und bat sie um Intervention zugunsten von «Friede und Eintracht» zwischen Papst und Kaiser.[73] Im Laufe des Jahres wich Urban III. tatsächlich in der Trierer Frage zurück, auch wenn erst sein Amtsnachfolger unter dem Eindruck dramatischer Umstände eine Lösung im Sinne des Kaisers herbeiführen sollte. Urbans Konfrontationskurs hatte eine der Situation vor dem Ausbruch des Schismas in mancher Hinsicht vergleichbare Verhärtung zur Folge gehabt, bis hin zu den Gerüchten über die bevorstehende Exkommunikation des Kaisers, freilich mit dem Unterschied, daß der Papst – anders als noch Hadrian IV. – weder auf den normannischen König noch auf Mailand als mächtige Verbündete zurückgreifen konnte, geschweige denn auf irgendwie nennenswerte Unterstützung in Rom selbst, sondern in Verona faktisch eingeschlossen war. Daß sich die Mailänder in ihrem Bündnisvertrag mit Barbarossa ausdrücklich dazu verpflichtet hatten, ihn in der Sicherung des Besitzes der Mathildischen Güter zu unterstützen,[74] war letztlich auch eine Reaktion auf die in dieser Frage stockenden Verhandlungen mit dem Papst. An Friedrichs Hof argwöhnte man, Urban suche den Kontakt zum gebannten Cremona. Sollte es diese Versuche, die Kräftekonstellation aus Barbarossas Kriegen in Oberitalien unter umgekehrtem Vorzeichen wieder aufleben zu lassen, tatsächlich gegeben haben, dann war ihnen jedenfalls kein Erfolg beschieden. Offenbar auf Druck eines Teils der Kardinäle entschloß sich der Papst noch einige Wochen vor seinem Tod am 20. Oktober 1187, in der Trierer Frage nachzugeben.

Einen wesentlichen Unterschied zu der Situation unter Hadrian IV. gab es aber doch. Zwar bot in Italien niemand dem Papst die Hand zur Unterstützung gegen Barbarossa, aber in Deutschland hatte Urban III. mit Erzbischof Philipp einen mächtigen Verbündeten gefunden. Ihn hatte er im Sommer 1186 zum ständigen Legaten in der Kölner Kirchenprovinz ernannt, und Philipp war der einzige, allerdings höchst einflußreiche Vertreter des Episkopats, der dem Kaiser in Gelnhausen «ins Gesicht widerstanden» hatte.[75] Die seit dem Sturz Heinrichs des Löwen ohnehin gespannten Beziehungen verschlechterten sich drastisch: «Zwischen diesen beiden siegreichsten Männern entstand ein so großer Zwiespalt, daß, wenn nicht die göttliche Barmherzigkeit den Sinn des Bischofs zur Demut und zum Gehorsam gegenüber dem Kaiser gewandelt hätte, daraus der größte Krieg und die größte Verwüstung in Deutschland entstanden wäre.»[76] Das war aber im Sommer 1187 noch nicht absehbar, vielmehr standen damals beide Seiten hart am Rande einer bewaffneten Auseinandersetzung. Barbarossa hatte dem französischen König Philipp II. Augustus Unterstützung in seinem Kampf gegen den englischen König zugesagt und plante zu diesem Zweck, mit Heeresmacht durch das Kölner Gebiet nach Westen zu ziehen. Angesichts der Verstimmung zwischen ihm und dem Erzbischof entstand aber schnell das Gerücht, der Zug richte sich gegen Köln selbst, so daß die Befestigungen der Stadt verstärkt wurden und Philipp vielleicht eine Schiffsbrücke über die Mosel zu zerstören befahl, die auf Anordnung des Kaisers errichtet worden war, sicher aber den Durchzug des kaiserlichen Heeres durch Kölner Gebiet untersagte. Barbarossa reagierte, indem er Mitte Juli den Rhein oberhalb Kölns sperren ließ, um die Stadt vom Handel und von der Zufuhr von Wein und Getreide abzuschneiden. Nun setzte auch eine Folge von Ladungen Philipps an den Hof ein, erstmals im August nach Worms, dann im Dezember nach Straßburg. Beide Male blieb Philipp fern; in Trier beklagte sich der Kaiser auf dem Weihnachtshoftag, daß ihn der «Kölner Kleriker» dazu zwinge, in seinem fortgeschrittenen Alter noch einmal ein Heer zu versammeln, um gegen seine eigenen Absichten ein Land seines Reiches zu verwüsten.[77]

Daß es dazu dann doch nicht kam, war der Entwicklung im Heiligen Land geschuldet. Am 4. Juli 1187 hatte das größte Heer, das die Kreuzfahrerstaaten jemals aus eigener Kraft aufgestellt hatten, eine vernichtende Niederlage gegen Sultan Saladin erlitten; schlecht geführt und halb verdurstet, waren über 1000 Ritter und 10 000 Fußkämpfer in Sichtweite des Sees Genezareth auf dem Berg Hattin vom Heer des Sultans eingeschlossen worden. Nach ebenso aussichtslosem wie verlustreichem Kampf waren der König von Jerusalem und mit ihm zahlreiche seiner Vasallen in Saladins Gefangenschaft geraten. Das Kreuz Christi, bei der Eroberung von Jerusalem während des Ersten Kreuzzugs 1099 angeblich wieder zum Vorschein gekommen, seitdem als kostbarste Reliquie verehrt und als siegbringendes Unterpfand des erhofften göttlichen Beistands immer wieder auf Kriegzügen mitgeführt, war in die Hände der Muslime gefallen. Nach dem Untergang eines Großteils ihrer Kämpfer hatten christlich geführte Städte und Festungen reihenweise kapituliert, am 2. Oktober auch Jerusalem. Die Herrschaft der Christen über die Stadt war beendet. Als einige der Eroberer das Kreuz vom Felsendom herunterholten, der den Muslimen als Ort der Himmelfahrt Mohammeds heilig ist, stieg von der Stadt, so berichtet der arabische Geschichtsschreiber Ibn al-Athir († 1233), «ein gewaltiger Ruf auf; die Muslime riefen ihr freudiges ‹Allah akhbar›, die Franken stöhnten vor Verzweiflung und Kummer». Die Nachricht vom Fall Jerusalems verbreitete sich wie ein Lauffeuer; Papst Urban III. soll unter dem Eindruck der Nachrichten über die Niederlage von Hattin gestorben sein. Zu seinem Nachfolger wählten die Kardinäle den Kanzler Albert, der den Namen Gregor VIII. annahm und umgehend zum Kreuzzug aufrief. In seiner an die Christenheit gerichteten Kreuzzugsbulle *Audita tremendi* beklagte er den Verlust des Wahren Kreuzes Christi und die Hinrichtung der Templer und Johanniter, deutete den Fall Jerusalems als Strafe für die Uneinigkeit und Sündhaftigkeit der Christen nicht nur im Heiligen Land, sondern in der ganzen Christenheit. «Denjenigen aber, die mit reumütigem Herzen und demütigem Sinn die Mühe dieser Reise auf sich nehmen und zur Buße ihrer Sünden im aufrichtigen Glauben ziehen, versprechen wir den vollen Nachlaß ihrer Sündenschuld und ewiges Leben.»[78] Schon nach dem Aufruf Papst Urbans II. zum Ersten Kreuzzug 1095 hatte sich die Vorstellung verbreitet, daß mit dem als besonders strenge Form der Buße aufgefaßten Kreuzzug ein vollständiger Ablaß (*remissio peccatorum*) verbunden war, der sowohl die im Diesseits abzuleistenden Bußstrafen betraf als auch die Sündenstrafen im Jenseits. Nicht zuletzt diese Aussicht, Vergebung für alle begangenen Sünden zu finden, war seitdem ursächlich für den Erfolg der Kreuzzugswerbung geworden; sicher spielten für manche auch wirtschaftliche Gründe eine Rolle – ohne daß sie freilich als entscheidend für die massenhafte Teilnahme am Kreuzzug gelten können. Für die Ritter war ein weiteres Motiv, Ruhm im Kampf für den Glauben zu erwerben, denn der Papst erlaubte unter Rückgriff auf alttestamentliche Vorstellungen nicht nur rückhaltlose Gewaltanwendung, sondern befahl sie geradezu.[79] Gregor VIII. bat die deutschen Bischöfe, den Kaiser zur Kreuznahme zu bewegen. Die aktuellen Konflikte zwischen dem Kaiser und der Kurie traten hinter die Herausforderung, die man als eine gemeinsame begriff, zurück; in einem Brief an Erzbischof Folmar von Trier betonte der Papst, den Kaiser und seinen Sohn als die «Verteidiger der Kirche» (*defensores ecclesiae*) günstig stimmen zu wollen. Auch sprach er König Heinrich, der erst vor kurzem weite Teile des Kirchenstaats besetzt hatte, brieflich als «erwählten Kaiser der Römer» (*electus Romanorum imperator*) an;[80] damit gab er nicht nur zu erkennen, den Widerstand seiner Vorgänger gegen dessen Kaiserkrönung noch zu Lebzeiten des Vaters aufgeben zu wollen, sondern stimmte implizit auch der von Barbarossa und den Fürsten vertretenen Auffassung zu, daß bereits die Königswahl den Anspruch auf das Kaisertum begründe[81] – worüber es, man erinnert sich, 1157 in Besançon zu konfliktträchtigen Mißverständnissen gekommen war. Barbarossa seinerseits soll Anweisung gegeben haben, dem Papst auf seiner Reise von Parma zurück nach Rom alle geschuldete Ehre zu erweisen und seine Versorgung auf Reichsgebiet aus kaiserlicher Kasse zu bezahlen. Der Verlust Jerusalems verwies Kaiser und Papst zurück auf ihre Rollen als geistliche und weltliche Spitze der Christenheit und auf ihre Verpflichtung zu einträchtiger Zusammenarbeit. Diese hoffnungsvolle Erwartung teilten wie selbstverständlich auch Chronisten in England oder Frankreich, wo während des Schismas in Kreisen der alexandrinisch gesinnten Geistlichkeit scharfe Kritik am kaiserlichen Anspruch auf besonderen Vorrang laut geworden war.

Gregor VIII. beauftragte Kardinalbischof Heinrich von Albano, den früheren Abt von Clairvaux, als päpstlichen Legaten mit der Kreuzzugspredigt nördlich der Alpen. Zwei Boten des Kardinals trafen gerade noch rechtzeitig in Straßburg ein, um auf dem Hoftag, den Barbarossa dort in den ersten Dezembertagen hielt, die Schreckensnachrichten aus dem Heiligen Land zu verkünden und für den Kreuzzug zu werben. Im elsässischen Augustinerchorherrenstift Marbach erzählte man sich, Bischof Heinrich von Straßburg habe daraufhin so mitreißend gepredigt, «daß er fast allen Anwesenden den Geist zu einem derartig heilsamen Weg entzündete ... Wie viele Tränen und Seufzer dort von allen Anwesenden vergossen worden sind, kann keine Rede darlegen; nicht einmal der Kaiser konnte sich der Tränen enthalten.» Auch hätte er schon in Straßburg das Kreuz genommen, wäre er durch den Konflikt mit Erzbischof Philipp nicht daran gehindert worden.[82] Zwar hatte der Staufer schon mehrfach erwogen, in das Heilige Land aufzubrechen, allerdings stets unter politischen Umständen, die ihm ungleichlich größeren Handlungsspielraum ließen.[83] Wie Konrad III. 1147 durch Bernhard von Clairvaux, so wurde nun Barbarossa durch den päpstlichen Legaten mit der Erwartung konfrontiert, den bedrängten Christen im Osten an der Spitze eines Heeres Unterstützung zu bringen. Und wie damals sein Onkel dem Zisterzienserabt, so sicherte auch Friedrich dem Legaten die Kreuznahme in vertraulichem Gespräch zu,[84] machte ihre öffentliche Verkündung aber vom Erfolg vorheriger Friedensbemühungen abhängig. Konflikte, in die der Kaiser selbst verwickelt war, mußten ebenso beigelegt werden wie Streitigkeiten unter den Fürsten, denn wer für die Dauer eigener Abwesenheit um Recht und Besitz fürchten mußte, war nicht zum Aufbruch ins

Heilige Land bereit. Wie schon vor dem Zweiten Kreuzzug 1147/48 war auch jetzt eine breit angelegte Friedensstiftung unerläßliche Voraussetzung dafür, um wegen eines langwierigen Unternehmens mit offenem Ausgang das Reich verlassen zu können.

Der erste Schritt richtete sich gegen Folmar von Trier. Gregor VIII. hatte früh signalisiert, in dem Konflikt auf die Linie des Kaisers einzuschwenken, hatte aber nicht unmittelbar auf die noch an Urban gerichteten Briefe reagiert und wollte erst ein Schreiben des Kaisers hinsichtlich seiner eigenen Erhebung abwarten, um nicht den Eindruck zu erwecken, «in einer mit der Würde seines hohen Priesteramtes nicht verträglichen Weise um die kaiserliche Gunst zu buhlen».[85] Im Zuge des Bündnisses mit Philipp II. Augustus von Frankreich hatte Barbarossa schon früher die Zusage erhalten, daß der französische König Folmar, der nach Reims geflohen war, in seinem Reich keine Zuflucht gewähren würde. Bereits wenige Tage nach dem Straßburger Hoftag traf Barbarossa zusammen mit Heinrich von Albano den französischen König zwischen Yvois und Mouzon. Philipp sagte zu, Folmar des Königreichs zu verweisen – was auch geschah. Ein gemeinsamer Aufbruch in den Osten war Philipp aber wegen seines Konflikts mit Heinrich II. von England noch nicht möglich. Allein die Bemühung um diese Zusammenarbeit zeigt aber, daß sich Barbarossa bei der Vorbereitung des Unternehmens in vielem von den Erfahrungen leiten ließ, die er während des Kreuzzugs Konrads III. selbst gemacht hatte: die Erinnerung an das ebenso disziplinierte wie schlagkräftige, vor allem aus Rittern zusammengesetzte Heer Ludwigs VII. mochte sein Werben um König Philipp begründet haben.

Offensichtlich auf Einwirkung Heinrichs von Albano gab Philipp von Köln seine schroffe Opposition auf und erschien Anfang Februar auf dem Hoftag von Nürnberg; angesichts der ihm übermittelten peremptorischen Ladung dürfte er aber auch gefürchtet haben, daß die Heinrich dem Löwen gestellte Falle auch ihn fangen könnte, sollte er sich weiteren Ladungsungehorsam zuschulden kommen lassen. Philipp erschien am Hof, und man einigte sich darauf, die Bedingungen der *satisfactio*, die er dem Kaiser für seinen Ungehorsam leisten mußte, bis zum nächsten Hoftag am 27. März auszuhandeln. Auf diesen Termin hatte der Kardinallegat schon im Namen des Kaisers, Gottes und des Papstes die «geliebtesten Brüder und Freunde in Christus, die durch Gottes Gnade ehrwürdigen Erzbischöfe, Bischöfe,

Äbte, Pröpste und andere Prälaten der Kirche sowie die im Herrn geliebten edlen Herzöge, Grafen, Markgrafen und alle anderen Fürsten im deutschen Reich» nach Mainz eingeladen. Die Versammlung sollte «einzig der Sache des Herrn Erlösers bestimmt» sein, Heinrich von Albano nannte sie daher den «Hoftag Jesu Christi» (*curia Jesu Christi*).[86] Der Termin war alles andere als zufällig: wieder war es der Sonntag, an dem in der Meßliturgie «Freue dich, Jerusalem» – *Laetare Jerusalem* – gesungen wurde, ein Datum, das für Barbarossa nicht nur wegen der Erinnerung an seine Königskrönung in Aachen hohen Symbolwert hatte. Daß er seinen Thron in Mainz als Zeichen der Demut gegenüber der Herrschaft Christi tatsächlich frei ließ, ist allerdings ungewiß, zumal die immer wieder als Beleg herangezogene Quelle sich lediglich einer metaphorischen Ausdrucksweise bedient und keine Beschreibung der Sitzordnung liefert.[87] In Mainz versöhnte sich der Kaiser mit Erzbischof Philipp von Köln. Heinrich von Albano und Fürsten des Reichs setzten sich dafür als Vermittler ein, und die Bedingungen der Unterwerfung fielen glimpflich aus: Philipp mußte drei Reinigungseide schwören, zwei, daß er mit seinem Fernbleiben in Worms und Straßburg den Kaiser nicht habe beleidigen wollen, einen, daß die Erhebung einer Geldstrafe von den Juden in Köln nicht zur Mißachtung des Kaisers geschehen sei – unterstanden die Juden doch dem besonderen Schutz des Kaisers und hatten dafür Abgaben zu leisten, so daß die verhängte Strafe ein Eingriff in kaiserliche Rechte gewesen war. 2000 Mark Buße waren an den Kaiser zu bezahlen, 260 an den Hof. Schließlich sollten die Kölner als Zeichen der Unterwerfung eines ihrer Stadttore einreißen, allerdings nicht vollständig, sondern nur bis auf die Höhe des kostenaufwendig herzustellenden Gewölbes, und den Graben an vier Stellen auf eine Länge von 400 Fuß zuschütten; alles durfte aber schon einen Tag später wieder in den alten Zustand zurückversetzt werden. «Was so geschehen ist.»[88] Der Ehre des Kaisers war Genüge getan, der Konflikt mit dem mächtigsten geistlichen Reichsfürsten abgewendet, der wichtigste Störfaktor für den Frieden im Reich während Barbarossas bevorstehender Abwesenheit beseitigt. Es sollte sich zeigen, daß Philipp nach Barbarossas Tod zur wichtigsten Stütze Heinrichs VI. wurde: wie schon von dessen Vater wurde er auch von seinem neuen Herrn nach Italien vorausgeschickt, verhandelte mit dem Papst über die Kaiserkrönung und unterstützte den Staufer bis zu seinem Tod vor Neapel am 13. August 1191 als energischer Heerführer. Die wirtschaftlichen und territorialpolitischen Gegensätze, die in der Forschung als Gründe für Philipps Konflikt mit Barbarossa angeführt werden, bestanden natürlich auch noch unter Heinrich VI. Aber sie haben den Erzbischof und den neuen Herrscher nicht entzweit. Die Entfremdung zwischen Barbarossa und seinem früheren Kanzler dürfte also ebenfalls andere Gründe gehabt haben – am ehesten war es der Sturz Heinrichs des Löwen, zu dem Philipp den Kaiser gezwungen hatte.

Zur Befriedung des Reiches gehörte auch, den Konflikt einzuhegen, der zwischen Heinrich dem Löwen und seinem Nachfolger im sächsischen Herzogtum schwebte. In den zurückliegenden Jahren hatten die beiden Vettern, die ohne den jeweils anderen nicht geworden wären, was sie geworden waren, Briefe ausgetauscht, in denen alles angesprochen wurde, was Bindung und Entzweiung zwischen ihnen begründet hatte. Heinrich bestritt die Berechtigung der durch seine Absetzung erlittenen Demütigung nicht, aber gründete auf die früher treu geleisteten Dienste sowie auf seine Verwandtschaft mit dem Kaiser die Hoffnung auf Wiederherstellung seiner Ehre. Barbarossa versicherte, die Demütigung (*humiliatio*) seines Verwandten sei nicht aus «seinem Willen, sondern aus Notwendigkeit» (*non voluntate sed necessitate*) geschehen, erwähnte dessen Mißachtung seiner Majestät, begründete aber auch mit ihrer beider Verwandtschaft und Heinrichs vielfältig erwiesenem Gehorsam seine Bereitschaft zur Milde und versprach, sich um die Zustimmung der Fürsten zu bemühen.[89] Im Juli 1188 lud er den Herzog zum Hoftag nach Goslar und stellte ihn vor die Wahl, ob er in Teile seiner früheren Würden wieder eingesetzt oder auf Kosten des Kaisers am Kreuzzug teilnehmen und danach die volle Restitution erlangen oder aber für die Dauer von drei Jahren nochmals das Land verlassen wolle; Heinrich aber ging lieber wieder in die Fremde, «als zu gehen, wohin er nicht wollte oder die einstige Würde in irgendeiner Weise durch Minderung verletzt zu sehen».[90]

VORBEREITUNGEN ZUM KREUZZUG

Ob Barbarossa das Kreuz noch in Mainz nehmen sollte, hatte er von der Meinung der Großen abhängig gemacht, denn den Aufbruch von Regensburg aus plante er wegen der organisatorischen Vorbereitungen, die der Kreuzzug erforderte,[91] erst für den Tag des Ritterheiligen Georg im folgenden Jahr, den 23. April 1189. «Da ihm nun alle zuriefen, er möge es nicht verschieben, empfing er das Kreuz von Bischof Gottfried von Würzburg unter größtem Jubel, Lobgesängen und Freudentränen aller Anwesenden. Vor ihm hatte schon sein Sohn Friedrich, Herzog von Schwaben, das Kreuz genommen.»[92] Viele geistliche und weltliche Fürsten sowie zahllose Ritter folgten umgehend seinem Beispiel.

In Mainz hatten sich Tausende von Besuchern versammelt. Die religiös motivierte Bereitschaft, gegen die Feinde Christi ins Heilige Land zu ziehen, konnte sich auch leicht gegen die Juden in der eigenen Region richten, die man als Nachfahren der Mörder Christi ansah, eine Rolle, die ihnen in der Liturgie der Karwoche permanent neu zugewiesen wurde. In diesen weithin akzeptierten und religiös immer wieder aktualisierten Ressentiments wurzelte die Gefahr gewalttätiger Übergriffe, die beim Aufbruch zum Ersten und Zweiten Kreuzzug in den rheinischen Judengemeinden zu Plünderung und Mord geführt hatten. Schon im November 1187 hatte es auf die Nachricht vom Fall Akkons hin Übergriffe auf die Mainzer Gemeinde gegeben. Auch bei den Juden in Speyer, Straßburg, Worms und Würzburg wurden böse Erinnerungen an die früheren Pogrome geweckt, die die durchziehenden Kreuzfahrer ausgelöst hatten. Da waren viele schon vor Beginn des Hoftags Christi in feste Orte geflüchtet, beispielsweise in die Burg des Reichsministerialen Kuno von Minzenberg geflüchtet, der sich im Dienst Barbarossas bewährt hatte und dem zur Belohnung seiner Treue die Funktion eines Kämmerers übertragen worden war.[93] Als Fachleute für das Geld- und Münzwesen hatte er Juden in seine Dienste genommen. Offensichtlich verhinderte andere Religionszugehörigkeit zumindest dann nicht den Zugang in die Umgebung des Kaisers, wenn man sich dort Vorteile von besonderem Expertenwissen erwartete; so stand etwa auch der Vorsteher der jüdischen Gemeinde in Speyer, Rabbi Kalonymos ben Meir, dem Kaiser «unter den Höflingen» nahe und diente ihm «durch Anleihen und auf viele andere Weisen».[94] Die

Pogromstimmung, die sich in Mainz zu entladen drohte, schlug sich in der jüdischen Überlieferung nieder und sicherte Barbarossa dort ein ehrendes Andenken. Eleasar ben Judah, ein Sohnes des Mainzer Rabbiners Juda ben Kalonymos, notierte, was er von seinem Schwager über die Zuspitzung der Lage erfahren hatte: «Freitags ging mit mir ein Jüngling auf den Markt, um Speise für den Sabbatbedarf einzukaufen. Da warfen ihn die Irrenden [also die Christen] zu Boden, traten ihn in den Schlamm und setzten ihm das Messer auf die Brust, indem sie ihn fragten, ob er bereit sei, den lebendigen Gott zu verleugnen [also Christus als den Sohn Gottes anzuerkennen]. Er antwortete: Nein! Da versetzten sie ihm wiederholt Schlag auf Schlag; er floh in die Kirche und sie setzten ihm nach, aber der Geistliche gestattete ihnen nicht, ihm zu schaden. Von dort entfernte er sich durch einen anderen Ausgang, doch sie verfolgten ihn wieder und hätten ihn beinahe umgebracht, wenn nicht ein Ritter gekommen wäre und ihn noch mit knapper Not gerettet hätte.» Am Samstag drangen viele in die Straßen des jüdischen Stadtviertels ein, und nur das Dazwischentreten des kaiserlichen Marschalls verhinderte Raub und Mord. Ausdrücklich befahl Barbarossa den Mönchen und Priestern, nicht gegen die Juden zu predigen. Um die noch immer gefährliche Lage zu beruhigen, wurden am Dienstag öffentlich Strafen für die Verletzung oder Ermordung von Juden verkündet. Der Kaiser selbst ritt zusammen mit Mosche bar Joseph haCohen, einem angesehenen Gemeindemitglied, durch die Straßen und zeigte dadurch unübersehbar, daß die Juden unter seinem Schutz standen. Mosche hielt für alle sichtbar ein besiegeltes Schreiben Barbarossas in seiner Hand, das den Juden Frieden zusicherte. Allerdings verlangte Barbarossa von den Juden einen Teil ihres Vermögens als Beitrag zur Finanzierung des Kreuzzugs[95] – und zwar ungeachtet der Abgabe, den sie der königlichen Kammer als Gegenleistung für die Gewährung des königlichen Schutzes im 12. Jahrhundert ohnehin entrichteten. Sein Eintreten zugunsten der Juden ist also nicht mit religiöser Toleranz zu verwechseln, sondern erklärt sich aus seiner strengen Auffassung der herrscherlichen Pflichten, zu denen eben auch der Schutz der Juden gehörte.

Über die Finanzierung des Kreuzzugs ist, gemessen an der Wichtigkeit der Sache, vergleichsweise wenig bekannt. Aber fraglos waren es die Erfahrungen des Zweiten Kreuzzugs, weshalb Barbarossa entgegen den bisherigen Gepflogenheiten von den Kreuzfahrern eine

Mindestausstattung verlangte. Der Kreuzzug seines Onkels hatte nicht zuletzt deshalb im Desaster geendet, weil viel zu viele geringbemittelte Teilnehmer mitgezogen waren; dadurch war nicht nur das Heer behindert worden, sondern auch eine Quelle fortwährenden Unfriedens entstanden, denn der Mangel an eigenen Mitteln wurde durch Raub und Plünderung ausgeglichen, so daß ungeachtet aller politischen Schwierigkeiten gewalttätige Auseinandersetzungen mit der Bevölkerung in den durchzogenen Ländern geradezu an der Tagesordnung waren. Nun sollte jeder Teilnehmer über die notwendigen Mittel verfügen, sich für ein Jahr, nach anderen Quellen sogar für zwei Jahre auf eigene Kosten versorgen zu können. Die drei Mark Silber, die nach einer wiederum anderen Nachricht verlangt wurden, hätten dazu jedenfalls nicht ausgereicht, denn dieser Betrag von etwas weniger als einem halben Kilo Silber oder 480 Pfennigen hätte Ausgaben von durchschnittlich nur ⅔ Pfennig pro Tag erlaubt. Eine solche Summe wollte man um 1160 schon einem gepanzerten Reiter bezahlt wissen, der den König auf einem Zug nach Italien begleitete,[96] und die Ritter des Kölner Erzbischofs sollten nach Überschreitung der Alpen sogar pro Monat eine Mark bekommen, wenn sie ihrem Herrn nach Italien folgten.[97] Die Forderung nach mindestens drei Mark sollte offenkundig jene abschrecken, die nur sehr wenig besaßen und auch nicht zu den Kämpfenden gehörten. Vermögende Adlige brauchten zu standesgemäßer Lebensführung während des Kreuzzugs ohnehin erheblich mehr Geld – man weiß, daß ein eher unbedeutender Adliger aus der Steiermark einen Hof gegen 72 Mark verpfändete, der Landgraf von Thüringen sogar Güter im Wert von 400 Mark, um sich die notwendigen Mittel für die Reise zu verschaffen. Der Kaiser mußte seinerseits über unvergleichlich höhere Beträge verfügen können, um für alle fälligen Herausforderungen des Unternehmens gewappnet zu sein. Anders als in Frankreich oder England wurde in Deutschland jedoch keine allgemeine Kreuzzugssteuer erhoben; statt dessen wurden zum einen Abgaben aus Reichsstädten, Reichskirchen und Abteien sowie aus den italienischen Kommunen, zum anderen an den Hof abzuführende Bußgelder – also letztlich die laufenden Einnahmen – zur Finanzierung des Unternehmens aufgewendet.[98]

Barbarossa nutzte seine eigenen Erfahrungen nicht nur für eine veränderte Finanzierung des Kreuzzugs. Mit den Schwierigkeiten des

Landwegs und der Versorgung des Heeres vertraut, bot er seine Unterstützung auch Heinrich II. von England an, dessen Bitte, dem vereinigten englischen und französischen Heer sicheren Durchzug durch das Reich zu erlauben und einen Markt zur Verpflegung des Heeres zu gewährleisten, ihn wohl noch während der Mainzer Tage erreicht hatte. Der Staufer, als «christlichster Fürst» (*christianissimus princeps*) tituliert, versprach zusätzlich Rat und Hilfe (*consilium et auxilium*).[99] Weil Engländer und Franzosen sich schließlich doch für den Seeweg entschieden, mußte er sein Versprechen nicht einlösen. Aber das Angebot, mit «Rat» zu helfen, läßt die intensive Aufmerksamkeit erkennen, die er dem Vorhaben widmete. Die Entscheidung zugunsten des Landwegs für das Reichsheer fiel früh, obwohl der Kaiser um die schwierige Versorgung, das von der Rivalität um den Kaisertitel überschattete Verhältnis zu Byzanz und die potentielle Bedrohung durch die Türken in Kleinasien sehr genau wußte.

Diese Probleme zu kennen hieß aber auch, sich auf ihre Bewältigung vorbereiten zu können – anders als im Falle unkalkulierbarer Widrigkeiten zur See. Natürlich war der Seeweg bekannt, aber auch die damit verbundenen Gefahren. So war etwa Graf Rudolf von Pfullendorf, ein enger Vertrauter Barbarossas, 1180 von Venedig aus nach Jerusalem aufgebrochen und hatte einen Teil seines Vermögens beim Prokurator von San Marco deponiert, um es nicht den Gefahren einer einzigen Seereise auszusetzen.[100] Heinrich der Löwe war während seiner Pilgerfahrt ins Heilige Land auf der Fahrt von Konstantinopel nach Akkon mit seinem Schiff in so schweren Sturm geraten, daß er dessen Untergang fürchtete.[101] Solche Erlebnisse mochten den Staufer abschrecken; demgegenüber war die angebliche Warnung von Astrologen, er werde seinen Tod im Wasser finden, eine Prophezeiung ex eventu[102] und sicher nicht ausschlaggebend für seine Entscheidung. Neben der Befürchtung, viele Kreuzfahrer würden wegen der erheblichen Kosten für eine Überfahrt zur See im Heiligen Land nicht mehr über die nötigen Mittel verfügen, spielten auch militärische Erwägungen eine Rolle: der Kaiser wollte eine Zersplitterung des Heeres in mehrere kleine, jeweils auf sich gestellte, zu schwache Abteilungen vermeiden.[103] Auch war eine zwischenzeitliche Eroberung der anzusteuernden Hafenstädte durch Saladin nicht auszuschließen. Als Friedrichs früherer Kanzler Gottfried, seit 1186 Bischof von Würzburg,[104] sich unerwartet für den Seeweg entschied, brachte er ihn «mit besonnenem Nachdruck und kaiserlicher Autorität» von seinem Plan ab, weil durch dieses Beispiel «viele tapfere Ritter, die sich für diesen Marsch begeistert hatten, in ihrem Eifer erlahmt» wären.[105]

Den absehbaren Schwierigkeiten des Landwegs begegnete Barbarossa mit intensiver diplomatischer Vorbereitung des Unternehmens. Seine Gesandten verhandelten in den betroffenen Ländern über sicheren Durchzug und die Stellung von Markt und Geldwechsel zur Versorgung des Heeres. Noch von Mainz aus war Erzbischof Konrad nach Ungarn aufgebrochen und brachte von dort die Zusage König Belas mit zurück, für Pferdefutter und Schlachtvieh festgelegte Preise zu garantieren. Auf den Hoftagen in Eger und Nürnberg trafen zur Jahreswende 1188/89 gleich mehrere Gesandtschaften ein, an Bedeutsamkeit allen voran die byzantinische unter Leitung des Logotheten (Kanzlers) des Dromos Johannes Dukas, in dessen Händen die außenpolitischen Kontakte des Reichs lagen.[106] Die diplomatische Absicherung des Unternehmens im byzantinischen Reich verlangte besondere Aufmerksamkeit – auch deshalb, weil das Verhältnis zum oströmischen Kaiser während der zurückliegenden Jahrzehnte mal von offener Gegnerschaft, mal von zaghafter Annäherung, aber nie von dauerhaft freundschaftlichen Beziehungen bestimmt worden war. Entsprechend groß war von vornherein das Mißtrauen: Kaiser Isaak II. Angelos ließ dem Staufer mit der Sperrung der bulgarischen Pässe (Trajanspforte) und allgemeinem Widerstand drohen, denn er hegte den Verdacht, Barbarossa plane eine feindliche Invasion des oströmischen Reiches. Zu solchen Befürchtungen hatte der Staufer selbst Anlaß gegeben, denn noch zu Lebzeiten Kaiser Manuels I. Komnenos († 1180) hatte er diesem schreiben lassen, daß das Reich der Griechen, weil Gott nur ein Römisches Reich an die Spitze der Welt gestellt habe, «auf unseren Wink hin regiert und unter unserer Herrschaft gelenkt werden muß».[107] Das war zwar gewiß keine konkrete Invasionsabsicht, sondern nur eine der vielen Provokationen, mit denen die vom Zweikaiserproblem überschattete Korrespondenz zwischen dem staufischen Hof und dem Hof in Byzanz je nach politischer Opportunität gespickt war – trotz aller Höflichkeitsbezeugungen und des üblichen Austauschs von Geschenken. Immerhin mochten solche rangbewußten Anmaßungen angesichts des in Byzanz tiefsitzenden Verdachts, ein Kreuzzug könne sich auch gegen Konstantinopel und dessen Ansprüche im Vorderen Orient richten, ihre Spuren im Gedächtnis der byzantinischen Kanzlei hinterlassen. Vertrauensbildende Maßnahmen waren unerläßlich. Eine Möglichkeit dazu war, sich durch Eid vom Verdacht zu reinigen. Friedrich ließ deshalb seine friedlichen Absichten von drei seiner engen Vertrauten und Verwandten – Bischof Gottfried von Würzburg, seinem Sohn Friedrich, Herzog von Schwaben, und seinem Vetter Leopold V., Herzog von Österreich – vor Johannes Dukas beschwören. In Ermangelung direkter persönlicher und verwandtschaftlicher Beziehungen zu Byzanz ruhte alles Vertrauen, alle Erwartungssicherheit auf durch Eid bekräftigten Versprechen. Im Gegenzug sagte Johannes Freundschaft und sicheres Geleit des Basileus (des oströmischen Kaisers) zu, auch einen kontinuierlichen Markt und den Transport des Heeres über die Meerenge nach Kleinasien. Die drei Fürsten schworen im Namen des Kaisers einen zweiten Eid und versprachen als Gegenleistung für byzantinische Vertragstreue einen friedlichen und ruhigen Durchmarsch des Heeres. Der byzantinische Diplomat erreichte außerdem, daß ihm Friedrich eine eigene Gesandtschaft mit auf den Weg gab: Bischof Hermann II. von Münster, der sich bereits als Diplomat Barbarossas in den Verhandlungen mit Papst Urban III. in Verona bewährt hatte, und seine beiden Verwandten, die Grafen Robert und Walram von Nassau, sowie Graf Heinrich III. von Diez – Sohn des gleichnamigen älteren Grafen, der seinerseits eine Legation zu Saladin übernahm – und der kaiserliche Kämmerer Markward von Neuenburg zogen mit Johannes Dukas zurück nach Byzanz. Unter anderem sollten sie wohl auch die persönliche Begegnung zwischen Barbarossa und Isaak Angelos vorbereiten, die zwar wegen des Zweikaiserproblems protokollarisch heikel zu werden versprach, auf die sich Barbarossa aber mit Johannes Dukas verständigt hatte,[108] offenbar in der Hoffnung, auch auf diesem Weg Vertrauen schaffen zu können.

Johannes Dukas erkannte, daß Barbarossa auch über dichtgeknüpfte Kontakte zu den Gegnern von Byzanz verfügte. In Nürnberg waren Gesandte des serbischen Großžupans Stephan Nemanja und des Seldschukensultans Kılıç Arslan II. († 1192) erschienen, die beide zu den erklärten Feinden Isaaks II. Angelos zählten. Stephan Nemanja war offenbar auf die Nachricht vom bevorstehenden Kreuzzug aus eigener Initiative tätig geworden. Seine Boten versicherten, er sei hinsichtlich der Ankunft des Kaisers «von der größten Freude erfüllt und wisse in diesem Leben nichts Angenehmeres, als daß er hoffen könne, den Beherrscher der Römer in Gestalt eines Pilgers durch sein Land ziehen zu sehen»; in seinen Städten wolle er ihn mit größter Feierlichkeit aufnehmen. Friedrich knüpfte die politischen und persönlichen Bindungen durch Geschenkaustausch fester und «lobte Gott, daß er von Königen, welche er kaum jemals hatte nennen hören, so hoch geachtet werde».[109] Ob er auch Stephan Nemanjas Absichten durchschaute, ist zumindest fraglich: der Serbe hatte nach dem Tod Manuels I. Komnenos die byzantinische Herrschaft abgeschüttelt und suchte in seinem Konflikt mit Isaak nun die Rückendeckung des weströmischen Kaisers. Aber nicht nur die Anwesenheit serbischer Gesandter in Nürnberg war aus byzantinischer Perspektive bedrohlich; mindestens so überraschend und unwillkommen war für Johannes Dukas, daß sich am staufischen Hof auch Boten des Seldschukensultans einfanden, der die alten anatolischen Kernprovinzen im Osten des byzantinischen Reichs besetzt hielt und, zumal nach der Niederlage Manuels I. bei Myriokephalon 1176, geradezu ein Todfeind des Kaisers von Byzanz geworden war. Nach dem bewährten diplomatischen Grundsatz, sich gegen einen nächstgelegenen Gegner mit dessen rückwärtigem Nachbarn zu verbünden, hatte Byzanz um 1180 enge Beziehungen zu Sultan Saladin aufgenommen. Isaak und der Ayyubidenherrscher trafen sich in ihrer gemeinsamen Absicht, die Macht der Seldschuken wie auch der Kreuzfahrerstaaten einzudämmen. In diesem Geflecht aus Freundschaften und Feindschaften hatte auch Barbarossa schon seinen Platz gefunden. Wegen seines Gegensatzes zu Byzanz hatte auch er in den siebziger Jahren Verbindungen in den Rücken seines Gegners geknüpft. Über Heinrich den Löwen waren sie angebahnt worden: der Welfe war 1172 auf der Rückreise von seiner Pilgerfahrt nach Jerusalem auf Einladung des Sultans durch das Seldschukenreich gezogen und von Kılıç Arslan freundschaftlich mit dem Friedenskuß empfangen und reich beschenkt worden[110] – unter anderem angeblich mit zwei Geparden, die dazu abgerichtet waren, auf der Kruppe von Pferden zu sitzen, von wo aus sie auf Jagdwild gehetzt wurden; offenbar versuchte sich schon der Welfenherzog in dieser spezifisch orientalischen Jagdtechnik, bevor sie unter Friedrich II. im lateinischen Europa bekannter wurde.[111] Zurück in Deutschland, hatte Heinrich den Kaiser in Augsburg aufgesucht, wo er ihm über die politische Seite seiner Reise berichtete. Daraufhin waren rasch Freundschaftsbande zwischen dem staufischen und dem seldschukischen Hof geknüpft, übrigens vielleicht auch Verbindungen mit dem georgischen König Giorgis III. aufgenommen worden.[112] Schon nach seiner Niederlage bei Myriokephalon hatte Manuel I. Komnenos Barbarossa die Verbindung mit dem Sultan vorgeworfen. Der Staufer allerdings bekannte sich demonstrativ zu Kiliç Arslan als seinem Freund (*amicus*).[113] Der Austausch von Gesandtschaften wurde so intensiv, daß ein Siegburger Mönch den Sultan für Friedrichs «Verbündeten von alters her» hielt. Nach dem Mainzer Hoftag Christi hatte der Staufer schließlich einen Ritter namens Gottfried von Wiesenbach, den seine türkischen Sprachkenntnisse[114] für eine solche Mission empfahlen, mit dem Auftrag zu Kiliç Arslan gesandt, über den friedlichen Durchzug durch dessen Reich zu verhandeln. Barbarossa hatte aus seiner Erfahrung des Zweiten Kreuzzugs den Schluß gezogen, daß um des Erfolgs, also der Eroberung Jerusalems willen, ein Konflikt während des Marschs durch das Seldschukenreich vermieden werden mußte. Er sah nicht alle Muslime als Feinde an, sondern nur den Eroberer von Jerusalem, und war trotz des Eifers der Kreuzzugsbewegung pragmatisch genug, mit anderen islamischen Herrschern politische Kontakte aufzunehmen und Freundschaftsbündnisse abzuschließen. Die seldschukische Gegengesandtschaft traf Ende Dezember 1188 am staufischen Hof ein: der Sultan ließ ausrichten, es sei ihm «niemals etwas Angenehmeres zu Ohren gekommen als die Nachricht, daß der römische Kaiser, den er stets zu sehen gewünscht habe, in kurzem durch sein Land ziehen wolle; er und all das Seinige werde dem Willen und Befehl desselben zu Gebote stehen»; Markt und Durchzug sei gesichert, und wegen der alten Freundschaft zwischen ihnen wolle er ihm auch in persönlicher Begegnung alle Ehre erweisen.[115]

Barbarossas Eid hinsichtlich seiner friedlichen Absichten gegenüber Byzanz, das zeigt das spätere Geschehen unmißverständlich, war aufrichtig gemeint. Aber der Kaiser und seine Berater unterschätzten nicht zuletzt wegen mangelnder Vertrautheit mit den Verhältnissen auf dem byzantinischen Balkan das aus Mißtrauen geborene Sicherheitsbedürfnis in Byzanz. War ihnen bewußt, daß sie Johannes Dukas mit den sechs Gesandten auch gleichzeitig ein Faustpfand für den Fall in die Hand gaben, daß sich die Kreuzfahrer als weniger friedfertig erweisen sollten als versprochen? Erst rückblickend und im Wissen um die bitteren Kämpfe, die später auf byzantinischem Boden noch ausgefochten werden sollten, schien es einem Zeitgenossen, Barbarossa habe seine Legaten «wie Schafe mitten unter die Wölfe geschickt».[116]

Auch mit Saladin gab es vor dem Aufbruch zum Kreuzzug Kontakte, auch sie knüpften an ältere Verbindungen an. Sie waren unmittelbar nach der Rückkehr Heinrichs des Löwen aus dem Orient aufgenommen worden – zu einer Zeit, als Saladins Herrschaft noch auf Ägypten beschränkt gewesen war.[117] Im Herbst 1173 war eine Gegengesandtschaft aus dem Orient eingetroffen, die Barbarossa ein halbes Jahr ehrenvoll an seinem Hof behielt, der in dieser Zeit von Würzburg über Worms, Erfurt, Nordhausen, Tilleda, Merseburg, Quedlinburg und Fulda nach Aachen reiste, wo Saladins Gesandte auch dem Osterfest beiwohnten, bevor sie reich beschenkt zurückkehrten. Über etwaige Bündnisverhandlungen ist nichts Genaues bekannt. Manche Zeitgenossen konnten sich deren Anwesenheit – wie übrigens auch die der Gesandten Kiliç Arslans – nur mit der Vermutung erklären, Barbarossa habe eine seiner Töchter mit dem Sultan oder dessen Sohn verheiraten und damit auch gleich die Muslime zum Christentum bekehren wollen.[118] Im Folgejahr 1174 hatte Barbarossa einen seiner Vertrauten mit einer Mission in den Orient betraut – den Kanoniker Burchard aus dem Stift St. Thomas in Straßburg, der wohl auch Kaplan der kaiserlichen Kanzlei war. Er traf zu einem Zeitpunkt im Orient ein, als Saladin Ägypten schon verlassen hatte und sich um die Konsolidierung seiner Herrschaft über Syrien bemühte. Über seinen politischen Auftrag ist nichts bekannt, jedoch verfaßte Burchard, sicher eine der schillerndsten Persönlichkeiten im Umfeld des Kaisers, einen ausführlichen Bericht über seine Reise von Ägypten über Jerusalem nach Damaskus; jüdischen und muslimischen Lebensweisen stand er offenbar ohne Ressentiments gegenüber. Nach seiner Rückkehr lebte er mit einer konvertierten Jüdin in einem gemeinsamen Haushalt in Straßburg.[119] Ob sich die Beziehungen zwischen dem staufischen Hof und Saladin in dem Maße abkühlten, in dem der Sultan seine Macht in Nordsyrien festigte und ab 1180 zu einem engen Verbündeten Kaiser Isaaks II. Angelos gegen die Seldschuken wurde, ist unbekannt. Sicher ist nur, daß über den Austausch von Gesandten und Geschenken ein Freundschaftsbündnis entstanden war, das mit der Eroberung Jerusalems sein Ende fand; Saladin, zum offenen Feind der Christenheit geworden, konnte nicht mehr Freund des Kaisers bleiben. Ein Mönch im Kloster Siegburg war sich ebenso sicher wie ein anonymer deutscher Kreuzfahrer, daß Barbarossa den Grafen Heinrich II. von Diez mit einem Ultimatum zum Sultan geschickt habe. Heinrich, etwa gleich alt wie Friedrich selbst, war ein seit Jahrzehnten in den unterschiedlichsten Missionen bewährter Vertrauensmann des Kaisers; seine Spur verliert sich mit der Reise zu Saladin, aber er scheint danach zum Kreuzfahrerheer gestoßen zu sein und war der einzige unter den Großen, der Friedrich schon 1152 unmittelbar nach der Königswahl begegnet war. Sein Auftrag beim Sultan war, das Bündnis, «welches sie früher miteinander geschlossen hatten», aufzukündigen; wenn Saladin Jerusalem nicht verlasse, das Wahre Kreuz Christi nicht zurückgebe und keine Genugtuung für die getöteten Christen leiste, werde der Kaiser «das ganze Römische Reich oder vielmehr die römische Welt» gegen ihn in Bewegung setzen.[120]

Ähnliche Argumente finden sich, verbunden mit einer offenen Kriegserklärung, in einem Brief Barbarossas an Saladin; der Ayyubide antwortete seinem «aufrichtigen, großen Freund, dem erhabenen Friedrich», indem er auf seine schon durch die Nähe zu anderen islamischen Herrschern gegebene Überlegenheit hinwies, aber auch anbot, das Heilige Kreuz zurückzugeben, alle gefangenen Christen freizulassen, einen Priester am Heiligen Grab zu gestatten, die schon vor 1099 existierenden Klöster zu restituieren, Pilgerreisen zu erlauben und Frieden zu halten. Dieser Briefwechsel wird mit guten, wenn auch nicht restlos überzeugenden Argumenten als Fälschung eingestuft.[121] Aber selbst dann bleibt bemerkenswert, daß nicht der religiöse Gegensatz als Grund der Feindschaft angesprochen wird, sondern eben Saladins Eroberung der heiligen Stätten. Vielleicht wurde Barbarossa das Gerücht zugetragen, daß sich Mohammeds eiserner Sarg in einem Gewölbe aus Magnetstein befinde und durch diesen Trick schwebend in der Luft gehalten werde. Aber jedenfalls bekannte er nicht, er habe gelernt, daß der Körper Mohammeds in der Luft hänge, von Dämonen besessen und seine Seele den Martern der Hölle übergeben sei – wie es sein heutzutage immer mal wieder und gewiß zu Unrecht als «tolerant» gerühmter Enkel Friedrich II. gegenüber dem Papst später tun sollte.[122]

Barbarossas Verbindungen in den Orient waren zunächst eine Folge der gespannten Beziehungen zu Byzanz. Aber sie waren keine ‹Einkreisungspolitik› im Sinne moderner, Kontinente umspannender

Allianz- und Machtblockpolitik. Unmittelbarer Effektivität standen nicht nur die Kommunikationsmöglichkeiten der damaligen Zeit entgegen, sondern auch der religiöse Gegensatz. In diesem von vornherein engen Rahmen konnten durch den Austausch von Gesandtschaften und Geschenken wenigstens persönliche Bindungen geschaffen werden, Loyalitäten vielleicht, auf deren Aktivierbarkeit im Bedarfsfall man wohl hoffte. Freilich war in den Beziehungen zu islamischen Herrschern das klassische Mittel politischer Bündnispolitik, also die Herstellung von Verwandtschaftsbeziehungen durch Ehebündnisse, keine realistische Alternative – auch wenn geschichtsschreibende Mönche in den Klöstern von Siegburg und St. Blasien wie erwähnt tatsächlich glaubten, daß Saladin oder Kiliç Arslan für sich selbst oder ihren Sohn um die Hand einer Tochter Barbarossas anhielten und damit das Angebot verbanden, mit ihrem ganzen Reich zum Christentum überzutreten.[123] Weil der Staufer immer wieder ein Kreuzzugsvorhaben erwogen hatte – erstmals sicher belegt für 1165 –, waren Nachrichten aus dem Orient aber nicht nur wegen möglicher Instrumentalisierbarkeit gegen Byzanz wichtig und willkommen, sondern auch unter dem Gesichtspunkt eines zweiten Aufbruchs ins Heilige Land. Über die politischen Entwicklungen wurde Barbarossa zweifellos immer wieder von den Jerusalempilgern informiert, zu denen außer seinem Vetter Heinrich dem Löwen auch eine beachtliche Anzahl geistlicher und weltlicher Fürsten gehörte – etwa Bischof Wichmann von Magdeburg, der während seiner Reise 1164 sogar in die Gefangenschaft der Sarazenen geraten sein soll; darüber hinaus die Bischöfe Ulrich von Halberstadt (1158) und Hermann von Hildesheim (1169); Markgraf Albrecht der Bär (1158) und Barbarossas Onkel, Herzog Welf VI. (1167) sowie sein babenbergischer Vetter, Herzog Leopold V. von Österreich (1182). Berichte erreichten ihn auch über die Ritter des Templerordens, die ihn 1184 in Treviso aufsuchten, um kaiserlichen Schutz für ihren Besitz im Reich zu erwirken, oder über die Johanniter, die sich 1158 im Gebiet von Verona und nochmals 1185 in Pavia am Hof einfanden, um ihre Hospitäler unter den Schutz des Reichs zu stellen.[124] Als sich Barbarossa im April 1189, einen Monat vor seinem Aufbruch zum Kreuzzug, noch in der Pfalz zu Hagenau aufhielt, war dort sicher nicht zufällig auch Burchard von St. Thomas in Straßburg anwesend.[125] Er dürfte dem Kaiser gewissermaßen als Orientexperte nochmals von seinen eigenen Erfahrungen erzählt haben – vielleicht von den als Wunder bestaunten Pyramiden von Gizeh, vielleicht davon, daß er auf seine Frage, was denn mit den Jungfrauen geschehe, die sich die Muslime als Belohnung für ihr Martyrium im Paradies glaubten nehmen zu können, keine Antwort bekommen hatte; sicher aber berichtete er von den Städten, die auch Barbarossa 1148 schon mit eigenen Augen gesehen hatte: Damaskus und Jerusalem.

Bei seinem letzten Aufenthalt im Elsaß zeigte sich der Kaiser im Kreis seiner Söhne: Otto setzte er in die burgundische Erbschaft seiner Gemahlin ein.[126] Anwesend war auch Konrad, dessen Heirat mit der kastilischen Königstochter Berengaria nach dem Hoftag Christi im April 1188 vertraglich abgesichert worden war, der dann auch nach Spanien aufbrach, aber schon ein Jahr später nach dem Scheitern des Heiratsprojekts wieder zurückkehren und als Herzog von Rothenburg das Erbe seines vor Rom 1167 verstorbenen Vetters Friedrich von Rothenburg übernehmen sollte.[127] Friedrich, der Herzog von Schwaben, der den Kaiser auf dem Kreuzzug begleitete, hatte sich ebenfalls eingefunden.[128] Schließlich hielt sich damals auch Heinrich VI. bei seinem Vater auf; am 3. April erstattete er Papst Clemens III. die okkupierten Besitzungen und Hoheitsrechte im Patrimonium wieder zurück – allerdings in der Überzeugung, daß das Patrimonium ein Bestandteil des Imperiums war, womit er eine alte Überzeugung seines Vaters teilte.[129] Am 10. April wurde in der Pfalz von Hagenau ein Schreiben an Papst Clemens III. formuliert; Barbarossa bedankte sich für dessen Briefe, in denen er dem Kaiser zugesagt hatte, «ohne Bedenken und Hinderung unserem inniggeliebten Sohn Heinrich, dem erlauchten König der Römer und Augustus, und seiner hochedlen Gemahlin, unserer vielgeliebten Tochter Konstanze, der Königin der Römer und Augusta, die [Kaiser-]Krone aufs Haupt zu setzen». In Erinnerung an eigene Erfahrung zerstreute Barbarossa auch etwaige Befürchtungen des Papstes hinsichtlich geschuldeter Ehrerweisungen: «Ihr könnt versichert sein und dürft nicht daran zweifeln, daß unser Sohn stets bestrebt sein wird, eure Person als seinen teuren geistlichen Vater und eure Brüder aufrichtig zu lieben, die heilige römische Kirche zu verteidigen, zu schirmen und zu erhöhen und alles zu leisten, wie es unsere Vorgänger bei der Krönung zu halten pflegten.»[130]

Wie für Konrad III. war der Aufbruch zum Kreuzzug auch für Friedrich Barbarossa ein Mittel zur Befriedung des Reichs, eine Frage des Prestiges im Kreis der europäischen Könige, Ausdruck der Sorge um das Seelenheil, aber auch der Mehrung von Ruhm und Ehre im Dienst der Kirche, und wie zu Konrads Zeiten war die Vorstellung vom Kaiser als besonderem Schutzherrn Jerusalems untergründig wirksam.[131] Anders als sein Onkel war Barbarossa aber schon seit den sechziger Jahren immer wieder Adressat von Briefen und Geschenken gewesen, mit denen seine Unterstützung für das Heilige Land erbeten worden war,[132] und 1184 gehörte er zu jenen, denen die Entscheidung über die Besetzung des Thrones von Jerusalem angedient wurde.[133] Das Kreuzzugsprojekt hatte ihn lebenslang begleitet – nicht als stets verfolgtes Ziel, aber als Herausforderung, die mit unterschiedlicher Dringlichkeit an ihn herangetragen wurde und dabei freilich auf die Empfänglichkeit dessen stieß, dem die Sorge um das eigene Seelenheil ein ebenso ernstes Anliegen war wie die Erfüllung seiner Aufgaben als Kaiser, als ranghöchster Herrscher der Christenheit.

KAPITEL 13

DER ZWEITE ZUG INS HEILIGE LAND (1189/90)

Am 11. Mai 1189 brach der Kaiser von Regensburg aus zum zweiten Mal in seinem Leben zum Kreuzzug auf. Damals war er fast siebzig Jahre alt, ein für die damalige Zeit außergewöhnlich hohes Alter. Dieser Tatsache hat als einziger der anonym gebliebene deutsche Kreuzfahrer, dessen Bericht später in die englische Kreuzzugschronik des *Itinerarium peregrinorum* Eingang fand,[1] mit so etwas wie einfühlender Anteilnahme gedacht: «Staunenswert und zu loben ist seine Tüchtigkeit, besonders bei seinem Alter. Denn obwohl er schon hochbetagt war und Söhne hatte, denen nach Alter und jugendlicher Kraft das Kämpfen besser zu Gesicht gestanden hätte, hielt er sie dennoch nicht für ausreichend und nahm selbst die Sache der Christenheit in die Hand.»[2] Mehrfach spricht er Barbarossas hohes Alter an, auch mit besonderer Hervorhebung der Ehrfurcht, die es bei anderen hervorrief: «Obwohl er alt war, spornte er die Jünglinge an, obwohl er schwach war, spornte er die Starken an.»[3] Die Eigenschaften, die schon Cicero als Vorzüge eines alten Mannes erwähnt, untermauerten die Führungsrolle des Kaisers im Heer auch jenseits seines herrscherlichen Ranges: Würde (*dignitas*), gewichtiger Ernst (*gravitas*) und respekteinflößendes Ansehen (*auctoritas*) waren im Falle Barbarossas Früchte eines politischen Lebens, in dessen Zentrum die Wahrung der Ehre von Person und Amt stand. Wer freilich – wie die Byzantiner – unter der Härte zu leiden hatte, zu der langjährige politische Erfahrung eben auch befähigte, äußerte sich weniger enthusiastisch: für den byzantinischen Beamten und Geschichtsschreiber Niketas Choniates war der Kaiser aus dem Westen «ein Greis, erfahren in vielen Ränken».[4]

In England warnte zwar der englische Gelehrte Radulfus Niger angesichts der neu entfachten Kreuzzugsbegeisterung, die gewaltsame Vertreibung der Muslime könne gegen den Willen Gottes gerichtet und die Tötung von Muslimen nicht gerechtfertigt sein – wie die Glaubensverbreitung ohnehin nur mit friedlichen Mitteln erlaubt sei.[5] Indessen waren solche Bedenken am staufischen Hof nicht verbreitet. Im Gegenteil bestärkte Barbarossas auf lange Kriegserfahrung gegründete Autorität viele in der Hoffnung, er werde Saladin aus dem «Land des Herrn» vertreiben können. Explizit formuliert wurde diese Erwartung beispielsweise im Kloster Schäftlarn, dessen Abt Heinrich dem Kaiser eine Abschrift der Kreuzzugsgeschichte des Reimser Mönches Robert von St. Remi widmete und ihm mit diesem Geschichtswerk die Taten des Ersten Kreuzzugs gleichsam als ruhmreiches Vorbild für sein eigenes Unternehmen vor Augen stellte. Das dem Text vorangestellte Widmungsbild zeigt den Kaiser als *miles christianus*, dessen Mantel und Schild mit dem Kreuz geschmückt sind.[6]

Auch hinsichtlich des Zeitpunkts für den Aufbruch konnte sich Barbarossa an seinen Erfahrungen von 1147 orientieren. Damals war das Heer Ende Mai losgezogen. Er konnte also damit rechnen, etwa zum selben Zeitpunkt die anatolische Hochebene zu erreichen wie vier Jahrzehnte zuvor, das Heer also auch denselben klimatischen Schwierigkeiten ausgesetzt sehen wie damals. Das erschien aber angesichts der diplomatischen Vorbereitungen, mit denen die 1147 ausschlaggebenden Versorgungsschwierigkeiten umgangen werden sollten, eine zumutbare Strapaze. Die dreimonatige Verzögerung von Januar bis März 1147 indessen, die durch die Krankheit Konrads III. und den dadurch notwendigen Aufenthalt in Konstantinopel nötig geworden war, hatte damals dazu geführt, daß der Zug gegen Damaskus erst im Juni und Juli möglich geworden war. Friedrich konnte hoffen, dieses Mal früher in Palästina einzutreffen und die militärische Auseinandersetzung mit Saladin nicht erst in der Sommerhitze aufnehmen zu müssen. Um so wichtiger war ein schlagkräftiges Heer. Noch vor Weihnachten hatte er in einem Schreiben an die Fürsten eindringlich gebeten, nicht vor ihm aufzubrechen, sondern sich seinem Zug von Regensburg aus anzuschließen. Anlaß zu solcher Ermahnung war durchaus gegeben, denn sein Neffe, Landgraf Ludwig III. von Thüringen, hatte zusammen mit einigen Grafen schon im Juni von Brindisi aus den Seeweg gewählt, und andere Große des Reichs waren entgegen ihrem Gelübde doch nicht zum Aufbruch bereit. Nachrichten über Barbarossas diesbezügliche Enttäuschung sind daher nicht aus der Luft gegriffen. Gleichwohl schien es den Zeitge-

ABB. 38 Das Ganzfigurenbild zeigt den Kaiser mit Krone und Reichsapfel als den Zeichen seiner Herrscherwürde, das Kreuz auf Mantel und Schild weisen ihn als Kreuzfahrer aus. Die Versumschriften feiern ihn als «unbesiegbaren Bannerträger und Freund des himmlischen Königs» und formulieren die Hoffnung, er möge das Heidenvolk Saladins aus dem Land des Herrn (*terra domini*) vertreiben, solle keinem Sarazenen Frieden bringen und von dem Buch an einen Ort geleitet werden, der ohne Tod sei. Rechts überreicht der gemäß seiner Bedeutung im Vergleich zum Kaiser wesentlich kleiner dargestellte Propst Heinrich von Schäftlarn den von ihm gestifteten Codex dem Herrscher. Das Buch enthält eine Abschrift der *Historia Hierosolymitana* Roberts von St. Remi. Diese Geschichte des Ersten Kreuzzuges sollte Barbarossa offenbar als Vorbereitung, Wissensspeicher und Mahnung für seinen eigenen Kreuzzug dienen. – Città del Vaticano, Biblioteca Apostolica Vaticana, Cod. Vat. Lat. 2001, fol. 1r,

nossen, daß «gleich dem Sande des Meeres und den Sternen des Himmels unzählbare Scharen von Kreuzfahrern zu Fuß und zu Pferde» die Heerstraßen nach Regensburg bedeckt hätten,[7] und tatsächlich war das Heer mit etwa 3000 gepanzerten Rittern und 12 000 ganz überwiegend kampffähigen, größtenteils ebenfalls berittenen Knappen, Schildträgern, Bogenschützen und Knechten das größte Ritterheer, das je zu einem Kreuzzug aufbrach, und übertraf die üblichen Kontingente der Italienzüge bei weitem. Ein Gefolgsmann Barbarossas notierte die Namen der wichtigsten Teilnehmer: es waren zehn Bischöfe, wie beim Zweiten Kreuzzug etwa ein Viertel des Reichsepiskopats, darunter als der bedeutendste Gottfried von Würzburg, dessen maßgeblichen Anteil an der Führung des Kreuzfahrerheeres die Zeitgenossen übereinstimmend betonten.[8] Von den weltlichen Fürsten war an erster Stelle des Kaisers Sohn, Herzog Friedrich von Schwaben, zu nennen, der in den späteren Kreuzzugsberichten als der militärisch tatkräftigste unter den Großen erscheint, aber auch «in wohlmeinendem Scherz der Verwalter und Organisator des Heeres» genannt wurde.[9] Außerdem nahmen teil Herzog Berthold von Andechs-Meranien und Herzog Theobald II. von Böhmen, die Markgrafen von Baden und vom bayerischen Nordgau, dreißig Grafen und fünfundzwanzig edelfreie Herren aus allen Teilen des Reiches, vor allem freilich aus Schwaben, worin sich der Einfluß des dort begüterten Herrscherhauses auf seine Vasallen und Ministerialen spiegelt. Von den bedeutenden Reichsministerialen nahmen der Marschall Heinrich von Kalden und der Truchseß Marquard von Annweiler teil, die später beide unter Heinrich VI. noch eine bedeutende Rolle bei der Eroberung des süditalienischen Normannenreichs spielen sollten.[10] Die erste Etappe führte von Bayern nach Österreich; in Passau schloß sich der dortige Stadtherr, Bischof Diepold, dem Zug an. Der Kaiser fuhr mit anderen Großen zu Schiff donauabwärts, während das Heer zu Lande marschierte. Nach elf Tagen war Wien erreicht, nach drei weiteren Tagen bei Preßburg die Grenze zum Königreich Ungarn.

Angesichts des bevorstehenden Übertritts in ein fremdes Reich war es notwendig, im Interesse eines zügigen und friedlichen Vormarschs die Disziplin im Heer einzuschärfen. Im Laufe des Kreuzzugs erwies sich eine straffe, auf den Kaiser persönlich ausgerichtete Hierarchie von Befehl und Gehorsam als das tauglichste Mittel zu diesem Zweck. Wie schon auf den Italienzügen von 1155 und 1158 erließ Barbarossa auf den Rat der Fürsten einen strengen Lagerfrieden: bei Verwundung eines Mitziehenden im Streit drohte der Verlust der Hand, bei Bruch des Marktfriedens sogar die Enthauptung, über die Einhaltung des Friedens sollten neueingesetzte Heeresrichter wachen. Der Lagerfriede folgte nicht zuletzt sittlich-religiösen Erfordernissen. In dem Christus gewidmeten Unternehmen sollte christliche Lebensweise herrschen, also Frieden und Demut. Deshalb hatte Papst Gregor VIII. auch verlangt, nur mit bescheidenem Gefolge und in einfacher Kleidung aufzubrechen, nicht aber mit kostbarer Robe «und mit Hunden und Vögeln und sonstigen Dingen, die mehr dem Genuß und Luxus dienen als zum notwendigen Gebrauch», so daß Bußfertigkeit sichtbar werden sollte, nicht aber eitler Ruhm.[11] Zwar entsprach die Kreuzfahrt als Vasallendienst für den höchsten Lehnsherrn Christus dem höfisch-ritterlichen Selbstverständnis, keinesfalls aber ein so weitgehender Verzicht auf die Repräsentation von Rang und Status. Deshalb war in Preßburg – ebenso wie später in Belgrad – reichlich Zeit für Waffenspiele,[12] die um ihrer Gefahren für das Seelenheil willen schon seit langem die Kritik der Kirche auf sich gezogen, aber auch schon auf Barbarossas Italienzügen eine Bühne für das Repräsentationsbedürfnis des Herrschers und seines Gefolges geboten hatten. Barbarossa selbst hatte in Hagenau Tasche und Stab des Pilgers als äußeres Zeichen seiner demütigen Gesinnung genommen, damit aber nicht gleichzeitig auf die üblichen Formen von herrscherlicher Statusrepräsentation verzichtet. So blieb neben Turnieren auch noch für die Jagd Zeit genug: der ungarische König Bela III. lud den Kaiser und sein hochadliges Gefolge zu einer mehrtägigen Jagd auf die Donauinsel Csepel (südlich von Budapest) ein.[13]

Aber der Lagerfriede hatte auch seine politisch-militärische Dimension. Bela saß als Schwiegervater des byzantinischen Kaisers insoweit zwischen den Stühlen, als er einerseits mit dem übermächtigen Kreuzfahrerheer sicher keinen Konflikt suchte, andererseits über die mißtrauischen Befürchtungen in Byzanz wohlinformiert war.[14] Allen war geholfen, wenn das Heer seine Friedlichkeit unter Beweis stellte. Das konfliktträchtige Versorgungsproblem wurde gelöst, indem Bela großzügig Lebensmittel zur Verfügung stellte: er lieferte «Schiffe und Wagen voll beladen mit Brot, Wein und Gerste als Pferdefutter sowie Ochsen und Schafe, die für viele Tage reichten ... Das Heer ließ er in seinem ganzen Land verteilt auf fruchtbarstem Weideland lagern, und in der Stadt Gran verteilte er die Bestände aus zwei Lagerhäusern, das eine voll mit Mehl, das andere voll Hafer, an die armen Pilger»; dabei sollen «wegen der großen Habgier des tobenden Volkes drei Menschen im Mehle erstickt» sein.[15] Auch die diplomatischen Gesten der Ehrerbietung gegenüber dem Kaiser und der persönlichen Freundschaft fehlten nicht: Bela ließ Barbarossa durch Gesandte prächtig empfangen, bevor er ihm zusammen mit seiner Gemahlin Margarethe, der Schwester des französischen Königs, bei Gran «persönlich größte Ehre erwies, [ihn] prächtig und heiter begrüßte, wie es sich gehörte».[16] Unter den Geschenken hinterließ das schon erwähnte Zelt von bewundernswerter Größe den tiefsten Eindruck. Auch Barbarossa setzte Zeichen des freundschaftlichen Einvernehmens und willigte in die Verlobung seines Sohnes Friedrich mit einer Tochter Belas ein. Verwandtschaftliche Beziehungen nicht nur zum oströmischen, sondern nun auch zum weströmischen Kaiserhaus unterstrichen den Rang des Arpaden und verwiesen ihn für den Fall des Konflikts zwischen dem Staufer und Isaak II. Angelos in eine neutrale Mittlerposition. Mit dem durch Verwandtschaft bekräftigten Freundschaftsbündnis befreite sich Barbarossa für den Fall der Auseinandersetzung mit Byzanz von einem potentiellen Feind im eigenen Rücken.

Während das Heer am Südufer der Donau entlangmarschierte, fuhr der Kaiser, von Bela und einigen Fürsten begleitet, weiterhin zu Schiff donauabwärts. Bei Belgrad war die Grenze des byzantinischen Reichs erreicht, wenige Kilometer östlich davon ging der Kaiser bei der Festung Braničwo an Land, von wo aus Bela wieder in sein Land zurückkehrte. Der Abschied geriet wieder zu einer Demonstration friedlichen Einvernehmens: Bela schenkte dem Kaiser zahlreiche, jeweils von zwei Ochsen gezogene Karren voll Mehl für das Heer, außerdem vier Kamele, die mit so reichen Geschenken beladen waren, daß man ihren Wert auf die Summe von 5000 Mark Silber schätzte[17] – einen Betrag in dieser Höhe hatte Barbarossa einst vergeblich von Heinrich dem Löwen als Genugtuung für dessen mehrfachen Ladungsungehorsam gefordert. Als Gegengeschenk für die erhaltenen größeren Gaben überließ der Staufer alle Schiffe dem Ungarnkönig. Das Gepäck wurde auf Wagen umgeladen. Zwischenzeitlich hatte ein böhmisches Aufgebot das Kreuzfahrerheer erreicht, aber auch das Kontingent des Erzbischofs von Tarentaise und des Grafen Heinrich von Salm sowie eine Gruppe von Bürgern aus Metz; außerdem schloß sich mit Belas Erlaubnis ein größeres Aufgebot ungarischer Ritter dem Kreuzzug an. Der Zug durch Ungarn hatte fünf Wochen gedauert und war friedlich verlaufen, die Temperaturen waren unerwartet mild, und man vermerkte erleichtert, daß «die Stechmücken, Bremsen, Fliegen und Schlangen, die in Ungarn sonst im Sommer den Pferden folgen und schwer zusetzen, uns und die Tiere verschonten, ja nur ganz selten überhaupt zu sehen waren».[18]

ENTTÄUSCHUNGEN: BIS PHILIPPOPEL

Mit Betreten des byzantinischen Reichsgebiets mußte sich nun die Belastbarkeit der in Nürnberg mit Johannes Dukas getroffenen Abmachungen erweisen. 1147 waren Konrad III. und seine Fürsten in Branitschewo von Gesandten des byzantinischen Kaisers begrüßt worden. Ähnliches mochte Barbarossa erwartet haben. Er wurde jedoch enttäuscht: zwar schickte ihm der Gouverneur Geschenke entgegen und empfing den Kaiser zusammen mit Großen seiner Provinz freundlich. Jedoch war aus Konstantinopel keine Botschaft eingetroffen, weder von Isaak II. Angelos noch von der Gesandtschaft unter Leitung Bischof Hermanns von Münster, die Johannes Dukas von Nürnberg aus in den Osten begleitet hatte, so daß alle bisherigen Abmachungen vom Kaiserhof in Byzanz noch nicht autoritativ bestätigt waren. Noch in Belgrad hatte Barbarossa ein Exempel statuiert und mehreren Kreuzfahrern, die sich des Friedensbruchs schuldig gemacht hatten, die Hände abschlagen und zwei Adlige sogar enthaupten lassen. Alle sollten sehen, daß er entschlossen war, die Disziplin des Heeres zu wahren und sich als verläßlicher Vertragspartner zu zeigen, der die eigenen Zusagen einhielt und alles tat, um von seiner Seite aus Übergriffe und Feindseligkeiten gegen die Bevölkerung des byzantinischen Reichs zu unterbinden.[19] Als allerdings während des einwöchigen Aufenthalts in Branitschewo noch immer keine offizielle kaiserliche Delegation eintraf, um den Kaiser wie erwartet ehrenvoll zu begrüßen, war der Argwohn geweckt. Das Heer formierte sich nun zu einer im wesentlichen unverändert gebliebenen Marschordnung: als Vorhut fungierten Ungarn und Böhmen mit ortskundigen Führern; unter Führung Herzog Friedrichs von Schwaben folgte eine Abteilung mit starkem Ritter- und Bogenschützenkontingent, danach

ABB. 39 In dem für Heinrich VI. bestimmten *Liber ad honorem Augusti* (Buch zur Ehre des Kaisers) gilt eine Bildfolge den angeblich im Palast zu Palermo ausgeführten Wandmalereien, die auch den Kreuzzug Barbarossas geschildert haben sollen. Die Szene zeigt den Zug durch den Bulgarenwald – und ist mit der sonderbaren Beischrift erklärt, der Kaiser habe den ungarischen Wald zu fällen befohlen (fol. 143v). – Bern, Burgerbibliothek.

kam der Troß mit Last- und Packtieren, dann die größte Abteilung unter Führung des Kaisers, deren Nachhut wiederum eine größere Abteilung Ritter bildete. Der Herzog zog zumindest zeitweise im Abstand von einem Tagesmarsch seinem Vater voraus – und warnte ihn aus erlittenem Schaden vor nächtlichen Überfällen: die bisher gewohnte Sorglosigkeit wich im gefürchteten Bulgarenwald gesteigerter Wachsamkeit. Der wegen schlechter Wegverhältnisse ohnehin beschwerliche Marsch bot infolge von Überfällen auf die Nachhut und die Furagiere, durch Pfeilbeschuß, Straßenblockaden und Pferdediebstähle unerwartet große Gefahren. Argwohn wuchs zu tiefem Mißtrauen, denn jeder Zwischenfall bestärkte das ohnehin tiefsitzende Vorurteil über Hinterlist und Treulosigkeit der Byzantiner. Als einige gefangengenommene Räuber ihr Leben zu retten versuchten, indem sie ihre Überfälle mit Befehlen des Militärgouverneurs und gar Isaaks II. Angelos selbst begründeten, war nur ein schon länger gehegter Verdacht bestätigt: daß die Griechen den Staufer beim Empfang in Branitschewo nur «mit den Lippen geehrt, aber Böses beabsichtigt» hätten.[20] Aus verschiedenen Richtungen trafen bruchstückhafte Informationen ein. Von einem Boten des ungarischen Königs erfuhr Barbarossa, daß sich Isaak gar nicht in Konstantinopel aufhalte, sondern Kämpfe in Kleinasien ausfechte, er sich also nicht sonderlich darüber wundern dürfe, daß er noch durch keinen von dessen Gesandten begrüßt und ehrenvoll empfangen worden sei.[21] Ein Brief des Johannes Dukas konfrontierte ihn jedoch mit dem Vorwurf, seine Ankunft und die des Heeres dem Kaiser nicht durch verläßliche Boten angekündigt zu haben, um ihn zu veranlassen, daß «ihnen durch die Sorge ehrenhafter Männer mit der geschuldeten Ehre ein Markt» angeboten werde; der deshalb unterbliebene Empfang des Staufers und des Heeres sollte nun in Sofia stattfinden, wo aus Konstantinopel abgesandte «erhabene Männer» zur prächtigen Ankunft des Heeres bereitstünden, um dem Kaiser «mit geschuldeter Ehrerweisung» geziemend entgegenzuziehen und einen Markt zu bieten.[22] Barbarossa wehrte den Vorwurf mit dem Hinweis auf die schon aus Nürnberg vorausgeschickte Gesandtschaft ab. Die Frage nach den Modalitäten des Durchzugs war noch immer nicht zuverlässig geklärt; zudem zeigten sich nun erste Anzeichen einer Verstimmung zwischen den beiden Kaisern, die an jeweils unerfüllten Erwartungen hinsichtlich der beanspruchten Ehrerweisung auskristallisierte.

Tatsächlich kaschierte der Brief des Logotheten einen Sachverhalt, der dem Ansehen Isaaks II. Angelos höchst abträglich war: anders als in Nürnberg in Aussicht gestellt, verfügte er nämlich gar nicht mehr über die Mittel, Empfang und Versorgung des Heeres an den westlichen Grenzen seines Reiches zu gewährleisten.[23] Schon nach dem Tod Manuels I. Komnenos war die byzantinische Oberhoheit auf dem Westbalkan in Kämpfen gegen die Serben und Bulgaren zunehmend verlorengegangen; kurz vor dem Eintreffen des Kreuzfahrerheeres aber hatte Stefan Nemanja auch das Gebiet zwischen Nisch und Sofia erobert. Branitschewo war zu einem isolierten Vorposten im äußersten Westen geworden, über dessen südöstliches Hinterland Byzanz noch weniger effektive Herrschaft ausübte als zuvor. Ließ sich ein quasi offizielles Eingeständnis der Machtlosigkeit in Teilen des eigenen Reichs mit dem am byzantinischen Hof gepflegten Selbstbild ohnehin kaum vereinbaren, so verbot sich dies vollends gegenüber dem lateinischen Rivalen um den römischen Kaisertitel. Der Vorwurf, Barbarossa habe sich den unterbliebenen Empfang durch hochrangige byzantinische Abgesandte selbst zuzuschreiben, hielt letztlich die Fiktion ungebrochener Machtvollkommenheit des byzantinischen Kaisers aufrecht, wenn auch um den Preis von Irritationen beim Adressaten. Für Friedrich war die politische Situation sicher nur teilweise durchschaubar, der Vorwurf indessen so offenkundig unangebracht, daß er ihn gereizt als bloßen Vorwand zurückwies.

Auf dem Balkan angekommen, wurde aus dem zuvor fernen Kaiser und seinem Heer ein Machtfaktor, von dem die Nutznießer der eingetretenen Machtverschiebungen hofften profitieren zu können – und den Byzanz fürchtete. In der halbverwüsteten Stadt Nisch rastete das Heer mehrere Tage. Nahezu gleichzeitig trafen serbische und byzantinische Gesandtschaften ein, die sich mißtrauisch belauerten und eifersüchtig registrierten, welche Wertschätzung ihnen Barbarossa jeweils zukommen ließ. Die Serben waren im Vorteil, denn nach ihren Erfolgen gegen Byzanz verfügten sie ungehindert über das Land und seine Ressourcen. Nachdem er Barbarossa zuvor seine persönliche Ankunft hatte ankündigen lassen, zog ihm Stephan Nemanja mit seinen beiden Brüdern Sracimir und Miroslaw unter großem Gepränge entgegen und ließ ihm als Zeichen seiner Ergebenheit Wein, Gerste und Mehl, Schafe und Rinder in großzügigen Mengen zukommen, außerdem wertvolle und seltene Tiergeschenke: einen zahmen Eber und drei zahme Hirsche sowie sechs Seehunde. Der byzantinischen Gesandtschaft unter Führung des Alexius, eines Neffen Isaaks II., dürfte das herrschaftliche Auftreten der serbischen Rebellen um so übler aufgestoßen sein, als sie selbst dem Kaiser einen angemessen prächtigen Empfang erst in Sofia in Aussicht stellen konnten. Das Mißtrauen war berechtigt, denn der Serbenfürst hoffte auf ein politisches Bündnis mit Friedrich: auch im Namen seiner Verbündeten, der Bulgarenfürsten Petrus und Johannes Asen, bot er ihm nicht nur Hilfe auf dem Kreuzzug an, sondern insbesondere auch gegen den Kaiser von Byzanz; darüber hinaus wollte er dem Staufer sogar sein eigenes Herrschaftsgebiet antragen und aus dessen Hand als Reichslehen wieder entgegennehmen. Das zuvor unter byzantinischer Herrschaft stehende Gebiet wäre so zu einem Teil des Imperiums geworden – und Barbarossa zu einem erklärten Feind Isaaks II. Angelos. Damit wäre der Kreuzzug von einem militärischen Erfolg über Byzanz abhängig geworden. Der Staufer verhandelte mit beiden Seiten und lotete seinen Handlungsspielraum aus. Alexius versuchte, den wegen der Überfälle im Bulgarenwald aufgekommenen Verdacht zu entkräften, und versprach, für sicheres Geleit und Versorgung des Heeres auf byzantinischem Boden zu sorgen – allerdings nur für den Fall eines friedlichen Einmarschs. Barbarossa bekräftigte seine diesbezüglichen, schon früher gegebenen Zusagen. Zu diesem Zweck ließ er nach Beratung mit Fürsten und Rittern das strenge Verbot jeglicher Versorgung durch Raub einschärfen; «die gebotenen Gesetze zur Wahrung des Friedens bei den Griechen» sollten unbedingt eingehalten werden. Die Ritter hatten sogar darin eingewilligt, daß ihnen Bischof Gottfried von Würzburg in einer Predigt für den Fall von Übergriffen öffentlich die Exkommunikation androhte; mit einer solchen Drohung gegen die Herren hoffte man, auch ihre Knechte disziplinieren zu können. Barbarossa wollte den geplanten Marsch weder ändern noch verzögern und beschied dem serbischen Fürsten deshalb, «er habe aus Liebe zu Christus die beschwerliche Pilgerreise gegen die Bedrücker des Landes Jerusalem angetreten und schmiede daher auch keine bösen Pläne aus Hochmut oder Ehrgeiz gegen irgendeinen christlichen König».[24] Aber auch andere Eventualitäten wurden bedacht. Für den Fall, daß Isaak II. Angelos seine Versprechen nicht einhalten sollte, sicherte sich Barbarossa die Hilfe der Serben gegen Byzanz. Wieder stabilisierte eine Eheabsprache politische Bündnisse: die schon länger geplante Heirat zwischen Stephan Nemanjas Neffen Tohu und der Tochter Herzog Bertholds von Andechs-Meranien fand nun die Erlaubnis des Kaisers. Alexius war im einzelnen über den Inhalt der Gespräche sicher nicht informiert, aber allein Barbarossas freundlicher Empfang der Serben und der gegenseitige Geschenkaustausch als Zeichen der Freundschaft stimmten ihn argwöhnisch. Er ließ den Staufer wissen, daß er die Gebirgspässe östlich von Nisch von Sofia her mit einem Heer bewachen werde – um gegen einen Angriff der Serben gewappnet zu sein, weshalb man aber keinen Kriegsverdacht gegen ihn hegen dürfe. In diesem Klima des wechselseitigen Mißtrauens zog das Heer nach Sofia.

Weil man mit Kämpfen rechnete, zog nun die besonders schlagkräftige Abteilung unter Herzog Friedrich von Schwaben an der Spitze, gefolgt von den Böhmen und Ungarn; eine dritte Marschkolonne bildeten die Bischöfe Gottfried von Würzburg, Rudolf von Lüttich, Diepold von Passau, Heinrich von Basel und Arnold von Osnabrück. Das Hauptkontingent führte der Kaiser an, dem auch der Erzbischof von Tarentaise, Florenz von Holland und sechzehn weitere Grafen angehörten. Während sich auf byzantinischer Seite

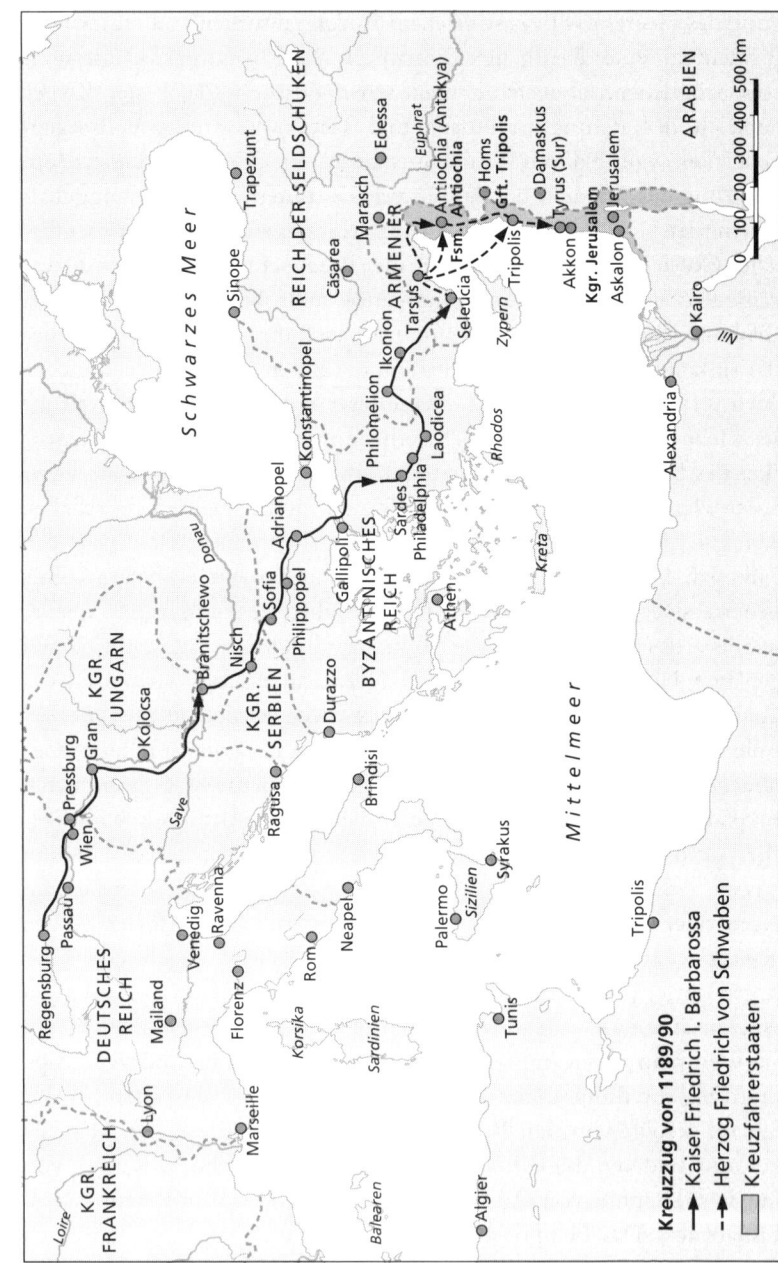

KARTE 11 Marschroute des Kreuzzugs Barbarossas.

Ungewißheiten über Barbarossas wahre Absichten schon deshalb verstärkten, weil sein Heer von serbischer Verstärkung begleitet wurde, schrieben die Kreuzfahrer alle Überfälle und Hinterhalte, die sich im dichten Gebirgswald auch jetzt wieder einstellten, der Treulosigkeit des byzantinischen Kaisers zu. Daß Bischof Diepold von Passau und Herzog Berthold, als sie die Nachhut ihrer Kolonne mit zwölf schwer gepanzerten Rittern absicherten, an einem Abend von zahlenmäßig weit überlegenen Feinden angegriffen wurden, sie aber zurückschlugen, vierundzwanzig Gefangene an Pferdeschweife gebunden ins Lager schleifen und dann kopfüber an den Füßen wie Wölfe aufhängen ließen, verbreitete sich wie ein Lauffeuer im Heer.[25] Wer die Angreifer eigentlich waren, wußten die Kreuzfahrer nicht – aber sie waren sich sicher, daß alles von Isaak II. veranlaßt worden war.

In Sofia sollte auf Befehl Barbarossas auch die Ankunft der letzten Abteilung abgewartet werden. Man rechnete nach den zurückliegenden Strapazen und Versorgungsschwierigkeiten nun mit einem Markt und auch mit dem versprochenen Empfang durch eine hochrangige byzantinische Gesandtschaft, hoffte sogar auf die in Nürnberg zugesagte persönliche Begegnung mit Isaak II. Angelos, die endlich Gewißheit über die Modalitäten des Durchmarschs bringen sollte. Statt dessen fand man die Stadt von ihren Einwohnern verlassen vor. Jede frühere Zusage schien nun endgültig als ein bloßes Täuschungsmanöver entlarvt, ohne daß man es anders als durch die ohnehin unterstellte Treulosigkeit der Byzantiner zu erklären wußte. Das Heer setzte seinen Weg nach nur einem Tag Aufenthalt wieder fort. Während der ersten Gebirgsetappe holten der Bischof von Toul und ein Kontingent lothringischer Ritter das Heer ein. Erbittert hörte man im Umkreis Barbarossas ihren Bericht, wonach die Leichname der im Bulgarenwald verstorbenen oder getöteten Kreuzfahrer ausgegraben und an Bäumen aufgehängt worden seien, und sah darin eine weitere von Byzanz zu verantwortende Schmähung des Heeres Christi. Als dann die Späher des Schwabenherzogs auch noch die Paßenge der Trajanspforte befestigt und von einer byzantinischen Heeresabteilung gesichert fanden, schien der erste Konflikt unmittelbar bevorzustehen. Ob sich Barbarossa selbst an die Spitze einer schwer gepanzerten Abteilung Ritter stellte oder aber sein Sohn Friedrich auf seinen Befehl, wird in den Quellen unterschiedlich berichtet.[26] Jedenfalls erkannten die byzantinischen Verteidiger darin ein klares Zeichen von Konfliktbereitschaft und räumten ihre Stellung kampflos, angeblich aus Furcht vor den Rittern, die sogar ihre Pferde mit eisernen Überwürfen geschützt haben sollen.[27] Das Heer zog unbehelligt über den Paß, erreichte die fruchtbare Ebene von Philippopel (Plovdiv) und versorgte sich dort mit schon gedroschenem Getreide und zum Keltern reifen Weintrauben. Auch diese Stadt, in der Barbarossa vierzig Jahre zuvor im Gefolge seines Onkels freundlich empfangen worden war, fand man nahezu verlassen vor. Das Heer lagerte seit einem Tag vor den Mauern, als am 25. August eine Gesandtschaft aus Byzanz eintraf. Schon ihre wenig repräsentative Zusammensetzung ließ nichts Gutes erwarten. Anstelle von Hofbeamten kehrte nur ein ungarischer Graf zurück, den Barbarossa zuvor nach Konstantinopel geschickt hatte, wohl um Aufschluß über das Schicksal seiner Gesandten zu erhalten; in seiner Begleitung erschien ein Pisaner Bürger namens Jakob, ein Vertrauensmann des byzantinischen Hofs. Er übergab einen Brief, in dem Isaak den Staufer mit Vorwürfen und Verdächtigungen förmlich überschüttete:[28] vom englischen und französischen König sowie vom Gouverneur von Branitschewo wisse er, daß der «König von Deutschland» Konstantinopel erobern und unter die Herrschaft seines Sohnes Friedrich stellen wolle; seine Freundschaft mit dem Serbenfürsten erscheine schwerwiegend und verdächtig. Die Überfahrt über den Hellespont (*brachium sancti Georgii*) wolle Isaak nur erlauben und auch den versprochenen Markt nur stellen, wenn er Geiseln nach seinem Wunsch erhalte, allen voran Herzog Friedrich von Schwaben und sechs der Bischöfe und Fürsten; außerdem verlangte er, die Hälfte aller künftigen Eroberungen des Kreuzfahrerheeres seinem Reich zu unterstellen. Schließlich erfuhr Barbarossa, daß seine Gesandtschaft unter Führung Bischof Hermanns von Münster in Konstantinopel gefangengenommen und eingekerkert worden war: Isaak hatte sie zwar gnädig mit dem Friedens- und Freundschaftskuß empfangen, ihnen auch ehrenvolle Audienz gewährt und sie friedlich entlassen, dann aber festzunehmen befohlen; über ihr weiteres Schicksal wußte man nichts.[29] Bestürzung und Erregung über diese Nachrichten waren ungeheuer. Nicht nur der Kaiser war durch die Gefangennahme seiner Legaten mißachtet und beleidigt worden, sondern das ganze Christus gewidmete Unternehmen schien verhöhnt. Allerdings war Rücksicht auf die zu Geiseln gewordenen Gesandten geboten: Barbarossa ignorierte die im vorenthaltenen Kaisertitel liegende Provokation, zeigte trotz seiner Empörung «nach außen sowohl in seiner Miene wie auch in seiner Sprache die gewohnte Mäßigung» und ließ ausrichten, daß Isaak die Kreuzfahrer erst dann seinem Willen geneigt finden werde, wenn sie ihre Gesandten «gemäß der Ehre Gottes und des Reiches» wiederhätten. Mit dieser Forderung war der offene Bruch vollzogen, Jakob von Pisa kehrte ohne Friedenszusage zurück, und die Kreuzfahrer, nun von jeder Rücksicht auf Land und Bevölkerung entbunden, «plünderten die Güter der Griechen hemmungslos und verwüsteten alles andere vollständig».[30] Barbarossa ließ das Heer in der Stadt Quartier nehmen. Der Aufenthalt sollte elf Wochen dauern – fast solange, wie das Heer bislang unterwegs gewesen war.

Neben Empörung traten auch Enttäuschung und Ernüchterung: nicht nur der diplomatisch vorbereitete friedliche Durchzug durch Byzanz war gescheitert, sondern der Erfolg des Kreuzzugs insgesamt stand in Frage, denn eine Überfahrt über den Hellespont gegen den Willen Isaaks II. zu erzwingen war praktisch ausgeschlossen. An ihrem Ziel Jerusalem hielten die Anführer des Kreuzzugs aber fest. Barbarossa und die Fürsten berieten über das weitere Vorgehen und entschlossen sich rasch, nunmehr ihre militärische Überlegenheit rücksichtslos auszuspielen und den Basileus durch massiven Druck zum Einlenken zu bewegen. Beweglichkeit und Operationsfähigkeit des Heeres wurde durch eine Aufteilung in taktische Einheiten von je fünfzig Rittern unter einem Befehlshaber gestärkt. Barbarossa wußte sicher, daß sich die französischen Ritter 1147/48 bei ihrem Zug durch Kleinasien dieser Maßnahme bedient hatten.[31] Offenbar war die Erinnerung an den früheren Kreuzzug auch in diesem Fall nützlich. Binnen weniger Wochen eroberte Friedrich von Schwaben die reiche Stadt Berrhoë (Stara Zagora), der kaiserliche Marschall Heinrich von Kalden Burgen im Norden und Süden Philippopels, Bischof Diepold von Passau und Herzog Berthold von Meranien das 80 Kilometer entfernte Voden im Osten; sogar das 150 Kilometer südwestlich gelegene Petrič unterwarf sich. Stadt und Land in Thrakien und Ostmakedonien wurden von Eroberungszügen verwüstetet, Beute wurde auf Karren geladen und nach Philippopel geschafft. Eine vom Protostrator Manuel Kamyzes, einem Neffen Isaaks II. und erfahrenen General, herangeführte Streitmacht wagte nach einem äußerst verlustreichen Gefecht mit Friedrich von Schwaben keine offene Schlacht.

Diepold von Passau schrieb stolz und überheblich in die Heimat, daß Mazedonien bis vor die Mauern Konstantinopels schon «unserer Herrschaft» unterworfen sei: «es gibt niemanden, der noch wagt zu mucksen, nachdem er unseren Namen gehört hat.» Und Barbarossa ließ seinen Sohn in Deutschland wissen, daß er das ganze byzantinische Reichsgebiet diesseits des Meeres unterwerfen werde, um die Überfahrt über den Hellespont zu erzwingen.[32] Alle Erfolge konnten aber nicht darüber hinwegtäuschen, daß sie auch gleichzeitig vom eigentlichen Ziel ablenkten. Im Rückblick glaubte ein Mönch aus Salem zu wissen, daß die unerwünschte Verzögerung Barbarossa ebenso beunruhigte wie die Gefangenschaft seiner Gesandten.[33] Weil andererseits der Basileus einer weiteren Verwüstung seines Landes nicht tatenlos zusehen konnte und vielleicht auch einen Angriff auf Konstantinopel fürchtete, wurden die Verhandlungen wiederaufgenommen. Nach vorbereitenden Kontaktaufnahmen, die zu klärende Fragen eingrenzten, schickte Barbarossa den Kanoniker Werner von St. Viktor in Mainz und den schon als Legaten erprobten Ritter Gottfried von Wiesenbach nach Konstantinopel. Sie sollten die Gerüchte entkräften, wonach Barbarossa dem serbischen Großžupan byzantinisches Reichsgebiet als Lehen übertragen oder sich mit ihm und dem Bulgarenfürsten gegen Byzanz verschworen habe; außerdem sollten sie an die in Nürnberg gegebenen Versprechen erinnern und Isaak dazu bewegen, daß er bei all dem doch seinen Ruhm und seine Ehre sowie das Heil und die ungestörte Ruhe seines Reichs erwägen möge – was nichts anderes als eine Androhung weiterer Eskalation war. Etwa zur selben Zeit war Niketas Choniates, der Gouverneur von Philippopel und spätere Geschichtsschreiber, beim Basileus eingetroffen. Er hatte zuvor völlig widersprüchliche Befehle aus der Hauptstadt erhalten, seinerseits aber den Eindruck gewonnen, daß der Staufer tatsächlich nur den ihm zugesicherten friedlichen Durchzug wünsche und keine gegen Byzanz gerichteten Pläne verfolge. Isaak II. kündigte Barbarossa schließlich schriftlich die Freilassung der Gesandten an,[34] die dann im ehrenvollen Geleit des Johannes Dukas und anderer höherer Hofbeamter am 28. Oktober in Philippopel eintrafen.

Ihren Empfang bei den Kreuzfahrern inszenierte Herzog Friedrich von Schwaben sicher nicht ohne Wissen des Kaisers als fast schon perfide Verhöhnung der Byzantiner. Er zog ihnen kilometerweit mit einer riesigen Abteilung von Panzerreitern entgegen, die ihre Schilde erhoben hatten und Lanzen mit sich führten. Sehr bewußt wurden die Byzantiner in doppelter Hinsicht eingeschüchtert: zum einen gab die Größe der Abordnung zu erkennen, welches Ansehen die Gesandten genossen – und damit auch, welche Ungeheuerlichkeit ihre Gefangennahme war; zum anderen sollte das martialische Gebaren die Byzantiner ihre Unterlegenheit spüren lassen. Erst auf besorgte Nachfragen hin ließ Friedrich die Schilde senken und erklärte den kriegerischen Auftritt als «Brauch der Deutschen», der die Zurückkehrenden erfreuen und die Griechen rühmen solle.[35] Am 28. Oktober trafen sie in Philippopel ein. Die Griechen erhielten Quartier zugewiesen, die Freigelassenen wurden vor den Kaiser geführt. Bischof Diepold von Passau sah ihn aus seinem Haus treten, Hermann von Münster und den Grafen umarmen, vor Freude weinen und sie mit den Worten aus dem Gleichnis des verlorenen Sohnes begrüßen – mit denen der Kaiser von Alexander III. in Venedig empfangen worden war: «Ich danke Gott, weil ja meine Söhne tot waren und wieder lebendig geworden sind, verloren waren und wieder gefunden worden sind.»[36] Am folgenden Tag schilderten sie ihre Gefangenschaft als schimpflich und entehrend, wie sie ihrer Sachen beraubt worden seien, Hunger und den Schmutz des Kerkers erduldet hätten, vor allem aber dem Hohn und Spott der Gesandten Saladins preisgegeben worden seien: denn an sie habe der Basileus die wertvollen Pferde, die sie ihm als Geschenke Barbarossas übergeben hatten, weitergegeben, und diese hätten noch vor ihren Augen die Pferde sogleich bestiegen und ihre Reitkünste vorgeführt. Barbarossa, die versammelten Fürsten, Ritter und Kleriker sollen in Tränen über diese Schmach ausgebrochen sein. Die Beleidigung war nun öffentlich gemacht, und sie verlangte Vergeltung. Schon die byzantinischen Gesandten, die am nächsten Tag vorgelassen wurden, bekamen sie in einer demonstrativ herablassenden Behandlung zu spüren. Barbarossa war, so wußte es später Niketas Choniates, «sehr empört und knirschte mit den Zähnen». Der Kaiser habe nicht nur den ranghöchsten Gesandten einen Sitzplatz zugewiesen, wie es sich eigentlich gehörte, sondern auch der begleitenden Dienerschaft, den Köchen, Roßknechten und Badedienern befohlen, sich zu setzen: «Als diese sagten, es zieme sich nicht, daß Diener neben einem großen Herrscher sitzen, es sei schon genug, daß ihren Herren diese Ehre zuteil werde, da gab er nicht nach und setzte sie trotz ihres Sträubens neben ihre Herren.» Auf diese Weise habe Friedrich gezeigt, «daß er keinen Unterschied der Stellung und der Geburt anerkennen wolle, sondern daß er sie alle gleich behandle, wie ein Sauhirt, der alle Schweine in einen Stall treibt, ohne die auszusondern, die fett sind und viel Geld einbringen».[37] Man wird dieser Geschichte nicht viel Glaubwürdigkeit zumessen müssen, aber sie transportiert immerhin die Erinnerung daran, daß zeremonielle und diplomatische Rücksichtnahmen im weiteren nicht mehr die übliche Beachtung fanden – was auch Bischof Diepold von Passau als Teilnehmer der Verhandlungen indirekt bestätigt: er gewann den Eindruck, daß Barbarossa, nachdem er sich während der Gefangenschaft seiner Gesandtschaft zurückgehalten hatte, Isaaks Gesandten nun auf «kaiserliche Weise» geantwortet habe. Angesichts der empörenden Nachrichten war der Kaiser nicht mehr zur höflichen Verstellung (*dissimulatio*) bereit, sondern griff zu ganz undiplomatisch offenen Worten.

Die als Herabsetzung empfundene Anrede im Schreiben des Basileus, die er in den Wochen zuvor aus politischer Rücksichtnahme unbeantwortet gelassen hatte, nahm er nun zum Anlaß, seine eigene Auffassung der römischen Kaiserwürde, wie er sie schon in den Tagen von Besançon im Streit mit Hadrian IV. dargelegt hatte, ohne jegliche diplomatische Rücksicht auf das oströmische Kaisertum vor Johannes Dukas darzulegen: «Für alle, die bei Verstand sind, steht fest, daß nur ein einziger Monarch Kaiser der Römer ist. Ich habe seit über dreißig Jahren das Szepter des Römischen Reiches ohne Einwände aller anderen Könige und Fürsten ungestört innegehabt und bin in der Stadt Rom vom höchsten Bischof durch die Salbung zum Kaiser geweiht und erhöht worden.» Die Kaiserwürde sei in der Zeit Karls des Großen in den Westen übertragen worden, weil der Kaiser von Konstantinopel der Kirche nur unzureichend Hilfe geleistet habe: «Da fragt man sich allerdings höchst verwundert, warum mein Bruder und euer Herr, der Kaiser von Konstantinopel, sich den für ihn inhaltslosen und ihm nicht gebührenden Titel anmaßt und sich ganz und gar widersinnig mit einer fremden Ehre schmückt, da doch klar und offenkundig ich dem Namen und der Sache nach ‹Friedrich, Kaiser der Römer und allzeit Augustus› genannt werde.» Wenn er ihn künftig in seinen Schreiben «nicht mit der gebotenen Ehrerbietung als römischen Kaiser» anrede, möge Isaak II. davon Abstand nehmen, überhaupt noch «Gesandte oder Briefe an uns zu schicken».[38]

Das war allerdings nicht die einzige Bedingung. Isaaks mit der Forderung nach Stellung von Geiseln verbundenes Versprechen, die Versorgung des Heeres ebenso sicherzustellen wie die Überfahrt über den Hellespont, lehnte Barbarossa rundweg ab. Eindringlich begründete er vor den hochrangigen Gesandten den inzwischen eingetretenen Vertrauensverlust. Zwar seien sie erhabene und wichtige Männer, deren Eid eigentlich Glaubwürdigkeit verdiene; aber wer durch das heiße Wasser verbrannt worden sei, dem sei auch das kalte verdächtig: Johannes Dukas wisse, daß seine in Nürnberg geleisteten Eide gebrochen seien; habe anfangs der Eid als Sicherheit genügt, so sei er nun ungenügend und unsicher. Sarkastisch soll Barbarossa betont haben, er wisse auf Grund der erlittenen Schäden sehr genau, wie sicher der Friede sei, den ihr Herr verspreche.[39] Zumal angesichts der bereits verbreiteten Gerüchte, daß der Basileus das Kreuzfahrerheer bei der Überfahrt in einen Hinterhalt locken wolle,[40] verlangte Barbarossa Sicherheiten, indem er auf die Forderung nach Geiselstellung mit der Gegenforderung reagierte, Isaak solle seinerseits Sohn, Bruder und Onkel sowie höchstrangige Hofbeamte als Geiseln stellen.[41]

Daß Byzanz keinerlei Reue über gebrochene Zusagen erkennen ließ, sondern schon wieder Forderungen stellte, als ob alles gut ausgeführt worden sei (*tamquam rebus bene gestis*),[42] wirkte vollends als Anmaßung und Hohn gleichermaßen. Außerdem war es eine schwere Provokation, daß Isaak die Gesandten Barbarossas ohne ihre prächtige Ausstattung wieder zurückgeschickt hatte – «halbnackt» seien sie vor dem Staufer erschienen.[43] Diese Beleidigungen schufen neben der Sicherung von Durchmarsch und Überfahrt des Kreuzfahrerheeres noch ein zusätzliches Problem, das schon zur Genüge bekannt ist: Barbarossa bestand unnachsichtig auf der Wiederherstellung der verletzten Ehre. Unmißverständlich forderte er von den Diplomaten, im Namen ihres Herrn nicht nur Markt, Geldwechsel und Überfahrt durch Stellung ausgesuchter Geiseln zu garantieren, sondern auch die entwendeten Güter seiner Legaten zurückzuerstatten und angemessene Genugtuung für die grundlos zugefügten Beleidigungen zu leisten. Anderenfalls werde er sich im Vertrauen auf Gottes Gnade den Weg mit dem Schwert bahnen. Isaaks Gesandte waren zu so weitreichenden Zusagen nicht bevollmächtigt; sie verließen Philippopel mit einer faktischen Kriegsdrohung Barbarossas.

DROHUNGEN: BIS GALLIPOLI

Während in den folgenden Wochen keine Nachrichten aus Konstantinopel eintrafen und der weitere Fortgang des Unternehmens völlig offen war, stellten sich die Kreuzfahrer auf eine Überwinterung diesseits des Meeres ein. Das offenkundig gewordene, gerüchteweise sogar als Blutsbrüderschaft verstandene Bündnis des Basileus mit Saladin[44] bewirkte eine Radikalisierung der Planung: um die Überfahrt zu erzwingen, hielt Barbarossa die Eroberung des gesamten byzantinischen Reichsteils diesseits des Meeres sowie die Stellung hochrangiger Geiseln durch den Basileus für nötig. In Briefen an Heinrich VI. und den Herzog Leopold von Österreich ließ er die durch Gefangennahme seiner Gesandten erlittene Schmach ausführlich als Beweis der byzantinischen Eidbrüchigkeit und als Grund für eine bevorstehende militärische Konfrontation schildern. Heinrich VI. sollte durch Boten die italienischen Seestädte Genua, Venedig, Ancona und Pisa dazu auffordern, Galeeren und kleinere Schiffe in den Osten zu schicken, «damit diese uns etwa Mitte März in Konstantinopel zur See unterstützen, während wir die Stadt zu Lande angreifen». In einem – heute verlorenen – Brief forderte Barbarossa außerdem den Papst dazu auf, gegen die Griechen als Feinde Gottes das Kreuz predigen zu lassen. Als Feinde Christi seien die Griechen etwa dadurch erwiesen, daß Patriarch Dositheos von Konstantinopel angeblich sogar in Anwesenheit von Barbarossas Gesandten in der Hagia Sophia öffentlich gepredigt habe, daß jeder, der 100 Pilger töte, von Gott Vergebung erlangen würde, auch wenn er des Mordes an zehn Griechen schuldig sei. Ein weiterer Brief, der wohl mit dem Schreiben Diepolds von Passau in den Westen gelangte, schürte unter Verwendung von Gerüchten und Nachrichten über die politische Lage den Haß auf Byzanz. Fakten und Verschwörungstheorien vermischten sich darin zu einem ins Monströse verzerrten Bild der Aktionseinheit zwischen Byzanz und Saladin. Um seinen von einem Kreuzfahrerfürsten gefangenen Bruder zu befreien, habe Isaak II. den Sultan zum Angriff auf Jerusalem und die Kreuzfahrerstaaten ermutigt, woraufhin Saladin, stolz auf den errungenen Sieg, einen Elefanten, kostbare Geschenke, Streitrösser und Waffen als Dank nach Konstantinopel geschickt habe. Seine Gesandten sollen dort prächtiger empfangen worden sein als christliche aus dem Westen jemals zuvor; das Bündnis habe Isaak mit nicht weniger prächtigen Gegengeschenken erwidert, unter anderem mit einer Krone für das Königreich Jerusalem, wofür ihm der Sultan wiederum nicht nur exotische Tiere, kostbarste Geschenke und ungeheure Mengen teurer Gewürze schickte, sondern auch ein 800 Liter fassendes, goldenes Gefäß voller stärkstem Gift, dessen Wirkung der Basileus sogleich an einem lateinischen Christen ausprobiert habe, außerdem über 50 Tonnen vergiftetes Mehl und über 25 Tonnen vergiftete Früchte, um die Kreuzfahrer zu töten. Die Nachricht, daß Saladin außerdem ein Minbar – die in der Moschee übliche Kanzel – nach Konstantinopel geschickt habe, das Isaak zur Ehre der Sarazenen aufzustellen versprochen habe, spiegelt einerseits das Wissen darum, daß der Basileus tatsächlich das islamische Freitagsgebet in Konstantinopel erlaubt hatte, und war andererseits der Absicht geschuldet, den Basileus als Beschützer der Ungläubigen zu denunzieren.[45] Man braucht nicht annehmen, daß all das für Barbarossa und seine Umgebung als maßlose Entstellung der Wirklichkeit durchschaubar war: Halbwissen und Vorurteile verbanden sich mit den auf dem Anmarsch gemachten Erfahrungen zu einem tiefsitzenden Argwohn gegen Byzanz, dem jegliche Ungeheuerlichkeit zuzutrauen zumindest nicht ganz abwegig schien. Während die Furcht vor Gift im Kreuzfahrerheer zur Vorstellung führte, nur durch Gottes Hilfe – also durch Wunder – bisherige Anschläge überlebt zu haben, drangen Gerüchte von angeblicher Militärhilfe Saladins für Byzanz bis in das Kloster Siegburg bei Köln und das Augustiner-Chorherrenstift auf dem Lauterberg bei Halle.[46]

Um im kommenden Frühjahr eine günstige Ausgangslage für den Vorstoß auf Konstantinopel zu haben, rückte Barbarossa mit einem Teil des Heeres gegen das noch östlich von Philippopel gelegene Adrianopel vor, das von seinen Einwohnern aus Furcht vor den Kreuzfahrern bereits verlassen worden war und am 22. November erreicht wurde. Der zunächst in Philippopel zurückgelassene Troß aus Wagen und Saumtieren mit dem Großteil der Ausrüstung und Versorgungsgüter wurde unter starker Bewachung wenig später nachgezogen. Von der menschenleer vorgefundenen Stadt aus unternahmen, wie schon von Philippopel aus, die Fürsten, unter ihnen Bischof Konrad von Regensburg und Herzog Friedrich von Schwaben, Plünderungszüge in das Umland, machten Beute in größtem Umfang und lieferten sich mehr unabsichtliche als geplante kleinere Gefechte mit byzantinischen Einheiten. In der Gewißheit, verdiente Rache zu üben, hinterließen die Kreuzfahrer eine blutige Spur von Plünderung und Zerstörung. Die Gemetzel an der Bevölkerung wiederholten sich so häufig, daß selbst der Kaiser angesichts des vergossenen Bluts von Christen zunehmend Skrupel empfunden haben soll.[47] Wieder verfolgte Barbarossa die Doppelstrategie aus brutalem Druck und Angeboten zur Aufnahme von Verhandlungen, um das unkalkulierbare Risiko einer Belagerung von Konstantinopel vermeiden und den Weg zum eigentlichen Ziel des Kreuzzugs aufnehmen zu können.

Daß Isaak II. dem Staufer schließlich den Titel «Kaiser des alten Rom» zugestand, war ein zaghafter Schritt in Richtung einer Annäherung. Barbarossa verlangte für seine Bereitschaft, das Land rasch und in Frieden zu verlassen, die Zusage von Versorgung und Überfahrt sowie die Stellung von Geiseln. Darüber wurde auch grundsätzlich Einigkeit erzielt, und als zu Weihnachten der Pansebastos Akolouthos Eumathios Philokales und Jakob von Pisa in Adrianopel eintrafen, wurden nach einer geheimen Unterredung mit dem Staufer und seinen Ratgebern die Friedensbestimmungen schriftlich niedergelegt. Als der Friedensentwurf dann aber vor einer größeren Öffentlichkeit vorgelesen wurde, verweigerten die Byzantiner plötzlich ihre Zustimmung. Das ist eigentlich nur durch die Annahme von Unregelmäßigkeiten bei der Niederschrift erklärbar. Möglicherweise wurden die Namen von Verwandten Isaaks II. und höchsten Hofbeamten als Geiseln genannt, die anzubieten die Gesandten aber keine Vollmacht hatten; oder die von den Byzantinern erwartete Zusage des Staufers, seinerseits Geiseln zu stellen, war unterblieben. Wie auch immer: die Byzantiner ließen sich durch einen solchen Trick nicht unter Druck setzen. Für die anwesenden Großen und Ritter aber waren sie es, die das erneute Scheitern der Verhandlungen zu verantworten hatten, das denn auch prompt ihrer notorischen Unzuverlässigkeit angelastet wurde. Der Kaiser und die Fürsten konnten zu Recht aufgebracht erscheinen, den Frieden für ungültig erklären und die Gesandten des griechischen Kaisers «mit einer Kriegserklärung in ihre Heimat» entlassen.[48] Bei aller Priorität, die Barbarossa dem Ziel Jerusalem einräumte, wollte er nicht auf eine Lösung verzichten, die ihn unmißverständlich als überlegen erscheinen ließ, auch nicht um den Preis des gänzlich unkalkulierbaren Risikos einer Belagerung

Konstantinopels. In diesen Tagen boten ihm Gesandte des Bulgarenfürsten Petrus Asen Tausende von Bogenschützen als Unterstützung an, auch die Verbindungen zum serbischen Großžupan Stephan Nemanja wurden wieder aufgenommen. Ebenfalls noch in Adrianopel erfuhr Barbarossa übrigens auch, daß König Wilhelm II. von Sizilien kinderlos gestorben war und damit das normannische Königreich als Erbe an Konstanze, die Gemahlin seines Sohnes Heinrichs VI., fiel.[49] Seine Reaktion darauf ist nicht überliefert.

Beutezüge bis in das 120 Kilometer südlich von Adrianopel gelegene Enez richteten weitere, für das byzantinische Reich lebenswichtige Landstriche zugrunde. Isaak II., der über keine dem Ritterheer gewachsene Gegenwehr verfügte, lenkte nun endgültig ein und schickte den Pansebastos Akolouthos und Jakob von Pisa mit weitreichenden Friedensangeboten zum zweiten Mal nach Adrianopel. Sie wiederholten die schon zu Weihnachten gemachten Zusagen und benannten nun namentlich hochstehende Geiseln; die Forderung, daß auch Barbarossa Geiseln stellen sollte, war vom Tisch. Der Kaiser allerdings vertraute ihrem bloßen Anerbieten nach wie vor nicht, sondern sandte seinerseits Berthold von Hochkönigsburg, der ihm schon in Italien als Legat gedient hatte, seinen Truchseß Markward von Annweiler und den Kämmerer Markward von Neuenburg, der schon der ersten Gesandtschaft angehört hatte, nach Konstantinopel, um die Bereitschaft der Griechen zu einer bindenden Zusage und damit die Zuverlässigkeit des Angebots auszuloten. Isaak erkannte seine Lage mittlerweile als so bedrohlich, daß er weitreichende Zugeständnisse machte, unter anderem auf jeden Ersatz für alle erlittenen Plünderungen und Zerstörungen verzichtete. Für die Überfahrt versprach er, siebzig Lastschiffe und 150 Schiffe, die auch zum Transport von Pferden geeignet waren, sowie fünfzehn Galeeren zur Verfügung zu stellen, die allesamt unter das Kommando Barbarossas gestellt werden sollten. Markt zu gerechtem Preis und Geldwechsel zu angemessenem Kurs wurden versprochen. Vertrauensbildende Funktion hatten die Zusagen, alle anderen Galeeren an den Küsten vor Anker zu lassen, um den Verdacht eines Überfalls auszuschließen, und vor der Überfahrt das byzantinische Landheer auf einem Abstand von vier Tagesmärschen zu den Kreuzfahrern zu halten. Sicherheit wurde durch die Stellung von achtzehn hochrangigen Geiseln gegeben – Angehörige der kaiserlichen Familie, Vornehme Konstantinopels und wichtige

Hofbeamte, unter ihnen die bisherigen Gesandten Johannes Dukas und Eumathios Philokales.

Auch auf Genugtuung für die mit der Gefangennahme seiner Gesandtschaft erlittene Beleidigung verzichtete Barbarossa nicht: Isaak mußte sich verpflichten, gemäß der Forderung des Kaisers den Schaden seiner Gesandten wiedergutzumachen. Zur *satisfactio* gehörte nicht zuletzt, daß die öffentliche Inszenierung des Friedensschlusses ein Abbild der Überlegenheit des Staufers lieferte. Aus genauer Berechnung hatte Barbarossa mit seinem Kämmerer Markward einen Teilnehmer seiner früheren, in Konstantinopel gedemütigten Gesandtschaft dorthin zurückgeschickt. Er gehörte nun zu jenen, denen 500 vornehme Bürger der Stadt in der Hagia Sophia schwören mußten, den Frieden einzuhalten. Auch der Patriarch Dositheos, der gegen die Kreuzfahrer gepredigt hatte, wurde eingebunden: er mußte beim Friedensschwur nicht nur anwesend sein, sondern den Friedensvertrag auch unterzeichnen. Sogar in ausdrücklicher Stellvertretung für den Basileus soll ein Eid geleistet worden sein, was den byzantinischen Gepflogenheiten ganz und gar nicht entsprochen hätte. Möglicherweise erfüllte Isaak damit eine Forderung Barbarossas, die er in der prekären politischen Situation nicht ablehnen konnte. Allerdings stimmt die Überlieferung dieser Nachricht doch skeptisch, denn sie findet sich in keiner der vielen erzählenden Quellen, sondern einzig und allein im letzten – übrigens nur in den Fragmenten einer zu Bucheinbänden zerschnittenen Klosterchronik überlieferten – Brief, den Barbarossa vom Kreuzzug aus an seinen Sohn Heinrich VI. schickte.[50] Ebensogut möglich ist daher, daß diese Nachricht nur eine ganz auf Wirkung beim Empfänger berechnete Behauptung war: nach den ausführlichen Klagen über die erlittene Beleidigung in den vorausgegangenen Briefen erschien eine eidliche Verpflichtung des byzantinischen Kaisers nicht nur als eindrucksvolle Genugtuung, sondern als einseitige Verpflichtung des Basileus auch geradezu als Triumph im leidigen Rangstreit mit Byzanz. Dazu paßt, daß der Brief die Gegenleistungen Barbarossas einfach verschweigt: den Gegeneid, den 500 deutsche Kreuzfahrer vor den wieder nach Adrianopel gekommenen byzantinischen Gesandten leisten mußten, und die Zusage Barbarossas, binnen 20 Tagen mit dem Heer von Adrianopel nach Gallipoli zu ziehen, ohne Städte und Dörfer zu brandschatzen und ohne Tiere und Kleidung über das unmittelbar Notwendige hinaus zu rauben. Allerdings war einer der Adressaten dieses Eides der Pansebastos, der auch als Geisel beim Kaiser verbleiben sollte, so daß selbst noch die Wechselseitigkeit der Eidleistung eine Schlagseite zugunsten Barbarossas hatte. Daß Isaak II. Angelos in seiner eigenen Hauptstadt dem Hierarchiegefälle zustimmen mußte, das die öffentlich-symbolischen Akte des Friedensschlusses zu seinen Ungunsten abbildeten, hinterließ unter den Kreuzfahrern tiefe Befriedigung. Man erinnerte sich, der Basileus habe bei Barbarossa demütig erbitten müssen, daß von ihm angenommen werde, was er selbst zuvor arroganterweise zur Bekräftigung des Friedens für sich verlangt hatte; und im Umkreis des Staufers deutete man die Demütigung des hochmütigen Isaak als ein Zeichen göttlichen Beistands.[51]

Die Frage nach den Gründen für Isaaks gründlich falsche Einschätzung seiner Aussichten in einer Konfrontation mit dem Kreuzfahrerheer hat schon die Zeitgenossen bewegt. Niketas Choniates schreibt namentlich dem Patriarchen Dositheos eine verhängnisvolle Rolle zu. Dieser soll noch als Mönch den Aufstieg Isaaks zum Kaisertum vorhergesagt und deshalb später bei ihm höchstes Ansehen genossen haben. Von Isaak zum Patriarchen erhoben, schürte er Haß gegen die Kreuzfahrer und Barbarossa, dem er unterstellte, gar nicht gegen Jerusalem ziehen, sondern Konstantinopel erobern zu wollen. Seine Prophezeiung, der Kaiser aus dem Westen werde durch das Xylokerkos-Tor einziehen, dann aber der Strafe Gottes zum Opfer fallen, soll Isaak dazu bewegt haben, dieses Stadttor zumauern zu lassen und sich im Pfeilschießen aus den Fenstern des Blachernenpalastes zu üben, wo er den Anmarsch der Kreuzfahrer erwartete.[52] Ist an der feindlichen Einstellung des Patriarchen auch aus anderen Gründen nicht zu zweifeln, so wurzelte Isaaks letztlich glückloses Taktieren in seiner Furcht vor einem Bündnis zwischen Barbarossa und den aufständischen Serben und Bulgaren und einer Schaukelpolitik zwischen Saladin und dem Kreuzfahrerheer, die auf eine Wiedererlangung wenigstens der Oberhoheit über die früher byzantinischen Gebiete in Syrien zielte und fehlende Eindeutigkeit nach sich zog.[53] Diese Zusammenhänge enthüllten sich für Barbarossa erst nach und nach und wohl nie tatsächlich vollständig. Das (Halb-)Wissen um Beziehungen zum Eroberer Jerusalems machte den oströmischen Kaiser für die Kreuzfahrer zu einem Feind Christi, dessen Demütigung nicht nur dem ‹Zweikaiserproblem› geschuldet war, sondern auch Barbarossas

Stellung als Anführer des Kreuzzugs und seiner Rolle als Verteidiger der Christenheit.

Die Anführer des Kreuzzugs wußten, daß es schwierig sein würde, das an monatelanges Rauben, Plündern und Morden gewohnte Heer wieder in die Disziplin zurückzuzwingen, die zur Aufrechterhaltung des den Griechen zugesagten Friedens unerläßlich war. Wie schon zuvor in Ungarn und bei Betreten des byzantinischen Herrschaftsgebiets, als Eigenmächtigkeiten politische Verwicklungen hätten heraufbeschwören können, wurde auch jetzt vor dem Aufbruch zu den Dardanellen die Führung des Heeres gestrafft. Mit Blick auf Anmarsch, Überfahrt und vor allem für den weiteren Marsch nach Jerusalem sollte das Heer so weit wie möglich einheitlichem Kommando unterworfen sein, um den aus widersprüchlichen Befehlen resultierenden Gefahren zu entgehen. Nach Beratung mit den Fürsten ließ sich der Kaiser von allen Rittern Treue und Gehorsam schwören; im Falle fehlender Eintracht unter den Führern der 50 Mann starken Abteilungen, den sogenannten Pentarchen, sollten sich alle widerspruchslos dem Befehl des Kaisers unterordnen. Um im Zweifel Zugriff zu haben, wurde angeordnet, für den Kaiser eine Liste mit den Namen und Herkunftsorten der den einzelnen Abteilungen zugeordneten Ritter anzufertigen.

Nach vierzehn Wochen Aufenthalt in Adrianopel brach das Heer auf: am 1. März der Herzog von Schwaben, tags darauf Barbarossa mit dem Hauptteil des Heeres. Für die Strecke von 190 Kilometern bis nach Gallipoli wurden auf Grund der schwierigen Witterungs- und Wegverhältnisse zwanzig Tage benötigt. Die Kälte forderte Todesopfer, die Pferde litten unter Futtermangel, schlimme Regenfälle machten den Weg durch die fast baumlosen Weideflächen schwer passierbar. Es war schier unmöglich, Karren und Wagen einzusetzen, so daß die Lasten auf Saumpferde umgeladen werden mußten. In der Osterwoche war das Ziel erreicht. Man traf in Gallipoli auf Gesandte aus dem kaisertreuen Pisa, die, im unklaren über den zwischenzeitlich geschlossenen Frieden, ihre Unterstützung mit Schiffen und Galeeren zur Eroberung Konstantinopels anboten. Aber noch die Überfahrt von Gallipoli aus, in weitem Abstand von der Hauptstadt Konstantinopel, war ein deutliches Zeichen des Mißtrauens. Noch am Gründonnerstag setzte Barbarossas Sohn mit der Vorhut über, am Karfreitag und Karsamstag folgten die Kontingente aus Schwaben und

Bayern, am Ostermontag der Kaiser, eskortiert von fünf Kriegsgaleeren – und immer noch mißtrauisch genug, um die Armbrustschützen für den Fall eines byzantinischen Hinterhalts ihre Waffen spannen zu lassen. Jedoch ließen die Griechen an Land und auf See nur die Fanfaren zu seiner Ehre erschallen. Sicher am asiatischen Ufer angekommen, entließ Barbarossa vereinbarungsgemäß dreizehn seiner Geiseln; vielleicht schickte er mit ihnen seinen Boten zurück, der den schon erwähnten Brief an Heinrich VI. überbringen sollte – den letzten der im Rhythmus von drei bis vier Monaten an seinen Sohn geschickten Berichte und das überhaupt letzte schriftliche Zeugnis Barbarossas vor seinem Tod.[54]

Beim Aufbruch von der Anlegestelle am 29. März wurden zwei- und vierspännige Wagen zurückgelassen und Saumtiere zum Gepäcktransport eingesetzt, denn die Route führte nun durch die gebirgigen Randgebiete an den Ausläufern der anatolischen Hochebene, die nur dünn besiedelt waren und seit der Niederlage gegen die Seldschuken bei Manzikert 1071 nur durch eine lockere Kette von byzantinischen Kastellen gegen Turkmenen und Seldschuken gesichert waren. Die Kreuzfahrer zogen an Sycheron vorbei, das Barbarossa 43 Jahre zuvor mit den Resten des Heeres Konrads III. und dem Ritterheer Ludwigs VII. von Frankreich schon einmal passiert hatte. Schwierigkeiten bereiteten in diesem Landstrich weniger die vereinzelten kleineren Überfälle als vielmehr die Unwegsamkeit des Geländes und die angespannte Versorgungslage. Am Marmara-See erreichte das Heer eine letzte Gesandtschaft Isaaks II., der Barbarossa ein Zelt und einen goldenen Becher überbringen ließ – Zeichen von Frieden und Freundschaft, vielleicht auch als Entschädigung für die versprochene persönliche Begegnung mit dem Staufer.[55] Sie kam auch nach dem Friedensschluß nicht zustande, weil die allgemeine Atmosphäre des Mißtrauens keine günstige Voraussetzung war, die heiklen Fragen des Zeremoniells im Konsens zu lösen, und das Kreuzfahrerheer aus der Sicht Isaaks fraglos eine konkrete Bedrohung seiner persönlichen Sicherheit darstellte. Am 18. April wurde Philadelphia erreicht, die wichtigste byzantinische Stadt im Inneren Kleinasiens. Das Heer lagerte vor den Mauern; über den Preis von Nahrungsmitteln kam es zu Beleidigungen der Kreuzfahrer und handgreiflichen Streitigkeiten, so daß die Ritter des Bischofs von Regensburg schon begannen, ein Stadttor zu belagern. Um einer Eskalation zuvorzukommen, begab sich der Kommandant Philadelphias zum Kaiser und wies in richtiger Einschätzung der Kräfteverhältnisse alle Schuld einigen unbedachten Einwohnern zu, legte mit anderen Großen seiner Stadt einen Reinigungseid vor Barbarossa ab und drängte durch diese rasche und demonstrative Anerkennung der kaiserlichen Würde Barbarossa dazu, bereits in Kampfhandlungen begriffenen Kreuzfahrern Einhalt zu gebieten. Die Lage war so zugespitzt, daß dem Staufer die Bedeutung Philadelphias als einzig verbliebene Bastion des Christentums an der Grenze zu den heidnischen Türken erklärt wurde – weshalb die Zerstörung der Stadt auch eine noch größere Sünde als die Verwüstung Philippopels oder Adrianopels wäre. Nach Abwendung des drohenden Konflikts entließ Barbarossa auch die letzten fünf Geiseln ehrenvoll und gnädig nach Konstantinopel.

KÄMPFE: BIS KONYA

Vor dem Kreuzfahrerheer lagen nun die griechischen Grenzmarken im Westen Kleinasiens, in denen die kleineren Städte zerstört waren und sich die Bevölkerung auf wenige befestigte Plätze zurückgezogen hatte. Das verödete und weitgehend menschenleere Land, in dem sich das Heer nur schwer versorgen konnte, stand den Reiterscharen der türkischen Nomadenstämme offen, die seit der byzantinischen Niederlage von Manzikert 1071 im weiten Grenzsaum vor dem eigentlichen Herrschaftsbereich der Rumseldschuken siedelten. Über ihre Lebensweise wußte der Mönch aus Salem zu berichten, daß sie nicht in Häusern, sondern in Zelten wohnten und mit ihren Viehherden von Weideplatz zu Weideplatz zögen, außerdem immer in Waffen und zum Kampf bereit seien.[56] Daß die Turkmenen freilich keiner wirksamen Kontrolle durch den Sultan von Konya unterworfen waren, wußten die Kreuzfahrer nicht. Schon am Tag nach dem Aufbruch von Philadelphia griff eine kleinere Abteilung die von Barbarossa geführte Nachhut an. Bald war die Gegend von Laodikeia erreicht, wo Ende 1147 eine Abteilung des Heeres Konrads III. aufgerieben worden war und sich Barbarossas Onkel Bischof Otto von Freising auf der Flucht durch die Berge seine Füße wundgelaufen, Hunger und Kälte erlitten, aber immerhin überlebt hatte. Barbarossa scheint sich daran erinnert zu haben.[57] In dieser südöstlichsten byzantinischen Grenzfestung, schon im türkisch beherrschten Gebiet gelegen, wurde dem Heer ein guter Markt geboten. Der Staufer soll um Gottes Segen für seine freundlichen Gastgeber gebetet und gesagt haben, es wäre kein Blut zwischen Deutschen und Byzantinern geflossen, wäre er überall so freundlich aufgenommen worden, und dafür hätte er gerne reichlich bezahlt.[58]

Nun mußte sich zeigen, ob Barbarossa zu Recht weitreichende Hoffnungen auf seine freundschaftlichen Beziehungen zu Kiliç Arslan setzte. Noch in Adrianopel hatte er eine Gesandtschaft des Seldschukensultans und seines Sohnes Kutbeddin empfangen, die zuvor in Konstantinopel lange Wochen gefangengesetzt worden war. Sie waren vor Barbarossa auf die Knie gefallen, hatten seine Hand geküßt und den Wunsch ihrer beiden Herren überbracht, den Weg des Heeres zu erfahren, um dessen Versorgung sicherstellen, ihm selbst in aller Pracht und Heiterkeit entgegenziehen und alle seiner Ehre geschuldeten Dienste erweisen zu können. Kutbeddin hatte mitteilen lassen, daß die alte und besondere Freundschaft seines Vaters zum Kaiser auf ihn selbst übergegangen sei und Barbarossa im Reich des Sultans wie in seinem eigenen sicher und friedlich reisen werde.[59] Auf diese Worte vertrauend hatte der Kaiser die Gesandten bei sich behalten und von Isaak II. im Zuge der Friedensverhandlungen sogar nachdrücklich verlangt, für die in Byzanz zurückbehaltenen, eigentlich aber für ihn bestimmten Geschenke des Sultans Ersatz zu leisten[60] – schließlich hatten die Seldschuken den Staufer auch als «den größten und erhabensten Kaiser der Römer» angeredet. Das Ausmaß der Unterwürfigkeit, das die türkischen Gesandten zeigten, erschien den Zeitgenossen besonders auffallend, und es klingt sogar der Vorwurf an, Barbarossa habe sich von ihren Schmeicheleien verführen lassen und allzu große Leichtgläubigkeit bewiesen.[61] Weil es sich dabei aber um ein Urteil ex eventu handelt, braucht man dieser Einschätzung nicht zu glauben; sie ist jedoch in anderer Hinsicht interessant, denn sie deutet hinsichtlich der Ergebenheitsgesten auf einen kulturräumlichen Unterschied zwischen lateinisch-europäischem Westen und den islamisch geprägten Herrschaftsbereichen hinsichtlich der einem Herrscher bezeugten Ehrerweisungen.

In Laodikeia trafen erneut seldschukische Gesandte mit Freundschaftsbeteuerungen ein. Barbarossa hatte keinen Grund, ihren Zusagen zu mißtrauen. Das Heer passierte zwei Tage später die unwirtliche Gegend des Salzsees Acigöl. Man stieß auf eine riesige Herde von Schafen, Ziegen, Rindern, Pferden, Kamelen und Eseln, die von türkischen Hirten aus Furcht vor dem Heer verlassen worden war. Der Kaiser untersagte jeden Raub, um nicht den Anschein zu erwekken, das Bündnis zu brechen – eine Entscheidung, die ihm angesichts bald ausbrechender Versorgungsschwierigkeiten zum Vorwurf gemacht wurde. Der Unmut wuchs während der folgenden Tage, in dem die Angriffe der Turkmenen massiv zunahmen. Nun machten die Kreuzfahrer Bekanntschaft mit der fremdartigen Kampfweise der nur leicht gepanzerten Reiter, die aus der Bewegung heraus mit Pfeil und Bogen angriffen und sich schnell zurückzogen; reagierten einzelne Ritter oder kleinere Abteilungen auf diese Scheinfluchten und lösten sich aus dem marschierenden Verband zur vermeintlich leichten Verfolgung, so wurden sie meist das Opfer einer bereitgehaltenen Reiterreserve. Nicht nur Barbarossa kannte diese Taktik schon; gleichwohl war es für die Kreuzfahrer ein schwieriger Lernprozeß, trotz der provozierenden Angriffe das marschierende Heer möglichst geschlossen zu halten. Wer einen Kettenpanzer hatte, legte ihn während des Marsches an und zog ihn tagelang nicht mehr aus – auch das kannte Barbarossa bereits vom Kreuzzug seines Onkels. Entsprechend groß war die Gefahr für die ungepanzerten Knappen, Futtersuche wurde zu einem lebensgefährlichen Unternehmen, und besonders die vom Kaiser geführte Nachhut war gefährdet, weil sie ständigen Angriffen ausgesetzt war und durch die Wendung zum Gegenangriff die Fühlung zum vorausmarschierenden Teil verlorengehen konnte.

In den bergigen Gegenden konnten die Ritter ihre auf dem Kampf in gemeinsamer Formation beruhende Stärke nicht ausspielen. Um so wichtiger waren Armbrust- und Bogenschützen, von denen sich eine im Kampf mit Turkmenen schon erfahrene Gruppe bei Philadelphia dem Heer angeschlossen hatte. Die schon eingespielte Marschordnung wurde beibehalten. Herzog Friedrich stand an der Spitze, Lasttiere und der schwach bewaffnete Troß zogen in der Mitte, während Barbarossa mit der Nachhut den rückwärtigen Schutz des Heeres übernahm, das über Tage hinweg von Abwehrerfolgen und unerwarteter Beute immer wieder motiviert, von stetigen Angriffen und dem ungeachtet schwieriger Wegverhältnisse hohen Marschtempo aber auch zunehmend erschöpft wurde. Außerdem wuchs das Mißtrauen gegen die seldschukischen Gesandten und man glaubte ihren Erklärungen nicht mehr, daß die Angriffe von einem unbezwungenen und keiner Herrschaft unterworfenen Volk ausgingen, das sogar die Länder des Sultans durch Kriegs- und Raubzüge schädigte. Das dürfte zwar durchaus den Tatsachen entsprochen haben, war den mißtrauisch gewordenen Führern des Heeres aber nicht mehr zu vermitteln, die von den Gesandten Kılıç Arslans im Gebirge absichtlich in die Irre geführt zu werden fürchteten. Als sich das Heer den Engpässen von Myriokephalon näherte, wo Manuel II. Komnenos 1176 sein Heer gegen die Seldschuken verloren hatte, verließ man sich sogar auf die Ortskenntnisse eines vornehmen Türken, der kurz zuvor gefangengenommen worden war. Er soll, mit eiserner Kette um den Hals gelegt, das Heer durch steiles Gebirgsgelände geführt haben, nachdem ihm Barbarossa zuvor gedroht hatte, ihm werde ansonsten der Schädel gespalten.[62] Vom Kamm des Höhenzuges aus erblickten die Kreuzfahrer zum ersten Mal die weite anatolische Hochebene. Beim steilen und gefährlichen Abstieg mußte abgesessen werden, einige Pferde und Lasttiere stürzten samt wertvollem Gepäck und Proviant in den Abgrund. Die Nachhut unter Barbarossa wurde so heftig mit Steinwürfen und Pfeilschüssen angegriffen, daß ihm Herzog Friedrich mit einer Abteilung zu Hilfe eilte. Die Anstrengungen waren gewaltig. «Gedenkt alle jenes Tages, an dem sie dieses hohe und mühselige Gebirge durchquerten», notierte der Passauer Domdekan Tageno.[63] In der Ebene angelangt, wurden aus Rache für die Überfälle viele Türken mitsamt ihren Frauen und Kindern grausam niedergemetzelt – der Kaiser aber habe davon nichts gewußt, behauptete man nach seinem Tod.[64]

Das Vertrauen zu den Gesandten des Sultans war durch das bisherige Geschehen zerrüttet. Sie standen zwar unter ausdrücklichem Schutz des Kaisers, aber es scheint, daß er damit Unmut im Heer wachrief, der auch den Seldschuken gewiß nicht verborgen blieb.[65] Am 5. Mai verließen sie das Heer, angeblich, um den Emir von Philomelion (Akşehir) zum Abbruch der Angriffe zu bewegen. Weil Barbarossa den Ritter Gottfried von Wiesenbach mitschickte, müssen Hoffnungen auf erfolgreiche Verhandlungen bestanden haben. Gottfried kehrte nicht zurück, und die Gesandten ließen ausrichten, sie würden selbst festgehalten; aus ihrer Bitte um Übersendung der beim Kaiser zurückgelassenen Ausstattung erkannte man freilich den Abbruch des Kontakts – wobei anzunehmen ist, daß die Gesandten dabei auf Druck der

Söhne Kiliç Arslans handelten, die mit größeren Heeresaufgeboten nach Philomelion gezogen waren.[66] Barbarossa behielt nichts von ihrer Habe zurück,[67] um mit dieser demonstrativen Rücksicht auf den Gesandtenstatus auch eine vergleichbare Behandlung seines eigenen Legaten sicherzustellen – vergeblich, denn Gottfried kehrte noch immer nicht ins Lager zurück. Angesichts des vor der Stadt zusammengezogenen Reiterheeres erkannten die Kreuzfahrer, «daß die Freundschaft und das Gold des Sultans zu Schlacke geworden ist».[68] Ohne es zu wissen, waren sie mit den Folgen der Herrschaftsteilung konfrontiert, die der über siebzigjährige Kiliç Arslan vorgenommen hatte. Er teilte sein Reich unter elf Teilherrscher, während er sich selbst den Titel des Sultans sowie die Residenz in Konya und damit eine Art Oberhoheit vorbehielt, die ihm sein ältester Sohn Kutbeddin allerdings streitig machte. Anders als sein Vater, der den Kämpfen Saladins gegen die Kreuzfahrer eher indifferent gegenüberstand, war Kutbeddin, der möglicherweise mit einer Tochter des Ayyubiden verheiratet war,[69] den Kreuzfahrern feindlich gesinnt. Allerdings ist unklar, ob seine noch ganz gegenteiligen Versicherungen in Adrianopel einfach berechnende Lüge gewesen waren oder ob sich seine Haltung nicht erst unter dem Eindruck der Kämpfe gewandelt hatte, in die sich die Turkmenen, zu denen er ebenfalls enge Bindungen unterhielt, eingelassen hatten. Vor Philomelion, Zentrum eines Grenzfürstentums, traten den Kreuzfahrern neben den Turkmenen erstmals auch massierte Kräfte des seldschukischen Heeres entgegen. In den Kämpfen sollen die Kreuzfahrer, wie sie später durch einen Bericht der Feinde erfahren haben wollen, 4174 Seldschuken getötet haben – sowie weitere 600, «von denen aber nicht einmal die Leichen gefunden wurden». Demgegenüber soll kein einziger Ritter gefallen sein. Lediglich der Minnesänger Friedrich von Hausen, der der staufischen Reichsministerialität zugehörte und mehrfach während der Italienzüge in Barbarossas Umgebung nachweisbar ist, stürzte bei einem Verfolgungsritt vom Pferd und starb.

Während der folgenden Zeit war das Heer während seines Marsches auf das 135 Kilometer entfernte Konya unablässig Angriffen ausgesetzt. An einem der nächsten Tage war die Posaune des Sultans zu hören und seine Fahne zu sehen, wie der gefangene Seldschuke, der durch das Gebirge geführt hatte, den Kreuzfahrern zu erklären wußte.[70] Von den türkischen Reiterscharen immer wieder in kleinere Scharmützel verwickelt, ging der Vormarsch nur langsam voran. Die

Kreuzfahrer litten unter erheblichem Mangel an Lebensmitteln, Tierfutter und Wasser. Das Pfingstfest fiel auf den 13. Mai; in öder Steppengegend wurde das Lager aufgeschlagen, und man erfuhr, daß Kutbeddin mit einer bedeutenden Streitmacht heranrückte. Manche der Fürsten und Ritter mochten an die Pracht des Hoffests gedacht haben, das sechs Jahre zuvor an Pfingsten in Mainz stattgefunden hatte. Der Kontrast zwischen ihrer gewohnten Art, dieses Fest zu feiern, und dem erbärmlichen Zustand, in dem sie sich nun vor dem Kaiser versammelten, um Bischof Gottfried von Würzburg predigen zu hören, war denkbar drastisch. Wer sonst üppig und glänzend lebte und gewohnt war, sich vor dem Feiertag im Bad zu waschen und in weiche Gewänder zu hüllen, war nun vom Hunger entstellt und starrte vor Schmutz und Rost. Gottfried erinnerte an die Überzeugung, um derentwillen sie aufgebrochen waren, stellte ihnen als Trost für den Tod das ewige Leben in Aussicht und flehte zum heiligen Georg um Schlachtenhilfe. Auch der Kaiser ermutigte alle zum Kampf, bevor sie «auf deutsche Art» einen Kriegsgesang anstimmten und in ihre Zelte zurückkehrten, um ein ärmliches Mahl zu sich zu nehmen.[71]

In der bedrängten Situation vor der am nächsten Tag bevorstehenden Schlacht war das Bedürfnis nach einem Zeichen Gottes besonders groß: Graf Ludwig von Helfenstein sah zum wiederholten Mal den heiligen Georg, wie er am Himmel in weißem Mantel auf einem Schimmel dem Heer vorausritt; er bekannte seine Vision öffentlich unter Eid vor dem Kaiser, und bot an, sich zur Bekräftigung einem Gottesurteil zu unterwerfen und glühendes Eisen zu tragen.[72] Es wiederholte sich das beispielsweise aus der Belagerung von Antiochia aus dem Ersten Kreuzzug und auch sonst häufiger in den Quellen belegte Phänomen, daß in Situationen besonderer Bedrängnis Heiligenerscheinungen die Kampfmoral entscheidend hoben – in manchen Fällen ist freilich gewiß, daß es sich dabei um frommen Betrug handelte. Ludwig war auffälligerweise ein Bruder des wortgewaltigen Bischofs Gottfried von Würzburg, dessen Predigten immer wieder Zuversicht vermittelt haben sollen.[73] Vielleicht zogen manche, von Ludwigs Vision bestärkt, zuversichtlicher in den Kampf. Das Heer wurde in einer Art dreieckiger Keilformation aufgestellt, deren Spitze die Abteilungen unter den Bischöfen von Münster und Würzburg bildeten, deren rechte Seite Friedrich von Schwaben und deren linke Seite der Kaiser befehligte, während Unbewaffnete von Bogen- und Armbrustschützen verteidigt in die Mitte genommen waren. Kutbeddin erkannte offenbar die Feldzeichen des Kaisers und wandte sich gegen ihn, der anzuhalten befahl und die Ritter seines Sohnes zur Hilfe herbeiholen ließ. Aber das Gelände erlaubte den Rittern offenbar, in ihrer gefürchteten geschlossenen Formation zu kämpfen, der die nur leicht gepanzerte türkische Reiterei nichts entgegenzusetzen hatte. Im Kampf wurde sogar Kutbeddin selbst vom Pferd geworfen und mußte sich, wie ein übergelaufener Armenier den Kreuzfahrern berichtet haben soll, von einem Gefolgsmann später den Vorwurf anhören, dem Heer nicht ausgewichen zu sein, dessen Ritter «mit ihren Lanzen, die sie in den Händen hielten, mit äußerster Härte durch unsere Reihen hindurchbrachen».[74] Über Barbarossas Beteiligung an diesen Kämpfen liest man, das von ihm befehligte Kontingent habe 100 Angreifer getötet und er selbst habe durch den eigensinnigerweise unternommenen Sturm auf einen Berg zwei Söhne Kiliç Arslans vertrieben, die dort mit großem Gefolge und der Posaune des Sultans Stellung bezogen hatten.

Am Abend lagerte man an einem Platz ohne Wasser und Gras zur Nacht. Die Versorgungsschwierigkeiten hatten sich schon zuvor dramatisch zugespitzt, denn im Vertrauen auf die Zusagen des Sultans war wenig Vorsorge getroffen worden; nun aber, während das Heer ständig von den türkischen Reiterscharen umschwärmt wurde, war selbst Futterholen so gut wie unmöglich geworden. Auch hatten sich die entvölkerten Gegenden von der Verheerung der alten griechischen Siedlungen noch keineswegs erholt und waren auch seitdem nicht wieder kultiviert worden. Das Fleisch von Pferden und Maultieren galt als Delikatesse; später erinnerte man sich, daß von Hunger und Krankheit geschwächte Pilger nach einem letzten gemeinsamen Gebet im sicheren Wissen um ihren Tod zurückgeblieben seien, und glaubte auch, daß sie sich in Form eines Kreuzes auf der Erde ausgestreckt hätten und von den heranstürmenden Türken geköpft worden seien. Barbarossa wußte aus den Erzählungen Heinrichs des Löwen, daß in der trockenen Steppe der inneren anatolischen Hochebene nicht nur Proviant und Pferdefutter, sondern auch Trinkwasser mitgeführt werden mußte.[75] Vor dem erwähnten Kampf gegen Kutbeddin aßen die Ärmeren gekochte Pferde- und Ochsenhäute, die Reicheren Pferdefleisch in rationierten Portionen. Unter brennender Sonne ging der Vormarsch schleppend voran. «Viele Tiere krepierten unter unvorstellbaren Qualen und auch die Menschen litten ungeheuren Durst. Am folgenden Morgen gingen wir wie Halbtote in erbärmlichem Zustand weiter, manche tranken ihren eigenen Urin, manche Pferdeblut, einige kauten Pferdemist wegen der Feuchtigkeit und viele aßen Graswurzeln, bis wir in sumpfigem Gelände Wasser fanden.«[76] Weil kein Holz zu finden war, verbrannte man Sättel, Zeltbahnen und Kleidung, um das Fleisch toter Lasttiere braten zu können. Die Zelte wurden in der Nacht zur Sicherheit aneinander gebunden.[77]

Konya war am 16. Mai nur noch gute zehn Kilometer entfernt. Um das erschöpfte, aber immer noch gefährliche Kreuzfahrerheer von der seldschukischen Residenzstadt abzuwenden, ließ Kutbeddin Barbarossa anbieten, ihm friedlichen Durchmarsch zu gewähren und auch innerhalb von drei Tagen einen Markt bereitstellen zu lassen, wenn er dafür eine große Menge Gold und das Land der Armenier erhalte. Kutbeddin versuchte, das Versorgungsproblem zu einem Druckmittel zu machen, um sich der militärischen Schlagkraft der Kreuzfahrer für eigene politische Ziele zu bedienen – ohne daß klar ist, ob er dieses Ziel von Anfang an verfolgt hatte. Die Zeitgenossen wußten, daß Barbarossa diese Forderung mit einem Argument abgelehnt haben muß, das schon häufiger zur Begründung seines Handelns gedient hatte: er wollte nicht durch Geldzahlung als vom Willen anderer abhängig erscheinen und soll deshalb geantwortet haben, es entspreche weder den Gewohnheiten seines Reichs noch jenen des Christenheeres, sich den Weg durch Gold oder Silber zu erkaufen; mit der Hilfe Christi, dessen Ritter sie seien, würden sie sich den Weg mit Eisen erkämpfen[78] – in vergleichbaren Situationen während des Romzugs zur Kaiserkrönung oder während der Blockade in den Veroneser Klausen soll er ganz ähnlich reagiert haben. Weil das Heer dezimiert, erschöpft und hungrig war und außerdem über nur noch 500 oder 1000 Ritter zu Pferde verfügt haben soll, schien ein Kampf gegen Konya, das ein dem ungarischen König nahestehender Kreuzfahrer für so groß wie Köln hielt,[79] vielen als von vornherein aussichtslos. Entsprechend kontrovers waren die Meinungen im Kriegsrat, der um den Kaiser versammelt war. Die einen rieten, weil eine Stadt mit so vielen Einwohnern von so wenigen nicht besiegt werden könne, Konya zu umgehen und so schnell wie möglich durch das feindliche Land ins christliche Armenien zu ziehen; die anderen gaben zu bedenken, daß das ohnehin schon vom Hunger geschwächte Heer unter diesen Bedingungen unmöglich weiter voranziehen könne, zumal Armenien noch weit entfernt sei und bis dorthin die Krieger wie schon unzählige ihrer Pferde an Hunger und Elend zugrunde gehen würden. Die Entscheidung war eindeutig: «Es kommt uns eher zu, tapfer kämpfend ehrenvoller im Kampf zu sterben, als ängstlich ermattet einen so feigen Tod zu sterben.»[80] Als Barbarossa 1147 im Kriegsrat vor Konrad III. gesessen war, hatten alle das Zurückweichen vor den Feinden noch als ehrenhaft beurteilt, weil es ihnen die Möglichkeit zu künftigen Erfolgen eröffnete. Diese Alternative gab es 1190 nicht mehr. Der Zugriff auf die Lebensmittelvorräte in Konya «war zur Sache von Leben und Tod geworden».[81] Als die Entscheidung mit Zustimmung aller gefallen war, legte Barbarossa das öffentliche Gelübde ab, für den Fall ihres Sieges eine Basilika zu Ehren des heiligen Georg zu stiften.[82] Der Angriff auf Konya war beschlossene Sache.

Am Morgen des 17. Mai las Bischof Gottfried von Würzburg die Messe und ermutigte die Kreuzfahrer in seiner Predigt; die Krieger empfingen das Sakrament der Kommunion. Der Vormarsch ging langsam vonstatten, das Heer wurde von türkischen Abteilungen in der Form einer Mondsichel umzingelt, erreichte aber ohne Kämpfe die Gärten des westlich der Stadt gelegenen Tierparks des Sultans, wo man Wasser und Futter fand. Fast bis Mitternacht hielt Barbarossa mit seinen Großen Kriegsrat, um das Vorgehen für den folgenden Tag festzulegen.[83] Das Heer wurde in zwei Haufen geteilt: der eine unter Friedrich von Schwaben und Graf Florenz von Holland sollte den Sturm auf die Stadt wagen, der andere unter dem Kaiser den Kampf mit der türkischen Reiterei aufnehmen. Die Unbewaffneten und der Troß konnten nur schutzlos den Zufällen des Kampfgeschehens überlassen bleiben. An den Herzog von Schwaben gewandt soll Barbarossa gesagt haben: «Sohn, beiden von uns fällt eine schwere Aufgabe zu, dir die Eroberung der Stadt, mir nach außen so viele Feinde aufzuhalten. Was immer an Gutem oder Unheilvollem uns beiden auch zustößt, ich werde dir keinen Schutz bringen und von dir keine Hilfe erwarten.» Die Anweisungen, die für den Kampf beachtet werden sollten, legt der Mönch von Salem ebenfalls dem Kaiser in den Mund: niemand solle sich ans Plündern getöteter Feinde machen, bevor deren Heer nicht vollständig besiegt sei – um nicht der Gefahr durch rückkehrende Reiterei ausgesetzt zu sein; niemand solle seinem vom Pferd gestürzten Freund aufhelfen, sondern ihn lieber mit den Hufen zerstampfen und tapfer weiter gegen den Feind ziehen; wer noch über Proviant verfüge, solle ihn mit jenen teilen, die Hunger leiden: «Morgen nämlich werden wir alle reich belohnt, was uns auch passieren möge, denn wenn wir über den Feind triumphieren, sättigen uns seine Vorräte und sein Besitz, wenn wir aber für Christus sterben, werden wir mit ihm den Überfluß der himmlischen Güter genießen.»[84] In der Nacht ging ein starkes Gewitter nieder, und der heftige Regen zwang die Kreuzfahrer, von ihren Lagern aufzustehen. Bei Sonnenaufgang formierte sich das Heer.

Nun erschien zur Überraschung aller ein Gesandter des Sultans und seines Sohnes und bot Friedensverhandlungen an. Barbarossa machte sie von der Freilassung Gottfrieds von Wiesenbach und dem Erscheinen weitreichend bevollmächtigter Unterhändler abhängig, scheint aber rasch geargwöhnt zu haben, daß es sich um einen Versuch handelte, Zeit zu gewinnen, die indessen knapp war, weil die Sonne schon stieg und die Hitze den Kampf zusätzlich erschweren würde. Rasches Handeln war geboten, aber durch den Schleier der Überlieferung zeichnet sich ab, daß ein tatsächlich ernstgemeintes Friedensangebot des Sultans in der Dynamik des einsetzenden Kampfgeschehens unterging.[85] Denn als Friedrich von Schwaben schon gegen das Stadttor rückte, trat dort der freigelassene Gottfried von Wiesenbach heraus, und auch der alte Sultan erschien an der Spitze einer Heeresabteilung – «ob im Guten oder im Bösen, ist ungewiß» –, machte aber beim Anblick der Schlachtreihe kehrt und flüchtete in die über der Stadt gelegene Zitadelle.[86] Die Krieger des Herzogs waren bald so eng in Kämpfe mit offenbar vor die Stadt getretenen Seldschuken verkeilt, daß sie ihnen durch das geöffnete Tor, durch das sie zurückfluteten, folgen konnten. Auf diese Weise gelang es, in die Stadt einzubrechen, und wie im Falle einer Eroberung im Sturm üblich, setzte ein Gemetzel ein, dem nur jene entgingen, die mit Vorräten, Vieh und Schätzen in der Zitadelle Zuflucht gefunden hatten. Von all dem wußte man im Heer des Kaisers, das draußen in den Gärten einer gewaltigen Übermacht gegenüberstand, noch nichts. Die Bischöfe sollen die Stola über ihre Rüstungen gelegt haben, so daß sie der Schlachtentod gewissermaßen in Ausübung ihres Priesteramtes ereilen würde. Inmitten der verbliebenen Ritter saß Barbarossa zu Pferde. Die Situation der bevorstehenden Entscheidung war für den berichtenden Augenzeugen so bedrückend, daß er später notierte,[87] auch der Staufer, der doch in der Toskana, der Lombardei, Apulien und Burgund große Siege errungen und unzählige Menschen durch Waffengewalt niedergemetzelt gesehen hatte, habe Tränen vergossen und gesagt: «Wenn das Heer der Christen, das aus Liebe zur himmlischen Heimat heute hier mit Mühen kämpft, in ganzer Unversehrtheit in Antiochia wäre, wollte ich eine Buße hinnehmen, die der kaiserlichen Person auferlegt zu werden sich nicht geziemt, also eine Erniedrigung des kaiserlichen Hauptes (*capitis minorationem*) hinnehmen.» Was war gemeint? Etwa die Enthauptung im Kampf?[88] Jedenfalls traute der Prämonstratenser im böhmischen Mühlhausen, der diesen Text abschrieb, dem Kaiser statt der Vorstellung einer *capitis minoratio* eher jene der *honoris minoratio* zu, also der Minderung seiner Ehre als tiefste vorstellbare Erniedrigung von dessen Person.[89] Daß Barbarossa dann als erster sein Streitroß herumgeworfen, sich «wie ein Löwe» auf die Feinde gestürzt und sie ohne jede Gegenwehr in die Flucht geschlagen haben soll, ist fraglos eine Verkürzung viel komplexerer Ereignisse, aber mangels genauerer Überlieferung nicht mehr auflösbar. Einzig das Detail, daß die Ritter noch Kämpfer hatten aufsitzen lassen, um von der Kruppe ihres Pferdes aus auf Mauern zu springen, die das Gartengelände durchzogen und auch von Verteidigern besetzt waren, wird berichtet – eine Taktik, die Barbarossa noch von den Kämpfen in den Gärten vor Damaskus 1148 vertraut war; und ein zum byzantinischen Kaiser geflohener Seldschuke soll später erzählt haben, er habe 200 Silbermünzen bezahlen müssen, um die Leichen der Erschlagenen aus seinem Garten fortschaffen zu lassen.[90] Nach dem eigenen Sieg von den Rittern seines Sohnes prächtig empfangen, zog Barbarossa in das eroberte Konya ein. Die Beute war immens – sie soll an Gold und Silber, Edelsteinen und Stoffen einen Wert von 100 000 Mark gehabt haben, und den in Kutbeddins Palast gefundenen Schatz hielt man für die Morgengabe von Saladins Tochter – von deren Heirat mit dem Seldschuken allerdings nichts bekannt ist. «Am nächsten Tag priesen wir den Namen des Herrn, weil er uns den Sieg geschenkt hat über unsere Feinde, und sangen die Messe ‹Die Liebe Gottes ist ausgegossen›. Die Liturgie paßte genau zu unserer Freude und unseren Gelübden.»[91]

Am selben Tag empfing Barbarossa Gesandte des Sultans und seines Sohnes. Kiliç Arslan scheint unter Hinweis auf ihre alte, für ihn noch immer gültige Verbundenheit an die Barmherzigkeit des Kaisers appelliert zu haben, zumal er, ein bejahrter, schwacher und friedliebender Mann von den Seinen nur durch schlechte Ratschläge und Gewalt zum Bündnisbruch gezwungen worden sei. Jede gewünschte Ehre sollte dem Kaiser für die erlittene Mißachtung erwiesen, auf jede Weise sein Zorn besänftigt werden. Über das Angebot beriet Barbarossa mit den Großen; in klarer Einschätzung ihres auf Dauer kaum zu verteidigenden Vorteils verzichteten sie auf jede Demütigung des Feindes und hielten an den ursprünglichen Forderungen fest: Markt und friedlichen Durchmarsch. Allerdings verlangte Barbarossa wie schon in Byzanz nun auch die Stellung vornehmer Geiseln. Bereitwillig wurde alles zugesagt, der Kaiser wurde vom Sultan, sein Sohn von Kutbeddin mit reichen Geschenken bedacht. Die Kreuzfahrer, die wenige Tage später wegen des unerträglich gewordenen Leichengestanks die Stadt verließen, lagerten in den Gärten vor den Mauern, viele auf den flachen Dächern der Häuser, um sich an der nächtlichen Kühle zu erfrischen. Der Sultan ließ einen Markt bieten, auf dem Brot und Fleisch, Butter und Käse verkauft wurde; 6000 Pferde und Maultiere soll das Heer erworben haben. Um die üblichen Streitereien über Wechselkurse und Preise zu schlichten, wurde sogar eine von Muslimen und Christen paritätisch besetzte Schiedskommission tätig.[92]

ABSTIEG ANS UFER DES SALEPH

Nach einer Ruhewoche brach das Heer am 26. Mai auf und machte sich in Begleitung der türkischen Geiseln auf den langen und schwierigen Weg über das Taurusgebirge zur Küste. Nach vier Tagen war die seldschukische Grenzstadt Laranda (Karaman) erreicht; die Türken hatten sich an den vereinbarten Frieden gehalten. Zwei Tage später war armenisches Gebiet erreicht, wo man auf den Feldern erstmals wieder das Kreuzeszeichen aufgestellt sah, «was unsere Herzen mit großer Freude und Rührung erfüllte». Die seldschukischen Geiseln forderten vergeblich ihre zugesagte Freilassung, blieben auf die einzelnen, von den Fürsten geführten Kontingente verteilt und wurden unter noch strengere Bewachung gestellt; erst später konnten sie sich freikaufen.[93] Das christliche Armenien im Taurusgebirge, im Osten dem Kreuzfahrerfürstentum Antiochia, im Norden dem Reich der Rumseldschuken und im Westen dem byzantinischen Reich benachbart, stand damals seit zwei Jahren unter der Herrschaft des Rupeniden Leon II., des «Herrn der Berge».

Wegen des machtpolitischen und konfessionellen Gegensatzes zu Byzanz, aber auch wegen der seit Saladins Eroberung von Jerusalem und Nordsyrien gestiegenen Bedrohung hatte er schon vor Barbarossas Aufbruch zum Kreuzzug den Kontakt mit dem staufischen Hof aufgenommen, nicht nur, um den Kreuzfahrern Unterstützung anzubieten, zu der er auch von Papst Clemens III. aufgefordert worden war, sondern vor allem, um im Gegenzug vom Kaiser in den Rang eines Königs erhoben zu werden. Eine Königserhebung stand nach mittelalterlichen Vorstellungen nur einem Kaiser zu. Der benachbarte Kaiser von Byzanz kam dafür auf Grund der traditionellen Gegensätze mit Armenien aber nicht in Frage – sehr wohl aber der weit entfernte Kaiser im Westen, von dem auch keine direkten Interventionen zu befürchten waren. Über diesen Plan – den dann allerdings erst Heinrich VI. während der Vorbereitung eines neuen Kreuzzugs verwirklichen sollte – muß schon früh Einverständnis erzielt worden sein, denn zu jener Zeit, als Barbarossa auf dem Marsch an die Küste war, hatte sich Leon II. zusammen mit dem armenischen Patriarchen, dem Katholikos Gregor IV., und Nerses von Lampron, dem armenischen Erzbischof von Tarsus, seinerseits bereits auf den Weg gemacht, um dem Staufer persönlich zu begegnen. Der Rupenide hatte einen mit Goldbulle versehenen Brief Barbarossas in Besitz, in dem dieser einst versprochen hatte, einen König der Armenier einzusetzen. Offenbar aus genau diesem Grunde führte Bischof Hermann von Münster auch den lateinischen Ordo für eine Königskrönung mit sich, den Nerses von Lampron später ins Armenische übersetzte, um so die Krönung Leons II. nach einem von der lateinischen Kirche im Westen autorisierten Zeremoniell gestalten zu können. Als vorausgeschickte Gesandte Leons II. den Kaiser am 7. Juni an einer Brücke über den Saleph (Göksu) erreichten, stellten sie ihm anheim, «über das Volk und das Land in jeder Weise zu verfügen und zu befehlen» – was offenkundig nichts anderes war als ein Angebot des Rupeniden, seine eigene Herrschaft aus der Hand des Kaisers als

Lehen entgegennehmen, also sein Lehnsmann werden zu wollen. Sein Reich wäre damit in die Sphäre des westlichen Imperiums einbezogen worden, und Barbarossa hätte, nach Vladislav von Böhmen, nochmals das kaiserliche Vorrecht einer Erhebung zum Königtum ausgeübt.[94] Ortskundige Armenier führten nun das Heer. Die Route zum nahe der Küste gelegenen Seleukeia (Silifke) verlief über einen felsigen Terrassenzug am nördlichen Ufer des Saleph, wo enge Wege, steile Felsen und glühende Sommerhitze das Weiterkommen zu einer Strapaze machten. Die Marschordnung löste sich auf, viele gingen den Fürsten und ihren Feldzeichen weit voraus. Von vornehmen Rittern und Bischöfen, die der erlittenen Entbehrungen wegen zu schwach für diese Anstrengungen waren, liest man, sie seien auf Pferdetragen hinterhergeschleift worden; der Schweiß der Knappen und Schildträger ist indessen nur der Rede wert, weil sie ihre geschwächten Herren getragen haben sollen.[95]

In diesen Tagen sah jener anonym gebliebene deutsche Kreuzfahrer, der als einziger das äußere Erscheinungsbild des alten Kaisers überliefert, Barbarossa zum letzten Mal: «Dieser berühmte Mann war von etwas mehr als mittelgroßer Statur, hatte rötlichblondes Haupthaar und einen roten Bart, beides schon altersgrau meliert, markante Augenbrauen, brennende Augen, kurze und breite Wangen, breite Brust und Schultern; auch seine übrige Erscheinung war recht männlich. Er hatte, was man auch über Sokrates lesen kann, eine bemerkenswerte und erstaunliche Eigenschaft: sein Gesicht zeigte sein standhaftes Gemüt, immer gleichbleibend und unveränderlich, weder von Trauer verdüstert noch vom Zorn verzerrt noch von der Freude gelöst.»[96] Weniger stark idealisierend als die schon erwähnten Schilderungen Rahewins und Acerbus Morenas ist freilich auch diese Charakteristik nicht frei von typisierenden Zügen. Das Gebot, in allen Dingen maßzuhalten und die Affekte zu beherrschen, war verbreitetes Allgemeingut in allen ritterlichen Tugendlehren der Zeit, so daß die Scheidung zwischen Ideal und Person nicht einfach ist – vielleicht aber auch nicht nötig, denn daß der namenlose Kreuzfahrer Züge des propagierten höfischen Ideals in der Haltung des Kaisers erkannte, ist weder überraschend noch unglaubwürdig.

Barbarossa hielt sich mit seinem engeren Gefolge, darunter wohl Bischof Gottfried von Würzburg, auf der Felsenstrecke über dem Fluß.

Am Morgen des 10. Juni kletterte diese kleine Gruppe auf den Rat der ortskundigen Armenier, die sie begleiteten, ans Ufer hinab. Der Pfad war so steil, daß Fürsten und Bischöfe von den Pferden absteigen «und wie Vierbeiner auf Händen und Füßen kriechen» mußten. All das geschah in der Nähe des heutigen Dorfes Tekeler, von wo es nur noch acht Kilometer bequemer Ritt nach Seleukeia (Silifke) gewesen wären. Daß ein deutscher Kaiser bei Tekeler ums Leben gekommen sei, glaubte man dort angeblich noch, als Ekkehard Eickhoff, Botschafter der Bundesrepublik Deutschland in der Türkei, sozusagen in privater Erweiterung seiner Amtsaufgaben die Marschroute des Kreuzzugs Friedrich Barbarossas akribisch rekonstruierte. Der Berg hinter dem Dorf sei seit alters «deutscher Berg» (Alman Dağ) genannt worden.[97] Seit 1971 erinnert eine Gedenktafel oberhalb des Flußlaufes an der Straße Nr. 35 von Karaman nach Silifke an den Tod des Stauferkaisers.

Was am Ufer des Saleph am Morgen jenes 10. Juni geschah, wissen allein die Augenzeugen. Wer das war, ist unbekannt, und inwieweit sich ihre Berichte in den Texten niedergeschlagen haben, die zum Teil erst Jahre später entstanden und die uns heute allein vorliegen, ist kaum zuverlässig einzuschätzen. Ob der Kaiser den Fluß selbst schwimmend oder zu Pferde durchquerte, ob er damit eine Abkürzung nehmen oder aber sich nur durch ein Bad erfrischen wollte, ob er dabei allein oder in Begleitung von Rittern war oder ob man ihn zurückzuhalten versucht hatte, ob er in der Strömung aus Erschöpfung und Schwäche starb oder gegen einen Felsen oder einen Baum geworfen wurde, ob er überhaupt im Fluß selbst starb oder erst am Ufer, noch am selben Tag, erst nach drei oder sogar erst nach acht Tagen, zuvor vielleicht auch noch von einem Arzt behandelt wurde – all das wußten schon die zeitgenössischen Geschichtsschreiber nicht mehr mit Sicherheit zu sagen. Jeder von ihnen erzählte eine Geschichte, die er für wahrscheinlich oder vielmehr für wahr hielt. Glaubt man den Nachrichten, die ein Vertrauter Barbarossas später zu Pergament brachte, dann versuchte der Kaiser – man erinnert sich: damals ein Mann von fast siebzig Jahren – «von allen Gefahren unbeeindruckt, über den reißenden Saleph hinüberzuschwimmen, um dadurch die maßlose Hitze zu mildern und die Gebirgshöhen zu umgehen. Obwohl alle ihn zurückzuhalten versuchten, stieg er ins Wasser, ging in der Strömung unter – er, der oftmals höchster Gefahr entkommen war! – und starb auf elende Weise. Als ihm dann die anderen vornehmen Herren, wenn auch etwas spät, zu Hilfe eilten, konnten sie ihn nur noch herausziehen und ans Ufer schleppen.»[98] Über die Ursache seines Todes, so notierte ein Chronist im thüringischen Reinhardsbrunn wiederum einige Jahre später, seien im Volke völlig wirre und widersprüchliche Meinungen verbreitet.[99]

Ein anderer Zeitgenosse benannte sehr präzise den Grund für die vielen unterschiedlichen Geschichten: «weniger der Tod selbst als vielmehr die Art und Weise des Todes beunruhigt.»[100] Die mittelalterlichen Menschen hatten eine genaue Vorstellung davon, wie ein guter Tod auszusehen hatte. Dazu gehörte vor allem die Möglichkeit, sich auf das eigene Ableben vorbereiten, also die Beichte ablegen, die Sterbesakramente empfangen und letzte Verfügungen treffen zu können. Gewohnt, in allem irdischen Geschehen stets ein Zeichen von Gottes Willen zu erblicken, sahen die Menschen auch im Sterben selbst einen Lohn oder eine Strafe Gottes: gute Menschen fanden Gelegenheit, sich auf den Tod vorzubereiten, schlechte dagegen überraschte der plötzliche Tod (*mors repentina*). Deshalb lagen deutende Erklärungen sehr nahe, die einen Zusammenhang zwischen Barbarossas Tod und seinem Leben als Herrscher herstellten.[101] Zahllos sind die Nachrichten über Trauer und Verzweiflung der Kreuzfahrer; am berühmtesten sind sicher die Worte, die der Mönch aus Siegburg gefunden hat: «Aber Gott, dessen Gewalt niemand widerstehen kann und unter den alle gebeugt werden, die den Erdkreis tragen, handelte, wie es ihm gefiel: zwar gerecht nach seines Ratschlusses unabänderlichem, unbeugsamen Willen, aber hinsichtlich des Zustands der heiligen Kirche und der langwährenden Verwüstung des verheißenen Landes nicht barmherzig, wenn so gesagt werden darf. An dieser Stelle und in diesem traurigen Bericht versagt uns die Feder, und die Rede verstummt, unfähig, die Angst und Trauer des Pilgerheeres in dieser höchsten Not zu schildern. Dies zu fühlen, nicht zu lesen, überlassen wir dem Urteil eines jeden, damit er ermessen möge, wie groß die Klage, die Trauer und die Verzweiflung der bestürzten, im fremden Land verlassenen und ihres Hauptes beraubten Menge war – oder gewesen sein kann.»[102] Noch in diesem Appell, sich selbst ein Urteil zu bilden, steckt die zwar unausgesprochene, aber für die Zeitgenossen ohne weiteres erkennbare Ungeheuerlichkeit – daß Gott den Kaiser mit diesem Tod bestraft haben könnte. Wegen dieser Deutungsmöglichkeit war jede Variation der Todesgeschichte immer auch

Argument und Stellungnahme im Streit der Zeitgenossen, ob der Stauferkaiser «eine ehrenvolle und ewige Erinnerung» verdiene[103] – oder eben nicht. In St. Trond erzählte man sich, dem Kaiser sei schon, als er noch in den Windeln lag, prophezeit worden, daß er das Königtum wie ein Fuchs erlangen, dann wie ein Löwe regieren und wie ein Hund sterben werde (*intrabit ut vulpes, regnabit ut leo, morietur ut canis*).[104] Am deutlichsten wurden negative Akzente dort gesetzt, wo dem Kaiser als Anführer des ganz überwiegend deutschen Kreuzfahrerheeres keine besondere Integrationskraft zukam, also außerhalb des Reichs. Unter den englischen Klerikern genoß Barbarossa schon als Gegner Papst Alexanders III., der Thomas Becket im Streit mit Heinrich II. unterstützt und nach dessen Ermordung auch heiliggesprochen hatte, kein großes Ansehen. Radulfus Niger, zu Lebzeiten Beckets in dessen Gefolge, warf Barbarossa vor, weder den durch Isaaks Bündnis mit Saladin in Konstantinopel verankerten islamischen Kult beseitigt noch bei den muslimischen Seldschuken «die Sache Gottes und der Glaubensverbreitung» betrieben, sondern sich nach seinen Siegen nur mit Gold begnügt zu haben; daß sich Barbarossa zur Mahlzeit setzte, während das Pilgerheer vorüberzog, und nach üppigem Essen und Trinken auch noch ein erfrischendes Bad nehmen wollte, erscheint als passende Vorgeschichte eines dementsprechend verdienten Todes.[105] Ein Nachfolger Beckets auf dem Erzstuhl von Canterbury war der Ansicht, Barbarossa sei, weil er von seinem Wunsch, der Kirche zu schaden, nicht abgelassen habe, an einer Stelle im Fluß ertrunken, die sogar ein siebenjähriger Junge gefahrlos hätte durchwaten können.[106] Giraldus Cambrensis mutmaßte, der Staufer habe die von ihm zu verantwortenden Exzesse während des Schismas nicht aufrichtig bereut, auch nicht gebeichtet, und deshalb die Rache Gottes auf sich gezogen.[107] Prinzipiell der gleichen Ansicht war auch William von New-

ABB. 40 Eine Miniatur im *Liber ad honorem Augusti* des Petrus de Ebulo zeigt den Tod Barbarossas im Saleph (fol. 107r). Die Szene steht in der Mitte eines Registers von drei Bildern, das oben den Aufbruch Barbarossas zum Kreuzzug, unten den ersten Heerzug Heinrichs VI. ins Königreich Sizilien zeigt. Das mittlere Bild könnte den Tod des Vaters als Vorausdeutung für das Schicksal des Sohnes erscheinen lassen und wurde wahrscheinlich deshalb schon unmittelbar nach Fertigstellung der Handschrift übermalt. Ein Engel gibt die Seele des Toten in die Hand Gottes zurück. – Bern, Burgerbibliothek.

burg: ihn machte Friedrichs Kampf gegen den christlichen Kaiser von Byzanz ratlos, allerdings wogen für ihn die Gefahren, die der Kaiser um Christi willen auf sich genommen hatte, doch so schwer, daß er glaubte, Gott habe dem Kaiser den plötzlichen Tod schon im diesseitigen Leben als Strafe zukommen lassen, damit er sie nicht erst im Jenseits abbüßen müsse.[108] Für den italienischen Rhetor Boncompagno da Signa war der ruhmlose Tod die gerechte und verdiente Strafe Gottes für die Kriege gegen die italienischen Städte.[109]

Andere waren sich jedoch eines «guten Todes» des Kaisers sicher. Der byzantinische Geschichtsschreiber Niketas Choniates, dem die Schilderung Barbarossas als eines christlichen Idealherrschers vor allem als Hintergrund für seine vernichtende Kritik an Isaak II. Angelos diente, gründete seine Überzeugung, der Staufer habe «ein seliges Ende» gefunden, auf dessen Bereitschaft zum Märtyrertod.[110] Ganz ähnlich nahmen die anonym gebliebenen Kreuzfahrer, die teilweise in unmittelbarer Umgebung des Kaisers am Kreuzzug teilgenommen hatten, Zuflucht bei ihrer Glaubensüberzeugung. Für den einen war es angesichts aller Zweifel ein Trost, daß geschrieben steht: «Der Gerechte aber, kommt auch sein Ende früh, geht in Gottes Ruhe ein» (Weisheiten 4,7); der andere rang sein Hadern mit dem Geschehen nieder, indem er sich selbst verbot, Gott zu fragen, was er mit dem Tod eines solchen Menschen, eines so großen Mannes bezwecke: «Er war doch ein Ritter Christi, stand in dessen ritterlichem Dienst und war in dem rühmlichen Vorhaben begriffen, des Herrn Land und Kreuz zurückzugewinnen; daß er, wenn auch plötzlich dahingerafft, in das Heil eingegangen ist, darauf vertrauen wir ohne Zweifel.»[111] Otto von St. Blasien ließ seine Schilderung des Geschehens in ein Gebet für das Seelenheil des Kaisers münden: «Da er, falls Du gewollt hättest, sein Blutopfer zu Ehren des Heiligen Grabes und Deines Heiligen Kreuzes hingegeben hätte, so erfreue Dich an dem Opfer des Todes in der Fremde und geruhe, seine Seele unter die Geister der Seligen im himmlischen Jerusalem zu gesellen. Amen.»[112] Tatsächlich hätte der Tod auf dem Kreuzzug ja Gewißheit genug für die Belohnung mit dem ewigen Leben sein können, ganz so, wie es Papst Gregor VIII. und sein Legat allen Kreuzfahrern in Aussicht gestellt hatten – «ob sie aber überleben oder sterben würden».[113] Aber wie Reden über den Tod eines anderen immer auch Reden über die Angst vor dem eigenen ist, wurde das Seelenheil des verstorbenen Kaisers unversehens zu einer Frage der eigenen Glaubens-

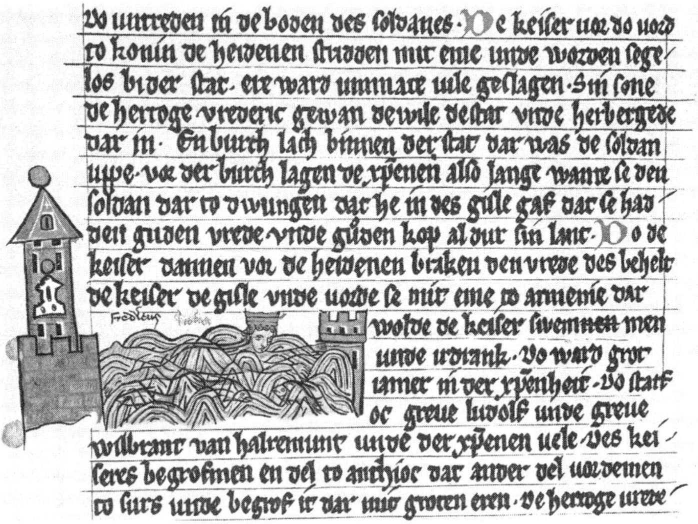
do untreden un de boden des soldanes· Do de keiser uor do uord
to konin de heidenen striden mit eme unde worden sege/
los bi der stat· ete ward unmate uile geslagen· Sin sone
de hertoge vrederic gewan de wile de stat unde herbergede
dar in· En burch lach binnen der stat dar was de soldan
uppe· vor der burch lagen de xpenen also lange wante se den
soldan dar to dwungen dat he in des gisle gaf dat se had/
den guden vrede unde güden kop al dur sin lant· Do de
keiser dannen uor de heidenen braken den vrede des behelt
de keiser de gisle unde uorde se mit eme to armenie dar
wolde de keiser swemmen men
unde irdrank· Do ward grot
iamer in der xpenheit· Do starf
oc greue ludolf unde greue
wilbrant van halremunt unde der xpenen uele· des kei/
seres begrofnen en del to anthioc dar ander del uoredemen
to surs unde begrof it dar mit groten eren· de hertoge urede/

ABB. 41 Eine Miniatur aus der um 1280 entstandenen Sächsischen Weltchronik illustriert eine andere Deutungsmöglichkeit als die im *Liber ad honorem Augusti* dargestellte. Der anonyme Autor aus Sachsen begründet den Tod Barbarossas mit dessen Absicht, *swemmen*, also baden zu wollen, und läßt ihn dementsprechend unbekleidet in den Fluten umkommen. Der sächsische Autor ist sich Barbarossas Seelenheil keineswegs sicher. – Gotha, Forschungs- und Landesbibliothek.

gewißheit. Denn ein auch als Strafe deutbarer Tod des Kaisers entwertete nicht zuletzt das Leben seiner Begleiter, ließe die überlebte Mühsal, die ertragenen Entbehrungen während des Kreuzzugs als möglicherweise vergeblich und umsonst erscheinen. Das Bedürfnis nach Gewißheit war aber groß, denn die Kette von Unglücksfällen nach dem Tod des Kaisers und der weitgehende Untergang des Kreuzfahrerheeres legte dieselbe Deutung nahe, die schon Otto von Freising zur Erklärung des gescheiterten Kreuzzugs Konrads III. bereitgehalten hatte – nämlich daß dieses Desaster nur den eigenen übergroßen Sünden geschuldet sei. Diejenigen, deren Erinnerungen überliefert sind, wollten das nicht glauben, und entsprechend trotzig fiel die Tonlage zuweilen aus, mit der sie ihre Hoffnung, ja ihr Wissen um die jenseitige Belohnung des verstorbenen Kaisers festhielten. Auch erzählten manche, der Kaiser habe nach dem Unglück im Fluß noch tagelang gelebt, vor seinem Tod die Beichte abgelegt und die Sterbesakramente empfangen.[114] Wieder andere konnten den Tod des Kaisers nur als sinnvoll annehmen, indem sie ihn schon in Prophezeiungen vorgezeichnet sahen, die zu Lebzeiten Friedrichs ihm einen Tod im Wasser vorausgesagt hätten[115] oder sogar schon vor Jahrhunderten auf Felsen direkt an der Unglücksstelle oder an einem nahegelegenen Turm inschriftlich festgehalten worden seien.[116]

Mit der Rückkehr der versprengten Kreuzfahrer schon aus Silifke und später aus Tarsus oder Antiochia setzte nicht nur ein breiter Strom der widersprüchlichsten Nachrichten über den Kreuzzug selbst und über Barbarossas Tod ein, sondern auch eine Stilisierung des ganzen Unternehmens unter dem Vorzeichen christlicher Tugenden. Die Gewißheit über das Seelenheil des Kaisers strukturiert denn auch die ganze Erzählung des sogenannten Ansbert, der Barbarossa als besonnenen Anführer des Kreuzzugs schildert, ihm Sorge um die sittlich-moralischen Zustände im Heer ebenso zuschreibt wie Skrupel, in Byzanz das Blut von Christen vergießen zu müssen, oder Unwissen über die Hinmordung türkischer Frauen und Kinder. In der Logik der Erzählung räumten diese Charakteristiken die Deutungsmöglichkeit aus, der plötzliche Tod könnte eine Strafe für den bewiesenen Mangel an christlicher Herrschertugend gewesen sein. Die Erinnerungsbilder fanden erst unter dem Eindruck der Ereignisse zu ihrer eigentlichen Form; dabei erscheinen der Wunsch nach Sinngebung des Erlebten und Durchlittenen nicht gerade als ein Garant für die Objektivität der Überlieferung. Nur selten ist der Abstand zum wahrscheinlich tatsächlich Geschehenen so leicht auszumessen wie bei Albert von Stade, der etwa ein halbes Jahrhundert nach Barbarossas Tod der erste und einzige war, der die letzten Worte des ertrinkenden Kaisers zu kennen behauptete. Untergehend habe der Kaiser gerufen: «Gelobt sei der gekreuzigte Sohn Gottes, der mich mit dem Wasser aufnimmt, das mich neugeschaffen hat, und mich zum Märtyrer werden läßt, nachdem es mich [in der Taufe] zum Christen gemacht hat.»[117] Vielleicht gehörte Albert zu jenen, in deren Vorstellung der Tod durch Ertrinken eigentlich Heiden und Sündern vorbehalten war,[118] so daß ihm ein Stoßgebet dieser Art als wahrscheinlichste Reaktion des Kaisers erschien, mit dem er wenigstens den fehlenden letzten Segen kompensiert hätte. In Piacenza glaubten die Anhänger des Staufers, daß er an den Hof des himmlischen Königs gelangt sei, wo er passend zu Christus hätte sagen können: «Du bist für mich gestorben; nun vergelte ich es Dir.»[119] Heinrich VI. ließ nach der Eroberung Siziliens Räume im normannischen Königspalast mit einer Darstellung des Kreuzzugs seines Vaters ausmalen; «Friedrich lebt in Ewigkeit» – dessen war man sich auch in Palermo sicher.[120]

Barbarossa war wohl nicht in der Gewißheit zum Kreuzzug aufgebrochen, im Osten sein Leben zu verlieren. Aber angesichts seines für die damalige Zeit ohnehin schon ungewöhnlich hohen Alters wird er seinen Tod während der gefährlichen und strapaziösen Unternehmung auch nicht von vornherein ausgeschlossen haben. Friedrich von Schwaben soll den armenischen Gesandten gesagt haben, sein Vater sei als schon sehr alter Mann nach Jerusalem aufgebrochen, um eine Pilgerfahrt dorthin zu unternehmen.[121] Mancher Pilger war auf seiner Jerusalemreise verstorben – wie etwa im Jahre 1181 Graf Rudolf von Pfullendorf, ein zuverlässiger Parteigänger des Staufers.[122] Sicher war es naheliegend, den Leichnam des Kaisers in der Stadt beisetzen zu wollen, um deren Eroberung willen er die Heimat verlassen hatte und die durch die Passion Christi geheiligt war wie kein anderer Ort auf Erden; das Gebetsgedenken für den Verstorbenen wäre dort schon seiner Verdienste um die Rückeroberung wegen gesichert gewesen – vielleicht in der Obhut der von Barbarossa privilegierten Templer oder Johanniter. Falls der Staufer nicht schon im voraus Anordnungen hinsichtlich seiner Beisetzung getroffen hatte, so blieb ihm wegen seines plötzlichen Todes jedenfalls die Möglichkeit versagt, die etwa der englische König Richard Löwenherz 1199 noch hatte, als er, von einer Pfeilwunde schwer verletzt, verfügte, daß sein Gehirn, sein Blut und seine Eingeweide in Charroux, sein Herz in Rouen, sein Leichnam aber in Fontevrauld beigesetzt werden sollten.[123] Auch Bischof Gottfried von Würzburg, der wenige Wochen nach dem Kaiser in Antiochia verstarb, konnte noch Vorsorge treffen und seine Getreuen anweisen, ihm nach seinem Tod die rechte Hand abzutrennen und sie nach Würzburg zu bringen, «damit sein Gedächtnis dort nicht verlorenginge» – allerdings kam sie den Trägern unterwegs abhanden.[124] Barbarossa war die Praxis der Bestattung an verschiedenen Orten bekannt, denn sie war für die deutschen Könige seit ottonischer Zeit keine Ausnahme, sondern die Regel.[125] So war zwar jeder der salischen Herrscher im Dom zu Speyer beigesetzt, aber kein einziger vollständig. Die Ursache dafür lag weniger in beabsichtigter Multiplikation der Orte, an denen des toten Herrschers gedacht werden sollte, als vielmehr in den Problemen, die der Transport eines Leichnams über längere Strecken damals bereitete. Der Staufer kannte diese Schwierigkeiten so gut wie seine Zeitgenossen von den militärischen Unternehmungen insbesondere in Italien. Während der Belagerung Roms 1167 waren – wie schon erwähnt – in den ersten Augusttagen im Heerlager vor Rom Hunderte von Rittern an einer Ruhrepidemie gestorben, unter ihnen zahlreiche Reichsfürsten. Ihre Gebeine wurden in die Heimat zurückgebracht, um sie dort an Orten beizusetzen, an denen die Memoria für die Verstorbenen gesichert war. Diese Praxis gab es auch in England und Frankreich, wurde zumal während der Italienzüge immer wieder geübt und von den Italienern als «deutscher», vielleicht auch pejorativ als «teutonischer» im Sinne von «barbarischer Brauch» (mos teutonicus) bezeichnet, dem beispielsweise auch der Reichskanzler und Erzbischof von Köln, Rainald von Dassel, unterworfen worden war: sein Leichnam wurde in Wasser gekocht, damit die Knochen vom Fleisch getrennt und als physisches Unterpfand der Totenmemoria nach Köln transportiert werden konnten.[126] Diese Methode war sozusagen eine frühe Form des in der Anatomie noch heute üblichen Verfahrens der Mazeration, bei dem ein Körper längere Zeit der Einwirkung einer Flüssigkeit ausgesetzt wird, um dann das gesamte Weichgewebe von den Knochen zu entfernen. Auf diese Weise wurde 1167 auch mit den Leichnamen der Bischöfe von Regensburg, Straßburg, Basel, Prag, Speyer, Verden und Lüttich oder Herzog Friedrichs von Rothenburg, Welfs VII., der Grafen Berengar von Sulzbach und Heinrich von Tübingen sowie vieler anderer verstorbener Großer verfahren. Das war damals so häufig notwendig geworden, daß die schreckensgesättigte Anekdote entstand, ein seinerseits schon Todkranker habe gerade seinen toten Bruder gekocht, als er von einem anderen Ritter um den Kessel gebeten wurde, was er jedoch mit den Worten abgelehnt haben soll, daß nach seinem Bruder auch er selbst gekocht werden müsse. Auch der Leichnam des 1270 auf dem Kreuzzug gestorbenen französischen Königs Ludwig des Heiligen wurde so behandelt, aber erst der Fall seines Sohnes Philipp III. gab Papst Bonifaz VIII. 1299 den Anlaß, diese Praxis unter der Androhung von Kirchenstrafen zu verbieten.[127] Zu Barbarossas Zeit war sie bei einem Tod fern der Heimat aber unbestritten, und der Kaiser wird für diesen Fall mit nichts anderem gerechnet und auch nichts anderes angeordnet haben.

Tatsächlich wurde mit ihm auch genau so verfahren.[128] Drei Tage nach dem Unglück im Saleph erreichte das Heer Tarsus, wo der Leichnam ausgenommen und mit Salz eingerieben wurde, um der raschen Verwesung in der Sommerhitze zu begegnen und ihn für den Transport auf einer Trage nach Antiochia zu präparieren. Die Eingeweide wurden wohl in Tarsus beigesetzt. Knappe drei Wochen später in Antiochia (Antakya) angelangt, wurde der Körper in Stücke zerschnitten, dann in Wasser und Essig sehr lange gekocht, bis sich das Fleisch von den Knochen löste. Eine Untersuchung der 1976 in Königslutter geborgenen Gebeine Lothars III., die 1137 derselben Prozedur ausgesetzt worden waren, ließ auf Grund der Aminosäurenkonzentration erkennen, daß sie etwa sechs Stunden lang starker Hitzeentwicklung ausgesetzt gewesen sein müssen.[129] Wer die blutige Prozedur übernahm, den kaiserlichen Körper zu zerlegen, ist unbekannt. Zuweilen wurden solche Arbeiten von einem Geistlichen mit medizinischen Kenntnissen ausgeführt, zuweilen von Leuten, die dafür extra bezahlt wurden oder als Gaukler eine wenig angesehene Tätigkeit ausübten;[130] am ehesten wird man an Köche, Metzger oder Abdecker aus dem Heerestroß zu denken haben. Das Fleisch wurde in einem marmornen Sarkophag im linken Teil des Chores von St. Peter, der Kathedralkirche in Antiochia, beigesetzt; im rechten Teil ruhte seit 1098 Bischof Ademar von Le Puy, der als päpstlicher Legat zusammen mit Graf Raimund von Toulouse den Ersten Kreuzzug angeführt hatte. Viele der in Antiochia verstorbenen Fürsten wurden ebenfalls dort beigesetzt, wahrscheinlich auch Bischof Gottfried von Würzburg und Graf Florenz von Holland. Das kaiserliche Grabmal erwähnte später Wilbrand von Oldenburg, der 1211/12 als Gesandter Ottos IV. durch Palästina und Syrien reiste, in seinem Reisebericht. Barbarossas Gebeine indessen wurden nicht in Antiochia beigesetzt, sondern gelangten – wahrscheinlich in einen Ledersack verpackt[131] – nach Tyrus (Sur im südlichen Libanon), wohin Herzog Friedrich von Schwaben mit dem verbliebenen Rest des Kreuzfahrerheeres weiterzog. Die dortige Kathedrale war dann wohl der dritte Ort seiner Beisetzung, die indessen nur vorläufig sein und eine für die Zukunft erhoffte Grablege in Jerusalem nicht ersetzen sollte. Die Christen Palästinas, die Heinrich VI. 1197 um Hilfe baten, scheinen den Sohn Barbarossas daran erinnert zu haben, daß die Gebeine seines Vaters noch in Tyrus in einem Sarg mit schöner Seidenumhüllung lägen, obwohl sie doch eigentlich nur in der Heiliggrabkirche in Jerusalem bestattet sein dürften. Die vereinzelten Nachrichten, sie seien nach Akkon verbracht worden, erklären sich demgegenüber aus dem Wissen der Chronisten, daß Friedrich von Schwaben die Belagerung der Stadt unterstützte, bis er im Januar 1191 dort selbst den Tod fand. Daß er die Gebeine seines Vaters auf den Belagerungsfeldzug mitgenommen haben soll, ist jedoch unwahrscheinlich. Hätte der Staufer – wie seine salischen Vorgänger und Verwandten – eine Grablege im Dom zu Speyer gefunden, dann wäre sein Grab als materieller Anhaltspunkt seines Todes in Reichweite gewesen. Die Erzählung vom Herrscher, der zwar gestorben, aber nicht tot ist, sondern im Berg schläft und auf seine Wiederkehr wartet, hätte sich nicht an Barbarossa knüpfen und die Phantasie späterer Jahrhunderte so sehr anregen können, daß ihm noch eine postume Karriere als Nationalmythos beschieden war. Aber das Verschwinden faszinierte. Schon im 13. Jahrhundert begegnet in einer italienischen Novelle das Motiv, der Kaiser habe von dem sagenhaften Priesterkönig Johannes, der weit im Osten herrschen sollte, einen Edelstein geschenkt bekommen, der unsichtbar machte.[132]

Für die Zeitgenossen war sein Tod indessen noch unbezweifelbar. Der bedeutende arabische Geschichtsschreiber Ibn al-Athīr urteilte einige Jahre später, Syrien und Ägypten wären dem Islam verlorengegangen, wenn der deutsche Herrscher beim Eintritt nach Syrien nicht durch Gottes Güte vertilgt worden wäre,[133] ohne den Tod Barbarossas hätte man wohl später einmal in Syrien und Ägypten zu sagen gepflegt: «Einst gehörten Syrien und Ägypten den Muslimen.»[134] Als die Nachricht das muslimische, damals von Kreuzfahrern belagerte Akkon erreichte, soll das Triumphgeschrei bis vor die Stadt zu hören gewesen, auf den Mauern mit Tänzen, Trompeten und Trommeln gefeiert und die Belagerer von den Türmen herab verspottet worden sein: «Ihr Elenden, was tut ihr? Auf was hofft ihr noch? Ihr habt die bevorstehende Ankunft eures Kaisers erwartet, aber er ist ertrunken! Eure Hoffnung ist zerronnen.»[135]

KAPITEL 14

ABSICHTEN UND WAHRNEHMUNGEN

Die zeitgenössische Wahrnehmung und Beurteilung Barbarossas orientierte sich wesentlich daran, in welchem Ausmaß er den traditionellen Herrscheraufgaben gerecht wurde – Frieden zu wahren und Recht durchzusetzen, was auch bewaffnete Konflikte miteinschloß. Außerdem spielte eine wichtige Rolle, in welchem Ausmaß individueller Glaubwürdigkeit der Herrscher seine Aufgabe als Schützer des Glaubens und der Kirche erfüllte. Unter der Perspektive mancher etablierten Forschungstraditionen, deren Vertreter entwicklungsgeschichtliche Fragestellungen bevorzugen, geraten diese für die Zeitgenossen und ihr Bild des Staufers wichtigen Aspekte zugunsten jener aus dem Blick, die sich in eine Modernisierungsthese einpassen lassen. Deshalb ist vor allem die Frömmigkeit Barbarossas als eine wichtige Facette von Person und Herrschaft in der Rezeption des Staufers seit dem 19. Jahrhundert fast vollständig verschwunden oder zur bloßen Funktion der als entscheidend angesehenen ‹Herrschaftsfrage› geronnen; damit erliegt sie der Unterstellung, die mittelalterlichen Herrscher hätten sich der Religion nur in sicherem Machtinstinkt ‹bedient›. Weil sich Vorstellungen von Recht und Gerechtigkeit, Krieg und Frömmigkeit mit der Gesellschaft wandeln, ist die unbewußte Rückprojektion moderner Urteilsmaßstäbe oft genug unvermeidbar, zumal jeder Historiker der Zeitgenossenschaft zu seiner eigenen Gegenwart nicht in letzter Konsequenz entrinnen kann – und auch gar nicht soll. Dennoch darf dabei die Fremdheit, die den mittelalterlichen Kaiser von uns trennt, nicht verlorengehen.

AMATOR LEGUM – FREUND DER GESETZE

Die Inschrift jener der acht Platten der Wiener Kaiserkrone, die den alttestamentlichen König David zeigt, zitiert den Psalmvers, wonach die Ehre des Königs auf gerechtem Gericht beruht – *honor regis iudicium diligit* (Psalm 98,4). In den Urkunden Barbarossas wurde diese biblische Autorität zwar nicht wörtlich zitiert – anders als in jenen seiner Vorgänger Heinrich IV. oder Konrad III. –, aber die Verpflichtung zur Wahrung von Recht und Gerechtigkeit doch immer wieder angesprochen: die Würde des Reichs werde erhöht, «wenn wir den bei uns Schutz Suchenden ein Urteil und Gerechtigkeit verschaffen».[1] Die Inschriften der Kaiserpfalz von Kaiserswerth rühmten ihn als «Hüter des Rechts und weise[n] Rächer der Übeltat» (*iusticie cultor malefacti providus ultor*).[2] Diese Selbstdeutung deckte sich mit den Erwartungen, die die Zeitgenossen mit dem Herrscheramt verbanden. Weil Gott ihm am meisten Macht über die Söhne des Menschengeschlechts gegeben habe, so schrieben ihm sogar die Kardinäle Alexanders III., müsse er ein «Verteidiger der Gerechtigkeit» (*defensor iusticiae*) sein.[3] Otto von Freising lobte den Kaiser als «gerecht im Gericht» (*iustus in iudiciis*), Rahewin als «gerechten Richter» (*iustus iudex*), Acerbus Morena als «Verehrer der Gerechtigkeit» und «Freund der Gesetze» (*iusticie cultor, legum amator*).[4]

Besonders einflußreich für die moderne Vorstellung von Barbarossas Verhältnis zum Recht war eine Episode, die Otto von Freising anläßlich der Königskrönung seines Neffen in Aachen erzählt: damals habe sich einer seiner Dienstmannen, dem er wegen einiger schwerer Vergehen seine Huld entzogen hatte, dem König mitten in der Kirche zu Füßen geworfen, in der Hoffnung, ihn angesichts der Fröhlichkeit des Tages von seinem strengen Rechtsstandpunkt (*rigor iusticiae*) abbringen zu können; sogar Fürsten (!) hätten sich für den Dienstmann (!) eingesetzt. Barbarossa habe jedoch in seiner früheren Strenge verharrt und sei deshalb von den meisten – also nicht von allen – bewundert worden, weil er von der Tugend der unbeugsamen Härte nicht zum Laster der Vergebung (*vitium remissionis*) abgefallen sei.[5] Daß es für einen Bischof sonderbar ist, vom «Laster der Vergebung» zu sprechen, ist selten aufgefallen[6] und eigentlich noch erklärungsbedürftiger als die Fürsprache von Fürsten für einen Dienstmann. Indessen war

ABB. 42 Vier der insgesamt acht Platten der sog. Reichskrone sind mit Emailbildern geschmückt, eine davon zeigt den alttestamentlichen König David als Vorbild für gerechte und gottgefällige Herrschaftsausübung. Die Achteckform der Krone und ihr Edelsteinschmuck verweisen auf das himmlische Jerusalem der Apokalypse, die auf das Alte Testament und Christus bezogenen Bilder auf ein christliches Herrschertum. Die Krone wird üblicherweise in das 10. oder 11. Jahrhundert datiert, jüngst aber v. a. auf Grund einer charakteristischen Buchstabenform auch dem 12. Jahrhundert und damit Konrad III. zugewiesen. – Wien, Schatzkammer.

die Deutung der Szene immer schon abhängig davon, welches Gesamtbild man sich vom Kaiser und seiner Herrschaft machte. Schon Friedrich von Raumer, der 1823 die erste umfassende Geschichte der Stauferzeit verfaßte, meinte, der König habe so gehandelt, weil Nachgiebigkeit der Herrscher «unmerklich die Ordnung des ganzen Staates zu allgemeinem Verderben» auflösen müsse. Aus solchem Holz sollten nach dem Geschmack des 19. Jahrhunderts mächtige Herrscher auch geschnitzt sein, und Raumer schlug einen Ton an, der in der Stilisierung Barbarossas zu einem Regenten, «der weit über den Handlungsnormen des Privatmannes liegende abstrakte Staatsnotwendigkeiten verkörpert», lange Zeit vorherrschend blieb.[7] Das ist heute nicht mehr der Fall, aber den Charakter als Schlüsselszene für eine bestimmte Entwicklung hat das Aachener Geschehen nicht verloren, scheint sie doch für ein seit frühstaufischer Zeit gewandeltes Verhältnis des Herrschers zum Recht zu sprechen; nicht mehr die in ottonischer und noch in salischer Zeit traditionellen Tugenden der Milde und Barmherzigkeit seien für den König verpflichtend gewesen, sondern eine strikte Durchsetzung des Rechts. Jedoch sah schon Otto selbst den Kaiser oft als Abbild des himmlischen Richters und seiner Barmherzigkeit, der Gnade vor Recht ergehen läßt, und auch Barbarossas Kanzlei stilisierte den Herrscher so häufig als gnädig und milde – beispielsweise in der Verbriefung des Konstanzer Friedens –, daß die Annahme eines schon bei der Krönung verkündeten neuen Herrscherideals als Hintergrund der Aachener Szene nicht recht überzeugend erscheint. Demgegenüber kommt der Vorschlag, Barbarossa könnte einfach «nicht hinreichend darüber instruiert worden» sein, daß anläßlich der Krönung «demonstrativ ausgeübte Begnadigung» von ihm erwartet werde,[8] ohne Rückprojektion moderner Geschichtsbilder auf Ottos Darstellungsabsicht aus; zwar unterstellt diese Annahme dem Ministerialen mehr Wissen um die Gepflogenheiten der Krönungsfeierlichkeiten als Barbarossa, weist aber sicher zu Recht auf das Geschehen in Aachen selbst als notwendigen und einzig möglichen Deutungshorizont der Episode hin.

Für die zeitgenössische Wahrnehmung finden sich interessante Hinweise bei Gunther, einem der Erzieher von Barbarossas Söhnen, der Ottos Text als Vorlage für sein Epos *Ligurinus* verwendete. Er unterzog die Szene einer erklärenden Ausschmückung, aus der deutlicher hervorgeht, welche für die Zeitgenossen wichtigen Sachverhalte Ottos Geschichte verhandelte.[9] Erstens läßt Gunther den Ministerialen unerkannt, «vermummten Gesichts» und in ärmlicher Kleidung auftreten, sich so dem König zu Füßen werfen und dann unter Tränen und Seufzern um Gnade flehen; damit verstärkt er nicht nur die planende List des Auftritts, sondern auch den Druck, den der Fußfall und die Bitte um Gnade auf den überraschten Herrscher ausübt, und macht damit gleichzeitig plausibel, weshalb Barbarossa unnachgiebig blieb – der Ministeriale will sich die zwingende Wirkung seines demütigen Fußfalls zunutze machen, raubt dem König damit aber auch die Möglichkeit, frei zu entscheiden. Es geht also darum, wie der Herrscher angemessen mit einer Bitte konfrontiert wird. Zweitens läßt Gunther Barbarossa die Kränkung, die er den Fürsten mit der Zurückweisung ihrer Fürsprache zufügt, mit dem Hinweis auf die Strafe erklären, die die «Schlechten» verdient hätten, und macht damit des Staufers «Liebe zum strengen Recht» (*stricti iuris amor*) zu einer zwar recht unspezifischen Absicht – eben die Bösen zu bestrafen –, die Fürsprache der Fürsten aber implizit zum Versuch, gerade die Bösen vor Strafe zu bewahren. Einfluß der Fürsten auf die Entscheidung des Königs war für die allgemeine Herrschaftsausübung ebenso charakteristisch wie für die Urteilsfindung im Königsgericht, so daß es weder Otto noch Gunther um dessen generelle Zurückweisung gegangen sein kann; aber es ging ihnen um die Frage, wann der Einfluß der Fürsten richtig und wann er falsch war. Es sei daran erinnert, daß sich Otto, als er die *Gesta Frederici* schrieb, selbst in einer Lage befand, in der er Anlaß hatte, den Einfluß mancher Fürsten auf den neugewählten König sehr skeptisch zu sehen: in dem Streit, den Konrad III. mit Unterstützung seiner babenbergischen Verwandten um das Herzogtum Bayern ausgefochten hatte, war Freisinger Besitz immer wieder in Mitleidenschaft gezogen worden – am gravierendsten, als die dem Bischof gehörende Brücke über die Isar bei Föhring zerstört und bei München neu errichtet wurde. Weil Barbarossa in diesem Konflikt zu Konrads Lebzeiten stets seine welfischen Verwandten unterstützt hatte, mußte Otto befürchten, daß er dieser Linie in der noch ausstehenden Entscheidung des Streits auch als König treu bleiben und ihnen und ihren Dienstleuten mehr Gehör schenken würde als der Freisinger Kirche. Dann würde aber nicht die Liebe zum strengen Recht, das Otto natürlich für seine Seite beanspruchte, die Entscheidung des Königs bestimmen, sondern die Bereitschaft, einen Rechtsbruch zu verzeihen – was auch ein Bischof als «Laster der Vergebung» (*vitium remissionis*) bezeichnen könnte, zumal sie Nachteile für das Freisinger Bistums mit sich brächte. Der Beweis, daß Otto seine Schilderung der Aachener Szene in diesem Sinne ermahnend verstanden wissen wollte, läßt sich natürlich nicht führen; aber in welchem Ausmaß seine Ausführungen über Unparteilichkeit und Gerechtigkeit des königlichen Urteils einen unverkennbar appellativen Charakter hatten, zeigt insbesondere die nach Umfang und Inhalt singuläre Rede, die er die Geistlichen des belagerten Tortona vor Fürsten und Bischöfen aus Barbarossas Heer halten läßt: Barbarossas einseitige Unterstützung Pavias erscheint darin als Verletzung des *honor imperii*, weil sie den Herrscher und seine Rechtsprechung als parteiisch erkennen läßt – ein Kontext, in dem sogar Ottos überhaupt einziger Hinweis auf die mittelalterliche Tyrannenlehre fällt.[10] Weil die *Gesta Frederici* dem Kaiser vorgelesen werden sollten, verlangte diese Schilderung größte Behutsamkeit; daß Otto darauf soviel Sorgfalt verwandte, ist ein unmißverständliches Zeichen für die Wichtigkeit, die er der Sache beimaß. Der Konflikt um die Isarbrücken und die Rechte des Freisinger Bistums gehörten zum ‹Sitz im Leben›, den sein Geschichtswerk hatte, und dürfte daher ein zwar nicht explizit ausgesprochener, aber stets mitgedachter konkreter Bezugspunkt von Ottos besorgter Aufmerksamkeit für den *rigor iustitiae* seines Neffen gewesen sein. Wie schon erwähnt, fruchteten seine Ermahnungen wenig: Barbarossa blieb der Unterstützung seines Vetters treu – die Brücke bei Föhring blieb zerstört und die bei München hatte Bestand, und Heinrich der Löwe erhielt zwei Drittel ihrer Einkünfte, Otto von Freising nur ein Drittel. Gleichwohl deckten sich Ottos Hoffnungen mit dem augustinischen Ideal des «gerechten Königs» (*rex iustus*) und entsprachen den Werten und Erwartungen, die er hinsichtlich der herrscherlichen Rechtsprechung mit jenen teilte, die seinen Text lasen oder hörten. Es waren Topoi, aber nicht im Sinne einer literarischen Figur ohne Bezug zur Wirklichkeit, sondern als Ausdruck sozial akzeptierten Wissens über Aufgabe und Rolle des Königs. Aber weil natürlich nicht alle Entscheidungen des Königs die Erwartungen erfüllten, die man in ihn setzte, waren solche Charakteristiken immer ein Echo gleichermaßen von Hoffnung und Zustimmung wie auch von Enttäuschung und Ablehnung.

Barbarossa kam seiner Herrscherpflicht zur Rechtswahrung nach, indem er – eine Facette des Herrschens auf Antrag – aus der Distanz auf die Regelung lokaler Konflikte einwirkte und delegierte Richter mit der Durchführung eines Verfahrens beauftragte, was als Herrschaftstechnik ein verhältnismäßig ‹modernes›, von der kirchlichen delegierten Gerichtsbarkeit beeinflußtes Vorgehen war.[11] Das Forum seiner eigenen Tätigkeit war jedoch das an die Person des Herrschers gebundene Hof- oder Königsgericht.[12] Sein Rahmen waren die Hoftage, die gleichzeitig Beratungs- wie auch Gerichtsversammlungen waren; in ihrer Öffentlichkeit fand die Beurteilung der Rechtsfälle statt. Der Herrscher fungierte als prozeßleitender Richter und verkündete als solcher auch das Urteil, fällte es jedoch nicht selbst, sondern erfragte es von einem Urteilergremium, als das die am Hof anwesenden Großen fungierten. Dieses Verfahren behielt das Königsgericht auch in Italien bei. Während des Hoftages von Roncaglia 1154 entschied das Königsgericht «auf Rat der Fürsten und der Rechtsgelehrten» über viele Klagen. Bei der Verurteilung Mailands 1158 waren «höchst rechtskundige Männer», also gelehrte Juristen beteiligt, aber ebenso auch «die Großen» des südlichen Reichsteils. Den Beschluß zum erneuten Verfahren gegen Mailand faßte Barbarossa 1159 in Beratung mit geistlichen und weltlichen Fürsten, und nach Verstreichen mehrerer Ladungstermine wurde die Stadt unter Beiziehung Bologneser Richter und Rechtsgelehrter als Rebellin verurteilt.[13] Rahewin unterscheidet, insoweit typisch für die Quellen der Zeit, nicht zwischen Beratungs- und Gerichtsversammlung und hält auch die Anwesenheit von «Fürsten, Edlen und Gelehrten» gleichermaßen für erwähnenswert,[14] ohne nähere Angaben über deren unterschiedliche Funktion und Beteiligung an der Urteilsfindung zu machen.

Eine Vorstellung von der Tätigkeit des Königsgerichts hat einige für heutige Erwartungen fremdartige Züge der mittelalterlichen Rechtsordnung zu integrieren. Bis heute wird kontrovers diskutiert, «ob vor Aufkommen des gelehrten Rechts überhaupt die Vorstellung existierte, es bestünden allgemeine Regeln, auf die man sich gegebenenfalls bei einer rechtlichen Auseinandersetzung berufen konnte» und ob Recht ein von Macht und Politik überhaupt abgrenzbarer Bereich war.[15] Anders als dem allgemeinen, einheitlichen und absoluten Geltungsanspruch des Rechts im modernen Staat, der über Herrschafts- und Gewaltmonopol verfügt, eignete dem Recht auch noch im 12. Jahrhundert eine nur unvollkommene Geltung, weil es noch keine allseits akzeptierte Normenhierarchie, sondern vielmehr Normenkonkurrenz gab, nicht zuletzt wegen der Vielzahl konkurrierender Herrschaftsträger. Das Spannungsverhältnis zwischen zum einen innergesellschaftlicher Rechtsbildung, die sich unabhängig von staatlichen Autoritäten einfach in der Geltendmachung von Ansprüchen und deren Befriedigung vollzog, und zum anderen von oben ausgehender, hierarchischer Rechtsbildung war zu Barbarossas Regierungszeit – wie der Streit um die roncalischen Gesetze zeigt – noch längst nicht aufgelöst; vielmehr stand die Hierarchisierung, die im kirchlichen Recht schon weit vorangeschritten war, im weltlichen erst eigentlich noch bevor.[16] Das Recht zu Barbarossas Zeit war außerdem weitgehend mündliches Recht, also anders als heute nicht als Korpus abstrakter Rechtsregeln abruf- und anwendbar. Vielmehr mußte das Recht durch Befragen erst ‹gefunden› werden. Das bedeutete für das

Richten, daß es sich im Wechselspiel zwischen Rechtsauskunft heischender Frage und der Rechtsantwort vollzog, im «Zweitakt des Fragens und Findens»,[17] wobei der Ort des Findens eben kein Gesetzbuch war und auch keine Sammlung bisheriger Entscheidungen des Königsgerichts – die es nicht gab –, sondern das kollektive Gedächtnis, mündlich weitergegebene Erinnerungen und praktizierte Bräuche, deren beständige Übung ihnen die Qualität einer Rechtsgewohnheit gab. In einer Urkunde, mit der nach langer Erörterung die zwischen Bischof und Bürgern strittigen Rechte der Stadt Cambrai festgelegt wurden, heißt es über diese Praxis recht anschaulich: vom Kaiser und von den zu Rate gezogenen Fürsten werde in zweifelhaften und schweren Fällen Geduld verlangt, damit ihm angesichts der Vielfalt und Unterschiedlichkeit der Fälle keine Geringschätzung erwachse und der Richter nicht zu voreiligem Urteil gezwungen werde; bei der Annäherung der Parteien und bei der Verkündung des Urteils, das jeden Streit zu einem gerechten Ende bringe, müsse er Sorgfalt walten lassen, und vor allem sei es seine Aufgabe, streitende Parteien einvernehmlich und schiedlich zu Frieden und Eintracht zurückzuführen.[18]

So geschah es auch oft genug, aber das Ideal, das die feierliche Urkundensprache beschwört, verlor in den Niederungen des Alltags immer mal wieder an Glanz. Einer dieser Fälle spielte sich auf dem Hoftag ab, den Barbarossa im September 1171 in Aachen abhielt. Verhandelt wurde über die Verwicklung der Abtei und Bürger von St. Trond in bewaffnete Auseinandersetzungen zwischen den Grafen Egidius von Duras und Gerard von Looz. Weil Egidius mehrfacher Ladung an den Hof nicht Folge geleistet hatte, wurde er durch Fürstenspruch als Majestätsverbrecher verurteilt und sein Besitz dem Kaiser zugesprochen. Als er dann doch noch erschien, konnte er eine Milderung des Urteils durchsetzen, woraufhin Barbarossa schweren Tadel gegen die Leute von St. Trond erhob. Auf seine Frage, aus welcher Anmaßung und im Vertrauen auf wen sie das Land des Grafen von Looz mit Feuer und Eisen verheert hätten, antworteten sie, sie hätten dies mit seiner Erlaubnis getan. Sie ihnen jemals gegeben zu haben stritt Barbarossa jedoch umgehend ab. Nun schwebte der Vorwurf im Raum, der Kaiser lüge; die Versammlung wurde unterbrochen. Der Abt hatte in weiser Voraussicht den Brief mitgebracht, mit dem der Kaiser die Erlaubnis zur Verteidigung erteilt hatte, zeigte ihn den Erzbischöfen von Mainz und Köln und präsentierte ihnen auch noch den Überbringer des Briefs als Zeugen. Christian von Mainz und Philipp von Köln teilten dem Staufer dann mit, was sie in Erfahrung gebracht hatten, woraufhin er seine Haltung ändern mußte: «Wie einer, dessen Sinn täglich in verschiedene Richtungen schwankt, handelte er nun, durch ihre wahrhafte Erzählung an das Vergangene erinnert, etwas nachlässiger und milder gegen sie – ganz so, wie der Komödiendichter sagt: So streng die Fürsorge der Könige ist, so unbeständig ist sie auch –, und während er die anderen dort vorgetragenen Dinge mit gerichtlicher Strenge erörterte, ließ er ihre und des Grafen Angelegenheit unerörtert unter den Tisch fallen.» Der Chronist aus St. Trond berichtete über Barbarossas Meinungsänderung deshalb so erbittert, weil der Kaiser das Urteil gegen Egidius von Duras nur auf Grund der Fürsprache des ebenfalls anwesenden Philipps von Flandern, der mit diesem verwandt war, und dessen anderer Freunde am Hof milderte.[19]

Der Fall macht auf weitere, für das Verfahren vor dem Königsgericht typische Sachverhalte aufmerksam. Zum einen war die Zusammensetzung des Hofgerichts ausschlaggebend für das ergangene Urteil, und zum anderen war die Urteilsfindung offen für Verpflichtungen, die aus Freundschaft und Verwandtschaft, aus Rang und Ehre der beteiligten Großen sowie aus dem Gewicht von Fürsprechern und Vermittlern resultierten – beides ist mit heutigen Grundsätzen von einem ohne Ansehen der Person gültigen Recht nicht zu vereinbaren, aber eben häufig genug belegt.[20] Mit Rücksicht auf Landgraf Ludwig II. von Thüringen war Barbarossa dazu bereit, ein Urteil gegen den mit Ludwig befreundeten und verwandten böhmischen Herzog abzumildern.[21] Der Abt von Lorsch machte die Erfahrung, daß es wegen des Einflusses, den Pfalzgraf Konrad, Barbarossas Bruder, am Hof hatte, völlig aussichtslos war, gegen diesen dort Recht zu bekommen; und ohne die Wirklichkeit böswillig entstellen zu müssen, konnte man der Meinung sein, Heinrich der Löwe sei lange Zeit vom Kaiser wegen der ihm geleisteten Dienste und ihrer Verwandtschaft nicht bestraft worden.[22] Einen ganz anderen Eindruck scheint der Kölner Chronist vom richtenden Kaiser gewonnen zu haben: dessen Strenge im Rechtsprechen sei so groß, daß er dabei keinerlei Bitten zulasse und auch niemandes Person berücksichtige, in der Überzeugung, daß den Guten schade, wer den Bösen verschone, und daß die Leichtigkeit, Verzeihung zu erlangen, ein Reizmittel zum Sündigen biete.²³ Das Lob galt aber nicht der allgemeinen Praxis, sondern nur einem besonderen Fall, als sich der Kaiser während des Kreuzzugs mit seinem Heer noch auf byzantinischem Gebiet befand: er ließ einige junge Männer enthaupten, weil sie auf dem Markt von Philippopel entgegen seiner Anordnung geplündert und damit den Frieden mit den Bewohnern der Stadt aufs Spiel gesetzt hatten. Es waren einfache Leute, die der *rigor iustitiae* des Herrschers mit ungezügelter Härte traf²⁴ – und nicht die Herren von Rang, deren Verbindungen bis in die unmittelbare Umgebung des Kaisers reichten. Nicht nur deshalb kann man ihren Fall mit dem des Pfalzgrafen Hermann von Stahleck, als Gemahl von Konrads III. Schwester Gertrud einer der vielen Onkel Barbarossas, eigentlich nicht vergleichen. Aber zur Illustration standesspezifisch unterschiedlicher Strafen sei er dennoch herangezogen. Hermann hatte während Barbarossas Krönungszug nach Rom das Gebiet der Stadt Mainz «durch Plünderung, Mord und Brandstiftungen»²⁵ verwüstet; Barbarossa verurteilte ihn dazu, eine deutsche Meile weit einen Hund tragen zu müssen – eine Schandstrafe, die ihren demütigenden Charakter aus der Inversion der üblichen Über- und Unterordnung bezog: normalerweise lief ein Jagdhund neben dem Herrn und wurde nicht von ihm getragen. Die Schande war übrigens steigerungsfähig, beispielsweise, indem man den Hund zuvor mästete und den infolgedessen abstoßend verdreckten Büßer von einem Herold begleiten ließ, der verkündete, daß eine solche Ehre (*talem honorem*) tragen müsse, wer dem Herrn die versprochene Treue breche – eine Variante, die freilich nur aus Böhmen berichtet wird. Aber immerhin ließ Barbarossa seinen Onkel dieses demütigende Ritual angeblich barfuß «mitten in der härtesten Winterzeit» vollziehen und ihn den Hund «durch ziemlichen Schmutz» tragen.²⁶ Das war für einen Adligen in der Tat äußerst demütigend, aber Ottos Behauptung, auf die Nachricht von dieser «strengen Strafe» habe die Adligen im Reich «ein solcher Schrecken» befallen, «daß sie lieber Frieden halten als sich auf Kriegswirren einlassen wollten», war mehr Wunschdenken als Beschreibung der Realität.²⁷ Übrigens schildert Otto das Hundetragen als einen der Vollstreckung des Todesurteils wegen Landfriedensbruch vorausgehenden Brauch – und gibt damit zu erkennen, welche Strafe Barbarossa seinem Onkel erlassen hat!

Von der Position, die ihm im Verfahren zukam, machte Barbarossa häufig genug recht selbstherrlich Gebrauch. Als er 1156 Herzog

Berthold IV. von Zähringen zur Kompensation der Ansprüche, die dieser durch die Heirat des Staufers mit Beatrix in Burgund verloren hatte, die Regalieninvestitur in den Bistümern Genf, Lausanne und Sitten übertrug, überging er die davon betroffenen Bischöfe offenbar vollkommen und setzte sich über die ihm bekannte Verfahrensregel, daß ein Betroffener anzuhören sei, einfach hinweg.[28] Gegen die kaiserliche Verfügung klagte dann 1162 Bischof Arducius von Genf während des Aufenthalts des Hofs in St. Jean-de-Losne, wo die Anwesenheit vieler geistlicher Herren der Klage des Bischofs einen erfolgversprechenden Rahmen bot. Weil er in der Sache hartnäckig war, sich also nicht abwimmeln ließ, beauftragte der Kaiser Bischof Heinrich von Würzburg, die Rechtsfrage zu klären, ob die Übertragung der Regalien, die er vorgenommen hatte, Bestand haben könne. Nach Besprechung mit geistlichen und weltlichen Fürsten fand das Urteilergremium zu der Entscheidung, daß die Regalienverleihung unzulässig gewesen sei, woraufhin Barbarossa die Entscheidung wieder zurücknahm – aber nur mit Blick auf das Bistum Genf und nicht hinsichtlich der anderen Bistümer. Im Falle von Lausanne dauerte es gut 20 Jahre länger, bis er – wohl auf dem Hoftag im elsässischen Mühlhausen 1186 – mit einer vergleichbaren Klage konfrontiert wurde. Als sich der Kaiser und die geistlichen und weltlichen Großen zu Beratungen niedergelassen hatten, klagte Bischof Roger von Lausanne gegen Barbarossas Entscheidung und die damals unterbliebene Einbindung seines Amtsvorgängers Amadeus:[29] dieser sei weder an den Hof geladen noch gehört und auch nicht überzeugt worden, und einverstanden habe er sich mit der kaiserlichen Verfügung ebenfalls nicht erklärt. Als Roger auch noch Beschwerden gegen Maßnahmen Herzog Bertholds vorbrachte, räumte Barbarossa zwar ein, daß er die Regalienleihe dem Herzog übertragen habe, in dessen Abwesenheit aber zur Sache nichts antworten müsse. Offenbar waren nicht alle dieser Ansicht, denn der Kaiser mußte Bischof Heinrich von Straßburg auffordern, ein Urteil in der Frage zu finden, ob er nun zu Aussagen verpflichtet sei oder nicht. Heinrich kam in Beratung mit den Großen zum Ergebnis, daß der Kaiser in den Klagen, die der Bischof von Lausanne gegen ihn vorbrachte, zu antworten habe, auch in Abwesenheit des Herzogs, in jenen Dingen aber, die Roger gegen den Herzog selbst vorbrachte, dessen Anwesenheit nach ordnungsgemäßer Ladung abzuwarten sei. Kontroverse Auffassungen über Rechte des Kaisers und deren Diskussion in seiner Gegenwart waren, das zeigt dieser Fall sehr anschaulich, also durchaus möglich; aber er zeigt auch, daß es dazu eines beherzten Mannes bedurfte, der das Wagnis auf sich nahm, der kaiserlichen Rechtsauffassung auch entgegenzutreten. Rogers Vorgänger hatten diese Standfestigkeit offenbar nicht, und sie kann auch nicht als Regel unterstellt werden.

Rahewin dachte wohl kaum an seltene Ausnahmefälle, als er schrieb, daß sich in Beratungen vor dem Hofgericht jeder durch Betonung seines besonderen Beifalls zur Ansicht Barbarossas bei diesem habe beliebt machen wollen.[30] Ein Beispiel mag dies veranschaulichen. Die Anwesenheit des Kaisers brachte die Salzburger Suffragane auf dem Hoftag von Regensburg 1174 dazu, sich der Absetzungssentenz Bischof Richers von Brixen gegen Erzbischof Adalbert anzuschließen. Richer war gegen ihn eingenommen, weil dieser seine Weihe untersagt hatte; die Möglichkeit der übrigen Fürsten, diesem Urteil nicht zu folgen, hielt der berichtende Geschichtsschreiber für sehr begrenzt: sie hätten Richer zugestimmt, weil sie fürchteten, sonst die Huld des Kaisers zu verlieren.[31] Schließlich erschienen die Großen nicht nur deshalb am Hof, weil sie ihrem Lehnsherrn zu «Rat und Tat» verpflichtet waren, sondern auch, um ihren sozialen und politischen Rang zu befestigen und zu steigern; und dazu wiederum war die Zustimmung zu den Entscheidungen des Herrschers durchaus förderlich. Eine andere Haltung als der Herrscher einzunehmen war unter diesen Bedingungen nicht unmöglich, wollte aber doch wohlüberlegt sein. Das bekamen auch die Mönche im elsässischen Neuburg zu spüren, deren Kloster von Barbarossas Vater zusammen mit Graf Reinhold von Lützelburg gegründet worden war. Als sie Reinholds letztwillige Verfügung, der ihnen jeden dritten Baum im Heiligen Forst bei Hagenau zur Nutzung – also für Bauholz – überlassen wollte, beim Kaiser durchzusetzen versuchten, zwang er sie, diesen Anspruch aufzugeben. Im Kloster erinnerte man sich Jahrzehnte später so an die Sache, daß der vorausschauende und mächtige Kaiser für seinen Sohn verschiedene Besitzrechte habe vereinigen wollen und sie für ihr bedeutendes Recht deshalb nur mit einem sehr kleinen Besitz entschädigt habe, sie sich aber dennoch damit zufriedengegeben hätten, «weil wir nicht zu widersprechen wagten».[32]

Entscheidungen des Kaisers konnten also, ganz unabhängig von ihrer ‹Rechtmäßigkeit›, Bestand haben, solange es niemand wagte, sie anzufechten. Barbarossa nutzte die Tatsache, daß viele die Konfrontation mit ihm scheuten, immer wieder bedenkenlos zu seinem Vorteil aus. Die Verhandlungen der Hoftage eröffneten ihm als Ranghöchstem besonders großen Handlungsspielraum, und sein bewußtes Spiel mit versteckten Drohungen war eine nicht ganz selten angewandte Taktik. Er bediente sich ihrer schon 1153, als er mit seinem Onkel Heinrich Jasomirgott über das Herzogtum Bayern verhandelte:[33] als die Versuche einer gütlichen Einigung auf den Hoftagen in Worms und Speyer scheiterten, drängte Barbarossa beide Male auf eine Beilegung des Streits durch ein *iudicium* des Königsgerichts, und beide Male entzog sich der Babenberger mit dem Hinweis darauf, daß er zu einer Verhandlung vor dem Gericht nicht förmlich geladen worden sei (*legitime vocatus*); weil sich Barbarossa über die Notwendigkeit einer förmlichen Ladung nicht zwei Mal im unklaren gewesen sein kann, sind diese Nachrichten Ottos von Freising eigentlich nur verständlich als Aussage über Barbarossas dann freilich gescheiterte Versuche, Heinrich mit der Drohung eines Urteils unter Druck zu setzen. Der Herzog wußte, daß der Herrscher versuchen konnte und auch würde, Verfahrensregeln nicht zu beachten, er wußte aber auch, daß er widersprechen und der Kaiser zurückweichen würde, sobald er diesen Widerstand spürte. Barbarossas Verhalten im erwähnten Fall des Bistums Lausanne folgte genau dem gleichen Muster.

Seine Einschüchterungsversuche waren üblicher Bestandteil der Verhandlungen vor dem Königsgericht. Besonders deutlich läßt sich das im Streit um die Zugehörigkeit Sardiniens zu Pisa oder Genua beobachten, der 1166 auf dem Hoftag von Lodi zu scharfen Wortwechseln führte.[34] Nachdem Barbarossa zuvor Pisa mit Sardinien belehnt und später den von Genua abhängigen sardischen Richter Bareso zum König gekrönt und damit Maßnahmen getroffen hatte, die sich eigentlich gegenseitig ausschlossen, versuchte er, die verfahrene Situation zu lösen, indem er die Genuesen massiv unter Druck setzte und durch seinen autoritativ vorgetragenen Gehorsamsanspruch einschüchterte: unter Berufung auf ihren Treueid verlangte er überraschend von ihnen, Sardinien den Pisanern zu überlassen. Das sprach jeder Erwartung an ein geordnetes Rechtsverfahren Hohn. Wie auch sonst beruhte diese Taktik auf dem Kalkül, daß der Adressat aus Respekt vor dem Kaiser nicht zu widersprechen wagen würde – denn das zu tun, tangierte seine Ehre und war mit dem erheblichen Risiko des Huldverlusts verbunden, das nicht jeder auf sich nehmen wollte oder konnte. Der Genueser Konsul Oberto Spinola war standhaft und besonnen genug, seinen Widerspruch in eine formvollendete Mischung aus demonstrativer Ehrerbietung, juristischer Argumentation und grundsätzlicher Gehorsamsbereitschaft gegenüber dem kaiserlichen Gericht zu kleiden und erkannte in seiner Antwort den Kaiser grundsätzlich als Rechtswahrer an: «Herr Kaiser, jeder, der das Ehrenhafte und das Gerechte unterstützt, kann sicher vor euch reden; wer aber auf Unbilligem und Ungerechtem beharrt, der muß sich fürchten und scheuen, bald wegen der kaiserlichen Hoheit, bald deshalb, weil die Wahrheit vor dem so großen Hof nicht verborgen werden kann.» Nach längeren Ausführungen über die bisherige Treue Genuas bemerkte er, daß Genua nicht förmlich zur Verhandlung über Sardinien vor den Hof geladen worden sei, und warf Barbarossa vor, daß dessen Verlangen «gegen das Recht und gegen die Ehrenhaftigkeit des Hofs» verstoße, weshalb Genua dem Spruch in keiner Weise nachkommen werde. Oberto Spinola war sich aber auch der Gefahr bewußt, mit diesen Worten den Kaiser zu beleidigen; deshalb verband er seinen Vorwurf gleichzeitig mit demütiger Anerkennung der kaiserlichen Würde und schickte voraus, daß er sich «unbeschadet eurer Ehre» äußere. Außerdem versicherte er, Genua werde für den Fall, daß die Pisaner Klage erheben sollten, vor dem Kaiser «als unserem Herrn Recht suchen und leisten». Der Konsul wußte genau, daß diese Anerkennung des kaiserlichen Gerichts geradezu lebenswichtig war, denn nichts anderes als ihre Verweigerung hatte wenige Jahre zuvor zur Belagerung und Zerstörung von Tortona und Mailand geführt. Zweimal betonte Oberto, Genua werde auf Sardinien verzichten, wenn es dazu auf rechtmäßige Weise vom kaiserlichen Hof verurteilt und für schuldig befunden werde. Aber ein kaiserliches Wort alleine könne ein öffentliches Gerichtsverfahren nicht ersetzen. «Deshalb können wir nicht glauben, daß euer Hof oder gar, wenn es [zu sagen] erlaubt ist, ihr selbst uns unser Recht ungerechterweise nehmen könnt oder wollt.» Oberto Spinolas ebenso gewandter wie entschlossener und wohlüberlegter Redeauftritt ließ Barbarossas Taktik ins Leere laufen. Nun stand der Kaiser seinerseits unter Druck. Ihm blieb nichts anderes übrig, als dem Appell, als Herrscher das Recht wahren zu müssen, zu folgen: «Wahr ist, was Oberto Spinola sagt. Und ich sage euch allen und der ganze Hof vernehme es, ich strebe nicht danach und ich will auch nicht, daß ihr glaubt, ich hätte die Rechte und Besitzungen der Genuesen an die Pisaner gegeben und sie ihnen bestätigt, noch umgekehrt die Rechte der Pisaner an die Genuesen. Ich will, daß die Rechte beider Städte erkannt werden. Ich will, daß sie ihr Recht und dessen billige Ausübung vor mir erreichen, aber nicht das Unrecht.» Als nun die Pisaner Einspruch erhoben, wurde die Situation unübersichtlich, und der Hof mußte sich, weil «das Geschrei lauter wurde», zur Beratung zurückziehen, um nach einem Ausweg aus der vertrackten Situation zu suchen.

Barbarossas Anspruch, jemanden dazu zwingen zu können, von ihm Recht zu nehmen – eine Stadt etwa oder einen Fürsten –, war insoweit prekär, als er über den institutionalisierten staatlichen Zwangsapparat, um ihn auch durchzusetzen, nicht verfügte; deshalb wurde der Gerichtszwang zumal im Verhältnis zwischen dem Königsgericht und den Großen – wie etwa im Falle Heinrichs des Löwen, aber auch Tortonas und Mailands –, häufig genug zu einer Machtfrage. Während heutzutage fehlendes Einverständnis mit einem Urteil nicht von der Befolgungspflicht entbindet, verkündete es unter den damaligen Bedingungen von ‹Staatlichkeit› oft nicht das Ende, sondern nur die nächste Stufe des Konflikts, denn nun mußte das Urteil auch noch durchgesetzt werden, gegebenenfalls mit einem Kriegszug, der aber unkalkulierbare Risiken barg. Das Urteil war auch nur ein Strang der Konfliktlösung; um seine in der Durchsetzungskraft fragliche Zwangsgewalt nicht auf die Probe stellen zu müssen, zog Barbarossa dem Urteil, das einen Gewinner und einen Verlierer produzierte – und den rangbewußten Herren schon deshalb kaum zumutbar war –, häufig eine Konsenslösung vor, die einen Interessenausgleich durch vermittelten Kompromiß erzielte. Diese Verfahrensalternative der gütlichen Übereinkunft und des Vergleichs, die in formelhaften Wendungen wie «durch Recht oder durch Gnade» (*sive secundum iusticiam sive secundum gratiam*) oder «durch Beratung oder Urteil» (*consilio vel iudicio*)[35] greifbar wird, stand neben dem Urteilsspruch nach Recht und Zwang als ein zweiter, häufig beschrittener Weg der Konfliktbeilegung zur Verfügung. Während ein Urteil des Königsgerichts in der Öffentlichkeit eines Hoftags gefällt wurde, wurden Verhandlungen über einen gütlichen Ausgleich vertraulich geführt. Dieser Unterschied ist deshalb wichtig, weil mit dem unterschiedlichen Grad an Öffentlichkeit auch ein unterschiedliches Maß an Rücksichtnahme auf den Ranganspruch der Beteiligten und damit auf ihre Ehre verbunden war: ein Urteil war eine öffentliche Demütigung für den, der unterlag; Verhandlungen im kleinen Kreise brachten dagegen keine Beschädigung von Ansehen und Würde mit sich. Im Verfahren gegen Heinrich Jasomirgott wechselte Barbarossa je nach politischer Opportunität, etwa um Druck aufzubauen, zwischen beiden Alternativen. Diesen Handlungsspielraum verstand er mit einiger Virtuosität zu nutzen. Im Streit mit Adalbert von Salzburg wollte er dem Erzbischof die Wahl zwischen *iusticia* oder *gratia* überlassen; das Verfahren nach *gratia* war eine außergerichtliche, durch Vermittler erreichte Einigung. Sollte Adalbert dieses Verfahren akzeptieren, dann sollte er mit ehrender Entschädigung für sein Erzbistum rechnen dürfen[36] – Barbarossa wäre damit der Notwendigkeit enthoben gewesen, ein Urteil gegebenenfalls mit einem Kriegszug durchzusetzen.

Eine umfassende moderne Untersuchung des Königsgerichts zur Zeit Barbarossas fehlt bis heute, obwohl sie für das Verständnis seiner Herrschaftsausübung eigentlich grundlegend wäre. Verglichen mit der Bedeutung, die das Gericht des Herrschers für die Zeitgenossen hatte, wirkt die Aufmerksamkeit, die die roncalischen Gesetze in der Forschung stets gefunden haben, etwas überproportional. Dieses Mißverhältnis erklärt sich jedoch aus der dominanten entwicklungs- und modernisierungsgeschichtlichen Perspektive der Forschung. Die roncalischen Gesetze markieren mit ihrem Versuch, die Rechtsgewohnheit (*consuetudo*) durch das herrscherliche Rechtsgebot zu verdrängen, eine frühe Phase der Entwicklung hin zum modernen Staat. Aber das konnten weder die Bologneser Juristen noch der staufische Kaiser wissen, und der moderne Staat lag jenseits ihres Handlungshorizonts; deshalb setzt die in der Geschichtswissenschaft gängige Verbindung Barbarossas mit diesem frühen Aufflackern modernen Rechtsdenkens leicht einen mißverständlichen Akzent, wenn sie nicht auch die Gleichzeitigkeit des Ungleichzeitigen im Auge behält. Die Gründe dafür, daß Zeitgenossen den Kaiser als «gerecht im Gericht» (*iustus in iudiciis*) rühmten, lagen nicht in einer zielbewußt vorangetriebenen Modernisierung des Rechts, sondern in der Erwartung und oft genug eingelösten Hoffnung, er möge sich in der verwickelten und unübersichtlichen, für eine Vielzahl intervenierender Kräfte offenen, von den unterschiedlichsten Rücksichten geprägten traditionellen Praxis des Königsgerichts bewähren – die aus heutiger Sicht in manchen Zügen geradezu archaisch, zumindest befremdlich anmutet.

AMATOR BELLORUM – FREUND DER KRIEGE

Seine Arbeiten an der Fortsetzung der *Gesta Frederici* Ottos von Freising schloß der Freisinger Rahewin vor Ende Juli 1160 ab.[37] Von der Zerstörung Mailands 1162, von dem Sieg über die Römer 1167, von der vergeblichen Belagerung Alessandrias 1174/75 und von Barbarossas Niederlage bei Legnano 1176 wußte er nichts, geschweige denn von den Kämpfen während des Kreuzzugs. Aber die Kämpfe der Jahre zwischen 1155 und 1160, mit den Erfolgen der Zerstörung Tortonas, Unterwerfung Mailands und Eroberung Cremas 1160 waren ihm gegenwärtig genug, um den Kaiser als einen «Freund der Krieg» (*amator bellorum*) zu charakterisieren.[38] Das Bedürfnis, Barbarossas «Feldherrnkunst» zu loben und ihm «die richtige Mischung aus Augenmaß und Durchsetzungswillen», «Überblick über alle Truppenbewegungen», «Talent zur Integration und Truppenführung» und «Blick für das Wesentliche» zu unterstellen, kurz: ihn als «Meister» in den «Bereichen Logistik, Disziplin und strategischer Planung» sehen zu wollen, blieb Historikern späterer Zeiten vorbehalten.[39] Rahewin beschränkte sich darauf, den Kaiser als «persönlich tapfer» zu bezeichnen – benannte also nur eine individuelle Grundhaltung, die Angst kennt, aber überwindet, und damit ein keineswegs für den Herrscher exklusives militärisches Qualifikationsmerkmal, sondern eines, das mehr oder weniger ausgeprägt für jeden galt, der am Kampf teilnahm. Ob Rahewins Verzicht darauf, den persönlichen Anteil Barbarossas am militärischen Erfolg gewichten zu wollen, seinen tieferen Grund in der Vorstellung von der Ritterschaft (*militia*) hatte, die Grafen, Herzöge und Fürsten, selbst den Kaiser mit einfachen Ministerialen und in der schichtenübergreifenden Erfahrung des Kampfes verband, sei dahingestellt. Die Betonung der Tapferkeit läßt jedenfalls den kämpfenden Ritter (*miles*) als ideellen Bezugspunkt der Charakteristik Barbarossas hervortreten; wie die Selbstverständlichkeit, mit der sich Barbarossa in die Reiterspiele des Mainzer Hoffests 1184 einfügte, zeigt, hatte Rahewin einen wichtigen Zug in der Selbstwahrnehmung des Kaisers zutreffend erfaßt. Seine Beschränkung im Urteil scheint auch heute noch letztlich die einzig adäquate Art, ein Bild von Barbarossas Beteiligung am Kampfgeschehen vermitteln zu wollen, ohne sich der grellen und falschen Farben des Historiengemäldes vom Kaiser als Feldherrn bedienen zu müssen, die Eindeutigkeit gerade da suggerieren, wo die Quellen sie nicht zulassen. Denn ein Versuch, den persönlichen Anteil Barbarossas an militärischen Entscheidungsprozessen und Erfolgen zu isolieren, scheitert schon an der viel zu summarischen Berichterstattung der Quellen, die auch nur verschwommene Vorstellungen von Befehlsgewalt und deren Delegation zuläßt: mit dem kaiserlichen Bannerträger und dem Marschall, der die oberste Disziplinargewalt ausübte und die Organisation des Heerlagers überwachte, sind die beiden am deutlichsten erkennbaren militärischen Funktionsträger benannt, zu denen man sich aber noch die politisch bedeutenden Großen sowie die Funktionsträger der Kommunen und deren militärische Experten hinzudenken muß.[40] Daß individuelle Züge Barbarossas dabei kaum auszumachen sind, entspricht genau der Notwendigkeit von Beratung und Konsens vor der Entscheidung, denn die weltlichen und viele der geistlichen Fürsten hatten die gleiche ritterliche Ausbildung wie der Kaiser selbst erhalten und verfügten ihrerseits häufig genug über Kriegserfahrung, die tunlichst zu berücksichtigen war.

Wenn Barbarossa überhaupt hervortritt, dann in Beratungssituationen wie jener, die der Zuweisung der verschiedenen Alpenpässe an die fürstlichen Kontingente vor Aufbruch zum zweiten Italienzug vorausging.[41] Als die ungarischen Teilnehmer des Kreuzzugs im Herbst 1189 durch ein Schreiben König Belas in ihre Heimat zurückbeordert wurden, hielt der Staufer mit den Fürsten geheime Beratungen ab, offenbar, um sich über Maßnahmen zu verständigen, die dieser plötzliche Verlust größerer Kontingente erforderlich machte.[42] Weil militärische Entscheidungen von den wichtigen Befehlshabern mitgetragen wurden und das Verhältnis des Kaisers zu seinen Großen keine von oben nach unten gehende Befehlskette war, mußte die Entscheidung im Konsens fallen. Ob die Kreuzfahrer Konya angreifen sollten oder nicht, wurde vor Barbarossa kontrovers diskutiert, bis der Entschluß, den Angriff zu wagen, von allen angenommen wurde; am Tag vor dem Angriff «hielt der Kaiser fast bis Mitternacht eine Beratung mit den Seinigen», wer den Angriff vortragen sollte.[43] Um Barbarossas Versuche zu erklären, den Frieden im Lager und im Heer durch verschiedene Vorschriften zu sichern, muß man ihm auch nicht «zwei neue Elemente» in seiner «Feldherrnkunst» unterstellen, «das rationale Kalkül und das Konzept der Sozialdisziplinierung».[44] Schon die erste der Lagerordnungen, die er als Gesetz (lex) im Februar 1155 vor der Belagerung Tortonas erließ, war das Ergebnis von Beratungen «mit verständigen Leuten» und knüpfte an die gängigen Landfrieden, aber auch an die Friedensordnungen der Kreuzfahrerheere an.[45] Es waren wohl die Schwierigkeiten des Zweiten Kreuzzugs, die aus der schieren Größe des Heeres und seiner Versorgung ebenso resultierten wie aus der Konfrontation mit einer bislang ungekannten Kampfweise, die ihn die Bedeutung geordneten und disziplinierten Handelns für den Erfolg einer militärischen Unternehmung erkennen ließen. Aus diesem Grunde legte der Kaiser auf seinem eigenen Kreuzzug besonderes Augenmerk auf die Einhaltung von Plünderungsverboten.

Disziplinarordnung im Heer und disziplinierendes Eingreifen in die Kriegführung gehörten zusammen, aber während das eine mangels institutionalisierter Führungsstrukturen stets nur recht unvollständig durchsetzbar war,[46] kollidierte das andere häufig mit der Absicht persönlichen Ruhmerwerbs als einer selbstverständlichen Handlungsmotivation der Kämpfer. Scharmützel, wie sie sich während der Unternehmungen in Italien zwischen Belagerern und Belagerten immer wieder abspielten, waren als einzelne nicht konfliktentscheidend, boten aber allen, die danach suchten, Gelegenheit, sich zu bewähren und Ruhm zu erwerben.[47] Das galt etwa für einfache Leute wie den Reitknecht, der in einem tollkühnen Alleingang einen der Befestigungstürme Tortonas bestieg und danach lebend wieder ins Lager zurückkehrte: Barbarossa ließ ihn zu sich rufen «und wollte ihn wegen seiner ruhmvollen Tat durch Verleihung des Rittergürtels ehren. Doch da jener erklärte, er sei ein Mann niederen Standes und wolle in diesem bleiben, er sei mit diesem Los zufrieden, beschenkte er ihn reich und ließ ihn zu seinen Zeltgenossen zurückkehren.»[48] Stets waren viele im Heer, die sich erst noch einen Namen machen mußten, insbesondere die Jünglinge (iuvenes) unter den Adligen; andere hatten sich ihr Ansehen schon in früheren Kämpfen verdient und wollten sich dessen würdig zeigen. Die Kämpfe vor Mailand 1162 charakterisierte Rahewin als einen «Wettstreit um Tapferkeit und Ruhm» und nannte die Unternehmungen Ottos von Wittelsbach als ein Beispiel dafür, daß «alle, die nach Ruhm und Lob gierten, danach strebten, einander durch irgendeine Heldentat zu übertreffen, um sich einen Namen machen zu können». Herzog Heinrich Jasomirgott nahm Rache für überraschende Überfälle durch mailändische Bogenschützen, deren Taktik er als unwürdige Kampfesweise ansah; Graf Albert von Tirol fühlte sich vom provozierenden Auftreten eines mailändischen Ritters herausgefordert und nahm den Kampf mit ihm zum Beweis eigener Tapferkeit ohne Harnisch und nur mit Schild und Lanze auf. Otto von St. Blasien meinte später, die Ritter hätten «unter den Augen des Kaisers eifrig aus Ehr- und Prahlsucht für Ruhm, Ehre und Lohn» gekämpft und seien bald hier, bald dort vorgeprescht.[49]

Dieser Alltag des Kriegsgeschehens war Barbarossa natürlich vertraut, wie eine Bemerkung in seinem Brief an Papst Viktor IV. zeigt, in dem er über ein Gefecht vor Mailand berichtete: einige *milites* hätten das Lager verlassen, seien in der Gegend der Stadt hierhin und dorthin gezogen und hätten, wie es solche Leute zu tun pflegten, auf ihr Glück gewartet.[50] Der Kaiser wußte indessen nicht nur, daß solche Unternehmungen üblich waren, sondern auch, daß sie unter Umständen eine höchst unerwünschte Dynamik entwickeln konnten. So etwas geschah 1158, als Graf Ekbert von Pütten und Formbach, ein Verwandter des Staufers, hoffte, mit einigen seiner Gefolgsleute vor den Mauern Mailands «irgendetwas Denkwürdiges ausführen zu können»; man glaubte sogar, er sei «gleichsam unmutig darüber, daß die Böhmen schon so Vieles und Großes vollbracht» hätten. Bei seinem Streich unmittelbar vor einem der Stadttore Mailands erlitt der Graf den Tod – ein Ereignis, das in vielen Quellen ein Echo fand.[51] Offenbar hatte sich Ekbert über ein Verbot eigenmächtiger Aktionen hinweggesetzt, denn Barbarossa wertete sein Vorgehen als Ungehorsam.[52] Der Sinn solcher Befehle bestand offenbar auch darin, keine unerwünschten Handlungszwänge entstehen zu lassen. Otto Morena fiel auf, daß sich die Deutschen während der zweiten Belagerung Mailands «aus Furcht gegenüber dem Befehl des Kaisers» von einem Gefecht fernhielten, denn «er hatte ihnen befohlen, niemand solle mit den Mailändern zu kämpfen beginnen».[53] Aber das Ruhmbedürfnis zumal der adligen Herren konnte – und wollte – er nur sehr beschränkt disziplinieren. Als sich der polnische Herzog Boleslaw bei der zweiten Belagerung Mailands 1161 zu einer ebenfalls tollkühnen, im Unterschied zu jener Ekberts freilich erfolgreichen Unternehmung hinreißen ließ, tadelte ihn Friedrich dafür, daß er eine solche Entscheidung ohne vorherige Beratung mit ihm getroffen und mit seiner Unvorsichtigkeit das Heer in große Gefahr gebracht habe – ein Ungehorsam, der um so mehr Tadel verdiene, als bekannt sei, daß der Herzog seiner Abstammung wegen der kaiserlichen Majestät näher stünde als andere.[54] Weil Barbarossa fürchtete, die Lodesen könnten «durch übermäßige Kühnheit und Übermut» ihre Stadt verlieren – und er den wichtigsten Rückzugspunkt im Kampf gegen Mailand –, befahl er ihnen, sich den Mailändern nicht weiterhin im Feld und außerhalb der Stadt zum Kampf zu stellen. Auch wußte er um die Gefahr von Kriegslisten zumal in unbekanntem Gelände und befahl, «sehr viel erfahrener als alle seine Ritter», sich in der sumpfigen Gegend um Lodi von den Mailändern nicht zur Überquerung eines Wasserlaufs provozieren zu lassen.[55]

Daß Barbarossa Befestigungen persönlich in Augenschein nahm, wird anläßlich der Belagerungen von Tortona, Mailand und Crema ganz nebenbei erwähnt. Etwas ausführlicher heißt es anläßlich eines Aufenthalts auf Burg Neuenburg in Thüringen, er habe moniert, daß die Anlage von keiner kräftigen Mauer geschützt werde; daß sein Schwager, Landgraf Ludwig von Thüringen, dann über Nacht eine solche habe aufbauen lassen, ist weniger glaubwürdig als das ungleich plausiblere Detail, der Staufer habe sich alle Gebäude der Burg zeigen lassen und sich höchst beeindruckt gezeigt.[56] Solchem Interesse an Befestigung und Verteidigung entsprechen die vielen Nachrichten über die Aufmerksamkeit, mit der Barbarossa die verschiedensten Vorgänge im Heer verfolgte. In den Kreuzzugsquellen erscheinen sie besonders gehäuft: wie ein getreuer und kluger Verwalter der Dienerschaft Gottes habe er sich Gedanken über den Zustand des Heeres des Heiligen Kreuzes gemacht, er habe sich um alles gesorgt; als er von armenischen Gesandten erfuhr, daß der Marsch entlang des Saleph noch eine schwierige und gefährliche Wegstrecke sei, ließ er, «der wie ein Vater mit allen seinen Pilgern fühlte, diese Auskunft unterdrükken, damit das Heer nicht, wenn es etwa hörte, welche Strapazen ihm bevorstünden, durch die Mühsal des Weges und den Mangel am Notwendigen entmutigt würde».[57] Für das Bild des *amator bellorum* ist die persönliche Beteiligung des Kaisers am Kampfgeschehen freilich ungleich wichtiger. Gegen Ende seines Lebens, im Kampf vor Konya, sei er zwar von der vielfachen Anstrengung des Marsches erschöpft gewesen; aber, «an Charakterstärke Judas dem Makkabäer vergleichbar, warf er als erster sein Pferd herum, die anderen folgten ihm kühn, und wie ein Löwe stürzte er sich auf die Feinde; er schlug sie so in die Flucht, daß nicht ein einziger von ihnen Hand gegen ihn erhob, sondern alle sich zur Flucht wandten.»[58] Als fast Siebzigjähriger soll er noch genauso in vorderster Linie gekämpft haben wie im Alter von 33 Jahren bei der Eroberung von Spoleto 1155: «Niemand war in diesem Kampf rühriger als der Kaiser; keiner, auch kein gemeiner Kriegsmann, entschlossener, die Waffen zu ergreifen, keiner, auch kein Söldner, mehr bereit, sich Gefahren auszusetzen als er. Schließlich drängte er selbst von der Seite, wo bei dem bischöflichen Sitz der Hauptkirche die Stadt wegen der Steilheit des Berges fast unzugänglich erschien, nicht nur seine Leute durch Zuruf zum Angriff und zwang sie durch Drohungen dazu, sondern gab auch den anderen ein Beispiel, und indem er unter schwerster Gefahr in eigener Person den Berg erstieg, drang er in die Stadt ein.»[59] Die superlativischen Hervorhebungen von Barbarossas Tapferkeit in diesen Geschichten sind keine ganz seltenen Einzelfälle, und die epische Überarbeitung von Ottos Text im *Ligurinus* stellt in gattungsbedingter Reduzierung der Handlungsmotive Tapferkeit und Kampf Barbarossas vollends ins Zentrum. Gunthers Hervorhebung, der Kaiser habe im Kampf weder an sein eigenes noch an des Reiches Wohl gedacht,[60] bestärkt aber genau die Zweifel hinsichtlich der Zuverlässigkeit solcher Nachrichten, denn daß sich gerade der Herrscher selbst durch den Kampf in vorderster Linie größter Gefährdung seines Lebens ausgesetzt haben soll, ist jedenfalls aus heutiger Perspektive schwer vorstellbar.

Allerdings gibt es auch keinen anderen Grund als die Rückprojektion bürgerlicher Ethik und Tugenden auf Angehörige des mittelalterlichen Kriegeradels, um solche Episoden in Bausch und Bogen als bloße Heldengeschichten abzutun, die aus Rücksicht auf entsprechende Publikumserwartungen erzählt worden seien. Eine retrospektive Abwägung von Risiko und Nutzen, die ja auch stets in sicherer Distanz zum Ereignis geschieht, wird der vergangenen Wirklichkeit nicht gerecht, in der adlige Herren häufiger etwas taten, was aus Sicht moderner Staatsräson und bürgerlicher Moral zu tun durchaus unvernünftig ist. Daß die «unmittelbare Intervention des ‹Oberkommandierenden›» stets erst dann stattfand, «wenn der Sieger schon feststand», kann man im Falle Barbarossas begründet bezweifeln, ohne vielleicht gleich den Vorwurf auf sich zu ziehen, sich Auseinandersetzungen im 12. Jahrhundert in romantischer Verkennung «ausschließlich als face-to-face-Kämpfe ritterlicher Helden» vorstellen zu können.[61] Zu häufig ist seine Teilnahme am Kampf überliefert, um sie nur auf wirkungsvolle Darstellungstricks der Geschichtsschreiber reduzieren zu können. Die Nachrichten über Hinterhalte, die auf persönliche Anordnung des Kaisers gelegt wurden, sind unter dem Gesichtspunkt persönlicher Gefährdung noch vergleichsweise unproblematisch. Die Kriegslist der vorgetäuschten Flucht war im Mittelalter so weit verbreitet, daß man ihre Anwendung einem Befehl Barbarossas ohne weiteres zutrauen kann. Am 30. April 1190 lockte er türkische Angreifer ins aufgegebene Lager der Kreuzfahrer, wo zurückgelassen wurde, was man aus Erschöpfung nicht mehr tragen konnte; hinter dem Rauchvorhang absichtlich gelegter Feuer hielt er eine Reiterabteilung bereit, die dann über die Türken, die das Lager plünderten, herfiel: die Feinde «waren wie blind und wurden von uns im Handstreich überwältigt, fast 300 von ihnen lagen tot am Boden, entweder am Lagerplatz oder auf dem nahen, steilen Berghang».[62] Auch wenn die Zahlen ziemlich sicher übertrieben sind, muß man den Erfolg selbst nicht als Übertreibung wegerklären, sondern kann ihn als durch Barbarossas Befehl erzielt als historisches Faktum bestehen lassen. Auch darf man glauben, daß am 14. Juli 1159 vor Mailand ein Hinterhalt gelang, allerdings nur um Haaresbreite, den Barbarossa zuvor mit den Pavesen sorgfältig geplant hatte: Paveser Ritter sollten durch Viehdiebstahl eine Abteilung der Mailänder Miliz zur Verfolgung herausfordern und dann zu einem vorher abgesprochenen Ort flüchten, wo sich der Kaiser mit seinen Rittern verborgen halten und über die Verfolger herfallen wollte; daß Friedrich dann tatsächlich persönlich an dem Überfall teilnahm, belegen die Quellen aus unterschiedlicher Perspektive, im Ergebnis aber ebenso übereinstimmend wie Niederlage und Flucht der Mailänder, die keine Konfrontation mit dem Kaiser persönlich und seinen Rittern erwartet hatten.[63]

Persönliche Gefährdungen waren im Kampf unvermeidlich. Als Barbarossas Sohn Friedrich durch einen Steinwurf mehrere Zähne ausgeschlagen wurden, während er dem Kaiser auf dem Kreuzzug in bedrängter Situation zu Hilfe eilte, soll Barbarossa ihm angesichts der Wunde später mit einem Lächeln gesagt haben, diese Narbe trage er künftig als ein gewinnendes Zeichen seines tapferen Rittertums, weil sie beweise, daß er schon für Gott gekämpft habe; ein Krieger müsse tapfer kämpfend verletzen und verletzt werden, während ein in diesem Kampfe weichlicher und fauler Ritter sich bei Gott des Lohnes und bei den Menschen des Lobes als unwürdig erweise.[64] Die eigene Beteiligung am Kampfgeschehen brachte auch den Kaiser mehrfach in gefährliche Situationen: vor Crema befand er sich gerade in der ‹Katze›, einem schon bis an die Stadtmauern vorgeschobenen gedeckten Unterstand, als die Verteidiger die Belagerungsmaschine in Brand setzten und ihn dadurch zusammen mit den anderen Kämpfern in Lebensgefahr brachten – die er später noch den Cremonesen vorwarf, auf deren Wunsch er die Belagerung durchgeführt habe.[65] Im August 1161 verfolgte Barbarossa zusammen mit den Rittern Rainalds von Dassel die von einigen Fürsten zuvor zu Vermittlungsgesprächen ins Lager bestellten Mailänder Konsuln und ihre Bedeckung bis vor die Mauern der Stadt und geriet vor der Porta Romana in eine gefährliche Situation: «Und als der Kaiser auf der Brücke über den Graben heftig unter den Feinden kämpfte, wurde dort sein Pferd durchbohrt und er selbst leicht verwundet». Die Rainald nahestehende Kölner Überlieferung will genauer wissen, daß ihm «ein Lanzenstich sogar gefahrdrohend zwischen Schild und Körper» gedrungen sei.[66] Geschichten über das Pferd, das unter dem Leib des Helden getötet wurde, sind nicht selten; sie müssen allerdings keine wahrheitsgetreue Erzählung der Wirklichkeit, sondern können darstellerische Mittel sein, mit denen sich die Autoren bemühten, ihre Geschichte wirkungsvoller zu erzählen. In jedem Fall aber muß es «vorstellbar oder vorstellenswert gewesen sein, daß auch ein König so weit ins Kampfgeschehen eingegriffen hat, daß sein Pferd in Gefahr geriet».[67] Daß die Nachricht unabhängig voneinander an zwei geographisch weit auseinanderliegenden Orten erzählt wurde, spricht ebenso für ihre Glaubwürdigkeit wie die vielen anderen Episoden über Barbarossa als (mit-)kämpfenden König – die es in dieser Fülle und Prägnanz auffallenderweise weder für seinen Sohn Heinrich VI. noch für seinen Enkel Friedrich II. gibt, aber sehr wohl und in noch größerer Dichte für den englischen König Richard Löwenherz. Daß das Pferd im Kampf getötet wurde, war eine geläufige Erfahrung, weshalb den Rittern im Kampf auch ein Ersatzpferd in Reichweite zu halten versucht wurde. Mit dem Wissen um diese Praxis spielte Johannes Codagnellus, Notar aus Piacenza, der eine Mailänder Erzählung über die Taten Barbarossas nach 1220 unter dem Eindruck der beginnenden Auseinandersetzungen mit Friedrich II. einer für den Kaiser deutlich nachteiligen Überarbeitung unterzog. Den knappen Bericht seiner Vorlage über das für den Staufer verlustreiche Gefecht bei Carcano ergänzte er um die Nachricht, daß Barbarossa fast in die Hände der Feinde gefallen sei, weil sich sein Pferd auf der Flucht mit den Hinterläufen in Weinranken verfangen habe. Graf Guido von Lomello habe den Staufer aber gerettet, indem er sich auf seinem eigenen Pferd aufgerichtet, ihm Hände und Arme zur Hilfe gereicht und ihn auf ein anderes Pferd gesetzt habe, das einer seiner Knappen parat hielt.[68] Das Pferd des Kaisers spielt auch in der Geschichte eine Rolle, die Kardinal Boso über die Schlacht von Legnano erzählt: er weiß zu berichten, daß Barbarossa vom Pferd gefallen sei – was, anders als die Nachricht vom getöteten Pferd, weniger den tapfer kämpfenden als vielmehr den überwältigten Herrscher vor Augen führt. Romuald von Salerno, der weniger parteiisch war, allerdings auch über schlechtere Informationsquellen verfügte, wußte dagegen nichts von dieser Episode und notierte, der Kaiser sei «unter den Flüchtenden fast der letzte» gewesen.[69] Bosos Nachricht ist noch in anderer Hinsicht interessant. Mit Hinweis auf die auffallend schimmernden Waffen des Kaisers nennt er den Grund dafür, weshalb der Kaiser überhaupt in solche Bedrängnis geraten konnte: er war zu erkennen und zog damit die Angriffe auf sich. Für spätere Zeit ist die Praxis häufiger belegt, die Identität des Anführers zu verbergen, indem er eine Rüstung trug wie andere auch oder aber mehrere Ritter die gleichen Erkennungszeichen führten wie der König selbst.[70] Leider sind die Quellen der Barbarossazeit in diesem Punkt äußerst wortkarg; immerhin war es wenige Jahre nach seinem Tod vorstellbar, daß sein Sohn Heinrich VI., mit Kronenhelm und durch Adler auf Schild und Pferdedecke als Kaiser auffällig gekennzeichnet, in die Belagerung von Neapel ritt – so zeigt ihn jedenfalls eine zeitgenössische Miniatur im *Liber ad honorem* des Petrus da Ebulo.

Barbarossa kannte die blutige Realität des Reiterkampfes. Er wußte, daß ein Ritter, der vom Pferd fiel, und erst recht natürlich Fußsoldaten oft genug unter den Hufen zerstampft wurden. Daher ist es zumindest nicht unplausibel, wenn er in den Beratungen vor dem Angriff auf Konya gerade mit Hinweis auf diesen Sachverhalt die Gefechtstaktik eingeschärft haben soll, die die Kreuzfahrer beherzigen sollten, um sich in prekärer Situation nicht angreifbar zu machen: niemand solle seinem vom Pferd gestürzten Freund aufhelfen, sondern ihn lieber niedertrampeln, als sich vom Angriff auf den Feind abhalten lassen.⁷¹ Als Teilnehmer am Kampf tötete der Herrscher auch persönlich. Bischof Wilhelm von Tyrus berichtete im Abstand von etwa zwei Jahrzehnten, Barbarossas Onkel, Konrad III., habe bei einem Gefecht vor Damaskus «eine ewig denkwürdige Tat verrichtet. Man sagt nämlich, er habe einem der Feinde, der tapferen und männlichen Widerstand leistete, obgleich er eine Rüstung trug, mit einem Hieb Kopf, Hals und die linke Schulter samt dem Arm und einem Teil der Seite darunter abgehauen.»⁷² Fast dieselbe Tat schrieb man später einem Teilnehmer an Barbarossas Kreuzzug zu, die Ludwig Uhland dann zum Thema seines berühmt-berüchtigten Gedichts «Als Kaiser Rotbart lobesam» machte: «Da faßt er erst sein Schwert mit Macht, / Er schwingt es auf des Reiters Kopf, / Haut durch bis auf den Sattelknopf, / Haut auch den Sattel noch zu Stücken / Und tief noch in des Pferdes Rücken; / Zur Rechten sieht man wie zur Linken, / Einen halben Türken heruntersinken.» Solche Geschichten wurden aber nicht nur über muslimische Feinde erzählt, so daß sie wohl weniger ein tief verwurzeltes Selbstbild christlicher Überlegenheit über muslimische Gegner,⁷³ sondern einfach über jeden Feind waren: der polnische Herzog Bolesław rühmte sich, als ein zweiter David einen riesenhaften Mailänder geköpft zu haben, König Vladislav, den Mailänder Fahnenträger mit seiner Lanze durchbohrt zu haben.⁷⁴ Solche Wagestücke gehörten zum Repertoire jener Taten, mit denen man sich eben einen Namen machen konnte. Jeder Krieg und jede Kampfform bringt ‹Helden› hervor; inwieweit man sie als solche gelten lassen will, ist eine moralische Frage, die als Sonde für Motive des mittelalterlichen Kriegeradels aber nicht recht tauglich ist. Will man dieses Urteilskriterium dennoch anlegen, so wird rasch klar, wie wenig Barbarossas Verhalten an solchen Maßstäben zu messen ist. Zwar werden dem Kaiser selbst ähnlich blutrünstige Taten wie Konrad III. nicht explizit zugeschrieben, aber zweifellos tötete er nicht weniger erbarmungslos als sein Onkel und mit derselben standestypischen Verachtung gegenüber dem Leben einfacher Leute und Krieger, die für die adligen Herren der Zeit charakteristisch war. Die kalte Brutalität, mit der er vor Crema Geiseln hängen oder als menschliche Schutzschilde an einen Belagerungsturm binden ließ, fand ihr Pendant in der ungezügelten Gewalt, mit der er, gepanzert zu Pferde sitzend, mit dem Schwert auf mailändische Fußsoldaten eindrosch und sie so vor der Porta Romana von der Brücke in den Graben stürzte.⁷⁵ Bei der Belagerung Cremas und des Römischen Bogens vor Mailand schoß er mit dem Bogen auf die Verteidiger, also mit einer dem ritterlichen Kampf eigentlich unwürdigen und von einem Adligen nur bei der Jagd geführten Waffe. Der Belagerungskrieg war freilich vom Idealbild ritterlichen Kampfes weit entfernt, und in solchem ‹Abschießen› der Gegner spiegelt sich die gleiche Verachtung, mit der Barbarossa nach dem Gelingen des erwähnten Hinterhalts Bischöfe und Fürsten aufforderte, sie sollten mit ihm die gefangenen Mailänder wie eine Strecke jagdbaren Wildes begutachten: «‹Gehen wir und besehen unsere heutige Jagd, ob sie unseren großen Anstrengungen entspricht.› Wir gingen also und sahen eine solche Menge Jünglinge, Männer und Greise an langen Stricken ins Gefängnis geführt werden, als wäre es eine Herde Schafe.»⁷⁶

Triumph über die Feinde gehörte so unverwechselbar zur Selbstdarstellung des Kaisers wie Einzelheiten über Erschlagene und Gefangene. Briefe und Rundschreiben enthielten immer wieder Passagen, die den Kaiser als heldenhaften Krieger zeichneten. In einem Brief an den Patriarchen Pilgrim von Aquileja berichtete Barbarossa über den Kampf gegen die Mailänder bei Carcano im August 1160: «außerdem haben wir ihre Fahne, die sie hochmütig auf ihrem Fahnenwagen aufgerichtet hatten, in den Dreck geworfen und zerstört und haben dort mehr als dreißig ihrer Ritter, die allein zur Bewachung der Fahne abgestellt worden waren, niedergemacht und haben sie durch Gottes Hilfe mit unseren Männern in die Flucht geschlagen und zum Rückzug in ihr Lager gezwungen und den Kampf mit Ehre und Sieg behauptet.» Eigene Verluste räumte er ein, erachtete sie aber angesichts derer des Gegners für nichts: als die Mailänder «nämlich die Körper ihrer Getöteten einsammelten und in 75 Karren nach der Stadt Mailand brachten, gab es nicht einen Wagen, auf dem nicht drei oder vier Tote lagen.» Das wären zwischen 225 und 300 Gefallene gewesen.⁷⁷ Aus der Parallelüberlieferung ist bekannt, daß Barbarossa tatsächlich – wie später bei Legnano – den *carroccio* angriff, wenngleich er sicher nicht persönlich die Ochsen erschlug und das goldene Kreuz von der Stange des Wagens samt der Fahne wegnahm.⁷⁸ Im Jahr zuvor hatte er Bischof Albert von Freising mitteilen lassen, daß 600 tapfere Mailänder gefangengenommen und 150 getötet worden seien, ein Jahr später ließ er Papst Viktor IV. berichten, daß beim schon erwähnten Gefecht, das ihn bis vor die Porta Romana führte, über 600 Feinde getötet worden seien; «ungezählte andere töteten wir mit dem Schwert, andere blieben verwundet und halbtot auf den Feldern und den Straßen [von den Pferden] zertreten liegen».[79] Ein neben Toten- und Gefangenenzahlen sowie der Kampfteilnahme des Kaisers wiederkehrendes Motiv in diesen Briefen ist die «Ehre des Reichs», die durch solche Nachrichten offenbar glaubwürdig und eindrucksvoll gemehrt werden konnte. Das herrschaftliche und ritterliche Ideal der Tapferkeit war für Barbarossa verpflichtend, und er folgte ihm mit einer für die Zeitgenossen erkennbaren Glaubwürdigkeit. Aber die Grausamkeiten und Exzesse der Kriege, die auf seinen Befehl seit 1155 in Oberitalien geführt wurden, waren auch der Grund dafür, daß der aus der römischen Antike stammende Begriff vom *furor teutonicus* nach Jahrhunderten fast völliger Vergessenheit seit der Mitte des 12. Jahrhunderts wieder auftauchte. Das wohl früheste Beispiel stammt aus einer dem Kaiser nicht einmal feindlich gesinnten Quelle, dem von einem anonymen Autor aus Bergamo verfaßten *Carmen de gestis Frederici I*. Er läßt die Mailänder den Kaiser beim Gang über die Adda 1158 als «rothaarigen König, Anführer des deutschen Zorns» (*rex ruffe, furoris teutonici ductor*) schmähen; als er dies schrieb, war der gezielte Terror, mit dem der Kaiser Crema und Mailand in die Knie zwingen wollte, noch nicht lange Geschichte.[80] Boncompagno da Signa, der um 1200 ein «Buch über die Belagerung Anconas» (*Liber de obsidione Ancone*) verfaßte, spitzte dieses Bild in eigentümlicher Verbindung mit der Erinnerung an den langjährigen Streit um das, was das Recht des Kaisers und der Kommunen war, noch weiter zu: Christian von Mainz, der die Seestadt belagert hatte, galt ihm als Exponent jener Deutschen, die den Zorn als Gesetz ansähen und Gnade entweder nicht üben wollten oder nicht könnten.[81]

AMATOR ECCLESIARUM – FREUND DER KIRCHEN

Die Bezeichnung Barbarossas als *amator ecclesiarum* stammt aus dem Totenkalender der Bamberger Domkanoniker und weist weniger auf eine allgemeingültige Charakteristik von Barbarossas Herrschaftsausübung hin als vielmehr auf die besonderen Beziehungen des Herrschers zur Bamberger Kirche: man weiß von einem Dutzend zum Teil höchst substantieller Verfügungen, die er zugunsten Bambergs traf, angefangen bei der reichen Memorialstiftung für seines im Dom beigesetzten Onkels Konrad III. Aus einem anderen Nekrolog erfährt man, daß er der Bischofskirche Gold und Silber schenkte und außerdem Einkünfte eines Hofes für das Meßoffizium in der Paulskapelle.[82] Und schließlich verfügte der Kaiser über Reliquien seines ebenfalls in Bamberg beigesetzten, heiliggesprochenen Amtsvorgängers Heinrich II., die er entweder geschenkt bekommen oder aber den Bambergern abgekauft hatte. Dies alles sind Vorgänge, über die kein erhaltenes Schriftstück der kaiserlichen Kanzlei Zeugnis ablegt, die aber eindrucksvoll die enge Beziehung des Kaisers zum fränkischen Bistum illustrieren. Seine Herrscheraufgabe, die Kirchen zu schützen, zu fördern und auszustatten, erfüllte er zumindest dort geradezu vorbildlich. Gleichzeitig macht der Bamberger Ehrentitel darauf aufmerksam, daß die Äußerungsformen der religiösen Haltung des Kaisers nicht von denen des Christen Barbarossa zu trennen sind: Amt und Person waren eine Einheit. Der Herrscher war Repräsentant einer gottgewollten Ordnung, weshalb es für das Wohlergehen des Reichs auch unerläßlich war, daß er der Kirche Gottes zugewandt war.

Am Hof sorgten die Geistlichen der Hofkapelle für die Abhaltung der Meßfeier. Als Barbarossa hörte, daß das Kloster Tegernsee über gute Schreiber verfügte, gab er bei Abt Rupert ein Missale und ein Lektionar in Auftrag, also Bücher mit Texten und Gebeten für den liturgischen Jahresablauf.[83] Die Teilnahme an der Messe war, glaubt man Rahewins Beschreibung des üblichen Tagesablaufs, für den Kaiser eine selbstverständliche Pflicht: «Er besucht entweder allein oder mit ganz geringem Gefolge in aller Frühe das gemeinsame Gebet in den Basiliken oder seiner Priester … Dem Gottesdienst erwies er so große Verehrung, daß er jede Stunde, die man vor Gott selbst betet, durch angemessenes Schweigen ehrt und daß währenddessen niemand wagt, ihn mit irgendeinem Geschäft zu behelligen. Wenn er nach Beendigung der Andacht und der Messe mit den göttlichen Reliquien gesegnet worden ist, widmet er den übrigen Morgen den Regierungsgeschäften.»[84] Zur Ausstattung des reisenden Hofs gehörten Tragaltäre; einen solchen zu weihen bat Barbarossa Bischof Hartmann von Brixen, als er 1163 auf seinem Weg nach Italien durch dessen Bistum zog. Der Kaiser schätzte Hartmann persönlich so sehr, daß ihm dessen Weihe ungeachtet seiner Parteinahme für Alexander III. wichtig war. Die Hofkapelle führte manchmal auch die wichtigsten Reichsreliquien mit sich: das Reichskreuz, das Konrad II. († 1039) für die Splitter vom Kreuz Christi in Auftrag gegeben hatte, die er aus Byzanz geschenkt bekommen hatte, und die Heilige Lanze, in deren Blatt Partikel von einem Kreuznagel Christi eingearbeitet waren. Beim fünften Italienzug befanden sich die Insignien des Reichs nachgewiesenermaßen im Troß, und man darf sich ihre Präsentation auch als Bestandteil von Barbarossas öffentlichem Auftreten in Venedig denken. Nach seiner Krönung in Arles wurden sie ihm in einer Prozession vorausgetragen, bevor sie Erzbischof Konrad von Salzburg unter Geheimhaltung zurück nach Deutschland transportierte.[85]

Den von Rahewin beschriebenen Tagesrhythmus scheint Barbarossa auch im Feld beibehalten zu haben. Jedenfalls war er in seinem Lager bei Lodi frühmorgens gerade aus dem Zelt getreten, «um nach seiner Gewohnheit vor den Reliquien der Heiligen Gott die Opfer seiner Gebete darzubringen», als ein Attentäter im Sommer 1159 versuchte, ihn in die Adda hinabzustürzen – was die Kämmerer vereiteln konnten, die auf seine Hilferufe herbeieilten.[86] Zeichen seiner Religiosität war auch, in bedrängter Situation Zuflucht im Gebet zu suchen. Angesichts der Seuche, die im Sommer 1155 nach der Kaiserkrönung in Rom ausbrach, soll er «mit tränenüberströmtem Gesicht» um gesunde Heimkehr des Heeres gebetet haben; als er von den Veronesern in den Klausen eingeschlossen war, soll er in sein Zelt gegangen, die Schuhe ausgezogen und vor dem Kreuz gebetet haben; ähnliches hielten die Zeitgenossen auch bei bevorstehenden Kämpfen auf dem Kreuzzug für möglich, von dem aus der Kaiser sogar brieflich Heinrich VI. und Herzog Leopold von Österreich um Gebetshilfe bat. Das Pendant dazu waren Gebete und Dankopfer für erfahrene Hilfe Gottes, etwa nach den Siegen in Italien.[87]

Hinweise auf die zeittypische Heiligen- und Reliquienverehrung gibt es für Barbarossa gehäuft. Wie für seine Zeitgenossen war es für ihn eine Glaubensgewißheit, daß in den sterblichen Überresten der Heiligen auf Erden ihre wundertätige Kraft (*virtus*) anwesend war und durch Verehrung ihrer Reliquien die Fürsprache der Heiligen bei Gott erreicht werden konnte. Entsprechend deutlich waren seine Sorge um das Seelenheil und die eigene Sündhaftigkeit mit dem Heiligenkult und auch dem Pilgerwesen verbunden. Die biblischen Orte, die wie keine anderen von der Lebens- und Passionsgeschichte Christi geheiligt waren und daher in der Hierarchie der «heiligen Orte» ganz oben standen, besuchte Barbarossa zusammen mit Konrad III. während ihres Kreuzzugs. Jerusalem, der Schauplatz von Leiden, Tod und Auferstehung des Erlösers, galt als Mittelpunkt und Nabel der Welt. Während ihres Aufenthalts in der Stadt im April 1148 besuchten die beiden Staufer die heiligen Stätten, allen voran sicher die Grabeskirche und den Felsendom.[88] Von Arles aus, wo sich Barbarossa 1178 unter der Krone zeigte, zog er «des Gebets wegen» (*orationis causa*) nach St. Gilles, eine der wichtigsten Stationen auf dem Jakobsweg.[89] Im August 1185 begleitete er Konrad von Wittelsbach, den Kardinalbischof von Sabina und Erzbischof von Mainz, auf einer Pilgerfahrt zur Einsiedelei des heiligen Galgano auf dem Hügel von Montesepi nicht weit von Siena.[90] Der Autor der Paderborner Annalen war sich sicher, daß auch der Kreuzzug, unbeschadet aller Unterschiede zur unbewaffneten Pilgerfahrt, für den Kaiser den Charakter einer Bußleistung hatte und ließ ihn sagen: «Ich weiß, daß ich ein Sünder bin; wegen meiner Sünden und zur Verteidigung der Christenheit unternehme ich diese Reise (*iter*).»[91] Der Kreuzzug war für Barbarossa gewiß auch ein Akt der Frömmigkeit.

Einen nur mittelbaren, gleichwohl aber anschaulichen Hinweis auf Barbarossas Glaubensgewißheiten und -hoffnungen liefert der Widmungsbrief, den Bischof Tebaldo von Gubbio an den Kaiser richtete und in dem er ihm einleitend die Krone des ewigen Lebens wünschte. Diesen Text stellte Tebaldo der Vita voran, die er über seinen Amtsvorgänger Ubaldo geschrieben hatte und mit dem Barbarossa besondere Erinnerungen verband. Bei der Belagerung Gubbios 1155 hatten die Bürger gefürchtet, dasselbe Schicksal wie das kurz zuvor zerstörte Spoleto erleiden zu müssen, und ihren damals kranken, auf Grund seines heiligmäßigen Lebenswandels hochangesehen Bischof Ubaldo als Vermittler zum Kaiser geschickt. Ihm war es gelungen, den Staufer zur Milde zu bewegen: Barbarossa soll ihn sogar beschenkt, ihm einen Sitzplatz an seiner Seite zugewiesen und um seinen Segen gebeten haben. In seinem Brief erinnerte Tebaldo den Kaiser an dieses Geschehen, insbesondere an den erhaltenen Segen, und fügte hinzu, daß Barbarossa den Bischof damals aber noch nicht im Glanz seiner Wundertätigkeit habe sehen können. Es war Tebaldo ein besonderes Anliegen, die Wunder, die Ubaldo nach seinem Tod bewirkte, dem Herrscher mitzuteilen; offensichtlich glaubte er, dem Kaiser könnte das Wissen wichtig sein, einen Heiligen zu dessen Lebzeiten geehrt zu haben und von diesem gesegnet worden zu sein.[92] Indem Tebaldo den Kaiser bat, der Richtigkeit all dessen zu vertrauen, was er über Ubaldos Heiligenruhm geschrieben habe, ging er davon aus, daß dem Herrscher dieser Text auch vorgelesen und übersetzt werde. Dieselbe Vorstellung hatte Graf Balduin V. von Hennegau, als er dem Staufer die Passio und Mirakel des heiligen Jakobus schickte und ihm empfahl, die Tugenden und Wunder anzuhören, in deren Glanz der Apostel bei Gott und den Menschen erstrahle.[93] Nichts spricht dafür, daß sich die Zeitgenossen in Barbarossas Bereitschaft und Bedürfnis, die Wunder der Heiligen kennenzulernen, getäuscht haben könnten.

Gut belegt ist, daß er sich persönlich mehrfach um den Erwerb von Reliquien bemühte. Der berühmteste Fall ist sicher seine Aufforderung an den englischen König Heinrich II., er möge die Hand des heiligen Jacobus zurückgeben, die nach dem Tod Heinrichs V. (1124) dessen englische Gemahlin Mathilde, also Barbarossas Großtante, nach England verbracht hatte.[94] Von Abt und Konvent des Klosters San Solutore in Turin erhielt er bei seiner Ankunft in der Stadt Reliquienpartikel ihrer Patrone, der heiligen Märtyrer Solutor, Adventor und Octavius, alles Angehörige der Thebäischen Legion – die in Zeiten der Christenverfolgung an der Wende vom 3. zum 4. Jahrhundert in Trier das Martyrium erlitten hatten –, sowie des heiligen Benedikt als Geschenk.[95] Eine sinnlose Schmälerung des eigenen Reliquienschatzes – wäre sie nicht durch die Wertschätzung des Kaisers gerechtfertigt, die die Mönche als sicher unterstellen konnten. Auch Barbarossa verschenkte Reliquien: die Reichsabtei Fonte Avellana in den italienischen Marken erhielt von ihm Kreuzesreliquien, und polnische Gesandte, die ihn Anfang 1166 in Aachen aufsuchten, erhielten von ihm Reliquien des in Bamberg verehrten Kaisers Heinrich II.[96] Rainald von Dassel überließ er nach der Eroberung Mailands die in S. Eustorgio geraubten Reliquien der Heiligen Drei Könige – sofern er sie als solche überhaupt kannte und nicht erst der Kölner Erzbischof diese Tradition begründete –, und Bischof Gero von Halberstadt scheint die Reliquien der Heiligen Gervasius und Protasius, die er von Mailand in seine Bischofsstadt überführen ließ, ebenfalls vom Kaiser erhalten zu haben.[97] Die Kleriker der römischen Kirche S. Bartolomeo all'isola machten sich ihre leider nicht weiter zu erhellenden Beziehungen an den Hof so weit zunutze, daß sie in der umstrittenen Frage, ob sie die Reliquien des heiligen Bartholomäus tatsächlich besaßen oder ob diese nicht eher in Benevent lagen, eine kaiserliche Urkunde erwirkten. Um die Wahrheit in dieser Sache festzustellen und um aus den Herzen der Gläubigen jeden Zweifel zu entfernen, habe der Kaiser in der Chronik seines Onkels Otto von Freising nachschlagen lassen; noch in den Tagen, als vor Rom die todbringende Epidemie ausbrach, wurde über diesen Sachverhalt eine Urkunde ausgestellt und die Authentizität der Reliquien durch eine Kaiserurkunde gewissermaßen beglaubigt, die eine im Sinne der Römer ausdeutbare Nachricht Ottos ausführlich zitiert.[98] Erwähnt sei schließlich, daß Barbarossa 1163 eine in Worms aufbewahrte und als wundertätig verehrte Fingerreliquie des heiligen Bischofs Nikolaus verehrte.[99] Weil im Glauben der Zeit die direkte Berührung der mit der *virtus* des Heiligen aufgeladenen Reliquie besonders erstrebenswert war, sind auch Nachrichten über eine persönliche Beteiligung des Kaisers an der Translation von Heiligen nicht ganz selten. Als 1163 der heilige Bassianus aus dem von Mailand zerstörten Lodi nach Neu-Lodi transferiert wurde, trug der Kaiser dessen Gebeine zusammen mit Papst Viktor IV., dem Patriarchen von Aquileja, dem Abt von Cluny und anderen Erzbischöfen und Bischöfen auf eigenen Schultern in die neue Kirche,[100] und 1187 trug er im Augsburger Kloster St. Ulrich und Afra, zu dem er seit seiner Jugend persönliche Verbindungen hatte, die Gebeine des heiligen Ulrich zusammen mit drei Bischöfen zu ihrer neuen Ruhestätte.[101]

Am berühmtesten, aber auch den meisten Mißverständnissen ausgesetzt ist freilich seine Beteiligung an der Heiligsprechung Karls des Großen am 29. Dezember 1165 in Aachen. Die Gebeine des karolingischen Amtsvorgängers «erhoben und erhöhten wir mit Furcht und großer Achtung zu Lob und Ruhm des Namens Christi und zur Befestigung des Römischen Reichs und zum [Seelen-]Heil unserer geliebten Gemahlin Beatrix und unserer Söhne Friedrich und Heinrich in Anwesenheit zahlreicher Fürsten und einer großen Menge an Klerikern und Volk unter Hymnen und geistlichen Gesängen».[102] Die Verbform «wir erhoben» (*elevavimus*) betont zwar Barbarossas Beteiligung am Geschehen, heißt aber nicht, daß er die Gebeine Karls des Großen alleine mit eigenen Händen aus dem Grab hob und zu einem provisorischen Schrein trug – das geschah vielmehr, wie in Lodi und Augsburg auch, sicher mit Beteiligung anwesender Geistlicher, am ehesten Rainalds von Dassel, in dessen Kölner Erzdiözese Aachen lag, und Alexanders von Lüttich, zu dessen Bistum Aachen gehörte, an die Papst Paschalis III. sein Kanonisationsrecht delegiert hatte.[103] Karl der Große war damals schon seit Jahrhunderten als Idealkaiser schlechthin angesehen worden, und die Urkunde, die über das Aachener Geschehen Auskunft gibt, stellte eine besonders enge Beziehung Barbarossas zu dem Karolinger her: «Seit wir durch Anordnung göttlicher Milde die Spitze des Römischen Reiches zu lenken empfangen haben, war es der höchste Wunsch unseres Willens und Vorsatzes, den seligen Königen und Kaisern, die uns vorausgegangen sind, besonders aber dem größten und ruhmreichen Kaiser Karl wie einem Vorbild für das Leben und die Lenkung der Untergebenen zu folgen und im Nachfolgen immer vor Augen zu haben; in dessen Nachahmung werden wir das Recht der Kirchen, den unverletzten Bestand des Staatswesens und die Unantastbarkeit der Gesetze in unserem ganzen Reich bewahren.»[104] Speziell als Gründe für die Heiligsprechung des Kaisers wurden seine Beteiligung an der Bekehrung der Sachsen und anderer Völker zum Christentum genannt, aber auch die erst unter dem Einfluß des Kreuzzugsgedankens entstandene Vorstellung, daß ihn schon seine im Heidenkampf tagtäglich demonstrierte Bereitschaft, für den Glauben zu sterben, zum Märtyrer gemacht habe; schließlich die historisch zwar unrichtige, aber damals schon seit einem guten Jahrhundert als wahr geglaubte Tätigkeit Karls für die Glaubensverbreitung auch jenseits des Meeres – also im Heiligen Land.

Die Deutung der Karlskanonisation «als eine persönlich-politische Schöpfung Barbarossas»[105] ist heute zwar fest etabliert, beruht allerdings auf einigen forschungsgeschichtlich begründeten Prämissen, die letztlich in der Debatte um die nachteiligen Folgen des Investiturstreits für das deutsche Königtum wurzeln und der Revision bedürfen.[106] Die seit dem 19. Jahrhundert gerne wiederholte Annahme, mit dem Geschehen von Canossa sei ein unmittelbar wirksamer Legitimationsverlust des Königtums verbunden gewesen, weist jedem der nachfolgenden Herrscher die Kompensation dieses Legitimationsdefizits als aktiv verfolgtes Ziel zu und macht sie damit zu bewußten Wegbereitern einer Säkularisierung der Politik, mußten die angeblich verlorenen sakralen Ressourcen des Königtums doch durch andere ersetzt werden.[107] In diesem Geschichtsbild nimmt die Heiligsprechung Karls des Großen einen prominenten Platz ein: sie wird als Ausdruck der Bemühungen Barbarossas «um die Eigenständigkeit der weltlichen Herrschaft, um eine vom Papsttum unabhängige und dennoch religiös fundierte Legitimierung»[108] interpretiert, der neue Heilige sei gleichsam als «Anwalt einer papstunabhängigen Stellung des Kaisertums» erhoben und das Reich, «zumindest dem Anspruch nach, gegen das Mitspracherecht Roms in der Kaiserfrage immunisiert» worden.[109] In dieser Sicht erscheint der heilige Karl – ebenso wie die 1157 erstmals in der Kanzlei auftretende Bezeichnung «heiliges Reich» (*sacrum imperium*) – als ein Versuch, «das Reich durch eine eigenständige ‹Heiligkeit› von der Kirche abzugrenzen und ihr als gleichwertig gegenüberzustellen»; die vom Kaiser ausgehende Inanspruchnahme der Heiligkeit des Reichs sei daher letztlich ein «Säkularisierungsvorgang».[110]

Hätte die Idee in dieser Weise die Wirklichkeit bestimmt, dann hätte wohl Barbarossa den heiligen Karl politisch auch in Anspruch genommen, die Kanzlei die Junktur *sacrum imperium* konsequent gebraucht und zumal am prominentesten Ort öffentlichkeitswirksamer Verkündung einer solchen politischen Konzeption – nämlich in der Urkunde, die über Barbarossas Motive der Karlskanonisation berichtet – auch sicher verwendet. Aber nichts von alldem war der Fall: Friedrich berief sich in der Folgezeit nie auf seinen heiliggesprochenen Vorgänger, als «heilig» (*sanctus*) erschien der Karolinger praktisch ausschließlich in Urkunden für Aachen; das Reich als *sacrum imperium* zu bezeichnen blieb der Vorliebe einzelner Notare überlassen und wurde zu Barbarossas Zeiten nie kontinierlich benutzter, offizieller Sprachgebrauch.[111] Selbst die Karlskanonisation wurde gerade nicht mit der Festigung des *sacrum imperium* begründet, sondern, viel traditioneller und ganz unspektakulär, des *Romanum imperium*. Zwar war das Geschehen in Aachen und Barbarossas Beteiligung daran wie jede andere Manifestation von Gläubigkeit ein Nachweis der Herrschaftsbefähigung des Kaisers und insoweit politisch relevant; aber Karl der Große war für Barbarossa kein ‹politischer› Heiliger in dem Sinne, daß er ihn irgendwie politisch instrumentalisiert hätte. Anders als es die ideengeschichtliche, auf Herrschaftslegitimation fixierte Sicht nahelegt, war die Karlskanonisation in erster Linie Ausdruck einer religiösen Praxis, in der – wie bei jeder anderen Heiligsprechung auch – die Interessen der Erinnerungsgemeinschaft ausschlaggebend waren, die über das Grab als dingliche Voraussetzung des neuen Kults verfügte. Hinter Barbarossas Beteiligung an der Erhebung Karls ist zunächst eine Initiative der Aachener Stiftsgemeinschaft zu vermuten, der eigentlichen Trägerin der Karlsmemoria.[112] In ihren Kreisen war die Karlstradition seit langem ungebrochen lebendig gewesen, hatte sogar mit der ersten Öffnung des Karlsgrabes durch Kaiser Otto III. († 1002) zu Pfingsten 1000 schon früh Züge der Heiligenverehrung angenommen. Gebete und Totengedenken an Karls Grab, seine Bilder auf Münzen und Siegeln, vor allem sein steinerner Thronsitz erinnerten an den Gründer der Marienkirche. Die Kanonisation des außerhalb Bambergs ungleich weniger bekannten und bedeutenden Heinrichs II. bestärkte die Aachener in ihrem Wunsch nach Anerkennung der Heiligkeit auch ihres kaiserlichen Stifters; die traditionelle Königsnähe ihres Propstes verhalf ihnen zu einem privilegierten Zugang zum Hof und damit zu allen Möglichkeiten, dem Kaiser diesen Wunsch auch nahezubringen.[113] Sicher nicht zufällig geschah die Kanonisation, als ein Verwandter Barbarossas in Aachen als Propst amtierte, der den um Heinrich II. in Bamberg entstandenen Kult aus eigener Anschauung kannte: Otto aus der Familie der Grafen von Andechs, der zuvor Propst von St. Stephan in Bamberg und wohl auch Bamberger Domherr gewesen war. Von der Einsicht, daß die Förderung eines Heiligenkults seinem eigenen Seelenheil dienen würde, mußten die Aachener den Kaiser nicht überzeugen, denn dieses Wissen lag seinen Schenkungen für Kirchen und Klöster ohnehin als generelle Glaubensgewißheit zugrunde.

Gleichwohl hätte die Aachener Initiative ohne den tiefgreifenden Wandel des Karlsbildes seit dem 11. Jahrhundert sicher keinen Erfolg gehabt. Die Heiligmäßigkeit des Karolingers war sowohl in volkssprachlicher als auch in lateinischer Literatur ein kennzeichnender Zug geworden, vor allem aber seine Auffassung als «Ritter» (*miles*) oder «Krieger Christi» (*athleta Christi*), «der seine militärischen Fähigkeiten im Kampf für den Glauben einsetzen darf und soll».[114] Sein Bild hatte sich den Hoffnungen und Sehnsüchten der entstehenden ritterlich-höfischen Gesellschaft angepaßt, für die der Kreuzzug nicht nur eine Möglichkeit zum Erwerb von Ruhm und Ehre war, sondern eben auch ein Mittel individueller Heilsfürsorge – bis hin zur Möglichkeit, im Kampf gegen die Ungläubigen den Märtyrertod zu finden und damit das ewige Leben zu gewinnen. Als christlicher Ritterkönig entsprach Karl der Große dem kämpferischen Adelsideal und war deshalb auch für Barbarossa attraktiv.

Weil sich in der dritten Nacht nach der Erhebung Karls ein Lichtwunder am Turm der Marienkirche ereignet haben soll, war Barbarossa «mit unvergleichlicher Freude erfüllt worden und hat außer den anderen großen und reichen Geschenken seiner kaiserlichen Freigebigkeit alljährlich zehn Mark Silber zur Verwendung im Refektorium für die Kanoniker wie für die Gäste der Kleriker [geschenkt] und diese seine Spende als eine feste und immerwährende zum Heil seiner Seele und der Seinen eingerichtet».[115]

Diese Stiftung für Aachen war nur einer von vielen verschiedenen Akten dieser Art. Stiftungen im eigentlichen Sinne begründeten ein soziales System, das den Tod der Personen überdauerte, die an ihrer Errichtung beteiligt waren: als Gegenleistung für das geschenkte Vermögen und dessen Erträge war die Personengruppe, der sie zukamen, zum Gebet für den Stifter verpflichtet, dessen Sündenstrafen im Jenseits auf diese Weise gelindert werden sollten. Verglichen mit seinen Amtsvorgängern in ottonischer und salischer Zeit ist Barbarossa auf dem «vornehmsten Sektor königlicher Stiftungstätigkeit, der Gründung von Kirchen und Klöstern nur bescheiden hervorgetreten».[116] Zeitnähere vergleichende Untersuchungen stehen aber noch aus, so daß der Befund zwar auf Unterschiede königlicher Stiftungspolitik zwischen dem 10. und 12. Jahrhundert aufmerksam macht, nicht aber erkennen läßt, inwieweit Barbarossa in seiner eigenen Zeit in dieser Hinsicht eine Ausnahmeerscheinung war. Wäre er lebend vom Kreuzzug zurückgekehrt, wäre er aller Wahrscheinlichkeit nach als Stifter einer recht ansehnlichen, dem heiligen Georg geweihten Kirche in Erinnerung geblieben, denn für den Fall seines Sieges vor Konya hatte er eine solche Stiftung zu Ehren des Ritterheiligen gelobt, auf dessen Tag (23. April) er auch den Aufbruch zum Kreuzzug ursprünglich festgelegt hatte.[117] Immerhin weiß man von seiner Unterstützung von Kirchenbauten in Freising, Augsburg, Lodi und Worms. Auffallend häufig ist der Staufer als Gründer und Förderer von Hospitälern belegt. Nur im Falle des 1189 kurz vor dem Aufbruch zum Kreuzzug gestifteten Hospitals in der Pfalzstadt Hagenau sind Memorialleistungen allerdings ausdrücklich erwähnt: in der Kapelle, die dem Hospital angeschlossen war, sollten fünf Prämonstratenser das liturgische Gedenken an ihn und seine Eltern bewahren.[118] Nur in dieser Urkunde wird auch mit biblischen Anklängen (Jesaja 58,7) die Versorgung von Armen und Reisenden explizit als Aufgabe des Hospitals benannt – jene Werke der Barmherzigkeit, die Barbarossa an der Tätigkeit des Johanniterhospitals in Jerusalem beeindruckt hatten und deren Sinn und Notwendigkeit ihm wenige Monate vor dem erneuten Aufbruch zum Kreuzzug besonders deutlich vor Augen gestanden haben mögen. Hospitalstiftungen in Kaiserslautern, im thüringischen Altenburg und fränkischen Reichardsroth lagen in Gebieten des staufischen Territorialinteresses, aber Barbarossa förderte auch Spitäler in Erfurt, Metz, auf dem Semmering, in Borgo San Donnino, Piacenza oder San Leonardo bei Senigallia. Diese Tätigkeit fügte sich in die damals gerade einsetzende Hinwendung der Laien zur Armenfürsorge und macht Barbarossa zum ersten Herrscher, «der die angestammte Königspflicht zur *caritas*» in der Spitalbewegung wahrgenommen hat.[119] Unter den kirchlichen und monastischen Lebensformen scheint Barbarossa jene dem Armutsideal verpflichteten bevorzugt zu haben,[120] so daß Aufmerksamkeit für die Armenfürsorge auch als Kennzeichen seiner Frömmigkeit erscheint.

Die Sorge für die Gebete zu seinem eigenen Seelenheil, das seiner Familie und seiner Vorfahren war ein ausgeprägtes Motiv seiner Stiftungen. Aber die Memoria seiner Ahnen trat in den Urkunden für das Hauskloster seiner Vorfahren in Lorch, für St. Walburg im Heiligen Forst, die Grablege seines Vaters, und für die mit seiner Familie in Verbindung stehenden Klöster Schlettstadt, Lochgarten und Neuburg nicht gleichmäßig zutage.[121] Dem Stift St.-Étienne in Besançon, der Familiensepultur der Beatrix, schenkte er ein Dorf, aus dessen jährlicher Abgabe zwei Priester finanziert werden sollten, die für das Seelenheil seiner Gemahlin und ihrer Ahnen zu beten hatten.[122] Zur Abhaltung von Anniversarfeiern (jährlichem Gedenken) nach seinem eigenen Tod schenkte er dem Kloster St. Ulrich und Afra in Augsburg drei Höfe; die Domkanoniker von Speyer, die für die Memoria der dort beigesetzten Kaiser sorgten, erhielten die enorme Summe von 500 Mark Silber zum Erwerb zweier Höfe und weiterer Liegenschaften, um aus deren Einkünften sein Totengedächtnis bestreiten zu können – übrigens der deutlichste Hinweis darauf, daß Barbarossa in Speyer beigesetzt werden wollte, an der Seite seiner Gemahlin Beatrix.[123] Beim Zisterzienserorden bemühte sich Barbarossa um die Zusage, daß ihm nach seinem Tod in allen Häusern des Ordens ein Gottesdienst wie für einen verstorbenen Abt gehalten werde.[124] Außerdem sind Dutzende von Verfügungen überliefert, die Barbarossa zum Heil seiner Seele vornahm (*pro remedio animae nostrae; pro salute nostra*). Viele davon waren einfache Besitzbestätigungen oder Gewährungen von Vergünstigungen, die er sozusagen routinemäßig in Ausübung seiner kaiserlichen Sorge für Kirchen und Klöster vornahm, für die er gleichwohl «von dem wahren Samariter, wenn er wiederkehrt, hundertfache Belohnung» zu erhalten erhoffte.[125] Manche waren auch Schenkungen; an S. Donato a Torri nicht weit von Florenz übertrug er zum Seelenheil seiner sehr jung verstorbenen Tochter Agnes die Erlaubnis zum Bau von Mühlen.[126] Obwohl diese Urkunde keinerlei Bestimmungen hinsichtlich Memorialleistungen enthält, wird angenommen, daß sie mit der Begünstigung der Kirche gleichwohl verbunden gewesen sein müssen. Davon kann man mit gleicher Plausibilität bei einer Vielzahl anderer Verfügungen ausgehen, etwa im Falle der Schenkung an die Johanniter in der Lombardei, die Barbarossa zu seinem und seiner Eltern und seiner Gemahlin und seiner Kinder Seelenheil vornahm.[127] Die nur selten explizite Erwähnung des konkreten Memorialdienstes muß nicht bedeuten, daß dem Kaiser die liturgische Memoria unwichtig gewesen sei oder er sogar von der postmortalen Wirkung der Stiftungen «recht wenig» gehalten habe.[128] Vieles wurde offensichtlich nur mündlich vereinbart; daß er der Genfer Kirche Geld zur Einrichtung einer Anniversarfeier stiftete, ist aus einer Notiz im Totenbuch der Kirche bekannt. Und in Buchenbach bei Freiburg wurden bis Anfang des 20. Jahrhunderts noch Messen für Barbarossa gelesen – der erst 1796 gegründeten Pfarrei waren nach der Säkularisation Gedenkverpflichtungen von mehreren aufgehobenen Klöstern, die diese einst übernommen hatten, übertragen worden, die Seelenmesstiftung für den Stauferkaiser erlahmte erst in der Inflationszeit nach dem Ersten Weltkrieg.[129]

Die Überlieferung zur Memoria des Stauferkaisers ist weit verstreut, ihre umfassende Untersuchung steht noch aus, und in vielen Fällen ist das Wissen um Memorialverpflichtungen in der Überlieferung der ursprünglich begünstigten Institution – oder eben zusammen mit ihr – verlorengegangen. Mit einer solchen Konstellation hat man beispielsweise im Falle des Augustiner-Chorherrenstiftes St. Zeno in Reichenhall zu tun. 1170 schenkte Barbarossa dem Stift einen Ort, offenbar zur Anlage einer Saline. In der Urkunde heißt es, das Stift solle den Nutzen aus der Schenkung «zum Heil des Reichs und unserer Seele» (*pro imperii et animae nostrae salute*) haben.[130] Begründete diese Schenkung Memorialleistungen des Stifts? Im Westflügel des

ABB. 43 Reliefbildnis Barbarossas im Kreuzgang von St. Zeno in Reichenhall. Auf der linken, hier kaum sichtbaren Seite des Quaders sind Fuchs, Wolf und Kranich dargestellt, wobei der Fuchs Verschlagenheit und Untreue, die Fabel von Wolf und Kranich besonders Undankbarkeit versinnbildlicht.

Kreuzgangs von St. Zeno ist heute noch ein eingemauerter, über einen Meter hoher Quader zu sehen, dessen eine Seite als Muldennischenfigur einen Herrscher zeigt. Krone, Szepter und Reichsapfel machen ihn als König oder Kaiser kenntlich, eine zeitgenössische Inschrift bezeichnet den Dargestellten als FRIDERICUS – eine nur auf Friedrich Barbarossa beziehbare Identifikation. Da man Herrschern damals nicht einfach Denkmäler gesetzt hat, kann es sich nur um ein Memorialbild handeln, das die Erinnerung an Stiftungstätigkeit des

Kaisers lebendig halten sollte. Die dem Kreuzgang zugewandte Seite des Quaders zeigt ein Flachrelief mit drei Tierdarstellungen, die die beiden Fabeln vom Wolf und dem Lamm sowie vom Wolf und dem Kranich in einem Bild zu vereinen scheinen. In diesen wohl auf Äsop zurückgehenden Geschichten erscheint der Wolf als Sinnbild des Mächtigen, der zum eigenen Vorteil bedenkenlos Unschuldige ermordet, aber auch gegebene Versprechen listig nicht einhält und sich undankbar zeigt. Die Fabeln gehörten zum geläufigen Schulstoff und waren den Mönchen aus dem Grammatikunterricht bekannt, ihre Verbildlichung muß ihnen daher irgendwie als Kritik an Willkür und Undankbarkeit zugänglich gewesen sein. Offensichtlich hatte man in St. Zeno irgendwann Grund, die Darstellung des Kaisers, deren Anlaß zunächst kein anderer als die dankbare Vergegenwärtigung des verehrten Stifters gewesen sein konnte, durch die Moraldidaxe der Fabel gleichsam bildlich zu kommentieren: der unmittelbare Bezug muß den Zeitgenossen verständlich gewesen sein. Heute ist das Bildensemble ein erratisches Rätsel, herausgefallen aus den Zusammenhängen seiner Entstehungszeit, unverständlich und unlösbar, weil letztlich der Anlaß für die so prominente Vergegenwärtigung des Stauferkaisers ebenso vergessen ist wie der Anlaß zu der verklausulierten Kritik an ihm.

Auch kleinere Stiftungen hielten die Erinnerungen an den Wohltäter wach. Sie umfaßten häufig liturgisches Gerät – wie die sogenannte Taufschale des Kaisers, die zur rituellen Handwaschung in der Meßliturgie bestimmte Silberschale, die er seinem Paten Otto von Cappenberg schenkte. Von ihr war zu Beginn bereits die Rede. Aus dem Totenbuch des Klosters Weingarten erfährt man, daß Barbarossa den Mönchen einen Kelch schenkte, das Eremitenkloster Fonte Avellana erhielt liturgische Gewänder und silberne Gefäße sowie ein rotes Tuch mit goldenem Besatz, der angeblich Worte in deutscher Sprache zeigte, und der Dom von Spoleto eine Ikone mit dem Bild der Mutter Gottes.[131] Anläßlich der Heiligsprechung Karls des Großen wurde auch die Aachener Marienkirche vom Kaiserpaar mit goldenen Gefäßen, seidenen Tüchern und liturgischen Gewändern reich beschenkt. Die bedeutendste Stiftung für Aachen ist der heute noch an einer 27 Meter langen Kette vom Dach der Pfalzkapelle herabhängende, über vier Meter im Durchmesser fassende Radleuchter aus vergoldetem Kupfer, den Barbarossa und seine Gemahlin der Marienkirche einige Jahre später

ABB. 44 Radleuchter in Aachen. Der in Barbarossas Auftrag hergestellte Leuchter besteht aus acht flach geschwungenen Bögen mit 16 runden oder eckigen Türmchen; die zwischen dem oberen und unteren Reif ursprünglich vorhandenen Ornamentstreifen sind verloren, ebenso wie die Wächterfiguren an den Türmen. Die Achteckform verweist auf das himmlische Jerusalem, aber auch auf den Grundriß der karolingischen Pfalzkapelle.

schenkten. Die Inschrift legt vom Auftrag des Kaisers ebenso Zeugnis ab wie von seinem Gebet um Fürbitte: «Der rechtgläubige Kaiser, Friedrich, König der Römer, selbst gottesfürchtig, gelobte und stiftete der gottesfürchtigen Maria die königliche Gabe dieser achteckigen [Lichter-]Krone, wobei er den Klerus anwies, sowohl auf die Gestalt wie auch auf die Zahl zu merken: nach dem Vorbilde des [Aachener] Gotteshauses nimmt seine Schenkung ihre Form. Nimm also, Meeresstern [Maria], der du den hellen Sternen voraufleuchtest, den Stifter Friedrich in dein frommes Gebet auf; ihm verbinde seine Mitherrscherin Beatrix.»[132] In unmittelbarer Beziehung zur Karlskanonisation steht auch das Reliquiar, das einen Arm des heiligen Kaisers barg, und, wie die silbernen Halbreliefs auf der Außenseite nahelegen, ebenfalls eine Stiftung des Kaiserpaares war. Reliquiare gehörten ebenfalls zu den Geschenken, die eine bleibende Erinnerung an den Stifter bewirken konnten: Beatrix schenkte dem Dom zu Speyer, ihrer künftigen Grablege, ein Reliquiar mit einer achtzeiligen gereimten Inschrift, in der sie sich als Sünderin bezeichnete und ihrer Hoffnung Ausdruck gab, gleichwohl das ewige Leben zu verdienen.[133]

In diesem Kontext ist auch von dem Kopfreliquiar aus Cappenberg zu sprechen, das als ‹Barbarossakopf› bekannt ist und dessen Züge

FREUND DER KIRCHEN

ABB. 45 Aachener Armreliquiar Karls des Großen, Geschenk Barbarossas an das Aachener Marienstift anläßlich der Kanonisation Karls des Großen 1165. Eine Inschrift auf dem Deckel erklärt die Funktion des Kästchens als Reliquiar: BRACCHIUM SANCTI ET GLORIOSISSIMI IMPERATORIS KAROLI (Arm des heiligen und ruhmreichsten Kaisers Karl). Oben: Vorderseite, im Zentrum Maria, die Aachener Patronin, zwischen zwei Erzengeln, flankiert von Barbarossa (links) und Beatrix (rechts). Unten: Rückseite, im Zentrum Christus zwischen Petrus und Paulus, flankiert von Konrad III. (links) und Herzog Friedrich II. von Schwaben (rechts). Auf Befehl Napoleons I. 1804 als Geschenk für Kaiserin Josephine nach Paris verbracht, nach dem Tod Napoleons III. dem Louvre übergeben. – Paris, Louvre.

heute die Vorstellung vom Aussehen des staufischen Kaisers beherrschen.[134] Die in etwa halber Lebensgröße gearbeitete Büste verbindet Ansätze von individueller Modellierung mit ganz ornamentaler Auffassung der Gesichtszüge. Auffallend ist der starre Blick aus großen Augen; durch das lockige Haar verläuft ein im Nacken verknotetes Band, das als Imperatorenbinde nach antikem Vorbild gedeutet wird, das aber ursprünglich von einer silbernen Krone verdeckt war, die bei der Säkularisierung des Cappenberger Stifts und seines Reliquienschatzes Anfang des 19. Jahrhunderts verlorenging. Die Gesichtshälften sind unsymmetrisch gebildet, die Ohren stehen verschieden weit vom Kopf ab, Wangenknochen und Tränensäcke sind herausmodelliert[135] – alle Züge von Individualität. Der Kopf wird von Engeln getragen, die auf einem achteckigen Zinnenkranz knien: ein Sinnbild für das himmlische Jerusalem, dessen Mauern und Türme nach der Beschreibung der Offenbarung des Johannes von Engeln und Aposteln bewacht werden. Passend dazu belegen die Inschriften die Funktion des Kopfes als Behältnis für Reliquien des Apostels Johannes; auf den beiden Halsbändern liest man: «Was hier bewahrt wird, ist vom Haar des Johannes. Erhöre, o heiliger Johannes, die dich durch Gebet bedrängen.» Auf den Zinnen des Mauerrings wird erklärt, wessen Gebet den Heiligen bedrängt: «Nimm, o Seher der Offenbarung, das dir gegebene Geschenk als willkommen an und eile fromm durch Fürbitte dem Geber Otto zu Hilfe.» Dieser Otto war niemand anders als Barbarossas Pate, Otto von Cappenberg. Von dem Kaiser selbst ist nirgends die Rede, aber das Reliquiar gilt als Büste Barbarossas, weil es mit Ottos Testament in Zusammenhang gebracht wird, in dem er dem Cappenberger Stift verschiedene Geschenke übereignete, unter anderem: «ein silberner Kopf, geformt nach dem Bilde des Kaisers, mit seiner Schale, die ebenso aus Silber ist».[136] Die Schale ist die ‹Taufschale› Barbarossas, von der eingangs die Rede war; weil sie zusammen mit dem Kopf erwähnt wird, geht man davon aus, daß auch der Kopf ein Geschenk des Kaisers war. Der erste, der diesen «silbernen Kopf» des Testaments für identisch mit dem goldenen Kopfreliquiar hielt, war Friedrich Philippi, Archivdirektor in Münster; seiner These, 1886 erstmals in einem Aufsatz publiziert, ist bis heute durchschlagender Erfolg beschieden. Allerdings fiel schon Philippi auf, daß das Kopfreliquiar nicht silbern ist; er erklärte diesen Widerspruch mit der Annahme, der Schreiber des Testaments habe bei der Erwähnung des Kopfes an die Handwaschschale gedacht und deren Material – Silber – dann irrtümlich auch für den Kopf angegeben.[137] Aus einer noch vor dem Testament entstandenen historiographischen Nachricht weiß man, daß Otto in einen «vergoldeten Kopf» Johannes-Reliquien hineinlegte.[138] Dieser Kopf ist zweifellos identisch mit dem erhaltenen Kopfreliquiar, das, wie man heutzutage weiß, aus vergoldeter Bronze besteht. Einen «silbernen Kopf» kann man aber nicht in einen Kopf aus vergoldeter Bronze verwandeln.

Über diesen eigentlich unauflösbaren Widerspruch trägt nur die stets bemühte Ähnlichkeit des Kopfes mit Rahewins berühmter Be-

FREUND DER KIRCHEN

ABB. 46 Sogenannter Cappenberger Barbarossakopf. Das Kopfreliquiar, in dem Barbarossas Patenonkel Otto von Cappenberg Reliquien des Evangelisten Johannes bergen ließ, die er von Herzog Friedrich II. von Schwaben im Austausch für schwäbische Besitzungen erhalten hatte, gilt seit den 1886 erstmals publizierten Überlegungen des Münsteraner Archivdirektors Friedrich Philippi als Büste des Stauferkaisers. – Cappenberg, ehem. Prämonstratenserstift.

schreibung des Kaisers hinweg: «Sein Haar ist blond und oben an der Stirn etwas gekräuselt, die Ohren werden kaum durch darüber fallende Haare verdeckt, da der Barbier aus Rücksicht auf die Würde des Reiches das Haupthaar und den Backenbart durch dauerndes Nachschneiden kürzt. Seine Augen sind scharf und durchdringend, die Nase ist schön, der Bart rötlich, die Lippen sind schmal und nicht durch breite Mundwinkel erweitert und das ganze Antlitz ist fröhlich und heiter.» Wie schon erwähnt, heißt es bei Acerbus Morena aus Lodi ganz ähnlich: «Sein helles Angesicht war von rötlicher Farbe, sein Haar fast blond und gekräuselt; sein Antlitz war heiter, und immer schien er lächeln zu wollen.»[139] Beide Beschreibungen ähneln einander und vermitteln einen sicher zutreffenden Eindruck von Barbarossas Aussehen. Aber die Übereinstimmungen der literarischen Beschreibungen mit der Cappenberger Büste sind keineswegs so eindeutig, daß sich nicht über so gut wie jede Einzelheit streiten ließe – und auch gestritten wurde.[140] Sind die dichtgedrängten Schneckenlocken der Büste das «an der Stirn etwas gekräuselte Haar», von dem Rahewin spricht? Gehört die scharfe Nasolabialfalte mit den erweiterten Winkeln des extrem kleinen Mundes tatsächlich zu einem fröhlichen und heiteren Gesicht? Sind objektive Antworten auf solche Fragen naturgemäß unmöglich, so bleibt die Aussagekraft eines Vergleichs zwischen Bild und schriftlich überlieferter Personenbeschreibung aber vor allem deshalb äußerst begrenzt, weil die Kunsthistoriker erkannt haben, daß man hochmittelalterlichen Bildnissen – anders, als im 19. und 20. Jahrhundert lange Zeit angenommen – den Anspruch auf Porträtähnlichkeit im modernen Sinne nicht unterstellen kann. Dieser Einsicht wird in der jüngsten kunsthistorischen Forschungsdiskussion Raum gegeben und folgerichtig auch die Porträthaftigkeit des Kopfes in Frage gestellt: stellt er gar nicht Barbarossa, sondern ein Idealbildnis Karls des Großen dar, des vorbildlichen Kaisers schlechthin?[141]

Festzuhalten bleibt, daß die Büste im zeitgenössischen Horizont durchaus als Bild Barbarossas hätte fungieren können, ohne Porträtähnlichkeit haben zu müssen – wie ja auch das Reichenhaller Bild nicht als ‹Porträt› des Kaisers aufzufassen ist, ihn gleichwohl darstellt. Aber welche Funktion hätte sie haben können? Das aus der Antike bekannte profane Herrscherbildnis gab es noch nicht (wieder), autonome Bildnisse einer Person, auch eines Kaisers, waren im 12. Jahrhundert noch längst nicht üblich geworden. Die Büste könnte daher nur als Memorialbild gedacht gewesen sein – also als Bild, das im Kontext von Gebetsleistungen das Gedenken und die Erinnerung auf eine abwesende oder tote Person lenkte.[142] Und könnte die Cappenberger Stiftsgemeinschaft nicht der soziale und religiöse Ort für ein solches Memorialbild Barbarossas gewesen sein? Ihr Propst Otto war Verwandter und Pate des Kaisers, sein frommer Lebenswandel hatte ihn letztlich als Paten des schwäbischen Herzogsohnes empfohlen. Ottos Abkehr von der Welt und seine Annahme eines mönchischen Lebens geboten Respekt vor der radikalen Konsequenz, die er aus seinem Glauben zog. Gebete eines so frommen Mannes galten als besonders wirksam, und seine Gründung zu unterstützen, war ein Weg, im Diesseits für das Jenseits zu sorgen. Barbarossa förderte die Stiftung seines Paten – auf Bitten seines «geliebtesten Verwandten» (*dilectissimus consanguineus*) bestätigte er die Verfügung, mit der schon sein Großonkel, Kaiser Heinrich V., Cappenberg unter den Schutz des Reiches gestellt hatte.[143] Barbarossas Geschenke an seinen Paten gehören in die Reihe seiner auch sonst belegten Stiftungen liturgischer Geräte, die der Meßfeier zusätzlichen Glanz verleihen sollten. Die ‹Taufschale› war sicher zur rituellen Handwaschung im Cappenberger Meßdienst bestimmt.[144]

Man darf annehmen, daß wie in anderen geistlichen Institutionen auch in Cappenberg als Gegenleistung für die erhaltenen Gaben für den Kaiser gebetet wurde. In einem solchen Memorialkontext hätte die Büste den abwesenden Kaiser der Erinnerungsgemeinschaft vergegenwärtigen können, nicht zwingend durch Porträtähnlichkeit, aber wenigstens durch Nennung seines Namens. Genau das aber – die Bezeichnung des Dargestellten – fehlt der Cappenberger Büste. Die von Otto veranlaßten Inschriften beziehen sich ausschließlich auf ihn selbst und seine Gebete an den Apostel. Ottos Name ist der einzige, den die Inschriften außer dem des heiligen Johannes nennen. Die Büste wurde auch durch ihre silberne Krone zu keiner Kaiserbüste, denn Kronen oder Kronreife auf Kopfreliquiaren fungierten nicht als Würdezeichen weltlicher Herrschaftsausübung, die einen Kaiser als solchen hätte erkennbar werden lassen, sondern als Sinnbilder des ewigen Lebens, mit dem der Heilige von Christus im Himmel gekrönt wird. Wenn Barbarossa die Büste seinem Paten geschenkt haben sollte, um damit für sich Erinnerung zu stiften und seine Memoria im Cappenberger Prämonstratenserstift zu sichern, dann hätte sich dieser über den Wunsch des Kaisers ohne weiteres hinweggesetzt, indem er es unterließ, das Bildnis

Barbarossas als solches auch erkennbar zu machen. Schon die gegenseitige Verpflichtung zwischen Verwandten, zwischen Pate und Patenkind macht eine solche Annahme nicht gerade wahrscheinlich. Deshalb bleibt eigentlich auch nur eine Schlußfolgerung übrig: der Kopf war nie als Memorialbildnis des Kaisers gedacht, sondern muß schon zur Verwendung als Reliquiar vorgesehen gewesen sein, als ihn Barbarossa seinem *patrinus* zum Geschenk machte. Woher die Büste freilich stammte, wer sie mit welcher Absicht ursprünglich in Auftrag gegeben hatte, wie sie an den Kaiser gelangte – all das sind offene Fragen. Um den Cappenberger Kopf aber als Bild Barbarossas zu retten, müßte man dem Staufer unterstellen, eine Büste mit den eigenen Gesichtszügen zum Aufbewahrungsort von Heiligenreliquien bestimmt zu haben; ob einen Herrscher des 12. Jahrhunderts solcher Hochmut befallen haben könnte?

Daß der vergoldete Bronzekopf identisch ist mit dem silbernen Kopf, der «nach dem Bild des Kaisers» gemacht wurde, kann man also nicht beweisen, sondern muß man glauben wollen. Die Bereitschaft, das zu tun, hängt letztlich mit dem Beharrungsvermögen und der Suggestionskraft von Geschichtsbildern zusammen. Nicht zufällig führt die Geschichte der Identifikation der Cappenberger Büste mit dem Stauferkaiser ins 19. Jahrhundert zurück. Damals, als der mittelalterliche Kaiser in die Rolle eines Nationalmythos hineingewachsen war und mit großer Hingebung zum Staatsmann stilisiert wurde, war auch der Bedarf an einer konkreten Vorstellung vom Aussehen des gewaltigen Herrschers am größten. Das Bildnis mit dem starren Blick aus großen Augen, dessen Ausdruck als einschüchternd, hieratisch oder sogar als grausam beschrieben wurde, erfüllt diese Erwartungshaltung vollkommen. Daß dem verehrten Staufer auch noch das erste profane Herrscherporträt seit der Antike gewidmet worden sein könnte, bestätigte seinen Ausnahmecharakter in der Geschichte zusätzlich. Jedoch erst dann, wenn unter der Vergoldung des Cappenberger Kopfreliquiars Silber zum Vorschein käme, wüßte man wohl endlich genau, ob mit ihm tatsächlich jener Kopf erhalten ist, den Barbarossa seinem Paten Otto schenkte und der «nach dem Bild des Kaisers» gemacht worden war; dazu müßte man aber ein wenig an dem Bild kratzen, das man für das Barbarossas hält – es könnte Überraschungen bereithalten.

BESICHTIGUNGEN

«Wir haben die Reliquien des alten Kaisers nicht zurückgebracht.» Mit diesen, «seiner Durchlaucht dem deutschen Reichskanzler Fürsten Bismarck» gewidmeten Worten räumte der Münchener Geschichtsprofessor Johann Nepomuk Sepp den Mißerfolg seiner Expedition nach Tyrus ein, die er 1874 im Auftrag der Reichsregierung unternommen hatte.[1] Damit fand ein Projekt sein enttäuschendes Ende, das sich Sepp in vaterländischer Begeisterung schon während einer Orientreise 1845/46 ausgemalt hatte; angesichts der Ruinen der Kathedrale von Tyrus, unter denen er die Gebeine Barbarossas vermutete, hatten ihn «demütige Empfindungen» überwältigt: «O, daß ich deine Asche unter den Steinplatten erheben und dem fernen Vaterlande zurückgeben könnte! O, daß ich von deinem Grabe, großer König, doch die Hoffnung auf die Wiedererhöhung unseres Volkes zur alten Macht und Herrlichkeit mit mir nehmen könnte!» Die Reichsgründung von 1871 ermutigte ihn, diesen alten Traum zu verwirklichen und Bismarck, der den Bayern als entschiedenen Anhänger der Reichseinheit unter preußischer Führung kennen- und schätzen gelernt hatte, das Vorhaben einer Ausgrabungskampagne in Tyrus zu unterbreiten: Die «Zurückführung der Überreste des alten Barbarossa» mußte, sollte sie gelingen, «die deutsche Nation in heilige Begeisterung versetzen. Welch ein Triumphzug, unseren größten Kaiser in den Kölner Dom zu übertragen.»[2] Im Mai 1872 versicherte ihm Bismarck, daß «in Betreff der Gebeine Friedrich Barbarossas meine Empfindungen ganz mit den Ihrigen» übereinstimmen.[3] Aus Reichsmitteln wurden die Besitzer jener kleineren Steinhäuser entschädigt, die in den Ruinen der Kathedrale errichtet worden waren und zur Vorbereitung der Ausgrabung abgerissen werden mußten. Als die osmanische Regierung in Konstantinopel 1874 grünes Licht gab, brach Sepp im April zur «Meerfahrt nach Tyrus» auf – begleitet von

Hans Prutz, der soeben den letzten von drei Bänden seiner voluminösen Biographie des Stauferkaisers veröffentlicht hatte. Als «euer Durchlaucht opferwilligster Diener» schrieb Sepp vor seiner Abreise dem Reichskanzler noch hoffnungsfroh, daß nun «Barbarossa, dessen entfleischtes Skelett» in Tyrus bestattet liege, «dem Grabe entsteigen» möge.[4] Am 8. Mai begannen die Grabungen, einen knappen Monat später wurden sie schon wieder eingestellt; zuletzt waren 153 Arbeiter beschäftigt. Sepp, selbst ohne jede Grabungserfahrung, hatte die Kampagne «forcirt», aber: «Es war eine Maulwurfsarbeit, die zu nichts führte.» Zwar wurden einige Gräber aufgedeckt und manche Knochen gefunden – wer weiß: vielleicht sogar tatsächlich Barbarossas Gebeine –, aber die Hoffnung, einen Grabstein zu entdecken, der die Identität des Bestatteten sichern könnte, erfüllte sich nicht. Jedoch legte Sepp Wert auf die Feststellung, daß bei seiner Abreise «zum erstenmal, vielleicht seit Barbarossa's Tod, die deutsche Reichsfahne» auf dem Gelände aufgepflanzt worden war.[5] Und als völligen Fehlschlag wollte er sein Unternehmen auch nicht verbuchen. Nach seiner Rückkehr legte er dem Reichskanzleramt «als Ehrenpflicht» nahe, das Ruinengelände in Tyrus «als geweihtes Terrain zum Denkmal des großen Hohenstaufen zu erwerben»; außerdem empfahl er, zwei der kolossalen Säulen, die bei den Ausgrabungen zum Vorschein gekommen waren, nach Berlin auf den «Schloßplatz der neuen deutschen Kaiserstadt zu verpflanzen» und die eine «mit dem deutschen Reichsadler in Erz», die andere mit dem wilden Mann zu bekrönen, dem heraldischen Schildhalter des preußischen Wappens. Es war nicht das einzige Barbarossa gewidmete Nationaldenkmal, das nicht verwirklicht wurde. Aber Sepp hatte kurz vor seiner Abreise aus Tyrus dort noch vorsorglich verkünden lassen, die Säulen gehörten dem «Sultan» von Preußen: «Wehe dem, der sie beschädigen oder zerschlagen sollte, er werde unfehlbar todt geschossen!»[6] Ende 1874 versuchte er vom winterlichen München aus, den Staatsminister Delbrück doch noch für sein Vorhaben zu gewinnen, indem er die Frage der Verfügung über das Grabgelände auf die Ebene internationaler Politik emporstemmte: «Welch ein schmerzliches Gefühl, wenn nächstens die in den Seestädten Phöniziens [Syriens] noch einflußreichen Franzosen die Hand auf Barbarossa's Grabstätte legten, wo die Asche des großen Hohenstaufischen Kaisers ruhte oder noch ruht, nachdem wir durch Aufhissen der deutschen Flagge bereits moralisch davon Besitz ergriffen.» Im Reichskanzleramt verfolgte man die Sache nicht mehr weiter, aber noch in einer Privataudienz mit dem Kronprinzen, dem späteren Kaiser Friedrich III., gewann der umtriebige Geschichtsprofessor 1876 den Eindruck, «Seine Kaiserliche Hoheit» habe «Ihr Bedauern» darüber ausgesprochen, daß das Grab Barbarossas verschollen blieb.[7]

Wäre der Staufer nach seinem Tod 1190 wie seine salischen Vorgänger und Verwandten im Dom zu Speyer beigesetzt worden, sein Grab als materieller Anhaltspunkt seines Todes den Deutschen also gewissermaßen im Blickfeld geblieben, dann wäre ihm die postume Karriere als Nationalmythos ziemlich sicher erspart geblieben – denn das in vielen Kulturkreisen verbreitete Sagenmotiv vom Herrscher, der starb, aber nicht tot ist, sondern in einen Berg entrückt wurde, hätte sich seiner Person nicht bemächtigen können. Zwar glaubten die Mönche auf dem Lauterberg bei Halle zu Beginn des 13. Jahrhunderts, der Staufer habe sein Grab in Speyer gefunden[8] – sie hatten aber kein Geheimwissen über das Schicksal seiner Gebeine, sondern hielten den Speyrer Dom einfach für die übliche Grablege der deutschen Könige und Kaiser. Ungleich abenteuerlicher ist die Nachricht, der Bischof von Pavia habe Ende des 14. Jahrhunderts angeordnet, bei Umbauarbeiten in Santo Stefano die dortigen Gräber Barbarossas und seiner Gemahlin Beatrix nicht zu beschädigen; offenbar glaubte man auf Grund vager Erinnerungen an seine häufigen Aufenthalte in Pavia, der Kaiser habe den Bau des Domes finanziert und sei dort auch beigesetzt worden.[9] Solche Vorstellungen vermochten das reale Grab jedoch nicht zu ersetzen. Sein Fehlen war denn auch der Hauptgrund für Barbarossas wildbewegtes Nachleben. Der im Kyffhäuser schlafende Kaiser wurde unter dem Einfluß der deutschen Nationalbewegung im 19. Jahrhundert zu einer vaterländischen Prophetie. Mehr als 600 Jahre nach seinem Tod wuchs der mittelalterliche Kaiser in die Rolle einer nationalen Erlösergestalt hinein. Vor diesem Hintergrund lag es für den Münchener Maler Julius Schnorr von Carolsfeld 1832 sogar nahe, den Tod Barbarossas an Raffaels Grablege Christi orientiert ins Bild zu setzen. Der Wiedererkennungseffekt war beabsichtigt und im Kreis des gebildeten Publikums, das das Werk zu sehen bekam, eine Pointe mit Mehrwert: der tote Kaiser weckte Assoziationen an den gestorbenen Erlöser.

Die Nationalgeschichte setzte sich im 19. Jahrhundert nicht nur als Form historischer Darstellungen durch, sondern auch als Erklärungs-

ABB. 47 Der Tod Friedrich Barbarossas, Gemälde von Julius Schnorr von Carolsfeld († 1872). Das Bild entstand im Auftrag des Freiherrn vom Stein für sein Schloß Cappenberg; nach dem Tod des Freiherrn wurde sein Porträt links über dem Bischof eingefügt, so daß er gewissermaßen als Zeuge der Klage um den toten Kaiser teilnimmt. Schnorr entschied sich für die Überlieferungsvariante, derzufolge Barbarossa beim Baden im Saleph ertrank. – Schloß Cappenberg.

modell der Vergangenheit. Historiker machten mittelalterliche Kaiser zu Helden von Modernisierungsgeschichten und bewerteten deren Politik danach, in welchem Ausmaß sie zu Effektivierung, Zentralisierung und Stärkung der Königsherrschaft beigetragen hatte – denn ein starkes Königtum schien die Voraussetzung der Nation zu sein, die man als eigentliches Ziel der Geschichte betrachtete. So wurde aus Barbarossa, dessen Politik in den Ordnungsvorstellungen und Mentalitäten einer längst versunkenen Zeit wurzelte, ein Machtpolitiker, der agierte, als ob er gewußt und gewollt hätte, daß sein Reich später einmal das Fundament eines deutschen Nationalstaats werden sollte. Man vermutete sogar, er habe eine «staufische Reichsreform» betrieben, um die Fürstenherrschaft zu beschneiden; dazu habe er die Ministerialität planmäßig eingesetzt, die großen Herzogtümer gezielt ‹zerschlagen› und die Bindungen der Fürsten, insbesondere der Herzöge an den Kö-

ABB. 48 Grablege Christi, Gemälde von Raffael († 1510). Die Entscheidung für den Badeunfall als Todesursache Barbarossas gab Schnorr von Carolsfeld die Gelegenheit, einen Körper in klassischer Nacktheit zu zeigen. Als Vorbild für den toten Stauferkaiser diente ihm die Haltung des gestorbenen Christus auf dem Gemälde Raffaels. – Rom, Galleria Borghese.

nig dem Lehnsrecht unterworfen, um sie mit dessen juristischen Normen besser lenken zu können.[10] Die Rangerhöhungen, mit denen Barbarossa Adlige zu Herzögen und Markgrafen gemacht hat, erscheinen dann als Versuche, einen ‹Reichsfürstenstand› mit besonders engen Bindungen an den König zu schaffen oder aber, aus der Sicht entstehender Landesherrschaften, als Schritt auf dem Weg zur Territorialisierung des Reichs; die Ministerialität dagegen tritt in solcher Sicht als Trägerin einer ‹staufischen Reichsidee› und Vorläuferin staatstragenden Beamtentums auf.[11] Beide Deutungen sind indessen Ergebnisse diachron angelegter Fragestellungen, die die zu verschiedenen Zeiten unterschiedlichen politischen Verhältnisse im Reich unter verfassungs- und rechtshistorischem Gesichtspunkt miteinander vergleichen. Löst man sich von der anachronistischen Voraussetzung eines machtpolitischen Dualismus zwischen König und Fürsten als vermeintlich überzeitlich gültiger Kategorie, werden die verschiedenen Rangerhöhungen, die mit der Teilung bestehender Herzogtümer – wie im Falle

Bayerns und Sachsens – oder dem Neuzuschnitt von Herrschaftsräumen – wie im Falle der Markgrafschaft Namur – verbunden waren, als Maßnahmen verständlich, mit denen Barbarossa treue Dienste belohnte (Otto von Wittelsbach), Frieden wiederherstellte (Heinrich Jasomirgott) oder Konflikten zuvorkam (Otakar von Steier und Berthold von Andechs). Auch läßt die erst jüngst in Angriff genommene strikte Historisierung und Kontextualisierung des Lehnswesens im 12. Jahrhundert erkennen, daß von Barbarossas angeblich systematisch betriebenem ‹lehnrechtlichen Umbau› des Reichs keine Rede sein kann; vielmehr war die (Um-)Deutung bestehender Unterordnungsverhältnisse mit Hilfe des Lehnsrechts erst das Ergebnis eines allmählichen Bewußtseinswandels, der unter dem Einfluß studierter Juristen stattfand – nicht aber Konsequenz des staatsmännischen Ingeniums Barbarossas oder seiner weitsichtigen Planung.[12]

Auch das Licht, das aus der Perspektive geistes- und ideengeschichtlicher Forschungen auf Barbarossas Handeln fällt, ist oft genug nicht das Licht des 12. Jahrhunderts. Insbesondere die im 19. Jahrhundert leidenschaftlich geführte Auseinandersetzung um die Trennung von Kirche und Staat hatte weitreichende Konsequenzen für die Auffassung von Politik und Person des Kaisers. Die Annahme, der Investiturstreit habe das deutsche Königtum geradezu schlagartig seiner sakralen Legitimation beraubt – gipfelnd in der Demütigung Heinrichs IV. durch Gregor VII. in Canossa –, wies jedem Nachfolger des Saliers, also auch Barbarossa, die historische Aufgabe zu, dieses Defizit kompensieren und die weltliche Herrschaft in Abgrenzung von päpstlichen Ansprüchen legitimieren zu müssen. Von dieser Annahme ausgehend wurden und werden so unterschiedliche Vorgänge wie der Rückgriff auf das Römische Recht in Roncaglia, die Heiligsprechung Karls des Großen und die vereinzelt auftauchende Verwendung der Bezeichnung *sacrum imperium* als verschiedene Ausdrucksformen einer gleichgerichteten Bemühung um Legitimation der kaiserlichen Herrschaft aufgefaßt. Dieselbe Perspektive begründet auch das (Miß-)Verständnis der Auseinandersetzung des Staufers mit Alexander III. als eines Kampfes um Herrschaftslegitimation, der den Staufer auch noch zum Helden in der Geschichte von der Entstehung des modernen Staates als Vorgang der Säkularisierung macht. Aber nicht nur in Deutschland, sondern auch in Italien haben nationale Geschichtskonstruktionen, die Barbarossas Taten im Licht politischer Gegenwartsprobleme verhandelten, einige Erblasten hinterlassen. Dem Risorgimento erschien die staufische Herrschaft in Oberitalien als deutsche Fremdherrschaft, der sich die italienischen Städte in einer ersten protonationalen Anstrengung entgegenwarfen, und die Konfrontation zwischen Kommunen und Kaiser als Kampf zwischen progressiver protodemokratischer und reaktionärer monarchischer Regierungsform. Zur langen Nachwirkung solcher Geschichtsbilder gehört, daß die Geschichte der Beziehungen zwischen Barbarossa und wichtigen lombardischen und toskanischen Kommunen wie Pavia, Cremona und Pisa lange Zeit ungeschrieben blieb und in Teilen noch heute ungeschrieben ist.[13]

Die häufig nicht explizit gemachten, aber implizit wirksamen Modernisierungsgeschichten haben das Verständnis der historischen Identität Barbarossas massiv behindert. Sie waren und sind mit der Konstruktion von politischen Zielen und Motiven verbunden, von denen die Quellen des 12. Jahrhunderts nichts wissen und die in der Wahrnehmung der Zeitgenossen keine Rolle spielten. Sie verdanken sich statt dessen einer Art optischer Täuschung, der der zurückblickende Historiker leicht unterliegt, weil er den Zeitgenossen das Wissen um den weiteren Verlauf der Geschichte voraushat und Zusammenhänge zwischen Ereignissen herstellen kann, die jenseits des Horizonts der historischen Akteure lagen. Daraus erwächst die Neigung, mit mehr oder weniger ruhiger Hand Licht und Schatten zu verteilen, über Erfolg und Scheitern zu befinden; jedoch setzen solche Aussagen häufig genug eine Norm, die der Historisierung nicht standhält und Barbarossa über Aufgaben belehrt, die er zwar nach Vorstellung moderner Historiker auszuführen gehabt hätte, die aber nicht die seiner eigenen Gegenwart waren. Ausgehend vom Beispiel Helmut Schmidts hat Henry Kissinger als Auftrag eines Staatsmanns definiert, «seinen Landsleuten bei der Passage von dort, wo sie sind, nach dorthin zu helfen, wo sie niemals waren» (Sonderbeilage Die Zeit 51, 2008, 23). Ob eine solche Vorstellung auch auf einen König des 12. Jahrhunderts übertragbar ist, ist viel weniger sicher, als es die vielen Spekulationen um politische Konzepte, Programme oder gar ‹Visionen› des Staufers erahnen lassen. Was spricht dagegen, daß ihm die Erfüllung der Herrscherpflicht zur Wahrung von Recht und Frieden ein durch Herkommen und Tradition gedecktes ‹Programm› und eine auch für vier Regierungsjahrzehnte hinreichend anspruchsvolle Aufgabe war? Wer dem Staufer systematisch angelegte Vorhaben und langfristige Ziele unterstellen und ihn an deren Erreichen oder Verfehlen messen mag, überschätzt viel zu oft Planbarkeit und Steuerungschancen eines komplexen Geschehens, dessen Ausgang von den Zeitgenossen nicht vorauszusehen war. «Wir unterstellen auch Barbarossa zu viel Systematik, vielmehr sollten wir uns damit abfinden, daß es weniger oder keine Pläne, sondern mehr Entwicklungen gab.»[14]

Unabhängig von der Frage, inwieweit Barbarossas Politik von einer solchen Systematik überhaupt hätte bestimmt sein können, ist mit einer solchen Grundannahme auch eine gerne übersehene, aber schwerwiegende Konsequenz verbunden – nämlich die Offenheit der historischen Situation, Zufall und Kontingenz auszublenden und wegzuerzählen. Hätte Barbarossa Mailand 1162 unterwerfen können, wenn eine Brandkatastrophe nicht Vorräte und Ausrüstung in der Stadt vernichtet hätte? Was hätte ein erfolgloser Abzug für seine Herrschaft bedeutet? Welche Konsequenzen hätte ein früher Tod Alexanders III. und ein langes Leben Viktors IV. gehabt? Hätte der Kaiser Wichmann von Magdeburg auch dann weitreichende Vollmachten für die Friedensverhandlungen mit Alexander III. erteilt, wenn ihn nicht die Malaria aufs Krankenlager geworfen hätte? Und die Witterungsverhältnisse? Hätte besseres Wetter auf dem Weg nach Monza 1155 die Konfrontation Barbarossas mit Mailand verhindert – oder wenigstens abgemildert? Wäre die Belagerung Alessandrias 1174/75 in einem weniger strengen Winter nicht vielleicht erfolgreich gewesen? Was wäre gewesen, wenn nicht plötzlich einsetzender Regen die Mailänder im August 1160 bei Carcano daran gehindert hätte, ihren Vorteil zu erkennen und Barbarossa gefangenzunehmen? Was ließe sich über sein Verhältnis zum Papsttum sagen, wenn es im August 1167 vor Rom kein Unwetter gegeben hätte – und Barbarossas Heer nicht durch die deshalb ausgebrochene Epidemie vernichtet worden wäre? Nicht nur zu jedem dieser genannten Zeitpunkte wären gänzlich andere Wendungen des Geschehens mit weitreichenden Folgen für unser Bild von Barbarossa möglich gewesen. Zufall in der Geschichte bedeutet immer auch eine Enttäuschung für den, der nach Sinn und Erklärung sucht. Aber Gedankenspiele mit kontrafaktischer Geschichte eignen sich gut dazu, Barbarossas politisches Leben von allzu großer nachträglicher

Zielgerichtetheit zu entlasten; sie würde den Herrscher des 12. Jahrhunderts allzu leicht zum Ausführungsorgan von Prinzipien machen, die erst moderne Historiker der Geschichte durch Deutung abgewinnen.

Das heißt wohlgemerkt nicht, daß es so etwas wie die Gleichzeitigkeit des Ungleichzeitigen, ein Nebeneinander von sozusagen langem Mittelalter und früh einsetzender Neuzeit im 12. Jahrhundert nicht gegeben hätte: gerade das Aufflackern des römischrechtlich begründeten Gesetzgebungsanspruchs des Herrschers, wie ihn die Bologneser Juristen in Roncaglia formuliert haben, erscheint wie ein Entwicklungshelfer des Gedankens moderner Staatlichkeit, stellte die herkömmliche Praxis konsensualer Herrschaftsausübung aber noch längst nicht zur Disposition.[15] Die Suche nach der mittelalterlichen Realität des entstehenden Staates und rational ausgestalteter Rechtsentwicklung führt in eine Welt der Ambivalenzen und fehlender Eindeutigkeiten, die als solche auch benannt werden sollten. Die ältere Annahme staatsschöpferischer Leistungen Barbarossas tritt hinter die Einsicht in individuell nicht zuschreibbare Entwicklungen zurück, die sich zu Lebzeiten des Stauferkaisers mit ganz unterschiedlicher Intensität auf die Verhältnisse im Reich auswirkten, aber mit der Biographie des Herrschers selbst nicht zur Deckung kommen.

Solche Skepsis bedeutet allerdings nicht, daß heute keine Aussagen über zentrale Ziele und Absichten des Staufers mehr möglich wären; vielmehr vermittelt seine Herrschaft geradezu exemplarisch Einsichten in die Charakteristika vormoderner Herrschaftsausübung. Unter ihnen hatte die Visualisierung von Herrschaft und ihre symbolische Inszenierung in Krönungen, Prozessions- und Sitzordnungen, Herrscherbegegnungen, Gesandtenempfängen, Friedensschlüssen, Unterwerfungen und Investituren besonderes Gewicht. Der demonstrative Hulderweis gehört ebenso in diesen Kontext wie die Zurschaustellung von Emotionen wie Trauer, Zorn oder Heiterkeit. Den eminent politischen Charakter solcher symbolischen und rituellen Verhaltensweisen zu betonen heißt nicht, die Bedeutung von siegreichen Kriegszügen, prestigeträchtiger Heiratspolitik oder umsichtig eingegangenen Bündnissen für Barbarossas Handlungsfähigkeit zu bestreiten. Aber seine Herrschaftsausübung bestand nicht zuletzt in öffentlichen ‹Aufführungen›, und seine Macht lag in der Fähigkeit, dabei symbolisch sichtbar machen zu können, was er zu sein beanspruchte: unter den Großen, deren Gemeinschaft das Reich bildete, den höchsten Rang einzunehmen und die Anerkennung der in seiner Person repräsentierten Ordnung auch erzwingen zu können. Die feierlich-demonstrativen, rituellen Akte brachten die Rangordnung und damit die politische Ordnung nicht nur immer wieder zur Anschauung, sondern schufen sie auch stets aufs neue, weil es eine Verfassung im Sinne einer «systematisch geschlossenen, generalisierten, hierarchisch strukturierten, widerspruchsfreien normativen Ordnung» noch nicht gab.[16] Die wiederholten repräsentativen Auftritte Barbarossas stabilisierten die im 12. Jahrhundert schwach institutionalisierte und nur wenig verrechtlichte Königsherrschaft – darin lag der Grund für ihre Häufigkeit und für die Aufmerksamkeit, die Barbarossa ihnen zuwandte. In Vorbereitung und Durchführung solcher Akte setzte er seine Vorstellungen hinsichtlich der Sichtbarmachung seiner Stellung als Herrscher durch. Die ausgeklügelte Choreographie der Demütigung, der sich Mailand unterziehen mußte, macht ihn ebenso als Spezialisten der Sichtbarkeit erkennbar wie die feine Austarierung von Ranganspruch und Kompromiß in den Friedensschlüssen von Venedig und Konstanz. Solche Feierlichkeiten, aber auch die Versammlungen im Rahmen der Hoftage bildeten die repräsentative Fassade einer Herrschaftspraxis, die das herrscherliche Herausgehobensein vor Augen stellte, den Kaiser aber gleichzeitig in Interaktion und Kommunikation mit Großen seines Reichs zeigte, auf deren Konsens er angewiesen war.

Die Fürsten als Repräsentanten zentrifugaler Kräfte und partikularer Interessen in die Schranken weisen zu müssen – was seit dem 19. Jahrhundert immer wieder als eigentliche Aufgabe des Königs angesehen wird –, betrachteten Barbarossas Zeitgenossen nicht als ein Problem ihrer Gegenwart. Für sie spielte Belohnung als Gegenleistung für erwiesene Treue eine Rolle, die Etablierung verwandtschaftlicher oder freundschaftlicher Bindungen zum Kaiser, seine Rolle in der Konfliktbeilegung durch gütliche Einigung oder Urteil; entsprechend oft und stark gewichteten sie die Bedeutung von Aushandlungsprozessen. Als König und Kaiser hatte sich Barbarossa darin zu bewähren, in einem Geflecht konkurrierender Rechtsnormen und häufig genug unvereinbarer Geltungsansprüche die traditionellen Herrscheraufgaben der Wahrung von Frieden und Recht in Form einer konsensualen Herrschaftsausübung durchzusetzen. Dabei ließ er keineswegs immer ausgleichende Gerechtigkeit walten: er beherrschte die dosierte Mischung aus Drohungen und Versprechungen ebenso wie das trickreiche Spiel mit den Erwartungen seiner Getreuen, für geleistete Dienste auch angemessen entschädigt zu werden. Immer wieder hielt er diesbezügliche Hoffnungen wach, um sie schließlich – wie im Falle von Cremonas Ansprüchen auf Crema – nur teilweise oder gar nicht zu erfüllen. Das konnte er sich leisten, weil er trotzdem als Legitimationsgeber für Rechtsverhältnisse aller Art unverzichtbar blieb. Gibt es einerseits keinen Grund, Barbarossa von Verschlagenheit, Verstellung und auch Wortbruch freizusprechen, bleibt andererseits festzuhalten, daß eine dilatorische Verschleppung von Konfliktlösungen – wie etwa im Streit zwischen Pisa und Genua um Sardinien oder zwischen den sächsischen Großen und Heinrich dem Löwen – auch seinen grundsätzlich nur schwachen Chancen geschuldet war, Gehorsam erzwingen oder Bestrafung durchsetzen zu können:[17] weil ihm der Zwangsapparat fehlte, Widerstand stets verläßlich bestrafen zu können, suchte er zumal in Konflikten mit den deutschen Fürsten, die häufig zu seiner Verwandtschaft gehörten, wiederholt den Konsens. Auch als Schlichter im Rangstreit der Großen bewies er oft bemerkenswertes Fingerspitzengefühl. Diese Fähigkeit verdankte er seiner Herkunft: mit den Fürsten verband ihn seit seiner Zeit als Herzog von Schwaben eine gemeinsame Vorstellung von Aufgaben und Pflichten des Königs – zu denen an erster Stelle die Rücksicht auf die «Ehre» (*honor*) der Großen zählte. Daß Barbarossa diesen Grundsatz oft zu wahren verstand, war sicher ein Hauptgrund dafür, daß er zeitlebens gegen keine bedrohliche Fürstenopposition zu kämpfen hatte. Aber auch Zufälle kamen zu Hilfe: der frühe Tod Friedrichs von Rothenburg und Welfs VII. ließ latente Konflikte nicht ausbrechen, und nur die Einnahme Jerusalems durch Saladin 1187 bewahrte den Staufer davor, den Gegensatz mit Philipp von Köln ausfechten zu müssen, der sich seit dem Sturz des Löwen stetig verschärft hatte.

In der Logik von Barbarossas Handlungen spielte der Ehrbegriff eine zentrale Rolle.[18] Diese Einsicht ist wohlgemerkt kein Versuch, dem Stauferkaiser besondere moralische Integrität und Vorbildhaftigkeit zu bescheinigen. Ebensowenig aber war Barbarossas Herrschaft nur eine «Geschichte voll von Lärm und Wut, aber ohne Sinn» – wie das Leben von Shakespeares König Macbeth. Ehre bezeichnete im Mittelalter und noch lange danach gerade keinen individualisierten innerlich-moralischen, sondern einen relationalen Wert als Folge der

Bindungen zwischen den Menschen und deren öffentlicher Wahrnehmung. Im Mittelalter und noch lange danach gab es keine Substanz innerer Würde, in der man durch Schmähung und Beleidigung nicht hätte berührt werden können.[19] Die Wahrung der «Ehre des Kaisers» und der «Ehre des Reichs» war ein Grundsatz, den Barbarossa eisern befolgte. Was dieser Ehre geschuldet war, stand nicht unabhängig vom jeweiligen Einzelfall fest, sondern ergab sich aus Entscheidungen, die der Kaiser mit Fürsten gemeinsam traf – doch niemals mit allen zusammen. Ehre war ein im adligen Habitus gegründeter Wert; und der Wunsch nach jener Sicherheit, die Ehre und Ansehen – ‹Sozialprestige› – in der nichtstaatlich verfaßten Königsherrschaft zu geben vermochten, war das unsichtbare Band, das den Herrscher mit den Großen verknüpfte. Als Herzog von Schwaben, der sich die Königsherrschaft «wie ein Fuchs» (*ut vulpes*) zu verschaffen gewußt hatte,[20] war Barbarossa auf dem Thron ein *homo novus*; wahrscheinlich deshalb war er auch hinsichtlich tatsächlicher oder vermeintlicher Verletzung seiner herrscherlichen Prärogative besonders reizbar.

Mit einem unverkennbaren Anspruch auf individuelle Glaubwürdigkeit machte er die Ehre von Kaiser und Reich zu seinem persönlichen Anliegen: darin lagen Wille, Zorn und Wahn seines politischen Lebens. Barbarossas kontinuierlich demonstrierte Bereitschaft, um des verletzten *honor* willen einen Konflikt zu führen, war alles andere als eine Garantie für stets erfolg- oder siegreiche Politik, ganz im Gegenteil. Mehrfach verfehlte er hochgesteckte Ziele. Die Versuchung ist groß, die Rede, mit der Barbarossa 1177 vor dem in Venedig versammelten Konzil seine bisherige Feindschaft zu Alexander III. auf schlechte Ratgeber zurückführte, und seine Klage gegen Cremona, die seine gescheiterte Politik gegenüber Mailand allein auf Cremonas Eigennutz zurückführte, als autobiographische Umdeutungen erlebter Brüche im (politischen) Lebenslauf zu lesen. Das mehrfach erwähnte Problem, inwieweit Texte dem Kaiser unmittelbar persönlich zugerechnet werden können, warnt indessen vor einer allzu selbstverständlichen biographischen Vereinnahmung. Die immer wieder demonstrierte Eskalationsbereitschaft wurzelte in der Mentalität des kriegerischen Adels, sie machte den Staufer je länger je mehr auch zu einem Herrscher von überragender Autorität. Sinn und Zweck dieses Verhaltensmusters zu verstehen bereitet – ohne die Rede von der Fremdartigkeit des Mittelalters überstrapazieren zu wollen – heutzutage vielleicht einige Schwierigkeiten. Man kann sie mit der Annahme überspielen, zu allen Zeiten sei Risikoabwägung betrieben worden, weshalb es auch stets eine andere Alternative gegeben habe, und so die Zwänge bestreiten, die die Verpflichtung zur Wahrung der Ehre schuf.[21] Nimmt man vom konkreten Geschehen nur weit genug Abstand, dann mag man eine solche Rationalität auch quer durch die Zeiten walten sehen. Damit geht aber gleichzeitig der Blick auf die jeder Zeit und Gesellschaft eigentümliche Prägung verloren, auf Werte und Tugenden, die wir heute nicht mehr teilen, die vor Jahrhunderten aber gleichwohl handlungsmotivierend gewesen waren. Barbarossas Handeln war vom Habitus des ritterlichen Kriegeradels bestimmt, in dem Ehre, Gewalt und das Bedürfnis nach rühmendem Andenken ganz nahe beieinander lagen und vom Einfluß des Klerus und christlicher Herrscherethik nur mäßig gedämpft wurden. In manchen zeitgenössischen Charakteristiken des Kaisers blitzen die Eigenschaften auf, die ihn besonders dazu befähigten, herzustellen, was ein Herrscher unter solchen Umständen besonders benötigte: persönliche Bindungen und Loyalitäten. Bischof Eberhard von Bamberg beschrieb den Kaiser mit der Distanz dessen, der sich weniger den laienadligen als vielmehr den christlich-geistlichen Normen verpflichtet wußte: «Was für ein Mann er ist, wißt ihr ja. Er liebt jene, die ihn lieben, den anderen ist er kein Freund, weil er noch nicht ganz gelernt hat, auch seine Feinde zu lieben.»[22] Der schwäbische Prämonstratenser Burchard von Ursberg rühmte Barbarossas untrügliches Gedächtnis für Personen: «Diejenigen, deren Gesichter oder Wesen er einmal kennengelernt hatte, grüßte er, auch wenn sie nach langer Zeit zu ihm zurückkamen, äußerst schnell mit Namen, als wären sie täglich mit ihm zusammen gewesen.»[23] Anders als über Kirchenfürsten und Mönche – wie Erzbischof Arnold von Köln oder Papst Alexander III.[24] – konnte von ihm gerade nicht gesagt werden, er liebe und ehre auch seine Gegner.

Barbarossa war Handlungserwartungen und Handlungszwängen ausgesetzt, die Angehörigen der modernen bürgerlichen Gesellschaft fremd sind. Seine häufig gezeigte Starrheit, seine Inflexibilität und die Bereitschaft, Konflikte rasch eskalieren zu lassen, sind vor diesem Hintergrund zu sehen. Immer wieder war es erst die Erfahrung massiven Widerstands, die ihn auf den Weg des Ausgleichs zwang. Kein Zeitgenosse bewertete seine überlange Herrschaft aber nach Stärkung oder Schwächung des Königtums, Verlust oder Gewinn für die Autorität der ‹monarchischen Zentralgewalt›. Statt dessen waren sein Ruhm und Ansehen die Bezugspunkte resümierender Würdigung. Die Herrschaft über viele Länder oder Völker wurde als Merkmal der Kaiserherrschaft immer wieder betont, auch tatsächliche oder wenigstens behauptete Siege: «Ein hochsinniger Mann, berühmt durch seine Taten, ein tapferer Bezwinger derer, die sich ihm widersetzten, der das Reich so ausbreitete, daß es wegen der Großartigkeit seiner Taten nach Karl dem Großen kaum einen gleichen gegeben hat.»[25] Ein englischer Kritiker meinte nicht ohne Anlaß, Barbarossa habe sich gefreut, nur auf Wegen zu ziehen, die von Blut getränkt waren.[26] Denkwürdige Taten zu vollbringen sicherte Ansehen nicht nur in der Gegenwart, sondern versprach auch ehrende Erinnerung in der Zukunft, von der die Nachkommen und Nachfolger auf dem Thron profitieren sollten. «Ein Mann, wohl wert, in guter und dauernder Erinnerung» behalten zu werden, glaubte sogar der byzantinische Chronist Niketas Choniates.[27]

Zu einer solchen Memoria besteht heutzutage aus verschiedenen Gründen kein Anlaß mehr; zum einen haben die Wert- und Ordnungsvorstellungen, die den Orientierungsrahmen für Barbarossas Handeln und seine Vorstellung von erinnerungswürdigen Taten boten, ihre Gültigkeit schon längst verloren. Zum anderen hat das Konzept von den großen Männern, die Geschichte machen, erheblich an Überzeugungskraft eingebüßt, und zum dritten immunisiert gegen die Versuchung, Barbarossa als Helden zu betrachten, auch das Wissen um seine fragwürdige Karriere als Nationalmythos und seine bedenkenlose Instrumentalisierung im Dienste eines ganz dem Machtgedanken verpflichteten Geschichtsbildes, das seinen Teil zu den deutschen Katastrophen des 20. Jahrhunderts beitrug. Dem Stauferkaiser im frühen 21. Jahrhundert noch ein martialisches Reiterdenkmal zu setzen, konnte deshalb auch nicht auf deutschem Boden geschehen, sondern blieb der lombardischen Stadt Lodi vorbehalten, die 2008 den 800. Jahrestag ihrer Gründung durch Barbarossa feierte. Sicher nicht in seiner Form, aber doch in seiner nur lokalen Bedeutung ist dieser Akt der Erinnerung auch den Verhältnissen in Deutschland vergleichbar, wo der Staufer bestenfalls regionalen Identitäten als ferner historischer Bezugspunkt gilt – wenn er nicht im Namen von Apotheken, Gasthäusern und Bäckereien weiterlebt. Als – Ironie der Geschichte – in Barbarossas 800. Todesjahr 1990 die

ABB. 49 Anläßlich der 850-Jahrfeier der Stadt Lodi wurde als Geschenk der Banca di Credito Cooperativo Centropadana an die Kommune ein knapp vier Meter hohes Denkmal des Staufers eingeweiht. Die antikisch anmutende, ganz anachronistische Rüstung unterstreicht die heroisierende Gestaltung; Kopf und Krone orientieren sich an einer Sitzstatuette am Westportal des Doms von Freising, die als Darstellung Barbarossas gilt. Die Sockelinschrift zitiert die Umschrift des ersten Stadtsiegels von Lodi, das Barbarossa als Neubegründer der von Mailand zerstörten Stadt feierte. – Lodi, Piazzale 3 Agosto.

Bundesrepublik mit der DDR vereinigt wurde, kam glücklicherweise kein Politiker und auch kein Historiker mehr auf die Idee, den im Kyffhäuser schlafenden Kaiser zu beschwören. In der Staatlichen Münze Stuttgart wurde statt dessen eine Zehn-DM-Barbarossa-Sondermünze geprägt; die Auflage von fast acht Millionen verschwand in den Schubladen der Sammler und bescherte dem Bundeshaushalt eine willkommene Zusatzeinnahme. Der Kyffhäuser war nurmehr ein Berg, der in die Mitte Deutschlands zurückkehrte, aber nicht mehr in die Mitte seines Denkens. Die Nation hat als Resonanzboden des Mythos ausgedient, der staufische Kaiser taugt nicht mehr zu

ABB. 50 Zehn-DM-Sondermünze anläßlich von Barbarossas 800. Todestag. Die Vorderseite zeigt das gegenüber der Königsbulle nur in der Gestaltung des zentralen Tors veränderte Bild der Kaiserbulle, die nach 1155 verwendet wurde. Die Randumschrift dieser Münze trägt zwar die bedeutungsträchtige Formel *honor imperii*, aber es handelt sich dabei wohl nicht um eine subversiv-nostalgische Reichsreminiszenz im Schutz einer ansonsten unverdächtigen bundesrepublikanischen Prägung.

gesellschaftlicher oder politischer Selbstvergewisserung. Das braucht man auch nicht zu bedauern. Bedauerlich ist nur, daß in marktgängigen Fernsehformaten die Geschichtsbilder des 19. Jahrhunderts ebensogerne am Leben erhalten werden wie die Vorstellungen vom heroischen Staatsmann im Kostüm des Mittelalters. Für solche Geisterstunden der Nationalgeschichte könnte allmählich Sendeschluß sein.

ANHANG

DANK

Bei der Arbeit an diesem Buch habe ich von der Bereitschaft vieler Freunde und Kollegen profitiert, mich an ihren eigenen Überlegungen und Forschungen teilhaben zu lassen – in Gesprächen, durch Auskünfte oder auch durch den Einblick in noch unveröffentlichte Manuskripte. Mein herzlicher Dank richtet sich an Gerd Althoff, Christoph Dartmann, Jürgen Dendorfer, Roman Deutinger, Gerhard Dilcher, Johannes Fried, Claudia Garnier, Peter Godmann, Wilfried Hartmann, Eva Haverkamp, Werner Hechberger, Jochen Johrendt, Hermann Kamp, Hagen Keller, Ludger Körntgen, Martin Kohlrausch, Hans-Henning Kortüm, Detlev Kraack, Heinz Krieg, Kai-Michael Sprenger, Christoph Friedrich Weber und Claudia Zey.

Besonders gerne denke ich an die Zeit, die ich im Sommersemester 2009 als Gastwissenschaftler auf Einladung des Exzellenzclusters «Religion und Politik in den Kulturen der Vormoderne» an der Universität Münster verbringen durfte. Die vielen Gespräche mit Gerd Althoff über seine Einschätzung der mittelalterlichen Königsherrschaft möchte ich nicht missen. Sie kamen der Arbeit an diesem Buch sehr zugute. Auch dafür herzlichen Dank.

Außerdem danke ich der donnerstäglichen Mittagsrunde in München mit Johannes Abdullahi, Hannes Bernwieser, Markus Krumm und nicht zuletzt Romedio Schmitz-Esser – für freiwilliges Zuhören, beharrliches Nachfragen und konstruktiven Widerspruch.

Für die höchst erfreuliche Erfahrung, daß sich die Interessen des Verlags mit meinen Vorstellungen zur Deckung bringen ließen, danke ich herzlich Stefan von der Lahr.

Stuttgart, 18. Juli 2011   Knut Görich

WELFEN, STAUFER UND BABENBERGER

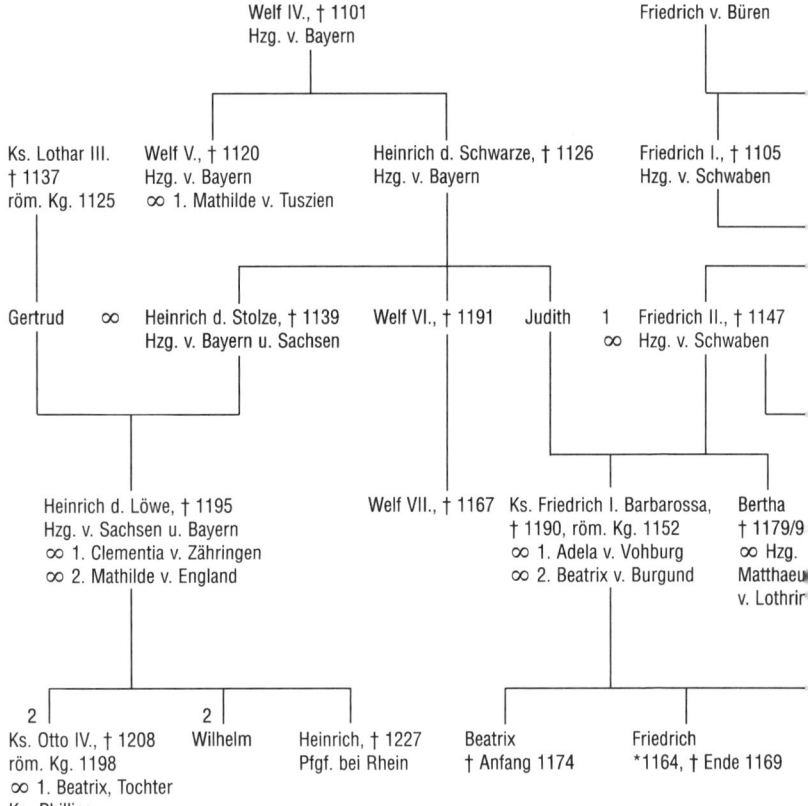

Bf. = Bischof
Hzg. = Herzog
Kg. = König
Ks. = Kaiser
Lgf. = Landgraf
Mkgf. = Markgraf
Pfgf. = Pfalzgraf

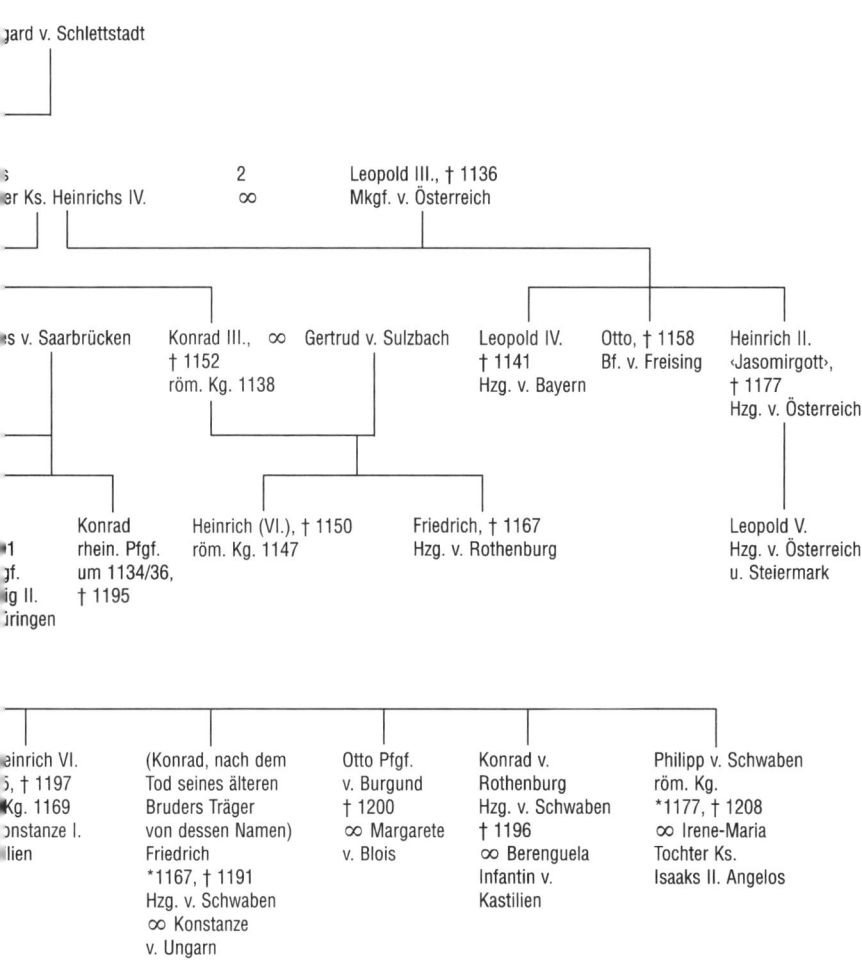

ANMERKUNGEN

DENKMALSENTHÜLLUNGEN

1. Schreiner 1979, 536.
2. Penzler 1912, 280.
3. Kroll 2002, 78 mit Anm. 46.
4. Cortjaens 2000.
5. Kaul 2007, 103 f.
6. Dazu jetzt Kaul 2007; außerdem Schreiner 1979; Borst 1979.
7. Schreiner 1979, 538.
8. Prutz 1874, 351.
9. Giesebrecht 1878–1895, Bd. 5.1, V; Schieffer 2010.
10. Schneidmüller 2004, 488.
11. Althoff 2006; Althoff 2000; Schneidmüller 2000a, 61–67 u. 85–87; Reuter 2002; Schieffer 2005; Oexle 2005.
12. Klein 2005.
13. Althoff 2000; Althoff 2006; Schneidmüller 2002, 219–223.
14. Rader 2010; Stürner 2009; Houben 2007.
15. Pacaut 1969; Munz 1969; Opll 2009; Laudage 2009. Anders Racine 2009.
16. Vollrath 1998, 46; Boockmann 1988, 141.
17. Schneidmüller 2008b, 178 f.; Stollberg-Rilinger 2010.
18. Reuter 2002, 347; Reuter 2001; Kölzer 2002a, 41; Görich 2006b, 67–70.
19. Stollberg-Rilinger 2010, 19.
20. Rexroth 2007; Jarausch 2005.
21. Görich 2009a.
22. Bihrer 2008.
23. Petersohn 1992, 129; vgl. auch Haverkamp 1992, 11–13 u. 41; dazu Felten 2002, 122–124.
24. Bourdieu 1990, 76. Dazu Bödeker 2003.
25. MGH Const. I Nr. 314, 443 Z. 6–9.
26. Fried 2004.
27. Kraack 2005b; Keller 2005, 277.
28. Stollberg-Rilinger 2010, 8; Stollberg-Rilinger 2005, 12 f.
29. Boockmann 1988. 141; Görich 2009a, 182–185.
30. Ehlers 2010, 17.
31. Benediktusregel 53, 15, 152 f.

KAPITEL 1
ANFÄNGE

1. Sprenger 2009, 115 f.
2. MGH Const. I Nr. 138, 192.
3. DF. I. 957.
4. Opll 1977a.
5. Bockhorst 2003, 60.
6. Hermannus 19, 119 Z. 12–17.
7. Goez 1994.
8. Hütt 1993, 138–145.
9. Dazu Hütt 1993, 144 f.
10. Grundmann 1959, 33.

11 DF. I. 335, 162 Z. 19.
12 Seibert 2005, 7.
13 Hechberger 1996, 110–112.
14 EkkAura, 202 f.
15 Bühler 1989, 82–85.
16 DF. I. 34.
17 Hechberger 1996, 134 f.
18 Seibert 2005, 4 f.; Hechberger 1996, 134–148; Lubich 2005, 186 f.
19 Schwarzmaier 2001a, 250.
20 DF. I. 71, 119 Z. 17.
21 Schieffer 2007.
22 Wibald, ep. 385.
23 BerthReich, 248 f.; OttoFrG I 8, 144 f.
24 Walter Ziegler 2008, 104.
25 Hlawitschka 1991.
26 Ziemann 2005; ablehnend Hlawitschka 2007.
27 Schwarzmaier 2001a, 254 Anm. 27.
28 LampHers, 78 f.
29 BerthReich, 70 f.
30 Zey 2008a, 75 f.
31 OttoFrG I 8, 144 f.
32 AnnAug, 130.
33 OttoFrG I 9, 148 f.
34 Dendorfer 2004, 393–396.
35 Dendorfer 2005; Dendorfer 2008a.
36 MGH Const. I Nr. 83, 137 f.
37 OttoFrG I 12, 152 f.
38 Dendorfer 2005, 250.
39 MGH Const. I Nr. 106, 158.
40 Körntgen (im Druck); Dendorfer 2010a.
41 NarrLoth; dazu Schneidmüller 2008a.
42 BerthReich, 232–237; OttoFrG I 20, 160–165; Schwarzmaier 2001a, 265–267.
43 AnnMagd, 185.
44 OttoFrCh VII 23, 540 f.; OttoFrG I 23, 168 f.
45 BerthZwie 30, 234 f.
46 BerthZwie 30, 234 f.
47 OttoFrCh VII 24, 542 f.; vgl. Althoff 2007.

KAPITEL 2

HERZOG VON SCHWABEN UND NEFFE DES KÖNIGS
(1122?–1152)

1 RI IV.1,2, 203, 204, 234, 284, 291, 336 u. 338.
2 LibMir VI 1, 14, 126 Z. 51; RI IV.1,2, 442.
3 RI IV.1,2, 775, 778, 781, 788.
4 Fenske 1990.
5 RI IV.1,1 211.
6 Hlawitschka 2009, 92 f.
7 ObertAnnIan 162 Z. 23 f.
8 Fenske 1990, 81.
9 OttoFrG I 27, 180 f.
10 Gunther I, V. 335.
11 Thomasin, V. 349–352.
12 DF. I. 448.
13 Sicard, 165 Z. 17–19.
14 Saxo XIV 8, 386 Z. 32–35.
15 RI IV.1,2, 23.
16 OttoFrG I 27, 180 f.
17 ReinhBriefs Nr. 63, 58 Z. 9–13.
18 OttoFrCh VII 23, 540 f.
19 HistWelf 24, 70 f.
20 Vollrath 1996, 48.
21 RI IV.1,2, 271.
22 Hechberger 2005, 337 f.

23 Hechberger 1996.
24 OttoFrG I 28, 182 f.
25 Görich 2010a; Schwarzmaier 1999; Goez 2009.
26 Phillips 2001, 20–24; Phillips 2007, 129–131; RI IV.1,2, 445 u. 455.
27 LibMir VI 1, 14, 126 Z. 36–51.
28 LibMir VI 1, 16, 127 Z. 11–17.
29 LibMir VI 1, 16, 127 Z. 33–41.
30 OttoFrG I 42, 210 f.
31 OttoFrG I 47, 216 f.
32 Bernhardi 1883, 597 mit Anm. 16.
33 Bernhardi 1883, 598 Anm. 18.
34 RI IV.1,2, 495; Niketas Krone, 98.
35 Niketas Krone, 98.
36 Wagner 2009, 189–197.
37 Jeffreys 2001, 108 f. u. 113.
38 WilhTyrus 17.8, 769 f.
39 WilhTyrus 17.7, 768 f.; vgl. auch DK. III. 194, 353 Z. 27 f.
40 GislMons, 92 Z. 20–22; AnnPlac, 467 Z. 41–49.
41 WilhTyrus, 17.4, 764 f.
42 DK. III. 194, 353 Z. 27 f.; AnnPeg, 258 Z. 26–28.
43 Görich (im Druck) a.
44 Odo, 62; DK. III. 195, 354 Z. 32 f.
45 Odo, 55–58.
46 GerhReichDe 64, 381.
47 Odo, 56.
48 GerhReichDe 64, 381.
49 Odo, 56–58.
50 DK. III. 195, 354 Z. 38–355 Z. 1.
51 OttoFrG I 64, 264 f.
52 Odo, 60.
53 RI IV.1,2, 523.
54 WilhTyrus, 16.23, 748 Z. 45–749 Z. 51.
55 Todt 1988; Weller 2004, 60–74.
56 Lilie 1985, 238–241.
57 Dazu Kresten 1992/1993.
58 Ohnsorge 1932/1963.
59 RI IV.1,2, 459; Philipps 2007, 131; Hiestand 2001, 42.
60 JohKinn II 14, 63; vgl. RI IV.1,2, 500, 501 u. 507.
Görich 2005a, 282–287;
Anca 2010, 82–94.
61 Odo, 39.
62 ArnLüb I 10, 25 f.
63 Belege bei Görich 2001a, 102 Anm. 50; van Eickels 2002, 338 mit Anm. 155.
64 ArnLüb I 10, 26.
65 DK. III. 224, 397 Z. 13.
66 Anca 2010, 114–124.
67 JohKinn II 19, 71; Bernhardi 1883, 650–655; Anca 2010, 94–114.
68 Hiestand 1993, 549–552.
69 Dazu unergiebig Tounta 2010.
70 RI IV.1,2, 539.
71 Wolfram Ziegler 2008, 411; anders Niederkorn 2007, 6.
72 RI IV.1,2, 579.
73 RI IV.1,2, 474 u. 499.
74 HistWelf 28, 76 f.
75 RI IV.1,2, 714.
76 Niederkorn 1995; Niederkorn 2007, 7 mit Anm. 36.
77 Niederkorn 1995, 58 f.
78 RI IV.2, 60; zur Datierung: Hechberger 1996, 247 Anm. 32; Schlick 2001, 169 Anm. 248.

KAPITEL 3
ERHEBUNG ZUM KÖNIG (1152)

1 OttoFrCh, 3–5. Zuletzt Deutinger 2010a.
2 OttoFrG II 1, 284–287.
3 OttoFrG I 71, 280 f.
4 Wibald, ep. 386; RI IV.2, 197.
5 Anders Engels 2002, 445–447; Schwarzmaier 2001, 251 f.
6 Zuletzt Dick 2004; Niederkorn 2007.
7 Dick 2004, 230.
8 Niederkorn 2007, 59.
9 Zu Recht Opll 2007, 52.
10 OttoFrG I 71, 280 f.
11 Goez 2009, 440.
12 Engels 2002, 453.
13 OttoFrG I 71, 280 f.
14 DF. I. 3, 70 u. 306.
15 Wibald, ep. 369.
16 RI IV.2, 51.
17 Wibald, ep. 339.
18 Simonsfeld 1908, 21 Anm. 9.
19 Wibald, ep. 339.
20 Appelt 1988a; anders Laudage 2009, 41.
21 RI IV.2, 104. Vgl. BurchUrsb, 145; ChronLun, 396.
22 ChronRegCol, 89.
23 DF. I. 1, 1.
24 Meyer-Gebel 1992, 224 f.; Pflefka 2005, 83; RI IV.1,2, 735.
25 Wibald, ep. 339.
26 Wibald, ep. 356.
27 So zuletzt Engels 2002, 458; Pflefka 2005, 115. Vgl. Zwanzig 2010, 309–315.
28 Wibald, ep. 339.
29 Zotz 1990, 401–407.
30 BurchUrsb, 145.
31 GislMons, 92 f.
32 BaldNin, 533 Z. 18–20.
33 AnonLaud, 443 Z. 44–444 Z. 2.
34 GestTrud, 390 Z. 16 f.
35 OttoFrG II 2, 286–289.
36 Für Konrad III. BerthZwie, 234 f.; für Otto IV. ArnLüb VII 17, 290 Z. 15 f.
37 DF. I. 5, 10 f.; Weinrich 2000, 209–213.
38 Scholz 2005.
39 Lacomblet Nr. 103, 57.
40 DF. I. 5, 10 f.
41 Schlick 2001, 168–170.
42 OttoFrG II 4, 288 f.
43 Wibald, ep. 339.
44 DF. I. 5, 11 Z. 18–19.
45 HildBing Nr. 312, 73 Z. 10–14.
46 DF. I. 25; Wadle 2007.
47 Lindner 1995, 208.
48 OttoFrG, 82 f.
49 Weller 2004, 660–662.
50 OttoFrG II 5, 290 f.

KAPITEL 4
NEUE VERTRAUTE UND ALTE PROBLEME

1 VitaMein 198, 114 Z. 11 f.
2 DF. I. 318, 141 Z. 31; auch DF. I. 513, 448 Z. 4.
3 DF. I. 539, 487 Z. 7; DF. I. 930, 197 Z. 30
4 Assmann 1997, 48–66.
5 Überblick bei Meyer-Gebel 1992, 215–217.
6 Weller 2004, 661.
7 OttoFrG II 8, 296 f.
8 OttoFrG, 82 f.
9 DH.(VI.) 2, 522 Z. 17–19.

10 DF. I. 1 u. 60.
11 DF. I 11, 103 u. 110.
12 Uebach 2008, 71.
13 DF. I. 31, 33, 35 u. 42.
14 Landau 2006, 534.
15 DF. I. 70.
16 Wibald, ep. 351.
17 Wibald, ep. 338.
18 Wibald, ep. 338.
19 Wibald, ep. 339; Zeillinger 1970.
20 RahG IV 32, 582 f.
21 Dendorfer 2004, 378–385 u. 412–418.
22 OttoMor, 190 f.
23 DF. I. 6 u. 14.
24 Petersohn 2003.
25 Ehlers 2008, 88.
26 DF. I. 151, 259 Z. 18–23.
27 Görich 2007a; Opll 2007; Schmitz-Esser 2010.
28 OttoFrG II 7, 292 f.
29 OttoFrG II 7, 292 f.; zur Paarformel Görich 2001a, 310 Anm. 48.
30 OttoFrG II 5, 290 f.
31 OttoFrG II 49, 380 f.
32 OttoFrG II 58, 390 f.
33 Deutinger 2008.
34 Dendorfer 2008b, 237.
35 Vinzenz, 665 Z. 4.
36 Vinzenz, 666 Z. 26–34.
37 AnnPalid, 90; Lindner 2002, 118–121.
38 OttoFrG I 9, 148 f.
39 Althoff 1990; Althoff 1986.
40 DF. I. 12.
41 Althoff 1990; Althoff 1986; Berwinkel 2007, 38–40.
42 DF. I. 12.
43 OttoBlas 21, 64 f.; dazu Krieg 2004, 50–54.
44 Parlow 1999, Nr. 435.
45 Dendorfer 2004, 414–416.
46 SigebAuct, 404; dazu Schmidt 1987, 167 ff.
47 Schreibmüller 1955, 221 f.
48 HistWelf 31, 84 f.
49 Althoff 1992, 343.
50 HistWelf 31, 84 f.
51 Zotz 2001, 295 Anm. 52 u. 300 Anm. 79.
52 HistCal 7, 312 f.
53 RI IV.2, 1226.
54 DF. I. 559 u. 588.
55 OttoMor, 228 f.
56 Weller 2004, 84–90; Dendorfer 2004, 413 mit Anm. 161; Pamme-Vogelsang 1998, 223, 226 u. 230.
57 Wibald, ep. 386; Weller 2004, 74–78.

KAPITEL 5
HOF UND HERRSCHAFTSPRAXIS

1 Keupp 2010a, 278.
2 Zotz 2002, 98; zu Adelberg: Walter Ziegler 2008, 66 mit Anm. 20 f.
3 DF. I. 154, 265.
4 Schenk 2003; Johanek/Lampen 2009.
5 Gunther III, V. 174–230.
6 OttoMor, 102 f.
7 BernMar, 43 u. 64 f.; dazu Ceccarelli Lemut 2005; Engl 2009.
8 Biscaro 1904.
9 ChronSPetErf, 193 Z. 10–12.
10 Falco, 56.
11 ObertAnnIan, 203 Z. 21 f.
12 Zum folgenden vgl. Opll 1978; Opll 1999, 88–94; Stieldorf 2009.

13 OttoFrG II 49, 378 f.; Cron-Reinh, 539 Z. 6–16.
14 Lorenz 1994, 105 f.
15 Zotz 2002, 104.
16 Binding 2002.
17 Biller 2006.
18 RahG IV 86, 712 f.
19 VitaHart, 59.
20 Zum folgenden Binding 2002, 462 f.
21 Binding 2002, 462 u. 465 f.
22 BernMar, 43 Z. 9–10.
23 DF. I. 372, 235 Z. 36–40.
24 DF. I. 128, 215 Z. 27–31.
25 DF. I. 895, 147 Z. 4–21.
26 Carmen, V. 193 f.
27 Dazu Balzer 1992.
28 RI IV.2 1086.
29 DeRuinaTerd 1, 145; RI IV.2, 623.
30 RI IV.2 756.
31 BosoHad, 390.
32 Scheffer–Boichorst 1897, 28 f.; RI IV.2, 1927.
33 HistEx, 25 Z. 20–24; ArnLüb IV 8, 129 f.; ChronRegCol, 144.
34 RahG III 7 u. 8, 404–409; Vinzenz, 675 Z. 15–19; Gunther VI, V. 172–179; dazu Schröder 2004.
35 RI IV.2, 2136.
36 RahG IV 2, 510–13; dazu Balzer 1992, 216–218 u. 227–229.
37 Gunther VIII, V. 421–422.
38 OttoBlas 26, 76 f.
39 Keupp 2002, 348–360.
40 RahG IV 43, 598 f.; vgl. auch IV 45, 601 f.; Gunther IX, V. 458–560.
41 WaltMap I. 1, 2.
42 GoVitM, 105.
43 Gunther IV, V. 379–382; Bernhard 2003.
44 Kölzer 2002a, 5.

45 Laudage 2006a, 85 f.; differenzierter Uebach 2008, 16 f., 237–240 u. 262. Ablehnend Ehlers 2009, 42–44.
46 Patze 1979; Brezzi 1982; Herkenrath 1982a; Lindner 1990; Plassmann 1998; Kölzer 2002a; Spieß 2002; Laudage 2006a; Uebach 2008.
47 Bihrer 2008, 246–256.
48 Schneidmüller 2000a, 75.
49 Patzold 2007; Uebach 2008, 12 u. 255–262.
50 Kölzer 2002a, 14 f.
51 Spieß 2002, 59.
52 ChristMog, 686.
53 VitaGottfr. 34, 139 Z. 13–16. Dazu Keupp 2002, 385.
54 Spieß 1997, 42.
55 LambWat, 541 Z. 54–542 Z. 2.
56 GerlMühl, 692 Z. 44–693 Z. 5; Hilsch 1969, 180 f.
57 AnonLaud, 448 Z. 42–47.
58 Kamp 2004, 180–183, 185 f. u. 193–196.
59 Paravicini 1997.
60 Güterbock 1949, 63.
61 BosoAlex, 430 Z. 32.
62 Görich 2001b, 118 mit Anm. 101; ArnLüb III 17, 104.
63 Dazu Görich 2008a, 38.
64 BosoAlex, 440 Z. 18; LibMal, 337 Z. 3.
65 ObertAnnIan, 196 Z. 11–12.
66 BosoAlex, 430 Z. 27–31.
67 NiketasAbent 214. Dazu Görich 2008a, 38.
68 Goetz 1992; Stollberg-Rilinger 1997.
69 Lippiflorium, 40–45; vgl. Laudage 2005, 122; Bergmann 1957. Entstehung um 1500: Großevollmer 2009.

70 Spieß 1997, 57.
71 Dazu Kapitel 13, 511–513.
72 Kamp 2004, 180.
73 Wagendorfer 2009, 584; vgl. Zotz 1999, 251 f.
74 RomSal, 290 Z. 36–291 Z. 2; allg. Georgi 1993.
75 OttoFrG II 38, 360 f.
76 Kresten 1992/1993, 94.
77 AlbStade, 349 Z. 20 f.; dazu Kresten 1992/1993, 67 mit Anm. 16 u. 94.
78 ChronRegCol, 124.
79 ChronRegCol, 125.
80 HistPer, 142, Z. 4–12.
81 Althoff 1997a, 197; ferner Depreux 2008.
82 UrkundenReg Nr. 332.
83 TegernBriefs Nr. 151, 180 f.
84 Scheffer-Boichorst 1897, 28; dazu Görich 2001a, 41.
85 DF. I. 441, 339 Z. 8–11 u. DF. I. 268, 76 Z. 19–23.
86 DF. I. 952, 222 Z. 28 f.
87 OttoMor, 36 f.
88 Görich 2001a, 38–41.
89 LambWat, 545 Z. 44–46.
90 Paravicini 1995, 15.
91 Spieß 2002, 63.
92 AnnOtten, 316 Z. 16–20; dazu Giese 2010a, 119 Anm. 33; Görich 2001a, 336 Anm. 39.
93 Dazu Görich 2001a, 331–363; Görich 2001c; Görich 2005b.
94 BernMar, 27 Z. 25–28 Z. 3.
95 Görich 2001a, 334.
96 GislMons, 229 Z. 11–14.
97 Kalbfuß 1913, 69.
98 ObertAnnIan, 163 Z. 1 f.
99 Görich 2001a, 336.
100 CaffAnnIan, 71 Z. 25–72 Z. 11.
101 VitaArn, 637.
102 ObertAnnIan, 175 Z. 12–14. Dazu Görich 2001a, 342 mit Anm. 81 f.
103 Zum folgenden Kraack 2005a; Kraack 2000; Keupp 2002, 360–371; Leyser 1992; Opll 1976; Reuter 2006.
104 DF. I. 432, 327 Z. 32–34.
105 BosoAlex, 422 Z. 28–31.
106 TegernBriefs Nr. 231, 261 f.; Buttinger 2004, 149.
107 Buchmann/Murr 2008, 21.
108 RahG III 23, 440–443; dazu Schulte 2004, 161 f.; Haverkamp 1970/1971, 327–362, insb. 348 f. u. 484–522, insb. 516; Prutscher 1980.
109 Buschmann/Murr 2008, 21.
110 Schulte 2004, 155.
111 DF. I. 356, 199 Z. 4–28; dazu Schulte 2004, 166–168; Görich 2011, 142.
112 DF. I. 725, 262 Z. 20–22.
113 DF. I. 652, 156 f.
114 Gunther III, V. 511–516; dazu Schulte 2004, 171; Haferland 2005.
115 Groß 2008.
116 Buschmann/Murr 2008; Buschmann 2008, 80.
117 Von der Nahmer 1974, S. 672–703; Görich 2001a; Görich 2006b, 38–50; Krieg 2003, 139–298.
118 Vgl. Kortüm 2006.
119 Vgl. Kortüm 2010, 33 f. u. 92–103.
120 Stollberg-Rilinger 2004, 518 f.
121 DF. I. 106, 180 Z. 6–8.
122 DF. I. 154, 265 Z. 30–34.
123 DF. I. 180, 303 Z. 33–36.
124 DF. I. 359, 206 Z. 31 f.
125 DF. I. 480, 396 Z. 28–31; 313, 134

Z. 1–4 u. 494, 419 Z. 10 f.; MGH Const. 1 Nr. 315, 445 Z. 17–20.
126 DF. I. 538, 485 Z. 36–486 Z. 1.
127 Spieß 1997, 59.
128 DF. I. 305, 130 Z. 29–41.
129 RI IV.2, 1805
130 RahG IV 21, 556 f.
131 DF. I. 228, 14 Z. 32–35; vgl. DF. I. 923.
132 Keller 2005, 241 f.
133 Z. B. DF. I. 477, 390 Z. 42; 422, 309 Z. 24; 560, 25 Z. 37; 74, 124 Z. 4–7; 902, 159 Z. 13–16.
134 RahG IV 5, 518 f.; dazu Görich 2001a, 391 Anm. 70.
135 Schweppenstette 2003, 156.
136 Reuter 1993, 184.
137 LambWat, 523 Z. 21–525 Z. 47.
138 Althoff/Witthöft 2003.
139 Dazu Althoff 1997b.
140 DF. I. 43, 72 Z. 23.
141 LambWat, 538 Z. 21–24.
142 Hoffmann 1964, 161 f.
143 Zum folgenden LambWat, 540 Z. 39–544 Z. 36.
144 Irrtümlich Keszycka 1923, 60.
145 LambWat, 542 Z. 33–51. Vgl. Görich 2006a, 43 f.
146 DF. I. 540 u. 541.
147 DF. I. 539.
148 Schröter 1987.
149 Zuletzt Uebach 2008, 233 f.
150 Fößel 2000, 385 f.
151 Anders Appelt 1988b, 119.
152 Dazu Fößel 2000, 46–49.
153 DF. I. 753, 303 Z. 23.
154 Zum folgenden Görich 2006a, 48.
155 RadDic, 427.
156 LambWat, 545 Z. 40–S. 546 Z. 41.
157 Zum folgenden Görich 2006a, 48 f.
158 Görich 2001a, 334 mit Anm. 26.
159 Paravicini 1994, 66 f.; vgl. auch Winterling 2004.
160 Wibald, ep. 142.
161 DF. I. 154, 265 Z. 25; dazu Johanek 1992, 668.
162 Johanek 1992, 653.
163 Huth 2010, 263; Huth 2005, 197 f.; Huth 2004, 13–15 u. 245 f.; Ricklin 1995, 30–34; Ricklin 1998, 43.
164 Borst 1996, 53 f.; Thorndike 1959.
165 OttoFrCh, 2 f.; OttoFrG, 82 f.
166 OttoFrCh, 6–9; RahG, 392–395.
167 Steckel 2011, 1142–1177.
168 Steckel 2011, 1156, 1163–1177; Huth 2004, 137–140.
169 Huth 2004, 203–218.
170 Johanek 1992, 672; Huth 2004; Huth 2005; Huth 2009.
171 Johanek 1992, 667.
172 Ricklin 1995, 32–34; Ricklin 1998, 337.
173 So aber Huth 2009, 104; vorsichtiger noch Huth 2004, 13. Vgl. Ricklin 1995, 33 f.
174 Huth 2005, 201; Huth 2009, 106 mit Anm. 131. Vorsichtiger noch Huth 2004, 11 f. u. 217.
175 Johanek 1992, 675.
176 Hämel 1942, 245 f.; RI IV.2 2578.
177 Teobaldus, 630; dazu Dolbeau 1977, 87 f. Vgl. RI IV.2, 340 u. 1271.
178 Dazu Görich (im Druck) b, bei Anm. 54.
179 Johanek 1992, 661; Ganz 1992, 640 f.
180 Dazu Grundmann 1958, 50 f.
181 OttoBlas 21, 64 f.; Ganz 1992, 643; Walter Ziegler 2008; Schwarzmaier 2002b, 22; ChronMSer, 203 Z. 1.

182 OttoMor, 98–100
183 RahG IV 86, 710 f.; Wibald, ep. 339.
184 AcerMor, 188 f.
185 Otto 1942, 110 f.
186 RomSal, 293 Z. 19 f.
187 Zaccaria 1767, Mon. XXIX, 179.
188 ItPer I 24, 300 Z. 26–301 Z. 1; dazu Haye 2005, 64 Anm. 155.
189 BosoAlex, 430 Z. 29.
190 RomSal, 286 Z. 29 f.
191 RomSal, 290 Z. 33 f.
192 Saxo XIV 28, 442 Z. 12–14.
193 Görich 2008a, 54 Anm. 68.
194 Buttinger 2004, S. 134–141.
195 Zum folgenden Görich 2011, 148–150.
196 GerhReichEx 53 Z. 2 f.; dazu Zotz 1990, 401; ferner Schwarzmaier 2002a, 512 f.
197 VitaGottfr 28, 132–134; Zotz 1990, 403 f.
198 Althoff 2005, S. 10–15.
199 PassQuir, 284 Z. 21–29. Dazu Buttinger 2004, 137; Görich 2005c, 184.
200 Helmold 81, 278 Z. 9–11.
201 Miethke 2002, 107 f.
202 HistPer, 159 Z. 18–32.
203 Jakob, 89.
204 Sicard, 165 Z. 17 f.; dazu Zotz 1990, 410.
205 BosoAlex, 400 Z. 15–18 u. 411 Z. 23.
206 Schnell 2004, 225–230.
207 OttoMor, 42 f.; RahG IV 55, 612 f.
208 RahG IV 25, 570 f.
209 RomSal, 278 Z. 3.
210 RahG III 13, 420 f.
211 RahG III 15, 424 f.
212 RahG IV 38, 594 f.
213 LodAnon, 206 f.
214 BosoAlex, 413 Z. 31 f. u. 414 Z. 31 f.
215 Gabler 1962/1963, 75.
216 RomSal, 279 Z. 42–280 Z. 2.
217 Kamp 2004, 180.
218 BosoAlex, 427 Z. 10.
219 ArnLüb III 19, 109.
220 RahG IV 86, 708 f.; OttoMor, 186.
221 LambWat, 541 Z. 50–54.
222 BosoAlex, 430 Z. 31 u. 436 Z. 13.
223 Görich 2008a.
224 GestTrev, 385 Z. 36–39.
225 Grundmann 1959, 58.
226 DeRuinaTerd, 9, 156. Dazu Görich 2001a, 194 f.
227 Vinzenz, 665 Z. 19–34.

KAPITEL 6
UNBEWÄLTIGTE HERAUSFORDERUNGEN: DER ERSTE ITALIENZUG (1154/55)

1 Niederkorn 1986; Hiestand 1993; Niederkorn 2000.
2 Keller 2005, 248–275.
3 Schmitz-Esser 2004; Schmitz-Esser 2007, 29–56.
4 Thumser 2001.
5 Thumser 2001, 142.
6 DF. I. 52.
7 Laudage 2009, 67; Petersohn 2010, S. 138–147; vgl. aber Miethke 2002, 95–98 mit Anm. 16.
8 Petersohn 2010, 120 u. 110–130; Petersohn 2009.
9 DF. I. 52, 89 Z. 22 f.
10 Wibald, ep. 410.

11 OttoMor, 36–39.
12 Laudage 2009, 48.
13 OttoMor, 42–45.
14 So aber Laudage 2009, 47–49 mit 59 u. 158.
15 OttoMor, 44 f.
16 Andenna 1996, 76.
17 So aber Laudage 2009, 58 u. 64; ähnlich Uebach 2008, 95–101. Jedoch Andenna 1996, 66–77.
18 OttoFrG, 88 f.
19 Giese 2008.
20 OttoMor, 44 f.
21 Carmen, V. 188–192 u. V. 245–252.
22 Carmen, V. 224 f.
23 Görich 2001a, 216 u. 220 f.
24 Carmen, V. 259–263; vgl. Bernwieser 2008, 149.
25 OttoFrG II 18, 314 f.
26 OttoMor, 50 f.
27 OttoFrG II 19, 316 f.
28 OttoMor, 50–53.
29 OttoMor, 84 f.
30 OttoMor, 52 f..; Carmen, V. 316–322 u. V. 276 f.
31 DF. I. 162, 279 Z. 8–16 u. 163, 280 Z. 13–18; vgl. DF. I. 120. Dazu Görich 2001a, 221–225.
32 DeRuinaTerd 4, 149.
33 RI IV.2, 217; DF. I. *1089.
34 Vgl. OttoMor, 52–55.
35 Laudage 2009, 64.
36 Carmen, V. 294–297.
37 OttoFrG II 21 u. 22, 318–321.
38 OttoFrG II 23, 320–327; vgl. Settia 1993, 272 f.
39 Vgl. Carmen, V. 434 f. u. V. 439 f.
40 DeRuinaTerd 8, 154.
41 DeRuinaTerd 8, 154.
42 OttoFrG II 26, 328 f.
43 Dazu Ambrosioni 1992, 20–22.
44 RI IV.2, 164; DF. I. 51; vgl. Preiss 1934, 25; Ambrosioni 1992, 23–26; Tagliabue 1992, 58 f.
45 Stöckel 1993, Bd. 2, 30 u. 32; Guido erwähnt in DF. I. 92, 96, 112, 114, 115 u. 116.
46 DeRuinaTerd 9–10, 155 f.
47 NarrLong, 242. Dazu Busch 1997, 58 mit Anm. 109; Ambrosioni 1992, 25.
48 NarrLong, 242.
49 OttoFrG, 84–87.
50 Görich 2001a, 208 f.; Krieg 2008, 458–460; anders Mégier 1990, 230; Bagge 1996, 362–366.
51 Zuletzt Laudage 2009, 210–220.
52 Keller 2006, 304.
53 BosoHad, 391 Z. 5–11.
54 Vgl. Deutinger 2004.
55 BosoHad, 391, Z. 23–29.
56 So zuletzt Laudage 2009, 79.
57 Deutinger 2004, 101; vgl. Miethke 2002, 102–115.
58 Deutinger 2004, 130.
59 GerhReichDe I 72, 392 Z. 16–393 Z. 23.
60 Liber censuum, 414 Z. 22–25.
61 Helmold 81, 278 f.
62 BosoHad, 391 Z. 33–392 Z. 5.
63 Schludi 2010, 62.
64 BosoHad, 392 Z. 8–20.
65 OttoFrG II 35, 356 f.
66 BosoHad, 393 Z. 1–6.
67 RI IV.2 267; vgl. Stroll 1997, 256–267; Petersohn 2010, 160 mit Anm. 11; anders Laudage 2009, 77 f.
68 BosoHad, 393 Z. 7–15.
69 Petersohn 2010, 161 mit Anm. 69; anders Laudage 1997, 72 f.; Laudage 2009, 85; vgl. RI IV.2, 324.

70 OttoFrG II 37, 358 f.
71 OttoFrG, 88 f.
72 DK. III. 291; DF. I. *1093.
73 Weller 2004, 79–82.
74 OttoFrG II 42, 364–371.

KAPITEL 7
ENTSCHEIDUNGEN: DREI JAHRE NÖRDLICH DER ALPEN
(1155–1158)

1 OttoFrG II 39, 362 f.
2 Weller 2004, 91–99; Pamme-Vogelsang 1998, 230–239.
3 Wibald, ep. 429.
4 Stieldorf 2000, 9–11 u. 34.
5 Zum folgenden Görich 2006a.
6 GoVitG, 326 V. 865–869.
7 RadDic, 427.
8 AcerMor, 188 f.
9 Ganz 1992, 642.
10 AcerMor, 188 f.
11 Krieg 2003, 319 f.
12 Bernhardi 1883, 468 Anm. 6.
13 RI IV.1,2, 378, 389, 400, 401 u. 402.
14 MagVinc III 30, 124.
15 Simonsfeld 1908, 547.
16 RahG III 3, 402 f.
17 MagVinc III 30, 124.
18 Vinzenz, 666 Z. 52–667 Z. 13.
19 DF. I. 181.
20 MonSaz, 160.
21 Holtzmann 1922, 55.
22 DF. I. 120.
23 Berwinkel 2007, 43 u. 48; außerdem Karg 2007, 223; Dendorfer 2010 b.
24 VitaArn, 625; dazu Kortüm 2010, 137 f.
25 Carmen, V. 1575 f.; RahG III 32, 464 f.; Stöckel 1993, Bd. 2, 52.
26 Vinzenz, 668 Z. 19–22.
27 OttoFrG II 47, 376 f.
28 RI IV.2, 398 u. 517, 482, 471 u. 486.
29 Carmen, V. 1490; außerdem V. 1615–1679.
30 Carmen, V. 1321 f.
31 VitaArn, 624.
32 Vinzenz, 672 Z. 7–8 u. 673 Z. 26–27. Vgl. Bláhová 1992.
33 Carmen, V. 1527–1531.
34 Reuter 2002, 347.
35 DF. I. 162, 279 Z. 8–16.
36 OttoFrG II 16, 312 f.
37 Classen 1960, 194; VitaArn, 622 f.
38 RomSal, 242 Z. 15–17.
39 Zey 2002, 374.
40 BosoAlex, 397 Z. 12–15.
41 Appelt 1996, 16.
42 AcerMor, 188 f.; CaffAnnIan, 66 Z. 15 f.; Landau 2008, 5–10.
43 JohSalHist, 519.
44 GestHalb, 108 Z. 3; LodAnon 228–231.
45 DF. I. 513, 448 Z. 6–10.
46 DF. I. 535, 481 Z. 33–36.
47 DF. I. 186, 314 Z. 33–35; Godman 2010, 206–209.
48 Vgl. RahG III 11, 410–413.
49 RahG III 12, 414 f. Vgl. Heinemeyer 1969, 217.
50 RahG III 19, 432 f.
51 Nilgen 1997, S. 27–31.
52 Deutinger 2010, 332–337; vgl. Miethke 2002, 115–121.
53 Deutinger 2010, 338–345.
54 RahG III 20, 438 f.
55 RahG III 12, 416 f.
56 Schmidt 1995, 82.

57 So Hiestand 1993, 549–552.
58 Hoing 1955, 319; RI IV.2, †495; Hoing 1956, 212–229.
59 DK. III. 229; vgl. Hiestand 1993, 549–552.
60 DF. I. 5, 10 Z 37 u. 11 Z. 6–8.
61 RI IV.1,2, 606 u. 542.
62 Hageneder 2004, 344.
63 RahG III 13, 420 f.
64 Erhellend Russell 1992, 2–50; Haye 2005, 55–68, insb. 64.
65 Weiss 2008; Godman 2010.
66 OttoBlas 8, 30 f.; RahG III 12, 416 f.
67 Vgl. RahG III 19, 432 f.
68 Zeugen in DF. I. 201, 337 Z. 32–35.
69 Vgl. RahG III 20, 438 f.
70 RahG III 20, 438 f.; OttoBlas 9, 32 f.
71 RahG III 20, 434–437.
72 RahG III 24, 446 f.
73 Vgl. RahG III 25, 448 f.
74 RahG III 25, 450 f.
75 Vgl. RahG III 27, 452 f.
76 Vinzenz, 673 Z. 35 f.; dazu Haverkamp 1970/1971, 178.

KAPITEL 8
BEHAUPTUNGSVERSUCHE IN OBERITALIEN (1158/59)

1 NarrLong, 258 f.
2 RahG III 22, 440 f.
3 Herkenrath 1982a, 122.
4 RI IV.2, 576.
5 Berwinkel 2007, 44 Anm. 165.
6 RahG III 29, 454 f.
7 Berwinkel 2007, 69; Riedmann 1994.
8 RahG III 31, 460 f.; DF. I. 222. Riedmann 1994, 91.
9 Vinzenz, 668 Z. 42–44.
10 Vinzenz, 669 Z. 7–9.
11 Vinzenz, 669 Z. 20–23.
12 Wadle 1999.
13 RahG III 31, 456–461; DF. I. 222.
14 Zum folgenden Berwinkel 2007, 58–117.
15 Carmen, V. 2086–2098.
16 Vinzenz, 669 f.
17 Vinzenz, 671 Z. 22–31.
18 Vinzenz, 674 Z. 20–22.
19 Deutinger 1999, 224–227.
20 RahG III 32, 462–465.
21 Vinzenz, 671 Z. 31–33.
22 Vinzenz, 671 Z. 6–8.
23 OttoMor, 82 f.; dazu Oppl 2010, 28–47.
24 Vinzenz, 676 Z. 2–7; Oppl 2010, 28–47.
25 Berwinkel 2007, 51–55.
26 RahG III 41, 478 f.; Vinzenz, 672 Z. 37 f.
27 BurchUrsb, 154 f.
28 Bargigia 2005.
29 RahG III 47, 488 f.
30 Vinzenz, 674 Z. 5–10; vgl. Kortüm 2010, 241–245.
31 Vinzenz, 674 Z. 36–38.
32 Görich 2001a, 231 Anm. 276.
33 Vgl. DF. I. 895, 146 Z. 1–3 zu Crema 1160.
34 Haverkamp 1971, 64.
35 Vgl. RahG III 48, 490 f.
36 Vgl. RahG III 49, 490–495.
37 Carmen, V. 2527–2530 u. V. 2533.
38 Dazu Riedmann 1973, 69–71.
39 Vinzenz, 674 Z. 31–33.
40 Vinzenz, 675 Z. 2–3.
41 Görich 2001a, 230.

42 RahG IV 51, 500 f.; ChronReg-Col, 100.
43 RahG III 51, 500 f.
44 Vgl. Vinzenz, 674 Z. 46–52.
45 Vgl. Vinzenz, 674 Z. 46–54.
46 Vinzenz, 674 Z. 54–675 Z. 9.
47 Vgl. Vinzenz, 675 Z. 11–15.
48 DF. I. 224, 8 f.; Vinzenz, 674 Z. 29 f.
49 NarrLong, 260 f.; RahG III 52, 502 f.
50 BernMar, 19 Z. 10 f.
51 Vgl. Majocchi 2010, 246–249; ferner Weber 2007, 192 f.
52 DF. I. 253.
53 OttoFrG II 14, 308–311.
54 RI. IV.2, 246 (Padua), 287 (Genua).
55 OttoFrG II 16, 312 f.
56 Görich 2001a, 205 mit Anm. 110.
57 RahG IV 4, 514 f.
58 Meyer 2010; Walther 1986.
59 Dendorfer 2010b, 121 f. u. 132.
60 Laudage 2009, 133.
61 Carmen, V. 463–501.
62 Görich 2007b.
63 DF. I. 243, 39 Z. 19 f.; zu *pauperes* Oexle 1981, 82.
64 Görich 2007b, 318 mit Anm. 53.
65 Campana 1968, insb. 143.
66 Dilcher 2007a, 29.
67 DF. I. 237–242; RahG IV 1–10, 510–531; OttoMor, 90–93. Zum folgenden Dilcher 2007a; Dilcher 2003.
68 Zu 1154: RI IV.2, 138 u. DF. I. 91, 152 Z. 26–34; zu 1158: DF. I. 242, 35 Z. 11–17; Karg 2007; Dendorfer 2010b.
69 Dilcher 2007a, 25.
70 Dilcher 2003, 641; Dilcher 2007a, 36.
71 Mainoni 2003, 9 f. u. 26–39.
72 RahG IV 5, 516 f.; dazu Frenz 2007, 108 f.
73 RahG IV 5, 516 f.
74 Görich 2007b, 318–322.
75 Schulte 2004.
76 Dazu Berwinkel 2007, 121–123.
77 So Laudage 2009, 136.
78 Vinzenz, 675 Z. 43–47.
79 Oppl 1985, 43.
80 RahG IV 8, 522 f.; vgl. Opll 1986a, 562.
81 Dartmann 2007, 331.
82 Zur *conventio* RahG III 50, 498 f.; DF. I. 224, 9 Z. 16–24.
83 NarrLong, 263.
84 Vinzenz, 676 Z. 19–29; Görich 2001c, 190 f.; Görich 2001a, 233–237; Dartmann 2007, 330 f.
85 Vgl. RahG IV 25, 570–573.
86 Althoff 1997.
87 NarrLong, 262; Vinzenz, 676 Z. 30–32.
88 Dazu Fried 1974, 133–137.
89 RahG IV 27, 578 f.
90 Vgl. dazu RI IV.2, 673, 679 u. 680.
91 Vinzenz, 676 Z. 43–46.
92 RahG IV 33, 582 f.
93 Vinzenz, 678 Z. 44 f.
94 RahG IV 47, 604–607.
95 Belege u. Lit. bei Görich 2001a, 240 f.
96 Petersohn 2010, 166 u. 174 f.
97 Herkenrath 1962, 121 Anm. 246; RI IV.2, 546; Johrendt 2010, 89; Petersohn 2010, 175 f.
98 Herkenrath 1962, 120 mit Anm. 243.
99 Laudage 1997, 93 f.
100 RahG IV 22, 562 f.
101 RahG IV 21, 556 f.; dazu Görich 2001a, 120 mit Anm. 129. Ferner Hack 2001/2002.

102 RahG IV 22, 562 f.
103 Görich 2001a, 119–126; Pflefka 2005, 129–133.
104 RahG IV 22, 562 f.
105 RahG IV 22, 564 f.
106 RahG IV 22, 566 f.
107 RahG IV 35, 588 f.
108 Petersohn 2010, 329 u. 178; vgl. Johrendt 2010, 104–106.
109 RahG IV 36, 590 f.
110 RahG IV 36, 588 f.
111 RahG IV 34 u. 36, 586 f. u. 590 f.
112 Petersohn 2010, 180; Johrendt 2010, 90.
113 Petersohn 2010, 180–182.
114 Sprenger (im Druck), Kap. II.3.5, bei Anm. 377–385; Stroll 1997, 256–267.
115 Petersohn 2010, 164.
116 Kehr 1926; Mayr 1977; Schwarzmaier 1968; ferner Whitton 1979, 103–184.
117 GestAlb, 255.
118 DF. I. 274, 83 Z. 45–84 Z. 5.
119 Petersohn 2010, 190 f.; anders Johrendt 2010, 91–93; vgl. Duggan 2003, 138.
120 Petersohn 2010, 191; anders Johrendt 2011, 309–316.
121 Petersohn 2010, 187–189; vgl. Johrendt 2011, 309–316; Maleczek 1984, 233–235.
122 Keupp 2010b, 158–163.
123 BosoAlex, 300 Z. 9–11; Petersohn 2010, 185 f.
124 Petersohn 2010, 193; Johrendt (im Druck).
125 Dazu Haverkamp 1970/71, 57.
126 Patze 1979, 40; Grundmann 1942, 489.

KAPITEL 9
SIEGE UND NIEDERLAGEN IN OBERITALIEN (1160–1176)

1 Vinzenz, 678 Z. 18–20.
2 OttoMor, 108 f.
3 OttoMor, 110 f.
4 OttoMor, 110 f.
5 RahG IV 69, 654 f.
6 RahG IV 71, 658 f.
7 OttoMor, 122 f.
8 OttoMor, 122–125.
9 Zum folgenden Berwinkel 2007, 164–201.
10 Opll 2010a, 28–47; zum Siegel: Drös/Jakobs 1997, 134.
11 Dazu Berwinkel 2007, 176–186; France 1999.
12 Berwinkel 2007, 188.
13 OttoMor, 158 f.
14 Berwinkel 2008.
15 DF. I. 317, 140.
16 ChronRegCol, 103; zur Datierung Görich 2001a, 245 mit Anm. 376.
17 AcerMor, 166–169; vgl. Herkenrath 1971.
18 ChronRegCol, 103 f.
19 Patzold 2007, 102.
20 AnnEgm, 463 Z. 46 f. Dazu Herkenrath 1962, 275 Anm. 361; vgl. ChronRegCol, 116.
21 CodLaur, 438 Z. 24–32; RahApp, 349 Z. 4–6.
22 OttoMor, 164 f. u. 168 f.; NarrLong, 274 f.
23 NarrLong, 274 f.
24 Berwinkel 2007, 197 mit Anm. 391; Görich 2001a, 248 mit Anm. 400 u. 350; Busch 1997, 157–163; Fasola 1972.

25 JohCodLib, 51 f.; dazu Busch 1997, 133–143.
26 Zum folgenden Güterbock 1949, 60 f.; dazu Görich 2001a, 247 f.; Berwinkel 2007, 198 f.; Kortüm 2010, 183–185.
27 Vgl. OttoMor, 34 f.
28 AcerMor, 174 f.; Güterbock 1949, 61 f.
29 Berwinkel 2007, 249–251.
30 AcerMor, 174 f.; Güterbock 1949, 62. DF. I. 351, 191 Z. 36.
31 DF. I. 352, 193 Z. 17–18.
32 SigebAuct, 405 Z. 14–17.
33 Dazu Zug Tucci 1985; Voltmer 1994a, 240–242; Voltmer 1994b; Voltmer 1992; Bordone 1998, 92.
34 Güterbock 1949, 62 f.
35 Güterbock 1949, 64. Dazu Bumke 1986, Bd. 2, 492; Zotz 1991, 181; Schreiner 1996, 70.
36 CaffAnnIan, 65 Z. 2–6.
37 DF. I. 352, 193 Z. 20–22; zu Crema: DF. I. 295, 108 Z. 27–29; 296, 109 Z. 12–13; 297, 109 Z. 34–35.
38 BurchUrsb, 178 f.
39 Güterbock 1949, 64.
40 Vgl. RI IV.2, 1033; Koller 1989; Görich 2001a, 254.
41 Vinzenz, 680 Z. 37–43; AdBriefs Nr. 64, 118 Z. 20–21.
42 NarrLong, 276–279.
43 AcerMor, 178 f.
44 Vinzenz, 680 Z. 43–46.
45 NarrLong, 278 f.
46 DF. I. 351, 192 Z. 6–9; vgl. Schreiner 1996, 70.
47 Görich 2001a, 252 Anm. 421; Goez 2002, 499 Anm. 42.
48 ThomPav, 505 Z. 25–26.
49 Landau 2011.
50 Wolf 2009, 139 f.
51 Vgl. NarrLong, 278 f.
52 Majocchi 2005.
53 Vgl. AcerMor, 180 f.
54 AcerMor, 180 f.
55 AcerMor, 186 f.; RahG IV 86, 708 f.
56 NiketasKrone, 81.
57 Holder-Egger 1892, 512 u. 515.
58 Carmen, V. 2086 f.
59 Pokorny 2010 Nr. 16, 76 Z. 28–31.
60 DF. I. 367, 225 Z. 32–33.
61 Vgl. Herkenrath 1982b, 251–255. DF. I. 362; dazu Riedmann 1973, 60–63; Musajo Somma 2009, 31–34.
62 AcerMor, 182 f.; DF. I. 367, 369, 372 u. 375. Dazu Dartmann 2007, 334 f.
63 Zur Person Schieffer 2001.
64 AcerMor, 192 f.; vgl. Herkenrath 1982, 228 f.; Amtsträger bei Opll 1990, 103–114.
65 AcerMor, 190 f.
66 AcerMor, 186 f.; dazu Herkenrath 1982, 217–223; Goez 1996, 102 f.
67 AcerMor, 186 f.; dazu Herkenrath 1982, 223–228.
68 Anders Opll 1990, 97 u. 101.
69 AcerMor, 192 f.; NarrLong, 280–283.
70 Vgl. Haverkamp 1970/1971, 590 f. u. 597 f. mit Anm. 598; Opll 1990, 110 Anm. 85; Matzke 2008, 185–190.
71 DF. I. 432, 327 Z. 34–36.
72 ObertAnnIan, 175, Z. 12–14; dazu Görich 2001c, 183 mit Anm. 27.
73 Güterbock 1937; vgl. dazu Haverkamp 1966, 118–123; Ohainski 2003, 22–24.

74 NarrLong, 280 f.
75 NarrLong, 280–283.
76 NarrLong, 282 f.
77 Laudage 2009, 137 u. 218–232.
78 Keller 2006, 300–302.
79 HistWelf 29, 78 f.
80 NarrLong, 282–285.
81 AcerMor, 194–197.
82 DF. I. 441, 442 u. 444.
83 NarrLong, 284 f.; BosoAlex, 411 Z. 28.
84 BosoAlex, 411 Z. 30.
85 NarrLong, 286 f.; vgl. LodAnon, 202 f.
86 NarrLong, 284 f.
87 NarrLong, 286 f.
88 NarrLong, 286 f.
89 LodAnon, 198 f.
90 LodAnon, 200 f.
91 LodAnon, 202 f.
92 DF. I. 444, 344 Z. 4 f.
93 ChronMonCas IV 98, 560 Z. 17.
94 Weiler 2009.
95 Dazu Bernwieser 2010; Bernwieser 2009, Kap. II.
96 DF. I. 477, 391 Z. 29 u. Z. 32.
97 Vgl. Hägermann 1969, 201; Bernwieser 2009, Kap. II 6c.
98 Hägermann 1969, 190 mit Anm. 31.
99 Vgl. LodAnon, 203 f.; RI IV.2, 1599.
100 Brezzi 1982; Tabacco 1990.
101 Bouquet, 211.
102 Musajo Somma 2009, 491.
103 ThomPav, 505 Z. 42–48.
104 LodAnon, 206 f.
105 Raccagni 2010, 29–53.
106 Vgl. Keller 1995, 278 Anm. 25; Picasso 2006, 326 f.
107 Hülsen–Esch 1994, 36–118.
108 Wurst 1972, 148–151.
109 Vignati 1996, 143–146; Manaresi Nr. 56.
110 Vinzenz, 683 Z. 24–27.
111 BosoAlex, 414 Z. 7.
112 LodAnon, 220 f.
113 Herkenrath 1962, 394 f.
114 Dazu Kapitel 10, 417–420.
115 Dazu Opll 1987.
116 BernMar, 42. Z. 23–25 u. 43 Z. 4 f. u. Z. 25 f.
117 GoVitG, 323 V. 725–728; dazu Opll 1986 b.
118 DF. I. 895, 146 Z. 33–36.
119 LodAnon, 232.
120 LodAnon, 232 f.
121 RahG IV 43 u. 45, 596–603.
122 JohSalLet Nr. 272, 558; GoVitG, 324 Z. 771–808; OttoBlas 20, 60–63.
123 ChronRegCol, 120.
124 JohSalLet Nr. 253, 510.
125 DF. I. 538, 485 Z. 40–486 Z. 9.
126 Schwarzmaier 2001b, 530–535; Büttner 1963, 21–27.
127 Kraack 2000, 109–115; vgl. Laudage 2009, 251–265.
128 Zuletzt Laudage 2009, 243.
129 Petersohn 2010, 257.
130 ObertAnnIan, 248 Z. 27 f.
131 ObertAnnIan, 248 Z. 8–10.
132 Hägermann 1968, 240–283.
133 Dazu Bernwieser 2009, Kap. II 7b.
134 ChronRegCol, 122.
135 ChronRegCol, 122; Petersohn 2010, 266 f.
136 BosoAlex, 427 Z. 12–14; Stöckel 1993, 302–329.
137 Görich 2001a, 264 Anm. 499.
138 Raccagni 2010, 113–118.
139 Zum folgenden Görich 2001a, 264–266; Rogers 1992, 146–151; Cognasso 1970, 48–55; RI IV.2, 2110 u. 2129.

140 DF. I. 895, 146 Z. 41–147 Z. 2.
141 ThomPav, 505 Z. 20 f.
142 ChronRegCol, 126; GoVitG, 327 Z. 893 f.
143 RomSal, 263 Z. 9–13; GoVitG, 327 Z. 901–921; BosoAlex, 427 Z. 24–428 Z. 3; GerlMühl, 688 Z. 2–22.
144 BosoAlex, 427 Z. 36–428 Z. 1; RomSal, 263 Z. 11–13.
145 ChronRegCol, 126.
146 BosoAlex, 428 Z. 5.
147 BosoAlex, 428 Z. 17–429 Z. 4.
148 JohCodAnn, 10 Z. 11–30; Raccagni 2010, 89.
149 Dazu Raccagni 2010, 94–97; Görich 2001a, 266–272; Heinemeyer 1954/ 1955; Güterbock 1895.
150 DF. I. 638, 136–138.
151 DF. I. 638, 137 Z. 40 f.
152 MagTol 61, 60 Z. 8–13; dazu Mascanzoni 1996, 111 f.
153 DF. I. 638, 137 Z. 36–39.
154 ChronRegCol, 127.
155 MGH Const. I Nr. 243–245, 341–346.
156 BosoAlex, 430 Z. 17–22.
157 Dazu Görich 2001a, 170, 174, 187 f. u. 194 f.
158 MGH Const. I Nr. 245, 344–346; RI IV.2, 2144.
159 MagTol, 60 Z. 15–18.
160 Bernwieser 2009, Kap. III.3.
161 Haverkamp 1984, 163; Haverkamp 1987, 22 f.
162 DF. I. 645, 146 Z. 30 f.; BosoAlex, 431 Z. 27.
163 RomSal, 263 Z. 3 f.; AlbBez, 36; Sicard, 167 Z. 22 f.
164 DF. I. 645, 146 Z. 26–38.
165 Lacomblet Nr. 455, 319.
166 Dazu Martini 1976, 365–371; Legnano 1976.
167 Görich 2001a, 272–274; Clauss 2010, 229 f. u. 239–241; Kortüm 2010, 100 f.
168 Übereinstimmend BosoAlex, 432 Z. 29–31; RomSal, 266 Z. 10 f.
169 AnnMagd, 194 Z. 9 f.; AnnSPetrErph, 61 Z. 2–4.
170 DF. I. 317, 140 Z. 26–30.
171 So aber Kortüm 2010, 100.
172 Voltmer 1994a, 242; Meyer 1998, 234.
173 BosoAlex, 433, Z. 5–8.
174 Manaresi 1919 Nr. 102 143; Raccagni 2010, 90 f. u. 40 zu Pontida.
175 Opll 2010a, 118 u. 263; vgl. Georgi 2002, 64 Anm. 100.
176 BosoAlex, 433 Z. 25–30.
177 Görich 2001a, 275 f. mit Anm. 579; Schludi 2002, 300; anders Georgi 2002, 64 u. 66.
178 DF. I. 658, 163 Z. 24–30.
179 BosoAlex, 434 Z. 7–9.
180 Görich 2001a, 286–289.
181 DF. I. 653; Astegiano 1882.
182 DF. I. 895, 147 Z. 5–17; Astegiano 1882, 213–216; Opll 1986a, 258.
183 MGH Const. I. Nr. 247, 347–349; zur Datierung Görich 2001a, 277–280; anders RI IV.2, 2187.
184 DF. I. 650, 155 Z. 14–18.
185 DF. I. 660.
186 DF. I. 895, 147 Z. 5–19.
187 Menant 2004, 215–234.

KAPITEL 10
KIRCHENSPALTUNG UND KAMPF GEGEN ALEXANDER III. (1159-1176)

1 Zey 2002, 168. Zum Schisma Johrendt (im Druck).
2 AdBriefs Nr. 39, 77 Z. 16-30.
3 Petersohn 2010, 193.
4 Zey 2002, 406-408.
5 Zey 2002, 399-495; Zey 2008b, 103-107.
6 AdBriefs Nr. 45, 92 Z. 28-30.
7 Thomson 1975, 29.
8 AdBriefs Nr. 40, 79 Z. 8-10.
9 DF. I. 281, 92 Z. 39-93 Z. 1 u. Z. 21-23; AdBriefs Nr. 39, 77 Z. 6-8 u. 32-35.
10 RahG IV 62, 634 f.; AdBriefs Nr. 42, 84 Z. 28-85 Z. 3.
11 RahG IV 62, 636 f.; AdBriefs Nr. 42, 26 f.
12 So Petersohn 2010, 183 f. u. 194; skeptisch Duggan 2003, 105-109; Maleczek 1984, 230-233.
13 RahG IV 60, 622 f.; AdBriefs Nr. 44, 89 Z. 19-21.
14 ChronRegCol, 107.
15 Vgl. RahG IV 22, 560 f.
16 Wolter 1993, 419-422.
17 RahG IV 65, 644-647; DF. I. 285.
18 BosoAlex, 401 Z. 10-29.
19 ChronRegCol, 106.
20 GerhReichDe I 56, 365 Z. 34-36; außerdem Thomson 1975, 29.
21 Watterich 1862, Bd. 2, 497.
22 Wolter 1993, 418-422.
23 RomSal, 287 Z. 1 f.
24 RahG IV 74, 662 f.
25 Wolter 1993; Mayr 1977, 33-46.
26 Wolter 1993, 442-444.
27 Wolter 1993, 444-448; Petersohn 2010, 196.
28 RahG IV 80, 686-691.
29 Vinzenz, 679 Z. 11 f.; Bláhová 1992, 158.
30 Sprenger 1997, 39 f.
31 RahG IV 82, 700 f.
32 Vinzenz, 679 Z. 18-23; RahG IV 80, 692 f.
33 Deutinger 2003, S. 42-46.
34 Mayr 1977, 46-53; Zey 2002, 409-418.
35 Zey 2008c, 76-87; Zey 2002, 411-416.
36 Vgl. RI IV.2, 892 u. 962; Laudage 1997, 126-128.
37 Güterbock 1949, 57 f.
38 AdBriefs Nr. 73, 131 Z. 5-15.
39 Bouquet Nr. 10, 202; RI IV.2, 1051.
40 Reuter 1975, 98; Schmale 1968, 317 f.
41 Heinemeyer 1964; Schmale 1968; Kienast 1974/1975, 203-210; Reuter 1975, 79-101; Mayr 1977, 152-170; Georgi 1990, 64-79; Schuster 1995; Laudage 1997, 129-148.
42 HugoPoit, 525 Z. 520-523; AcerMor, 186 f.; RomSal, 250 Z. 6; BosoAlex, 405 Z. 32 f.
43 BosoAlex, 405 Z. 20-22.
44 DF. I. 363, 216 Z. 30-32; DF. I. 364 u. 365.
45 Heinemeyer 1964, 169-172.
46 Zey 2002, 419-425.
47 Vgl. Saxo XIV 28, 443 f.
48 Schuster 1995, 212; vgl. Reuter 1975, 88 u. 98.
49 Reuter 1975, 99 f.
50 HugoPoit, 527 Z. 596-599; BosoAlex, 407 Z. 17-21; Saxo XIV 28, 443.

51 Saxo XIV 28, 443 Z. 8–31; dazu Petersohn 2010, 199.
52 Kirfel 1959, 23; Schmale 1968, 365; anders Laudage 1997, 146 f.
53 Petersohn 2010, 199 f. u. 331.
54 RobMont, 512 Z. 51–54; vgl. BosoAlex, 407 Z. 35–408 Z. 11.
55 JohSalLet Nr. 186, 228.
56 JohSalLet Nr. 124, 206.
57 BosoAlex, 407 Z. 17–21; dazu Schuster 1995, 229–232.
58 BosoAlex, 407 Z. 34.
59 White 1998, 142 f. u. 146.
60 SalzbBriefs Nr. 33, 195 Z. 3–8.
61 Vgl. GerhReichDe I 56 u. 57, 366 Z. 8–368 u. 371 Z. 31–372 Z. 9; GerhReichOp, 314–317 u. 325 f.; dazu Classen 1960, 196 u. 285 f.
62 AdBriefs, Anhang Nr. 1, 201 f.
63 Görich 2001a, 141 f.
64 SalzbBriefs Nr. 33, 194 Z. 24–195 Z. 17.
65 JL 11003; Tromby Bd. 4, Appendix Nr. 64, 80 f.
66 SalzbBriefs Nr. 27, 187 Z. 10–15.
67 Sprenger (im Druck), Kapitel III.
68 Materials Bd. 6 Nr. 99, 190; vgl. Nr. 98, 186.
69 Petersohn 2010, 204–208.
70 GerhReichOp, 321 Z. 15–21.
71 GerhReichOp, 333 f.; Classen 1960, 276; Görich 2001a, 148.
72 GerhReichOp, 322 Z. 13 f.
73 Watterich 1862, Bd. 2, 546.
74 DF. I. 480, 397 Z. 21–26.
75 JohSalLet Nr. 177, 183.
76 Vollrath 2002, 170.
77 DF. I. 480, 396 Z. 36–397 Z. 4.
78 DF. I. 480; Materials Bd. 6 Nr. 98 f., 184–191; dazu Görich 2001a, 145 f. mit Anm. 267.
79 Materials Bd. 6 Nr. 98, 184 f. u. 187; Nr. 99, 188 f.
80 Materials Bd. 6 Nr. 98, 186 u. Nr. 99, 189 f.
81 DF. I. 480, 397; zum Eid Goez 1986.
82 Giesebrecht 1878–1895, Bd. 5, 472.
83 Burkhardt 2008, 516 f.
84 Seibert 2002, 224–229; Goez 2002.
85 DF. I. 494, 419 Z. 8–11 u. Z. 25 f.
86 DF. I. 488, 407 Z. 27–32.
87 MagnusAnn, 472 Z. 60–473 Z. 18. Vgl. Classen 1960, 282 Anm. 46; Dopsch 1984, 286.
88 HistCal 2, 300 f.
89 GerhReichOp; dazu Görich 2001a, 147–156; Classen 1960, 276 f. u. 284–287.
90 Giesebrecht 1878–1895, Bd. 5, 483–492; Petersohn 2010, 205–209; Stöckel 1993, 283 f.
91 JohSalLet Nr. 152, 54.
92 AlbStade, 347 Z. 9–13 u. Z. 33–35; Althoff 1988, 302.
93 LodAnon, 224 f.
94 Petersohn 2010, 216; Johrendt 2010, 98 u. 105.
95 HistCal 6, 310 f.
96 Giesebrecht 1878–1895, Bd. 6, 468.
97 LodAnon, 226 f.; dazu Petersohn 2010, 219 mit Anm. 47; Johrendt 2010, 101 f.
98 DF. I. 535, 481 Z. 29 f.
99 BosoAlex, 417 Z. 12–21.
100 Petersohn 2010, 218; anders noch Görich 2001a, 156 mit Anm. 322.
101 BosoAlex, 417 Z. 18 f.
102 DF. I. 532, 476 Z. 23–27.
103 Petersohn 2010, 220–222 u. 225–242.

104 GoVitG, 322 V. 645 f. u. V. 670–672; dazu Herde 1991, 144 f. u. 159.
105 HistCal 6, 310–313.
106 DF. I. 535, 481 Z. 36-S. 482 Z. 4.
107 Giesebrecht 1878–1895, 5, 563; ThBecketLet 139, 640–643; 150, 708 f.
108 Giesebrecht 1878–1895, 5, 563; JohSalLet 226, 396.
109 BosoAlex, 418 Z. 20–23.
110 LambWat, 539 Z. 51–540 Z. 11; dazu Herde 1991, 146.
111 JohSalLet Nr. 272, 556–558; dazu Görich 1987, 36–39; Görich 2001 a, 156 f.
112 DF. I. *1148; Görich 1987, 18 f. u. 23 mit Anm. 30.
113 Anders noch Görich 1987, 24–25; Görich 2001a, 157 mit Anm. 327; vgl. GallPont, 327 f.
114 Preiss 1934, 145–155; Görich 1987, 35–74.
115 JohSalLet Nr. 288 648; Holtzmann 1930, 408. Dazu Preiss 1934, 118–123.
116 Schmidt 1987, 186–194.
117 Raccagni 2010, 144–146; Petersohn 2010, 259–261; Petersohn 1970, 185–196; Sprenger (im Druck), Kap. II; Zey 2002, 449–454 u. 478–484.
118 JohSalLet Nr. 273, 656–659; Schmidt 1987, 173–179; RI IV.2, 1827, 1833, 1834 u. 1840.
119 Holtzmann 1930, 408.
120 JohSalLet Nr. 289 656–659.
121 Brackmann 1941, S. 463.
122 Schmidt 1987, 180–185.
123 RI IV.2, 1866 u. 1875; Görich 2001a, 157–160.
124 BosoAlex, 421 Z. 28–31.
125 BosoAlex, 422 Z. 2–11.
126 Vignati 1966, 202.
127 RI IV.2, 1883.
128 Dazu Ladner 1941–1984, Bd. 3, 48 f.
129 Diese Identität übersieht Görich 2001a, 106 u. 160; dazu Zey 2002, 399 Anm. 4 u. 485 Anm. 471.
130 BosoAlex, 430 Z. 26–35.
131 RadDic, 318; Fuhrmann 1993, 118 mit Anm. 33; Vollrath 2004, 172.
132 BosoAlex, 431 Z. 24–29. Vgl. Görich 2001a, 160–162; Georgi 1990, 529 f. Anm. 10.
133 Vgl. DF. I. 654 u. 655; dazu Görich 1987, 54–61; Georgi 1990, 300 u. 317–319.
134 Dazu DF. I. 690 u. JL 12895, MGH Const. I Nr. 406, 582 f.; Görich 1987, 62; Schludi 2002, 285–296.
135 TegernBriefs Nr. 40, 60 Z. 36–61 Z. 9; dazu Georgi 2002, 69; Schludi 2002, 301 f. mit Anm. 91 u. Anm. 94.
136 Herde 1991, 159–162.
137 Wagner 2009, 189–197.
138 Wibald, ep. 407; RI IV.2, 229.
139 Kramer/Schmidt 1999, 113; danach Huth 2005, 199; Huth 2010, 261.
140 RI IV.2, 1326 u. 1382.
141 GoVitG, 322 V. 676–681.
142 DF. I. 715, 249 Z. 26, u. 938, 206 Z. 33.
143 ArnLüb II 21, 65.
144 RI IV.2, 2470 u. 2471.
145 RomSal, 279 Z. 42–280 Z. 2.
146 *Infirmitas* als «Schwäche» im Sinne von Ratlosigkeit bei Georgi 2002, 67 f.; Schludi 2002, 306–309. Anders Giesebrecht

1878–1895, Bd. 6, 532; Görich 2001a, 163 f.
147 Georgi 2002, 46–55; Claude 1975, 162–173.
148 Thomson 1975, 30; BosoAlex, 431 Z. 31–35.
149 Dazu Althoff 1998, 5 f.; Kamp 1997 ‹ 694.
150 Vgl. RomSal, 282 Z. 32–283 Z. 5. Dazu Görich 1995, 286 f.
151 BosoAlex, 433 Z. 25–27.
152 Anders begründet Schludi 2002, 309, 316 u. 324–326.
153 Seibert 1995, 118–126.
154 GoVitG, 330, V. 1060–1062; dazu Claude 1975, 169; TegernBriefs Nr. 55 79 Z. 3.
155 BosoAlex, 434 Z. 1–26; DF. I. 658; MGH Const. I Nr. 250 353 f.
156 DF. I. 658, 162 Z. 40–44.
157 Garnier 1998.
158 Anders Schludi 2002, 310–317 u. 325 f.
159 DF. I. 658, 165 Z. 7; MGH Const. I Nr. 250, 354 Z. 5. TegernBriefs Nr. 44, 66 f. (übersehen bei Schludi 2002, 310–317).
160 DF. I. 659, 166 Z. 9–12; Tegern-Briefs Nr. 65, 87 f. Andere Datierung Schludi 2002, 314 Anm. 138.
161 RahG, IV 74, 662 f.
162 JL 12821.
163 Schulz 2004, 83–105.
164 RomSal, 278, Z. 1–5.
165 Vgl. RomSal, 278 Z. 7–282 Z. 32; dazu Peters 1879, 109–112; Leyser 1982, 259–262.
166 RomSal, 279 Z. 35–39; dazu Morpurgo, 187; Huth 2009, 114.
167 RomSal, 282 Z. 27–29.
168 RomSal, 282 Z. 32–283 Z. 10.
169 Schieffer 2001, 431–433.
170 HistVenet, 89 Z. 7; dazu Plassmann 2002.

KAPITEL 11
RÜCKKEHR ZUM KONSENS (1177–1183)

1 Materials Bd. 5 Nr. 156, 286; dazu Georgi 2002, 46 f.; Schmidt 1987, 170 f.
2 Stollberg-Rilinger 2004, 506.
3 Althoff 1998; Althoff 2001, 79–81; Hack 1999, 540–546; Görich 2001a, 167–177; Laudage 2002; Scholz 2002; Weinfurter 2002a, 12 f.; Weinfurter 2002b, 96 f.; Felten 2002, 106 mit Anm. 28; Görich 2004; Görich 2005d.
4 DeGrat CVIII, 674 f.; vgl. Scholz 2002, 143 f.
5 Vgl. dazu Althoff 2003b, 106–119; Schreiner 2001, 102–110.
6 Schreiner 2001, 108.
7 Hesso, 26 Z. 5–9.
8 Schreiner 2001, 108.
9 AlexOpera, ep. 1304, 1131.
10 HistVenet, 83 Z. 15–19; vgl. Fees 1988, 244–247.
11 LibMal, 330–332; vgl. auch BosoAlex, 439 Z. 24–30.
12 Zitat Zey 2002, 493 f.; Zey 2008c, 83–88.
13 LibMal, 332 Z. 8.
14 HistVenet, 83 Z. 20–23.
15 Thomson 1975, 31.
16 Thomson 1975, 32.

17 AndMarch, 416 Z. 5; dazu Peters 1879, 121; Kath 1914, 145; Görich 2001a, 171; Laudage 2002, 115. Jedoch Weinfurter 2002a, 10; RI IV.2, 2282.
18 Görich 2004, 259.
19 Scholz 2002, 144; ähnlich Laudage 2002, 120.
20 So aber Scholz 2002, 146; ähnlich noch Görich 2001a, 167–170.
21 Görich 2004, 261 mit Anm. 49.
22 Görich 2004, 255 mit Anm. 19.
23 BosoAlex, 439 Z. 31–34.
24 JL 12891; AlexOpera, ep. 1304, 1130 f.
25 BosoAlex, 439 Z. 34–440 Z. 3.
26 Thomson 1975, 32; dazu Schludi 2010, 66–72.
27 BosoAlex, 436 Z. 27 u. Z. 33 sowie 437 Z. 15.
28 AlexOpera, ep. 1314, 1140.
29 RomSal, 285 Z. 13.
30 BernMar, 62 Z. 35–37.
31 RomSal, 285 Z. 18–19.
32 RomSal, 285 Z. 22–27; BosoAlex, 440 Z. 10–12. Vgl. LibMal, 334 Z. 10–335 Z. 3; AlexOpera, ep. 1304, 1130 f.
33 Engels 1988a.
34 Anders noch Görich 2001a, 173; vgl. aber Görich 2004, 264; Görich 2005d, 88 f.
35 LibMal, 334 Z. 15–335 Z. 2.
36 BosoAlex, 440 Z. 14–16; dazu Althoff 1998, 11 f.
37 RI IV.2, 2298, 2299 u. 2300; Zey 2004, 34 f.; ferner Vones-Liebenstein 2002, 208 f.
38 Petersohn 2010, 282; vgl. Laudage 2002.
39 DF. I. 690, 209 Z. 12 f.; Röhricht 1892, 622.
40 AlexOpera, ep. 1304, 1131; ep. 1306, 1132; ep. 1308, 1133; ep. 1310, 1135; ep. 1314, 1140.
41 ChronMSer, 156 Z. 39–45; dazu Althoff 2003 a, 115 f.
42 Görich 2010 b, 139.
43 Schreiner 1986; Schreiner 2010, 181; Zimmermann 1986.
44 Zitate bei Schreiner 1986, 154 f.
45 Güterbock 1933/1934, 158.
46 Althoff 1998; Laudage 2002, 109; Scholz 2002, insb. 146; Görich 2001a, 172–177; Schreiner 2010, 178–181.
47 Weinfurter 2002b, 98; Weinfurter 2002a.
48 Weinfurter 2002b, 97; Weinfurter 2002a, 11 f.
49 RomSal, 286 Z. 3–7.
50 RomSal, 286 Z. 23–28.
51 Görich 2001a, 169–171.
52 RomSal, 286 Z. 36–43; dazu Schludi 2010, 69 mit Anm. 69.
53 RomSal, 286 Z. 8 f. u. 28; 287 Z. 10; Röhricht 1892, 622. Dazu Schludi 2010, 61 mit Anm. 70 u. 67–70.
54 RomSal, 291 Z. 4–6.
55 OttoBlas 23, 72 f.; Laudage 1997, 208 f.
56 Görich 2001a, 79–89.
57 MagnusChron, 504 Z. 40.
58 MagnusChron, 505 Z. 6–7.
59 DF. I. 693, 216 Z. 9–12.
60 RomSal, 289 Z. 3–5.
61 Vgl. BosoAlex, 443 Z. 7–20. Scheffer-Boichorst 1866, 16–31.
62 DF. I. 658, 163 Z. 34–40 u. 687, 204 Z. 12–15.
63 DF. I. 658, 163 Z. 3–10; 687, 203 Z. 34–37; dazu Petersohn 2010, 276–282, Zitat 281.
64 So aber Laudage 2009, 266.

65 So aber Weinfurter 2002b, 97; vgl. Weinfurter 2002a, 11.
66 Dies übersieht Lubich 2010.
67 BosoAlex, 441 Z. 12–18; RomSal, 293 Z. 5–20.
68 RomSal, 290 Z. 24–28; vgl. 291 Z. 6–12.
69 BosoAlex, 443 Z. 33.
70 Anders Laudage 2009, 267; dazu aber Petersohn 2010, 283 f. mit Anm. 33 u. 36.
71 Petersohn 2010, 286–292; RI IV.2, 2379, 2381 u. 2414.
72 Petersohn 2010, 293 u. 295; Ragg 2006, 109–113.
73 So aber Weinfurter 2002b, 97.
74 Petersohn 2010, 283–319; Opll 2010, 478;.
75 Haller 1911, 440; Hampe 1912, 72.
76 Zuletzt aber Laudage 2009, 290.
77 Schneidmüller 2000b, 224–234, Zitate 226; vgl. Weinfurter 1993; Weinfurter 1995; Althoff 1995; Hechberger 1996, 303–333; Görich 2009b; Schneidmüller 2009; Ehlers 2008, 212–229 u. 317–344.
78 Ehlers 2008, 212.
79 Helmold 85, 300 f.
80 Ehlers 2008, 257 f.; Jäckel 2006, 74. Anders Oexle 1994, 141–145.
81 GoVitG, V. 1144–1146; Ehlers 2008, 260.
82 Schneidmüller 2000b, 211.
83 RI IV.2, 1226; SalzbBriefs Nr. 33 195 Z. 18–23.
84 Helmold 103, 358 f.
85 Helmold 105, 364 f.
86 UBMagd Nr. 324 421–423.
87 Burkhardt 2008, 523 f.; Ehlers 2008, 143 f.
88 Ehlers 2008, 141.
89 Helmold 107, 368 f.
90 Ehlers 2008, 148.
91 Helmold 107, 368 f.
92 Corsten 1991, 24 f.
93 LambWat, 545 f.; dazu Petersohn 2010, 258 f.; Burkhardt 2008, 461 f.
94 DF. I. 663, 171 Z. 29 f.
95 OttoBlas 21, 62 f.; Baaken 1994, 24; Ehlers 2008, 329 f.
96 Lacomblet, Bd. 1 Nr. 452, 318; Knipping 1901, 1043.
97 Ehlers 2008, 218.
98 Ehlers 2008, 321 f.; Georgi 2002, 73–77.
99 CatCol, 344.
100 Knipping 1901, 1137.
101 Knipping 1901, 906.
102 AcerMor, 188–191.
103 Schneidmüller 2000b, 15.
104 Schneidmüller 2000b, 226; anders Heinemeyer 1990.
105 Dendorfer 2010c; Weinfurter 1993.
106 Burkhardt 2008, 43 f.
107 Landau 2008.
108 Weinfurter 1993; Weinfurter 1995. Dazu Dendorfer (im Druck).
109 ChronLun, 396.
110 ChronRegCol, 130.
111 Görich 2008b, 205 f.
112 Panzer 2008; Schütte 2008, 132–145.
113 So aber Laudage 2009, 281.
114 ArnLüb II 10, 48. Dazu Görich 2009a, 194 f.; vgl. Ehlers 2008, 331 f.; Althoff 1995, 177.
115 Görich 2001c.
116 ArnLüb II 21, 64 f.
117 ArnLüb II 22, 67; dazu Schneidmüller 2000b, 233 f.

118 DF. I. 795; dazu jetzt Dendorfer (im Druck).
119 Appelt 1988c; Appelt 1988d.
120 Ehlers 2008, 338.
121 ArnLüb II 22, 66; dazu Ehlers 2008, 341.
122 ArnLüb II 21, 64 f.; dazu Walther 1988, 21–30.
123 Giese 2010b, 341 f.
124 SigebGembl, 419 Z. 49–54.
125 ArnLüb II 22, 67; Schneidmüller 2000b, 233 f.
126 ArnLüb II 22, 67.
127 Becher 2001, 45; anders Schreiner 2010, 182.
128 Patzold 2007.
129 Weinfurter 1993, 479.
130 So Weinfurter 2005a, 122.
131 GislMons, 94; Ehlers 2008, 220.
132 Ehlers 2008, 224; vgl. auch Esders 2008, 253 f.
133 Zuletzt Ehlers 2008, 220–227; Garnier 2008, 188–202; Stöckel 1994.
134 Hechberger 1996, 311.
135 Fried 2004, 252–255; Fried (Manuskript) 21–23.
136 Fried (Manuskript) 11–16.
137 Schneidmüller 2009, 61.
138 Stöckel 1993, 283 f.
139 BurchUrsb, 200 f.
140 DF. I. 645, 146 Z. 27 f.; dazu Heinemeyer 1936, 382 f. Außerdem DF. I. 848, 71 Z. 44.
141 RomSal, 273 Z. 23 u. Z. 36.
142 MGH Const. I Nr. 245, 344 Z. 15–17; Nr. 247, 347 Z. 17–19.
143 DF. I. 689; Riedmann 1973, 108–110.
144 DF. I. 842, 54 Z. 29–31.
145 DF. I. 665, 174 Z. 40–45; dazu Opll 2010a, 52 mit Anm. 113.
146 DF. I. 689, 207 Z. 22–24.
147 RegPiac, Bd. 1 Nr. 92, 192 Z. 21–24 u. S. 193, Z. 48–52; dazu Pavoni 2005, 10–12; Görich 2001a, 283 mit Anm. 624.
148 Petersohn 2010, 284–289, Zitat 284; Hägermann 1969, 218–237.
149 Opll 2010a, 55.
150 DF. I. 843, 58 Z. 24–26. Dazu Görich 2001a, 283 Anm. 620.
151 DF. I. 841, 52 Z. 24–31. Dazu Schreiner 1996, 71; Riedmann 1973, 72–76; Pistarino 1988, 704.
152 DF. I. 941, 210 Z. 18–20.
153 DF. I. 841, 3 f.
154 Dazu Görich 2001a, 303–330; Görich 2007b.
155 Willoweit 1987, 24.
156 Dazu Conte 2004, 176; vgl. Struve 2007.
157 Carmen, V. 2609; NarrLong, 240 f.; CaffAnnIan, 51 Z. 21 f.; OttoBlas 14, 42 f.; BurchUrsb, 158 f. – RahG III 57, 506 f. Dazu Dilcher 1994.
158 Keller 1990, 398–414; Keller 1995, 292–294.
159 Nach Weitzel 1992, 75; vgl. Vollrath 1998, 45 Anm. 39.
160 Thomson 1975, 29.
161 Raccagni 2010, 103–113; Dilcher 1987, 245 f.; Vismara 1970; Fasoli 1974, 273–276.
162 RomSal, 273 Z. 23 u. Z. 35–39. Dazu Benson 1985, 193–200; Bordone 1998, 130–141; Schulz 1992, 211–216; Schreiner 1994, 186–189.
163 RomSal, 275 Z. 19–276 Z. 2.
164 RomSal, 276 Z. 3- 277 Z. 7.
165 Fried 1974, 133–137 u. 140; Walther 1986, 152 f.; ferner Schreiner 1994, 189 f.; Conte 1990, 247.

166 RomSal, 276 Z. 4–8.
167 RomSal, 277 Z. 16–19.
168 DF. I. 844; MGH Const. I Nr. 290 404 Z. 21–25. Haverkamp 1987, 33 mit Anm. 92 u. 36.
169 D. F. I. 356, 367 u. 442; Übersicht bei Goez 1986, 548; vgl. jeweils Riedmann 1973.
170 MGH Const. I Nr. 290, 403 Z. 38.
171 Garnier 1998.
172 DF. I. 843, 58 Z. 1–4; 844, 62 Z. 12–14; 848, 73 Z. 24–26.
173 DF. I. 848, 71 Z. 9–16; Haverkamp 1987, 42.
174 OttoBlas 27, 78 f.
175 Görich 2001a, 295 f.
176 DF. I. 848, 72 Z. 39–73 Z. 6 u. 77 Z. 1–6. Dazu Haverkamp 1987, 41 f.
177 Haverkamp 1987, 42.
178 DF. I. 848 Z. 15–16.
179 Riedmann 1973, 114. Vgl. Härtel 1996, 539 f.
180 DF. I. 848, 71 Z. 41–72 Z. 10.
181 Haverkamp 1987, 42; Haverkamp 1984.

KAPITEL 12
ERWEITERTE HANDLUNGSSPIELRÄUME (1183–1188)

1 Kölzer 2002b, 226 f.; Plassmann 1998.
2 Zotz 2009; Borchardt 2005; Keupp 2002.
3 RahG IV 86, 710 f.
4 DF. I. 844, 64.
5 Weinfurter 2010, 410; Weinfurter 2002a, 20.
6 Spieß 2002, 59; Kölzer 2002b, 232 f.; Görich 2006b, 59–64.
7 Ehlers 2002, 376.
8 Petersohn 2010, 292–319.
9 Gunther, V. 375–388.
10 UBMainz Nr. 531 881; Keupp 2002, 378–388. Moraw 1988; Wolter 1991; Lindner 1994.
11 Moraw 1988, 73; Krieg 2003, 167–171.
12 OttoBlas 26, 76 f.
13 ArnLüb III 9, 88.
14 Keupp 2010a, 277 f.
15 GislMons, 155.
16 Keupp 2010a, 281.
17 Giesebrecht 1878–1895, Bd. 6, 604.
18 ChronRegCol, 133; HeinrVeld, V. 13222–13249.
19 GislMons, 115 f.
20 Vinzenz, 676 Z. 43–46; BernMar, 65; HistPer, 130 Z. 25; ArnLüb IV 8, 131.
21 Laudage 2009, 310; vgl. Lubich 2010.
22 Moraw 1988, 80.
23 Vgl. Grewe 2010, 401.
24 Krüger 1985.
25 DF. I. 857; GislMons 161, Z. 9–13.
26 GislMons, 109, 161 Z. 21–162 Z. 11.
27 Moraw 1988, 75.
28 ArnLüb III 9, 89 f.
29 Freund 2008, 105 u. 107.
30 GestVill, 220 Z. 4–221 Z. 1.
31 RichDev 105 Z. 6–11; AnnPeg, 265 Z. 20 f.; ChronSPetErf, 192 Z. 12–14. Dazu Ehlers 2008, 361 f.; Engels 1996, 121 f.
32 DF. I. 825. 826, 827, 828 u. 829.
33 Knipping 1901, 1232.
34 DF. I. 872, 111 Z. 28 f.; vgl.

35 Knipping 1901, 1255.
36 HildBriefs Nr. 69–72, 118–124; dazu Opll 1977b, 484–491.
37 DF. I. 866, 103, Z. 3.
38 Garnier 2008, 216–219.
39 Scheffer-Boichorst 1866, 225 f.; CorpBon, 48.
40 DF. I. 895, 147 Z. 21–26.
41 Haverkamp 1987, 33–35; Bernwieser 2009, Kap. III 4 u. 5.
42 Falconi 1988, Bd. 3 Nr. 617, 413; dazu u. zum folgenden Bernwieser 2009, Kap. III 6.
43 DF. I. 896, 150 Z. 5–8 u. Z. 13–18.
44 DF. I. 895; dazu Bernwieser 2009, Kap. III 6a.
45 AnnPlac, 466 Z. 2; JohCodAnn, 14 Z. 10; dazu Bernwieser 2009, Kap. III 7 c.
46 Falconi 1988, Bd. 4 Nr. 639, 28 Z. 13–15.
47 DF. I. 943, 212 Z. 22–28.
48 DF. I. 942, 211 Z. 28 f.
49 Opll 1986a, 260.
50 Dazu Weller 2004, 116–130; Schlichte 2005, 265–273.
51 Csendes 1993, 58 f.
52 RomSal, 296 Z. 24–26.
53 Houben 1992; Reuter 1996.
54 Weller 2004, 117 mit Anm. 592.
55 Ambrosioni 1988, 78; Giesebrecht 1878–1895, Bd. 6, 122.
56 Anders Baaken 1972; zuletzt Weinfurter 2002a, 24. Dagegen Kölzer 1990; Weller 2004, 121–123; Schlichte 2005, 266.
57 Baaken 1972, 236 f.; Weller 2004, 128.
58 Schlichte 2005, 269 Anm. 189.
59 Schmidt 1995, 85 f.
60 MGH Const. I. Nr. 296 420 f.
61 GestTrev 7, 384 Z. 49–385 Z. 5.
62 RI IV.4,4, 1249–1252.
63 ContZwet, 543 Z. 3–5; zur Person Keupp 2002, 181 mit Anm. 385.
64 Giesebrecht 1878–1895, Bd. 6, 115.
65 MGH Const. I. Nr. 314, 442 Z. 8–12.
66 Petersohn 2010, 296 f. u. zum folgenden 298–307.
67 Stehkämper 1956.
68 GestTrev 8, 385 Z. 36–39.
69 GestTrev 8, 385 Z. 18.
70 MGH Const. I Nr. 315, 444 Z. 4–9.
71 Petersohn 2010, 307.
72 MGH Const. I Nr. 315, 446 Z. 9–14.
73 MGH Const. I Nr. 315, 444–446; Nr. 316, 446 f.
74 DF. I. 896, 150 Z. 29.
75 GestTrev 11, 388 Z. 2.
76 CatCol, 344.
77 ChronRegCol, 138.
78 HistEx, 10 Z. 4–7; Bühler 2002, 69.
79 Althoff (im Druck).
80 MGH Const I Nr. 411, 586 Z. 30.
81 MGH Const. I Nr. 412 587; Nr. 411 586.
82 AnnMarb, 176 f.
83 Vgl. Hiestand 1992, 62–65.
84 HistPer, 125 Z. 13.
85 MGH Const. I Nr. 410 586; dazu Giesebrecht 1878–1895, Bd. 6, 171 f. u. 670 f.
86 HistEx, 11 f.; Bühler 2002, S. 70–73.
87 Vgl. Petersohn 1994, 126 Anm. 119.
88 ChronRegCol, 139.

89 HildBriefs Nr. 54–55, 101–103, Zitat Nr. 55, 103 Z. 5–6; zuletzt Schütte 2008, 144 f.
90 ArnLüb IV 7, 128; dazu Ehlers 2008, 377.
91 HistPer, 126.
92 ChronRegCol 139.
93 Keupp 2002, 151–176.
94 Haverkamp 2002, 468 Anm. 90.
95 Neubauer/Stern 1892, 209 u. 217–219; Chazan 1977.
96 MGH Const. I Nr. 447 662.
97 Weinrich 2000, 266–279.
98 Hiestand 1992, 86–91; Hiestand 1991; Murray 2006; Murray 2007.
99 RadDic, 51 f.
100 Favreau 1975.
101 ArnLüb I 6, 21.
102 Hiestand 1992, 75 mit Anm. 158.
103 ChronRegCol, 141 f.
104 Bünz 2007.
105 HistEx, 13 f.; Bühler 2002, 73–75.
106 Kresten 2000, 141 Anm. 76.
107 Edition bei Kresten 1992/1993, 108 Z. 9–10; vgl. 70.
108 Vgl. HistEx, 37 Z. 16–20 u. S. 73 Z. 10–12; Bühler 2002, 93 u. 128.
109 ChronRegCol, 139 u. 142.
110 Georgi 1999; Fried 1998; Ehlers 2008, 197–211.
111 ArnLüb I 9, 25. Vgl. Fried 1998, 135; Giese 2008, 133–135.
112 Halfter 2010, 407–410.
113 Edition bei Kresten 2000, 109 Z. 24–29; vgl. 71; Kap-Herr 1881, 105–108.
114 Vgl. ChronRegCol, 149.
115 ChronRegCol, 141 u. 144; HistPer, 128 Z. 11–29.
116 HistEx, 16 Z. 26–27; Bühler 2002, 77.
117 Wagendorfer 2009.
118 Halfter 2010, 395 f. u. S. 407 f.
119 ArnLüb VII 8, 264–277; Möhring 1980, 134 f.; Haverkamp 2002, 466–469; Huth 2004, 133 Anm. 435; Borgolte 2010, 601–608; Borgolte 2011, 983–991.
120 ChronRegCol, 140; vgl. HistPer, 126 f. Schieffer 2001, 436.
121 Bühler 2002, 171–174; dazu Möhring 1980, 93–125; Schieffer 2001, 436 f.
122 Reichert 2005, 20.
123 OttoBlas 25, 76 f.; ChronRegCol, 124. Weller 2004, S. 178 f.
124 DF. I. 887, 228 u. 923.
125 DF. I. 993.
126 DF. I. 994
127 Schwarzmaier 2002b; Meyer 2002, 49–71.
128 DF. I. 995.
129 Petersohn 2010, 314–317.
130 MGH Const. I Nr. 323, 461 f.
131 Hiestand 1979; HistEx, 87 Z. 26 f.; Bühler 2002, 144.
132 Meyer 1972; Hiestand 1992.
133 Vgl. Hiestand 1992, 97.

KAPITEL 13
DER ZWEITE ZUG INS HEILIGE LAND (1189/90)

1 Dazu Nicholson, 9 f.
2 ItPer I 18, 279 Z. 5–15.
3 ItPer I 23, 298 Z. 21–24.
4 Gabler 1962/63, 75.
5 RadNigDeRM, 196 f.
6 Luckhardt/Niehoff/Biegel 1995, Bd. 1, 42–44; Pehnt 2003, 62 f.

7 ChronRegCol, 141.
8 AnnEgm, 470 Z. 40–42; HistEx, 92 Z. 32 f.; Bühler 2002, 151.
9 HistEx, 58 Z. 24 f.; Bühler 2002, 113.
10 Vgl. Keupp 2002, 193–215 u. 250–285.
11 HistEx, 10 Z. 18–22; Bühler 2002, 69 f.
12 HistPer, 130 Z. 25; ArnLüb IV 8, 131.
13 HistEx, 25 f.; Bühler 2002, 82 f.; HistPer, 131 Z. 11–14.
14 Vgl. HistEx, 26 Z. 7–11; Bühler 2002, 82.
15 HistEx, 26 Z. 4; Bühler 2002, 82; ArnLüb IV 8, 130.
16 HistPer, 131.
17 ArnLüb IV 8, 131.
18 HistEx, 27 Z. 2–7; Bühler 2002, 83.
19 HistPer, 131 f.
20 HistPer, 132 Z. 14–17.
21 HistEx, 28 Z. 22–29 Z. 2; Bühler 2002, 84 f.
22 HistPer, 134 Z. 10–24.; vgl. HistEx, 29 Z. 5–14; Bühler 2002, 85 f.
23 Eickhoff 1977, 63 f.
24 HistEx, 31 Z. 3–6; Bühler 2002, 87.
25 MagnusChron, 509 Z. 36–42; vgl. HistEx, 35 Z. 25–32; Bühler 2002, 91; HistPer, 136 f.; DF. I. 1009, 304 Z. 2–7.
26 HistPer, 139 Z. 17 f.; HistEx, 38 Z. 6–17; Bühler 2002, 93.
27 HistPer, 139 Z. 17–29.
28 Zum folgenden HistPer, 140 f.; MagnusChron, 510 Z. 2–15; HistEx, 39 Z. 2–6; Bühler 2002, 94.
29 DF. I. 1008, 302 Z. 3–6.
30 HistEx, 39 Z. 6–18; Bühler 2002, 94.
31 HistEx, 46 Z. 1–7; Bühler 2002, 101; Philipps 2007, 202.
32 MagnusChron, 510 Z. 54–56; DF. I. 1009, 305 Z. 2 f.
33 HistPer, 142 Z. 16–19.
34 DF. I. 1009, 304 Z. 31–33.
35 MagnusChron, 510 Z. 27–32.
36 MagnusChron, 510 Z. 32–35; vgl. HistPer, 143 Z. 3–5.
37 NiketasAbent, 214; mißverstanden von Böhm 1936, 122; vgl. Todt 2001.
38 HistEx, 49 Z. 27–50 Z. 35; vgl. MagnusChron, 510 Z. 40–54; AnnPath, 180. Dazu Kresten 2000, 138–146 u. 151–161.
39 HistPer, 143 Z. 24–36.
40 HistPer, 143 Z. 15; HistEx, 48 Z. 9–15; Bühler 2002, 103.
41 MagnusChron, 510 Z. 23–27.
42 DF. I. 1009, 302 Z. 35 f. u. 1010, 307 Z. 39 f.; HistEx, 48 Z. 4 f.
43 MagnusChron, 510 Z. 19.
44 NiketasAbent, 213.
45 MagnusChron, 511 f.; dazu Möhring 1980, 84 u. 172–184.
46 HistEx, 54 Z. 12–55 Z. 21; Bühler 2002, 109 f.; Eickhoff 1977, 69 Anm. 42.
47 HistEx, 54 Z. 7–9 u. 57 Z. 15–22; Bühler 2002, 109 u. 112.
48 HistEx, 58 Z. 9; Bühler 2002, 113; vgl. HistPer, 148 Z. 15–23.
49 HistEx, 61 Z. 21–27; Bühler 2002, 117.
50 Hiestand 2007, 567 u. 576.
51 HistPer, 149 Z. 27–29; HistEx, 68 Z. 3–25; Bühler 2002, 123.
52 NiketasAbent, 208; Asutay-Effenberger 2007, 86 Anm. 349 u. 213.

53 Möhring 1982.
54 Hiestand 2007, 565 u. 574.
55 HistEx, 73 Z. 9–12; Bühler 2002, 128.
56 HistPer, 155, Z. 20–25.
57 HistEx, 75 Z. 8–11; Bühler 2002, 129.
58 NiketasAbent, 216.
59 HistPer, 151 f.; vgl. HistEx, 67 Z. 17–20; Bühler 2002, 122.
60 HistEx, 67 Z. 13–17; Bühler 2002, 122; vgl. auch HistPer, 150–152.
61 HistPer, 151 Z. 11–19 u. 152 Z. 4–9; vgl. HistEx, 67 Z. 7–13; Bühler 2002, 122.
62 HistPer, 157 f.
63 MagnusChron, 513 Z. 39.
64 HistEx, 78 Z. 16–18.
65 ChronRegCol, 149.
66 NiketasAbent, 217.
67 HistPer, 159 f.
68 HistEx, 78 Z. 19 f.
69 Cahen 1960, 28.
70 MagnusChron, 513 Z. 58.
71 HistPer, 162 f.
72 HistPer, 165 Z. 6–16.
73 Bünz 2007, 14 u. 36.
74 HistEx, 82 Z. 7–9; Bühler 2002, 137.
75 ArnLüb I 9, 24.
76 HistEx, 82 Z. 33–83 Z. 4; Bühler 2002, 138; vgl. Jakob, 87.
77 HistPer, 165 Z. 36 f.
78 HistEx, 83 Z.13–22; Bühler 2002, 138 f.; HistPer, 167 Z. 2–5.
79 EpFred, 381; vgl. Geiselhart 1999.
80 HistPer, 167 Z. 5–25.
81 Eickhoff 1977, 133.
82 HistPer, 167 Z. 26–30.
83 Vgl. ChronRegCol, 150; HistPer, 168 Z. 5–33.
84 HistPer, 168 Z. 25–33.
85 Eickhoff 1977, 134.
86 HistEx, 84 Z. 35–85 Z. 11; Bühler 2002, 141.
87 HistEx, 85 Z. 32–86 Z. 6.
88 Bühler 2002, 142.
89 HistEx, 86 Var. d u. LX.
90 NiketasAbent, 218.
91 HistEx, 86 Z. 32–36; Bühler 2002, 143.
92 Eickhoff 1977, 136.
93 Vgl. Eickhoff 1977, 143 Anm. 2.
94 Halfter 1995, 190–196.
95 HistEx, 90 Z. 31–34; Bühler 2002, 148.
96 ItPer I 24, 300 Z. 18–26.
97 Eickhoff 1977, 161 f. u. 183.
98 HistEx, 91 Z. 17–36; Bühler 2002, 148 f.
99 CronReinh, 545 Z. 19 f.
100 ItPer I 24, 301 Z. 13 f.
101 Bargmann 2010; Strehle 2011.
102 ChronRegCol, 151.
103 NiketasAbent, 220 f.
104 GestTrud, 390 Z. 16 f.
105 RadNigChron IV 5, 289 f.
106 MatParis, 441 Z. 44–46.
107 GirCambr 23, 405 Z. 38–406 Z. 7.
108 WilhNewb 18, 238 Z. 38–49.
109 BonSigna, 8.
110 NiketasAbent, 220 f.; Todt 2001.
111 ItPer I 24, 30; HistEx, 91 Z. 31–36; Bühler 2002, 149.
112 OttoBlas 35, 102 f.
113 HistEx, 10 Z. 4–11; Bühler 2002, 69.
114 Hinweise bei Riezler 1870, 131 Anm. 1.
115 ChronMant, 217 Z. 48; ChronSMarTur, 463 Z. 44.; AnnEgm, 470 Z. 25 f.
116 ItPer, 301 Z. 19–21; AlbMil, 649

Z. 44–46; Salimbene, 12 Z. 34–36; Jakob, 98 mit Anm. 2.
117 AlbStade, 351; dazu Hiestand 1992, 107.
118 Dazu Daniell 1997, 71–75.
119 AnnPlac, 467 Z. 36–37.
120 PetrEbulo 50, 233 f.; vgl. Bumke 1986, Bd. 2, 648 f.; Csendes 1993, 189.
121 HistSal, S. 115.
122 Favreau 1975.
123 RogHowChron, 84.
124 HistEx 92 Z. 34, S. 93 Z. 4; Bühler 2002, 151.
125 Schäfer 1920, 479–483.
126 Schäfer 1920, 484; AnnIs, 315 Z. 10 f.
127 HistCal 7, 312; Brown 1981.
128 Vgl. Schäfer 1920, 478; Scheffer-Boichorst 1905; Eickhoff 1977, 161–169.
129 Bada 1989; vgl. Aufgebauer 1994, 690.
130 Schäfer 1920, 486 u. 495 f.
131 Kawerau 1964, 139.
132 Riezler 1870, 134.
133 Eickhoff 1977, 154 Anm. 16.
134 Möhring 1980, 159 Anm. 118.
135 ItPer I 24, 303 Z. 12–14.

KAPITEL 14
ABSICHTEN UND WAHRNEHMUNGEN

1 DF. I. 169, 289 Z. 11 f.
2 Binding 2002, 462 f.
3 Holtzmann 1930, 398 u. 400.
4 OttoFrG, 118 Z. 21 f.; II 23, 322 f.; RahG IV 26, 576 f.; AcerMor, 188 f.
5 OttoFrG II 3, 286–289; dazu Krieg 2008, 451–455.
6 Zotz 2009, 70.
7 Boockmann 1988, 141.
8 Boockmann 1988, 140.
9 Gunther I, V. 450–486.
10 OttoFrG II 26, 328–335; dazu Görich 2001a, 212.
11 Reuter 2006, 420–425; Kraack 2005, 104–106 u. 117–119.
12 Dazu Appelt 1963; Vollrath 1996; Althoff 1992; Richter 1999; Kraack 2000; Görich 2001a, 303–330; Weiler 2009.
13 DeRuinaTerd 1, 144; RahG III 32 u. 33, 460 f. u. 464 f.; IV 33, 582 f.
14 RahG IV 34, 584 f.
15 Kannowski 2002, 13; Dilcher 2007b, 299–301; Pilch 2009.
16 Willoweit 2006.
17 Kroeschell 1995, 316.
18 DF. I. 858, 92 Z. 34–93 Z. 1.
19 GestTrud III 20, 357 Z. 50–358 Z. 12; RI IV.2, 1939, 1940 u. 1944.
20 Althoff 2002; vgl. aber Weitzel 2002, 61 f.
21 RI IV.2, 91.
22 CodLaur cap. 149, 430 Z. 3–6; cap. 155c, 438 Z. 17–19; AnnEgm, 464 Z. 7 f.
23 ChronRegCol, 146.
24 Dilcher 2007b, 313.
25 OttoFrG II 45, 374 f.
26 VitaArn, 615; dazu Görich 2001b, 95 f. u. 109.
27 OttoFrG II 48, 378 f.
28 Dazu Kraack 2005 b.
29 MGH Const. I Nr. 281.
30 RahG IV 26, 572 f.

31 MagnusChron, 498 Z. 27–36.
32 Würdtwein 1788 Nr. 24 60; dazu Schulz 1982, 185.
33 OttoFrG II 9 u. 12, 298 f. u. 302 f.; dazu Görich 2007a, 27 f.
34 ObertAnnIan, 194–199; dazu Görich 2011, 145–148.
35 Dazu Görich 2001a, 309 f. mit Anm. 48.
36 Vgl. SalzbBriefs Nr. 3, 156 Z. 8–15.
37 Deutinger 1999, 19.
38 RahG IV 86, 708 f.
39 Zuletzt Laudage 2009, 114–123; Laudage 2006 b.
40 Berwinkel 2007, 220–222.
41 RahG III 29, 454 f.
42 HistEx, 52 Z. 18–27; Bühler 2002, 108.
43 HistPer, 167; ChronRegCol, 150.
44 Laudage 2009, 122 f.; Laudage 2006 b, 312 f.
45 OttoFrG II 20, 318 f.; Wadle 1999.
46 Berwinkel 2007, 225 f.
47 Prietzel 2009.
48 OttoFrG II 25, 326 f.
49 RahG III 44, 484 f.; III 42, 480 Z. 5–7; III 44, 484 Z. 22–28; OttoBlas 16, 46 f.
50 Herkenrath 1971, 291.
51 RahG III 36, 470 f.; Vinzenz, 671 Z. 36–37; Schieffer 2002, 66; Bernhard 2003, 28 mit Anm. 55.
52 RahG III 37, 472 f.; ChronRegCol, 99.
53 OttoMor, 160 f.
54 ChronPolSil, 566 Z. 14–17.
55 OttoMor, 132 f. u. 134 f.
56 CronReinh, 539 Z. 6–16.
57 HistEx, 46 Z. 1–3 u. 90 Z. 8–12; Bühler 2002, 101 u. 147; HistPer, 142 Z. 16 f.
58 HistEx, 86 Z. 11–17; Bühler 2002, 142.
59 OttoFrG II 37, 360 f.
60 Gunther IV, V. 290.
61 Vgl. Kortüm 2010, 167.
62 HistEx, 77 Z. 1–8; Bühler 2002, 132; vgl. NiketasAbent, 217.
63 OttoMor, 98 f.; dazu Berwinkel 2007, 132–135.
64 HistPer, 159 Z. 1–8.
65 OttoMor, 114 f.; Berwinkel 2007, 148 f. mit Anm. 167.
66 OttoMor, 168 f.; ChronRegCol, 103; dazu Berwinkel 2007, 193 f.
67 Clauss 2010, 97–100, Zitat 100.
68 JohCodLib, 45; Busch 1997, 133–137.
69 BosoAlex, 433 Z. 7 f.; RomSal, 266 Z. 26 f.
70 Fenske 1985, 146–148.
71 HistPer, 168 Z. 27 f.
72 Dazu WilhTyrus 17.4, 765 Z. 33–38.
73 So aber Kortüm 2010, 38.
74 ChronPolSil, 566 Z. 4–12; Vinzenz, 672 Z. 40–42.
75 OttoMor, 168 f.
76 OttoMor, 120 f.; Carmen, V. 2399–2401; Vinzenz, 677 Z. 26–28; dazu Berwinkel 2007, 107 u. 135.
77 DF. I. 317, 140 Z. 26–35; dazu Berwinkel 2007, 176–186; France 1999.
78 NarrLong, 270 f.; OttoMor, 146 f.; AnnPalid 1160, 92 Z. 31; Carmen, V. 3309–3324.
79 DF. I. 277; Herkenrath 1971, 292.
80 Carmen, V. 2086 f.; Giese 2001, 48.

81 BonSigna, 28 f. Dazu Schreiner 1979, 526.
82 Opll 1980, 77 Anm. 35.
83 DF. I. 1014, 310; Breinbauer 2002, 488.
84 RahG IV 86, 708–711.
85 RI IV.2, 2385 u. 2409.
86 RahG IV 43, 598 f.
87 Carmen, V. 876–894; Helmold 82, 282 f.; ItPer 23, 298 Z. 19 f.; NiketasAbent, 216; DF. I. 1009 u. 1010; RahG, IV 72, 660 f.
88 RI IV.1,2 545.
89 AnnPeg, 262; Fried 1983.
90 Opll 1978, 86 Anm. 32 u. 225; Schneider 1914–1924, 64 f.
91 AnnPath, 180.
92 Teobaldus, 630; Dolbeau 1977, 102 Z. 1–15. Dazu Casagrande 1992, 38 f.
93 Hämel 1942, 245 f.
94 Leyser 1975; Meyer 1975.
95 Vgl. Opll 1980, 87; DF. I., 251.
96 Opll 1980, 83; vgl. aber VitaHein, 14 f.
97 Geary 1994; Kluger 2002, 34–39; RI IV.2, 1057.
98 DF. I. 534; dazu Claußen 1994, 76 f.; Petersohn 2010, 217 Anm. 38.
99 Bönnen 2003.
100 Petersohn 1994, 110 mit Anm. 40.
101 Petersohn 1994, 110 Anm. 41; Opll 1977a.
102 DF. I. 502, 433 Z. 6–10.
103 Petersohn 1975.
104 DF. I. 502, 432 Z. 23–29.
105 Kerner 2001, 138.
106 Görich (im Druck) b.
107 Dazu Körntgen 2009, 128–134 u. 158–160.
108 Engels 1988b, 45.
109 Petersohn 1994, 129.
110 Weinfurter 2005b, 373; Weinfurter 2004, 254.
111 Petersohn 2010, 336–343; Schwarz 2003, 86–96 u. 104–110.
112 Görich (im Druck) b.
113 Meuthen 1966/1967, 41–44; Schieffer 1987.
114 Bastert 2001, 208.
115 VitaKar III 19, 272–274.
116 Borgolte 2000, 43.
117 HistPer, 126 Z. 27 f. u. 167 Z. 26–30.
118 DF. I. 995.
119 Borgolte 2000, 45; Weinfurter 2003, 23–26.
120 Haverkamp 1992, 46.
121 Borgolte 2000, 43 mit Anm. 19; vgl. Opll 1980, 73. Ferner Schwarzmaier 1995; Schwarzmaier 2006.
122 DF. I. 994.
123 Engels 1995, 240; Ehlers 1996, 179, 220 u. 370.
124 DF. I. 1023.
125 Z. B. DF. I. 518.
126 DF. I. 882.
127 DF. I. 647.
128 So aber Borgolte 2000, 53 u. 57; Weinfurter 2003, 23.
129 Wollasch 1984.
130 DF. I. 560, 26 Z. 11; dazu Lang 2009, 229 f. u. 294 f.
131 Opll 1980, 77 Anm. 35 u. 79 Anm. 47; RI IV.2, 2242.
132 Bayer 1986, 227; Minkenberg 1989, 76 f.
133 Keszycka 1923, 83.
134 Grundmann 1959; Hütt 1993, 138–192; Horch 2001, 102–148; Wittekind 2005, 115–118; zuletzt Horch 2010, 32.
135 Grundmann 1959, 47.

136 RegHistWestf Nr. CCCX, 86.
137 Philippi 1886, 154 u. 155 Anm. 1; vgl. Grundmann 1959, 8; Horch 2001, 109.
138 VitaGottfr, 160 Z. 6.
139 RahG IV 86, 708 f.; AcerMor, 186 f.
140 Grundmann 1959, 46–63; Nilgen 2000, 358.
141 Nilgen 2000, 358–360.
142 Oexle 1984. Ferner Hütt 1993, 184 f.; Horch 2001, 130–148.
143 DF. I. 335, 162 Z. 19.
144 Hütt 1993, 144 f.

BESICHTIGUNGEN

1 Sepp 1879, XIII; dazu Meyer 2007, 233–235; Schreiner 1979, 548 f.
2 Sepp 1879, XIX u. XVII.
3 Sepp 1879, 365.
4 Sepp 1879, 371.
5 Sepp 1879, 332, 270 u. 333.
6 Sepp 1879, 291, XIII u. 291 f.
7 Sepp 1879, 373–375.
8 ChronMSer, 162 Z. 49.
9 Majocchi 2008, 127 f.
10 Dungern 1913, 28.
11 Willoweit 1999, Werle 1956; Borchardt 2005, 38 f.
12 Deutinger (im Druck); Dendorfer (im Druck). Schon Patze 1979, 56 mit Anm. 129.
13 Majocchi 2005, 19–25; Vallerani 2004.
14 Patze 1979, 56. Überzeugend Racine 2007.
15 Dilcher 2008.
16 Stollberg-Rilinger 2010, 11.
17 Dazu Stollberg-Rilinger 2010, 25–30.
18 Rexroth 2009, 82 f.
19 Haubrichs 1996, 58.
20 GestTrud, 390 Z. 16 f.
21 Kortüm 2010, 102.
22 RahG IV 22, 564 Z. 10 f.
23 BurchUrsb, 144 f.
24 VitaArn, 616.
25 RobAut, 255; vgl. HistEx, 85 Z. 33–36; Bühler 2002, 142; ItPer 19, 289 Z. 29–290 Z. 3.
26 GirCambr 16, 405 Z. 30.
27 NiketasAbent, 220 f.

BILD- UND KARTENNACHWEIS

Vorsatz: Goldbulle Barbarossas an der «Würzburger Herzogsurkunde» vom 10. Juli 1168, DF. I.546. Bayerisches Hauptstaatsarchiv München, Kaiserselekt 516.

Abb. 1: Aus: Heinrich Schwendemann u. Wolfgang Dietsche, Hitlers Schloß. Die «Führerresidenz» in Posen, Berlin 2003, S. 46.

Abb. 2, 49: Wikimedia.

Abb. 3: akg-images/Schadach.

Abb. 4, 23, 32, 39, 40, 43: akg-images.

Abb. 5, 21, 22, 36: Bildarchiv Preußischer Kulturbesitz.

Abb. 6: Aus: Helmut Maurer, Der Herzog von Schwaben, Sigmaringen 1978, Abb. 42.

Abb. 7, 10, 17, 20, 45: Aus: Percy-Ernst Schramm, Die deutschen Kaiser und Könige in Bildern ihrer Zeit. 751–1190, München 1983, S. 458, S. 470, S. 471, S. 468 (Photos: Ann Münchow); S. 459 (Nürnberg, Germanisches Nationalmuseum).

Abb. 8: Aus: Rolando Bandinelli, Papa Alessandro III, Siena 1986, nach S. 96.

Abb. 9: Erzdiözese Bamberg, Photo: W. Epple.

Abb. 11 a und b, 28, 33, 34: Aus: Heinrich der Löwe und seine Zeit. Herrschaft u. Repräsentation der Welfen 1125–1235, München 1995, Bd. 2, S. 79 (Abb. 39); Bd. 1, S. 169; Bd. 2, S. 151 (Abb. 94); Bd. 1, S. 152 und S. 268.

Abb. 12: Aus: Otto IV. Traum vom welfischen Kaisertum, Braunschweig 2009, S. 324, Kat. 5.

Abb. 13: Bayerisches Hauptstaatsarchiv, München.

Abb. 14: Kölnisches Stadtmuseum, HM 1908/69, Foto © Rheinisches Bildarchiv Köln, rba_d023405.

Abb. 15: Aus: Thomas Biller, Die «domus» Kaiser Friedrichs I. in der Reichsburg Kaiserslautern, in: Neue Forschungen zum frühen Burgenbau, hg. v. der Wartburg-Gesellschaft, Berlin 2006, 153–166, S. 153.

Abb. 16: Aus: Kaiser- und Königsurkunden der Staufer (1138–1268), hg. von Walter Koch und Christian Friedl (Digitale Urkundenbilder 4) Leipzig 2010, Tafel 5.

Abb. 18: Aus: Volkhard Huth, Stauferische Reichshistoriographie u. scholastische Intellektualität, Ostfildern 2004, S. 204.

Abb. 19: Aus: Gerhardt B. Ladner, Die Papstbildnisse des Altertums und des Mittelalters, Bd. 2, Città del Vaticano 1970, Tafel 5.

Abb. 24: Aus: Orfino da Lodi, De regimine et sapientia potestatis (Comportamento e saggezza del podestà). Introduzione, testo, traduzione e note di Sara Pozzi, Lodi 1998.

Abb. 25: Lucca, Ministero per i Beni e le Attività culturali.

Abb. 26: Aus: Andrea von Hülsen-Esch, Romanische Skulptur in Oberitalien als Reflex der kommunalen Entwicklung im 12. Jahrhundert, Berlin 1994, Abb. 20 und 22.

Abb. 27, 30: Alinari, Florenz.

Abb. 29: Aus: Rudolf Dellermann, Le tombe del vescovo Hermann Il (1170–1177) a Bamberga e nel battistero di San Marco, in: Quaderni della procuratoria di San Marco, Venedig 2009, S. 91.

Abb. 31: Aus: Klaus Schreiner, Vom geschichtlichen Ereignis zum historischen Exempel, in: Mittelalterrezeption, hg. v. Peter Wapnewski, Stuttgart 1986, S. 145–176, S. 156.

Abb. 35: Biblioteca Nazionale Marciana, Venedig, Ministero per i Beni e le Attività culturali.

Abb. 37: Aus: Jan Keupp, Die erste Hühnerfarm zu Mainz – Zu Ökonomie u. Logistik der Hoffeste, in: Die Staufer u. Italien. Drei Innovationsregionen im mittelalterlichen Europa, hg. v. Alfried Wieczorek u. a., Bd. 1: Essays, Darmstadt 2010, S. 277–282, S. 280.

Abb. 38: ullstein bild/Archiv Gerstenberg.

Abb. 41: IAM/akg-images.

Abb. 42: Aus: «... die keyserlichen zeychen ...». Die Reichskleinodien – Herrschaftszeichen des Heiligen Römischen Reiches, hg. von Jan Keupp u. a., Regensburg 2009, S. 31.

Abb. 44: Aus: Percy-Ernst Schramm u. Florentine Mütherich, Denkmale der deutschen Könige und Kaiser, München 1981, Abb. 177 (Photo: A Bredol-Lepper).

Abb. 46: Bischöfliches Generalvikariat, Kunstpflege, Münster. Photo: Stephan Kube, Greven.

Abb. 47: Aus: Die Zeit der Staufer, Bd. 2, Stuttgart, 1977, Abb. 703.

Abb. 48: akg-images/Joseph Martin.

Abb. 50: Deutsche Bundesbank, Entwurf: Eugen Ruhl, Pforzheim.

Sämtliche Karten wurden von Peter Palm, Berlin, gefertigt.

Es ist dem Verlag C. H. Beck nicht in allen Fällen gelungen, die Bildgeber ausfindig zu machen; der Verlag ist aber selbstverständlich bereit, berechtigte Ansprüche abzugelten.

QUELLEN- UND LITERATURVERZEICHNIS

Quellen und Regesten

AcerMor Siehe *OttoMor*

AdBriefs Admonter Briefsammlung nebst ergänzenden Briefen, hg. v. Günther Hödl u. Peter Classen (MGH Briefe der deutschen Kaiserzeit 6) München 1986.

AlbBez Albertus de Bezanis, Cronica pontificum et imperatorum, ed. Oswald Holder–Egger (MGH SS rer. Germ. 3) Hannover 1908.

AlbMil Albertus Miliolus, Cronica imperatorum, ed. Oswald Holder-Egger, in: MGH SS 31, Hannover 1903, 580–668.

AlbStade Albert v. Stade, Annales Stadenses, ed. Johannes M. Lappenberg, in: MGH SS 16, Hannover 1859, 271–379.

AlexOpera Alexander III., Opera omnia, ed. J. P. Migne (Patrologia Latina 200), Paris 1855.

AndMarch Andreas v. Marchiennes, Continuatio Aquicinctina, ed. Ludwig Bethmann, in: MGH SS 6, Hannover 1844, 405–438.

AnnAug Annales Augustani, ed. Georg Heinrich Pertz, in: MGH SS 3, Hannover 1839, 123–136.

AnnEgm Annales Egmundenses, ed. Georg Heinrich Pertz, in: MGH SS 16, Hannover 1859, 442–479.

AnnIs Annales Isingrimi maiores, ed. Georg Heinrich Pertz, in: MGH SS 17, Hannover 1861, 311–318.

AnnMagd Annales Magdeburgenses, ed. Georg Heinrich Pertz, in: MGH SS 16, Hannover 1859, 107–196.

AnnMarb Die Chronik Ottos v. St. Blasien u. die Marbacher Annalen, hg. u. übers. v. Franz-Josef Schmale, Darmstadt 1998, 159–253.

AnnOtt Annales Ottenburani minores, ed. Georg Heinrich Pertz, in: MGH SS 17, Hannover 1861, 315–318.

AnnPalid Annales Palienses, ed. Georg Heinrich Pertz, in: MGH SS 16, Hannover 1859, 48–98.

AnnPath Annales Patherbrunnenses. Eine verlorene Quellenschrift des 12. Jahrhunderts aus Bruchstücken wiederhergestellt v. Paul Scheffer–Boichorst, Innsbruck 1870.

AnnPeg Annales Pegavienses, ed. Georg Heinrich Pertz, in: MGH SS 16, Hannover 1859, 234–270.

AnnPlac Annales Placentini Gibellini, ed. Georg Heinrich Pertz, in: MGH SS 18, Hannover 1863, 457–579.

AnnSPetrErph Annales Sancti Petri Erphesfurtenses maiores, ed. Oswald Holder–Egger, in: Monumenta Erphesfurtensia saec. XII, XIII, XIV, MGH SS rer Germ 42, Hannover 1899, 49–67.

AnonLaud Ex chronico universali anonymi Laudunensis, ed. Georg Waitz, in: MGH SS 26, Hannover 1882, 442–457.

ArnLüb Arnold v. Lübeck, Chronica Slavorum, ed. Georg Heinrich Pertz (MGH SS rer. Germ. 14) Hannover 1868.

– Die Chronik Arnolds v. Lübeck, übers. v. J. C. M. Laurent, bearb. v. Wilhelm Wattenbach, Leipzig 2. Auflage 1896.

BaldNin Balduin v. Ninove, Chronicon, ed. Oswald Holder-Egger, in: MGH SS 25, Hannover 1880, 515–546.

Benediktusregel Benediktusregel, hg. v. Basilius Steidle, 3. Aufl. Beuron 1978.

BernMar Bernardo Maragone, Annales Pisani, a cura di Michele Lupo Gentile (Rerum Italicarum Scriptores, Nuova edizione, 6.2) Bologna 1936.

BerthReich Bertholds u. Bernolds Chroniken, hg. u. übers. v. Ian S. Robinson, Darmstadt 2002.

BerthZwie Die Zwiefalter Chroniken Ortliebs u. Bertholds, neu hg., übers. u. erl. v. Luitpold Wallach, Erich König u. Karl Otto Müller, Sigmaringen 1978.

BonSigna Boncompagno da Signa, The History of the siege of Ancona, translated with a commentary by Andrew F. Stone, Venezia 2002.

BosoAlex Boso, Vita Alexandri III, in: Le Liber Pontificalis, Bd. 2, ed. Louis Duchesne, Paris 1892, 397–446.

BosoHad Boso, Vita Hadriani IV, in: Le Liber Pontificalis, Bd. 2, ed. Louis Duchesne, Paris 1892, 388–397.

Bouquet Martin Bouquet, Recueil des Historiens des Gaules et de la France, Bd. 16, Paris 1878.

BurchUrsb Burchard v. Ursberg, Chronik, in: Quellen zur Geschichte der Welfen u. die Chronik Burchards v. Ursberg, hg. u. übers. v. Matthias Becher, Darmstadt 2007, 100–311.

CaffAnnIan Caffarus, Annales Ianuenses, in: Annali Genovesi di Caffaro e de' suoi continuatori dal MXCIX al MCCXCIII, vol. 1, a cura di Luigi Tommaso Belgrano (Fonti per la storia d'Italia 11) Genova 1890, 1–124.

Carmen Carmen de gestis Frederici I imperatoris in Lombardia, ed. Irene Schmale-Ott (MGH SS rer. Germ. 62) Hannover 1962.

– Barbarossa in Italy. Transl. by Thomas Carson, New York 1994.

CatCol Catalogi archiepiscoporum Coloniensium, Continuatio I, ed. Hermann Cardauns, in: MGH SS 24, Hannover 1879, 332–344.

ChristMog Christiani Chronicon Moguntinum, in: Monumenta Moguntina, ed. Philipp Jaffé, 1866, 676–699.

ChronLun Chronicon S. Michaelis Luneburgensis, ed. L. Weiland, in: MGH SS 23, Hannover 1874, 391–399.

ChronMant Chronica pontificum et imperatorum Mantuana, ed. Georg Waitz, in: MGH SS 24, Hannover 1879, 214–220.

ChronMonCas Chronica monasterii Casinensis, ed. Hartmut Hoffmann, MGH SS 34, Hannover 1980.

ChronMSer Chronicon Montis Sereni, ed. Ernst Ehrenfeuchter, in: MGH SS 23, Hannover 1874, 130–226.

– Chronik vom Petersberg nebst der Genealogie der Wettiner, übers. v. Wolfgang Kirsch, Halle 1996.

ChronPolSil Chronicon Polono–Silesiacum, ed. Wilhelm Arndt, in: MGH SS 19, Hannover 1866, 553–570.

ChronRegCol Chronica regia Coloniensis, cum continuationibus in monasterio S. Pantaleonis scriptis aliisque historiae Coloniensis monumentis, ed. Georg Waitz (MGH SS rer. Germ. 18) Hannover 1880.

– Die Kölner Königschronik, übers. v. Karl Platner, bearb. v. Wilhelm Wattenbach, Leipzig 1896.

ChronSMarTur Ex Chronico Sancti Martini Turonensis, ed. Oswald Holder-Egger, in: MGH SS 26, Hannover 1882, 458–476.

ChronSPetErf Chronica S. Petri Erfordensis Moderna, ed. Oswald Holder-Egger, in: Monumenta Erphesfurtensia saec. XII, XIII, XIV (MGH SS rer. Germ 42) Hannover 1899, 117–369.

CodLaur Codex Laureshamensis, Bd. 1: Einleitung, Regesten, Chronik, bearb. u. neu hg. v. Karl Glöckner, Darmstadt 1929.

ContZwet Continuatio Zwetlensis altera, ed. Georg Heinrich Pertz, in: MGH SS 9, Hannover 1851, 541–544.

CorpBon Corpus Chronicorum Bononiensium, a cura di A. Sorbelli (Rerum Italicarum Scriptores. Nuova edizione 18.2) Città di castello 1910/38.

CronReinh Cronica Reinhardsbrunnensis, ed. Oswald Holder–Egger, in: MGH SS 30.1, Hannover 1896, 490–656.

DF. I. Die Urkunden Friedrichs I., hg. v. Heinrich Appelt (MGH Diplomata regum et imperatorum Germaniae 10.1–5) Hannover 1975–1990.

DH.(VI.) siehe DK. III.

DK. III. Die Urkunden Konrads III. u. seines Sohnes Heinrich, hg. v. Friedrich Hausmann (MGH Diplomata regum et imperatorum Germaniae 9) Hannover 1969.

DeGrat Decretum Gratiani, ed. Emil Friedberg (Corpus Iuris Canonici 1) Leipzig 1879, Neudruck Graz 1959.

DeRuinaTerd Adolf Hofmeister, Eine neue Quelle zur Geschichte Friedrich Barbarossas, in: Neues Archiv 43, 1922, 143–157.

Dolbeau 1977 François Dolbeau, La vita di Sant'Ubaldo, vescovo di Gubbio, attribuata a Giordano di Città di Castello, in: Bollettino della Deputazione di Storia Patria per l'Umbria 74, 1977, 81–116.

EkkAura Ekkehard v. Aura, Chronica, in: Frutolfs u. Ekkehards Chroniken u. die anonyme Kaiserchronik, hg. u. übers. v. Franz-Josef Schmale u. Irene Schmale-Ott, Darmstadt 1972, 123–209 u. 268–377.

EpFred Epistola de Frederici I. imperatoris expeditione sacra. Brief über den Kreuzzug Kaiser Friedrichs I., in: Italische Quellen, 372–383.

Falco Falco v. Benevent, Chronicon Beneventanum: città e feudi nell'Italia dei Normanni, ed. Edoardo D'Angelo, Florenz 1998.

Falconi 1988 Ettore Falconi, Le carte cremonesi dei secoli VIII–XII, Cremona 1988.

GallPont Gallia Pontificia, Vol. 3: Province ecclésiastique de Vienne, Tome 1: Diocèse de Vienne, par Beate Schilling, Göttingen 2006.

GerhReichDe Gerhoch v. Reichersberg, De investigatione Antichristi, in: Gerhohi praepositi Reichersbergensis libelli selecti, ed. Ernst Sackur (MGH Libelli de lite 3) Hannover 1897, 131–525, 304–395.

GerhReichEx Gerhoch v. Reichersberg, Expositio psalmorum, in: Gerhohi praepositi Reichersbergensis opera inedita 2.1, ed. Damianus u. Odulphus van den Eynde u. Angelinus Rijmersdael, Rom 1956.

GerhReichOp Gerhoch v. Reichersberg, Opusculum ad cardinales, in: Gerhohi praepositi Reichersbergensis opera inedita 1, ed. Odulphus van den Eynde, Roma 1955, 309–350.

GerlMühl Gerlach v. Mühlhausen, Continuatio Vincentii Pragensis, ed. Wilhelm Wattenbach, in: MGH SS 17, Hannover 1861, 683–710.

GestAlb Gesta Alberonis metrica, ed. Georg Heinrich Pertz, in: MGH SS 8, Hannover 1848, 263–243.

GestHalb Gesta episcoporum Halberstadensium, ed. Ludwig Weiland, in: MGH SS 23, Hannover 1874, 78–123.

GestTrev Gesta Treverorum Continuatio III, ed. Georg Waitz, in: MGH SS 24, Hannover 1879, 380–389.

GestTrud Gestorum abbatum Trudonensium Continuatio III, ed. Rudolf Koepke, in: MGH SS 10, Hannover 1852, 361–443.

GestVill Ex Gestis sanctorum Villariensium, ed. Georg Waitz, in: MGH SS 25, Hannover 1880, 220–235.

GirCambr Giraldus Cambrensis, E libro de instructione principis, ed. Reinhold Pauli, in: MGH SS 27, Hannover 1885, 395–407.

GislMons Gislebert v. Mons, Chronicon Hanoniense, ed. Léon Vanderkindere, Bruxelles 1904.

– Gilbert of Mons. Chronicle of Hainaut, transl. by Laura Napran, Woodbridge 2005.

GoVitG Gottfried v. Viterbo, Gesta Friderici, ed. Georg Waitz, in: MGH SS 22, Hannover 1872, 307–334.

GoVitM Gottfried v. Viterbo, Memoria saeculorum, ed. Georg Waitz, in: MGH SS 22, Hannover 1872, 94–106.

Gunther Gunther der Dichter, Ligurinus, ed. Erwin Assmann (MGH SS rer. Germ. 63) Hannover 1987.

– Ligurinus. Ein Lied auf den Kaiser Friedrich Barbarossa, übers. u. erl. v. Gerhard Streckenbach. Mit einer Einführung v. Walter Berschin, Sigmaringendorf 1995.

HeinrVeld Heinrich v. Veldeke, Eneasroman, übers. v. Dieter Kartschoke, Stuttgart 1997.

Helmold Helmold v. Bosau, Chronica Slavorum, hg. u. übers. v. Heinz Stoob, Darmstadt 5. Auflage 1990.

Hermannus Hermannus quondam Judaeus, opusulum de conversione sua, hg. v. Gerlinde Niemeyer (MGH Quellen zur Geistesgeschichte 4) Weimar 1963.
– Hermann, der frühere Jude. Opusculum seiner Bekehrung, in: Jean-Claude Schmitt, Die Bekehrung Hermanns des Juden. Autobiographie, Geschichte u. Fiktion, Stuttgart 2006, 286–330.

Hesso Hesso scholasticus, Relatio de concilio Remensi, ed. Wilhelm Wattenbach (MGH Libelli de lite 3) Hannover 1897, 21–28.

HildBing Hildegardis Bingensis Epistolarium, pars tertia ed. L. van Acker (Corpus Christianorum, Continuatio Mediaevalis XCI) Turnhout 2001.

HildBriefs Die Jüngere Hildesheimer Briefsammlung, hg. v. Rolf de Kegel (MGH Briefe der deutschen Kaiserzeit 7) München 1995.

HistCal Historia calamitatum ecclesiae Salisburgensis, hg. u. übers. v. Bernhard Zeller, in: Quellen zur Salzburger Frühgeschichte, hg. v. Herwig Wolfram, Wien-München 2006, 298–319.

HistEx Historia de expeditione Friderici imperatoris, in: Quellen zur Geschichte des Kreuzzuges Kaiser Friedrichs I., hg. v. Anton Chroust (MGH SS rer. Germ. NS 5) Berlin 1928, 1–115;
– Arnold Bühler, Der Kreuzzug Friedrich Barbarossas 1187–1190. Bericht eines Augenzeugen, Stuttgart 2002, 59–166.

HistPer Historia Peregrinorum, in: Quellen zur Geschichte des Kreuzzuges Kaiser Friedrichs I., hg. v. Anton Chroust (MGH SS rer. Germ. NS 5) Berlin 1928, 116–172.

HistSal The Rare and Excellent History of Saladin, by Bahā' al-Dīn Ibn Shaddād, transl. by D. Richards, Aldershot 2001.

HistVen Historia ducum Veneticorum, ed. Henry Simonsfeld, in: MGH SS 14, 1883, 72–97.

HistWelf Quellen zur Geschichte der Welfen u. die Chronik Burchards v. Ursberg, hg. u. übers. v. Matthias Becher, Darmstadt 2007, 34–91.

HugoPoit Hugo v. Poitiers, Chronique de l'abbaye de Vézelay, in: Monumenta Vizeliacensia, ed. R. B. C. Huygens (Corpus Christianorum, Continuatio Mediaevalis 42) Turnhoult 1976, 395–607.

Jakob Ex Iacobi Aquensis Cronica ymaginis mundi, in: Gesta Frederici I. imperatoris in Lombardia, ed. Oswald Holder–Egger (MGH SS rer. Germ 27) Hannover 1892, 79–98.

Italische Quellen Italische Quellen über die Taten Kaiser Friedrichs I. in Italien u. der Brief über den Kreuzzug Kaiser Friedrichs I., hg. u. übers. v. Franz-Josef Schmale, Darmstadt 1986.

ItPer Das Itinerarium peregrinorum. Eine zeitgenössische englische Chronik zum dritten Kreuzzug in ursprünglicher Gestalt, ed. Hans Eberhardt Mayer, Stuttgart 1962.
- Chronicle of the Third Crusade. A Translation of the Itinerarium Peregrinorum et Gesta Regis Ricardi, by Helen J. Nicholson, Aldershot 1997.

JL Philipp Jaffé u. Samuel Löwenfeld, Regesta pontificum Romanorum ab condita ecclesia ad annum post Christum natum 1198, Bd. 2, 2. Aufl. Leipzig 1888.

JohCodAnn Johannes Codagnellus, Annales Placentini, ed. Oswald Holder-Egger (MGH SS rer. Germ. 23) Hannover 1901.

JohCodLib Johannes Codagnellus, Libellus tristitie et doloris, angustie et tribulationis, passionum et tormentorum, in: Gesta Frederici I. imperatoris in Lombardia, ed. Oswald Holder-Egger (MGH SS rer. Germ. 27) Hannover 1892, 14–61.

JohKinn John Kinnamos, Deeds of John and Manuel Comnenus, transl. by Charles M. Brand, New York 1976.

JohSalHist Johannes v. Salisbury, Historia pontificalis, ed. Wilhelm Arndt, in: MGH SS 20, Hannover 1869, 515–545.

JohSalLet Johannes v. Salisbury, Letters, vol. 1: The Early Letters (1153–1161), ed. by W. J. Millor and H. E. Butler, Edinburgh 1955; vol 2: The Later Letters (1163–1180), ed. by W. J. Millor and C. N. L. Brooke, Oxford 1979.

Kalbfuss 1913 Hermann Kalbfuß, Urkunden u. Regesten zur Reichsgeschichte Oberitaliens I, in: Quellen u. Forschungen aus Italienischen Archiven u. Bibliotheken 15, 1913, 53–118.

Knipping 1901 Knipping, Richard: Die Regesten der Erzbischöfe v. Köln im Mittelalter, Bd. 2: 1100–1205, Bonn 1901.

Lacomblet Theodor Joseph Lacomblet, Urkundenbuch für die Geschichte des Niederrheins, Bd. 2: Von dem Jahr 1201 bis 1300 einschließlich, Düsseldorf 1846, Neudruck Aalen 1960.

LambWat Lambert v. Waterlos, Annales Cameracenses, ed. Georg Heinrich Pertz, in: MGH SS 16, Hannover 1859, 510–554.

LampHers Lampert v. Hersfeld, Annalen, hg. u. übers. v. Adolf Schmidt, Darmstadt 1957.

Liber censuum Le Liber censuum de l'église romaine, 3 Bde., ed. Paul Fabre, Louis Duchesne, Paris 1905–1952.

LibMal Liber Malonus, in: Le vite dei dogi di Marin Sanudo, a cura di Giovanni Monticolo (Rerum Italicarum Scriptores, Nuova edizione 22.4) Città di Castello 1900, 326–337.

LibMir Ex libris de vita et miraculis sancti Bernardi Clarevallensis abbatis, ed. Georg Waitz, in: MGH SS 26, Hannover 1882, 91–142.

Lippiflorium Das Lippiflorium. Ein westfälisches Heldengedicht aus dem dreizehnten Jahrhundert. Lateinisch u. deutsch nebst Erläuterungen v. Hermann Althof, Leipzig 1900.

LodAnon siehe OttoMor

MagnusAnn Magnus v. Reichersberg, Annales Reicherspergenses, ed. Wilhelm Wattenbach, in: MGH SS 17, Hannover 1861, 443–476.

MagnusChron Magnus v. Reichersberg, Chronicon, ed. Wilhelm Wattenbach, in: MGH SS 17, Hannover 1861, 476–523.

– The Chronicle of Magnus of Reichersberg, in: The Crusade of Frederik Barbarossa. The History of the Expedition of the Emperor Frederik and Related Texts, transl. by Graham A. Loud, Farnham 2010, 149–167.

MagTol Magister Tolosanus, Chronicon Faventinum, ed. Giuseppe Rossini, (Rerum Italicarum Scriptores, Nuova edizione, 28.1) Bologna 1939.

MagVinc Magistri Vincentii dicti Kadlubek, Chronica Polonorum, ed. Marianus Plezia, Monumenta Poloniae Historica n. s. 11, Krakau 1994.

Manaresi Cesare Manaresi, Gli atti del comune di Milano fino all'anno MCCXVI, Milano 1919.

Materials Materials for the History of Thomas Becket, Archbishop of Canterbury, Bd. 5, 6 u. 7, ed. James Craigie Robertson (Rerum Britannicarum Medii Aevi Scriptores, 67.5–7) London 1881–1885.

MatParis Matheus Parisiesis, Ex Vita Stephani Archepiscopi Cantuariensis, ed. Felix Liebermann, in: MGH SS 28, Hannover 1888, 441–443.

MGH Const. I Constitutiones et acta publica imperatorum et regum inde ab a DCCCCXI usque ad a. MCXCVII (911–1197), ed. Ludwig Weiland, Hannover 1893.

MonSaz Monachus Sazavensis, Continuatio Cosmae, ed. Rudolf Koepke, in: MGH SS 9, Hannover 1851, 148–163.

NarrLong Narratio de Longobardie obpressione et subiectione. Eines unbekannten Mailänder Bürgers Erzählung über die Unterdrückung u. Unterwerfung der Lombardei, in: Italische Quellen, 240–295.

NarrLoth Narratio de electione Lotharii in regem Romanorum, ed. Wilhelm Wattenbach, in: MGH SS 12, Hannover 1856, 509–512.

Neubauer/Stern 1892 Hebräische Berichte über die Judenverfolgungen während der Kreuzzüge, hg. v. A. Neubauer u. M. Stern, Berlin 1892.

NiketasAbent Abenteurer auf dem Kaiserthron. Die Regierungszeit der Kaiser Alexios II., Andronikos u. Isaak Angelos (1180–1195) aus dem Geschichtswerk des Niketas Choniates, übers. v. Franz Grabler, Graz 1958.

NiketasKrone Die Krone der Komnenen. Die Regierungszeit der Kaiser Joannes u. Manuel Komnenos (1118–1180) aus dem Geschichtswerk des Niketas Choniates, übers. v. Franz Gabler, Graz 1958.

ObertAnnIan Obertus cancellarius, Annales Ianuenses, in: Annali Genovesi di Caffaro e de' suoi continuatori dal MXCIX al MCCXCIII, vol. 1, a cura di Luigi Tommaso Belgrano (Fonti per la storia d'Italia 11) Genova 1890, 153–261.

– Die Jahrbücher v. Genua, übers. v. Wilhelm Arndt, neubearb. v. Wilhelm Wattenbach, Leipzig 1897.

– Aus Oberts Genueser Annalen, in: Italische Quellen, 296–307.

Odo Eudes de Deuil, La croisade de Louis VII roi de France, publiée par Henri Waquet (Documents relatifs à l'histoire des croisades 3) Paris 1949.

OttoBlas Die Chronik Ottos v. St. Blasien u. die Marbacher Annalen, hg. u. übers. v. Franz-Josef Schmale, Darmstadt 1998, 15–157.

OttoFrCh Otto v. Freising, Chronik oder die Geschichte der zwei Staaten, übers. v. Adolf Schmidt, hg. v. Walther Lammers, Darmstadt 1960.

OttoFrG Otto v. Freising u. Rahewin, Gesta Frederici seu rectius Cronica, übers. v. Adolf Schmidt, hg. v. Franz-Josef Schmale, Darmstadt 1965.

OttoMor Ottonis Morenae eiusdemque continuatorum libellus de rebus a Frederico imperatore gestis, Otto Morena u. seiner Fortsetzer Buch über die Taten Kaiser Friedrichs, in: Italische Quellen, 34–239.

Parlow 1999 Ulrich Parlow, Die Zähringer. Kommentierte Quellendokumentation zu einem südwestdeutschen Herzogsgeschlecht des hohen Mittelalters, Stuttgart 1999.

PassQuir Passio Quirini, ed. Johann Weissensteiner, in: Ders., Tegernsee, die Bayern u. Österreich. Studien zu Tegernseer Geschichtsquellen u. der bayerischen Stammessage, Wien 1983.

Penzler 1912 Die Reden Kaiser Wilhelms II. in den Jahren 1888–1912, Bd. 4: 1906–1912, gesammelt u. hg. v. Johannes Penzler, Leipzig 1912.

PetrEbulo Petrus de Ebulo, Liber ad honorem Augusti sive rebus Siculis. Eine Bilderchronik der Stauferzeit aus der Burgerbibliothek Bern, hg. v. Theo Kölzer u. Marlis Stähli, Sigmaringen 1994.

RadDic Ralph v. Diceto, Yamagines historiarum, ed. William Stubbs (Rolls Series 68.1) London 1876.

RadNigChron Radulfus Niger, Chronica. Eine englische Weltchronik des 12. Jahrhunderts, hg. v. Hanna Krause, Frankfurt 1985.

RadNigDeRM Radulfus Niger, De re militari et triplici via peregrinationis Ierosolimitane (1187/88), ed. Ludwig Schmugge, Berlin-New York 1977.

RahApp Rahewini Gesta Frederici imperatoris Appendix, in: Otto v. Freising u. Rahewin, Gesta Friederici I. imperatoris, ed. Georg Waitz u. Bernhard v. Simson (MGH SS rer. Germ. 46) 3. Aufl. Hannover 1912, 347–351.

RahG Siehe OttoFrG

RegHistWest Heinrich August Erhard, Regesta Historiae Westfaliae accedit Codex Diplomaticus, Bd. 2, Münster 1854.

RegPiac Il Registrum Magnum del Comune di Piacenza, ed. Ettore Falconi e Roberta Peveri, vol. I: Documenti n. 1–273, Milano 1984.

ReinhBriefs Die Reinhardsbrunner Briefsammlung, ed. Friedel Peeck (MGH Epistolae selectae 5) Weimar 1952.

RI IV.1,1 Regesta Imperii IV.1,1: Die Regesten des Kaiserreiches unter Lothar III. u. Konrad III. Erster Teil: Lothar III. 1125 (1075)–1137, neubearb. v. Wolfgang Petke, Köln 1994.

RI IV.1,2 Regesta Imperii IV.1,2: Die Regesten des Kaiserreiches unter Lothar III. u. Konrad III. Zweiter Teil: Konrad III. 1138 (1093/94) – 1152, neubearb. v. Jan Paul Niederkorn u. Karel Hruza, Köln 2008.

RI IV.2 Regesta Imperii IV.2: Die Regesten des Kaiserreiches unter Friedrich I., 1. Lieferung 1152 (1122)–1158, neubearb. v. Ferdinand Opll unter Mitwirkung v. Hubert Mayr, Wien 1980; 2. Lieferung 1158–1168, neubearb. v. Ferdinand Opll, Wien 1991; 3. Lieferung 1168–1180, neubearb. v. Ferdinand Opll, Wien 2001.

RI IV.4,4 Regesta Imperii IV.4,4: Papstregesten 1124–1198, Teil 4: 1181–1198, Lieferung 2: 1184–1185, erarb. v. Katrin Baaken u. Ulrich Schmidt, Köln 2006.

RichDev Ex Ricardi Divisiensis chronicis de gestis Ricardi I., ed. Felix Liebermann, in: MGH SS 27, Hannover 1885, 75–80.

RobAut Roberti Autissiodoriensis Chronicon, ed. Oswald Holder-Egger, in: MGH SS 26, Hannover 1882, 219–276.

RobMon Roberti de Monte, Cronica, ed. Ludwig Konrad Bethmann, in: MGH SS 6, Hannover 1844, 475–535.

RogHowChron Roger of Howden, Chronica, ed. William Stubbs (Roll Series 51.4) London 1871.

RogHowGesta Roger of Howden, Gesta Henrici II et Ricardi I, ed. William Stubbs (Rolls Series 49.1 u. 2) London 1867.

RomSal Romuald v. Salerno, Chronicon, ed. C. A. Garufi (Rerum Italicarum Scriptores, Nuova edizione, 7.1) Città di Castello 1935.

– Aus der Chronik des Erzbischofs Romoald v. Salerno, in: Italische Quellen, 308–371.

Salimbene Salimbene de Adam, Cronica ordinis Minorum, ed. Oswald Holder-Egger, in: MGH SS 32, Hannover 1905–1913.

SalzbBriefs Salzburger Briefsammlung, in: Admonter Briefsammlung nebst ergänzenden Briefen, hg. v. Günther Hödl u. Peter Classen (MGH Briefe der deutschen Kaiserzeit 6) München 1986, 149–197.

Saxo Saxo, Gesta Danorum, ed. Jorgen Olrik u. Hans Raeder, Kopenhagen 1931.

Sicard Sicard v. Cremona, Cronica, ed. Oswald Holder-Egger, in: MGH SS 31, Hannover 1903, 23–183.

SigebAuct Sigeberti Auctarium Affligemense, ed. Ludwig Bethmann, in: MGH SS 6, Hannover 1844, 398–405.

SigebGembl Sigeberti Gemblacensis continuatio Aquicinctina, ed. Georg Heinrich Pertz, in: MGH SS 6, Hannover 1844, 405–438.

TegernBriefs Die Tegernseer Briefsammlung des 12. Jahrhunderts, ed. Helmut Plechl (MGH Briefe der deutschen Kaiserzeit 8) Hannover 2002.

Teobaldus Teobaldus, Vita Ubaldi Eugubini episcopi, in: Acta Sanctorum Maii III, Venezia 1738, 627–634.

ThBecketLet The correspondence of Thomas Becket, Archbishop of Canterbury (1166–1170), Vol. 1: Letters 1–175, ed. and transl. by Anne J. Duggan, Oxford 2000.

ThomPav Thomas v. Pavia, Gesta imperatorum et pontificum, ed. Ernst Ehrenfeuchter, in: MGH SS 22, Hannover 1872, 483–528.

Thomasin Thomasin v. Zerklaere, Der Welsche Gast. Ausgewählt, eingeleitet, übers. v. Eva Willms, Berlin-New York 2004.

Thomson 1975 De pace veneta relatio, ed. Rodney M. Thomson, An English Eyewitness of the Peace of Venice 1177, in: Speculum 50, 1975, 29–32.

Tromby Benedetto Tromby, Storia critico-cronologica diplomatica del Patriarca Brunone e del suo Ordine Cartusiano, 10 Bde., Neapel 1773–1719, Nachdruck Analecta Cartusiana 84.1–10, Salzburg 1981.

UBMainz Mainzer Urkundenbuch, Bd. 2.2: 1176–1200, hg. v. Peter Acht, Darmstadt 1971.

UBMagd Urkundenbuch des Erzstifts Magdeburg, Teil 1: 937–1192, bearb. v. Friedrich Israel, Magdeburg 1937.

UrkundenReg Urkundenregesten zur Tätigkeit des deutschen Königs- u. Hofgerichts bis 1451, Bd. 1: Die Zeit v. Konrad I. bis Heinrich VI. 911–1197, bearb. v. Bernhard Diestelkamp u. Ekkehart Rotter, Köln 1988.

Vinzenz Vincentii Pragensis annales (1140–1167), in: MGH SS 17, ed. Wilhelm Wattenbach, Hannover 1861, 658–683.

– Die Jahrbücher v. Vincenz u. Gerlach, übers. v. Georg Grandaur, Leipzig 1889.

VitaArn Vita Arnoldi archiepiscopi Moguntini, ed. Philipp Jaffé, Bibliotheca rerum Germanicarum, Bd. 3: Monumenta Moguntina, Berlin 1866, 604–675.

VitaGottfr Die Viten Gottfrieds v. Cappenberg, ed. Gerlinde Niemeyer u. Ingrid Ehlers-Kisseler (MGH SS rer. Germ. 74) Hannover 2005.

VitaHart Vita Beati Hartmanni Episcopi Brixinensis (1140–1164), eingel. u. ed. v. Anselm Sparber, Innsbruck 1940.

VitaHein Die Vita sancti Heinrici regis et confessoris u. ihre Bearbeitung durch den Bamberger Diakon Adelbert, hg. v. Marcus Stumpf (MGH SS rer. Germ. 69) Hannover 1999.

VitaKar Die Aachener Vita Karoli Magni des 12. Jahrhunderts, neu ediert u. übers. v. Helmut u. Ilse Deutz, Siegburg 2002.

VitaMein Vita Meinwerci Episcopi Patherbrunnensis, ed. Franz Tenckhoff (MGH SS rer. Germ. 59) Hannover 1921.

WaltMap Walter Map, De nugis curialium. Courtiers' Trifles, ed. and transl. by Montague R. James, revised by Christopher N. L. Brooke u. a., Oxford 1983.

Watterich 1862 Watterich, Johann Matthias, Pontificum romanorum vitae, 2 Bde., Leipzig 1862.

Weinrich 2000 Ausgewählte Quellen zur deutschen Verfassungs-, Wirtschafts- u. Sozialgeschichte bis 1250, hg. u. übers. v. Lorenz Weinrich, Darmstadt 2000.

Wibald Das Briefbuch Abt Wibalds v. Stablo u. Corvey, hg. v. Martina Hartmann, zitiert nach der MGH Datenbank: http://www.mgh.de/datenbanken/wibald-von-stablo/

WilhNewb Willelmus Neuburgensis, Ex Historia anglicana, ed. Reinhold Pauli, in: MGH SS 27, Hannover 1885, 221–248.

WilhTyrus Willelmi Tyrensis Archiepiscopi, Chronicon, ed. R. B. C. Huygens, Bd. I–II (Corpus Christianorum, Continuatio Mediaevalis 63 u. 63A) Turnhout 1986.

Würdtwein 1788 Alexander Stephan Würdtwein, Nova subsidia diplomatica ad selecta iuris ecclesiastici Germaniae et historiarum capita elucidanda, Bd. 10, Heidelberg 1788.

Literatur

ALTHOFF 1986 Gerd Althoff, Die Zähringerherrschaft im Urteil Ottos v. Freising, in: Die Zähringer. Eine Tradition u. ihre Erforschung, hg. v. Karl Schmid, Sigmaringen 1986, 43–58.

ALTHOFF 1988 Gerd Althoff, *Gloria et nomen perpetuum*. Wodurch wurde man im Mittelalter berühmt?, in: Person u. Gemeinschaft im Mittelalter, Festschrift Karl Schmid, hg. v. Gerd Althoff u. a., Sigmaringen 1988, 297–313.

ALTHOFF 1990 Gerd Althoff, Die Zähringer – Herzöge ohne Herzogtum, in: Die Zähringer. Schweizer Vorträge u. neue Forschungen, hg. v. Karl Schmid, Sigmaringen 1990, 81–94.

ALTHOFF 1992 Gerd Althoff, Konfliktverhalten u. Rechtsbewußtsein: Die Welfen in der Mitte des 12. Jahrhunderts, in: Frühmittelalterliche Studien 26, 1992, 331–352.

ALTHOFF 1995 Gerd Althoff, Die Historiographie bewältigt. Der Sturz Heinrichs des Löwen in der Darstellung Arnolds v. Lübeck, in: Die Welfen u. ihr Braunschweiger Hof im hohen Mittelalter, hg. v. Bernd Schneidmüller, Wiesbaden 1995, 163–182.

ALTHOFF 1997a Gerd Althoff, Verwandtschaft, Freundschaft, Klientel. Der schwierige Weg zum Ohr des Herrschers, in: Althoff, Spielregeln der Politik, 185–198.

ALTHOFF 1997b Gerd Althoff, *Colloquium familiare – Colloquium secretum – Colloquium publicum*. Beratung im politischen Leben des früheren Mittelalters, in: Althoff, Spielregeln der Politik, 157–184.

ALTHOFF 1997c Gerd Althoff, Das Privileg der *deditio*. Formen gütlicher Konfliktbeendigung in der mittelalterlichen Adelsgesellschaft, in: Althoff, Spielregeln der Politik, 99–125.

ALTHOFF 1998 Gerd Althoff, Friedrich Barbarossa als Schauspieler? Ein Beitrag zum Verständnis des Friedens v. Venedig (1177), in: Chevaliers errants, demoiselles et l'autre: höfische u. nachhöfische Literatur im europäischen Mittelalter. Festschrift für Xenja v. Ertzdorff, hg. v. Trude Ehlert, Göppingen 1998, 3–20.

ALTHOFF 2000 Gerd Althoff, Das Mittelalterbild der Deutschen vor u. nach 1945. Eine Skizze, in: Reich, Regionen u. Europa in Mittelalter u. Neuzeit, Festschrift für Peter Moraw, hg. v. Paul-Joachim Heinig u. a., Berlin 2000, 731–749.

ALTHOFF 2001 Gerd Althoff, Inszenierung verpflichtet. Zum Verständnis rituelle Akte bei Papst-Kaiser-Begegnungen im 12. Jahrhundert, in: Frühmittelalterliche Studien 35, 2001, 61–84.

ALTHOFF 2002 Gerd Althoff, Recht nach Ansehen der Person, in: Rechtsbegriffe im Mittelalter, hg. v. Albrecht Cordes u. a., Frankfurt am Main 2002, 79–92.

ALTHOFF 2003a Gerd Althoff, Fußfälle: Realität u. Fiktionalität einer rituellen Kommunikationsform, in: Eine Epoche im Umbruch. Volkssprachliche Literalität 1200–1300. Cambridger Symposium 2011, hg. v. Christa Bertelsmeier-Kierst u. a., Tübingen 2003, 111–122.

ALTHOFF 2003b Gerd Althoff, Die Macht der Rituale. Symbolik u. Herrschaft im Mittelalter, Darmstadt 2003.

ALTHOFF 2005 Gerd Althoff, Vom Lächeln zum Verlachen, in: Lachgemeinschaften. Kulturelle Inszenierungen u. soziale Wirkungen v. Gelächter im Mittelalter u. in der Frühen Neuzeit, hg. v. Werner Röcke u. a., Berlin 2005, 3–16.

ALTHOFF 2006 Gerd Althoff, Die Deutschen u. ihr mittelalterliches Reich, in: Heilig. Römisch. Deutsch. Das Reich im mittelalterlichen Europa, hg. v. Bernd Schneidmüller u. a., Dresden 2006, 119–132.

ALTHOFF 2007 Gerd Althoff, *Humiliatio – Exaltatio*. Theorie u. Praxis eines herrscherlichen Handlungsmusters, in: Text u. Kontext. Fallstudien u. theoretische Begründungen einer kulturwissenschaftlich angeleiteten Mediävistik, hg. v. Jan-Dirk Müller, München 2007, 39–52.

ALTHOFF (im Druck) Gerd Althoff, Päpstliche Autorität im Hochmittelalter. Neue Geltungsansprüche u. ihre Konsequenzen, in: Autorität u. Akzeptanz. Das Reich im Europa des 13. Jahrhunderts, hg. v. Jan Keupp u. a. (im Druck).

ALTHOFF, SPIELREGELN DER POLITIK Gerd Althoff, Spielregeln der Politik im Mittelalter. Kommunikation in Frieden u. Fehde, Darmstadt 1997.

ALTHOFF/WITTHÖFT 2003 Gerd Althoff u. Christiane Witthöft, Les services symboliques entre dignité et contrainte, in: Annales – Histoire, Sciences sociales 58, 2003, 1293–1318.

AMBROSIONI 1988 Annamaria Ambrosioni, Il monastero di Ambrogio nel XII secolo tra autorità universali e forze locali, in: Il monastero di Ambrogio nel Medioevo. Convegno di studi nel XII centenario 784–1984, Milano 1988, 47–81.

AMBROSIONI 1992 Annamaria Ambrosioni, Chiaravalle e Milano. Le origini e il primo secolo di una lunga vicenda, in: Chiaravalle. Arte e storia di un'abbazia cistercense, a cura di Paolo Tomea, Milano 1992, 18–30.

ANCA 2010 Alexandru Stefan Anca, Herrschaftliche Repräsentation u. kaiserliches Selbstverständnis. Berührung der westlichen mit der byzantinischen Welt in der Zeit der ersten Kreuzzüge, Münster 2010.

ANDENNA 1996 Giancarlo Andenna, I conti di Biandrate e le città della Lombardia occidentale (secoli XI e XII), in: Formazione e strutture dei ceti dominanti del medioevo: marchesi conti e visconti nel regno italico (secc. IX–XII), Atti del secondo convegno di Pisa 3–4 dicembre 1993, Roma 1996, 57–84.

APPELT 1963 Heinrich Appelt, Kaiserurkunde u. Fürstensentenz unter Friedrich Barbarossa, in: Mitteilungen des Instituts für Österreichische Geschichtsforschung 71, 1963, 33–47.

APPELT 1988a Heinrich Appelt, Heinrich der Löwe u. die Wahl Friedrich Barbarossas, in: Kaisertum, Königtum, Landesherrschaft. Gesammelte Studien zur mittelalterlichen Verfassungsgeschichte, hg. v. Heinrich Appelt u. a., Wien 1988, 97–108.

APPELT 1988b Heinrich Appelt, Kaiserin Beatrix u. das Erbe der Grafen v. Burgund, in: Kaisertum, Königtum, Landesherrschaft. Gesammelte Studien zur mittelalterlichen Verfassungsgeschichte, hg. v. Heinrich Appelt u. a., Wien 1988, 109–120.

APPELT 1988c Heinrich Appelt, Die Erhebung zum Herzogtum, in: Kaisertum, Königtum, Landesherrschaft. Gesammelte Studien zur mittelalterlichen Verfassungsgeschichte, hg. v. Heinrich Appelt u. a., Wien 1988, 206–219.

APPELT 1988d Heinrich Appelt, Friedrich Barbarossa u. die Landesherrschaft der Traungauer, in: Kaisertum, Königtum, Landesherrschaft. Gesammelte Studien zur mittelalterlichen Verfassungsgeschichte, hg. v. Heinrich Appelt u. a., Wien 1988, 220–237.

APPELT 1996 Heinrich Appelt, Die Urkunden Friedrichs I. – Einleitung. Verzeichnisse = DF. I., Bd. 5, Hannover 1996.

ASSMANN 1997 Jan Assmann, Das kulturelle Gedächtnis. Schrift, Erinnerung u. politische Identität in frühen Hochkulturen, München 1997.

ASTEGIANO 1882 Lorenzo Astegiano, Il Comune di Cremona e il possesso di Guastalla e Luzzara nel secolo XII, in: Archivio storico lombardo 9, 1882, 193–251.

ASUTAY-EFFENBERGER 2007 Neslihan Asutay-Effenberger, Die Landmauer v. Konstantinopel – Istanbul. Historisch-topographische u. baugeschichtliche Untersuchung, Berlin 2007.

AUFGEBAUER 1994 Peter Aufgebauer, Der tote König. Grablegen u. Bestattungen mittelalterlicher Herrscher (10.–12. Jahrhundert), in: Geschichte in Wissenschaft u. Unterricht 45, 1994, 680–693.

BAAKEN 1972 Gerhard Baaken, *Unio regni ad imperium*. Die Verhandlungen v. Verona 1184 u. die Eheabredung zwischen König Heinrich VI. u. Konstanze v. Sizilien, in: Quellen u. Forschungen aus Italienischen Archiven u. Bibliotheken 52, 1972, 219–297.

BAAKEN 1994 Katrin Baaken, Herzog Welf VI. u. seine Zeit, in: Welf VI., hg. v. Rainer Jehl, Sigmaringen 1994, 9–28.

BADA 1989 Jeff L. Bada u. a., Amino acid racemization in bone and the boiling of the German Emperor Lothar I., in: Applied Geochemistry 4, 1989, 325–327.

BAGGE 1996 Sverre Bagge, Ideas and narrative in Otto of Freising's *Gesta Frederici*, in: Journal of Medieval History 22, 1996, 345–377.

BALZER 1992 Manfred Balzer, *... et apostolicus repetit quoque castra suorum*. Vom

Wohnen im Zelt im Mittelalter, in: Frühmittelalterliche Studien 26, 1992, 208–229.

BARGIGIA 2005 Fabio Bargigia, I Pavesi e la prassi bellica nella prima età sveva, in: Bollettino della Società Pavese di Storia Patria 105, 2005, 111–134.

BARGMANN 2010 Leila Bargmann, Der Tod Friedrichs I. im Spiegel der Quellenüberlieferung, in: Concilium medii aevi 13, 2010, 223–249.

BASTERT 2001 Bernd Bastert, Heros u. Heiliger. Literarische Karlbilder im mittelalterlichen Frankreich u. Deutschland, in: Karl der Große u. das Erbe der Kulturen, hg. v. Franz-Reiner Erkens, Berlin 2001, 197–220.

BAYER 1986 Clemens Bayer, Die beiden großen Inschriften des Barbarossa-Leuchters, in: Celica Jherusalem. Festschrift für Erich Stephany, hg. v. Clemens Bayer, Köln 1986, 213–240.

BECHER 2001 Matthias Becher, *Cum lacrimis et gemitu*. Vom Weinen der Sieger u. der Besiegten im frühen u. hohen Mittelalter, in: Formen u. Funktionen öffentlicher Kommunikation im Früh- u. Hochmittelalter, hg. v. Gerd Althoff, Sigmaringen 2001, 25–52.

BENSON 1985 Robert L. Benson, Libertas in Italy (1152–1226), in: La notion de liberté au Moyen Age: Islam, Byzance, Occident, Paris 1985, 191–213.

BERGMANN 1957 Alfred Bergmann, Das Mantelmotiv im Lippiflorium des Magister Justinus, in: Lippische Mitteilungen aus Geschichte u. Landeskunde 26, 1957, 35–47.

BERNHARD 2003 Günther Bernhard, Gunther, der Verfasser des Ligurinus, ein Notar aus der Kanzlei Kaiser Friedrichs I. Barbarossa?, in: Mitteilungen des Instituts für österreichische Geschichtsforschung 111, 2003, 18–43.

BERNHARDI 1883 Wilhelm Bernhardi, Konrad III., Leipzig 1883.

BERNWIESER 2008 Johannes Bernwieser, *Honor civitatis*. Integration u. Distinktion in den hochmittelalterlichen Kommunen Oberitaliens, in: Familien – Generation – Institution. Generationenkonzepte in der Vormoderne, hg. v. Hartwin Brandt u. a., Bamberg 2008, 121–150.

BERNWIESER 2009 Johannes Bernwieser, *Honor civitatis*. Kommunikation, Interaktion u. Konfliktbeilegung im hochmittelalterlichen Oberitalien, Diss. phil. München 2009 (im Druck).

BERNWIESER 2010 Johannes Bernwieser, *Ex consilio principum curie*. Friedrich Barbarossa u. der Konflikt zwischen Genua u. Pisa um die Vorherrschaft auf Sardinien, in: Staufisches Kaisertum, 205–227.

BERWINKEL 2007 Holger Berwinkel, Verwüsten u. Belagern. Friedrich Barbarossas Krieg gegen Mailand (1158–1162), Tübingen 2007.

BERWINKEL 2008 Holger Berwinkel, Der Erfurter Fürstentag des Jahres 1160, in: Jahrbuch für Erfurter Geschichte 3, 2008, 19–37.

BIHRER 2008 Andreas Bihrer, *Curia non sufficit*. Vergangene, aktuelle u. zukünftige Wege der Erforschung v. Höfen im Mittelalter u. der Frühen Neuzeit, in: Zeitschrift für Historische Forschung 35, 2008, 235–272.

BILLER 2006 Thomas Biller, Die *«domus»* Kaiser Friedrichs I. in der Reichsburg

Kaiserslautern. Burgundisch-lothringischer Einfluß im frühen Pfalzenbau der Staufer, in: Neue Forschungen zum frühen Burgenbau, hg. v. der Wartburg-Gesellschaft, Berlin 2006, 153–166.

BINDING 2002 Günther Binding, Friedrich Barbarossa als Bauherr *ad regni decorem*, in: von Sacerdotium u. Regnum. Geistliche u. weltliche Gewalt im frühen u. hohen Mittelalter, hg. v. Franz-Reiner Erkens u. a., Köln 2002, 461–470.

BISCARO 1904 Gerolamo Biscaro, Di una visita di Federico Barbarossa a Como, in: Archivio storico lombardo 31, 1904, 340–351.

BLÁHOVÁ 1992 Marie Bláhová, Das Werk des Prager Domherrn Vincentius als Quelle für die Italienzüge Friedrich Barbarossas, in: Civis – studi e testi 16, 1992, 149–175.

BOCKHORST 2003 Wolfgang Bockhorst, Die Grafen v. Cappenberg u. die Anfänge des Stifts Cappenberg, in: Studien zum Prämonstratenserorden, hg. v. Irene Crusius u. a., Göttingen 2003, 57–74.

BÖDEKER 2003 Hans Erich Bödeker, Biographie. Annäherungen an den gegenwärtigen Forschungs- u. Diskussionsstand, in: Biographie schreiben, hg. v. Hans Erich Bödeker, Göttingen 2003, 9–63.

BÖHM 1936 Franz Böhm, Das Bild Friedrich Barbarossas u. seines Kaisertums in den ausländischen Quellen seiner Zeit, Berlin 1936.

BÖNNEN 2003 Gerold Bönnen, Zur Bedeutung der Stadt Worms für Friedrich Barbarossa: Dombau, Bruderschaft u. Freiheitsprivileg, in: Kunst der Stauferzeit im Rheinland u. in Italien, hg. v. Volker Herzner u. a., Speyer 2003, 103–119.

BOOCKMANN 1988 Hartmut Boockmann, Ghibellinen oder Welfen, Italien- oder Ostpolitik. Wünsche des deutschen 19. Jahrhunderts an das Mittelalter, in: Italia e Germania. Immagini, modelli, miti fra due popoli nell'Ottocento: Il Medioevo. Das Mittelalter. Ansichten, Stereotypen u. Mythen zweier Völker im neunzehnten Jahrhundert: Deutschland u. Italien, a cura di/hg. v. Reinhard Elze u. a., Bologna 1988, 127–150.

BORCHARDT 2005 Karl Borchardt, Der Aufstieg der Ministerialen – ein deutscher Sonderweg?, in: Oben u. unten – Hierarchisierung in Idee u. Wirklichkeit der Stauferzeit, hg. v. Volker Herzner u. a., Speyer 2005, 35–49.

BORDONE 1987 Renato Bordone, La società cittadina del regno d'Italia. Formazione e sviluppo delle caratteristiche urbane nei secoli XI e XII, Torino 1987.

BORDONE 1998 Renato Bordone, Campane, trombe e carrocci nella città del regno d'Italia durante il medioevo. Il «Paesaggio sonoro» delle città italiane nel medioevo, in: Information, Kommunikation u. Selbstdarstellung in mittelalterlichen Gemeinden, hg. v. Alfred Haverkamp, München 1998, 85–101.

BORGOLTE 2000 Michael Borgolte, Der König als Stifter. Streiflichter auf die Geschichte des Willens, in: Stiftungen u. Stiftungswirklichkeiten vom Mittelalter bis zur Gegenwart, hg. v. Michael Borgolte, Berlin 2000, 39–58.

BORGOLTE 2010 Michael Borgolte, Augenlust im Land der Ungläubigen. Wie Religion bei Christen u. Muslimen des Mittelalters die Erfahrung der Fremde steuerte, in: Zeitschrift für Geschichtswissenschaft 58, 2010, 591–613.

BORGOLTE 2011 Michael Borgolte, Experten der Fremde. Gesandte in interkulturellen Beziehungen des frühen u. hohen Mittelalters, in: Le relazioni internazionali nell'alto medioevo, Spoleto 2011, 947–992.

BORST 1979 Arno Borst, Barbarossas Erwachen – zur Geschichte der deutschen Identität, in: Identität, hg. v. Odo Marquard u. a., München 1979, 17–60.

BORST 1996 Arno Borst, Der überlieferte Geburtstag, in: Mittelalterliche Texte. Überlieferung – Befunde – Deutungen, hg. v. Rudolf Schieffer, Hannover 1996, 1–91.

BOURDIEU 1990 Pierre Bourdieu, Die biographische Illusion, in: BIOS – Zeitschrift für Biographieforschung, Oral History u. Lebensverlaufsanalysen 3, 1990, 75–81.

BRACKMANN 1941 Albert Brackmann, Dictamina zur Geschichte Friedrich Barbarossas, in: Ders., Gesammelte Aufsätze, Bd. 2, Weimar 1941, 450–466.

BREINBAUER 2002 Josef Breinbauer, Kaiser Friedrich Barbarossa u. das Kloster Tegernsee, in: Von Sacerdotium u. Regnum. Geistliche u. weltliche Gewalt im frühen u. hohen Mittelalter, hg. v. Franz-Reiner Erkens u. a., Köln 2002, 471–489.

BREZZI 1982 Paolo Brezzi, Gli alleati italiani di Federico Barbarossa (feudatari e città), in: Federico Barbarossa nel dibattito storiografico in Italia e Germania, hg. v. Raoul Manselli u. a., Bologna 1982, 157–197.

BROWN 1981 Elizabeth A. R. Brown, Death and the human body in the later middle ages: the legislation of Boniface VIII on the division of the corpse, in: Viator 12, 1981, 221–270.

BÜHLER 1989 Arnold Bühler, Königshaus u. Fürsten. Zur Legitimation u. Selbstdarstellung Konrads III. 1138, in: Zeitschrift für die Geschichte des Oberrheins 137, 1989, 78–90.

BÜHLER 2002 Arnold Bühler (Hg.), Der Kreuzzug Friedrich Barbarossas, Stuttgart 2002.

BÜNZ 2007 Enno Bünz, Von Schwaben nach Antiochia. Der Würzburger Bischof Gottfried v. Spitzenberg (1186–1190), in: Hohenstaufen Helfenstein. Historisches Jahrbuch für den Kreis Göppingen 17, 2007, 9–50.

BÜTTNER 1963 Heinrich Büttner, Staufische Territorialpolitik im 12. Jahrhundert, in: Württembergisch Franken 47, 1963, 5–27.

BUMKE 1986 Joachim Bumke, Höfische Kultur. Literatur u. Gesellschaft im hohen Mittelalter, 2 Bde., München 1986.

BURKHARDT 2008 Stephan Burkhardt, Mit Stab u. Schwert. Bilder, Träger u. Funktionen erzbischöflicher Herrschaft zur Zeit Kaiser Friedrich Barbarossas, Ostfildern 2008.

BUSCH 1997 Jörg W. Busch, Die Mailänder Geschichtsschreibung zwischen Arnulf u. Galvaneus Flamma: die Beschäftigung mit der Vergangenheit im Umfeld einer oberitalienischen Kommune vom späten 11. bis zum frühen 14. Jahrhundert, München 1997.

BUSCHMANN 2008 Nikolaus Buschmann, Die Erfindung der Deutschen Treue.

Von der semantischen Innovation zur Gefolgschaftsideologie, in: Treue. Politische Loyalität u. militärische Gefolgschaft in der Moderne, hg. v. Nikolaus Buschmann u. a., Göttingen 2008, 75–109.

BUSCHMANN/MURR 2008 Nikolaus Buschmann u. Karl Borromäus Murr, «Treue» als Forschungskonzept? Begriffliche u. methodische Sondierungen, in: Treue. Politische Loyalität u. militärische Gefolgschaft in der Moderne, hg. v. Nikolaus Buschmann u. a., Göttingen 2008, 11–35.

BUTTINGER 2004 Sabine Buttinger, Das Kloster Tegernsee u. sein Beziehungsgefüge im 12. Jahrhundert, München 2004.

CAHEN 1960 Claude Cahen, Selgukides, Turcomans et Allemands au temps de la troisième croisade, in: Festschrift für Herbert W. Duda, Wien 1960, 21–31.

CAMPANA 1968 Augusto Campana, Lettera di quattro maestri dello ‹studio› di Bologna all'imperatore Federico I nelle epistolae del dettatore Guido, in: Atti del convegno internazionale di studi accursiani, Bologna 21–26 ottobre 1963, vol. 1, a cura di Guido Rossi, Milano 1968, 131–147.

CASAGRANDE 1992 Giovanna Casagrande, Il comune di Gubbio nel secolo XII, in: Nel segno del santo protettore: Ubaldo, vescovo, taumaturgo, santo. Atti del convegno internazionale di studi, Gubbio 15–19 dicembre 1986, a cura di Stefano Brufani u. a., Spoleto 1992, 23–50.

CECCARELLI LEMUT 2005 Maria Luisa Ceccarelli Lemut, Bernardo Maragone *provisor* e cronista di Pisa nel XII secolo, in: Medioevo Pisano. Chiesa, famiglie, territorio, a cura di Maria Luisa Ceccarelli Lemut, Ospedaletto 2005, 121–146.

CHAZAN 1977 Robert Chazan, Emperor Frederick I, the third crusade, and the jews, in: Viator 8, 1977, 83–93.

CLASSEN 1960 Peter Classen, Gerhoch v. Reichersberg. Eine Biographie, Wiesbaden 1960.

CLAUDE 1975 Dietrich Claude, Geschichte des Erzbistums Magdeburg bis in das 12. Jahrhundert, Köln 1975.

CLAUSS 2010 Martin Clauss, Kriegsniederlagen im Mittelalter. Darstellung – Deutung – Bewältigung, Paderborn 2010.

CLAUßEN 1994 Peter Cornelius Claußen, Der Marmorbrunnen v. Bartolomeo all'isola in Rom oder: Immer wenn der Tiber kam, in: Georges-Bloch-Jahrbuch des Kunstgeschichtlichen Seminars der Universität Zürich 1, 1994, 71–91.

COGNASSO 1970 Francesco Cognasso, La fondazione di Alessandria, in: Popolo e stato in Italia, 1970, 23–77.

CONTE 1990 Emanuele Conte, Federico I Barbarossa e il diritto pubblico giustinianeo, in: Federico I Barbarossa e l'Italia nell'ottocentesimo anniversario della sua morte. Atti del convegno Roma, 24–26 maggio 1990, a cura di Isa Lori Sanfilippo, 1990, 237–259.

CONTE 2004 Emanuele Conte, Diritto romano e fiscalità imperiale nel XII secolo, in: Bullettino dell'istituto storico italiano per il medio evo 106, 2004, 169–206.

CORSTEN 1991 Severin Corsten, Erzbischof Philipps Familie, in: Philipp v. Heinsberg, Erzbischof u. Reichskanzler (1167–1191). Studien u. Quellen, Heinsberg 1991, 7–31.

CORTJAENS 2000 Wolfgang Cortjaens, Kanonikus Franz Bock u. die «Kleinodien des Heiligen Römischen Reiches Deutscher Nation» (1864), in: Krönungen. Könige in Aachen – Geschichte u. Mythos, Bd. 2, Aachen 2000, 765–773.

CSENDES 1993 Peter Csendes, Heinrich VI., Darmstadt 1993.

DANIELL 1997 Christopher Daniell, Death and burial in medieval England (1066–1550), London 1997.

DARTMANN 2007 Christoph Dartmann, Die Legitimation v. Amtsgewalt in den oberitalienischen Städten des 12. Jahrhunderts zwischen kaiserlichen Ansprüchen u. kommunaler Praxis, in: Gli inizi, 327–345.

DELLERMANN 2009 Rudolf Dellermann, Le tombe del vescovo Hermann II (1170–1177) a Bamberga e nel battistero di San Marco, in: Quaderni della procuratoria di San Marco, Venezia 2009, 93–95.

DENDORFER 2004 Jürgen Dendorfer, Adelige Gruppenbildung u. Königsherrschaft. Die Grafen v. Sulzbach u. ihr Beziehungsgeflecht im 12. Jahrhundert, München 2004.

DENDORFER 2005 Jürgen Dendorfer, *Fidi milites?* Die Staufer u. Kaiser Heinrich V., in: Grafen, Herzöge, Könige – Der Aufstieg der frühen Staufer u. das Reich, hg. v. Hubertus Seibert u. a., Stuttgart 2005, 213–265.

DENDORFER 2008a Jürgen Dendorfer, Heinrich V. König u. Große am Ende der Salierzeit, in: Die Salier, das Reich u. der Niederrhein, hg. v. Tilman Struve, Köln 2008, 115–170.

DENDORFER 2008b Jürgen Dendorfer, Von den Babenbergern zu den Welfen. Herzog u. Adel in Bayern um die Mitte des 12. Jahrhunderts, in: München, Bayern u. das Reich im 12. u. 13. Jahrhundert. Lokale Befunde u. überregionale Perspektiven, hg. v. Hubertus Seibert u. a., München 2008, 221–247.

DENDORFER 2010a Jürgen Dendorfer, Das Wormser Konkordat – ein Schritt auf dem Weg zur Feudalisierung der Reichsverfassung?, in: Das Lehnswesen im Hochmittelalter. Forschungskonstrukte – Quellenbefunde – Deutungsrelevanz, hg. v. Jürgen Dendorfer u. a., Ostfildern 2010, 299–328.

DENDORFER 2010b Jürgen Dendorfer, Roncaglia: Der Beginn eines lehnrechtlichen Umbaus des Reichs?, in: Staufisches Kaisertum, 111–132.

DENDORFER 2010c Jürgen Dendorfer, Zur Einleitung, in: Das Lehnswesen im Hochmittelalter. Forschungskonstrukte – Quellenbefunde – Deutungsrelevanz, hg. v. Jürgen Dendorfer u. a., Ostfildern 2010, 11–39.

DENDORFER (im Druck) Jürgen Dendorfer, Das Lehnrecht u. die Ordnung des Reichs in: Ausbildung und Verbreitung des Lehnswesens im Reich u. in Italien im 12. u. 13. Jahrhundert (im Druck).

DEPREUX 2008 Philippe Depreux, Hiérarchie et ordre au sein du palais: l'accès au prince, in: Hiérarchie et stratification sociale dans l'occident médiéval (400–1100), sous la direction de F. Bougard u. a., Turnhout 2008, 305–323.

DEUTINGER 1999 Roman Deutinger, Rahewin v. Freising. Ein Gelehrter des 12. Jahrhunderts, Hannover 1999.
DEUTINGER 2003 Roman Deutinger, Die Dietramszeller Kirchweihe v. 1160 u. die Formierung der alexandrinischen Partei in Bayern, in: Beiträge zur altbayerischen Kirchengeschichte 47, 2003, 33–50.
DEUTINGER 2004 Roman Deutinger, Sutri 1155. Mißverständnisse um ein Mißverständnis, in: Deutsches Archiv 60, 2004, 97–133.
DEUTINGER 2008 Roman Deutinger, *Conventio* u. *sententia principum*. Der Rechtsstreit um München u. Föhring 1158 u. 1180, in: München, Bayern u. das Reich im 12. u. 13. Jahrhundert. Lokale Befunde u. überregionale Perspektiven, hg. v. Hubertus Seibert u. a., München 2008, 125–139.
DEUTINGER 2010 Roman Deutinger, Kaiser u. Papst: Friedrich I. u. Hadrian IV., in: Das Lehnswesen im Hochmittelalter. Forschungskonstrukte – Quellenbefunde – Deutungsrelevanz, hg. v. Jürgen Dendorfer u. a., Ostfildern 2010, 329–345.
DEUTINGER 2010a Roman Deutinger, Bischof Otto I, v. Freising (1138–1158). Ein Lebensbild, in: Otto v. Freising, Rahewin, Conradus Sacrista. Geschichtsschreiber des 12. Jahrhunderts in Freising, Freising 2010, 15–26.
DEUTINGER (im Druck) Roman Deutinger, Vom Amt zum Lehen – Die deutschen Herzogtümer im Hochmittelalter, in: Ausbildung u. Verbreitung des Lehnswesens im Reich u. in Italien im 12. u. 13. Jahrhundert (im Druck).
DICK 2004 Stefanie Dick, Die Königserhebung Friedrich Barbarossas im Spiegel der Quellen – Kritische Anmerkungen zu den Gesta Frederici Ottos v. Freising, in: Zeitschrift der Savigny-Stiftung für Rechtsgeschichte, Germanistische Abteilung 121, 2004, 200–237.
DILCHER 1987 Gerhard Dilcher, Reich, Kommunen, Bünde u. die Wahrung v. Recht u. Friede. Eine Zusammenfassung, in: Kommunale Bündnisse Oberitaliens u. Oberdeutschlands im Vergleich, hg. v. Helmut Maurer, Sigmaringen 1987, 231–247.
DILCHER 1994 Gerhard Dilcher, Der Gedanke der Rechtserneuerung im Mittelalter, in: Geschichte der Zentraljustiz in Mitteleuropa, Festschrift für Bernhard Diestelkamp, hg. v. Friedrich Battenberg u. a., Weimar 1994, 1–16.
DILCHER 2003 Gerhard Dilcher, Die staufische Renovatio im Spannungsfeld v. traditionalem u. neuem Denken. Rechtskonzeptionen als Handlungshorizont der Italienpolitik Friedrich Barbarossas, in: Historische Zeitschrift 276, 2003, 613–646.
DILCHER 2007a Gerhard Dilcher, Das staufische Herrschaftskonzept in der roncalischen Gesetzgebung u. im Konstanzer Frieden: Tragende Prinzipien u. innere Widersprüche, in: Gli inizi, 19–46.
DILCHER 2007b Gerhard Dilcher, Mittelalterliches Recht u. Ritual in ihrer wechselseitigen Beziehung, in: Frühmittelalterliche Studien 41, 2007, 297–316.
DILCHER 2008 Gerhard Dilcher, Herrschaft u. Rechte des Herrschers: Von Friedrich Barbarossa zu Friedrich II., in: Gli inizi, 11–24.

DOPSCH 1984 Heinz Dopsch, Salzburg im Hochmittelalter, in: Geschichte Salzburgs. Stadt u. Land, Bd. 1.1, Salzburg 1981, 229–418, u. Bd. 1.3, Salzburg 1984, 1251–1328.
DRÖS/JAKOBS 1997 Harald Drös u. Hermann Jakobs, Die Zeichen einer neuen Klasse. Zur Typologie der frühen Stadtsiegel, in: Bild u. Geschichte. Studien zur politischen Ikonographie, hg. v. Konrad Krimm u. a., Sigmaringen 1997, 125–178.
DUGGAN 2003 Anne J. Duggan, *Totius cristianitatis caput*. The Pope and the Princes, in: Adrian IV. The English Pope (1154–1159). Studies and Texts, ed. by Brenda Bolton u. a., London 2003, 105–155.
DUNGERN 1913 Otto v. Dungern, Die Staatsreform der Hohenstaufen, in: Festschrift für Ernst Zitelmann, München 1913, 1–32.
EHLERS 1996 Caspar Ehlers, Metropolis Germaniae. Studien zur Bedeutung Speyers für das Königtum (751–1250), Göttingen 1996.
EHLERS 2009 Caspar Ehlers, Staufische Pfalzen u. höfische Repräsentation – Tradition u. Innovation?, in: Friedrich Barbarossa u. sein Hof, Göppingen 2009, 37–58.
EHLERS 2002 Joachim Ehlers, Heinrich der Löwe in den Urkunden Friedrich Barbarossas, in: Frühmittelalterliche Studien 36, 2002, 355–377.
EHLERS 2008 Joachim Ehlers, Heinrich der Löwe. Eine Biographie, Berlin 2008.
EHLERS 2010 Joachim Ehlers, Hofkultur – Probleme u. Perspektiven, in: Luxus u. Integration. Materielle Hofkultur Westeuropas vom 12. bis zum 18. Jahrhundert, hg. v. Werner Paravicini, München 2010, 13–24.
VAN EICKELS 2002 Klaus van Eickels, Vom inszenierten Konsens zum systematisierten Konflikt. Die englisch-französischen Beziehungen u. ihre Wahrnehmung an der Wende vom Hoch- zum Spätmittelalter, Stuttgart 2002.
VAN EICKELS 2003 Klaus van Eickels, Kuß u. Kinngriff, Umarmung u. verschränkte Hände. Zeichen personaler Bindung u. ihre Funktion in der symbolischen Kommunikation des Mittelalters, in: Geschichtswissenschaft u. «performative turn». Ritual, Inszenierung u. Performanz vom Mittelalter bis zur Neuzeit, hg. v. Jürgen Martschukat u. a., Köln 2003, 133–159.
EICKHOFF 1977 Ekkehard Eickhoff, Friedrich Barbarossa im Orient. Kreuzzug u. Tod Friedrichs I., Tübingen 1977.
ENGELS 1988a Odilo Engels, Kardinal Boso als Geschichtsschreiber (erstmals 1975), wiedergedruckt in: Stauferstudien. Beiträge zur Geschichte der Staufer im 12. Jahrhundert, hg. v. Erich Meuthen u. a., Sigmaringen 1988, 203–224.
ENGELS 1988b Odilo Engels, Des Reiches heiliger Gründer. Die Kanonisation Karls des Großen u. ihre Beweggründe, in: Karl der Große u. sein Schrein in Aachen, hg. v. Hans Müllejans, Aachen 1988, 37–46.
ENGELS 1995 Odilo Engels, Die kaiserliche Grablege im Speyerer Dom u. die Staufer, in: Papstgeschichte u. Landesgeschichte. Festschrift für Hermann Jakobs, hg. v. Joachim Dalhaus u. a., Köln 1995, 227–254.

ENGELS 1996 Odilo Engels, Zur Entmachtung Heinrichs des Löwen, in: Stauferstudien. Beiträge zur Geschichte der Staufer im 12. Jahrhundert, hg. v. Odilo Engels u. a., 2. Aufl. Sigmaringen 1996, 116–130.

ENGELS 2002 Odilo Engels, Beiträge zur Geschichte der Staufer im 12. Jahrhundert (II), in: Von Sacerdotium u. Regnum. Geistliche u. weltliche Gewalt im frühen u. hohen Mittelalter. Festschrift für Egon Boshof, hg. v. Franz-Reiner Erkens u. a., Köln 2002, 423–459.

ENGL 2009 Richard Engl, Geschichte für kommunale Eliten. Die Pisaner Annalen des Bernardo Maragone, in: Quellen u. Forschungen aus Italienischen Archiven u. Bibliotheken 89, 2009, 63–112.

ESDERS 2008 Stefan Esders, Fidelität u. Rechtsvielfalt: Die *sicut*-Klausel der früh- u. hochmittelalterlichen Eidformulare, in: Hiérarchie et stratification sociale dans l'occident médiéval (400–1100), sous la direction de F. Bougard u. a., Turnhout 2008, 239–255.

FASOLA 1972 Livia Fasola, Una famiglia di sostenitori milanesi di Federico I. Per la storia dei rapporti dell'imperatore con le forze sociali e politiche della Lombardia, in: Quellen u. Forschungen aus Italienischen Archiven u. Bibliotheken 52, 1972, 116–218.

FASOLI 1974 Gina Fasoli, La Lega Lombarda. Antecedenti, formazione, struttura (erstmals 1968), wiedergedruckt in: Dies., Scritti di storia medievale, Bologna 1974, 257–278.

FAVREAU 1975 Marie-Luise Favreau, Zur Pilgerfahrt des Grafen Rudolf v. Pfullendorf. Ein unbeachteter Originalbrief aus dem Jahre 1180, in: Zeitschrift für die Geschichte des Oberrheins 123, 1975, 31–45.

FEES 1988 Irmgard Fees, Reichtum u. Macht im mittelalterlichen Venedig. Die Familie Ziani, Tübingen 1988.

FELTEN 2002 Franz J. Felten, Kaisertum u. Papsttum im 12. Jahrhundert, in: Das Papsttum in der Welt des 12. Jahrhunderts, hg. v. Ernst-Dieter Hehl u. a., Stuttgart 2002, 101–125.

FENSKE 1985 Lutz Fenske, Adel u. Rittertum im Spiegel früher heraldischer Formen u. deren Entwicklung, in: Das ritterliche Turnier im Mittelalter, hg. v. Josef Fleckenstein, Göttingen 1985, 75–160.

FENSKE 1990 Lutz Fenske, Der Knappe: Erziehung u. Funktion, in: Curialitas. Studien zu Grundfragen der höfisch-ritterlichen Kultur, hg. v. Josef Fleckenstein, Göttingen 1990, 55–127.

FÖSSEL 2000 Amalie Fößel, Die Königin im mittelalterlichen Reich. Herrschaftsausübung, Herrschaftsrechte, Handlungsspielräume, Stuttgart 2000.

FRANCE 1999 John France, The Battle of Carcano: The event and its importance, in: War in History 6, 1999, 245–261.

FRENZ 2007 Barbara Frenz, Barbarossa u. der Hoftag v. Roncaglia (1158) in der Historiographie des 12. u. 13. Jahrhunderts, in: Gli inizi, 101–126.

FREUND 2008 Stephan Freund, Symbolische Kommunikation u. quellenkritische Probleme – Arnold v. Lübeck u. das Mainzer Pfingstfest v. 1184, in: Die

Chronik Arnolds v. Lübeck, hg. v. Stephan Freund u. a., Frankfurt a. M. 2008, 73–111.

FRIED 1974 Johannes Fried, Die Entstehung des Juristenstandes im 12. Jahrhundert. Zur sozialen Stellung u. politischen Bedeutung gelehrter Juristen in Bologna u. Modena, Köln 1974.

FRIED 1983 Johannes Fried, Friedrich Barbarossas Krönung in Arles, in: Historisches Jahrbuch 103, 1983, 347–371.

FRIED 1998 Johannes Fried, Jerusalemfahrt u. Kulturimport. Offene Fragen zum Kreuzzug Heinrichs des Löwen, in: Der Welfenschatz u. sein Umkreis, hg. v. Joachim Ehlers u. a., Mainz 1998, 111–137.

FRIED 2004 Johannes Fried, Der Schleier der Erinnerung. Grundzüge einer historischen Memorik, München 2004.

FRIED (Manuskript) Johannes Fried, Erinnern u. Verdrängen. Friedrich Barbarossa, Heinrich der Löwe u. eine verlorene Schlacht (Manuskript).

FURHMANN 1993 Horst Fuhrmann, «Willkommen u. Abschied». Über Begrüßungs- u. Abschiedsrituale im Mittelalter, in: Mittelalter. Annäherungen an eine fremde Zeit, hg. v. Wilfried Hartmann, Regensburg 1993, 111–139.

GABLER 1962/1963 Franz Gabler, Niketas Choniates als Redner, in: Jahrbuch der österreichischen byzantinischen Gesellschaft 11/12, 1962/1963, 57–78.

GANZ 1992 Peter Ganz, Friedrich Barbarossa: Hof u. Kultur, in: Friedrich Barbarossa. Handlungsspielräume u. Wirkungsweisen des staufischen Kaisers, hg. v. Alfred Haverkamp, Sigmaringen 1992, 623–650.

GARNIER 1998 Claudia Garnier, Zeichen u. Schrift. Symbolische Handlungen u. literale Fixierung am Beispiel v. Friedensschlüssen des 13. Jahrhunderts, in: Frühmittelalterliche Studien 32, 1998, 263–287.

GARNIER 2008 Claudia Garnier, Die Kultur der Bitte. Herrschaft u. Kommunikation im mittelalterlichen Reich, Darmstadt 2008.

GEARY 1994 Patrick Geary, The Magi and Milan, in: Ders., Living with the dead in the Middle Ages, London 1994, 243–256.

GEISELHART 1999 Mathias Geiselhart, Zur *Epistola de morte Friderici imperatoris*. Ein Beitrag zur Geschichte des dritten Kreuzzugs, in: Quellen, Kritik, Interpretationen: Festgabe zum 60. Geburtstag v. Hubert Mordek, hg. v. Thomas Martin Buck, Frankfurt a. M. 1999, 195–208.

GEORGI 1990 Wolfgang Georgi, Friedrich Barbarossa u. die auswärtigen Mächte. Studien zur Außenpolitik 1159–1180, Frankfurt a. M. 1990.

GEORGI 1993 Wolfgang Georgi, *Legatio virum sapientem requirat*. Zur Rolle der Erzbischöfe v. Köln als königlich-kaiserliche Gesandte, in: Köln. Stadt u. Bistum in Kirche u. Reich des Mittelalters. Festschrift für Odilo Engels, hg. v. Hanna Vollrath u. a., Köln 1993, 61–124.

GEORGI 1999 Wolfgang Georgi, Lebensstationen eines Herzogs: Die Pilgerfahrten Heinrichs des Löwen nach Jerusalem u. Santiago, in: Reisen u. Wallfahrten im Hohen Mittelalter, Göppingen 1999, 94–127.

GEORGI 2002 Wolfgang Georgi, Wichmann, Christian, Philipp u. Konrad: Die «Friedensmacher» v. Venedig?, in: Stauferreich im Wandel, 41–84.
GIESE 2001 Wolfgang Giese, *Rex Ruffe, furoris Teutonici ductor*! Kaiser Friedrich Barbarossas Kriegführung in Italien – eine Wiederauferstehung des *furor teutonicus*?, in: *Sine ira et studio*. Militärhistorische Studien zur Erinnerung an Hans Schmidt, hg. v. Uta Lindgren u. a., Kallmünz 2001, 41–50.
GIESE 2008 Martina Giese, Die Tierhaltung am Hof Kaiser Friedrichs II. zwischen Tradition u. Innovation, in: Herrschaftsräume, Herrschaftspraxis u. Kommunikation zur Zeit Kaiser Friedrichs II., hrsg. v. Knut Görich u. a., München 2008, 121–171.
GIESE 2010a Martina Giese, Gebell im Kloster Tegernsee. Zur mittelalterlichen u. frühneuzeitlichen monastischen Hundehaltung samt einer Erstedition v. Peter Zalers Anleitung zur Hundezucht, in: Studien u. Mitteilungen zur Geschichte des Benediktinerordens u. seiner Zweige 121, 2010, 109–130.
GIESE 2010b Martina Giese, Der Adler als kaiserliches Symbol in staufischer Zeit, in: Staufisches Kaisertum, 323–360.
GIESEBRECHT 1878–1895 Wilhelm v. Giesebrecht, Geschichte der deutschen Kaiserzeit, 6 Bde., Braunschweig/Leipzig 1878–1895.
GILLINGHAM 1999 John Gillingham, Richard I., London 1999.
GLI INIZI Gli inizi del diritto pubblico; l'età di Federico Barbarossa: legislazione e scienza del diritto. Die Anfänge des öffentlichen Rechts; Gesetzgebung im Zeitalter Friedrich Barbarossas u. das Gelehrte Recht, a cura di/hg. v. Gerhard Dilcher u. a., Bologna 2007.
GODMAN 2010 Peter Godman, *Transmontani*. Frederick Barbarossa, Rainald of Dassel, and Cultural Identity in the German Empire, in: Beiträge zur Geschichte der deutschen Sprache u. Literatur 132, 2010, 200–229.
GÖRICH 1987 Knut Görich, Ein Kartäuser im Dienst Friedrich Barbarossas: Dietrich v. Silve-bénite (c. 1145–1205), Salzburg 1987.
GÖRICH 1995 Knut Görich, Der Herrscher als parteiischer Richter: Barbarossa in der Lombardei, in: Frühmittelalterliche Studien 29, 1995, 273–288.
GÖRICH 2001a Knut Görich, Die Ehre Friedrich Barbarossas. Kommunikation, Konflikt u. politisches Handeln im 12. Jahrhundert, Darmstadt 2001.
GÖRICH 2001b Knut Görich, Die Ehre des Erzbischofs. Arnold v. Selenhofen (1153–1160) im Konflikt mit Mainz, in: Archiv für mittelrheinische Kirchengeschichte 53, 2001, 93–123.
GÖRICH 2001c Knut Görich, Geld u. *Honor*. Friedrich Barbarossa in der Lombardei, in: Formen öffentlicher Kommunikation im Mittelalter, hg. v. Gerd Althoff, Stuttgart 2001, 177–200.
GÖRICH 2004 Knut Görich, *utpote vir catholicus – tanquam orthodoxus princeps*. Zur Einholung Friedrich Barbarossas nach Venedig im Juli 1177, in: v. Sachsen bis Jerusalem. Menschen u. Institutionen im Wandel der Zeit, Festschrift für Wolfgang Giese zum 65. Geburtstag, hg. v. Hubertus Seibert u. a., München 2004, 251–264.

GÖRICH 2005a Knut Görich, Wahrung des *honor*. Ein Grundsatz im politischen Handeln König Konrads III., in: Grafen, Herzöge, Könige – Der Aufstieg der frühen Staufer u. das Reich, hg. v. Hubertus Seibert u. a., Stuttgart 2005, 267–298.

GÖRICH 2005b Knut Görich, Geld u. Ehre: Friedrich Barbarossa, in: Geld im Mittelalter. Wahrnehmung, Bewertung, Symbolik, hg. v. Klaus Grubmüller u. a., Darmstadt 2005, 113–134.

GÖRICH 2005c Knut Görich, Anekdotisches über Friedrich Barbarossa – unglaubwürdig u. deshalb unbedeutend?, in: Alltagsleben im Mittelalter, Göppingen 2005, 181–193.

GÖRICH 2005d Knut Görich, Venedig 1177. Kaiser Friedrich Barbarossa u. Papst Alexander III. schließen Frieden, in: Und keine Schlacht bei Marathon. Große Ereignisse u. Mythen der europäischen Geschichte, hg. v. Wolfgang Krieger, Stuttgart 2005, 70–91 u. 337–343.

GÖRICH 2006a Knut Görich, Kaiserin Beatrix, in: Frauen der Staufer, Göppingen 2006, 43–58.

GÖRICH 2006b Knut Görich, Die «Ehre des Reiches» (*honor imperii*). Überlegungen zu einem Forschungsproblem, in: Rittertum u. höfische Kultur der Stauferzeit, hg. v. Johannes Laudage u. a., Köln 2006, 36–74.

GÖRICH 2007a Knut Görich, «... damit die Ehre unseres Onkels nicht gemindert werde ...» Verfahren u. Ausgleich im Streit um das Herzogtum Bayern 1152–1156, in: Die Geburt Österreichs; 850 Jahre *Privilegium minus*, hg. v. Peter Schmid u. a., Regensburg 2007, 23–35.

GÖRICH 2007b Knut Görich, Fragen zum politischen Kontext der roncalischen Gesetze v. 1158, in: Gli inizi, 305–325.

GÖRICH 2008a Knut Görich, Eine «internationale» Sprache der Ehre? Gesandte vor Friedrich Barbarossa, in: Der Weg in eine weitere Welt. Kommunikation u. «Außenpolitik» im 12. Jahrhundert, hg. v. Hanna Vollrath, Berlin 2008, 35–57.

GÖRICH 2008b Knut Görich, Unausweichliche Konflikte? Friedrich Barbarossa, Friedrich II. u. der lombardische Städtebund, in: Bereit zum Konflikt. Strategien u. Medien der Konflikterzeugung u. Konfliktbewältigung im europäischen Mittelalter, hg. v. Oliver Auge u. a., Ostfildern 2008, 195–213.

GÖRICH 2009a Knut Görich, Versuch zur Rettung v. Kontingenz – Oder: Über Schwierigkeiten beim Schreiben einer Biographie Friedrich Barbarossas, in: Frühmittelalterliche Studien 43, 2009, 179–197.

GÖRICH 2009b Knut Görich, Jäger des Löwen oder Getriebener der Fürsten? Friedrich Barbarossa u. die Entmachtung Heinrichs des Löwen, in: Staufer u. Welfen. Zwei rivalisierende Dynastien im Hochmittelalter, hg. v. Werner Hechberger u. a., Regensburg 2009, 99–117.

GÖRICH 2010a Knut Görich, Fürstenstreit u. Friedensstiftung vor dem Aufbruch Konrads III. zum Kreuzzug, in: Zeitschrift für die Geschichte des Oberrheins 158, 2010, 117–136.

GÖRICH 2010b Knut Görich, Ehre als Handlungsmotiv in Herrschaftspraxis u.

Urkunden Philipps v. Schwaben, in: Philipp v. Schwaben. Beiträge der internationalen Tagung anläßlich seines 800. Todestages, Wien 29. bis 30. Mai 2008, hg. v. Andrea Rzihacek u. a., Wien 2010, 129–150.

GÖRICH 2011 Knut Görich, Sprechen vor dem Kaiser. Gesandte aus italienischen Kommunen am Hof Friedrich Barbarossas, in: *Cum verbis ut Italici solent ornatissimis*. Funktionen der Beredsamkeit im kommunalen Italien/Funzioni dell'eloquenza nell'Italia comunale, hg. v. Florian Hartmann, Göttingen 2011, 135–152.

GÖRICH (im Druck) a Knut Görich, Schmach u. Ehre. Konrad III. auf dem Zweiten Kreuzzug (im Druck).

GÖRICH (im Druck) b Knut Görich, Karl der Große – ein ‹politischer› Heiliger im Stauferreich? (im Druck).

GOETZ 1992 Hans-Werner Goetz, Der «rechte» Sitz. Die Symbolik v. Rang u. Herrschaft im Hohen Mittelalter im Spiegel der Sitzordnung, in: Symbole des Alltags – Alltag der Symbole. Festschrift für Harry Kühnel, hg. v. Gertrud Blaschitz u. a., Graz 1992, 11–47.

GOEZ 2002 Elke Goez, Die fränkischen Zisterzen im Alexander-Schisma, in: v. Sacerdotium u. Regnum. Geistliche u. weltliche Gewalt im frühen u. hohen Mittelalter. Festschrift für Egon Boshof zum 65. Geburtstag, hg. v. Franz-Reiner Erkens u. a., Köln 2002, 491–517.

GOEZ 2009 Elke Goez, Bernhard v. Clairvaux u. Konrad III., in: Institution u. Charisma. Festschrift für Gert Melville zum 65. Geburtstag, hg. v. Franz J. Felten u. a., Köln 2009, 437–455.

GOEZ 1986 Werner Goez, ... *iuravit in anima regis*: Hochmittelalterliche Beschränkungen königlicher Eidesleistung, in: Deutsches Archiv 42, 1986, 517–554.

GOEZ 1994 Werner Goez, «Barbarossas Taufschale»: Goethes Beziehungen zu den Monumenta Germaniae Historica u. seine Erfahrungen mit der Geschichtswissenschaft, in: Deutsches Archiv 50, 1994, 73–88.

GOEZ 1996 Werner Goez, Möglichkeiten u. Grenzen des Herrschens aus der Ferne in Deutschland u. Reichsitalien (1152–1220), in: Die Staufer im Süden. Sizilien u. das Reich, hg. v. Theo Kölzer, Sigmaringen 1996, 93–111.

GREWE 2010 Holger Grewe, Visualisierung v. Herrschaft in der Architektur. Die Pfalz Ingelheim als Bedeutungsträger im 12. u. 13. Jahrhundert, in: Staufisches Kaisertum, 383–403.

GROSS 2008 Raphael Groß, «Treue» im Nationalsozialismus. Ein Beitrag zur Moralgeschichte der NS-Zeit, in: Treue. Politische Loyalität u. militärische Gefolgschaft in der Moderne, hg. v. Nikolaus Buschmann u. a., Göttingen 2008, 253–273.

GROSSEVOLLMER 2009 Hermann Großevollmer, Das Lippiflorium aus dem Lippstädter Stift – Heiligenlegende, Gründungsmythos, Rechtsinstrument, in: Lippische Mitteilungen aus Geschichte u. Landeskunde 78, 2009, 181–208.

GRUNDMANN 1942 Herbert Grundmann, Rotten u. Brabanzonen. Söldnerheere im 12. Jahrhundert, in: Deutsches Archiv 5, 1942, 419–492.

GRUNDMANN 1958 Herbert Grundmann, Literatus – illiteratus, in: Archiv für Kulturgeschichte 40, 1958, 1–65.
GRUNDMANN 1959 Herbert Grundmann, Der Cappenberger Barbarossakopf u. die Anfänge des Stiftes Cappenberg, Köln 1959.
GÜTERBOCK 1895 Ferdinand Güterbock, Der Friede v. Montebello u. die Weiterentwicklung des Lombardenbundes, Diss. phil. Berlin 1895.
GÜTERBOCK 1933/1934 Ferdinand Güterbock, Kaiser, Papst u. Lombardenbund nach dem Frieden v. Venedig. Ein neuer Quellenfund, in: Quellen u. Forschungen aus Italienischen Archiven u. Bibliotheken 25, 1933/1934, 158–191.
GÜTERBOCK 1937 Ferdinand Güterbock, Alla vigilia della Lega lombarda. Il dispotismo dei vicari imperiali a Piacenza, in: Archivo storico italiano 95 3/4, 1937, 64–77 u. 181–192.
GÜTERBOCK 1949 Ferdinand Güterbock, Le lettere del notaio imperiale Burcardo intorno alla politica del Barbarossa nello scisma ed alla distruzione di Milano, in: Bullettino dell'istituto storico italiano per il medio evo 61, 1949, 1–65.
HACK 1999 Achim Thomas Hack, Das Empfangszeremoniell bei mittelalterlichen Papst-Kaiser-Treffen, Köln 1999.
HACK 2001/2002 Achim Thomas Hack, Gruß, eingeschränkter Gruß u. Grußverweigerung. Untersuchungen zur *Salutatio* in den Briefen Papst Gregors VII. u. Kaiser Heinrichs IV., in: Archiv für Diplomatik 47/48, 2001/2002, 47–84.
HÄGERMANN 1968 Dieter Hägermann, Die Urkunden Erzbischof Christians I. v. Mainz als Reichslegat Friedrich Barbarossas in Italien, in: Archiv für Diplomatik 14, 1968, 202–297.
HÄGERMANN 1969 Dieter Hägermann, Beiträge zur Reichslegation Christians v. Mainz in Italien, in: Quellen u. Forschungen aus Italienischen Archiven u. Bibliotheken 49, 1969, 186–238.
HÄMEL 1942 Adalbert Hämel, Die Entstehungszeit der Aachener *Vita Karoli Magni* u. der Pseudo-Turpin, in: Quellen u. Forschungen aus Italienischen Archiven u. Bibliotheken 32, 1942, 243–253.
HÄRTEL 1996 Reinhard Härtel, Vom nicht zustandegekommenen, mißbrauchten u. gebrochenen Frieden, in: Träger u. Instrumentarien des Friedens im hohen u. späten Mittelalter, hg. v. Johannes Fried, Sigmaringen 1996, 525–559.
HAFERLAND 2005 Harald Haferland, Das Vertrauen auf den König u. das Vertrauen des Königs, in: Frühmittelalterliche Studien 39, 2005, 293–314.
HAGENEDER 2004 Othmar Hageneder, Friedrich Kempf, Papsttum u. Kaisertum bei Innocenz III. – 50 Jahre danach, in: *Scientia veritatis*. Festschrift für Hubert Mordek zum 65. Geburtstag, hg. v. Oliver Münsch u. a., 2004, 337–349.
HALFTER 1995 Peter Halfter, Die Staufer u. Armenien, in: Von Schwaben bis Jerusalem. Facetten staufischer Geschichte, hg. v. Sönke Lorenz u. a., Sigmaringen 1995, 187–208.
HALFTER 2010 Peter Halfter, Die Staufer u. Georgien, in: Le Muséon 123, 2010, 387–423.

HALLER 1911 Johannes Haller, Der Sturz Heinrichs des Löwen, eine quellenkritische u. rechtsgeschichtliche Untersuchung, in: Archiv für Urkundenforschung 3, 1911, 295–450.
HAMPE 1912 Karl Hampe, Heinrichs des Löwen Sturz in politisch-historischer Betrachtung, in: Historische Zeitschrift 109, 1912, 49–82.
HAUBRICHS 1996 Wolfgang Haubrichs, Ehre u. Konflikt. Zur intersubjektiven Konstitution der adligen Persönlichkeit im früheren Mittelalter, in: Spannungen u. Konflikte menschlichen Zusammenlebens in der deutschen Literatur des Mittelalters, hg. v. Kurt Gärtner u. a., Tübingen 1996, 35–58.
HAVERKAMP 1966 Alfred Haverkamp, Die Regalien-, Schutz- u. Steuerpolitik in Italien unter Friedrich Barbarossa bis zur Entstehung des Lombardenbundes, in: Zeitschrift für bayerische Landesgeschichte 29, 1966, 3–156.
HAVERKAMP 1970/1971 Alfred Haverkamp, Herrschaftsformen der Frühstaufer in Reichsitalien, 2 Bde., Stuttgart 1970/1971.
HAVERKAMP 1971 Alfred Haverkamp, Friedrich I. u. der hohe italienische Adel, in: Beiträge zur Geschichte Italiens im 12. Jahrhundert, Sigmaringen 1971, 53–92.
HAVERKAMP 1984 Alfred Haverkamp, La Lega lombarda sotto la guida di Milano (1175–1183), in: La pace di Costanza 1183. Un difficile equilibrio di poteri fra società italiana ed impero, Bologna 1984, 159–178.
HAVERKAMP 1987 Alfred Haverkamp, Der Konstanzer Friede zwischen Kaiser u. Lombardenbund (1183), in: Kommunale Bündnisse Oberitaliens u. Oberdeutschlands im Vergleich, hg. v. Helmut Maurer, Sigmaringen 1987, 11–44.
HAVERKAMP 1992 Alfred Haverkamp, Einführung, in: Friedrich Barbarossa. Handlungsspielräume u. Wirkungsweisen des staufischen Kaisers, hg. v. Alfred Haverkamp, Sigmaringen 1992, 9–47.
HAVERKAMP 2002 Alfred Haverkamp, Getaufte Juden im *regnum teutonicum* während des 12. Jahrhunderts, in: Gemeinden, Gemeinschaften u. Kommunikationsformen im hohen u. späten Mittelalter, Festgabe zur Vollendung des 65. Lebensjahres, hg. v. Friedhelm Burgard u. a., Trier 2002, 447–490.
HAYE 2005 Thomas Haye, Lateinische Oralität. Gelehrte Sprache in der mündlichen Kommunikation des hohen u. späten Mittelalters, Berlin 2005.
HECHBERGER 1996 Werner Hechberger, Staufer u. Welfen 1125–1190. Zur Verwendung v. Theorien in der Geschichtswissenschaft, Köln 1996.
HECHBERGER 2005 Werner Hechberger, Konrad III.: Königliche Politik u. staufische Familieninteressen, in: Grafen, Herzöge, Könige – Der Aufstieg der frühen Staufer u. das Reich, hg. v. Hubertus Seibert u. a., Stuttgart 2005, 323–340.
HEINEMEYER 1936 Walter Heinemeyer, Studien zur Diplomatik mittelalterlicher Verträge vornehmlich des 13. Jahrhunderts, in: Archiv für Urkundenforschung 14, 1936, 321–413.
HEINEMEYER 1954/1955 Walter Heinemeyer, Der Friede v. Montebello (1175), in: Deutsches Archiv 11, 1954/1955, 101–139.

HEINEMEYER 1964 Walter Heinemeyer, Die Verhandlungen an der Saone im Jahre 1162, in: Deutsches Archiv 20, 1964, 155–189.

HEINEMEYER 1969 Walter Heinemeyer, *Beneficium – non feudum, sed bonum factum*. Der Streit auf dem Reichstag zu Besançon 1157, in: Archiv für Diplomatik 15, 1969, 155–236.

HEINEMEYER 1990 Karl Heinemeyer, Kaiser u. Reichsfürst. Die Absetzung Heinrichs des Löwen durch Friedrich Barbarossa (1180), in: Macht u. Recht. Große Prozesse in der Geschichte, hg. v. Alexander Demandt, München 1990, 59–79.

HERDE 1991 Peter Herde, Die Katastrophe vor Rom im August 1167. Eine historisch-epidemologische Studie zum vierten Italienzug Friedrichs I. Barbarossa, in: Sitzungsberichte der Wissenschaftlichen Gesellschaft an der Johann Wolfgang Goethe-Universität Frankfurt am Main 27, 4, Stuttgart 1991, 139–166.

HERKENRATH 1962 Rainer Maria Herkenrath, Reinald v. Dassel. Reichskanzler u. Erzbischof v. Köln, Diss. phil. Graz 1962.

HERKENRATH 1971 Rainer Maria Herkenrath, Ein Brief Kaiser Friedrichs I. an Papst Viktor IV., in: Archiv für Diplomatik 17, 1971, 286–292.

HERKENRATH 1982a Rainer Maria Herkenrath, I collaboratori tedeschi di Federico I, in: Federico Barbarossa nel dibattito storiografico in Italia e Germania, a cura di Raoul Manselli u. a., Bologna 1982, 199–232.

HERKENRATH 1982b Rainer Maria Herkenrath, Miszellen zu den Diplomen Friedrichs I., in: Archiv für Diplomatik 28, 1982, 223–270.

HIESTAND 1979 Rudolf Hiestand, «Kaiser» Konrad III., der zweite Kreuzzug u. ein verlorenes Diplom für den Berg Tabor, in: Deutsches Archiv 35, 1979, 82–126.

HIESTAND 1991 Rudolf Hiestand, Die Kriegskasse des Kaisers? Gedanken zum Barbarossa-Fund aus historischer Sicht, in: Vierteljahresschrift für Sozial- u. Wirtschaftsgeschichte 78, 1991, 190–197.

HIESTAND 1992 Rudolf Hiestand, *«precipua tocius christianismi columpna»*. Barbarossa u. der Kreuzzug, in: Friedrich Barbarossa. Handlungsspielräume u. Wirkungsweisen, hg. v. Alfred Haverkamp, Sigmaringen 1992, 51–108.

HIESTAND 1993 Rudolf Hiestand, *Neptis tua* u. *fastus Graecorum*. Zu den deutschbyzantinischen Verhandlungen um 1150, in: Deutsches Archiv 49, 1993, 501–556.

HIESTAND 2001 Rudolf Hiestand, The papacy and the Second Crusade, in: The Second Crusade. Scope and consequences, ed. by Jonathan Phillips, Manchester 2001, 32–53.

HIESTAND 2007 Rudolf Hiestand, Barbarossas letztes Schreiben vom Kreuzzug, in: *De litteris, manuscriptis, inscriptionibus* ... Festschrift zum 65. Geburtstag v. Walter Koch, hg. v. Franz-Albrecht Bornschlegel. u. a., Wien 2007, 561–576.

HILSCH 1969 Peter Hilsch, Die Bischöfe v. Prag in der frühen Stauferzeit. Ihre Stellung zwischen Reichs- u. Landesgewalt v. Daniel I. (1148–1167) bis Heinrich (1182–1197), München 1969.

HLAWITSCHKA 1991 Eduard Hlawitschka, Zu den Grundlagen der staufischen Stellung im Elsaß: Die Herkunft Hildegards v. Schlettstadt, München 1991.

HLAWITSCHKA 2007 Eduard Hlawitschka, Die Staufer – kein schwäbisches, sondern ein elsässisches Adelsgeschlecht?, in: Zeitschrift für Württembergische Landesgeschichte 66, 2007, 63–79.

HLAWITSCHKA 2009 Eduard Hlawitschka, Die Ahnen der hochmittelalterlichen deutschen Könige, Kaiser u. ihrer Gemahlinnen. Ein kommentiertes Tafelwerk, Bd. 2: 1138–1197, Hannover 2009.

HOFFMANN 1964 Hartmut Hoffmann, Zur mittelalterlichen Brieftechnik, in: Spiegel der Geschichte. Festschrift für Max Braunbach, hg. v. Konrad Repgen u. a., Münster 1964, 141–170.

HOING 1955 Norbert Hoing, Die «Trierer Stilübungen». Ein Denkmal der Frühzeit Kaiser Friedrich Barbarossas. Erster Teil, in: Archiv für Diplomatik 1, 1955, 257–329.

HOING 1956 Norbert Hoing, Die «Trierer Stilübungen». Ein Denkmal der Frühzeit Kaiser Friedrich Barbarossas. Zweiter Teil, in: Archiv für Diplomatik 2, 1956, 125–249.

HOLDER-EGGER 1892 Oswald Holder-Egger, Bericht über eine Reise nach Italien im Jahre 1891, in: Neues Archiv 17, 1892, 461–524.

HOLTZMANN 1922 Robert Holtzmann, Über den Polenfeldzug Friedrich Barbarossas vom Jahr 1157 u. die Begründung der schlesischen Herzogtümer, in: Zeitschrift des Vereins für Geschichte Schlesiens 56, 1922, 42–55.

HOLTZMANN 1930 Walther Holtzmann, Quellen u. Forschungen zur Geschichte Friedrich Barbarossas. Englische Analekten 1., in: Neues Archiv 48, 1930, 384–409.

HORCH 2001 Caroline Horch, Der Memorialgedanke u. das Spektrum seiner Funktionen in der Bildenden Kunst des Mittelalters, Königstein i. Ts. 2001.

HORCH 2010 Caroline Horch, Artikel «Cappenberger Barbarossakopf», in: Staufer u. Italien 2, 33.

HOUBEN 1992 Hubert Houben, Barbarossa u. die Normannen. Traditionelle Züge u. neue Perspektiven imperialer Süditalienpolitik, in: Friedrich Barbarossa. Handlungsspielräume u. Wirkungsweisen des staufischen Kaisers, hg. v. Alfred Haverkamp, Sigmaringen 1992, 109–128.

HOUBEN 2007 Hubert Houben, Kaiser Friedrich II. (1194–1250). Herrscher, Mensch, Mythos, Stuttgart 2007.

HÜLSEN-ESCH 1994 Andrea Hülsen-Esch, Romanische Skulptur in Oberitalien als Reflex der kommunalen Entwicklung im 12. Jahrhundert. Untersuchungen zu Mailand u. Verona, Berlin 1994.

HÜTT 1993 Michael Hütt, *Quem lavat unda foris* ... Aquamanilien. Gebrauch u. Form, Mainz 1993.

HUTH 2004 Volkhard Huth, Staufische Reichshistoriographie u. scholastische Intellektualität. Das elsässische Augustinerchorherrenstift Marbach im Spannungsfeld v. regionaler Überlieferung u. universalem Horizont, Ostfildern 2004.

HUTH 2005 Volkhard Huth, Nichts Neues unter der Sonne? Moderne Staufer im Mittelalter, in: Alltagsleben im Mittelalter, Göppingen 2005, 194–210.

HUTH 2009 Volkhard Huth, «Gekrönter Esel» oder «zweiter Sokrates»? Das Bild Barbarossas u. seines Hofes im Kontext zeitgenössischer Wissenskultur, in: Friedrich Barbarossa u. sein Hof, Göppingen 2009, 99–126.

HUTH 2010 Volkhard Huth, Wissensaustausch zwischen den Regionen, in: Staufer u. Italien 1, 257–266.

JÄCKEL 2006 Dirk Jäckel, Der Herrscher als Löwe. Ursprung u. Gebrauch eines politischen Symbols im Früh- u. Hochmittelalter, Köln 2006.

JARAUSCH 2005 Konrad H. Jarausch, Rückkehr zur Nationalgeschichte? Antworten auf die Krise der nationalen Meistererzählungen, in: Geschichtsbilder. Konstruktionen – Reflexionen – Transformationen, hg. v. Christina Jostkleigrewe u. a., Köln 2005, 259–280.

JARNUT 1998 Jörg Jarnut, Barbarossa u. Italien. Zeitvorstellungen im staatsrechtlichen u. politischen Denken des Kaisers, in: Hochmittelalterliches Geschichtsbewußtsein im Spiegel nichthistoriographischer Quellen, hg. v. Hans-Werner Goetz, Berlin 1998, 257–269.

JEFFREYS 2001 Elizabeth Jeffreys u. Michael Jeffreys, The «Wild Beast from the West»: Immediate Literary Reactions in Byzantium to the Second Crusade, in: The Crusades from the Perspektive of Byzantium and the Muslim World, ed. by Angeliki E. Laiou u. a., Washington 2001, 101–116.

JOHANEK 1992 Peter Johanek, Kultur u. Bildung im Umkreis Friedrich Barbarossas, in: Friedrich Barbarossa. Handlungsspielräume u. Wirkungsweisen des staufischen Kaisers, hg. v. Alfred Haverkamp, Sigmaringen 1992, 651–677.

JOHANEK/LAMPEN 2009 Peter Johanek u. Angelika Lampen (Hg.), *Adventus*. Studien zum herrscherlichen Einzug in die Stadt, Köln 2009.

JOHRENDT 2010 Jochen Johrendt, Barbarossa, das Kaisertum u. Rom, in: Staufisches Kaisertum, 75–107.

JOHRENDT 2011 Jochen Johrendt, Die Diener des Apostelfürsten. Das Kapitel v. St. Peter im Vatikan (11.–13. Jahrhundert), Berlin 2011.

JOHRENDT (im Druck) Jochen Johrendt, The empire and the schism, in: Pope Alexander III, ed. by Anne Duggan (im Druck, voraussichtlich Ashgate 2011).

KAMP 1997 Hermann Kamp, Vermittler in den Konflikten des hohen Mittelalters, in: La giustizia nell'alto medioevo (secoli IX–XI), Spoleto 1997, 675–714.

KAMP 2004 Hermann Kamp, Tugend, Macht u. Ritual. Politisches Verhalten beim Saxo Grammaticus, in: Zeichen, Rituale, Werte, hg. v. Gerd Althoff, Münster 2004, 179–200.

KANNOWSKI 2002 Bernd Kannowski, Rechtsbegriffe im Mittelalter, in: Rechtsbegriffe im Mittelalter, hg. v. Albrecht Cordes u. a., Frankfurt am Main 2002, 1–27.

KAP-HERR 1881 Hans v. Kap-Herr, Die abendländische Politik Kaiser Manuels mit besonderer Rücksicht auf Deutschland, Straßburg 1881.

KARG 2007 Andreas Karg, Die kaiserliche «Lehnsgesetzgebung» für Italien bis Roncaglia (1158), in: Gli inizi, 199–230.

KATH 1914 Paul Kath, *Sigeberti Continuatio Aquicinctina*. Eine quellenkritische Untersuchung, Brüssel 1914.

KAUL 2007 Camilla G. Kaul, Friedrich Barbarossa im Kyffhäuser. Bilder eines nationalen Mythos im 19. Jahrhundert, Köln 2007.

KAWERAU 1964 Peter Kawerau, Barbarossas Tod nach Imad ad-Din u. Michael Syrus, in: Oriens christianus 48, 1964, 134–142.

KEHR 1926 Paul Kehr, Zur Geschichte Victors IV. (Octavian v. Monticelli), in: Neues Archiv 26, 1926, 53–85.

KELLER 1990 Hagen Keller, Zwischen regionaler Begrenzung u. universalem Horizont. Deutschland im Imperium der Salier u. Staufer 1024 bis 1250, Frankfurt a. M. 1990.

KELLER 1995 Hagen Keller, Mailand zur Zeit des Kampfes gegen Friedrich II., in: Europas Städte zwischen Zwang u. Freiheit. Die europäische Stadt um die Mitte des 13. Jahrhunderts, hg. v. Wilfried Hartmann, Regensburg 1995, 273–296.

KELLER 2005 Hagen Keller, Die Herrscherurkunden: Botschaften des Privilegierungsaktes – Botschaften des Privilegientextes, in: Comunicare e significare nell'alto medioevo, Spoleto 2005, 231–283.

KELLER 2006 Hagen Keller, Der Blick v. Italien auf das «römische» Imperium u. seine «deutschen» Kaiser, in: Heilig – Römisch – Deutsch. Das Reich im mittelalterlichen Europa, hg. v. Bernd Schneidmüller u. a., Dresden 2006, 286–307.

KERNER 2001 Max Kerner, Karl der Große. Entschleierung eines Mythos, Köln 2001.

KESZYCKA 1923 Felicia v. Keszycka, Kaiserin Beatrix, Gemahlin Friedrichs I. Barbarossa, Posen 1923.

KEUPP 2002 Jan Ulrich Keupp, Dienst u. Verdienst. Die Ministerialen Friedrich Barbarossas u. Heinrichs VI., Stuttgart 2002.

KEUPP 2010a Jan Keupp, Die erste Hühnerfarm zu Mainz – Zu Ökonomie u. Logistik der Hoffeste, in: Staufer u. Italien 1, 277–282.

KEUPP 2010b Jan Keupp, Die Wahl des Gewandes. Mode, Macht u. Möglichkeitssinn in Gesellschaft u. Politik des Mittelalters, Ostfildern 2010.

KEUPP 2010c Jan Keupp, Das Kaisertum steckt im Detail. Imperiale Kleiderformen im 12. Jahrhundert, in: Staufisches Kaisertum, 361–382.

KIENAST 1974/1975 Walther Kienast, Deutschland u. Frankreich in der Kaiserzeit (900–1270). Weltkaiser u. Einzelkönige, Stuttgart 1974/1975.

KIRFEL 1959 Hans-Joachim Kirfel, Weltherrschaftsidee u. Bündnispolitik. Untersuchungen zur auswärtigen Politik der Staufer, Bonn 1959.

KLEIN 2005 Christian Klein, Von der Aktualität einer überholten Fragestellung: Der Sybel-Ficker-Streit u. der Diskurs über den deutschen Nationalstaat, in:

Geschichtsbilder. Konstruktion – Reflexion – Transformation, hg. v. Christina Jostkleigreve u. a., Köln 2005, 203–241.

KLUGER 2002 Helmuth Kluger, Friedrich Barbarossa u. sein Ratgeber Rainald v. Dassel, in: Stauferreich im Wandel, 26–40.

KÖLZER 1990 Theo Kölzer, Sizilien u. das Reich im ausgehenden 12. Jahrhundert, in: Historisches Jahrbuch 110, 1990, 3–22.

KÖLZER 2002a Theo Kölzer, Der Hof Barbarossas u. die Reichsfürsten, in: Deutscher Königshof, Hoftag u. Reichstag im späteren Mittelalter, hg. v. Peter Moraw, Stuttgart 2002, 3–47.

KÖLZER 2002b Theo Kölzer, Der Hof Friedrich Barbarossas u. die Reichsfürsten, in: Stauferreich im Wandel, 220–236.

KÖRNTGEN 2009 Ludger Körntgen, «Sakrales Königtum» u. «Entsakralisierung» in der Polemik um Heinrich IV., in: Heinrich IV., hg. v. Gerd Althoff, Ostfilden 2009, 127–160.

KÖRNTGEN (im Druck) Ludger Körntgen, Der Investiturstreit u. das Verhältnis v. Religion u. Politik im Frühmittelalter (im Druck).

KOLLER 1989 Heinrich Koller, Die mittelalterliche Stadtmauer als Grundlage städtischen Selbstbewußtseins, in: Stadt u. Krieg, hg. v. Bernhard Kirchgässner u. a., Sigmaringen 1989, 9–26.

KORTÜM 2006 Hans-Henning Kortüm, «Wissenschaft im Doppelpaß»? Carl Schmitt, Otto Brunner u. die Konstruktion der Fehde, in: Historische Zeitschrift 282, 2006, 585–617.

KORTÜM 2010 Hans-Henning Kortüm, Kriege u. Krieger. 500–1500, Stuttgart 2010.

KRAACK 2000 Detlev Kraack, Von namenlosen Vizegrafen u. verkappten Vizekönigen. Widerstreitende Herrschaftskonzeptionen u. Herrschaftspraxis unter Friedrich I. Barbarossa, Habilitationsschrift Berlin 2000 (Manuskript).

KRAACK 2005a Detlev Kraack, Regelung aus der Ferne u. Klärung vor Ort. Moderne u. traditionelle Instrumentarien herrscherlicher Einflußnahme auf das hochmittelalterliche Rechtsleben, in: Rechtsveränderung im politischen u. sozialen Kontext mittelalterlicher Rechtsvielfalt, hg. v. Stefan Esders u. a., Münster 2005, 101–121.

KRAACK 2005b Detlev Kraack, Friedrich I. Barbarossa auf der Anklagebank. Beobachtungen zum Nachgeben des Herrschers im Gerichts- u. Regierungsalltag des 12. Jahrhunderts, in: Oben u. Unten – Hierarchisierung in Idee u. Wirklichkeit der Stauferzeit, hg. v. Volker Herzner u. a., Speyer 2005, 21–33.

KRAMER/SCHMIDT 1999 Andreas Kramer u. Korinna Schmidt, Die Handschriften des ‹Antidotarius magnus›, in: Sudhoffs Archiv. Zeitschrift für Wissenschaftsgeschichte 83, 1999, 109–116.

KRESTEN 1992/1993 Otto Kresten, Der «Anredestreit» zwischen Manuel I. Komnenos u. Friedrich I. Barbarossa nach der Schlacht v. Myriokephalon, in: Römische Historische Mitteilungen 34/35, 1992/1993, 65–110.

KRESTEN 2000 Otto Kresten, Zur Rekonstruktion der Protokolle kaiserlich-byzantinischer Auslandsschreiben des 12. Jahrhunderts aus lateinischen Quellen, in: Byzantinisches Archiv, Festschrift für Peter Schreiber, Bd. 19, hg. v. Cordula Scholz u. a., München 2000, 125–163.

KRIEG 2003 Heinz Krieg, Herrscherdarstellung in der Stauferzeit. Friedrich Barbarossa im Spiegel seiner Urkunden u. der staufischen Geschichtsschreibung, Ostfildern 2003.

KRIEG 2004 Heinz Krieg, Die Zähringer in der Darstellung Ottos v. St. Blasien, in: *In frumento et vino opima*. Festschrift für Thomas Zotz zu seinem 60. Geburtstag, hg. v. Heinz Krieg u. a., Ostfildern 2004, 39–58.

KRIEG 2008 Heinz Krieg, Im Spannungsfeld zwischen christlichen u. adeligen Normvorstellungen. Zur Beurteilung Friedrich Barbarossas in stauferzeitlicher Historiographie, in: Frühmittelalterliche Studien 41, 2008, 447–466.

KROESCHELL 1995 Karl Kroeschell, «Rechtsfindung». Die mittelalterlichen Grundlagen einer modernen Vorstellung (erstmals 1972), wiedergedruckt in: Studien zum frühen u. mittelalterlichen deutschen Recht, hg. v. Karl Kroeschell, Berlin 1995, 311–333.

KROLL 2002 Frank-Lothar Kroll, Herrschaftslegitimierung durch Traditionsschöpfung. Der Beitrag der Hohenzollern zur Mittelalter-Rezeption im 19. Jahrhundert, in: Historische Zeitschrift 274, 2002, 61–85.

KRÜGER 1985 Sabine Krüger, Das kirchliche Turnierverbot im Mittelalter, in: Das ritterliche Turnier im Mittelalter, hg. v. Josef Fleckenstein, Göttingen 1985, 401–422.

LADNER 1941–1984 Gerhart B. Ladner, Die Papstbildnisse des Altertums u. des Mittelalters, Bd. 1–3, Città del Vaticano 1941–1984.

LANDAU 2006 Peter Landau, Lehrbuch contra Fälschung. Die Bamberger Anfänge der europäischen Strafrechtswissenschaft u. die Würzburger Güldene Freiheit, in: Deutsches Archiv 62, 2006, 505–536.

LANDAU 2008 Peter Landau, Die Kölner Kanonistik des 12. Jahrhunderts. Ein Höhepunkt der europäischen Rechtswissenschaft, Badenweiler 2008.

LANDAU 2011 Peter Landau, Der Archipoeta – Deutschlands erster Dichterjurist. Neues zur Identifizierung des politischen Poeten der Barbarossazeit, München 2011.

LANG 2009 Johannes Lang, St. Zeno in Reichenhall. Geschichte des Augustiner-Chorherrenstifts v. der Gründung bis zur Säkularisation, München 2009.

LAUDAGE 1997 Johannes Laudage, Alexander III. u. Friedrich Barbarossa, Köln 1997.

LAUDAGE 2002 Johannes Laudage, Gewinner u. Verlierer des Friedens v. Venedig, in: Stauferreich im Wandel, 107–130.

LAUDAGE 2005 Johannes Laudage, Die Bühne der Macht. Friedrich Barbarossa u. seine Herrschaftsinszenierung, in: Inszenierung u. Ritual in Mittelalter u. Renaissance, hg. v. Andrea v. Hülsen-Esch, Düsseldorf 2005, 97–134.

LAUDAGE 2006a Johannes Laudage, Der Hof Friedrich Barbarossas. Eine Skizze, in: Ritterum u. höfische Kultur der Stauferzeit, hg. v. Johannes Laudage u. a., Köln 2006, 75–92.

LAUDAGE 2006b Johannes Laudage, Rittertum u. Rationalismus: Friedrich Barbarossa als Feldherr, in: Ritterum u. höfische Kultur der Stauferzeit, hg. v. Johannes Laudage u. a., Köln 2006, 291–314.

LAUDAGE 2009 Johannes Laudage, Friedrich Barbarossa (1152–1190). Eine Biographie, Regensburg 2009.

LEGNANO E LA BATTAGLIA 1976 Legnano e la battaglia, a cura di Giorgio D'Ilario u. a., Legnano 1976.

LEYSER 1975 Karl Leyser, Frederick Barbarossa, Henry II and the Hand of St. James, in: The English Historical Review 90, 1975, 481–506.

LEYSER 1982 Karl Leyser, Some Reflections on Twelfth-Century Kings and Kingship, in: Ders., Medieval Germany and its Neighbours 900–1250, London 1982, 241–267.

LEYSER 1992 Karl Leyser, Friedrich Barbarossa – Hof u. Land, in: Friedrich Barbarossa. Handlungsspielräume u. Wirkungsweisen des staufischen Kaisers, hg. v. Alfred Haverkamp, Sigmaringen 1992, 519–530.

LILIE 1985 Ralph-Johannes Lilie, Das «Zweikaiserproblem» u. sein Einfluß auf die Außenpolitik der Komnenen, in: Byzantinische Forschungen 9, 1985, 219–243.

LINDNER 1990 Michael Lindner, Die Hoftage Kaiser Friedrich Barbarossas (1152–1190), Diss. Phil. Humboldt-Universität, Berlin 1990 (Manuskript).

LINDNER 1994 Michael Lindner, Fest u. Herrschaft unter Kaiser Friedrich Barbarossa, in: Kaiser Friedrich Barbarossa. Landesausbau – Aspekte seiner Politik – Wirkung, hg. v. Evamaria Engel u. a., Weimar 1994, 151–170.

LINDNER 1995 Michael Lindner, Friedrich Barbarossa, Heinrich der Löwe u. die ostsächsischen Fürsten auf dem Merseburger Pfingsthoftag des Jahres 1152, Zeitschrift für Geschichte 43, 1995, 197–209.

LINDNER 2002 Michael Lindner, Eine Frage der Ehre. Markgraf Konrad v. Wettin u. Kaiser Friedrich Barbarossa, in: Im Dienste der historischen Landeskunde, Festgabe für Gerhard Billig, hg. v. Rainer Aurig u. a., Beucha 2002, 105–121.

LORENZ 1994 Sönke Lorenz, Kaiserswerth. Stauferzentrum am Niederrhein, in: Staufische Pfalzen, Göppingen 1994, 99–117.

LUBICH 2005 Gerhard Lubich, Territorien-, Kloster- u. Bistumspolitik in einer Gesellschaft im Wandel. Zur politischen Komponente des Herrschaftsaufbaus der Staufer vor 1138, in: Grafen, Herzöge, Könige – Der Aufstieg der frühen Staufer u. das Reich, hg. v. Hubertus Seibert u. a., Stuttgart 2005, 179–212.

LUBICH 2010 Gerhard Lubich, Das Kaiserliche, das Höfische u. der Konsens auf dem Mainzer Hoffest (1184). Konstruktion, Inszenierung u. Darstellung gesellschaftlichen Zusammenhalts am Ende des 12. Jahrhunderts, in: Staufisches Kaisertum, 277–293.

LUCKHARDT/NIEHOFF/BIEGEL 1995 Jochen Luckhardt, Franz Niehoff, Gerd Biegel (Hg.), Heinrich der Löwe u. seine Zeit. Herrschaft u. Repräsentation der Welfen 1125–1235. Katalog der Ausstellung Braunschweig 1995, 3 Bde., München 1995.

MAINONI 2003 Patrizia Mainoni, A proposito della «rivoluzione fiscale» nell'Italia settentrionale del XII secolo, in: Studi storici 44, 2003, 5–42.

MAJOCCHI 2005 Piero Majocchi, *Papia civitas imperialis*. Federico I di Svevia e le tradizioni regie pavesi, in: Bollettino della Società Pavese di Storia Patria 105, 2005, 19–51.

MAJOCCHI 2008 Piero Majocchi, Pavia città regia. Storia e memoria di una capitale altomedievale, Roma 2008.

MAJOCCHI 2010 Piero Majocchi, The treasure of Theodelinda: ideological claims and political contingencies in the construction of a myth, in: Archaeology of Identity – Archäologie der Identität, hg. v. Walter Pohl u. a., Wien 2010, 245–267.

MALECZEK 1984 Werner Maleczek, Papst u. Kardinalskolleg v. 1191 bis 1216. Die Kardinäle unter Coelestin III. u. Innocenz III., Wien 1984.

MANARESI 1919 Cesare Manaresi, Gli atti del comune di Milano fino all'anno MCCXVI, Bd. 1, Milano 1919.

MARTINI 1976 Giuseppe Martini, La battaglia di Legnano: la realità e il mito, in: Nuova Antologia 528, 1976, 357–371.

MASCANZONI 1996 Leardo Mascanzoni, Il Tolosano e i suoi continuatori. Nuovi elementi per uno studio della composizione del Chronicon Faventinum, Roma 1996.

MATZKE 2008 Michael Matzke, Der Kaiser im Münzbild, in: Herrschaftsräume, Herrschaftspraxis u. Kommunikation zur Zeit Kaiser Friedrichs II., hg. v. Knut Görich u. a., München 2008, 173–204.

MAURER 1978 Helmut Maurer, Der Herzog von Schwaben. Grundlagen, Wirkungen und Wesen seiner Herrschaft in ottonischer, salischer und staufischer Zeit, Sigmaringen 1978.

MAYR 1977 Hubert Mayr, Der Pontifikat des Gegenpapstes Viktor IV. (1159–1164). Beiträge zu seiner Biographie, Diss. phil. Wien 1977, 1–11.

MÉGIER 1990 Elisabeth Mégier, *Tamquam lux post tenebris*, oder: Ottos v. Freising Weg v. der Chronik zu den Gesta Frederici, in: Mediaevistik 3, 1990, 131–267.

MENANT 2004 François Menant, La prima età comunale (1097–1183), in: Storia di Cremona. Dall'alto medioevo all'età comunale, a cura di Giancarlo Andenna, Bergamo 2004, 198–281.

MEUTHEN 1966/1967 Erich Meuthen, Die Aachener Pröpste bis zum Ende der Stauferzeit, in: Zeitschrift des Aachener Geschichtsvereins 78, 1966/1967, 5–95.

MEYER 2002 Bruno Berthold Meyer, Kastilien, die Staufer u. das Imperium. Ein Jahrhundert politischer Kontakte im Zeichen des Kaisertums, Husum 2002.

MEYER 2010 Christoph H. F. Meyer, Europa lernt eine neue Sprache: Das römische Recht im 12. Jahrhundert, in: Verwandlungen des Stauferreichs: drei Innovationsregionen im mittelalterlichen Europa, hg. v. Alfried Wieczorek u. a., Darmstadt 2010, 321–335.

MEYER 1972 Hans Eberhard Meyer, Kaiserrecht u. Heiliges Land, in: Aus

Reichsgeschichte u. Nordischer Geschichte, hg. v. Horst Fuhrmann u. a., Stuttgart 1972, 193–208.

MEYER 1975 Hans Eberhard Meyer, Staufische Weltherrschaft? Zum Brief Heinrichs II. v. England an Friedrich Barbarossa v. 1157 (1966), ND in: Friedrich Barbarossa, hg. v. Gunther Wolf, Darmstadt 1975, 184–207.

MEYER 2007 Hans Eberhard Meyer, Der Prophet u. sein Vaterland. Leben u. Nachleben v. Reinhold Röhricht, in: *In Laudem Hierosolymitani*. Studies in Crusades and Medieval Culture in Honour of Benjamin Z. Kedar, ed. by Iris Shagir u. a., Aldershot 2007, 233–241.

MEYER 1998 Werner Meyer, *Der stier v. Ure treib ein grob gesang*. Fahnen u. andere Feldzeichen in der spätmittelalterlichen Eidgenossenschaft, in: Information, Kommunikation u. Selbstdarstellung in mittelalterlichen Gemeinden, hg. v. Alfred Haverkamp, München 1998, 201–235.

MEYER-GEBEL 1992 Marlene Meyer-Gebel, Bischofsabsetzungen in der deutschen Reichskirche vom Wormser Konkordat bis zum Ausbruch des Alexandrinischen Schismas (1159), Siegburg 1992.

MIETHKE 2002 Jürgen Miethke, Rituelle Symbolik u. Rechtswissenschaft im Kampf zwischen Kaiser u. Papst. Friedrich Barbarossa u. der Konflikt um die Bedeutung v. Ritualen, in: Ein gefüllter Willkomm: Festschrift für Knut Schulz zum 65. Geburtstag, hg. v. Franz J. Felten u. a., Aachen 2002, 91–125.

MINKENBERG 1989 Georg Minkenberg, Der Barbarossaleuchter im Dom zu Aachen, in: Zeitschrift des Aachener Geschichtsvereins 96, 1989, 69–102.

MÖHRING 1980 Hannes Möhring, Saladin u. der 3. Kreuzzug. Aiyubidische Strategie u. Diplomatie im Vergleich vornehmlich der arabischen mit den lateinischen Quellen, Wiesbaden 1980.

MÖHRING 1982 Hannes Möhring, Byzanz zwischen Sarazenen u. Kreuzfahrern, in: Das Heilige Land im Mittelalter. Begegnungsraum zwischen Orient u. Okzident, hg. v. Wolfdietrich Fischer u. a., Neustadt a. d. Aisch 1982, 45–75.

MORAW 1988 Peter Moraw, Die Hoffeste Kaiser Friedrich Barbarossas v. 1184 u. 1188, in: Das Fest. Eine Kulturgeschichte v. der Antike bis zur Gegenwart, hg. v. Uwe Schulze, München 1988, 70–83 u. 425–428.

MORPURGO 1995 Piero Morpurgo, *Tuum studium sit velle regnare diu*: la sovranità fondata sulla ‹nuova› filosofia e sulle ‹nuove› tradizioni, in: Federico II e le nuove culture. Atti del XXXI Convegno storico internazionale, Todi, 9–12 ottobre 1994, Spoleto 1995, 173–224.

MUNZ 1969 Peter Munz, Frederick Barbarossa. A Study in Medieval Politics, London 1969.

MURRAY 2006 Alan V. Murray, Zum Transfer v. Zahlungsmitteln bei Kreuzzugsexpeditionen: Überlegungen zur Logistik des Kreuzzuges Kaiser Friedrichs I. (1189–1190), in: Transfer: Innovationen in der Zeit der Kreuzzüge; Akten der 4. Landauer Staufertagung, 27.–29. Juni 2003, hg. v. Volker Herzner, Speyer 2006, 25–37.

MURRAY 2007 Alan V. Murray, Finance and logistics of the crusade of Frederick Barbarossa, in: *In Laudem Hierosolymitani*: Studies in Crusades and Medieval Culture in Honour of Benjamin Z. Kedar, ed. by Iris Shagrif u. a., Aldershot 2007, 357–368.

MUSAJO SOMMA 2009 Ivo Musajo Somma, Da Ugo a Tedaldo I vertici della chiesa piacentina nella prima fase del confronto con Federico I (1160–1167), in: Medioevo Piacentino e altri studi. Atti della giornata di studi in onore di Piero Castignoli, a cura di Anna Riva, Piacenza 2009, 27–44.

NICHOLSON 1997 Helen J. Nicholson, Introduction, in: Chronicle of the Third Crusade. A Translation of the Itinerarium Peregrinorum et Gesta Regis Ricardi, Aldershot 1997, 1–17.

NIEDERKORN 1986 Jan Paul Niederkorn, Die Mitgift der Kaiserin Irene: Anmerkungen zur byzantinischen Politik König Konrads III., in: Römische historische Mitteilungen 28, 1986, 125–139.

NIEDERKORN 1995 Jan Paul Niederkorn, Friedrich v. Rothenburg u. die Königswahl v. 1152, in: Von Schwaben bis Jerusalem. Facetten staufischer Geschichte, hg. v. Sönke Lorenz u. a., Sigmaringen 1995, 51–59.

NIEDERKORN 2000 Jan Paul Niederkorn, Thessalonike – Konstanz – Ancona: Kontinuität u. Wandel in der staufischen Außenpolitik 1148 bis 1155, in: Römische historische Mitteilungen 42, 2000, 213–244.

NIEDERKORN 2007 Jan Paul Niederkorn, Zu glatt u. daher verdächtig? Zur Glaubwürdigkeit der Schilderung der Wahl Friedrich Barbarossas (1152) durch Otto v. Freising, in: Mitteilungen des Instituts für Österreichische Geschichtsforschung 115, 2007, 1–9.

NILGEN 1997 Ursula Nilgen, Bilder im Widerstreit zwischen Regnum u. Sacerdotium, in: Streit um Bilder. v. Byzanz bis Duchamp, hg. v. Karl Möseneder, Berlin 1997, 27–47.

NILGEN 2000 Ursula Nilgen, Herrscherbild u. Herrschergenealogie der Stauferzeit, in: Krönungen. Könige in Aachen – Geschichte u. Mythos, Bd. 1, hg. v. Mario Kramp, Mainz 2000, 357–367.

OEXLE 1981 Otto Gerhard Oexle, Armut u. Armenfürsorge um 1200. Ein Beitrag zum Verständnis der freiwilligen Armut bei Elisabeth v. Thüringen, in: Sankt Elisabeth – Fürstin, Dienerin, Heilige, hg. v. der Philipps-Universität Marburg, Sigmaringen 1981, 78–100.

OEXLE 1984 Otto Gerhard Oexle, Memoria u. Memorialbild, in: *Memoria*. Der geschichtliche Zeugniswert des liturgischen Gedenkens im Mittelalter, hg. v. Karl Schmid u. a., München 1984, 384–440.

OEXLE 1994 Otto Gerhard Oexle, Die *Memoria* Heinrichs des Löwen, in: *Memoria* in der Gesellschaft des Mittelalters, hg. v. Dieter Geuenich u. a., Göttingen 1994, 128–179.

OEXLE 2005 Otto Gerhard Oexle, Staat – Kultur – Volk. Deutsche Mittelalterhistoriker auf der Suche nach der historischen Wahrheit 1918–1945, in: Die deutschsprachige Mediävistik im 20. Jahrhundert, hg. v. Peter Moraw u. a., Ostfildern 2005, 63–101.

OHAINSKI 2003 Uwe Ohainski, Arnold v. Dorstadt. Ostfälischer Adliger im Umkreis Friedrich Barbarossas u. Heinrichs des Löwen – Stifter des Augustiner Chorherrenstiftes Dorstadt, in: Braunschweigisches Jahrbuch für Landesgeschichte 84, 2003, 11–38.

OHNSORGE 1932/1963 Werner Ohnsorge, «Kaiser» Konrad III. Zur Geschichte des staufischen Staatsgedankens, in: Mitteilungen des Österreichischen Instituts für Geschichtsforschung 46, 1932, 343–360; wiederabgedruckt in: Ders., Abendland u. Byzanz. Gesammelte Aufsätze zur Geschichte der byzantinisch-abendländischen Beziehungen u. des Kaisertums, Darmstadt 1963, 364–386.

OPLL 1976 Ferdinand Opll, Das kaiserliche Mandat im 12. Jahrhundert (1125–1190), in: Mitteilungen des Instituts für Österreichische Geschichtsforschung 84, 1976, 290–327.

OPLL 1977a Ferdinand Oppl, Die Winterquatember im Leben Friedrich Barbarossas, in: Mitteilungen des Instituts für Österreichische Geschichtsforschung 85, 1977, 332–341.

OPLL 1977b Ferdinand Opll, Beiträge zur Auswertung der jüngeren Hildesheimer Briefsammlung, in: Deutsches Archiv 33, 1977, 473–500.

OPLL 1978 Ferdinand Opll, Das Itinerar Kaiser Friedrich Barbarossas (1152–1190), Wien 1978.

OPLL 1980 Ferdinand Opll, *Amator ecclesiarum*. Studien zur religiösen Haltung Friedrich Barbarossas, in: Mitteilungen des Instituts für Österreichische Geschichtsforschung 88, 1980, 70–93.

OPLL 1985 Ferdinand Opll, *Potestates Placentie*. Ein Beitrag zur Geschichte der staufischen Reichsherrschaft in der Lombardei, in: Mitteilungen des Österreichischen Instituts für Geschichtsforschung 93, 1985, 31–45.

OPLL 1986a Ferdinand Opll, Stadt u. Reich im 12. Jahrhundert (1125–1190), Wien 1986.

OPLL 1986b Ferdinand Opll, L'attenzione del potere per un grande transito sovraregionale: il Monte Bardone nel XII secolo, in: Quaderni Storici 61, 1986, 57–75.

OPLL 1987 Ferdinand Opll, Barbarossa in Bedrängnis: Zur uneinheitlichen Datierung eines Diploms aus dem Spätsommer 1167, in: Deutsches Archiv 43, 1987, 194–199.

OPLL 1990 Ferdinand Opll, La politica cittadina di Federico I Barbaossa nel Regnum Italicum, in: Federico I Barbarossa e l'Italia nell'ottocentesimo anniversario della sua morte. Atti del convegno Roma, 24–26 maggio 1990, a cura di Isa Lori Sanfilippo, 1990, 85–114.

OPLL 1999 Ferdinand Opll, Le vie dell'imperatore. Riflessioni sull'interpretazione storica dell'itinerario, in: Itinerari medievali e identità europea, a cura di Roberto Greco, Bologna 1999, 75–95.

OPLL 2007 Ferdinand Opll, «Die Regelung der bayerischen Frage 1156»: Friedrich Barbarossa, Heinrich der Löwe u. Heinrich Jasomirgott – Gestalter u.

Mitgestalter, in: Die Geburt Österreichs, hg. v. Peter Schmid u. a., Regensburg 2007, 37–75.
OPLL 2009 Ferdinand Opll, Friedrich Barbarossa, Darmstadt 1990, 4. Aufl. 2009.
OPLL 2010a Ferdinand Opll, Friedrich Barbarossa als Gründer v. italienischen Städten. Lodi – Alessandria/Caesarea – Crema, in: Mitteilungen des Instituts für Österreichische Geschichtsforschung 118, 2010, 27–60.
OPLL 2010b Ferdinand Opll, Rezension zu Johannes Laudage, Friedrich Barbarossa, in: Mitteilungen des Instituts für Österreichische Geschichtsforschung 118, 2010, 477 f.
OTTO 1942 Eberhard Otto, Friedrich Barbarossa in seinen Briefen, in: Deutsches Archiv 5, 1942, 72–111.
PACAUT 1969 Marcel Pacaut, Friedrich Barbarossa, Stuttgart 1969.
PAMME-VOGELSANG 1998 Gudrun Pamme-Vogelsang, Die Ehen mittelalterlicher Herrscher im Bild. Untersuchungen zu zeitgenössischen Herrscherpaardarstellungen des 9. bis 12. Jahrhunderts, München 1998.
PANZER 2008 Stephan Panzer, Die Chronik Arnolds v. Lübeck – Darstellungsabsicht u. Adressaten, in: Die Chronik Arnolds v. Lübeck, hg. v. Stephan Freund u. a., Frankfurt 2008, 45–71.
PARAVICINI 1994 Werner Paravicini, Die ritterlich-höfische Kultur des Mittelalters, München 1994.
PARAVICINI 1995 Werner Paravicini, Alltag bei Hofe, in: Alltag bei Hofe, hg. v. Werner Paravicini, Sigmaringen 1995, 9–30.
PARVICINI 1997 Werner Paravicini, Zeremoniell u. Raum, in: Zeremoniell u. Raum, hg. v. Werner Paravicini, Sigmaringen 1997, 11–36.
PATZE 1979 Hans Patze, Friedrich Barbarossa u. die deutschen Fürsten, in: Die Zeit der Staufer. Geschichte, Kunst, Kultur. Katalog der Ausstellung Stuttgart 1977, Bd. 5: Supplement. Vorträge u. Forschungen, Stuttgart 1979, 35–75.
PATZOLD 2007 Steffen Patzold, Konsens u. Konkurrenz. Überlegungen zu einem aktuellen Forschungskonzept der Mediävistik, in: Frühmittelalterliche Studien 41, 2007, 75–103.
PAVONI 2005 Romeo Pavoni, Il governo di Alessandria alle origine del comune, in: Nuova rivista storica 99, 2005, 1–54.
PEHNT 2003 Sabine Pehnt, Prämonstratenser u. Staufer. Zur Rolle des Reformordens in der staufischen Reichs- u. Territorialpolitik, Husum 2003.
PETERS 1879 Carl Peters, Untersuchungen zur Geschichte des Friedens v. Venedig, Hannover 1879.
PETERSOHN 1970 Jürgen Petersohn, Papstschisma u. Kirchenfrieden. Geistesgeschichtliche Stellung u. stadtrömischer Hintergrund des Traktats «De vera pace contra schisma sedis apostolicae» aus dem Jahre 1171, in: Quellen u. Forschungen aus Italienischen Archiven u. Bibliotheken 59, 1970, 158–196.
PETERSOHN 1975 Jürgen Petersohn, Die päpstliche Kanonisationsdelegation des 11. u. 12. Jahrhunderts u. die Heiligsprechung Karls des Großen, in: Proceed-

ings of the Fourth International Congress of Medieval Canon Law, Città del Vaticano 1975, 163–206.

PETERSOHN 1992 Jürgen Petersohn, Friedrich Barbarossa u. Rom, in: Friedrich Barbarossa. Handlungsspielräume u. Wirkungsweisen des staufischen Kaisers, hg. v. Alfred Haverkamp, Sigmaringen 1992, 129–146.

PETERSOHN 1994 Jürgen Petersohn, Kaisertum u. Kultakt in der Stauferzeit. in: Politik und Heiligenverehrung im Hochmittelalter, hg. v. Jürgen Petersohn, Sigmaringen 1994, 101–146.

PETERSOHN 2003 Jürgen Petersohn, Friedrich Barbarossa, Heinrich der Löwe u. die Kirchenorganisation in Transalbingien, in: Heinrich der Löwe, hg. v. Johannes Fried u. a., Ostfildern 2003, 239–279.

PETERSOHN 2009 Jürgen Petersohn, *Capitolium conscendimus*. Kaiser Heinrich V. u. Rom, Frankfurt a. M. 2009.

PETERSOHN 2010 Jürgen Petersohn, Kaisertum u. Rom in spätsalischer u. staufischer Zeit. Romidee u. Rompolitik v. Heinrich V. bis Friedrich II., Hannover 2010.

PFLEFKA 2005 Sven Pflefka, Das Bistum Bamberg, Franken u. das Reich in der Stauferzeit. Der Bamberger Bischof im Elitengefüge des Reiches (1138–1245), Würzburg 2005.

PHILIPPI 1886 Friedrich Philippi, Die Cappenberger Porträtbüste Kaiser Friedrichs I., in: Zeitschrift für vaterländische Geschichte u. Alterthumskunde 24 I, 1886, 150–161.

PHILLIPS 2001 Jonathan Phillips, Papacy, Empire and the Crusade, in: The Second Crusade. Scope and consequences, ed. by Jonathan Phillips u. a., Manchester 2001, 15–31.

PHILLIPS 2007 Jonathan Phillips, The Second Crusade. Extending the Frontiers of Christianity, New Haven 2007.

PICASSO 2006 Giorgio Picasso, Monasteri e città a Milano in età comunale, in: Monachorum tempora seu gesta exquirere. Studi di storia monastica (secoli VI–XIII), a cura di Giancarlo Andenna u. a., Berlin 2006, 319–333.

PILCH 2009 Martin Pilch, Der Rahmen der Rechtsgewohnheiten. Kritik des Normensystemdenkens entwickelt am Rechtsbegriff der mittelalterlichen Rechtsgeschichte, Wien 2009.

PISTARINO 1988 Geo Pistarino, Alessandria *de tribus locis*, in: Cultura e società nell'Italia medievale, studi per Paolo Brezzi, vol. 2, Roma 1988, 697–715.

PLASSMANN 1998 Alheydis Plassmann, Die Struktur des Hofes unter Friedrich I. Barbarossa nach den deutschen Zeugen seiner Urkunden, Hannover 1998.

PLASSMANN 2002 Alheydis Plassmann, Barbarossa u. sein Hof beim Frieden v. Venedig unter verschiedenen Wahrnehmungsperspektiven, in: Stauferreich im Wandel, 85–106.

POKORNY 2010 Rudolf Pokorny, *Augiensia*. Ein neuaufgefundenes Konvolut v. Urkundenabschriften aus dem Handarchiv der Reichenauer Fälscher des 12. Jahrhunderts, Hannover 2010.

PREISS 1934 Martin Preiss, Die politische Tätigkeit u. Stellung der Zisterzienser im Schisma v. 1159–1177, Berlin 1934.
PRIETZEL 2009 Malte Prietzel, Kleine Kämpfe im großen Krieg. Scharmützel bei der Belagerung Mailands 1158, in: Der umkämpfte Ort – v. der Antike zum Mittelalter, hg. v. Olaf Wagener, Frankfurt a. M. 2009, 323–334.
PRUTSCHER 1980 Uwe Prutscher, Der Eid in Verfassung u. Politik italienischer Städte. Untersuchungen im Hinblick auf die Herrschaftsformen Kaiser Friedrich Barbarossas, Phil. Diss. Gießen 1980.
PRUTZ 1874 Hans Prutz, Kaiser Friedrich I., Bd. 3, Danzig 1874.
RACCAGNI 2010 Gianluca Raccagni, The Lombard League 1167–1225, Oxford 2010.
RACINE 2007 Pierre Racine, Did Frederic Barberousse have a mediterranean policy?, in: Imago temporis 1, 2007, 87–104.
RACINE 2009 Pierre Racine, Frédéric Barberousse (1152–1190), Paris 2009.
RADER 2010 Olaf B. Rader, Friedrich II. Der Sizilianer auf dem Kaiserthron. Eine Biographie, München 2010.
RAGG 2006 Sascha Ragg, Ketzer u. Recht. Die weltliche Ketzergesetzgebung des Hochmittelalters unter dem Einfluß des römischen u. kanonischen Rechts, Hannover 2006.
REICHERT 2005 Folker Reichert, Mohammed in Mekka. Doppelte Grenzen im Islambild des lateinischen Mittelalters, in: Saeculum 56, 2005, 17–31.
REUTER 1975 Timothy Reuter, The Papal Schism, the Empire and the West 1159–1169, Diss. phil. Oxford 1975 (Manuskript).
REUTER 1993 Timothy Reuter, The Medieval German Sonderweg? The Empire and its Rulers in the High Middle Ages. In: Kings and Kingship in Medieval Europe, hg. v. Anne J. Duggan, London 1993, 179–211.
REUTER 1996 Timothy Reuter, Vom Parvenü zum Bündnispartner: das Königreich Sizilien in der abendländischen Politik des 12. Jahrhunderts, in: Die Staufer im Süden. Sizilien u. das Reich, hg. v. Theo Kölzer, Sigmaringen 1996, 43–56.
REUTER 2001 Timothy Reuter, Assembly politics in western Europe from the eigth century to the twelfth, in: The Medieval world, ed. by Peter Linehan u. a., London 2001, 432–450.
REUTER 2002 Timothy Reuter, Nur im Westen was Neues? Das Werden prämoderner Staatsformen im europäischen Hochmittelalter, in: Deutschland u. der Westen Europas im Mittelalter, hg. v. Joachim Ehlers, Stuttgart 2002, 327–351.
REUTER 2006 Timothy Reuter, Mandate, privilege, court judgement: techniques of rulership in the age of Frederick Barbarossa, in: Medieval polities and modern mentalities, ed. by Janet L. Nelson u. a., Cambridge 2006, 413–431.
REXROTH 2007 Frank Rexroth, Meistererzählungen und die Praxis der Geschichtsschreibung. Eine Skizze zur Einführung, in: Meistererzählungen vom Mittelalter. Epochenimaginationen u. Verlaufsmuster in der Praxis mediävistischer Disziplinen, hg. von Frank Rexroth, München 2007, 1–22.

REXROTH 2009 Frank Rexroth, Politische Rituale u. die Sprache des Politischen in der historischen Mittelalterforschung, in: Die Sprache des Politischen in actu, hg. v. Angela De Benedictis u. a., Göttingen 2009, 71–90.

RICHTER 1999 Klaus Richter, Friedrich Barbarossa hält Gericht. Zur Konfliktbewältigung im 12. Jahrhundert, Köln 1999.

RICKLIN 1995 Thomas Ricklin, *unde Aristoteles in physicis*. Elemente für eine Geschichte der Verbreitung der Physica des Aristoteles im lateinischen Westen zwischen 1140 u. 1230, in: Ders., Die *Physica* u. der *liber de causis* im 12. Jahrhundert, Freiburg/Schweiz 1995, 9–68.

RICKLIN 1998 Thomas Ricklin, Der Traum der Philosophie im 12. Jahrhundert. Traumtheorien zwischen Constantinus Africanus u. Aristoteles, Leiden 1998.

RIEDMANN 1973 Josef Riedmann, Die Beurkundung der Verträge Friedrich Barbarossas mit italienischen Städten. Studien zur diplomatischen Form v. Vertragsurkunden im 12. Jahrhundert, Wien 1973.

RIEDMANN 1994 Josef Riedmann, Die Bedeutung des Tiroler Raumes für die Italienpolitik Kaiser Friedrich Barbarossas, in: Kaiser Friedrich Barbarossa. Landesausbau – Aspekte seiner Politik – Wirkung, hg. v. Evamaria Engel u. a., Weimar 1994, 81–99.

RIEZLER 1870 Sigmund Riezler, Der Kreuzzug Kaiser Friedrichs I., in: Forschungen zur deutschen Geschichte 10, 1870, 1–149.

RÖHRICHT 1892 Reinhold Röhricht, Ein Brief über die Geschichte des Friedens v. Venedig (1177), in: Neues Archiv 17, 1892, 621–623.

ROGERS 1992 Randall Rogers, Latin Siege Warfare in the Twelfth Century, Oxford 1992.

RUSSELL 1992 Joyceline G. Russell, Diplomats at work. Three Renaissance Studies, Stroud 1992.

SCHÄFER 1920 Dietrich Schäfer, Mittelalterlicher Brauch bei der Überführung v. Leichen, in: Sitzungsberichte der Preußischen Akademie der Wissenschaften 26, 1920, 478–498.

SCHEFFER-BOICHORST 1866 Paul Scheffer-Boichorst, Kaiser Friedrichs' I. letzter Streit mit der Kurie, Berlin 1866.

SCHEFFER-BOICHORST 1897 Paul Scheffer-Boichorst, Zur Geschichte der Reichsburg Garda, in: Ders., Zur Geschichte des XII. u. XIII. Jahrhunderts, Berlin 1897, 27–48.

SCHEFFER-BOICHORST 1905 Paul Scheffer-Boichorst, Barbarossas Grab, in: Ders., Gesammelte Schriften, Bd. 2: Ausgewählte Aufsätze u. Abhandlungen, Berlin 1905, 154–164.

SCHENK 2003 Gerrit Jasper Schenk, Zeremoniell u. Politik. Herrschereinzüge im spätmittelalterlichen Reich, Köln 2003.

SCHIEFFER 1987 Rudolf Schieffer, Hofkapelle u. Aachener Marienstift bis in Staufische Zeit, in: Rheinische Vierteljahrsblätter 51, 1987, 1–21.

SCHIEFFER 1990 Rudolf Schieffer, Bleibt der *archipoeta* anonym?, in: Mitteilungen des Instituts für Österreichische Geschichtsforschung 98, 1990, 59–79.

LITERATUR 749

SCHIEFFER 2001 Rudolf Schieffer, Graf Heinrich II. v. Diez, in: *Italia et Germania. Liber Amicorum Arnold Esch*, hg. v. Hagen Keller u. a., Tübingen 2001, 425–438.

SCHIEFFER 2002 Rudolf Schieffer, Mit Barbarossa über die Alpen. Zum bayerisch-österreichischen Anteil an den Italienzügen Kaiser Friedrichs I., in: Bayern – vom Stamm zum Staat, Festschrift für Andreas Kraus, hg. v. Konrad Ackermann u. a., Bd. 1, München 2002, 53–66.

SCHIEFFER 2005 Rudolf Schieffer, Weltgeltung u. nationale Verführung. Die deutschsprachige Mediävistik vom ausgehenden 19. Jahrhundert bis 1918, in: Die deutschsprachige Mediävistik im 20. Jahrhundert, hg. v. Peter Moraw u. a., Ostfildern 2005, 39–61.

SCHIEFFER 2007 Rudolf Schieffer, Friedrich Barbarossa u. seine Verwandten, in: *De litteris, manuscriptis, inscriptionibus* … Festschrift zum 65. Geburtstag v. Walter Koch, hg. v. Theo Kölzer u. a., Wien 2007, 577–589.

SCHIEFFER 2010 Rudolf Schieffer, Wilhelm v. Giesebrecht, in: Münchner Historiker zwischen Politik u. Wissenschaft. 150 Jahre Historisches Seminar der Ludwig-Maximilians-Universität, hg. v. Katharina Weigand, München 2010, 119–136.

SCHLICHTE 2005 Annkristin Schlichte, Der «gute» König: Wilhelm II. v. Sizilien (1166–1189), Tübingen 2005.

SCHLICK 2001 Jutta Schlick, König, Fürsten u. Reich (1056–1159). Herrschaftsverständnis im Wandel, Stuttgart 2001.

SCHLUDI 2002 Ulrich Schludi, Der Weg nach Anagni – Versuch einer Rekonstruktion, in: Mitteilung des Instituts für Österreichische Geschichtsforschung 110, 2002, 281–328.

SCHLUDI 2010 Ulrich Schludi, *Advocatus sanctae Romanae ecclesiae* u. *specialis filius beati Petri*. Der römische Kaiser aus päpstlicher Sicht, in: Staufisches Kaisertum, 41–73.

SCHMALE 1968 Franz-Josef Schmale, Friedrich I. u. Ludwig VII. im Sommer des Jahres 1162, in: Zeitschrift für bayerische Landesgeschichte 31, 1968, 315–368.

SCHMIDT 1987 Ulrich Schmidt, Königswahl u. Thronfolge im 12. Jahrhundert, Köln 1987.

SCHMIDT 1995 Ulrich Schmidt, *A quo ergo habet, si a domno papa non habet imperium?* Zu den Anfängen der «staufischen Kaiserwahlen», in: Von Schwaben bis Jerusalem. Facetten staufischer Geschichte, hg. v. Sönke Lorenz u. a., Sigmaringen 1995, 61–88.

SCHMITZ-ESSER 2004 Romedio Schmitz-Esser, *In Urbe, quae caput mundi est*. Die Entstehung der römischen Kommune (1143–1155). Über den Einfluß Arnolds v. Brescia auf die Politik des römischen Senats, in: Innsbrucker Historische Studien 23/24, 2004, 1–42.

SCHMITZ-ESSER 2007 Romedio Schmitz-Esser, Arnold v. Brescia im Spiegel v. acht Jahrhunderten Rezeption. Ein Beispiel für Europas Umgang mit der mittelalterlichen Geschichte vom Humanismus bis heute, Wien 2007.

SCHMITZ-ESSER 2010 Romedio Schmitz-Esser, Otto v. Freising – ein idealer Verwandter?, in: Otto v. Freising, Rahewin, Conradus Sacrista. Geschichtsschreiber des 12. Jahrhunderts in Freising, Freising 2010, 29–40.

SCHNEIDER 1914–1924 Fedor Schneider, Analecta Toscana, in: Quellen u. Forschungen aus Italienischen Archiven u. Bibliotheken 17, 1914–1924, 1–77.

SCHNEIDMÜLLER 2000a Bernd Schneidmüller, Konsensuale Herrschaft. Ein Essay über Formen u. Konzepte politischer Ordnung im Mittelalter, in: Reich, Regionen u. Europa in Mittelalter u. Neuzeit. Festschrift für Peter Moraw, hg. v. Paul-Joachim Heinig u. a., Berlin 2000, 53–87.

SCHNEIDMÜLLER 2000b Bernd Schneidmüller, Die Welfen. Herrschaft u. Erinnerung, Stuttgart 2000.

SCHNEIDMÜLLER 2002 Bernd Schneidmüller, Zwischen Gott u. den Getreuen. Vier Skizzen zu den Fundamenten der mittelalterlichen Monarchie, in: Frühmittelalterliche Studien 36, 2002, 193–224.

SCHNEIDMÜLLER 2004 Bernd Schneidmüller, Von der politischen Verfassungsgeschichte zur Geschichte politischer Ordnungen u. Identitäten im europäischen Mittelalter, in: Zeitschrift für Geschichtswissenschaft 53, 2004, 485–500.

SCHNEIDMÜLLER 2008a Bernd Schneidmüller, Mittelalterliche Geschichtsschreibung als Überzeugungsstrategie. Eine Königswahl des 12. Jahrhunderts im Wettstreit der Erinnerungen, in: Heidelberger Jahrbücher 52, 2008, 167–188.

SCHNEIDMÜLLER 2008b Bernd Schneidmüller, Vor dem Staat. Über neue Versuche zur mittelalterlichen Herrschaft, in: Rechtsgeschichte 13, 2008, 178–186.

SCHNEIDMÜLLER 2009 Bernd Schneidmüller, Heinrich der Löwe. Innovationspotentiale eines mittelalterlichen Fürsten, in: Staufer u. Welfen. Zwei rivalisierende Dynastien im Hochmittelalter, hg. v. Werner Hechberger u. a., Regensburg 2009, 50–65.

SCHNELL 2004 Rüdiger Schnell, Historische Emotionsforschung. Eine mediävistische Standortbestimmung, in: Frühmittelalterliche Studien 38, 2004, 173–276.

SCHOLZ 2002 Sebastian Scholz, Symbolik u. Zeremoniell bei den Päpsten in der zweiten Hälfte des 12. Jahrhunderts, in: Stauferreich im Wandel, 131–148.

SCHOLZ 2005 Sebastian Scholz, Die Wiener Reichskrone. Eine Krone aus der Zeit Konrads III.?, in: Grafen, Herzöge, Könige – Der Aufstieg der frühen Staufer u. das Reich, hg. v. Hubertus Seibert u. a., Stuttgart 2005, 341–353.

SCHREIBMÜLLER 1955 Hermann Schreibmüller, Herzog Friedrich IV. v. Schwaben u. Rothenburg (1145–1167), in: Zeitschrift für bayerische Landesgeschichte 18, 1955, 213–242.

SCHREINER 1979 Klaus Schreiner, Friedrich Barbarossa, Herr der Welt, Zeuge der Wahrheit, die Verkörperung nationaler Macht u. Herrlichkeit, in: Die Zeit der Staufer, Bd. 5, Stuttgart 1979, 521–579.

SCHREINER 1986 Klaus Schreiner, Vom geschichtlichen Ereignis zum historischen Exempel. Eine denkwürdige Begegnung zwischen Kaiser Friedrich

Barbarossa u. Papst Alexander III. in Venedig u. ihre Folgen in Geschichtsschreibung, Literatur u. Kunst, in: Mittelalterrezeption, hg. v. Peter Wapnewski, Stuttgart 1986, 145–176.

SCHREINER 1994 Klaus Schreiner, Legitimität, Autonomie, Rationalisierung. Drei Kategorien Max Webers zur Analyse mittelalterlicher Stadtgesellschaften – wissenschaftsgeschichtlicher Ballast oder unabgegoltene Herausforderung?, in: Die okzidentale Stadt nach Max Weber, hg. v. Christian Meier, München 1994, 161–211.

SCHREINER 1996 Klaus Schreiner, «Gerechtigkeit u. Frieden haben sich geküßt» (Ps. 84,11). Friedensstiftung durch symbolisches Handeln, in: Träger u. Instrumentarien des Friedens im hohen u. späten Mittelalter, hg. v. Johannes Fried, Sigmaringen 1996, 37–86.

SCHREINER 2001 Klaus Schreiner, *Nudis pedibus*. Barfüßigkeit als religiöses u. politisches Ritual, in: Formen u. Funktionen öffentlicher Kommunikation im Mittelalter, hg. v. Gerd Althoff, Stuttgart 2001, 53–124.

SCHREINER 2010 Klaus Schreiner, *Osculum pacis*. Bedeutungen u. Geltungsgründe einer symbolischen Handlung, in: Spielregeln der Mächtigen. Mittelalterliche Politik zwischen Gewohnheit u. Konvention, hg. v. Claudia Garnier u. a., Darmstadt 2010, 165–203.

SCHRÖDER 2004 Sybille Schröder, Macht u. Gabe. Materielle Kultur am Hof Heinrichs II. v. England, Husum 2004, 271–278.

SCHRÖTER 1987 Michael Schröter, Wildheit u. Zähmung des erotischen Blicks. Zum Zivilisationsprozeß v. deutschen Adelsgruppen im 13. Jahrhundert, in: Merkur 41, 1987, 469–481.

SCHÜTTE 2008 Bernd Schütte, Staufer u. Welfen in der Chronik Arnolds v. Lübeck, in: Die Chronik Arnolds v. Lübeck. Neue Wege zu ihrem Verständnis, hg. v. Stephan Freund u. a., Frankfurt a. M. 2008, 113–148.

SCHULTE 2004 Petra Schulte, Friedrich Barbarossa, die italienischen Kommunen u. das politische Konzept der Treue, in: Frühmittelalterliche Studien 38, 2004, 153–172.

SCHULZ 1982 Knut Schulz, Die Zisterzienser in der Reichspolitik während der Stauferzeit, in: Die Zisterzienser. Ordensleben zwischen Ideal u. Wirklichkeit, Ergänzungsband, hg. v. Kaspar Elm, Köln 1982, 165–193.

SCHULZ 1992 Knut Schulz, «Denn sie lieben die Freiheit so sehr ...» Kommunale Aufstände u. Entstehung des europäischen Bürgertums im Hochmittelalter, Darmstadt 1992.

SCHULZ 2004 Juergen Schulz, The new palaces of medieval Venice, Pennsylvania 2004.

SCHUSTER 1995 Beate Schuster, Das Treffen v. St. Jean-de-Losne im Widerstreit der Meinungen. Zur Freiheit der Geschichtsschreibung im 12. Jahrhundert, in: Zeitschrift für Geschichtswissenschaft 43, 1995, 211–245.

SCHWARZ 2003 Jörg Schwarz, Herrscher- u. Reichstitel bei Kaisertum u. Papsttum im 12. u. 13. Jahrhundert, Köln 2003.

SCHWARZMAIER 1968 Hansmartin Schwarzmaier, Zur Familie Viktors IV. in der Sabina, in: Quellen u. Forschungen aus Italienischen Archiven u. Bibliotheken 48, 1968, 64–79.

SCHWARZMAIER 1995 Hansmartin Schwarzmaier, Die monastische Welt der Staufer u. Welfen im 12. Jahrhundert, in: v. Schwaben bis Jerusalem. Facetten staufischer Geschichte, hg. v. Sönke Lorenz u. a., Sigmaringen 1995, 241–259.

SCHWARZMAIER 1999 Hansmartin Schwarzmaier, Bernhard v. Clairvaux am Oberrhein. Begegnungen u. Zeugnisse aus den Jahren 1146/47, in: Zeitschrift für Geschichte des Oberrheins 147, 1999, 61–78.

SCHWARZMAIER 2001a Hansmartin Schwarzmaier, *Pater imperatoris*. Herzog Friedrich II v. Schwaben, der gescheiterte König, in: *Mediaevalia Augiensia*. Forschungen zur Geschichte des Mittelalters, hg. v. Jürgen Petersohn, Stuttgart 2001, 247–284.

SCHWARZMAIER 2001b Hansmartin Schwarzmaier, Der Ausgang der Stauferzeit, in: Handbuch der Baden-Württembergischen Geschichte I.1: Von der Urzeit bis zum Ende der Staufer, hg. v. Meinrad Schaab u. a., Stuttgart 2001, 529–620.

SCHWARZMAIER 2002a Hansmartin Schwarzmaier, *Nobilis patris futurus heres nobilior*. Das Doppelporträt v. Friedrich Vater u. Sohn bei Otto v. Freising, in: *Scripturus vitam*. Lateinische Biographie v. der Antike bis in die Gegenwart, hg. v. Dorothea Walz, Heidelberg 2002, 509–518.

SCHWARZMAIER 2002b Hansmartin Schwarzmaier, Konrad v. Rothenburg. Herzog v. Schwaben. Ein biographischer Versuch, in: Württembergisch Franken 86, 2002, 13–36.

SCHWARZMAIER 2006 Hansmartin Schwarzmaier, Die Göppinger Urkunde König Friedrichs I. vom Mai 1154 u. die staufische Hausordnung, in: Stadt, Kirche, Adel. Göppingen v. der Stauferzeit bis ins späte Mittelalter, hg. v. Walter Ziegler, Göppingen 2006, 9–36.

SCHWEPPENSTETTE 2003 Frank Schweppenstette, Die Politik der Erinnerung. Studien zur Stadtgeschichtsschreibung Genuas im 12. Jahrhundert, Frankfurt 2003.

SEIBERT 1995 Hubertus Seibert, Reichsbischof u. Herrscher. Zu den Beziehungen zwischen Königtum u. Wormser Bischöfen in spätsalisch-frühstaufischer Zeit (1107–1217), in: Zeitschrift für die Geschichte des Oberrheins 143, 1995, 97–144.

SEIBERT 2002 Hubertus Seibert, Autorität u. Funktion. Das Papsttum u. die neuen religiösen Bewegungen in Mönch- u. Kanonikertum, in: Das Papsttum in der Welt des 12. Jahrhunderts, hg. v. Ernst-Dieter Hehl u. a., Stuttgart 2002, 207–241.

SEIBERT 2005 Hubertus Seibert, Die frühen ‹Staufer›: Forschungsstand u. offene Fragen, in: Grafen, Herzöge, Könige – Der Aufstieg der frühen Staufer u. das Reich, hg. v. Hubertus Seibert u. a., Stuttgart 2005, 1–39.

SEPP 1879 Johann Nepomuk Sepp, Meerfahrt nach Tyrus zur Ausgrabung der

Kathedrale mit Barbarossas Grab. Im Auftrag des Fürsten Reichskanzler unternommen, Leipzig 1879.

SETTIA 1993 Aldo A. Settia, L'assedio di Crema nel 1159: esperienze d'oltremare e suggestioni classiche, in: Ders., Comuni in guerra. Armi ed eserciti nell'Italia delle città, Bologna 1993, 261–276.

SIMONSFELD 1908 Henry Simonsfeld, Jahrbücher des Deutschen Reiches unter Friedrich I., Bd. 1, Leipzig 1908.

SPIESS 1997 Karl-Heinz Spieß, Rangdenken u. Rangstreit im Mittelalter, in: Zeremoniell u. Raum, hg. v. Werner Paravicini, Sigmaringen 1997, 39–61.

SPIESS 2002 Karl-Heinz Spieß, Der Hof Kaiser Barbarossas u. die politische Landschaft am Mittelrhein. Methodische Überlegungen zur Untersuchung der Hofpräsenz im Hochmittelalter, in: Deutscher Königshof, Hoftag u. Reichstag im späteren Mittelalter, hg. v. Peter Moraw, Stuttgart 2002, 49–76.

SPRENGER 1997 Kai-Michael Sprenger, Die Klöster v. Pavia zwischen Friedrich I. u. Alexander III. Zu einem verlorenen Mandat Friedrich Barbarossas u. den Auswirkungen des Schismas in Pavia, in: Quellen u. Forschungen aus Italienischen Archiven u. Bibliotheken 77, 1997, 18–50.

SPRENGER 2009 Kai-Michael Sprenger, Zwischen gefühlter u. gelenkter Erinnerungskultur – Welfen u. Staufer in Weingarten u. Ravensburg, in: Erinnerungsorte in Oberschwaben. Regionale Identität im kulturellen Gedächtnis, hg. v. Rolf Kießling u. a., Konstanz 2009, 93–138.

SPRENGER (im Druck) Kai-Michael Sprenger, *In tempore Frederici imperatoris de papa incerti sumus*. Studien zur Wahrnehmung u. Bewältigung des Alexandrinischen Schismas in Reichsitalien (1159–1177) (im Druck, voraussichtlich Berlin 2011).

STAUFER U. ITALIEN Die Staufer u. Italien. Drei Innovationsregionen im mittelalterlichen Europa, hg. v. Alfried Wieczorek u. a., 2 Bde., Darmstadt 2010.

STAUFERREICH IM WANDEL Stauferreich im Wandel. Ordnungsvorstellungen u. Politik in der Zeit Friedrich Barbarossas, hg. v. Stefan Weinfurter, Stuttgart 2002.

STAUFISCHES KAISERTUM Staufisches Kaisertum im 12. Jahrhundert. Konzepte – Netzwerke – Politische Praxis, hg. v. Stefan Burkhardt u. a., Regensburg 2010.

STECKEL 2011 Sita Steckel, Kulturen des Lehrens im Früh- u. Hochmittelalter. Autorität, Wissenskonzepte u. Netzwerke v. Gelehrten, Köln 2011.

STEHKÄMPER 1956 Hugo Stehkämper, Die reichspolitische Tätigkeit Bischof Hermanns II. v. Münster (1174–1203), in: Westfälische Zeitschrift 106, 1956, 1–78.

STIELDORF 2000 Andrea Stieldorf, Die Siegel der Herrscherinnen – Siegelführung u. Siegelbild der ‹deutschen› Kaiserinnen u. Königinnen, in: Rheinische Vierteljahresblätter 64, 2000, 1–44.

STIELDORF 2009 Andrea Stieldorf, Reiseherrschaft u. Residenz im frühen u. hohen Mittelalter, in: Historisches Jahrbuch 129, 2009, 147–177.

STÖCKEL 1993 Jan-Peter Stöckel, Die königliche Heerfahrtspraxis der frühen Stauferzeit (1125–1190) – dargestellt anhand der Anteilnahme des deutschen Hochadels unter Lothar III., Konrad III. u. Friedrich Barbarossa, Diss. phil. Humboldt-Universität, 2 Bde., Berlin 1993 (Manuskript).

STÖCKEL 1994 Jan-Peter Stöckel, Die Weigerung Heinrichs des Löwen zu Chiavenna (1176). Ein Beitrag zum Heerfahrtswesen der frühen Stauferzeit, in: Zeitschrift für Geschichtswissenschaft 42, 1994, 869–882.

STOLLBERG-RILINGER 1997 Barbara Stollberg-Rilinger, Zeremoniell als politisches Verfahren. Rangordnung u. Rangstreit als Strukturmerkmale des frühneuzeitlichen Reichstags, in: Neue Studien zur frühneuzeitlichen Rechtsgeschichte, hg. v. Johannes Kunisch, Berlin 1997, 91–132.

STOLLBERG-RILINGER 2004 Barbara Stollberg-Rilinger, Symbolische Kommunikation in der Vormoderne, in: Zeitschrift für Historische Forschung 31, 2004, 489–527.

STOLLBERG-RILINGER 2005 Barbara Stollberg-Rilinger, Was heißt Kulturgeschichte des Politischen? Einleitung, in: Was heißt Kulturgeschichte des Politischen?, hg. v. Ders., Berlin 2005, 9–24.

STOLLBERG-RILINGER 2010 Barbara Stollberg-Rilinger, Verfassungsgeschichte als Kulturgeschichte, in: Zeitschrift für Rechtsgeschichte, Germanistische Abteilung 127, 2010, 1–32.

STREHLE 2011 Lukas Strehle, *Cecidit corona capitis nostri.* Der Tod Friedrich Barbarossas im Urteil seiner Zeitgenossen, Zulassungsarbeit München 2011 (Manuskript)

STROLL 1997 Mary Stroll, The Medieval Abbey of Farfa. Target of Papal and Imperial Ambitions, Leiden 1997.

STRUVE 2007 Tilman Struve, Die Rolle des römischen Rechts in der kaiserlichen Theorie vor Roncaglia, in: Gli inizi, 71–99.

STÜRNER 2009 Wolfgang Stürner, Friedrich II., Darmstadt 1992–2000, 3. Aufl. 2009.

TABACCO 1990 Giovanni Tabacco, I rapporti tra Federico Barbarossa e l'aristocrazia italiana, in: Federico I Barbarossa e l'Italia nell'ottocentesimo anniversario della sua morte. Atti del convegno Roma, 24–26 maggio 1990, a cura di Isa Lori Sanfilippo, Roma 1990, 115–132.

TAGLIABUE 1992 Mauro Tagliabue, Gli abati di Chiaravalle nel medioevo (1135–1465), in: Chiaravalle. Arte e storia di un'abbazia cistercense, a cura di Paolo Tomea, Milano 1992, 50–89.

THOMSON 1975 Rodney M. Thomson, An English Eyewitness of the Peace of Venice 1177, in: Speculum 50, 1975, 21–32.

THORNDIKE 1959 Lynn Thorndike, The Horoscope of Barbarossa's First Born, in: The American Historical Review 64, 1959, 319–322.

THUMSER 2001 Matthias Thumser, Die frühe römische Kommune u. die staufischen Herrscher in der Briefsammlung Wibalds v. Stablo, in: Deutsches Archiv 57, 2001, 111–148.

TODT 1988 Klaus-Peter Todt, Bertha-Eirene v. Sulzbach. Eine Deutsche auf dem byzantinischen Kaiserthron, in: Hellenika Jahrbuch 1988, 113–147.

TODT 2001 Klaus-Peter Todt, Leben u. Tod Kaiser Friedrichs I. Barbarossa im Geschichtswerk des byzantinischen Historikers Niketas Choniates, in: Thetis. Mannheimer Beiträge zur Klassischen Archäologie u. Geschichte Griechenlands u. Zyperns 8, 2001, 129–140.

TOUNTA 2010 Eleni Tounta, Byzanz als Vorbild Friedrich Barbarossas, in: Staufisches Kaisertum, 159–174.

UEBACH 2008 Christian Uebach, Die Ratgeber Friedrich Barbarossas (1152–1167), Marburg 2008.

VALLERANI 2004 Massimo Vallerani, Il comune come mito politico. Immagini e modelli tra Otto e Novecento, in: Arti e storia nel medioevo, a cura di Enrico Castelnuovo u. a., vol. 4: Il Medioevo al passato e al presente, Torino 2004, 187–206.

VIGNATI 1966 Cesare Vignati, Storia diplomatica della Lega Lombarda (erstmals Mailand 1866), zitiert nach der Neuauflage mit Prefazione e aggiornamento bibliografico di Raoul Manselli, Turin 1966.

VISMARA 1970 Giulio Vismara, Struttura e istituzioni della Lega Lombarda, in: Popolo e stato in Italia nell'età di Federico Barbarossa. Alessandria e la Lega Lombarda, Torino 1970, 291–332.

VOLLRATH 1996 Hanna Vollrath, Fürstenurteile im staufisch-welfischen Konflikt v. 1138 bis zum Privilegium Minus. Recht u. Gericht in der oralen Rechtswelt des früheren Mittelalters, in: Funktion u. Form. Quellen u. Methodenprobleme der mittelalterlichen Rechtsgeschichte, hg. v. Karl Kroeschell u. a., Berlin 1996, 39–62.

VOLLRATH 1998 Hanna Vollrath, Politische Ordnungsvorstellungen u. politisches Handeln im Vergleich. Philipp II. August v. Frankreich u. Friedrich Barbarossa im Konflikt mit ihren mächtigsten Fürsten, in: Political Thought and the Realities of Power in the Middle Ages. Politisches Denken u. die Wirklichkeit der Macht im Mittelalter, hg. v. Joseph Canning u. a., Göttingen 1998, 33–51.

VOLLRATH 2002 Hanna Vollrath, Lüge oder Fälschung? Die Überlieferung v. Barbarossas Hoftag zu Würzburg im Jahr 1165 u. der Becket-Streit, in: Stauferreich im Wandel, 149–171.

VOLLRATH 2004 Hanna Vollrath, The kiss of peace, in: Peace treaties and international law in european history. From the late middle ages to world war one, ed. by Randall Lesaffer, Cambridge 2004, 162–183.

VOLTMER 1992 Ernst Voltmer, Nel segno della croce. Il carroccio come simbolo del potere, in: Militia Christi e Crociata nei secoli XI–XIII, Milano 1992, 193–207.

VOLTMER 1994a Ernst Voltmer, Leben im Schutz der Heiligen. Die mittelalterliche Stadt als Kult- u. Kampfgemeinschaft, in: Die Okzidentale Stadt nach Max Weber. Zum Problem der Zugehörigkeit in Antike u. Mittelalter, hg. v. Christian Meier, München 1994, 213–242.

VOLTMER 1994b Ernst Voltmer, Il carroccio, Torino 1994.
VON DER NAHMER 1974 Dieter v. der Nahmer, Zur Herrschaft Friedrich Barbarossas in Italien, in: Studi Medievali 15.2, 1974, 587–703.
VONES-LIEBENSTEIN 2002 Ursula Vones-Liebenstein, *Vir uxorius?* Barbarossas Verhältnis zur *Comitissa Burgundiae* im Umkreis des Friedens v. Venedig, in: Stauferreich im Wandel, 189–219.
WADLE 1999 Elmar Wadle, Zum Recht der Heerfahrt jenseits der Grenze: Friedrich Barbarossas Heerfrieden v. 1158 als Teil der hochmittelalterlichen Friedensbewegung, in: Grenzen erkennen, Begrenzungen überwinden. Festschrift für Reinhard Schneider, hg. v. Wolfgang Haubrichs u. a., Sigmaringen 1999, 191–204.
WADLE 2007 Elmar Wadle, Die Wahrung des Landfriedens als Aufgabe des Herrschers. Gedanken zur Regentschaft Friedrich Barbarossas u. Friedrichs II., in: Gli inizi, 37–66.
WAGENDORFER 2009 Martin Wagendorfer, Eine bisher unbekannte (Teil-)Überlieferung des Saladin-Briefes an Kaiser Friedrich I. Barbarossa, in: Deutsches Archiv 65, 2009, 565–584.
WAGNER 2009 Thomas Gregor Wagner, Die Seuchen der Kreuzzüge. Krankheit und Krankenpflege auf den bewaffneten Pilgerfahrten ins Heilige Land, Würzburg 2009.
WALTHER 1986 Helmut G. Walther, Die Anfänge des Rechtsstudiums u. die kommunale Welt Italiens im Hochmittelalter, in: Schulen u. Studium im sozialen Wandel des hohen u. späten Mittelalters, hg. v. Johannes Fried, Sigmaringen 1986, 121–162.
WALTHER 1988 Helmut G. Walther, Kaiser Friedrich Barbarossas Urkunde für Lübeck vom 19. September 1188, in: Zeitschrift des Vereins für Lübeckische Geschichte u. Altertumskunde 68, 1988, 11–48.
WEBER 2007 Christoph Friedrich Weber, Das Kommunikationsgeschehen der Privilegierung als Ort der Inszenierung Reichsitaliens im Hochmittelalter, oder: Wie die Staufer zu Nachfolgern des Langobardenkönigs Liutprand wurden, in: Frühmittelalterliche Studien 41, 2007, 185–206.
WEILER 2009 Björn Weiler, The king as judge: Henry II and Frederick Barbarossa as seen by their contemporaries, in: Challenging the boundaries of medieval history. The legacy of Timothy Reuter, ed. by Patricia Skinner, Turnhout 2009, 115–140.
WEINFURTER 1993 Stefan Weinfurter, Erzbischof Philipp v. Köln u. der Sturz Heinrichs des Löwen, in: Köln. Stadt u. Bistum in Kirche u. Reich des Mittelalters, Festschrift für Odilo Engels, hg. v. Hanna Vollrath u. a., Köln 1993, 455–481.
WEINFURTER 1995 Stefan Weinfurter, Die Entmachtung Heinrichs des Löwen, in: Heinrich der Löwe u. seine Zeit. Herrschaft u. Repräsentation der Welfen 1125–1235, Band 2: Essays, hg. v. Jochen Luckhardt u. a., München 1995, 180–189.

WEINFURTER 2002a Stefan Weinfurter, Venedig 1177 – Wende der Barbarossa-Zeit? Zur Einführung, in: Stauferreich im Wandel, 9–25.

WEINFURTER 2002b Stefan Weinfurter, Papsttum, Reich u. kaiserliche Autorität. v. Rom 1111 bis Venedig 1177, in: Das Papsttum in der Welt des 12. Jahrhunderts, hg. v. Ernst-Dieter Hehl, u. a., Stuttgart 2002, 77–99.

WEINFURTER 2003 Stefan Weinfurter, Friedrich I. Barbarossa, Adelberg u. die Prämonstratenser, in: Hohenstaufen Helfenstein. Historisches Jahrbuch für den Kreis Göppingen 13, 2003, 9–30.

WEINFURTER 2004 Stefan Weinfurter, Mythos Friedrich Barbarossa: Heiliges Reich u. Weltkaiseridee, in: Mythen in der Geschichte, hg. v. Helmut Altrichter u. a., Freiburg i. Br. 2004, 237–260.

WEINFURTER 2005a Stefan Weinfurter, Investitur u. Gnade. Überlegungen zur gratialen Herrschaftsordnung im Mittelalter, in: Investitur- u. Krönungsrituale. Herrschaftseinsetzungen im kulturellen Vergleich, hg. v. Marion Steinicke u. a., Köln 2005, 105–123.

WEINFURTER 2005b Stefan Weinfurter, Wie das Reich heilig wurde, in: Gelebte Ordnung, gedachte Ordnung. Ausgewählte Beiträge zu König, Kirche u. Reich, hg. v. Stefan Weinfurter, Stuttgart 2005, 361–384.

WEINFURTER 2010 Stefan Weinfurter, Zusammenfassende Bemerkungen zum staufischen Kaisertum im 12. Jahrhundert, in: Staufisches Kaisertum, 405–411.

WEISS 2008 Stefan Weiss, Papst u. Kanzler. Das Papsttum u. der Erzbischof v. Köln im 12. Jahrhundert, in: Römisches Zentrum u. kirchliche Peripherie. Das universale Papsttum als Bezugspunkt der Kirchen v. den Reformpäpsten bis zu Innozenz III., hg. v. Jochen Johrendt u. a., Berlin 2008, 285–298.

WEITZEL 1992 Jürgen Weitzel, Gewohnheitsrecht u. fränkisch-deutsches Gerichtsverfahren, in: Gewohnheitsrecht u. Rechtsgewohnheit im Mittelalter, hg. v. Gerhard Dilcher, Berlin 1992, 67–86.

WEITZEL 2002 Jürgen Weitzel, «Relatives Recht» u. «unvollkommene Rechtsgeltung» im westlichen Mittelalter, in: Rechtsbegriffe im Mittelalter, hg. v. Albrecht Cordes u. a., Frankfurt a. M. 2002, 43–62.

WELLER 2004 Tobias Weller, Die Heiratspolitik des deutschen Hochadels im 12. Jahrhundert, Köln 2004.

WERLE 1956 Hans Werle, Titelherzogtum u. Herzogsherrschaft, in: Zeitschrift der Savigny-Stiftung für Rechtsgeschichte, Germanistische Abteilung 73, 1956, 225–299.

WHITE 1998 Stephen D. White, The Politics of Anger, in: Anger's Past. The Social Uses of an Emotion in the Middle Ages, ed. by Barbara H. Rosenwein, Ithaca 1998, 127–152.

WHITTON 1979 David Whitton, Papal Policy in Rome 1012–1124, Diss. phil. Oxford 1979.

WILLOWEIT 1987 Dietmar Willoweit, Rezeption u. Staatsbildung im Mittelalter, in: Akten des 26. Deutschen Rechtshistorikertages, hg. v. Dieter Simon, Frankfurt a. M. 1987, 19–44.

WILLOWEIT 1999 Dietmar Willoweit, Fürst u. Fürstentum in Quellen der Stauferzeit, in: Rheinische Vierteljahresblätter 63, 1999, 7–25.

WILLOWEIT 2006 Dietmar Willoweit, Innergesellschaftlich u. hierarchisch begründete Rechtsbildung im Mittelalter. Ein Kommentar, in: *Leges-Gentes-Regna*. Zur Rolle v. germanischen Rechtsgewohnheiten u. lateinischer Schriftkultur, hg. v. Gerhard Dilcher u. a., Berlin 2006, 561–568.

WINTERLING 2004 Aloys Winterling, «Hof». Versuch einer idealtypischen Bestimmung anhand der mittelalterlichen u. frühneuzeitlichen Geschichte, in: Hof u. Theorie. Annäherungen an ein historisches Phänomen, hg. v. Dietmar Willoweit u. a., Köln 2004, 77–90.

WITTEKIND 2005 Susanne Wittekind, *Caput et corpus*. Die Bedeutung der Sockel v. Kopfreliquiaren, in: Reliquiare im Mittelalter, hg. v. Bruno Reudenbach u. a., Berlin 2005, 107–135.

WOLF 2009 Kordula Wolf, Troja – Metamorphosen eines Mythos. Französische, englische u. italienische Überlieferungen des 12. Jahrhunderts im Vergleich, Berlin 2009.

WOLLASCH 1984 Joachim Wollasch, Vom Überleben einer Jahrtagsstiftung für Kaiser Friedrich I. Barbarossa, in: Alemannien u. Ostfranken im Frühmittelalter, hg. v. Franz Quarthal, Bühl 1984, 153–167.

WOLTER 1991 Heinz Wolter, Der Mainzer Hoftag v. 1184 als politisches Fest, in: Feste u. Feiern im Mittelalter, hg. v. Detlef Altenburg u. a., Sigmaringen 1991, 193–199.

WOLTER 1993 Heinz Wolter, Friedrich Barbarossa u. die Synode zu Pavia, in: Köln. Stadt u. Bistum in Kirche u. Reich des Mittelalters, Festschrift für Odilo Engels, hg. v. Hanna Vollrath u. a., Köln 1993, 415–453.

WURST 1972 Otto Wurst, Bischof Hermann v. Verden 1148–1167. Eine Persönlichkeit aus dem Kreise um Kaiser Friedrich I. Barbarossa, Hildesheim 1972.

ZACCARIA 1767 Francesco Antonio Zaccaria, Dell'antichissima badia di Leno libri tre, Venezia 1767.

ZEILLINGER 1970 Kurt Zeillinger, Friedrich Barbarossa, Wibald v. Stablo u. Eberhard v. Bamberg, in: Mitteilungen des Instituts für Österreichische Geschichtsforschung 78, 1970, 210–223.

ZEY 2002 Claudia Zey, Die päpstliche Legatenpolitik im 11. u. 12. Jahrhundert (1049–1181), Habilitationsschrift München 2002 (Manuskript).

ZEY 2004 Claudia Zey, *Imperatrix, si venerit Romam* ... Zur Krönung der Kaiserin im Mittelalter, in: Deutsches Archiv 60, 2004, 3–51.

ZEY 2008a Claudia Zey, Frauen u. Töchter der salischen Herrscher. Zum Wandel salischer Heiratspolitik in der Krise, in: Die Salier, das Reich u. der Niederrhein, hg. v. Tilmann Struve, Köln 2008, 47–98.

ZEY 2008b Claudia Zey, Die Augen des Papstes. Zu Eigenschaften u. Vollmachten päpstlicher Legaten, in: Römisches Zentrum u. kirchliche Peri-

LITERATUR 759

pherie. Das universale Papsttum als Bezugspunkt der Kirchen v. den Reformpäpsten bis zu Innozenz III., hg. v. Jochen Johrendt u. a., Berlin 2008, 77–108.

ZEY 2008c Claudia Zey, Handlungsspielräume – Handlungsinitiativen. Aspekte der päpstlichen Legatenpolitik im 12. Jahrhundert, in: Zentrum u. Netzwerk. Kirchliche Kommunikationen u. Raumstrukturen im Mittelalter, hg. v. Gisela Drossbach u. a., Berlin 2008, 63–92.

WALTER ZIEGLER 2008 Walter Ziegler, Philipp, Adelberg u. der Hohenstaufen, in: Philipp v. Schwaben. Ein Staufer im Kampf um die Königsherrschaft, Göppingen 2008, 62–121.

WOLFRAM ZIEGLER 2008 Wolfram Ziegler, König Konrad III. (1138–1152). Hof, Urkunden u. Politik, Wien 2008.

ZIEMANN 2005 Daniel Ziemann, Die Staufer – Ein elsässisches Adelsgeschlecht?, in: Grafen, Herzöge, Könige – Der Aufstieg der frühen Staufer u. das Reich, hg. v. Hubertus Seibert u. a., Stuttgart 2005, 99–133.

ZIMMERMANN 1986 Harald Zimmermann, Canossa 1077 u. Venedig 1177, u. Jahrhunderte danach (erstmals 1978), wiedergedruckt in: Im Bann des Mittelalters. Ausgewählte Beiträge zur Kirchen- u. Rechtsgeschichte, hg. v. Immo Eberl u. a., Sigmaringen 1986, 107–132.

ZOTZ 1990 Thomas Zotz, *Urbanitas*. Zur Bedeutung u. Funktion einer antiken Wertvorstellung innerhalb der höfischen Kultur des hohen Mittelalters, in: *Curialitas*, hg. v. Josef Fleckenstein, Göttingen 1990, 393–451.

ZOTZ 1991 Thomas Zotz, Präsenz u. Repräsentation. Beobachtungen zur königlichen Herrschaftspraxis im hohen u. späten Mittelalter, in: Herrschaft als soziale Praxis. Historische u. sozial-anthropologische Studien, hg. v. Alf Lüdtke, Göttingen 1991, 168–194.

ZOTZ 1998 Thomas Zotz, Königtum u. Reich zwischen Vergangenheit u. Gegenwart in der Reflexion v. Herrscherurkunden des deutschen Hochmittelalters, in: Hochmittelalterliches Geschichtsbewußtsein im Spiegel nichthistoriographischer Quellen, hg. v. Hans-Werner Goetz, Berlin 1998, 237–255.

ZOTZ 1999 Thomas Zotz, v. Hof zu Hof: Grenzerfahrungen mittelalterlicher Gesandtschaften, in: Grenzgänger zwischen Kulturen, hg. v. Hans-Joachim Gehrke u. a., Würzburg 1999, 251–263.

ZOTZ 2001 Thomas Zotz, Friedrich Barbarossa u. Herzog Friedrich (IV.) v. Schwaben. Staufisches Königtum u. schwäbisches Herzogtum um die Mitte des 12. Jahrhunderts, in: Mediaevalia Augiensia, hg. v. Jürgen Petersohn, Stuttgart 2001, 285–306.

ZOTZ 2002 Thomas Zotz, Der Südwesten auf dem Weg zur staufischen Königslandschaft, in: Orte der Herrschaft. Mittelalterliche Königspfalzen, hg. v. Caspar Ehlers, Göttingen 2002, 85–105.

ZOTZ 2009 Thomas Zotz, Die Ministerialen u. der Hof Friedrich Barbarossas, in: Friedrich Barbarossa u. sein Hof, Göppingen 2009, 59–77.

ZUG TUCCI 1985 Hannelore Zug Tucci, Il carroccio nella vita comunale italiana, in: Quellen u. Forschungen aus Italienischen Archiven u. Bibliotheken 65, 1985, 1–104.

ZWANZIG 2010 Christofer Zwanzig, Gründungsmythen fränkischer Klöster im Früh- und Hochmittelalter, Stuttgart 2010.

REGISTER

Abkürzungen: B. = Bischof; B.-W. = Baden-Württemberg; Dép.= Département; Eb. = Erzbischof; Em.-Ro. = Emilia-Romagna; Fl. = Fluß: Frkr. = Frankreich; Gem. = Gemahlin; Gf. = Graf; Hg. = Herzog; hl. = Heiliger; It. = Italien; K. = Kaiser; Kard. = Kardinal; Kb. = Kardinalbischof; Kd. = Kardinaldiakon; Kg. = König; Kp. = Kardinalpriester; Lgf. = Landgraf; Mgf. = Markgraf; NRW = Nordrhein-Westfalen; Pfgf. = Pfalzgraf; Rh.-Pf. = Rheinland-Pfalz.; s. = siehe.

Aachen 11, 61, 90, 102, 146, 204, 544, 602, 604f., 633–637, 642
- Hoftag (1165) 192
- Hoftag (1171) 608
- Krönung (1138, 1152, 1169) 11, 57, 59, 94f., 99, 103, 107f., 110, 114, 424
- Marienkirche 55, 95, 107, 109, 195, 637, 641, 643

Absalon, B. v. Roskilde 209
Adalbero, Eb. v. Trier 56
Adalbert, Eb. v. Mainz 50f., 102
Adalbert III., Eb. v. Salzburg 431, 458, 528, 612, 616
Adalbert v. Sommerschenburg, sächs. Pfgf. 465
Adda (Fl.) 286f., 291, 313, 331f., 334, 339, 516, 628, 630
Adela v. Vohburg, 1. Gem. K. Friedrich Barbarossas 36, 142f., 256
Adela, Tochter Mgf. Konrads v. Wettin 119
Adelardino v. Lendinara 169
Adelberg (B.-W.), Prämonstratenserstift 148, 206
Adelpret, B. v. Trient 285

Ademar, B. v. Le Puy 599
Adrianopel (Edirne, Türkei) 74, 569–572, 574, 576f., 580
Adventor, hl. 632
Agnes, Tochter K. Friedrich Barbarossas 639
Agnes, 1. Gem. Hg. Friedrichs I. v. Schwaben, 2. Gem. Mgf. Leopolds III. 33, 42, 46, 65f., 262
Agnes v. Saarbrücken, Gräfin, 2. Gem. Hg. Friedrichs II. v. Schwaben 73
Agnes, Gem. Wladislaws II., Hg. v. Krakau u. Schlesien 262f.
Akkon (Israel) 76, 539, 600
Alardus, Archidiakon v. Cambrai 191f., 194
Alba (Piemont, It.) 497
Alberich, B. v. Lodi 406
Albernardus, Bürger v. Lodi 227f.
Albert, B. v. Freising 411, 627
Albert v. Stade, Chronist 167, 596
Albert, Gf. v. Tirol 620
Alberto Giussano 383
Albrecht I. der Bär, Hg. v. Sachsen, Mgf. v. Brandenburg 66, 110, 118f., 127, 263, 465, 479, 546

Alessandria (Lombardei, It.) 372 ff., 386, 488 ff., 495 f., 512
- Belagerung (1174/75) 373–380, 470, 485, 617, 656
Alexander III., Papst 23, 85, 140, 156, 164 f., 175, 180, 208 f., 214, 217, 219, 269 f., 272, 277, 319 f., 322, 360 f., 363, 372 f., 379, 384, 389–416, 419–428, 430 ff., 434–456, 458–461, 467, 470, 479, 487, 490, 494, 496, 501, 504, 510, 515, 518, 521, 525 f., 565, 593, 602, 629, 654, 656, 660, 661
Alexander, B. v. Lüttich 418, 634
Alexander, Abt v. Cîteaux 420 f., 423
Alexius, Neffe Isaaks II. 558
Altdorf (Elsaß, Frkr.) 106
Altenburg (Thüringen) 263
- Hoftag (1180) 479
- Hospital 638
Amadeus, B. v. Lausanne 611
Ambrosius, hl. 344
Anagni (Latium, It.) 320, 384 f., 393, 428, 432, 434 ff., 438, 444, 450, 456, 459
Anaklet II., Papst 273
Anastasius IV., Papst 241
Ancona (Marken, It.) 152, 251 f., 268, 364, 366 f., 465, 568, 628
Andernach (Rh.-Pf.) 416
Ansbert, Chronist 23, 596
Anselm, Eb. v. Mailand 54
Anselm, Eb. v. Ravenna, B. v. Havelberg 121, 199, 224, 226, 289 f., 296
Anselm v. Dovara 376
Antiochia (Antakya, Türkei) 77, 581, 586, 588, 596 f., 599
- St. Peter 599
Aquileja (Venetien, It.) 395, 522, 633
Ardicio v. S. Teodoro, Kard. 428
Arducius, B. v. Genf 611
Arduin, Protonotar 379, 427

Arles (Dép. Bouches-du-Rhône, Frkr.) 137, 257, 260, 630 f.
Arnold v. Selenhofen, Eb. v. Mainz 122, 162, 164, 173, 265 f., 284, 334, 395
Arnold II., Eb. v. Köln 95, 102, 107, 110, 121, 164, 242, 271, 661
Arnold, Eb. v. Trier 372, 437, 525
Arnold, B. v. Osnabrück 559
Arnold v. Lübeck, Abt u. Chronist 22, 84 f., 476, 480 f., 506, 512 f.
Arnold v. Brescia, Prediger 223, 241
Arnold v. Dorstadt, Gf. 349, 353 f.
Arnold Barbavaria 368
Arnsburg (Hessen) 101 f.
Asti (Piemont, It.) 236, 334, 369, 372, 497, 528
Augsburg 41, 43, 111, 147, 152, 231, 253, 281, 316, 391, 542, 633, 637
- Hoftag (1186) 521
- St. Ulrich u. Afra 28, 633, 638
- Vergleich (1158) 133
August II. der Starke, Kg. v. Polen 157

Baden, Mgfen v. 552
Badenweiler (B.-W.) 87
Bad Reichenhall (Bayern), St. Zeno 639 ff.
Bad Wimpfen (B.-W.), Pfalz 153
Balduin, Eb. v. Bremen 466, 470
Balduin III., Kg. v. Jerusalem 76
Balduin V., Gf. v. Hennegau 77, 204, 505, 507 f., 510, 632
Bamberg 94 f., 107, 109, 424, 628, 632, 636
- Bistum 98
- Dom 98–101
- Hoftag (1152) 59, 90 f., 97, 129
- Hoftag (1164) 407
- Hoftag (1169) 423, 466
- Karmelitenkirche 440
Bandinelli, Roland s. Alexander III.

REGISTER

Bareso v. Arborea 210, 360, 613
Bartolomäus, hl. 632
Basel (Schweiz) 59, 89, 369, 598
Basilius, Prior d. Großen Kartause 420
Bassianus, hl. 633
Bautzen (Sachsen) 134
Beatrix v. Burgund, 2. Gem. K. Friedrich Barbarossas 33, 136, 149, 158, 192f., 195–198, 206, 219, 256–262, 265, 326, 345, 368f., 383, 415, 450, 508, 611, 633, 638, 642f., 651
Beauvais (Dép. Oise, Frkr.), Synode 397
Bela III., Kg. v. Ungarn 540, 553ff., 618
Belgrad (Serbien) 508, 553f.
Benedikt, hl. 25, 632
Benevent (Kampanien, It.), Vertrag (1156) 268ff., 272, 282, 322, 391f., 416, 521, 633
Benincasa, Eb. v. Pisa 149
Berengar II., Gf. v. Sulzbach 598
Berengaria, kastil. Königstochter 547
Bergamo (Lombardei, It.) 23, 232, 267, 286, 314f., 334, 349, 364, 367, 376, 515
Berlin 14f., 650
Bernhard, Kard. v. Porto, Kp v. S. Clemente 269, 426
Bernhard, Abt v. Clairvaux 68–73, 532
Bernhard v. Aschersleben, Hg. 479
Bernhard, Hg. v. Sachsen 506, 528
Bernhard II., Gf. v. Lippe 165, 507
Bernhard, Gf. v. Plötzkau 79f., 127
Bernold, Abt v. Ottobeuren 171
Berrhoe (Stara Zagora, Bulgarien) 563
Bertha v. Sulzbach s. Irene
Berthold I., Hg. v. Zähringen 40ff.
Berthold II., Hg. v. Zähringen 43f.
Berthold IV., Hg. v. Zähringen 135ff., 284, 301, 333, 368, 497, 510, 611
Berthold III., Gf. v. Andechs 175
Berthold IV., Gf. v. Andechs, Hg. v. Meranien 383, 479, 552, 559, 561, 563, 654
Berthold v. Hohkönigsburg 461, 571
Berthold v. Reichenau, Chronist 36
Berthold v. Zwiefalten, Chronist 57
Bertolf v. Urach 329f.
Berwartstein (Rh.-Pf.), Burg 33
Besançon (Dép. Doubs, Frkr.) 257, 391, 426, 463, 531
– Hoftag (1157) 215, 268–282, 320, 322, 445
– St. Etienne 262, 638
Beuthen (Polen) 263
Biandrate (Piemont, It.) 233f.
Bismarck, Otto Fürst v. 649
Bloch, Marc 214
Bock, Franz 12
Boethius 201
Bogislaw v. Stettin 480
Boleslaw IV., Hg. v. Krakau 263– 266, 620, 626
Bologna 241, 270, 303, 313, 348, 413, 436, 491, 494, 515, 519, 607, 616, 657
Boncompagno da Signa 594, 628
Bonifaz IX., Papst 598
Boso, Kard. u. Chronist 23, 214, 217f., 246, 357, 383f., 398, 401f., 415, 419, 427, 431f., 446, 448, 450, 460, 625
Bourdieu, Pierre 21, 481
Bozen (Südtirol, It.) 253, 285
Branièewo (Serbien) 554ff., 557, 562
Braunschweig (Niedersachsen) 89
Breakspear, Nikolaus s. Hadrian IV.
Breitenwang (Tirol) 56
Bremen 466
Brescia (Lombardei, It.) 208, 266,

286, 305, 314 f., 333, 338 f., 344,
  348 f., 364, 366, 375 f., 499, 515
Breslau (Polen) 263
Brindisi (Apulien, It.) 550
Brixen (Trentino, It.) 253, 285, 412,
  528
Bruno, Abt v. Chiaravalle b. Mailand
  238 f.
Buchenbach (b. Freiburg, B.-W.) 639
Bulgarus, Bologneser Rechtsgelehrter
  305–308, 313, 316, 319
Burchard, B. v. Eichstätt 121
Burchard, Kanoniker v. Stift
  St. Thomas in Straßburg 544,
  546
Burchard, kaiserl. Notar 164, 174,
  340 f., 343, 397
Burchard v. Ursberg, Chronist 33 f.,
  486, 661
Burgund, Königreich 137, 257, 266
– Grafschaft 136, 257
Burgundio v. Pisa 199, 202
Burren (B.-W.) 37
Byzanz 22, 34, 71, 76, 83–86, 96,
  138, 162, 165, 168, 202, 207,
  224 ff., 251 f., 255, 268, 275, 366,
  429, 432, 448, 463, 539–543,
  545 f., 550, 553 ff., 557 ff.,
  562–565, 567–574, 576 f., 587 f.,
  593, 596, 630, 649

Caesarea s. Alessandria
Caffaro, Chronist 23
Calixt II., Papst 443
Calixt III., Papst 422, 424, 426, 431,
  435 f., 444
Cambrai (Dép. Nord, Frkr.) 164, 185,
  189 f., 192, 194 f., 197, 261, 419,
  467, 514, 608
Campo Grassano (Latium, It.) 242
Canossa (Em.-Ro., It.) 41, 443, 454,
  634, 654
Cappenberg (NRW) 652

– Prämonstratenserstift 29 ff., 174,
  211, 643 f., 646 f.
– Büste 642–648
Capua (Kampanien, It.) 269
Carcano (Lombardei, It.) 333 f., 382,
  625, 627, 656
Casalaschi, Cremoneser Familie 519
Cascina Badalasco (Lombardei, It.)
  287 f.
Cassano d'Adda (bei Mailand) 287 f.
Casteggio (Lombardei, It.) 375, 377
castrum Manfredi (Castelleone)
  517 ff., 527
Ceraino (bei Verona), Klause v. 252
Cesena (Em.-Ro., It.) 437
Chartres (Dép. Eure-et-Loir, Frkr.)
  201
Chiaravalle (bei Mailand), Zisterzi-
  enserkloster 238
Chiari (Lombardei, It.) 236
Chiavenna (Lombardei, It.) 284, 381,
  462, 483
Chioggia (Venetien, It.) 438, 444
Christian v. Buch, Eb. v. Mainz
  170 f., 197, 350 f., 356, 359 ff.,
  365–368, 371, 373, 381, 384, 406,
  413 ff., 418, 427, 432 f., 436–439,
  455, 458, 460 f., 466, 493 f., 521,
  608 f., 628
Chur (Schweiz) 285, 497
Cisterna (Latium, It.) 322
Civita Castellana (Latium, It.) 242
Clemens II., Papst 98 f.
Clemens III., Papst 504, 547, 588
Clementia v. Zähringen, 1. Gem. Hg.
  Heinrichs des Löwen 87, 137, 463
Como (Lombardei, It.) 227, 234,
  266 f., 300, 311, 313, 333, 340, 343,
  346, 352, 355, 357, 463, 483
– Bischofskirche 151
– Kloster S. Abbondio 151
Constantius, spätantiker K. 449
Corvey (NRW) 111, 174

Cosmas v. Prag, Chronist 220
Crema (Lombardei, It.) 305, 314 f., 334, 345, 355 f., 363, 374, 380, 393, 463, 516–519, 624, 626 ff., 659
- Eroberung 239, 258, 325–331, 617
- Reichsacht 157, 164, 180
Cremona (Lombardei, It.) 217, 232, 239, 241, 266 f., 294 f., 310, 314 ff., 326, 331, 334, 340, 343, 346, 349, 352, 362 ff., 366 f., 369, 376 f., 379 f., 385 ff., 487, 490, 493, 497, 517 ff., 529, 621, 356, 655, 659, 660
- S. Agata (1176) 156, 387, 516, 518
- Konsuln 519
- Schiedsspruch 172, 487
Crusius, Martin 27
Csepel, Donauinsel b. Budapest 553

Dagsburg-Egisheim, Grafen v. 38
Damaskus (Syrien) 76, 544, 547, 550, 584
- Belagerung (1148) 77, 186, 626
Dänemark 22
Daniel, B. v. Prag 23, 120 f., 280, 285, 295–298, 309, 311, 393, 396, 418
Daniel, Abt v. Waldsassen 266
David v. Dinant 203
Dedo v. Groitzsch, Bruder Mgf. Ottos v. Meißen 465, 467
Delbrück, Rudolph v. 650
Diepold, B. v. Passau 411 f., 514, 528, 552, 559, 561, 563–566, 568
Diepold III., Mgf. v. Cham-Vohburg 142
Dietrich v. Silve-bénite, Kartäuserkonverse 420 f., 428, 488
Dietrich, Mgf. v. Meißen 263, 451 f.
Dietrich, Gf. v. Flandern 185 f., 189–192
Dietwin, Kd. v. S. Rufina 57
Dijon (Dép. Côte-d'Or, Frkr.) 398
Diokletian, spätantiker K. 449

Disentis (Graubünden, Schweiz), Kloster 285
Dole (Dép. Jura, Frkr.) 398
Dositheos, Patriarch v. Konstantinopel 568, 572 f.
Douai (Dép. Nord, Frkr.) 73 f., 446
Dovaria, de, Cremoneser Familie 362
Dresden 157

Eberhard, Eb. v. Salzburg 120, 280, 392, 397, 399, 402, 405
Eberhard II., B. v. Bamberg 97–102, 107, 110, 120, 122–125, 175, 199, 223, 252, 275, 277, 280, 297 f., 304, 317 f., 335, 351, 392, 423–426, 661
Eberhard, B. v. Regensburg 418
Ebrach (Bayern), Zisterzienserkloster 99
Eckenhagen (Rh.-Pf.) 416
Edessa, Grafschaft (Türkei) 68, 76
Egenolf v. Urslingen, Gf. 349
Eger (Tschechien) 497
- Hoftag (1188/89) 540
- Pfalz 153
Egidius, Gf. v. Duras 608 f.
Eickhoff, Ekkehard 590
Ekbert, Gf. v. Pütten u. Formbach. 620
Ekkehard v. Aura, Chronist 33
Eleasar ben Judah 537
Eleonore, Tochter Kg. Heinrichs II. v. England 408
Elias, Norbert 214
Ellwangen (B.-W.) 169
Elsaß (Frkr.) 38, 46, 53 f., 147
Ephesos (Efes, Türkei) 76, 82
Erfurt (Thüringen) 472, 479, 481 ff., 513, 521, 544
- Fürstentage 334 f., 466
- Hospital 638
Erlebold, Abt v. Stablo 411
Ernez (Türkei) 571

Eskil, Eb. v. Lund 270, 272
Esslingen (B.-W.) 82, 148
Etsch (Fl.) 252
Eugen III., Papst 27, 68f., 83, 98, 103, 109f., 121, 123, 142, 222, 224f., 241, 270, 276, 321, 389
Eumathios Philokales 570–573
Ezzelino v. Romano 376

Faenza (Em.-Ro., It.) 149, 155, 365
Falco v. Benevent, Chronist 151
Fano (Marken, It.) 422
Farfa (Latium, It.) 249, 321f.
Ferrara (Em.-Ro., It.) 170, 349, 356, 376, 428, 436, 487
Ficker, Julius v. 18
Fils (Fl.) 42, 148
Flandern, Grafen v. 163, 192, 195, 206, 218
Flochberg (B.-W.) 88
Florenz, Gf. v. Holland 559, 584, 599
Florenz (Toskana, It.), S. Donato a Torri 639
Föhring (München) 133, 605f.
Foligno (Umbrien, It.) 522
Folmar, Eb. v. Trier 525–528, 531, 533
Fonte Avellana (Marken, It.), Kloster 632, 641
Forchheim (Bayern), Fürstenversammlung (1077) 41
Forl (Em.-Ro., It.) 365
Forlimpopoli (Em.-Ro., It.) 365
Frankfurt 90, 370, 466
– Hoftag (1147) 72
– Hoftag (1149) 59
– Hoftag (1165) 361
– Königswahl (1154) 94f., 97, 99, 101, 103, 110
Franz Joseph I., K. 12
Frascati (Latium, It.) 366
Freiburg (B.-W.) 44, 59, 89, 201
Freising (Bayern) 43, 94, 412, 514, 528, 605ff., 661

Friedrich II., Eb. v. Köln 284, 292
Friedrich, B. v. Münster 110
Friedrich II., K. 19, 34, 340, 451, 453, 475, 545, 624
Friedrich III., K. 651
Friedrich, Hg. v. Böhmen 336, 506
Friedrich I., Hg. v. Schwaben 32, 36, 38f., 42, 44, 46f., 66, 68, 118
Friedrich II., Hg. v. Schwaben 24, 28ff., 32f., 36, 46–56, 60, 65f., 70, 73, 96f., 102, 106, 211, 643
Friedrich III., Hg. v. Schwaben = K. Friedrich I. Barbarossa
Friedrich IV., Hg. v. Schwaben, Hg. v. Rothenburg, Sohn K. Konrads III. 47, 90f., 95ff., 99, 105, 125, 137–141, 284, 292, 335, 370, 411, 415, 418, 441, 547, 598
Friedrich V. (ursprünglich: Konrad), Hg. v. Schwaben, Sohn K. Friedrich Barbarossas 149, 258, 469, 497, 505, 536, 541, 547, 552, 554f., 559, 561ff., 564, 569, 574, 578f., 581, 584f., 597, 599f., 623, 633
Friedrich, erster Sohn K. Friedrich Barbarossas 200, 258, 261
Friedrich, schwäb. Pfgf. 37
Friedrich, Gf. v. Arnsberg 212
Friedrich, Gf. im Riesgau 37
Friedrich, Bruder Mgf. Ottos v. Meißen 465
Friedrich v. Büren (de Buren) 36–39, 42
Friedrich v. Hausen, Minnesänger 204, 580
Friedrich v. Raumer 603
Friedrich, Magister 354
Fulda (Hessen) 506, 544
– Hoftag (1157) 267
– Hoftag (1170) 426
– Kloster 40, 54, 285

Gaeta (Latium, It.) 416
Gaibana, Burg b. Rovigo (Venetien, It.) 450
Galerius, spätantiker K. 449
Galgano, hl. 631
Gallipoli (Türkei) 572, 574
Garda (Venetien, It.), Burg 56, 356
– Grafschaft 157, 169
Garsidonius, B. v. Mantua 406
Garzapane, Veroneser Ritter 169
Gaufredus Malaterra, Chronist 62
Gautier v. Arras 206, 260
Gebhard, B. v. Würzburg 100 f., 284
Gebhard, Gf. v. Leuchtenburg 349 f.
Gebhard II., Gf. v. Sulzbach 125
Geisa II. (Geza), Kg. v. Ungarn 266
Gelnhausen (Hessen), Hoftag (1180) 478 f.
– Hoftag (1186) 527, 529
– Münzstätte 257, 260
– Pfalz 153 f.
Genf (Schweiz) 369, 639
– Bistum 137, 611
Genua (Ligurien, It.) 150, 156, 172 f., 185, 197, 232, 235, 309, 325, 339, 349, 353, 355, 360 f., 371, 373 f., 380, 495 ff., 568, 613 ff., 659
Georg, hl. 536, 581, 584, 637
George, Stefan 19
Gerard, Gf. v. Looz 608
Gerardus Cagapista 493 f.
Gerhoch v. Reichersberg 211, 244, 394, 405 ff., 412
Gero, B. v. Halberstadt 470 f., 632
Gerold, B. v. Oldenburg 245
Gertrud v. Sulzbach, Gem. K. Konrads III. 83, 138
Gertrud, Gem. Hg. Heinrichs d. Stolzen 52, 473
Gertrud, Gem. Hg. Vladislavs v. Böhmen, Tochter Mgf. Leopolds III. v. Österreich 134
Gertrud, Tochter Heinrichs des Löwen, Gem. Friedrichs v. Rothenburg 141
Gertrud, Gem. Pfgf. Hermanns v. Stahleck 610
Gervasius, hl. 632
Giesebrecht, Wilhelm v. 17
Gilbert, B. v. Poitiers 200 ff.
Giorgis III., Kg. v. Georgien 543
Giraldus Cambrensis, Chronist 593
Gislebert v. Mons, Chronist 505 f., 508
Glogau (Polen) 263
Goethe, Johann Wolfgang v. 29 f.
Göppingen (B.-W.) 32, 148
Goslar (Niedersachsen) 127, 129 f., 270, 483, 512
– Hoftag (1188) 535
– Pfalz 14 ff., 41
– Pfalzstift St. Simon und Judas 40, 271
Goswin (Gozwin) II., Gf. v. Heinsberg 174, 311, 418
Gottfried I., B. v. Würzburg 511, 536, 539, 541, 552, 559, 581, 584, 589, 597, 599
Gottfried, B. v. Speyer 418
Gottfried, Hg. v. Löwen 110, 186
Gottfried, Gf. v. Cappenberg 29, 162, 211
Gottfried, Gf. v. Monticelli, Bruder Papst Victors IV. 321
Gottfried v. Viterbo, Chronist 152 f., 160, 203, 205, 373, 376, 417, 433, 437, 464
Gottfried v. Wiesenbach 543, 564, 579 f., 585
Gottfried, Schulmeister v. St. Andreas in Köln 347
Grabbe, Christian Dietrich 14
Gran (Ungarn) 554
Gregor VII., Papst 41, 493, 654
Gregor VIII., Papst 404, 441, 531 f., 553, 594

Gregor IV., armen. Patriarch 588
Grenoble (Dép. Isère, Frkr,) 369
Guastalla (Em.-Ro., It.) 56, 385 f., 519
Gubbio (Umbrien, It.) 631
Guido, Kp. v. S. Callisto, dann v. S. Maria in Trastevere s. Paschalis III.
Guido Guerra, Gf. 250, 258
Guido, Gf. v. Biandrate 231, 233, 238, 284, 296, 311, 320, 333, 339, 341, 344, 369, 403, 406
Guido, Gf. v. Lomello 625
Guido, Magister u. Arzt 430
Guintelmo, Mailänder Kriegstechniker 343
Guiot de Provins 206
Gunther, B. v. Speyer 101
Gunther d. Dichter 23, 148, 158, 160, 178, 258, 261, 604 f., 622
Gunzelin, Gf. v. Schwerin 480
Gurk (Kärnten, Österreich) 528

Hadrian IV., Papst 157, 212, 215, 241–244, 246 f., 249, 252, 268 ff., 272 f., 275, 277–281, 316–321, 326, 389, 392, 406, 425, 451, 459, 463, 525, 529, 566
Hagenau (Elsaß) 53
– Hospital 637
– Pfalz 53, 147, 152 f., 174, 546 f.
Halberstadt (Sachsen-Anhalt) 180, 271, 471
Haldensleben (Sachsen-Anhalt) 476
Halle (Saale, Sachsen-Anhalt) 151, 263
Harburg (Bayern) 88
Hartmann, B. v. Brixen 154, 285, 629
Hartwig, Eb. v. Bremen 114, 120, 127, 272, 466, 527
Hartwig II., B. v. Regensburg 396
Haslachburg (bei Weingarten, B.-W.) 27
Hattin (bei Tiberias, Israel) 530 f.

Hechberger, Werner 483
Hegel, Georg Wilhelm Friedrich 11
Heiliger Forst b. Hagenau (Elsaß, Frkr.) 61, 174, 612
Heine, Heinrich 13
Heinrich, Kb. v. Albano 532 ff.
Heinrich, Kp. v. SS. Nereo e Achilleo 280, 318, 391, 397, 412
Heinrich, Eb. v. Mainz 98, 102 f., 122
Heinrich, Eb. v. Reims 467
Heinrich, B. v. Basel 559
Heinrich, B. v. Como 172
Heinrich, B. v. Lübeck 480
Heinrich, B. v. Lüttich 107, 110, 187, 350, 354, 364, 404 f.
Heinrich, B. v. Prag 163
Heinrich, B. v. Regensburg 120
Heinrich, B. v. Straßburg 532, 611
Heinrich, B. v. Troyes 402
Heinrich II., B. v. Würzburg 611
Heinrich, Abt v. Lorsch 171
Heinrich, Abt v. Schäftlarn 550 f.
Heinrich II., K. 98 ff., 593, 629, 632, 636
Heinrich III., K. 39, 96, 98
Heinrich IV., K. 33, 35 f., 39–43, 46, 96, 117, 123, 227, 365, 441, 443, 454, 493, 602, 654
Heinrich V., K. 34 f., 42, 44, 46–50, 52, 54 , 206, 211, 226, 248, 275, 443, 632, 647
Heinrich VI., K. 33, 158, 206 f., 258, 421–424, 450, 457, 469, 484, 497, 499, 501, 503, 505, 508, 510 ff., 514, 520–523, 525–528, 531, 534 f., 547, 552, 556, 568, 571 f., 575, 588, 593, 597, 599, 624 f., 630, 633
Heinrich Berengar, Sohn K. Konrads III. 88, 90, 96, 98
Heinrich II., Kg. v. England 60, 158, 299, 397, 401, 408, 463, 481, 505, 514, 529, 533, 539, 632

Heinrich V., Hg. v. Kärnten 284
Heinrich d. Schwarze, Hg. v. Bayern
  46, 52 f., 65, 106
Heinrich der Stolze, Hg. v. Bayern u.
  Sachsen 47, 52 ff., 56, 61, 65 f., 72,
  97, 128, 473
Heinrich der Löwe, Hg. v. Bayern u.
  Sachsen 18, 22, 47, 65, 67, 72 f.,
  87, 89 f., 101 f., 105, 110, 114,
  118 f., 125, 127–134, 136 f., 139,
  141, 153 f., 157, 161, 166, 171, 197,
  202, 240, 248, 261, 263, 281, 303,
  313, 326, 330, 335, 381, 408, 412,
  441, 461–467, 469–486, 503 f.,
  510, 513 f., 519, 529, 533, 535, 539,
  542, 544, 546, 554, 582, 606, 609,
  615, 659
Heinrich Jasomirgott, Hg. v.
  Österreich 66, 76, 125, 128 f. ,
  131 f., 134, 284, 292, 301, 405, 412,
  463, 465, 475, 613, 616, 620, 654
Heinrich Raspe II., Bruder Lgf.
  Ludwigs II. v. Thüringen. 64
Heinrich Guercius, Mgf. v. Savona
  376 f., 488, 495
Heinrich I., Pfgf., Sohn Heinrichs d.
  Löwen 484
Heinrich II. v. Diez, Gf 175, 350,
  364, 439, 457, 511, 541, 545
Heinrich III. v. Diez, Gf. 541
Heinrich, Gf. v. Namur u. Luxemburg 510
Heinrich, Gf. v. Salm 554
Heinrich, Gf. v. Troyes 398 f.
Heinrich, Gf. v. Tübingen 598
Heinrich II., Gf. v. Wolfratshausen
  63, 67, 209, 212
Heinrich v. Kalden 552, 563
Heinrich v. Molsberg 111
Heinrich v. Pappenheim 503, 526
Heinrich v. Veldeke 204, 507
Heinrich, Bruder Mgf. Ottos v.
  Meißen 465

Heinrich, Protonotar 175
Helmold v. Bosau, Chronist 212, 245,
  463, 465 f.
Heribert, Propst v. Aachen 320
Hermann II., B. v. Bamberg 440
Hermann, B. v. Hildesheim 411, 465,
  546
Hermann I., B. v. Konstanz 107, 110,
  120 f., 224, 238
Hermann II., B. v. Münster 457, 526,
  541, 555, 562, 588
Hermann, B. v. Verden 170, 284,
  311, 317, 351, 355, 364, 381, 393,
  396, 418
Hermann v. Salm, Gegenkg. 43
Hermann v. Stahleck, Pfgf. bei Rhein
  101, 610
Hildebrand, Kard. v. SS. XII Apostoli
  428
Hildegard v. Bingen 110
Hildegard v. Schlettstadt , Gem.
  Friedrichs v. Büren 38 f.
Hildesheim (Niedersachsen), B. v.
  40, 381, 512, 514
– Domkapitel 271, 354
– Domschule 270
Hildrizhausen (B.-W.) 29
Hillin, Eb. v. Trier 107, 110, 188,
  256, 284, 407, 411
Hohenstaufen (B.-W.) 32, 37 ff., 148,
  152, 206
Hohkönigsburg (Elsaß, Frkr.) 38, 82
Höxter (NRW) 111, 174
Hubald, Kb. v. Ostia s. Lucius III.
Hugo, B. v. Soissons 397
Hugo, Abt v. Bonnevaux 428, 438
Hugo, Pfgf. v. Tübingen 140
Hugo, Bologneser Rechtsgelehrter
  305–308, 313, 316, 319
Hugo von Honau 202
Huizinga, Johan 214
Humbert Crivelli, Eb. v. Mailand s.
  Urban III.

Humbert v. Savoyen, Gf. 376 f.
Hyazinth, Kard. v. S. Maria in Cosmedin 280, 391, 403, 412 f., 444

Ibn al-Athir, arab. Chronist 530, 600
Ikonion s. Konya (Türkei)
Imola (Em.-Ro., It.) 170, 365
Ingelheim (Rh.-Pf.) 509
Innozenz II., Papst 245, 273, 369
Innozenz III., Papst 181, 277
Insula Fulcherii (zwischen Adda u. Serio, Lombardei, It.) 363 f., 380, 385, 516 f., 519 f.
Irene, Gem. K. Manuels I. Komnenos 83, 96, 138, 221, 255
Isaak II. Angelos, K. v. Byzanz 86, 168, 209, 540 f., 544, 554–559, 561 ff., 564, 566–573, 575, 586, 593 f.
Isola Comacina (Comer See, Lombardei, It.) 313

Jacob Ziani, Sohn d. Dogen Sebastiano Ziani 444
Jacobus, Bologneser Rechtsgelehrter 305–308, 313, 316, 319
Jacobus, hl. 204, 632
Jakob v. Pisa, byzant. Gesandter 562 f., 570 f.
Jerusalem 149, 168, 182, 407, 467, 539, 542 f., 544, 547 f., 559, 563, 568, 570, 573 f., 588, 597, 599, 631, 659
– Eroberung (1099) 530
– Heiliggrabkirche 600
– Johanniterhospital 638
– Kapitulation (1187) 530, 532
– Königreich 569
Johannes, Evangelist 644 f., 647
Johannes, Kb. v. Albano s. Calixt III.
Johannes, Kard. v. Neapel 444
Johannes, Kard. v. S. Marco 497

Johannes II. Komnenos, K. v. Byzanz 83
Johannes Dukas 251, 540–543, 555, 557, 564, 566 f., 572
Johannes Asen, Bulgarenfürst 558
Johannes Codagnellus, Notar u. Chronist 624
Johannes v. Salisbury 401, 408
Johanniterorden 76, 182, 531, 546, 597, 639
Jordan v. Blankenburg 483
Juda ben Kalonymos 537
Judith, Gem. Hg. Friedrichs II. v. Schwaben, Tochter Hg. Heinrichs d. Schwarzen 30, 46, 60 f., 67, 73, 106
Judith-Bertha, Gem. v. Hg. Matthäus v. Oberlothringen, Schwester K. Friedrich Barbarossas 186, 257
Judith, Gem. Mgf. Wilhelms v. Montferrat, Tochter Mgf. Leopolds III. v. Österreich 231
Justinian, K. v. Byzanz 304
Jutta, Gem. Lgf. Ludwigs II. v. Thüringen, Stiefschwester Barbarossas 100

Kaiserslautern (Rh.-Pf.), Hoftag (1186) 527
– Hospital 638
– Pfalz 154 f.
Kaiserswerth am Rhein (NRW), Pfalz 152, 154, 602
Kalonymos ben Meir 536
Kantorowicz, Ernst 19
Karl der Große, K. 11, 55, 69, 83, 95, 108, 154, 192 f., 204, 393, 566, 633–636, 641, 643, 646, 654, 663
Karl IV., K. 165, 352
Karl, Abt v. Villers-en-Brabant 513
Kartäuserorden 420 f.
Kayna, Hoftag (1179) 475
Kelheim (Bayern), Burg 125

Kiliç Arslan II., Seldschukensultan 541 ff., 544, 546, 577, 579 f., 582, 587
Kissinger, Henry 655
Knut Magnusson, Kg. v. Dänemark 114
Koblenz (Rh.-Pf.), Königswahl (1138) 56
Köln 111, 152, 271, 278, 467, 475, 506, 530, 583, 649
– Juden 534
– Rechtsschule 474, 478
– Reliquien d. Hlg. Drei Könige 271, 632
Komburg (B.-W.) 52
Königslutter (Niedersachsen) 599
Königsbrück (Elsaß, Frkr.), Kloster 53
Konrad v. Wittelsbach, Eb. v. Mainz, Kard. v. Sabina 360 f., 404, 407, 410–413, 415, 435, 458, 505, 507, 514, 518 f., 521 f., 528, 538, 540, 631
Konrad II., Eb. v. Salzburg, B. v. Passau 120, 198, 280, 396, 405 ff., 431, 630
Konrad, B. v. Augsburg 418
Konrad I., B. v. Eichstätt 284
Konrad III., B. v. Regensburg 569, 575
Konrad, B. v. Worms 381, 384, 432, 435–438
Konrad, Abt v. Fulda 506, 511
Konrad I., Kg. 69
Konrad II., K. 69, 630
Konrad III., Kg. 32 ff., 46 f., 53 f., 56, 59, 62–74, 76–91, 93–102, 104 f., 108 ff., 114, 118 f., 121 f., 125–128, 132, 134 f., 137 ff., 141 f., 187, 189 f., 198, 221, 223–226, 231, 251, 255, 262 f., 271, 276, 290, 301, 321, 429, 441, 462, 479, 532 f., 547, 550, 555, 575 f., 583, 595, 602 f., 605, 610, 626, 629, 631, 643

Konrad, Hg. v. Schwaben, Hg. v. Rothenburg, Sohn K. Friedrich Barbarossas 160, 206, 547
Konrad, Hg. v. Spoleto 497
Konrad v. Zähringen, Hg. 67 f., 70–73, 87, 89 f., 135
Konrad, Sohn K. Heinrichs IV. 96
Konrad v. Wettin, Mgf. v. Meißen 118 ff., 134 f., 452
Konrad, Pfgf. bei Rhein, Stiefbruder K. Friedrich Barbarossas 73, 207, 284, 292, 326, 329 f., 334 ff. 338 f., 376, 408, 506, 511, 609
Konrad v. Montferrat, Sohn d. Mgf. Wilhelm 436, 489
Konrad, Gf. v. Ballhausen 333, 349 f.
Konrad, Gf. v. Dachau 63, 67, 90, 101
Konrad, Kapellan (1165) 173
Konstantin I. der Große, röm. K. 244
Konstantinopel s. Byzanz
Konstanz (B.-W.) 59, 89, 147, 226 f., 238, 525
– Friede (1183) 485, 496–501, 503, 515 ff., 524
– Hoftag (1142) 59
– Hoftag (1153) 143, 170, 221, 224
– Vertrag (1153) 226, 241 f., 246, 251, 269, 271, 282, 317, 319, 321, 434, 604
Konstanze v. Sizilien, Gem. K. Heinrichs VI. 457, 520, 521 ff., 547, 571
Konya (Ikonion, Türkei) 76, 78, 81, 576, 580, 583, 586, 618, 621, 625, 637
Kräheneck (B.-W.), Burg bei Pforzheim 29
Krzyszkowo b. Posen (Polen) 152, 264
Kuno v. Hagen-Arnsburg 101
Kuno v. Minzenberg 503, 511, 536
Kuno, Magister u. medicus 430

Kutbeddin, Sohn d. Sultans Kiliç Arslan 577, 580–583, 586 f.
Kyffhäuser (Thüringen) 11, 13 f., 17, 651, 663 f.

Laach s. Maria Laach
Lambert v. Waterlos, Chronist 185, 188, 191, 194
Landriano (Lombardei, It.) 233
Langres (Dép. Haute-Marne, Frkr.) 186
Laodikeia (Türkei) 576 f.
Laranda (Karaman, Türkei) 587
Lausanne (Schweiz), Bistum 137, 611, 613
Lauterberg s. St. Peter, Stift
Legnano (Lombardei, It.) 259, 381–385, 428, 470, 485 f., 517, 617, 625, 627
Leitha (Fl.) 74
Leno (Lombardei, It.), Abtei 208
Lenzburg, Grafen v. 370
Leo de Monumento, röm. Adliger 527
Leon II. v. Armenien 588
Leopold III., Mgf. v. Österreich 50, 66
Leopold IV., Hg. v. Österreich 65 f., 128
Leopold V., Hg. v. Österreich 506, 514 f., 541, 546, 568, 639
Limburg (B.-W.) 42
Lochgarten (B.-W.), Kloster 638
Lodi (Lombardei) 23, 149, 155, 159, 170, 174, 207, 226–230, 234, 250, 266 f., 271, 287, 291, 300, 310 f., 326, 331 f., 334 ff., 339 f., 342 f., 346, 349 f., 355 f., 358 f., 362 ff., 369, 374, 376, 402, 496 f., 515, 630, 633, 637, 661, 664
– Hoftag (1166) 360 f., 613
– Pfalz 343
– Synode (1161) 397, 435

Lorch (B.-W.), Kloster 33, 38, 46, 99, 638
Lorsch (Hessen) 171, 609
Lothar III. v. Süpplingenburg, K. 50–57, 60, 63, 65, 88, 107, 124, 134 f., 140, 189, 221 f., 232, 245, 255, 269, 273, 290, 389, 472 f., 477, 599
Lübeck (Schleswig-Holstein) 152, 163, 218, 430, 480
Lucca (Toskana, It.) 349, 352, 368, 403 f.
– S. Martino 404
Lucius III. , Papst 164, 426 f., 444, 461, 519, 521, 523–526
Ludwig VII., Kg. v. Frkr. 68, 76, 78, 81 f., 86 f., 397–401, 408, 533, 575
Ludwig IX. d. Heilige, Kg. v. Frkr. 598
Ludwig II., Lgf. v. Thüringen 64, 100 f., 152, 335 f., 338, 408, 465 f., 506, 609, 621
Ludwig III., Lgf. v. Thüringen 511, 515, 528, 538, 550
Ludwig, Gf. v. Helfenstein 581
Lüneburg (Niedersachsen) 479, 481
– St. Michael 474
Luther, Martin 452 f.
Lüttich (Belgien) 211, 245, 598
Luzzara (Em.-Ro., It.) 385 f., 519
Lyon (Frkr.) 157

Maastricht (Niederlande) 509
Magdeburg (Sachsen-Anhalt) 465, 479
– Hoftag 264
– Hoftag (1179) 475
Magnus v. Reichersberg, Chronist 23
Mailand 133 f., 154, 159, 120, 184, 207, 215 ff., 226–235, 239, 255, 265–268, 271, 305, 309, 311–315, 320, 327, 332 ff., 346, 354, 357 f., 364–367, 369, 374 ff., 386 f., 397,

406, 463, 475 f., 485, 491, 493, 496 f., 500, 514, 516–520, 529, 607, 614 f., 617, 620 f., 623 f., 626 ff., 632, 656, 658, 660 f.
- St. Ambrogio 347
- Belagerung (1158) 158, 283, 286–301, 317
- Belagerung (1162) 233, 311, 325, 331 f., 335, 338–342, 354, 365, 619 f.
- Hoftag (1184) 204, 515, 617
- Unterwerfung (1162) 164, 196, 342–350, 352, 488

Mainz (Rh.-Pf.). 40, 360, 506, 509, 511, 536 f., 540, 610
- Bürgerschaft 173
- Domschule 519
- Hoffest (1184) 62, 158, 166, 205 f., 505, 508, 513 f., 522, 547
- Hoftag (1138) 59
- Hoftag (1188) 534, 536, 539, 543
- Wahlversammlung (1125) 50

Malaspina, Mgf. 239, 284
Manegold v. Paderborn 198
Manfredo Fanto, Podestà v. Cremona 517
Mantua (Venetien, It.) 356, 364, 496
Manuel I. Komnenos, K. v. Byzanz 76, 83–88, 96, 138, 143, 167 f., 226, 255, 348, 356, 463, 540, 542 f., 557
Manuel II. Komnenos, K. v. Byzanz 579
Manuel Kamyzes 563
Manzikert (Türkei) 575, 576
Map, Walter 159
Maragone, Bernardo 23, 149, 185
Marbach (Elsaß, Frkr.), Augustiner-Chorherrenstift 201 f., 532
Marcelin, Hofmarschall K. Friedrich Barbarossas 174
Marchese, Kriegstechniker in Crema 329, 343

Margarethe, Gem. Kg. Belas III. v. Ungarn 554
Marengo (Piemont, It.), Hoftag (1159) 313
Maria Laach (Rh.-Pf.), Kloster 59
Maria Paulowna, Erbgroßherzogin v. Weimar 29
Maria, Nichte K. Manuels I. Komnenos 226
Markward v. Grumbach 338, 349 f., 358, 406
Markward v. Neuenburg, Kämmerer 541, 571 f.
Markward v. Annweiler, Truchseß 552, 571
Martesana (Lombardei, It.) 311, 333, 346
Martinelli, Renzo 384
Martinus Gosia, Bologneser Rechtsgelehrter 305–308, 313, 316, 319
Mathilde, Gem. K. Heinrichs V., Tochter Kg. Heinrichs I. v. England 632
Mathilde, Gem. Kg, Heinrichs II. v. England 473
Mathilde, Tochter Kg. Heinrichs II. v. England, 2. Gem. Heinrichs d. Löwen 50, 408, 463, 473, 481
Mathilde v. Tuszien, Markgräfin 459, 516
Mathilde, Mutter Eb. Wichmanns, Schwester Konrads v. Wettin. 119
Matthäus, Hg. v. Oberlothringen 110, 186, 188, 257
Maurienne, Gf. v. 420
Maximian, röm. K. 449
Mechthild v. Heinsberg, Gem. Dedos v. Groitzsch 467
Mecklenburg, Bischöfe 127
Meerssen (Niederlande) 174
Meinwerk, B. v. Paderborn 117
Meißen (Sachsen) 528

Memmingen (Bayern) 90
Merseburg (Sachsen-Anhalt) 114, 514, 528, 544
- Hoftag (1152) 113, 115, 118 f., 121, 134
Mertingen (Riesgau, Bayern) 88
Metz (Dép. Moselle, Frkr.) 146, 497, 514, 554
- Hospital 638
Michael Palaiologos 251
Miroslaw Nemanja 558
Modena (Em.-Ro.. It.) 155, 281, 313, 387, 508, 515
Modigliana (Em.-Ro., It.) 258
Mohammed 545
Mombrione (Lombardei, It.) 339
Mont Cenis (Montcenis, Savoyen, Frkr,) 252, 369, 372, 420
Monte Cassino (Montecassino, Latium, It.) 222
Montebello (Lombardei, It.) 158, 376–379, 386, 426, 432, 470, 485 ff., 499
Montecelio (Latium, It.) 321, 382
Montesepi (Toskana, It.), Einsiedelei 631
Monticelli, Grafen v. 320, 322, 527
Monza (Lombardei, It.) 315, 356
- Pfalz 155, 352, 354 f.
- Königskrönung (1128, 1155) 54, 232 f., 300 f.
Morena, Acerbus, Chronist, Sohn d. Otto Morena 22, 261, 335, 347 f., 350, 417, 419, 589, 602, 646
Morena, Otto, Chronist 22, 214, 227, 230, 326 ff., 330, 347 f., 620
Mosche bar Joseph haCohen 537
Mouzon (Ardennen, Frkr.) 152
Mühlhausen (Tschechien), Prämonstratenserkloster 586
Mühlhausen (Elsaß, Frkr.), Hoftag (1186) 611
München 17, 133, 605 f., 650

Münster (NRW) 174, 270, 381, 528, 581
Myriokephalon 542 f., 579

Namur (Belgien), Markgrafschaft 654
Napoleon I., K. v. Frkr. 13, 15, 643
Napoleon III., K. v. Frkr. 643
Nassau, Gf. 511
Naumburg (Sachsen-Anhalt) 528
- Hochstift 120
- Hoftag (1179) 475
Nazario, de, Paveser Familie 362
Neapel, Belagerung (1191) 484, 534, 625
Nemesios, B. v. Emesa 199
Nepi (Latium, It.) 242, 246
Nerses v. Lampron, Eb. v. Tarsus 588
Neuburg (Elsaß, Frkr.) 53, 174, 612, 638
Neuenburg (Thüringen) 152, 621
Neuhaldensleben (Sachsen-Anhalt) 471
Nicaea (Iznik, Türkei) 76, 80
Niederalteich (Bayern) 100
Nietzsche, Friedrich 19
Niketas Choniates, Chronist 23, 165, 549, 564 f., 573, 594, 662
Niklot v. Stettin 480
Nikolaus, hl. 633
Nikolaus II., B. v. Cambrai 185–191, 411
Nikolaus, Abt v. Siegburg 340 ff.
Nimwegen (Niederlande), Hoftag (1174) 372
- Pfalz 154, 258
Ninfa (Latium, It.) 322
Nisch (Serbien) 557 ff.
Nordhausen (Thüringen) 544
Nosedo (Lombardei, It.) 352, 355, 358, 364
Novara (Piemont, It.) 296, 331, 333 f., 340, 347, 356, 369, 376

Nürnberg 73, 406, 555, 557, 564, 567
- Eroberung (1130) 54
- Hoftag (1147) 59
- Hoftag (1151) 59
- Hoftag (1166) 412
- Hoftag (1183) 489f.
- Hoftag (1188) 533
- Hoftag (1188/89) 540ff.

Obert, Eb. v. Mailand 298
Oberto, Chronist 23, 151, 172
Oberto Spinola 210, 613 f.
Obertus de Orto, Mailänder Konsul 298 f.
Octavius, hl. 632
Oddo Frangipane 416, 527
Odo, Kard. v. S. Nicola in Carcere 397
Odo, Gf. v. d. Champagne 197
Odo v. Deuil, Chronist 78, 80ff., 84
Oktavian, Kard. s. Viktor IV.
Oldenburg (Niedersachsen) 127
Olevano, de, Paveser Familie 362
Opizo Malaspina, Mgf. 235, 239, 284, 368, 495 f.
Opizo, Mgf. v. Este 514
Orfino da Lodi 332
Ortlieb, B. v. Basel 107, 110, 121, 187
Osnabrück (Niedersachsen), B. v. 381
Otakar v. Steier, Mgf. 175, 353, 465, 479, 654
Otto von Freising, B. u. Chronist 22, 33, 42, 44, 53, 57, 62ff., 66ff., 76, 93ff., 99, 105ff., 110, 130, 132f., 135, 167, 169, 199ff., 234, 240, 257, 280, 302f., 503, 551, 576, 595, 602, 604f., 610, 613, 617, 622, 633
Otto I. d. Große, K. 108, 275, 393
Otto II., K. 96
Otto III., K. 96, 632
Otto IV., K. 501, 599
Otto I. v. Wittelsbach, Hg. v. Bayern 126, 152, 253, 268, 274 f., 279, 281 ff., 292, 294, 310 f., 320, 322, 326, 356, 359, 376, 393, 396, 406, 479, 497, 619, 654
Otto I., Mgf. v. Brandenburg (1170–1184) 263
Otto d. Reiche, Mgf. v. Meißen 119, 471
Otto, Pfgf. v. Burgund, Sohn K. Friedrich Barbarossas 258, 262, 547
Otto, Gf. v. Assel 465, 467, 471
Otto, Gf. v. Cappenberg 29ff., 174, 211, 641, 644f., 647f.
Otto, Gf. v. Monticelli, Bruder Papst Victors IV. 316, 320f.
Otto v. St. Blasien, Chronist 457, 497, 594, 620
Otto, Propst v. St. Stephan in Bamberg 636

Padua (Venetien, It.) 155, 356, 515
Paderborn (NRW) 631
Palermo (Sizilien) 597
Paris 203
Parma (Em.-Ro., It.) 241, 334, 360, 365, 376, 515, 517, 532
- Pfalz 155
Partenkirchen (Bayern) 483
Paschalis II., Papst 46, 248, 404f., 408–416, 422, 425
Paschalis III., Papst 318, 360, 368, 431, 444, 450, 458, 467, 525, 634
Passau (Bayern) 552
Paulus, hl. 643
Pavia (Lombardei) 62, 148f., 154, 163f., 192, 200, 209, 219, 231f., 235, 239f., 258f., 266f., 287, 294f., 300, 310, 316, 331, 333f., 339f., 343, 346–349, 353, 355f., 358, 362, 364f., 368f., 371, 373ff., 377, 379f., 383, 385, 395ff., 402–405, 407, 426f., 432, 434, 470, 493, 497, 515, 517ff., 522, 546, 623, 655

- Dom 396, 651
- Kloster S. Ambrogio 522
- Kloster S. Pietro in ciel d'oro 358, 369
- Kloster S. Salvatore 155, 396
- Konzil (1160) 326, 329, 395, 401 f., 435

Peiting (Bayerm) 253
Peter v. Flandern, B. v. Cambrai 171, 191 f.,194 f., 467
Petersberg s. St. Peter, Stift
Petriè (Bulgarien) 563
Petrus, hl. 224, 247, 249, 275, 394, 414, 425, 643
Petrus, B. v. Luni 497
Petrus, B. v. Pavia 390, 402 f., 420
Petrus Asen, Bulgarenfürst 558, 571
Petrus da Ebulo 593
Petrus de Cumino 354
Petrus I. di Vico 316 f., 320
Petrus II. di Vico 527
Petrus Lombardus 523
Petrus Ziani, Sohn d. Dogen Sebastiano Ziani 444
Pforta (Sachsen-Anhalt), Zisterzienserabtei 174
Philadelphia (= Alaşehir, Türkei) 575 f., 578
Philipp v. Heinsberg, Eb. v. Köln 166, 197, 271, 372, 376, 378, 381, 418, 427, 451, 458, 466 f., 470 ff., 474, 477 ff., 482 , 504 f. , 511–514, 528 ff., 532 ff., 608 f., 659
Philipp, B. v. Osnabrück 187
Philipp v. Schwaben, Kg. 33, 206, 501
Philipp II. Augustus, Kg. v. Frkr. 529, 533
Philipp III. d. Kühne, Kg. v. Frkr. 598
Philipp IV. der Schöne, Kg. v. Frkr. 207
Philipp v. Flandern, Gf. 192, 194 f., 383

Philipp, Magister 200
Philipp Melanchthon 452
Philippi, Friedrich 644 f.
Philippopel (Plovdiv, Bulgarien) 83, 562 ff., 569, 576, 610
Philippopel , B. v. 74
Philomelion (Akşehir, Türkei). 213, 579 f.
Piacenza (Em.-Ro.) 77, 155, 172, 207, 241, 296, 310, 314 f., 331, 333, 338 f., 348 f., 353 f., 355 f., 365, 368 f., 375 f., 485, 488 ff., 495, 497, 515 f., 518, 522, 596
- S. Antonino 386
- Hospital 638
Pikridion (Hasköy, Türkei) 84
Pilgrim, Patriarch v. Aquileja 330, 627
Pisa (Toskana, It.) 149, 156, 172 f., 178, 210 f., 251, 270, 325, 351, 353, 355, 360 f., 368, 371 f., 380, 496 f., 508, 568, 574, 613 ff., 655, 659
- Dom 149 ff.
- S. Nicola 151
- Privileg (1162) 177
Pontirolo (Lombardei, It.) 287
Pontius, B. v. Clermont, Abt v. Clairvaux 421, 423, 428, 438
Pontremoli (Toskana, It.) 259, 368
Poppo IV., Burggf. v. Würzburg 101
Posen (Polen) 12
- Bistum 263
Prag (Tschechien) 598
Preßburg (Slowakei) 508, 552 f.
Prosouch, byzant. Feldherr 76
Prothasius, hl. 632
Prutz, Hans 16, 650

Quedlinburg (Sachsen-Anhalt) 544

Radulfus Niger, Chronist 549, 593
Raffael 651, 653
Rahewin, Chronist 22, 154, 158, 184,

201, 214f., 263, 283f., 290, 307, 326, 348, 503, 589, 602, 607, 612, 617, 629f., 644, 646
Raimund v. Toulouse, Gf. 599
Rainald v. Dassel, Eb. v. Köln 104, 153, 161, 170, 183, 199, 268, 270–274, 277–282, 283, 304, 310f., 321, 331, 334–338, 341, 345, 347, 351, 353, 355f., 359f., 361, 365–369, 372, 393, 395f., 399ff., 403ff., 408–411, 414ff., 418, 420, 427, 441, 466, 474, 597, 624, 632f.
Rainulf v. Alife, Hg. v. Apulien 222, 269
Ralph v. Diceto, Chronist 197, 259
Rammelsberg (Niedersachsen) 127, 483
Ratzeburg (Schleswig-Holstein) 127
Ravenna (Em.-Ro., It.) 156, 349, 435, 436f., 440
Regensburg 46, 74, 87, 128, 134, 497, 512, 514, 528, 536, 549, 552, 598
– Barbinger Wiesen 131
– Fürstentag (1125) 53
– Hoftag (1151) 59, 89, 321
– Hoftag (1152) 113, 120, 129
– Hoftag (1155) 130
– Hoftag (1158) 279
– Hoftag (1174) 612
Hoftag (1180) 479
Königspfalz 152
– St. Emmeram 111
Reggio Emilia (Em.-Ro, It.) 334, 376, 515, 517
Reichardsroth (Bayern), Hospital 638
Reichenau (Bodensee, B.-W.), Kloster 127, 285, 463, 497
Reichersberg (Oberösterreich), Augustiner-Chorherrenstift 405
Reims (Dép. Marne, Frkr.) 418, 533
– Erzbistum 197, 411, 467
– Konzil (1148) 271, 321
– St. Remi 174, 550

Reinhard, B. v. Würzburg 381
Reinhardsbrunn (Thüringen) 591
Reinhold , Gf. v. Lützelburg. 612
Remiremont (Dép. Vosges, Frkr.) 146
Rems (Fl.) 38, 42, 148
Reuter, Timothy 185, 399
Richard, B. v. Verdun 411
Richard I. Löwenherz, Kg. v. England 597, 624
Richard v. Gravina 226
Richard v. Schlanders 157, 169
Richenza, Gem. K. Lothars III. 54, 473
Richer, B. v. Brixen 612
Riemenschneider, Tilmann 100
Rieti (Latium, It.) 522
Rimini (Em.-Ro., It.) 365
Robert, B. v. Cambrai 163
Robert, Abt v. St. Remi in Reims 550f.
Robert, Gf. v. Bassaville 326
Robert, Gf. v. Nassau 541
Roger, B. v. Lausanne 611
Roger II., Kg. v. Sizilien 87, 221, 224, 251, 326, 520
Roland Bandinelli s. Alexander III.
Rom 83, 86, 123f., 130, 138, 142, 152, 207, 222ff., 237f., 241, 246, 248, 250, 252, 272, 276, 316–318, 322, 350, 365, 367f., 389, 400f., 446, 459, 461, 465f., 469, 495, 504, 526, 529, 532
– Belagerung (1167) 598
– Engelsburg 248, 414
– Epidemie (1167) 368, 370f., 417–420, 630, 633, 656
– Kaiserkrönung (1155) 247f.
– Kaiserkrönung (1111) 248
– Krönung (1167) 259
– Lateranpalast 223, 273, 414, 460
– Leostadt 247ff., 321
– Neronische Wiesen 247, 419

- Petersdom 247 f., 259, 368, 414 f., 416
- S. Bartolomeo sull'isola 632
- S. Maria in Turri 247, 414
- Trastevere 248
- Vertrag (1167) 413–416, 617

Romuald, Eb. v. Salerno 164, 167, 209, 437 f., 448, 455, 457, 460, 521
Roncaglia (Lombardei) 174, 232, 235
- Beschlüsse 308 ff., 322 f., 490, 492–495, 616, 654, 657
- Hoftag (1154) 157, 232 ff.
- Hoftag (1158) 155, 207, 301, 305, 316, 319, 354, 455, 491
- Landfrieden 311, 379
Rosate (Lombardei, It.), Plünderung (1155) 233
Rothenburg (Bayern) 52 f.
Rückert, Friedrich 13 f., 17
Rudolf v. Zähringen, Eb. v. Mainz 137
Rudolf v. Rheinfelden, Hg. v. Schwaben, Gegenkg. 40–43
Rudolf v. Pfullendorf, Gf. 370, 539, 597
Rudolf v. Siebeneich, Kämmerer K. Friedrich Barbarossas 351, 369, 490, 495, 499
Rudolf, Dompropst v. Trier 525, 527
Rudolf, Protonotar 511
Rupert, Abt v. Kloster Tegernsee 169, 629
Rupertsberg, Kloster 110
Rusticus, Abt v. Farfa 249

S. Ambrogio s. Mailand
S. Remi s. Reims
Saladin, Sultan 167, 530, 541–546, 550 f., 565, 568 f., 573, 586 f., 593, 659
Salem (B.-W.), Kloster 23, 564, 576, 584
Saleph (Fl., Göksu, Türkei) 28, 588 ff., 593, 599, 621, 652
Salerno (Kampanien, It.) 202
Salome v. Heinsberg, Gem. Gf. Ottos v. Assel 467
Salomo, israelit. Kg. 11
Salzburg (Österreich). 51, 411
- Erzbistum 458 f.
San Leonardo, Spital b. Senigallia (Marken, It.) 638
San Miniato (Toskana, It.) 368
San Quirico (Toskana, It.) 157
Saxo Grammaticus, Chronist 163, 166, 218, 480
Scaccabarozzi, Giordano 340, 358
Schaffhausen (Schweiz), Kloster 34 f.
Schäftlarn (Bayern), Kloster 550 f.
Schlettstadt (Elsaß, Frkr.) 38
- Kloster 638
Schmidt, Helmut 655
Schnorr v. Carolsfeld, Julius 651 ff.
Schwäbisch Gmünd (B.-W.) 148
Sebastiano Ziani, Doge v. Venedig 444 f.
Semmering (Österreich), Hospital 638
Sepp, Johann Nepomuk 14, 649 f.
Seprio (Lombardei, It.) 311, 333
- Grafschaft 334, 346
Sercambi, Giovanni 352
Serio (Fl.) 516 f.
Serravalle (Bleniotal, Toskana, It.) 381
Sicard, B. v. Cremona 63, 213, 516, 518 f.
Sicher, Gesandter K. Friedrich Barbarossas 214, 228 ff., 299
Siegburg (NRW), Kloster 543, 545 f., 569, 591
Siegfried, B. v. Brandenburg, Eb. v. Bremen, Sohn Hg. Albrechts d. Bären 466, 470, 479
Siena (Toskana, It.) 449, 631

Silifke (Seleukeia, Türkei) 589 f., 596
Silve-bénite (Dép. Isère, Frkr.), Kartäuserkloster 420
Silvester I., Papst 244
Sinzig (Rh.-Pf.) 61
– Königshof 95
Sitten (Schweiz), Bistum 137, 611
Sofia (Bulgarien) 83, 557 ff., 561
Soliman, Gf. v. Monticelli, Bruder Papst Victors IV. 321
Solutor, hl. 632
Speyer (Rh.-Pf.) 129, 152, 471, 598
– Belagerung 54, 60 f.
– Dom 33, 50, 597, 600, 638, 642, 651
– Hoftag (1146) 70
– Hoftag (1150) 59
– Hoftag (1151) 59
– Juden 536
Spinello Aretino 449
Spoleto (Umbrien, It.) 631, 641
– Eroberung (1155) 250 f., 622
Sraèimir, Bruder d. Großupans Stephan Nemanja 558
St. Denis (Paris) 82
St. Jean-de-Losne (Dép. Côte-d'Or, Frkr.) 157, 209, 398, 402, 435, 611
St. Blasien (B.-W.) 546
St. Gilles (Dép. Provence, Frkr.) 631
St. Peter im Schwarzwald (B.-W,) 90
St. Peter, Stift auf d. Lauterberg b. Halle (Sachsen-Anhalt) 135, 451 f., 569, 651
St. Trond (Belgien) 593, 608
St. Walburg (Elsaß, Frkr.) 53, 61, 638
St. Zeno s. Bad Reichenhall
Stade (Niedersachsen) 114, 480 f.
Stein, Heinrich Friedrich Karl Frhr. v. 29
Stephan, B. v. Metz 187
Stephan Nemanja, Großupan v. Serbien 541 f., 557 f., 571

Straßburg (Dép. Bas-Rhin, Frkr.) 83, 544, 598
– Hoftag (1141) 59
– Hoftag (1187) 530
– Pfalz 147
Strumi (Toskana, It.), Kloster 422
Suitger, B. v. Bamberg s. Clemens II.
Susa (Piemont, It.) 259, 369, 403
– Zerstörung (1174) 218, 372
Sutri (Latium, It.) 212, 242, 244, 391, 443, 449, 451, 527
Sven Grathe, Kg. v. Dänemark 63, 114 f., 119
Sybel, Heinrich v. 18

Tageno, Passauer Domdekan 23, 579
Tancred, Notar 521
Tarentaise. 554, 559
Tarsus (Türkei) 596, 599
Taurus (Türkei), Gebirge 587
Tebaldo, B. v. Gubbio 204, 631 f.
Tegernsee (Bayern), Kloster 169, 175, 209, 212, 629
Tekeler (Dorf am Saleph, Türkei) 590
Templerorden 76, 531, 546, 597
Terni (Umbrien, It.) 321, 527
Tessin (Fl.) 287
Theobald II., Hg. v. Böhmen 336, 346, 418, 552
Thomas Becket, hl., Eb. v. Canterbury 85, 408, 419, 505, 514, 593
Thomas v. Pavia, Chronist 373, 452
Thomasin v. Zerklaere 62
Tiber (Fl.) 222, 248, 405, 416 f.
Tinto Mussa de Gatto, Cremoneser Baumeister 332
Tivoli (Latium, It.) 249 f., 497
Tohu, Neffe d. Großupans Stephan Nemanja 559
Toledo (Spanien) 202
Tortona (Piemont, It.) 198, 255, 339, 376, 381, 476, 491, 496 f.

- Eroberung (1155) 148, 219, 235–240, 300, 366, 463, 605, 614, 617, 619, 621
Toul (Lothringen, Frkr.) 146, 561
Tours (Dép. Indre-et-Loire, Frkr.), Konzil (1163) 402
Treviso (Venetien, It.) 356, 359, 376, 439 f., 515, 546
Trezzo (Lombardei, It.), Burg 216, 289, 313, 338, 365
Tribur (Hessen), Fürstentag (1076) 41
Trient (Trentino-Südtirol, It.) 253
Trier (Rh.-Pf.) 187, 196, 632
- Doppelwahl (1183) 525–529
- Weihnachtshoftag (1152) 113, 185 f., 191
- Weihnachtshoftag (1187) 530
Trifels (Rh.-Pf.) 52, 152
Tronto (Fl.) 367
Tübingen (B.-W.), Fehde (1164/66) 140
Turin (Piemont, It.) 369, 398
- S. Solutore 632
Tusculum (Latium, It.) 366, 414
Tyrus (Libanon) 599 f., 649 f.

Ubaldo v. Gubbio, hl., B. 204, 631 f.
Ubaldo, Eb. v. Pisa 151
Udalrich, Hg. v. Böhmen 333
Udo, B. v. Zeitz 465
Uhland, Ludwig 626
Ulm (B.-W.) 43 f., 54, 147 f.
- Hoftag (1077) 42
- Hoftag (1143) 59
- Hoftag (1151) 89
- Hoftag (1152) 111 f.
- Hoftag (1166) 140 f.
- Pfalz 52 f.
Ulrich, hl. 633
Ulrich, Patriarch v. Aquileja 428, 435
Ulrich, B. v. Halberstadt 470 f., 546
Ulrich, B. v. Treviso 427
Ulrich, Abt v. der Reichenau 348

Ulrich, Hg. v. Böhmen 368
Ulrich IV., Gf. v. Lenzburg 125, 238
Urban II., Papst 531
Urban III., Papst 22, 180, 205, 218, 461, 526, 528 ff., 541

Venedig 217, 356, 387, 430, 435, 439 f., 442, 446, 459, 487 f., 495, 565, 568, 630
- Dogenpalast 447, 449
- Friedensschluß (1177) 164 f., 208, 215, 384, 391, 395, 426, 443 f., 450, 453 ff., 459, 461 f., 470, 479, 485 f., 489 f., 493, 500 f., 504, 506, 521, 524, 539
- Konzil (1177) 456, 460, 660
- Palast d. Patriarchen v. Grado 436 f., 447
- san Marco 208, 444–448, 454 f.
Vercelli (Piemont, It.) 333 f., 365, 369, 376 f.
Verden (Niedersachsen) 528, 598
Verdun (Dép. Meuse, Frkr.) 514
Veroli (Latium, It.) 425
- S. Erasmo 426
Verona (Venetien, It.) 220, 265 ff., 285, 356 f., 365, 375 f., 461, 504, 515, 524–527, 541, 546, 630
- Bürger 176, 218
- Städtebund 214, 356, 365
Versailles (Paris) 12, 265
Vézelay (Dép. Yonne, Frkr.) 68
Vicenza (Venetien, It) 356, 376, 515
Vienne (Dép. Isère, Frkr.) 259, 522
Viktor IV., Papst 180, 247, 318–322, 331, 360, 389 f., 392–400, 402 ff., 422, 425, 431, 444, 460, 525, 527, 620, 627, 633, 656
Vinzenz v. Prag, Chronist 23, 264, 267, 289, 291, 295, 297, 299, 309, 311 f., 314, 326 f., 395
Viterbo (Latium, It.) 241, 368, 413 f., 422

Vladislav, Kg.(erst Hg.) v. Böhmen 125, 131, 134 f., 141, 158, 262 f., 266, 287, 289, 292, 296 f., 301, 336 f., 372, 465, 589
Voden (Bulgarien) 563

Waiblingen (B.-W.) 27, 34, 52
Waiblingen, Heinriche v. 106
Walburg (Elsaß, Frkr.), Kloster 174
Waldemar I. d. Große, Kg. v. Dänemark 163 f., 166, 218, 399, 480
Walkenried (Niedersachsen) 183
Wallhausen, Hoftag 466
Walram, Gf. v. Nassau 541
Warschau (Polen) 157
Wäschenbeuren (B.-W.), Wäscherschloß 37
Waterloo (Belgien) 15
Wecel, Gf. v. Camino 428
Weingarten (B.-W.), Kloster 641
Weinsberg (B.-W.), Belagerung (1140) 66
Weiße Elster (Fl., Thüringen), Schlacht (1080) 43
Welf IV., Gf. = Welf I., Hg. v. Bayern 40–43
Welf VI., Mgf. v. Tuszien, Hg. v. Spoleto 47, 61, 63, 65 ff., 70, 72 f., 76, 87–90, 93, 101, 110, 125 f., 133, 140 f., 212, 326, 355, 370, 429, 465, 469, 497, 510, 517, 546
Welf VII., Sohn Welfs VI. 47, 140, 355, 370, 418, 469, 598
Werla (Niedersachsen) 479
Werner, Kanoniker v. St. Viktor in Mainz 564
Werner v. Bolanden 503, 511
Wetterau (Hessen) 370
Wettisheim (Elsaß, Frkr.) 38
Wezel 223
Wibald, Abt v. Stablo u. Corvey 22, 27, 36 ff., 86, 100, 102 f., 110,
121–124, 143, 189, 198 f., 256, 263, 267, 271, 276, 430
Wichmann, Eb. v. Magdeburg 118 ff., 122, 263, 280, 381, 384, 407, 431–436, 438, 465, 470 f., 481, 505 f., 510, 528, 546, 656
Wied, Grafen v. 525
Wien 412, 552
Wilbrand v. Oldenburg 599
Wilhelm, Kard. v. Porto 444
Wilhelm, Kard. v. S. Pietro in Vincoli 318 f., 397, 403, 426
Wilhelm, Eb. v. Tyrus 77, 82, 626
Wilhelm, B. v. Asti 488, 495
Wilhelm I., K. 12, 14–17
Wilhelm II., K. 11, 14 f.
Wilhelm I. der Böse, Kg. v. Sizilien 222, 251, 268 f., 316, 319, 355, 402, 406 f., 413
Wilhelm II. der Gute, Kg. v. Sizilien 164, 209, 434, 436 f., 439, 456 f., 460, 520 ff, 571
Wilhelm, Mgf. v. Montferrat 197, 231, 236, 251, 258, 284, 333 f., 339, 372 f., 377, 406, 436, 488 f.
Wilhelm IV., Gf. v. Mâcon 136, 256
William v. Newburg, Chronist 593 f.
Winzenburg, Grafen v. 127, 462
Wislicenus, Hermann 14
Wladislaw II., Hg. v. Krakau u. Schlesien 262–264, 626
Worms (Rh.-Pf.) 152, 256, 544, 633, 637
– Hoftag 129
– Hoftag (1145) 59
– Hoftag (1157) 267
– Hoftag (1172) 372
– Hoftag (1179) 472, 474
– Hoftag (1187) 539
Wortwin, Protonotar 384, 432, 437 f.
Würzburg (Bayern) 43, 48, 63, 111, 138, 152, 411, 466, 528, 544, 581

- Eide (1166) 410ff., 414, 416, 422, 425, 458
- Einigung (1121) 49f.
- Hochzeit (1156) 256, 266
- Hoftag (1144) 59
- Hoftag (1150) 59, 271
- Hoftag (1151) 89
- Hoftag (1152) 112, 129, 222
- Hoftag (1156) 134
- Hoftag (1157) 158, 212
- Hoftag (1165) 408, 415
- Hoftag (1180) 475, 478

Zadar (Kroatien) 444
Zähringen (B.-W.) 68
Zevio (Venetien, It.) 169
Zisterzienserorden 421, 638
Zürich 44, 67f., 70, 73, 135
Zwiefalten (B.-W.), Kloster 53